O Sistema Político

O Sistema Político

NO CONTEXTO DA EROSÃO DA DEMOCRACIA REPRESENTATIVA

2017

Carlos Blanco de Morais

Professor Catedrático da Faculdade de Direito da Universidade de Lisboa

OBRA
O SISTEMA POLÍTICO
AUTOR
Carlos Blanco de Morais
EDITOR
EDIÇÕES ALMEDINA, S.A.
EDIÇÃO ORIGINAL

Rua Fernandes Tomás, nºs 76, 78 e 79
3000-167 Coimbra
Tel.: 239 851 904 · Fax: 239 851 901
www.almedina.net · editora@almedina.net
DESIGN DE CAPA
FBA.
PRÉ-IMPRESSÃO
EDIÇÕES ALMEDINA, S.A.
IMPRESSÃO E ACABAMENTO

, 2017
DEPÓSITO LEGAL
....

Apesar do cuidado e rigor colocados na elaboração da presente obra, devem os diplomas legais dela constantes ser sempre objecto de confirmação com as publicações oficiais.
Toda a reprodução desta obra, por fotocópia ou outro qualquer processo, sem prévia autorização escrita do Editor, é ilícita e passível de procedimento judicial contra o infractor.

 GRUPOALMEDINA

Biblioteca Nacional de Portugal – Catalogação na Publicação

MORAIS, Carlos Blanco de, 1957-

O sistema político no contexto da erosão
da democracia representativa. – (Manuais universitários)
ISBN 978-972-40-7123-7

CDU   342

Aos meus filhos, Carlos Duarte, Margarida e Patrícia

*Ao Professor Doutor Manoel Gonçalves Ferreira Filho,
meu amigo e mestre de além-mar*

ABREVIATURAS

AAFDL	Associação Académica da Faculdasde de direito de Lisboa
AAVV	Vários autores
BFDUC	Boletim da Faculdade de Direito da Universidade de Coimbra
CC	Conselho Constitucional
CEC	Centro de Estudios Constitucionales
CERC	Comissão Eventual para a Revisão Constitucional
CPI	Comissão Parlamentar de Inquérito
CR	Conselho da Revolução
CRP	Constituição da República Portuguesa
DJAP	Dicionário Jurídico da Administração Pública
FFMS	Fundação Francisco Manuel dos Santos
FGV	Fundação Getúlio Vargas
FMI	Fundo Monetário Internacional
Havard Un Press	Havard Universitary Press
IAEM	Instituto de Altos Estudos Militares
ICS	Instituto de Ciências Sociais da Universidade de Lisboa
INAP	Instituto Nacional de Administración Publica
LN	Lei da Nacionalidade
LTC	Lei do Tribunal Constitucional
NATO	Organização do Tratado do Atlântico Norte
OMC	Organização Mundial do Comércio
Org.	Organização/ Coordenação de obra coletiva
RAR	Regimento da Assembleia da República
RDP	Revue de Droit Public
RDP	Revista de Derecho Publico

REP	Revista de Estudios Politicos
RFDUL	Revista da Faculdade de Direito da Universidade de Lisboa
Riv It Sc Pol	Rivista Italiana de Scienza Politica
STF	Supremo Tribunal Federal
STJ	Supremo Tribunal de Justiça
Stud. Parl e Polit. Cost	Studi Parlamentari e di Politica Costituzionale
TC	Tribunal Constitucional
TSE	Tribunal Superior Eleitoral
U.E.	União Europeia
ZEE	Zona Económica Exclusiva

(*) As abreviaturas referem-se a revistas, institutos académicos, atos jurídicos e órgãos constitucionais. Delas se exclui outras abreviaturas citadas na obra e referentes a partidos políticos e estruturas corporativas, cuja descodificação é feita apenas no próprio texto.

(**) as citações a sítios online constantes em nota de rodapé referem-se ao tempo de conclusão substancial da obra, em julho de 2017.

INTRODUÇÃO

1. A presente obra um culmina ciclo de investigação numa área específica do Direito Público, pois completa, praticamente, a edição de todos os manuais que estimámos como indispensáveis para o ensino das disciplinas de Direito Constitucional I e II, bem como as disciplinas da licenciatura e do mestrado Justiça Constitucional a que nos temos dedicado como regente nos últimos 20 anos.

Decidimos crismar singelamente este livro como "Sistema Político" e não como um novo volume do nosso "Curso de Direito Constitucional" já que, a bem da verdade, o escrito agora concluído incorpora mais conteúdos de Ciência Política do que ensinamentos de Direito Constitucional Comparado e de Direito Político do Estado Português, encontrando-se, de todo o modo, estas três realidades fortemente imbricadas. Os dois volumes do "Curso de Direito Constitucional" serão reeditados no futuro com essa mesma designação, se bem que no ensino da disciplina de Direito Constitucional I sejam precedidos pela presente obra.

Tratando-se de um excurso dotado de um propósito primariamente didático, o "Sistema Político" projeta-se muito para além desse desiderato, pois contém rubricas de teor politológico que pretendem escrutinar a realidade política contemporânea, tal como esta se revela no plano fático e não como certa opinião "corretiva" dominante gostaria que a mesma se revelasse. Natureza e morfologia do Estado, regime político, democracia, sistema político, impactos do sistema eleitoral no sistema de governo, modelos comparados de formas de governação democrática, o semipresidencialismo no tempo presente, as mutações no semipresidencialismo português e o funcionamento dinâmico dos órgãos de soberania são matérias centrais que se projetam e evoluem à luz da política contemporânea, desenvolvida predominantemente no universo euro-americano.

2. O sistema político foi e será sempre um terreno de disputa entre o Direito Constitucional e a Ciência Política.

Como modelo organizatório das instituições políticas que representam a soberania de um Estado, o sistema de governo é um dos pilares da Constituição material do mesmo Estado, a qual regula juridicamente o estatuto do político. Trata-se, pois, de uma seara típica do Direito Constitucional. Contudo o caráter proteiforme da realidade política que respeita às vias de acesso, detenção, conservação e perda do poder é estudado pela Ciência Política e pela Politologia e obedece a critérios próprios que não só condicionam a dinâmica do sistema político de governo como também interpenetram as normas constitucionais que estribam esse sistema, potenciando a sua transformação, reinterpretação e caducidade.

O presente livro é fruto das inquietações de um constitucionalista que intenta harmonizar o tratamento dogmático do estatuto constitucional do poder, com realidades movediças da prática política contemporânea que abalam a estabilidade do Direto do Estado e propiciam a sua reação epidérmica ou a sua transformação.

Há muito que no Direito Público francês se ensina Direito Constitucional em associação com a Ciência Política, realidade que influenciou o ensino do mesmo ramo de Direito na Escola de Lisboa. Pela nossa parte sempre privilegiámos um ensino normativista e jurídico-positivo do Direito Constitucional, "descontaminado", na medida do possível, de excessos de Politologia, Filosofia e Sociologia. Contudo, as novas realidades que envolvem o exercício do poder no virar do milénio forçaram-nos a rever posicionamentos anteriores, no que respeita ao tema da arquitetura institucional do Estado. Será possível que o Direito se socorra apenas de um método descritivo e estático no estudo dos sistemas políticos democráticos, sem atender a variáveis como o desgaste efetivo da democracia representativa frente aos impactos das democracias deliberativa e referendária? À cristalização e corporativização da chamada democracia participativa? À deslegitimação das lideranças pela "democracia digital"? À captura do poder político pelo poder económico no contexto de uma sociedade "líquida" e globalizada? À desestruturação dos sistemas de partidos pelo populismo? E à desatualização relativa das míticas "leis Duverger" que alicerçam o triângulo "sistema eleitoral/ sistema de partidos /sistema político"?

A nossa prolongada experiência, desde 1993, como Consultor-Principal do Centro Jurídico da Presidência do Conselho de Ministros e de Consultor para os Assuntos Constitucionais da Presidência da República constituiu um fator catalítico dessa alteração de perspetiva no ensino do Direito Constitucional no seu domínio que estuda a organização do poder, pois permitiu um pertinente conhecimento do funcionamento político dos órgãos de soberania, a partir do seu interior.

O presente livro representa, deste modo, um regresso ao diálogo entre o Direito do Estado relativo ao estatuto do poder e a Ciência Política e abre-se à dissecação das mais recentes mutações contemporâneas que envolvem a legitimação dos decisores, a arquitetura da governação, o enlace entre governantes e governados e as causas da oxidação do regime que sustenta o Estado de direito democrático, que é a democracia representativa.

3. Na medida em que a presente obra assume propósitos didáticos no Curso de Direito, importa referir que:

i) As rubricas precedidas pela menção "nota" ou "anotação" não compreendem matérias de estudo obrigatório para os alunos de Direito Constitucional do 1º ciclo de estudos (licenciatura), se bem que muitas delas possam integrar temas passíveis de abordagem em provas orais para melhoria de classificação;

ii) Já as mesmas rubricas assinaladas nos termos do número anterior podem ser tornadas obrigatórias na disciplina de opção de Ciência Política no primeiro ciclo de estudos ou em disciplinas de Direito Constitucional e Ciência Política, no 2º ciclo (mestrado) e 3º ciclo (doutoramento), em razão daquilo que for determinado pela regência dessas disciplinas.

4. Importa exprimir uma palavra de agradecimento à Professora Alexandra Brízida Castro e ao Professor Rui Lanceiro pelo seu utilíssimo contributo na revisão da obra, ao Mestre e Doutorando João Lemos Esteves pela sua ajuda inestimável na organização do índice ideográfico e à Doutoranda Mariana Melo Egídio pelas suas pertinentes sugestões de ordem gráfica e sistemática.

Uma menção final de apreço para a Almedina que aceitou ser, com a publicação desta obra, a nossa nova editora de manuais jurídicos.

Cascais, 5 de agosto de 2017.

Parte I. Teoria Geral da organização do poder do Estado: regimes e sistemas políticos

Capítulo I. Estado e organização do poder político

Secção I. Introdução ao Estado
como unidade jurídica e política territorial

1. Estado e poder político

1.1. Sociedade e poder

1. O indivíduo define-se como um ser gregário tendo, como tal, uma tendência inata para se agrupar em células humanas mais vastas, tendo em vista a resolução mais eficaz de problemas com que deve lidar, a realização de tarefas de interesse comum, a reprodução da espécie e a sociabilidade. Quanto mais débil for o seu domínio sobre os fatores naturais que o rodeiam, maior a necessidade de se sustentar no apoio do seu semelhante[1].

A sociabilidade começou por exprimir-se através de laços familiares e, posteriormente, através de agrupamentos como a *gens* ou os clãs (conjuntos de famílias com um sobrenome comum ou que descendiam do mesmo ancestral) e como as tribos (grupos humanos cimentados por tradições linguísticas e culturais que agrupavam originariamente diversos clãs). A aldeia e depois a cidade passaram a conformar a componente territorial destas sociedades primárias.

A existência de sociedades humanas suscitou, desde logo, a necessidade de se instituírem meios de resolução de conflitos e de organização coletiva, tendo em vista a salvaguarda da sua existência e a prossecução de objetivos de interesse comum.

---

[1] MARCELLO CAETANO "Manual de Ciência Política e Direito Constitucional"-Coimbra-1995-p. 1.

Se é um facto que a solidariedade consiste num atributo natural das sociedades humanas, o conflito constitui a outra face da mesma moeda. A pessoa humana, em sociedade, é necessariamente conflitual, não só porque os bens são escassos e os indivíduos competem para os obter, conservar e fruir, mas também porque existem divergências sobre a escolha das vias mais adequadas da defesa, conservação e desenvolvimento da mesma sociedade.

Existindo versões pessimistas e otimistas sobre a natureza humana, a famosa "fábula das abelhas" de Bernard de Mandeville[2] procurou demonstrar que os homens nem sempre são naturalmente bons e altruístas, mas exibem, igualmente, uma natureza conflitual, agressiva, competitiva e por vezes viciosa. Contudo, para o autor, destes defeitos poderia resultar a prosperidade social, dado que uma comunidade de pessoas exclusivamente virtuosas não evoluiria, na medida em que os seus membros se contentariam com a sua própria mediania e com a mediania da sociedade.

O conflito é, por conseguinte, uma realidade natural e até certo ponto salutar e positiva, mas foi sentida a necessidade de a disciplinar. Ora, o Direito nasceu para garantir essa disciplina.

A conflitualidade humana e os imperativos de defesa de interesses comuns reclamaram a existência de regras que ordenem comportamentos, dirimam litígios e punam aqueles que as não acatem, sob pena de as pessoas tomarem em suas próprias mãos, através do uso da força, a defesa dos seus interesses, mergulhando a comunidade humana na insegurança, na anomia, no arbítrio e em conflitos civis que conduzam à divisão, enfraquecimento e à destruição. Uma mera ordenação moral desprovida de meios de acatamento compulsivo revela ser inútil.

Surge, pois, o Direito como um conjunto de regras que ordenam ou disciplinam a conduta humana em sociedade e cuja obrigatoriedade se encontra garantida por sanções, ou seja, pela aplicação de penas e castigos para os infratores.

A existência de uma sociedade postula, pois, a existência do Direito, tal como bem reconhece o pensamento institucionalista quando proclama *"ubi societas ibi jus"*[3] (onde há sociedade há Direito). Sociedade e Direito influenciam-se reciprocamente e a ordem jurídica constitui o sistema estruturado que resulta dessa inter-relação.

Havendo a necessidade de dotar uma sociedade humana de regras de direito, escritas ou costumeiras, para assegurar os propósitos expostos, torna-se incontornável o imperativo de depositar em certas entidades, a faculdade de poderem

---

[2] BERNARD DE MANDEVILLE "La Favola delle Api, Ovvero Vizi Privati, Benefizi Pubblici" (obra publicada em inglês em 1715 e traduzida para italiano)-Torino-1966.

[3] Cfr MAURICE HAURIOU La Theorie de L'Instituition et dela Fondation"-Paris-1930 e SANTI ROMANO "L'Ordinamento Giuridico"-Firenze-1945.

criar ou alterar essas regras, de as aplicar e de as fazer cumprir junto dos recalcitrantes, através do uso da força.

Emerge então a noção de *"poder"*, definido, em sentido amplo, como a *"possibilidade de eficazmente impor aos outros o respeito da própria conduta ou de traçar a conduta alheia*[4]. Numa coletividade territorialmente organizada, desde a "Cidade Antiga"[5] até á atualidade, coexistem em sociedade vários tipos de poder: o poder familiar, o poder militar, o poder religioso, o poder económico, o poder político e mais recentemente, o poder dos meios de comunicação.

2. O *poder político* (etimologicamente reconduzido ao "governo da Pólis", ou seja, da Cidade-Estado grega) *constitui uma forma de autoridade exercida sobre os membros da sociedade que visa prosseguir e acautelar a realização dos seus interesses gerais e que se traduz na faculdade de criar e impor regras de direito, dispondo do monopólio do uso da força (coação) para as fazer cumprir*[6]. O poder político é uma forma de domínio que os membros da sociedade atribuíram a diferentes protagonistas que, para assegurarem a sua continuidade, criaram estruturas permanentes, designadas por instituições.

De entre os diversos tipos de poder descritos e existentes numa dada sociedade, primária ou desenvolvida, a História demonstra que, em certos ciclos, alguns deles lograram prevalecer sobre os outros. Nas velhas sociedades teocráticas, o poder religioso condicionava o poder político. Em sociedades monárquicas absolutas prevalecia o poder de uma família reinante. Em certos regimes ditatoriais dos séculos XIX e XX, o poder militar dominou o poder político. E na sociedade global do Século XXI fala-se, insistentemente, numa prevalência do poder económico nacional e transnacional sobre o poder político. Contudo, se atentarmos num denominador comum das sociedades institucionalmente estáveis, com relevo para os regimes democráticos que se firmaram desde o século XVIII, no Ocidente, é o poder político que domina e deve dominar, ordinariamente, os restantes poderes, sem prejuízo de interagir com todos e de todos receber influências. Com efeito, o poder político: i) edita regras que podem impor a separação entre Igrejas e Estado, disciplinar a atividade das confissões religiosas e até o uso de símbolos confessionais; ii) regula a iniciativa privada e, num limite extremo, pode expropriar e nacionalizar bens que se encontram na esfera do poder económico; iii) dita critérios disciplinadores da liberdade de imprensa e regula o mundo digital, impondo-se ao poder da informação; iv) e limita o poder

---

[4] MARCELLO CAETANO ult. loc cit, p. 5.
[5] Cfr FOUSTEL DE COULANGES "A Cidade Antiga"- (primeira edição em 1864)- Vale Formoso- 2013
[6] Cfr. MARCELLO CAETANO ult. Loc cit, p. 7 e seg.

familiar, através da adoção de regras de igualdade entre sexos e do reconhecimento de uniões e formas familiares atípicas.

1.2. O Estado e as suas metamorfoses históricas

3. De entre as formas de poder político suscetíveis de pontuar numa coletividade territorial organizada destaca-se o poder político estadual. Tal como se observará, o Estado constitui o ente territorial mais eficiente ou perfeito no exercício de poderes de autoridade sobre uma comunidade humana. Não resulta ser tão próximo dos cidadãos, como o município ou a região, mas dispõe de recursos técnicos, financeiros e humanos para reger um território composto por diversos municípios e regiões e garantir a defesa equitativa de interesses gerais que os poderes regionais e locais, assentes na defesa de interesses próprios, não logram salvaguardar na sua visão particularista.

Mais próximo, contudo, dos mesmos cidadãos do que organizações supranacionais, como a União Europeia, o Estado é responsável, sem prejuízo das suas obrigações externas, em dar preferência aos interesses nacionais já que foi criado para servir as necessidades e aspirações do seu povo. Um Estado foi feito para servir prioritariamente um povo e não, necessariamente, para privilegiar serviços a povos alheios, ressalvados os naturais e usuais imperativos de cooperação e solidariedade.

Mas o Estado moderno exibe sensíveis diferenças em relação ao chamado *Estado Antigo*. Em sentido histórico o Estado é um domínio territorial regido politicamente por uma autoridade soberana, mas que experimentou uma longa evolução até à Paz de Vestefália, tendo sido teorizado e classificado por Georg Jellinek em vários tipos básicos: *o Estado oriental, a Cidade-Estado Grega, O Estado Romano e o Estado medieval*.

Remetendo-se a distinção entre estes tipos de Estado para a excelente síntese de Jorge Miranda[7] observa-se que o "Estado oriental"(Impérios Egípcio, Assírio, Caldeu e Persa) era pautado pela sua dimensão imperial e por um poder de domínio arbitrário, exercido sobre populações muito diversas e territórios com limites pouco definidos. A sociedade era rigidamente dividida em classes sociais e imperava um certo grau de domínio do político, exercido por um soberano, por parte do poder religioso, confundindo o monarca, na mesma pessoa, o político e o religioso.

Já a "Cidade-Estado" grega envolvia coletividades estaduais de pequena dimensão e fronteiras difusas. Eram étnica e socialmente homogéneas com um estatuto de privilégio concedido aos cidadãos, tratados como iguais, sobre outras classes menores sendo dotadas de formas de governo elaboradas e consistentes

---

[7] JORGE MIRANDA "Manual de Direito Constitucional"-I-1-Coimbra-2014-p. 57 e seg.

que envolviam a intervenção da cidadania (englobando tipos diferenciados de poder político, tais como a democracia, a oligarquia, a tirania e a autocracia militarizada).Com o "Estado romano" regressa-se ao domínio de grandes espaços, à unidade do poder político com relevo para a fase imperial com algum elemento de simbiose entre o religioso e o político, uma estrutura rígida de classes com destaque para o poder patrício (a aristocracia), a consagração do direito de cidadania e a distinção entre o público e o privado na esfera do direito.

O "Estado medieval", limitado externamente pelo primado dualista do Papado e do Sacro-Império romano germânico, envolve uma fase estamental caracterizada por relações de vassalagem que enfraquecem o soberano (o monarca) seja diante de outros monarcas estrangeiros seja frente aos grandes senhores feudais. Pontifica, igualmente, uma noção patrimonial do poder, uma sociedade rigidamente dividida em ordens ou estamentos que limitavam a autoridade real, fronteiras territoriais móveis ou difusas ditadas pela teia vassalática e uma organização jurídica imprecisa e por vezes caótica com a concorrência de várias fontes de direito geradoras de normas desagregadas (o direito pátrio, o canónico e o imperial). Posteriormente, entre o final da Idade Média e o início do Renascimento, inicia-se um ciclo de absolutista, em que o monarca associa a sua pessoa à soberania e a um domínio patrimonial (soberano não é o Reino mas o Rei), centraliza pela força ou pela persuasão o poder, reduzindo as prerrogativas da Igreja e das grandes casas senhoriais em aliança com a burguesia mercantil, ordena e compila o Direito e reforça a sua autoridade institucional a expensas das cortes (que reúne cada vez com menos frequência), tornando mais visível o traçado das fronteiras como limite da sua autoridade.

2. O Estado soberano contemporâneo e os seus elementos

2.1. Noção

4. A ideia sincrética de "Estado" como um poder político que exerce prerrogativas de autoridade ou de mando sobre um espaço territorial é antiga, tal como observámos na rubrica anterior, mas a noção de *Estado moderno* constitui um produto da Paz de Vestefália em 1648, a qual assinalou o termo da Guerra dos Trinta Anos e dos seus magnos conflitos religiosos. O modelo da *Respublica Christiana*, dominada pelo primado do Papado e do Sacro-Império, bem como os resíduos de vinculações feudais que sobreviveram ao início da idade Moderna (que muitos reconduzem à data de 1453, a qual assinala a tomada de Constantinopla pelos turcos) desmoronaram-se e, nas clausulas do Tratado, ficou claro que[8]:

---

[8] MATHEW HORSEMAN-ANDREW MARSHALL "After the Nation State"- London-1994-p. 5.

i) A soberania não ficaria apenas adstrita ao monarca ou soberano mas às fronteiras que integram os territórios que ao mesmo eram sujeitos;
ii) A Nação seria soberana e irredutível;
iii) Só os Estados e não mais a Igreja poderiam exercer o poder político;
iv) Os Estados deveriam abster-se de interferências nos respetivos assuntos internos.

Com as revoluções americana e francesa que deflagraram no Século XVIII, consolidou-se o sentido de Nação ou nacionalidade, separada da figura do Monarca e tornada extensível aos súbditos, convertidos em cidadãos. O nacionalismo ou patriotismo constituiriam fatores de mobilização popular para a defesa do Estado, consolidando-se o paradigma do "Estado-Nação".

É este modelo de Estado, no que concerne á sua estrutura básica, que ainda hoje impera na Sociedade Internacional, sem prejuízo de algumas das suas componentes clássicas terem sido nas últimas décadas enfraquecidas em certos continentes pelo surgimento de organizações supranacionais (como a União Europeia) e pelas convenções que guiam um processo incerto de mundialização, conhecido por "globalização", que envolve a limitação do impacto garantístico das fronteiras nacionais, tendo em vista a circulação de pessoas, mercadorias, capitais e informações.

Pode-se definir o Estado contemporâneo como *uma coletividade territorial integrada por um povo, que a ela se encontra ligado pelo vínculo da nacionalidade, e por um poder político soberano.*

Povo, território e poder político soberano são, deste modo, os três elementos constitutivos do Estado, como pessoa coletiva pública.

Consideramos, contudo, que no Estado de direito formal, o *ordenamento jurídico* pode ser catalogado como *quarto elemento do Estado*. Com efeito, numa coletividade estadual em que o poder político não é arbitrário, mas antes regido e limitado pelo Direito, o exercício da autoridade integra-se num *ordenamento*. Este define-se como um *sistema jurídico geral regido por imperativos de coerência e por uma vocação de completude, integrando quer um sistema político-institucional composto órgãos de poder separados entre si e investidos na competência para produzir, aplicar e fiscalizar normas jurídicas quer um sistema normativo composto por princípios e regras jurídicas geradas, executadas e controladas pelos referidos órgãos* [9].

---

[9] CARLOS BLANCO DE MORAIS "Curso de Direito Constitucional"-I-Coimbra- 2015- p. 20.

2.2. Introdução aos elementos do Estado

2.2.1. O Povo

A. Conceito

5. Os "povos das nações" são discursivamente reconhecidos no preâmbulo da Carta das Nações Unidas como sujeitos ativos da garantia da paz internacional, operando, contudo, através dos Estados, pois só os Estados soberanos são reconhecidos como membros de pleno direito da mesma organização[10].

O povo, numa aceção técnica, define-se como *o conjunto de pessoas ligadas a uma determinada coletividade estadual pelo vínculo jurídico da nacionalidade*[11].

Sem um povo, como substrato humano de uma coletividade cujos membros são titulares de direitos e vinculados a deveres perante a mesma (tais como o da sua defesa e da sua sustentação material através do pagamento de tributos), não existe Estado.

O conceito de povo distingue-se de outras figuras afins. Assim, enquanto a *população* consiste no conjunto de pessoas que residem num Estado, o povo integra apenas as pessoas, residentes ou não, que assumem uma relação de pertença em face daquele, através do vínculo jurídico na nacionalidade ou cidadania. Assim sendo, a população residente num Estado abrange tanto nacionais (que integram o povo) como estrangeiros e apátridas.

O conceito de Nação também não coincide necessariamente com o de povo.

Nação é um conceito sociológico e cultural que abrange *as pessoas unidas por tradições, necessidades e aspirações que se projetam como uma comunidade de destino no universal*. Fatores como vivências históricas, costumes, cultura, laços de sangue e língua constituem o cimento das nações. Já o povo é um conceito jurídico e tanto pode coincidir com uma só nação como englobar várias. Se, por exemplo,

---

[10] RUI MOURA RAMOS "Do Direito Português da Nacionalidade"-Coimbra-1984 e " A Renovação do Direito Português da Nacionalidade pela Lei Orgânica nº 2/2006, de 17 de abril"- in "Revista de Legislação e Jurisprudência"-nº 3943-Mar-Abril-2007-p. 198 e seg; ANTÓNIO MARQUES DOS SANTOS "Estudos de Direito da Nacionalidade"-Coimbra-1998; VITALINO CANAS "Nacionalidade Portuguesa Depois de 2006"- RFDUL-2007-p. 509 e seg; MARIA LUÍSA DUARTE "A Cidadania da União e a Responsabilidade dos Estados pela Violação do Direito"-Lisboa-1994; NUNO PIÇARRA "Cidadania Europeia, Direito Comunitário e Direito Nacional" in "O Direito"-Jan-Jun-nºs 2/3-1994-p. 185 e seg.; JORGE PEREIRA DA SILVA "Culturas de Cidadania- em torno do Acórdão do TC e da nova lei da nacionalidade"- in "Jurisprudência Constitucional"- ii- Julho/setembro de 2006; JÓNATAS MACHADO "Povo"-DJAP-VI-1994-p. 419 e seg;

[11] CARLOS BLANCO DE MORAIS "Curso de Direito Constitucional"-op cit –p. 19.

Portugal, o Brasil e a França constituem exemplos comuns de *Estado-Nação*, já a Espanha, a Bélgica, a Suíça e a União Indiana são estados multinacionais. Existem, ademais, nações compostas por cidadãos de diversos Estados, como o caso da Nação judaica, ou a nação curda.

B. O regime da nacionalidade ou cidadania portuguesa

a) Fundamentos aquisitivos da nacionalidade na República Portuguesa

6. A noção jurídica e política de povo tem assento constitucional, mas encontra-se regida pela lei da nacionalidade.

A Constituição qualifica o vínculo relacional estabelecido entre o Estado e os cidadãos como "cidadania". O artº 4º determina que *"São cidadãos portugueses todos aqueles que como tal sejam considerados por lei ou por convenção internacional"*.

No fundo, a Constituição não regula diretamente, mas antes remete para as convenções internacionais e para a lei os pressupostos de atribuição e perda da cidadania. Ainda assim, no nº 1 do seu artº 26º, a Lei Fundamental reconhece a todos a cidadania, na qualidade de "direito fundamental" e o nº 4 do mesmo preceito refere que a privação da mesma cidadania só pode efetuar-se nos casos previstos na lei e não pode "ter como fundamentos motivos políticos". Trata-se de um importante limite constitucional à lei que, no nosso entendimento, se encontra claramente desatualizado e é fonte de problemas. Em tempos de combate a formas extremas e globais de terrorismo de massas parece absurdo que não se possa retirar a cidadania aos responsáveis por esses atos brutais e criminosos bem como àqueles que cometam crimes de traição à Pátria. Na verdade, se a cidadania é um direito, envolve igualmente diversas obrigações e só deve ser atribuída a quem a mereça[12].

No fundo, a par de normas convencionais, é a lei que regula os pressupostos de atribuição e privação da cidadania, assumindo a mesma forma de *lei orgânica* (Lei nº 37/81 de 3 de outubro e as correspondentes nove alterações[13]) a qual reveste valor reforçado (alínea f) do artº 164º conjugada com o nº 2 do artº 166º da CRP).

---

[12] Em França, depois dos atentados de Paris em final de 2015, o então Presidente socialista, François Hollande procurou, sem sucesso, fazer passar uma revisão à Constituição que estipulava a privação da nacionalidade a indivíduos condenados pela prática de atos terroristas graves.
[13] Cumpre chamar a atenção para a importante alteração à Lei da Nacionalidade (LN) inserida pela Lei Orgânica 2/2006, de 17-4. A modificação mais recente, até à publicação deste escrito, foi a Lei nº 9/2015, de 29-7. A lei é objeto de concretização por um decreto-lei que a "regulamenta" (Decreto-Lei nº 322/82, com 8 alterações, a última das quais ínsita no Decreto-Lei nº 71/2017, de 21-6).

Contudo, a mesma lei não usa a fórmula *cidadania* mas sim a de *nacionalidade*, na base de uma tradição antiga do direito português.

Podendo teoricamente os dois conceitos divergir, o ordenamento português utiliza-os como sinónimos, pelo que também os convocaremos indistintamente com o mesmo significado.

O regime de atribuição da nacionalidade não será objeto de desenvolvimento nestas linhas que se limitarão a enunciar os seus tópicos gerais, havendo, contudo, diagramas e sumários desenvolvidos sobre a matéria com algum interesse [14].

Assim, a revisão da lei feita em 2006 reforçou o princípio do "jus solis" (atribuição da nacionalidade a pessoas nascidas ou residentes em território português) em detrimento do "*jus sanguinis*" (atribuição da nacionalidade a filhos ou netos de portugueses). Tratou-se de uma opção ideológica, destinada a acomodar os filhos de imigrantes estrangeiros e os próprios imigrantes residentes em território nacional, criando pressupostos algo fluidos para a aquisição em massa da nacionalidade por parte de setores da população sem vínculo pessoal ou cultural à sociedade e ao Estado português. Trata-se de uma lei porosa agravada pelo Decreto-Lei nº 71/2017 que permite que os seus requisitos sejam facilmente contornados e, nalguns casos, defraudados.

Em termos gerais, a nacionalidade pode ser objeto de:

i) *Aquisição originária*, que produz efeitos desde o nascimento do titular, operando seja por via do "*jus sanguinis*"[15], seja pelos critérios do "*jus san-*

---

[14] RICARDO LEITE PINTO - JOSÉ MATOS CORREIA - FERNANDO SEARA "Ciência Política e Direito Constitucional"- Teoria Geral do Estado e formas de governo"-Lisboa-2013- p.101 e seg.

[15] São portugueses de origem por mero efeito legal (alíneas a) e b) do nº 1 do artº 1º da Lei da Nacionalidade (LN): i) Os filhos de mãe portuguesa ou de pai português nascidos no território português; ii) Os filhos de mãe portuguesa ou de pai português nascidos no estrangeiro se o progenitor português aí se encontrar ao serviço do Estado português.

guinis" e da vontade[16], seja por força do "jus solis"[17], seja ainda por critérios mistos dependentes da vontade do adquirente[18];

ii) A*quisição derivada* que produz efeitos em momento posterior ao nascimento, englobando a *adoção*[19], *a naturalização e a atribuição graciosa* pelo Estado[20].

[16] São portugueses de origem com base no *jus sanguinis*, na vontade do adquirente e por via de efeito legal, nos termos das alíneas c) e d) do nº 1 do artº 1º da LN: i) Os filhos de mãe portuguesa ou de pai português nascidos no estrangeiro, se tiverem o seu nascimento inscrito no registo civil português ou se declararem que querem ser portugueses; ii) Os indivíduos nascidos no estrangeiro com, pelo menos, um ascendente de nacionalidade portuguesa do 2.º grau na linha reta que não tenha perdido essa nacionalidade, se declararem que querem ser portugueses, possuírem laços de efetiva ligação à comunidade nacional e, verificados tais requisitos, inscreverem o nascimento no registo civil português.

[17] 1º. Adquirem a nacionalidade com base por efeito legal centrado no critério do jus solis, nos termos da alínea e) do nº 1 do artº 1º da LN: os indivíduos nascidos no território português, filhos de estrangeiros, se pelo menos um dos progenitores também aqui tiver nascido e aqui tiver residência, independentemente de título, ao tempo do nascimento.
2º. Adquirem, ainda, a nacionalidade, também por efeito legal centrado no critério do jus solis, mas em associação com o critério da vontade do adquirente (alínea f) do nº 1 do artº 1º da LN): Os indivíduos nascidos no território português, filhos de estrangeiros que não se encontrem ao serviço do respetivo Estado, se declararem que querem ser portugueses e desde que, no momento do nascimento, um dos progenitores aqui resida legalmente há pelo menos cinco anos;
3º. Adquirem, finalmente, a nacionalidade na base de um critério simples de jus solis, associado a um pressuposto factual (alínea g) do nº 1 do artº 1º da LN): os indivíduos nascidos no território português e que não possuam outra nacionalidade.

[18] Os artºs 2º e 3º regulam a aquisição da nacionalidade com base no critério da vontade, associado aos critérios de *jus sanguinis* e jus solis.
Dispõe o artº 2º, que filhos menores ou incapazes de pai ou mãe que adquira a nacionalidade portuguesa podem também adquiri-la, mediante declaração.
Determina, por seu turno, o artº 3º, nas suas alíneas a) e c), respetivamente, que i) O estrangeiro casado há mais de três anos com nacional português pode adquirir a nacionalidade portuguesa mediante declaração feita na constância do matrimónio; ii) O estrangeiro que, à data da declaração, viva em união de facto há mais de três anos com nacional português pode adquirir a nacionalidade portuguesa, após ação de reconhecimento dessa situação a interpor no tribunal cível.
Determina o artº 5º da LN que o adotado plenamente por nacional português adquire a nacionalidade portuguesa.

[19] De acordo com o artº 5º da LN "O adotado plenamente por nacional português adquire a nacionalidade portuguesa.

[20] Pela sua extensão reproduz-se integralmente o artº 6º da LN que regula a aquisição da nacionalidade por efeito da vontade, através de um processo de naturalização.

ESTADO E ORGANIZAÇÃO DO PODER POLÍTICO

Cumpre destacar que, com a revisão de 2006, a discricionariedade de que dispunha o Estado para proceder à atribuição da nacionalidade por força de naturalização foi suprimida num conjunto de situações, nas quais se passou a prever um direito subjetivo do requerente quando se encontrarem reunidos certos pressupostos, fator que merece reparos pelo défice de avaliação de riscos e impactos negativos, em tempos de êxodos e migrações massivas oriundas de espaços extra-europeus.

A perda da nacionalidade está limitadíssima aos que, sendo nacionais de outro Estado, não queiram ser portugueses (artº 8º) enumerando o artº 9º da LN alguns fundamentos dos poderes públicos à oposição de aquisição da nacionalidade por efeito da vontade e adoção.

"1 - *O Governo concede a nacionalidade portuguesa, por naturalização, aos estrangeiros que satisfaçam cumulativamente os seguintes requisitos: a) Serem maiores ou emancipados à face da lei portuguesa;*
b) *Residirem legalmente no território português há pelo menos seis anos;*
c) *Conhecerem suficientemente a língua portuguesa;*
d) *Não terem sido condenados, com trânsito em julgado da sentença, pela prática de crime punível com pena de prisão de máximo igual ou superior a 3 anos, segundo a lei portuguesa;*
e) *Não constituam perigo ou ameaça para a segurança ou a defesa nacional, pelo seu envolvimento em atividades relacionadas com a prática do terrorismo, nos termos da respetiva lei.*
2 - *O Governo concede a nacionalidade, por naturalização, aos menores, nascidos no território português, filhos de estrangeiros, desde que preencham os requisitos das alíneas c) e d) do número anterior e desde que, no momento do pedido, se verifique uma das seguintes condições:*
a) *Um dos progenitores aqui resida legalmente há pelo menos cinco anos;*
b) *O menor aqui tenha concluído o 1.º ciclo do ensino básico.*
3 - *O Governo concede a naturalização, com dispensa dos requisitos previstos nas alíneas b) e c) do n.º 1, aos indivíduos que tenham tido a nacionalidade portuguesa e que, tendo-a perdido, nunca tenham adquirido outra nacionalidade.*
4 - *(Revogado.)*
5 - *O Governo pode conceder a nacionalidade, por naturalização, com dispensa do requisito estabelecido na alínea b) do n.º 1, a indivíduos nascidos no território português, filhos de estrangeiros, que aqui tenham permanecido habitualmente nos 10 anos imediatamente anteriores ao pedido.*
6 - *O Governo pode conceder a naturalização, com dispensa dos requisitos previstos nas alíneas b) e c) do n.º 1, aos indivíduos que, não sendo apátridas, tenham tido a nacionalidade portuguesa, aos que forem havidos como descendentes de portugueses, aos membros de comunidades de ascendência portuguesa e aos estrangeiros que tenham prestado ou sejam chamados a prestar serviços relevantes ao Estado português ou à comunidade nacional.*
7 - *O Governo pode conceder a nacionalidade por naturalização, com dispensa dos requisitos previstos nas alíneas b) e c) do n.º 1, aos descendentes de judeus sefarditas portugueses, através da demonstração da tradição de pertença a uma comunidade sefardita de origem portuguesa, com base em requisitos objetivos comprovados de ligação a Portugal, designadamente apelidos, idioma familiar, descendência direta ou colateral.*

Em suma, a cidadania ou nacionalidade é um direito, mas também um *direito sobre direitos* ou um direito que pressupõe outros direitos, dado que a Constituição e a lei podem conceder aos cidadãos nacionais direitos que não são extensíveis a estrangeiros residentes em Portugal (artº 15º da CRP) . Existem, igualmente, deveres exclusivos dos cidadãos portugueses, como a defesa da Pátria (nº 1 do artº 276º da CRP).

b) Cidadania europeia

7. Dispõe o artº 9 do Tratado de Lisboa: *"(...) É cidadão da União qualquer pessoa que tenha a nacionalidade de um Estado-Membro. A cidadania da União acresce à cidadania nacional, não a substituindo".*

Não sendo a União Europeia um Estado soberano, a "cidadania europeia" não é, em rigor técnico, uma autêntica cidadania. No fundo cria-se um vínculo entre os cidadãos dos Estados-Membros e a União, que pelo facto de serem cidadãos nacionais de um desses Estados adquirem automaticamente a cidadania europeia, não existindo cidadãos da U.E. que não sejam, simultaneamente, cidadãos nacionais desses Estados.

A cidadania europeia confere aos seus titulares uma pluralidade de direitos reconhecidos nos tratados e no direito derivado da U.E. A Carta dos Direitos Fundamentais da União enuncia direitos que devem ser garantidos pelas normas dessa organização, havendo, também, algumas normas convencionais que vinculam os Estados – Membros. Entre estas cumpre destacar o direito à livre circulação no espaço da União, o direito de eleger e ser eleito nas eleições locais do Estado-Membro onde resida, o direito de eleger e ser eleito nas eleições para o Parlamento europeu, proteção diplomática fornecida por qualquer Estado Membro e direito de petição a diversas instâncias da União Europeia.

c) Estatuto dos estrangeiros e apátridas residentes em território português

8. A Constituição Portuguesa é especialmente generosa quando, numa cláusula geral constante do nº 1 do seu artº 15º, reconhece aos estrangeiros e apátridas presentes ou residentes em território nacional, os mesmos direitos fundamentais que atribui aos cidadãos portugueses.

Se bem que a cláusula abranja todos os direitos fundamentais, ela é objeto de uma exceção constante da norma do nº 2 do mesmo artigo que exclui dessa equiparação, os *direitos políticos*, o exercício de funções públicas que não tenham caráter predominantemente técnico e os direitos e deveres reservados pela Constituição e pela lei exclusivamente a portugueses.

Verifica-se, contudo, que a faculdade cometida pela parte final do nº 2 do artº 15º da Constituição em vigor à lei, no sentido de poder reservar direitos a cidadãos nacionais, é severamente diminuída par uma jurisprudência híper-garantista do Tribunal Constitucional que tem julgado inválidas, ao abrigo do princípio da igualdade que extrai do nº 1, diferenciações legais em matéria de direitos fora da esfera política, desvitalizando a parte final do preceito.

O nº 2 do artº 15º é, ele próprio, objeto de uma exceção no nº 3, já que admite a cidadãos de Estados de língua portuguesa com residência permanente em Portugal, mediante previsão legal e em condições de reciprocidade[21], direitos não reconhecidos a estrangeiros (mormente políticos) excetuando os cargos de Presidente da República, Presidente da Assembleia da República, Primeiro-Ministro, presidentes dos tribunais supremos e o serviço nas Forças Armadas e carreira diplomática. Trata-se de uma disposição com precedentes no Estado Novo, mormente na *Convenção sobre a Igualdade de Direitos e deveres entre brasileiros e portugueses,* assinada em 1971.

Julga-se que esta disposição não pode ser interpretada literalmente devendo alargar a interdição aos Ministros do Governo da República e ao Presidente do Tribunal Constitucional[22]. Acrescenta-se, igualmente, que chegou a ser proposta numa revisão constitucional que se alargassem os direitos políticos a estrangeiros residentes dos Estados de expressão portuguesa, mesmo sem existência de reciprocidade, o que, a prevalecer, colocaria o Estado português numa situação de incompreensível e servil inferioridade e défice de estatura institucional na sua relação com terceiros Estados.

Os nºs 4 e 5 preveem outras exceções ao nº 2, quanto à regra da reserva a portugueses da titularidade de direitos políticos. O primeiro preceito citado admite que estrangeiros residentes, nos termos legais e em condições de reciprocidade, possam eleger e ser eleitos em sufrágios para titulares de órgãos autárquicos. O nº 5, que reflete uma obrigação ditada pelo direito europeu, prevê que a lei, também num quadro de reciprocidade, possa determinar que estrangeiros residentes que sejam cidadãos da União Europeia possam eleger e serem eleitos deputados ao Parlamento europeu.

No fundo o artigo funciona como uma pirâmide, com uma norma geral no nº 1, uma exceção no nº 2 e exceções a essa exceção nos nºs 3,4 e 5.

---

[21] No sentido de se reconhecer aos portugueses residentes nos respetivos Estados idênticos direitos.
[22] Caso contrário, e em tese, esta norma admitiria soluções absurdas, como a possibilidade de um cidadão residente da Guiné Equatorial, num quadro de reciprocidade, poder ser Vice-Primeiro Ministro ou Ministro e Presidente do Tribunal Constitucional

2.2.2. O Território

A. Conceito e garantia

9. Sendo o Estado uma coletividade pública territorial, o território consiste no espaço geográfico e físico onde exerce os seus poderes de domínio, sendo o mesmo delimitado pelas linhas de fronteira.

Para além de pressuposto existencial do Estado[23], o espaço territorial circunscreve o âmbito de aplicação da sua autoridade soberana, constitui uma das condições da atribuição da nacionalidade (§6) e firma-se como pressuposto do exercício de muitos outros direitos fundamentais[24].

Todas as constituições portuguesas definiram o território nacional, o mesmo ocorrendo com a Constituição em vigor. O nº 1 do artº 5º refere que Portugal abrange *"o território historicamente definido no continente europeu e os arquipélagos da Madeira e dos Açores"*.

O nº 2 do mesmo preceito remete para a lei a definição da *"extensão e o limite das águas territoriais, a zona económica exclusiva e os direitos de Portugal aos fundos marinhos contíguos"*.

A proclamação do caráter intangível do território encontra-se prevista no nº 3 do artº 5º, quando essa disposição declara que o *"Estado não aliena qualquer parte do território português ou dos direitos de soberania que sobre ele exerce, sem prejuízo da retificação de fronteiras"*.

Veda-se, por conseguinte: i) o reconhecimento de direitos de Estados estrangeiros sobre parcelas do território português (mesmo sobre aquelas incorporadas noutros Estados mas sobre as quais Portugal mantém, por princípio, reivindicações históricas, como Olivença); ii) a constituição de partidos regionais (e, por maioria de razão, separatistas, como decorre algo anacronicamente da lei que proíbe organizações que perfilhem a "ideologia fascista"); iii) e a realização de referendos que vertam sobre a integridade territorial, a qual a Constituição erige

---

[23] Estados sem território fixo, independentemente do seu reconhecimento internacional, são uma ficção política, destinada a pressionar a suas descolonização ou saída de forças ocupantes, como foi a Guiné-Bissau em 1973, a República Árabe Sarauí e o Estado da Palestina.
[24] Cfr em geral, FAUSTO DE QUADROS-PAULO OTERO-JORGE BACELAR GOUVEIA "Portugal e o Direito do Mar"Lisboa-2004; JORGE MIRANDA "O Território" in AAVV "Estudos Sobre a Constituição -II-Lisboa-1978-p. 98; JOSÉ CALVET MAGALHÃES "Fronteira"-DJAP-" V-1991-p. 401 e seg. JOSÉ PEDRO FERNANDES "Território Nacional"--DJAP-VIII-1996-p. 411 e seg; MARIA REGINA MARCHUETA "O Conceito de fronteira na época da globalização"-Lisboa-2002; JAIME VALLE "A Plataforma Continental-Alguns Aspetos do seu Atual Regime Jurídico"-in "Revista Jurídica"-25-2002-p. 37 e seg;

na alínea a) do seu artº 9º, a tarefa fundamental do Estado (cfr. alínea a) do nº 4 do artº 115º da CRP sobre os limites materiais do referendo nacional).

B. O território terrestre

10. O território terrestre é composto pelo espaço físico composto pelo solo e subsolo, sem limite de profundidade e demarcado à superfície pelas linhas de fronteira.

A soberania do Estado sobre o seu território terrestre é plena, sem prejuízo de os cidadãos da União Europeia e outros cidadãos de terceiros estados abrangidos pelos acordos Schengen poderem exercer, dentro de certos critérios, o seu direito de entrada nesse espaço territorial. Nos restantes casos, a entrada depende de convenções bilaterais (como sucede com o Brasil e outros Estados de expressão portuguesa) ou é condicionada pela concessão de vistos de entrada e permanência.

C. O Território aéreo

11. O território aéreo é formado pelo espaço suprajacente compreendido pelas chamadas linhas verticais traçadas a partir das fronteiras terrestres e do mar territorial[25]. Não havendo linhas horizontais máximas que delimitem o espaço aéreo e que decorram do Tratado sobre o Espaço Exterior, de 1967, existem posições diversas sobre as fronteiras espaciais. Há quem defenda que os limites máximos consistem no espaço atmosférico e outros que apontam a altitude máxima alcançada pelas aeronaves militares ou aparelhos movidos a gás[26].

A soberania do Estado é tendencialmente plena sobre o espaço aéreo, com exclusão da zona espacial que se situa para além da atmosfera que é sobrevoada por naves espaciais de outros Estados. Necessidades de circulação aérea de aeronaves civis fazem com que o Estado subscreva convenções internacionais (tais como a Convenção de Chicago) que estipulam em favor das companhias aéreas, diversas liberdades de sobrevoo e desembarque das respetivas aeronaves, sem prejuízo de restrições ditadas por autoridades nacionais e europeias.

---

[25] RICARDO LEITE PINTO - JOSÉ MATOS CORREIA-FERNANDO SEARA "Ciência Política e Direito Constitucional"- op. cit -p. 119.
[26] RICARDO LEITE PINTO - JOSÉ MATOS CORREIA -FERNANDO SEARA ult. loc cit. p. 121.

D. Território marítimo

12. O território marítimo é aquele sobre o qual a soberania do estado assume uma natureza semi-plena. A sua delimitação está condicionada pela convenção de *Montego Bay* de 1982 e a sua exploração fortemente limitada pelo Tratado de Lisboa que "federalizou", como competência exclusiva da União, a conservação dos recursos biológicos do mar, o que se traduziu num revés para um Estado como Portugal, detentor de uma das maiores zonas económicas exclusivas da U.E.

O não ajustamento integral da letra da Constituição à Convenção de *Montego Bay* causa algumas incertezas e dificuldades interpretativas que, contudo, não serão aqui desenvolvidas.

Em primeiro lugar, e atento o disposto na Lei nº 33/77, de 28-5, o espaço marítimo abrange as "aguas territoriais" as quais compreendem o *"Mar territorial"*, que consiste nas águas marítimas adjacentes à costa com a largura de 12 milhas marítimas, sobre o qual o Estado exerce direitos de soberania. Trata-se de território nacional marítimo, em sentido próprio[27].

Nos termos do artº 33º da Convenção de Montego Bay o Estado exerce, ainda, alguns poderes de autoridade, no domínio da fiscalização e prevenção, na chamada *"Zona Contígua"* ao mar territorial, até ao limite de 24 milhas contadas a partir da linha de base daquele.

Haverá, ainda, a considerar uma área marítima que se estende por 200 milhas para além do Mar territorial (nº 1 do artº 2º da Lei nº 33/77) que se designa por *Zona Económica Exclusiva* (ZEE) relativamente à qual o estado exerce direitos de gozo e fruição para fins de exploração e conservação de recursos naturais, mormente para fins económicos. Tal não impede direitos de navegação e sobrevoo de outros Estados.

Finalmente destaca-se *Plataforma Continental* (fundos marinhos contíguos) que compreendem o leito e subsolo das águas subaquáticas e que se estendem, com uma largura variável, além do Mar territorial, em regra, até à distância de 200 milhas e uma profundidade de 200 metros (ou até onde seja possível explorar recursos) e sobre os quais o Estado, nos termos dos artºs 76º e 77º da convenção de *Montego Bay*, exerce direitos de exploração de recursos naturais[28].

---

[27] Para um tratamento desenvolvido do tema FAUSTO DE QUADROS-PAULO OTERO-
-JORGE BACELAR GOUVEIA "Portugal e o Direito do Mar", op. cit-p. 19 e seg.
[28] GOMES CANOTILHO-VITAL MOREIRA "Constituição da República Portuguesa"-
-Anotada-Coimbra-2010-p. 228.

2.2.3. O Poder político soberano

A. Conceito e atributos

13. O poder político, conceito já examinado supra, alude no contexto do Estado, *ao conjunto de prerrogativas de autoridade cometidas a determinados órgãos da coletividade estatal para ordenarem a vida coletiva, garantirem a prossecução dos interesses gerais e preencherem os fins da coletividade, usualmente centrados na realização da segurança, justiça e bem-estar.*

O poder político do Estado não é, contudo, um poder político qualquer.

Outras coletividades públicas, seja infra estaduais (como estados autónomos de uma federação, regiões, municípios e comunidades primitivas) seja internacionais (organizações internacionais e outras formas de associação de Estados) postulam a existência de um poder político. Contudo, o poder político dos entes infra-estaduais depende do seu reconhecimento pelo Estado, através da sua Constituição e encontra-se sujeito a limites de ordem vária fixados pelo direito estadual (tais como áreas de competência vedada e sujeição a legislação e outra normação do poder central, num número variável de matérias). Também as organizações internacionais são constituídas por Estados, têm os seus poderes conformados por tratados outorgados pelos Estados e podem ser extintas por vontade destes. Mesmo as confederações e organizações supranacionais nas quais os Estados que delas são membros limitam as suas prerrogativas de autoridade internas e externas em benefício desses entes podem ser reformadas ou extintas pelos Estados-membros.

Daqui resulta que o poder político do Estado diferencia-se das restantes formas de poder por possuir um atributo próprio que é a soberania. A soberania consiste *numa qualidade identitária do poder político do Estado e traduz-se na faculdade de este se poder livremente auto-organizar no plano jurídico, na liberdade de tomar decisões obrigatórias para os cidadãos e para outros entes públicos e privados e na capacidade de representar internacionalmente os interesses externos da coletividade, num quadro de igualdade formal com outros Estados.*

A soberania é, por conseguinte, um atributo supremo do poder político que, no universo do Estado de direito, se deslocou do estatuto pessoal do Monarca absoluto (o soberano) para o âmbito do próprio Estado e para os órgãos políticos que exprimem a sua vontade funcional[29].

---

[29] F.H HINSLEY "Sovereignity"-London-1966; CARL SCHMIT "Souvraineté de l'État et Liberté des Mers"- in"Du Politique- "Legalité et legitimité et autres essais"-Puiseux-1990-p. 143 e seg; THOMAS FLEINER GERSTER "Teoria Geral do Estado"-S. Paulo-2006-p.214;; ARTHUR BENZ "El Estado Moderno"-Madrid-2010-p. 371; MANOEL GONÇALVES FER-

Observámos na definição dada supra, que a soberania é sinónimo de *auto--conformação constituinte, supremacia interna e independência externa*.

Examinando estes três atributos, verificamos que o primeiro tem a ver com a *soberania constituinte*. O Estado em regra nasce a partir de um movimento de autodeterminação do seu povo no sentido da criação de uma coletividade territorial independente e essa autodeterminação está presente no poder constituinte que consiste na faculdade, juridicamente ilimitada, de o mesmo povo ou de um órgão atuando em sua representação (real ou existencial) aprovar uma Lei de hierarquia superior, designada por Constituição, a qual regula a ordem jurídica bem como o estatuto do poder político e da sociedade. No caso das comunidades infraestaduais, o seu estatuto organizatório é aprovado por leis do Estado ou, no caso dos estados federados, por constituições auto-conformadas mas subordinadas à constituição federal, carecendo de soberania auto-determinativa. Já as organizações internacionais e supranacionais são coletividades derivadas da vontade dos Estados que aprovam e modificam o seu estatuto de poder, ínsito em tratados. A soberania constituinte, porque juridicamente incondicionada, é um atributo "forte" e próprio do Estado soberano do tempo presente.

O segundo atributo tem a ver com a *soberania interna*. Esta implica a prerrogativa dos governantes, que exprimem a vontade funcional do Estado, em poderem fazer-se obedecer pelos governados, através de uma relação de domínio que não consente interferências externas. A *soberania interna* é uma qualidade vertical do poder e, no Estado de direito, encontra-se limitada pela Constituição. O poder de autoridade não é, por conseguinte, absoluto mas exerce-se nos termos e nos limites fixados pela Constituição e pelas leis, podendo os governados recorrer aos tribunais para fazer valer os seus direitos contra atos de poder inválidos e abusivos. Por outro lado, o predicado da não interferência externa não significa que o Estado não tenha de adotar decisões compatíveis e conformes com obrigações jurídicas internacionais ou supranacionais que livremente assumiu através de tratados que dispõem sobre o próprio direito interno.

A *soberania externa*, ligada à ideia de independência, implica que o princípio de igualdade jurídica-formal entre Estados, ínsito na Carta das Nações Unidas, seja observado e que as autoridades de um Estado atuem como seus únicos representantes na salvaguarda dos seus interesses na sociedade internacional, sem que se encontrem sujeitos a formas de tutela ou de interferência por parte de outros

REIRA FILHO "Curso de Direito Constitucional"-S. PAULO-2008-p. 50 e seg; ALEXANDRE FRANCO DE SÁ "Poder Direito e Ordem"-Rio de Janeiro - 2012-p. 245 e seg; CARLA AMADO GOMES "A Evolução do Conceito de Soberania: tendências recentes"- "Scientia Juridica"-Braga-1998-p. 185 e seg; RUI MEDEIROS "A Constituição Portuguesa num Contexto Global"-Lisboa-2015-p. 126 e seg e p. 107 e seg.

ESTADO E ORGANIZAÇÃO DO PODER POLÍTICO

Estados. Tal não obsta a que Estado integrados em organizações supranacionais como a União Europeia não vejam limitadas várias das faculdades inerentes à sua soberania externa, limites que não podem atingir o núcleo dessa soberania sob pena desta se nominalizar e deixar de existir.

14. Noutro escrito, para o qual se remete, chamámos a atenção para o facto de o supranacionalismo orgânico protagonizado pela União Europeia e o supranacionalismo inorgânico, ditado por vezes informalmente por conglomerados financeiros privados e organizações económicas e financeiras transnacionais envolvidos no chamado processo de globalização de bens, pessoas e capitais, colocarem, no tempo presente, fortes limites à soberania interna e externa dos estados. Esses limites são mais intensos para os Estados-membros da União Europeia e menos intensos para os restantes Estados[30].

As crises financeiras internacionais do *subprime*, nos Estados Unidos (2008) e das dívidas soberanas na Europa (2009), tornaram clara a fragilidade de muitos Estados, incluindo médias potências, pelo que, quanto maior for a fragilidade económico e financeira destes e a sua dependência de apoio financeiro transnacional, menor a dimensão real da sua soberania. O facto de Estados, como Portugal, terem sido privados da sua real soberania, quando foram objeto de um resgate financeiro internacional entre 2011 e 2014 e de os Estados europeus terem sido sujeitos a uma partilha de componentes da sua soberania no contexto da União Europeia não significa, contudo, que este seja o modelo dominante na sociedade internacional. Sem prejuízo das obrigações internacionais que livremente contraíram, as grandes e médias potências (como os Estados Unidos, Canadá, Brasil, Federação Russa, China, Indonésia, União Indiana, Austrália e Irão) continuam a agir como Estados soberanos.

A soberania, sendo a qualidade central do poder estatal também qualifica os Estados que a detêm. Isto porque permite distinguir aqueles que são plenamente soberanos (caso dos Estados Unidos, Rússia e China), dos Estados com soberania limitada (como os membros de uma organização supranacional como a União Europeia), dos Estados semi-soberanos ou de soberania diminuída (caso dos protetorados internacionais de direito ou de facto como a Bósnia e o Kosovo), dos Estados falhados como a Somália, e dos estados não soberanos (os estados federados autónomos que integram de uma federação).

B. O poder soberano na ordem constitucional portuguesa

15. Nos termos do artº 1º da Constituição de 1976 Portugal é uma República soberana. Essa mesma soberania é, nos termos do nº 1 do artº 3º, "una e indivisível" ou

---

[30] CARLOS BLANCO DE MORAIS "Curso de Direito Constitucional"-Tomo II-Vol 2-p.25 e seg.

seja, respeita o princípio da unidade nacional e não pode ser dividida por outras coletividades soberanas (não se pode reconhecer, por exemplo, a existência de poderes soberanos às regiões autónomas), nem compartilhada ou alienada a outros Estados estrangeiros[31].

A soberania, nos termos do nº 3 da CRP, reside no povo que a exerce segundo as formas previstas na Constituição, mormente através de atos referendários (artº 115º da CRP) e do exercício de competências cometidas aos órgãos que direta ou indiretamente o representam ou agem em seu nome. Esses órgãos são designados pelo artº 110º da CRP como *"órgãos de soberania"* e compreendem o Presidente da República, a Assembleia da República, o Governo e os Tribunais. No contexto do principio da separação com interdependência de poderes (artº 111º da CRP) os órgãos considerados exercem as funções e prerrogativas de soberania em nome de toda a coletividade e os seus titulares que exercem a função política são designados direta ou indiretamente pelos governados.

A soberania encontra-se especialmente garantida na alínea a) do artº 288º da CRP, que proíbe revisões da Constituição que não respeitem a independência nacional e a unidade do Estado.

Sem embargo, o nº 6 do artº 7º da CRP autoriza, no contexto da União Europeia, que o Estado Português em condições de reciprocidade possa delegar na mesma União, mediante tratado, poderes soberanos, passando esta organização a exercê-los ou a promover o seu exercício em comum ou em cooperação. Certo é que essa delegação tem limites e a abdicação de certas instituições (como a que implica um serviço diplomático e umas forças armadas independentes) ou a sujeição dos órgãos de soberania a tutela externa na esfera de competências ligadas à Justiça, segurança e organização institucional violariam, claramente, o princípio da soberania na sua dimensão constitucional pois alterariam a natureza do Estado e do respetivo poder político, defraudando a Constituição.

3. Sinopse sobre as formas territoriais de Estado

3.1. O poder territorial

16. O poder político compreende, mas não se esgota, numa relação hierárquica de supremacia entre o centro de poder soberano e os territórios periféricos. Ele é igualmente distribuído horizontalmente entre o centro e a periferia, pelo que as coletividades periféricas (que podem ser organizados juridicamente em autarquias locais, regiões ou estados federados) passam a exercer, dentro dos limites

---

[31] GOMES CANOTILHO-VITAL MOREIRA "Constituição (...)"-I-op. cit, p. 215.

impostos pela Constituição e, nos termos desta, pelos órgãos de soberania, atribuições de autoridade pública.

A noção de "poder territorial" resulta da simbiose entre território e soberania e a estrutura desse poder revela uma elasticidade suficiente para permitir aos órgãos soberanos ajustarem o alcance das suas prerrogativas de autoridade às particularidades e exigências das coletividades territoriais que o compõem[32].

A dialética entre território e poder político soberano envolve uma tensão entre fluxos de centralização (filosofia que defende a concentração do poder político, administrativo e judicial num único círculo de comando) e pressões espaciais no sentido da atribuição de poderes descentralizados às coletividades territoriais (implicando uma repartição de poderes entre um centro de autoridade soberana e entidades territoriais autónomas). Ora, a autonomia define-se, sincreticamente, no respeito pela sua raiz etimológica grega, como "auto-regulação", traduzindo-se na "*faculdade que têm alguns entes públicos de se organizarem juridicamente e de criarem um direito próprio, o qual não só é reconhecido como tal pelo Estado, como também este o incorpora na ordem jurídica tornando-o obrigatório (...)*"[33]. Em democracia, os órgãos de poder das coletividades territoriais autónomas são livremente designadas pelo povo residente ou a elas vinculado, através de eleições.

3.2. Descentralização e autonomia

17. *A descentralização territorial* envolve um policentrismo de autoridades públicas com personalidade jurídica e dotadas de autonomia no exercício de funções jurídico-públicas as quais dividem ou partilham com o poder político soberano. Distingue-se *da desconcentração territorial*, que consiste numa técnica utilizada pelo poder central para descongestionar os seus serviços e responder mais celeremente a exigências locais ou regionais, atribuindo poderes de autoridade a órgãos que lhe são hierarquicamente subordinados e que são instalados nos territórios periféricos para agirem em nome do Estado. É, em Portugal, entre outros, o caso das *Comissões de Coordenação Regional*, que dependem do Governo.

De qualquer forma, o tipo de relações que se estabelecem entre o espaço e poder político condiciona a forma de organização territorial de Estado.

Nesta breve síntese cumpre referir que, no modelo de Estado de direito democrático, o modelo puramente centralista está há muito superado, fundamentalmente por dois tipos de razões:

---

[32] PAOLO BISCARETTI DI RUFFIA "Derecho Constitucional"-Madrid-1982 p. 99 e seg.
[33] ZANOBINI ("Corso di Diritto Amministrativo"-Milano- I) cit. CARLOS BLANCO DE MORAIS "A Autonomia Legislativa Regional"-Lisboa-1983-p. 63.

i) *Técnicas*, derivadas do mau desempenho funcional de um modelo centralista, incapaz de dar resposta a todo o tipo de demandas económicas, sociais e culturais de uma sociedade polimórfica, com relevo para as exigências oriundas de comunidades territoriais distantes (cumprindo recordar a clássica advertência de Lamenais contra os efeitos do excesso de centralismo: "a congestão do centro gera a paralisia das extremidades");

ii) *Políticas*, pois as populações assumem uma relação histórica, societária e telúrica com as comunidades territoriais onde residem e trabalham e reclamam a possibilidade de estas se auto-regularem em matérias que dizem respeito aos seus interesses específicos e ao seu modo de vida quotidiano, elegendo livremente para o efeito autoridades políticas que governem ou administrem essas mesmas comunidades, juridicamente organizadas.

Assim, a *descentralização* envolve duas espécies de coletividades territoriais com personalidade jurídica, ou seja, pessoas coletivas públicas assentes numa dimensão espacial onde exercem o seu poder de autoridade: o Estado e as coletividades territoriais menores que o integram.

Existem, contudo, diferentes tipos de descentralização, em razão da natureza e da relevância dos poderes que são cometidos pelo Estado às comunidades territoriais menores, o que significa que estas divergem, não só em dimensão mas em função do maior ou maior grau de autonomia que a Constituição e o poder central lhes reconhece e que para elas é transferida.

As razões que justificam um grau maior de descentralização são muito variadas, sendo as mais relevantes as de *ordem espacial* (grandes extensões territoriais e descontinuidade geográfica entre partes do território estadual)[34], *ordem histórica* (costumes e herança tradicional de territórios com um passado de identidade vincada)[35], *de ordem étnico-cultural* (especificidades linguísticas, religiosas e étnicas, de certas comunidades territoriais)[36] e de *ordem económica* (territórios pobres e esquecidos pelo poder central ou territórios ricos e fortes contribuintes líquidos para o orçamento do Estado mas com pouco peso político no poder central[37]). Frequentemente estes fatores cumulam-se ou combinam-se.

Importa, em consequência, destacar os três grandes tipos de descentralização em grau ascendente, em razão do maior nível de autonomia reconhecida às

---

[34] Estados Unidos, Rússia e Brasil.
[35] Escócia, Alemanha e Canadá.
[36] União indiana, Bélgica (Flandres) e Suíça.
[37] No segundo caso, a Catalunha relativamente a Espanha.

comunidades territoriais: *a descentralização administrativa; a descentralização político--administrativa; e a descentralização constitucional.*

A *descentralização administrativa* envolve a atribuição de *autonomia administrativa* (competência para aprovar normas regulamentares para a concretização de leis, aprovação de atos administrativos para a execução de normas, celebração de contratos administrativos e produção de bens e serviços) e *autonomia financeira e patrimonial* a coletividades territoriais organizadas sob a forma de autarquias locais (tais como freguesias, municípios e regiões). Trata-se do escalão menor de descentralização.

A *descentralização político-administrativa* implica a atribuição a municípios[38] ou a macro parcelas territoriais (comunidades ou regiões) de um tipo de autonomia não apenas administrativa, financeira e patrimonial, mas igualmente *política*, a qual significa que os órgãos de poder dessas entidades dispõem de *competência para aprovar leis e atos políticos*. Está-se diante de um nível intermédio de descentralização.

Finalmente, a *descentralização constitucional,* pressupõe que determinadas macro parcelas territoriais (estados autónomos) gozem não apenas de autonomia político-administrativa, financeira e patrimonial, mas, igualmente, de *autonomia constitucional* (faculdade de aprovarem e reverem a respetiva constituição, no respeito da Constituição do Estado-soberano que integram) e, por regra, de *autonomia jurisdicional.* Este é o mais elevado patamar de descentralização.

3.3. Formas de Estado

18. Em função do exposto, a *forma de Estado* consiste *no modelo inerente ao tipo de relações estabelecidas entre o poder político estadual e o território.*

3.3.1. Tipologia e atributos distintivos

19. Em razão da natureza da descentralização adotada é possível distinguir duas formas de Estado: *O Estado Unitário e o Estado Federal*[39].

---

[38] O Brasil é um dos escassos exemplos de atribuição de autonomia legislativa aos municípios.
[39] Cfr. sobre a temática das formas territoriais de Estado, CARLOS BLANCO DE MORAIS "O Ministro da República"-Lisboa-1995-p. 19 e seg; "Curso de Direito constitucional"-I--Coimbra-2015-p. 447 e seg; "A Autonomia Legislativa Regional"-Lisboa-1993; "As competências Legislativas das Regiões Autónomas no Contexto da Revisão Constitucional de 1997"-ROA-1998. Cfr, igualmente, JORGE MIRANDA "Manual de Direito Constitucional"--III-Coimbra-2010; JOSÉ DE MELO ALEXANDRINO "Lições de Direito Constitucional"-

Embora sejam múltiplos e por vezes confusos os critérios distintivos entre as formas de Estado deve-se chamar à colação critérios estruturantes que consistem em identificar atributos privativos e permanentes de cada uma dessas formas que se mostrem suscetíveis de permitir uma diferenciação clara entre elas.

O critério decisivo que permite uma distinção entre Estado Unitário e Estado Federal radica na unicidade ou pluralidade do poder constituinte e da Constituição.

20. O *Estado Unitário, independentemente da autonomia que atribua a coletividades territoriais que o integrem é regido por uma só Constituição*. A natureza unitária significa que existe numa dada coletividade territorial soberana um único Estado e uma única Constituição. Esta, como estatuto jurídico das instituições políticas e da sociedade investida numa posição de supremacia em face das demais leis, rege tanto a organização e o funcionamento do poder político central como a dos poderes das coletividades territoriais, sendo para esse efeito complementada pela lei ordinária. As coletividades territoriais integradas nesta forma de estado podem gozar de descentralização administrativa ou político-administrativa (§ 22).

21. Diversamente, o *Estado Federal* identifica-se com a ideia de que uma dada coletividade territorial soberana é um *Estado Composto*, ou seja, um estado que se desdobra em diversos estados (os *estados federados*) cada qual servido por uma constituição e um poder constituinte próprio. Numa Federação haverá, por conseguinte, que distinguir um Estado Federal depositário da soberania e servido

-I-2015; RUI MEDEIROS-JORGE PEREIRA DA SILVA "Estatuto Político-Administrativo dos Açores Anotado"-Lisboa-1997.
Cfr, ainda, no Direito estrangeiro, ANDREW MC LAUGHLIN "The Confederation and the Consitution" 1783-1789-New York-1962; J. ZIMMERMAN "Contemporary American Federalism: the growth of national power"-Westport-1992; JOHN NUGENT "Safeguarding Federalism: How states protect their interests in national policymaking"-Norman-Oklahoma u. press-2009;"JUAN FERRANDO BADIA "El Estado Unitario, el Federal y el Estado Regional"-Madrid- 1978; SANTIAGO MUÑOZ MACHADO "Derecho Publico de las Comunidades Autonomas"-I-Madrid-2007; AAVV "Esperienze Federali Contemporanee"- org. Nino Olivetti-Lucio Pegoraro- Padova-1996; AAVV "La Forma di Governo Locale in Alcuni Ordinamenti Europei"- org Lucio Pegoraro-Giorgia Pavani-SPAL-Roma-2002; MARIO GANINO "Dopo L'Unione Sovietica. Il federalismo della nuova Rusia" in "Esperienze (...)" op. cit; J. VOGEL "El Regímen Federal de la Ley Fundamental" in "Manual de Derecho Constitucional" BENDA-MAIHOFER-VOGEL-HESSE-HEYDE-Madrid-2001; PAOLO CARETTI-GIOVANNI BARBERI "Diritto Regionale"- Torino-2007; GIANCARLO ROLLA "Diritto Regionale e degli Enti Locali"-Milano-2009; FERNANDA DIAS DE MENEZES DE ALMEIDA "As Competências na Constituição de 1988"-Brasília -2013; HELY LOPES MEIRELES "Direito Municipal Brasileiro"-S.Paulo-1997; AAVV "O Federalista Atual" org. Dicêo Torrecillas Ramos-Belo Horizonte-2013 e deste autor, "O Federalismo Assimétrico"--S. Paulo-1998.

por uma Constituição federal e *estados federados*, também regidos por uma constituição própria a qual deve vincular-se, sob pena de invalidade, à Constituição federal que lhe é hierarquicamente superior. Trata-se de coletividades territoriais que são, por conseguinte, beneficiárias de uma descentralização constitucional e uma autonomia mais avançada (§17).

Precisado o critério fundamental que permite traçar uma distinção entre os dois tipos de Estado, importa elencar outras características complementares que os distinguem:

i) Enquanto no Estado unitários, os municípios e regiões não participam na alteração da Constituição do mesmo Estado, numa Federação, em regra, os órgãos representativos dos estados membros intervêm no processo de alteração da Constituição federal;

ii) Enquanto o Estado unitário dispõe de uma única ordem judiciária, o Estado federal, em regra, integra uma ordem de tribunais da Federação (que se ocupam da aplicação e do controlo de constitucionalidade do direito federal) e uma ordem de tribunais dos entes federados (que aplicam o direito autónomo ou federado e fiscalizam a sua constitucionalidade) devendo os tribunais dos estados federados acatar as decisões do Supremo Tribunal ou do Tribunal Constitucional da Federação, que dispõe da última palavra;

iii) Enquanto as instituições parlamentares de um Estado Unitário representam, em regra, todo o povo do mesmo Estado, independentemente da sua origem territorial, já os parlamentos das federações integram uma câmara de representação dos estados federados e dos seus interesses (que tanto pode ser diretamente eleita pelos cidadãos das parcelas federadas como sucede nos Estados Unidos da América, como também designada pelos parlamentos e pelos governos dessas mesmas parcelas, como na Alemanha);

iv) Enquanto no Estado unitário o poder central designa, em regra, comissários junto das coletividades territoriais autónomas (governadores, perfeitos, delegados, ministros territoriais ou representantes) tal não ocorre nas Federações, onde o poder central não se faz representar a esse nível, sem prejuízo de, em caso de quebras graves da autoridade federal ou da ordem pública, poder utilizar meios de intervenção excecional nos territórios (coação federal).

v) Enquanto no Estado unitário regional, as regiões não dispõem da faculdade de aprovar convenções internacionais (mas apenas outorgar protocolos de cooperação transfronteiriça, desprovidos da natureza de tratados ou acordos internacionais) em algumas federações (Estados Unidos e Alemanha, de entre outras) os estados federados podem aprovar acordos internacionais com outros estados, desde que sujeitos a confirmação federal.

Tal como se precisará infra, § 23, existem formas de autonomia avançada em Estados Unitários dotados de regionalização político-administrativa que incorporam características federais, ao ponto de algumas regiões autónomas poderem exercer poderes de autoridade que igualizam ou ultrapassam os dos estados federados.

3.3.2. Modalidades de Estado unitário

22. O Estado unitário pode assumir uma natureza *simples ou regional.*

O *Estado unitário simples* apenas admite formas de descentralização administrativa de tipo municipal. Trata-se da modalidade mais centralizada e ocorre, em regra, em Estados de pequena dimensão com o Luxemburgo e os Estados Bálticos mas também envolveu, pelo menos até 2017, a Suécia e a Noruega.

O *Estado unitário regional* implica, a par da descentralização municipal, a criação de *regiões,* ou seja, parcelas territoriais extensas mas menos vastas que o Estado, em que os diversos municípios, povoações e habitantes se encontram unidos por fatores culturais, económicos e geográficos que cimentam um sentimento comum de pertença a uma comunidade e às quais são atribuídas poderes públicos de autoridade.

Existem duas categorias de Estado unitário regional:

i) O Estado *unitário com regionalização administrativa,* que implica a atribuição às autoridades das regiões, eleitas democraticamente, competências administrativas, financeiras e patrimoniais (caso da França, da Grécia e da Irlanda);
ii) O estado unitário com *regionalização político-administrativa* que supõe que sejam cometidos às autoridades das regiões, também elas eleitas democraticamente, competências políticas, legislativas, administrativas, financeiras e patrimoniais (Itália e Espanha).

O Estado *unitário regional* pode, ainda, implicar uma *regionalização integral* do território ou, ao invés, a *regionalização de uma parcela minoritária do território,* designando-se neste caso por *Estado unitário regional periférico ou parcial.* No contexto da *regionalização político-administrativa,* teremos como exemplos deste modelo de descentralização, Portugal (regiões da Madeira e Açores), o Reino Unido (regiões da Escócia, País de Gales e Irlanda do Norte), Dinamarca (regiões das Ilhas Faröe e Groenlândia) e Finlândia (Alândia).

Os Estados unitários regionais podem, ainda, ser organizados na base de uma regionalização *homogénea* (todas as regiões têm um estatuto igual) ou *heterogénea* (algumas regiões têm um estatuto especial, que prevê uma autonomia mais avançada em razão das características identitárias da população e da especificidade do território). Assim, no domínio do *modelo heterogéneo*, se atentarmos nos Estados sujeitos a uma regionalização administrativa, a França reconhece à Córsega um estatuto de autonomia qualificada. Já nos Estados organizados na base de uma autonomia político-administrativa, essa heterogeneidade pode ser reconduzida a cinco regiões de Itália que gozam de uma autonomia especial (Sicília, Sardenha, Valle D`Aosta, Trentino Alto Adige e Friuli Veneza-Giulia) e a seis comunidades de Espanha dotadas de autonomia "plena" (País Basco, Catalunha, Galiza, Andaluzia, Navarra y Valência).

3.3.3. Tipos básicos de federalismo

22. Os Estados federais, no quadro do modelo de Estado de direito democrático podem, quanto à sua origem, decompor-se em federalismos *centríptos e centrífugos*.

Os *federalismos originários ou centríptos* nascem por força de um acordo entre estados previamente independentes que renunciam à sua soberania para constituir uma federação. Com frequência, esses estados começam por constituir uma associação de Estados independentes com soberania limitada, usualmente sob a forma de Confederação, para posteriormente darem um passo em favor de uma maior integração.

Os federalismos centríptos predicam, por regra, o reconhecimento de um maior grau de autonomia constitucional, política, administrativa e financeira aos estados federados, já que estes possuíam, originariamente, as suas próprias ordens políticas e constitucionais soberanas, que foram reformadas de forma a integrarem a federação, guardando todavia poderes e prerrogativas políticas e financeiras. É, presentemente, o caso dos Estados Unidos da América e da Suíça, ambos nascidos a partir de confederações. O mesmo sucedeu em 1871, com a Alemanha Imperial.

Já os *federalismos derivados ou centrífugos* correspondem a Estados unitários que iniciaram um processo de transferência de poderes constitucionais, políticos e administrativos para regiões ou províncias, de forma a transformá-las em estados federados. No fundo, a conversão de um Estado unitário em Federação deriva de uma outorga de poderes a partir do centro para coletividades territoriais periféricas. Com exemplos haverá a considerar o Brasil, a Argentina, a Bélgica, a Áustria, a Alemanha e a Rússia.

Se excetuarmos o caso alemão[40], os federalismos centrífugos implicam o reconhecimento aos estados federados de um grau de autonomia menos avançado no que nos federalismos centríptos.

3.3.4. Região político-administrativa e estado federado

23. Observámos que o que distingue fundamentalmente uma região político-administrativa de um estado federado é a autonomia constitucional do segundo. A par das disposições constitucionais, o título de autonomia da região com autonomia político-administrativa advém de uma lei do Estado designada por estatuto de autonomia, sobre a qual a região dispõe reserva de iniciativa para a sua aprovação ou alteração, mas já não a palavra final quanto ao respetivo conteúdo, que pertence ao Parlamento soberano do Estado. Já um estado federado aprova e revê a sua constituição, no respeito da constituição federal.

Do mesmo modo, enquanto o estado federado possui representantes próprios numa câmara parlamentar, compreende tribunais próprios, não possui comissários do Estado no seu território e pode, nalguns ordenamentos, celebrar convenções internacionais, a região autónoma não incorpora os atributos e prerrogativas acabadas de referir.

Mas, pese estes fatores distintivos, verifica-se que em certos modelos de Estado unitário regional se regista uma certa progressão, no sentido de aproximação ao Estado Federal no que respeita ao nível de autonomia legislativa, administrativa e financeira que é reconhecida aos estados federados.

Institucionalmente, discute-se em Espanha e Itália, a transformação do Senado em câmara de representação das regiões como nas federações. Do mesmo modo, as figuras comissariais do estado nas regiões tem perdido poderes e são hoje órgãos pouco relevantes.

A nível legislativo, os sistemas de repartição de competências entre estado e regiões são próximos ao modelo federal e em Espanha as comunidades com autonomia plena dispõem de um maior acervo de poderes legislativos do que na

---

[40] A Alemanha é um caso especial na medida em que no período compreendido entre a Constituição do império federal alemão em 1971 e a ascensão do nacional-socialismo em 1933, esse país foi organizado na base de um federalismo originário ou centrípto. Depois da Alemanha se converter num Estado Unitário durante o nacional-socialismo e volvida a ocupação aliada que ocorreu posteriormente, a parte ocidental da Alemanha, sob tutela da França, Estados Unidos e Reino Unido, fundou em 1949 uma República Federal (a República de Bona). Em 1990 os Estados Ocidental e Oriental da Alemanha reunificaram-se e a parcela oriental foi dividida em estados federados. A autonomia concedida aos estados alcança um nível mais elevado do que na maioria dos Estados federais centríptos, que, nalguns casos, em pouco se diferenciam de Estados unitários regionais.

maioria dos estados federados, incluindo federações centríptas. No plano administrativo, o "federalismo cooperativo" inspirou os governos centrais de Estados unitários regionais a delegarem competências suas nas regiões.

Existem por conseguinte, soluções híbridas de regionalização avançada que materialmente se federalizaram nalgumas das suas componentes (com relevo para a política, administrativa e financeira), tornando nessas situações menos evidente a relevância dos elementos de distinção clássica entre as duas formas de Estado.

3.3.5. A República Portuguesa como um Estado unitário regional periférico

24. Nos termos da norma do artº 6º da Constituição da República Portuguesa de 1976 (CRP) *"O Estado é unitário (...) "*.

Esse atributo de definição da forma territorial do Estado Português, que segue uma longa tradição na História constitucional portuguesa, carece de complementação no mesmo preceito, com a norma que lhe determina o respeito, *"na sua organização e funcionamento"*, tanto pelo *"regime autonómico insular"* como pela *"autonomia das autarquias locais"*.

Do nº 2 do mesmo artigo 6º, a referência feita de que os arquipélagos dos Açores e Madeira são *"regiões autónomas"* dotadas de *"estatuto político administrativos e de órgãos de governo próprios"* permite-nos qualificar *o Estado como unitário com uma regionalização político-administrativa parcial ou periférica*, a qual se circunscreve duas pequenas regiões arquipelágicas: a da Madeira e a dos Açores.

A restante parte do território encontra-se sujeita a um regime de autonomia puramente administrativa atribuída a autarquias locais (freguesias, municípios e zonas metropolitanas), cujo regime se encontra previsto no artº 235º e seguintes da CRP. Embora se preveja a possibilidade de constituição de regiões administrativas no território continental essa possibilidade depende de uma opção referendária e o primeiro referendo, realizado em 1998 não foi vinculativo (pois não reuniu a maioria absoluta necessária de votantes) e, os cidadãos que se pronunciaram, exprimiram um voto desfavorável à regionalização, numa percentagem superior a 60%.

O Estado unitário português, envolve, por conseguinte, uma municipalização administrativa no território continental e uma regionalização político administrativa circunscrita aos arquipélagos da Madeira e dos Açores.

As *autarquias locais* visam, nos termos constitucionais, prosseguir os interesses próprios das populações locais, dispondo de autonomia administrativa (nela compreendida a competência regulamentar) bem como património e finanças próprias (compreendendo poder tributário específico, nos termos legais), sendo ainda titulares de iniciativa referendária de âmbito local (cfr, respetivamente, o nº 2 do artº 355º, nºs 1 e 4 do artº 238º, artº 240º e artº 241º da CRP). As autarquias encontram-se sujeitas a uma tutela administrativa de legalidade do Estado, através do Governo (artº 242º) e as suas demais competências são definidas por lei ordinária.

A organização autárquica compreende, nessas coletividades, órgãos deliberativos (assembleias eleitas por sufrágio universal direto e secreto) e órgãos executivos designados com base na composição das assembleias deliberativas (artº 239º da CRP).

Quanto às *regiões político-administrativas da Madeira e dos Açores*, a autonomia concedida, explica-se, fundamentalmente, pelos efeitos reativos da Revolução de 1974 nos arquipélagos (que gerou pulsões secessionistas de parte da população contra o poder central dominado pelos militares), pela descontinuidade geográfica com o Continente e pela expressão de alguma identidade cultural própria para a qual, pese a retórica constitucional do nº 1 do artº 225º da CRP, não concorrem especificidades étnicas e linguísticas.

A organização e funcionamento das regiões consta da Constituição e de duas leis com valor reforçado, os estatutos político-administrativos regionais, aprovados pela Assembleia da República mediante iniciativa reservada dos respetivos parlamentos regionais (artº 226º da CRP).

O artº 227º da CRP enumera os poderes regionais de natureza político-legislativa, administrativa, financeira e patrimonial e o artº 228º dispõe sobre os termos do exercício da autonomia legislativa, que consiste na competência mais relevante reconhecida aos entes regionais.

Os órgãos de governo próprio das regiões arquipelágicas são a Assembleia Legislativa Regional, eleita por sufrágio universal, direto e secreto de acordo com o principio da representação proporcional (nº 2 do artº 231º) e o Governo Regional que dela emana e que perante ela é politicamente responsável (nº 3 do artº 231º da CRP).

Figura, igualmente, um órgão comissarial *residente* do Estado nas regiões, o *Representante da República*, que exerce funções vicariantes do Presidente da República nos territórios autónomos e que por este último é nomeado, ouvido o Governo da República, exercendo funções representativas, certificatórias, de controlo de mérito sobre leis regionais (assinatura e veto) e controlo de constitucionalidade de normas da região bem como de outras normas. O seu perfil político é discreto ou mesmo apagado, pese que mais forte que figuras congéneres na Itália e Espanha.

As regiões autónomas foram acrescendo as suas competências em sucessivas revisões constitucionais, estabilizando com a revisão de 2004, na base de um modelo funcional equilibrado.

Secção II. O Estado e a legitimidade do poder político

1. Legitimidade e legitimação do poder

25. De entre os diversos tipos de coletividades políticas com base territorial definida (estados federados, regiões e municípios) ou de coletividades transnacionais sem base territorial própria (confederações e organizações internacionais) emerge o Estado como a única entidade pública dotada da capacidade para garantir, com elevado grau de efetividade, a obediência às suas normas, através de medidas coercivas[41]. Com efeito, é ainda o Estado o ente que detêm, de forma mais perfeita, o monopólio do uso da força para fazer cumprir, junto das pessoas, individuais e coletivas, as regras que dele promanam.

Esse vínculo de obediência prestada por uma comunidade humana a uma autoridade que nela impera reconduz-se à ideia de *"domínio"*, desenvolvida por Max Weber. Para este autor, o "domínio" implica a suscetibilidade de os membros de um grupo determinado obedecerem a comandos, gerais ou específicos, manifestando um mínimo de vontade de acatar o poder de autoridade de onde brotam os referidos comandos[42]. Uma comunidade onde a autoridade não faça cumprir as suas decisões e onde impere recursivamente a desobediência desagregar-se-á na anomia, divisão e violência, fazendo os indivíduos valer erraticamente os seus interesses, particulares ou grupais. através da força.

O Estado-soberano, independentemente do grau variável de limites a que a mesma soberania se encontra sujeita na sociedade internacional do tempo presente, constitui um tipo de *domínio territorial* assente num quadro jurídico-normativo. Embora, formalmente, todos os Estados sejam domínios regidos pelo direito, destaca-se nos dias de hoje, como paradigma de uma evolução civilizacional iniciada pelo movimento constitucionalista do Século XVIII, um modelo de Estado regido pelo primado da Constituição, pela separação dos poderes, pelo princípio submissão da Administração pública à lei e pela salvaguarda dos direitos dos cidadãos através de tribunais independentes: trata-se do *Estado de direito*.

No epicentro do conceito de estado de direito, elaborado em torno de contributos doutrinais de Kant[43], encontra-se subjacente a ideia de que o Estado deveria ser, necessariamente, dirigido por uma vontade racional, traduzida numa *relação de domínio* caracterizada pela prossecução do bem comum, por leis justas

---

[41] ROBERT DAHL "Democracia"- in "Teses e Debates" Braga-2000-p. 54.
[42] MAX WEBER "Economia y Sociedad"-I-Mexico-1964-p. 17.
[43] Cfr. CARLOS BLANCO DE MORAIS "Curso de Direito Constitucional"-II-Coimbra-2014--p. 109.

e objetivas acatadas por governantes e governados e pela exclusão do arbítrio e da violência injustificada, no exercício do poder de autoridade.

O entendimento de Weber, segundo o qual, num domínio estatal haveria que identificar *um mínimo de vontade* dos indivíduos em submeter-se, em continuidade, aos comandos de uma autoridade, chama a atenção para a justificação dessa relação de vinculação, sem a qual a submissão dos governados se reconduz a um automatismo desprovido de consciência ou de objeto ou à mera aceitação tácita do poder de quem detém a força física, dirime conflitos e providencia bens e serviços essenciais. Daí que a aceitação coletiva da *legitimidade do poder* transporta consigo uma crença no entendimento de que existe uma razão positiva e minimamente justa para obedecer em consciência à autoridade.

26. Precisamente, a justificação material da relação de domínio que as autoridades exercem sobre as pessoas reconduz-se ao conceito de *legitimidade política*[44]. A legitimidade convoca a ideia de crença coletiva dos membros de uma comunidade, nos termos da qual, aqueles que exercem a autoridade e reclamam obediência em relação ao seu comando *"têm direito a fazê-lo"*[45]. Se a condição de funcionamento de um Estado assenta no caráter obrigatório dos seus comandos, importa aos governados entender qual a razão de ser dessa obrigatoriedade e quais os seus pressupostos e limites. No fundo, porque razão devemos obedecer às leis ?[46]

Poderemos, em suma, definir *legitimidade do poder político como o conjunto de vínculos, valores e princípios*[47] *de ordem cultural, política e jurídica que justificam junto dos governados, o tipo de autoridade titulada e exercida pelos governantes*[48]. Na medida em que os governantes impusessem coativamente aos governados uma relação de obediência, sem invocarem qualquer outro fundamento que não o seu acesso factual ao poder e a respetiva conservação através do uso da força, ou seja, da coação, os mesmos não poderiam ser distinguidos, como alguém já afirmou, de um bando de malfeitores[49] ou de "senhores da guerra".

---

[44] Cfr MARTIN KRIELE "Introdução à Teoria do Estado- Os fundamentos históricos da legitimidade do Estado Constitucional Democrático"-Porto Alegre-p. 2009-p. 29.
[45] Cfr. JUAN LINZ "Democracias: quiebras, transición, retos"-in "Obras escojidas"-IV-Madrid-2009-p. 23.
[46] MARTIN KRIELE ult. loc. cit, p. 30.
[47] MORBIDELLI-PEGORARO-REPOSO-VOLPI " "Diritto Pubblico Comparato" op. cit, falam no conjunto de princípios e regras fundamentais que caracterizam o ordenamento estatal e as relações entre o Estado e os cidadãos.
[48] Cfr sobre a noção e os tipos de legitimidade vide MAX WEBER, JORGE MIRANDA "Manual (...)"-II- op. cit, p. 343 e seg;
[49] KRIELE /(ult. loc cit, p. 32) exemplifica dizendo que a intimação do assaltante, "a bolsa ou a vida" não obriga, mas apenas coage. Veja-se como exemplo dessa situação a destruição

Para diversos constitucionalistas *legitimidade* distinguir-se-ia de *legitimação:* a legitimidade justificaria a bondade um dado regime político enquanto a legitimação fundamentaria o poder de autoridade de um titular do poder reconduzido a esse regime[50]. A Constituição é fonte de legitimidade de um regime político e confere fundamento (legitimação) à ação dos governantes que atuam na observância das suas normas.

A obediência nas comunidades humanas dimana de fatores diversos, tais como : i) o *costume* (prática reiterada de obediência a quem, possui o monopólio do uso da força ou exibe um estatuto social de referência como a realeza ou senioridade); ii) *o cálculo de vantagens de ordem material* (o Estado está inevitavelmente ligado a uma organização económica que distribui benefícios e sacrifícios); iii) *razões de ordem afetiva ou psicológica* (adesão dos governados às qualidades carismáticas de quem exerce o poder de autoridade); iv) e *valores ou ideários de ordem política* (aceitação de que a autoridade dimana de uma ideologia ou doutrina).

Todos os fundamentos do exercício do poder acabados de expor são frágeis ou insuficientes para justificar a relação de domínio subjacente ao Estado de direito. O costume, *como único ou principal* fundamento de obediência a um poder soberano, constitui uma realidade primitiva e é usado por formas despóticas e arbitrárias do exercício do poder que não resistem a severos tempos de crise[51], como bem demonstra a *Glorious Revolution,* a Revolução Francesa e a Revolução iraniana que nos anos 80 depôs a monarquia. O mesmo se diga de vínculos de ordem puramente patrimonial guiados por efémeras vantagens materiais, os quais se dissolvem em razão do critério do "melhor preço" ou da escassez de recursos a distribuir. Já a obediência centrada no carisma, salvo raras exceções, desvanece-se quando a afetividade empalidece ou o portador desse carisma deixa de existir (veja-se, em Portugal, o caso do desmoronamento do presidencialismo populista designado por "Regime Sidonista" após o assassinato do Presidente Sidónio Pais em 1918). Já o fundamento de uma relação de domínio radicada num ideário reconduzido a valores e princípios resulta ser a mais duradoura. Isto, sem prejuízo dessa legitimidade assentar, por vezes, em valores incompatíveis com um Estado de direito, como é o caso das teocracias (fundamento da autoridade assente no Direito divino) ou de ditaduras onde o modelo económico coletivista associada ao despotismo de uma classe social (ou de quem age em seu nome) supõem a

do Estado de direito por uma minoria político-militar na Venezuela, derrotada em eleições parlamentares e que intenta extinguir o parlamento eleito mediante uma eleição fraudulenta para uma assembleia constituinte.
[50] Assim GOMES CANOTILHO "Direito Constitucional e Teoria da Constituição"-Coimbra-1993-p. 1439.
[51] Cfr. JUAN LINZ "Democracias (...) op. cit,-p. 22.

tomada de decisões que se sobrepõem ao direito ou o instrumentalizam em benefício de uma causa ou de uma crença, como sucede nos regimes marxistas.

2. Formas de legitimidade

27. Na observância da teorização sociológica de Weber[52] foram concebidas *três formas clássicas de legitimidade*.

A primeira e mais antiga seria a *legitimidade tradicional*. Esta fundamenta a receção e aceitação do poder político, na sacralização (ou santidade) de pactos ou regras costumeiras presentes desde tempos imemoriais, sendo a autoridade suprema concebida como depositário e guardião desses costumes. Daqui podem defluir: formas de poder patriarcal ou senhorial (presente em sociedades antigas ou primitivas); modelos de poder fundados em ordenações religiosas (que vigoram, ainda hoje, através de formas de autoritarismo teocrático); e regimes monárquicos, associados ou não a um fundamento religioso. Tal como se verá, a legitimidade tradicional, em estado puro, sustenta muito poucas formas de poder no tempo presente, circunscrevendo-se ao chamado "sultanismo" (§221), que impera essencialmente nas monarquias absolutas da península arábica. O jusnaturalismo (corrente que fundamenta o poder e a ordem jurídica num direito natural revelado por uma fonte transcendente ou religiosa) esteve durante longo tempo associado à explicação deste tipo de legitimidade até sucumbir perante outras justificações do poder político impostos pela modernidade.

Ainda assim, existem combinações entre componentes da legitimidade tradicional com regimes políticos assentes, a título principal, noutro tipo de legitimidade. É o caso das *monarquias constitucionais* no que respeita à designação do Chefe do Estado, a qual se estriba no *critério tradicional da hereditariedade* combinanado com uma fonte diversa e principal de legitimidade que se impõe na escolha dos órgão deliberativos do Estado: a legitimidade democrática. Já no mundo islâmico, a legitimidade tradicional inerente ao primado da "sharia" (designação dada usualmente ao direito muçulmano) combina-se com diversas formas de legitimidade dominante, como a democrática (Malásia, Paquistão e Líbano, no tocante às comunidades muçulmanas), a democrática associada ao tradicionalismo monárquico (Marrocos e Jordânia) e a autocrática com elementos pluralistas de viés semi-competitivo (Egito e Irão).

28. A *legitimidade carismática* agrega-se ao providencialismo que rodeia as qualidades ou características, reais supostamente excecionais, de determinados líderes políticos, aos, quais razões de ordem emocional ou afetiva levam a comunidade a atribuir-lhes a aura de heróis, salvadores, profetas ou chefes excecionais com

---

[52] MAX WEBER ult. loc cit, esp. Capítulo III.

capacidade de mobilizar a sociedade ou uma boa parte dela, para um desígnio coletivo. O *caudilhismo revolucionário* manifestou-se até ao tempo presente em numerosas formas de poder (como foi o caso do fascismo, do nacional-socialismo, do comunismo e de outros regimes autocráticos de perfil plebiscitário) e na América Latina até aos nossos dias (caso do Peronismo na Argentina e do Chavismo na Venezuela). Se se excetuar o caso do nacional-socialismo, a legitimidade carismática raramente opera permanentemente de forma pura, combinando-se ocasionalmente com outras formas de legitimidade, como a democrática e a revolucionária, uma e outra assentes numa fonte legitimadora centrada na legalidade e que se designa por legitimidade "legal-racional".

29. Por fim, a legitimidade *legal-racional* supõe a obediência de governantes e governados à legalidade em sentido amplo. Os cidadãos aceitam a autoridade de quem, nos termos da Constituição e da lei, dela é titular. Em si mesma considerada, está-se diante de um "domínio" de índole formal. Os cidadãos acatam comandos dimanados de órgãos, não em razão de uma direito prerrogativa ou do carisma de quem as emite, mas em função das normas estabelecidas que determinam como e a quem obedecer. No fundo, a ideia central do fundamento de uma relação de domínio é o Direito[53].

No tempo presente, a expansão da constitucionalização do poder político levou a que na esmagadora maioria dos Estados a autoridade seja primariamente, erigida numa base de *legitimidade legal-racional*. Esta última, contudo, explicando o acatamento imediato do poder dos governantes, diz-nos muito pouco sobre a justificação da aceitação efetiva e consciente de um poder de autoridade pelo povo de um Estado.

Carl Schmitt criticou, por essa mesma razão, o formalismo legalista desta construção[54]. A obediência à lei supõe uma neutralidade ou um relativismo absoluto acerca dos valores ou fins que iluminam a mesma lei, que conformam a justificação material do dever de obediência à legalidade. A legitimidade legal-racional de Weber descreve-se um vínculo de obediência mas não se esclarece porque razão se deve obedecer. Ora, a legalidade pode ser capturada por qualquer protagonista que usurpe o poder, carecendo de explicação o fundamento da obediência às normas que o mesmo passe a ditar. Schmitt explica que, com o triunfo do marxismo na Rússia no início do Século XX, a legalidade passou a ser um mero argumento, desprovido de significado, para o acatamento do novo

---

[53] CONSUELO MARTINEZ-SICLUNA Y SEPULVEDA "Legalidad y Legitimidad"-Madrid-1991-p. 82.
[54] Cfr. CARL SCHMITT "Legalidad y Legitimidad"-Madrid-1971.

poder, operando como uma mera forma de encobrimento da intolerância e arma de combate ao adversário[55].

Por outro lado, muitas formas de poder, mormente o poder revolucionário, nascem de atos de rotura com a legalidade pré-existente e, apesar de tudo, mesmo numa fase originária de incerteza e instabilidade, impõem os seus comandos fundados na justificação dos propósitos da rotura que lideraram, ou seja, fundam-se numa *legitimidade revolucionária* derivada de uma manifestação de força associada a um ideário, legitimidade essa que nada tem a ver com a legalidade. Veja-se o caso da nova legitimidade das ditaduras militares que protagonizaram as revoluções portuguesas do 28 de maio de 1926 e do 25 de abril de 1974: a primeira justificou a sua legitimidade numa missão de salvação nacional e a segunda num imperativo de democratização e de termo da guerra travada no Ultramar português.

Em suma, a simples obediência à legalidade e aos detentores constitucionais do poder não é reveladora das razões que impelem a comunidade a acatar o poder de autoridade enformado pelo direito. Poder que tanto pode ser escolhido livremente pelo povo como imposto ao mesmo povo por um ato revolucionário.

Enquanto a legalidade determina que um poder se exerce em conformidade com um ordenamento jurídico e que é esse sistema que determina os pressupostos de validade do direito decidido, a legitimidade é, sobretudo, uma justificação valorativa, ideológica ou doutrinal do poder de autoridade de onde emana esse direito[56]. No fundo, diz-nos que existe um fundamento para que aceitemos voluntariamente as decisões das autoridades estabelecidas pelo direito. Qualquer poder nascente que depois de um ato de força invoque uma justificação para a sua autoridade, ou seja, uma nova fonte de legitimidade, rompe com a legalidade precedente mas pretende, com brevidade, institucionalizar-se criando uma legalidade que declare, concretize e reforce essa mesma legitimidade. A legitimidade será tanto mais consistente quanto corporizada em normas constitucionais e legais cuja aplicação seja por todos interiorizada e aceite.

A força das normas jurídicas associada a um aparelho coercitivo estadual constitui uma razão necessária para entender a legitimidade do poder de domínio exercido no âmbito do Estado de direito formal, sem prejuízo de não se perfilar como razão suficiente, pois existe a necessidade de uma explicação política ou axiológica que transmita a justificação da necessidade de as pessoas obedecerem às sobreditas normas.

Daí que a *legitimidade legal-racional* seja, presentemente, uma figura predominantemente formal, que capeia distintas classes de legitimidade em sentido substancial, as quais se reconduzem a modelos de poder justificados em valores

---

[55] CARL SCHMITT ult. loc cit, p. XXVII
[56] J. FUEYO "Legitimidad, Validez y Eficacia"- in "Estudios de Teoria Politica"-1968-p. 50 e seg.

de ordem ideológica ou doutrinal. Sob a égide da legitimidade legal-racional acolhem-se, a título de exemplo:

i) A *legitimidade democrática*, fundada ou não na ficção de um "contrato social" acordado entre os cidadãos, a qual, numa definição sintética, supõe que *o fundamento da autoridade dos governantes resulta do consentimento expresso por uma vontade geral, livre, periódica e explícita dos governados;*

ii) A *legitimidade revolucionária*, ou seja *o fundamento da titularidade do poder exercido por quem rompeu com uma ordem instituída e dispõe da força fáctica para fundar outra*, sendo esta última protagonizada por uma vanguarda político - militar providencialista que intenta restruturar o Estado através de um programa ideológico de ação e da criação de uma nova ordem legal.

iii) A *legitimidade legal-burocrática*, fundada na obediência simples às autoridades instituídas pelo sistema legal vigente, as quais atuam através de um aparelho administrativo, intrusivo e repressivo, e um ideário simples traçado em torno de fontes tradicionais de exercício do poder ou formas restringidas de participação dos cidadãos na designação dos governantes (sendo o paradigma mais próximo do modelo legalitário weberiano).

No Estado de direito, o fundamento do acatamento do poder dos governantes pelos governados é, real ou ficcionalmente, imputado vontade do próprio povo.

Desde o movimento constitucionalista do Século XVIII o povo emergiu gradualmente como magnitude política, tendo em vista a justificação do poder de autoridade do Estado, logo à partida através da afirmação do conceito de poder constituinte: a faculdade de criar uma "lei superior", a Constituição, para organizar e limitar o poder político e garantir os direitos fundamentais das pessoas foi reconduzida à vontade "nacional" ou popular. E esta manifestou-se, tanto por via *plebiscitária* (submissão da Constituição ao voto popular direto), como através de uma representação popular em assembleia (parlamentos eleitos pelo povo com funções constituintes), como ainda por via de uma *representação existencial* (em que um Monarca ou uma vanguarda política agem autoritariamente em nome do povo, mediante a presunção tácita da sua aceitação).

A ideia de que o Povo exerce o domínio político estadual, mediante um mandato representativo, direto ou indireto, confiado a um grupo de pessoas (os governantes) que impõem os seus comandos a outras pessoas (os governados), de acordo com regras jurídicas às quais uns e outros se submetem, constitui o fundamento de legitimidade do *Estado de direito*[57].

---

[57] Cfr. ERNST WOLFGANG BOCKENFÖRDE "Estudio sobre El Estado de Derecho y la democracia"-Madrid-2000-p. 48.

Contudo, num *Estado de direito formal*, um dado poder é legítimo, não necessariamente quando os governados exprimem a sua adesão em concreto ao poder político, mas quando, simplesmente, aceitam passivamente a justificação ou o fundamento originário[58] da sua autoridade sem a contestar ou sem se lhe opor. Por conseguinte, a legitimidade de fonte popular num *Estado formal de direito* não pressupõe, necessariamente, uma noção de legitimidade democrática do poder estadual. Existem, na realidade, formas de imputação da vontade popular a relações de domínio estadual, em que não existe um consentimento livremente expresso pelo povo relativamente à nova ordem instituída e à escolha dos governantes. Pode, na verdade, haver Estado constitucional de direito, em sentido formal, sem que o poder esteja justificado em valores de ordem democrática Veja-se o regime autoritário corporativo que vigorou em Portugal sob a égide da Constituição de 1933.

Já um *Estado material de direito* envolve a incorporação na ordem constitucional do princípio da separação de poderes e da tutela jurisdicional dos direitos fundamentais civis e políticos dos cidadãos, *sendo esse modelo de Estado inseparável da prerrogativa dos governados em escolherem livremente mediante eleições os seus governantes*, direito que pressupõe a existência de uma *legitimidade democrática*.

Secção III. A Constituição como norma de cúpula da ordem jurídica e política de domínio estatal: uma referência

30. Com raríssimas exceções, praticamente todos os Estados do tempo da Idade da Comunicação, que marca a presente Época, são regidos por constituições, independentemente de neles vigorarem regimes democráticos ou regimes ditatoriais. É a Constituição que procura outorgar uma legitimação de base legal - racional ao poder político, ao definir o fundamento desse poder e a sua organização, através de um quadro jurídico composto por normas de hierarquia superior às demais, que vinculam governantes e governados.

Na construção de Max Weber[59], a legitimidade encontra-se associada à ideia de "ordem" e a Constituição é, por excelência, a *norma superior de referência de uma ordem jurídica de domínio estatal*.

A noção clássica de Constituição em sentido material, como *estatuto identitário do poder político estadual e o estatuto da sociedade nas relações com esse poder*[60], integra os atributos necessários para a caracterização dos conceitos de *"regime político"* e

---

[58] Cfr CARL SCHMITT "Legalidad y Legitimidad"-op. cit-p. XXV e XVI.
[59] MAX WEBER "Economia y Sociedad"-op. cit., p. 77 e seg.
[60] Cfr CARLOS BLANCO DE MORAIS "Curso de Direito constitucional II- I Tomo"-Coimbra-2015-p. 41 baseada na definição de GEORGES BOURDEAU ("Une Survivance: la notion

"sistema político de governo". Isto, porque a Constituição fundamenta o poder dos governantes e disciplina juridicamente a sua organização bem como as suas relações com os governados.

Tal como se observará, pese alguma confusão em certos expoentes doutrinais que misturam não infrequentemente as duas figuras, *haverá que precisar que o regime político e o sistema político de governo são realidades distintas, pese que concêntricas e estreitamente articuladas.*

Na verdade, o regime político, como instituto mais abrangente que o de sistema político de governo, funda-se na legitimação de um modelo de poder político territorial, definido em razão da relação concreta que é estabelecida entre autoridades soberanas e o povo, desdobrando-se em diferentes modalidades de organização institucional desse mesmo poder, ou seja, em diferentes sistemas políticos

Nominalmente, qualquer regime político reconduz os seus fundamentos à vontade do povo, embora em concreto, a intervenção do mesmo povo possa postular, tanto a sua atuação livre e plural no processo de designação dos governantes (democracias), como a sua representação puramente existencial através de uma vanguarda dirigista que atua em seu nome, para tanto bastando a não oposição popular e a sua participação em rituais forçados de aclamação das autoridades, neles se compreendendo eleições não competitivas (autocracias ou ditaduras).

Ora, em sede da organização das instituições soberanas verifica-se que, mesmo nos regimes democráticos, a arquitetura do poder varia, já que a Constituição pode erigir, ora o Chefe de Estado, ora o Parlamento, ora o Governo como instituição soberana dominante, daqui decorrendo a existência de uma diversidade de sistemas políticos aptos para estruturar a democracia.

Cabe à doutrina, mediante uma leitura da Constituição e da prática política que se desenvolve à sua sombra, sistematizar e classificar as diferentes formas de legitimação e de organização do poder soberano dos Estados, agrupando taxinomicamente num determinado tipo, realidades com características identitárias comuns e relevantes e afastando figuras dissemelhantes.

de Constitution"-AAVV-Etudes Achille Mestre-Paris-1956-p. 59 e seg) introduzida entre nós por JORGE MIRANDA "Manual de Direito constitucional"-II- Coimbra-p.2013-p.25.

"Regime político" e "sistema político" são, deste modo, tipologias derivadas de operações classificatórias doutrinais, encetadas com o propósito de se permitir a compreensão dos diferentes modelos políticos que legitimam, ordenam e estruturam do poder soberano dos Estados.

Capítulo II. Os regimes políticos

Secção I. Noção e tipologia

1. Conceito

31. Nunca foi simples definir com exatidão a noção de regime político. Ainda assim, a perceção da sua existência e dos seus contornos tornou-se inseparável da ideia segundo a qual, para que o poder soberano exerça as suas competências e as faça acatar, necessário se torna que o fundamento da sua autoridade seja ontologicamente indiscutível e que as suas decisões sejam tomadas pelos cidadãos como verdadeiras obrigações[61].

É possível, nesta linha de raciocínio, definir *regime político*, como o *modelo doutrinal ou ideológico onde repousam os fundamentos da legitimidade do poder soberano de um Estado bem como da definição do tipo de enlace jurídico-político que é estabelecido entre o povo e os órgãos que exercem o mesmo poder.*

A expressão "regime político", que aqui se retoma com modulações a partir de um escrito anterior[62], revê-se nas linhas gerais de uma caracterização adotada pela maioria dos constitucionalistas da Escola de Lisboa[63], mas não se afigura

---

[61] Assim, IGNACIO DE OTTO Y PARDO "Obras Completas"-Madrid- (in " Los Regimenes Politicos- Barcelona-1976")-p. 309.

[62] CARLOS BLANCO DE MORAIS "Le Metamorfosi del Semipresidenzialismo Portoghese"-
-AAVV "semipresidenzialismi"- Org L. Pegoraro-A. Rinella-Padova-1997- 126.

[63] Cfr. MARCELLO CAETANO ("Manual de Ciência Política e Direito Constitucional"-
-I-Coimbra-1995 -372) que valoriza no conceito de regime, *o elemento ideológico* que domina a forma e o exercício do poder político. MARCELO REBELO DE SOUSA ("Direito Constitucional"-Braga-1979- p. 318 e seg) evidencia no regime a inspiração filosófica que marca o poder político do Estado, os fins estaduais e o papel dos cidadãos no que respeita

como unívoca, já que outras sensibilidades doutrinais estrangeiras e portuguesas preferem o uso da expressão "forma de Estado"[64] ou até "forma de governo" [65] para qualificar a mesma realidade.

Por uma questão não só de clareza, mas também de rigor conceptual, não se adota nestas páginas a designação "forma de Estado" já que a mesma se confunde com o modelo de distribuição territorial do poder estadual (que usualmente se designa de forma territorial de Estado", cfr supra § 18 e seg). A expressão "forma de governo" não será usada como equivalente à de regime dado que se presta a confusões com o conceito diverso de "sistema político de governo", sendo nestas páginas convocada como sinónimo desta última noção (infra § 261 e§ 262).

Observe-se, com mais detenção, as componentes da definição de regime político.

1.1. O modelo doutrinal ou ideológico como ideário justificante de uma ordem de domínio estatal

32. Na definição avançada supra §31, ganham saliência as fórmulas *"modelo doutrinal"* ou *"modelo ideológico"*.

Um regime político começa por se reconduzir a um modelo, ou seja, a um paradigma de ordem de domínio estadual[66] cuja identidade é dada por um *ideário específico* sobre a relação entre o Estado, o povo e o poder.

ao reconhecimento dos seus direitos e na designação dos titulares do poder. JORGE REIS NOVAIS ("Semipresidencialismo"-I-2007-p. 19) e JOSÉ DE MELO ALEXANDRINO ("Lições de Direito Constitucional"-I-Lisboa-2015-p. 146 e seg) destacam a ideia de modalidade de exercício do poder assente, nomeadamente, na relação entre governantes e governados, tipo de poder constituinte e peso das instituições representativas. LUÍS PEREIRA COUTINHO ("Teoria dos Regimes Políticos"-Lisboa-2013-p. 7 e sg) sublinha os elementos externos do regime (a forma institucional de poder) e o elemento interno (a ação de comando e obediência de governantes e governados). Cfr. em sentido mais ou menos próximo MAURICE DUVERGER "Institutions Politiques et Droit Constitutionnel"-Paris-1971 e MORBIDELLI-PEGORARO--REPOSO-VOLPI " "Diritto Pubblico Comparato"-Torino-2004-p. 234.

[64] KELSEN"Teoria Geral del Estado"-Mexico-1979-p. 408 e seg e 418; AUGUSTO BARBERA-CARLO FUSARO –"Corso di Diritto Pubblico"-Bologna-2006-p. 38 e seg; GIUSEPPE DE VERGOTTINI "Diritto Costituzionale"- Padova-2006-p. 91 e seguinte (decompondo as formas de poder político em formas de Estado como sinónimo de regimes e em formas de governo); ARTHUR BENZ "El Estado Moderno"-Madrid-2010-p 206.

[65] Cfr KARL LOEWENSTEIN "Teoria de la Constitución"-Barcelona-1979-p. 73; JORGE MIRANDA "Manual (...)"-II- op. cit, p. 330 e seg.; e GOMES CANOTILHO ("Direito constitucional e Teoria da Constituição"-Coimbra-2003-p. 573) que usa indiferenciadamente as expressões "sistema politico", "regime político" e "forma de governo" para aludir a realidades similares ou próximas.

[66] Cfr sobre o regime como conteúdo de uma ordem estatal vide KELSEN ult. loc cit, p. 409.

Esse ideário condensa as linhas mestras de uma doutrina política, definível como o *conjunto de valores ou princípios que fundamentam uma conceção política, ética, filosófica ou até religiosa da estrutura estadual e das relações entre o Estado, a sociedade e o poder político.*

Já a *ideologia* consiste, em regra, *na simplificação de uma doutrina através de ideias--força que são transformadas numa crença política.*

As ideologias, cuja notícia da respetiva "morte" prematura foi exageradamente celebrada por pensadores como Raymond Aron e Bell nos anos 50 e 60[67] e por Fukoyama[68] nos anos 90, do passado Século, intentam sintetizar uma explicação sobre o devir histórico do homem e do Estado e pretendem erigir um padrão de sociedade, de poder e de sistema económico-social com uma vocação de perfeição. Elas são concebidas, segundo Sartori, não como postulados inacabados abertos ao debate, mas sim como *"ideias congeladas e intocáveis"*, concebidas na base de uma força mobilizadora, de modo a que as pessoas - alvo a quem se dirigem, as aceitem como crença ou ato de fé[69]. Para o autor, que é um crítico excessivamente severo das principais ideologias contemporâneas, a quais qualifica como "ópio da mente", o pronto a pensar ideológico operaria como uma espécie de máquina de guerra, destinada a, mediante fórmulas simples, conquistar adesões sem questionamento e a desqualificar adversários[70].

Com ou sem sentido pejorativo, as ideologias possuem uma dinâmica e um impacto mais ou menos intenso no modo de legitimação e organização do poder, na medida em que os seus paradigmas de organização política e social, simples ou combinados, justificam distintas ordens jurídicas e políticas de domínio estatal, ou seja, diferentes regimes políticos[71].

De qualquer modo, cada conceção doutrinal ou ideológica que verta sobre a organização política do Estado deve pelo menos tomar posição sobre os dois outros elementos de caracterização do regime político, de acordo com a definição dada supra a saber: *a legitimidade do poder e o papel dos cidadãos na estruturação e no acesso ao referido poder.*

---

[67] RAYMOND ARON "O Ópio dos Intelectuais""-Brasilia-1980; DANIEL BELL "*O Fim da Ideologia*, Brasília, 1980.
[68] FRANCIS FUKOYAMA "O Fim da História e o Último Homem"-Lisboa-1999.
[69] GIOVANNI SARTORI "La Democracia Despúes del Comunismo"-Madrid-1993-p. 31.
[70] SARTORI ult. loc cit, p. 39 e seg.
[71] Relativamente à ideologia como fundamento do modo como a sociedade exerce o poder num Estado, vide MARCELLO CAETANO (ult. loc cit,) p. 351. Já MARCELO REBELO DE SOUSA (ult. loc cit, p. 320) refere-se à inspiração filosófica essencial do poder político de um Estado.

1.2. Os fundamentos típicos da legitimidade de uma forma de poder

33. A definição do *tipo de legitimidade* do poder político do Estado consiste no segundo atributo da caracterização do regime político. A legitimidade implica, num Estado soberano, que o acesso ao poder, a estrutura básica das instituições que exercem o poder e os objetivos que o mesmo poder prossegue se fundamentem numa ideia de direito, cujos valores e princípios devem ter-se por aceites, expressa ou tacitamente, pelos governados.

No tempo presente, salvo em alguns regimes asiáticos e africanos (basicamente inerentes ao já aludido "sultanismo", cfr supra § 221) onde pontifiquem despotismos fácticos ou consuetudinários associados ao poder patrimonial dos detentores da autoridade, todo o poder político é fundamentado numa *legitimidade legal-racional*. Esse tipo de legitimidade, sendo relevante como pressuposto de um Estado submetido ao direito, carece de um conteúdo axiológico, pois transmite-nos muito pouco sobre a ideia de direito e os valores que justificam o poder de autoridade. Do Irão à Alemanha e dos Estados Unidos à China, todo o poder político é regulado constitucionalmente e envolve a sua aceitação pelos cidadãos através da observância da Constituição e da ordem jurídica que lhe subjaz.

De todo o modo, da relação dialética entre ideário político, assente numa base doutrinal ou ideológica e a legitimidade, resulta uma ideia-força que vertebra o modelo de titularidade e organização do poder do Estado que a Constituição incorpora e rege.

Ora, dessa ideia-força retira-se o terceiro atributo de caracterização do regime político que consiste na *tomada de posição da ordem estatal sobre a relação entre governantes e governados*.

1.3. O tipo de relação estabelecida entre governantes e governados na determinação da fonte do poder soberano

34. A identificação do tipo de legitimidade, em sentido substancial, de uma dada forma de poder estadual encontra-se estreitamente associada ao tipo de relacionamento ou enlace entre governantes e governados[72]. Isto porque a simples adesão passiva dos cidadãos à legalidade constitucional não ilumina, como já se referiu, a verdadeira essência e natureza do poder político. Semelhante adesão tácita mais não será do que a submissão da cidadania a uma moldura de legalidade sem objeto definido.

---

[72] Fazendo relevar este elemento MORBIDELLI-PEGORARO-REPOSO-VOLPI ult. loc cit, e MARCELO REBELO DE SOUSA, ult. loc cit, p. 320 e seg.

Para caracterizar, no tempo presente, o regime político que inere a uma determinada forma de autoridade estadual, necessário se torna identificar, na Constituição, no ideário que a inspirou e na prática institucional, se a essência do poder reside efetivamente na vontade do povo, ou seja, se a componente nuclear das funções políticas, legislativas ou administrativas do Estado repousa, ou não, em instituições livremente designadas pelos governados. No fundo, importa saber se a legitimidade do poder se fundamenta no consentimento dos governados expresso de forma livre, plural e recorrente (democracias) ou se, ao invés, se os governantes prescindem desse consentimento livremente expresso para justificar a sua autoridade (realidade inerente aos regimes autocráticos).

35. Esta dicotomia, que pode ser objeto de crítica pelo seu aparente simplismo, não prejudica o facto de legitimação constitucional do poder assumir caráter compósito e albergar modelos híbridos ou impuros. Veja-se, nomeadamente: o caso da associação entre a legitimidade tradicional do monarca e um exercício do poder executivo e legislativo assente no consentimento popular (monarquia constitucional) ou a situação que envolve certo tipo de regimes autoritários que integram, ainda assim, formas limitadas ou mitigadas de escolha plural dos governantes pelos governados (caso de regimes autoritários semi-competitivos, como o do Brasil depois da Revolução de 1964 ou do Egito, no tempo presente).

2. Formas de regime político

2.1. Nota histórica

36. A chamada *antiga teoria política*, de inspiração aristotélica, dominou as classificações de regime político entre o dealbar da antiguidade Clássica até ao termo da Primeira Guerra Mundial, sem prejuízo da existência de um período intermédio entre o Congresso de Viena em 1815 e o termo do Primeiro Conflito em 1918, durante o qual, se misturaram as classificações antigas com os traços identitários das novas monarquias constitucionais de recorte liberal com a irrupção de um desconhecido Estado totalitário na Rússia depois da revolução bolchevista de Outubro em 1917[73].

Aristóteles, num registo próximo ao de Heródoto e, sobretudo, ao de Platão nos seus primeiros escritos sobre o tema (in "Escritos Políticos"), adotou uma

---

[73] Em geral sobre a antiga teoria dos regimes políticos, HANS KELSEN ult. loc cit, p. 408 e seg; REINHOLD ZIPPELIUS "Teoria Geral do Estado"-Lisboa-1971-p. 72 e seg.

classificação tripartida das formas de poder, atento o número de titulares dos órgãos de governo e a justificação ética da correspondente autoridade[74].

Haveria a considerar, em primeiro lugar, a *Monarquia* ou realeza, governo de um só, orientado para o bem comum, que se degradaria em tirania, se o exercício do poder se convertesse em arbítrio, orientado para benefício ou interesse próprio[75]. Em segundo lugar destacar-se-ia a forma de poder *aristocrática*[76], em que a autoridade pertenceria a um escol formado pelos melhores que atuariam em benefício e no interesse de toda a sociedade, podendo este regime perverter-se numa oligarquia, se o poder operasse em benefício dos seus possuidores. Finalmente a "politeia", hoje referenciada usualmente como *democracia*[77], em que a autoridade pertenceria a toda a comunidade que agiria na base do interesse comum, poderia degenerar em *demagogia* quando a autoridade, exercida em nome de todos, fosse apropriada por um grupo político ou social que manipulasse os restantes e agisse seguindo interesses próprios[78].

Dos tipos "puros" expostos poderia resultar uma pluralidade vasta de combinações.

A criação de variantes mistas entre os tipos aristotélicos foi gizada originariamente por Políbio (VI *Livro de História*) e retomada por Cícero (in *"De Re Publica"*, I 43, 47, 49)[79] que, num notável trabalho precursor da Ciência Política, formulou uma apreciação crítica das sobreditas formas puras. Sobre elas aduziu reparos ao governo de um só ou de um escol aristocrático, mesmo virtuoso, em razão de uma falta de liberdade que tornaria os homens servos, bem como ao governo democrático que elevaria às honras de governo, tanto homens dignos e esclarecidos como indignos e ignorantes, segregando um igualitarismo capaz de conduzir a paradoxais desigualdades e injustiças. Nasce da sua construção o paradigma dos governos "moderados" de caráter misto, com equilíbrio entre poderes, como na antiga ordem romana em que, na linha esboçada por Políbio,

---

[74] ARISTÓTELES "The Politics of Aristotle"-Vol II. Parte I (Notes B. JOWETT)-Oxford-1885- p. 64, 66, 96, 132 e 149 (esp. Livro IV)

[75] Para PLATÃO ("Le Politique". Paris, 1885- p. 71 e seg, em diálogo ficcionado entre o "Estrangeiro" e o "Jovém Sócrates") a realeza seria a legitima soberania de uma só pessoa, representando uma ordem na unidade. A mesma poderia degenerar em tirania, quando o poder fosse orientado pela concupiscência e ignorância do seu detentor (ZIPPELIUS "Teoria (...)" op. cit, p.73).

[76] PLATÃO (ult. loc cit, p. 72) também distingue a aristocracia, como legitima soberania de um grupo, da oligarquia, pautada pelo domínio de um grupo indiferente ao direito.

[77] Platão (ult. loc. cit) distingue a democracia, como soberania do povo, de uma forma corrupta desse regime transfigurada no domínio de uma multidão indisciplinada.

[78] ARISTÓTELES "The Politics of Aristotle"-Vol II. Cit.

[79] Cfr MAURIZIO FIORAVANTI " Costituzione"- Bologna-1999"- p. 21 e seg.

os cônsules representariam um elemento próximo do monárquico, o Senado o elemento aristocrático e o povo o democrático[80].

S. Tomás de Aquino na *Summma Theologica* (I II, 105, I)[81] e Maquiavel nos *"Discorsi"* (I, 2)[82] defenderam, igualmente, que um sistema ideal deveria combinar três formas de poder. Trata-se de uma construção com repercussões tardias na monarquia liberal inglesa do Século XVII, saída da *"Glorious Revolution"* e teorizada por Locke, regime que reuniria estas três componentes: a monárquica, personificada no Rei e correspondente aos poderes executivo, federativo e excecional (a "prorrogatio"); a aristocrática (sedeada na Câmara dos Lordes que disporia de faculdades políticas de controlo da legislação, bem como poderes jurisdicionais); e a democrática, na Câmara dos Comuns (competente para a deliberação das leis).

37. Ainda assim, Maquiavel alterou a sua primitiva visão tripartida dado que " no Príncipe" acabou por dividir os regimes na dicotomia "República" (que englobaria as formas democráticas e aristocráticas numa só[83]) e "Principado" (coincidente com a ideia de Monarquia). Esta classificação dicotómica veio a impor-se entre a Idade Moderna e o liberalismo oitocentista, em detrimento da tricotomia Monarquia, Aristocracia e Democracia.

38. Contudo, a classificação bipartida exposta experimentou, no período que mediou entre o movimento constitucionalista e o termo da I Guerra Mundial um tempo intercalar de transformação, na medida em que a nova Monarquia Constitucional, fundada na experiência liberal inglesa legada pela "Glorious Revolution" no Século XVII, passou a resultar de uma combinação entre componentes dos regimes monárquicos e dos regimes democráticos (associados à ideia de República). Os regimes aristocráticos tinham já praticamente desaparecido, sendo a "Republica da Sereníssima" de Veneza, um dos últimos a desaparecer (1797).

Durante esse *período intercalar*, na sua fase intermédia, situada entre a irrupção das revoluções norte-americana (1787) e francesa (1789) e o início da I Guerra Mundial em 1914, *passaram a ser essencialmente três, os tipos de regime reconduzíveis à Monarquia à República*, como se observará de seguida.

Nas monarquias absolutas, o "poder supremo" do Estado recaía sobre um órgão unipessoal, o Rei, autoridade que exerceria cumulativamente a essência das funções legislativa, executiva e judicial em representação existencial do Estado ou da Nação (sem prejuízo da existência de certas formas de controlo do seu poder, oriundas de estruturas parlamentares ou de tribunais). O fundamento da auto-

---

[80] Cfr ZIPPELLIUS, op. cit, p. 74 e seg.
[81] S. TOMÁS DE AQUINO " A Suma Teológica de S. Tomás de Aquino"- in "perman~encia" Trad- Alexandre Correia http://permanencia.org.br/drupal/node/8
[82] NICCOLO MACHIAVELLI "Discorsi Sopra Prima Deca di Tito Livio"-Firenze-1971-p. 13.
[83] LOEWENSTEIN ult. loc cit, p. 44.

ridade real assentava na *inviolabilidade da função monárquica* e na *tradição hereditária*. Esta pressupunha a designação do titular do poder, de acordo com o critério da primogenitura, a partir da linha sucessória de uma família reinante, tendo em vista assegurar a unidade do Reino, fundamento que se encontrava materialmente assente no direito imemorial pactuado, no direito Divino, no costume e até no poder patrimonial do príncipe sobre um domínio de "propriedade superior". Todos os regimes monárquicos europeus, exceto o britânico desde o Século XVII, assumiam um viés absolutista até à revolução francesa, tendo a partir daí vários estados conservado essa natureza até às revoluções democráticas - radicais de 1848, subsistindo, ainda, formas tardias deste tipo de regime depois dessa data, em Estados como a Rússia.

Contudo as monarquias constitucionais nascidas com a *Glorious Revolution* 1688 no Reino Unido começaram a tomar corpo após o colapso da Revolução francesa e da formação da "Santa Aliança" em 1815. O poder da Coroa deixou de ficar concentrado na pessoa do monarca, dividindo-se por várias instituições nos termos fixados por uma Constituição ditada pelo próprio Rei ou pactuada entre este e o Parlamento. Todas as instituições passaram a ficar limitadas pelas regras da lei constitucional.

Predominaram, na esfera do constitucionalismo monárquico, as chamadas *monarquias dualistas*, fruto do compromisso entre o poder real e o poder dos parlamentos. O Rei era convertido em decisor ou co-decisor constituinte e legislativo em parceria com um Parlamento democraticamente eleito por voto censitário, acumulando essas funções com a titularidade do Poder Executivo. A legitimidade do poder do Chefe do Estado repousava no fundamento de uma tradição imemorial que, todavia, era incorporada na Constituição pelo que a legitimidade *tradicional* do poder monárquico passou a combinar-se com um tipo de legitimidade "*legal*"no léxico de Max Weber. Foi o caso da monarquia francesa de 1814, da portuguesa de 1826, da italiana de 1848 e da imperial alemã de 1871, havendo a considerar ainda numerosos estados alemães caracterizados por este tipo de regime.

Já outras monarquias exibiam um crivo mais liberal, as chamadas monarquias monistas, com circunscrição do poder real ao exercício do poder executivo e uma maior ascendência do poder parlamentar. Foi o caso da Constituição espanhola de Cádis de 1812, da portuguesa de 1822, da francesa de 1830 e da Belga de 1831

Mas, a par destas duas variantes de regimes monárquicos contrapunham-se as Repúblicas constitucionais. Nestas, a legitimidade do poder constituinte e dos poderes constituídos recaía na vontade dos cidadãos que designava, através do seu corpo eleitoral, os titulares do poder para o cumprimento de mandatos temporalmente limitados. O Chefe de Estado deixa de assentar numa legitimidade hereditária para passar a ser eleito por sufrágio popular ou, indiretamente pelo Parlamento. Para além dos Estados Unidos, em 1787, do Brasil, em 1889 e do México desde 1814 (a par de outros Estados da América Latina) as Repúblicas vigoraram em diversos estados europeus como na França em 1791-1804, 1848 e 1875 e em Portugal em 1910.

39. A revolução bolchevista na Rússia, em 1917, criou um novo tipo de regime, centrado numa República totalitária guiada por uma vanguarda política que dizia agir em nome das classes operária e camponesa (o proletariado). Esse paradigma alterou os modelos anteriores de regime. Um ano depois, com a derrota da Alemanha e Áustria-Hungria na I Guerra Mundial sucumbiam as últimas grandes monarquias dualistas europeias, passando os regimes monárquicos constitucionais a transformar-se em domínios de hegemonia parlamentar. A bipartição Monarquia/República, consagrando os tipos dominantes de regimes políticos, que já abrira fendas com a subdistinção entre monarquias absolutas e constitucionais, deixou, desde o período de 1917/1918, de ser um critério relevante para classificar substancialmente os regimes políticos.

2.2. Tipologia contemporânea dos regimes políticos

A. Critério formal conexo ao modo de designação do Chefe de Estado: Monarquia e República

40. A partir do termo da Primeira Guerra Mundial até à atualidade, a dicotomia Monarquia - República deixou de constituir, tal como se antecipou, o alfa e ómega da tipologia substancial dos regimes políticos, para se transformar numa classificação subsidiária.

Os regimes monárquicos remanescentes na Europa, depois de 1918, reconduziram-se ao modelo contemporâneo liberal da monarquia constitucional, em que o soberano se limita ao exercício de funções formalmente representativas, cerimoniais e certificatórias, perdendo a chefia do poder Executivo bem como importantes faculdades livres de controlo e direção no exercício da função política. A monarquia constitucional passa a assumir um "status" de representação simbólica e formal da Chefia do Estado, e as monarquias absolutas residuais da Ásia (presentemente circunscritas a um punhado de Estados da península arábica e ao sultanato do Brunei) passaram a figurar como subtipo assaz raro de regime autocrático.

Por conseguinte, pela exiguidade ou irrelevância das competências políticas reais, a dicotomia Monarquia/ República predica, no tempo presente, a adoção um critério puramente formal de caracterização dos regimes políticos. Isto, sobretudo, *quando o mesmo se cruza com o critério alternativo e predominante de carácter substancial centrado no tipo de relação entre o poder político e os cidadãos*, ou seja, na relação comunicativa e fiduciária entre governantes e governados como fundamento de legitimação dos primeiros. A contraposição entre Monarquia/República deixou de constituir materialmente uma "questão central de poder", fora do contexto exíguo e remanescente dos escassos reinos absolutistas e teocráticos que professam o islamismo[84], e de algumas monarquias islâmicas que incorporam uma componente democrática-autoritária que relembra os regimes dualistas do Século XIX[85].

41. Ainda assim, será que esta redução da relevância do processo designação do Chefe de Estado como critério da definição do regime político pode ser considerado irrelevante?

A resposta é negativa. Pese o facto de o critério medular de classificação dos regimes se centrar na relação entre governantes e governados, a forma monárquica ou republicana de regime político comporta uma carga simbólica relevante, seja como elemento de integração e unidade estadual ou nacional, seja como pressuposto de definição do sistema político. Por exemplo a alínea b) do artº 288º dA Constituição Portuguesa de 1976 (CRP) consagra a "forma republicana de governo" (expressão tecnicamente equívoca) como limite material de revisão constitucional. Uma simples lei de revisão constitucional não pode, pelo menos sem suprimir a própria alínea b), eliminar o regime republicano, substituindo-o por um regime monárquico.

Na hipótese de se poder suprimir o regime republicano na CRP, seria não apenas um elemento simbólico que seria substituído por outro, mas igualmente o sistema político semipresidencialista que seria eliminado, ficando em causa a identidade genética da Constituição de 1976. Isto porque, um regime monárquico encontra-se necessariamente agregado a um sistema político de governo parlamentar dado que, o Monarca, encontrando-se desprovido de reais poderes executivos, bem como de direção e controlo político, deixa para o Parlamento a essência da representação política do povo e a tarefa de investidura e responsabilização política do Governo Daí, aquilo que distingue um regime Monárquico constitucional e uma República, resida não apenas no processo de legitimação e designação de um Chefe de Estado privado de poderes políticos relevantes, mas também no facto de a Monarquia Constitucional se encontrar soldado a um sistema politico determinado, o parlamentarista.

---

[84] Mais propriamente a Arábia Saudita, o Katar, o Barhein, os Emiratos Árabes Unidos, o Oman e, na Oceania, o Brunei.
[85] Marrocos e Jordânia

B. Critério relativo ao tipo de envolvimento do povo na designação dos titulares do poder: democracia e autocracia

42. Em termos substanciais os regimes distinguem-se em razão:

i) *Do critério que respeita ao tipo de relações entre governantes e governados quanto à titularidade do poder* (ou seja, cumpre saber se o povo é o efetivo titular do poder político e intervém ou não, livremente, na escolha dos governantes, exercendo os seus direitos políticos);
ii) Do *critério relativo ao modo como o poder é exercido* (se existem limites constitucionais efetivos ao exercício da autoridade, através da separação de poderes, de controlos interorgânicos e da consagração de direitos políticos);
iii) Do *critério atinente ao fim ou escopo do poder* (que tipo de ideário justifica o modelo de poder adotado na organização política do Estado[86]).

43. O *primeiro critério*, o qual valoriza o tipo de enlace estabelecido ente governantes e governados[87], acaba por constituir o atributo primacial para a caracterização e tipificação de um regime politico. Na verdade, com base no *critério da livre e explícita* expressão de consentimento dos cidadãos na designação dos titulares das principais funções do poder soberano, mediante eleições plurais e competitivas, podemos distinguir os *regimes democráticos dos regimes autocráticos*[88].

Em regra, o *terceiro critério*, de natureza teleológica, deveria refletir a incidência do primeiro: a Constituição, como estatuto do poder político, deve incorporar um ideário que reflita o tipo de enlace entre governantes e governados no exercício desse poder, tendo em vista a prossecução de fins e tarefas estaduais de ordem

---

[86] Segue-se, com algumas especialidades e ajustamentos, GIUSEPPE DE VERGOTTINNI " Diritto Costituzionale" op. cit, p. 92 (o qual, diferentemente da nossa construção, funde no primeiro critério a titularidade e exercício do poder e no segundo valoriza, fundamentalmente, a participação e direito de oposição)

[87] Fundamento desenvolvido consistentemente, no plano teórico, por GUGLIELMO FERRERO in "The Principles of Power": the great political crises of history" -New York-1942.

[88] Neste sentido MORBIDELI-PEGORARO-REPOSO-VOLPI ult. loc cit, 236. MARCELO REBELO DE SOUSA (ult. loc cit p.322) distingue os regimes democráticos e ditatoriais. LOEWENSTEIN ("Teoria de la Constitución"-Barcelona-1979- p.73) decompõe os regimes (que designa como tipos ou sistemas de governo), em constitucionais e autocráticos. KELSEN usa o critério da liberdade política para estabelecer uma dicotomia entre democracia e autocracia (in "Teoria Geral del Estado", op. cit, p.405). Outros autores (THOMAS FLEINER-GERSTER "Teoria Geral do Estado"-2006-S. Paulo-p. 317) fazem, proximamente, uma distinção entre "Estados livres e Estados não livres", fórmula adotada pelos rankings do "Economist" e da "Freedom House", infra § 204 e seg. .

coletiva. Em certas circunstâncias, contudo, a teleologia do regime expressa nos princípios que refletem esse ideário pode ser enganosa: é o caso de Estados enformados por um ideário democrático mas que são dominados por um grupo organizado que veda na prática corrente o exercício da mesma democracia[89]; e é a situação em que o texto constitucional e os princípios que o enformam não logrem refletir a real natureza da titularidade do poder[90]. Daí que o primeiro critério prevaleça sobre o terceiro.

O segundo critério, relativo ao modo de exercício do poder, resulta ser também, "prima facie", uma refração do primeiro pois, enquanto uma democracia plena postula, a título instrumental, a separação e interdependência de poderes bem como instrumentos de assegurem uma garantia independente de direitos civis e políticos, já um regime autocrático pauta-se pela concentração do mesmo poder, por fracos controlos interorgânicos e por compressões expressivas a direitos políticos, sem existência de um judiciário independente para garantir o seu conteúdo essencial. Ainda assim, existem regimes democráticos, que naturalmente garantem eleições livres e competitivas, mas onde emerge um fenómeno de concentração de poderes, débeis e flutuantes freios e contrapesos e limites ao poder judicial como garante dos direitos políticos (caso das chamadas democracias iliberais (§ 188) e de algumas democracias deficitárias §204).

Em suma um regime tem um fundamento material democrático se o povo exercer os seus direitos políticos e designar livremente os governantes, embora exiba debilidades em termos de separação de poderes e de consagração de um ideário democrático explícito na Constituição, mas não será seguramente democrático se prescindir de eleições livres e competitivas, mas consagrar formalmente poderes separados, controlos interorgânicos e uma principiologia democrática como fundamento do Estado.

---

[89] A Constituição paraguaia de 1967, consagrava no primeiro Capítulo, o princípio do Estado democrático e no quinto Capítulo declarava direitos e liberdades políticos, incluindo o de sufrágio popular. Contudo, a prática do regime de então, encabeçado pelo General Alfredo Ströessner pautou-se por um exercício autocrático de autoridade por parte do Partido Colorado em aliança com as forças armadas no quadro de eleições semi-competitivas. O mesmo se diga do Regime da Bielorússia sob a égide do Presidente Lukachenka, caracterizado por uma prática autocrática "pós-totalitária" e por eleições semi-competitivas fortemente condicionadas, pese o facto de a Constituição de 1994 definir o regime como uma democracia pluripartidária, plasmar direitos políticos e consagrar freios e contrapesos.

[90] O ideário corporativo dA Constituição Portuguesa de 1933 (Estado Novo) poderia ser ajustado tanto a um regime democrático como a uma autocracia.

Secção II Regimes democráticos

Subsecção I. Em que consiste a democracia como regime político

1. Etimologia e enquadramento histórico

44. Etimologicamente "democracia" é oriunda dos termos gregos "demos" (povo) e "kratos" (governo), significando "governo do povo" ou governo derivado da vontade do povo, tendo sido utilizada com algum sarcasmo ou desdém pelos seus adversários na Antiguidade Clássica, como expressão do domínio das classes inferiores[91].

Presente no regime político ateniense no contexto do poder conferido diretamente à assembleia de cidadãos (Eclésia), a democracia experimentou posteriormente um longo eclipse durante o Império Romano, a Idade Média e a Idade Moderna, para renascer em alguns cantões suíços e no Reino Unido após o triunfo da *revolução liberal* no Século XVII.

Deste os alvores das democracias "burguesas" geradas pelas revoluções americana e francesa (onde o direito de eleger era restringido em razão do sexo, do rendimento ou da literacia, criando-se um sufrágio censitário e capacitário) até à consolidação do sufrágio universal, a partir do dealbar do Século XX até tempo presente, transcorreram mais de dois séculos entrecortados de avanços e de alguns recuos, no aprofundamento da expressão da vontade popular na escolha dos governantes.

45. Tal como reconhece Dahl, "Democracia " significa *"coisas diferentes para pessoas diferentes e em diferentes épocas"*[92]. E na verdade Lenine falava na "democracia proletária" inerente ao regime soviético como contraponto à "democracia burguesa" no Ocidente, enquanto os dirigentes do Estado Novo em Portugal definiam o regime como uma "democracia orgânica". Mesmo no tempo presente, a Constituição portuguesa, a par da democracia representativa, alude à "democracia participativa" (artº 2º) enquanto os politólogos especulam nas últimas décadas sobre os conceitos de democracia "deliberativa" e "comunicativa"[93].

Independentemente desta floresta polissémica importa, com respeito à raiz etimológica e ao paradigma dos regimes democráticos consolidados nos Séculos XX e XXI, separar *o trigo do joio* pois as fórmulas *"democracia proletária"* e *"demo-*

---

[91] Cfr. MOGENS HANSEN "The Athenian Democracy in the Age of Demosthenes: structure, principles and ideology"-Oxford-1991.
[92] ROBERT DAHL "Democracia"-op. cit. 11.
[93] MIRIAM MARTINEZ BASCUÑAN "Democracia y Redes Sociales: el exemplo del twiter"- in REP-168-2015-p. 175 e seg.

cracia orgânica" são rótulos ficcionais para envernizar regimes autocráticos com uma falsa semântica que alude à vontade popular. E impõe-se, igualmente, separar *o essencial do acessório* dado que a democracia representativa constitui a coluna vertebral da estrutura de um Estado material de direito e o critério jurídico-processual de legitimação do poder dos governantes. Já as democracias "participativa" e "deliberativa" constituem simples vias complementares de valorização qualitativa da primeira, permitindo, respetivamente, ouvir setores representativos dos governados entre eleições e estimular a discussão pública e informada das decisões do poder .

46. A Democracia como regime político pressupõe que a legitimidade do modelo de organização do Estado e do exercício do poder político radique na vontade livre, plural e soberana do povo manifestada através do critério da maioria, expressa na eleição dos seus representantes e, extraordinariamente, em atos referendários ou plebiscitários[94].

Trata-se de uma forma de poder na qual, segundo Schmitt, existe *"identidade entre governantes e governados"* já que quem exerce o poder de domínio não o faz fundado em *"qualidades inacessíveis ao povo, mas na base da vontade, mandato e confiança dos dominados ou governados que desta maneira se governam a si próprios"*, pelo que a democracia, em tese, consistiria *"numa dominação do povo sobre si próprio"* centrada no respeito pelos princípios da liberdade e igualdade[95].

O entendimento expresso por alguns segundo o qual a democracia ateniense não era uma autêntica democracia porque os escravos eram excluídos das assembleias, o mesmo sucedendo com os regimes constitucionais dos Séculos XVIII e XIX, porque o voto censitário capacitário e de género impedia pobres, analfabetos e mulheres de votar é rejeitado enfaticamente por Dahl[96]. O autor afirma que negar as formas clássicas e oitocentistas de democracia seria o mesmo que dizer que o protótipo que os irmãos Wright inventaram não seria um avião já que a sua máquina primitiva não seria parecida com a atual. Na verdade, é a *ideia-força* que inere à justificação do modelo originário de democracia que se destaca como ponto de união entre diversas variantes históricas do fenómeno, sendo tudo o mais reconduzível à evolução e aperfeiçoamento do mesmo modelo de poder.

---

[94] BOCKENFÖRDE (ERNST WOLFGANG BOCKENFÖRDE "Estudio sobre El estado de Derecho y la Democracia"- Madrid-2000-p. 47 e seg) sublinha que a democracia como *"forma de estado e de governo"* está vinculada pelo principio da soberania popular e que a sua configuração se processa através de *"uma estrutura representativa na qual se pode incorporar elementos plebiscitários"*.

[95] CARL SCHMITT Teoria de La Constitución"- Madrid-1982-p. 230 e seg e 222.

[96] DAHL, ult. loc. cit,p. 118.

47. A experiência primitiva de democracia na Atenas Clássica retomada na democracia cantonal genebrina teorizada por Rousseau [97] consistia numa forma de democracia direta reconduzida ao poder das assembleias, onde estariam presentes todos os cidadãos. A vontade soberana do povo seria não delegável e, como tal, expressa igualitariamente por cada cidadão sem intermediários.

Vários argumentos, maioritariamente técnicos, foram esgrimidos contra a praticabilidade desta construção cumprindo sintetizar os seguintes:

i) *Critério funcional da dimensão*: um sistema de democracia direta, de assembleia ou referendária, podendo ser exequível em pequenas comunidades, seria impraticável em médios e grandes Estados, dada a impossibilidade de reunir milhões de cidadãos numa assembleia que deliberasse em permanência;
ii) *Critério da representatividade do corpo deliberativo*: Desde a Atenas Clássica ao estado americano do Vermont, apenas uma minoria de cidadãos comparecia às assembleias e tomava parte nas deliberações[98], sento tanto maior o absentismo quanto mais elevado o número de cidadãos, realidade que depreciaria o alcance universal da vontade popular;
iii) *Critério da genuinidade da participação*: quanto maior o número de cidadãos presentes em assembleia, menores as oportunidades de intervenção de cada um em razão do tempo disponível para o funcionamento das mesmas, maior a apatia da maioria e maior a capacidade de um pequeno número organizado poder manipular a mesma assembleia[99];
iv) *Critério meritocrático*: com a crescente complexidade técnica das deliberações a tomar existe uma manifesta inaptidão de uma larga maioria de cidadãos para se pronunciarem e intervirem na tomada de decisões sobre questões que manifestamente desconhecem ou conhecem de forma insuficiente.

Do mesmo modo, um regime político apenas assente em referendos permanentes seria impraticável não apenas pelos seus custos financeiros incomportáveis mas, igualmente, pela volatilidade da participação e pela inaptidão dos cidadãos decidirem sobre matérias de alta sensibilidade técnica (aprovação do Código de Procedimento Administrativo) ou financeira (como o aumento ou redução de impostos, invariavelmente excluído de atos referendários). Tal como Schmitt

---

[97] Exercício do poder por parte de assembleias de cidadãos nos cantões suíços, incluindo o de Genebra onde viveu Rousseau.
[98] DAHL, ult. loc. cit, p. 123 e seg
[99] DAHL, ult. loc. cit,

afirmava, o plebiscito quotidiano não é uma forma de Estado, mas um modo de *"responder sim ou não a um problema formulado com precisão que lhe é submetido"*[100]. Quando muito, o desenvolvimento dos meios de comunicação eletrónicos poderá, num futuro próximo, alargar a frequência e os temas sujeito a uma democracia direta de natureza digital, a qual, contudo, nunca poderia substituir os representantes eleitos que, em permanência, asseguram o funcionamento do Estado.

48. Ao arrepio do entendimento de Rousseau, a *democracia representativa* resultou ser a forma na qual o princípio democrático ganhou corpo institucional e dinâmica política como modo de legitimação e estruturação de um poder de autoridade de exercício contínuo no Estado de direito constitucional.

Sièyes, um discípulo de Rousseau e constituinte francês, depois de uma curtíssima fase em que sustentou o pensamento do filósofo, deu-se rapidamente conta da *inexequibilidade da democracia* direta num País como a França ou mesmo da adoção de um *mandato imperativo* conferido aos governantes, dada a ausência de condições para a sua revogação a todo o tempo pelo povo. Ao invés, sustentou a ideia de um mandato representativo, na lógica segundo a qual, se a soberania reside na Nação (ou no povo), a sua vontade dever-se-ia exprimir através de órgãos integrados pelos seus procuradores ou representantes que lograriam exprimir em nome do todo coletivo uma decisão unitária, tendo contudo a consciência que exercem um direito que pertence originariamente a outros[101]. Stuart Mill teorizou sobre as vantagens da democracia representativa no universo anglo-saxónico em razão da sua praticabilidade levando outros autores a sintetizar as vantagens utilitárias dessa organização do poder: *"O Governo representativo é a democracia tornada praticável por longos períodos e em grandes extensões territoriais"*[102].

A representação é, por conseguinte, *"o elemento constitutivo da democracia e não uma realidade ilusória"*[103], assumindo-se como uma construção processual de ordem jurídica e política destinada a permitir a designação dos governantes pelos governados através de eleições livres e pluralistas, passando o povo a agir ordinariamente através dos seus mandatários. A democracia não é, por conseguinte, o poder do povo mas essencialmente um poder aprovado ou escolhido pelo povo[104], limitando-se este a *decidir "quem serão os decisores"*[105]. A legitimação do poder dos mesmos decisores radica num mandato temporário, direto ou indireto, concedido livremente pelos cidadãos através de um ato eleitoral que procede à designação

---

[100] CARL SCHMITT "ult. loc cit-p. 269.
[101] EMMANNUEL SIÈYES "Quest-ce que le Tiers Etat"-Paris-1982.
[102] ADRIENNE KOCH ("The Philosophy of Thomas Jefferson"-Chicago-1964-p. 152 e seg) citando DESLOTT DE TRACY.
[103] BOCKENFÖRDE ult. loc cit, p. 143.
[104] SCHUMPETER "Capitalism, Socialism and Democracy"-New York-1942-p. 246.
[105] GIOVANNI SARTORI "Teoria de La Democracia"-T- I-Madrid-1988-p. 179.

dos primeiros, no respeito pelo critério da maioria, nos termos do qual "os mais devem governar os menos"[106]).

2. O mandato representativo e a sua natureza

49. O instituto da representação caracteriza e justifica, há mais de um milénio, as estruturas do poder político no Ocidente[107] mesmo em regimes não democráticos. Independentemente do vínculo entre representante e representado, todo o poder político tem procurado legitimar-se como representativo[108].

Tal como foi antecipado na rubrica precedente, democracia representativa significa que o povo, fonte de legitimação do poder político, não exerce ordinariamente esse poder de forma direta (decidindo quotidianamente sobre os negócios públicos), mas sim através de mandatários, ou seja, de representantes por si eleitos."[109].No fundo, cria-se um instituto que procura reproduzir as diversas sensibilidades e interesses do povo numa miniaturização simbólica e operativa representada pelos titulares do poder eleitos pelos cidadãos e que ocupam o seu lugar na tomada de decisões.

A representação política constitui, enfim, um processo destinado a tornar presente, na tomada de decisões políticas, algo ou alguém que se encontra ausente: no caso, o povo.

50. Pese o facto de haver quem considere a democracia representativa como um valor[110] o facto é que a representação não consiste num fim em si mesmo, mas numa realidade instrumental destinada a fazer funcionar institucionalmente no Estado a aplicação do princípio democrático. Trata-se de um sistema, integrado por *um método* (representação democrática), *um processo* (tradução dos resultados eleitorais em mandatos) e *um critério de decisão* (o critério maioritário), que se destina a assegurar em permanência que as instituições políticas de um Estado exprimam uma vontade coletiva e unitária.

O sistema exposto acaba por se consubstanciar na arquitetura que impera em praticamente todos os regimes políticos democráticos. O Estado democrá-

---

[106] LIVIO PALADIN "Diritto Costituzionale"-Padova-1991.
[107] ANNA PAPPA "La Represaentanza Politica"-Napoli-1998-p. 1
[108] Na Roma Republicana, o poder executivo era exercido por dois cônsules eleitos pelos comícios das cúrias (primeiro pelos patrícios e suas clientelas e depois do ano 336 AC, pelos plebeus). As monarquias estamentais fundavam-se numa representação proto-corporativa das ordens do Reino nas Cortes. E as monarquias absolutas da idade moderna, como a britânica envolviam a designação de procuradores ao parlamento de diferentes estruturas sociais e espirituais.
[109] GIOVANNI SARTORI ult. loc cit
[110] CARL BECKER "Modern Democracy"-New Heaven-1941- p,. 26 e seg.

tico representativo afirma-se, desde a queda do muro de Berlim, como uma entidade detentora de um quase monopólio da legitimidade política em face dos demais tipos de regime[111]. Regulada constitucionalmente, a democracia representativa legitima o poder, na medida em que permite que o princípio democrático exprima a sua força através da eleição de mandatários do povo que ocupam cargos de políticos nos órgãos de poder. É o nexo de representação que liga o povo ao titular do poder que conduz à aceitação do seu poder de autoridade ou "direito de mandar".

51. A figura jurídica da representação é objeto de diferentes teorizações: Sièyes esgrimia a tese da *delegação de poderes* (refutável na medida em que envolvia um poder de orientação do delegante bem como de revogação do ato de delegação, o que não ocorre com a representação política); Crisafulli sustentava uma tese de *substituição total* (contrariada em sede de representação, na medida em que o povo não pode ser tido como incapaz, como prova a sua atuação direta tanto no ato eleitoral como através do voto referendário);e Eulau defendeu a tese da *relação fiduciária*, em que o fiduciário atuaria como um livre representante do povo, de quem receberia uma autorização para agir através do mandato eleitoral, atuando posteriormente através de um juízo próprio expresso com autonomia.

Considera-se que a representação fiduciária logra justificar, em boa parte o fenómeno da representação política, sem prejuízo de a interposição do papel do partido entre eleitor e representante prejudicar a linearidade da construção (infra § 87, vii)).

Enquanto alguns expoentes formalistas valoram a *"situação representativa"* (ideia de que o povo age através dos seus representantes, que estes decidem com plena independência de quem os elegeu findo o ato eleitoral e que é apenas a vontade destes que releva na tomada de decisões) já os defensores de uma representação substancial, potenciam a *"relação representativa"* (a qual se ancora na interação direta, ou relação fiduciária entre eleitor e eleito, e nas obrigações mútuas estabelecidas entre ambos que envolvem a prestação de contas do segundo ao primeiro, tendo em vista a potenciação do papel integrador do regime democrático)[112]. Os sistemas eleitorais, respetivamente proporcionais ou maioritários (infra, §289, § 311 e seg e §314 e seg)) refletem a opção tendencial por uma ou outra conceção.

Diferentemente da construção, praticamente abandonada, do *mandato imperativo* (formulada em 1765 por Blackstone[113]), em que o povo, como mandante, poderia revogar a todo o tempo o mandato de quem elegeu, já no *mandato repre-*

---

[111] FABRIZIO CASSELLA "Profili Costituzionali dela Rapprezentanza"- Napoli 1997-p. 5 e seg
[112] ANNA PAPPA ult. loc cit, p.7 e seg.
[113] WILLIAM BLACKSTONE "Commentaries on the Laws of England"-IV- (1765-1769)- Int N. KATZ-Chicago-1979- p. 155.

sentativo, que domina em todas as democracias contemporâneas em sede de eleição parlamentar, o titular do poder eleito declara de imediato, depois da eleição, a sua independência jurídica e política relativamente a quem o elege, estabelecendo-se um diafragma de separação entre corpo eleitoral e corpo eleito. O mandato representativo envolve, deste modo, uma autodeterminação do eleito perante os eleitores. A partir da sua posse os eleitores passam, perante o eleito, ao estatuto de governados.

52. Várias razões são avançadas em abono do mandato representativo, a saber:

1º. Os representantes são-no em nome de todo o povo pelo que fazer depender a continuidade do seu mandato dos eleitores da sua circunscrição seria sequestrá-los por interesses particulares e obstar a que os mandatários pudessem defender o interesse público geral;
2º. Os eleitores não teriam aptidão para se pronunciar sobre todas as questões sobre as quais decidem os seus representantes;
3º Havendo que assegurar a governabilidade do Estado, a revogação do mandato dos representantes pelos eleitores da sua circunscrição, cujo processo não parece simples de executar, afetaria a estabilidade parlamentar e o funcionamento de maiorias políticas que suportam o Governo;
4º Seria vexatório para a independência e dignidade do representante submetê-lo a acareações ou a injunções dos eleitores;
5º. Atento o caráter nacional da representação torna-se impraticável responsabilizar o eleito durante o exercício das suas funções pela sua participação em decisões de caráter geral devendo essa responsabilização ocorrer apenas no âmbito da próxima eleição (influenciando os militantes do partido na circunscrição, a escolha de outro candidato ou atuando o eleitorado de forma a não reeleger o referido representante).

53. No que respeita aos mandatos parlamentares, a autodeterminação dos deputados, se bem que efetiva em relação aos eleitores, é ainda assim limitada, em razão de eixos de subordinação que o ligam ao respetivo grupo parlamentar ou ao partido político onde se encontra filiado. Assim, o binómio eleitor/eleito é substituído por uma triangulação formada pela relação eleitor/ eleito -/partido político.

A representação democrática não implica a eleição popular direta de todos os órgãos soberanos que exercem a função política. Por um lado, nas monarquias constitucionais, o Rei não é eleito pelo povo, mas designado por sucessão hereditária. Ainda assim, os poderes de que é titular são diminuídos, resumindo-se a uma função representativa, cerificatória e atenuadamente arbitral (mormente, no contexto de crises políticas) e processos conflituais de formação de governos[114]). Por outro lado existem instituições soberanas cujos titulares não são designados por força de uma eleição direta, mas sim pela sua investidura ou nomeação por parte de órgãos representativos eleitos diretamente: é o caso dos governos nos sistemas parlamentares (investidos pelo Parlamento) e nos sistemas semipresidenciais (designados pelo Presidente, com observância da composição parlamentar) e, ainda, dos presidentes da República nos sistemas parlamentares (eleitos pelo Parlamento) (infra § 436 e seg).

3. Pressupostos constitutivos de um regime político democrático

3.1. Introdução

54. A existência de um processo eleitoral livre, regular e igual com observância do princípio maioritário constitui pressuposto fundamental de uma democracia representativa e competitiva.

A noção de *democracia competitiva*, ancorada nos contributos doutrinais de Schumpeter[115], Dahl[116], Sartori[117] e Huntington [118] estriba os fundamentos da democracia representativa como regime político.

Schumpeter[119], renunciou a uma teoria epistémica destinada a desvendar a razão de ser da democracia e discuti-la como valor, como fizeram os clássicos (Rousseau e Stuart Mill), optando por descrever o regime democrático como processo e método de exercício do poder, nos termos em que o mesmo existe e funciona.

O povo não possuiria capacidade intelectual e técnica de decisão sobre as questões mais complexas mas disporia da faculdade de escolher quem, em seu nome decide sobre as mesmas questões. Essa escolha tem por objeto candidaturas alternativas protagonizadas por uma elite política organizada e preparada para governar, cujos membros competiriam entre si no contexto de um processo elei-

---

[114] Caso da Monarca britânica aquando do parlamento dividido (*hung parliament*) de 1974 e do Monarca Belga no decurso das crises políticas ocorridas no novo milénio, mediante a intervenção de um mediador por si escolhido para auxiliar a formação de compromissos interpartidários.
[115] SCHUMPETER " Capitalism, Socialism and Democracy"-New York-1942-p.269 e seg.
[116] DHAL "Democracia " op. cit, p. 47 e seg, e especialmente na p. 101 e seg.
[117] G. SARTORI "Teoria de la Democracia" op. cit, p. 172
[118] SAMUEL HUNTINGTON "The Third Wave. Democratization in the Late Twentieth Century-Oklahoma Press U.-1993-p. p. 7 e seg.
[119] Cfr SCHUMPETER ult. loc cit p. 285.

toral livre. Daí que a democracia representativa se conforme como um *fenómeno competitivo e elitista*. Neste sentido, a democracia funcionaria como um mercado eleitoral, onde os cidadãos seriam os principais consumidores, prevalecendo a opção que tiver maior procura do eleitorado[120].

55. Embora filiados na conceção competitiva da democracia, autores como Dahl conferem um maior relevo axiológico à participação dos cidadãos eleitores, concebendo a ideia de *Poliarquia*, como governo de muitos, onde existe a possibilidade de um elevado nível de pluralismo, faculdade de contestação (ou seja, de oposição legítima dos governados) e de inclusão participativa (não só no plano associativo e partidário, como através do exercício do sufrágio universal)[121]. Valoriza-se a efetividade plena dos postulados da liberdade, justiça, alternância, liberdade de expressão e pluralidade de meios de informação, liberdade de associação, igualdade de direitos civis e políticos, impossibilidade de exercício de importantes poderes de impedimento por instâncias não eleitas e projeção das preferências dos eleitores na deliberação das políticas públicas[122].

56. De qualquer forma a democracia representativa ancora-se doutrinariamente em *raízes liberais*[123] (embora, como vermos, existem em 2017 variantes *iliberais* de representação democrática, infra § 188,) raízes que assentam em valores, como a liberdade, a igualdade, a justeza e regularidade do processo eleitoral e a garantia alargada do exercício dos direitos políticos e da separação de poderes como limites indispensáveis à governação[124].

Existem, ainda assim discrepâncias sobre o primado dos valores liberais da Democracia. Kelsen sustentou que seria a liberdade e não a igualdade o valor determinante da democracia, reconhecendo à segunda um papel formal e nega-

---

[120] Tese de ANTHONY DOWNS.
[121] DAHL ult. loc cit, p. 47 e seg e 106 e seg.
[122] Aspetos ressaltados por ANDRÉ FREIRE ("O Futuro da Democracia Representativa" in AAVV "O Futuro da Representação Política Democrática"-Lisboa-2015, p. 16 e seg) relativamente a uma análise das obras de DAHL "On Democracy" (cfr. p. 101 na edição portuguesa) e "Democracy and its Critics) citadas já neste excurso em edições portuguesa e italiana.
[123] Junção que nunca foi isenta de controvérsia. TOQUEVILLE associou a democracia à igualdade e contrapôs a mesma à liberdade e à garantia dos direitos civis e políticos, na medida em que a democracia poderia impor formas de despotismo maioritário (SARTORI, ult. loc cit, II-p. 451 e seg). Cfr. De qualquer forma, no sentido da essência liberal da democracia, cfr RONALD DWORKIN "Liberalism" in "Publica and Private Morality"-Cambrige 1978; PETER MAIR "Ruling the Void:The Hollowing of Western Democracy"-London- 2013
[124] SARTORI (ult. loc cit, p. 459) a ideia de liberdade para além de autodeterminação individual proporciona também ao individuo as garantias políticas de que carece para se poder autodeterminar.

tivo[125]. Já outros autores, como Dahl revalorizam, a par da liberdade, a dimensão moral da igualdade entre eleitores e entre eleitos[126]. Sartori busca um compromisso entre os dois valores que integram a democracia: o liberalismo político seria uma realidade vertical, que valorizaria a iniciativa e o agir individual, a espontaneidade e as garantias de direitos civis e políticos indispensáveis a essa ação, enquanto a igualdade assumiria uma pulsão horizontal que visa integrar, harmonizar e criar uma coesão social[127]. Para ele, as suas realidades teriam convergido depois das revoluções radicais-democráticas europeias de 1848, tendo segundo o autor *"(...) o liberalismo prevalecido sobre a democracia, no sentido em que absorveu a democracia em maior medida em que a democracia anexou o liberalismo (...). Isto porque " os democratas (com exceção da ala radical, revolucionária que se uniu ao socialismo) aceitaram o princípio de que a liberdade é o fim e a democracia o meio".* Ainda assim, no entender do autor, o liberalismo abdicou do vocábulo já que *"a etiqueta democracia tinha uma tradição de que o liberalismo carecia e (....) semanticamente falando, a democracia é mais tangível do que o liberalismo (que não tem um significado claro)"*[128], tanto mais que a expressão liberalismo ganhou um sentido equívoco e reducionista depois do triunfo do liberalismo económico e do desenvolvimento depois dos anos 90, das controvertidas ideias neoliberais no plano da organização económica e financeira.

57. Sintetizando, importa reter que em democracia o poder emana do povo[129], e este é o fundamento axiológico dessa forma de poder. *Um regime democrático-representivo, como modelo institucional competitivo, pressupõe o livre consentimento dos governados na designação dos governantes*[130] *o qual se deve processar através de eleições realizadas em liberdade, com caráter regular, periódico, com alternativa plural de opções e no respeito do princípio da igualdade na expressão do sufrágio*[131]. O processo eleitoral através do sufrágio universal constitui uma garantia mecânica da democracia e sua condição

---

[125] Cfr. HANS KELSEN "Teoria General del Estado"-Mexico-1979-p. 410 e seg. Afirma o autor que o Estado é uma ordem de domínio *"mas se temos de ser dominados, queremos sê-lo por nós mesmos"* pelo que *"politicamente livre é aquele que sendo súbdito não está submetido a outra vontade que não a sua"*

[126] Na linha dos pais fundadores da Constituição Americana, segundo a qual o bem de cada ser humano (nos seus direitos fundamentais à vida, à liberdade e à felicidade) não podem ser tidos como intrinsecamente superiores ou inferiores aos bens de qualquer outro indivíduo (cfr. DAHl, ult. loc cit, p. 78).

[127] SARTORI ult. loc cit, p. 469.

[128] SARTORI ult. loc cit, p. 453 e seg.

[129] CARL SCHMITT "Teoria de La Constitucion"-op. cit. p.231.

[130] A expressão do livre consentimento dos cidadãos é o elemento medular da democracia política (PLAMENTATZ "Consent, Freedom and Political Organization"-Oxford-1968-p. 170 e seg.

[131] Cfr SCHUMPETER ult loc cit p. 269 e serg.; DAHL "Democracia (...)" op. citp. 13; BOCKENFORDE ult. Loc cit, p. 78; LINZ ult. loc cit, p. 270 e seg.

de existência[132] mas, contrariamente a alguns autores[133] não constitui o próprio fundamento da democracia. Conferir o sufrágio a uma massa carente de alternativas e de direitos políticos não significa substancialmente grande coisa, tanto mais que existem igualmente processos eleitorais em regimes autocráticos[134].

3.2. Nota sobre os requisitos do processo eleitoral

3.2.1. Eleições livres

58. O sufrágio é *livre*, quando se exerce no quadro de uma sociedade pluralista[135], autodeterminada[136] e na qual sejam garantidos a autonomia privada e os direitos fundamentais dos cidadãos. Para Hesse o indivíduo só é livre e digno numa comunidade livre e uma sociedade só é digna e livre quando composta por homens livres[137].

No plano eleitoral, estando em causa a designação dos governantes mediante o consentimento dos governados, devem ser assegurados ao eleitor, condições para que este possa escolher, sem constrangimentos, uma de entre várias candidaturas alternativas ao poder. Ora essas condições começam por assentar no reconhecimento e na garantia dos direitos civis e políticos.

Uma comunidade livre implica, em primeiro lugar, a consagração constitucional e legal de condições efetivas de exercício de direitos indispensáveis à formação da opinião individual e coletiva, à organização de candidaturas políticas alternativas e à realização do sufrágio universal sem manifestações de coação.

59. Tomando como referência a ordem constitucional portuguesa, esta consagra direitos qualificados para o exercício da atividade política, dos quais cumpre destacar:

---

[132] SARTORI "Teoria dela Democracia" op. cit, p. 117.
[133] Assim, para além do próprio SCHUMPETER, vide NORBERTO BOBBIO " La Regola dela Maggioranza, Limiti ed Aporie" in BOBBIO-OFFE-LOMBARDINI " Democrazia, Minoranza e Maggioranza"-Bologna-1981-p. 42.
[134] UGO RESCIGNO "Democrazia e Principio Maggoritario"- in "Quaderni Costituzionali"--nº 2-Bologna-1994- p. 211 e seg; CARL SCHMITTT "Teoria (...)" op. cit, p.222 e seg; e GIOVANNI SARTORI "Teoria de la (....)" op. cit, p. I-p. 47.
[135] Fórmula que alude ao reconhecimento da diversidade individual, política, social, filosófica, cultural e confessional numa dada comunidade humana.
[136] Expressão que significa que os membros da sociedade dispõem da liberdade de escolher livremente o rumo das suas vidas individualmente consideradas bem como das suas famílias e de intervir na constituição e atividade das pessoas coletivas que integram a mesma sociedade .
[137] KONRAD HESSE "Constituição e Direito Constituciona" in "Temas Fundamentais do Direito Constitucional"-S. Paulo-2009-p. 33.

i) O *direito à cidadania* (artº 4º da CRP), um direito sobre direitos que assegura a liberdade de sufrágio para os cidadãos nacionais maiores de idade, exercida em condições de *igualdade* (artº 13º);
ii) O *direito de sufrágio* (artº 49º da CRP) o qual deve ser universal, igual, direto, secreto e periódico (nº 1 do artº 10º), formalizando a expressão da vontade dos cidadãos na escolha dos governantes;
iii) *liberdade de criação de associações e partidos políticos* (artº 51º da CRP) como expressão organizada de pluralidade de alternativas políticas responsáveis pela apresentação de candidaturas, não havendo efetiva liberdade de escolha quando não houver liberdade de criação partidária ou esta for severamente restringida;
iv) O *direito de oposição* reconhecido às minorias, com garantias especiais para os partidos com representação parlamentar (nº 2 do artº 114º da CRP);
v) A *liberdade de expressão e informação* (artº 37º da CRP) e a *liberdade de imprensa* (artº 38º), as quais se revelam indispensáveis à divulgação do pensamento e à formação de opinião política, bem como a *liberdade de reunião e manifestação* (artº 45º) que se têm como inseparáveis de uma sociedade livre e de um processo eleitoral participado (cfr. artº 48º sobre o direito de participação);
vi) Finalmente, o *direito de acesso a cargos públicos*, o qual permite que, independentemente das opções políticas cada um, ninguém seja prejudicado pela sua filiação partidária e convicções, garantindo a alternância no exercício do poder (artº 50º da CRP).

O exercício efetivo, e não puramente nominal, dos direitos constitutivos da democracia, como é o caso dos direitos políticos, permite evidenciar a existência de uma autodeterminação política dos cidadãos, no sentido de participarem individualmente na atividade política, de se agruparem para o exercício do poder, de exprimirem pública e privadamente o seu pensamento e de escolherem sem constrangimento num ato eleitoral, os governantes do seu País. Escolha em que somatórios de vontades individuais confluem ulteriormente numa vontade política geral[138].

60. A Constituição Portuguesa acolhe alguns direitos políticos específicos na realização das campanhas eleitorais (nº 3 do artº 113º) reconhecendo a liberdade de propaganda, como uma posição jurídica ativa instrumental da liberdade de promoção de candidaturas e de escolha do eleitorado.

Numa visão operada por via negativa é possível avaliar com clareza o défice que uma democracia experimenta no caso de ter lugar uma redução sensível dos

---

[138] BOCKENFORDE ult. loc cit, p. 78.

direitos referidos, podendo mesmo sucumbir se essa redução for drástica e distorcer a liberdade de escolha. Assim, o controlo das media por uma força política, a instituição da censura e a perseguição criminal sistemática de artigos de opinião contrários aos governo e de opositores desequilibram a equivalência de opções e coartam o debate público, bem como a possibilidade de os eleitores se informarem livremente sobre as diversas opções eleitorais (observe-se os casos dos atos eleitorais em Angola[139], no Egito[140] ou na Bielorússia[141] e, futuramente, na Turquia após o golpe militar falhado de 2016).

As mesmas considerações valem para as proibições e restrições à liberdade de reunião e manifestação, através das quais as forças políticas preparam os seus conclaves e mobilizam aderentes, sendo inconcebível uma campanha livre e informada sem comícios, ou com sessões de esclarecimento objeto de restrições como cortes de eletricidade, interrupções, contra-manifestações organizadas e identificação dos participantes por forças policiais[142].

O facto de se instituírem eleições com mais de uma opção alternativa não significa que se esteja diante de um regime democrático. Dificilmente se pode falar em democracia quando são proscritos importantes partidos políticos vencedo-

---

[139] Segundo o Relatório do *Human Rights Watch de 2015*, a liberdade de expressão e de imprensa em Angola encontra-se severamente restringida. Jornalistas críticos seriam objeto de detenções (como a do editor do "Radio Despertar" pertencente ao partido UNITA e a jornalistas do "Novo Jornal"), bem como de perseguição criminal, intimidação e vigilância. Os principais *media* públicos e privados seriam um quase monopólio do partido do poder, imperando neles a auto-censura. As redes sociais teriam passado a ser o mais comum meio de debate de ideias (cfr. https://www.hrw.org/world-report/2015/country-chapters/angola).

[140] Após o Golpe militar e o triunfo eleitoral do General Abdel Sissi (que pôs termo a um arremedo totalitário de exercício do poder pela Irmandade Muçulmana que ensaiara um despotismo maioritário no País, com efeitos caóticos), o Governo passou a controlar os *media* públicos, passando os privados a alinhar com o poder. Numerosos jornalistas próximos da Irmandade Muçulmana foram detidos ou objeto de responsabilidade criminal e vários programas de radio e televisão suspensos. Cfr. https://freedomhouse.org/report/freedom-press/2015/egypt.

[141] A Bielorússia foi suspensa do Conselho da Europa devido a irregularidades eleitorais, perseguição e até desaparecimento de jornalistas e recusa de acreditação de jornalistas críticos do regime Embora existam jornais independentes a coligação no poder detém o monopólio do audiovisual e das principais tipografias. Os direitos de reunião e manifestação estão restringidos ao abrigo de legislação oriunda da era soviética.

[142] Situações ocorridas em Portugal durante os atos eleitorais realizados no Estado Novo e depois da Revolução do 25 de Abril, durante o processo revolucionário.

O SISTEMA POLÍTICO

res de eleições (caso da Turquia mesmo até 2016[143], da Birmânia até 2016[144] e da Argélia[145]). O mesmo sucede quando: se reduz os partidos a um número restritíssimo pese que com alternativa de opções (Brasil depois da Revolução de 1964 e o Paraguai durante o regime do General Stroessner); se substitui os partidos por comissões eleitorais dissolvidas depois do ato eleitoral (Portugal, durante o Estado Novo); e se toleram partidos oposicionistas com restrição drástica às respetivas atividades (Moçambique, Regime Bolivariano da Venezuela). Por maioria de razão, a democracia é inexistente se se restringir a atividade partidária a partidos esterilizados ou colaborantes com o partido único (casos da China Popular[146] e o regime comunista da antiga Alemanha Oriental), para não mencionar a sua simples interdição para além de um partido único (a antiga URSS, Cuba e a Coreia do Norte)

3.2.2. Eleições regulares

61. Utiliza-se a expressão *regularidade eleitoral em sentido amplo*, como sinónimo de cumprimento da lei e observância efetiva critérios de equidade e de controlo independente do sufrágio.

As eleições não se improvisam e não podem ser marcadas pelo casuísmo ou pela fuga a regras aplicáveis a todas as candidaturas. Importa, assim, que num processo eleitoral, onde vigora um *principio de unidade* entre todos os atos que concorrem para uma eleição (desde a apresentação de candidaturas, passando pela

---

[143] O Tribunal Constitucional turco extinguiu dezenas de partidos socialistas, comunistas, islamitas e curdos. Os casos mais significativos consistiram na extinção de dois partidos islâmicos moderados: o Partido da Virtude (FP) em 2001 (com 102 deputados) e o Partido da Prosperidade (Refah) o maior partido do país, afastado pelos militares em 1997 e banido pelo Tribunal Constitucional em 1998.

[144] Em 1990 a Liga Nacional da Democracia na Birmânia (hoje Myanmar) em oposição ao partido socialista pró-militar no poder ganhou largamente as eleições multipartidárias. O poder militar não permitiu que o parlamento eleito reunisse e deteve os líderes da Liga.

[145] Em 1990 os islamitas da FIS venceram as eleições parlamentares argelinas seguindo-se um golpe militar que ilegalizou o partido e criou os fundamentos de uma nova ordem constitucional com partidos predominantemente laicos.

[146] Fora a região de Hong Kong (onde existem 17 partidos com representação política em estruturas parlamentares) existem na China oito partidos políticos chineses, pouco conhecidos, que colaboram subservientemente com o Partido Comunista que opera, de facto, como partido único. O mais importante consiste na ala esquerda do antigo Kuomintang ("Comité revolucionário do Kuomintang", com 53.000 membros, que assume a representação de 30% dos lugares da Assembleia Popular Consultiva.

campanha eleitoral, sufrágio, contagem dos votos e anúncio oficial dos resultados)[147], seja observada escrupulosamente a Constituição e a legislação eleitoral.

62. Na especialidade, e em termos substanciais, a existência de eleições regulares sugere que a realização do sufrágio eleitoral *se faça mediante o exercício do voto direto e secreto dos eleitores, no rigoroso respeito por um processo jurídico pré-estabelecido, transparente, equitativo e controlado de forma independente.*

Tal não inibe o facto de poderem ocorrer vícios no processo cuja gravidade envolva a *invalidade* total ou parcial da eleição e *irregularidades em sentido estrito* (defeitos menos graves no processo eleitoral) que podem implicar, apenas, advertências públicas, a aplicação de sanções ou a eliminação de alguns boletins de voto sem expressão no cômputo geral da eleição. Observe-se algumas características que, em termos de regularidade, devem ser observadas por um ato eleitoral.

A. Observância da legalidade pré-estabelecida

63. Embora todo o ato eleitoral possa envolver irregularidades menores passíveis de sanação, existem vícios de procedimento mais graves passíveis de invalidar, no todo ou em parte, as eleições, mesmo que inexistam situações fraudulentas.

Um exemplo constituiu a invalidação da segunda volta das eleições presidenciais na Áustria, em 1 de julho de 2016 pelo Tribunal Constitucional, as quais foram ganhas pelo candidato ecologista, por apenas 30000 votos por correspondência. O Tribunal, após queixa apresentada pelo direitista Partido da Liberdade (segundo a qual 70.000 votos correspondência terão sido abertos antes do tempo fixado por lei, muitos sem o devido escrutínio e envolvendo pessoas sem competência para o efeito) invalidou a segunda volta da eleição e invocou para o efeito uma orientação jurisprudência do tempo de Kelsen segundo a qual, se o número de votos afetados tiver impacto no resultado eleitoral a eleição deverá ser invalidada, mesmo na ausência de comprovação de fraude. O rigoroso cumprimento da lei no que respeita ao procedimento do escrutínio constitui uma garantia contra a manipulação e o abuso e uma reafirmação inequívoca do Estado de direito[148].

64. Já os atos fraudulentos envolvem atuações deliberadamente enganosas, destinadas a falsear os resultados eleitorais.

Sendo infrequentes e muito circunscritos nas democracias consolidadas, não são contudo incomuns em democracias deficitárias ou autoritárias e em regimes autocráticos com um sistema eleitoral semi-competitivo. A fraude envolve o propósito organizado de: manipulação dos eleitores; intimidação ostensiva dos

---

[147] GOMES CANOTILHO-VITAL MOREIRA "Constituição (...)"-II-p. 84.
[148] https://www.vfgh.gv.at/cms/vfgh-site/attachments/9/6/5/CH0003/CMS1467363707042/press_release_07-01-16.pdf.

mesmos eleitores e funcionários eleitorais; destruição de votos de candidaturas adversárias; manipulação dos boletins de voto ou dos cadernos eleitorais; compra de eleitores; introdução de votos nas urnas não imputáveis a votantes; duplas e triplas votações dos mesmos eleitores num quadro organizado em grande escala; votos não secretos em quantidade massiva; invalidação abusiva de votos regulares ou que na dúvida não devam ser invalidados; contagens enganosas do escrutínio; vícios intencionais no sistema eletrónico de votação ou de apuramento; e anúncio de resultados fictícios sem contagem efetiva dos sufrágios ou sem correspondência em relação aos sufrágios contados. A eleição para a assembleia constituinte do regime bolivariano da Venezuela, em 2017, condensou a maioria dos vícios expostos, num exercício totalitário grotesco.

B. Sufrágio direto e secreto

65. O sufrágio, na qualidade de direito político, exerce-se individualmente através do voto depositado em urna ou mediante procedimento eletrónico.

Na ordem jurídica portuguesa são condições instrumentais da regularidade do processo eleitoral que o sufrágio seja *direto e secreto*.

É direto, na medida em que, para a eleição de órgãos representativos, os cidadãos elegem os seus mandatários sem intermediários.

Dito isto, haverá na esfera do direito Comparado que admitir a legitimidade democrática de sistemas eleitorais onde a eleição de certos titulares mediante voto direto, alterna com outras eleições que se processam através de escrutínio indireto. Assim, no sistema norte americano a eleição indireta para a Chefia do Estado opera mediante sufrágio universal votando os cidadãos em mandatários dos candidatos que, num colégio eleitoral irão escolher o novo Presidente. Já a eleição do Congresso se processa através do sufrágio direto. Por outro lado, em sistemas parlamentares, como na Alemanha, admite-se a eleição dos Chefes de Estado por colégio eleitoral de base parlamentar, sem prejuízo de a eleição para a Câmara Baixa do Parlamento se realizar através de voto direto.

66. *O sufrágio é secreto*, como garantia da liberdade de escolha do eleitor, criando-se mecanismos para o efeito, como a utilização de urnas fechadas, cabines de voto, boletins opacos e posteriormente dobrados e a imposição de uma distância espacial reservada, em relação aos integrantes das mesas, à imprensa e a terceiros relativamente ao momento em que o eleitor sinaliza a candidatura da sua preferência no boletim de voto.

Cumpre registar algumas distorções peculiares ao sufrágio secreto em regimes autocráticos quando, por exemplo, na Alemanha Oriental comunista os funcionários eleitorais se deslocavam ao domicilio de alguns eleitores mais velhos com os boletins de voto e as urnas. Veja-se, igualmente, um curioso caso de sufrágio não secreto na Nicarágua dos anos sessenta, dominada pelo Partido Liberal da família Somoza, em que ocorreu uma eleição que envolveu boletins de voto transparentes, permitindo identificar quem votava contra o candidato oficialista.

C. Transparência

67. A *transparência* do processo eleitoral exige clareza de normas, de procedimentos e de condutas no plano da execução e controlo das eleições.

Tal implica a rejeição de disposições obscuras que permitam: atos arbitrários das autoridades na condução do processo eleitoral; a não atualização e a não fiabilidade dos cadernos eleitorais; formas de contagem de votos insuscetíveis de escrutínio; o transporte e guarda dos votos escrutinados através de meios que não garantam segurança e isenção; demoras injustificadas no apuramento dos resultados; informação imprecisa ou insuficiente aos eleitores sobre o local, o dia da eleição e modo de votação; e formas obscuras e ostensivamente desiguais no financiamento das campanhas, a qual se examinará mais adiante.

D. Processo equitativo

68. A *equidade* chama à colação as noções de justiça material e "devido processo legal", *implicando que as regras que presidem ao processo eleitoral devam ser justas, de forma a permitirem que a vontade dos eleitores tenha tradução efetiva da eleição dos mandatários da sua escolha, sem que se verifiquem distorções desigualitárias ostensivas ou desaproveitamento desproporcional dos sufrágios expressos.*

69. O Processo equitativo implica, em primeiro lugar a exclusão de leis eleitorais que procedam a manipulações demográficas (que impliquem por exemplo a atribuição massiva de capacidade eleitoral ativa a nacionais residentes no exterior sem conexão ao País ou a imigrantes sem permanência efetiva ou prolongada em território nacional[149] ou a exclusão absoluta da capacidade eleitoral ativa de determinados setores, como os analfabetos).

Do mesmo modo, a fixação de *cláusulas-barreira que excluam a representação de grandes franjas do eleitorado* distorce a representação, elimina a escolha eleitoral de um grande número de cidadãos e não resulta ser equitativa em face de forma-

---

[149] Cfr. o caso da integração massiva de imigrantes filipinos no corpo eleitoral do Estado Malaio do Sabah, tendo em vista o apoio ao partido dominante.

ções de dimensão próxima que por pouca diferença tenham superado o limite da "barreira"[150].

Outro caso é o desenho artificial e malabar dos limites círculos eleitorais em termos que favoreçam indevidamente uma determinada força política e em detrimento da representação real do eleitorado. É o caso do chamado *Gerrymandering*[151]

Não se situando no mesmo patamar, há quem problematize que um escrutínio maioritário a duas voltas, com um acordo entre partidos dos dois blocos políticos para prejudicar a representação de uma terceira força política na segunda volta (através de desistências reciprocas com apelos ao voto, quando se quedem em terceiro lugar num dado círculo) pode excluir de representação parlamentar de importantes partidos (no limite e em tese, até da formação mais votada na primeira volta § 295) e tornar politicamente inútil a vontade de uma importante parcela do eleitorado que se queda sem representação ou com uma representação exígua[152], convidando a reações anti-sistémicas.

Finalmente, um processo equitativo envolve, para além de alguma proporcionalidade no exercício do direito de antena, a necessidade de ser adotada uma lei de financiamento partidário que exclua uma desproporção esmagadora de apoios financeiros públicos ou privados a forças com representação parlamentar e que interdite que entidades públicas (institucionais, associativas, fundacionais ou empresariais) apoiem, seja de que forma for, os candidatos a um ato eleitoral (cfr alínea c) do nº 3 do artº 113º da CRP).

---

[150] Veja-se o caso da cláusula de 10% que exclui na Turquia a representação de partidos que não obtenham esse quantum de sufrágios.

[151] Ou seja a distorção da representação através da atribuição do mesmo número de deputados a círculos dotados de colégios eleitorais numericamente muito distintos. O chamado "Gerrymandering", que envolveu a atribuição de uma vantagem a um grupo político através da manipulação dos círculos eleitorais, derivou da conduta do Governador Elbridge Gerry, do Massachussets, quando redesenhou os distritos eleitorais daquele Estado. Este tipo de manipulação é usado por regimes autocráticos com um viés pluralista, como o Regime militar brasileiro saído da Revolução de 1964 (que na década de 70 aproximou em número de mandatos os estados populosos do nordeste, pró-governamentais, em relação aos estados mais populosos do sul afetos à oposição) e a República Bolivariana da Venezuela.

[152] Em França a Frente Nacional, pese ser a terceira força mais votada na primeira volta das eleições de 2012 e 2017 é excluída de representação equitativa em mandatos, por força desistências e apoios mútuos entre os restantes blocos, ficando com um numero de deputados ou autarcas em menor número do que pequenos partidos (§ 295).

E. Controlo independente

70. Finalmente um processo eleitoral é regular *quando controlado de forma independente em relação ao poder político e aos próprios candidatos*.

Na ordem jurídica portuguesa, a norma do nº 7 do artº 113º da CRP enuncia com clareza, a este propósito, que *"o julgamento da regularidade e da validade dos atos de processo eleitoral compete aos tribunais"*.

Para além da intervenção dos tribunais comuns (mormente no que respeita à apresentação de candidaturas ao Parlamento, assembleias regionais e autarquias locais, verificação da sua regularidade e apuramento eleitoral), o Tribunal Constitucional funciona como Tribunal Eleitoral por excelência: admite as candidaturas à presidência da República e funciona como máxima instância de recurso sobre questões que envolvam a regularidade e validade dos demais atos eleitorais[153], nos termos da lei (alínea c) do nº 2 do artº 223º e artºs 92º e seguintes da LTC).

A transparência e o escrutínio das contas dos partidos[154], com relevo para as campanhas eleitorais é uma imposição constitucional que concorre para a regularidade do processo eleitoral (alínea d) do nº 3 do artº 113º da CRP). Cabe, igualmente, ao Tribunal Constitucional verificar o incumprimento de obrigações dos partidos em matéria de contas, para o efeito de aplicação de coimas pelo Ministério Público (artº 103º da LTC). O tribunal é assistido na fiscalização das contas partidárias por uma *entidade administrativa independente*, com funções essencialmente técnicas, que funciona junto dele, a "Entidade das Contas e Financiamentos Políticos".

71. As eleições são igualmente geridas e acompanhadas por uma *autoridade administrativa indepen*dente[155], a Comissão Nacional de Eleições que, para além de atribuições informativas e gestionárias, assume igualmente poderes funcionais de natureza fiscalizadora, de instância de recurso de atos relativos à utilização de espaços públicos e recintos de espetáculo, de controlo de legalidade das contas das campanhas referendárias e de exercício de competências sancionatórias.

Já num contexto mais alargado, no que concerne à realização do próprio ato e ao apuramento dos resultados é exigível que representantes das diversas candidaturas, querendo, tomem lugar nas mesas de voto e colaborem ou acompanhem o escrutínio eleitoral. Deve ser facultado, quando requerido, o acesso ao

---

[153] Julgando recursos dos tribunais ordinários e da administração eleitoral (Comissão Nacional de Eleições)
[154] Cfr. GOMES CANOTILHO-VITAL MOREIRA, ult. loc cit.
[155] Orgão administrativo não dependente hierarquicamente de num poder estadual, caracterizado pela irresponsabilidade e inamovibilidade dos seus titulares, escolhidos por distintas instâncias de poder.

processo eleitoral de representantes de organizações internacionais e de organizações não-governamentais credíveis e especializadas em questões eleitorais, de forma a poder ser acompanhada a regularidade da votação e escrutínio, realidade que ocorre, predominantemente, em jovens democracias, estados autoritários em transição para a democracia e democracias deficitárias.

3.2.3. Eleições periódicas

72. O sufrágio eleitoral não se esgota num só momento nem é suscetível de ser diferido para momentos temporalmente indeterminados, mas deve ao invés realizar-se com uma periodicidade regular, expressamente prevista na ordem jurídica. Daí que as Constituições sejam rigorosas na fixação do tempo de mandato dos titulares de cargos políticos (cfr infra relativamente ao mandato Presidencial e dos deputados à Assembleia da República portuguesa § 762 e § 898 e seg)..

A democracia envolve, no contexto dos direitos políticos, não só a proibição de cargos vitalícios em órgãos sujeitos à escolha do eleitorado, mas também a garantia dos direitos das oposições de não só poderem desenvolver regularmente a sua atividade política de contraponto ao poder e fiscalização ao Governo, mas de deterem a oportunidade de um dia elas próprias formarem Governo à luz do princípio da alternância, submetendo o seu programa e os seus candidatos ao voto do eleitorado. Cargos vitalícios na sequência de uma eleição redundariam numa ditadura eletiva, na insuscetibilidade de responsabilização do titular pela sua conduta no exercício do poder, na negação da alternância e na sujeição das gerações futuras aos dirigentes escolhidos pelas gerações passadas.

73. A distinção qualitativa inerente ao binómio Governo/ Oposição faz parte do ADN de uma democracia representativa e competitiva e essa competitividade supõe a liberdade do eleitorado poder responsabilizar politicamente os governantes, reconduzindo-os após avaliarem os resultados da sua governação durante um determinado período correspondente ao seu mandato ou sancionando-os, substituindo-os por outra opção eleitoral da sua preferência, seja como manifestação de protesto seja como adesão a um projeto alternativo.

Situações pouco consentâneas com a periodicidade regular do sufrágio foram, por exemplo, as alterações de ordem legal e constitucional que estenderam o mandato do presidente Uro Kekonen na Finlândia (infra § 438), o adiamento sucessivo de eleições presidenciais no Haiti em 2016 e o protelamento indefinido das eleições presidenciais em Angola, depois do ato eleitoral de 1992, em que se realizou apenas uma primeira volta).

3.2.4. Eleições com alternativa e equivalência de opções

74. O pluralismo competitivo numa eleição implica que o eleitorado possa ter possibilidade de escolha entre candidaturas alternativas e concorrentes que lhe sejam livremente submetidos pelos cidadãos organizados em partidos ou listas independentes[156]. É a competitividade eleitoral aberta entre propostas diferentes de poder, institucionalmente respeitadas e livremente constituídas, que permite excluir cenários de partido único ou de oposições ficcionadas ou limitadamente toleradas por um partido hegemónico.

As opções alternativas submetidas ao eleitorado devem ser formalmente equivalentes, no sentido da exclusão de uma preferência manifestada oficialmente em nome do Estado em favor de um partido ou de um grupo de partidos ou de uma candidatura, em detrimento de outra ou outras, ou em favor ou contra certas opções políticas crismadas como "melhores ou piores escolhas" (situação que ocorreu em Portugal nas eleições para a Assembleia Constituinte em 1975 em que membros do Conselho da Revolução declaram que a única via aceitável saída das eleições seria a via socialista)

Só assim será possível, pelo menos em termos jurídicos, contribuir para uma igualdade mínima de oportunidades e a exclusão de partidos "privilegiados" ou "estigmatizados" ostensivamente pelo próprio Estado passíveis de conduzir, respetivamente, a oligarquias autoritárias de aparência democrática (como sucedeu no México com o Partido Revolucionário Institucional até ao ano 2000) ou a partidos "malditos", sujeitos a cordões sanitários envolvidos numa narrativa de ódio das forças dominantes (como sucede na Holanda com o *Partido da Liberdade*, uma força da direita nacionalista e na Bélgica com o *Vlaams Belang*, força flamenga da direita populista e separatista).

75. Cumpre, adicionalmente, sublinhar duas ideias. A primeira é a de que são, por vezes, a opinião pública e a cultura dominante ideologicamente alimentada pelo establishment político e não formalmente as próprias autoridades no exercício das suas funções, quem privilegia certas forças políticas e deprecia outras, utilizando os *media*, comentadores, programas educativos e redes sociais.

A segunda é a de que, mesmo sem recurso à ideologia constitucional da "democracia militante" (que pode constituir uma via discursiva perigosamente sectária contra o pluralismo e a alternativa de opções) as Constituições podem legitimamente proscrever certos partidos de ideologias totalitárias que, pelo seu programa e a sua prática passada ou presente, criem o risco de poderem utilizar a democracia para a subverter e aniquilar (como é o caso da proibição de parti-

---

[156] JUAN FERRANDO BADIA "Regimenes Polliticos Atuales" in AAVV- org FERRANDO BADIA Madrid -1985-p44 e seg.

dos de ideologia fascista em Itália, do Partido Nacional Socialista na Alemanha ou do Partido Comunista na Turquia)[157].

3.2.5. Sufrágio universal e igualitário

76. Depois de um longo combate histórico pela igualdade no exercício do direito de voto, com remoção de incapacidades eleitorais aos titulares de menores rendimentos, aos analfabetos e às mulheres, o sufrágio tornou-se *universal*, constituindo um direito reconhecido a todos os cidadãos maiores e capazes, deixando de haver restrições em razão do estatuto económico, habilitações literárias e género[158].

A Nova Zelândia foi o primeiro Estado que reconheceu capacidade eleitoral ativa ao sexo feminino (1893). Na Alemanha e no Reino Unido (com restrições) esse direito só foi reconhecido em 1918 e nos Estados Unidos o reconhecimento deu-se em 1920 (desde 1788 era, todavia, reconhecida capacidade eleitoral passiva às mulheres, ou seja, o direito a serem eleitas). No Brasil o direito de sufrágio feminino foi reconhecido em 1932 e em Portugal (com restrições, as quais foram levantadas em 1974) em 1934. Em França, o mesmo direito só foi reconhecido em 1944 e, na Argentina, em 1947. A Suíça (1971) e o Liechtenstein (1984) foram os últimos Estados do universo europeu a reconhecer, por referendo, a capacidade eleitoral ativa às mulheres.

77. Também à luz do *princípio da igualdade*, que conforma um valor medular da democracia, estabeleceu-se o princípio "um homem um voto": cada cidadão é detentor de um voto, não podendo, como sucedia no século XVIII no Reino Unido, os detentores de um estatuto social ou patrimonial qualificado disporem de mais de um voto (voto múltiplo). A equivalência de voto entre os cidadãos é pressuposta pela igualdade jurídica entre os indivíduos, constitucionalmente reconhecida[159]. Tendo estes a mesma dignidade social e sendo estes iguais em direitos perante a lei (nº 1 do artº 13º da CRP) os votos que depositam em urna são rigorosamente iguais, não havendo entre os mesmos pesos diferenciados. Tal como se verá, esta igualdade acaba por relevar para a fundamentação do princípio da maioria pois as alternativas que somarem um maior número de votos de

---

[157] CARLOS BLANCO DE MORAIS "Justiça Constitucional"-I-Coimbra-2006-p. 89
[158] Isto, sem sem prejuízo de incapacidades eleitorais materialmente justificadas pela natureza das coisas (exclusão desse direito a dementes, ao menores ou, em certos casos, a pessoas condenadas pela prática de certo tipo de crimes).
[159] DAHL "Preface to Democratic Theorie"- in AAVV "Diez Textos Basicos de Ciencia Politica"- Barcelon-1992-op. cit, p. 78 e seg e 81 e seg.

peso exatamente igual devem prevalecer pois refletem uma maior preferência ou adesão do eleitorado[160].

78. A lei consagra igualmente uma igualdade formal entre cada alternativa de poder no correspondente processo de submissão a sufrágio. É claro que a igualdade exposta não é uma igualdade real já que, para além de diferentes recursos humanos, financeiros e materiais entre candidaturas, os partidos que obtiverem maior número de mandatos dispõem de maior financiamento público para as suas campanhas.

3.3. O princípio da maioria e o critério maioritário de decisão

3.3.1. Introdução

79. A democracia política tem subjacente um fundamento de domínio jurídico-político, expresso no grau de intensidade da adesão às escolhas políticas[161], Essa intensidade traduz-se na existência de uma maioria de adesões expressas em sufrágios[162]. A democracia envolve, assim, uma ideia de preferência maioritária no exercício do poder: *a maioria deve impor-se à minoria e governar*. Aqui radica o núcleo político do ideário democrático que constitui a fonte de legitimação das autoridades.

O princípio democrático ou *princípio da maioria* manifesta-se, *tanto na conversão de votos em mandatos*, como no *processo de tomada de decisões pelos titulares do poder democraticamente eleitos nos órgãos colegiais*. Assim, na eleição de um Presidente da República, é eleito o candidato que obtiver o maior número de votos (podendo o sistema eleitoral prever uma só volta em que é eleito aquele que tiver o maior número de sufrágios, ou duas voltas, realizando-se um segundo turno com os dois candidatos mais votados, se no primeiro nenhum candidato obtiver mais de 50% dos votos). Já na eleição de parlamentares existem, por exemplo, os sistemas maioritários a uma volta em que, num dado círculo é eleito o candidato a deputado que obtiver maioria relativa de votos, o qual se contrapõe a sistemas proporcionais, nos quais obtém mais deputados o partido que obtiver a maior percentagem de votos expressos, guardando-se uma correlação entre o número de votos e o número de mandatos no tocante a todas as forças concorrentes.

80. No que respeita à *tomada de decisões* impera, como regra de deliberação nos órgãos colegiais, o princípio da maioria que se manifesta através da preva-

---

[160] RICARDO CHUECA RODRIGUEZ "La Regla y el Principio Mayoritario"-Madrid-1993-p. 148-155
[161] Cfr. ANTONY DOWNS "Teoria Economica della Democrazia"-op. cit.-p. 240 e seg.
[162] CARLOS BLANCO DE MORAIS "As Leis Reforçadas"-Coimbra-1998-p. 960.

lência da opção decisória que obtiver o maior número de votos. Neste contexto destaca-se o *critério maioritário,* o qual implica o triunfo da opção que recolher a maioria simples ou relativa dos votos dos titulares.

3.3.2. Nota sobre a congruência entre o princípio maioritário e o sistema representativo

81. Em síntese, um regime democrático representativo deve, por conseguinte, incorporar uma relação de congruência e harmonia com o, *critério maioritário* para a tomada de deliberações em órgão colegiais.

Essa relação de congruência impõe-se por razões lógicas, já que a mesma seria posta em causa, com ofensa aos princípios da igualdade e da justiça material, se num sufrágio eleitoral fossem eleitos os candidatos que recolhessem o menor número de votos dos eleitores e protagonizassem, por conseguinte, as opções menos preferidas. O mesmo se aplica às deliberações tomadas por assembleias de representantes eleitos pelo povo: seria ilógico que triunfassem, regularmente, as opções que obtivessem o menor número de votos[163] ou que se impusessem, como regra, deliberações tomadas por maiorias qualificadas de dois terços ou superior, dado que semelhante regra permitiria às minorias bloquear a tomada de decisões.

82. O princípio da maioria envolve um critério quantitativo indissociável de um *valor político*. Com efeito, no plano eleitoral o princípio "um homem um voto" supõe que os cidadãos são exatamente iguais entre si, independentemente do sexo, rendimento ou habilitações literárias, quanto ao seu direito de sufrágio, sendo atribuído a cada um, uma unidade de conta traduzido num voto. Ora, no que concerne à conversão de votos em mandatos, existe um "código político" centrado na lei da oferta e procura eleitoral, segundo a qual a opção de poder mais sufragada, ou seja que obteve maior adesão do eleitorado, deverá obter o maior número de mandatos ou então ser a opção preferida no caso de uma escolha que recaia sobre um número limitado de candidatos para o provimento de um mandato unipessoal (caso do Presidente da República) ou um cargo uninominal num dado círculo eleitoral (sistema maioritário de eleição de deputados no Reino Unido).

É a circunstância de os atos de vontade dos eleitores expressos nos sufrágios depositados em urna serem iguais entre si que confere ao princípio da maioria um fundamento ancorado na justiça material[164], já que na soma de magnitudes homogéneas deve prevalecer a opção mais querida pelo titular da soberania, care-

---

[163] Cfr GIUSEPPE UGO RESCIGNO "Democrazia e Principio Maggoritario"- in "Quaderni Costituzionali"-nº 2-Bologna-1994-p. 191.
[164] RUBIO LLORENTE "La Forma del Poder"-Madrid-1993-p. 140 e seg.

cendo de sentido do justo que prevalecesse a vontade da opção menos aceite ou sufragada. Na verdade, se é dever da democracia proteger os direitos das minorias, subverteria, contudo, a teleologia do princípio democrático que fosse a minoria a governar, obtendo por exemplo mais mandatos os que recolhessem uma menor adesão do eleitorado[165]. Semelhante critério fraturaria o princípio democrático, e neste o critérios da igualdade e equivalência de opções já que estaria ausente o postulado de que os governantes seriam escolhidos com o consentimento dos governados: não existiria consentimento real quando fossem os "menos a governar os mais" nem existiria representação se um sistema eleitoral preferisse à partida certas opções independentemente da sua aceitação popular, atribuísse mais mandatos a candidaturas que tivessem obtido menor preferência do que outras em sufrágios expressos. Tal como se verá, a eleição indireta por sufrágio universal para Presidente dos Estados Unidos, por força de um peso excessivo dado à estrutura federal, contém imperfeições sérias que contrariam a lógica do princípio da maioria podendo, embora raramente, conduzir a situações de claro défice democrático: cinco Presidentes dos Estados Unidos (os últimos dos quais George W. Bush, no ano 2000 e Donald Trump no ano de 2016), foram eleitos graças ao maior número de representantes obtidos, pese o facto de terem recolhido menor número de sufrágios populares do que o adversário.

83. No que concerne à tomada de deliberações em órgãos colegiais derivados de um mandato representativo direto (parlamentos) ou indireto (governos) a fundamentação anterior aplica-se, com relevantes adaptações, ao critério maioritário que fundamenta o referido processo decisional.

Num órgão representativo colegial o critério maioritário de decisão comporta duas dimensões: uma axiológica e outra utilitária. A dimensão axiológica reflete a incidência do princípio da maioria: serão aprovados os atos (leis, tratados ou outros atos normativos e políticos) votados nos órgãos colegiais que obtiverem a maioria dos votos depositados pelos representantes do povo. A representação, através do sistema eleitoral, converte em mandatos as preferências do eleitorado embora nada garanta que os representantes da opção mais votada logrem, no órgão colegial, fazer prevalecer a respetiva opção, se a soma dos votos dos mandatários de todas as restantes opções for, por exemplo, superior à soma dos primeiros representantes mencionados. Nas assembleias representativas, os representantes do eleitorado, agregados por regra em bancadas partidárias, articulam-se entre si através de combinações variáveis, tendo em vista a tomada de decisões por maioria de votos expressos. A vontade do povo na aprovação desses atos encontra-se apenas indiretamente presente na pessoa dos representantes que elegeu, os quais deliberam com independência em relação à opinião atual ou presente dos elei-

---

[165] Assim G. UGO RESCIGNO ult. loc cit, p. 191; CHUECA RODRIGUEZ ult. loc cit.

tores em relação à questão a debater ou a aprovar. A vontade popular queda-se, deste modo, mediatizada.

84. Já a dimensão utilitária do critério democrático ou maioritário de decisão reconduz-se à maioria simples ou relativa, a menor de todas as maiorias. É aquela que o nº 3 do artº 116º da CRP consagra, ressalvando a possibilidade de a Constituição ou a lei poderem determinar outras maiorias mais alargadas (o que sucede, por exemplo, com as maiorias de dois-terços dos deputados efetivos para a aprovação das leis de revisão constitucional e a maioria absoluta para aprovar as leis orgânicas). Ora, não existe um valor de ordem substancial que justifique de forma inteiramente cabal a preferência da maioria relativa em relação à maioria absoluta à luz do critério maioritário. Na verdade, o critério da maioria simples é, sobretudo, um método de deliberação destinado a solucionar conflitos e agilizar a tomada de decisões em assembleias legislativas fragmentadas. Em parlamentos com dispersão de forças políticas e onde seja difícil a um partido ou coligação alcançar maiorias absolutas, a adoção do critério da maioria absoluta como regra geral geraria a instabilidade governativa e promoveria o obstrucionismo de forças com menos representantes.

Assim, o critério maioritário, estribado na maioria simples, garante, não que os atos aprovados sejam os melhores ou mais justos, mas sim que serão tomados por uma vontade maioritária que permite, utilitariamente, deliberar mais agilmente, beneficiando frequentemente da abstenção de uma parte dos representantes.

A governabilidade justifica, deste modo, a prevalência teleológica do critério da maioria simples sobre o da maioria absoluta ou maiorias superiores. Outra razão ancora-se noutro critério que é o da preclusão da prevalência *do princípio da minoria*[166]: Com efeito, deliberações tomadas por maiorias tão amplas que nenhuma força política por si só possa obter num órgão representativo, favorece o princípio da minoria, pois sem a vontade dos representantes dos menos votados, as deliberações não podem ser tomadas. Ora um veto conferido às minorias pode ser justificado em normas estruturantes de *consensos de regime* (leis de revisão constitucional ou leis que influam sobre o sistema de representação eleitoral) mas não sobre a legislação corrente, já que o *princípio minoritário* como regra contrariaria a essência da democracia política

85. Em suma, no que respeita ao processo de deliberação em assembleias representativas e outros órgãos colegiais o critério maioritário pontifica como regra básica (cfr. nº 3 do artº 116º da CRP).

---

[166] CFr DAHL "La Democrazia e Suoi Critici"-Roma-1990- p. 225; e UGO RESCIGNO ult. loc cit, p. 192 e seg.

Subsecção II. Os índices de qualidade dos regimes democráticos

1. A erosão da democracia representativa

1.1. Sintomatologia de uma crise

86. A ideia de que a democracia representativa seria deficitária e que careceria ela própria de ser democratizada[167] de modo a integrar formas de intervenção e participação dos cidadãos no período que medeia entre duas eleições tem ocupado o debate político, nas últimas décadas, na Europa, Estados Unidos e América Latina.

A ancoragem da ideia de democracia num processo de base eletiva, na linha de Schumpeter (§48 e §54,) foi tida por muitos como um exercício redutor do alcance axiológico do principio democrático: a democracia, antes de ser um processo de designação das autoridades públicas, seria um valor político que legitimaria a titularidade e o exercício do poder estadual.

A democracia envolveria uma ordem jurídica e política de domínio, em que a titularidade e exercício do poder político seriam consentidos, expressa e livremente, pelo povo. Esse consentimento não seria reduzível à escolha eleitoral dos governantes (que seria a sua dimensão principal), pois envolveria, igualmente, outros atributos como: o exercício do poder constituinte do Estado fundado na soberania popular; a responsabilidade dos governantes perante os governados; a proteção das minorias; a faculdade de os governados, entre atos eleitorais, poderem fazer chegar, formal e informalmente, ao poder as suas preferências e propostas; e o défice de legitimação política dos representantes eleitos em poderem decidir, sem discussão pública alargada, sobre certas questões relativas a modos de vida, e temas centrais de soberania.

87. Diversas ideias esparsas confluem na crítica às insuficiências do regime democrático -representativo. Assim, as decisões políticas e legislativas adotadas à luz do critério maioritário teriam um fraco poder integrador da diversidade pluralista e seriam amiúde capturadas por grandes interesses económicos e financeiros. Os representados seriam dominados pelos representantes. A legitimidade de uma lei controvertida, não antecedida de debate no espaço público, ficaria maculada na sua força legitimante e passaria a ser alvo potencial de contestação. A representação parlamentar seria mecanicista pois não integraria o "real" ou seja, a diversidade cultural, regional, étnica e social da sociedade civil. E os parti-

---

[167] FRANCESCO COCCOZZA "Colaborazione Preliminari al Procedimento Legislativo"--Bologna-1988-p. 14.

dos e as corporações que atuariam como parceiros do poder teriam entrado num circuito de endogamia e perdido o seu papel de mediadores junto da cidadania.

A apatia derivada da insatisfação da cidadania com os seus representantes geraria atos eleitorais cada vez menos participados e transformaria os partidos em máquinas de publicidade organizada, financiadas de modo opaco e destinadas a, com base em ideias simplificadas e manifestações de propaganda lúdica, fazer eleger a qualquer custo os seus candidatos, fazendo recordar Gaetano Mosca, quando afirmava que a democracia instilaria nos eleitores a ideia de que elegeriam os candidatos, quando seriam estes, afinal, a fazer-se eleger.

88. Em suma, a ideia da necessidade de um reforço da qualidade da democracia tem assomado o debate politológico e mesmo constitucional nas últimas três décadas, com base num conjunto de preocupações de ordem diversa, das quais cumpre destacar as seguintes:

i) *Reducionismo eleitoral*: o Modelo democrático representativo seria insuficiente para exprimir todos os ângulos da vontade popular no governo da "Polis" pois, entre atos eleitorais, o povo não teria capacidade de influir na tomada de decisões dos seus representantes em questões onde estejam em causa os seus direitos e preferências específicas (problema assinalado há muito por ROUSSEAU quando, na crítica à democracia representativa do Reino Unido terá aduzido que o povo britânico, sem se aperceber, seria escravo entre duas eleições[168]);

ii) *Clausura no processo de decisão*: existiria na democracia representativa uma "Cidade Proibida", dirigida por uma elite política e económica, que alguns qualificam de "autista, incestuosa e narcisista"[169] que monopolizaria um circuito de decisão sobre grandes problemas nacionais, fechado à discussão em espaço público [170] e apartado dos interesses dos cidadãos, a qual banalizaria o desvio aos programas eleitorais, favoreceria tráfico de influências e potenciaria formas de corrupção encobertas por cumplicidades inter-partidárias;

---

[168] JEAN JACQUES ROUSSEAU," Do Contrato Social" -S.Paulo-1978- *p. 108.*" *O povo inglês pensa ser livre e muito se engana, pois só o é durante a eleição dos membros do parlamento; uma vez estes eleitos, ele é escravo, não é nada. Durante os breves momentos de sua liberdade, o uso, que dela faz, mostra que merece perdê-la.".*

[169] ALAIN DE BENOIST "Le Moment Populiste"-Pais-2017-p. 48.

[170] Cfr sobre o relevo da garantia de igualdade de oportunidade de intervenção comunicativa dos cidadãos no espaço público relativamente às políticas públicas adotadas pelo poder representativo no Estado social de direito, vide J HABERMAS "The Structural Transformation of the Public Sphere"-Combridge-Massachussetts"-1998-225 e seg-

iii) *Captura do poder político pelo poder económico:* ocorreria uma tendência para a "captura" ou condicionamento do processo de decisão do Estado por poderosos centros formais e informais de poder económico e financeiro que ganhariam um peso maior do que o dos cidadãos votantes, passando a dominar grandes grupos de comunicação social, a estabelecer relações de interpenetração com a classe política na gestão e privatização de atividades do Estado e a financiar campanhas partidárias criando laços de forte dependência dos partidos em relação aos seus interesses, fomentando *"trade offs"* irregulares entre o público e o privado[171];

iv) *Deslocação da soberania popular do Estado para estruturas económicas e financeiras transnacionais:* a democracia representativa ficaria debilitada com a deslocação da soberania do Estado para organizações supranacionais (U.E.), organizações internacionais (OMC, FMI) e poderosas estruturas financeiras transnacionais que, cavalgando o fenómeno da globalização, passariam a regular e condicionar a liberdade de decisão política dos Estados impondo-lhes opções políticas, económicas e sociais que tornariam quase irrelevantes os programas dos partidos e as escolhas democráticas do eleitorado[172];

v) *Sobre-representação nos media de minorias poderosas:* os eleitos tomariam decisões sob pressão de influentes minorias enquistadas nos *media* e universidades que liderariam o espaço público e a agenda desses mandatários sobre questões relativas à vida individual e familiar, à liberdade de expressão e ao tema da soberania[173], ficando oxidada a legitimação política dos

---

[171] Cfr HABERMAS ult. loc cit p. 177; COLLIN CROUCH "Post-Democracy"-Cambridge-2004-p. 7 e seg e p. 31 e seg;; CARLOS BLANCO DE MORAIS "Curso de Direito Constitucional"-II-Coimbra-2014- p. 26 e seg.

[172] COLLIN CROUCH ult. loc cit; M-L DJELIC-K. SAHLIN ANDERSON "Introduction -"A World of Governance: the rise of transnational regulation" in AAVV "Transnational Governance: Institutional Dynamics of Regulation"- org- M-L DJELIC-K. SAHLIN ANDERSON-Cambridge-2006-p. 1 e seg; ROBERT KEHOANE "Governance in a Partially Globalized Word " in AAVV "Power and Governance in a Partially Globalized World"-New York- 2002-p. 245 e seg; H. BRUNKHORST "Legitimationkrisen: Verfassungsprobleme der Weltgeseschaft"--Nomos-Baden-Baden-2012-p. 252; GOMES CANOTILHO entrevista CONJUR (2015) http://www.conjur.com.br/2015-nov-12/canotilho-tratados-economicos-suplantaram-constituicoes; CARLOS BLANCO DE MORAIS "Curso de Direito Constitucional"-ult. loc cit e entrevista CONJUR (2017): http://www.conjur.com.br/2017-abr-02/entrevista-carlos-blanco-morais--professor-universidade-lisboa

[173] Toda a agenda política em matéria de interrupção voluntária de gravidez, experiências em embriões, casamentos entre pessoas do mesmo sexo, cotas sociais e raciais, eutanásia e "hate speech" (criminalização dos detratores das causas referidas) foi marcada por uma sobre-representação da extrema-esquerda e de outras minorias na comunicação social. O

representantes quando as suas decisões, tomadas contra da vontade maioritária dos eleitores, afetem irremediavelmente o modo de vida pessoal e familiar próximas gerações e a própria existência do Estado[174].

vi) *Engessamento da representação:* os atributos constitutivos do processo eleitoral experimentam constrições aos direitos políticos que diminuem a liberdade, igualdade e competitividade do processo eleitoral[175], destacando-se: cláusulas-barreiras muito elevadas; "cordões sanitários" dos partidos do "mainstream" contra partidos ideologicamente estigmatizados (§ §295 e § 348,1º); a instrumentalização da comunicação social pública e privada para demonizar certos partidos anti-sistema (§ 348); e a manipulação dos círculos eleitorais intentando favorecer certas formações em detrimento de outras;

vii) *Partidocracia e representação:* A relação fiduciária eleitor/representante seria "curto-circuitada" pela poderosa intermediação de partidos de eleitores ("catch all parties") com programas difusos[176], "cartelizados" entre si num quadro relacional endogâmico [177], fechados aos cidadãos [178], dotados de

mesmo se diga da cultura federalista na esfera da União Europeia, a qual ganhou uma sobre--representação esmagadora nos parlamentares, nas universidades e na opinião pública que pouco tem a ver com a vontade real dos eleitores, como provam referendos realizados do Reino Unido, França, Holanda, Dinamarca e Irlanda.

[174] MARK WALKER "The Strategic Use of Referendums"- New York-2003-p. 117 e seg.

[175] Cfr em geral sobre os desafios à governação democrática nas transições para a democracia, em democracias em consolidação e em democracias com alto nível de desempenho vide G. MUNCK "Democracy Studies: Agendas, Findings, Challenges" in AAVV "Democratization: a state of the art"- Org. Berg-Schlosser- Opladen e outros-2007-p. 45 e seg.

[176] Partidos preocupados em abranger o maior número de votantes de todos os estratos através uma máquina sofisticada e com programas vagos e pouco marcados ideologicamente de modo a não afastar certos grupos de eleitores.

[177] RUUD KOOLE "Cadre, Catch all or Cartel? A Comment on the Notion of Cartel Party"-in "Party Politics"-2- 1996- p. 507 e seg. O *Partido-Cartel* tem uma interpenetração com o Estado e com outros partidos com os quais partilha quotas de poder, a par de uma competição débil. A Áustria constitui um caso paradigmático, no contexto dos governos de bloco central (em que o sistema "proporz" significa uma divisão de quotas de poder público entre parceiros da coligação em razão da sua expressão eleitoral). A Itália durante o pontificado da Democracia Cristã (em que o "Pentapartido" constituí um paradigma) e o Brasil no contexto dos governos do PT (em que um partido marxista dominante se coligou a uma infinidade de outros partidos de todas as tendências, na base de uma gestão de interesses e distribuição de cotas de poder e recursos), constituíram outros exemplos.

[178] Partidos encerrados à sociedade civil e apenas alimentados pela ação de militantes no respeita à seleção e circulação da liderança (ou seja de dirigentes locais, regionais e nacionais) que depende de relações vassaláticas, carismáticas ou clientelares, geradoras de uma seleção rigorosa do leque dos pretendentes às chefias superiores.

direções profissionalizadas[179] que monopolizariam a escolha das candidaturas e a sua tutela, passando os eleitos, declarada a sua independência em relação a quem os elegeu, a vincular-se exclusivamente ao aparelho partidário ou à própria liderança governativa);

viii) *Afastamento das elites e eleitores do processo representativo:* fatores como a ineptidão crescente dos partidos do arco da governação (dotados de programas aproximados e inespecíficos[180]), para captarem os interesses dos eleitores, a degradação crescente da imagem pública dos dirigentes por força de casos crescentes de corrupção[181] e o aparelhismo partidário, conduziram ao declínio da militância, à fuga de altos quadros técnicos[182], à

---

[179] Predominam os indivíduos que vivem da política e para a política os quais criam um classe própria, com vários estratos e que gerem uma máquina especializada para a ação política formada por publicitários, conselheiros estratégicos ("spin doctors"), peritos em comunicação jornalística e em redes sociais bem como articuladores de financiamentos. Cfr. ANDRÉ FREIRE "O Futuro (...)" op. cit, p. 29 e seg.

[180] Programas aproximados convertem-se numa "mera competição para a gestão da coisa pública" ou seja "numa democracia sem escolhas" (ANDRÉ FREIRE ult. loc cit, p. 45).

[181] Desde o ano 2000, casos sérios de corrupção, maioritariamente ligadas ao financiamento eleitoral, assolaram vários estados ocidentais: a Alemanha (caso *Schwarzgeldaffäre* envolvendo a CDU o Chanceler Kohl e Wolfgang Schauble); a França (no caso de corrupção "Elf Aquitaine" que envolveu o Ministro socialista Roland Dumas, os escândalos de corrupção e desvio de bens públicos no município de Paris que levaram à condenação a prisão com pena suspensa do ex-presidente Chirac e do ex-Primeiro-Ministro Juppé, o *Affaire L'Òreal* que ainda corre contra o ex-Presidente Sarkozy) e o *"Penelopegate"* que, em 2017, fulminou a candidatura presidencial de François Fillon); a Itália (depois da operação *"Mãos Limpas"* e o caso "Tangentopolis" que arrasaram os partidos tradicionais dos anos 50 a 90, bem como os vários casos de fuga ao fisco que afetaram o Primeiro Ministro Berlusconi e o partido "Forza Italia"); a Espanha (com os casos *Emarsa, Cooperación e Barcenas* que afetaram e afetam os governos de centro-direita de Mariano Rajoy, a par dos casos *ERE e Heracles* que feriram o PSOE na Andaluzia); a Áustria (com o caso *Hipo-Alpe-Adria* que afetou o BZO de extrema-direita na sua secção na Caríntia e dirigentes conservadores e sociais democratas); a Grécia (por força do *Escândalo da Siemens* que atingiu o PASOK) ; Portugal (com os casos *"Face Oculta"* e *"Marquês"* que afetaram o Partido Socialista e os casos *"BPN"* e *"Vistos Gold"* que afetaram predominantemente o Partido Social Democrata); o Brasil (os casos do *"Mensalão"* e *"Lava-Jato"* que atingiram o PT e partidos aliados); a Argentina (vários casos de venda especulativa de divisas, desvio de fundos e branqueamento de capital das Presidências Kirchner); e o Chile, (com o caso *Penta* que afetou predominantemente os partidos conservadores e os casos *MOP-Gate e Caval* que atingiram os partidos de esquerda).-

[182] MARCO LISI "Os Partidos Políticos em Portugal: continuidade e transformação"-Coimbra-2011-p. 93.

desconfiança e falta de identificação dos cidadãos com os partidos[183], à despolitização das deliberações, à abstenção crescente nos atos eleitorais[184] e ao reforço de partidos anti-sistema[185].

ix) *Domínio das internacionais partidárias e redução das escolhas eleitorais nacionais:* A "federação" dos partidos nacionais em cartéis supranacionais de "partidos europeus" na U.E. gerou um processo gerontocrático de construção europeia a partir das cúpulas de grandes famílias políticas[186], as quais co-decidem a nível das instâncias de governo da União, em ligação a entidades policráticas não eleitas[187], sobre políticas que afetam os Estados-membros, reduzindo o leque de opções políticas e financeiras dos seus governos e levando a que nestes se relativize a importância das

---

[183] De acordo com MARCO LISI, citando um estudo de Marina Costa Lobo, ("O Futuro dos Partidos na Representação Democrática" in AAVV "O Futuro (...)" op. cit, p. 97) a identificação dos cidadãos com partidos em Portugal era de 59% em 2002, descendo para 44% em 2011. Por outro lado enquanto em 2002, 32% dos inquiridos sentia-se muito próximo de um dado partido, essa percentagem teria caído para 3% em 2011.

[184] Dados publicados no website "Pordata" (http://www.pordata.pt/Portugal/Taxa+de+absten%C3%A7%C3%A3o+nas+elei%C3%A7%C3%B5es+para+a+Assembleia+da+Rep%C3%BAblica+total++residentes+em+Portugal+e+residentes+no+estrangeiro-2208) revelam que a abstenção nas eleições legislativas cresceu entre os votantes em território português, de 8,3% em 1975 para 43% em 2015. Em França a abstenção atingiu valores inéditos e sem paralelo histórico, tanto na primeira volta das eleições legislativas de 2017 (51,2%), como na segunda volta (57,4%), suscitando problemas evidentes de legitimação dos dirigentes políticos, agravados pela sub-representação extrema de partidos de média dimensão, por força do escrutínio a duas voltas.

[185] Na Europa do Centro e do Norte a contestação aos partidos do "mainstream" foi capitalizada por partidos nacionalistas de direita populista, anti-imigração, anti-globalização, eurocéticos e com programas protecionistas, securitários e sociais que lograram expandir-se durante a crise das dividas soberanas (2008) e a crise dos refugiados (2015), saindo do domínio estrito do partido de protesto para se firmarem como pretendentes ao poder. À esquerda, na Europa do Sul proliferaram "movimentos sociais" (cfr., em geral, DONATELLA DELLA PORTA "Can Democracy be Saved? Participation, Deliberation and Social Movements"-Cambridge-2013) que criaram redes de comunicação digital e que lideraram protestos de massas contra os impactos sociais da crise das dívidas soberanas e contra a vertente financeira da globalização, tendo os principais grupos organizados criado partidos de base marxista que venceram eleições na Grécia (caso do SYRIZA, que se converteu numa formação de esquerda alternativa menos radical, volvida uma cisão) ou protagonizaram uma quase alternativa ao poder em Espanha ultrapassando os 20% dos sufrágios (caso do PODEMOS e seus aliados).

[186] A cristã-democrata, federada no Partido Popular Europeu e a socialista, federada no Partido Socialista Europeu, funcionando os Liberais progressistas (ALDE) e os Verdes como pequenos blocos de "charneira".

[187] Autoridades reguladoras e grandes grupos de interesse económico-financeiro.

escolhas eleitorais, questionando-se a utilidade marginal da democracia representativa[188];

x) *Substituição do "povo" pelo "indivíduo" e pela "sociedade civil"*: o povo, titular de direitos de cidadania, fonte da soberania e razão de ser da legitimidade democrática do Estado foi sendo substituído, na nova cultura pós-moderna que domina o espaço público, seja pelo arquétipo fosco do indivíduo "cidadão do mundo", hipertrofiado em liberdades subjetivas[189] cuja garantia passaria a ser o fundamento da própria Democracia, seja pela ideia de sociedade civil, como um somatório de "comunidades" e "grupos de interesses"[190] com pretensões discursivas a "veto-players" dos órgãos de poder;

xi) Uma *representação formal:* dos grandes objetivos da função de representação parlamentar (formalista, descritiva, substantiva e simbólica), equacionados por Hanna Pitkin[191], resta intacta a *dimensão formalista* (ligada à natureza do sistema eleitoral), já que, a representação *descritiva* definhou porque os partidos já não refletem, como antes, as características prototípicas dos eleitores que antes representavam (por ineptidão própria, desinteresse ou alterações na morfologia desses eleitores); a representação *substantiva* sofreu uma expressiva erosão não apenas pela incapacidade dos partidos comunicarem com os eleitores e captarem os seus reais interesses, como também pela facilidade como se afastam das promessas ínsitas no programa eleitoral; e a representação *simbólica* degradou-se, com a despolitização dos programas de ação, com o desaparecimento de

---

[188] Cfr. PETER MAIR ult. loc cit (Cap. IV-T. I).

[189] Segundo MARCEL GAUCHET ("La Democratie d`une Crise à l`autre"-Nantes-2007) após a década de 80, a democracia experimentaria uma tentação de se "voltar contra si própria", pois deixaria de constituir um governo consentido pelo povo para a realização do interesse público geral, para se transformar, no quadro de uma visão híper-liberal, como um mero sistema de salvaguarda de prerrogativas e liberdades individuais crescentemente ilimitadas, deslocando-se a soberania do povo, em sentido sociológico e jurídico, para um indivíduo "transfronteiriço" que se arroga na tutela dos seus interesses a colocar em xeque o poder coletivo. Para ele, uma democracia sem povo arriscar-se-ia a ficar, igualmente, sem sujeito.

[190] MARCEL GAUCHET ("La Religion Dans la Democratie. Parcours de la Laïceté"-Paris-1998- p. 113) entende que o "Estado representativo do povo" tenderia a transformar-se num espaço de representação da sociedade civil, tida como somatório de interesses e grupos de pressão organizados, e sem dispor de um poder hierárquico efetivo em face desta. A democracia, que implicaria ontologicamente a prevalência da maioria sobre as minorias sofreria uma inversão e passaria a operar como a supremacia das minorias sobre as maiorias.

[191] HANNA PITKIN "The Concept of Representation"-Berckley-1967- p. 39 e seg, 61 e seg, 90 e seg.

fundadores, de referências iconográficas e nacionais e com a substituição de símbolos identitários por outros de menor força agregadora.

1.2. Nota sobre a crise da representação e a hipótese de evolução para um cenário "pós-democrático" e para um "constitucionalismo transnacional"

A. Da "modernidade pós-democrática"

89. A noção de "pós-democracia" teria sido introduzida por Jacques Rancière[192] para descrever um Estado em que todas as instituições democráticas, no quadro do paradigma competitivo de Schumpeter), estariam em regular funcionamento, se bem que o processo político seja dominado por uma elite partidária e empresarial fechada cuja conduta dominante e homogénea tornaria pouco relevantes as escolhas eleitorais, dado que a essência das políticas implantadas sofreria poucas alterações independentemente do partido vitorioso .

Foi, contudo, o opúsculo de Collin Crouch, "Post Democracy"[193] que banalizou a expressão nos meios académicos e jornalísticos, como tema central de debate sobre a qualidade da democracia representativa, a sua degenerescência e o tipo de sociedade e de Estado que pode vir a segregar.

90. Importa referir que a visão de Crouch, um membro da *Fabian Society,* segue a linha ideológica da esquerda trabalhista britânica e que toda a sua diagnose sobre o "status" da democracia representativa e tendências de evolução é subscrita e desenvolvida pela esquerda politológica europeia. Cumpre, contudo, dissecar o pensamento exposto, na medida em que algumas das suas asserções sobre o funcionamento da democracia correspondem a uma realidade fática e são, igualmente, partilhadas, e nalguns caso até antecipadas, por teóricos da direita conservadora e expoentes do pensamento nacionalista[194].

---

[192] JACQUES RANCIÈRE "On the Shores of Politics"-New York-2007-p. 37. Cfr, igualmente sobre o tema, CHRISTIAN SAVÈS "Sepulture de la Démocratie. Thanatos et Politique"--Paris-2008; e GUY HERMET "L'Hiver de la Dèmocratie ou le Nouveau Régime"-Paris-2007.
[193] COLIN CROUCH "Post Democracy"-op. cit, p. 3 e seg.
[194] Cfr.ALAIN DE BENOIST "Democratie: Le Problème"-Paris-1985; PIERRE VIAL "Pour une Renaissance Culturelle"-Paris-1979-p. 48 e seg; ANTONY SMITH "Nacionalismo"--Lisboa-2006-p. 183 e seg e 194 e se; e descritivamente, JAMES N. BRECKENRIDGE- F. MOGHADDAM "Globalization and a Conservative Dilemma: Economic Openness and Retributive Policies" in "Journal of Social Issues" - Volume 68, Issue 3, September 2012 p. 559 e seg.

a) Conceito

91. Conceptualmente, a noção pós-democracia significa algo que se encontra em movimento e que conservando o paradigma democrático - representativo, transita para além dele[195].

Não envolveria, como pode aparentar à primeira vista, a passagem de um regime democrático para um regime não democrático, mas antes configuraria um regime político que, mantendo formalmente as componentes da democracia competitiva, evoluiria para novas formas de exercício do poder nas quais se relativizaria o papel do povo na escolha dos seus representantes e programas de governo, em benefício dos interesses e opções de uma elite política, nacional e transnacional, condicionada pelo poder económico[196].

b) Sintomatologia de uma sociedade política pós-democrática

92. A diagnose do trânsito da democracia representativa para uma sociedade pós-democrática, marcada pelo triunfo da economia de mercado e pela globalização económica depois do final dos anos oitenta, seria dada, de entre outros, pelos seguintes sintomas[197]:

i) Governamentalização da política;
ii) Prevalência do liberalismo sobre a democracia, através da erosão do princípio da igualdade, como efeito do muito maior peso exibido pelos grupos de interesse económicos junto do poder político, quando comparado com grupos "espontâneos" da sociedade civil, defensores de "causas", tais como os movimentos ambientalistas, as ONG que defendem direitos humanos, os sindicatos e associações de moradores ou cidadãos "sem teto";
iii) Criação de lideranças político-partidárias profissionalizadas, fortemente dependentes de uma subclasse de assessores e analistas especializados em marketing eleitoral e tática política (os "spin doctors") que protagonizariam jogos interativos de poder e de concertação de interesses com grupos de pressão oriundos do universo empresarial económico-financeiro;
iv) Domínio dos grandes partidos por uma indústria de comunicação e imagem direcionada para um discurso simplista, como via de comunicação com as massas (o "sound byte" e a mensagem comprimida e avivada para

---

[195] COLIN CROUCH ult. loc cit p. 3.
[196] COLIN CROUCH p. 3 e seg e 7 e seg.
[197] COLIN CROUCH ult. loc cit, p. 20 e seg, 31 e seg 55 e seg e 71 e seg.

os jornais "tabloides") agregado à personalização da política, à exploração do carisma e à prevalência da "política espetáculo" sobre o debate de ideias ;

v) Atenuação das fronteiras entre o público e o privado, privatização crescente das atividades do Estado para além da esfera empresarial, redução das tarefas estaduais à segurança, defesa e política externa e aproximação dos programas económicos e financeiros dos partidos do *mainstream*, em torno de um ideário económico liberal e de uma filosofia aberta à globalização;

vi) Frustração, desilusão e apatia do eleitorado, traduzido num aumento da abstenção e no reforço de partidos anti-sistema, protagonistas de causas sociais e identitárias;

vii) Declínio do associativismo sindical, desaparecimento do trabalhador manual (o "colarinho azul") e diluição ou menor especificidade das linhas de separação entre classes da base do sistema social;

viii) Emergência da "Firma Global", figura que significaria que os grandes sobreviventes da concorrência seriam os senhores da economia global, ocultos num relativo anonimato, exercendo formal e informalmente o seu poder através de instituições e organizações internacionais que, por seu turno, influenciariam os Estados e que criariam as bases de uma globalização do comércio, dos capitais, das empresas, da mão de obra, das comunicações e dos serviços, em torno de um modelo "neoliberal" focado na redução fiscal e no desmantelamento do estado social;

ix) Não haveria democracia nem contrapesos reais a essa "Firma Global" já que a democracia teria dificuldade em ascender a níveis não nacionais, onde a essência do poder se começou a concentrar, o mesmo sucedendo com a garantia dos direitos individuais e, sobretudo, com os direitos sociais, expostos a níveis elevados de desproteção.

c) Remédios

93. Como travões ou remédios a esta mutação do regime político, tida pelo autor como indesejável, a construção teórica examinada defende o reforço da qualidade da democracia, propondo a revisão dos programas de ensino, de forma a evitar a sua captura por ideários simplistas, o reforço do poder local, a abertura dos partidos à participação direta dos cidadãos, a mobilização popular em torno de causas através de movimentos e redes sociais e, ainda, o controlo regulatório efetivo a nível nacional e internacional das estruturas do capitalismo global[198].

---

[198] COLIN CROUCH ult. loc cit, p 73 e seg.

Para Crouch, importaria manter a dinâmica capitalista (que não teria um modelo alternativo credível) mas impor-se-ia coartar o capitalismo financista, uma influência política incompatível com a democracia.

No fundo, tal como se verá, se se excetuar as constrições e controlos ao capitalismo nacional e transnacional, as propostas avançadas não excedem um "mix" confuso do receituário da democracia participativa (infra § 104 e seg) e deliberativa (infra, § 112 e seg).

d) Apreciação crítica

94. Grande parte da sintomatologia atinente à erosão da democracia enunciada por Crouch não apresenta grandes novidades em face de diagnósticos precedentes e não resulta ser especialmente convincente quanto ao iminente trânsito da democracia representativa para um regime pós-democrático.

95. *Em primeiro lugar*, um segmento dos sintomas de oxidação democrática elencados resultam, fundamentalmente, de pré-compreensões ideológicas do autor que tende a soldar o ideário democrático a realidades que não integram os eixos fundamentais do conceito de democracia competitiva, nem sequer, nalguns casos, exprimem exigências indispensáveis à qualidade de um regime democrático.

A *governamentalização do poder*, sobretudo no universo europeu, é uma realidade inexorável no modelo contemporâneo de decisão, vincado pela celeridade e exigências de qualidade no contexto de um Estado prestador de serviços, e marcado pela integração em estruturas supranacionais (infra, § 98) que impõem a incorporação tempestiva do seu direito. Relevante será, fundamentalmente, que o Governo tenha a confiança de um Parlamento eleito pelo povo e que seja por este efetivamente fiscalizado.

Por outro lado, a igualdade em democracia exprime-se fundamentalmente no processo eleitoral e não em razão da força de pressão variável dos grupos de interesse que será sempre inexoravelmente desigual, já que a desigualdade efetiva entre pessoas e grupos é uma realidade etológica desde os alvores da humanidade: uma associação de moradores nunca terá o mesmo peso do que uma associação de bancos ou uma confederação sindical. Para a democracia, essencial é que todos os membros integrantes dessas estruturas exerçam de forma igual o direito de sufrágio na designação de governantes, que tenham uma igualdade formal de oportunidades e que os candidatos sejam sancionados se violarem limites de financiamento partidário e as regras do lobismo .

Também pouco relevante para a existência democracia é o declínio do associativismo e a diluição das fronteiras entre classes já que, na eleição dos mandatários dos eleitores, estes devem representar todo o povo e não interesses de corporação ou grupo social, o que a ocorrer, implicaria uma refeudalização da sociedade. A sociedade civil deve permanecer autónoma da política, não cumprindo à segunda redesenhar ou adubar a primeira.

Finalmente, a suposta "demolição" do Estado social não é condição existencial de um regime democrático: a primeira democracia do mundo, a norte-americana, não é servida por um Estado social estruturado e não é esse fator que enfraquece a mesma democracia mas, antes, distorções arqueológicas ao príncipio maioritário que, em nome da lógica federal, permitem que vença em eleições para um órgão unipessoal como a Presidência da República, um candidato que ficou em segundo lugar no voto popular. Existem, por outro lado Estados sociais que não são democracias representativas.

96. *Em segundo lugar* outras disfunções apresentadas por esta corrente, como a clausura das lideranças, a dependência dos partidos de empresas privadas, a profissionalização das chefias intermédias, a simplificação da mensagem política e um abaixamento da cultura e educação dos eleitores esmaecem a qualidade desejável da democracia representativa, mas não alteram a natureza do processo democrático.

Importa que uma memória histórica possa limar certos exageros catastrofistas quanto a marchas para uma erosão da democracia.

Se se recordar a democracia desigualitária inerente aos sistemas eleitorais censitários do Século XIX, o caráter relativamente tardio da afirmação do sufrágio universal, a existência de um número expressivo de regimes autocráticos ainda subsistentes na Europa do Sul, na América Latina e na Europa do Centro e Leste até à década de 90, a ausência de controlo publico da democracia interna dos partidos até muito recentemente e o caráter encoberto de financiamentos ilícitos das campanhas que passou a ser desvelado e punido no virar do milénio (sucedendo a tempos de perfeita desigualdade e impunidade) é possível reconhecer que o percurso dos regimes democráticos tem caminhado para um maior aperfeiçoamento no plano qualitativo e não para uma decomposição.

O facto é que os cidadãos tornaram-se mais alfabetizados, a sociedade de informação revela à luz do dia o que estava oculto e as contra-elites intelectuais e jornalísticas ficaram mais exigentes, pelo que evidentes defeitos como os da clausura partidária, hermetismo das lideranças e caráter simplista e massificado da mensagem política passaram a ficar mais expostos à crítica. Contudo, trata-se de realidades deficitárias passíveis de correção, como se verá a propósito das narrativas que pretendem requalificar ou complementar a democracia representativa.

Já o terceiro fator, preso à captura do político pelo fator económico e o impacto constrangedor da "firma global" ou seja, do capitalismo financista nacional e transnacional na democracia interna dos Estados, resulta ser, de longe, a disfuncionalidade mais impactante e problemática para a *"salus publica"* da democracia, merecendo um destaque adicional na rubrica seguinte.

B. Democracia, cidadania global e "constitucionalismo transnacional"

a) "Império" e "Multidão": o alter-mundialismo marxista

97. Com pretensões a erigir-se a "manifesto comunista" do Século XXI, Michael Hardt, um professor de literatura e filósofo norte-americano e Antonio Negri, Professor de filosofia e antigo mentor do movimento terrorista "Brigadas Vermelhas", foram co-autores de duas obras conectadas entre si, numa sequência lógica: "Empire"[199] e "Multitude"[200]. Nelas descrevem o atual processo de mundialização da política e da economia e as transformações que o mesmo processo, na sua ótica, traria para os Estados, as pessoas e a democracia
No entender dos autores:

i) O fenómeno da globalização teria desvitalizado o Estado-Nação Vestefaliano, tendo a livre circulação de pessoas, bens e capitais feito ruir as fronteiras e poderes nacionais, não escapando sequer os Estados-Unidos da América a este fenómeno de dissolução das soberanias;

ii) A soberania dos Estados estaria a ser absorvida por uma estrutura de poder global que designam de "Império" que assumiria uma natureza inorgânica, não territorial, universalista, cosmopolita, sem face (ou seja, sem um centro de direção identificável), volátil, apostada na diluição de fronteiras e barreiras e apta a fundir o político com o económico;

iii) O novo sistema global de domínio aboliria as diferenças entre o nacional e o internacional, adotaria um discurso universal de correção política centrado na defesa das liberdades individuais e incorporaria uma "ética" pública radicada nas *guerras justas* fundadas em intervenções humanitárias, na inclusão de todas as diferenças, na moralização do direito e na criação de instâncias transnacionais de controlo e regulação;

iv) O "Império" transnacional seria servido por uma elite informal mas poderosa, cuja cúpula estaria radicada no universo financeiro e que procuraria substituir a ideia do "político" pela lógica tecnocrática da boa *governance*,

---

[199] MICHAEL HARDT E ANTONIO NEGRI "Empire"-Paris-2000.
[200] MICHAEL HARDT E ANTONIO NEGRI "Multitude. Guerre et Démocratie à l'age de l'empire"-Paris-2004.

no quadro de sociedades bem administradas onde prevaleceriam critérios gestionários;
v) A nova ordem capitalista global procuraria uma transformação radical nas relações laborais, substituindo muitas formas de trabalho humano pela eficácia tecnológica, criando por via informática trabalho desmaterializado e explorando modos de sustentação material do desemprego, através da universalização do rendimento mínimo.

Para Hardt e Negri, curiosamente, semelhante fenómeno de mundialização neo-liberal deveria ser originariamente apoiado e acelerado, pois constituiria um progresso em face do modelo capitalista antecedente[201] e teria a virtude de aniquilar os Estados, derrubar fronteiras e favorecer o cosmopolitismo social e cultural com a circulação irrestrita de informações, fluxos culturais e fluxos financeiros, deixando de poder ser contestado do exterior, a nível do Estado-Nação. Aqui chegados, sustentam que o sistema global deveria ser posteriormente alterado a partir do interior, na medida que a concentração do capital, as desigualdades e as novas tecnologias criariam formas de exploração dos indivíduos que gerariam irreprimíveis reações nas massas. Essa alteração, curiosamente, não operaria por via revolucionária mas reformista: a estrutura imperial deveria ser mantida mas submetida a objetivos não capitalistas[202].

Emerge, como fator de mudança, a noção de "multidão", que nada tem a ver com o conceito de "povo", antes se lhe opondo decididamente (já que o povo manteria um vínculo com o Estado que se pretenderia extinguir), sob a forma de uma maré humana mítica, imanente, difusa e múltipla[203]. Maré que seria alimentada pelas ondas migratórias que ajudariam a diluir os velhos vínculos identitários da nacionalidade. Despontaria, assim, uma "multidão" polimórfica e desterritorializada, como ator político-social, que tornaria as antigas classes sociais, incluindo o operariado, obsoletas, pese o facto de os autores entenderem que todas as classes remanescentes tenderiam a proletarizar-se : classes médias, agentes trabalho imaterial e todos os que seriam direta ou indiretamente "explorados" pelo sistema capitalista[204], integrariam doravante o novo *proletariado*, num conceito muito amplo.

A partir deste conceito humano de multidão sustenta-se a criação de uma "democracia absoluta" que rejeitaria todas as formas de soberania, estatal nacional ou popular. A própria multidão não poderia ser soberana já que a mesma

---

[201] MICHAEL HARDT E ANTONIO NEGRI "Empire" op. cit, p. 434.
[202] MICHAEL HARDT E ANTONIO NEGRI ult. loc cit, p. 416.
[203] MICHAEL HARDT E ANTONIO NEGRI "Multitude", op. cit, p. p. 131 e seg,
[204] MICHAEL HARDT E ANTONIO NEGRI, "Empire", op. cit, p. 27.

iria banir a soberania[205] e a partir daí construir uma nova forma de democracia pautada pela flexibilidade e pelo reconhecimento das diferenças. A multidão, no fundo, apoderar-se-ia, em seu proveito, do poder do império beneficiando da ausência de fronteiras e da sua não territorialidade.

Dito isto, os autores nada aduzem sobre a organização política da multidão na fase pós-imperial (demolindo, de passagem, as noções de Constituição mesmo global, o que é anacrónico, bem como a democracia participativa e a democracia representativa) nem explicitam o modo como sustentam a repartição de bens segundo um principio de igualdade. Deixam como legado esparso, três realizações que têm como necessárias: o direito a um rendimento mínimo universal; a renacionalização de meios de produção e comunicação; e a cidadania mundial.

Abstraindo de contribuições úteis na sua diagnose sobre a globalização e os seus impactos, esta linha de marxismo visionário pós-modernista (ou delirante) ignora que presentemente o Estado soberano persiste em grandes potências não europeias e que a globalização enfrenta fortes limites no quadro de uma natural tensão dialética com grandes e pequenos poderes antigos. Não deixa, contudo, de ser alimentada por figuras de extrema-esquerda intelectual e *aggiornata* que defendem, diariamente, o federalismo europeu e a globalização, jogando com as regras do sistema capitalista[206]. O respetivo *vademecum* radica, explicita ou disfarçadamente, na obra "negrista" que, no fundo, nada propõe de inteligível na fase pós imperial para além de recuperar a fórmula marxista de que a burguesia fabricará a corda com que se irá enforcar. Neste caso o fabricante é o "Império" ou a "firma global" e o carrasco benigno uma improvável multidão global neo-proletarizada, asserção absurda já que o mundo politológico sabe ou intui, de antemão, que nada de racional e construtivo pode advir de uma multidão[207], mesmo ficcionada à escala global, como é o caso.

---

[205] MICHAEL HARDT E ANTONIO NEGRI ult. loc cit, p. 375 e 386.
[206] Em Portugal, os dirigentes do nado-morto partido "Livre" são expoente melífluos desta cosmovisão, que procuram inocular no espaço público, em "pastilhas", intentando influir nas sub-elites aculturadas dos partidos do *mainstream*.
[207] Cfr. ORTEGA Y GASSET "A Rebelião das Massas" Rio de Janeiro-1971. P. 52 e p. 55. Para o autor, o mero integrante de uma multidão é todo o que não se valoriza a si mesmo, no bem ou no mal. A multidão é, maioritariamente, composta por almas vulgares que, sabendo-se vulgares, têm o ensejo de afirmar a sua vulgaridade e impô-la por toda a parte. A ideia "negrista" de que a multidão " a se" agiria criativamente e respeitaria a diferença constitui um infantil *wishfull thinking* desmentido pela História. Na verdade, as contra-elites que lideram e se servem das multidões, intentando formar uma nova classe política, é que merecerão atenção como motor de transformações históricas. Mas sobre elas o alter-mundialismo marxista não fala, pois não é de todo conveniente.

A ordem global e os seus efeitos erosivos sobre a democracia carecem, por conseguinte, de análises mais sustentadas.

b) Da "transferência" da soberania do Estado para entidades transnacionais e o problema do défice democrático

98. Entrando numa dimensão mais sociológica e jurídica de análise do mundialismo capitalista, os últimos escritos de Gunther Teubner preocupam-se com o tema do constitucionalismo social e a democracia no contexto da globalização[208]. O autor deslocou a sua construção autopoiética de estruturação da democracia participativa a nível de subsistemas setoriais, locais e regionais no âmbito de um Estado-soberano[209], para a esfera das organizações internacionais e estruturas económicas transnacionais que orientam ou condicionam o movimento de globalização económica, financeira e social e para onde se transferem parcelas da soberania do Estado-Nação.

Procurando sintetizar apenas algumas linhas de força do pensamento do autor que relevam para o tema que nos ocupa, cumpre destacar o seguinte[210]:

i) O processo de globalização económico-financeira, associado a um movimento de privatização de funções públicas, esvaziaria o poder do Estado-Nação, deslocando-se funções de governo para um âmbito transnacional;

ii) A sociedade transnacional, composta por atores não estaduais, e que adquiriria esses poderes não seria estruturada numa lógica estadual, mas antes integrada por um universo fragmentário, sendo regida por um complexo diversiforme de normas que integrariam tratados, atos jurídicos internacionais de caráter unilateral, costumes, normas de Direito Administrativo Global e standards de *soft law* integrada por códigos de conduta, recomendações e "boas práticas";

iii) Na medida em que exercem poderes que condicionam de modo variável as coletividades estaduais e respetivos cidadãos, os atores transnacionais careceriam de um complexo de regras que regulassem o exercício das suas competências e responsabilidades e limitassem o seu poder, regras que deveriam conformar um constitucionalismo global ou transnacional;

---

[208] Cfr GUNTHER TEUBNER "Fragmentos Constitucionais: Constitucionalismo Social na Globalização"-S. Paulo-2016.

[209] GUNTHER TEUBNER "Il Trilemma Regolativo" in "Politica del Diritto"-nº 1-1987-p. 101 e seg.

[210] GUNTHER TEUBNER ult. loc cit, p. p. 24 e seg, 27 e seg, 31 e seg, 44 e seg, 102 e p. 106 e seg

iv) As altas exigências do paradigma constitucional de um Estado, tal como esboçado pela doutrina alemã[211], associadas à diversidade inerente a uma multiplicidade de sistemas políticos e sociais distintos, nunca seriam transponíveis para a formação de uma *constituição unitária global*, que seria inexequível, pelo que a constituição "global" projetar-se-ia antes como um conjunto de fragmentos constitucionais que regeriam estruturas e entes transnacionais distintos, figurando como "ilhas de constitucionalização" informais, sendo a União Europeia o exemplo de uma estrutura constitucional independente da natureza transnacional;

v) Haveria uma comunicação dialógica, acompanhada uma deslocação de poderes das constituições nacionais para as constituições transnacionais autónomas, que se ocupariam de uma pluralidade de matérias como a economia global, o comércio internacional, sistemas financeiros, ciência e tecnologia, sistema de educação, sociedade de informação e meios de comunicação e serviços de saúde;

vi) A constituição fragmentária global estaria em construção gradual e exibiria diversas dificuldades, pois integraria dificilmente a defesa dos direitos fundamentais da pessoa humana num nível de garantia equivalente ao dos espaços estatais, teria problemas de legitimação democrática e confrontar-se-ia com situações deficitárias no plano do controlo dos poderes formais e informais que os seus atores exercem.

c) Observações sobre o "constitucionalismo transnacional" e os riscos criados sobre as democracias constitucionais dos Estados

99. A deslocação de parcelas de soberania estatal para estruturas supranacionais e internacionais constitui uma realidade multidigitada. Ela assume uma *natureza institucional* no âmbito dos Estados da União Europeia que, nos termos dos tratados institutivos (presentemente o Tratado de Lisboa) delegam competências na União e se comprometem a observar na sua ordem interna, normas jurídicas ditadas por esta entidade. *Incorpora uma natureza convencional* (no plano dos tratados e acordos internacionais) relativamente aos Estados que, a nível mundial, são parte de convenções internacionais envolvendo áreas tão diversas como o comércio, a matéria financeira ou as comunicações. *Exibe uma natureza híbrida* no contexto de Estados sujeitos a resgates financeiros internacionais garantidos por organizações internacionais e seus órgãos (como foi o caso de Portugal

---

[211] TEUBNER cita os requisitos fixados por DIETER GRIMM e as suas considerações constantes da obra "The Constitution in the Process of Denationalization" in "Constelations"-12-2005- p. 447 e seg.

durante o resgate de 2011/2014, quando outorgou um memorando de entendimento que assumia a natureza de um contrato administrativo internacional de natureza atípica). *E assume uma morfologia compósita, difusa e indeterminada* quando respeita a recomendações, regras técnicas e de boa conduta (soft law) que, não sendo juridicamente vinculantes, exercem um forte condicionamento nos órgãos de poder dos Estados.

Por exemplo, se uma agência de notação financeira ameaça baixar o *rating* da dívida soberana de um Estado, esse ato tem naturais consequências na eventual elevação dos juros de empréstimos que o Estado pretenda contrair nos mercados financeiros e, igualmente, na atração de investimento estrangeiro. Bancos que se submetam a testes de stress e falhem radicalmente nesse exercício serão qualificados menos positivamente e exigirão um reforço de capital, sob pena de comprometerem a sua solvabilidade e de terem impactos sistémicos no sistema financeiro de um País. Finalmente, recomendações de instâncias internacionais a um Estado em dificuldades no sentido de reduzir direitos sociais a prestações e que não sejam acatadas, comportarão consequências no plano do montante dos juros de empréstimos contraídos e de atração de capital estrangeiro.

Embora haja Estados mais expostos do que outros a uma pressão das instâncias transnacionais (com relevo para os estados europeus e os estados em desenvolvimento), o facto é que as referidas instâncias passaram a assumir uma relevância global incontornável.

100. Se nessa diagnose, muito sintética, é viável uma convergência com Teubner, já não é possível aceitar a sua construção das *ilhas ou fragmentos* de uma "Constituição Global".

O Direito Constitucional, hoje mais do que nunca, deve resguardar-se contra transformações e contaminações oriundas da Filosofia do Direito, da Sociologia do Direito e do próprio Direito Internacional Público que o desfigurem e alterem as traves mestras do seu pensamento dogmático.

Ora, na verdade, não é possível concordar com a construção do ilustre autor, por quem temos um particular apreço pessoal, sobre a criação de um "Direito Constitucional Transnacional" ou "Global", na medida em que o mesmo não se enquadra na natureza jurídica própria de uma Constituição. Assim:

i) As Constituições democráticas são realidades inseparáveis dos Estados e nascem de um poder constituinte imputável à vontade popular, realidade que não ocorre com o direito transnacional em cuja génese está ausente a vontade popular direcionada para a feitura de uma "Lei Fundamental" (sob pena de se gerar um poder constituinte sem povo), importando recordar que as normas integrativas do direito transnacional referido (§ 98) são na maioria normas de Direito internacional segregadas pelos Estados, organizações internacionais e até por entidades privadas;

ii) Os tratados, os atos jurídicos unilaterais do Direito Internacional e os contratos administrativos internacionais são, na ordem interna de qualquer Estado, normas de hierarquia inferior às das Constituições estaduais, podendo ser julgadas inválidas pelos tribunais constitucionais, pelo que resulta ser inverosímil atribuir, num passe de magia, valor constitucional a normas que na própria ordem jurídica internacional têm valor infraconstitucional;

iii) O Tratado de Lisboa não é uma Constituição, como ficou claro tanto na reprovação referendária do Tratado Constitucional europeu em referendos realizados na França e Holanda como no conteúdo paradigmático do Acórdão do Tribunal Constitucional alemão sobre o primeiro tratado, importando referir que a U.E. não está estruturada na lógica de uma democracia competitiva, mas antes num híbrido resultante de uma estrutura intergovernamental, um aparelho de governação tecnoburocrático e uma estrutura consociativa entre carteis partidários, cujos representantes são eleitos para um macro-parlamento com 60% de abstenções dos cidadãos europeus.

iv) Uma Constituição de um Estado democrático é uma norma organizatória e um limite ao poder político, envolvendo a designação dos titulares das instituições pelo povo, a separação de poderes e uma declaração de direitos fundamentais jurisdicionalmente garantida, realidade que está ausente nas normas fragmentárias, públicas e privadas que regem certas organizações supranacionais e internacionais (OMC, FMI, OCDE), bem como nas normas jurídicas ou de direito privado que regulam instituições financeiras particulares e agências de notação.

Não sendo nem podendo ser alçadas ao patamar de normas constitucionais e sendo inverosímil, como o próprio Teubner reconhece, a criação de uma Constituição global unitária, não é possível aceitar o discurso sociológico favorável à génese de um Direito Constitucional Global de natureza fragmentária.

101. Dito isto, importa reconhecer que, *no plano puramente fático*, as autoridades transnacionais do universo económico e financeiro impõem o seu poder a outras organizações internacionais, aos Estados soberanos e, por intermediação destes, aos cidadãos e às empresas.

A grande questão da governance global prende-se ao exercício de poderes jurídicos e não jurídicos por parte um complexo difuso de entidades privadas e públicas detentoras de poder económico e financeiro que exercem uma autoridade irresistível que, em muitos casos, flui sem ordenação, controlo ou limites. O poder transnacional está deficitariamente submetido ao Direito e não pretende no futuro alterar esta situação, salvo e na medida em que tal lhe seja útil. A sua hipotética constitucionalização, como forma de o disciplinar, constitui uma boa intenção que serviria apenas, caso ocorresse, para o fortalecer em face das Constituições dos Estados, sem que tal significasse uma autêntica limitação da sua atuação, a qual ocorre na base de outro tipo de equilíbrios e relações de força informais.

Tal como escrevemos noutra sede[212] os poderes transnacionais ou supranacionais impactam sobre o Estado contemporâneo, pois tentam a dobrar o político ao económico, afetando não apenas a soberania mas a legitimidade democrática dos Estados.

Na verdade, parece evidente que a democracia representativa sofre uma expressiva compressão quando são poderes extraterritoriais alienígenas a estabelecer, junto de Estados menos fortes, ou mais dependentes de financiamento externo (que por vezes são médias potências), os contornos do modelo económico e financeiro que os deve reger, as normas jurídicas que devem acatar, os limites prestacionais do Estado social, as fronteiras do âmbito de proteção dos direitos sociais, os gastos com a defesa e as políticas públicas que podem implementar ou que devem cancelar.

A vontade do eleitorado passa a ser pouco relevante na designação dos governantes já que os seus principais representantes são forçados a não divergir substancialmente nos seus programas políticos e mesmo os próprios partidos anti-sistema, quando acedem ao poder, são coartados a não aplicar os seus programas radicais, como sucedeu na Grécia com o Siryza, partido de extrema-esquerda forçado a colocar "na gaveta" o seu projeto de poder originário, governando humilhemente sob tutela dos credores.

Daí que um dos principais riscos que impendem sobre a democracia representativa advém menos de partidos anti-sistémicos ou populistas e mais de poderes transnacionais económico-financeiros carentes de limites e de controlos que silentemente, com um discurso hermético e tecnicista, impõem modelos, ditam pautas de correção política e social, capturam dirigentes políticos, administrativos e empresariais, nominalizam constituições e reduzem as escolhas democráticas do eleitorado a exercícios de crescente inutilidade prática, por vezes rituais.

102. Ora, a via mais direta para lidar com este desafio para a qualidade da democracia no Estado de Direito não será constitucionalizar essas organizações e conceber constituições nacionais cosmopolitas e multinível (que passariam a vincular-se a essa supranacionalidade, reforçada agora com uma blindagem constitucional) mas sim, alterar a partir de associações informais de Estados o Direito Internacional e o próprio direito interno, de modo a impor uma forte regulação a entidades privadas e determinar a devolução de poderes aos Estados por parte das organizações supranacionais que foram já longe de mais na sua aquisição de parcelas da sua soberania. A partir do momento que esse movimento possa sur-

---

[212] CARLOS BLANCO DE MORAIS "Curso (...)"-II-op. cit, p. 27 e seg.

gir a partir de grandes potências, como os Estados Unidos pode existir uma via estreita de oportunidade para um debate alargado, sobre este problema.

2. Linhas discursivas de revitalização da Democracia Representativa: as democracias participativa, consociativa, deliberativa e semidireta

103. Várias conceptualizações de democracia, algumas delas com dimensões sobreponíveis, têm sido avançadas como formas de "revitalização", de "complemento" ou de "aprofundamento" qualitativo da representação política, de forma a potenciar vários ângulos do princípio democrático, não abarcados satisfatoriamente pelo regime representativo de vinco competitivo.

2.1. A democracia participativa

A. Noção geral

104. A *democracia participativa*, a que o artº 2º da CRP faz menção quando alude à necessidade do seu *"aprofundamento"*, implica, em termos gerais, tal como sugere a alínea c) do artº 9º da mesma Constituição, a necessidade de incentivar os cidadãos e as suas estruturas associativas a intervir na tomada de decisões pelos poderes públicos, assegurando, em regra, a sua intervenção a título consultivo sempre que estejam em causa os seus direitos ou interesses protegidos. Semelhante intervenção atenuaria o estatuto de "inércia" dos cidadãos, mediante a sua integração no processo público de decisão, já que os seus representantes no poder deveriam, em muitos casos, auscultar a sua opinião e recolher os seus contributos antes de deliberarem.

B. Nota sobre os seus fundamentos elementares

105. Tratou-se de uma construção que, no plano teórico originário, teve raízes em alguns pensadores marxistas, como Poulantzas, sendo igualmente desenvolvida por expoentes da nova esquerda, como Pateman[213], e de uma rede transnacional de politólogos da esquerda radical contemporânea[214] de forma a operar

---

[213] CAROLE PATEMAN "Participação e Teoria Democrática"- S. Paulo-1992.
[214] BOAVENTURA SOUSA SANTOS "Reinventar a Democracia"-Lisboa-2002- p. 62 e seg e 68 e seg ;ANDRÉ FREIRE "O Futuro (...)"p. 56 e 63; MARCO LISI "O Futuro dos Partidos na Representação Democrática" in AAVV "O Futuro (...)" op. cit, p. 108 e 110; BRITTA BAUMGARTEN "O Futuro dos Movimentos Sociais na representação Sociopolítica" in in

como contraponto ou contrapeso à ideia de democracia legal e competitiva que estaria em crise[215].

Censurar-se-ia, nesta corrente, a ideia de que todos os votantes teriam um estatuto de igualdade quando, na realidade, acederiam em posições económica e socialmente desiguais ao processo eleitoral. E como o Estado não seria imparcial em face das questões com que lida, não trataria os cidadãos de forma verdadeiramente igual. Concedendo-se, embora nalguns casos com hesitações, que a base da institucionalidade radica na democracia representativa (designada por alguns como "elitismo competitivo"), dever-se-ia potenciar o esclarecimento dos cidadãos e valorizar a sua intervenção no processo decisional público, a nível setorial, local ou nacional. A participação, para alguns autores, mais do que um complemento a um qualquer "arranjo institucional" representativo, teria um papel educativo e criaria um vínculo psicológico nos cidadãos de forma a permitir-lhes interagir de forma inclusiva com os titulares do poder[216], permitindo experiências inovadoras como a dos "orçamentos participativos" e da "fiscalidade participativa"[217]. No plano de organização partidária sustenta-se a criação de partidos participativos, com a responsabilização direta dos dirigentes ante militantes ou aderentes. E na esfera comunicacional, sustenta-se a transparência do processo público de decisão e uma comunicação aberta que garanta decisões informadas[218].

106. Mas, fora deste contexto ideológico bem marcado, a democracia participativa, no plano jurídico e institucional, começou por fazer o seu caminho desde meados do Século XX, no contexto pragmático do modelo liberal norte-americano, através da intervenção dos grupos de interesse (Lobis) junto dos poderes legislativo e executivo (a qual passou a ser regida legalmente, pese o facto de uma parte significativa da sua ação correr fora da moldura legal)[219]. Também nas sociedades da Europa do Norte, em que o consenso é espontâneo, desenvolveu-se uma atividade consultiva junto do poder, por parte das estruturas associativas que representam a sociedade pluralista.

AAVV "O Futuro (...)" op. cit, p. 150 (com uma porta aberta para a vertente extra-institucional da "democracia deliberativa"); numa linha próxima DONATELLA DELLA PORTA "Can Democracy be Saved? (...)" op. cit;

[215] Cfr. descritivamente, DAVID HELD "Modelos de Democracia"-Madrid-1993-p. 308 e seg.

[216] PATEMAN ult. loc cit, p. 35

[217] BOAVENTURA SOUSA SANTOS (ult. loc cit, p. 62 e seg), que realça o que considera serem "boas práticas" desta realidade nos municípios brasileiros governados pelo PT, especialmente em Porto Alegre.

[218] DAVID HELD ult. loc cit, p. 315 e seg.

[219] Cfr, em geral, ALMOND "The Politics of the Developing Areas"-Princeton-1960 e ALMOND-VERBA "The Civic Culture"-Princeton-1963.

Um salto qualitativo experimentado pela "democracia participativa" tomada nesta dimensão institucional consistiu no fenómeno da *concertação social*, que se firmou na Europa do-pós guerra, com relevo para a Alemanha[220] e se expandiu nos anos setenta e oitenta para outros Estados. A *participação concertacionista* implica a necessidade de se institucionalizarem estruturas de representação pública dos principais interesses associativos, designados de "parceiros sociais" do Estado, para permitir que a sociedade civil transmita à sociedade política, através de procedimentos juridicamente regulados, o seu entendimento sobre políticas públicas no domínio económico, social e cultural. Marcado por contributos doutrinais *neo-corporativistas*[221] e *neo-contratualistas*, a concertação social teve e ainda tem um papel relevante na discussão e negociação da legislação laboral e social, bem como da conceção das políticas de rendimentos e preços nos Estados europeus. Nela se destacou a existência de um *modelo tripartido* (inspirado no modelo da Organização Internacional do Trabalho) em cujos órgãos tomam assento o Governo, as confederações sindicais e confederações patronais. A organização da União Europeia no domínio económico e social estruturou-se com base num paradigma participativo concertacionista, pese que aberto a uma pluralidade mais vasta de interessados.

A *concertação social* atingiu patamares de participação superiores à mera consulta: a esta última, tornada obrigatória para diversas matérias, adicionou-se uma componente de negociação da legislação que, em caso de compromisso, culmina com a aprovação de acordos entre o Governo e parceiros sociais dos setores empresarial e laboral[222]. Para o Governo, a existência de um acordo serviria como garantia de uma relativa paz social, aplainando ou reduzindo a contestação sindical às suas políticas constantes do compromisso. Para as cúpulas sindicais

---

[220] Desde o Século XIX, doutrinas como as desenvolvidas por VON GIERKE defendiam que os grupos intermédios representativos do pluralismo social funcionassem em articulação com o poder político (VON GIERKE "La Natura dele Unioni Umane" in ZAGREBELSKI " Societá, Stato, Costituzione"-Torino-1988-p. 155 e seg.

[221] Relativamente ao neo-corporativismo do pós-guerra vide MARIA LÚCIA MARAL "O Problema da Função Política dos Grupos de Interesse: do Pluralismo ao neo-corporativismo" in "O Direito"-106 (1974-1987)- p. 147 e seg.; PHILIPPE SCHMITTER "Still the Century of Corporatism?"- in "Political Studies"-1974-nº 5-p. 85 e seg (o autor deslocou-se, entretanto para as franjas do neo-federalismo e da democracia deliberativa difusa equacionando alternativas à democracia liberal competitiva(in P SCHMITTER-A TRENSHEL "AAVV "The Future of Democracy in Europe: Trends, Analisys and reforms"-Strasburg-2004) .

[222] Relativamente à negociação das políticas públicas entre Governo e cúpulas sindicais e patronais vide FRANCESCO COCCOZZA "Colaborazione (...) op. cit- p. 129; ALBERTO OLIET PALÁ "Liberalismo y Democracia en Crisis" –Madrid-1994- p. 101 e seg 122 e seg; EUGENIO DI MARCO "Negoziazione Legislativa e Centri D `influenza"- in "Curso di Studi superiori Legislativi"-Padova-1990-p. 228 e seg.

exibir-se-ia aos associados concessões governamentais e patronais traduzidas em certas vantagens ou conquistas em benefício dos trabalhadores. E, para a cúpula patronal, assegurar-se-ia a existência de alguns ganhos na organização do trabalho bem como a paz interna nas empresas.

Com uma componente teatral forte, a concertação social tem operado como espada de dois gumes: a ausência de acordo em leis do domínio laboral e social passou por vezes a operar como fator de deslegitimação social das políticas adotadas pelo poder político democrático e um prenúncio de contestação de rua. Por outro lado, certas cúpulas sindicais participaram sempre nas negociações, mas eximiram-se à outorga de um acordo, de modo a terem as mãos livres para contestar as políticas governamentais.

O modelo *concertacionista*, instituído em Portugal durante os governos de Aníbal Cavaco Silva e com consagração constitucional num órgão público (o Conselho Económico e Social, previsto no artº 92º da CRP) vacilou noutros Estados entre conceções minimalistas centradas da auscultação dos parceiros e modelos maximalistas com pretensões de co-decisão que alguns teóricos do "governo por consenso" chegaram a colocar como institucionalidade alternativa a um regime representativo, realidade que não chegou a materializar-se, pese o facto de a paz social nas sociedades do norte e centro da Europa assentar em pactos de co--decisão fáctica[223].

107. A democracia participativa manifestou-se, igualmente, em duas outras áreas do universo jurídico, a saber:

i) A da *legística* (domínio científico e técnico do conhecimento, centrado na melhoria da qualidade formal e substancial das leis), na medida em que a audição prévia de estruturas privadas, empresas, associações e especialistas em domínios onde se irá legislar permite recolher informação relevante que, simultaneamente, permita melhorar o conteúdo das normas, fazendo-as atingir adequadamente os seus objetivos e evitar opções problemáticas que potenciem a contestação pública à lei pela sociedade civil[224];

ii) A do *procedimento administrativo* que, por força do impacto das correntes subjetivistas, se preocupou em garantir a participação dos particulares interessados relativamente à prática de atos administrativos ou de normas regulamentares que afetem os seus direitos e interesses legalmente protegidos, tratando-se de

---

[223] CARLOS BLANCO DE MORAIS "As Leis Reforçadas", op. cit, p. 969.
[224] CARLOS BLANCO DE MORAIS "Manual de Legística"-Lisboa-2007-p. 499 e seg.; cfr, ainda, "Governança Europeia: um livro branco"-Bruxelas-20001-p. 12 (http://www.laicidade.org/wp-content/uploads/2006/09/ue-governanca-2001.pdf); vide também no guia da avaliação de impacto de normas da União europeia a consulta aos interessados (http://ec.europa.eu/smart-regulation/guidelines/ug_chap7_en.htm).

uma realidade que na ordem jurídica portuguesa é garantida no Código de Procedimento Administrativo[225] e na legislação que rege a matéria do urbanismo[226], ordenamento do território e ambiente[227].

No plano *administrativo e governativo*, importa chamar a atenção para um enfoque tecnológico que foi dado nos últimos anos por uma filosofia gestionária de "Governo aberto", não apenas através de operações procedimentais de simplificação e informação, mas igualmente através da criação de plataformas informáticas com terminais de contacto interativo com os administrados.

Trata-se do "e-governo" ou da "e-administração" que de um modo geral visa criar um novo paradigma de gestão pública caracterizado por uma maior transparência, disponibilização gratuita de conteúdos e abertura à participação dos cidadãos e outros interessados através da introdução de ferramentas eletrónicas que propiciam a formulação de propostas e a colaboração do Estado com grupos ativos da cidadania ou "clusters" de investigação e informação.

Sem prejuízo do "e-governement" se encontrar em expansão na maioria dos Estados industrializados, numa lógica essencialmente gestionária, nele se destaca uma corrente ideológica herdeira dos teóricos originários da democracia participativa, que defende um modelo mitológico de administração horizontal e não hierárquica, a qual é por ela crismada de "Governo inteligente" ou "governação inteligente" (*smart governance*)[228]. Com uma experiência assente num modelo criado na Casa Branca durante a Presidência Obama (*General Services Administration*), a plataforma informática do governo aberto, para além da via participativa ordinária, estimularia processos de *crowdsourcing (vias* de obtenção de serviços, ideias ou conteúdos através de contribuições de um grandes grupos de cidadãos ou comunidades web) e nichos de co-criação ou co-produção de projetos, atos e tarefas conjuntas entre a Administração e os cidadãos[229].

---

[225] Cfr os artºs 97º e seguintes no tocante à produção de regulamentos e artº 121º e seguintes referentes à audiência dos interessados, relativamente à edição de atos administrativos.
[226] Cfr o artº 22º do RJUE (Decreto-Lei n.º 555/99, de 16-12 com as alterações do Decreto-Lei .º 214-G/2015, de 2-10.
[227] Cfr artº 7º, 13º, 15º, nº 2 do artº 16º e artº 17º da Lei de Bases do Ambiente (Lei n.º 19/2014, de 14 -5).
[228] Cfr IGNACIO CRIADO "Las Administraciones Publicas en la Era de Gobierno Aberto: gobernación inteligente para un cambio de paradigma en la gestión pública"- in REP-173-Jul/Set - 2016-p. 267; T. VAN DER MEER "E-Democracy: exploring the current stage of e-government"- in "Journal of Information Policy"-4-2014-p. 489 e seg.
[229] IGNACIO CRIADO ult. loc cit, p. 261 e seg. A Administração norte-americana disponibilizou 220 milhões de dólares para projetos com interesse para a mesma Administração concebidos e propostos pelos cidadãos.

108. No plano partidário, na última década, algumas formações políticas têm sido reorganizados estatutariamente no sentido de uma maior intervenção de militantes em escolhas eleitorais internas (caso de partidos franceses e britânicos, socialistas e conservadores) bem como, nalguns casos, a uma maior intervenção, não apenas de militantes mas de simpatizantes. Veja-se, no último caso exposto, o Partido socialista Português desde 2015, quando realizou "primárias internas" para a designação da liderança, abertas a simpatizantes inscritos e da criação pelo Governo socialista em 2016 de um "Orçamento participativo".

2.2. A democracia consociativa

A. Noção geral

109. A *democracia consociativa*[230] envolve no plano teórico uma ideia de esgotamento parcial da democracia representativa e participativa em face das demandas de uma sociedade pluralista multifacetada, impaciente, exigente e, em alguns casos, indomável[231]. Segundo esta perspetiva, o critério maioritário de decisão nas democracias representativas teria um fraco papel integrador da diversidade político-social e das minorias e a ideia de democracia participativa essencialmente centrada no modelo da concertação social estaria esgotado, pois geraria uma "oligopolização" de um consenso viciado entre o Estado e um conjunto de grandes corporações de lideranças petrificadas, representando interesses parcelares. A crise das filiações de trabalhadores e empresários nas associações integradas nas grandes corporações e a dificuldade de as cúpulas poderem impor a sua disciplina a todos os associados[232] demonstrariam a insuficiência da participação institucionalizada pelo Estado[233].

A mitologia da suposta "virtude" da decisão por consenso domina esta noção de democracia. A tomada de decisões pelo poder representativo maioritário deveria envolver uma negociação permanente, seja com as associações representativas da sociedade civil, seja com as próprias minorias político-partidárias, de modo que a decisão final possa integrar o contributo do maior número de agentes polí-

---

[230] Conceito utilizado por LIJPHART "Patterns of Majoritarianism and Consensus Government in Twenty one Countries"-New Heaven-1984.
[231] Cfr. em geral, MANUEL RAMIREZ "El Reforzamiento de la Participación Política"--RDP-36.Marid-1992-p. 33.
[232] DAVID HELD "Modelos de Democracia"-op. cit, p. 264.
[233] Cfr PORRAS NADALES "Representación y Democracia Avanzada"- in "Cuadernos y debates"-50-Madrid-1994-p. 62 e seg.

tico-sociais e que nenhum partido veja salvaguardados por inteiro os seus interesses numa dada decisão[234].

B. Nota sobre os consociativismos clássicos e alternativos

110. Em sentido amplo, na linha de Lijphart, o consociativismo constitui uma cultura e um ideário político de comunicação entre o sistema social e os governantes e entre estes e a oposição, de forma a gerar processos de decisão que favoreçam políticas compromissórias e equilibradas[235]. A democracia consociativa assume, predominantemente, alguma expressão prática nos Estados Escandinavos, Holanda e Áustria, onde predomina uma cultura compromissória, bem como na Bélgica, onde o complexo processo de deliberação parlamentar envolve procedimentos e convenções pautadas por pactos e negociações permanentes entre partidos de diferentes comunidades linguísticas, bem como por forças sociais diversas. Contudo, não foi avançado um modelo jurídico e constitucional que pudesse dar expressão a este ideário.

111. Uma das múltiplas construções alternativas esboçadas nesta corrente tem a ver com as teses de Gunther Teubner esboçadas em torno do "direito reflexivo" subjacente ao processo indefinido de construção de um "Estado Pós-Social" que equilibraria a democracia representativa com uma democracia participativa, exercida num contexto descentralizado e procedimentalizado.

O processo democrático de decisão não se bastaria em traduzir expressões de uma representação individual ou coletiva, reclamando igualmente a projeção e reflexão no seu conteúdo dos contributos da sociedade pluralista, integrada por organizações não governamentais, associações públicas e privadas, centros de opinião e meios de comunicação[236].Para alguns autores, o Estado pós-social envolveria uma dimensão "macro-representativa", assente na designação de mandatários pelo povo em sufrágio eleitoral (com listas abertas e mecanismos de introdução do "mandato imperativo", cfr. supra, § 48, § 51 e seg) e uma dimensão "micro-representativa" que implicaria a introdução de procedimentos que integrassem as estruturas pluralistas da sociedade civil no processo de decisão, com relevo acrescido para a resolução de problemas locais. O processo de decisão

---

[234] Cfr. descritivamente, CARLO FUSARO "Guida Alle Riformi Istituzionali"-Soveria Mannelli-1990- p. 210 e seg.
[235] VICTORIA CAMPS "Comunicación, Democracia y Conflito"- in "Etica Comunicativa y democracia"-Barcelona-1988-p. 249.
[236] GUNTHER TEUBNER "Aspetti, Limitti, Alternativi dela Legificazione"- "Sociologia del Diritto"-I-1985-p. 28.

democrática seria assim horizontalizado através de uma cooperação consensual entre micro e macropolítica regida por regras de procedimento[237].

2.3. Democracia deliberativa

A. Conceito

112. A democracia deliberativa consistiria na conceção da decisão pública como um processo dialógico que compreenderia a existência de mecanismos formais e informais destinados a permitir vias de comunicação e de discussão inclusiva, alargada e participada no *espaço público* sobre matérias submetidas a decisão por parte das autoridades representativas. O objetivo seria potenciar, não só um diálogo real entre os poderes públicos envolvidos num processo de decisão mas a catálise de uma cidadania crítica, responsável e vigilante que possa informar, discutir e "deliberar" no espaço público sobre as questões relevantes, de modo que a decisão final do poder possa ser instruída e condicionada pelo produto do debate. Tal via constituiria, mesmo um predicado de racionalidade, inclusão e qualidade das deliberações tomadas pelo poder. A ideia de "deliberação" coenvolve um alargamento de intervenientes no itinerário da decisão, para além do decisor legal ou constitucionalmente competente..

Este discurso teórico de democracia supõe, no campo legiferante, que o legislador deva fundar as normas que propõe e aprova, em razões argumentativas consistentes que respondam a razões contrárias ou diversas, oriundas não apenas de outras instituições mas dos próprios cidadãos[238]. Atos legislativos que careçam de um adequado processo argumentativo no espaço público careceriam de legitimação política. Funcionalmente, a democracia deliberativa implicaria a transmissão e circulação de razões argumentativas de fácil acesso num processo dinâmico, suscetíveis de conduzir a uma decisão vinculativa por um ciclo temporal limitado, findo o qual se admite que outra ordem de razões prevalecente possa vingar sobre a anterior e alterar a lei.

A integração de minorias marginalizadas seria, igualmente, uma preocupação desta construção, a qual considera que apenas "mais democracia representativa" não resolve teoricamente certos problemas como o de um universo eleitoral onde a classe média seja claramente maioritária e as classes mais baixas e des-

---

[237] Cfr PORRAS NADALES ult. loc cit, p. 77 e seg e 92 e seg.
[238] AMY GUTMAN-DENNIS THOMPSON "Why Deliberative Democracy".New Jersey--Princeton U. P.-2004-p.3 e seg.

protegidas, uma minoria: o modelo competitivo daria ao primeiro estrato social mais representantes e o poder de negar direitos e proteção ao segundo estrato[239].

113. A "teoria deliberativa" bebe, de entre outros autores, no pensamento de Habermas[240], que esboça uma construção onde alia um fundamento epistemológico de matriz ético republicana[241] de integração inclusiva dos cidadãos na definição das políticas públicas, a um processo democrático destinado a incorporar na produção de decisões jurídico-públicas, o produto dos debates e contributos informados dos mesmos cidadãos. Haveria um entendimento "consensual" de ordem moral no sentido de que o procedimento decisório deveria propiciar que a conduta hegemónica, unilateralista e fechada em que se movem os governantes eleitos com base no princípio maioritário, possa ser alterada através de uma retroalimentação informativa e formativa, gerada pela opinião e debate dos cidadãos no espaço público, em termos tais que estes participem na sua conceção e programação e controlem de algum modo, o exercício do poder político. A democracia, como processo cultural aberto, encontra-se subjacente a este entendimento.

B. Nota sobre a democracia deliberativa institucional e extra- institucional

114. A política deliberativa no seu sentido integrador ou inclusivo operaria através de duas vias: a *via institucional* (traduzida na comunicação dialógica entre órgãos de poder mas onde seria possível e desejável integrar canais formais de intervenção cidadã) e a via *extra-institucional*, integrada pelo debate dinâmico e livre no espaço público, encontrando-se as duas vias interligadas como foco genético da deliberação democrática[242].

A democracia deliberativa não se confundiria, em tese, com a democracia participativa, sem prejuízo de potenciar ferramentas para estimular uma participação alargada e informada dos cidadãos no processo de decisão. Contudo há quem entenda que, na medida em que não se posicione como alternativa à demo-

---

[239] Exemplo teórico avançado por ALVARO DE VITO "Democracia Deliberativa ou Igualdade de oportunidades Políticas" in AAVV "Participação e Deliberação: teorias democráticas e experiências institucionais no Brasil Contemporâneo"-Org. Vera Coellho- Marcos Nobre- S. Paulo-2004-p.107 e seg.
[240] Cfr. em geral, J HABERMAS "A Inclusão do Outro- Estudos de Teoria Política"-S. Paulo-2002.
[241] Cfr. J. COHEN "Deliberation and Democratic Legitimacy"- in AAVV "Deliberative Democracy"- Org. Bohman- Regh- Cambridge-Massachussets-1991- p. 67 e seg.
[242] J HABERMAS ult. loc cit, p. 279 e seg.

cracia representativa, a democracia deliberativa poderia não ser mais do que a reformulação e atualização das velhas teorias da participação[243].

Esta narrativa de democracia, não procuraria, aparentemente, substituir-se à democracia representativa mas, ao invés, formar a consciência dos cidadãos sobre temas políticos e sociais centrais, antes da realização de atos eleitorais, bem como abrir discussões no espaço público com valorização do peso da argumentação, de forma a integrar os setores mais diversos e vulneráveis da sociedade na expressão das suas opiniões sobre questões de relevância pública de modo a influenciar os decisores a tomarem-nas em conta[244]. A dialética no espaço público geraria opinião, catalisaria a participação, daria a oportunidade de uma atuação consciente de cada um, orientaria rumos sobre a tomada de decisões pelos governantes[245] e legitimaria politicamente a decisão[246].

115. No plano institucional, o contributo da doutrina da democracia deliberativa mais relevante prende-se, não tanto com a abertura de canais jurídicos de comunicação entre legislador e sociedade civil (já tratados pelos teóricos da democracia participativa) mas pela criação de processos dialógicos de interação comunicativa que envolvam o poder do Estado mais hermético e distanciado dessa comunicação: o poder jurisdicional[247]. Com efeito, pese o facto de determinados Tribunais Constitucionais se terem aberto a canais de comunicação com a sociedade civil (caso das audiências públicas que algumas jurisdições promovem sobre matérias complexas), o facto é que a abertura comunicativa da Justiça Constitucional seria ainda deficitária ou envolveria um campo ainda a desbravar em termos de práticas deliberativas[248]. No Brasil, por exemplo, os ministros do STF não dialogam nem estabelecem entre si um processo material de debate colegial na tomada de decisões. Em Portugal, o Tribunal Constitucional, em controlo abstrato da constitucionalidade, comunica com os órgão de soberania exclusivamente através de peças processuais e, mesmo em assuntos complexos, o rela-

---

[243] ALVARO DE VITO ult. loc cit, p. 114.
[244] Como alternativa à democracia representativa, a democracia deliberativa teria de se manifestar dentro e fora do regime político (cfr. ALVARO DE VITO ult. loc cit, p. 114-115), sem que, contudo, se entenda qual a sua força extra-sistémica tida como apta para fazer operar uma institucionalidade diferente.
[245] J HABERMAS "The Structural Transformation (...)" op. cit, p. 360.
[246] AMY GUTMAN-DENNIS THOMPSON ult loc cit, p. 4 e seg.
[247] Cfr a interessante análise feita sobre esta matéria por FERNANDO GOMES DE ANDRADE "Da Autolimitação ao Ativismo Judicial: um estudo acerca da releitura da teoria da separação de poderes pelo poder judiciário brasileiro no Supremo Tribunal Federal"--Lisboa-2015- p.349 e seg (dissertação de doutoramento policopiada).
[248] VIRGILIO AFONSO DA SILVA "O STF e o Controlo de Constitucionalidade: deliberação, diálogo e razão pública"- in "Revista de Direito Administrativo"-250-2009-p. 209.

tor não pede esclarecimentos do legislador nem está aberto, processualmente, a receber informação adicional das partes, a qual é aduzida informalmente.

C. Nota sobre a chamada "democracia digital" como variante da democracia deliberativa extra-institucional

116. Já o relevo político da democracia deliberativa, não como procedimento mas fundamentalmente na sua *dimensão extra-institucional*, seja como fato, seja como pretensão cultural, não deixou de ter expressão digna de nota, cavalgando os avanços tecnológicos no hemisfério das comunicações[249].

As discussões originárias em torno da sua configuração e projeção foram catalisadas durante as "primaveras árabes", no pico dos movimentos políticos-sociais europeus de contestação às medidas de austeridade subsequentes à crise das dívidas soberanas, ao *Wikileaks* e aos sismos políticos que o mesmo alimentou. Contudo o pico do debate sobre os seus efeitos colaterais rodeou o processo do "Brexit" e a eleição presidencial americana de 2016, com o uso do twitter e das redes sociais pelos candidatos, com relevo para Donald Trump.

O ativismo político informalizou-se através das redes sociais, mormente do Facebook, dos blogs e do twitter (e, inclusivamente, dos reservatórios ocultos de informação confidencial, dentro e fora dessa no man's land que é a *darknet*), ultrapassando a rigidez da comunicação social clássica, as fronteiras nacionais, as hierarquias tradicionais de feitura da opinião pública, e as barreiras culturais e legais entre o público e o privado.

117. O novo espaço publico de debate alargou-se à blogoesfera e ao ciberespaço, onde todos podem comunicar e ser lidos e onde, desde o Papa aos dirigentes políticos, se usa o *tweet* para passar mensagens curtas que são respondidas por muitos cidadãos, o quais têm a ilusão de comunicar diretamente com o decisor, apoiando-o, aconselhando-o, criticando-o ou insultando-o. O Facebook e ferramentas análogas passaram a ser vias ágeis para petições de cidadãos relativamente a determinadas matérias políticas, marcadas pelo seu caráter volátil e imediatista.

---

[249] Vários expoentes defensores da "democracia participativa"na sua versão ideológica guinaram em direção ao discurso "deliberativo" propiciado pelos movimentos sociais e as suas redes de intervenção (cfr. PHILIP PETIT "Deliberative Democracy and the Case for Depoliticizing Government"- University of New South Wales Law Journal"-58-2001; DONATELLA DELLA PORTA "Can Democracy be Saved? (...)" op. cit e AAVV "The Global Justice Movement. Cross National and Transnational Perspectives"-Boulder- org Donatella della Porta-2007; LIGIA LÜCHMANN "Possibilidades e Limites da Democracia Deliberativa: a experiência do orçamento participativo em Porto Alegre"-Campinas-2002.

Redes sociais durante a caótica crise dos refugiados e migrantes de 2015/2016 foram utilizadas em campanhas "solidárias" numa lógica de "ciberativismo"[250].

O mesmo *ciberativismo* assumiu um impacto real e incontornável no plano político, seja em democracia seja em regimes autocráticos, como elemento de informação e mobilização inorgânica. Por exemplo, através dos meios informais de comunicação eletrónica: i) soçobraram eleitoralmente partidos que galopavam nas sondagens (caso do PP espanhol em 2004 depois dos atentados de Madrid, confrontado à boca das urnas com manifestações convocadas por *sms* onde se alertava para as mentiras do Governo sobre a origem dos mesmos atentados; ii) foram convocados por twitter e sms manifestantes para a praça Tharir fazendo cair o regime de Mubarak no Egito[251];); iii) o twitter serviu para convocar massivas mobilizações de juventude no Irão contra as eleições fraudulentas realizadas em 2009; iv) foram convocadas manifestações colossais de jovens indignados em Portugal e Espanha atingidos pela austeridade, das quais resultou o fortalecimento de partidos de extrema-esquerda; v) mobilizaram-se manifestações encarniçadas e semanais contra a imigração descontrolada, pelo PEGIDA, em Dresden; passaram-se mensagens ferozes na campanha pela saída do Reino Unido da União Europeia e desfizeram-se alianças aparentemente sólidas entre aliados para liderança do partido conservador; vii) o candidato republicano, Donald Trump, usou o ciberespaço para derrotar a candidata Clinton para a Presidência norte-americana, não só comunicando diretamente com o eleitorado através do twitter e de uma *pool* de redes informativas paralelas dirigidas cirurgicamente a eleitorados-alvo em estados estratégicos, como também beneficiou com a divulgação de e-mails problemáticos e mensagens divulgadas pela Wikileaks que atingiam os destinatários passando por cima dos media; viii)derrotou-se, via *Facetime,* com intervenção das massas populares, uma tentativa de golpe militar na Turquia em julho de 2016; ix) e foi através das redes sociais e de canais da TV por internet que o Parlamento venezuelano convocou manifestações populares contra o auto-golpe de Estado do regime autoritário de Nicolas Maduro e permitiu transmitir informações e discursos bloqueados pelos meios de comunicação oficialistas.

118. Esta *"e-politica",* gerida por uma rede *comunicativa de massas* no ciberespaço, criaria, uma *democracia deliberativa informal,* que alguns designam por "democracia digital" e que teria uma vocação globalista, multicultural e fator de consciencialização sócio-política, discussão de causas e fermento de mobilizações políticas

---

[250] DIDIER FASSIN "La Economia Moral del Asilo. Reflexiones Criticas sobre la Crisis de los Refugiados de 2015 en Europa"- in "Revista de Dialectologia y Tradiciones Populares"- Vol 70 -2- 2015-p. 277.
[251] As mobilizações contra Mubarak teriam somado 230.000 tweets no plano de convocatórias.

e sociais[252]. A comunicação no ciberespaço potenciaria um tipo de democracia não representativa[253].

A sobredita democracia digital geraria um espaço de opinião influente pautado pelo dinamismo, fluidez, novos atores, liberdade difusa, ativismo, imediatismo, conteúdo sintético e horizontalidade (parificando a posição de governantes e governados e fazendo-os interagir[254]), gerando uma reconfiguração do espaço público. O sonho de uma democracia direta através da internet soldada a uma reconstituição aberta, plural e multimodal do debate público revalorizou, no plano politológico, a temática da democracia deliberativa.

2.4. Democracia semidireta

A. Noção

119. A ideia de *democracia direta* entronca no ideal ateniense e no paradigma de Rousseau, segundo o qual o povo decide politicamente sem intermediários sobre as questões de governação, reconduzindo-se exemplificativamente às deliberações da Eclésia ou das assembleias cantonais suíças. Razões já expostas, centradas na impraticabilidade do modelo como forma de organização permanente do poder político de um Estado, inviabilizaram a instituição de regimes políticos puros de democracia direta: fatores como a extensão territorial e elevada expressão populacional ou a ineptidão do cidadão comum para decidir em permanência sobre todas as questões ou resolver racionalmente questões de natureza complexa ou de elevada especialização técnica, contribuíram para esse desfecho.

Ninguém contesta, contudo, a viabilidade da articulação de regimes democráticos representativos com institutos de democracia direta: sem prejuízo da realização de eleições periódicas para os titulares do poder soberano, existem Estados que instituem, em grau variável, mecanismos que permitem que o povo se pronuncie sobre a aceitação ou rejeição de propostas de ordem política que se traduzem na adoção ou cancelamento de atos normativos (disposições constitucionais, leis e convenções internacionais). Na medida em que essa intervenção do corpo eleitoral opera mediante atos referendários e plebiscitários, em regra sujeitos a condições prévias ditadas pelo poder representativo ou, cumulativa-

---

[252] Cfr KAREN MCCULLOUGH "E-Democracy: Potential for Political Revolution? In "International Journal of Law and information Technology"-11-2- Oxford-2003- p. 149 e seg : https://pdfs.semanticscholar.org/9138/59fb687aca92b83a9e9fe28f94b34f3f5be7.pdf
[253] PAULA VEIGA "Democracia em voga e e-política, e-democracia e e-participação"--BFDUC- vol XC-I-2014-p. 465.
[254] SASKIA SASSEN "Nuevas Geopoliticas"-Barcelona-2013-p. 409.

mente, dependentes de ato político de convocação ou aprovação pelos órgãos representativos, ela pode ser designada como uma forma de *democracia semidireta*.

A democracia semidireta constitui, assim, um *instituto juridicamente regulado que permite aos cidadãos, por via do sufrágio universal, direto e secreto, manifestar a sua posição ou decidir sobre questões de relevância política que lhe são submetidas, seja por iniciativa ou convocação de grupos de cidadãos seja por iniciativa e convocação dos governantes*.

B. Nota sobre a expansão dos mecanismos referendários

120. O facto é que o mesmo instituto se encontra em clara expansão, seja no contexto dos regimes democráticos-representativos, seja no universo dos regimes autocráticos, havendo no mínimo 127 Estados em 195 que já levaram a cabo plebiscitos ou referendos[255].

Um estudo de David Altman[256] revela que, entre 1960 e 2010, o número de atos de democracia semi-directa realizados em *Estados democráticos* teve um aumento superior a 25%, sendo o seu uso frequente num hemisfério regular de sete Estados: a Suíça, o Uruguai, a Itália, o Liechtenstein, a Lituânia, a Letónia e a Hungria. [257] Ainda assim, existem outros Estados que recorrem a estes institutos com grande frequência a nível local ou estadual (caso dos Estados Unidos da América nos estados federados) ou mais raramente, para decidir sobre questões particularmente relevantes e decisivas em matéria de soberania (como foi o caso do Reino Unido, França, Dinamarca e Irlanda no tocante a questões europeias). Noutras situações, a realização de referendos revelou-se fundamental para a transição de regimes autoritários para a democracia (Espanha, Chile, Uruguai e Rússia).

121. Em favor da expansão de mecanismos referendários como forma de requalificação da democracia representativa foram alinhados os seguintes argumentos:

i) O referendo constituiria uma das manifestações mais genuínas de democracia tal como esta exsurge a partir do seu significado etimológico de "governo do povo": em relação a certas matérias propensas a uma decisão maioritária simplificada de sim ou de não, seria o próprio povo e não os seus mandatários, quem deliberaria[258], emprestando à deliberação

---

[255] DAVID ALTMAN "Direct Democracy Worlwide" –Cambridge-2011-p. 110.
[256] DAVID ALTMAN ult. loc cit. p. 109 e seg.
[257] DAVID ALTMAN ult. loc cit p.. 110.
[258] O povo, sobretudo em caso de bloqueio institucional e falta de confiança na representação, poderia, relativamente a questões essenciais, contornar o poder desses representantes e desencadear ele próprio o referendo, sobretudo quando a Constituição lhe permite fazê-lo, como em Itália durante os anos 90 (cfr. PIERVICENZO ULERI "Italy: referendums and

um maior peso legitimante e evitando a intermediação desviante, fosca e silenciosa dos *lobbies* junto dos governantes;

ii) Constituindo o eleitorado, o elo mais débil da triangulação eleitores/eleitos /partidos políticos (debilidade que deriva do facto dos eleitores serem ignorados e colocados à margem da tomada das deliberações entre eleições), a sua convocação para atos referendários quebraria o défice de comunicação entre governantes e governados, já permitiria aos primeiros tomar em maior consideração as preferências dos segundos [259] que ficariam investidos num poder de impulsão ou de veto[260];

iii) O referendo seria apanágio das democracias mais desenvolvidas ou "poliárquicas"[261], revitalizando o papel individual dos cidadãos na tomada de decisões sem intermediários, revalorizando a dimensão personalista de uma cidadania não apática, participativa[262] e minimamente informada sobre termas de relevância pública[263] e evitando que a democracia se consuma ou reduza apenas no "mecanicismo" das eleições periódicas de representantes[264];

iv) Evoluindo o pensamento democrático no sentido de uma maior controlabilidade do poder[265], à luz dos postulados da transparência, responsabilidade e prestação de contas, o voto direto permitiria controlar e corrigir em domínios controvertidos, riscos de potenciais desvios ao mandato dos representantes;

v) A democracia semidireta permitiria que, em assuntos divisivos onde exista um claro défice de legitimidade dos representantes para decidi-

---

Iniciatives from the Origins to the Crises of a Democratic Regime"- in AAVV "Referendum Experience in Europe"-Org Gallaguer-Uleri-London-1996-p. 12º.

[259] SIMON HUG " Occurrence and Policy Consequences of Referenduns: a theoretical model and empirical evidence" in "Journal od Theroretical Politics"-16-2004-p. 321 e seg.

[260] SIMON HUG –GEORGE TSEBELIS "Veto Players and Referendum Around the World"- Journal of Theroretical Politics"-14-2002-p. 465 e seg.

[261] Como as da Suíça, Estados Unidos, Irlanda, Holanda, Dinamarca e Reino Unido.

[262] Cfr CAROLINE TOLBERT-DANIEL BOWEN "Direct Democracy Engagement and Turnout" in "Democracy in the States: Experiments in Election reforms"- AAVV- Org B. Cain-T. Donovan-Washington-2008-p. 99 e seg.

[263] Temas que são sujeitos a um debate público mais intenso do que qualquer outra decisão tomada em órgão colegial. Os referendos em França sobre o Tratado Constitucional Europeu em 2006 e no Reino Unido sobre o Brexit, em 2016, envolveram um debate exaustivo com um detalhe incomparavelmente maior do que nas discussões públicas que envolveram, por exemplo, a ratificação do tratado Constitucional Europeu em Portugal, Espanha ou Alemanha.

[264] Cfr. ELISABETH GERBER " The Populist Paradox: interest group influence and the promise of direct legislation"- Princeton-1999-p.3.

[265] DAVID ALTMAN ult. loc cit, p. 252.

rem (como em questões de soberania com efeitos irreversíveis) e onde as lideranças dos partidos se encontrem clivadas, sejam os próprios governante a "descarregar" para os governados, a responsabilidade plena de decidir o desfecho do problema;
vi) Na era da comunicação, quer o aumento da literacia e do acesso dos cidadãos a níveis médios e superiores de ensino, quer a circulação da informação no ciberespaço, teriam potenciado a capacidade dos mesmos cidadãos em pronunciar-se de forma mais esclarecida e expontânea, sobre questões de relevante interesse público que envolvam formas simples de decisão, fazendo sentido abrir canais institucionais que permitam a sua intervenção;

122. Certo é que contra a democracia semidireta foram aduzidos numerosos reparos: deslegitimaria a democracia representativa; permitiria que certas instituições a utilizassem para curto-circuitar outras instituições; criaria riscos de tiranias maioritárias opressivas de minorias; não integraria soluções intermédias ante a radicalidade de decisões lineares de "sim" ou "não"; seria apanágio de derivas autoritárias; envolveria pessoas pouco ou nada esclarecidas em decisões sobre assuntos relevantes; seria vulnerável à demagogia e à captura do processo por grupos económicos ou de interesses mais fortes.

Trata-se de objeções discutíveis mas relevantes que serão apreciadas mais adiante (§ 150 e seg). De todo o modo trata-se de uma modalidade de expressão democrática da vontade popular, assumida decididamente como um complemento e não como substituição do regime representativo e que convoca, sobretudo, um debate sobre as suas fronteiras e utilidade prática: mais ou menos referendos? Que matérias devem ou podem ser referendadas? Existe ou não vantagem de convocação obrigatória dos referendos pela iniciativa dos cidadãos? Qual a eficácia temporal da decisão referendária? Qual a percentagem ideal de participação que impõe a vinculatividade da decisão referendária?

3. Posição adotada sobre as "construções aditivas" da qualidade dos regimes democráticos

3.1. Inviabilidade de modelos substitutivos da democracia representativa

123. Nenhuma das quatro narrativas expostas congraça atributos suficientes para se afirmar como alternativa à democracia representativa como regime político, no sentido de atingir ou superar a capacidade desta para simultaneamente:

i) Incorporar os elementos constitutivos do princípio democrático, radicados na legitimação do poder político mediante livre consentimento dos governados e no respeito pelas preferências maioritárias destes últimos;
ii) Assegurar a governabilidade, mediante uma forma de poder caracterizada pela estabilidade institucional e pela aptidão das mesmas instituições em garantirem com coerência e eficácia, a tomada de decisões que salvaguardem o bem comum e a viabilidade do Estado.

124. No que concerne à *democracia direta ou semidireta*, já examinámos as razões conscencializadas nos Século XVIII e XIX que abonaram no sentido da inviabilidade de a mesma poder ser erigida a modelo, substitutivo da democracia representativa.

125. No que concerne à *democracia participativa na sua modalidade "concertacionista"*, parece claro que, caso essa construção teórica tivesse pretensões substitutivas da democracia representativa[266] cederia passo a um Estado Corporativo de viés autoritário, eventualmente numa versão modernizada do Regime português da Constituição de 1933. Mesmo um corporativismo pluralista e horizontal (ou seja, não dominado pelo aparelho de Estado e pelo partido do poder, domínio que imperava no corporativismo vertical de matriz fascista ou autocrático de inspiração católica), com a possibilidade dos representantes das corporações designarem os titulares do poder e co-decidirem com estes, catalisaria um modelo oligárquico de organização do poder e a colonização do interesse público geral por interesses parcelares.

Os cidadãos deixariam de poder escolher os seus representantes nos órgãos de soberania ou a exprimir as suas preferências sobre as grandes políticas nacionais, intervindo apenas na esfera da corporação local, profissional, económica ou cultural onde se integrariam, sendo os dirigentes por eles eleitos nessas corporações a assegurar indiretamente nas instâncias do poder, a representação dos seus interesses específicos. Semelhante tipo de estruturação das instituições implicaria uma espécie de *refeudalização* do poder, já que o cidadão exerceria os seus direitos políticos, não enquanto individuo, mas enquanto membro de uma "ordem" como sucedia na alta Idade Média. As macro-corporações, quais estamentos medievos, passariam a condicionar o exercício do poder e os decisores seriam forçados dar resposta a impulsos e apelos, por vezes contraditórios, dessa entidades[267].

---

[266] Algo neste sentido, com alguma ambiguidade PIERRE SCHMITTER "Trends to Corporatist Intermediation"-London-1979.
[267] ALBERTO OLIET PALÁ "Liberalismo y Democracia" op. cit, p. 143-146.

A atual tendência para cristalização das lideranças das associações, federações, confederações sindicais e patronais, traduzidas na longevidade dos seus líderes em funções de direção[268] graças ao domínio de um conjunto de interesses de maior peso, transmitir-se-ia ao exercício do poder soberano, criando-se um sistema entorpecido na circulação de elites e clausurado num circuito interno de auto-reprodução. Semelhante sistema desenvolver-se-ia à margem do real consentimento dos cidadãos, passando a criar-se uma oligarquia em que a autoridade seria exercida por um conjunto de grupos influentes que decidiriam em seu próprio benefício e no das suas clientelas. Os interesses especiais, parcelares e particulares das corporações, sobrepor-se-iam ao interesse geral, a lei perderia a sua unidade e coerência transformando-se em "lex rogata" medieval oü, quando co-decidida por numerosos atores com fins diversos, em caixa registadora de impulsos externos. Finalmente, a conflitualidade entre estamentos corporativos ou dissolveria o modelo ou exigiria um poder "neutro" com autoridade para superar interesses parcelares, criando-se condições para lideranças autoritárias.

126. Já as teorizações gizadas em torno da democracia consociativa e da democracia deliberativa não lograram sequer propor uma institucionalidade que postergasse a representação política, almejando, quando muito, a edificação de modelos mistos.

Na esfera *consociativa*, as teses que defendem a coexistência entre uma macro-representação, de base eleitoral aberta, de onde emanariam as leis estruturantes, e uma micro-representação que integraria as estruturas pluralistas da sociedade no processo de decisão a nível setorial e local, nunca lograram edificar um modelo institucional consequente onde se garantisse o respeito pela vontade da maioria e a governabilidade.

No plano macro representativo, a proposta do mandato imperativo, concebido como delegação passível de revogação pelos cidadãos a todo tempo, tornou-se quase impraticável, pela dificuldade de instituir formas apropriadas para essa revogação. Na Áustria, a revogação do mandato presidencial em referendo convocado pelo Parlamento nunca foi ativada e na Roménia revelou-se um desastre, colocando o País à beira de uma rutura política. Já na Venezuela, um regime de tirania maioritária com uma componente semi-competitiva e um viés ideológico de "regresso a Rousseau", a gestão manipulada pelo poder político do instituto da revogação do mandato presidencial por via referendária, converteu-se em 2016, numa cruel caricatura do mandato imperativo. Já a abertura dos partidos a primárias internas para a apresentação de candidaturas tem uma longa tradição nos Estados Unidos e Uruguai e uma recente expansão noutros ordenamentos (França, Portugal, Chile), sem que essa realidade tenha alterado a

---

[268] Cfr CARLOS BLANCO DE MORAIS "As Leis Reforçadas" op. cit, p. 989.

natureza essencialmente representativa dos regimes. Finalmente, a criação de procedimentos integrativos do pluralismo policrático a nível federado ou local, existe em diversos sistemas europeus sem que tal tenha ultrapassado o nível da inclusão de mecanismos de democracia participativa.

Finalmente, a nebulosa formada em torno da *democracia deliberativa* não oferece como reconhecem alguns dos seus expoentes (§ 114), um modelo institucional alternativo e, no que concerne às vias formais de comunicação entre governantes e governados nada acrescenta em relação aos contributos da democracia participativa. A teoria da deslegitimação política das leis sem debate no espaço público não procede, pois é a Constituição que confere legitimidade às leis deliberadas pelo legislador investido num mandato democrático para deliberar verticalmente, pelo povo eleitor. O próprio Habermas reconhece que há domínios em que o legislador não tem sequer de ouvir ninguém[269]. Ainda assim, no domínio institucional, o processo dialógico pode ter algum interesse em torno das vias de comunicação dos tribunais, em especial por parte de uma clausurada Justiça Constitucional, com os outros poderes do Estado, entes públicos e cidadãos, sendo, ainda assim duvidoso que se esteja perante um problema de "democracia" em sentido próprio. Trata-se de um tema ao qual retornaremos infra, § 143.

Já na *esfera extra-institucional da democracia deliberativa*, o panorama de uma democracia digital, em que as questões seriam debatidas no espaço público por cidadãos conscientes e ativos e depois decididas por estes através do voto eletrónico, não passa por ora de uma ficção de história alternativa, sem prejuízo do expressivo impacto da comunicação digital na política, sem que tal possa ser configurado como uma forma de democracia, já que serve, fundamentalmente, os propósitos de atores políticos, independentemente do regime.

---

[269] Cfr as oscilações nas posições de HABERMAS na década de noventa (nas quais o autor aceitou não só a necessidade de em alguns casos o decisor assumir a rotura com o interlocutor como excluir noutros casos, a praticabilidade ou utilidade do próprio diálogo, quando dele resultar prejuízo objetivo para a deliberação) assinaladas por GIAN ENRICO ROSCONI "Razionalitá, Virtú Civica ed Identitá Nazionale"-Riv It. Sc Pol-nº 1-1994-p. 16-17 e seg

3.2. Nota sobre os custos e benefícios das propostas teóricas de elevação do desempenho qualitativo dos regimes representativos

127. Concluímos que o regime democrático-representativo constitui, por excelência, o modelo institucional vertebrante do Estado de direito democrático e que inexiste qualquer teoria democrática alternativa suscetível de o substituir com vantagem, seja no plano de uma legitimação consistente dos órgãos de poder seja como pressuposto de uma efetiva governabilidade.

Mas registou-se, de igual modo, que o funcionamento da democracia representativa tem revelado insuficiências *exógenas* no plano da integração dos cidadãos no processo de decisão, de captação das preferências dos grupos pluralistas da sociedade situadas para além dos parceiros sociais, de controlabilidade política da ação dos decisores pelos eleitores, de independência do processo público de decisão em face dos riscos de captura por interesses informais do universo económico e financeiro e da existência de debate informado sobre as opções políticas no espaço público.

A par destas insuficiências, existem outros quadros deficitários *endógenos* que diminuem a qualidade do processo representativo quando os próprios pressupostos do regime democrático, tal como são definidos por Dahl, Schumpeter e Sartori (§ 54 e seg), funcionam deficientemente ou sofrem compressões excessivas: é, manifestamente, o caso de democracias em que a liberdade, igualdade e a alternativa de opções se encontram condicionadas (com restrições assinaláveis ao direito de manifestação e expressão, proscrição de importantes forças políticas ou a instituição clausulas-barreiras muito elevadas); em que o processo eleitoral se revela pouco equitativo e desigual (com mecanismos que distorcem radicalmente a representação de importantes forças políticas ou em que existe uma absoluta desproporção de meios entre contendores representados no Parlamento); ou em que os atos eleitorais ostentam irregularidades excessivas e persistentes (excesso de vícios no processo eleitoral e controlo não independente e eficaz desses vícios).

128. Importa, por conseguinte, observar, numa perspetiva pragmática, se as propostas dos diversos discursos político-filosóficos e jurídicos sobre democracia relevam para uma potenciação do desempenho do regime representativo.

3.2.1. O contributo de" médio-alcance" da democracia participativa

A. Vantagens das audições e da negociação corporativa na génese da decisão política

129. Relativizando as componentes ideológica e retórica da democracia participativa (supra, §104 e seg) e apreciando as manifestações concretas do instituto

no plano institucional, a criação de processos informais e jurídico-formais de integração dos cidadãos e das associações representativas dos seus interesses no processo de decisão dos governantes já atingiu patamares assinaláveis nos Estados europeus, no universo anglo-saxónico e nos grandes Estados da América Latina como o Brasil, a Argentina, o México e o Chile.

Com efeito, a longa prática de "hearings" (audições) de grupos de interesse no universo anglo-americano e a consolidação institucionalizada da concertação social e do modelo de negociação tripartido em políticas económicas e sociais em todos os Estados europeus, e na própria União Europeia, têm permitido que os governantes tomem em conta, na conceção das suas decisões, as propostas dos parceiros sociais, organizações não governamentais e grupos de cidadãos defensores de determinadas causas e interesses. Por outro lado, a instituição do Provedor de Justiça (o *Ombudsman*, ao qual os cidadãos apresentam petições e queixas), o desenvolvimento do direito de petição eletrónico e, sobretudo, a subjetivização do procedimento administrativo, com mecanismos que garantem a audiência prévia dos interessados (sobretudo os que podem ser prejudicados pelo conteúdo certas decisões), encontra-se há muito enraizada.

130. Sendo a variante de expressão democrática que tem sido objeto de uma prática mais constante, intensa e visível, é possível extrair da mesma um conjunto de vantagens assinaláveis, a saber:

i) A concertação social conseguiu, até certo ponto, disciplinar o universo multidigitado de interesses económicos e sociais organizados, através da sua aglutinação em macro-corporações que transmitem impulsos e preferências dos seus associados, calibrando o processo de decisão em termos que permitam ao Estado atingir os seus objetivos, sem penalizar excessivamente certos setores, equilibrando interesses distintos e obtendo informação que evite decisões com custos e riscos excessivos e desnecessários;

ii) A negociação de certas políticas a nível laboral, social e de rendimentos em sede de concertação entre o Estado e alguns parceiros, permite alcançar acordos que conferem uma legitimação simbólica às leis que os vierem a concretizar, reduzindo a sua taxa de contestação pública e aumentando as possibilidades da sua aplicabilidade;

iii) A audição dos interessados em sede de procedimento administrativo permite o cancelamento de atos injustos, excessivos e mal concebidos, reduzindo uma dispensiva contestação litigiosa pelos particulares e permitindo conceber a Administração, como um poder que prossegue o interesse público tomando em devida conta os direitos e interesses dos cidadãos e não como uma estrutura adversarial destes últimos;

iv) Finalmente, as novas tecnologias de comunicação e informação mobilizam a participação da cidadania não apenas na tutela dos seus direitos e interesses legítimos em face da administração, mas na sua intervenção pró-ativa no escrutínio da transparência da decisão, na sua inclusão em parcerias com o Estado para a resolução de situações problemáticas, e na conceção de técnicas interativas de organização do Estado e de grupos de cidadãos que dominam os meios de comunicação digital.

B. Debilidades e limites do processo participativo

131. Ainda assim, existem componentes da democracia participativa que claudicam e outros que falham, no todo ou em parte, os seus propósitos em superar o défice da representação.

132. *Em primeiro lugar,* a ideia de que a democracia participativa, no plano social, laboral e local, mitigaria as desigualdades da democracia representativa, não parece inteiramente convincente. Na realidade, em sede de concertação social e das audições informais operadas pelo Parlamento e pelo Legislativo, emergem como protagonistas centrais as confederações patronais e sindicais ou as grandes associações de certos setores estratégicos. Não existe um *status* de igualdade nas relações entre o Estado e uma Confederação sindical por um lado, e o Estado e um pequeno sindicato independente (ressalvados os que ocupam posições absolutamente estratégicas[270]), o qual nem sequer é ouvido em sede de concertação, reduzindo a sua intervenção a audições públicas onde se recolhem pareceres de inumeráveis intervenientes, muitos dos quais não são sequer lidos.

No processo de concertação destacam-se as macro-corporações, organizações associativas marcadas pela profissionalização das suas lideranças, pela sua perenização no poder, pelos seus "trade offs" com o poder político, pelas ligações pessoais dos seus dirigentes aos partidos do governo e da oposição[271] e pela defesa de interesses específicos que não beneficiam todos os associados.

---

[270] Como é o caso dos maquinistas de transportes ferroviários e rodoviários ou de sindicatos de pilotos, os quais podem paralisar no todo ou em parte, o sistema de comunicações de um Estado.

[271] Em Portugal, dois líderes da UGT, Torres Couto e João Proença, foram deputados do Partido Socialista e Arménio Santos, líder tendência social-democrata dessa Central, foi deputado do PSD. Um ex líder da CGTP, de tendência comunista, José Luis Judas, foi presidente da Câmara de Cascais pelo Partido Socialista e João Cordeiro, ex Presidente de uma poderosa associação portuguesa de farmácias candidato pelo Partido Socialista, também à mesma Câmara. Lima Amorim, Vice-Presidente da Confederação do Comércio, foi deputado do PSD em 1991. O líder da CGTP Arménio Carlos é membro do Comité Central do Partido

A ideia de muitos aderentes de que se está perante manifestações teatralizadas e jogos viciados gera a sua fuga, o défice de representação dessas grandes entidades e a oxidação do modelo de negociação corporativa. E o resultado deste ceticismo é o de que essas estruturas de cúpula sindicais e patronais se encontram em clara perda de filiados[272], despontando uma multiplicidade de associações, de pequena e média dimensão, que não se encontram direta ou indiretamente representados na concertação e recorrem a ações radicais ou manifestações incisivas nos *media* para se fazerem ouvir. Por outro lado, poderosos setores económicos, como a Banca, os Seguros, as multinacionais e a grande distribuição preferem aceder diretamente aos corredores dos ministérios, a depender de confederações ou outras estruturas associativas, de que não fazem parte ou que se limitam formalmente a integrar[273].

133. *Em segundo lugar, a* nível do exercício do poder político, foi sendo sedimentada em Portugal e outros Estados europeus uma mítica na opinião pública, catalisada pelos parceiros sociais e pelos *media*, segundo a qual, todas as políticas sociais de relevo que não obtenham um acordo tripartido na concertação social não são legítimas e se encontram vulneráveis a uma feroz contestação de rua. E o facto é que a Concertação social, em matéria laboral, gera processos assimétrico de co-decisão que tornam leis ordinárias quase tão rígidas quanto as nor-

---

Comunista e Mário Nogueira, líder do poderoso e estridente sindicato de Professores, FENFROF, também militante do mesmo partido.

[272] Em Portugal, em 2016, foi noticiado em abril pelo jornal "Público" que a CGTP, a maior central sindical, perdeu 64.000 filiados em 4 anos tendo a UGT perdido 80.000 em igual período. Um Estudo de ELÍSIO ESTANQUE, HERMES COSTA E CARVALHO DA SILVA ("O Futuro do Sindicalismo na Representação Sociopolítica" in "AAVV "O Futuro da Representação Política Democrática"-Org André Freire-Lisboa-2012-p. 126) revela que a taxa de sindicalização dos trabalhadores, desceu de 54,8% em 1980 para 20,5% em 2012). Em Espanha as *Comissiones Obreras* e a UGT terão perdido em conjunto 400.000 filiados. E no Brasil, na entre 1992 e 2002, os sindicatos perderam cerca de 18% dos filiados, segundo dados da OIT. Informações do Ministério do trabalho do Brasil divulgados em abril de 2016, transmitem que a CUT, a maior central sindical, que em 2010 representava 38,2% dos trabalhadores, reduziu em 2016 a sua representação para 30,4%. No plano empresarial é interessante observar uma nota de académicos alemães sobre a perda de filiados das associações patronais, sobretudo a nível das pequenas e médias empresas, tendo por objetivo reduzir custos mediante a eliminação de cotas (https://www.ciaonet.org/attachments/5325/uploads).

[273] Os processos-crime que correm em Portugal e no Brasil contra vários governantes, dirigentes empresariais e financeiros é demonstrativo de que a influência dos mais potentes grupos económicos junto do poder possuía uma face obscura que se desenrolava larvarmente no silêncio dos gabinetes e inteiramente à margem da concertação social e da própria legalidade, envolvendo, com vantagens reciprocas, a captura de governantes por interesses privados bem como a utilização do poder económico dos privados, pelo poder político.

mas constitucionais. Os pactos corporativos, altamente responsáveis por um engessamento não competitivo da legislação laboral, como sucede em Portugal, longe de envolverem uma participação mais ágil, equitativa e plural dos grupos de interesse nas decisões, são antes sinónimos de vetos de certos parceiros e de impossibilidade do legislador democrático poder introduzir reformas, mesmo que mandatado pelo povo para o efeito.

O mesmo sucede em França em que, violentas contestações de rua contra políticas sociais levam os Presidentes a recuar e a demitir os primeiros-ministros. O Reino Unido dos anos 80, durante o mandato conservador de Margaret Thatcher (que enfrentou o poderoso sindicato mineiro e alterou a legislação laboral, com relevo para a lei da greve) e posteriormente nos anos 90 durante o consulado de Tony Blair (que reduziu o peso dos sindicatos no Partido trabalhista) confere-nos um raro exemplo de um Estado que, mantendo um regime liberal de audições com os parceiros, quebrou o tradicional poder dos sindicatos em derrubar governos e impor travões às politicas laborais, sociais e industriais.

134. *Em terceiro lugar,* a democracia participativa, se por um lado favorece a intervenção de grupos organizados (ou ruidosos) junto do poder, não logra, contudo, quebrar o isolamento individual do cidadão eleitor entre dois atos eleitorais, o qual continua tão isolado como antes e incapaz de fazer chegar aos governantes as suas preferências e rejeições. Quando muito, sempre que os seus interesses legalmente protegidos e direitos são afetados por uma decisão administrativa, dispõem do direito de serem ouvidos em determinados procedimentos administrativos que os afetem ou, no limite, recorrem ao direito de petição. De todo o modo, o direito de participação individual nunca excedeu o domínio administrativo, o que, constituindo uma conquista, não transformou a face do regime representativo.

135. *Em quarto lugar,* quanto às virtualidades da democracia participativa potenciadas por uma ideologia algo pedante do "governo inteligente", importa reconhecer que a mesma logrou um maior sucesso no fortalecimento da organização estadual interna do que na potenciação da relação entre a administração e os governados.

A *e-administração* reforçou a cooperação intra-governamental e inter-administrativa, logrou uma maior agilidade na procura externa de serviços, reforçou os centros de poder e competência com maior capacidade tecnológica e estabeleceu novos modelos de gestão pública, planeamento e controlo racional do desempenho. Numa palavra, reforçou-se o poder da Administração.

É certo que a ciber-administração encorajou os cidadãos a intervirem e participarem eletronicamente no processo democrático de tomada de decisões, tratando-os como consumidores de serviços públicos que dispõem da faculdade de apresentar queixas, formular propostas e garantir transparência no processo de decisão.

Ora, o facto é que na relação participativa entre Governo e cidadãos, a ideologia da *e-administração* fabricou um conjunto de mitos [274] ou pelo menos de expectativas que não corresponderam, inteiramente, à realidade dos factos[275]. Logo à partida a ideia de democracia digital seria um conceito fosco e difícil de definir pois nalguns casos significaria o uso das novas tecnologias de informação para promover a participação dos cidadãos na decisão pública e noutros, tão-só, uma melhor qualidade da democracia, feita a partir da própria estrutura do governo e da administração[276].

Logo à partida, no plano do uso da tecnologia digital no processo participativo, haveria experiências muito diversas, não se podendo falar numa esfera pública unificada. Em face da fragmentação grupal, são os grupos mais poderosos aqueles que utilizam com maior eficácia as novas tecnologias de comunicação para apresentarem as suas contribuições ou reparos ao poder político. Uma diferença desigualitária começa a sedimentar-se no processo dialógico e participativo, a favor de grandes empresas, grupos de interesse e corporações, centros de investigação, imprensa, bloggers, ONG mais poderosas e comunidades mais organizadas.

Por outro lado, enquanto Estados como Reino Unido e os Estados Unidos (pelo menos até à administração Obama) raramente se têm referido à consulta e participação no seu e-governo, o mesmo se não passa, por exemplo, com a Holanda e Dinamarca, onde a dimensão participativa é relevante[277].

Para certos autores, o *discurso ideológico da democracia participativa eletrónica* dirigido contra uma administração autopoiética, lutando contra as elites, dando poder ao cidadão médio, potenciando um comunitarismo ativo e criando um mundo de cidadãos e de administrações interligados numa rede global pouco mais seria do que um delírio fantasioso. Tratar-se-ia, segundo os críticos, de uma narrativa utópica que auguraria que o uso da Net abriria as "portas da cidadela" ao amador criativo, ao escritor falhado e ao "mais analfabeto e inarticulado cidadão" [278]. O problema seria de que, com tamanha superabundância de cidadãos participan-

---

[274] Assim VINCENT HOMBURG "The Mith of E-Government": looking to the Assumptions of M. HINDEMAN "The Mith of Digital Democracy"-New Jersey-2009;
[275] ELENA GARCIA GUITIÁN "Democracia Digital- Discurso sobre la participación Ciudadana e TIC in "REP-nº 173-2016-op. cit, p, 189.
[276] ELENA GARCIA GUITIÁN ult. loc cit.
[277] VINCENT HOMBURG "Understanding E-Government. Information Systems in Public Administration"-New York-2008-p.103. Essa asserção não significaria, segundo o autor, que a democracia participativa fosse excluída da ordem administrativa britânica e norte americana na primeira década do presente século, dado existirem, nos Estados Unidos, projetos avulsos de participação com interesse.
[278] Cfr ANDREW KEEN "Why we Must resist to the Tentative of Web 2.0" In AAVV "The Next Digital Decade. Essays on the future of Internet"- org. B. Skoza-A. Marcus-2010. p. 51

tes deixaria de poder haver audiência ou interlocutores do outro lado que tivessem aptidão ou interesse para processar todos os seus "in puts".

A bem da verdade, a *e-democracia* não retirou a feitura das leis dos seus circuitos fechados de produção, não criou uma democracia direta digital, não transformou administrados/consumidores de serviços públicos em votantes mobilizados e mais ativos.

Em suma as novas tecnologias potenciariam formas de participação desiguais, favoreceriam a organização de estruturas plurais da sociedade civil, mas não alterariam a estrutura e a real distribuição do poder. Poderia mesmo dizer-se que proporcionaram mais informação aos poderes instituídos, fortalecendo as suas administrações que, contudo, resistiriam a mudanças quando pressionadas pelo rufar das demandas proteiformes e algo anárquicas da cidadania. O ideal participativo e deliberativo não foi ainda atingido pelos *governos inteligentes*.

136. *Em quinto e último lugar,* no plano político-partidário, a "abertura" dos partidos aos simpatizantes e a uma maior intervenção dos militantes na escolha de candidaturas não logrou atingir níveis que permitam dizer que a democracia participativa refrescou os canais da representação política. É certo que em toda a Europa, Portugal incluído, o quase monopólio partidário da representação teve como contrapartida a adoção de legislação que garantiu mínimos de democracia interna das estruturas partidárias, maior transparência dos atos eleitorais endógenos, regras de financiamento mais exigentes, escrutínio das contas por entidades independentes e intervenção jurisdicional em certos litígios internos. Através destes mecanismos de controlo foram descobertos vários tipos de financiamento fraudulento cuja identificação fez desabar e responsabilizar criminalmente importantes figuras políticas [279]. Contudo, ressalvada nos sistemas eleitorais maioritários (Reino Unido) a capacidade de intervenção dos militantes dos círculos eleitorais na escolha ou na rejeição de candidatos do respetivo partido por esse mesmo círculo é diminuto. Com base no paradigma norte-americano, a introdução recente de votações diretas dos militantes para a escolha do líder partidário (presente em Portugal no processo de escolha do Presidente da Comissão política do PSD), bem como de primárias internas, com abertura a militantes e simpatizantes credenciados para a escolha de candidatos a Primeiro-Ministro (Partido Socialista português e Partido Democrático de Itália)

e seg https://gflebron.expressions.syr.edu/wp-content/uploads/2014/10/Alt_WhyWeMustResistWeb2_0_AndrewKeen.pdf

[279] Como o ex chanceler Helmut Kohl na Alemanha, que arrecadou doações ilegais para o seu partido, a CDU; Alain Juppé, ex primeiro ministro francês, condenado a prisão com pena suspensa em virtude de financiamentos irregulares; o ex Presidente Nicolas Sarkozy, detido para averiguações no caso L' óreal; e José Dirceu, ex Ministro brasileiro condenado a pena de prisão pelos casos "mensalão" e "Lava-Jato".

ou a Presidente da República (Republicanos em França), tem constituído um indício tímido de uma abertura a uma maior participação de partidos fechados a camadas de eleitores, realidade que tem tido réplicas na América Latina para diferentes escalões de poder, mormente no Chile, na Argentina e no Uruguai. Trata-se de um fenómeno circunscrito e em gestação que, pese alguns aspetos positivos, ainda não se revela conclusivo.

3.2.2. O pântano consociativo

137. Não parece útil qualquer pronúncia sobre a dimensão mitológica do consociativismo que chegou a reduzir a democracia representativa a uma mera classe de democracia[280] acantonada numa forma de intervenção "débil" dos cidadãos e que prognosticou a transição de uma democracia individual para uma democracia de consenso, numa viragem histórica tão importante como a passagem da monarquia absoluta para a democracia[281]. Na realidade, essa suposta transição não é inequívoca a nível nacional[282] e se a sua expressão se traduz em atos de resistência coletiva por razões ideológicas a certos governos maioritários (como sucede nos Estados Unidos, Reino Unido e Polónia a partir de 2017) não se se afigura de todo desejável, pois afasta-se essência do princípio democrático que predica o consentimento dos cidadãos na tomada de decisões políticas inerentes à governação de um Estado.

Tratando-se da eleição de governantes, serão os candidatos eleitos que, individual ou em coligação, somarem a maior preferência dos eleitores que devem governar, sendo a dicotomia governo/oposição um critério existencial de qualquer regime democrático. Como tal, não parece aceitável caracterizar democracia como um "governo de proteção de minorias"[283], já que a proteção das minorias é um pressuposto (no sentido do respeito pela liberdade, pluralismo, alternância e garantia do direito de oposição) e não um fim da democracia. E no que toca ao processo de decisão, a democracia envolve, por regra, a tomada de deliberações por maioria e não a tomada de decisões por consenso entre maioria e minorias. Decisões tomadas ordinariamente por consenso suporiam a negação da demo-

---

[280] Em geral LIJPHART "The Politics of Accomodation : Pluralism and Democracy in the Neederlands"-Berckley-1968.
[281] MORLINO "Como Cambián (...)" op. cit, p. 176 e seg; HANS PETER SCHNEIDER "Democracia y Constitución"-Madrid-1991- p. 264 e seg e 272 e seg.
[282] Embora tenha ganho espaço em estruturas supranacionais como a União Europeia e outras estruturas transnacionais.
[283] Cfr GOMES CANOTILHO "Jurisdição Constitucional e Intranquilidade Discursiva"- in "Perspetivas Constitucionais"-I-Coimbra-1996-p. 881.

cracia já que os representantes eleitos pelo povo não poderiam executar o projeto político vencedor (o que obteve a maior preferência dos eleitores), na medida em que se exigiria que o mesmo obtivesse a adesão dos vencidos, ou seja, dos representantes dos projetos de poder que foram rejeitados pelos eleitores. Daí que a adoção de decisões por maiorias qualificadas alargadas (como a de dois terços) reflitam, não o principio da maioria, mas sim da minoria, pois dão às minorias mais fortes um verdadeiro direito de veto. Se essas maiorias qualificadas fazem sentido no quadro dos consensos de regime em matérias estruturantes (leis constitucionais e paraconstitucionais de valor reforçado), a sua adoção já não procede na maioria das decisões correntes sobre políticas públicas. Tal, a ocorrer, envolveria a inutilidade das eleições, o desrespeito pela vontade da maioria e a génese de uma democracia bloqueada.

138. Dir-se-á que existem regimes cuja Constituição e prática política caminham no sentido exposto, como a Bélgica e a Suíça. Consideramos, contudo, que a chamada "fórmula de sonho" suíça (caracterizada por um governo diretorial de cerca de quatro partidos heterogéneos, cuja representação no governo pouco muda independentemente da representação parlamentar em cada ato eleitoral[284]), pode refletir em tese um paradigma consociativo mas não satisfaz linearmente, no plano institucional, o princípio democrático. Isto porque, ao eliminar a distinção governo/oposição, propicia a oligarquização do poder e não é transponível para outros ordenamentos. Ainda assim, a existência de um reforço exponencial da democracia semidireta a todos os níveis de poder, sem paralelo noutro Estado europeu, logra refrescar reequilibrar semelhante défice democrático concedendo ao povo suíço direito de impulsão e veto sobre certas políticas públicas.

139. Considera-se, igualmente, que o discurso que erige o consenso procedimentalizado e a negociação permanente entre maiorias e minorias a paradigmas de legitimação e racionalidade da decisão nega o conflito na política (o que equivale à negação do ar que se respira), cria uma justificação da decisão feita à margem das preferências maioritárias dos cidadãos e segrega políticas híbridas e foscas que, à força de tudo acomodarem, são inaptas para atingirem com eficiência os fins a que se propõem.

Retomando um passo de Gianfranco Miglio numa obra que editámos em 1997, *"duas ou mais razões diversas que se intersetam numa relação de troca compromissória não geram, necessariamente um qualquer fim superior, já que os dois objetos particulares que pretendem assumir caráter principal, ou se anulam parcialmente, ou redundam numa ter-*

---

[284] O Partido Popular Suíço (SVP) de direita radical nacionalista continua a ocupar dois cargos ministeriais no Conselho Federal apesar de somar 29,4% dos votos em 2015, afinal, o mesmo número de ministérios atribuídos aos Liberais no mesmo Executivo, pese o facto de terem obtido apenas 15,8% dos votos.

ceira realidade, necessariamente diversa das anteriores"[285]. Assim, a racionalidade de uma decisão envolve a adequação da medida ao fim inerente a uma dada política, pelo que decisões que acomodam razões diversas e até contrárias, podendo anestesiar conflitos e adiar problemas, não logram ser eficientes nem garantir que os seus benefícios superem as desvantagens.

140. Dito isto, não se objeta à mecânica espontânea, inerente à cultura consociativa das democracias da Europa do Norte, na medida em que não são impostas constitucional e legalmente[286] e emergem da própria fisiologia partidária e da longa prática negocial entre partidos e entre estes e as corporações. Essa prática ajuda a atenuar conflitos espúrios e até a integrar no governo ou na maioria de apoio ao governo formações marginalizadas noutros quadrantes políticos e detentoras de forte representação, "desdemonizando-as", obrigando-as a agir no jogo democrático e a assumir as suas responsabilidades institucionais[287]. Como se verá infra (§ 297 e seg e § 314 e seg), os sistemas eleitorais "proporcionalistas" e fragmentários geram parlamentarismos de assembleia marcados por coligações, por vezes heterogéneas ou por governos minoritários sustentados em pactos com outros partidos não representados no governo. Trata-se, contudo, de uma realidade dificilmente transponível, com êxito, para outros universos estaduais mais conflituais.

Tão pouco se objeta a procedimentos de ordem participativa de estruturas pluralistas e grupos de interesse da sociedade civil ou ao incremento da discussão de temas políticos num espaço público altamente participado, mas essas realidades são tratadas com maior precisão na teorética das democracias participativa e deliberativa.

---

[285] Cfr. CARLOS BLANCO DE MORAIS "As Leis Reforçadas (...)" op. cit p. 1003, citando GIANFRANCO MIGLIO ("Le Reforme Istituzionali, Atti del Convegnio"-Padova-1993--p.27 e seg).

[286] São raras as maiorias qualificadas nos estados escandinavos ou na Holanda.

[287] Na Finlândia, uma coligação de centro-direita atribuiu pastas ministeriais e o pelouro das relações externas ao partido de direita populista e radical "Finlandeses" que somou 17,7% nas eleições de 2015. Na Noruega sucedeu o mesmo com o Partido do Progresso que somou 16,4% nas eleições de 2013. Na Holanda, na legislatura anterior à iniciada em 2012, o partido da Liberdade, da mesma linha dos anteriores, apoiou um governo de centro-direita na base de um acordo parlamentar. E na Dinamarca, o segundo partido nacional, o" Partido do Povo", de direita nacionalista anti-imigração, obteve 21% em 2015 e apoia na base de um acordo parlamentar, um governo conservador protagonizado pelo terceiro partido mais votado. Formações desta natureza são usualmente ostracizadas com um "cordão sanitário" em outras sociedades mais conflituais, como o Reino Unido, a França, a Alemanha, a Grécia e a Bélgica.

3.2.3. Forças e riscos da democracia deliberativa "digital"

A. A democracia deliberativa institucional como um *aggiornamento* da democracia participativa

141. Em termos teóricos, a "democracia deliberativa" constitui uma narrativa de base filosófica que, no fundo, se propõe "democratizar", não só a democracia representativa mas a própria "democracia participativa", no sentido de se criar um espaço público alargado, igualitário e inclusivo de informação e discussão das decisões dos governantes. Um espaço que fomente uma cultura difusa de intervenção cidadã, consciente e informada, que permita incorporar as preferências e críticas dos cidadãos individualmente considerados, em especial, de minorias mais vulneráveis, no processo de ponderação das decisões pelos governantes.

A bem da verdade, trata-se de um "aggiornamento" do discurso teórico da democracia participativa com um desiderato corretivo dos seus trombos, desvios ou insuficiências ditados pela prática: a democracia deliberativa reclama que as vias e meios de intervenção cidadã impliquem um tratamento igual entre participantes, o que exclui a redução da participação ao circuito gasto das grandes corporações envolvidas no "jogo" da concertação social, à opinião pública tecida *ex cathedra* a partir dos *media* detidos pelos grandes interesses económicos ou à via administrativa, a qual dá apenas voz aos que se logram associar ou possuem meios financeiros e conhecimentos para intervir.

142. Só que a mesma construção doutrinária, no *plano institucional*, pouco adianta em relação à oferta tradicional da democracia participativa, pois não dá, nomeadamente, respostas, sobre o modo: como se poderá potenciar a intervenção esclarecida das minorias mais desfavorecidas (em regra, as culturalmente menos educadas e cultas); como poderão ser erigidos canais de comunicação e participação do cidadão individualmente considerado no espaço público e junto do poder (fora as usuais vias de petição e discussão pública); e, sobretudo, como seria possível que os que intervêm no espaço público pudessem ser tratados como iguais. Com efeito, neste último caso, resulta ser inverosímil que na discussão pública de um projeto legislativo, o Executivo possa tratar, sistematicamente, em paridade, um exaustivo parecer de uma macro-corporação e um conjunto de preferências e reparos críticos de um pequeno sindicato ou de um grupo de cidadãos interessados; ou que se imponham regras restritivas da liberdade de imprensa que confiram tanta projeção qualitativa e quantitativa ao editorial ou ao comentário de um colunista de referência de um grande jornal, como à opinião um leitor que remeta para o mesmo jornal uma carta, contestando o referido artigo.

143. Ainda assim existe algum espaço útil de debate sobre eventuais benefícios de um processo dialógico no universo jurisdicional. Com efeito, os juízes não são eleitos democraticamente, sem prejuízo de se poder falar, a título parcial, em legitimidade democrática indireta, no que respeita à designação dos juízes de certos tribunais constitucionais.

Ora, no universo jurisdicional, critica-se a clausura argumentativa que emerge dos trâmites apertados do processo constitucional, o hermetismo comunicacional intra-orgânico dos magistrados antes de proferirem as decisões e o distanciamento "aristocrático" e pretoriano destes tribunais na relação mantida com as partes e os cidadãos. Distanciamento que se torna mais saliente e contundente a partir do momento em que se arrogam a ter uma última palavra sobre a validade de uma lei, mesmo constitucional, sobrepondo-se ao poder dos órgãos eleitos diretamente pelo povo. Tribunais Constitucionais "fortes" e tentados por funções moderadoras em certos litígios com forte dimensão política e, simultaneamente, consteladas de juízes vitalícios ou titulares de longos mandatos, irresponsáveis quanto à motivação das suas decisões e distanciados do restante colegiado, suscitam problemas de heterocontrolo de um centro de decisão poderoso que deixou de ser "the least dangerous branch".

Em Portugal, durante a jurisprudência da crise, o silêncio glacial e altivo do Tribunal Constitucional, em face das críticas que foi alvo e da insatisfação da maioria parlamentar em face das suas sucessivas decisões de inconstitucionalidade, com motivações de solidez muito variável, não contribuiu para um equilibrado relacionamento institucional que teria evitado tensões escusadas e declarações de invalidade dispensivas. O Tribunal Constitucional português ganharia em ver alterado o seu regime processual na Constituição e na lei, de forma a que fossem propiciados: prazos mais longos no controlo preventivo; audiências semipúblicas, com especialistas e com as próprias partes, a solicitação destas ou do relator; motivações mais exigentes das decisões, com reclamação para o Presidente do órgão; adoção de certas decisões de natureza manipulativa ou ponderativa por maioria qualificada; e a introdução explicita do "amicus curiae".

No Brasil, Estado onde foram dados passos expressivos na publicitação televisiva das sessões do STF e da realização de audiências públicas (que atingiram um número assaz elevado na aprovação do novo Código de Processo Civil), há quem considere que a "teatralização" televisiva das sessões, que convida a condutas artificiais e coreografadas em detrimento de uma utilíssima discussão entre os próprios juízes, que só uma reserva pública possibilita, deveria ser alterada. A exposição televisiva poderia, segundo esse entendimento, ser substituída, com proveito, por uma maior colegialidade efetiva e debate interno em sessões que antecedessem a sessão final, bem como vias processuais que possibilitem uma maior comunicação dialógica com o Executivo e com o Legislativo[288]. No fundo o processo deve ser ajustado a um diálogo entre os três poderes que permita uma discussão mais aprofundada e esclarecedora, que evite ativismos sobranceiros e decisões tiradas a seco.

Sendo interiorizada a necessidade de uma maior abertura comunicativa dos tribunais e da Justiça Constitucional em especial, aos demais poderes e aos cidadãos, considera-se, no entanto, que essa interlocução dialógica pouco terá a ver, no plano dogmático, com a democracia deliberativa, porque se trata de órgãos que exercem a justiça em nome do povo por força da Constituição, mas que não são diretamente eleitos pelo povo, não dependendo a sua legitimidade de confiança popular. Contrariamente à decisão política inerente ao processo legislativo, a decisão jurisdicional não deve ter conteúdo político inovador, e destina-se a compor um litígio segundo critérios jurídicos, pelo que a sentença, nesse processo de dirimição, pode ser questionada pela sua deficiente ou errónea motivação mas não pelo suposto défice de diálogo ou participação institucional ou popular, que exceda as respostas ou alegações das partes que a lei preveja. Por outro lado os tribunais, em razão do seu estatuto de independência, devem guardar recato e distância das partes e dos decisores políticos cujos atos são escrutinados, pelo que uma maior interlocução com esta deve seguir a prudência da "abertura cognitiva" dos sistemas autopoiéticos, sendo necessariamente dirigida e conduzida pelo próprio Tribunal com ritos próprios, o que exclui um debate público, horizontal e com caráter multinível.

B. A "democracia deliberativa digital": reforma da representação democrática, "revolução" ou deslegitimação dos poderes públicos?

144. É, sem dúvida, a *componente extra-institucional da democracia deliberativa* que resulta ser mais instigante, sobretudo na sua dimensão fragmentária e inorgânica, projetada no universo da sociedade de informação.

a) Cidadania digital, debate e intervenção politica

145. É um facto que a discussão no espaço público se alargou tremendamente na chamada *"blogosfera"*, com o acesso individualizado e grupal das massas ao ciberespaço, mediante a utilização do Facebook, do twitter, blogs, jornais eletrónicos

---

[288] FERNANDO GOMES DE ANDRADE ult. loc cit, p. 357.

informais e páginas eletrónicas[289] com uma componente em vídeo, mitigando-se, em parte, o império crescentemente concentrado dos grandes meios de comunicação do áudio visual e da imprensa escrita em papel.

Por outro lado, procurando adaptar-se às novas tecnologias, os media tradicionais criaram sítios web digitais que passaram a interagir com a blogosfera, alimentando muitos artigos, peças do audiovisual, da imprensa, das opiniões e das informações postadas no ciberespaço e criando, simultaneamente, domínios para que artigos de opinião publicados "online" sejam sujeitos a comentários dos leitores, potenciando-se uma relação dialógica informal e anárquica com as redes sociais. A instantaneidade da comunicação no ciberespaço influencia o tipo de gestão dos media digitais: o que é boato ou notícia numa hora pode deixar de o ser na hora seguinte.

146. A sobredita "democracia digital", na sua componente difusa e libertária, refletiria segundo os seus paladinos uma sociedade crescentemente informada, consciencializada no plano sócio-político, emancipada e ativa. Sociedade que promoveria ações coletivas, confrontaria o poder político e disputaria o espaço público com os *opinion makers* oficiais dos media tradicionais, através de mensagens, vídeos e imagens poderosas[290], bem como por via da divulgação de informação comprometedora dos agentes políticos que violem critérios de ética e legalidade. E é um facto que a expansão transfronteiriça da blogosfera abala governos e hierarquias políticas dentro das fronteiras de cada Estado: o domínio da esfera privada dos governantes passa a ser ferozmente escrutinado, são eliminadas barreiras à circulação de informação relevante que flui com uma velocidade inédita e emergem novos atores políticos transnacionais que possuem um domínio efetivo sobre o conteúdo, tratamento e divulgação dessa informação[291]. A dimensão mais oculta do poder fica por vezes a descoberto e a autoridade dessacraliza-se, sendo obrigada a sair a terreiro para justificar condutas embaraçosas ou controversas. Se nos anos 90 o poder do audiovisual influía sobre o decisor político, que deixou de poder ficar indiferente em face de contestações públicas de pequena ou média dimensão que eram magnificadas por um tratamento persistente nos *media*, já no novo milénio, o impacto da blogoesfera nos mesmo decisores é igualmente incontornável. Estado e atores políticos não hesitam em fazer eles próprio uso das tecnologias de informação.

---

[289] Cfr, em geral RAQUEL BRÍZIDA CASTRO :"Novas Tecnologias, Ciberespaço e Mutações Constitucionais: Da Perda da Inocência Algorítmica à Relevância Juridico-Constitucional dos Factos e Normas Tecnológicas"- in "40 anos da Constituição"-Coord-Jorge Miranda--Lisboa-2017 (no prêlo)
[290] MANUEL CASTELLS "Comunicación y Poder"-Madrid-2009-p. 395 e seg.
[291] MIRIAM MARTINEZ BASCUÑAN "Democracia y Redes Sociales": el ejemplo de Twitter"-REP-nº 168—2015-p. 188 e seg.

Em ditadura ou democracia, os atores políticos criam páginas no Facebook e colecionam amigos ou manifestações de "gosto" (*likes*) nas suas mensagens[292]. Ao acederem eles próprios ao *twitter* como canal comunicativo e ao permitirem-se dialogar com qualquer cidadão no espaço público (mesmo quando o diálogo é gerido em seu nome por gabinetes de comunicação), os decisores podem atingir com a sua mensagem segmentos importantes do eleitorado, sem terem de se submeter `a filtragem dos media tradicionais, por vezes hostil, como fez com êxito Donald Trump nos Estados Unidos. Como reverso da medalha, os políticos são confrontados com interlocutores incómodos que divulgam informação crítica ou comprometedora que por vezes os obriga a responder e a descer ao patamar dos cidadãos.

A gestão na comunicação, diálogo e imagem, pelos políticos usuários das novas tecnologias passa, por outro lado, a não ser compatível com amadorismos, requerendo assistência e aconselhamento profissional. Efetivamente, respostas desadequadas, impulsivas, emocionais ou impensadas, com mau acolhimento na opinião pública, obrigam o decisor a retratar-se, a recuar, a ceder mais informação e até a demitir-se[293], expondo-se a uma erosão de imagem, a um escrutínio escancarado e a um debate multipolar e imprevisível cuja dinâmica e desfecho não domina.

Finalmente, a denúncia de comportamentos irregulares ou ilícitos de governantes nas redes sociais, sempre que divulgados ou ampliados pelos media clássicos, é um fator de retroalimentação de potenciais inquéritos ou investigações nas estruturas públicas de controlo político ou judiciário sobre os mesmos titulares da governação[294].

147. Em síntese, a blogosfera converteu-se, factualmente, num cosmos informal de valorização da intervenção no espaço público, da cidadania usuária das novas tecnologias, de alargamento da discussão de temas relevantes para a coletividade e de horizontalização das relações comunicativas entre governantes e governados (com o apagamento de mediadores).

Ademais, ela passou a segregar um sincrético e indefinível limite adicional ao poder político. O escrutínio de condutas indevidas e frases politicamente incorretas, a divulgação e o debate aberto sobre informação crítica para o desempe-

---

[292] O autocrata Hugo Chavez da Venezuela reunia meio milhão de "amigos" no Facebook.

[293] Veja-se, em 2016, a demissão do Ministro da Cultura Português, João Soares, volvido um coro de fortes críticas e, segundo alguns, falta de solidariedade governamental expressa, depois de reagir no "Facebook" a censuras de ordem política e pessoal de comentadores da imprensa escrita, prometendo-lhes (eufemisticamente) umas estaladas

[294] A situação tornou-se evidente no caso do escândalo brasileiro investigado pela operação "Lava Jato", em que os procuradores tiveram de divulgar em estado de necessidade um conjunto de escutas no ciberespaço como única forma de travar a nomeação de um ex-Presidente investigado para um cargo ministerial, a qual, a ter ocorrido, lhe garantiria foro privilegiado pelo STF no julgamento de crimes que lhe seriam alegadamente imputados.

nho do poder e a relação entre o "output" da *"big data"* e a atividade de instâncias públicas de fiscalização dos governantes, geraram uma *via extra-orgânica e difusa de controlo do poder político que, em termos históricos, jamais existiu*. Trata-se de um facto gerado pela revolução tecnológica da *Era digital* que veio para ficar e que supera em impacto todas as construções teoréticas mais elaboradas e utópicas em torno da democracia participativa e deliberativa.

É que, a bem da verdade, as novas tecnologias de comunicação, como veremos, podem servir tanto como fator de fortalecimento da democracia como de sofisticação da ação política e repressiva de regimes autoritários. As mesmas tecnologias, tanto contribuem para um processo elevado de discussão e "deliberação" da cidadania informada e consciente sobre temas de relevo público, como se transformam em poderosos veículos de desinformação, de notícias falsas, de difamação dos adversários políticos e de manipulação de massas.

Na realidade, num ciberuniverso algo anárquico e tribal, o impacto político das novas tecnologias da informação *tem muito mais a ver com liberalismo* (na medida em que envolve uma alameda difusa de comunicações livres, cruzadas, heterogéneas, não filtradas ou mediadas e em muitos casos não sujeitas a sanções ou a controlo repressivo quando a legalidade é violada) *do que com a democracia*, mesmo na sua vertente deliberativa, já que na maioria das situações, os requisitos ontológicos desta última, no respeitante a qualidade e veracidade da informação disponível e nível do debate e dos debatedores encontram-se ausentes.

b) Política digital: escrutínio extra-orgânico do poder, via de comunicação direta e informal dos dirigentes com o povo ou instrumento de descredibilização e enfraquecimento de governantes e adversários?

148. Dito isto e reconhecendo impactos positivos do da comunicação digital no acesso dos cidadãos à informação e à faculdade de interagirem com o poder, não é possível deixar de assinalar um conjunto de dúvidas sobre se o fenómeno comunicativo descrito permite aumentar expressivamente o nível de desempenho da democracia, gerar uma opinião pública genuinamente esclarecida, respeitar a legitimação dos governantes eleitos pelo povo e potenciar a qualidade das deliberações do poder. Cumpre tecer cinco considerações sobre o tema.

1º. Veracidade e qualidade da informação vertida no ciberspaço. O universo digital permite a difusão livre da informação e, como tal, potencia, em tese, um melhor conhecimento dos cidadãos sobre problemas de ordem económica, política, social e cultural nos quais pode recair a sua participação.

A esperança idílica de que as novas tecnologias teriam um conteúdo libertador e disseminador da verdade na informação levou Mark Pfeiffer, um antigo assessor do Presidente Bush, a mencionar, algo pateticamente, que o *twitter* seria um candidato verosímil ao Prémio Nobel.

Mas o facto é que muitos dos dados disponibilizados ao consumo geral da blogosfera nem sempre são oriundos de fontes fidedignas, são frequentemente distorcidos e assumem um conteúdo simplificado, já que são concebidos deliberadamente para a ação política numa lógica instantânea de ação e reação. Muitas mensagens que disponibilizam informações de ordem política fazem-no com um propósito de combate destinado a atingir alvos cirúrgicos em posições adversas e, muito frequentemente, quer o cidadão médio quer o jornalista, tomam a "nuvem por Juno" assumindo e difundindo como verídicos, simples boatos, contra-informações, informações falsas ou notícias parcialmente verdadeiras[295]. Renasce a expressão "fake news" como sinónimo de notícias (umas falsas, outras deformadas e outras apenas parcialmente verdadeiras mas empoladas) que são manipuladas de forma a passarem por credíveis junto de redes sociais e jornalistas.

O uso da desinformação como arma política sempre existiu. Na Antiguidade Clássica, em Roma, Octávio utilizou-a para desacreditar o seu rival, Marco António. No tempo presente, a desinformação apenas se tornou mais eficaz, veloz e incontrolada graças às tecnologias digitais.

A campanha eleitoral norte americana de 2016 atingiu o pico da desinformação mais escancarada através das redes sociais em conexão com os media. Isto num Estado em que, segundo uma sondagem da *PEW Research Center*, mais de 62% da população recolhe informação a partir do Facebook. Unidades e especialistas e até empresas de *"info-hackers"* foram criadas pelos apoiantes dos dois adversários para montar uma torrente de notícias falsas espalhadas pelo Facebook, twitter, blogs e depois pela própria imprensa online.

Por exemplo, no dia 9 de agosto de 2016, um t*weet* de Julien Assange criou a suspeita de que um funcionário do Partido Democrata misteriosamente assassinado seria uma fonte do Wikileaks, criando uma sombra de suspeição sobre se a autoria do ato não estaria na candidatura de Hillary Clinton, tendo esse tweet figurado de imediato como primeira página do website da TV conservadora "Fox News".

Também as redes sociais espalharam a notícia de que Clinton estaria gravemente doente e seria substituída por um duplo nas suas aparições públicas. E o próprio Trump acusou o pai do seu rival nas primárias republicanas, Ted Cruz, de estar envolvido no assassinato do presidente Kennedy o que, igualmente, se revelou uma informação falsa.

---

[295] Para FERNANDO VALLESPIN (La Mentira los Hara Libres: realidad y ficcion de la Democracia"-Barcelona-2012- p. 32), trata-se de um "mundo órfão de verdade onde a textura do real se abre a uma gama ilimitada de interpretações"

Contudo, em Agosto de 2016, as redes sociais distorceram deliberadamente um discurso do candidato Trump dando ideia de que este teria apelado ao lobby das armas para assassinar a candidata Clinton, distorção que passou dos media liberais norte-americanos para a imprensa estrangeira de referência, como o "Telegraph", um jornal conservador britânico, que na sua versão online referia sem mais, no título de um artigo, que *"Trump sugere que Clinton devia ser abatida"*. Em outro comício na Flórida, foi noticiado que milhares de apoiantes de Donald Trump teriam gritado *"odiamos muçulmanos, odiamos negros, queremos o nosso País de volta"*, facto que se revelou inteiramente falso.

A inexistência de filtros efetivos ou de instrumentos de controlabilidade da informação e o despontar de uma cascata acrítica de fontes que emergem como *matrioscas*, a partir de outras fontes difusas, ofusca a realidade objetiva e cria "terras de ninguém" onde não se torna racionalmente possível desmontar ficções, boatos fantasistas ou mensagens difamatórias. Isto, porque uma boa parte dos debates políticos nas redes sociais tende a ser maniqueísta não propendendo os cibernautas para o escrutínio do que lhes é fornecido, por simpatia, comodidade, emoção ou convicção: ou se está "in", ao lado da informação controversa e se procede à sua partilha com comentários simples e favoráveis, ou se está "out" combatendo-a de uma forma elementar e verbalmente violenta.

Em suma, a difusão da informação no ciberespaço e, em especial, nas redes sociais, não envolve, necessariamente, conhecimentos mais exatos, esclarecedores e verdadeiros, nem cidadãos mais aptos a separar nela o "trigo do joio".

Diversos autores questionam, ainda, se a democracia representativa, na sua relação algo incestuosa com a democracia digital das redes sociais, terá ainda alguma conexão com a verdade[296]. A realidade e a ficção no conúbio entre a política, os *media* e as redes sociais terão gerado uma teia parasitária de fluxos recíprocos, e em muitos casos, os cidadãos e os agentes políticos têm a perceção ou mesmo o conhecimento daquilo que é falso, mas não deixam de se acomodar a essa mesma falsidade[297].

É certo que existem, no universo democrático, tentativas de controlar condutas ilegais no ciberespaço. Como referem alguns comentadores políticos [298], na Alemanha foi aprovada uma lei que prevê a aplicação de multas até 50 milhões de euros a redes sociais que se recusem a remover comunicações qualificadas como discurso de ódio (*"hate speach"*), notícias falsas e conteúdos indesejáveis: enquanto

---

[296] FERNANDO VALLESPIN ult. loc cit, p. 166 e seg.
[297] FERNANDO VALLESPIN ult. loc cit, p. 167.
[298] JOHN NAUGHTON "Facebook and Twitter could pay the price for hate speech", I "Guardian" 19 março, 2017-https://www.theguardian.com/commentisfree/2017/mar/19/john-naughton-germany-fine-social-media-sites-facebook-twitter-hate-speech

as condutas mais graves exigiriam um prazo de 24 horas para a sua remoção outras imporiam um prazo de 7 dias. Os proprietários das grandes estruturas de comunicação digital (como o Facebook e o twitter) reagiram dizendo que o policiamento de conteúdos não é possível, enquanto teóricos liberais entendem que a mistura de realidades diferentes na mesma cesta seria uma via para a censura sob o pretexto da correção política. Outros, ainda, entendem que, tal como sucede na imprensa, dever-se-ia deixar o Direito Penal funcionar, não sendo admissível o bloqueamento de conteúdos, salvo em situações que envolvam a prática de crimes graves, lembrando que os limites à liberdade de expressão devem respeitar a Constituição[299].

No plano da razoabilidade e proporcionalidade, haveria que distinguir entre condutas criminosas de alto risco, tais como o abuso sexual de menores e incitamentos a atos de violência ou terrorismo onde o bloqueamento informativo pode fazer sentido, e notícias falsas, ofensivas ou difamatórias, nas quais devem intervir os tribunais no contexto do Direito Criminal[300], devendo a ser estes a impor a remoção de conteúdos, no caso de deferirem providências cautelares.

2º. *Entre o debate de ideias e pura ação política vocacionada para o momento e o resultado.*

É indesmentível o papel relevante de blogues e redes sociais no debate de ideias, com e sem ligação aos centros de e-governo ou aos titulares do poder. Existem, por outro lado, plataformas académicas e científicas, onde se sediam grupos especializados de reflexão num hemisfério elitista ou, pelo menos, num espetro de cidadãos informados que debatem opiniões, as quais podem ter impacto nos decisores políticos. Finalmente o uso do ciberespaço para a mobilização da cidadania para causas altruístas ou nacionais estimula a sociedade civil e fortalece a componente da liberdade de expressão e ação política que pressupõem a democracia política.

Verifica-se, contudo, no que concerne às principais plataformas digitais de comunicação de massas, que o uso das redes sociais, e do twitter em particular, os converteria mais em instrumentos de ação, contestação e mobilização do que de reflexão, operando num contexto competitivo, onde prevalecem os que dominam melhor as tecnologias bem como os "narcisistas da opinião" que filtrariam os sentimentos, ódios e medos, no âmbito dos quais os cidadãos raciocinam e opinam[301].

---

[299] ANDRES BOIX PALOP "La Construción de los Limites a la Libertad de Expresión y las Redes Sociales". In REP-nº 73-2016-op. cit, p. 105 e seg.
[300] JOHN NAUGHTON ult. loc cit.
[301] FERNANDO VALLESPIN ult. loc cit, p. 152 e seg.

Trata-se, igualmente, de um campo, onde ações ilícitas, de desobediência civil e de violência cirúrgica de pequenos grupos extremistas se mobilizam em rede. Movimentos que "deliberam" ocupações de artérias urbanas ligadas ao universo capitalista, (caso do movimento "Occupy")[302], teleguiam provocações classistas ruidosas em certos espaços sociais (como os "rolezinhos" nos centros comerciais de luxo no Brasil) bem como ainda concebem atos violentos de ataque e contra-manifestação dirigidos a reuniões pacíficas de partidos de ideologias contrárias (como os "black block" e os rufias do movimento "Antifa").

Parece claro que esse tipo de ação direta de minorias sem rosto toleradas pelo establishment democrático, que se representam a si próprias e que dificilmente chegam a acordo sobre os seus critérios de tomada de decisão, só por sarcasmo poderiam ser qualificadas como expressões da vontade maioritária do povo, produto de uma discussão informada no espaço público sobre temas de interesse geral. Não deixa de ser ademais interessante, que durante o ciclo temporal em que o twitter foi dominado por estes e outros movimentos libertários ou ultra-radicais marxistas e em que as póstumas "primaveras árabes" atingiram o pico, se criou um *discurso libertador* na esfera liberal progressista em favor da comunicação digital em rede, a qual formaria com a democracia uma combinação natural. Contudo, o panorama mudou quando a direita identitária nos Estados Unidos e na Europa passou a utilizar os mesmos meios para combater o globalismo, federalismo político, a política de imigração e a falta de ordem pública. O sucesso de Donald Trump no uso do twitter, como poderoso instrumento de comunicação direta com os cidadãos criou por parte da opinião pública e académica dominante um discurso diverso do que antes utilizara, nos termos do qual as novas tecnologias, caídas em "más mãos ", passariam a ser uma perigosa fonte de "fake news", de "hate speech", um "esgoto" de inverdades[303], uma ameaça á comunicação social livre e à democracia[304]. Com o uso pela chamada direita populista das novas tecnologias na campanha do Brexit e nas eleições norte-americanas,

---

[302] Numa linha de defesa mais ou menos explícita desse tipo de procedimentos "participativos--deliberativos", BRITTA BAUMGARTEN (ult. loc cit, p. 144) que refere: "Muitos dos novos movimentos sociais, como os *Indignados e Occupy procuram formas de representação direta para as suas formas de ação (...). Experimentam formas deliberativas de tomar decisões em grandes assembleias porque há grandes dúvidas no sistema de votar, uma vez que o resultado da votação não representa o interesse de todos".

[303] Cfr em geral TIMOTY GARTON ASH "Liberdade de Expressão"- Temas e Debates--Lisboa-2017.

[304] Cfr. PHIL HOWARD "Is Social Media Killing Democracy ?" in "Culture Digitally"—Nov. 2016. http://culturedigitally.org/2016/11/is-social-media-killing-democracy/.

irrompeu o discurso do "trollismo" nas redes sociais[305], o qual, infelizmente exibe dois pesos e duas medidas, já que aponta unidirecional e farisaicamente para um setor especifico do espetro politico.

De qualquer forma, e focando agora a atenção em politólogos tradicionalmente céticos em relação ao papel político das novas tecnologias, é por estes sustentado ironicamente que uma comunicação em que as pessoas pensariam em 140 carateres significaria apenas que não pensariam genuinamente e que se estaria não diante de uma forma de potenciar a formação de cidadãos ativos e participativos, mas antes de criação de cidadãos tribalizados em pequenos núcleos. Cidadãos alcandorados em "nuvens" clausuradas de radicalização ou de afetos, flutuando em torno de um conjunto de dogmas e simplificações maniqueístas e comportando-se numa lógica de rebanho[306] em torno de "trending topics" que ganhariam, por arrastamento, uma força misteriosa, passando a partir da sua difusão pelos media a fazer parte da opinião pública[307].

A democracia deliberativa idealizada por Habermas, ligada ao confronto de opiniões diversas no espaço público e da demanda do melhor argumento, pouco tem a ver com a democracia digital da blogoesfera, pautada pelo imediatismo, a mobilização, o dogma, o "soundbite"das fórmulas simples mas imagéticas, o "pronto a pensar" e a humilhação verbal do adversário ou da dissidência dentro da mesma corrente. A ideia de que a discussão objetiva da política teria atingido um estádio superior através da democracia blogueira, como um primeiro passo para uma qualquer forma difusa de democracia direta digital, foi reduzida por diversos autores uma manifestação ilusória de "ciberutopia" ou "internautocentrismo"[308]. Isto mesmo porque, segundo os mesmos autores, a ideia de liberdade que emerge da blogosfera tem o seu reverso da medalha quando a mesma é vigiada e manipulada por relevantes forças políticas e económicas, bem como por grupos subversivos e serviços de informação dos Estados, dotados de poderosos meios técnicos e de comunicação que permitem desfigurar o debate e alimentar através do produto das distorções por si criadas junto das redes sociais, os media que a estas se encontram ligados.

3º. Uma fonte de esclarecimento e cultura cidadã? Entendem diversos autores ser ilusório o entendimento de que a "democracia digital" em rede potenciaria, no plano individual, um cidadão mais culto, mas esclarecido e mais apto a debater

---

[305] O "Trollismo", inspirado na figura mítica dos trolls, um monstro brutal e disforme da cultura céltica, significaria uso inapropriado, falseado ou vandálico dos meios de comunicação.
[306] MIRIAM MARTINEZ BASCUÑAN ult. loc cit, p. 193, citando SPITZ.
[307] MIRIAM MARTINEZ BASCUÑAN ult. loc cit, p. 192 e seg.
[308] Cfr em geral, MOROZOV "El Desengaño de La Internet: los mitos de la libertad en red"-Barcelona-2012-

ideias e expor as suas preferências junto do poder político. Na verdade, uma simples visitação aos principais jornais digitais, no sítio referente aos comentários de leitores a artigos de opinião mais polémicos, permite aferir um esmagador número de comentários injuriosos, grosseiros, tendenciosos, reveladores de uma atroz iliteracia e em que os debates entre os próprios internautas se assemelham a cenas de pugilato[309].

Por outro lado, sobre os tweets e facebooks dos políticos, sobretudo em período eleitoral, as mensagens destes são frequentemente objeto de ataques pré-ordenados e sincronizados de tribos de internautas que os inundam de milhares de *posts* difamatórios, injuriosos ou de ameaças (conhecidas por *"shitstorm"*) que rapidamente defluem para as capas dos jornais digitais[310]. É duvidoso que seja esta a participação cidadã modelar concebida pelos *founding fathers* da democracia deliberativa.

A ausência de filtros e de estruturas de moderação eficazes degradaram o ciberespaço e dificultaram a criação de uma cultura alargada e equilibrada de discussão. Isto, sem prejuízo de a mesma transcorrer na retaguarda, em websites de universidades, em centros de investigação, em clubes e associações, em blogues semi-fechados e em grupos especializados de reflexão, ou seja, num hemisfério elitista que pouco tem a ver com o espaço público alargado às massas e às minorias despossuídas como pretendiam os teóricos da democracia deliberativa.

4º *Regimes autocráticos, tensões entre blocos político-militares e universo digital*

O universo de comunicação digital revelou-se fundamental para mobilizações sociais em defesa da democracia ou como veículo de expressão democrática (supra § 116 e seg).

Contudo, é igualmente certo que regimes autocráticos utilizam as novas tecnologias da comunicação em seu favor[311]. Assim, depois do uso do twitter pelos jovens iranianos nas manifestações de 2009, o regime teocrático não hesitou em identificar os seus usuários, anónimos ou não, para radiografar e reprimir a dissidência. Em todos os regimes autoritários a vigilância policial torna-se mais simples e eficaz através do acesso como membro ou usuário de várias redes sociais incluindo o Facebook. Na medida em que, como assinalam vários autores, o uso da comunicação digital, para além da instantaneidade, reflete afetos e emoções

---

[309] Neste ponto, em 2016, pese naturais exageros, o referendo sobre o Brexit no Reino Unido foi um quase nirvana em termos de comentários nos jornais eletrónicos, comparado ao pseudo-processo constituinte no Chile, ao Impeachment da Presidente Dilma Roussef no Brasil e às eleições norte-americanas e austríacas.
[310] A eleição austríaca de 2016 foi caracterizada por fenómenos desta natureza vibradas conta o candidato ecologista de esquerda e o candidato de direita radical populista
[311] Cfr MOZOROV ult. loc cit, com abundantes exemplos, alguns da sua própria Bielorússia natal.

nos textos, imagens e vídeos postados[312], não deixa de ser simples o escrutínio do pensamento político de opositores, realidade presente na Venezuela ou na China, Estado que intervém ativamente na comunicação politica no ciberespaço com uma imensa hoste de bloggers subsidiados.

Paralelamente, os serviços de informação das grandes potências, a par de atividades de espionagem, intervêm nas respetivas politicas internas através da comunicação digital, subcontratando bloggers, hackers, universidades e empresas especializadas para intervenções eleitorais.

O ciberespaço tornou-se um hemisfério ou uma arena de combate político e não apenas uma passadeira vermelha para a democratização dos povos.

5º. Da deslegitimação dos dirigentes políticos no ciberespaço. Finalmente, e no tocante à questão principal que nos ocupa, não é incontroverso que a chamada "democracia deliberativa digital" tenha, efetivamente, logrado elevar a qualidade e a credibilidade da democracia representativa.

A democracia política procura criar, no plano teórico, a ideia paradigmática de que os dirigentes políticos e, em especial, os governantes, devem ser vistos pelos cidadãos como paradigmas (mínimos) de probidade, verticalidade, verdade e integridade, merecendo, por conseguinte, serem eleitos. O jogo eleitoral seria, pelo menos a médio prazo, punitivo para quem não siga objetivamente esse tipo de predicados.

Contudo, nas últimas décadas, a colocação à luz do dia de ilícitos eleitorais e a investigação de atos de corrupção e abuso de poder converteram o escândalo em componente central do debate cívico e político nas democracias contemporâneas.

Por um lado, o escrutínio judicial dos políticos (reconduzido historicamente ao marco da operação "mãos limpas" que fez desmoronar a Primeira República italiana nos anos noventa e que foi sacudido por réplicas, de escala variável, na Alemanha, França, Espanha, Grécia, Portugal, Chile e Brasil) permitiu ou criou condições para uma ablação da parte contaminada da política. Por outro lado potenciou um ambiente envenenado e persistente de desconfiança e descredibilização da elite governante, cujos membros são frequentemente condenados na praça publica na base de boatos, delações e inquéritos antes mesmo da sua acusação ou julgamento. A campanha eleitoral francesa de 2017 revelou com crueza essa judicialização politico-internautica das candidaturas.

Assentando o "ethos" da democracia representativa na credibilidade dos representantes, parece evidente que, quando a mesma é persistente e difusamente posta em causa, todo o regime é afetado. Nessa descredibilização assumiu um lugar de destaque a blogoesfera, em rede com a imprensa digital e com os

---

[312] M. ARIAS MALDONADO "La Digitalización de la Comunicación Publica. Redes Sociales Afetividad Politica y Democracia"- in REP-173-2016-p. 49 e seg.

fornecedores especializados de informação relevante, oriundos do mundo económico, judiciário e político.

Para a mesma contribuem, igualmente, os próprios dirigentes políticos quando descuram a separação entre o público e o privado, quando negligenciam a sua imagem e exposição pública, quando desconsideram o sigilo das comunicações e quando se rendem às redes de comunicação, tweetando e comentando não avaliadamente a espuma dos dias no espaço público, despojando-se do manto da soberania que representam quando se colocam ao mesmo nível dos governados, debatendo (e praguejando) com eles nas redes sociais.

149. A "rebelião das massas" e a radicalização pluralista do ciberespaço pode não ter, como muitos acreditavam, feito triunfar as primaveras árabes e derrubado as autocracias chinesa e iraniana, mas lograram, nas democracias representativas, dessacralizar o poder e esmaecer a *auctoritas* e a *gravitas* dos governantes, sem oferecer nada de concreto em termos institucionais.

Daqui se conclui que a "democracia digital" pouco tem a ver com a democracia deliberativa, mesmo informal, caso se atenda aos pressupostos e níveis de qualidade concebidos pelos seus teóricos, funcionando antes, numa lógica liberal, como um espaço de comunicação que valoriza a autodeterminação individual de todos os cidadãos que não forem infoexcluídos.

Trata-se, indubitavelmente, de um espaço de comunicação inclusiva, libertária, grafittada e tribal, onde coexiste a informação com desinformação e o debate com o combate e onde a par de lutas políticas entre grupos, partidos e Estados com escassas regras, logram subsistir algumas ilhas esparsas onde o debate qualificado é possível. Ora, não serão essas ilhas, carentes de um projeto político definido que permitem conferir consistência própria a uma democracia deliberativa no universo digital. A atratividade das fórmulas e chavões não tem, no tempo presente, tradução na ação política da *Era Digital*. O ciberespaço pode na verdade constituir um veículo legal ou ilegal para todo o tipo de projetos ou combates.

3.2.4. A democracia semidireta e os seus "terrores noturnos"

150. Embora uma grande maioria de regimes democráticos consagre a nível nacional, regional ou local, institutos referendários, observa-se que a sua convocação a nível nacional ocorre com menor frequência, com exceção de um conjunto de Estados, onde figura a Suíça, o Liechtenstein, o Uruguai, a Itália e alguns Estados Bálticos, colocando-se a interrogação sobre se a democracia representativa não poderia ser oxigenada através de uma intervenção mais regular dos cidadãos na tomada de decisões sobre questões relevantes para o Estado e a sociedade civil.

Pese o facto de terem sido aduzidos supra § 121, diversos argumentos em favor de uma maior agilização de uma convocação referendária existe, por parte de certos paladinos mais dogmáticos da democracia representativa, uma expressiva desconfiança em relação ao mérito da resolução de questões politica e socialmente relevantes por votação direta do eleitorado, sem intermediários. Examinemos criticamente esse argumentário.

A. Fraco poder integrador das maiorias e risco de uma tirania maioritária ?

151. Um *primeiro argumento* centra-se na ideia de que a decisão referendária seria um tudo ou nada, não teria capacidade integradora de minorias no processo de decisão e poderia desembocar numa tirania maioritária.

152. Como questão prévia de ordem conceptual, consideramos que, o uso indevido e banal, nos dias de hoje, da expressão "tirania maioritária" é frequentemente adulterada e usada em discursos deslegitimadores carecendo, as mais das vezes, de qualquer propriedade ou rigor científico, sem prejuízo do interesse teórico do seu tratamento pelos "Pais Fundadores" da Constituição Americana quando discutiam os "freios e contrapesos do poder"[313]. Os tiranos da Antiguidade Clássica[314] eram déspotas, pautados por uma conduta política arbitrária e incontrolada e cuja estrutura de poder (popular ou não) carecia de legitimidade. Modernamente, a ideia de "tirania maioritária" só pode ser usada com propriedade em conjunturas excecionais em que uma maioria política se prevalece da sua hegemonia conjuntural para perseguir a oposição, negar os direitos de liberdade básicos e eliminar as formas de heterocontrolo independente do seu poder. Tivemos exemplos desse fenómeno, no "Terror" protagonizado pela Convenção no decurso da Revolução Francesa em 1793 e na Venezuela depois de 2002, durante os consulados bolivarianos de Hugo Chavez.

Ora, parece evidente que um ato referendário não pode ser confundido com um fenómeno de tirania maioritária, apenas porque a maioria do povo eleitor prevalece na tomada de uma decisão. Quem argumente em sentido contrário nega a própria essência medular da democracia segundo a qual "as preferências dos mais prevalecem sobre as dos menos" ou, num quadro representativo, "os mais governam os menos" (supra, § 79).

153. Ademais, a prevalência total das opções políticas da maioria, sem integração das preferências minoritárias, não constitui um exclusivo do método refe-

---

[313] Cfr. MADISON "The Federalist Papers"-nº 48-Ed Kesler.C. Rossiter--New York- 1998- p. 277 e seg

[314] O termo grego Tirano (týrannos) significaria *líder ilegítimo*.

rendário. O referendo limita-se a impor, episodicamente, uma opção maioritária numa questão em concreto mas existem sistemas representativos que ditam uma vasta pluralidade de políticas contra a vontade das minorias durante o período de uma legislatura. É o caso dos ordenamentos servidos por sistemas eleitorais maioritários (Reino Unido ou a França) que tendem a criar maiorias absolutas parlamentares artificiais em que os representantes da bancada do governo impõem os seus programas eleitorais e nem por isso são estigmatizados como tiranias maioritárias. Concomitantemente, a crítica centrada na incapacidade do referendo integrar a vontade de minorias[315] parte de uma pré-compreensão consociativa da democracia que pouco tem a ver com uma conceção competitiva e maioritária da mesma, a qual é bem mais consistente com o ethos do princípio democrático (democracia é vontade maioritária e não veto parcial das minorias à vontade maioritária). Ainda assim, mesmo as sociedades onde o compromisso se encontra culturalmente enraizado, como a Dinamarca (para já não falar da própria Suíça), não deixam de recorrer frequentemente ao referendo, sobretudo em matéria de soberania, quando a sociedade política tem dúvidas ou está dividida e uma decisão de "tudo ou nada" é necessária.

154. Dir-se-ia, contudo, que quando os referendos incidem sobre os próprios direitos fundamentais questionariam as garantias do processo democrático e os seus limites, redundado numa forma de despotismo ou tirania. Assim, um estudo de Barbara Gamble nos Estados Unidos sustentou que um conjunto elevado de referendos locais, de iniciativa popular, realizados na Califórnia, resultou no triunfo de posições compressivas ou restritivas de direitos de liberdade, permitindo a maioria oprimir os direitos de minorias[316]. O mesmo teria sucedido na Suíça com a recusa do voto feminino em 1959. Este entendimento conduziu em Portugal a uma afirmação lapidar proferida por intelectuais de esquerda e extrema-esquerda, defensores de causas fraturantes, segundo a qual os "direitos fundamentais não se referendam".

Não é, contudo, assim. As Constituições francesa de 1958 e espanhola de 1979 foram referendadas e, juntamente com elas, o regime dos direitos fundamentais que continham ou para cujos documentos constitucionais remetiam. Na ordem constitucional portuguesa, pese facto de não ser referendável a supressão de direitos fundamentais constitucionalizados (a norma do nº 4 do artº 115º da CRP proíbe alterações a qualquer norma constitucional por via de referendo), nada inibe a possibilidade de o referendo recair sobre aspetos coincidentes com o regime legal de proteção ou de exercício de direitos constitucionalizados, sobre

---

[315] Cfr SARTORI "Teoria de La Democracia"-Madrid-1987-p. 156.
[316] BARBARA GAMBLE "Putting Civil Rights to a Popular Vote."in " American Journal of Political Science 41 -1- 1997- p. 245–e seg.

direitos fundamentais extravagantes ou sobre direitos não fundamentais. Veja-se o caso da submissão a referendo do direito de interrupção voluntária da gravidez por vontade da mulher. O mesmo se poderia dizer do casamento entre pessoas do mesmo sexo, na linha do entendimento do Tribunal Constitucional, segundo o qual a faculdade da sua consagração não derivaria da Constituição e cabe na liberdade conformadora do legislador.

155. Mas se a disciplina do exercício de direitos fundamentais não cabe a uma decisão maioritária, a quem caberia? Muitos autores sentem-se mais confortáveis com uma decisão de um Tribunal com funções constitucionais que crie direitos através de fórmulas vagas (como sucedeu nos Estados Unidos com o reconhecimento do direito da mulher a abortar no caso *Roe vs Wade* a partir do principio difuso da dimensão material do devido processo legal) do que com um referendo ou até com uma decisão parlamentar. Ao preferirem que seja uma aristocracia togada e não o próprio povo a decidir inovatoriamente sobre a proteção ou a revalorização de direitos, esse setor nega a própria democracia na conformação dos direitos fundamentais.

É um facto que existem direitos de liberdade que são pressuposto elementar da própria democracia política (cfr. supra, § 58, § 65,§ 68, § 74) e cuja existência em regime democrático não pode ser referendada, sob pena de uma resposta maioritária no sentido da sua supressão significar uma eutanásia da própria democracia, mediante decisão popular. Contudo, no domínio de intervenção legislativa, restritiva ou conformadora dos mesmos e de outros direitos, já não choca que certas matérias que envolvam opções entre modelos divergentes sejam referendadas, como seria o caso de questões de consciência e modo de vida, política de imigração, agravamento de penas para certo tipo de crimes e educação e tutela de menores.

Por outro lado, a tese de Barbara Gamble segundo a qual na Califórnia o referendo tem operado contra os direitos civis e políticos é desmentida por outros investigadores que, utilizando igualmente o mesmo espetro de análise da autora, chegaram a conclusões distintas, considerando que a maioria dos atos referendários na Califórnia não tinha um objeto anti-minoritário[317].

156. Também o posicionamento segundo o qual se trataria de um instituto incontrolável e sem garantias[318] não parece convincente.

Em primeiro lugar, o referendo não está acima da Constituição e tem havido decisões referendárias na própria Califórnia julgadas inconstitucionais pelos

---

[317] TODD DONOVAN-SHAUN BOWLER "Direct Democracy and Minority Rights: an extension"- in " American Journal of Political Science"- 42-3- 1998- p. 1022 e seg

[318] Claramente neste sentido, M. SUSKI "Bringing in the People: A Comparison of Constitutional Forms and Practices of the Referendums"- Dordrecht-1993.

tribunais[319]. Também em Portugal, o Tribunal Constitucional examina obrigatoriamente em controlo preventivo a constitucionalidade e legalidade de um referendo, e já rejeitou várias propostas a nível nacional e, sobretudo, local.

Em segundo lugar se é um facto que, na Suíça, o eleitorado rejeitou por referendo a capacidade eleitoral ativa das mulheres foi, também, por referendo que o direito ao sufrágio feminino foi consagrado em 1971.

Em terceiro lugar, a argumentação contrária ao referendo como instrumento voltado contra uma política "amiga" dos direitos sectariza-se ideologicamente, na medida em que se considera o instituto um instrumento politicamente "conservador"[320], na medida que produz, frequentemente, resultados indesejáveis para um dado setor político. Ora, não pode uma área ideológica de uma dada sociedade civil ser coartada na sua expressão democrática apenas porque outro setor teme que o eleitorado sufrague diretamente as opões do primeiro. Que solidez e legitimidade terá uma democracia representativa em que os representantes do povo têm temor do próprio povo, não seguem as preferências populares relativas a um conjunto de questões fundamentais e bloqueiam meios de expressão da vontade desse mesmo povo?

B. Um instituto de viés autocrático ?

157. *Um segundo argumento*, também recursivo, contra um uso mais frequente do referendo, consiste na alegação de que o mesmo constitui um instrumento utilizado pelos regimes autoritários ou totalitários para se perpetuarem no poder, sendo realizados em condições em que não estão reunidos os requisitos para um sufrágio livre, igualitário e competitivo.

158. A "lenda negra" do referendo ou do plebiscito tem precedentes no Terceiro Reich alemão tendo nesse regime servido para a perpetuação do nacional-socialismo no poder e para a anexação da Áustria. Em numerosos estados autoritários e totalitários, os plebiscitos arregimentados pelos regimes, com resul-

---

[319] Vide, de entre diversos casos, a "Proposta 187" que na Califórnia pretendia privar os estrangeiros ilegais de usarem os serviços de saúde de urgência e que tendo sido votado favoravelmente pelo eleitorado (59%) em 1994, foi julgada inconstitucional por um tribunal federal, mormente em 1997.

[320] Claramente nesta linha MARCO LISI (ult. loc cit, p. 109) que considera, os referendos realizados em Portugal (aborto e regionalização) como sendo utilizados pelas forças partidárias de forma "negativa" para bloquear a implementação de medidas. Tal entendimento poderá significar, apenas, uma visão ideologicamente reducionista do referendo ou, então, a incapacidade de entender o instituto referendário como um instrumento de liberdade democrática nas suas duas facetas: um poder de impulsão de reformas e um poder de impedimento ou veto de reformas do poder representativo.

tados favoráveis na ordem dos 99%, são recorrentes como expedientes de legitimação das lideranças: veja-se os referendos ou plebiscitos realizados: em Espanha, pelo Generalíssimo Franco, em 1966, sobre a "Lei Orgânica do Estado" (95% de votos favoráveis); pelo Presidente Ceaucescu na Roménia comunista em 1986 (99,9% votos favoráveis); pelo Presidente Hafez Assad na Siria em 1985 (100%); pelo Presidente Sarpamurat Niyazov do Turquemenistão em 1994, tendo em vista a prorrogação automática do seu mandato (100%); por Fidel Castro a propósito da aprovação da Constituição Cubana em 1975 (99,9%); e pela liderança comunista da Ex- República Democrática Alemã contra a "remilitarização", em 1951 (98%).

Em Portugal, o precedente da plebiscitação da Constituição de 1933, que institucionalizou o "Estado Novo" levou os constituintes de 1976 a consagrarem, apenas, o referendo local no texto originário. Mesmo depois de institucionalizado a nível nacional, a classe política sempre exibiu grandes reservas e "terrores noturnos" em relação à figura, estabelecendo limites materiais rigorosos, condições exigentes de vinculatividade e permitindo que o Parlamento reprove, agilmente, iniciativas referendárias oriundas dos cidadãos.

159. Verifica-se, contudo, que um estudo já citado supra de David Altman comprova que desde 1970 o uso de atos referendários e plebiscitários é mais frequente em regimes democráticos competitivos do que em regimes autocráticos ou híbridos[321], encontrando-se nos primeiros numa curva ascendente até 2010, enquanto nos regimes não democráticos a tendência é descendente desde finais dos anos 80.

Regista-se, por outro lado, que os referendos aclamatórios dos regimes não democráticos tem características prototípicas e não se confundem com os que se realizam em democracia, os quais são competitivos, escrutinados pelos contendores e controlados pelo poder judicial. Será neste e não nos outros que recai a presente análise que incide sobre a sua aptidão para revalorizar a democracia representativa. E em democracias consolidadas, o recurso de certos dirigentes carismáticos ao plebiscito para reforçar a sua legitimidade num conjuntura conflitual nem sempre correm de feição como conforto aclamatório a quem procede a essa convocação. Veja-se o caso de De Gaulle, quando perdeu o referendo de 1968 e renunciou de seguida à presidência de França e, muito mais mitigadamente, o referendo anti-imigração de Viktor Orban na Hungria, em 2016, que, pese o elevado apoio em votos expressos (98%), foi boicotado pela oposição, não atingindo o patamar de 50% mais um para se tornar vinculativo.

Finalmente, certas transições com sucesso de regimes autoritários para a democracia operaram através de plebiscitos com um mínimo de competitividade

---

[321] DAVID ALTMAN ult. loc cit, p. 109.

e controlo internacional: foi o caso dos plebiscitos realizados no Chile em 1980 e 1988, e no Uruguai, em 1980.

C. Um mecanismo manipulável pela demagogia e pelos grandes interesses frente a uma cidadania inapta para escolhas sobre problemas complexos?

160. *Um terceiro argumento* abonaria em favor da facilidade com que o referendo poderia ser manipulado pela demagogia populista ou pelo mundo dos interesses financeiros[322] e como a campanha referendária aniquilaria a informação credível e a discussão racional em favor de opções simplistas, as quais seriam objeto de escolha por cidadãos inaptos para decidir assuntos complexos.

161. O primeiro ponto de vista não impressiona. A alegada *captura "populista"*[323] *dos temas em debate* tanto opera junto dos eleitores através da eleição de representantes como através de atos referendários e a última década, na Europa e nas Américas, reflete cristalinamente a emergência de fortes partidos populistas com vocação de poder nos Parlamentos, tanto à esquerda e extrema-esquerda (América Latina, Península Ibérica e Grécia) como no espetro da direita radical nacionalista (País escandinavos, Europa Central e Europa Oriental).

162. Quanto ao risco de *"captura financeira"*, se é certo que os grandes grupos privados influem nos referendos, sobretudo, naqueles em que os seus interesses estão em jogo, o mesmo já não sucede (pelo menos em idêntica escala) em questões locais de escasso impacto económico ou em questões de ordem social ou que envolvam problemas de consciência e estilos de vida. De todo o modo, os maiores escândalos relativos ao financiamento ilícito de campanhas eleitorais por grupos económicos que realizam *trade offs* com os partidos do poder e da oposição (casos de Espanha, França, Alemanha, Itália, Brasil e Chile nas últimas duas décadas) emergem a propósito de sufrágios parlamentares e não de atos referendários e plebiscitários. Do mesmo modo, exemplos há que o apoio de grandes grupos financeiros a uma opção referendária, envolvendo somas astronómicas não chega para vencer um referendo: a vitória do Brexit em 2016, por uma curta margem, fez-se contra a opção dos partidários da manutenção do Reino Unido na União Europeia que recebeu um apoio material expressivo de todo o establishment financeiro britânico, europeu e transnacional[324]. Em menor escala,

---

[322] THOMAS CRONIN "Direct democracy: the politics of initiative, referendum and recall"--Cambridge-1999-p.90.
[323] Nesse sentido MARCO LISI "O Futuro (...)" op. cit, p. 109.
[324] Dados da Comissão Eleitoral divulgados na imprensa (Telegraph de 11 de Maio de 2016) revelaram que a campanha contrária ao Brexit (Remain) foi, nomeadamente, financiada pelos bancos Goldman Sachs, Citigroup, Morgan Stanley, JP. Morgan, France Airbus, Eurostar e

os referendos francês e holandês que rejeitaram o Tratado Constitucional Europeu, cuja opção pelo "sim" também foi suportada por meios financeiros públicos e privados, confirmaram esta asserção.

163. No que concerne ao terceiro ponto deste argumento, a *simplificação excessiva do debate referendário*, o facto é que os referendos sobre causas importantes implicam discussões muito mais intensas com intervenção ativa da opinião pública, da imprensa e da Universidade, do que as usuais campanhas eleitorais para o Parlamento ou Presidência (onde a discussão de programas é substituída pelo "soundbyte"e se abre espaço a músicos e comediantes para atraírem aos comícios uma população apática). Os referendos comportam, também, uma discussão mais intensa do que a que emerge dos debates parlamentares em plenário durante dias ou semanas. Por exemplo, os temas do aborto e da regionalização foram exaustivamente debatidos em Portugal por altura dos referendos e os debates que rodearam os referendos em França, Espanha, Reino Unido e Dinamarca sobre a integração europeia excederam em detalhe e debate, com especial relevo para os *media*, qualquer discussão travada nos restantes Estados aquando das deliberações dos parlamentos nacionais sobre os mesmos problemas.

164. *Finalmente, quanto ao último ponto relativo à aptidão intelectiva do povo para decidir diretamente os assuntos da coisa pública*, em face de atos referendários que se prestariam à demagogia, simplificação e emoção, Sartori[325] sustenta que, por regra, os assuntos da governação envolvem uma complexidade, um detalhe, uma informação especializada e uma preparação técnica e política que não estão ao alcance do cidadão-médio, o qual exibe um défice de entendimento e conhecimento em relação a muitas dessas questões. Este seria apto para eleger os decisores mas não para, regularmente, decidir sem mediadores sobre os problemas.

Esta visão elitista da democracia, na linha de Shumpeter e também de Dahl (com especificidades), incorpora uma certa dose de realismo na medida em que existem temas proscritos ao referendo, logo à partida os de ordem tributária e financeira (onde para além da sua incapacidade técnica, o cidadão tenderá sempre a decidir pela redução dos tributos, podendo colocar o Estado na órbita do desequilíbrio orçamental).

A ordem constitucional portuguesa, no nº 4 do artº 115º da CRP, revela um relativo equilíbrio quando, a par das questões constitucionais, veda ao referendo questões paraconstitucionais e outras sensíveis, referentes à organização do poder. Posicionar temas complexos como matéria central do regime eleitoral e domínios relativos aos partidos políticos, restrições aos direitos de militares ou

---

Lloyds. A Campanha a favor do Brexit recebeu importante apoio financeiro embora, em larga medida, de empresas nacionais e importantes doadores individuais
[325] SARTORI "Teoria de La Democracia"-op. cit. -p. 158.

o regime do segredo de Estado na esfera referendária seria o mesmo que colocar o Estado de direito à mercê de uma roleta russa. Mesmo iniciativas de cidadãos sobre temas de alta complexidade científica e etiológica, mas insuscetíveis de serem entendidos pela larga maioria dos votantes e manifestamente incapazes de mobilizar o eleitorado de forma a atingir-se um nível de participação que torne o resultado vinculativo podem sempre ser canceladas pelo poder representativo, por serem inadequados a uma votação esclarecida e participada. Tal foi, em Portugal, o caso da proposta de referendo sobre a "Procriação Medicamente Assistida", proposta por mais de 75.000 cidadãos, mas rejeitada pelo Parlamento.

165. Ainda assim, existem numerosos temas essenciais para a vida coletiva, reconduzíveis a respostas simples de sim ou não, em que o povo se encontra apto para decidir sem intermediários.

Logo à partida, questões de soberania com projeção constitucional.

No caso dos referendos constitucionais, não se espera que o eleitorado entenda o significado de cada artigo de uma Constituição, mas já é perfeitamente admissível que ele entenda a "ideia" de Constituição que lhe é submetida (ou seja, visão de democracia, sistema político grau de intervencionismo do Estado e categorias de direitos mais valorizadas). A escolha do modelo formal de regime ou o sistema político, é outro exemplo: faria sentido negar ao povo brasileiro capacidade para decidir diretamente, como decidiu em 1993, se votava por um regime monárquico ou republicano bem como pelo parlamentarismo ou presidencialismo?

166. Existem mesmo temas em que só o povo, como fonte primária da soberania, tem legitimidade para decidir se opta por conservar, limitar ou prescindir dessa soberania. Os referendos que envolvem a independência de territórios (Canadá ou Escócia), maior devolução de poderes para a União Europeia (França, Holanda, Irlanda, Dinamarca e Espanha), aceitação ou rejeição da moeda única (Suécia) ou a entrada ou saída na União (Reino Unido) são atos que devem, de preferência, ser cometidos ao voto direto dos cidadãos. O mesmo se diga de questões que têm a ver: com a identidade nacional (alterações radicais ao regime de nacionalidade e política de imigração); com símbolos nacionais (várias opções sobre as cores da bandeira da Nova Zelândia foram referendados em 2016, referendo que em Portugal seria interdito); com a organização territorial envolvendo estruturas próximas dos cidadãos (criação de uma federação, criação de regiões, extinção ou fusão de autarquias). Finalmente, por lhe dizerem diretamente respeito, o referendo deve verter sobre propostas relativas a formas de vida em sociedade ligadas a questões de identidade, de consciência e de organização familiar (aborto, casamento, eutanásia e consumo de drogas leves).

Trata-se de temas relevantes e muito controversos em que, frequentemente, a maioria do povo pensa diferentemente dos seus representantes, cujo mandato eleitoral é deficitário. Deficitário porque a matéria implica uma refundação constitucional ou limites materiais de revisão, ou porque a mesma tem um peso existencial na configuração ou subsistência do próprio Estado ou, ainda, porque, no programa eleitoral submetido às eleições parlamentares, a posição dos candidatos não era definida sobre a questão controvertida.

167. Negar ao povo, com base no rótulo da sua impreparação, a possibilidade de decidir sobre certas matérias que estão ao alcance do seu entendimento através de uma resposta simples, equivale, com as devidas diferenças, em ratificar o discurso dos regimes autoritários que negam eleições livres na base da tese da falta de esclarecimento e de formação da cidadania. Seria homologar o discurso de Marcello Caetano, expoente da ditadura catedrática que governou Portugal durante a parte final regime autoritário, quando negou em 1973-1974 um referendo sobre a autodeterminação das províncias ultramarinas portuguesas proposto pelo General António de Spínola, com o argumento de que, para a maioria dos eleitores nativos, o sufrágio equivaleria à escolha entre o "leão" e o "leopardo". Será, contudo, que mesmo esses eleitores menos esclarecidos não teriam a capacidade e o direito de optar entre o leão e o leopardo?[326] Seria necessária uma educação excecional para exprimir, em voto direto, se pretenderiam, legitimamente, continuar portugueses ou ser independentes? Infortunadamente, a ditadura militar instaurada em 1974 que derrubou o regime autoritário pensava como os seus antecessores e fez ainda pior, pois optou não só por prescindir do referendo, impondo uma solução de independência em cenários de anomia e de pré-guerra civil, mas também por prescindir de uma consulta aos mesmos povos sobre se pretendiam ou não ser governados democraticamente, tendo entregue diretamente o governo das populações a regimes de partido único.

Em qualquer caso, a tese da impreparação vai esmaecendo na Europa e nas Américas, à medida que aumenta exponencialmente a literacia, a educação média e superior e o acesso da cidadania a novas fontes de informação, mormente através do ciberespaço. Os cidadãos, especialmente nas camadas jovens, encontram-se há mais de duas décadas mais mobilizados para intervir diretamente em escolhas públicas como refletem algumas sondagens[327]

---

[326] O eleitorado autóctone ou nativo de Djibuti (que rejeitou num primeiro referendo a independência da França e escolheu essa independência num segundo referendo), o eleitorado da Nova Caledónia, quando rejeitou por uma pequena margem a independência desse País e os eleitores das Comores, quando sufragaram a independência estavam impreparados para decidir? E a população nativa dos territórios ultramarinos portugueses teria alguma "capitis diminutio" relativamente à população dos três territórios franceses descritos para lhe ser negada idêntica possibilidade?

[327] Um inquérito da "Eurobarómetro" datado de abril de 1997 exprimiu esse interesse. Quinze anos depois, no "Inquérito Social Europeu", a resposta em favorável à importância desse tipo de democracia foi de 8,3 numa escala de 0 a 10. Cfr relativamente a estes dados em

Havendo uma preferência dos cidadãos pela revalorização do seu poder de escolha direta, terão os seus representantes eleitos, em tempos de alguma esclerose do atual modelo de representação, legitimidade para frenar o referendo, em nome da sua própria melhor preparação ?

D. Canibalização da democracia representativa pela democracia semidireta sem alternativa institucional ?

168. *Um último argumento* seria o da erosão que a democracia semidireta causaria a uma democracia representativa que é a base institucional dos regimes democráticos. Nele haveria a considerar quatro pontos, conexos mas distintos.

Para alguns politólogos, a democracia semidireta diminuiria o crucial papel que os partidos políticos desempenhariam no quadro de uma democracia representativa[328] como referências das principais sensibilidades do eleitorado, centros de preparação de candidaturas aos órgãos do poder, polos de orientação e disciplina dos representantes, fontes de diálogo e conflito inerentes à tomada de deliberações e impulsionadores de programas políticos.

Iniciativas referendárias tomadas por cidadãos concorreriam com a ação política dos partidos e enfraqueceriam, quando triunfem, o papel ordenador destes últimos, sem que ofereçam nenhum outro programa político abrangente consequente que se projete para além da questão particular que foi referendada.

Para outros, os defensores da solução vencedora fariam triunfar uma opção causadora de impactos negativos ou de altos riscos colaterais, mas deixariam aos partidos a "bomba" nas mãos e a tarefa de a neutralizar. Tal ocorreu com o Brexit em 2016 (a maioria dos lideres da opção vencedora renunciou, depois da vitória, aos seus lugares políticos ou a candidaturas a posições de liderança, deixando nas mão de uma nova Primeira-Ministra defensora da permanência, a execução da tarefa da saída). E sucedeu, igualmente, com o referendo realizado na Suíça, em 2015, quando grupos de cidadãos (a par do Partido do Povo da direita nacionalista), fizeram triunfar uma opção restritiva de liberdade de circulação de cidadãos entre o País e a União Europeia, deixando a um Conselho Federal atónito a tarefa de compor uma solução (e as relações diplomáticas) com os irados parceiros europeus.

LUÍS AGUIAR CONRARIA—PEDRO MAGALHÃES "Democracia Direta" in "XXI"- tema "A Democracia em Sobressalto"-nº 7-2016-p. 42.
[328] Cfr ANDREAS LADNER- MICHAEL BRÄNDLE "Does Direct Democracy Matter for Political Parties? An Empirical Test in the Swiss Cantons." Party Politics 5 -3- 1999-p. 383 e seg.; MARCO LISI ult. loc cit, p. 109.

Um terceiro ponto faz notar que o triunfo de opções referendárias contrárias aos projetos políticos dos representantes eleitos constituiria uma forma de os desautorizar e de deslegitimar a própria democracia representativa. Esta solução tornou-se clara nos referendos sobre questões europeias no Reino Unido, Suécia, Noruega, Suíça, França, Holanda, Dinamarca e Irlanda (onde o eleitorado desconsiderou as preferências da grande maioria dos seus representantes nos parlamentos).

Finalmente, o referendo poderia ser usado perigosamente pelos titulares de certos órgãos como armas de arremesso contra outros centros de poder soberano, em quadros de conflito institucional, podendo criar roturas perigosas, vazios de poder e derivas autoritárias. Teria sido o caso dos referendos promovidos pelo Parlamento romeno para a destituição do Presidente Traian Basescu: o primeiro em 2007, em que os eleitores rejeitaram a destituição, e o segundo em 2012, em que o impeachment foi aprovado pelo eleitorado por larga maioria, mas que culminou com a declaração da invalidade do ato pelo Tribunal Constitucional, pelo facto da participação não ter atingido 50% dos eleitores, criando uma crise sem precedentes.

169. No tocante à primeira objeção descrita, não é possível afirmar que os referendos representem uma manifestação puramente anti-partidária. Por exemplo, na Suíça, onde existem frequente iniciativas populares, muitos referendos são promovidos por partidos ou juventudes partidárias, a par de grupos de cidadãos, e os principais partidos que não os promovem tomam posição ativa sobre as questões referendadas. Sintomaticamente, o líder de sucesso dos referendos nacionais na suíça nos últimos 10 anos é o primeiro partido do País, o Partido do Povo (UDC/SVP), que os têm convocado para quebrar bloqueios da maioria parlamentar e impor as suas políticas de lei e ordem, de deportação de criminosos, de permissão de uso de armas no domicilio, proibição da construção de minaretes, medidas anti-imigração e políticas adversas a uma integração na União Europeia (como comprovam os referendos realizados em 2009, 2010, 2011, 2013, 2014, 2015 e 2016[329]) . Mesmo em Portugal, no referendo relativo à regionalização e ao primeiro concernente ao aborto, os partidos intervieram publicamente no debate e articularam-se com os movimentos de cidadãos.

É certo que nem sempre assim sucede. Mas a existência de movimentos de cidadãos fazendo debater ideias contra a vontade das lideranças dos partidos resulta ser positiva na medida em que quebra o dogma desgastado e reducionista que sustenta uma espécie de monopólio partidocrático da decisão política, do qual resulta a ideia de que qualquer questão relevante para poder prosperar terá de passar pela deliberação partidária. Ora existem, inclusivamente questões, sobre as quais os dirigentes partidários se encontram divididos e as lideranças

---

[329] Neste último caso, a iniciativa de deportar criminosos estrangeiros que praticassem pequenos delitos não prosperou.

preferem diferir a sua resolução para referendo, a enfrentar uma rotura interna, dando liberdade de expressão, intervenção e voto aos seus militantes: assim sucedeu em França com o referendo sobre o Tratado de Maastricht (1992), em Portugal sobre o aborto (2007) e no Reino Unido sobre o Brexit (2016), havendo ministros do mesmo governo de um e de outro lado da contenda.

Em suma, os partidos, sendo realidades permanentes e insubstituíveis numa democracia representativa não vêm o seu lugar cativo posto em xeque pelos referendos (que muitas vezes promovem e onde participam) nem têm o seu papel de mediação afetado pela concorrência de iniciativas populares, as quais, mesmo quando triunfam, esgotam o seu protagonismo no ato, com a vantagem de estimularem a participação ativa em questões de decisão simples por parte de uma cidadania usualmente apática e anestesiada pelo monopólio partidário.

179. Tal como já se antecipou (supra, § 168), existem referendos cujos resultados criam situações embaraçosas ao poder representativo, em termos financeiros, de segurança e de política externa. Mas esse é o preço do respeito pela vontade democrática, não sendo os promotores do referendo os responsáveis pela resolução dessas situações problemáticas mas sim os representantes dos cidadãos: estes são, na verdade, eleitos e pagos para governar e solucionar problemas gerados pela vontade popular, mesmo que com esta não concordem.

180. Já a ideia de deslegitimação da democracia representativa por via referendária constitui um velho argumento alarmista, convocado, sobretudo, por parte dos representantes eleitos contra intromissões no seu círculo fechado de poder e uma manifestação típica da "lei de ferro" das oligarquias políticas. Os representantes, depois de eleitos, exigem através do mandato representativo um corte radical com os representados, recusando quer a introdução de manifestações de mandato imperativo quer uma desautorização por via referendária.

A Alemanha, invocando o sombrio precedente do III Reich, assume um exclusivismo representativo com uma quase proscrição do referendo a nível federal (apenas se admite essa via para mudanças constitucionais e alterações na configuração dos estados). Mesmo em Portugal, existem limites e cautelas extremas sobre atos referendários a nível nacional que desvalorizam o instituto: eficácia do ato referendário durante uma mera sessão legislativa (correspondente a um ano); exclusão do referendo em matérias constitucionais e da reserva legislativa parlamentar; competência do Tribunal Constitucional para escrutinar *ex ante*, não só a validade mas a forma como a questão está elaborada; reserva exclusiva do Governo e Parlamento para iniciativas referendárias, sendo as iniciativas da cidadania sujeitas ao crivo parlamentar no tocante à sua admissibilidade[330]; e liber-

---

[330] Sustentando alguns constitucionalistas que se estaria, verdadeiramente, diante de um "direito de petição" e não de uma iniciativa (VITALINO CANAS "Referendo Nacional- in-

dade absoluta do Presidente da República quanto à convocação dos referendos. A reserva ao referendo é endémica na estrutura defensiva e quase autopoiética da classe política que tem sobre o problema um complexo de deslegitimação. Com efeito, referendos realizados em Portugal, mesmo sem caráter vinculativo (por força da impossibilidade de se atingir a barreira do 50%) tiveram grande peso psicológico sobre o poder representativo. A rejeição da regionalização em 2008 sepultou o tema regional até 2016, altura em que o poder, em pequenos passos, intentou criar por via legislativa um arremedo de região administrativa sem a crismar como tal, através da eleição direta de dirigentes. O triunfo do "não", em 1998, à proposta da interrupção voluntária da gravidez pela vontade da mulher só foi revertido em 2006 em novo referendo, pese o facto de o Parlamento poder ter assumido, por via legislativa, uma opção contrária ao ato referendário, logo no ano seguinte à sua realização.

Mesmo em ordenamentos onde o referendo é uma instituição interiorizada, existe uma tendência de certos setores para aceitar os resultados apenas quando estes são convenientes: mal triunfou o Brexit por uma escassa margem, foi exigida dentro e fora do Reino Unido a convocação de um novo referendo, alegando-se que o eleitorado teria tomado uma decisão impensada, muito na lógica dos dirigentes europeus, que forçaram pequenos Estados, como a Irlanda, a realizar tantos referendos quantos os necessários até se atingir um desfecho aceitável. No Reino Unido, uma velha e consolidada democracia, esse desrespeito leviano pela vontade popular não prosperou e o Governo, nele incluindo os defensores de uma opção contrária, declararou que a vontade popular seria cumprida.

181. O argumento do "risco" da deslegitimação dos representantes merece uma consideração adicional. É que, pode fazer sentido que em questões essenciais e controversas da vida política e social de um Estado, a vontade dos representantes seja escrutinada pelos representados, para a correção de desvios e de formas abuso do poder conferido pelo mandato eleitoral. Tal como em certos sistemas políticos, como os presidencialistas e semipresidencialistas, existe um *direito de veto* do Presidente sobre as deliberações do Parlamento ou do Governo, parece fazer sentido que em relação a certas questões, onde exista o risco a produção de factos consumados no plano da soberania, da identidade nacional e do modo de vida individual e familiar, esse mesmo direito de veto faça também sentido, até por maioria de razão em termos de peso político, no sentido da sua imputação à vontade direta do povo eleitor.

O *veto referendário* procede, logo à partida, em momentos constituintes, evitando, como sucedeu no caso da abortada Constituição francesa de 1945, rejeitada por via referendária, que os constituintes eleitos se tivessem desviado do

trodução e Regime"-Lisboa-1998.

seu mandato e segregado uma constituição disfuncional de matriz marxista que teria conduzido o país a um sério confronto interno. E tem igualmente pertinência no caso de os representantes sufragarem vias de devolução do poder a entes supranacionais que redundariam, a prazo, na perda da independência do País e numa mutação constitucional feita à margem da vontade popular, única fonte da soberania constituinte (vide o caso da rejeição do Tratado Constitucional Europeu na França e Holanda em 2006). E tem, finalmente, sentido quando minorias influentes criam conceitos de correção política em termos de opinião pública e cultura parlamentar sobre conceções de família, conformação de direitos de liberdade (como o direito à vida e modos de vida em sociedade) que vão passando por via legislativa sem que a população se pronuncie, sobretudo se entre os eleitores houver fortes movimentos contrários a essa evolução que se propagam a setores dos próprios partidos.

4. Síntese conclusiva

182. O regime democrático representativo, na sua configuração teórica elitista não se defronta com qualquer concorrente à altura com aptidão para a substituir como paradigma democrático: democracia participativa, consociativa, deliberativa e semidireta são complementos potenciais que podem obviar a algumas das suas dimensões deficitárias, mas carecem de qualquer densidade institucional para se lhe anteporem como alternativa.

183. A *democracia participativa* deve ser alargada quanto ao leque dos interesses organizados que podem fazer chegar ao poder as suas preferências e reparos, através de vias formais e informais apropriadas, sem prejuízo do refrescamento do algo exaurido embora necessário processo de concertação social. Pode, igualmente, ser reconfigurada quanto aos termos em que se processa a audiência dos interessados afetados por decisões administrativas desfavoráveis.

184. Já a *democracia deliberativa*, fraca no plano institucional, passou apenas a florescer como facto relevante, na sua dimensão extra-institucional e digital, impondo-se como um facto ou uma força da natureza difícil de domar: ela opera difusa e erraticamente como uma "roda da fortuna", ora deslegitimando e erodindo a confiança popular na autoridade do poder representativo, ora municiando os representantes com informação e discussão útil no espaço público através de novas formas de comunicação entre governados e entre estes e os governantes. A revalorização do espaço público como fórum de discussão dos temas políticos sujeitos a deliberação passa, paradoxalmente, por um aperfeiçoamento dos canais de comunicação. Os *media* devem ter a capacidade de selecionar os fóruns de debate com efetiva qualidade, as fontes fidedignas de informação e moderar

o tipo de comentários que afluem ao seu website. E os decisores devem recriar distâncias em relação aos governados, reconsiderando a utilidade do uso do *tweeter* sobretudo como instrumento de comunicação biunívoca.

185. Será a *democracia semidireta* a via mais funcional e reta de oxigenação da democracia representativa, já que se trata do instituto que permite ao povo, fonte de soberania, exprimir inequivocamente e sem intermediários a sua vontade em relação a questões de resposta simples.

Na ordem jurídica portuguesa seria útil, em termos de revalorização do instituto:

i) Permitir que iniciativas populares para a realização de referendos sejam apresentadas diretamente ao Presidente da República, excluindo-as do filtro parlamentar no caso de atingirem o patamar de 75.000 assinaturas;
ii) Sem prejuízo da submissão da proposta referendária ao controlo prévio e obrigatório de constitucionalidade (com a possibilidade da prolação de despachos de aperfeiçoamento em relação à formulação da questão a referendar), iniciativas populares subscritas por meio milhão de assinaturas deveriam envolver uma convocação obrigatória pelo Chefe de Estado;
iii) Dado o inêxito do regime jurídico em vigor que apenas torna o referendo nacional vinculativo, no caso de votar mais de metade dos eleitores inscritos (o que nunca sucedeu) e dada a inviabilidade do voto obrigatório, deveria ser consagrada a regra da vinculatividade do ato referendário no caso de votarem mais de 40% dos eleitores inscritos;
iv) O resultado do referendo, no caso de o mesmo ser vinculativo, deveria ser respeitado pelo legislador no decurso de uma legislatura, ressalvada a possibilidade de, volvida uma sessão legislativa, poder ser aprovada legislação contrária mediante o voto de dois terços dos deputados efetivos;
v) Matérias de ordem constitucional que envolvam novas transferências de soberania para a União Europeia, regionalização, retificação de fronteiras ou reformas do Estado Social que suponham questões de resposta simples deveriam, nos três primeiros casos, e poderiam, no segundo, ser submetidas a ato referendário.

5. As democracias limitadas: regimes democráticos "iliberais", "autoritários" e "deficitários"

186. Existem regimes democráticos representativos que incorporam nos seus atributos fundamentais, em regra atinentes ao princípio da separação de poderes, ao sistema de garantias dos direitos de liberdade e aos pressupostos típicos

de um ato eleitoral livre e competitivo, restrições suficientemente significativas para que lhes seja reconhecida alguma atipicidade ou hibridismo.

Alguns autores designam-nas de "democracias defetivas" ou "defeituosas", ou seja aqueles regimes em transição que não alcançaram o paradigma de uma democracia liberal, mas que não podem ser reconduzidos aos regimes autoritários na medida em que existem condições mínimas de limitação do poder através da sua separação e um sistema eleitoral que envolve um sufrágio livre[331].

187. Preferimos, contudo o uso abrangente de "democracias limitadas"[332] para traduzir um denominador comum atinente à existência de afetações compressivas dos atributos medulares de um regime democrático, cuja intensidade não é tão significativa que envolva a depreciação do fundamento nuclear da democracia que é o exercício do poder através do consentimento livre e competitivo dos governados, feito na observância do principio da maioria.

Na medida em que os referidos atributos sofrem limites, compressões ou insuficiências, estas variantes atípicas de democracia representativa envolvem sempre um *"quid minus"* em relação ao modelo competitivo e justificam a sua colocação em subcategorias dentro do catálogo dos regimes democráticos.

---

[331] Cfr. W. MERKEL." Defective Democracies: concepts and causes"-in "Centro European Political Science Review"-nºs 1-2-2000-p. 31 e seg; HANS JÜRGEN PHULE "Democratic Consolidation and Defective Democracies"- Conferencia na Universidade Autónoma de Madrid, a 13 de maio de 2005, cit por GUSTAVO EMMERICH-ALEJANDRO F: GAVIA in AAVV " Tratado de Ciencia Politica"- coord. Gustavo Emmerich-Victor Alarcón Olguin 2007-Mexico/ Montcada i Reixac- p 122. Numa definição diversa, ANDRÉ FREIRE (ult. loc cit, p. 33) designa-as como os regimes em que *"o Estado Constitucional está incompleto ou danificado e os poderes legislativo e executivo fracamente limitados pelo poder judicial. Adicionalmente as normas constitucionais têm reduzido impacto vinculativo da ação do Governo e os direitos civis e políticos dos cidadãos estão insuficientemente especificados ou limitam pouco a ação do governo"*. Não nos afeiçoamos a esta caracterização que abrange muitas democracias deficitárias que podem, ou não ser simultaneamente iliberais. Uma democracia iliberal não revela um Estado Constitucional incompleto ou danificado pois a Constituição pode, intencionalmente, assumir uma visão menos liberal de democracia no quadro de uma filosofia pública (como na Hungria). O poder judicial pode controlar o legislativo mas com baias que precludam o ativismo judicial. As normas constitucionais podem ter conteúdo vinculante e os direitos civis e políticos podem, igualmente, estar especificados mas sofrer restrições ou ser colocados deliberadamente à mercê de lei de conteúdo mais intensamente restritivo.

[332] Cfr MORLINO "Democracia y Democratizaciones"-Madrid-2009-p. 184 e seg., que as distingue de outros figurinos próximos como as democracias protegidas e democracias sem lei.

5.1. Democracias iliberais

188. As "democracias iliberais" são Estados de direito dotados de sistemas políticos e eleitorais que potenciam executivos estáveis e fortes, a redução da essência da representação parlamentar às principais forças partidárias e uma prática constitucional e política que proporciona apenas garantias parciais do exercício de diversos direitos políticos. Fixam, igualmente, limites de intensidade variável a formas de heterocontrolo de legalidade do poder político, nomeadamente a nível do judiciário e da administração independente [333].

Um regime cujos dirigentes o definiram como uma "democracia iliberal" foi a Hungria, após a aprovação da Constituição de 2012. Em declarações feitas em 2014, o Primeiro-Ministro húngaro, Viktor Orban, na Universidade de Verão de Bálványos precisou :

> *"A Força do soft power americano deteriora-se porque os valores do liberalismo nos dias de hoje incorporam corrupção, sexo e violência e isso desacredita a América e a modernização americana (...)."Uma democracia não é, necessariamente liberal(...) .Nós queremos organizar o "workfare state"*[334]*(...)"*
>
> *"Assim, neste sentido, o novo Estado que estamos a construir na Hungria é um Estado iliberal um Estado não liberal. Ele não rejeita os princípios fundamentais do liberalismo, como a liberdade bem como outros, mas não converte esse princípio numa ideologia transformada em elemento central da organização do Estado, incluindo, ao invés, uma aproximação especial de índole nacional"*[335]*."Pretendemos construir um Estado em torno do interesse nacional".*

De um modo geral os defensores da democracia iliberal entendem que a democracia contemporânea, estando ligada à modernidade, estabeleceu uma conexão "contra natura" com o liberalismo que tende a oxidá-la. Embora a democracia pressuponha o exercício de liberdades políticas básicas, os seus princípios estru-

---

[333] Cfr as definições dadas por MERKEL (ult. loc cit) e IMMACULADA SZMOLKA VIDA " Los Regimenes Politicos Hibridos: democracias y autoritarismos con adjetivos. Su conceptualización, categorización y operacionalización dentro de la tipología de regímenes políticos."- REP-147-2010-p. 117. Em sentido depreciativo, jornalístico e pouco rigoroso, misturando democracias eleitorais com autorit**árias e defetivas cfr** FAREED ZAKARIA "The Rise of Iliberal Democracy"- Nov/Dec-1997 -"Foreign Affairs"

[334] "Workfare": os beneficiários da ajuda social, com capacidade de trabalho, devem trabalhar para receber benefícios.

[335] Cfr a intervenção completa http://budapestbeacon.com/public-policy/full-text-of-viktor--orbans-speech-at-baile-tusnad-tusnadfurdo-of-26-july-2014/10592.

turantes assentariam na igualdade, na soberania popular e na identidade entre governantes e governados. Já o liberalismo superlativizaria o relevo da sociedade e dos seus grupos de interesse em face do povo, híper-garantiria os direitos individuais e insuflaria certos padrões morais como limites incertos à soberania popular defendidos por uma comunidade aberta de custódios. A democracia insuflada pelas ideias liberais e neo-liberais deixa de ser um poder soberano do povo assente no critério maioritário, para se transformar numa "democracia dos direitos do homem"[336] em que a soberania se transferiria para o indivíduo, para os tribunais e para um conjunto de "veto players" onde superabundariam minorias instaladas, interesses económicos e sociais poderosos e os principais órgãos de comunicação.

Gerar-se-ia uma "sociedade política de mercado" transformada em caixa registadora de impulsos oriundos de uma pluralidade diversiforme atores políticos e económicos em que os dirigentes políticos deixariam de governar para se transformar em gestores e reguladores da coisa pública, atuando sob a legitimidade tecnocrática e aparentemente neutra da "boa governance"[337]. Implicitamente, nesta linha, uma decisão democrática contrária a um critério de boa governance seria tecnicamente ilegítima.

A democracia iliberal constituiria, para alguns, uma reação do princípio democrático contra um défice de soberania popular causado por uma "hipertrofia demagógica" dos direitos individuais, sustentada num discurso moralista de justiça, em que esta não se destinaria a salvaguardar bens maiores, mas sim a permitir aos indivíduos que prossigam os seus objetivos, desde que formalmente compatíveis com uma liberdade igual para todos. Os fundamentos da democracia iliberal sustentam-se na ideia que quem vence eleições livres governa e prossegue o interesse nacional, se necessário contra os interesses das minorias, o que implicaria a redução do poder de "veto players", carentes de legitimidade democrática, um reequilíbrio entre direitos e deveres da cidadania e uma separação de poderes mais estrita que evite que instituições não eleitas, como o poder judicial, interfiram na política como atores, a pretexto da custódia de direitos fundamentais.

189. De acordo com a resenha do *Human Rights Watch* foram elencadas as principais componentes supostamente "iliberais" da Constituição Húngara que mereceram críticas da Comissão de Veneza, do Parlamento Europeu e da Comissão Europeia, como pouco consentâneas com os valores da União e que não teriam sido suprimidas por retoques constitucionais em 2013[338]: Sucede porém que uma

---

[336] MARCEL GAUCHET "La Democracie d'une Crise a L'autre"-Nantes-2007-p.21c e seg.
[337] ALAIN DE BENOIST "Le Moment Populiste" op. cit, p. 45 e seg.
[338] Cfr. Relatório da Comissão de Venezahttp://www.venice.coe.int/Newsletter/NEWS-LETTER_2012_02/1_HUN_EN.html; Vide Relatório do "Human Right Watch"https://

análise aturada às referidas restrições[339] demonstra que, tirando uma excessiva governamentalização do judiciário e da inexplicável restrição colocada ao poder do Tribunal Constitucional em conhecer inconstitucionalidades materiais, as

www.hrw.org/report/2013/05/16/wrong-direction-rights/assessing-impact-hungarys-new-
-constitution-and-laws

[339] Assim, segundo os relatórios referidos na nota anterior cumpriria atentar nos seguintes pontos:
i) Igualdade religiosa: seria uma comissão parlamentar e não uma autoridade independente a reconhecer, por parte do Estado, uma confissão religiosa, condição necessária para obter subsídios estatais, tendo-se registado numerosos atos de recusa de reconhecimento de certas confissões, para o efeito referido;
ii) O Presidente do "National Judicial Office" (Departamento Nacional da Justiça), órgão de gestão da magistratura, seria eleito pelo Parlamento por um mandato longo (9 anos) por uma maioria de dois terços (que o Governo deteria no Parlamento)e teria expressivos poderes concentrados, nomeadamente, uma palavra decisiva na nomeação de juízes de tribunais superiores e na organização interna dos tribunais; o seu mandato não seria controlado com efetividade por uma autoridade independente e os seus atos não seriam impugnáveis junto dos tribunais;
iii) O "National Judicial Council" (Conselho Nacional de Justiça) órgão de supervisão do "National Judicial Office" e do seu presidente teria débeis poderes de regulação e controlo e seria composto apenas por juízes (não havendo a presença de advogados e membros da sociedade civil);
iv) Possibilidade de o "National Judicial Office" decidir a transferência de juízes (ofensa ao critério da inamovibilidade) sem possibilidade de impugnação judicial do ato, admitindo-se, igualmente a transferência de processos (ofensa ao "juiz natural");
v) Na campanha eleitoral, os media do Estado e privados podem difundir tempos de antena e programas eleitorais, mas os meios privados devem fazê-lo gratuitamente (entendendo os críticos que nunca o farão sem compensação financeira);
vi) A entidade reguladora da comunicação social estaria instrumentalizada pelo poder pois o seu Presidente seria nomeado pelo Presidente da República sob proposta do Parlamento e os restantes membros pelo Parlamento;
vii) O conteúdo editorial dos meios de comunicação públicos teria interferência editorial do governo e jornalistas adversos a esta política teriam sido despedidos sob pretexto de restruturações;
viii) Foi restringida a definição de família em prejuízo dos direitos dos homossexuais;
ix) Foi restringido o direito das mulheres a abortar, declarando-se a proteção do direito à vida desde a conceção;
x) O Tribunal Constitucional foi limitado nos seus poderes de declaração de inconstitucionalidade de leis (os juízes deixam de ser designados pelo Parlamento por uma maioria de dois terços, mas sim por uma maioria menos elevada, ao alcance do partido do poder); o número de juízes alargou-se de 11 para 15; limitou-se o controlo de constitucionalidade do Orçamento de Estado e matéria fiscal; aboliu-se a ação popular que permitia aos cidadãos acionar o Tribunal; circunscrição do controlo de constitucionalidade a vícios formais;
xi) Estabeleceram-se multas excessivas para os jornalistas que violem a lei de imprensa;

OS REGIMES POLÍTICOS

afetações de direitos e garantias revelam uma média-baixa intensidade e têm lugar noutros Estados europeus, relativamente aos quais não foi feito qualquer reparo, não beliscando a natureza democrática representativa da Hungria. Muitas das críticas, excetuado algumas da Comissão de Veneza relativas ao poder judicial, foram manifestamente excessivas e revelaram inclusivamente carácter tendencioso e argumentativamente medíocre, como foi o caso do relatório do Parlamento Europeu[340]. Com efeito, muitos dos reparos feitos severamente à Hungria não foram desferidos a outros Estados Europeus cujos regimes constitucionais ostentam normas idênticas, facto revelador de um sistema de escrutínio com dois pesos e duas medidas[341].

190. Outros casos de democracias iliberais seriam a Polónia (entendimento que, pese as semelhanças do programa político do governo eleito em 2016 com o do governo húngaro, parece ser prematuro já que não ocorreram mudanças constitucionais que alterassem o perfil do Estado) e Singapura (um modelo clás-

---

xii) Foram criminalizadas intervenções violadoras da dignidade da nação húngara bem de qualquer grupo religioso ou étnico, violando-se a liberdade de expressão e criação cultural e artística.

xiii) Proscrição do direito de voto a pessoas com incapacidades mentais;

[340] http://www.europarl.europa.eu/sides/getDoc.do?pubRef=-//EP//TEXT+REPORT+A7-2013-0229+0+DOC+XML+V0//PT#title2

[341] Cumpre observar que em diversos Estados europeus foram determinadas restrições a direitos e a garantias análogas às existentes na Hungria que não geraram processos de escrutínio e pressões idênticas para a mudança da Constituição ou da lei. Assim, sem preocupação exaustiva: i) Relativamente a discriminação entre confissões, enquanto igrejas protestantes do Reino Unido e da Dinamarca e a religião ortodoxa na Grécia são religiões oficiais e confundem-se com o Estado, na Áustria as igrejas reconhecidas têm mais privilégios do que as demais confissões e em Portugal o estatuto de "Igrejas e Comunidades Religiosas radicadas no País" tem a sua qualificação atestada por membro do Governo e não por autoridade independente; ii) Na Alemanha os juízes federais são designados pelo Governo com colaboração do Parlamento e o poder disciplinar não passa por órgãos independentes de gestão da magistratura mas pelo presidente do tribunal, enquanto no Reino Unido o mesmo poder disciplinar é cometido ao Governo (*Lord Chancelor e Lord Chief Justice*); iii) O Luxemburgo não tem um regulador independente da comunicação social; iv) O Reino Unido e a Holanda não têm Tribunal Constitucional nem controlo de constitucionalidade; v) Sem prejuízo de reconhecer uniões entre pessoas do mesmo sexo, vários Estados Europeus não reconhecem o casamento homossexual, entre eles a Alemanha até 2017, a Áustria, Eslováquia, a Polónia e a Croácia (cuja Constituição define o casamento como relação entre pessoas de sexo diferente); vi) O aborto é proibido em Malta e na Irlanda apenas se justifica para a proteção da vida da Mãe; vii) Vários Estados restringem a liberdade de expressão, criminalizando incitamentos ao ódio e ao racismo nos media (Portugal incluído) bem como a negação do Holocausto, como é o caso da França e Alemanha; viii) E, finalmente, mais de uma dezena e meia de Estados europeus, incluindo a Alemanha proscrevem o direito de voto a pessoas com doenças mentais.

sico e assumido, em que a compressão dos direitos civis e políticos assume uma intensidade média-alta e o sistema maioritário a uma volta numa Cidade-Estado favorece desproporcionadamente a representação do partido no poder, há várias décadas[342]).

5.2. Democracias autoritárias

191. As chamadas democracias autoritárias constituem um híbrido entre um regime democrático-representativo de índole competitiva e um regime autoritário semi-competitivo, sendo a componente dominante do regime a democrática -representativa.

Pode caracterizar-se este tipo eclético de democracia, em termos gerais, como *um regime em que, pese o facto de os governantes serem designados pelos governados em eleições minimamente pluralistas, existem condicionamentos fácticos e jurídicos à liberdade, à igualdade e à equivalência de opções entre forças políticas concorrentes, a par de uma excessiva concentração de poderes no executivo bem como de expressivas compressões nos direitos políticos dos cidadãos.*

192. Neste rótulo é possível inserir várias variantes: a democracia tutelada; a democracia de domínio; a democracia delegante; a democracia excludente; e a democracia neo-cesarista.

193. A *democracia tutelada*[343] envolveria um regime basicamente representativo onde existiriam domínios reservados a entidades não eleitas democraticamente que detém institucionalmente, sobre esses mesmos domínios, um poder auto-regulador e/ou um direito de veto ou impedimento. Trata-se de um tipo de regime comum nos Estados em transição para a democracia em que o poder anterior, em regra militar, reserva transitoriamente uma quota de poder de supervisão. É claramente o caso de:

i) Portugal entre 1976/1982, na versão originária da Constituição de 1976, em que o Conselho da Revolução exercia um poder de autogestão em matéria militar e operava como órgão político de controlo da constitucionalidade;

---

[342] De 1965 a 1981 o Partido de Ação Democrática (social-democrata) arrebatou todos os lugares no Parlamento. Subsequentemente a oposição obteve 2 mandatos até ao sufrágio de 2015, no qual alcançou 6 (através do Partido dos Trabalhadores que obteve 12,4 %) contra 83 do partido do Governo (69,8%9).

[343] JÜRGEN PHULE cit por GUSTAVO EMMERICH-ALEJANDRO F: GAVIA, ult. loc cit.

ii) Turquia na versão originária da Constituição de 1982 que conferia aos militares importantes poderes de tutela formal e informal na garantia do Estado laico, através do Conselho de Segurança Nacional;

iii) Myanmar (Birmânia) depois das eleições de 2015 e das reformas constitucionais que as precederam, em que a esmagadora maioria de votos da "Liga Democrática (57%) se traduziu em 255 lugares na Câmara dos Representantes, contra 22,8% e 30 mandatos obtidos pelo partido afeto aos militares, aos quais acresceram 110 mandatos designados diretamente pelo poder militar, que guardou para si a uma das duas vice-presidencias do País;

iv) Marrocos (numa "ponte" com a *democracia de domínio*), onde um centro de autoridade não eleito, o Rei, detentor de importantes poderes espirituais, patrimoniais e constitucionais, exerce competências muito relevantes na formação do Governo e na definição das grandes linhas da política do Estado, na direção das forças armadas e no exercício do veto sobre as normas emanadas do Executivo e de um Parlamento onde estão representadas forças pluripartidárias que alternam no poder;

v) De Estados sob tutela política e jurídica de potências estrangeiras que condicionam os poderes democraticamente eleitos (caso do Japão no período subsequente à II Guerra Mundial e, atualmente, da Bósnia-Herzegovina no marco dos acordos de Dayton, uma variante de protetorado da ONU, da União Europeia e de um conjunto de Estados-garante).

194. A *democracia de domínio* caracterizar-se-ia pela existência de *forças fácticas* com grande poder que condicionariam a autonomia dos governantes eleitos por um sufrágio eleitoral competitivo[344]. Atualmente é a situação do Kosovo, Estado criado pela NATO e sujeito à sua proteção e influência. Foi e é o caso da Bolívia entre os anos 50 e 60 e posteriormente ao início da década de noventa, em que o poder eleito esteve sempre dependente de vetos informais: primeiro da COB (central sindical marxista, onde o sindicato mineiro ganhou peso) e dos grandes cartéis da indústria mineira (a "Rosca") e da droga e, mais recentemente, das organizações indígenas produtoras de coca associadas ao poder sindical. É também o caso do Paquistão, em que nos ciclos democráticos, um poder político débil teve de se acomodar ao poder fático dos líderes religiosos, das forças armadas e dos líderes regionais de certas zonas tribais, com relevo para o Baluchistão e a Fronteira do Noroeste. Era ainda o caso da Finlândia durante o pós-

---

[344] W. MERKEL-A. CROISSANT "La Democracia Defectuosa como Regimen Politico: instituciones formales y informales"- in AAVV "Construccion de Europa, Democracia y Globalización"-org. R. MAIZ SUAREZ-I-2001-p. p. 119 e seg.

-guerra e a "guerra fria" (1946-1991), em que o poder eleito era limitado pela tutela da União Soviética sobre a sua política externa e de defesa. Finalmente, era a situação de diversos estados da América Central e do Sul nos anos 50 e 60 (Guatemala, Honduras, Panamá, Colômbia, Equador), cujos governos eram condicionados pela supervisão dos Estados Unidos e o poder das grandes multinacionais norte-americanas que exploravam matérias primas.

195. A *democracia delegante* implicaria que os freios e contrapesos não operariam adequadamente na lógica elementar do princípio da separação de poderes, fazendo acrescer competências à esfera do Executivo que atuaria com controlos débeis[345]. Será eventualmente o caso da Argentina desde a democratização em 1982 (nem o Congresso nem o judiciário lograram limitar a concentração do poder no Presidente da República) e o da Colômbia (onde a situação de guerra interna conduz a um concentração efetiva de poderes no Presidente, a expensas do Congresso, sem prejuízo de algum poder de controlo dos tribunais em geral e do Tribunal Constitucional, em particular).

196. A *democracia excludente*, conceito cujo interesse é presentemente exíguo, implicaria um sufrágio não universal e não inclusivo[346].Como exemplo contemporâneo, cumpre sublinhar o caso do Regime Sul Africano do Apartheid, que vigorou até 1994, que só garantia o direito de sufrágio competitivo (para a eleição de câmaras separadas), a brancos, mestiços e indianos.

197. Finalmente emerge a figura da *democracia neo-cesarista*[347], esta com expressivo interesse já que se situa numa ténue linha de fronteira com os regimes auto-

---

[345] Segue-se uma vez mais JÜRGEN PHULE, ult. loc cit.) Outros autores como GUILLERMO O'DONELL ("Contrapuntos" cit GUSTAVO EMMERICH-ALEJANDRO F: GAVIA, p. 122) dão outro sentido diferente à democracia delegante que preferimos incluir na esfera das democracias limitadas ou deficitárias, embora existam domínios de sobreponibilidade. Na versão aqui presente de democracia delegante, respeitam-se a bases elementares do Estado de direito, salvo situações de emergência.

[346] JÜRGEN PHULE, ult. loc cit.

[347] A democracia "neo-cesarista" (expressão nossa), corresponde uma variante bonapartista mitigada de democracia que extraímos da fase final do Pensamento de WEBER sobre regimes e sistemas políticos. MAX WEBER começou por sustentar um modelo de democracia parlamentar (in "Parlamento e Governo na Alemanha Reordenada"-S. Paulo-1980) na medida em que o Parlamento constituiria um travão à irracionalidade das massas, expressa em voto, a qual tenderia a favorecer uma perigosa "democracia de massas" presente em cesarismos democráticos ou democracias plebiscitárias. Posteriormente alterou a sua posição e na obra "Le President du Reich"-(in "Ouvres Politiques"-Paris-2004-p.503 e seg) passou a propender para um regime democrático com elementos cesaristas, com plebiscitação de uma liderança unipessoal que lhe dê legitimidade para decidir e utrapassar bloqueios de minorias num parlamento fragmentário e o entorpecimento de interesses regionais e setoriais.

ritários semi-competitivos (§ 229 e § 235) e abarca Estados importantes como a Federação Russa.

As democracias autoritárias neo-cesaristas encontram-se, nalguns casos, ligadas à ideosincrasia de um povo conexa, secularmente, a uma liderança executiva forte (caso da Rússia, da Ucrânia, de alguns povos do Cáucaso ou de povos do Sudeste Asiático). A ideia de que é possível edificar, instantaneamente, uma democracia segundo o modelo de Westminster em comunidades sujeitas historicamente a uma vivência autocrática resulta ser pouco exequível, já que a evolução para uma democracia de recorte mais plural, competitivo e garantida por freios e contrapesos mais robustos carece de uma maturação cultural razoavelmente longa. O colapso das primaveras árabes foi, sobre esta questão, um exemplo concludente da afirmação acabada de fazer

198. A Federação Russa é, efetivamente, desde o Consulado de Boris Yeltsin em 1991, o protótipo de um regime democrático neo cesarista ou *neo-czarista*, que reforçou o seu pendor autocrático a partir do ano de 2000, através da liderança carismática de Vladimir Putin. Este catalisou uma forma de governo caracterizada por uma grande concentração de poderes no Executivo, pelo pontificado de grandes interesses de ordem económica e militar (existindo aqui uma ponte com a "democracia de domínio"), pela securitarização da estrutura do Estado e por expressivas restrições a direitos políticos.

Existe um partido hegemónico (o Partido Rússia Unida), de ideologia conservadora e nacionalista, mas de estrutura fraca e fortemente dependente vontade do líder do Executivo, favorecido pelo sistema eleitoral e pelo envolvimento do aparelho de Estado no sufrágio. Havendo uma pluralidade de partidos de oposição (da extrema-direita ao Partido Comunista), o exercício de direitos de reunião e manifestação dos que mais contestam o regime (a oposição liberal, incluindo a extrapartidária) encontra-se condicionada. O perfil czarista da democracia autoritária russa leva a que o sistema político se converta num *semipresidencialismo de pendor presidencial híper-reforçado*, sempre que Vladimir Putin exerce a Presidência da República e num *semipresidencialismo primo-ministerial reforçado*, quando o mesmo líder é designado Primeiro-Ministro por parte de um Presidente da sua confiança (o que ocorre quando excede o número de mandatos sucessivos na presidência admitidos pela Constituição).

199. Numerosos autores definem a Federação Russa, no contexto da Constituição de 1993, como um regime híbrido (em que um estado pós-totalitário

ou autoritário transita para o paradigma de uma "democracia débil[348]), de um regime "não livre" [349]ou de um regime autoritário[350].

No plano da aferição do caráter justo, regular e livre do sufrágio, o Presidente da Assembleia parlamentar da OSCE criticou as eleições Parlamentares de 2007, devido ao excesso de interferência do Presidente e da desproporção de recursos materiais e comunicacionais, sem que fraudes significativas tenham sido comprovadas. Por outro lado, existiram acusações de fraude relativas às eleições parlamentares de 2011 por parte de organizações de direitos humanos, jornalistas e de universidades americanas que, contudo, não forneceram provas cabais sobre os factos alegados numa escala expressiva[351]. Em qualquer caso, os observadores internacionais da OSCE detetaram desigualdades na campanha, múltiplas irregularidades e situações duvidosas, embora não eleições genérica e comprovadamente fraudulentas. Os resultados coincidiram com as últimas sondagens.

Nas eleições presidenciais de 2012, a OSCE criticou a falta de uma autoridade eleitoral imparcial e a desigualdade manifesta entre os cinco candidatos, referindo que, embora todos tivessem acesso aos media, públicos e privados, havia uma preferência manifesta dos primeiros por Vladimir Putin (com reportagens sobre o seu desempenho como Primeiro-Ministro, fora do tempo de antena). A campanha do candidato vencedor teria sido reforçada por apoios de estruturas públicas estaduais (embora circunscritas ao uso do sitío web de várias entidades públicas a favor do candidato do poder e à orientação de voto dada pelas hierarquias empresariais), enfraquecendo o nível de competitividade do sufrágio[352]. Algumas irregularidades foram detetadas, nomeadamente no mau funcionamento do sistema de contagem dos boletins nos locais de voto, mas não foram denunciadas fraudes relevantes.

Nas eleições parlamentares de 2016, a OSCE emitiu um relatório no qual censurou diversos tipos de irregularidades, algumas delas similares a sufrágios

---

[348] JUAN LINZ ult. loc cit, p. 367 e seg

[349] Cfr Relatório da "Freedom House" em 2015 em que a Rússia figura acriticamente a par da China, da Arábia Saudita e da Coreia do Norte na categoria dos estados "Não livres" (https://freedomhouse.org/report/freedom-world-2015/maps).

[350] Numa escala paradoxal e desprovida de base científica e constitucional, o nível de "democracia" da Federação Russa foi colocado num patamar inferior ao de Angola, Vietname, Haiti, Etiópia e Cuba no índice anual de "Democracia" no Economist (2015). http://www.yabiladi.com/img/content/EIU-Democracy-Index-2015.pdf). Trata-se de uma análise infundada que coloca um regime pluripartidário num a patamar inferior ao de regimes de partido único, de estados falhados ou de autoritarismos ficcionalmente democráticos.

[351] Cfr um sumário de um relatório da Universidade de Princeton (https://www.princeton.edu/main/news/archive/S36/01/68M81/index.xml)

[352] Cfr relatório da OSCE (http://www.osce.org/odihr/88667?download=true)

anteriores. A OSCE considerou que, de um modo geral, a Comissão Eleitoral funcionou de forma profissional e transparente pese o facto de tal não suceder com comissões de nível inferior cuja conduta foi, aliás, censurada pelo primeiro órgão. O processo de votação foi qualificado como bom ou muito bom em 96% das situações escrutinadas pelos observadores da OSCE. Contudo, em 19% das assembleias de voto não havia condições materiais para a garantia de um voto secreto; ter-se-ia registado intimidação em 1% das assembleias; várias pessoas terão sido pressionadas a votar em 2% dos locais de voto observados; não residentes terão sido autorizados a votar em 2% das situações e ter-se-iam verificado 7 casos de pessoas que fraudulentamente votaram mais do que uma vez.

Durante a contagem de votos terão sido reportadas irregularidades em 27% das assembleias de voto, essencialmente em razão da não observância estrita de todas as regras processuais (tais como o cancelamento dos votos inválidos antes da contagem dos votos válidos, a presença de pessoas não autorizadas durante a contagem dos sufrágios ou a circunstância de a marca no boletim de voto não ser exibida a todos os observadores).

No que respeita a resultados finais, os observadores da OSCE notaram que em 100 assembleias de voto os resultados eram quase idênticos com uma diferença de (0,1% a 0,2%). A Comissão Eleitoral anunciou os resultados finais sem primeiro solucionar queixas apresentadas sobre irregularidades. Posteriormente, das 1896 queixas recebidas, a mesma Comissão deu provimento a 44 de forma transparente. O Supremo Tribunal deu provimento a 30% dos recursos interpostos de decisões da Comissão. Fraudes foram detetadas pela Comissão eleitoral em 9 assembleias de voto onde os resultados foram anulados.

A OSCE criticou o facto de haver poucos esforços para a promoção de candidaturas femininas, excessivas restrições ao sufrágio a cidadãos presos, excessiva burocracia no registo de partidos e admissão de candidaturas (figuraram no boletim de voto 20 partidos, de entre 70 que se propunham concorrer), o partido governamental terá tido maior visibilidade e o financiamento dos partidos não terá sido equitativo e transparente.

Pese estes fatores não foi denunciada uma situação de fraude minimamente significativa[353].

200. No plano das liberdades públicas e direitos políticos, organizações de defesa dos direitos fundamentais denunciaram cerceamentos de direitos civis e políticos[354]: grupos de defesa de direitos fundamentais financiados do exterior foram classificados como "Agentes Estrangeiros" como forma de os estigmatizar;

---

[353] http://www.osce.org/odihr/elections/russia/290861?download=true
[354] Cfr Human Right Watch 2015: https://www.hrw.org/pt/world-report/2015/country--chapters/268107

vários websites difusores de informação da oposição foram bloqueados pelo regulador dos *media*; a TV Rain, uma estação de televisão independente perdeu acesso a televisão a cabo e satélite e a poderosa *VKontakte* passou a ser controlada por empresários próximos do poder; durante o conflito com a Ucrânia e a anexação da Crimeia, foi exercido um controlo sobre *media* independentes e operada a criminalização de manifestações extremistas na Net; criminalizou-se, igualmente, a distribuição de propaganda junto de crianças relativamente a relacionamentos entre pessoas do mesmo sexo; endureceram-se penas para manifestações públicas não autorizadas[355]; registou-se a perseguição da confissão salafista no Daguestão, sob pretexto de combate ao terrorismo internacional, com encerramento de mesquitas; concedeu-se escassa proteção a dirigentes oposicionistas liberais e críticos da intervenção na Ucrânia e na Chechénia, gerando ataques aos mesmos por grupos radicais afetos ao poder ou aos aliados do Kremlin em Grosny.

201. Todos os dados referidos indiciam a existência de um regime legitimado democraticamente embora com uma forte componente autoritária no acesso e no exercício do poder que, contudo, se diferencia de totalitarismos de Partido Único (China e Cuba) ou de autoritarismos semi-competitivos (Irão, Brasil em 1964 ou Venezuela em 2015/2017).

Tal como se verá mais desenvolvidamente infra, § 562 e seg, o sistema político russo envolve uma expressiva concentração de poder no Executivo, mas o Parlamento tem competências político legislativas relevantes, podendo demitir o Governo. As eleições incidem sobre um espetro multipartidário, com as principais correntes políticas representadas na Duma, pese que com um uso superlativo de cláusulas de barreira que elimina a representação de pequenos partidos com alguma expressão eleitoral.

As principais liberdades públicas, sobretudo o direito de manifestação, sofrem fortes restrições mas não foram banidas: existe imprensa oposicionista, pese que vigiada; as ONG contrarias ao poder financiadas do exterior podem atuar pese a sua estigmatização através do registo[356]; candidatos oposicionistas à presidência podem apresentar-se, pese o elevado número de assinaturas exigido; existe liberdade de formação de partidos e faculdade de acesso aos media públicos em tempo eleitoral, pese a diferença de tratamento privilegiado; e muitos tribunais são excessivamente condescendentes com as restrições impostas pelo poder, mas

---

[355] Que culminaram em 2017 com numerosas detenções, manifestamente desnecessárias, de jovens manifestantes anti corrupção entre os quais o dirigente democrático e nacionalista moderado Alexey Navalny. As condições de autorização das manifestações e as taxas que os organizadores têm de pagar se se exceder o número de manifestantes previstos são um absurdo e representam uma constrição desproporcionada desse direito político.

[356] Algumas "charities" internacionais que apoiavam grupos oposicionistas, como a do especulador Soros foram banidas do País.

muitos deles atuam invalidando decisões tomadas por este, a nível da liberdade de expressão e associação, como atesta uma menção feita no relatório citado na nota precedente.

A clara desigualdade de tratamento entre candidatos na comunicação social é um facto, mas o mesmo fenómeno ocorreu nas eleições americanas de 2016 com uma campanha negativa concertada e assumida entre os grandes meios de imprensa escrita e televisiva, sem precedentes, contra o candidato republicano[357], independentemente dos seus méritos e deméritos. O processo eleitoral na Rússia ocorre com irregularidades formais, mas elas têm também ocorrido em eleições francesas e em eleições norte-americanas onde o próprio "vote rigging" já subiu aos tribunais, sendo de relevar as controvérsias da eleição presidencial de 1960[358] e o que sucedeu na Flórida nas presidenciais de 2000 e nas eleições de 2016 onde terão votado muitos milhares de imigrantes estrangeiros sem capacidade eleitoral ativa, segundo um grupo de pesquisa citado pelo Washington Times. Em qualquer caso, nas eleições presidenciais russas, o vencedor deve obter a maioria dos votos expressos em sufrágio direto, realidade que nem sempre sucedeu nas eleições norte-americanas, em que por cinco vezes foi eleito, graças ao escrutínio indireto, o segundo candidato mais votado, pelo facto de ter eleito mais representantes junto dos estados que designam mais eleitores.

O conflito com a Ucrânia envolveu restrições à liberdade de expressão e de associação e a detenção de cidadãos russos que apoiaram publicamente a Ucrânia no conflito, com relevo para a anexação da Crimeia. Mas o facto é que os Estados Unidos durante o Segundo conflito mundial utilizaram um gabinete de censura (*Office of War Information*) e internaram compulsivamente mais de uma centena de milhar de cidadãos de origem japonesa, independentemente do seu posicionamento em relação ao conflito. Durante a Guerra do Golfo restringiu-se e censurou-se informação, dado o precedente desastroso da Guerra do Vietnam onde esse controlo foi fraco[359]. Finalmente, as perseguições a comunistas durante o McCartismo, a prisão e deportação de clérigos islâmicos radicais e a violência policial em bairros periféricos não torna o paradigma americano à prova de críticas.

Sem querer comparar o grau de liberdade e o nível de desempenho democrático da Federação russa e dos Estados Unidos, pretendeu-se com estas considera-

---

[357] Cfr "Vox –Policy& Politics" http://www.vox.com/2016/8/16/12484644/media-donald-trump

[358] Ter-se-ão registado atos fraudulentos a favor do candidato Kennedy, mormente em vários círculos no Texas onde figuraram mais votos do que eleitores, sendo, igualmente, condenados criminalmente diversos funcionários eleitorais em Chicago onde o voto foi imputado a eleitores que já tinham falecido.. Cfr *"Another Race To the Finish". The Washington Post. November 17, 2000*

[359] http://digitalcommons.lmu.edu/cgi/viewcontent.cgi?article=1728&context=llr

ções relativizar o impacto, muito ideológico e muito marcado por uma lógica de *guerra semifria*, que revela pouca objetividade na análise de um regime que transitou para a democracia há menos de 25 anos, num Estado que nunca conhecera antes na sua História uma institucionalidade democrática.

202. Na Arménia registam-se, com características muito próprias, refrações desta variante de regime político, embora no quadro de uma maior compressão da liberdade política e da fragilidade do Estado de direito. A Ucrânia constitui, também, uma variante híbrida deste modelo, com pontes para a "democracia de domínio" (destacando-se o poder fático de um conjunto de oligarquias económicas, de que o presidente Porochenko é um, de entre numerosos exemplos[360]) e para uma democracia limitada ou deficitária, com graves trombos no plano da garantia de direitos políticos e regularidade do processo eleitoral.

6. Apontamento sobre as dificuldades de medição da qualidade e desempenho dos regimes democráticos

203. A par das conceções teóricas de democracia e das suas refrações na prática institucional e ação política, existe uma tendência da politologia contemporânea para avaliar, medir e classificar o desempenho qualitativo dos regimes democráticos através da elaboração de "rankings", sobre os quais recai um expressivo apetite dos media, que utilizam os seus dados acriticamente.

204. A *"Freedom House"*[361], o *"Economist Inteligence Unit"*[362] e a *"Polity IV Project"*[363] são algumas das instituições privadas que, com base num conjunto de índices, maioritariamente extraídos dos critérios basilares competitivos de Shumpeter e Dahl, fizeram aditar *pretensas atualizações* em matéria direitos de minorias e liberdade religiosa, governance, participação e cultura democrática, sob a forma de novos critérios, sub-critérios e indicadores. Nesses relatórios, em regra anuais, atribui-se a cada Estado uma pontuação quanto ao grau de reali-

---

[360] O presidente Leonid Kuchma era oriundo do complexo militar-industrial e foi apoiado por importantes presidentes de empresas estatais, mormente do universo do gás; Yuschenko foi Presidente do Banco Central e a sua campanha eleitoral foi financiada pelo magnata russo exilado Boris Berezovski; Iannukovych foi apoiado por um círculo de grandes industriais do qual o próprio filho fazia parte; e Porochenko, conhecido pelo "rei do chocolate" é proprietário de estaleiros, fábricas de automóveis, maquinaria e um canal de televisão.

[361] Freedom House- Relatório 2016- https://freedomhouse.org/sites/default/files/FH_FITW_Report_2016.pdf.

[362] "Economist Inteligence Unit"- Relatório de 2015 ("Democracy Index 2015): http://www.yabiladi.com/img/content/EIU-Democracy-Index-2015.pdf;

[363] Relatorio disponível (2014). http://www.systemicpeace.org/vlibrary/GlobalReport2014.pdf

zação efetiva de cada um dos critérios e indicadores constitutivos da democracia, convocados no marco da metodologia adotada, seguindo-se a respetiva soma e classificação final, do que resulta o posicionamento do mesmo Estado num "ranking". Diversos politólogos tomando como referência parcial os paradigmas expostos elaboram as suas próprias escalas[364]com graus diversos de exigência[365].

A problemática das classificações e da heterogeneidade metódica que comportam, levanta um conjunto de dúvidas quanto ao respetivo rigor, objetividade e efetiva utilidade.

---

[364] Cfr. MORLINO "Regimenes Hibridos y Regimenes en Transición"- Sistema 207-2008-
-p. 3 e seg.; SHEDLER "The Menu of Manipulation"- in "Journal of Democracy"-13-2002-p. 51 e seg ;VANHANEN "Prospects of Democracy; a study of 172 states"-London-1997; G. MUNCK- J VERKUILEN "Conceptualizing and Measuring Democracy. Evaluating Alternative indece"- in "Comparative Political Styudies"-1-2002, p. 4 e seg.; M. BOGAARDS "How to Classify hybrid Regimes? Defective democracy and Electoral Authoritarianism"- in "Democratization"-16-2-2009-p. 399 e seg.

[365] MERKEL (in MERKEL-WESSELS-MÜLLER "The Quality of Democracy: Democracy Barometer for Established Democracies"-in "Hertie School of Governance Working Papers"-
-Zurich-Berlin-2008- p 3 e seg . http://edoc.vifapol.de/opus/volltexte/2013/4240/pdf/22.pdf)) aborda os paradigmas **minimalistas ou elitistas** (Dahl, Schumpeter, Downs, Sartori e Bobbio), **intermédios** (Habermas, Merkel e Patman) e **maximalistas** de democracia (Heller, Held,Mayer e Callinicos). Estima que os minimalistas, preocupados com eleições livres que permitam a escolha de uma elite que defenda as liberdades e tome decisões assegurando uma governabilidade efetiva não logram dar respostas à crise da democracia representativa. Já os maximalistas, defensores da combinação da democracia representativa com uma democracia participativa avançada, exigiriam pré-requisitos ligados à condição dos cidadãos, como a existência de políticas de distribuição de rendimentos e redução das desigualdades teriam uma preocupação sobre os efeitos ou consequências do sistema ("output), considerando o autor que a qualidade da democracia seria medida não pelas consequências mas pelo tipo de meios através dos quais se produzem essas consequências . MERKEL, que sustenta a posição intermédia (democracia representativa integrando uma componente de democracia participativa ou deliberativa), entende que a forma de medir a qualidade de um regime democrático envolve **cinco passos:** i) **princípios fundamentais da democracia** (igualdade, liberdade e controlo); ii) **raízes da democracia** (sistema eleitoral, direitos políticos, direitos civis, responsabilidade e poder efetivo para governar, os quais integrariam o conceito de "democracia integrativa" ou "embutida", por incorporar essas cinco realidade originárias; iii) **as funções da democracia** derivadas dessas raízes conceptuais (liberdade, participação política, legalidade, responsabilidade, representação, prestação de contas, autonomia governativa e controlo sobre as políticas); iv) **as componentes estruturais dessas funções** (liberdades civis e políticas fundamentais de associação, expressão e participação, eleições livres, regulares e justas, freios e contrapesos, de direito, independência dos tribunais ;dimensões nacional, internacional e global do poder; v) e os **indicadores dessas componentes** (vastíssimos, desde o número de partidos e representação de minorias até a índices de afluência às urnas, mormente por género,

1º. As classificações agregadas a relatórios anuais incidem sobre todo o tipo de regimes, incluindo os democráticos, híbridos e não democráticos, focando-se muitas das análises nos sistemas híbridos (em cujo universo impera uma tendência para serem incluídas democracias iliberais e autoritarismos semi-competitivos no contexto de uma multiplicidade de sub-variantes), conferindo-se escassa atenção aos sistemas inequivocamente democráticos[366] e ao estudo de diferenças consistentes e fundamentadas de desempenho entre os mesmos. Análises específicas para a notação de democracias avançadas perdem-se numa floresta de indicadores marginais e subsidiários.

2º. Os critérios de classificação entre Estados democráticos são muito variáveis gerando discrepâncias sensíveis: o relatório da "Freedom House" centra-se, presentemente, num conjunto restrito de critérios com uma significativa exigência em relação a certos indicadores que nem sempre correspondem à essência dos pilares existenciais da democracia[367]; o "ranking" do *Economist*, cujo relatório para 2016 enumera apenas 20 democracias plenas ("full democracies") e 59 democracias defeituosas ("flawed democracies") desenrola uma pluralidade exigente de cinco critérios divididos por uma infinidade de sub-critérios ou indicadores[368];

---

[366] THOMAS DENK-DANIEL SILANDER "Problems in Paradise? Challenges to Future Democratization in Democratic States"- in Int Pol Science Rev-33(I)-2011-p. 25 e seg.

[367] O "Freedom House" valora, numa mistura assistemática de critérios: i) direitos fundamentais; ii) autonomia da sociedade civil (no escrutínio do poder, autonomia associativa e ativismo pró-democrático) ii) Liberdade de expressão; iii) Liberdade no ciberespaço; iv) Estado de direito; v) Eleições; vi) Liberdade religiosa; vii) Direitos LGBT (lésbicas, homossexuais e transexuais).

[368] Alguns critérios e subcritérios (indicadores) são para esta unidade, determinantes: **i) Processo eleitoral e pluralismo** (escrutinando-se restrições na apresentação de candidaturas, irregularidades, restrições no sistema eleitoral e caráter justo ("fair") da eleição; ausência de limitação do voto de adultos; exercício do sufrágio sem intimidação; igualdade de oportunidades na campanha eleitoral; transparência no financiamento dos partidos; transferência do poder no período pós-eleitoral; liberdade de constituição de partidos; facilidade de a oposição poder assumir o governo em função dos resultados; ausência de monopólio bipartidário; e liberdade de constituição de partidos sem vigilância estatal**; ii) Funcionamento do governo:** cumpriria verificar se os representantes eleitos decidem sobre a política do Estado; se o legislativo é o supremo poder do Estado; se há freios e contrapesos; se os militares, autoridades religiosas, potentados económicos e potências estrangeiras não tem poder de influência ou veto na governação; se há informação transparente sobre a governação; se a autoridade do Estado se estende a todo o território; se o poder pode ser objeto de responsabilização ante o povo no período compreendido entre eleições; qual o grau de corrupção; se existe aptidão da administração pública em executar a política da maioria; e se existe confiança pública no governo e partidos políticos; **iii) Participação política:** taxa de participação/ abstenção nas eleições; papel de minorias étnicas e religiosas no processo eleitoral; percentagem de mulheres no parlamento; participação cidadã na vida partidária e política; literacia da população adulta;

e o relatório do *Polity IV Project* convoca critérios nem sempre úteis e consistentes para seriar entre si sistemas democráticos pois alguns deles afastam-se dos atributos prototípicos da democracia[369]. Existe, frequentemente, uma condimentação política dos indicadores que sectariza a análise e permite classificações discrepantes e posicionamentos inverosímeis nos rankings (cfr. infra, 3º).

3º. O ponto de partida para a definição de uma democracia competitiva assenta na existência efetiva dos pressupostos existenciais elencados por SHUMPETER e desenvolvidos por SARTORI e DAHL . "Elitista" ou "minimalista", o facto é que sem esses critérios não existe democracia[370]. Logo são a base para a definição de um Estado como democrático.

Ora, caracterizado um dado regime como uma democracia, a sua classificação através de um processo de medição de desempenho depende da avaliação do modo como os critérios identitários do regime são garantidos e efetivados na prática, em termos qualitativos e quantitativos, havendo necessariamente certos

---

interesse da população em seguir a vida política nos media; esforço das instituições públicas em promover a participação cidadã; **iv) Cultura política democrática:** consenso sobre a virtude da democracia e apoio popular à democracia; desejabilidade de um líder forte que ultrapasse constrangimentos das demais instituições; percentagem do eleitorado que prefira um governo de tecnocratas; ideia no eleitorado de que a democracia catalisa o desempenho económico do Estado; **v) Direitos fundamentais:** grau de liberdade de imprensa e comunicação social; restrição às minorias e à sua liberdade de expressão; liberdade de discussão de temas de interesse público; restrições à internet; grau de liberdade associativa e sindical; direito de petição; uso da tortura; independência do poder judicial; tolerância religiosa; igualdade perante a lei; segurança dos cidadãos; garantia da propriedade privada; ausência de discriminação de género, raça e religião; liberdade no ensino; perceção da cidadania que os direitos fundamentais são protegidos.

[369] É o caso do "Indice de fragilidade"; a meta de efetividade; a meta de legitimidade; a meta de segurança; o índice de conflito armado; o tipo de regime; o índice de efetividade económica; índice de efetividade social; índice de legitimidade social; e impactos regionais. Maioritariamente, estes índices que podem ser objeto de preenchimento discricionário, terão um interesse marginal para a análise de sistemas ditos "híbridos" e autoritários, mas são pouco úteis para seriar as democracias. Há índices como o da efetividade económica, impactos regionais, confito armado e legitimidade social que pouco têm a ver com a democracia. O critério do tipo de regime é redundante em face dos restantes critérios.

[370] Uma democracia pluralista sem separação de poderes, freios e contrapesos dificilmente será um Estado de direito, aproximando-se de um caudilhismo eleitoral, sem lei. Eleições pautadas pelo favorecimento de um dado partido politico, pelo aparelho de Estado e pelos *media*, será um autoritarismo semi-competitivo. Conceder o voto a uma massa iliterada, carente de direitos políticos efetivos e aberta à manipulação do poder poderá ser um ensaio eleitoral mas não uma democracia.

critérios, e dentro destes, determinados indicadores, que pelo seu peso determinante devem ser objeto de uma maior valoração do que outros[371].

Com efeito, existem critérios e indicadores extravagantes que não têm impacto direto na teleologia do livre consentimento dos cidadãos na escolha dos governantes através de um sufrágio livre, competitivo, igual e com alternativa de opções, no contexto de um Estado estribado na separação de poderes e na garantia dos direitos civis e políticos fundamentais. A sua introdução pode potenciar certas visões liberais, libertárias ou sociais de democracia que não assumem caráter objetivo e inequívoco, que permita uma classificação rigorosa e não reducionista. A inoculação de cosmovisões ideológicas no processo classificatório distorce os resultados e reduz a sua seriedade e utilidade.

Vejamos o caráter não convincente de alguns desses critérios e indicadores extravagantes:

Avança o "Economist" com o sub-critério de que o legislativo deve ser o supremo poder do Estado. Trata-se de um indicador absurdo: será que o presidencialismo norte-americano e o *semipresidencialismo francês*, que colocam o Chefe de Estado como instituição dominante, são sistemas menos democráticos do que os da Itália ou a Irlanda, servidos por sistemas parlamentares? Aparentemente não, pois os Estados Unidos figuram no topo dos diversos rankings, pese o facto de em duas eleições presidenciais recentes (2000 e 2016), ser eleito o candidato que se quedou em segundo lugar em número de votos, indicador que é desconsiderado.

Já o critério da confiança pública no governo e partidos políticos resulta ser puramente volátil, podendo flutuar à medida das clientelas das empresas de sondagens, em manifesta crise de credibilidade. Mas, mesmo considerando os resultados das sondagens realizadas na Europa sobre esse grau de confiança, ter-se-ia de concluir que o desempenho das democracias europeias sofreria um trombo que, contudo, não se traduz nos rankings publicados. É que, semelhante indica-

---

[371] Por exemplo, a liberdade de expressão e associação no plano político-partidário valem seguramente mais para um processo de escolha livre de governantes do que a liberdade religiosa ou o acesso igualitário aos media privados. Sem uma efetiva liberdade de constituição de partidos e faculdade de desenvolvimento de uma campanha eleitoral onde os mesmos partidos exprimam o seu pensamento não há uma real liberdade e competitividade eleitoral. Já a proibição de partidos religiosos, do uso de símbolos religiosos pelos partidos ou a interdição de certos símbolos de culto ou manifestações religiosas em certos lugares apenas marginalmente releva para a conformação de um regime democrático, já que Estado e confissões são realidades separadas. Existem estados democráticos que restringem certas práticas confessionais e símbolos religiosos (Suíça com a interdição de novos minaretes e a França com a interdição da "burka") e estados autoritários que garantem a liberdade religiosa (Portugal durante o Estado Novo e o Brasil e o Chile, durante os regimes militares).

dor, se valorizado careceria de fundamento e geraria distorções grosseiras, pois a falta de confiança do povo nas instituições políticas pode resultar de fatores conjunturais como crises económico-financeiras, escândalos isolados de corrupção e insegurança pública que nada têm a ver com o funcionamento democracia política em si mesma. Veja-se o fraquíssimo grau de confiança dos Portugueses e outros cidadãos europeus nas instituições nacionais em sondagens feitas a nível europeu[372], confiança que não veda o facto de ser na Europa que residem as democracias com maiores índices de qualidade.

Também o indicador atinente ao impacto da taxa de participação/ abstenção nas eleições não pode assumir grande relevo quantitativo na métrica inerente à classificação da qualidade democrática, até considerando a coerência das notações dadas pelo *Economist*. Os Estados Unidos e a Suíça figuram na cúpula das democracias plenas (Estados Unidos 8.05 e Suíça 9.09, em 2015), sem prejuízo de exibirem uma escassa participação eleitoral em termos médios[373].

Será, igualmente, de questionar a relevância do papel de minorias étnicas e religiosas no processo eleitoral. Na verdade, a eleição dos governantes pelo consentimento livre dos governados envolve o respeito pelos direitos formais das minorias em participar politicamente no sufrágio, mas exclui privilégios concedidos a essas minorias, as quais desfigurariam a igualdade no processo democrático.

Do mesmo modo, o postulado de que a democracia catalisa o desempenho económico do Estado, podendo ser em abstrato um indicador tendencial, é dificilmente mensurável e encontra-se sujeito a exceções complexas: Portugal, Uruguai, Costa-Rica e Cabo-Verde são exemplos de democracias avançadas com baixo desempenho económico enquanto o Chile e o Brasil durante um período determinado dos seus regimes militares, a China durante as últimas décadas e Singapura (no microcosmos da sua democracia autocrática), exibiram um bom desempenho económico pese o facto de não serem regimes democráticos ou democracias plenas no último caso citado. Daí que, concomitantemente, o indicador relativo à influência da garantia da propriedade privada seja igualmente questionável, pois o direito de propriedade não resulta ser um pressuposto do Estado democrático: embora esteja em regra com ele associado, existiram Estados democráticos que durante um certo tempo restringiram o direito de propriedade (Israel nas décadas subsequentes à sua fundação) e estados não democráticos

---

[372] Cfr. 2005 Eurobarómetro (http://ec.europa.eu/public_opinion/archives/eb/eb63/eb63_nat_pt.pdf)
A nível europeu em 2015, o grau de confiança dos Estados nas instituições nacionais situava-se nos 31% (http://europa.eu/rapid/press-release_IP-15-5451_pt.ht.)
[373] Na Suíça, a média de participação eleitoral entre 1990 e 2010, entre 42% e 48%. Nos Estados Unidos a eleição para o Congresso ocupa em média metade do eleitorado sendo mais alta quando há coincidência com eleições presidenciais.

que garantiram a propriedade privada (como sucedeu no Chile depois de 1973, na Tailândia e até certo ponto, a China).

Finalmente, o impacto na democracia do critério do reconhecimento dos direitos LGBT como pretende a "Freedom House" que o erige a um dos seus pilares fundamentais suscita dúvidas. O princípio da igualdade e da não discriminação, com relevo para os direitos de reunião, manifestação, emprego e participação política é um pressuposto da democracia que se aplica uniformemente a todas as minorias na sua vertente garantística, não incorporando especificidades relevantes no universo LGBT. A circunstância de não serem garantidos por certos Estados o casamento ou até a união entre pessoas do mesmo sexo, em pouco ou nada releva para a livre escolha dos governantes pelos governados, para a separação de poderes e para os direitos civis e políticos mais fundamentais. O critério resulta ser um enxerto ideológico no plano dos direitos civis que pouco tem a ver com o princípio democrático, já que os direitos LGBT podem ser consagrados em ditadura ou em democracia, não sendo a Alemanha um estado menos democrático do que Portugal por não ter legalizado até 2017 o casamento homossexual.

Outros sub-critérios podem relevar no plano classificatório mas suscitam dúvidas em termos de métrica ou peso.

O indicador do "Economist" atinente à aptidão da Administração Pública em executar a politica da maioria consiste mais um problema de boa *governance* do que de qualidade da democracia, pois o fraco desempenho da mesma Administração em Portugal e Espanha não evitou a sua distinção de entre as democracias plenas. Admite-se que uma conjuntura extrema em que a paralisia da Administração impeça a execução de decisões tomadas democraticamente, no todo ou em parte, possa relevar como indicador extraordinário de desempenho democrático. Fora dessas situações patológicas esse critério vale pouco como medida.

O "Economist" privilegia, igualmente, a necessidade de a autoridade do Estado se estender a todo o território. Percebe-se que a intenção é valorar negativamente estados falhados ou em guerra civil. Será, contudo, que se por força de um conflito armado a autoridade do Estado não se estender a uma parte do território o regime passa a ser menos democrático (vide o caso da Grécia, durante a insurreição comunista no norte após a Segunda Guerra Mundial, o Reino Unido durante a ocupação argentina das ilhas Malvinas ou Falkland ou o México, volvida a alternância do poder para a oposição democrática no ano 2000[374], durante a revolta marxista em Chiapas) ?

---

[374] A democracia iliberal ou autoritária mexicana, dominada durante décadas pelo PRI, cedeu lugar a uma democracia competitiva depois das vitórias do partido de oposição, o PAN, no ano 2000, tendo este partido governado até 2012, tempo em que se verificou nova alternância para um PRI democratizado.

Por outro lado, o índice de corrupção de um Estado pode impactar na qualidade de democracia (na medida em que o suborno de representantes implica um desvio no mandato conferido pelos eleitores) e releva para a graduação do seu nível. Contudo, essa graduação implica a atribuição de um peso menor do que outros fatores ligados ao caráter livre, justo e competitivo do ato eleitoral[375].

Finalmente, que métrica concreta pode ser aplicável a postulados existenciais centrados na segurança dos cidadãos, autonomia da sociedade civil, independência do poder judicial e igualdade perante a lei (exigências formais estáticas do Estado de Direito inerentes a regimes democráticos) ?;

4º. Pese as fortes reservas já exibidas, considera-se que, em abstrato, os critérios do *"Economist inteligence Unit"* com algumas alterações e a supressão de diversos indicadores neles compreendidos que não relevam decisivamente para o processo democrático, são os mais detalhados e objetivos para operarem como ponto de partida para uma classificação mais rigorosa.

Examinemos alguns dos critérios expostos e respetivos indicadores com algumas ablações e aditamentos:

i) **Processo eleitoral e pluralismo:** importa detetar restrições na apresentação de candidaturas, irregularidades, manipulações no sistema eleitoral ou outras entorses que prejudiquem significativamente o caráter justo da eleição e a garantia do exercício do sufrágio igualitário universal sem intimidação; igualdade de oportunidades na campanha eleitoral; transparência no financiamento dos partidos; transferência do poder no período pós-eleitoral; liberdade de constituição de partidos; e alternância no poder;

ii) **Funcionamento do governo, nele compreendido a separação de poderes e freios e contrapesos:** parece ser fundamental saber se os representantes eleitos decidem sobre a política do Estado; se há freios e contrapesos; se há poderes não eleitos com veto na governação; e se está garantida a independência do poder judicial;

---

[375] O elevado grau corrupção no Brasil, durante o consulado do PT, talvez tenha influenciado a atribuição de 6.96 no ranking do "Economist" em 2015. Contudo a Colômbia que viveu esse período em conflito armado interno, com severas restrições de direitos e a sua suspensão em determinadas áreas foi classificada com 6.62, uma pontuação muito aproximada e incompreensível. Mais surpreendente, Timor Leste, com uma democracia incerta ainda com resíduos de tutela internacional, pautada por uma ausência de um poder judicial independente e duas tentativas de golpe de Estado obteve uma classificação superior à do Brasil (7.24).

iii) **Participação política:** esforço das instituições públicas em promover a participação cidadã e instituição de formas de democracia semidireta e democracia participativa de viés consultivo;
iv) **Cultura política democrática:** consenso sobre a virtude da democracia e programas de ensino que valorem o princípio democrático;
v) **Direitos civis e políticos:** liberdade e independência da imprensa e comunicação social; liberdade de discussão de temas de interesse público; liberdade partidária; grau apreciável de liberdade associativa e sindical; direito de petição; proibição do recurso à tortura; garantia dos direitos das minorias; literacia da população adulta; igualdade perante a lei; segurança dos cidadãos; ausência de discriminação de género, raça e religião; liberdade no ensino; perceção da cidadania que os direitos fundamentais são protegidos; e garantia dos direitos civis e políticos pelo poder judicial e autoridades administrativas independentes.

Parece claro que o primeiro, o segundo e o último critérios devem ser objeto de um maior peso do que outros e dentro dos mesmos, esse maior peso deve refletir-se em diversos indicadores que relevem para a liberdade, igualdade, equivalência de opções, alternância efetiva e competitividade do ato eleitoral, bem como para a garantia dos direitos políticos básicos e existência de mecanismos de controlo do poder.

5º. Na análise dos diversos patamares de desenvolvimento das democracias competitivas haverá que ter em conta três estádios essenciais que se retiram de alguma doutrina[376]:

i) O das *democracias avançadas:* sistemas com um longo enraizamento no funcionamento das suas instituições democráticas, com mecanismos naturais de composição de conflitos, com o exercício de um poder limitado e tornado responsável, pluralismo espontâneo, cultura democrática enraizada a nível do poder e da cidadania e sem entraves sensíveis na esfera da liberdade política fora de conjunturas extraordinárias de guerra ou de prevenção do terrorismo);
ii) O das *democracias consolidadas* : Estados que experimentaram transições de regimes autocráticos para a democracia ou evoluções de democracias autoritárias para um quadro competitivo, que já se encontram sedimentadas institucionalmente, mas que apresentam certo tipo de insuficiências no processo eleitoral, na prevenção e sanção da corrupção, na governa-

---

[376] Cfr MUNCK "Democracy (...)" ult. Loc cit; THOMAS DENK-DANIEL SILANDER, ult loc cit.

bilidade e controlabilidade do poder, na independência dos média, no exercício de certos direitos políticos e na cultura democrática de governantes e governados);

iii) O das *democracias em transição* : Estados que não completaram o seu transito de regimes totalitários ou autoritários para uma democracia competitiva embora já possuam, pese com imperfeições e insuficiências, os pressupostos fundamentais dos sistemas democráticos, com relevo para o processo eleitoral pluralista e garantia mínima de direitos civis e políticos básicos.

Este elenco requer dois apontamentos

As *democracias avançadas* confrontaram-se desde 2001, mas em especial, desde a crise das migrações e refugiados acentuada a partir de 2015, com uma ameaça terrorista sem precedentes dentro das fronteiras europeias e norte-americanas, que conduziram à restrição de direitos civis e políticos e até à sua suspensão em França, após a declaração do Estado de emergência por meses a fio na sequência de mortíferos atentados terroristas, em massa, em Paris e Nice.

Todos os indicadores caminham no sentido de uma continuação deste tipo de ameaça e da consequente tomada de medidas constritivas de direitos (de que a polémica sobre a proibição da burka e do *burkini* ou de concentrações religiosas no centro das grandes cidades são um exemplo) bem como da adoção de medidas securitárias reforçadas (como o levantamento de barreiras nas fronteiras contra a imigração e repatriamentos forçados), tanto mais que crescem eleitoralmente os partidos que defendem a sua adoção[377]. Ora, será que se poderá continuar a qualificar uma França em estado de emergência no patamar das *democracias avançadas* como se esse estado de exceção não existisse (o que constituiria uma discriminação positiva infundada e desigualitária face a outras democracias menos cotadas mas em normalidade institucional)? Poder-se-ia, ao invés, fazê-la recuar para a esfera das democracias em consolidação (degradando a sua pontuação nos rankings para níveis próximos de alguns Estados da Europa Oriental pós-totalitária e democracias limitadas da América Latina)? Ou deveria, antes, ser avançada uma nova categoria provisória de *democracias avançadas sob regime antiterrorista* ? Julga-se que a terceira opção deve ser estudada perante uma alteração circunstancial que perturba os critérios e taxinomias tradicionais.

---

[377] O Inquérito do Eurobarómetro para 2016, transmite que as principais preocupações dos cidadãos da União Europeia foram a crise da imigração (48%) e o tema do terrorismo (39%) situando-se estes dois indicadores à frente da situação económica (19%). Cfr. http://europa.eu/rapid/press-release_IP-16-2665_pt.htm.

Quanto às *democracias em transição,* estas podem desdobrar-se em numerosas variantes já examinadas, como as democracias *tuteladas, as democracias delegantes, as democracias de domínio e as democracias neo-cesaristas* (§ 562 e seg). Em comum exibem a sua natureza incerta, não consolidada e deficitária. Contudo, enquanto algumas intentam evoluir[378] ou têm perspetivas de progredir para um estadio de democracia consolidada[379], outras não logram esse desiderato em razão da sua ideosincrasia cultural, histórica e político-partidária[380]e, outras ainda, pura e simplesmente não o pretendem fazer por razões ideológicas e nacionais [381]. Por outro lado, existem casos de *democracias limitadas* (autoritárias ou deficitárias), que sofreram uma "involução" em direção ao paradigma de um Estado autoritário semi-competitivo[382] ou a uma pseudo democracia sem lei[383].

Esta categorização pode facilitar a aplicação de certos critérios e indicadores na classificação do nível de desempenho democrático de um regime.

6º. Num apontamento final e regressando à temática da ameaça feita às democracias por um terrorismo internacional metastizado que optou pela prática de atentados mortíferos dirigidos contra a população civil, parece inevitável que se proceda à revisão de critérios e indicadores tradicionais de classificação da qualidade democrática que não tenham em conta esta realidade bem como a tomada de medidas restritivas e suspensivas de direitos civis e políticos em Estados democráticos.

É que, a tomada em crescendo de medidas constritivas de liberdades públicas não se fará sem uma viva reação de certas comunidades que por elas são particularmente visadas, por uma boa parte dos cidadãos que optam por preservar os seus valores liberais ou libertários como se a ameaça não existisse e por um poder judicial híper-garantista que terçará armas com o poder político sobre a

---

[378] Veja-se o caso da Colômbia depois dos acordos de paz de 2016 (que intentaram por fim a um conflito armado interno de décadas) e de Estados do Leste Europeu como a Bulgária ou a Sérvia.

[379] A Ucrânia (na medida que solucione o problema das suas fronteiras), a Roménia, a Albânia, Geórgia, Taiwan e a Malásia.

[380] Caso da Bolívia, Perú, Equador, Guatemala, Honduras, Paraguai e El Salvador.

[381] Federação Russa e Singapura.

[382] Caso da Turquia depois do golpe de Estado falhado em 2016 e da subsequente perseguição do judiciário, da imprensa independente e da escola livre promovidas por um Chefe de Estado que concentrou de facto o poder na sua pessoa, à margem da Constituição.

[383] Situação da Nicarágua em 2016 depois da "OPA política" indireta lançada, com ajuda de um judiciário comprometido, pela liderança sandinista de Daniel Ortega sobre o principal partido de oposição (PLN), cuja liderança foi "capturada" por adeptos do Governo; e situação das Filipinas depois da eleição do presidente Duterte, em 2016 que legitimou o funcionamento de esquadrões da morte que procederam a numerosas execuções extra-judiciais de traficantes de droga e de marginais.

validade de certas medidas, podendo gerar-se clivagens institucionais próximas às registadas na Hungria e Polónia entre o legislativo e a Justiça Constitucional.

Por outro lado, como classificar e notar de forma rigorosa e objetiva os índices de qualidade democrática em democracias antes pontuadas com altas classificações, mas submetidas a cenários transitórios de restrição vigorosa e até de suspensão de direitos? Será justo e rigoroso desconsiderar a tomada dessas medidas que afetam a qualidade da democracia nesses Estados de tradição liberal democrática, mas valorizá-los como elemento penalizador em democracias consolidadas ou em transição? Ou será que se terá entrado numa nova Era, de duração incerta, em que o teor de ameaças globais obrigará à revisão dos critérios e indicadores adotados para os índices mais elevados de desempenho democrático, os quais se tornarão utópicos ou excecionais?

205. Trata-se de uma questão que ultrapassa o desiderato desta obra mas que convida a reflexões e investigações aprofundadas e oportunas. Até lá, as alterações circunstanciais verificadas em termos de segurança e no domínio da afetação negativa de direitos no espaço euro-americano nos últimos anos e, provavelmente nos próximos implicarão um olhar mais do que cético sobre a consistência dos critérios classificatórios aqui analisados sobre o desempenho qualitativo dos regimes democráticos contemporâneos.

Secção III. Regimes autocráticos

Subsecção I. Em que consiste uma autocracia

1. Caracterização

206. Dada a variabilidade dos regimes políticos autocráticos existente no tempo presente não resulta ser simples encontrar entre os mesmos, um conceito abrangente.

Com efeito, na doutrina, a autocracia é descrita com diversas acentuações tónicas.

Alguns colocam a tónica na concentração excessiva de poder num dado órgão e no afastamento dos cidadãos do processo de designação livre dos governantes (que é o atributo fundamental da definição de um regime democrático). Assim, o Estado autocrático envolveria uma *"titularidade restrita e um exercício concentrado do poder"*[384], em termos tais que *"os cidadãos estão afastados do processo de formação*

---

[384] MORBIDELLI-PEGORARO-REPOSO-VOLPI ult. loc cit, p. 236.

da vontade estatal"³⁸⁵. Trata-se de um entendimento desenvolvido num sentido próximo por outras sensibilidades, que entendem que *"as instituições configuram--se de maneira tal que o acesso às mesmas fique reservado"* a um conjunto de interesses, excluindo-se desse acesso os que com eles não se identifiquem³⁸⁶. Essa exclusão tanto pode operar através de uma compressão radical de liberdades e direitos políticos, de modo a que apenas beneficiem do sistema certos setores ou, então, a pura e simples supressão das mesmas liberdades políticas³⁸⁷. Havendo uma dicotomia entre Estado e Sociedade, certos autores consideram que um regime autocrático confere uma proeminência ao "Estado-Aparelho" sobre o "Estado--Comunidade", prescindindo de uma inter-relação entre as duas realidades como sucede em democracia³⁸⁸.

Outros, ainda, reforçam a inexistência de separação de poderes e de freios e contrapesos entendendo que uma autocracia envolve um "único detentor do poder cuja competência abarca a função de tomar a decisão fundamental e a sua execução, encontrando-se livre de qualquer controlo eficaz"³⁸⁹.

Todas as definições destacam atributos relevantes que devem integrar uma definição compreensiva, podendo aos mesmo juntar-se um ideário ou filosofia pública de Estado que justifica a autocracia e a constrição excessiva de direitos políticos.

207. Sem sair das linhas de força de um conceito que explorámos em obra anterior³⁹⁰, podemos definir regime autocrático como uma *ordem de domínio fundada num ideário oficial que fundamenta o exercício concentrado e não efetivamente controlado do poder político por parte de um grupo que domina as instituições estaduais e que restringe ou veda o acesso dos governados ao mesmo poder, mediante uma expressiva compressão ou supressão dos seus direitos políticos*.

208. Examinemos a caracterização exposta.

Em primeiro lugar, um regime autocrático envolve sempre, uma forma concentrada de exercício de poder, na medida em que o *núcleo* da condução política e do exercício das funções legislativa e executiva é atribuído a um órgão unipessoal ou a um diretório político ou militar, encontrando-se ausente o princípio da separação de poderes. Mesmo quando componentes das funções do Estado são atribuídas a órgãos diversos, existe um deles que se encontra investido numa posição de inequívoca e decisiva supremacia sobre os restantes.

---

[385] H.KELSEN ult. loc cit, p. 417-418.
[386] IGNACIO DE OTTO Y PARDO ult. loc cit, p, 320
[387] IGNACIO DE OTTO Y PARDO ult. loc cit,p. 321.
[388] G.VERGOTTINI ult. loc cit, p. 92
[389] KARL LOEWENSTEIN ult. loc cit, p. 72.
[390] CARLOS BLANCO DE MORAIS "Direito Constitucional – Sumários desenvolvidos"--Lisboa-2012-p. 29.

Em segundo lugar, a ausência de uma real separação de poderes priva o regime de freios e contrapesos genuínos entre instituições, ou seja, esvazia a utilidade dos controlos interorgânicos exercidos reciprocamente entre os centros de poder, com especial relevo para os que recaem sobre a instituição onde a autoridade do Estado se concentra.

Em terceiro lugar, a expressiva restrição ou a supressão de direitos políticos aos governados, constitui um meio indispensável da conservação do monopólio do poder por um grupo restrito e organizado que exclui ou reduz o papel de qualquer alternativa politica consistente que se submeta a sufrágio eleitoral competitivo, o que implica a criação de um aparelho de Estado repressivo da dissidência.

Em quarto lugar, o Estado é embebido num ideário, de densidade e impacto variável, que intenta justificar o fundamento da concentração da autoridade na esfera do referido grupo de domínio, o qual pode ser constituído por uma família ou clã[391] ou por uma vanguarda político - social [392], religiosa[393], ou militar[394].

2. Tipologia elementar

2.1. Introdução

209. Os politólogos que se têm dedicado recentemente ao estudo dos regimes autocráticos desdobram-se (ou perdem-se) numa pluralidade de classificações que, descendo sobre sub-tipos de autocracia, levam ao desvanecimento de uma visão de conjunto e de uma sistematização consistente sobre o fenómeno.

Tal ocorre, fundamentalmente, por conta de regimes autocráticos enxertados com componentes eleitorais semi-competitivas ou de competitividade aparente. Este tipo de fórmulas de poder derivam ou de transições arrastadas na sequência da descolonização (antiga África francesa), da degradação política experimentada por democracias autoritárias "encurraladas" pela contestação (Turquia), da

---

[391] Caso das famílias e clãs árabes que governam as monarquias absolutas da península arábica: caso das famílias Abdelaziz (Arábia Saudita), al Sabah (Kuweit) e al Thani (Quatar).
[392] Situação dos regimes comunistas, onde o Estado se encontra associado a um partido revolucionário e vanguardista que representa o proletariado e classes aliadas, bem como dos partidos de inspiração fascista ou nacionalista revolucionária que exerceram o poder apoiados nas forças armadas e em corporações verticais.
[393] Papel da Igreja Xiita que domina o regime teocrático iraniano, onde uma vanguarda clerical não eleita de forma pluralista e competitiva (Guia Supremo, Conselho dos Guardiães e Conselho de Peritos) coexiste com um pluralismo limitado composto por forças politicas identificadas com a filosofia de Estado.
[394] Caso das juntas militares que assumiram o poder na Grécia em 1968 e em vários Estados da América Latina e da Ásia nos anos 60, 70 e 80.

O SISTEMA POLÍTICO

decomposição de democracias deficitárias (Nicarágua) e de transições falhadas[395] ou incompletas de regimes autocráticos para a democracia (Angola, Moçambique, Bielorússia e Cazaquistão). A par desse facto, junta-se a polémica inerente ao facto de se saber se certas democracias autoritárias não serão, verdadeiramente, autocracias com uma componente eleitoral semi-competitiva (Rússia). Entra-se, assim, na nebulosa dos regimes políticos "híbridos"[396], *uma categoria supostamente intermédia entre os regimes democráticos plenos e os regimes autocráticos "fechados"*[397] e cuja emergência é facilitada pelos "rankings" do "Economist" e da "Freedom House" e pelos debates em torno dos mesmos.

210. A pluralidade de variantes que flutuam nessa fronteira cinzenta dos regimes híbridos (vide o caso das chamadas *"pseudo-democracias*[398]*, democracias iliberais e democracias de domínio*[399]*, autoritarismos competitivos*[400]*, autoritarismos hegemónicos, regimes multipartidários limitados e autoritarismos eleitorais*[401]) impedem que o hibridismo configure uma categoria dogmática própria, na medida em que é difícil descortinar entre as suas variantes, atributos estáveis comuns, para além da perceção de que se está perante um regime compósito de pendor autoritário.

Por esta circunstância, sem prejuízo de, na esfera dos regimes autocráticos podermos estudar um conjunto de variantes onde se integram ordens de poder estadual com atributos mistos, preferimos não colocar os regimes que alguns qualificam como híbridos como categoria própria ou "tertium genus" entre as categorias estruturantes.

---

[395] Sobre as transições "bloqueadas" para a democracia, vide LUCCA MEZZETTI "Le Democrazie Incerte"-2000-Torino-p 224 e 228.
[396] Cfr TERRY LYNN KARL "Dilemmas of Democratization in Latin America"- in "Comparative Politics"-23- p. 1 e seg; e L. MORLINO "Regimenes Hibridos y Regimenes en Transición" ult. Loc cit;
[397] Cfr. INMACULADA SZMOLKA VIDA "Los Regimenes Híbridos (...)" op. cit,, p.122 e seg.
[398] L DIAMOND-J LINZ- S: LIPSET "Politics in Developing Countries"- Lynne Rienner publ- (e-book)- 1995.
[399] W. MERKEL-A. CROISSANT "La Democracia Defectuosa(...)" op. cit.
[400] S. LEVITSKY- A. WAY "Elections Without Democracy". The Rise of Competitive Authoritarianism"- in "Journal of Democracy"-13- 2002-p. 51 e seg.
[401] VAN DE WALLE "Elections Without Democracy. Africa Range of Regimes"- in "Journal of Democracy"-13-2-2002-p. 66 e seg.

2.2. Posição adotada

211. Já tínhamos, na linha de alguma doutrina já citada, decomposto os tipos substanciais de regime político, em Estados democráticos e autocráticos[402]. Ora, no âmbito da autocracia exibimos uma proximidade relativa a constitucionalistas que nela distinguem as variantes totalitária e autoritária[403].
212. Consideramos, pois, que os Estados autocráticos podem diferenciar-se em dois modelos sub-típicos: *o Estado totalitário e o Estado autoritário*. Nas suas franjas será possível examinar um conjunto de classes que, contudo, se reconduzem a estas duas categorias dominantes.

2.2.1. O Estado Totalitário

213. O Estado Totalitário envolve uma *cosmovisão ideológica integral do homem, da sociedade e do poder político que é erigida a filosofia pública de Estado e dinamizada por um partido único que detém a autoridade pública e a exerce de forma exclusiva, utilizando para a conservar, o monopólio da comunicação social e da educação e um aparelho repressivo de carácter judicial, policial e paramilitar.*
214. O Terceiro Reich alemão conformou um modelo ideológico de integração entre o Estado e o partido único (o NSDAP[404]), em torno de um ideário transpersonalista, racialista, nacionalista-militante e intervencionista nas relações económicas e sociais, onde a própria ideia de "Estado-total" constituía um elemento identitário do poder. Dois dos seus expoentes jurídicos, (mais concretamente, dois brilhantes conservadores que se deixaram ofuscar e seduzir durante um punhado de anos pelo movimento totalitário), justificaram à época a razão de ser do totalitarismo e a teleologia concentração de todos os poderes no chefe supremo (o *Führer*).

Ernst Forstoff, referia que o *"Estado Totalitário deve ser o Estado da responsabilidade total, deve representar o juramento de cada um para com a Nação. Esse juramento educa o carácter privado da existência individual. Sempre e em toda a parte, na sua atitude e*

---

[402] Cfr. MORBIDELI-PEGORARO-REPOSO-VOLPI ult. loc cit, 236.; LOEWENSTEIN ("Teoria de la Constitución"-op. cit - p.73); KELSEN "Teoria Geral del Estado", op. cit, p.405.
[403] Cfr. MANOEL GONÇALVES FERREIRA FILHO "Curso de Direito Constitucional"-S. Paulo-2008-p. 79 (pese o facto de estabelecer uma tricotomia democracia-autoritarismo--totalitarismo, preferindo nós a dicotomia democracia- autocracia e decompor esta em autoritarismo e totalitarismo). Cfr., também, JUAN LINZ "Democracia: Quiebras (...)" op. cit, p. 202 e seg. (sem prejuízo da sua tendência para lucubrar posteriormente sobre variantes intermédias como os *pós-totalitarismos* e os *sultanismos*).
[404] Partido Nacional Socialista.

na sua atividade pública e bem assim no seio da família e da comunidade, cada um é aquilo onde o Estado possa repercutir as suas diretivas e as suas leis na parte mais ínfima da Nação, podendo-se apurar a sua responsabilidade, que é a de que se possa pedir contas ao indivíduo que não subordinar totalmente o seu destino pessoal á Nação"[405].

Schmitt, por seu lado, construía juridicamente a ideia de "Fhürerprinzip", elaborada por Hermann Graf Keyserling, a qual se sustentava na autoridade carismática inerente àqueles que, por um especial dom do destino, teriam nascido para mandar. Schmitt excluía a ideia de separação de poderes e defendia que o *Führer*, para além de criador do direito, seria também juiz e não estaria sujeito à Justiça porque ele próprio seria a Justiça suprema[406].

215. Outro paradigma do totalitarismo inere aos Estados de ideologia comunista, mormente os regimes soviético e chinês.

A Constituição Estalinista de 1936, representa uma referência destacada de um modelo marxista Estado totalitário, envolvendo *"o transito da ditadura do proletariado para um Estado Socialista de operários e camponeses"* tendo em vista a construção de uma sociedade comunista (meta utópica do marxismo-leninismo), implicando a mesma ditadura não a desaparição do Estado, mas o seu fortalecimento[407]. O partido único, o Partido Comunista da União Soviética, era erigido, no artº 126º da Constituição, a *"destacamento da vanguarda dos trabalhadores na sua luta por edificar a sociedade comunista e núcleo dirigente de todas as organizações de trabalhadores, tanto sociais, como do Estado".*

A separação de poderes era rejeitada pela ideologia oficial, não apenas em 1936 mas em relação a todo o constitucionalismo soviético. Assim, segundo Askerov, *"No sistema soviético não existe a separação de poderes: o poder é único, na medida em que o povo que o detém é também uno"*[408].

216. Na definição de totalitarismo dada supra, seguimos com adaptações, em traços gerais, as teses ínsitas num escrito de Carl Friedrich e Zbigniew Brzezinski que sintetizam as características típicas de um Regime totalitário[409]. Assim, serão características do totalitarismo:

---

[405] ERNST FORSTOFF in "Der Totale Staat"-Hamburg-1933-p 42.
[406] CARL SCHMITT "O Fhürer Protege o Direito" in apêndice de obra de RONALDO PORTO MACEDO "Carl Schmitt e a Fundamentação do direito"-S. Paulo-2001-p. 219.
[407] JUAN FERRANDO BADIA "Regimenes Politicos Actuales"Madrid-1985-p. 604.
[408] ASKEROV "Les Organnes Superieurs du Pouvoir en URSS" in "Les Documents de Notre Temps" –Paris-1948.
[409] CARL FRIEDRICH e ZBIGNIEW BRZEZINSKI "Totalitarian Dictatorship and Autocracy-Cambridge- Hav Un Press"-1956.

i) Existência de uma ideologia oficial do Partido e do Estado[410], utópica[411] ou com pretensões de cientificidade[412], que, irradiando para todos os estratos da existência humana se propõe construir uma sociedade ideal, reduzindo drasticamente para o efeito o pluralismo na sociedade civil[413] e a autonomia individual em áreas tão distintas como a política, o Direito, a economia, a educação, a propriedade, a cultura, a família, esferas da vida privada, as relações sociais e o próprio proselitismo religioso;
ii) Criação de um partido único com caráter dirigente, organizado como uma formação política de massas, fortemente hierarquizada e disciplinada, destinada a controlar politica e ideologicamente não apenas o Estado, mas a sociedade, através de um forte poder de mobilização social[414] operado através de comités em todos os domínios da vida coletiva, como forma de promover a propaganda oficial, a arregimentar a população e a controlar manifestações de dissidência;
iii) Liderança do Estado e do partido único por um ditador ou por um diretório, os quais concentram o núcleo das funções estaduais sem controlos interorgânicos reais, sendo nomeados por convenções partidárias e assembleias institucionais designadas direta ou indiretamente pelo povo em eleições não competitivas (ou seja, sufrágios dirigidos e condicionados pelo poder, onde sapenas concorre o partido único com uma só lista ou, em alguns casos, com duas listas alternativas de candidatos);
iv) Meios de comunicação de massas, operando como veículos de propaganda oficial e monopolizados pelo partido único, restringindo-se ou bloqueando-se drasticamente a liberdade de expressão e imprensa por parte de dissidentes ou opositores;
v) Aparelho repressivo policial dirigido contra toda a espécie de oposição ou divergência política, assumindo especial protagonismo a atuação de uma polícia secreta ou polícia de Estado;
vi) Nominalização dos direitos civis, esvaziamento dos direitos políticos e cedência do direito em vigor perante o arbítrio de decisões concretas tomadas pelas instâncias supremas do Estado e pelo aparelho securitário, carecendo os tribunais de independência e imparcialidade na medida em que operam como instrumentos da vontade do poder político;

---

[410] Cfr. ANNA ARENDT "As Origens do Totalitarismo"-Lisboa-2004.
[411] JUAN LINZ "Democracia: Quiebras (...)" op. cit, p. 299
[412] Assim, com destaque para o marxismo mas, igualmente para as teorias raciais do III Reich, LUIS PEREIRA COUTINHO, ult. loc cit, p. 95 e 102.
[413] Os grupos de interesse não nascem nem se articulam livremente, sendo substituídos por sovietes ou corporações dominadas pelo estado ou pelo partido único.
[414] JUAN LINZ ult. loc cit, p. 301.

vii) Direção concentrada de toda a economia mediante uma planificação centralizada e a ação de comissários políticos nos centros financeiros e nos meios de produção e distribuição, e condicionamento, restrição ou ablação do direito de propriedade e iniciativa privadas.

2.2.2. O Estado autoritário

217. Um regime autoritário caracteriza-se pela existência de um *ideário público que justifica uma concentração do poder num órgão supremo que, sem intentar moldar a esfera privada dos cidadãos e a vida em sociedade ou derrogar a legalidade, enseja dirigir e dominar os aspetos fundamentais da vida política do Estado, limitando significativamente a escolha dos governantes pelos governados.*

218. Tomando por base esta definição bem como diversos subsídios oriundos do contributo clássico de LINZ[415], cumpre destacar nos regimes autoritários, os seguintes atributos:

i) Existência de um ideário ou ideologia estatal, integrado por valores de abertura e consistência variável[416], cujas linhas de força se destinam, primariamente, a justificar a configuração do poder instituído no quadro de um Estado de legalidade formal e, secundariamente, a estruturar pragmaticamente alguns aspetos da vida em sociedade, respeitando diversas expressões do pluralismo social, o qual é tolerado com limites[417];

ii) Existência de um órgão de poder supremo, em regra o Chefe de Estado ou o Chefe de Governo, sustentado numa estrutura formal ou informal de poder (composta por uma aliança entre as forças armadas[418], um partido ou um movimento político dominante e diversos corpos sociais, económicos e administrativos[419]) que exerce um poder direção e controlo decisivo sobre as demais instituições, estribando-se numa plêiade de fontes

---

[415] JUAN LINZ "Totalitarian and Authoritarian Regimes"-Boulder, Colorado 2000-p. 159 e seg.
[416] KARL LOEWENSTEIN ult. loc cit, p. 76.
[417] LUIS PEREIRA COUTINHO ult. loc cit, p. 111; JUAN LINZ "Democracia: Quiebras (...)" op. cit, p. 301.
[418] JUAN LINZ "Totalitarian (...)" op. cit.
[419] Tais como uma elite económica ou social, uma confissão religiosa, um partido dominante ou a tecnoburocracia do Estado.

de legitimidade, por vezes combinadas entre si[420] e exercendo um poder de mobilização social sem grande intensidade permanente[421];

iii) Existência de um aparelho policial repressivo dirigido, seletivamente, a inimigos objetivos do regime e a opositores cuja conduta possa enfraquecer seriamente este último[422], associado à restrição expressiva de direitos políticos, sem que se iniba formas toleradas de oposição política e alguma margem de liberdade de expressão e de exercício do direito de comunicação social, com significativas restrições[423];

iv) Compromisso mais ou menos variável do Estado de legalidade com formas nominais ou limitadas de legitimidade democrática, nomeadamente através de plebiscitos e de eleições semi-competitivas, ou seja, escrutínios parcialmente afetados nos seus predicados elementares de liberdade, igualdade, competitividade, repetibilidade, transparência e equivalência de opções[424], de forma a favorecer a força política que se encontra no poder;

v) Respeito pelos direitos de propriedade e iniciativa privada, sem prejuízo de quadros de preferência no exercício desses direitos por parte dos grupos identificados com o poder[425] e de um grau variável de medidas de planeamento e de intervenção do Estado na economia e nas relações laborais.

219. Existem numerosas variantes de Estado autoritário, cumprindo neste ponto assinalar apenas as principais, reportadas a modelos contemporâneos.

Será o caso: i) do *"sultanismo"* (mistura entre o poder político e o poder patrimonial dos governantes, pertencentes a uma família ou clã político); ii) *dos regimes militares* (as forças armadas governam em ditadura durante um período tentativamente transitório); iii) *dos cesarismos revolucionários* (regime vanguardista civil-militar, liderado por um chefe carismático); iv) *das gerontocracias institucionais*

---

[420] Com relevo para a legitimidade carismática, tradicional, revolucionária e até democrática, avultando nesta última, formas de intervenção semi-competitiva do eleitorado
[421] JUAN LINZ "Democracia (...)" op. cit, p. 202.
[422] MIGUEL BRAGA DA CRUZ " O Partido e o Estado no Salazarismo"-1988-Lisboa-p.127 e seg.
[423] IGNACIO DE OTTO Y PARDO ult. loc cit, p. 321.
[424] Esse sufrágio semi-competitivo opera através de sistemas eleitorais destinados a favorecer o partido "oficialista", da proibição de partidos que representem grandes correntes de opinião, da cassação de candidatos opositores, de restrições à liberdade de expressão, reunião e manifestação das oposições durante a campanha eleitoral, de colocação de todo o aparelho de Estado ao serviço das candidaturas oficialistas e fraude eleitoral).
[425] IGNACIO DE OTTO Y PARDO ult. loc cit, p. 320.

(grupo organizado e fechado que exerce o poder com apoio das forças armadas, grupos económico-sociais e administração pública); v) *das teocracias com pluralismo limitado* (subordinação do poder civil designado em eleições não competitivas ou semi-competitivas a autoridades religiosas com poder de direção e veto); vi) *e dos corporativismos autoritários* (regimes defensores da organização corporativa da sociedade e do Estado, tolerando um pluralismo limitado e instituindo eleições não competitivas ou semi-competitivas).

Alguns regimes autoritários assumem caráter híbrido, de entre as modalidades expostas. Examinaremos a tipologia na próxima rubrica.

Subsecção II. Nota sobre as modalidades de organização do poder em regimes autoritários

220. Atender-se-á, para efeitos classificatórios, à *natureza dos detentores do poder* e *aos seus propósitos de governação*, descrevendo-se algumas características objetivas que acompanham, em regra, o correspondente tipo de domínio político.

1. "Sultanismos"

221. O "sultanismo" consiste num regime personalizado numa chefia tradicional ou carismática oriunda de uma família ou de um clã, a qual exerce plenos poderes de autoridade sem os limites próprios de um Estado de direito, registando-se uma fusão fática, total ou parcial, entre o património privado da liderança e o domínio público. O *sultanismo* prescinde, de um modo geral, de um ideário muito definido para a justificação do poder pessoal do chefe, pautado pelo despotismo decisório, e exclui, em regra, espaços para uma efetiva oposição política, ressalvados alguns casos de dissidência "domesticada" ou tolerada em face do seu caráter inofensivo. Existe na sociedade algum grau de pluralismo (incluindo comunidades paralelas) que é, ainda assim, sujeito ao arbítrio do poder[426].

222. O modelo típico reconduz-se às *monarquias absolutas* do Golfo Pérsico (Arábia Saudita, Emiratos Árabes Unidos, Quatar e Oman) e da Oceânia (Brunei).

A Arábia Saudita, domínio do clã Abdelaziz, é um Reino que funciona como um *punctum unionis* entre o autoritarismo monárquico e uma certa forma de totalitarismo, atenta a natureza teocrática do regime assente num ideário político-religioso muito marcado (o exercício do poder real assenta no direito divino segundo corrente teológica "wahabita" e na autoridade clerical do Rei, assistido por uma assembleia consultiva, sendo utilizada uma polícia moral e religiosa que

---

[426] Cfr. JUAN LINZ "Democracia: quiebras (...)" op. cit, p. 301 e 309b e seg.

vigia os costumes dos cidadãos e, como tal, procura dominar aspetos da vida em sociedade). Já o emirato do Kuweit configura um híbrido, pois reflete um compromisso ente o "sultanismo" e uma democracia autoritária ([427]).

Outras formas menos típicas de sultanismo "republicano" coincidem com ditaduras personalizadas e arbitrárias onde o poder político se agrega ao poder patrimonial, como é o caso dos antigos regimes de Leónidas Trujillo na República Dominicana, a família Duvallier no Haiti, Jean Bedel Bokassa na República Centro-Africana (mesmo antes de se auto-proclamar Imperador), de Idi Amin no Uganda e, até 2017,da família Kabila no Congo-Quinxassa.

223. Algumas sub-categorias de sultanismo republicano fazem uma ostensiva ponte para o totalitarismo, envolvendo uma ideologia marcada e absorvente como justificação semântica do poder pessoal do ditador: é o caso da ditadura comunista da família Ceaucescu na Roménia e da dinastia comunista inaugurada por Kim-Il –Sung na Coreia do Norte (um sultanato totalitário marxista). Outros regimes, que alguns designam por "sultanismos eletivos" republicanos[428], procuram incorporar uma componente eleitoral marcada por sufrágios semi--competitivos e fraudulentos, como forma de legitimar o poder autocrático da chefia, através de um voto popular fosco (caso dos governos das famílias Somoza e Ortega na Nicarágua e de Ferdinando Marcos, nas Filipinas).

2. Regimes militares

224. *Os regimes castrenses ou militares* afiguram-se, regra geral, como "ditaduras transitórias" provocadas por uma crise institucional grave em que as forças armadas, em nome da defesa do Estado e da segurança pública, assumem excecionalmente o poder, auto-investindo-se num mandato temporalmente limitado até que se produza uma normalização institucional. Verifica-se contudo que o tempo e o modo de exercício do poder pelas forças armadas são muito variáveis.

225. O "nacionalismo" constitui o ideário comum à grande maioria dos regimes militares, embora alguns deles tenham assumido, a *título complementar*: um ideário puramente negativo (como o anticomunismo, na ditadura militar argentina, de 1976, dirigida pelo General Jorge Videla ou na ditadura boliviana do General Garcia Meza, de 1980); um ideário socialista (Perú em 1968, sob a ditadura do General Velasco Alvarado e Birmânia, em 1968, sob o consulado do

---

[427] O poder é dividido entre o Emir, que designa o Governo e um Parlamento eleito entre candidatos alternativos representativos da sociedade civil, mas com a proibição de partidos políticos. O Parlamento exerce funções legislativas e pode destituir os membros do Governo.
[428] M. THOMPSON-P. KUNTZ "After Defeat: When do Rulers Steal Elections" in AAVV "Electoral Authoritarianism"- Org. A. Schedler-London-2006.

Marechal Ne Win); um ideário politicamente conservador e economicamente liberal (Chile durante o regime do General Augusto Pinochet); ou uma filosofia pública islâmica (diversos regimes militares paquistaneses, como o do General Zia Ul Haq, iniciado em 1978).

As ditaduras militares, exercem o poder, em regra, através de um chefe carismático ou "forte" oriundo das forças armadas e assistido por uma junta militar (caso dos já referidos regimes militares peruano do general Alvarado, chileno do general Augusto Pinochet e paquistanês do General Zia Ul Hak).

Podem, contudo, governar de forma mais colegial através de um diretório ou junta militar onde emerge um *primus inter pares*.

Terá sido o caso do regime dos Coronéis na Grécia em 1968, com Papadoupolos; do Conselho da Revolução em Portugal em 1975, sob a presidência do General Costa Gomes; do Uruguai em 1981, sob a Presidência do General Gregorio Alvarez; ou da Birmânia com o "Conselho para a Paz e Desenvolvimento", refundado em 1997, sob a chefia do General Than Shwe).

Em certos cenários, o poder militar opta por não governar diretamente mas tutelar o poder civil, através de um Chefe de Estado não militar.

Essa situação teve lugar no Uruguai de 1973 a 1980 com os Presidentes Bordaberry, Alberto Demicelli e Aparicio Mendez. Noutros, tomam partido num conflito entre os poderes do Estado e assumem-se, transitoriamente, como força pretoriana de suporte às instituições vencedoras (caso do apoio, em 2009, das forças armadas das Honduras ao Parlamento e ao Presidente transitório, Micheletti, após a destituição do presidente "chavista" Manuel Zelaya)[429].

Existem, ainda formas híbridas de autocracia protagonizadas pelo poder militar que operam através da institucionalização de um regime dominado indiretamente pelas forças armadas mas que incorpora um pluralismo político limitado em eleições semi-competitivas, onde um dos partidos concorrentes representa os interesses militares. Neste cenário a orientação ou a tutela castrense não se assume como transitória mas como permanente.

Tal foi o caso: i) do Brasil de 1964 a 1985, depois da Revolução protagonizada pelo Marechal Castelo Branco (em que um Parlamento, reduzido a dois partidos concorrentes, a ARENA conservadora e oficialista e o MDB de oposição democrática moderada, designava um Presidente da República que em regra era militar); ii) da Coreia do Sul (1980/1993) sob a égide do General Chun-Doo-Hwan que depois de assumir o poder pela força admitiu a constituição de alguns parti-

---

[429] Zelaya foi afastado pelos militares e forçado a abandonar o País (no cumprimento de um mandato do poder judicial), depois ter intentado um "auto-golpe de Estado" mediante a convocação abortada de um plebiscito inconstitucional que reforçaria o seu poder através da eleição de uma assembleia constituinte.

dos que concorreram às eleições de 1981, como o Partido Democrático da Justiça (oficialista conservador), o Partido Democrático da Coreia (Liberal) e o Partido Nacional da Coreia (nacionalista); iii) e da Indonésia (1967-1998), durante o consulado gerontocrático do General Shuarto (onde o Partido Golkar, conservador e pró-militar, reforçado por 100 deputados oriundos da forças armadas nomeados pelo Presidente, coabitava com a um punhado de partidos islâmicos e não islâmicos de oposição consentida, sendo o Presidente eleito pelo mesmo Parlamento). No Paquistão, os Generais Zia-Ul-Haq e Musharaff intentaram, sem êxito, institucionalizar regimes semelhantes.

Na América Latina dos anos 50 a 70, na Tailândia e em África proliferaram e proliferam versões menos elaboradas das diversas variantes aqui apresentadas que não virá ao caso descrever.

3. Cesarismos socialistas-revolucionários,

226. *Existem formas* de poder com um substrato ideológico marcado, erigidos em torno de um chefe ou caudilho (em regra carismático) que lidera o Estado, em aliança expressa ou tácita com um setor militar e uma vanguarda político-social procurando instituir um regime autocrático de vocação permanente, com ou sem componente eleitoral (não competitiva ou semi-competitiva).

Este tipo de regime, típico de países em vias de desenvolvimento, emerge em regra de um ato revolucionário ou de um ato eleitoral que não se repete, doravante, nos mesmos termos.

227. Está-se diante de autocracias semi-militarizadas (ou seja, operam em aliança com as forças armadas e contam com forças paramilitares), servidas por um partido único ou partido hegemónico soldado ao poder supremo e por um aparelho de segurança e vigilância fortemente repressivo contra os opositores. O movimento ou partido oficialista pode legitimar-se, semanticamente, tanto em eleições indiretas e plebiscitos rituais, como em eleições não competitivas ou semi-competitivas, que podem envolver alguma coexistência com partidos satélites ou forças de oposição "domesticadas" pelo sistema.

Movimentos socialistas revolucionários de base militar que assumiram o poder político, em regra através de atos de força e pouco depois de um movimento de descolonização, predominaram na edificação deste tipo de regimes.

Foi e é o caso das ditaduras árabes socialistas laicas dos partidos Baath, na Síria de Hafez el Assad (1971) e no Iraque durante os consulados de Al Bakr (1968) e de Saddam Hussein (1979); na Líbia de Muammar Kaddafi (1969); no Egito de Gamal Abdel Nasser (1954) e de Anwar Sadat (1970); e, numa vertente mais pluralista, a Indonésia de Sukarno (1945).

Também numa linha socialista de base marxista e militante, destacam-se ditaduras revolucionárias oriundas de forças de guerrilha e movimentos independentistas que se converteram em partidos e passaram a exercer solitariamente o poder após a independência de territórios coloniais, sob a égide de um chefe político com maior ou menor carisma.

Enquadram-se na situação descrita, o caso da Argélia de Ben Bella (1963) e Houari Boumediènne (1965), líderes da FLN; da Zâmbia de Kenneth Kaunda (1964); da Tanzânia de Julius Nyerere (1962); e dos Estados da antiga África portuguesa no período pós-independência até à década de 90.

228. Em certos casos, existe um compromisso entre o movimento revolucionário e uma democracia semi-competitiva sem garantias de real pluralismo e de alternância no poder, com restrições fácticas a direitos políticos, uma repressão dura a opositores e uma ausência de Estado de direito (registando-se o domínio do poder judicial e de autoridades eleitorais pelo partido dominante): é o caso do movimento bolivariano na Venezuela, protagonizado pelo Partido Socialista Unificado da Venezuela, sob as presidências de Hugo Chavez (1999) e Nicolas Maduro (2013).

4. Teocracias

229. Estamos diante de um regime político fundado numa ideologia extraída de uma confissão religiosa e em que o poder político é dirigido e tutelado, mais ou menos intensamente, a partir de lideranças religiosas que excluem qualquer alternativa de poder que não se enquadre na filosofia pública de Estado.

Existem regimes teocráticos autoritários, com um viés totalitário, que excluem eleições competitivas e em que o poder político se concentra numa liderança religiosa messiânica assente num partido único ou movimento político equiparado.

É o exemplo do regime talibã, dirigido pelo já falecido Mulah Mohamed Omar, que governou o Afeganistão entre 1996 e 2001 (criando o *Emirato Islâmico do Afeganistão*)[430].

230. Paralelamente existem *formas de teocracia mais sofisticadas com elementos de pluralismo limitado*, como é o caso da *República Islâmica do Irão*. Impera uma filosofia pública de Estado estribada na religião shiita, que faz assentar na Divindade a legitimidade básica do poder e que integra constitucionalmente órgãos supremos de autoridade religiosa, não eleitos por sufrágio popular direto. É, em primeiro lugar, o caso do *Guia Supremo,* teoricamente controlado por um *Conse-*

---

[430] O poder concentrou-se no Líder Supremo, mas integrava, igualmente, num segundo escalão, uma "Shura suprema" (conselho de fundadores) com ligações a "shuras" regionais, seguindo-se num terceiro patamar o Governo e no último, uma estrutura militar.

lho de Peritos, com faculdades de chefia militar, nomeação de numerosas autoridades políticas, judiciais e militares e poderes de supervisão e direção política, expressos e não expressos, sobre os poderes eleitos. Essas faculdades compreendem, nomeadamente, a aprovação de diretrizes políticas gerais ao Executivo e legislativo e a destituição do Presidente da República, volvida a intervenção de outras instituições. E é, em segundo lugar, o caso do *Conselho dos Guardiães*, que desempenha funções de controlo político (vetos e fiscalização de constitucionalidade[431]) e funções "moderadoras", sobre as instituições eleitas em sufrágio semi-competitivo (exclusão e seriação de candidaturas ao Parlamento ou Presidência).

O regime admite, dentro dos que adotam a filosofia pública estadual, partidos políticos e candidaturas alternativas independentes oriundas de partidos ilegalizados mas facticamente existentes e tolerados. Os poderes Executivo (confiado a um Presidente eleito por sufrágio popular) e Legislativo (Parlamento, também eleito por voto popular) são equilibrados entre si, mas condicionados pela ação supervisora da liderança religiosa. Pese a existência de uma sociedade civil florescente e autónoma do poder, as liberdades políticas, de expressão e de religião encontram-se fortemente restringidas e existe uma polícia religiosa que escrutina os costumes e a vida familiar dos cidadãos.

5. Autoritarismos corporativos

231. Trata-se de regimes que imperaram, com diversos estádios evolutivos, dos anos 30 a 70 do século XX e que se caracterizaram por filosofias de Estado de cunho nacionalista e corporativo de raiz católica, agregando um partido ou movimento político único, a concentração do poder Executivo e de parte do legislativo num chefe ou caudilho, a realização de eleições não competitivas, o respeito pela legalidade formal e o desenvolvimento de uma sociedade mitigadamente pluralista.

O autoritarismo corporativo nasceu de movimentos revolucionários nacionalistas e aliou uma remota inspiração fascista originária, a outras doutrinas sociais (tais como o corporativismo laico ou o corporativismo oriundo da doutrina social da igreja) que legitimaram um Estado intervencionista e vocacionado para a exigência de uma cooperação de classes, em torno de um "superior desígnio nacional". Em regra, estes regimes não prescindiram de um Estado de direito formal (Estado de legalidade) e de uma legitimação popular aclamatória, a qual, a par de manifestações plebiscitárias, se exprimiu através da figura da chamada "democracia orgânica" (designação dos titulares do poder quer através do sufrágio indireto

---

[431] Se legislação se mostrar contrária à constituição e à Sharia, o Conselho de Guardiães submete-a ao Conselho de Peritos.

dos cidadãos a partir de estruturas representativas das corporações representadas por universidades, sindicatos, grémios e poder local) quer mediante eleições diretas não partidárias e com restrição às candidaturas opositoras.

232. Os regimes desta natureza assumiram expressões diversas, tais como:

i) o *corporativismo contra-revolucionário e civilista* do "Estado Novo" português, resultante da aliança entre uma elite universitária e económica, as forças armadas e a Igreja Católica e onde pontificou um sistema dominado pelo Presidente do Conselho de Ministros (consulados dos Professores Oliveira Salazar e Marcello Caetano);
ii) o *caudilhismo militarista, corporativo e católico* do franquismo, em Espanha, centrado no poder quase absoluto do Chefe de Estado, o General Francisco Franco, articulado com as forças armadas, um movimento nacionalista-revolucionário poderoso (que agrupava *falangistas*, *nacionais sindicalistas* e *carlistas* monárquicos) e a hierarquia católica;
iii) e, numa versão mais laicista (mas com uma aliança não oficial com a Igreja Católica) o *cesarismo corporativo* do Presidente Getúlio Vargas, no Brasil, no período entre 1931 a 1945, com relevo para o ciclo do "Estado Novo", iniciado em 1937.

Nos dois primeiros casos, os regimes corporativos que sobreviveram ao colapso dos fascismos europeus após a II Guerra, evoluíram para um modelo de conservadorismo autoritário com uma componente gerontocrática institucional (infra § 235), tendo o regime português sido derrubado pela Revolução de 1974 e o espanhol transitado pacificamente para a democracia, nos anos 70. O cesarismo corporativo brasileiro caiu após a II Guerra Mundial, num golpe de Estado, mas metamorfoseou-se por via eleitoral, nos anos 50, numa versão trabalhista e nacionalista, protagonizando o presidente Getúlio Vargas um ciclo de poder populista e justicialista, mas no contexto de um Estado democrático.

6. Gerontocracias institucionais

235. Trata-se de um rótulo que alberga muitas moradas e cujo conteúdo se assemelha a um "melting pot" de regimes autoritários que não cabem nas figuras mais típicas acabadas de examinar, mas que podem, ainda assim, guardar entre si um fio condutor.

Este tipo de regime, portador de um ideário oficial pouco definido, assenta, em regra, no primado do poder Executivo encimado por um líder forte reforçado por um partido único ou hegemónico, subordinado aos interesses de um grupo político, económico e militar fechado, por um robusto aparelho securitário e por uma pesada burocracia administrativa, responsável pela continuidade institucional e funcional do "status quo".

A expressão "gerontocracia", oriunda do grego "geron" (o mais velho), reflete um tipo de poder oligárquico dirigido por um grupo político de domínio fechado e composto por lideranças estáveis e envelhecidas.

236. A tradição ou habitualidade do poder alicerça-se na estabilidade de instituições que é suposto não se alterarem significativamente com o decorrer do tempo. E, precisamente, a fórmula "institucional" pretende fazer ressaltar o papel de uma legalidade formal e de um importante aparelho burocrático-policial na conservação dos órgãos de poder e na inoculação nos governados de um comportamento habitual de obediência à autoridade e à lei, dado que o enlace e entre governantes e governados não é operado por uma ideologia oficial forte ou militante, nem pelo livre consentimento dos cidadãos na designação dos titulares do poder. Neste tipo de regimes tanto é possível instituir a abolição pura e simples de atos eleitorais (excetuando plebiscitos rituais ou sufrágios não competitivos) como a introdução de fórmulas semi-competitivas (com eleições fraudulentas, absolutamente desiguais e desequilibradas, com restrições drásticas a partidos ou candidaturas opositoras ou, ainda, envolvendo uma oposição inofensiva ou domesticada). O poder judicial é dominado, em regra, pelo grupo no poder e os direitos políticos dos cidadãos, embora consagrados constitucionalmente, não são garantidos e exercidos num nível minimamente satisfatório ou útil.

237. Confluem nesta modalidade algo híbrida de autocracia, transformações, evoluções e degenerações de outros tipos de regimes autocráticos ou a corrosão experimentada por democracias autoritárias ou deficitárias.

Assim, diversos cesarismos socialistas-revolucionários ao perderem a utopia e a mobilização popular e enquistam-se em torno de uma oligarquia fechada, não renovada e com tendência para domínios familiares, clânicos ou grupais. É o caso da Síria durante o consulado de Bashar El Assad.

É também o caso de revoluções tanto progressistas como conservadoras que se institucionalizaram num circuito clausurado de um grupo dominante e instituem autocracias semi-competitivas com um partido absolutamente dominante.

Teremos como exemplo, no quadro de uma aliança entre o Partido Colorado, as Forças Armadas e um caudilho, o regime do General Alfredo Ströessner no Paraguai e, numa versão híbrida (com rotação na presidência entre membros da oligarquia e sem autonomia das forças armadas) o México durante os ciclos mais autocráticos do poder do Partido Revolucionário Institucional, tendo este modelo evoluído finda a presidência de Luis Esheverria (1970-1976) para uma democracia limitada.

Do mesmo modo, muitos Estados, antes sujeitos a um regime totalitário, deslaçam e ingressam nesse universo híbrido dos *regimes pós-totalitários*, aos quais autores como Linz atribuem certas características: i) esmaecimento da ideologia (cada vez mais divorciada da realidade); ii) perda do poder de mobilização; iii) elite do poder preocupada com vantagens patrimoniais e segurança pessoal; iv) lideranças com dificuldades de renovação, crescentemente menos carismáticas e com tendência para a eternização dos mandatos e para o envelhecimento; v) peso da burocracia administrativa e do aparelho policial que supera o papel do partido único ou dominante; vi) florescimento de uma sociedade civil mais pluralista e autónoma com ligações ao poder unicamente ditadas por interesses conjunturais; vii) e surgimento de focos de dissidência nem sempre reprimidos[432].

Será o caso: da Polónia, durante o regime comunista enfraquecido de Gierek e Jaruzelski. E é também essa a situação das ex-republicas soviéticas depois da queda do muro de Berlim em 1989 e dos Acordos de Minsk em 1991, em que as lideranças comunistas converteram os respetivos partidos em formações nacionalistas de viés socializante, conservador ou até islâmico. São exemplos deste cosmos, na Ásia Central, o Cazaquistão, dirigido por Nursultan Nazarbaev, o Uzbequistão com Islam Karimov e Yuldashev e na Europa Oriental o Presidente Alexander Lukachenka, da Bielorússia.

No Turcomenistão, durante a ditadura unipessoal de Saparmurat Nyazov, o regime traçou uma ponte para o totalitarismo, na medida em que a personalização iconoclástica do líder assumiu um viés totalitário com a adoção de uma bizarra filosofia pública de ensino obrigatório criada pelo Presidente e condensada num livro, a Rukhnamana ("Livro da Alma"). Com a sua morte em 2006 e a ascensão do Presidente Gurbanguly, dentro da nomenclatura, o poder despersonalizou-se, a filosofia publica foi afastada e o regime passou a enquadrar-se numa forma mais típica de gerontocracia autoritária.

238. Alguns entendimentos consideram, igualmente, que os regimes totalitários comunistas da Europa de Leste teriam durante a década de 80, nos anos que precederam a sua queda, evoluído para gerontocracias institucionais autoritárias (ou para verdadeiras "ditaduras geriátricas" dada a avançada idade de todos os dirigentes comunistas) atenta a incapacidade de mobilização popular, a esclerose do partido único, a erosão da ideologia oficial, o florescimento de uma sociedade civil hostil ao poder, e a petrificação líderes supremos .

Foi a situação de Husak na Checoslováquia, Honnecker na RDA, Zivkov na Bulgária e Janos Kaddar na Hungria).

Finalmente, existem (numa variante imperfeita no que respeita ao papel da burocracia administrativa) numerosos regimes africanos derivados de partidos

---

[432] LINZ ult. loc cit, p. 301 e seg, 308 e seg.

independentistas ou de líderes militares que institucionalizaram o seu poder, num quadro constitucional nominalmente civilista, criando partidos únicos, que se integram no registo descrito, por vezes com uma *componente sultanística* que se foi adensando com o tempo.

Teremos como exemplos, os casos do Congo- Quixassa de Mobutu, do Congo--Brazaville de Sassou N'guesso, do Malawi de Hastings Banda, do Gabão de Omar Bongo e dos casos peculiares da Tunísia durante as presidências de Habib Burguiba e de Ben Ali, e na Argélia após o golpe militar de 2002, especialmente durante a Presidência de Bouteflika.

239.Na antiga África portuguesa existem também exemplos que se podem enquadrar com adaptações nesta nomenclatura, todos com uma componente eleitoral semi-competitiva. Esses regimes resultaram de transições falhadas ou inacabadas para a democracia feitas através de partidos únicos formados a partir de movimentos de guerrilha independentista, que se conservam no poder desde 1974 e 1975 (Angola, Moçambique e, com intermitências, a Guiné- Bissau).

Subsecção III. Breve nota sobre os processos de transição para a democracia

1. Noção e modalidades de transição

240. O processo de transição de sistemas autocráticos para a democracia constitui um tema atual e delicado que tem sido objeto de importantes construções teóricas no universo do Direito Constitucional e da Ciência Política[433]. Esses

---

[433] Cfr L. MORLINO "Democracia y Democratizaciones" –Madrid-2009; EPSTEIN-BATES--GOLDSTONE-KRISTENSEN-O' HALLORAN "Democratic Transitions. The Key Role of Parcial Democracies"- in "American Journal of Political Science"-50-3-2006; GIUSEPPE DE VERGOTTINI "Le Transizioni Costituzionali"-Bologna-1998; SERIO BARTOLE "Riforme Costituzionali nellà Europa Centro-Orientale "- Bologna-1993; RALF DHARENDORF "Riflessioni sul le Rivoluzioni in Europa"-Roma-Bari-1990; C. BRYANT-E MOCKZUCKI "The New Great Transformation? Change and Continuity in East Central Europe"-London-New York-1994; J LINZ- A STEPHAN "Problems of Democratic Transition and Consolidation. Southern Europe, South America and Post-Communist Europe"-Baltimore- London-1996; ROBERT D. GREY "Democratic Transition and Post-Communist Change"- New Jersey-1997; LUCA MEZZETTI "Le Democrazie Incerte"-Torino-2000; ASCANIO CAVALLO "La Historia Oculta de la Transicion. Memoria de Una Época-1993-1998.Santiago-1998; JULIO CANESA--FRANCISCO BALLART "Pinochet y la Restauración del Consenso Nacional-Santiago-1998; OSCAR GODOY "La Transición Chilena a Democracia Pactada" in "Estudios Publicos"--nº 74-Santiago-1999; JUAN ANDRES FONTAINE "Transición politica y Económica en Chile"- "Estudios Públicos"-nº 50-1993; PAULO ABRÃO-TARSO GENRO "Os Direitos da

estudos são essenciais não apenas para a compreensão do fenómeno do crepúsculo das autocracias e do estudo das vias de trânsito sem violência para regimes democráticos, mas também para a densificação de critérios, técnicas e procedimentos extraídos de experiências concretas, suscetíveis de guiar, no futuro, novas transições com sucesso.

241. Em sentido amplo, uma *transição política consiste no processo de transformação operada num dado regime político estadual, de modo a que o mesmo transite para um tipo de regime diverso*. Em tese, a transição tanto pode envolver uma evolução de uma ditadura para a democracia (a generalidade dos casos) como o deslizamento de uma democracia para uma autocracia (vide na primeira metade do Século XX, o caso da Alemanha com a agonia da República de Weimar e o nascimento do III Reich e, recentemente, da Venezuela, depois do triunfo de um movimento político militar caudilhista, de raiz marxista, o "Chavismo", nas eleições presidenciais de 1999 bem como da Turquia, depois de 2016). A este escrito apenas interessarão as transições democráticas.

242. A *transição de regime político* tem pontos de coincidência e, também de disjunção, com a *transição constitucional*. Assim, a *transição de regime* implica a substituição de uma forma de poder por outra, sustentada numa legitimidade distinta, postulando, por regra, uma transição constitucional (dado que envolve a substituição ou a reforma de uma constituição precedente). Veja-se o caso do fim da ordem autoritária brasileira enformada pela Constituição de 1967 e o seu trânsito gradual para o regime democrático regido pela Constituição de 1988.

243. Contudo, existem *transições constitucionais*, em que a substituição de uma Constituição por outra não coenvolve uma mudança de regime, mantendo-se o fundamento básico da legitimidade do poder: é o caso da transição constitucional da IV para a V República francesa, com a substituição da Constituição de 1946 pela de 1958 (verificando-se uma alteração do sistema político, que evoluiu de parlamentar para semipresidencial); e também o caso da transição constitucional na Hungria em que a Constituição de 2011 pôs termo à antiga Constituição comunista de 1949, reformada em 1989 (mantendo-se o sistema parlamentar mas reforçando-se o seu pendor primo-ministerial, no contexto de uma democracia "iliberal").

Transição e a Democracia no Brasil"-Belo Horizonte-2012; C. ARTURI- "The Theoretical Debate on Changes in Political Regimes : The Brazilian Case. In AAVV *"Political Transition and Democratic Consolidation*: Studies on Contemporary Brazil"- Codato - Nova Science - New York- 2006; RAFAEL DEL AGUILA "La Transición Democrática en España: Reforma, ruptura y consenso" en *Revista de Estudios Políticos*, 25, Madrid-1982"; P. AGÜERO " Militares, Civiles y Democracia. La España postfranquista en perspectiva comparada" Madrid, Alianza, 1999.

244. A transição de *regime político em sentido estrito* ou *"originário"* traduz-se num fenómeno transitório de transformação de uma dada ordem política de domínio estadual numa nova ordem política, fundada numa legitimidade distinta, processando-se o referido trânsito no respeito formal pelo direito posto pelo regime que se extingue.

As transições *em sentido estrito* são, assim, fenómenos não revolucionários de génese predominantemente interna, em que a rotura material de um antigo para um novo regime se faz através da reforma da Constituição que vigorava no antigo regime ou mediante procedimentos jurídicos de criação de uma nova Lei Fundamental gizados sem afronta ostensiva a essa Constituição.

No tocante a Estados soberanos, são exemplos deste tipo de transição, a Espanha (1975-1978), o Chile (1988-1990), o Uruguai (1980-1985); o Brasil (1984-1988), a Federação Russa (1991-1993), a Polónia (1988-1990), a Hungria (1988-1990) e a Checoslováquia (1989-1990). No tocante a entidades originariamente não soberanas, vide os numerosos casos da formação de estados independentes criados na sequência de um processo descolonizador com caráter pacífico (casos do Senegal, da Malásia e da União Indiana).

245. Existem, ainda assim, outras modalidades *secundárias* ou *derivadas* de transição que se caracterizam pelo facto de a sua génese ocorrer por efeito de um ato de força militar ou revolucionária, da qual decorre a deposição de um regime, seguindo-se um período de trânsito entre um novo regime político provisório e outro definitivo.

Esta situação ocorre:

i) *Na sequência de um revês militar de um Estado,* seja sem ocupação de forças estrangeiras (casos da Grécia em 1974 após a aventura falhada em Chipre e da Argentina, em 1982-1983, volvida a derrota militar nas ilhas Malvinas), seja com ocupação militar de potências estrangeiras (situações da Alemanha, Áustria, Itália e Japão depois da Segunda Guerra Mundial, bem como do Afeganistão e do Iraque depois de 2002), sendo neste segundo caso as potências externas a condicionar o processo de transformação do regime, estando-se diante de uma *transição condicionada ou ditada por fatores externos*;

ii) Na sequência de um *processo revolucionário,* em que os dirigentes da rotura pretendem instituir um regime democrático ou são impelidos a fazê--lo pelas relações de força internas e externas (caso de Portugal, após a Revolução de 25 de Abril ou da Roménia em 1989, volvida a deposição do regime comunista por uma revolta), designando-se por *transição pós--revolucionária*;

iii) Num *processo de descolonização*, gerado na sequência de uma luta armada, em que a potência descolonizadora acorda com as forças revolucionárias a criação de um novo Estado ordenado por um tipo de regime diferente daquele que vigora ou vigorava na potência colonial (Vietname, Argélia, Moçambique).

246. A transição política para a democracia significa, igualmente, no plano ontológico e axiológico, que existe o reconhecimento no domínio da Ciência Jurídica de que um regime autoritário ou totalitário representa algo de excecional ou anómalo, na medida em que restringe ou suprime o Estado de direito, considerando-se desejável que evolua, pacificamente, para este último modelo de Estado, num contexto em que os governados possam, com o grau de liberdade possível, escolher os governantes.

247. O estudo das transições está ligado, fundamentalmente, aos dois últimos ciclos ou "vagas" de democratização[434], mormente:

-o que ocorreu depois da Segunda Guerra Mundial;

- e, fundamentalmente, o que teve lugar depois de 1974 até ao final do século, com o termo dos regimes autocráticos no sul da Europa (1974-1978), na América Latina (1980-1990) e na Europa Central e Oriental, (1989-1993), fenómeno que teve alguns modestos efeitos tectónicos na Ásia e em África, no período subsequente.

Suscitam maior interesse para este apontamento, o "modus faciendi" das transições pacíficas e das transições ditadas por fatores externos, sem ocupação ou supervisão de potências estrangeiras.

248. De acordo com setores da doutrina[435], os *regimes totalitários* são pouco propensos a transições pacíficas, atenta a força do elemento ideológico, o poder de mobilização do partido único, o arbítrio da liderança e a força do aparelho repressivo judicial e policial. Por regra, as transições verificadas nos totalitarismos (como nos casos da Alemanha, da Itália e do Japão no pós-guerra, no fim do regime dos Talibã no Afeganistão e na substituição do regime comunista dos Kmers Vermelhos do Camboja por um regime autoritário imposto pelas tropas do Vietnam) foram ditadas por potências estrangeiras vencedoras, após uma derrota militar.

A violenta repressão comunista na Praça de Tianamen na China, em 1989, contra milhares de manifestantes é o exemplo de uma tentativa falhada de transição desenvolvida por camadas estudantis com a benevolência de setores do partido (Zhao

---

[434] S. HUNTINGTON "The Third Wave". Democratization in the Late Twentieth Century"-
-Un Oklahoma Press-1993.
[435] LINZ "Democracia (...)" op. cit, p. 315 e seg.

Ziyang). Já o desmoronamento da União Soviética, depois das reformas de Gorbachev, da purga dos ortodoxos do Partido Comunista no golpe de Estado falhado de 1991 e da ulterior e acidentada transição política para uma democracia autoritária na Federação Russa, em 1993, constitui uma exceção à regra de uma transição quase-pacífica ou não revolucionária num regime totalitário em fase outonal.

Do mesmo modo, os *sultanismos autocráticos* seriam pouco propensos a mudanças não revolucionárias, embora existam algumas escassas exceções de relativo sucesso, no sentido da transição para democracias autoritárias (Jordânia) e para autocracias monárquicas híbridas com elementos pluralistas (Kuwait), exceções essas que permitem a alguns politólogos discorrer sobre a viabilidade de transições pactuadas, mormente em África e em alguns Estados Árabes.

249. A generalidade dos sistemas autoritários é propensa a transições políticas auto-programadas ou pactuadas.

Veja-se, no primeiro caso, o Chile e a Hungria, e no segundo, a Espanha, o Uruguai, o Brasil, a Polónia, a antiga Checoslováquia, a Bulgária, a República Democrática Alemã, a Croácia, a Eslovénia, os Estados bálticos, Cabo-Verde, Namíbia, Timor, Indonésia e Tunísia. Importa referir que os Estados comunistas da Europa Central e Oriental, quando se desmoronaram, já não eram propriamente regimes totalitários mas Estados correspondentes ao paradigma da gerontocracia institucional numa variante pós-totalitária (§ 237).

Ainda assim, existem exemplos de estados autoritários que desabam por via revolucionária.

Foi a situação do Brasil durante o consulado de Getúlio em 1945, de Portugal, no contexto da Revolução de 1974 e do Paraguai durante a autocracia de Alfredo Ströessner (1989).

Finalmente, importa referir a existência de numerosas *transições* ainda *incompletas, como* os casos do Egito, Paquistão, Mongólia, Birmânia e Guiné-Bissau), *transições falhadas* (Angola, Moçambique, e Congo Quinxassa) ou *transições fictícias* (Estados da Ásia Central ex-soviética).

2. Causas imediatas e percursos

250. O tipo de regime autocrático, a natureza da sua liderança, o nível de prosperidade e desenvolvimento económico, as clivagens étnicas e religiosas, o contexto internacional, a política de alianças externas e a autonomia política e cultural da sociedade civil permitem equacionar motivações e percursos das transições políticas.

251. Examinando exclusivamente as *transições políticas em sentido estrito*, que se pautam por uma via tendencialmente pacífica, observa-se que, num conjunto de casos, a transformação do regime ocorre numa fase de:

i) Envelhecimento ou morte de um ditador ou caudilho carismático;
ii) Crise na liderança (subsequente à morte ou demissão de um autocrata, gera-se uma disputa entre as chefias politicas);
iii) Esmaecimento da ideologia e perda da faculdade de mobilização popular pelo partido único ou hegemónico ou pelo diretório militar que exerce o poder;
iv) A título eventual, a derrota eleitoral do poder em plebiscitos ou eleições semi-competitivas[436], afetando a sua legitimidade e apoio público;
v) Tendência para um não-envolvimento direto das forças armadas na repressão da dissidência;
vi) Esmaecimento do controlo do poder sobre os media, as universidades, as corporações, as igrejas e as estruturas pluralistas da sociedade;
vii) Irrupção de reivindicações politicas de mudança oriundas de uma sociedade civil autónoma, de movimentos políticos legais e ilegais, do poder económico e de potências e organizações internacionais, tendo em vista uma transformação de regime.

252. Em alguns casos, são os próprios regimes autocráticos que *conscencializam a sua transitoriedade e programam, com maior ou menor detalhe, a transição para um regime diferente*, em regra uma democracia autoritária ou um autoritarismo com pontes de abertura política. Veja-se o caso das transições *auto-programadas* em Estados Ibero-americanos como a *Espanha, o Chile e o Uruguai*. A transição ocorre em cenários de prosperidade económica (com relevo para os dois primeiros estados) e com intenção do poder autocrático em propiciar atempada e gradualmente a mudança, mediante reformas constitucionais.

Em Espanha o regime previra já em 1947 a transição para a monarquia, depois do falecimento ou cessação de funções do Generalíssimo Franco, o qual como "regente", escolheu um príncipe da casa Bourbon para lhe suceder. Verificou-se, contudo, que a transformação do regime seguiu uma direção diferente da originariamente prevista ou pressuposta: o novo Rei, depois de um interregno, nomeou um primeiro ministro reformista, Suarez, que contornando oposições militares e políticas do movimento oficialista, levou o Parlamento autoritário a aprovar legislação que permitia, direta e indiretamente, a criação de partidos, a convocação de uma assembleia constituinte e a extinção das velhas instituições (fenómeno conhecido pelo "suicídio das cortes franquistas"). Iniciado o processo de transição, ele ganhou uma dinâmica imparável, com a celebração de pactos pré-constitucionais com partidos autonómicos exilados, tendo o Rei servido de garante de um trânsito pacífico de um regime corporativo autoritário para uma

---

[436] Cfr. os casos do Uruguai, do Chile, da Polónia, do Brasil e da Birmânia.

monarquia constitucional, com conservação do modelo económico. Sendo em 1976 uma ilha autoritária na Europa Ocidental, o poder político foi fortemente pressionado e depois encorajado e apoiado pelos países europeus e pelo universo financeiro internacional no sentido de concluir rapidamente a transição.

No Chile, o próprio regime militar na sua fase de apogeu político e económico fez aprovar em 1980, por plebiscito, uma Constituição democrática com um pendor autoritário (envolvendo um estatuto transitório para reger a autocracia militar enquanto esta durasse) e programou o início da transição para o ano de 1988. Pese o longo consulado do General Pinochet, que se propôs revolucionar economicamente o País, o regime militar sempre assumiu a sua transitoriedade determinando que em 1988 se plebiscitasse para a Presidência um candidato único proposto pela Junta Militar, seguindo-se eleições parlamentares livres no espaço de um ano. Caso o candidato fosse derrotado haveria em 1990 eleições presidenciais e legislativas livres. Tendo o General Pinochet, já com uma idade avançada, apresentado a sua candidatura e tendo esta sido derrotada no plebiscito, o regime militar liderado pelo próprio general abriu espaço a eleições abertas em 1990, nos termos constitucionalmente programados. Isto, sem prejuízo da celebração de pactos com os partidos pró-regime e partidos oposicionistas, que propiciaram mudanças constitucionais destinadas a reduzir alguns enclaves autoritários na Lei Fundamental, as quais foram plebiscitadas. As eleições realizaram-se em liberdade no ano de 1990 e foram ganhas pela "Concertação" opositora, assumindo a presidência Patricio Ailwyn, um democrata-cristão . Tendo sido um dos últimos regimes autoritários a transitar para a democracia no cone sul, a junta militar foi pressionadíssima pelas internacionais partidárias e pelos Estados Unidos para antecipar a transição, mas manteve até ao final os seus calendários. O poder militar ganhou autonomia interna durante alguns anos após o início da democracia, embora sem supervisão política sobre o poder civil.

No Uruguai, os militares tentaram programar, como no Chile, a plebiscitação de uma constituição consagradora de uma democracia autoritária, mas perderam o plebiscito em 1980. Pactuaram posteriormente, em 1983, (acordos do Clube Naval e do *Parque Hotel*) com fações dos partidos tradicionais (*Blanco e Colorado*) o regresso à ordem constitucional anterior, com garantias reciprocas. Em 1984, realizam-se eleições livres ganhas por Julio Maria Sanguinetti um centrista do Partido Colorado.

253. Na Europa Central e de Leste, o desmoronamento dos regimes comunistas foi marcado por fatores externos e internos.

Externamente, as erráticas reformas do líder da URSS, Gorbachev, potenciaram a indecisão nos estados satélites que usualmente recebiam diretrizes superiores em matéria de política externa e de segurança nacional. Em momentos em que a contestação interna e manifestações massivas da oposição eclodiram sem que houvesse encorajamento para a sua repressão por parte da URSS, as lideranças entraram em desnorte e convulsão, perdendo o controlo dos acontecimentos políticos e sociais. Por outro lado, registou-se um processo de "contágio" entre os Estados do Pacto de Varsóvia relativamente ao germe da dissidência: as reformas políticas na Hungria com a deposição de Janos Kaddar pela ala moderada do Partido comunista e a agonia do Partido Comunista na Polónia, substituído por um diretório militar marxista enfraquecido que pactuou com o sindicato "Solidariedade" reformas políticas, contagiaram a República Democrática Alemã. Por seu turno, a fuga massiva de alemães de leste para fora do País e as manifestações de rua que culminaram com a queda de Honnecker tiveram um impacto profundo na Checoslováquia e depois na Bulgária. O início de transições nalguns países teve um efeito dominó sobre os restantes

No plano interno, a transição ocorreu num contexto em que coincidiram diversas linhas de clivagem: uma severa crise económica, um pronunciado envelhecimento das lideranças comunistas (com conflitualidade interna entre velhos dirigentes desacreditados, expoentes da linha dura e inquietos dirigentes reformistas[437]), o esmaecimento da atração da ideologia, o ocaso do poder de mobilização popular de partidos comunistas burocratizados, e a perda radical do domínio do Estado sobre uma sociedade civil crescentemente hostil, assumindo a contestação juvenil um papel decisivo.

Depois de alterações erráticas e velozes de liderança, as transições caracterizaram-se no Leste europeu por um percurso marcado pelo colapso do partido único, por "mesas redondas" com forças de oposição e setores da sociedade civil, pela legalização de partidos políticos, pela alteração da legislação política e constitucional, pela realização de eleições, pelo desmantelamento do aparelho repressivo e pela criação de novas constituições (ou constituições reformadas).

---

[437] Na Checoslováquia, o velho Gustav Husak, mantendo a presidência do País, foi substituído em 1987 como secretário-geral do Partido Comunista pelo "duro"Milos Jakes que, por subserviência, se aproximou da linha reformista de Gorbachov, na URSS. Com a contestação popular maciça nas ruas (a "Revolução de Veludo") Jakes foi forçado a demitir-se, sendo sucedido pelo reformista Urbanek que, articulado com o Primeiro-Ministro Adamec, cancelou na Constituição o monopólio do Partido Comunista e abriu caminho à eleição pelo parlamento comunista do líder natural e moral da oposição, o dramaturgo Vaclav Havel, para a Chefia do Estado. Na República Democrática Alemã, Honnecker foi substituído por um duro mais jovem, Egon Krenz que não resistiu à queda do muro (facilitado por Gunter Sachabowski, o líder do partido em Berlim Leste de tendência reformista). Krenz demitiu-se e foi substituído pelo reformista Hans Modrow que pactuou com as oposições, eleições livres, que foram ganhas por uma aliança opositora de centro-direita, chefiada por Lothar de Mazière.

OS REGIMES POLÍTICOS

253. Na Ásia, as escassas transições para a democracia foram geradas, a par do envelhecimento de ditadores patriarcais, por fenómenos separatistas e pelo impacto da crise económica em regimes moderadamente prósperos.

A transição da Indonésia para a democracia deu-se em razão de uma conjugação de razões: económicas (a crise financeira de 1998 teve na Indonésia a sua principal vítima gerando medidas de austeridade e grandes protestos); de politica interna (independência de Timor-Leste e movimentos separatistas no Aceh e nas Molucas bem como a irrupção de forças organizadas de oposição não domesticada, como a linha progressista do PDI e novas forças islâmicas); e de esclerose da liderança (avançada idade e doença do Presidente Shuarto aliada à impopularidade do seu clã familiar, acusado de corrupção).

As manifestações de rua levaram os militares a retirarem subtilmente o apoio ao Presidente forçando a sua demissão. O Vice-Presidente Habibie realizou reformas económicas com apoio do FMI e acordou com a oposição eleições livres para uma Assembleia Consultiva. Esta elegeu Presidente Abdurahman Wahid, líder de um partido religioso reformista.

254.Temas incontornáveis e atuais nos processos de transição respeitam às transições *incompletas, fictícias e falhadas* nos Estados islâmicos e em África e aos novos desafios na Ásia Central e no Médio Oriente. Trata-se de uma matéria pertinente, mas cujo objeto excede esta breve nota.

Capítulo III. Os sistemas políticos em regime democrático

Secção I. Observações conceptuais e tipológicas

1. Razões de uma escolha

255. Na rubrica anterior operou-se uma classificação dos regimes políticos. Estes, como modelos de legitimidade do poder estatal e do tipo de relacionamento político entre governantes e governados, desdobram-se numa pluralidade de sistemas políticos, os quais respeitam ao modo concreto como, num dado regime, os órgãos soberanos que exercem o poder político se posicionam e articulam entre si. O regime é, pois, uma categoria mais ampla que pode ser servido por diferentes diversos tipos de sistemas políticos.

Ao presente estudo interessará, essencialmente, a dissecação dos sistemas políticos que se filiam nos regimes democráticos. Isto, por duas razões essenciais.

256. *A primeira é de ordem utilitária.* Sendo propósito central do presente escrito estudar o sistema político português, fará apenas sentido compará-lo com outros sistemas políticos que se enquadrem no mesmo tipo de regime, que é a democra-

cia representativa, e não sobre sistemas que sirvam um poder autocrático, com os quais não é possível realizar um confronto útil de ordem científica[438].

257. *Segunda razão é de ordem axiológica.* O universo civilizacional ocidental de matriz judaico-cristã onde Portugal se integra, estriba-se, no tocante à organização do poder político, no paradigma jurídico e cultural do Estado de direito democrático, concebido nas suas raízes pelo movimento constitucionalista iniciado no XVIII. Paradigma que predica que a fonte de autoridade dos governantes derive da vontade livre dos governados submetidos às suas decisões e em que a autoridade soberana deve ter-se por limitada, tanto por um sistema de freios e contrapesos entre poderes separados, como pela garantia dos direitos fundamentais da pessoa humana assegurada por tribunais efetivamente independentes. No plano histórico, a evolução política e institucional não só no espaço euro-americano mas, igualmente, em franjas de outros continentes, progride em direção a este modelo, graças a instrumentos de Direito Internacional (como a Declaração Universal dos Direitos do Homem, os Pactos de Direitos Civis e Políticos das Nações Unidas e a Convenção Europeia dos Direitos do Homem) crescentemente monitorizados por organizações internacionais.

Por conseguinte, à Ciência Política e à Ciência do Direito Constitucional interessa a dissecação dos modelos de governação que se reconduzam ao Estado material de direito e não tanto o exame de formas de autoridade, em que uma minoria política exerce as funções do Estado sem consentimento do povo ou contra a sua vontade. É certo que não será exigível que todos os regimes possam funcionar eficientemente em termos de governabilidade e paz pública, à luz de um modelo perfeito de democracia competitiva, havendo razões ideosincráticas, culturais e históricas que podem justificar em certos Estados a institucionalização de formas de democracia iliberal ou mesmo de democracia autoritária (respetivamente, § 188 e § 191) . E é também certo que determinados regimes autoritários comissariais de vigência excecional podem ter, no limite, alguma justificação quando se fundam no imperativo de evitar o colapso do próprio Estado caso este se encontre sujeito a uma grave crise ou ameaça interna ou externa não resolúvel pela legalidade ordinária. Contudo, este último tipo de regimes autocráticos só interessará ao Direito Constitucional na medida em que se enquadrem num processo de transição efetiva para um modelo Constitucional próprio do Estado

---

[438] Se é um facto que, lateralmente, pode ser interessante, por exemplo, no plano do estudo da História Constitucional portuguesa, confrontar o sistema de governo da Constituição de 1976 com o sistema de governo de chanceler da Constituição autoritária de 1933 que a antecedeu, carecerá já de sentido e utilidade contrapô-lo a presidencialismos autocráticos ou a sistemas convencionais totalitários, presentes ou póstumos.

de direito, onde a designação dos titulares do poder político seja livremente consentido e não imposto.

258. Uma terceira razão, de ordem científica, não é isenta de controvérsia.

Faria sentido que a Ciência do Direito Constitucional categorizasse sistemas políticos que apenas dissimulariam uma relação de domínio exercido através da força, por uma minoria sobre uma maioria? Para um setor da doutrina[439], não haveria qualquer interesse estudar o sistema político de um regime autocrático, ressalvado o objetivo de se identificar a sede do poder ditatorial e os instrumentos jurídico-políticos que ocultam ou encobrem o fenómeno de concentração de poderes. Já para outro setor, não havendo o propósito de examinar o sistema político de Estados totalitários (onde a configuração jurídica da governação não releva em face dos poderes reais centrados num partido de Estado), relevaria o estudo dos sistemas de governo dos regimes autoritários, pois tal permitiria examinar a sua maior ou menor distância em relação a regimes democráticos e acompanhar a sua transição para a democracia[440].

Entendemos que, no estrito plano do Direito Constitucional, examinar o sistema político de autocracias soberanas constitui um exercício pouco produtivo de autópsia a constituições nominais (onde muitos dos poderes formais não são reais, na medida em que não revelam a sede efetiva das autoridades que contam) ou de constituições semânticas que não servem para limitar o poder. Do mesmo modo, realizar aproximações ao sistema político que inere ao *Presidencialismo democrático*, relativamente a cesarismos presidenciais, como o da Bielorússia, ou a caudilhismos presidencialistas legitimados em eleições fraudulentas, podem constituir curiosidades de Direito Comparado que se encontram deslocadas num estudo científico dos sistemas de governo num Estado de direito.

Aceita-se, contudo, que no âmbito da Ciência Política e no contexto de um estudo comparatístico, poderá ser útil examinar o modo de organização interna da autoridade das autocracias contemporâneas, tendo em vista estudar sociologicamente o tipo de poder dominante que nelas se encontra instalado, as técnicas utilizadas para a sua conservação e o correspondente processo de decisão, bem como a realização de juízos de prognose sobre vias possíveis da sua ulterior transformação em formas democráticas de poder político, mediante um processo de transição. Mais concretamente, as sociedades de notação financeira e sociedades de análise de risco político e económico debruçam-se em pormenor sobre o modo de funcionamento do poder em regimes autoritários para testar a sua estabilidade tendo em vista o aconselhamento de investidores. O mesmo se diga de serviços diplomáticos, organizações não-governamentais e organizações

---

[439] JORGE REIS NOVAIS "Semipresidencialismo"-I-Coimbra-2007- p. p. 22.
[440] JOSÉ DE MELO ALEXANDRINO ult. loc cit, p. 143 e seg.

internacionais que promovem o desenvolvimento da democracia e assistem a processos de transição política. Examinámos, aliás, em pequena nota supra a natureza dos regimes autocráticos e as vias de transição (§ 240 e seg). Contudo, esse exercício de Ciência Política assume uma dimensão subsidiária neste estudo, o qual elege a mecânica dos sistemas políticos em democracia como tema dominante, pelas razões já expostas.

2. Conceito e atributos: o sistema político como estrutura do poder

259. O facto de um regime político estadual assumir uma natureza democrática, transmite-nos muito pouco sobre o modo concreto como os órgãos que exercem o poder soberano se encontram estruturados, se posicionam nas suas relações recíprocas e funcionam como um todo, na expressão da vontade coletiva. Apenas depreendemos que os titulares dos mesmos órgãos são eleitos, direta ou indiretamente, pela vontade popular e que o exercício das funções que desempenham observa os limites e controlos inerentes ao princípio da separação com interdependência de poderes. Todavia o regime democrático não nos esclarece, por exemplo:

i) Qual a instituição soberana (o Chefe de Estado, o Governo ou o Parlamento) que assume, por regra geral, um papel predominante no exercício da ação política;

ii) Se as instituições soberanas dispõem do poder de interferir politicamente na subsistência dos mandatos dos titulares das restantes instituições (provocando a sua dissolução, demissão ou destituição);

iii) Em que medida o sistema eleitoral de designação dos titulares dos órgãos parlamentares tem impacto na estabilidade do poder Executivo, assegura uma representação minimamente fiável do eleitorado e permite um modelo satisfatório de governabilidade.

260. A resposta à *primeira questão* formulada resulta ser central para a definição do tipo de sistema: Qual o órgão do Estado que, ordinariamente, se coloca numa posição de liderança ou supremacia política em relação aos restantes? Quais os limites a essa supremacia ? Existem fatores suscetíveis de inverter a supremacia ordinária desse órgão de forma a conferir maior preponderância a outro órgão, num ciclo político distinto?

No fundo trata-se de uma interrogação que, funcionalmente, nos relembra o sugestivo título da obra de Dahl (*"Quem governa ?"*[441]) e que no presente con-

---

[441] A convocação do autor em causa no presente contexto é meramente semântica e ilustrativa, já que a obra de DAHL, em concreto, se foca mais nos grupos de poder e nas elites políticas a nível de governos locais, do que numa dissecação do protagonismo dos órgãos de poder de um Estado (ROBERT DAHL *"Who Governs?,"* Yale University Press. 1961).

texto alude ao imperativo de se identificar, num dado sistema político, qual é a instituição não formal mas realmente predominante e se essa predominância é permanente ou intermitente.

261. Ora uma resposta a estas interrogações pressupõe uma prévia análise à forma como se estruturam[442] e relacionam [443] *os órgãos que exercem o poder político soberano do Estado*.

O sistema político pode, assim, ser definido com o *modelo de estruturação e de relacionamento dos órgãos de soberania no exercício do poder político.*

Examinemos as três componentes desta definição.

262. *Em primeiro lugar,* o sistema político começa por ser um *modelo ou um paradigma* de governação, concebido na base de uma metodologia, através da qual se agrupam atributos comuns e permanentes entre diversas formas de organização do poder, que possibilitam a sua inclusão numa dada categoria. Cumpre, assim, ao constitucionalista e ao cientista político reunir, em grupos diferentes, as formas organizativas de poder que, pese as suas especificidades, incorporem semelhanças relevantes e traçar, a partir delas, as linhas de força de uma categoria abstrata de organização do poder, pautada por um denominador comum. Por exemplo, existindo diversas formas de poder político em que o Presidente da República, eleito por sufrágio universal, dispõe da competência para chefiar diretamente o Executivo, sem que exista entre ele e o Parlamento vínculos recíprocos de dependência política, tornar-se-á possível agrupá-las numa categoria, correspondente ao sistema presidencialista. Existem, contudo, diversas modalidades de presidencialismo (§ §440 e § 485 e seg) e, nessa base, é possível diferenciar subcategorias que devem ser devidamente catalogadas.

Destacam-se, ainda, outras variantes híbridas de estruturação do poder que, caso não ostentem características que as cataloguem uma categoria autónoma, deverão ser reconduzidas ao sistema com o qual guardem maior afinidade, passando a figurar como uma subespécie dos mesmos. Veja-se o caso dos sistemas parlamentares, em que um Chefe de Estado com escassos poderes de direção e controlo político, é eleito, por sufrágio universal e não pelo Parlamento, infra § 436 e seg).

263. Em segundo lugar o objeto do sistema de governo consiste na *estruturação e no relacionamento dos órgãos de soberania,* o que implica:

i) *No plano estrutural,* a identificação e composição desses órgãos e a definição das suas competências, da sua organização e funcionamento, do pro-

---

[442] Cfr. MARCELO REBELO DE SOUSA ult. loc cit, p. 323.
[443] Cfr. IGNACIO DE OTTO Y PARDO ult. loc cit, p. 332.

cesso de designação dos respetivos titulares e da definição do estatuto destes últimos;

ii) No *plano relacional,* as modalidades de interação político-institucional estabelecidas entre os mesmos órgãos, nomeadamente as que se traduzem no estabelecimento de controlos interorgânicos *(checks and balances),* competências partilhadas e poderes de direção ou orientação entre eles, com efeitos jurídica ou politicamente vinculantes.

É da conjugação destes atributos que se torna possível destacar os eixos relacionais de poder que se travam entre as instituições e aferir o posicionamento predominante de uma delas (predominância que pode ser constante ou pendular), o que permitirá acentuar o fulcro da caracterização do sistema político de governo.

Na generalidade, os sistemas presidencialistas atribuem ao Presidente da República a posição de instituição dominante, na qualidade de condutor da política geral do País (sem prejuízo de o mesmo perfil poder ser mais ou menos reforçado em razão da existência, ou não, de respaldo no Parlamento às políticas presidenciais). Já no Parlamentarismo, a instituição parlamentar constitui, *prima facie,* o órgão soberano proeminente, já que o mesmo se destaca como fonte de poder e de legitimação do Governo (sem embargo de, em certas formas de parlamentarismo, o mesmo governo poder assumir o papel de instituição faticamente liderante no plano político, se for suportada numa maioria parlamentar disciplinada ou obediente).

264. *Em terceiro e último lugar,* os órgãos de soberania que relevam para a definição de um modelo típico de poder são aqueles que exercem o poder político, ou seja, os que desempenham a função política (o que envolve, por via de regra, a Chefia do Estado, o Governo e o Parlamento). Essa função pode ser definida, em sentido amplo, como uma atividade de ordenação da vida coletiva, pautada por decisões que definem de forma inovadora o interesse público, na prossecução dos fins do Estado. A função política, em sentido amplo, abarca a *atividade legislativa*[444] e a *atividade política em sentido estrito,* esta última agregada ao exercício de faculdades de direção e controlo expressas em atos políticos, individuais e concretos,[445] bem como em normas atípicas que não assumem forma de lei[446].

---

[444] Cfr CARLOS BLANCO DE MORAIS "Curso de Direito Constitucional"-i-Coimbra-2015--p.33 e seg.
[445] Trata-se dos atos políticos, que consistem em decisões não normativas mas de caráter imperativo (promulgação, veto e dissolução).
[446] Estamos diante de normas não legislativas de conteúdo político, como os decretos de declaração do estado de sítio ou os regimentos parlamentares.

Os Tribunais não exercem, nos termos constitucionais, a função política mas sim uma atividade independente de aplicação e interpretação das leis, segundo critérios jurídicos. Ainda assim, quando os Tribunais Constitucionais (que julgam a conformidade das normas jurídicas ordinárias com a Constituição) perpetram incursões no domínio da atividade política do Estado e julgam a inconstitucionalidade das leis na base de critérios dotados de uma maior densidade política, passam a configurar-se, no plano factual, como protagonistas do poder político, suscetíveis de relevar, a título subsidiário, para a configuração de um dado sistema[447].

3. Introdução aos tipos elementares de sistemas políticos

265. Os três sistemas de governo típicos dos regimes democráticos consistem nos sistemas *parlamentares* ou *parlamentaristas*, nos sistemas *presidencialistas* e nos sistemas *semipresidencialistas*[448]. Residualmente é possível assinalar a figura atípica do *sistema diretorial* vigente na Suíça.

A definição de cada sistema é gizada com base nos seus elementos principais ou essenciais e não pelos seus elementos secundários, os quais relevam, contudo, para a identificação das subcategorias em que um sistema se pode decompor.

---

[447] É, manifestamente, o caso do Brasil em que o poderoso Supremo Tribunal Federal se alçou ao papel de poder "moderador". Cfr sobre o poder "jupiteriano" do STF: CARLOS BLANCO DE MORAIS "O Controlo de Inconstitucionalidade por omissão no Ordenamento Brasileiro e a Tutela dos Direitos sociais: um mero ciclo ativista ou uma evolução para um paradigma neoconstitucionalista?"- in Revista de Direito Constitucional e Internacional"--Ano 20-78-p2012-p. 225; CARLOS BLANCO DE MORAIS "As Mutações Constitucionais de Fonte Jurisprudencial: a fronteira crítica entre interpretação e mutação" in AAVV "Mutações Constitucionais"-Org. Gilmar Mendes-Carlos Blanco de Morais-S. Paulo-2016-p.57 e seg.

[448] Assim SARTORI "Ingeniaria Costituzionale Comparata"-Bologna-1996-p. 97 e seg e 135 (o autor começa por sustentar uma dicotomia classificatória Presidencialismo/ Parlamentarismo, mas acaba por dar desenvolvimento ao semipresidencialismo, como sistema "misto"; MAURICE DUVERGER "A new Political System Model: semi-presidential government" in "European Journal of Political research"-8,1980-p. 165 e seg; M. SHUGART- J. CAREY " "Presidents and Assemblies". Constitutional design and electoral dynamics"Cambridge-1992-p. 23 e seg ;JORGE MIRANDA "Ciência Política- Formas de Governo"-Lisboa-1992-p. 130. (o autor a par dos sistemas parlamentar, presidencial e diretorial fala em sistema "semiparlamentar" no qual inscreve o semipresidencialismo e o orleanismo). Noutras obras mais recentes o autor abandonou a formula semi-parlamentarismo e passou a falar em semipresidencialismo (JORGE MIRANDA "Manual de Direito Constitucional"-Tomo I-I-Coimbra-2014-p 178 e 201).

3.1. Sistemas parlamentaristas

266. O traço comum a todos os sistemas parlamentaristas consiste no facto de *repousar exclusivamente na vontade funcional de um Parlamento democraticamente eleito, a fonte da investidura ou legitimação, da responsabilidade política e da subsistência em funções do Governo, bem como, pelo facto de o Chefe de Estado não exercer poderes independentes de direção e controlo político, com caráter relevante, sobre as demais instituições*[449].

267. Envolvendo várias subcategorias bem distintas, o sistema parlamentar assenta nos seguintes atributos[450]:

i) Coexistência, num contexto de separação com interdependência de poderes, *entre três órgãos soberanos que exercem a função política*: o Chefe de Estado o Parlamento e o Governo;

ii) Fulcro do poder assente na relação fiduciária[451] entre Parlamento e Governo, pautada por controlos recíprocos mas *com dependência do segundo em relação ao primeiro*, no sentido de que o Governo: emana do Parlamento; é por este direta ou indiretamente confirmado em funções com base num voto de investidura, de confiança ou de não desconfiança por parte de uma maioria de deputados; a sua atividade é objeto de diversos tipos de controlo parlamentar de expressiva intensidade; e responde politicamente, *a título exclusivo,* perante o Parlamento, permanecendo em funções enquanto não merecer a sua reprovação política;

iii) Existência de uma *diarquia institucional e simbólica no poder Executivo,* formado pelo Governo e pelo Chefe de Estado (os dois órgão encabeçam o poder Executivo, mas a posição do Chefe de Estado é ordinariamente simbólica e certificatória no exercício do referido poder);

---

[449] Cfr. AUGUSTO BARBERA-CARLO FUSARO "Corso di Diritto Pubblico"-Bologna-2006--p.182.

[450] REINHOLD ZIPPELIUS "Teoria Geral do Estado"-Lisboa-1971, p. 185 e seg; J.P SHNEIDER "El Regímen Parlamentario" in AAVV "Manual de Derecho Constitucional" org BENDA--MAIHOFFER-VOGEL-HESSE-HEYDE-2001-p. 327 e seg.; AUGUSTO BARBERA-CARLO FUSARO "Corso (...)" op. cit, p. 179 e seg; MAURO VOLPI "Diritto Publico Comparato" in MORBIDELLI-PEGORARO-REPOSO-VOLPI "Diritto Pubblico Comparato"-Torino-2004--p.290 e seg; GEORGES BOURDEAU "Traité de Science Politique"- Parlementarismes"--IX-1976-p. 198 e seg, p,.242 e seg e p. 320 e seg; JORGE MIRANDA "Ciência Política": op. cit.-p. 130; VITALINO CANAS "Preliminares do Estudo de Ciência Política"-Macau-1992--p.131; MANOEL GONÇALVES FERREIRA FILHO "Curso de Direito Constitucional" S. PAULO-2008-p. 151 e seg.

[451] Relação de confiança política.

iv) Menor peso politico do Chefe de Estado na triangulação institucional descrita, o qual, na qualidade de Monarca ou de Presidente da República, exerce *funções honoríficas* de representação nacional, bem como *faculdades certificatórias* (promulgação obrigatória de leis, posse de altas autoridades) e *poderes limitadamente arbitrais ou reguladores* (indigitação do chefe de Governo, dissolução do Parlamento em regra a solicitação do Governo ou do Parlamento, mediação de certos conflitos e, ocasionalmente, algumas faculdades de controlo ou exercício de poderes partilhados com o Governo).

268. Nos regimes republicanos, os presidentes da República dos sistemas parlamentares eram, por regra, eleitos pelo Parlamento, o que levou certa doutrina clássica a integrar esse atributo na própria definição de parlamentarismo ou de parlamentarismo de assembleia[452]. Presentemente, o processo de designação do Chefe de Estado deve ser colocado fora de uma definição abrangente de parlamentarismo, já que a par de monarcas e presidentes eleitos pelo parlamento, surge um número significativo de Estados em que o Presidente é eleito por sufrágio universal, como é o caso da Irlanda, Islândia, Finlândia, Bulgária, Eslováquia, Sérvia, Macedónia, Eslovénia e Lituânia. A multiplicação de sistemas com esta arquitetura política, sobretudo depois da queda dos regimes comunistas na Europa, em 1989, justifica que se deixe de falar em parlamentarismos "atípicos" para que se passe a crismá-los como *parlamentarismos com arbitragem presidencial*. Isto, na medida em que pontifica um Chefe de Estado democraticamente eleito com poderes politicamente pouco relevantes mas onde podem emergir algumas responsabilidades arbitrais ou reguladoras, tais como alguma autonomia mínima na indigitação do Primeiro-Ministro em parlamentos fragmentados, competências compartilhadas com o Governo (nomeação de titulares de altos cargos públicos, atos de política externa ou inclusão em órgãos ligados à defesa nacional) ou que envolvem um controlo interorgânico atenuado (veto suspensivo e, por vezes, promoção do controlo de constitucionalidade).

269. Assentando o parlamentarismo, fundamentalmente, no binómio Parlamento/Governo, o primeiro órgão obtém a sua legitimação direta na vontade popular expressa eleitoralmente. Tal circunstância confere-lhe, na qualidade de assembleia representativa do povo, o "status" de fonte primária de poder que lhe permite não só designar outros órgãos soberanos, como também tornar o Governo politicamente responsável apenas perante ele.

O sistema de partidos representados no Parlamento influencia radicalmente a configuração específica deste sistema político. A maior ou menor dispersão da

---

[452] MARCELO REBELO DE SOUSA "Ditreito Constitucional" op. cit, p. 329.

representação partidária no Parlamento e o peso em número de mandatos dos maiores partidos constituem elementos fulcrais da dinâmica político-institucional do Parlamentarismo. Este, pese a sua designação, pressupõe que o Parlamento se afirme com a instituição estatutariamente mais importante mas não significa, necessariamente, que o mesmo Parlamento seja a instituição politicamente liderante.

Tal como se verá infra existem sistemas parlamentares em que um Governo apoiado por uma bancada parlamentar maioritária que controla ou "domestica" se afirma como instituição liderante. Tal ocorre quando a composição parlamentar é dominada por dois partidos que alternam no poder e logram, quando vencem eleições, uma maioria absoluta de mandatos no Parlamento (caso do bipartidarismo perfeito § 330 1º) ou sistemas multipartidários com um partido hegemónico § 330, 4º, que domina a composição parlamentar.

Já um Parlamento fragmentado numa pluralidade de partidos rígidos e independentes dificulta a existência de governos maioritários homogéneos, tornando os Executivos totalmente dependentes de alianças, arranjos e acordos obtidos no Parlamento. Neste caso é a instituição parlamentar que lidera de facto e de direito.

Regista-se, por conseguinte, uma diferença muito expressiva entre os chamados *sistemas parlamentares racionalizados*, com relevo singular para o *sistema de gabinete britânico*, onde o Governo, suportado de um modo geral por uma maioria parlamentar absoluta é a instituição faticamente liderante *e os sistemas parlamentares de assembleia*, onde fluidas combinações e compromissos parlamentares sustentam governos frágeis (Bélgica, Holanda e Estados escandinavos) e absolutamente dependentes do apoio ou da tolerância de um Parlamento liderante[453].

3.2. Sistemas presidencialistas

270. As características dominantes dos *sistemas presidencialistas* consistem: *na legitimação popular do Presidente da República por via de uma eleição por sufrágio universal; na chefia direta do Governo ou Administração pelo mesmo Chefe de Estado; e na independência política e funcional estabelecida entre este último e o Parlamento, sem prejuízo da existência de controlos recíprocos*[454]. Trata-se do sistema onde a separação de poderes teorizada por Montesquieu se encontra mais presente, com relevo para o *modelo originário de presidencialismo, atinente ao paradigma norte-americano* (onde

---

[453] Cfr. SARTORI ult. loc cit, p. 115.
[454] Cfr. IGACIO DE OTTO Y PARDO ult. loc cit, p. 332 e GIOVANNI SARTORI (ult. loc cit, p. 97).

o Presidente exerce funções políticas e executivas e o Congresso funções políticas e legislativas)[455].

271. Sem embargo, existem outras variantes, como a do *"presidencialismo de coalizão" brasileiro*[456], em que a separação de poderes ente Legislativo e Executivo é mais atenuada, pois o Presidente dispõe de poderes reforçados, seja na articulação de alianças parlamentares para obter uma maioria de apoio no Congresso, seja na faculdade de emitir legislação transitória sobre matérias de competência parlamentar (medidas provisórias).

O sistema brasileiro favorece uma supremacia política do Presidente sobre o Parlamento já que o seu estatuto dirigente lhe permite um diálogo ativo com os parlamentares, incluindo os da oposição, e a faculdade de tecer maiorias parlamentares variáveis. Essa proeminência tende a reduzir-se se o Chefe de Estado passar a enfrentar uma oposição da maioria política das câmaras para fazer aprovar as leis constantes do seu programa político. Certos divórcios altamente conflituais em partidos que integrem coligações maioritárias seguidas de uma clivagem entre o Presidente e o Parlamento pode, inclusivamente, levar à sua destituição pelo Senado através de um processo de *impeachment,* caso pratique crimes de responsabilidade[457], sendo este julgamento político a arma mais forte e extrema de um Congresso fraco. Já nos Estados Unidos, as concertações bipartidárias em matérias estratégicas facilitam a ação presidencial, mesmo quando o Chefe de Estado não goza de apoio maioritário nas câmaras, sendo certo que essa concertação já conheceu melhores dias antes de 2009.

3.3. Sistemas semipresidencialistas

271. *O semipresidencialismo envolve a existência de um sistema híbrido ou misto*[458]*em que o Governo encabeçado por um Primeiro-Ministro é duplamente responsável, no plano institucional ou político, perante o Parlamento e perante um Presidente eleito por sufrágio universal que dispõe da faculdade de exercer poderes com alguma relevância a nível de controlo ou até de direção inter-institucional, destacando-se nestes a competência livre ou autónoma para dissolver o Parlamento.*

---

[455] Cfr LAWRENCE TRIBE "American Constitutional Law"-New York-2000-p.124 e seg e p. 630 e seg

[456] SÉRGIO ABRANCHES "Presidencialismo de Coalizão: o dilema institucional brasileiro"- in "Revista de Ciências Sociais"-nº 31-Rio de Janeiro-p. 5 e seg.

[457] Realidade já ocorrida com o Presidente Collor de Mello, em 1992 e a Presidente Dilma Roussef, em 2016.

[458] SARTORI ult. Loc cit, p. 146; SHUGART-CAREY, op. cit, p. 23 e seg.

No fundo, este modelo de governo misto recolhe atributos do Parlamentarismo e do Presidencialismo[459], compreendendo no seu bojo subtipos de maior pendor presidencial (a França), de forte pendor parlamentar (a Áustria) ou de "geometria variável" que vacila entre o pendor parlamentar e o pendor governamental (Portugal).

3.4. O sistema diretorial como figura residual

272. Como categoria isolada e atípica cumpre mencionar o *sistema diretorial* que consiste numa *democracia consociativa de fonte parlamentar, alicerçada numa relação estreita entre o Parlamento e um Diretório executivo, em que os membros do segundo são eleitos pelo primeiro, de modo a que nele estejam representadas as principais forças partidárias, sendo a Chefia do Estado um cargo simbólico assumido, rotativamente, entre os membros do referido Diretório.*

O Chefe de Estado não pode dissolver o Parlamento nem ser destituído por este.

Resume-se este sistema ao modelo de governação da Suíça[460], em que o critério democrático maioritário está, em regra, subalternizado, no processo de formação e composição do Conselho Federal (Diretório) que assume funções executivas. Este órgão colegial encontra-se desprovido de uma liderança monocrática e os representantes dos principais partidos que nele tomam assento (coligados desde 1959 na base de um acordo designado de "fórmula mágica") ocupam um número aproximado de cargos ministeriais, pese diferenças na sua representação (cada partido detém um máximo de 2 pastas, num órgão de 7 membros).

273. O sistema, marcado por uma poderosa fonte consuetudinária na organização do poder, é criticado em razão de uma certa oligarquização no exercício das funções de Estado, protagonizada por um "bloco central" de cerca de 4 partidos e pela circunstância de os resultados eleitorais contarem pouco para a composição do Diretório[461].

---

[459] MARCELO REBELO DE SOUSA "O Sistema de Governo Português"-Lisboa-1992-p. 10 e seg.
[460] Cfr REMEDIOS SANCHEZ FERRIS "El Regimen Politico Suizo" in AAVV"Regimenes Politicos Actuales"- org J. Ferrando Badia-Madrid-1985-p. 481 e seg; AUGUSTO BARBERA--CARLO FUSARO ult. loc cit, p. 182.
[461] Assim, a poderosa UDC/SVP, de direita radical e nacionalista, obteve nas eleições de 2015, o primeiro lugar em número de sufrágios (29,5% dos votos) mas detém no Conselho Federal o mesmo número de cargos ministeriais do que os socialistas, que obtiveram 18,8% e que os Liberais Radicais, que somaram 16,4%.

A solidez da coligação oriunda da "fórmula mágica" confere estabilidade ao diretório mas o Parlamento constitui o principal fórum de produção legislativa. Ainda assim, existe um poder extra-orgânico que concorre com o Parlamento como centro de impulsão de mudanças políticas e que consiste no referendo popular (votação direta de medidas políticas pelo eleitorado), o qual resulta ordinariamente de iniciativas cidadãs apoiadas pelos partidos (cfr supra § 169).

Secção II. Os fatores condicionantes da configuração e da dinâmica de um sistema político

274. Para que uma dada forma de governo possa ser objeto de uma classificação consistente, a qual é fundamental para a sua correta identificação, necessário se torna tomar em consideração um conjunto de pressupostos de ordem jurídica e politica.

Uns assumem *natureza estática* e radicam nas *normas constitucionais positivas e nas práticas político-institucionais consolidadas* que configuram o modo como o poder se encontra organizado, distribuído e efetivamente exercido. Outros assumem *natureza dinâmica* e dependem quer do impacto variável do sistema eleitoral no sistema partidário e deste na representação parlamentar, quer da psicologia das lideranças políticas.

1. O estatuto constitucional dos órgãos de soberania

275. Deve entender-se que a base da definição de um sistema político depende, *prima facie*, do posicionamento institucional entre os órgãos de soberania que exercem a função política, das suas competências configuradas em concreto e do tipo de vínculos de dependência que são entre eles estabelecidos, encontrando-se estes atributos caracteriológicos vertidos na Constituição, que é o estatuto jurídico da organização e funcionamento do poder do Estado.

Assim, para se aferir se um determinado Estado é regido por um sistema parlamentar, necessário se torna examinar na Constituição a competência do Parlamento e o estatuto do Governo e verificar se a formação do Executivo depende, exclusivamente, da confiança parlamentar e não de outro órgão como o Chefe de Estado. Assim como, para apreciar se um sistema político assume um perfil presidencialista necessário se torna constatar se o Presidente é eleito por sufrágio universal, se chefia diretamente o Executivo e se nem ele nem o Parlamento estabelecem entre si relações de dependência fundadas em critérios de confiança política.

A base de caracterização do sistema é, por conseguinte, a Constituição[462] e é nas suas normas organizatórias que podemos aferir as linhas mestras do peso de cada instituição e as linhas axiais das suas relações recíprocas. Constituição de um Estado cujo núcleo central não determine o sistema político não é uma Constituição[463].

Certo é que as normas constitucionais carecem de interpretação e nem sempre o seu sentido literal coincide com a sua relação objetiva de significado. Isto, sem embargo de existirem Constituições nominais (aquelas cujas normas perderam efetividade no recorte do sistema politico), normas constitucionais que já caducaram e outras que sofreram mutações impostas pela realidade dos factos, delas se retirando sentidos distintos do significado primitivo. Cumpre deste modo uma leitura juridicamente adequada das normas constitucionais, nem sempre ao alcance de muitos leigos e de uma leitura apressada e textualista.

276. Esta questão releva na medida em que existe uma divergência entre constitucionalistas e politólogos sobre o "locus"de definição dos sistemas. Contrariamente aos primeiros, os politólogos creem que a prática é mais relevante do que a norma. E incorrem, e geral, no erro de considerar que, quando o Presidente, de um sistema semipresidencial é menos ativo, o sistema se parlamentariza. Sartori, por exemplo, considera (erroneamente) que o sistema semipresidencial português terminou em 1982 e que, desde aí vigora uma forma de poder parlamentar[464]. O último debate ocorreu, no universo jornalístico, a respeito da constituição do Governo minoritário socialista, em 2015, formado na base de um acordo parlamentar com dois partidos de esquerda radical e com exclusão da coligação que venceu as eleições com maioria relativa (infra § 712). O facto de o Presidente dar posse relutante a esta solução governativa levou muitos a afirmarem que o sistema se parlamentarizou e que teria passado a vigorar um parlamentarismo de assembleia. Serão, contudo, os mesmos que um dia falarão em presidencialismo, se o Chefe de Estado dissolver o Parlamento e assumir um papel mais ativista na formação do novo executivo.

Ora, os sistemas não mudam por força de impulsos e relações de força episódicas num dado momento ou ciclo político, mas sim por via de significativas alterações constitucionais.

---

[462] Assim, REIS NOVAIS "Semipresidencialismo "-I-Coimbra-2007-p. 36.
[463] SARTORI ult. loc. cit, p. 212
[464] SARTORI "Ingegneria (...)" op. cit, p. 143-144. No mesmo sentido ALAN SIAROFF "Comparative Presidencies: the inadequacy of the presidential, semi-presidential and parliamentary distinction"- in "European Journal of Political Research"-nº 42-2003-p.293 e seg

Na verdade, tal como é focado por certos autores que dissecaram esta questão[465], semelhante ângulo de análise apenas vê a árvore (ou seja o fenómeno conjuntural) e não a floresta (o enquadramento desse fenómeno no modelo constitucional de poder). Como se verá, os sistemas políticos não são rígidos e permitem um conjunto de combinações relacionais que levam certos órgãos a assumir maior protagonismo num dado ciclo político e menor noutro ciclo distinto. O fundamental não é saber se o sistema mudou porque o Presidente não faz uso de uma competência relevante durante um largo período de tempo ou é menos interventivo como árbitro ou poder moderador. Fundamental é perceber se conservou essas competências de uso menos frequente e se as pode exercer no futuro.

277. Sem embargo, a Constituição pode mudar por via de alterações informais ou implícitas[466]. Práticas convencionais aceites tacitamente pelos poderes que se tornem reiteradas e sedimentadas no tempo e que mudem o sentido das normas constitucionais ou determinem a sua caducidade, sem oposição das outras instituições (e em particular do Tribunal Constitucional), podem gerar mutações constitucionais que alterem o figurino do sistema político, ao ponto de se poder falar em costume. É o caso do sistema islandês Assim, na Islândia, os expressivos poderes estatutários conferidos ao Presidente da República, eleito por sufrágio universal, no respeitante à faculdade de demitir o Governo poderiam, numa primeira leitura, posicionar o respetivo sistemas de governo na órbita clara do semipresidencialismo quando, na verdade, a prática institucional o posiciona na órbita parlamentar. Aqui, um costume derrogatório fez caducar as normas que atribuíam ao Presidente essas competências, gerando-se uma mutação constitucional de caráter informal.

2. As convenções constitucionais derivadas da prática institucional consolidada

278. A configuração do estatuto dos órgãos de soberania na Constituição positiva é, ainda assim, insuficiente para se poder apreender, com nitidez, as características fundamentais de um sistema político e, sobretudo, para que a mecânica do mesmo sistema e o seu pendor institucional dominante possam ser identificados. A Constituição é a base, mas das suas normas não se logra, frequentemente, extrair o modo como o sistema opera na realidade.

---

[465] REIS NOVAIS ult. loc cit, p. 28 a 57.
[466] As constituições podem ser alteradas por via formal (revisão constitucional) e por mutações informais, geradas por práticas *contra-legem*, costumes e práticas consolidados sem oposição e pela jurisprudência internacional e constitucional (Cfr CARLOS BLANCO DE MORAIS "As Mutações Constitucionais (...)" op. cit, p. 62.

Não iremos tomar o exemplo da Constituição britânica, demasiado atípica e marcada pelo costume, mas antes duas constituições rígidas, como a francesa e a portuguesa, para ilustrar o que se pretende dizer.

279. As ordens jurídicas da França e de Portugal são servidas por dois sistemas políticos semipresidencialistas, em que, nos termos das respetivas constituições, o Presidente da República dispõe da competência para dissolver livremente o Parlamento. Contudo, em Portugal, existe um pensamento maioritário sedimentado no espaço público e consolidado pela prática institucional, desde o início da década de noventa, segundo o qual, o poder de dissolução parlamentar pelo Presidente, fora de um contexto de consenso interpartidário, é reservado para atalhar apenas a situações sérias de impasse e crise política. Diversamente, em França está-se perante um mecanismo comum de direção presidencial que o Chefe de Estado usa para criar uma maioria parlamentar favorável ou para reforçar a maioria existente. Sempre que é eleito ou reeleito e se defronta com uma maioria parlamentar adversa (coabitação) o Presidente dissolve. Os textos constitucionais são análogos mas os limites implícitos ao ato de dissolução são diferentes em razão da prática política sedimentada

280. Observe-se um outro exemplo mais impressivo, com os mesmos ordenamentos, a propósito do poder presidencial de demissão do Governo. Em Portugal, a Constituição prevê explicitamente no nº 2 do artº 195º essa faculdade que, contudo, não é exercida desde 1978, sobretudo depois de, na revisão constitucional de 1982, ter sido estipulado que o ato de demissão apenas poderia ter lugar na circunstância de se encontrar em causa o *"regular funcionamento das instituições democráticas"*. Trata-se de um instituto que a prática institucional (aqui apreendida pela negativa, ou seja, pelo não uso do referido poder) converteu numa realidade quase tão excecional como o dos estados de sítio e de emergência do artº 19º, com as devidas diferenças de conteúdo e gravidade. Já na ordem jurídica francesa a Constituição não prevê expressamente a faculdade de demissão do Primeiro-Ministro, mas ela ocorre com frequência: existe uma convenção ou costume, da qual decorre que num cenário de confluência entre o Presidente e a maioria parlamentar (ambos são oriundos da mesma maioria política), o Chefe de Estado assume um papel liderante no Conselho de Ministros, que preside por direito próprio, pelo que, caso solicite a demissão ao Primeiro-Ministro ele deverá apresentá-la. O mesmo não sucede, por regra, em coabitação[467], em que o Presidente coexiste com partidos estranhos à sua família politica.

---

[467] Esta é a regra, se bem que o Presidente Hollande, mal venceu a eleição presidencial em 2012, tenha solicitado a demissão do Primeiro-Ministro Fillon do centro-direita, mesmo antes das eleições parlamentares que o mesmo Presidente convocou após dissolver o Parlamento, constituindo, entretanto, um governo da sua confiança. Em 2017 o Presidente Macron nomeou

As duas situações descritas permitem situar a dinâmica do semipresidencialismo francês num universo de predomínio presidencial e o português num universo de maior peso parlamentar, sem que tal decorra inteira e linearmente da Constituição, mas antes da prática política consolidada e interiorizada como um "dever ser" no espaço público.

281. Sem que se queira abordar o tema polémico do papel do costume em Direito Constitucional nos sistemas constitucionais rígidos[468] haverá, contudo, que admitir que é incontornável a existência de práticas reiteradas, uniformes e consolidadas temporalmente, nas relações institucionais que geram uma espécie de *"soft law" constitucional* que na ordem jurídica inglesa se designa por "convenção", a qual pode ser igualmente referenciada, com características próprias, nos ordenamentos romanísticos. Nestes, embora a derrogação de uma convenção não seja sancionada juridicamente com invalidade, ela pode ter custos políticos e institucionais para quem assim atua: o eleitorado e a opinião pública podem reagir negativamente e os demais órgãos soberanos podem responder, derrogando outras convenções e criando uma crise no sistema.

3. A relação incontornável entre sistema eleitoral, sistema de partidos e sistema político de governo

3.1. Sistemas eleitorais

3.1.1. Conceito

282. A forma de escrutínio eleitoral resulta ser um dos fatores mediatos mais determinantes, não apenas da dinâmica dos sistemas políticos examinados, mas, igualmente, do modelo de governação democrática que resulta da sempre difícil combinação entre as exigências de governabilidade e de representação popular.

283. Tal sucede por quatro ordens de razões.

---

um governo da sua confiança antes das eleições legislativas ocorridas no mês seguinte, com a anuência do Primeiro-Ministro socialista em exercício de funções, o qual se demitiu, pese a existência de uma maioria parlamentar socialista em termo de mandato.

[468] PAULO OTERO ("Direito Constitucional Português"-II –Coimbra-2010-p. 158 e seg.) desenvolve bastamente a temática do papel do costume, das práticas, usos e dos precedentes como fatores de alteração informal da Constituição, falando numa normatividade não oficial e em "transfiguração constitucional" traduzida numa constituição real não escrita, ao lado de uma Constituição oficial e escrita mas não aplicada em relação a parte das suas normas.

Em primeiro lugar, tal como afirma Gomes Canotilho[469], a escolha deste ou daquele sistema eleitoral envolve *diferentes conceções de democracia*: ou se opta por um modelo de pendor maioritário e decisional (que privilegia um vencedor claro entre os grandes partidos e facilita maiorias parlamentares politicamente homogéneas e aptas a formar Governo); ou se escolhe um modelo de pluralismo dispersivo e igualitário (favorecendo-se a representação equitativa de todas as forças com um mínimo de expressão eleitoral e se catalisa compromissos de governo entre forças de famílias políticas diversas); ou se opta, ainda, por combinações híbridas entre os modelos anteriores.

Em *segundo lugar*, no Estado democrático de direito, caracterizado por uma representação parlamentar de natureza partidária, o sistema eleitoral condiciona o formato do sistema de partidos e este marca a operatividade do sistema político, seja no tocante à preponderância (permanente ou cíclica) de certos órgão sobre outros, seja no que concerne ao nível de estabilidade da governação.

Em terceiro lugar, o bom funcionamento do sistema eleitoral contribui para a consolidação e a confiança pública na democracia, na medida em que os eleitores se revejam na fiabilidade e integridade do escrutínio e, minimamente, nos mandatários que elegeram.

Em *quarto e último lugar*, o sistema pode ser concebido e "condimentado" deliberadamente na origem, tanto como um instrumento de reforço de forças políticas dominantes, destinado a favorecer certos partidos políticos ou correntes ideológicas[470] ou a enfraquecer forças políticas minoritárias mais radicais[471], como, ao invés, ser reconduzido a um "pacto" ou compromisso mais alargado entre forças políticas, de forma a tornar presente no Parlamento toda a magnitude do espetro partidário[472].

284. O sufrágio eleitoral pode ser[473],:

i) *Direto* ou individual, englobando um colégio eleitoral geral e homogéneo que congraça os cidadãos eleitores, podendo o mesmo coincidir com um círculo nacional único ou decompor-se em colégios territoriais, correspondentes aos círculos eleitorais ordenados geograficamente (cfr. o caso

---

[469] GOMES CANOTILHO "Direito Constitucional (...)" op. cit, p. 307.

[470] Caso dos Estados Unidos, em que os sistemas eleitorais de designação de senadores e representantes favorecem os partidos históricos: Republicano (antigos "federalistas") e Democrático ("anti-federalistas").

[471] Os sistemas maioritários britânico e francês penalizam pequenos e médios partidos radicais da esquerda e da direita do espetro político.

[472] De algum modo o caso de Portugal, no contexto da Constituição de 1976 e claramente a situação do Brasil, Bélgica e Israel.

[473] JORGE MIRANDA "Ciência Política- Formas de Governo"-Lisboa-1992-p. 205

em que o Chefe de Estado é diretamente eleito por sufrágio universal, bem como a generalidade das eleições para as câmara de representação popular dos parlamentos);

ii) *Indireto*, englobando uma sucessão ordenada de colégios em que os eleitores de um colégio eleitoral vão designar os eleitores de outro colégio de grau superior sendo, eventualmente, estes que elegerão o titular ou os titulares do poder (eleição presidencial norte-americana por sufrágio universal indireto, eleição dos chefes de Estado de sistemas parlamentaristas pelas assembleias parlamentares e eleição da câmara alta do Parlamento de alguns Estados, como a Alemanha, por parte dos órgãos de poder dos estados federados).

285. Uma eleição política consiste num meio de designação do titular ou dos titulares de um órgão de poder, mediante um processo de escolha traduzido numa votação, na qual intervêm as pessoas a quem é reconhecido o direito de sufrágio. Em democracia, como vimos, o processo de votação é individual, livre, competitivo, igual e com alternativa de opções. Sendo a eleição um instrumento medular do regime democrático, pois nele radica a expressão de consentimento dos governados na designação dos governantes, esse mesmo instrumento compreende um determinado modelo político de conversão de votos em mandatos, servido por um regime jurídico, fórmulas técnicas e uma estrutura administrativa.

Podemos, assim, definir sistema eleitoral de um Estado como *o conjunto de normas, procedimentos e técnicas que estruturam de forma coerente o modo como a preferência dos eleitores, expressa em votos, se transforma na designação de mandatários que irão desempenhar funções públicas como titulares do poder político*[474].

286. Os sistemas eleitorais para órgãos soberanos intentam designar, fundamentalmente, os titulares dos cargos de Presidente da República e de membros do Parlamento[475].

O processo de *eleição presidencial*, tendo maior impacto no índice de legitimação do titular eleito[476] e contribuindo para a definição do sistema político,

---

[474] Aproximamos esta definição dos contributos doutrinais de DOUGLAS RAE "The Political Consequences of Electoral Laws"-London-1967-p.14; GIOVANNI SCHEPIS (I Sistemi Elettorali-Teoria-Tecnica-Legislazione Positiva"- Bari-1955-p. XXI; e DIETER NOHLEN "Sistemas Electorales del Mundo"-CEC-Madrid-1981-p. 53 e seg.

[475] Eleições diretas para Primeiro-Ministro foram excecionalmente ensaiadas (caso de Israel num curto período até 2001) mas, posteriormente, abandonadas pela sua incapacidade de gerar governos estáveis.

[476] Nos Estados Unidos da América, o candidato presidencial eleito no colégio eleitoral pode não ser o que obteve o maior número de votos populares, tendo ocorrido cinco casos em que se verificou esta situação (a última da qual em 2016), a qual, não tendo abalado o sistema,

acaba por ter um efeito escasso na dinâmica deste mesmo sistema. Na verdade, a regra geral que impera sobre a eleição presidencial por sufrágio universal é a de que vigora um sistema maioritário a uma volta (é eleito o candidato com o maior número de votos) ou a duas voltas (se nenhum candidato obtiver maioria absoluta no primeiro turno, realiza-se um segundo com os dois candidatos mais votados)[477]. A composição parlamentar não depende da forma de escrutínio adotada para designar o Chefe de Estado.

287. Já a forma de escrutínio numa *eleição parlamentar* produz efeitos mais expressivos na dinâmica ou na própria definição de sistema, pois:

i) Uma maioria partidária politicamente homogénea de oposição ao Chefe de Estado, *nos sistemas presidencialistas,* pode diminuir ou travar o poder deste último na tomada de certas decisões [478], enquanto uma maioria parlamentar oriunda da mesma área política pode facilitar reformas iniciadas pelo Presidente[479].

ii) Uma maioria parlamentar de apoio ou de oposição ao governo nos sistemas *parlamentaristas e semipresidencialistas* pode, respetivamente, estimu-

---

embaciou em parte a legitimação do referido candidato. Na Bolívia, durante a vigência da Constituição de 1967, o facto de só haver um turno presidencial e ser o Parlamento a eleger o Presidente se nenhum candidato obtiver a maioria absoluta já gerou situações complexas que levaram à escolha parlamentar do terceiro candidato mais votado (situação de Jaime Paz Zamora, líder do MIR, em 1989).O sistema foi alterado, substituindo-se a intervenção parlamentar por uma segunda volta, realizada por sufrágio universal.

[477] Existem, a título excecional, sistemas esdrúxulos como o próprio modelo norte-americano, o antigo sistema boliviano referido na nota anterior e o antigo sistema chileno que também previa a possibilidade de uma deliberação parlamentar dispensar uma segunda volta, situação que levou à trágica e desastrosa presidência de Salvador Allende em 1971, que vencera o primeiro turno com uma escassa maioria relativa, que não tinha capacidade de triunfar na segunda volta, mas que foi declarado vencedor no primeiro turno por deliberação do Congresso porque a Democracia Cristã (cujo candidato, Tomic, ficara em terceiro lugar) preferiu o seu triunfo, a uma vitória do candidato conservador, Alessandri, que se colocara em segunda posição.

[478] Um Presidente sem apoio maioritário no Parlamento exibe dificuldades em fazer aprovar as suas políticas públicas (veja-se a situação do Presidente Barak Obama no seu segundo mandato) e, se não pode ser demitido pelo Parlamento também não pode dissolver este órgão.

[479] Mas não as garante. Nos Estados Unidos da América os partidos têm uma disciplina fraca e os congressistas dependem das fações e interesses que os apoiaram e dos eleitores dos respetivos círculos. Um exemplo desta situação foi o da "rebelião" de um segmento ultraconservador do Partido Republicano em 2017 que travou uma reforma do "Obamacare" intentada pelo Presidente Trump e pelo Presidente da Câmara dos representantes, Paul Ryan, pese o facto desse partido ter uma expressiva maioria nessa câmara do Congresso.

lar ou frenar, a liderança institucional e a durabilidade desse Governo (ao ponto de poder contribuir para a definição do próprio sistema[480]), já que a subsistência e estabilidade política governamental depende da confiança parlamentar[481].

288. Iremos, nesta rubrica, incidir a nossa atenção preferencial sobre as *eleições diretas para os titulares de órgãos representativos parlamentares,* já que são aquelas que exprimem uma força conformadora no sistema partidário e, através deste, no sistema político.

3.1.2. Tipologia elementar

289. Em razão do modo como logram transformar os votos em mandatos e influir na representação parlamentar dos partidos que se submetem a atos eleitorais, os sistemas eleitorais podem assumir a seguinte natureza[482]:

i) *Sistemas maioritários:* o Estado divide-se em círculos ou circunscrições eleitorais de pequena dimensão e o partido vencedor ganha a totalidade dos mandatos em disputa (em regra, os círculos são uninominais[483], envolvendo a eleição de um só mandatário, pese o facto de existirem, ainda,

---

[480] Isto porque o bipartidarismo adubado pelo sistema eleitoral favorece o parlamentarismo de gabinete, como no Reino Unido, caracterizado por uma proeminência liderante do Governo sobre as demais instituições.
[481] Um governo que não goze do apoio efetivo de uma maioria parlamentar é mais fraco e instável do que um governo maioritário.
[482] Cfr, em geral, DAVID FARRELL " Electoral Systems- a comparative introduction"- London-2011; MICHAEL GALLAGHER-PAUL MITCHELL "The Politics of Electoral Systems"--Oxford-2008; J. TEORELL -C. LINDSTEDT "Measuring Electoral Systems." Political Research Quarterly 63(2)-2010- p. 434 e seg; G. B POWELL, "Representation in Context: Election Laws and Ideological Congruence Between Citizens and Governments." Perspectives on Politics 11(1)-208-2013-p 9 e seg; D. M. MARINOVA, "A New Approach to Estimating Electoral Instability in Parties." Political Science Research and Methods" (2014); R. LAU - P. PATEL, "Correct Voting Across Thirty-Three Democracies: A Preliminary Analysis." British Journal of Political Science, 2013, p. 21; J. A. KARP, AND S. A. BANDUCCI "Political Efficacy and Participation in Twenty-Seven Democracies: How Electoral Systems Shape Political Behaviour." British Journal of Political Science 38(2), 2008, p. 311 e seg; H. KLINGEMANN"The Comparative Study of Electoral Systems"- Oxford- 2009; S. BIRCH, "Electoral Systems and Electoral Misconduct." Comparative Political Studies 40(12), 2007, p.1533-1556.
[483] Em cada circunscrição ou círculo eleitoral é eleito um único representante. Cfr. Reino Unido, Estados Unidos da América e França.

sistemas maioritários com círculos plurinominais, sendo os maiores partidos favorecidos pelo sistema[484];

ii) *Sistemas proporcionais*: o Estado divide-se num único círculo plurinominal ou em círculos regionais plurinominais[485], os partidos apresentam listas de candidatos nas circunscrições em disputa e o número de mandatos atribuídos a cada partido, por círculo, tem uma correspondência, mais ou menos acentuada, em relação ao número de votos nele obtidos, favorecendo-se, tendencialmente, uma distribuição equitativa de lugares entre grandes, médias e pequenas formações partidárias[486];

iii) *Sistemas mistos*: de um modo geral são aqueles que combinam uma forma de escrutínio proporcional com outra maioritária (o eleitor dispõe de dois votos, um para eleger um mandatário num círculo uninominal e outro para eleger mandatários constantes de listas partidárias em círculos plurinominais) [487], procurando favorecer-se, por regra, os maiores partidos, sem prejudicar a representação das minorias com uma expressão eleitoral minimamente relevante[488].

290. De acordo com os critérios de base traçados pela politologia clássica[489], ainda hoje ensinados sem grandes alterações nas escolas de Direito europeias,

---

[484] Cfr, em geral WILLIAM RIKER "The Two Party System and Duverger Law"- in "American Sc Pol. Review"-1982-p. 753 e seg e "Implications from the Disequilibrium of Majority Rule for the Study of Institutions," *American Political Science Review*, 74, 1980, p. 432 e seg; AAVV- "The international IDEA Handobook for Electoral System Deseign"- org. A. REYNOLDS-B. REILLEY- Stockolm-Int. 1997-IDEA-p. 17 e seg e 27 e seg.; ALISTAIR COLE –P. CAMPBELL "French Electoral Systems and Elections Since 1789"-Gower-1989-p. 168 seg.

[485] Por cada círculo eleitoral são eleitos vários representantes, distribuindo-se os mesmos pelas listas partidárias concorrentes em razão do número de votos obtidos. Vide o caso de Israel no que respeita ao círculo único e de Portugal, Benelux e Países escandinavos no respeitante aos círculos territoriais.

[486] Em geral, THOMAS HARE "A Treatise on Election of Representatives"-London-1859; LIJPHART "Sistemas Electorales y Sistemas de Partidos"-CEC-Madrid-1994;- LEIF LEWIN " Introducing Proportional Representantion from Above" in AAVV "Handbook of electoral System Choice"- org. Josep Colomer-Bernard Grofman-London-New York- 2004- p. 265 e seg ; GEORG LUTZ "Introdution Proportional Representation from Below"- "Handbook (...)"ult loc cit, p 272.

[487] É o caso alemão onde prepondera a componente proporcional. Já na Hungria, onde prepondera a componente maioritária, o sistema favorece o partido mais votado e penaliza os demais.

[488] MARKUS KREUTZER "Partisan Engineering of Personalized Proportional Representation" "Handbook (...)" ult. loc cit, p. 222 e seg.

[489] Cfr de um modo geral DUVERGER "Os Partidos Políticos"-Brasília-1980- p. 242 e seg.e 426 e seg.

os sistemas eleitorais teriam um triplo efeito, sobre os eleitores, os partidos e os sistemas políticos:

i) Sobre *os eleitores*, a forma do escrutínio maioritários pode: ou travar a dispersão de votos por uma pluralidade de partidos correspondentes às preferências ideológicas imediatas do eleitorado, convidando psicologicamente a concentração utilitária dos sufrágios nas grandes formações ou alianças partidárias (as quais são privilegiadas na atribuição dos mandatos, como sucede nos sistemas maioritários e em sistemas proporcionais corrigidos); ou, ao invés, fomentar a respetiva dispersão favorecendo o "voto sincero" (sistemas proporcionais simples);

ii) *Sobre os partidos,* porque os sistemas eleitorais, ao catalisarem a concentração ou a dispersão dos votos favorecem, respetivamente, uma redução do número de partidos representados no Parlamento ou, inversamente, uma fragmentação pluripartidária na instituição parlamentar;

iii) *Sobre o sistema político,* porque: sistemas bipartidários (onde dominam dois grandes partidos que se alternam no poder), sistemas multipartidários bipolares com partidos interdependentes (alternância política entre duas coligações de partidos com ideologias afins) ou sistemas multipartidários mitigados com formações charneira (pequenos partidos centristas aptos a coligar-se com grandes partidos à esquerda ou à direita, que alternam no poder) tendem a concentrar o poder e fabricar governos estáveis e liderantes suportados por uma maioria parlamentar; já os sistemas multipartidários dispersivos tendem a precarizar e debilitar o Executivo e a reforçar o peso do Parlamento.

291. Por conseguinte, o sistema eleitoral teria impacto na configuração do sistema de partidos e este assumiria, por seu turno, um relevo expressivo na formatação do tipo e subtipo de sistema político ou, pelo menos, seguramente, na sua dinâmica. Veja-se o exemplo ilustrado pelo *Reino Unido e a Dinamarca*. Trata-se de *dois regimes monárquicos servidos por sistemas parlamentares. Verifica-se, contudo, que os parlamentarismos em causa são muito diferentes entre* si e para essas diferenças contribui o impacto do sistema eleitoral no sistema de partidos e deste na configuração e na dinâmica do sistema político de governo[490].

---

[490] Assim, a forma de *escrutínio maioritário a uma volta*, no Reino Unido favorece um sistema bipartidário na representação parlamentar. Desse bipartidarismo, perfeito ou quase perfeito, resulta um *sistema parlamentar de gabinete* ou em certos casos, *primoministerial,* com o Primeiro-Ministro como instituição liderante e governos estáveis e fortes com capacidade de cumprirem uma legislatura e a faculdade de introduzirem, sem compromissos com outras

3.1.3. Nota sobre a mecânica centrífuga ou centrípeta dos sistemas eleitorais na representação parlamentar partidária

A. Os sistemas maioritários e os seus efeitos constrangedores

292. São *constrangedores, os* sistemas *eleitorais cuja mecânica operativa tem como propósito induzir à concentração das opções de voto do eleitorado nas maiores forças políticas e penalizar a representação parlamentar de médios e pequenos partidos de âmbito nacional, de modo a assegurar um binómio claramente definido entre governo e oposição.*

Tal como se observou supra § 289, os *sistemas eleitorais maioritários*, em regra compostos por círculos uninominais, favorecem o bipolarismo, pois só os grandes partidos logram obter, na grande maioria dos casos, os primeiros lugares nas circunscrições eleitorais, o que estimula, de algum modo, um voto utilitário. A designação de "maioritário" significa não só que quem vence em cada círculo e adjudica o mandato em disputa é quem obtém a maioria dos votos ("winner takes all"), mas também que o escopo ou fim do sistema é a seleção de um vencedor inequívoco e a constituição de uma maioria política parlamentar que sustente a governação, realidade que tem como efeito colateral a desproporção, a nível nacional, entre votos e lugares[491]. Não interessará a este sistema um parlamento que reflita matematicamente a proporção dos votos de cada partido mas, antes, escolher um vencedor e uma oposição principal[492]. São sistemas com uma tendencial e variável força centrípeta.

a) Os sistemas maioritários a uma volta e os seus efeitos constrangedores de caráter pleno

293. De acordo com DUVERGER, os sistemas maioritários a uma volta (*first past the post system*) gerariam, simultaneamente, um quadro partidário bipolar

---

forças, reformas derivadas de um programa eleitoral sufragado nas urnas. Já a *forma de escrutínio proporcional na Dinamarca*, com uma cláusula barreira inexpressiva, segrega um sistema multipartidário dispersivo e atomizado, em que o número de mandatos de deputado é fiel à percentagem obtida nas eleições e em que os governos se caracterizam por coligações ou por governos minoritários frágeis que subsistem graças a acordos, igualmente instáveis, celebrados ou com as oposições, ou com partidos aliados que ficam fora do Governo, gerando-se um *parlamentarismo de assembleia com um viés "governante"*.

[491] DIETER NOHLAN ult. loc cit, p. 157.
[492] SARTORI "Igegneria(...)" op. cit, p. 19.

ou dualista[493] e *um bipartidarismo perfeito*[494], fenómeno que ocorreria no Reino Unido (com a rotatividade entre o Partido Conservador e o Partido Trabalhista) e nos Estados Unidos (alternando o *Partido Republicano*, conservador, com o *Partido Democrata*, de tendência liberal progressista).

Cumpre referir que, quando se fala em bipartidarismo, tal não significa que a representação parlamentar se circunscreva a dois partidos. Traduz, antes, a ideia de que o sistema favorece, claramente, dois partidos dominantes, que se alternam no poder; que concentram 85% ou mais da representação parlamentar[495]; que um deles se encontra, usualmente, apto a formar governo com maioria absoluta; e que, existindo outros partidos com assento parlamentar, o seu peso é pouco relevante para o exercício ordinário da governação. Uma análise ao quadro 2 permite entender o que se acaba de expor.

Examine-se, infra, a mecânica do sistema maioritário a uma volta. No quadro 1 deparamo-nos com todos círculos eleitorais no Reino Unido, cada qual elegendo 1 deputado, sendo os mesmos redefinidos periodicamente de forma a refletirem um número aproximado de votantes.

Quadro 1

[493] MAURICE DUVERGER,. "Os Partidos Políticos"-op. cit -p 253.
[494] Cada polo seria consumido na totalidade ou quase totalidade por um partido dominante.
[495] DOUGLAS RAE (ult. loc cit) defendia que o bipartidarismo envolveria um domínio de 90% dos assentos parlamentares pelos maiores partidos, mas o número parece excessivo e inspirado na experiência americana, onde praticamente nenhuma outra formação tem assento no Congresso para além de Democratas e Republicanos.

O SISTEMA POLÍTICO

Observe-se, agora, no quadro 2, o círculo de Cheltenham nas eleições de 2015, apenas no tocante aos resultados obtidos por candidatos apresentados pelos partidos (desconsideraram-se independentes com votações insignificantes). Pese o facto de não ter obtido maioria absoluta, Alex Chalk, o candidato mais votado, oriundo do Partido Conservador, arrebatou o único mandato em disputa.

Quadro 2

Partidos	Candidatos	Votos	Percentagem	Mandatos
Conservador	Alex Chalk	24.790	**46,1%**	**1 mandato**
Liberal Democrata	Martin Worwood	18.274	34%	0
Trabalhista	P. Gilbert	3.902	7,3%	0
UKIP	C. Simmonds	3.808	7,1%	0
Verdes	Darnell	2.689	5%	0

Vejamos infra, no quadro 3, os resultados gerais da eleição de 2015, depois de apurados os resultados de todos os círculos eleitorais do Reino Unido:

Quadro 3

Conservadores	**36,8%**	**330 mandatos**
Trabalhistas	30,5%	232 mandatos
Nacionalistas escoceses	4,7%	46 mandatos
Liberais democratas	7,9%	8 mandatos
Unionistas Ulster	0,6%	8 mandatos
UKIP	12,7%	1 mandato
Verdes	3,8%	1 mandato
Outros (um conjunto de 4 micro-partidos e um independente)	1,9%	12 mandatos

Os dois grandes partidos (conservadores e trabalhistas) foram, assim, favorecidos na representação (88% dos mandatos), os pequenos/médios partidos nacionais foram fortemente penalizados (UKIP e Liberais) e alguns pequenos partidos com implantação regional e capacidade de triunfarem concentradamente em diversos círculos específicos de uma região (com relevo para os nacionalistas escoceses) obtiveram uma expressiva representação parlamentar, mesmo com escassa votação a nível nacional, mas sem que com essa representação lograssem influenciar as maiorias parlamentares. O partido mais votado (conservador) ainda que com uma maioria relativa (36, 8%) logrou, atenta a sua vitória em numerosos círculos do centro e sul, a maioria absoluta em termos de mandatos. O UKIP, *terceiro partido em voto popular*, apenas conseguiu obter a primeira posição em número de votos num círculo, limitando-se a arrebatar um mandato de deputado. O quadro demonstra, como antecipámos supra § 293, que pese haver cerca de uma dezena partidos representados no Parlamento, o sistema é bipartidário, pois só conservadores e trabalhistas dominam o cenário parlamentar mostrando o sistema a sua vertente fortemente desproporcional em detrimento médios e pequenos partidos nacionais.

Nas eleições antecipadas de 2017, que criaram inesperadamente um "hung parliament" reforçou-se, paradoxalmente o bipartidarismo: conservadores e trabalhistas somaram conjuntamente 89% da representação parlamentar com 82% do voto popular.

b) O sistema maioritário a duas voltas e os seus efeitos constrangedores com eficácia relativa

294. O sistema maioritário a duas *voltas* (França) potenciou durante muito tempo *um efeito constrangedor com eficácia relativa* ao favorecer, pelo menos até 2017, um *quadro partidário bipolar* na representação parlamentar, que não logra, no entanto gerar um cenário bipartidário, mas antes um *multipartidarismo de partidos interdependentes*. Isto significa que a representação parlamentar é, usualmente, dominada por dois blocos partidários e, no bloco maioritário, existe não um, mas vários partidos aliados ou coligados que integram, em regra, a mesma família política. Outras formações fora dos blocos podem obter representação parlamentar, mas esta não influi na mecânica da formação de maiorias de governação.

Tal como veremos (infra § 295), em França, este cenário alterou-se com a desagregação do sistema partidário da V República verificado após as eleições presidenciais e legislativas de 2017. Importa, contudo examinar a mecânica do sistema eleitoral que operou até essa data.

Assim, no sistema francês, que é o paradigma do modelo em estudo, no caso de, num ato eleitoral, não vier a ser eleito um deputado com maioria absoluta dos sufrágios expressos numa dada circunscrição eleitoral uninominal, realizar-se-á uma segunda volta nesse círculo, apenas com os candidatos dos partidos que tiverem obtido mais de 12,5% dos votos na primeira volta da votação, sendo então eleito o que obtiver o maior número de sufrágios. Semelhante sistema propicia, como foi antecipado, um *multipartidarismo circunscrito*, composto por duas grandes alianças dominantes de partidos interdependentes[496], à esquerda e à direita, uma das quais assumirá, em regra, uma liderança maioritária[497]. Ainda assim, em cada aliança, existirá um partido dominante ou predominante[498].

Veja-se, no quadro 4, o caso das eleições de 2012, em França, na 1ª circunscrição dos *Pirinéus Orientais* estando, naturalmente em disputa, 1 mandato de deputado.

Quadro 4

Candidato	Partido	Primeira Volta	Segunda Volta
Daniel Mash	UMP (centro-direita)	28,2%	33,8% (0)
Jacques Cresta	"Diversos de Esquerda"(DVG)	24,5%	42,9%-(1 mandato)
Louis Alliot	FN (direita radical)	24,1%	23,2%.(0)
Jean Vila	FG (P. comunista)	16,3% (desistiu)	-
Agnès Langevine	PS/Verdes	1,7 % (eliminado)	-
Cristine Espert	Modem (centro)	1,2% (eliminado)	-
Restantes (soma)	10 outros candidatos	6,8% (eliminados)	-

Não tendo sido eleito à primeira volta nenhum dos candidatos, por não terem somado mais de 50% dos votos expressos, passaram à segunda volta 3 deles que tinham somado mais de 12,5%, sendo os restantes eliminados. O candidato do Partido Comunista, que poderia igualmente concorrer à segunda volta, desistiu em favor do candidato dos diversos de esquerda –DVG– (esperando o referido partido que na mesma segunda volta viesse a beneficiar de desistências semelhantes em seu favor noutros círculos nacionais, sempre que um candidato comunista estivesse em melhor posição para vencer no segundo turno). Como a Frente Nacional (FN), partido situado fora dos dois blocos de alianças, não desistiu a favor do candidato da UMP (já que não há acordo para esse tipo de desistências entre o centro-direita e a direita radical), este último, que ficara em primeira posição no primeiro turno, perdeu no segundo para o candidato dos "Diversos

---

[496] As duas alianças consomem usualmente, em conjunto, mais de 90% da representação parlamentar.

[497] Algumas situações houve em que a aliança operou apenas, informalmente, no plano eleitoral na segunda volta, pois o partido liderante de um dos blocos logrou obter, por si só, maioria absoluta, governando solitariamente, pelo menos uma parte do mandato.

[498] À esquerda o Partido Socialista e à direita, os Republicanos (gaulistas).

de Esquerda", que beneficiou de desistências e transferências de voto das formações comunistas, socialistas, verdes e extrema esquerda

Observe-se, no quadro 5, o resultado nacional nesse ano de 2012 em número de deputados, depois de apurados todos os círculos na primeira e segunda volta.

Quadro 5

Maioria Presidencial (centro—esquerda)	PS,Verdes, Diversos de Esquerda e Radicais de Esquerda	39,8 %(1ª Volta) **49,9% (2ª volta)**	331 mandatos **(socialistas 280)**
Centro-Direita	UMP, Novo centro, Partido Radical, Aliança Centrista e Diversos de Direita	34,6% (1ª Volta) 44,1% (2ªvolta)	229 mandatos (UMP gaulista 194)
Direita radical nacionalista	Frente Nacional	13,6% (1ª volta) 3,6% (2ª volta)	2 mandatos
Frente de Esquerda	Diversos de extrema--esquerda e comunistas	6,9% (1ª volta) 1% (2ª volta)	10 mandatos
Outros	-	-	3 mandatos

Assim, num quadro multipartidário, verificou-se até 2017 um domínio da Assembleia por duas alianças, uma à esquerda e outra à direita, tendo reduzido peso em termos de representação os partidos situados fora das duas alianças, como a FN, já que sem desistências a seu favor (e com coligações negativas em seu detrimento), apenas obteve maioria de votos em dois círculos eleitorais. Já a Frente de esquerda, não ingressando formalmente na maioria presidencial de centro-esquerda, sempre manteve com esta um acordo para desistências mútuas.

295. Contudo, esta tendência alterou-se profundamente em 2017, com a desestruturação do sistema partidário derivado de um desgaste agudo e sem precedentes dos partidos tradicionais e das suas lideranças baças e impopulares. Uma nova formação do centro, a *"République en Marche"* (REM) impulsionada pelo surpreendente triunfo presidencial do independente e semi-populista Emmanuel Macron logrou, aliado aos centristas do *Modem*, um triunfo concludente nas duas voltas das eleições legislativas, obtendo uma maioria absoluta reforçada de cerca de 350 mandatos na Assembleia Nacional[499] com apenas 32, 3% dos votos na primeira volta e uma abstenção recorde de 51% na primeira volta e 57,4%, na segunda. Os partidos que lideravam ordinariamente os dois blocos alternantes,

[499] 308 mandatos para o LRM e 42 para o Modem.

ou quase desapareceram (como foi o caso do Partido Socialista que se encontrava no Governo e que obtendo 9,5% do voto popular na primeira volta, reduziu-se a 30 deputados, perdendo 236 deputados juntamente com os pequenos partidos seus aliados); ou então lograram sobreviver somando o seu pior resultado na V República (os *Republicanos* gaulistas e seus aliados da UDI, obtiveram, com sérias divisões internas, apenas 21,5% dos sufrágios na primeira volta, o que lhes permitiu alcançar 136 deputados, tendo perdido 90 mandatos). As franjas partidárias radicais marcaram presença considerável, pese que sem expressão decisiva: a extrema-esquerda da *France Insoumise* subiu modestamente para 11% (17 deputados) e a direita radical nacionalista da Frente Nacional estagnou em torno dos 13,2% (embora subisse de 2 para 8 deputados). O sistema eleitoral maioritário a duas voltas, graças à criação de um poderoso bloco partidário pró-presidencial ao centro (pese que internamente frágil e clivado) e a desagregação ou esmaecimento dos partidos do *mainstream,* propiciou momentaneamente a desaparição do multipartidarismo bipolar com alianças de partidos interdependentes e evoluiu para um *multipartidarismo com partido dominante ou tentativamente hegemónico.*

c) Outras variantes dos sistemas maioritários

296. Importa referir que existem outras variantes do sistema maioritário, a saber:

   i) O modelo caracterizado por *círculos binominais,* como no Chile, até 2016 (que gerou no Senado um multipartidarismo limitado e bipolar, formado por blocos de partidos interdependentes) e que exprimiu efeitos constrangedores de eficácia relativa;
   ii) O modelo integrado por *círculos plurinominais* em que o partido vencedor, mesmo com maioria relativa, arrebata todos os mandatos atribuídos à circunscrição onde triunfa, como é o caso do modelo "supermaioritário" de Singapura, criando-se um sistema cristalizado de partido hegemónico, e um efeito constrangedor reforçado[500];
   iii) Outros modelos mais complexos, como o da Austrália, onde o eleitor exprime um *voto preferencial* sobre os candidatos que devem representar o partido vencedor num dado círculo (gerando-se um multipartidarismo muito restrito ou limitado, com alianças de partidos interdependentes, cada qual assente numa formação dominante, num quadro constrangedor com eficácia relativa).

---

[500] Os sistemas eleitorais de regimes autoritários adotam por vezes este modelo, como era o caso do do *Estado Novo,* em Portugal, em que os candidatos de oposição nunca chegaram a vencer num único círculo.

B. Os sistemas proporcionais e os seus efeitos tendencialmente dispersivos

a) Sistemas proporcionais simples

297. Trataremos dos sistemas assentes numa forma de *escrutínio proporcional* ordinária ou simples (não corrigida), que procuram garantir a representação parlamentar de todas as forças políticas que tenham obtido um mínimo de expressão eleitoral, de forma a refletir, com equidade, as preferências dos eleitores. Têm como efeito-regra a dispersão de votos e de mandatos parlamentares por uma multiplicidade de formações políticas e exprimem, por conseguinte e em grau variável, uma força centrífuga sobre a representação partidária.

A forma de *escrutínio proporcional* procura fomentar uma representação parlamentar, tão aproximada quanto possível, relativamente aos resultados eleitorais, pelo que o número de votos obtidos por cada partido deve ter um grau sensível de correspondência com o número de assentos parlamentares obtidos. Por consequência, *as circunscrições eleitorais são plurinominais*, ou seja, por cada círculo é eleita uma pluralidade de mandatários parlamentares, distribuídos pelas diversas formações concorrentes, em razão do número de votos recolhidos por estas. Serão eleitos os candidatos que alcancem um número de votos igual ou superior ao quociente eleitoral, fixo ou variável.

298. Quanto maior for a circunscrição (ou seja, quanto maior for o número de deputados adjudicados a um círculo eleitoral), maior a dispersão de votos e mandatos pelos partidos concorrentes, já que haverá quase sempre mandatos a distribuir por partidos de pequena dimensão[501]. Os sistemas considerados, caracterizados por circunscrições de dimensão grande ou média, geram, por regra, um cenário partidário multipolar e multipartidário. Isto porque, a representação parlamentar se encontra segmentada numa pluralidade de partidos, muitos deles dotados de ideologias e programas políticos diferentes e opostos, em que os partidos médios e pequenos asseguram um número de mandatos suficientemente relevante para influir na governação e em que raramente um só partido assegura de "per se" uma maioria para governar[502].

---

[501] CFR R. LACHAT - A. BLAIS "Assessing the Mechanical and Psychological Effects of District Magnitude." In "Journal of Elections, Public Opinion and Parties", 25 (3) - 2015- p. 284 e seg.

[502] Cfr. em geral, P. SELB. "A Deeper Look at the Proportionality—Turnout Nexus." Comparative Political Studies 42(4), 2009, p. 527-548; N. T DAVIS "Responsiveness and the Rules of the Game: how disproportionality structures the effects of winning and losing on external efficacy." Electoral Studies 36(2), 2014, p. 129-136; H. MILNER, - E. GUNTERMANN Politi-

Enquadram-se neste universo diversos sistemas eleitorais e fórmulas de escrutínio, como os métodos dos *restos mais elevados* (Suíça) e o método da *média mais alta de Hondt*, seja com círculo nacional único (Israel), seja com círculos eleitorais plurinominais de média ou grande dimensão (Portugal, Holanda, Bélgica, Suécia).

299. O impacto destas formas de escrutínio no sistema partidário não se traduz apenas na existência de uma pluralidade de formações representadas (realidade que como vimos, existe no bipartidarismo), mas sim no facto de não existir uma distância muito expressiva em número de mandatos entre as formações mais votadas e mesmo, por vezes, entre estes e os partidos de média dimensão. O partido ou a coligação pré-eleitoral mais votada, com uma maioria relativa de votos que, pelo menos, não se aproxime dos 50% e não se distancie substancialmente da segunda formação mais sufragada, raramente obtém uma maioria absoluta de assentos; um partido de média dimensão, que alcance os dois dígitos em número de votos (mais de 10%) nunca poderia ter a sua representação reduzida a um punhado de mandatos como sucede nos sistemas maioritários[503]; e os pequenos partidos asseguram sempre um grau mínimo de representação, que por vezes é generosa quando têm implantação nos maiores círculos.

300. Sendo o sistema concebido não apenas à luz de critérios de equidade mas de propósitos políticos centrados no desiderato de se dificultar a obtenção de maiorias absolutas de um só partido, de forma a limitar o poder Executivo e potenciar compromissos interpartidários, o modelo dispersivo (e equitativo) dos mandatos favorece governos minoritários (com ou sem acordo de governação com outros partidos) e governos de coligação (compostos de partidos afins[504] ou, até, partidos rivais[505]).

Observe-se no Quadro 6 a representação multipolar extrema na Câmara de Representantes da Bélgica na sequência das eleições federais de 2014

cal Knowledge in Comparative Perspective: The Impact of Electoral Disproportionality and Inequality" ECPR General Conference. Glasgow, Scotland, 2014, p. 26.
[503] Cfr. o caso do UKIP, no Reino Unido, e da FN em França.
[504] Caso de Portugal, com a coligação do PSD e do CDS entre 2011 e 2015
[505] Áustria, entre 2013 e 2017, entre o SPO (social-democrata) e OVP (cristão conservador).

Quadro 6

Partidos	Votos (percentual)	mandatos
N-VA (separatista flamengo de centro-direita)	20,2 %	33
Socialistas valões (PS)=	11,6%	23
Democratas-Cristãos flamengos (CD&V)	11,6%	18
Liberais Progressistas flamengos (VLD)	9,7%	14
Centristas Valões (MR)	9,6%	20
Socialistas flamengos (SP.A)	8,8%	13
Verdes flamengos (G.)	5,3%	6
Democratas-cristãos valões	4,9%	9
Partidos dos Trabalhadores (marxistas flamengos)	3,7%	2
Interesse Flamengo (direita radical separatista da Flandres)- V.B.	3,6%	3
Verdes flamengos (E.)	3,3%	6
Liberais autonomistas da Valónia (FDF)	1,8%	2
Conservadores Valões (P.P)	1,5%	1
Outros		-

Existe no quadro descrito uma alta fragmentação partidária e uma aproximação em mandatos entre as grandes formações (N-VA,), e as formações médias-altas (PS, MR) e médias-baixas (VLD, SP.A) sem partidos dominantes. Verifica-se, igualmente, por razões de coesão nacional e equilíbrio entre comunidades linguísticas, algum grau de desproporção entre círculos valões e flamengos, sendo os primeiros, oriundos das zonas menos populosas, relativamente favorecidos em número de mandatos

O sistema proporcional implica, por conseguinte, a divisão do Estado em circunscrições, elegendo cada uma pluralidade de deputados. Os partidos apresentam para cada circunscrição ou círculo, uma lista com tantos candidatos quanto o numero de mandatários suscetíveis de serem eleitos. Volvida a eleição, determina-se o quociente eleitoral, dividindo-se o número global de votos pelos lugares a preencher.

301. Existem vários métodos de escrutínio que se enquadram no sistema proporcional.

302. Um **sistema com algum impacto é o dos *"restos mais elevados"*** (Itália até 1993), havendo variantes como a do *Quociente Hare* (Chipre e Áustria para

o voto distrital e regional), e o *Quociente Droop* (África do Sul), este último com fortes semelhanças ao quociente *Hagenbach-Bischoff* (Suíça).

Observemos a mecânica de alguns destes métodos. Convocando o **Quociente de Hare**, por exemplo, num círculo onde estejam em disputa 10 deputados e tenham entrado em urna 200.000 votos, **o quociente eleitoral** resultante da divisão do segundo pelo primeiro valor, será 20.000. Subsequentemente, divide-se o número de votos de cada lista pelo referido quociente. Se o Partido **P1** obtiver 80.000 votos, o Partido **P2,** 56.000, o Partido **P3**, 40.000 e o Partido **P4,** 9000, verificar-se-á a seguinte distribuição: o Partido **P1** terá 4 mandatos; o Partido **P.2** somará 3 mandatos [506]; o Partido **P. 3,** 2 mandatos; e o Partido **P.4** não obterá qualquer mandato.

Havendo um mandato não atribuído e 15000 votos, compostos por 6000 votos do **P.2** e 9000 do **P.4.**, o *sistema dos restos mais elevados* implica a atribuição do mandato, de entre os dois partidos referidos, à lista daquele que tiver somado o maior número de votos e que não tenha obtido representação, o que no exemplo supra implica a adjudicação do mandato sobrante ao partido **P.4**. Trata-se de uma mecânica que favorece os pequenos partidos e potencia uma maior fragmentação ou dispersão parlamentar.

303. Outro é o **sistema da média mais alta, de Hondt,** que foi adotado por Portugal, Bélgica, Áustria (voto nacional), Finlândia, Croácia, Argentina bem como pelo Brasil e pelo Chile para a Câmara de Deputados.

Imagine-se um círculo onde haja 6 mandatos a distribuir e ingressem 30.000 votos em urna. O partido **P.1.** Obteve 11.700 votos, o partido **P.2.** 10.800 votos e o partido **P.3** 7.500.

A primeira operação consiste em formar divisores sucessivos e calcular o quociente divisor. Por exemplo os 11.700 votos do partido P.1 são divididos, sucessivamente, por 1,2, 3 e 4. O mesmo com os votos dos restantes partidos. Observe-se o quadro 7:

Quadro 7

Divisor 1	P.1. **11.700**	P.2. **10.800**	P.3. **7.500**
Divisor 2	P.1. **5.850**	P.2. **5.400**	P.3. 3.750
Divisor 3	P.1. **3.900**	P.2. 3600	P.3. 2.500
Divisor 4	P.1. 2.925	P.2. 2.700	P.3. 1.875

---

[506] Resultante do arredondamento de 2,8.

O *quociente divisor* coincide com o último dos valores mais elevados correspondente o número de mandatos a distribuir. Havendo 6 mandatos, o quociente divisor será o sexto valor mais elevado, ou seja, **3.900**.

Cumpre, finalmente, no Quadro 8, adjudicar os mandatos, mediante a divisão do número de votos obtidos por cada lista partidária pelo quociente divisor.

Quadro 8

P.1.	11.700	:3.900	3 mandatos
P.2	10.800	:3.900	2 mandatos
P.3	7.500	:3 900	1 mandato.

Trata-se de um método com um grau moderado de desproporção em favor dos partidos que obtiveram mais votos nas diferentes circunscrições[507].

304. Outro método, o de **Saint Laguë**, envolve um quociente mais alto e, igualmente, um menor grau de proporcionalidade do que os dos restos mais elevados (não assegurando, por exemplo que o partido que tenha metade dos votos receba metade dos lugares a distribuir) sendo, contudo, próximo do método da média mais alta de Hondt até em termos de resultados no sentido de beneficiar os partidos mais votados em cada círculo, embora utilize divisores diferentes. Trata-se de um método utilizado na Alemanha no âmbito da dimensão proporcional do seu sistema misto (§ 309), bem como na Suécia e na Noruega numa versão modificada. Existem, ainda outros métodos e quocientes proporcionais como o *Imperiali* que não virá ao caso examinar.

Embora a maioria dos métodos descritos radiquem na adjudicação de mandatos por círculos plurinominais, existem Estados onde existe um **círculo nacional único**. É o caso de Israel onde o método de Hondt se aplica a um círculo nacional favorecendo um multipartidarismo fortemente atomizador e dispersivo, apesar da introdução de pequenas cláusulas de barreira (que impedem a representação de partidos cujas votações se situem abaixo de 3,25 %[508].

---

[507] JEAN MARIE COTTERET-CLAUDE ÉMERI "Les Systémes Électoraux"-Paris-1975-p. 92 e seg.

[508] Nas eleições de 2015, 10 partidos e coligações obtiveram representação parlamentar. Os partidos mais votados tiveram um número de mandatos não muito distante entre si (Likud 30 e União Sionista 24) o mesmo ocorrendo com os partidos médios (Lista Conjunta 13, Yesh Atid 11,Kulanu 10,) tendo os pequenos partidos somado em conjunto 32 mandatos. O vencedor com maioria relativa, o partido conservador Likud, foi forçado a uma coligação com partidos rivais, quer centristas quer ultraconservadores, de média e pequena dimensão.

b) Exceções: a existência de um maior índice de desproporção nos sistemas proporcionais "corrigidos"

305. Existem técnicas de engenharia constitucional que, *atuando sobre as formas de escrutínio proporcional, procuraram introduzir mecanismos corretivos dos seus efeitos típicos de dispersão dos mandatos e de potenciação do peso de pequenos partidos, privilegiando, ao invés, as maiores formações partidárias, tendo em vista facilitar a formação de governos estáveis, sem prejuízo de se assegurar a representação de minorias "fortes" e de média expressão.*

Existem diversas variantes desses sistemas, das quais destacaremos, utilitariamente, apenas as duas que se passa a mencionar.

Em primeiro lugar, haverá a assinalar o *proporcionalismo corrigido de eficácia constrangedora* baseada na criação de circunscrições pequenas e cláusulas de barreira, a qual favorece formas ordinárias de bipartidarismo imperfeito ou quase perfeito que, ainda assim, pode resvalar para ciclos de multipartidarismo limitado.

É o exemplo de Espanha, em que a aplicação do método de Hondt a pequenos círculos eleitorais (as 52 "províncias", cada qual elegendo poucos mandatos, excetuando Madrid e Barcelona[509]), associado à atribuição de lugares aos maiores quocientes, favoreceu, entre 1982 e 2015, os grandes partidos: o PSOE (socialista) e o PP (conservador)[510]. Havendo, em regra, poucos deputados a distribuir por cada círculo e imperando, concomitantemente, em cada um deles, uma cláusula de barreira de 3%, os mandatos são predominantemente adjudicados aos dois maiores partidos, exceto nas regiões da Catalunha e País Basco onde os partidos autonomistas ou separatistas logram obter alguma representação. O resultado, até 2015, foi a criação de governos estáveis com maiorias absolutas ou quase absolutas do Partido Popular e do Partido Socialista gerando um bipartidarismo quase perfeito, sendo fortemente penalizados os pequenos partidos nacionais[511]. Em 2015 o sistema disfuncionalizou, dando lugar a um cenário

---

[509] Em Ceuta e Melilla o sistema proporcional aplica-se a círculos uninominais, operando como um sistema maioritário a uma volta.

[510] AAVV "Manual de Derecho Constitucional"-Org Francisco Ballaguer Callejón-II-2012- -p. 464 e J. PORTERO MOLINA "Elecciones, Partidos y Representación Politica " in AAVV "Derecho de Partidos"-org J.Gonzalez de Encinar-Madrid-1982-135 e seg. Em geral, A BOSH "Guia del Sistema Electoral"-Balaterra-2004 e GARCIA SORIANO "Elementos de Derecho Electoral"-Valencia-2005.

[511] Oberve-se os resultados eleitorais em 2011 (período em que o sistema funcionava dentro da lógica que presidiu à sua conceção): Partido Popular 46,6% (186- maioria absoluta); Partido Socialista 28,7% (110);Esquerda Unida 6,9% (11);União Progresso e Democracia 4,7% (5); Convergência e União (separatistas catalães do centro-direita), 4,1% (16); Amaiur (esquerda separatista basca)1,3% (7); PNV (nacionalistas bascos de centro) 1,3% (5);Esquerda Republi-

multipartidário limitado com partido dominante (mais propriamente um quadripartidarismo multipolar).

Em segundo lugar, emerge o sistema de *"proporcionalidade reforçada"* (designado de *"sistema jackpot"*) que consiste em atribuir um bónus de mandatos ao partido mais votado, concedendo-lhe uma maior facilidade em poder constituir um governo de maioria, não afetando a proporcionalidade da representação dos demais partidos entre si (a desproporcionalidade apenas beneficia o partido vencedor).

Embora possa ser introduzido, a título eventual, num sistema maioritário a uma volta (Malta) ou a duas voltas (caso do *"Italicum"* novo e bizarro sistema italiano para a Câmara de deputados, ainda não praticado até 2016), foi a *Grécia* o Estado que o incorporou em tempos recentes, como modo de compatibilizar a formação de governos maioritários, estáveis, com a representação proporcional de grandes e pequenas forças políticas. Neste Estado europeu, o partido mais votado arrebatava um prémio ou bónus de mandatos (50 deputados), o qual procurava favorecer a obtenção de uma maioria absoluta no Parlamento, sendo acoplado ao mesmo sistema, uma cláusula barreira de 3%[512]. O Parlamento, contudo, surpreendentemente, aboliu em 2016 o sistema de bónus, regressando um sistema proporcional com efeitos dispersivos ou multipolares.

c) Sistemas proporcionais de lista aberta e fechada

306. No universo do sistema proporcional existem subsistemas que asseguram uma menor ou maior personalização do voto.

Os que não favorecem essa personalização são os sistemas de **lista fechada,** onde os eleitores votam nos partidos que apresentam listas de candidatos a um dado círculo e não individualmente nos candidatos que integram a mesma lista. Cada partido que concorre num círculo eleitoral apresenta uma lista de candidatos ordenados de forma crescente, sendo o número de mandatos obtidos, proporcional ao número de votos. Escrutinados os votos, se o partido logrou obter mandatos, esses mandatos serão adjudicados aos candidatos que figurarem nos

---

cana Catalã (independentistas de esquerda) 1% (3);Bloco Nacionalista Galego (independentistas galegos) 0,7% (2); Coligação Canaria, 0,5% (2);Compromis (esquerda valenciana) 0,5% (1); Foro cidadãos (direita asturiana) 0,4/b (1); Geroa Bai (autonomistas da Navarra) 0,1 (1).

[512] Observe-se o resultado das eleições gregas de 2015: Syriza (esquerda radical) 35,4% (95+**50 de bónus** = total 145); Nova Democracia (centro-direita) 28% (75); Aurora Dourada (extrema-direita) 6,9% (18); Pasok (socialistas) 6,2% (17); Partido Comunista da Grécia 5,5% (15); Potami (centro) 4% (11); ANEL (direita radical) 3,6% (10);União Centrista 3,4% (9). Os restantes partidos não superaram a cláusula barreira de 3%.

primeiros lugares da referida lista. É o caso do sistema português de eleição para a Assembleia da República, bem como da Espanha, Argentina e Uruguai.

307. Já os **sistemas de lista aberta**, com mecânicas diversas entre si, supõem que o eleitor possa procurar influenciar a ordem dos candidatos passíveis de eleição, na lista do partido onde deposita o seu sufrágio, exprimindo uma preferência específica por determinados candidatos que figuram, em regra, no boletim de voto. Por exemplo, na Holanda, no processo de eleição para a Câmara de Deputados, o eleitor assinala num boletim de voto do partido da sua escolha o nome do candidato da sua preferência. Este, se figurar num lugar não cimeiro da lista e obtiver no mínimo 25% de preferências totais, passa adiante de candidatos que figuram nas listas em posições dianteiras mas obtiveram menos votos preferenciais[513]. Em outras variantes é possível fazer incidir a preferência em mais de um candidato ou até subtrair candidatos que sejam objeto de um maior número de preferências negativas.

C. Os sistemas mistos e a natureza variável da sua eficácia constrangedora

308. Abordar-se-á os sistemas mistos, que aliam uma componente maioritária a uma componente proporcional e que operam, de forma bem diversa quanto à sua eficácia constrangedora no sistema partidário.

a) Sistemas mistos de preponderância proporcional com cláusula de barreira

309. Cumpre considerar nesta rubrica o modelo *proporcional personalizado*[514] ou "misto" à **alemã**, que constitui um sistema proporcional com uma componente maioritária, em que cada cidadão é portador de dois votos: um tem por efeito a eleição de um deputado num círculo uninominal a uma só volta e outro destina-se a eleger deputados em listas regionais plurinominais, elaboradas pelos partidos, segundo uma forma de escrutínio proporcional (método Saint-Läague/Schepers)[515]. No cômputo geral, prepondera o voto inerente a esta segunda forma de escrutínio e, por cada deputado obtido no escrutínio maioritário é subtraído,

---

[513] Existem sistemas com boletins de voto de grande dimensão, outros com dois boletins de voto separados e outros com voto eletrónico que permite exprimir a preferência.

[514] DIETER NOHLAN (ult. loc cit. p. 519) aludindo à expressão do parágrafo primeiro da lei eleitoral alemã.

[515] THOMAS GSCHWEND "Ticket Splitting and Stategic Voting Under Mixed Electoral Rules: Evidence from Germany"- in "European Journal of Political Research"-2007-46- p. 1 seg;H. KLINGERMANN-BERNARD WESSELS "The Political Consequences of Germany Mixed-Member System: personalization at grass roots?- in AAVV "Mixed-Member Electoral

ao respetivo partido, um mandato obtido no escrutínio proporcional. Só têm representação na câmara baixa do Parlamento os partidos que superarem no voto proporcional a fasquia de 5%, salvo se, os que não superando essa barreira, tiverem eleito no mínimo 3 deputados através do voto maioritário. O sistema funcionou até 1983 criando um bipartidarismo imperfeito ou "tripartidarismo": o bloco cristão democrata (CDU/CSU) alternava no poder com o partido social-democrata, o SPD, operando o pequeno partido liberal (o FDP) como "partido charneira", coligando-se ora com uns ora com outros[516].

A partir de 1983 outros partidos lograram representação parlamentar afetando a lógica do modelo originário, como se pode observar no Quadro 9 pelos resultados eleitorais de 2013, para a Câmara-Baixa do Parlamento (Bundestag).

Quadro 9

Partidos	Sufrágios (percentual)	Mandatos
CDU (Democracia cristã)	40.5%	255
SPD (Sociais democratas)	30,5%	193
Die Linke (esquerda)	10,2%	64
Verdes	10%	63
CSU (direita democrata-cristã da Baviera)	8,9%	56

Havendo um número muito restringido de partidos em termos de representação parlamentar, nenhum dos blocos políticos CDU/CSU e SPD logrou formar por si só um governo maioritário, devido ao expressivo número de mandatos de dois partidos independentes e de média dimensão situados nas franjas do sistema (Verdes e "Die Linke"). Faltando a representação parlamentar dos liberais centristas (FDP) que não ultrapassaram a barreira dos 5%, a maioria para a formação do governo foi apenas obtida com uma coligação contranatura dos grandes partidos rivais CDU/CSU e SPD ("grande coligação" ou coligação de bloco central).

Systems: the best of both world?"- org Matthew Shugard-Martin Wallemberg-Oxford-2001; DAVID FARRELL "Electoral Systems", op. cit, p,. 94;

[516] Registe-se os resultados das eleições alemãs em 1980: SPD (sociais-democratas) 43,9% (228); CDU (democratas-cristãos) 35,6% (185); FDP (liberais) 10,4% (54); CSU (cristãos conservadores bávaros) 10% (52). A CDU forma usualmente um bloco com a CSU. Nessa eleição os Liberais coligaram-se com o SPD formando uma coligação maioritária.

b) Sistemas mistos com equilíbrio entre componentes ou com predominância da componente maioritária

310. Estes sistemas, em todas as suas variantes, exprimem uma forte eficácia constrangedora, reduzem fortemente a proporcionalidade na representação e tendem a criar partidos dominantes ou hegemónicos (§ 330-4º)

Existe uma variante modificada do sistema misto mas com predomínio da componente maioritária sobre a proporcional e cláusula de barreira na segunda.

Na **Hungria**, o sistema foi reformado em 2012, e envolve vias de comunicação de votos entre a componente maioritária e a proporcional. Cada eleitor deposita, como na Alemanha, dois sufrágios em urnas separadas, sendo que um dos votos se destinará à escolha de um deputado de entre candidatos dos diversos partidos num círculo uninominal e outro voto para eleger deputados que figuram em listas nacionais de acordo com uma forma de escrutínio proporcional. Nos círculos maioritários (106) existe como no Reino Unido um sufrágio a uma só volta sendo eleito o candidato com maioria de votos (simples ou absoluta) e independentemente do nível de abstenção. No escrutínio proporcional que envolve 93 mandatos em lista nacional, recorre-se ao método de Hondt e estabelece-se uma cláusula barreira de 5% para partidos que se apresentem individualmente, 10% para coligações de dois partidos e 15% para coligações de três ou mais partidos[517]. Existem regras específicas para a representação de minorias culturais ou nacionais. O sistema operou de modo penalizador para os pequenos partidos favorecendo um multipartidarismo tripolar com partido hegemónico[518].

Existe uma variante modificada do sistema misto mas com equilíbrio entre a componente maioritária e a proporcional. Trata-se da solução consagrada na **Rússia**, também associada a uma cláusula de barreira na componente proporcional [519](com fraca comunicabilidade com a componente maioritária), produzindo efeitos constrangedores idênticos ao sistema húngaro. Cria-se um tripolarismo de partido dominante (o Partido nacionalista *Russia Unida* dominou, em 2016, dois terços dos lugares) contrapondo-se a um conjunto fragmentado de partidos de oposição "colaborante" de média dimensão, onde se destacam os comunistas e a extrema-direita. Os pequenos partidos logram uma representação insig-

---

[517] Nas eleições de 2014 enfrentaram-se, fundamentalmente, duas coligações. Dos partidos que se apresentaram não coligados, só dois (Jobbik e Verdes) lograram eleger mandatários

[518] No sufrágio de 2014 o todo poderoso FIDEZ (conservador nacionalista) somou 117 mandatos, alcançando com os seus aliados democrata-cristãos dois terços da representação; os socialistas 29, o Jobbik (extrema-direita) 23; os Democratas Cristãos (coligados com o FIDEZ na lista proporcional)16; os Verdes (LPM) 5; e independentes 9.

[519] A componente proporcional utiliza o quociente de Hare.

nificante. Esta composição representativa robustece o semipresidencialismo de pendor presidencial reforçado.

No **Japão** vigora, igualmente, um sistema misto com preponderância da componente maioritária sobre a proporcional, mas *sem cláusula de barreira*, que durante décadas criou na Câmara de Deputados um partido hegemónico, o Partido Liberal Democrata[520], o qual, após um período crítico em 1993, em que perdeu o poder para a oposição (como efeito de uma crise económica, impacto público da corrupção de diversos lideres políticos e elevado fraccionismo interno), regressou ao poder numa frágil coligação em 1999 como partido liderante e recuperou, em parte, sua força hegemónica em 2012.

3.1.4. Benefícios e custos dos principais sistemas eleitorais

A. Sistemas maioritários e democracias governantes

311. No plano positivo, os sistemas maioritários:

i) Têm por escopo não apenas eleger um Parlamento mas escolher um Governo e por isso procuram favorecer um vencedor claro[521];
ii) Procuram assegurar a estabilidade governativa[522] e a viabilidade de execução dos programas eleitorais pelos partidos vencedores, mediante a formação de executivos apoiados em maiorias parlamentares tendencialmente monopartidárias (Reino Unido) ou em coligações de partidos politicamente afins (França);
iii) Aproximam o eleitor do mandatário eleito[523], o qual é forçado a visitar o círculo eleitoral e a interagir com os seus residentes se pretender ser reeleito, acentuando a sua responsabilização perante os mesmos pela conduta que assuma na sua atividade parlamentar[524];

---

[520] Nas eleições para a câmara baixa em 2014, a Coligação dos Liberais com o pequeno partido budista Komeito, com cerca de 49% dos votos na lista proporcional, resultou em 326 lugares aos dois partidos (291 para o PLD e 35 para o Komeito), 73 para o Partido Democrático, 41 para o Partido da Inovação, 31 para os comunistas, 6 para 3 pequenos partidos e 8 para independentes. O PLD tem uma larga maioria absoluta.
[521] SARTORI "Engegneria (...)" op. cit, p. 19.
[522] FARRELL ult. loc cit, p. 24.
[523] MARCELO REBELO DE SOUSA "Direito Constitucional"-Braga-1979, p. 212.
[524] Cfr, em geral, GEMMA ROSENBLATT "An Year in the Life: from member of public to member of Parliament"-London-2006-; JORGE MIRANDA "Ciência Política" op. cit, p. 217.

iv) Reduzem o leque de escolha política, reforçando o estatuto de oposição do segundo partido mais votado e limitando a representação parlamentar, quer de partidos nacionais anti-sistema de média dimensão[525], quer pequenos partidos de protesto, inúteis para opções de poder;

iv) No caso do sistema maioritário a duas voltas, combina o voto autêntico ou sincero (primeira volta) com o voto útil (segunda volta)[526], na qual se escolhe o candidato de maior proximidade com as preferências do eleitor;

312. No plano negativo os sistemas maioritários podem:

i) Criar o risco de distorções ao princípio democrático, quando o número de eleitores não está equitativamente distribuído pelos círculos, dado que o partido mais votado pode, no limite, não obter o maior número de mandatos (caso do Reino Unido em 1974, em que o Partido Conservador obteve mais 2% de votos que os trabalhistas mas menos mandatos, ocorrendo o mesmo em Malta, em 1981)[527];

ii) Subverter a representação *supervalorizando*, com maiorias absolutas quase hegemónicas (350 em 577 deputados) partidos que obtiveram apenas 32,3% dos votos numa primeira volta (como o REM centrista em França, no ano de 2017) e *subvalorizando*, drasticamente, os partidos de expressão média sem implantação regional (o caso dos liberais e do UKIP nas eleições britânicas de 2015 e ainda a Frente Nacional em França, que por não beneficiar do sistema de desistências reciprocas na segunda volta, obteve um número exíguo de deputados pese ser a terceira formação mais votada em 2012 e 2017)[528];

---

[525] O sucesso em número de votos destes partidos raramente é compensado número de lugares. De qualquer forma, a contenção e a sub-representação de partidos nacionalistas radicais e da esquerda anti-sistémica de média dimensão constitui uma vantagem, na perspetiva dos grandes partidos do "mainstream" que se alternam no poder. Sobre este tema e sobre a maior abertura dos sistemas proporcionais à representação de partidos radicais e situados nos extremos cfr, em geral, C. MUDDE "Populist Radical Right Parties in Europe"-Cambridge-2007.

[526] SARTORI ult. loc cit, p,25.

[527] Em Malta, o sistema foi posteriormente alterado com um mecanismo de "jackpot", no qual o primeiro partido mais votado obterá, se for ultrapassado pelo segundo em número de assentos, um bónus de deputados para evitar a referida distorção.

[528] Caso da FN, que é o terceiro partido em termos de votação nacional mas que, com 13,6% dos votos na primeira volta, em 2012, elegeu 2 deputados na segunda volta, enquanto os Verdes, com 5,6% elegeram 17 deputados. Em 2017, também com um resultado idêntico (13,2%) obteve 8 deputados e um independente aliado, contra o Partido Comunista que somou 11 deputados com apenas 2,7%.

iii) Gerar penalizações desproporcionadas e um fortíssimo e injusto desperdício de votos nos partidos que, nos sistemas maioritários a uma volta, não obtenham o primeiro lugar nos círculos eleitorais em disputa[529] (vide, o caso do Partido Conservador Progressista canadiano que, em 1993, com 16,% somou dois mandatos, pois apenas venceu em dois círculos);

iv) Fomentar o "localismo" na política[530], levando os deputados a defenderem interesses das suas circunscrições ou regiões, em detrimento do interesse nacional e a quebrarem a fidelidade partidária, afetando a disciplina nas bancadas parlamentares, situação agravada no caso de se tratar do grupo parlamentar de suporte a um governo.

313. Em suma, uma *democracia governante* e competitiva catalisada pelo sistema maioritário implica um sistema partidário bipolarizado e favorece um sistema de governo usualmente estável quando maioritário, com proeminência do Executivo (seja na relação Primeiro Ministro/Governo ou na de Presidente/Governo), suportado por uma maioria parlamentar colaborante, criando, contudo uma enorme desproporção, fortemente injusta, na representação de "minorias fortes".

B. Os sistemas dispersivos de representação multipolar e as "democracias consociativas"

314. Trata-se das formas típicas e simples de escrutínio proporcional que procuram gerar uma representação nos mandatos parlamentares, tão fiel quanto possível, relativamente aos resultados eleitorais obtidos por cada formação partidária concorrente.

315. No que concerne aos méritos desta forma de escrutínio, poderemos assinalar os seguintes:

i) Justiça na representação de todas as correntes políticas minimamente relevantes no eleitorado, no que concerne a uma correspondência aproximada entre votos e mandatos, procurando compor o Parlamento como um retrato fiel e equitativo das preferências dos eleitores[531];

---

[529] ANDRÉ FREIRE-FARELO LOPES "Partidos Políticos e Sistemas Eleitorais-:uma introdução"-Oeiras-2002-p. 106
[530] ANDRÉ FREIRE-FARELO LOPES ult. loc cit-p.107.
[531] MARIA ATAÍDE AMARO "Contributo para o Estudo da Representação Proporcional" in AAVV "Estudos Vários de Direito Eleitoral"-Org.Jorge Cortês- Vasco Almeida-Lisboa-1997.--p. 26 e 35.

O SISTEMA POLÍTICO

ii) Integração participativa de todos os grupos políticos e sociais significativos em instâncias que exercem o poder[532], canalizando a conflitualidade inerente a sociedades polarizadas para uma sede de representação institucional, como o Parlamento;

ii) Possibilidade de eleição de membros do Parlamento de boa qualidade técnica que nunca seriam eleitos num escrutínio uninominal, em razão de incapacidade de se ajustarem à luta política corrente e ao mercado eleitoral típico;

iii) Privilegia o voto sincero[533] e não o voto de oportunidade e favorece, em tese, um escrutínio de "ideias" e não de "homens";

iv) Dá voz a minorias e a novas forças políticas que, com um sistema maioritário dificilmente obteriam representação[534];

v) Procura potenciar opções governativas fundadas na negociação e no compromisso, com relevo para as sociedades onde o compromisso é uma realidade espontânea, inerente à cultura das sociedades civis e políticas (como sucede na Europa Escandinava e na Suíça, Áustria ou nos Estados do Benelux).

316. No que respeita aos deméritos, importa destacar os que se passa a mencionar:

i) Fragmenta em excesso as opções dos eleitores, permite a representação de micropartidos e confere uma expressão significativa (e disruptora) em número de mandatos, a pequenos partidos extremistas e partidos de protesto, muitos dos quais são imprestáveis para potenciar qualquer solução governativa[535];

---

[532] Aludindo ao papel integrador da representação proporcional MARIO JOÃO FERNANDES "A Representação Proporcional na Constituição da República Portuguesa"- in AAVV "Estudos Vários (...)" op. cit, p. 125.
[533] A. J DRUMMOND "Open and Closed: party affect and sincere voting in electoral context"- 64th Annual Meeting of the Midwest Political Science Association, Chicago- 2006; e H KLINGEMANN- B. WESSELS "Sincere Voting in Different Electoral Systems". Berlin Conference "The Comparative Study of Electoral Systems"- Berlin- 2002.
[534] ANDRÉ FREIRE-FARELO LOPES ult. loc cit, p. 114.
[535] Cfr DIETER NOHLAN (ult. loc cit, p. 370 e seg.) examinando os efeitos centrífugos da representação proporcional da dispersão partidária na República de Weimar e a ascensão dos nacionais-socialistas. Para o autor o sistema proporcional puro estimula" a constituição de partidos cujo fracasso quantitativo está programado de antemão".

ii) Não favorece a formação de governos duradouros[536] suportados numa maioria sólida, mas sim: governos minoritários instáveis e precários (Dinamarca, Portugal em determinados ciclos políticos e a Itália durante o longo consulado da democracia cristã na I República); governos de coligação problemática entre partidos heterogéneos com pequenos parceiros exigindo compensações desproporcionadas (Israel e Bélgica); e casamentos de conveniência entre grandes partidos rivais, com a formação de "blocos" centrais nos quais se faz uma partilha relutante e conflitual do poder a todos os níveis e se permite o crescimento exponencial de formações radicais nas franjas do sistema (Áustria desde o ano 2000 e Grécia antes de 2014);

iii) Reduz a eficácia do processo de decisão política, mais orientado para acomodar compromissos, jogos de bastidores e interesses entre parceiros ou entre o Governo e algumas oposições colaborantes, do que para conceber atos públicos geradores de uma boa relação custo/benefício na prossecução do interesse público;

iv) Aproxima programas políticos entre partidos diversos, mediante acordos e coligações amplas que permitam um Governo a partir do "centro", reduzindo as alternativas reais de poder, desgastando os partidos do "mainstream" forçados a acordos e coligações contra-natura que deixaram de ser exceção para se converterem numa habitualidade[537] e gerando a abstenção e o crescimento de partidos extremistas[538] ou fortes partidos ideológicos anti-sistema[539];

v) Reduz ao mínimo a relação entre os eleitores e eleitos[540] (sobretudo nos sistemas de "lista fechada" § 306) e favorece as lideranças partidárias oligárquicas[541] (principais responsáveis pela feitura de listas), chefias parlamentares herméticas e deputados silentes e privados de autonomia própria;

---

[536] JORGE MIRANDA "Ciência Política" op. cit, p. 217.
[537] Caso evidente da Holanda (coligações entre socialistas, liberais e cristãos-democratas), Bélgica (todos os partidos desde os nacionalistas flamengos aos socialistas), Áustria (socialistas e cristãos conservadores) e Alemanha (democratas-cristãos e sociais democratas).
[538] Vide a Grécia com o despontar do partido nazi "Aurora Dourada" e da primeira versão do Syriza e da Eslováquia, com a progressão da formação fascista "a Nossa Eslováquia".
[539] Situação evidente com o crescimento da direita radical nacionalista eurocética e anti-imigração em toda a Europa, com relevo para a Áustria, Alemanha, Holanda, Noruega, Dinamarca e Itália.
[540] PAULO OTERO "Sistema Eleitoral e Modelo Político-Institucional" Revista jurídica da AAFDL-nº 16/17-p. 113.
[541] Assim, SERGIO FABRINI "Le Regole della Democrazia"-Roma-Bari-1997-p. 29 e seg.

vi) Podendo favorecer uma maior personalização do voto em sistemas de lista aberta ou semi-aberta, este tipo de escrutínio pode pulverizar o voto e a representação, bem como favorecer a entrada no parlamento de representantes que nunca seriam eleitos, mas conseguem sê-lo por agregação a um cabeça de lista que opera como "deputado puxador de voto" como sucede no Brasil;

vi) Potencia, sobretudo no sul e centro da Europa um "capitalismo de Estado"[542] (com repartição das administrações de um poderoso setor público entre os partidos do sistema que integram as coligações governantes) e cria parecerias foscas com poderosos grupos do setor privado (em regra grandes financiadores desses partidos) potenciando a corrupção[543].

317. Procurando sintetizar, uma *democracia "proporcionalista"* cria um quadro de representação partidária multipolar que sacrifica, em parte, a governabilidade ao imperativo da fidelização dos mandatos à expressão da vontade do eleitorado, à integração das minorias e ao consociativismo. Este envolve, segundo Lijphart um sistema de decisão sustentado na negociação e compromisso permanente e procura demonstrar que o princípio da maioria não constitui o único critério regulador de um sistema democrático, sobretudo em contextos sócio culturais de sociedades divididas por linhas ideológicas, religiosas, linguísticas e culturais onde os partidos se encontram fragmentados em opções políticas muito diversas correspondentes a essas linhas[544].Os sistemas maioritários competitivos, projetando um vencedor e uma oposição clara poderiam, nessas sociedades, segundo a mesma doutrina, abalar o pacto democrático fundacional através de uma "ditadura da maioria". Este risco exigiria um modelo alternativo de deliberação transversal em que um complexo de partidos representativos de interesses diversos negociaria a política no Parlamento e acordaria os termos da formação dos governos, em regra com coligações amplas e com linhas compromissórias estabelecidas com as oposições.

---

[542] FABRINI, ult. Loc cit, 31 e seg.
[543] Nomeadamente através de concursos lançados por entidades públicas dominadas pelos agentes dos partidos ganhos por consórcios de empresas privadas num "jogo marcado" procedendo estas, posteriormente, ao pagamento de "luvas" a políticos e a intermediários e ao financiamento ilegal dos partidos que repartem entre si as verbas em razão da sua representação eleitoral nacional ou regional. Vide o caso Tangentopoli em Itália que fez colapsar a I República ou o caso do banco Hypo- Alpe-Adria na Áustria, que abalou os principais partidos. No Brasil, o consociativismo presidencialista gerou o famoso caso "Lava-Jato" que culminou com o impeachment da Presidente Dilma Roussef e gerou uma crise institucional, sem precedentes, que contaminou os principais partidos.
[544] AREND LIJPHART "Democracy in Plural Society"—New Heaven-1977.

C. Os modelos corrigidos e híbridos e a sua eficácia variável

318. Observámos que existem formas de engenharia constitucional que procuraram introduzir mecanismos corretivos da dispersão dos mandatos que, sem prejuízo de privilegiarem as maiores formações partidárias, tendo em vista facilitar a formação de governos estáveis, asseguram também, em certos casos, a representação de minorias "fortes" e de média expressão, eliminando-se os partidos de pequena dimensão[545].

Haverá aqui a considerar: sistemas proporcionais corrigidos (Espanha); sistemas mistos de pendor proporcional com cláusula barreira, designados de sistemas proporcionais personalizados (Alemanha); e sistemas mistos de pendor maioritário, com cláusula barreira (Hungria e Rússia) e sem cláusula barreira (Japão).

319. Como vantagens inerentes a estas formas de escrutínio, poderemos assinalar:

i) Aptidão, pese que não permanente, para aliar a representação equilibrada das principais forças políticas, incluindo minorias "fortes", à formação de condições para a formação de governos minimamente estáveis (governos monopartidários ou sustentados em coligações) orientados para uma legislatura;
ii) Introdução (no caso dos sistemas mistos) de um escrutínio que permite, a par de um expressivo nível de proporcionalidade na representação das principais forças políticas, uma relação mais direta entre eleitor e eleito nos círculos maioritários;
iii) Preclusão tendencial, seja através da cláusula-barreira (Alemanha, Hungria, Rússia) ou de círculos plurinominais de pequena dimensão (Espanha), do fácil ingresso no Parlamento de "nanopartidos" defensores de temas absurdos[546], de pequenas formações extremistas antidemocráticas[547] e de grupúsculos conjunturais de protesto, inservíveis para a formação de governos ou para a realização de uma oposição responsável.

320. No que concerne às suas desvantagens, não existe unanimidade na doutrina já que os institutos que introduzem são objeto de sensível polémica. Uns criticam a cláusula barreira como um obstáculo à representação real e uma forma

---

[545] DIETER NOHLAN ult. loc cit, p. 5119.
[546] Caso do Partido "Pirata" e do partido dos "bebedores de cerveja" no espaço de língua alemã, estados nórdicos e Europa de Leste.
[547] Como o NPD neonazi, na Alemanha e os dissidentes da ala mais extremista do Syriza, na Grécia (a Unidade Popular)..

de os partidos extremistas não representados optarem pela contestação violenta e marginal, ao invés de se integrarem numa ação política construtiva[548].Outros consideram que a preponderância da componente proporcional sobre a maioritária não frena o multipartidarismo e a atomização parlamentar. Outros, ainda, denunciam a engenharia dos sistemas com predominância da componente maioritária para a instituição de partidos hegemónicos, a depreciação da oposição e a criação de condições para democracias autoritárias ou iliberais.

321. Mas, o reparo fundamental que se pode fazer a estes sistemas eleitorais é o de, numa parte deles, não se poder garantir tecnicamente que os seus objetivos, no campo da governabilidade, sejam atingidos em permanência[549].Eles foram concebidos de modo a gerarem um *bipolarismo partidário governante* que operaria no contexto de representação multipartidária, fabricando *sistemas políticos parlamentares racionalizados*. Assentaria no Parlamento a fonte quase exclusiva de poder político, mas conferir-se-ia estabilidade política a um Governo que estivesse investido na confiança parlamentar, ao ponto de se permitir, em contextos de maioria absoluta monopartidária, um protagonismo liderante do Chefe de Governo. Se este desiderato operou em certos ciclos, o facto é que noutros mais recentes o comportamento reativo do eleitorado deixou a nu as suas insuficiências, constituindo o sistema alemão um exemplo do fracasso do modelo instituído, no ciclo posterior a 1983.

3.2. Introdução ao sistema de partidos

3.2.1. Conceito e atributos

322. Um regime democrático caracteriza-se por uma pluralidade de tendências políticas ligadas a opções alternativas de poder oferecidas aos cidadãos eleitores, as quais se organizam sob a forma de partidos políticos que concorrem eleitoralmente entre si no processo de designação de titulares dos órgãos de poder político, a nível nacional, regional e local.

O partido, que etimologicamente deriva de "parte", é o ator central do funcionamento da democracia representativa, já que, inequivocamente, domina a representação de muitas das tendências políticas dos cidadãos. Podemos definir partido político, como uma *coletividade formada por uma associação de cidadãos, orga-*

---

[548] Reflexão, quiçá, ingénua, na medida que para essas formações, a representação parlamentar é apenas um pormenor no contexto de um processo revolucionário de luta política.
[549] Na Alemanha e Espanha os sistemas falharam na sua tentativa de evitar ciclos de multipartidarismo multipolar. Em 2016, no primeiro Estado vigora uma coligação dos dois maiores partidos e em Espanha um executivo minoritário.

nizada em torno de um programa de ação e que tem como propósito representar, de forma permanente, uma tendência da vontade popular em atos eleitorais, de modo a, por essa via, vir a aceder, influir ou participar no exercício do poder político.

Os partidos refletindo as preferências políticas de grupos de cidadãos constituem o seu veículo de interferência no poder político, ou, por outras palavras "a ponte que liga os cidadãos à governação"[550].

Os partidos são simultaneamente agentes de conflito e de integração[551]. Sendo a política uma realidade que implica divisão e conflito, o partido protagoniza essa conflitualidade pois representa um grupo ou uma parte da população reunida em torno de um ideário e um conjunto de interesses os quais pretende que sejam adotados e defendidos pelo poder político ao qual pretendem aceder, competindo para o efeito com outros partidos defensores de ideias e interesses distintos ou opostos.

Contudo a atuação do partido num sistema político organizado, livre e pluralista permite racionalizar o conflito entre tendências da cidadania através de vias institucionais: os partidos, em regra, não exprimem a sua conflitualidade através da violência nem acedem ao poder pela força, mas sim mediante a sua participação em eleições e em órgãos representativos onde atuam como forças de apoio ao governo ou como oposição, lutando pela maior preferência do eleitorado. Ao canalizarem conflitos de interesses dos cidadãos para um processo institucional, pautado por um conjunto de regras do jogo comumente aceites, os partidos atuam como importantes agentes de integração das partes no todo coletivo, pois um sistema competitivo de partidos salvaguarda o Estado em relação ao descontentamento dos cidadãos, amortecendo e racionalizando o dissenso e desviando os agravos coletivos, do Estado para o grupo que exerce o poder[552].

Não é esta a sede para examinar o "Estado de Partidos", a tipologia partidária, a sua organização interna, a sua estrutura de liderança e os diferentes tipos de regimes jurídicos que lhes atribuem um estatuto constitucional. Dir-se-á que historicamente se evoluiu do *partido de quadros* (formação de notabilidades, caracterizada pela personalização do poder de um chefe caucionado por um conjunto de figuras ilustres com aptidão técnica para elaborar um programa político e fazer funcionar uma máquina eleitoral):

---

[550] CARLOS JALALI"Partidos e Sistemas Partidários"-Lisboa-2017-p. 13.
[551] SEYMOR LIPSET-STEIN ROKKAN "Party Systems and Voter Alignments "-New York-1967-p. 4 seg.
[552] SEYMOUR LIPSET in AAVV "Union Democracy"-New York-1965-p. 268 e seg.

- para os *partidos de massas* (centralizados, rígidos, assentes num grupo especifico da sociedade como base social de apoio e uma ideologia bem definida);
- para os *partidos de eleitores* (formações partidárias com um ideário pouco definido, e uma forte organização eleitoral destinada a sensibilizar cidadãos de todos os estratos e tendências);
- para a *cartelização partidária*[553] *(domínio do sistema por consórcios de partidos adversários que convergem na tutela de interesses comuns, em regra voltados contra novas formações)* .
- para os *partidos populistas* (§ 334) formações que crescem, em regra, em torno de tribunos ou de políticos carismáticos, e adotam um discurso forte e emocional de sentido maniqueísta (centrado no combate à cartelização partidária, à corrupção na política, à captura da classe política pelos poderes económicos ou ao "império da globalização") fazendo suas as causas principais do cidadão comum e oferecendo para as resolver um receituário simples e imediatista.

Essa evolução teve efeitos cumulativos e não significa que tenham deixado de existir cada uma das figuras partidárias expostas, mas, tão só que os partidos dominantes na Europa e Américas são, ainda, partidos de eleitores ("catch all parties") que integram um bloco dominante com outros grandes ou médios partidos do sistema, com os quais se concertam num "cartel" informal para partilhar ou repartir interesses e reagir contra a ameaça de novos partidos "intrusos", como os partidos populistas.

323. Alguns autores definem, *em sentido amplo*, o sistema partidário como *o conjunto de formas e de modalidades de afirmação e coexistência entre partidos políticos*. Esta corrente procura integrar nessa caracterização os tipos de organização interna (onde pontificam os partidos centralizados e descentralizados) e a relação recíproca travada entre os diversos partidos (a qual atende, por exemplo, ao protagonismo partidário, à frequência de alternância partidária no exercício poder e à rigidez ou flexibilidade das formações partidárias quanto à suscetibilidade de formarem alianças ou acordos entre si)[554]. Outros, de uma forma mais singela, caracterizam-no como o *"conjunto de interações"* estabelecidas entre os partidos

---

[553] DUVERGER "Os Partidos (...) op. cit, p. 99 e seg; MARK BLYTH- RICHARD S. KATZ "'From Catch-all Politics to Cartelisation: The Political Economy of the Cartel Party", West European Politics (2005).- 28(1), p. 33 e seg;

[554] MAURICE DUVERGER "Os Partidos Políticos, op. cit, p. 239.

políticos, numa dada coletividade, abarcando todas essas realidades acabadas de descrever[555].

324. Para avaliar, utilitariamente, o impacto do sistema eleitoral na configuração do espetro partidário ganha sentido uma conceção de *sistema de partidos em sentido estrito*, que pode ser definido como o *modelo de formatação partidária que deriva da relação entre o número de partidos que obtém representação parlamentar e as variáveis compostas pelo seu peso representativo, a sua estrutura relacional, a sua durabilidade e o modo como, individualmente ou mediante alianças podem aceder ao exercício do poder*[556].

O *primeiro fator* da definição exposta atende aos termos em que o sistema eleitoral é concebido ou formatado para favorecer a concentração da representação partidária no Parlamento em grandes formações políticas ou antes, para fragmentar essa representação numa pluralidade de partidos distanciados por diferenças em número de mandatos tendencialmente correspondentes ao número de votos obtidos[557].

O *segundo fator*, relativo a *dimensão representativa*, atende ao facto de haver ou não, por força do impacto do sistema eleitoral na representação parlamentar, *partidos hegemónicos, partidos dominantes e partidos liderantes,* bem como distâncias, elevadas ou reduzidas, entre os maiores partidos e entre estes e os demais[558].

O *terceiro* envolve a *estrutura partidária*. Um sistema estruturado pressupõe uma opção dominante do eleitorado centrada no partido, como opção política ou ideológica, e não tanto na personalidade dos candidatos, supondo uma expectativa de permanência das principais formações políticas (fenómeno que traduz historicamente, a emergência de partidos de massas e de *"catch all parties"* e o desvanecimento de partidos de notáveis). Mesmo nos Estados-Unidos e no Reino Unido, onde a personalidade do candidato ao Parlamento não deixa de ter

---

[555] CARLOS JALALI ult. loc. cit, p. 12-13.
[556] Cfr. em sentido não discrepante, a definição de MARCELO REBELO DE SOUSA ("Direito Constitucional-Braga-1979-p. 206) que reconduz a ideia de sistema de partidos à *"forma como num determinado Estado se definem, inter-relacionam e atuam sobre o poder político os diversos partidos existentes".*
[557] Existe por exemplo, uma diferença entre o Congresso norte americano onde dois partidos monopolizam a totalidade da representação e o Parlamento italiano onde figuram 10 partidos na Câmara de Deputados (eleição de 2010) com um partido dominante (PD), dois partidos de dimensão média-alta (FI e M cinco estrelas) e três partidos com uma representação média-baixa (UC, ME, LN)
[558] Assim, enquanto na Hungria o sistema eleitoral favorece a hegemonia de um partido (Fidez) com virtualmente dois terços da representação parlamentar, contraposta a uma representação fraca de dois partidos oposicionistas de ideologia oposta entre si, na Bélgica (Quadro 6) não existe nenhum partido dominante e a representação parlamentar fragmenta-se entre partidos médios com uma expressão representativa aproximada e protagonistas de ideologias e interesses diferentes ou contrapostos).

algum peso num processo de votação em círculos uninominais, a importância financeira e organizativa do Partido é enorme, sendo usualmente inviável que a mesma candidatura seja apresentada por um partido menor ou pelo próprio candidato concorrendo como independente[559]. Num sistema não estruturado, o eleitor vota sobretudo na pessoa do candidato a deputado, subsidiarizando o partido e catalisando uma personalização das candidaturas que tem como efeito a fluidez das opções eleitorais e o aumento da representação volátil de partidos menores, partidos populistas, cisões partidárias e partidos de ocasião (criados à medida dos candidatos) como sucede em diversos Estados da América Latina e mesmo na Europa[560].

O quarto prende-se com o grau de durabilidade ou estabilidade dos partidos e do grau de variação dos seus resultados. Partidos duráveis com poucas oscilações nos seus resultados tendem a produzir um sistema de partidos consolidado[561]. Já quedas abruptas de partidos tradicionais até à irrelevância e subidas exponenciais de novos partidos, bem como oscilações bruscas de votações permitem falar de um sistema partidário volátil.

Finalmente, a *maior rigidez dos partidos*[562], que releva sobretudo em estruturas parlamentares mais fragmentadas, onde distâncias ideológico-programáticas pode dificultar o processo de constituição dos governos.

Os partidos rígidos são os mais centralizados, independentes, disciplinados e ostentam uma maior carga ideológica, assumindo uma menor vocação para a feitura de compromissos ou de coligações com outros partidos (cfr. o caso do Partido Comunista Português, os partidos autonomistas e separatistas espanhóis ou o Jobbik, partido da extrema-direita da Hungria). Os *partidos semi-rígidos* envolvem as grandes formações partidárias independentes e disciplinadas que operam como partidos de eleitores (*catch all parties*) e que se abrem, por pura necessidade e não por vocação, a parceiros menores ou até a partidos de dimensão próxima (nem sempre da mesma família política), tendo em vista a constituição de governos de maioria sob a sua liderança (PSD português, Partido Conservador Britânico, Partido Popular espanhol, CDU e SPD na Alemanha). E os *partidos flexíveis*

---

[559] Sem prejuízo de exceções pontuais, como a do conservador radical, Enoch Powel, um orador e ideólogo carismático que abandonou o Partido Conservador e venceu anos a fio no seu círculo eleitoral, concorrendo como independente.

[560] É o caso de certas formações populistas anti-sistema sem base ideológica, como o Movimento libertário *5 estrelas*, em Itália. Sublinhando a importância do elemento estrutural na dinâmica do sistema de partidos, vide SARTORI, ult loc cit, p. 51 e seg.

[561] CARLOS JALALI "Partidos (...)" op. cit, p. 35.

[562] Cfr. sobre a rigidez partidária no quadro dos impactos dos sistemas eleitorais nos sistemas de Partidos vide, em geral, MAURICE DUVERGER "L'ìnfluence des Systemes Electoraux sur la Vie Politique" in Caihers de Science Politique"-16-Paris-1950.

são as formações de "eleitores", em regra com pequena e média dimensão[563], sem grande densidade ideológica que, vocacionalmente, guiam a sua atividade política para a formação de coligações, frequentemente como parceiro minoritário (caso do CDS em Portugal e de partidos centristas e democratas-cristãos nos Países Escandinavos e no Benelux)[564].

325. Interessará menos, para a definição de um sistema de partidos, a quantidade de formações partidárias representadas no Parlamento, do que o seu *peso específico* em número de lugares, a sua estabilidade e o seu grau de flexibilidade, traduzido na aptidão (autónoma ou em aliança), para formar ou sustentar o Governo. A identificação do partido que, pela sua *dimensão* em número de mandatos, estrutura consolidada e capacidade relacional interpartidária, domina o processo político no plano da governabilidade (critério eclético de ordem *qualitativa/quantitativa*) assume relevância muito maior do que o mero fator respeitante ao *número de partidos* representados no Parlamento (critério *puramente quantitativo*)[565].

Observe-se, a este propósito, uma vez mais, o quadro 3, relativamente à *representação parlamentar no Reino Unido* após a eleição de 2015. Se se atendesse *ao simples critério relativo ao número de partidos* representados no Parlamento (cerca de uma dezena), definiríamos o sistema britânico como multipartidário. Contudo, ninguém caracteriza nestes termos o sistema partidário do Reino Unido que é reconduzido, invariavelmente, ao bipartidarismo. E isto sucede porque, como se regista no referido quadro, *mais de 85% da representação parlamentar é monopolizada por dois grandes partidos,* rígidos ou semi-rígidos (no que respeita à sua estrutura, definição ideológica e vocação para alianças), os quais, por regra, formam alternadamente governo, sem necessitarem do apoio das restantes formações representadas da Câmara dos Comuns. Os restantes partidos, podendo ser em elevado número, têm uma representação tão pouco expressiva que raramente influem na determinação de quem governa. Em suma, os partidos remanescentes podem ser muitos, podem dar voz às tendências dos cidadãos que representam mas, pelo escasso número de mandatos obtidos têm pouco peso político e são quase irrelevantes para a governação.

---

[563] Existem alguns partidos de grande dimensão e vocação puramente liderante que, atenta a natureza do sistema, se vocacionaram para coligações flexíveis, em regra com parceiros menores (Os maiores partidos austríacos e os partidos escandinavos do centro-direita)

[564] Conferindo peso à rigidez partidária, cfr MAURICE DUVERGER "Os Partidos (...)" op cit, p.

[565] De alguma forma nesta direção, DOUGLAS RAE ("The Political Consequences of Electoral Laws"- New haven-1971-p. 93) e SARTORI ("Elementos de Teoria Politica"-Madrid-1999-p. 291 e seg e 155 e seg)

3.2.2. Tipologia

326. Poderemos, fundamentalmente com base neste critério, e atentos os dados recolhidos das experiências contemporâneas legadas pela segunda metade do Século XX e primeiro quartel do Século XXI, classificar os sistemas partidários nos seguintes termos:

i) *Nos sistemas com partido hegemónico e multipolarismo limitado*, a representação parlamentar supõe a existência de um partido que se conserva duradouramente no poder, solitariamente ou em aliança com pequenas formações satélites, dispondo para o efeito de uma larga maioria de mandatos, a qual se contrapõe a uma pluralidade limitada de partidos de oposição, de ideologias muito distintas e de média ou pequena dimensão (Hungria, Rússia, Japão, Singapura, África do Sul e, quiçá episodicamente, a França em 2017)[566];

ii) No *bipartidarismo bipolar*, o sistema é marcado por dois *partidos dominantes*, independentes e rígidos, que polarizam em dois centros de gravidade a representação parlamentar, absorvendo conjuntamente cerca de 85% da mesma, alternam no poder em ciclos de duração variável e que: ou demonstram, por via de regra, a capacidade de formação de maiorias parlamentares monopartidárias de apoio ao Executivo gerando um cenário de *bipartidarismo perfeito* (Reino Unido até 2017[567] e Estados Unidos da América); ou potenciam governos monopartidários maioritários e ou quase-maioritários ancorados num *bipartidarismo imperfeito* (Espanha até 2015, Alemanha até 1983, Austrália e Japão);

iii) O *multipartidarismo bipolar* implica o domínio da representação parlamentar por duas alianças alternativas da mesma família política, flexivelmente

---

[566] Trata-se de uma noção contemporânea de partido hegemónico, num contexto democrático, que difere da noção de ALARD e ROKKAN quando se referiam a sistemas autoritários do Século XX, mormente a Polónia, a República Democrática Alemã e o México (Cfr. MARCELO REBELO DE SOUSA "Direito Constitucional", op. cit, p. 207.

[567] No caso do Reino Unido (cfr. novamente o Quadro 3) destaca-se um *sistema bipartidário e bipolar* na medida em que são apenas dois, os partidos com dimensão representativa para formar por si só um governo maioritário ou, no limite, serem o parceiro dominante de uma coligação maioritária. As eleições de 2017, que apontavam originariamente para uma forte queda trabalhista, acabaram por reforçar inesperadamente os grandes partidos (os conservadores obtiveram 42.4% e os trabalhistas 40%) enquanto os pequenos e médios partidos enfraqueceram a sua expressão no voto popular (Liberais Democratas, 7,4%, Nacionalistas escoceses 3%, UKIP 1,8% e Verdes 1,6%).

organizadas e em que em cada uma delas, um partido assume uma *posição dominante* (França até às eleições de 2017[568]) ou *liderante* Chile[569]);
iv) O m*ultipartidarismo multipolar de elevada dispersão* pauta-se pela fragmentação da representação parlamentar numa pluralidade significativa de partidos, na maioria rígidos e independentes, cuja dimensão e relações políticas incertas com outras formações tanto podem gerar coligações minimamente duráveis entre partidos da mesma família política (Dinamarca e Suécia), como coligações frágeis de partidos de ideologia heterogénea (Bélgica[570] e Holanda) como, ainda, executivos minoritários (Itália até à década de noventa).

---

[568] . No sistema de partido ou partidos dominantes em coligação, uma formação partidária de larga dimensão é a cabeça insubstituível e o cimento da coligação. Examinando o quadro 4, relativo à *representação parlamentar em França*, no contexto das eleições de 2012, aferimos que existe uma multiplicidade de partidos representados no Parlamento e dois partidos rivais que assumem mais de 4/5 da representação parlamentar, mas em que o partido vencedor, neste caso o PS, necessitou de pequenos partidos integrantes da sua aliança política para formar um governo maioritário.
Teremos aqui um *multipartidarismo mitigado de estrutura bipolar,* pois a representação parlamentar é claramente dominada por duas alianças rivais e alternativas, composta cada qual por um conjunto de partidos aliados e interdependentes que colaboram ou influem decisivamente na formação ou sustentação de maiorias governativas da mesma família politica. Fora das alianças situam-se outros partidos, uns afastados de qualquer relação colaborativa com os polos dominantes (Frente Nacional) outros, como a coligação dominada pelos comunistas, estabelecendo acordos pontuais com a aliança de esquerda, mormente no plano de desistências mútuas no processo eleitoral.
[569] Trata-se de uma formação partidária que atua na coligação como um *"primus inter pares"* (primeiro entre iguais). No Chile, as coligações de centro-esquerda e de direita são rígidas e têm um partido proeminente que coincide com a formação da qual o Presidente é oriundo. À esquerda o partido liderante da coligação já foi a Democracia Cristã, o PPD e o Partido Socialista. À direita essa função já foi assumida pela *Renovação Nacional* (liberais - conservadores) como partido mitigadamente liderante, pese o facto do seu principal aliado, a UDI (conservadora nacionalista, pós - pinochetista) ser há cerca de uma década o primeiro partido do país em mandatos na Câmara de Deputados.
[570] Se se atentar agora no quadro 4, que concerne à *eleição parlamentar belga de 2014,* assistimos a uma situação algo diversa. O Parlamento encontra-se fragmentado em numerosos partidos, rígidos e independentes entre si (seja por diferenças ideológicas seja por diferenças linguísticas e regionais), em que as formações de elevada e média dimensão detêm um número não muito distante de mandatos entre si e em que nenhuma possui dimensão para governar por si própria ou até garantir a formação de coligações maioritárias e politicamente homogéneas. Trata-se de uma representação que conduz a um *multipartidarismo multipolar,* em que a investidura de governos depende de acordos ou coligações entre partidos de diferente representação e que protagonizam distintos interesses e ideologias.

v) O m*ultipartidarismo multipolar mitigado* caracteriza-se pela *dispersão limitada* ou contida do número de partidos representados no Parlamento, em regra rígidos, semi-rígidos e independentes, com predomínio de grandes formações liderantes que, ordinariamente, não dispõem de dimensão necessária em número de mandatos para formarem governos monopartidários, ensaiando coligações com outros partidos, quer próximos quer rivais (Áustria e, em alguns ciclos políticos, a Alemanha[571]).

3.3. Dos critérios respeitantes ao impacto do sistema eleitoral no sistema de partidos e deste no sistema político

3.3.1. Introdução à teoria clássica dos efeitos intersistémicos do modelo de escrutínio eleitoral

327. Maurice Duverger elaborou três critérios de cunho determinista que foram, algo pomposamente, qualificados como "leis" sociológicas[572], os quais incidiram sobre a influência do sistema eleitoral no sistema de partidos, tendo sido ulteriormente objeto de críticas, aditamentos e correções, de entre outros, por Douglas Rae [573], Giovanni Sartori[574], Richard Katz "[575], Taagepera-Shugart[576] e David Farrell [577].Numa síntese muito miniaturizada sobre a posição de Duverger, este sustenta que os sistemas maioritários a uma volta geram um bipartidarismo perfeito; sistemas maioritários a duas voltas um multipartidarismo bipolar

---

[571] Examinando, finalmente, o quadro 7, verificamos que o número de partidos representados na câmara baixa do Parlamento alemão, no contexto da eleição de 2013, sendo baixo (5 partidos) não permite aos dois maiores partidos (SPD e CDU) assumir isoladamente uma governação maioritária. Tal ocorre em razão de uma expressiva representação, em número de mandatos, de partidos de dimensão média, com caráter independente como os Verdes e a esquerda radical, que não contribuem em regra para a formação de coligações de governo, tendo contudo peso bastante para inviabilizar a formação de governos homogéneos. Ter-se-á, assim, um sistema *multipartidário limitado, associado a um multipolarismo moderado.*
[572] Cfr. MAURICE DUVERGER "Duverger's law: forty years later"- in AAVV "Electoral Laws(...)"org. Grofman-Lijphart-1986- op cit
[573] DOUGLAS RAE "The Political Consequences (...) op. cit- p. 6 e 91 e seg
[574] G. SARTORI "The Influence of Electoral Systems: faulty laws or faulty method '" in AAVV "Electoral Laws and its Political Consequences"-org. Grofman- Lijphart-New York-1986- Cap II; e "Ingegneria (...)" op. cit, p. 46 e seg e 54 e seg.
[575] RICHARD KATZ "Democracy and Elections"-op. cit -p.137;
[576] REIN TAAGPERA-MATTHEW SHUGART " Seats and Votes: the effects and determinants of electoral systems"-New Haven—1989-p. 142 e seg
[577] DAVID FARRELL "Electoral Systems", op. cit, p. 160 e seg, e 171 e seg.

ou dualista, com alianças de partidos em cada polo; e os sistemas proporcionais, o multipartidarismo e a fragmentação representativa.

3.3.2. Linhas de força contemporâneas sobre os efeitos dos sistemas eleitorais no sistema partidário e deste no sistema político

328. A existência de um conjunto de exceções às "leis" sociológicas de Duverger desenvolvidas, de entre outros, pelos politólogos e sociólogos referidos supra § 327, os quais tomaram em devida conta a evolução dos impactos dos sistemas eleitorais nos sistemas partidários ditada por fatores exógenos e endógenos de ordem social, cultural, demográfica e política, conduziu à sua parcial reformulação.

329. Diversos *fatores exógenos* são responsáveis pelas metamorfoses experimentadas pelas sobreditas "leis" clássicas. Tal será o caso do: contexto político, histórico e cultural concreto de um Estado em que o sistema eleitoral opera como instrumento político[578]; existência de minorias ou fortes comunidades nacionais, étnicas e linguísticas concentradas em determinados círculos[579]; abstenção de importantes franjas setoriais do eleitorado no contexto da crise da democracia representativa e da fadiga dos velhos partidos do arco da governação [580]; comportamento deliberado do eleitorado, num sentido contrário à lógica e à mecânica do sistema eleitoral[581]; aparecimento de novos eleitores oriundos de camadas mais jovens, antes privadas de legitimidade eleitoral ativa (abaixamento da idade do eleitor para 16 e 17 anos em vários sistemas)[582]; cisões relevantes em grandes partidos[583]; aparecimento, consistente e durável, de partidos de média dimensão com um perfil anti-sistema (designados de populistas) que enfraqueceram o apelo eleitoral dos partidos do centro ("mainstream")[584].

---

[578] Cfr. RICHARD ROSE "Electoral Systems: a question of degree or principle?"- in AAVV "Choosing an electoral System: issues and alternatives"- org A. Lijphart-B. Grofman -New York-1984-p. 73 e seg.
[579] Índia, Canadá e Bélgica.
[580] Estados Unidos da América e Portugal, de entre outros estados europeus.
[581] Portugal entre 1987 e 2009.
[582] Áustria.
[583] Alemanha e Itália.
[584] Espanha, Grécia, Suécia, Holanda, Dinamarca, Alemanha, Itália, Áustria, França, Reino Unido, Noruega, Finlândia e Hungria. Veja-se o caso da destruição da Democracia Cristã em Itália pela *Força Itália* de Berlusconi e seus aliados populistas, do Pasok pelo Syriza na Grécia e do PS francês pela "France Insoumise" de extrema-esquerda, bem como a hemorragia de votos dos gaulistas franceses para a Frente Nacional e do *Forza Itália* para o *Movimento Cinco Estrelas*.

330. Quanto aos *fatores endógenos*, importa relevar os efeitos transformistas da engenharia eleitoral sobre os sistemas de escrutínio clássicos, mediante a génese de novos sistemas mistos com componente maioritária e componente proporcional, a correção ou modificação de fórmulas, a redefinição da dimensão dos círculos, a elevação do quociente eleitoral, a introdução ou alteração de cláusulas barreiras e cláusulas de desempenho e o acoplamento de mecanismos de voto preferencial ou transferível. Os fatores descritos geraram, em velhas e novas democracias, alterações sensíveis à operatividade tida por ordinária dos sistemas eleitorais na formatação do sistema partidário.

Todos estes elementos condicionantes combinados entre si dificultam a pretensão da criação de "leis" ou "regras" científicas que sejam generalizáveis apenas com base na comparação[585]. Isto porque as mesmas "leis" claudicam, não infrequentemente, ante a irrupção de fenómenos não antecipados pelos sociólogos ou pelas cada vez mais falíveis empresas de sondagens[586] e que se ligam ao comportamento imprevisível de franjas relevantes do eleitorado na sua reação ao sistema de partidos vigente. Por isso mesmo deverá falar-se, não em leis, mas em *tendências sociológicas*, que nunca podem considerar-se como deterministas [587], mas antes como *probabilísticas,* já que acabam por ser desafiadas importantes derrogações reveladas pela experiência empírica e que devem ser consideradas.

As sobreditas tendências, fortemente testadas pelas evoluções experimentadas pelo sistema partidário nas primeiras duas décadas do novo milénio, não implicam a desconsideração do substrato das teses formuladas por Duverger como critérios, *mas sim a sua complementação e correção por força de especialidades e de importantes exceções ditadas por um conjunto de circunstâncias que, depois de testadas, operam como critérios de ordem secundária*. Sem uma preocupação exaustiva, procuraremos alinhar as tendências que se verificam na correlação entre os sistemas eleitoral, de partidos e sistema político de governo, mediante diversas linhas de força.

---

[585] Assim VERNON BOGDANOR "Conclusion" in AAVV "Democracy and elections": Electoral Systems and their Political Consequences"-Org. V. Bogdanor-David Butler—Cambridge-1983-p. 261.

[586] Como sucedeu, inequivocamente, no ano de 2016 com o "Brexit", a eleição norte-americana, as primárias francesas e as presidenciais austríacas.

[587] Assim DIETER NOHLAN ult. loc cit, p. 618 e 632 e seg). O autor entende que o impacto do sistema eleitoral é variável e que os enunciados "científicos" mais conhecidos sobre os efeitos dos sistemas eleitorais claudicaram em face de exceções comprovadas por observação empírica. Os sistemas de eleição maioritária não produzem automaticamente o bipartidarismo nem os proporcionais o multipartidarismo, mas apenas *"fortalecem as tendências sociais e políticas que apontam nessas direções".*

1º. *Sistemas eleitorais maioritários a uma volta, com um formato partidário estruturado*[588], *potenciam o voto estratégico do eleitorado nos grandes partidos*[589], *fomentam o bipolarismo e o bipartidarismo na representação parlamentar e estimulam governos maioritários de legislatura, em regra constituídos por um só partido (Reino Unido, Malta, e Estados Unidos apenas no que respeita ao sistema de partidos representados no Congresso).* Esse efeito terá lugar, **exceto**:

i) Se se estiver diante de um sistema partidário não estruturado[590], já que podem emergir e desaparecer em curto espaço de tempo, novos partidos políticos de força variável, em razão da efémera atratividade carismática de certos líderes ou candidatos;
ii) Se se registar uma expressiva representação de partidos autonomistas ou separatistas, de estrutura rígida e com forte expressão identitária no plano étnico ou linguístico, num número significativo de círculos eleitorais uninominais[591], situação que pode fomentar um quadro *triparti-*

---

[588] Um sistema estruturado envolve uma opção do eleitorado centrada mais no partido, como opção política, e menos na personalidade dos candidatos, representando a emergência de partidos de massas e "catch all parties" e o desvanecimento de partidos de notáveis (SARTORI, ult loc cit, p. 51 e seg.)

[589] Sobre as razões e variáveis do voto estratégico, GARY W. COX "Making Votes Count"--Cambridge-1998-p.30 e 37 e seg. e 69 e seg.

[590] SARTORI ult. loc cit. Num sistema não estruturado, o eleitor vota sobretudo na pessoa do candidato a deputado, subsidiarizando o partido e catalisando uma fulanização ou personalização das candidaturas que torna as opções eleitorais fluidas e o aumento da representação de partidos menores ou de média dimensão que prejudicará o desempenho de um dos grandes partidos num conjunto de círculos. Trata-se de um fenómeno arraigado na América Latina e, limitadamente, na Europa do Sul, especificamente em Itália.

[591] Cfr, em geral sobre este tema, no âmbito de diversos sistemas eleitorais, DAVID LUBLIN "Minority Rules: electoral systems, decentralization and ethnoregional party success"--Oxford-2014.

dário[592] ou no limite, até um *multipartidarismo dispersivo ou multipolar*[593], *favorecendo governos de coligação de estabilidade variável*[594];

[592] Vide o caso do Reino Unido nas eleições de 2010. A razoável expressão conjunta em mandatos de partidos autonomistas (Partido Nacionalista Escocês e autonomistas do Ulster e Gales) e o desempenho razoável em número de sufrágios um partido de média dimensão (o Partido Liberal), enfraqueceram conservadores e trabalhistas, criando-se um cenário tripartidário na representação parlamentar, forçando a um raro governo de coligação entre conservadores e liberais, tendo em vista a criação de um governo maioritário. Vide os resultados das maiores formações partidárias: Conservadores 26% (306); Trabalhistas 29% (258); Liberais 23% (57); partidos autonomistas (22). Ainda assim não se trata de relação de causa/efeito pois, como resulta do Quadro 3, o mesmo cenário não ocorreu nas eleições de 2015, pois, pese o excelente desempenho dos nacionalistas escoceses (com 56 mandatos) e a elevada expressão eleitoral em votos de um partido médio (UKIP), tal não evitou que os conservadores vencessem com uma maioria absoluta monopartidária devido ao desastre eleitoral dos trabalhistas o segundo partido mais votado. (que perdeu 24 mandatos), tendo essa perda sido compensada por um ganho de 24 lugares pelos conservadores.
No Canadá, nas eleições de 2004, a dicotomia Conservadores/Liberais (sempre imperfeita como se retira da nota 595) foi desequilibrada pela boa representação dos separatistas do Quebec ("Bloco do Quebec"), que com 12,3% concentrados nesse estado obtiveram 54 lugares tornando-se o terceiro partido e bloqueando a formação de um governo maioritário. O cenário repetiu-se em 2008, com o Partido Conservador obtendo 143 mandatos, o Partido Liberal 77, o "Bloco Quebequense"49 e os Novos Democratas, 37.

[593] Veja-se o caso da União Indiana. O sistema maioritário a uma volta gerou durante algum tempo, um sistema bipolar com um partido dominante (o Partido do Congresso) e uma pluralidade de partidos nacionalistas hindus (duas fações do Partido Janata e seus aliados). Por exemplo em 1980 o Partido do Congresso (socialista) obteve maioria absoluta com 377 mandatos e em 1984 os dois partidos Janata e seus aliados formaram um governo de maioria precária. Contudo, na última década e meia, independentemente da existência desses dois blocos liderantes, verificou-se uma representação eleitoral expressiva de partidos comunistas, marxistas e autonomistas em regiões específicas que criaram um sistema multipartidário. Nas eleições de 2014 havia 36 partidos representados no Parlamento, nenhum com maioria absoluta, com o afundamento do Partido do Congresso e a subida do Partido *Barathia Janata* (nacionalista hindu de direita) e partidos médios que, em conjunto, somaram uma forte representação parlamentar graças à sua implantação concentrada em certas regiões, por razões étnicas, religiosas ou políticas.

[594] Cfr DOUGLAS RAE "The Political Consequences (...)" op. cit. p. 95. SARTORI (ult. loc cit, p. 54) afirma que o bipartidarismo é "impossível" no caso de uma forte representação de partidos minoritários identitários (minorias raciais ou linguisticas, ideologicamente alienadas) numa pluralidade de círculos. Ora, impossível é um termo que não existe neste domínio. A nota 592 demonstra que a maior representação de sempre dos nacionalistas escoceses (6 para 56) não logrou impedir a lógica bipartidária e a aptidão de um dos grande partidos a governar solitariamente com maioria absoluta. Uma tendência não é sinónimo de uma regra e pode sofrer derrogações causadas por fatores contingentes tais como, o prestigio dos candidatos à chefia do governo, o fracionismo existente num dos grandes partidos, um síndrome episódico

iii) Se se verificar uma elevada concentração dos *eleitores de alguns partidos nacionais de média dimensão* em certas regiões especificas (baronatos), em termos que lhes permitem vencer num número sensível de circunscrições, o que pode quebrar a lógica bipartidária e acentuar o protagonismo de um terceiro partido cuja representação parlamentar favoreça fenómenos oscilantes de *tripartidarismo*, dificultando-se ciclicamente, a criação de governos maioritários[595];

iv) Se um dos dois grandes partidos que alternam no poder vir a experimentar uma pronunciada cisão e se fracionar em várias formações políticas que repartam um eleitorado desmoralizado, simultaneamente disputado por outros partidos, situação que pode vir a favorecer um cenário de multipolarismo limitado [596].

2º Sistemas eleitorais maioritários a duas voltas tendem a potenciar o bipolarismo, num quadro multipartidário formado por dois blocos ou alianças estruturadas de partidos

de medo ou rejeição durante a campanha (nas eleições de 2015 o partido conservador jogou com o risco de os separatistas escoceses serem o "broker" em caso de não haver uma maioria absoluta monopartidária) e o peso individual dos candidatos nos diversos círculos.

[595] Cfr. GARY W. COX "Making Votes Count" op. cit,-p. 24; e E. BÉLANGER "Antipartyism and Third-Party Vote Choice. A Comparison of Canada, Britain and Australia" in " Comparative Political Studies 37(9)- 2004 - p.1054 e seg.. Os autores referem o exemplo do Canadá, que oscila entre um bipartidarismo imperfeito e um tripartidarismo. A nível nacional, a par do Partido Liberal e do Partido Conservador, que são as maiores formações, existe o Partido dos Novos Democratas, uma formação social-democrata que concentra os seus eleitores em círculos do Quebec, Columbia Britanica e Manitoba. Embora na maioria dos atos eleitorais se conserve como terceiro partido (como em 2015, com 44 lugares), com número limitado de sufrágios, já chegou a subir para a posição de segundo partido nacional: foi o caso de 2011 em que os Liberais recuaram para 33 lugares, emergindo os Novos Democratas com 103, sem conseguirem, contudo, afetar uma maioria conservadora com 166 mandatos. Outro fator que no Canadá influiu no sistema de partidos, no sentido da quebra do bipartidarismo simples, foi o fracionismo político no campo dos conservadores que conduziu ao aparecimento de partidos de centro-direita de média dimensão que enfraqueceram o referido espaço ideológico durante determinados ciclos políticos, registando-se posteriormente a sua absorção, fusão ou apagamento.

[596] Trata-se de um cenário hipotético. Um artigo na coluna "Bagehot" do "Economist", de 10 de dezembro de 2016, apostou no cenário de fragmentação dos trabalhistas e questionou a funcionalidade da "Lei Duverger"antevendo o fim do bipartidarismo, a emergência de um multipartidarismo multipolar e o reforço do cenário exposto com a eventual adoção de um sistema eleitoral proporcional. Trata-se de um cenário que falhou por completo nas eleições legislativas antecipadas de 2017. Os trabalhistas reforçaram o poder sem vencer as eleições e esse partido e os conservadores somaram em conjunto 82% do voto popular. O bipartidarismo sobreviveu, embora num parlamento sem maioria absoluta.

interdependentes[597], *eliminando ou reduzindo drasticamente a representação de pequenos e médios partidos situados fora dessas alianças (preferências isoladas), favorecendo governos de coligação no quadro da mesma família política e, ocasionalmente até governos de um só partido*[598]. Isto terá lugar **exceto** :

i) Se, num contexto de desestruturação do sistema partidário, *novos partidos situados fora das duas alianças eleitorais tradicionais, constituídos em torno de uma liderança presidencial ou de uma candidatura populista*, vierem a registar uma votação tão elevada na primeira volta que o seu impacto logre desagregar o sistema de desistências para o segundo turno, gerando um quadro multipartidário fragmentado, sem ou com domínio de um *partido ou de uma aliança partidária hegemónica* sustentada numa super-maioria (vide no segundo caso, o fenómeno do triunfo da formação centrista *Republique en Marche*, de Emmanuel Macron em 2017);

ii) Se a barreira de acesso à segunda volta for muito baixa[599], facultando o acesso a esse segundo turno de uma pluralidade partidos, existirá um maior risco de ocorrência de uma fragmentação parlamentar de caráter multipolar e a constituição de governos de coligação mais heteróclitos e frágeis na sua base de sustentação.

3º. *Os sistemas proporcionais potenciam um multipartidarismo de viés multipolar*[600], *na medida em que os partidos concorrentes tenham condições para eleger mandatos em proporção aproximada ao número de votos obtidos, implicando a dispersão representativa entre partidos a formação tendencial de governos de coligação (nem sempre politicamente*

---

[597] MARCELO REBELO DE SOUSA "Os Partidos Políticos no Direito Constitucional Português"-Braga-1983-p. 122.
[598] Cfr SARTORI ult. loc cit. p. 26.
[599] Segundo SARTORI ("Elementos de Teoria Politica" op. cit, p. 305 e seg), seria o paradigma de um sistema maioritário "débil"
[600] Trata-se, não de uma "lei" como pretendia MAURICE DUVERGER "os Partidos (...) op cit p. 284 e seg), mas uma tendência que alguns reduzem a uma sensível probabilidade (DAVID FARRELL, ult. loc cit, p. 160) e outros a uma consequência e não a um fator causal. TAGGPERA - SHUGART (ult. loc cit, p. 142 e seg)preferem enfatizar a ideia, segundo a qual, quanto maior for o grau de desproporção no sistema eleitoral menor a representação partidária com significado quantitativo em termos de mandatos.

homogéneos e nem sempre com partido dominante[601]*), criando-se uma maior dependência do Executivo em relação ao Parlamento*[602]. *Tal será o efeito,* **exceto:**

i) Se forem introduzidos corretivamente mecanismos que reduzam, significativamente, o índice de proporcionalidade, tais como numerosos círculos de pequena dimensão, com cláusula de barreira em cada círculo (e em associação a métodos como os da média mais alta de Hondt ou St Lägue), fazendo minguar a representação de pequenos partidos nacionais e potenciando quer ciclos bipartidários imperfeitos quer ciclos de multipartidarismo limitado[603];

---

[601] Num sistema multipartidário fracionado, a ausência de partidos dominantes constitui um fator de instabilidade governamental (J.M COTTERET-CLAUDE ÉMERI ult. loc cit, p. 107.)

[602] Vide os casos já mencionados da Bélgica, Holanda e Itália previamente à Nova República, e Portugal, nos ciclos situados no período 1976/1986 e no período iniciado em 2015.

[603] É o caso do *sistema proporcional corrigido espanhol* com pequenos círculos eleitorais e cláusula barreira que fomentou entre 1982 e 2015 um bipartidarismo imperfeito ou quase-prefeito. O sistema bipartidário imperfeito, com governos monocolores de legislatura (com maioria absoluta ou quase absoluta, apoiados em pactos conjunturais com pequenos partidos regionais), onde alternavam o Partido Popular e o PSOE socialista, fraturou-se nas eleições de 2015, com a entrada no Parlamento de duas novas formações com uma expressiva representação: o PODEMOS de extrema-esquerda e o CIUDADANOS (liberal), havendo uma dificuldade absoluta de se propiciar a formação de um governo maioritário e coerente. Repetidas as eleições em 2016, o cenário quadripartidário de rotura com o bipartidarismo manteve-se: Partido popular 137 mandatos (+14);PSOE 85 (-5); PODEMOS e suas coligações regionais e alianças com a Esquerda Unida comunista, 71; CIUDADANOS 32 (-8); soma de partidos regionalistas 25 (-1) . Os sistema eleitoral centrado no método de Hondt com uma esmagadora maioria de círculos de pequena dimensão e clausula barreira de 3% em cada um lograram reduzir à insignificância o peso representativo de pequenos partidos nacionais e diminuir expressivamente o peso dos regionais (CIU, PNV e BG), mas nada puderam contra uma migração massiva de votantes dos grandes partidos para dois partidos de média ou elevada dimensão: o CIUDADANOS que captura um eleitorado mais jovem de centro-direita e liberal fatigado com a corrupção no Partido Popular e o caráter baço da sua liderança e o PODEMOS que, criado na rua através do "movimento dos indignados" contra as políticas de austeridade e financiado pelo regime marxista da Venezuela (como já foi atestado em tribunal), gerou uma maré populista de extrema esquerda que capturou não votantes, votantes socialistas, comunistas e autonomistas de esquerda. Foi um caso em que um fator exógeno, o comportamento dos eleitores no castigo dos partidos tradicionais alterou, no ciclo político iniciado em 2015, o sistema partidário operando contra a lógica do sistema eleitoral (que poderá, ainda, ser reajustado contra as novas formações, se os círculos de Madrid e Barcelona forem divididos em círculos menores). A fragmentação em 4 partidos multipolares com dominância de um deles potenciou a constituição de governos de gestão e governos minoritários a partir de 2015.

ii) Se a dispersão partidária gerada pelo sistema causar instabilidade governativa prolongada e potenciar o comportamento reativo do eleitorado no sentido de concentrar o voto nos maiores partidos, eliminando as formações minúsculas, reduzindo a representação das formações médias ou pequenas e propiciando governos maioritários ou quase maioritários de um só partido ou de coligações de partidos afins, criando ciclos de bipartidarismo imperfeito[604];

iii) Se se registar uma identificação estável de largas franjas do eleitorado com grupos étnicos maioritários associados a movimentos nacionais emancipalistas, formando-se concentrações anómalas de voto num partido híper-dominante, tendo como efeito a quase-irrelevância politica de partidos médios e pequenos, uma redução do espetro representativo parlamentar e a eternização de um governo monocolor, por vezes participado por pequenos partidos satelizados pela sobredita formação "hegemónica"[605];

Fatores como, uma dimensão *moderadamente* reduzida das circunscrições eleitorais plurinominais (dimensão populacional da circunscrição associada ao número de mandatos atribuídos ao mesmo círculo)[606], a introdução de cláusula

---

[604] Cfr. o já citado caso de Portugal entre 1987 e 2009, como reação à ingovernabilidade gerada entre 1976 e 1986.

[605] É o exemplo da África do Sul em que a representação parlamentar foi completamente dominada deste o fim do Apartheid pelo ANC, um ex movimento emancipalista da comunidade negra. Entre 1994 e 2016, o ANC obteve dois terços dos lugares no Parlamento, beneficiando do voto em massa da larga maioria dos negros, independentemente das suas subdivisões étnicas. No sufrágio de 1994, o ANC obteve 252 mandatos, o *Partido Nacional* (liderado por brancos da comunidade bóer) 82 e o Inkhata, da comunidade zulu, 43. Os restantes 4 partidos somaram em conjunto apenas 22 mandatos. O desgaste de um poder sem oposição efetiva, a existência de dirigentes negros em partidos anteriormente apenas dirigidos por membros da comunidade branca, a violência, a crise económica e a corrupção dos governantes conduziram em 2016 a que o ANC perdesse a maioria de 2/3, quedando-se com uma maioria absoluta de 249 deputados e tendo a *Aliança Democrática* (fusão de bartidos boers e anglófonos) reforçado a sua representação para 89 deputados. Os Combatentes pela Liberdade (grupo racista negro de extrema-esquerda) obteve 25 mandatos e o *Inkhata* 10. Nove outros micro-partidos somaram em conjunto, 27 mandatos. Em suma, a dispersão da representação parlamentar cria um multipolarismo, com partido hegemónico.

[606] Cfr. TAAGPERA-SHUGART, (ult. loc cit, p. p. 207). Veja-se o caso da Áustria, depois da reforma de 1992 que criou um sistema eleitoral complexo, em que o território se encontra dividido em 9 grandes circunscrições eleitorais que por sua vez se decompõem em 43 pequenos distritos eleitorais regionais. Cada voto indica o partido político da escolha do eleitor, bem como o candidato da sua preferência a nível provincial e o candidato a nível distrital, procedendo-se, posteriormente a um apuramento dos resultados em três etapas sucessivas

barreiras nacionais pouco exigentes[607] e um menor número de mandatos parlamentares a adjudicar na globalidade[608] podem reduzir o número de partidos representados no parlamento, mas, por regra, não logram quebrar uma representação multipartidária rígida e multipolarizada e a consequente lógica de governos de coligação.

Diferenças entre as fórmulas eleitorais aplicadas pelos diferentes sistemas proporcionais podem ocasionar alguns efeitos no aumento ou redução dos níveis de proporcionalidade entre votos e mandatos dos partidos representados, mas raramente alteram a lógica multipolar do sistema de partidos[609].

Existem alguns exercícios políticos ante e pós eleitorais destinados a mitigar os efeitos nocivos da multipolarização partidária na governabilidade. Por exemplo, na Suécia, o partido Social-Democrata e os Verdes fizeram uma coligação minoritária no Parlamento mas celebraram, previamente, um acordo de governabilidade com diversos partidos da oposição centrista e do centro-direita destinado a vigorar por várias legislaturas até 2022. O acordo envolve a possibilidade de o partido mais votado liderar o Governo, garantir a viabilização do orçamento (pela abstenção da oposição) e integrar comissões conjuntas com a principal oposição para a edição de leis compromissórias em várias áreas. A irrupção no Parlamento de um partido de direita radical, os "Democratas", com peso crescente nas son-

---

(distrital, provincial e nacional), tendo sido introduzida uma cláusula barreira de 4% a nível nacional. O número de partidos reduziu-se no Parlamento mas o multipartidarismo não desapareceu pois, pese o facto de haver dois grandes partidos, estes raramente logram governar coligados com as formações de pequena e média dimensão (seja por insuficiência do número de mandatos dos segundos, seja por diferenças ideológicas). A câmara-baixa encontra-se dominada desde 2013 por seis partidos rígidos e independentes. O resultado é um sistema parlamentar fraturado que funciona graças a uma atípica "grande coligação" de partidos rivais (sociais democratas e cristãos conservadores), interrompida, infrequentemente por coligações entre nacionalistas radicais e cristãos conservadores (2000).

[607] Caso da Áustria, com 4% a nível nacional e da Dinamarca, com 2% também a nível nacional.

[608] DAVID FARREL, ult. loc cit, p. 158 e seg. Num quadro exibido pelo autor, parlamentos com 99 deputados envolvem um índice de 9 % de desproporção entre os partidos representados, enquanto parlamentos com mais de 200 lugares ostentam um grau de desproporção de 6,2%.

[609] RICHARD KATZ ult. loc. cit, p.137) entende que a formula eleitoral é relevante quando separa os sistemas maioritários dos proporcionais, quanto aos seus efeitos nos graus de desproporção representativa e, consequentemente, no sistema de partidos. Já o peso da fórmula entre os sistemas puramente proporcionais é bem menor no que toca a configuração do sistema partidário. Quando muito essas diferenças podem ter alguns impactos limitados no índice de proporcionalidade da relação entre mandatos obtidos pelos partidos, com relevo para os de elevada e média dimensão. Segundo FARRELL (ult. loc cit, p. 155) os sistemas de restos mais elevados seriam os mais proporcionais e os que adotam o método de Hondt os menos proporcionais.

dagens e situado fora das alianças tradicionais, foi uma das razões para a criação deste *defeso* entre os partidos do *"mainstream".*

4º. *Os sistemas de natureza mista (com uma componente maioritária e outra proporcional) reduzem o nível proporcionalidade na representação, penalizam as formações nacionais mais pequenas e potenciam sistemas partidários muito variáveis na sua dimensão, estrutura e estabilidade, estimulando os sistemas com pendor proporcional um cenário multipartidário limitado e os sistemas de pendor maioritário quadros de multipartidarismo limitado com partido hegemónico ou dominante.*

São diversas as modalidades de representação corrigida, bem como de sistemas mistos assim como muitos são os remédios introduzidos para elevar a desproporção na relação entre votos e mandatos, na redução do número de partidos ou no favorecimento das grandes formações, pelo que serão, igualmente, muito varáveis os efeitos que essas formas de escrutínio produzem. Certo é que a "manipulação genética" da proporcionalidade pela engenharia constitucional gera, por vezes, sistemas de durabilidade limitada ou mesmo precária, que dificultam a respetiva configuração como modelo, sendo o caso alemão exemplo ilustrativo do que se acaba de afirmar.

Durante muito tempo *o modelo misto alemão definido como proporcional personalizado*[610] (envolvendo uma componente maioritária e outra proporcional, com vasos comunicantes, e uma cláusula de barreira de 5%, supra § 309) gerou um tripartidarismo imperfeito. Contudo, fatores inerentes às escolhas do eleitorado ante a fadiga do rotativismo e a sua incapacidade de integrar a causa ambientalista e os interesses do antigo eleitorado da defunta Alemanha Comunista (a RDA), de solucionar os impactos nacionais de novos tipos de crise transnacional, como a da imigração, do terrorismo e a das dívidas soberanas na União europeia, potenciaram novos pretendentes com uma representação expressiva. "Furou-se", assim, a lógica constrangedora inerente ao finalismo do sistema, formando-se um quadro multipartidário limitado mas disruptor do processo de constituição de maiorias parlamentares coerentes, gerando coligações atípicas ou *contra-natura* entre partidos rivais[611]

---

[610] DIETER NOHLAN ult. loc cit, p. 519.

[611] Até 1983, o *"modelo" misto alemão*, descrito supra, gerou um *bipartidarismo imperfeito* ou um *tripartidarismo*. A partir dessa data, outros partidos com uma representação significativa passaram a entrar no Bundestag: os Verdes que nesse ano obtiveram 5,7% e 27 mandatos, alargando a representação e chegando a entrar numa coligação de Governo a nível federal com os sociais-democratas em 1998, com 47 lugares; o PDS, o partido comunista reformado da antiga Alemanha oriental (PSU), que nas eleições de 1990 obteve 17 deputados; e o "Die Linke", partido formado a partir da fusão da ala esquerda dos sociais-democratas com o PDS, que em 2005 somou 8,7% e 54 lugares. Com 6 partidos políticos, rígidos e independentes entre si, as coligações passaram a ser mais difíceis e menos homogéneas, situação que se irá

Já na Hungria, Rússia e Japão, a introdução de sistemas eleitorais mistos com uma forte componente maioritária logrou exprimir os seus efeitos constrangedores, catalisando partidos hegemónicos e reforçando o poder executivo.

Na Hungria, o sistema eclético (maioritário e proporcional) com fortes elementos constrangedores na lista proporcional com cláusulas barreira crescentemente exigentes para coligações (§ 310) criou uma estranha forma de tripolarismo (bloco de direita, bloco socialista e partido de extrema direita) com um partido governante largamente maioritário e dois partidos de oposição com média ou fraca representação, sem que, pese a proeminência dos socialistas, haja entre estes um que assuma caráter claramente liderante[612]. O sistema quase eliminou os pequenos partidos. O impacto na forma de governo é a criação de um sistema parlamentar de gabinete ou primoministerial forte. O sistema dá, contudo, os seus primeiros passos e ainda não experimentou (como no Japão nos anos noventa) a erosão do tempo, o fracionismo intrapartidário e as mutações nas preferências dos eleitores.

3.3.3. Síntese sobre a natureza e as dimensões do impacto do sistema de partidos em cada um dos tipos dominantes de sistema político

331. As relações entre o sistema de partidos e o sistema político são recíprocas, já que, se é um facto que o sistema de partidos condiciona o funcionamento ou a própria definição do sistema político, este último influi, pelo menos na operatividade do sistema partidário[613].

---

complicar com provável entrada do AfD (nacionalista de direita radical) no Bundestag com as eleições de 2017 e a reentrada dos liberais do FDP. O "modelo alemão" tripartidário pertence ao passado e pese todos os arranjos de engenharia constitucional, a Alemanha é servida por um sistema multipartidário limitado e multipolar que impõe coligações nem sempre entre partidos da mesma família e dificulta a formação do Governo e o processo de decisão.

[612] Nas eleições de 2010, apenas 12 mandatos separavam o Partido Socialista (o segundo partido mais votado) e o Jobbik (o terceiro). No sufrágio de 2014, após a reforma do sistema eleitoral em 2012, a distância encurtou para 6 mandatos.

[613] MARCELO REBELO DE SOUSA "Os Partidos Políticos no Direito Constitucional português"-op. cit. p. 126. A influência do sistema político no sistema de partidos em democracia é mais fosca e por vezes de difícil de classificação rigorosa . O facto é que sistemas políticos onde o governo assume proeminência entre as demais instituições (como os sistemas parlamentares de gabinete) convidam à consolidação de um sistema bipartidário que potencia as escolhas eleitorais como verdadeiros plebiscitos ao primeiro-ministro. Por outro lado, nos sistemas parlamentares de assembleia altamente instáveis (ou seja, os que se caracterizam por um número anómalo de governos com existência precária), existem reações do eleitorado no sentido de uma maior concentração de voto nos maiores partidos.

Cumpre abordar na presente síntese apenas a *influência do sistema partidário no sistema político*, com um enfoque especial no nível de estabilidade governativa que a formatação partidária pode catalisar, importando assinalar que o "índice de governabilidade" aqui examinado pode influir no pendor ou a dinâmica do sistema político, mas só muito raramente altera a natureza do próprio sistema.

De acordo com alguma doutrina, a estabilidade governativa depende da força dos sistemas eleitorais na modelagem do sistema de partidos[614], força que é variável e que, em muitos casos não é a única condicionante da configuração dos partidos políticos no tocante à sua dimensão, distância ideológica e relações reciprocas. Na verdade, independentemente do sistema eleitoral, nos ciclos iniciados nos alvores de uma nova democracia existem muito mais partidos a concorrer a eleições do que nos ciclos de consolidação democrática, onde após sucessivos atos eleitorais, fracionismos e fusões[615], uma seleção natural conduz ao realinhamento do sistema partidário com a redução dos partidos com representação parlamentar. Tal não obsta, contudo a que nos sistemas pós-consolidados não emirjam ciclos de refluxo fragmentário limitado, com o despontar de novos partidos nascidos das aspirações específicas de eleitores em torno de certas causas ou do descontentamento do eleitorado com o desempenho dos partidos tradicionais [616], oca-

---

[614] FULCO LANCHESTER "A Influência dos Sistemas Eleitorais sobre a Estabilidade Governativa" in AAVV"Sistemas eleitorais: o debate científico"-org. Manuel Braga da Cruz –ICS Lisboa-1998-p. 180 e seg.

[615] Cfr sobre o fenómeno, em geral, LOURDES LOPEZ NIETO-RICHARD GILLESPI--MICHAEL WALLER " Política Faccional y Democratización"-CEC-Madrid-1995. Existem manifestações de *fracionismo endógeno* caracterizados pelo facto de uma parte do grupo parlamentar se rebelar contra a direção do partido a propósito de um tema específico, sem que dessa insurgência decorra a formação de um novo partido, mas antes a debilitação do referido partido ou do Governo se se tratar de uma formação que exerça o poder. Trata-se uma situação não infrequente no Reino Unido, e que envolveu, por exemplo: revoltas surdas de conservadores contra Thatcher no final do seu mandato em 1990; fraturas no grupo parlamentar trabalhista contra Tony Blair a propósito da segunda guerra do Iraque em 2003; insurgências eurocéticas contra David Cameron em 2014, forçando-o a convocar um referendo sobre o Brexit; e cisões no grupo parlamentar trabalhista contra o líder esquerdista do partido, Jeremy Corbyn, após o mencionado referendo, em 2016. Existem, contudo, formas de *fracionismo exógeno*, nomeadamente quando uma fação partidária relevante : i) se retira de um partido para constituir um novo partido (caso da rotura verificada no grupo parlamentar do PSD português em 1978, que levou à constituição da efémera ASDI ou da saída da ala esquerda do SPD alemão, de Oskar Lafontaine em 2005, a qual se fundiu com os comunistas do PDS para constituir um novo partido de esquerda, o "Die Linke"); ii) entra em rotura para se fundir em outro partido (o Partido Liberal democrata resultou da fusão em 1988 do Partido Liberal com o Partido Social Democrata, uma dissidência do Partido Trabalhista).

[616] Com o início de funcionamento da democracia alemã sob a égide da Constituição de Bona, havia em 1949, 11 partidos com representação parlamentar e 3 independentes. Em 1969,

sionando uma quebra da lealdade de uma parte dos eleitores com os partidos onde usualmente votavam[617].

Como tendência, *a estabilidade governativa* é condicionada pelo impacto de sistemas eleitorais que, a par da capacidade exibida para reduzir o número ou o peso representativo de pequenos partidos, logrem, com durabilidade, potenciar: i) dois partidos fortes, alternativos e sem uma grande distância ideológica, capazes de governarem solitariamente com maioria absoluta ou em coligação com pequenos partidos da respetiva família política (Reino Unido, Estados Unidos e ocasionalmente França); ii) um partido *forte e hegemónico* contraposto a um conjunto de partidos de média ou pequena dimensão situados à sua esquerda e direita e que exibam dificuldades ideológicas em se coligarem entre si para enfrentar o primeiro (Hungria, Rússia, África do Sul e, quiçá ocasionalmente, a França em 2017); iii) uma pluralidade de partidos da mesma família política ou de famílias afins que se coliguem sem dificuldade sob a égide de um partido liderante e que opere como alternativa a uma coligação da mesma natureza ou a um só partido forte (caso da França e, em menor grau, da Suécia e Noruega).

332. Nas *formas de governo presidencialistas* (§ 440 e § 485), o sistema de partidos não altera o sistema político mas permite acentuar o seu pendor: o *presidencialismo clássico com tripartição de poderes* é favorecido pelo bipartidarismo (Estados Unidos) enquanto o *Presidencialismo de coligação* tem uma ligação direta com uma dispersão multipartidária e multipolar no Parlamento (Brasil). Por outro lado, sobretudo no primeiro caso acabado de referir, um Presidente que goze de um apoio partidário em ambas as câmaras pode em tese beneficiar de um ciclo presidencial "forte", enquanto a ausência dessa maioria, sobretudo se afetar as duas câmaras, tende a favorecer ciclos caracterizados por presidências mais débeis ou bloqueadas.

---

existiam apenas 4 partidos no Bundestag, contando com a CSU que constitui um ramo bávaro (autónomo) da CDU. Mas, em 1990 havia já que contabilizar 6 partidos e para as eleições de 2017 existe a previsão de um aumento do espetro partidário para 7 ou 8 formações, eventualmente com o regresso do FDP liberal e, sobretudo, com a entrada da formação nacionalista conservadora AfD.

[617] Cfr. RICHARD ROSE-IAN MCALLISTER, "The Loyalties of Voters"-London-1990. Se entre 1964 e 2008 se verificou, na Europa mais estabilidade do que mudança (cfr. esta mesma obra, p. 157 e seg), a situação alterou-se com a crise das dívidas soberanas, a partir do período 2008/2010 com a emergência de partidos médios ou fortes de extrema- esquerda de direita radical, de extrema-direita e libertários. Frações relevantes do eleitorado passaram a abandonar os partidos tradicionais (seja os partidos do "mainstream" seja os próprios partidos comunistas) e a votar contra o "status quo", impelidos por fatores tão diversos como o centralismo federalista da União Europeia, a imigração, a insegurança pública, os efeitos da crise económica e da globalização no emprego, salários e rendimento, corrupção e caráter inespecífico dos programas políticos das formações tradicionais.

333. Nos *sistemas políticos semipresidencialistas*, o sistema de partidos resulta ser especialmente relevante para reforçar o pendor do sistema político[618]. O multipartidarismo bipolar tende a aumentar o pendor presidencial do sistema em ciclos de confluência entre a maioria parlamentar e a maioria presidencial (França). Já o multipartidarismo multipolar favorece o predomínio do Parlamento (cfr. Áustria e Portugal em ciclos de maior dispersão da representação parlamentar).

Nos *sistemas parlamentares*, o bipartidarismo, perfeito ou mesmo imperfeito, favorece a proeminência do Governo e do primeiro-ministro (Reino Unido e Espanha entre 1982 e 2015), podendo ser adiantado que se trata do cenário onde o sistema partidário mais pesa na definição do próprio sistema político (qualificável como parlamentar de gabinete ou primoministerial). Basta reexaminar o Quadro 2 e aplicar um sistema de representação proporcional aos resultados eleitorais de 2015 no Reino Unido para se entender o impacto do abandono do sistema maioritário: a fragmentação parlamentar seria total e o sistema político evoluiria para um parlamentarismo de assembleia, deixando o Governo de assumir qualquer protagonismo institucional liderante.

Já o multipartidarismo multipolar com formações rígidas e independentes favorece coligações heterogéneas incertas ou governos minoritários fracos, acentuando o peso da liderança parlamentar (Alemanha fora dos ciclos de coligações politicamente homogéneas, Noruega, Suécia, Dinamarca, Finlândia, Holanda e Bélgica).

3.3.4. O perfil psíco-político das lideranças políticas executivas: uma referência

334. A par de fatores constitucionais e políticos de ordem objetiva, examinados nas rubricas precedentes, ganha igualmente alguma expressão na configuração do pendor do sistema político de governo, um fator de ordem subjetiva que consiste no perfil psicológico e político das lideranças, com relevo para o Chefe de Governo nos sistemas parlamentaristas e semipresidencialistas e, para o Chefe de Estado, nos sistemas presidencialistas e semipresidencialistas.

Existe, na verdade, um domínio interdisciplinar académico que estuda o comportamento do eleitorado, grupos e agentes políticos sob uma perspetiva psicológica (a Psicologia Política). No que concerne, exclusivamente, à elite do poder, estamos diante de um ramo do conhecimento que já fez interessantes incursões de ordem histórica na análise póstuma de dirigentes que marcaram mais ou

---

[618] MARCELO REBELO DE SOUSA " Os Partidos Políticos (...)" op. cit, p. 127.

menos pronunciadamente a vida de certos Estados[619] e que estuda igualmente, em termos contemporâneos, o peso que as crenças políticas, filosóficas e religiosas, o contexto económico e familiar, o caráter, a capacidade de liderança, as patologias clínicas e os traços de personalidade podem ter no comportamento dos dirigentes políticos[620].

335. Sem que se pretenda desenvolver minimamente este interessante domínio que assume uma relevância muito variável e casuística, importa referir que nos sistemas parlamentares racionalizados pautados por governos de legislatura suportados em bancadas maioritárias, o papel do Chefe do Governo tende a reforçar-se. Esse reforço pode dar origem a lideranças monocráticas, em que o líder do Governo, do partido e (direta ou indiretamente) da maioria parlamentar, domina o Executivo, afasta opositores internos e reduz a colegialidade da deliberação, forçando ou induzindo consensos e acabando por impor a sua agenda política aos pares.

Veja-se o caso típico dos governos conservadores de Margaret Thatcher (1979-1990) e trabalhistas de Tony Blair (1997-2007) no Reino Unido; os executivos socialistas de Felipe Gonzalez (1982-1996) e conservadores de José Maria Aznar (1996-2004) em Espanha; os governos democrata-cristãos de Angela Merkel na Alemanha (2009-2013); e os executivos conservadores nacionalistas de Viktor Orban na Hungria (1998-2002 e 2010-2015).

336. Esse perfil contrasta com o de outros dirigentes que, mesmo suportados em maiorias parlamentares absolutas, assumem um perfil mais compromissório e negocial operando como "primus inter pares". Trata-se de dirigentes que se configuram, essencialmente, como líderes de equipa e que procuram partilhar responsabilidades.

Teremos como exemplo, os governos conservadores de Harold MacMillan (1957-1963) e Edward Heath (1965-1975) e o executivo trabalhista de James Callagham (1976-1979) no Reino Unido; os governos sociais-democratas de Gerhard Schroeder (1998-2005) na Alemanha; e o executivo conservador de Mariano Rajoy (2011-2016) em Espanha.

---

[619] Cfr o interessantíssimo estudo do Catedrático de Psiquiatria FRANCISCO ALONSO--FERNANDEZ in "Historia Personal de los Austrias Españoles"-Madrid-2012.

[620] Cfr, em geral sobre o tema, MARTHA COTTAM, - BETH DIETZ-UHLER- HELENA MASTORS,- T. PRESTON"Introduction To Political Psychology" New York, 2010; K.MONROE, "Political Psychology"-New Jersey- 2002. Como primeira grande obra de referência no plano da criação de uma disciplina própria, G. B GRUNDY "Political Psychology: A science which has yet to be created- "Nineteenth Century", 1917-p. 155 e seg. Concretamente sobre as presidências americanas, parece indispensável a obra coletiva editada por STEVEN RUBENZER e THOMASS FASCHINGBAUER "Personality, Character &Leadership in the White House: psychologists assess the presidents"-Washington-2004.

337. Já sistemas parlamentares de assembleia ou em parlamentarismos com componentes racionalizadoras precárias, o perfil forte de certos chefes de Governo nunca lhes permite ter uma liderança puramente monocrática, na medida em que necessitam de gerar compromissos em parceiros de coligação e com forças de oposição. Ainda assim, a personalidade liderante do Chefe do Governo logra conferir, pelo menos em certos ciclos políticos, maior autonomia ao Executivo, mesmo quando minoritário e ascendência ao chefe do Governo, seja no interior do seu partido seja como líder de coligação.

É, assim, possível contrapor lideranças carismáticas ou quase caudilhistas, como as do conservador Silvio Berlusconi em Itália (1994-1995, 2001-2005 e 2005-2006, 2008-2011) ou simplesmente "fortes" como a do social-democrata Anker Jorgensen (1972-1973 e 1975-1982) ou do liberal-conservador Anders Rasmunssen (2001-2009) na Dinamarca, com a de dirigentes compromissórios, como o centrista Romano Prodi (1996-1998 e 2006-2008) em Itália e a social-democrata Elle Thornig Schmidt (2011-2015) na Dinamarca.

338. Em todos os casos em que se regista uma liderança monocrática do Primeiro-Ministro em parlamentarismos racionalizados, o sistema parlamentar tende a assumir um *viés primo-ministerial*. Nos parlamentarismos de assembleia, um perfil mais carismático ou afirmativo apenas reforça o estatuto de autonomia do Governo na condução política, sem quebrar o poder do Parlamento como sede de compromissos na génese das políticas públicas.

339. Nos *sistemas semipresidencialistas de pendor presidencial*, como é o caso do francês, a existência de cenários de confluência entre o Presidente, o Governo e a maioria Parlamentar reforça o papel do Chefe de Estado como líder do executivo.

340. Contudo, o perfil psicológico da liderança gera oscilações no funcionamento do sistema político nas fases de pendor presidencial. Precisamente em França, existem momentos em que o Presidente age como um monarca dualista, impondo políticas fundamentais adotadas pelo Governo sem assumir os custos do atrito da governação. Foi o caso das Presidências conservadoras do General de Gaulle (1959-1969) e de Pompidou (1969-1974), assim como da presidência socialista de Mitterrand (1981-1995), em que os primeiros-ministros iam sendo substituídos em razão da sua taxa de desgaste político inerentes à erosão da governação e da impopularidade.

Noutras conjunturas, um Chefe de Estado, desprovido de carisma, procura uma repartição instável do poder com fações do partido maioritário representadas no Parlamento e com um primeiro-ministro ativista e afirmativo (presidência socialista de François Hollande, entre 2012 e 2016). Finalmente noutras, ainda, o Presidente atua quase como Primeiro-Ministro, gerindo questões políticas correntes, transformando o primeiro-ministro em simples colaborador na coordenação do Executivo e assumindo o desgaste direto da contestação à sua política (situação da presidência conservadora de Nicolas Sarkozy, entre 2007 e 2012).

341. No *Presidencialismo*, o fator carismático associado a uma liderança forte converte os Presidentes em motores de mudanças relevantes de impacto histórico, respetivamente nos domínios social e económico, como no caso da Presidência democrata de Franklin Roosevelt (1933-1945) e da presidência republicana de Ronald Reagan (1981-1989). Noutros casos, um perfil mais compromissório aliado a uma falta de carisma geram lideranças menos afirmativas, efetivas e mais instáveis, mesmo em certas conjunturas em que dispõem do apoio de uma ou das duas câmaras do Congresso, como é o caso da Presidência democrata de James Carter (1977-1981) e republicana de George H. W. Bush (1989-1993).

3.3.5. Nota sobre o impacto da irrupção dos denominados "partidos populistas" no sistema partidário e no funcionamento do sistema político

A. Um fenómeno sincrético

342. A noção de "populismo" teve sempre na opinião pública um sentido algo pejorativo, sendo associada primariamente, desde há muito, à ideia de demagogia discursiva, caudilhismo, radicalização na ação política e sectarismo ideológico, social ou étnico.

Relativamente às suas reminiscências na Antiguidade Clássica, em Roma, os "populares" (singular *"popularis"*) eram dirigentes carismáticos que procuravam apelar diretamente à plebe para contornar as instituições da República e a elite patrícia *("optimates")*, em favor dos seus projetos reformistas ou pessoais de poder, tendo sido o caso dos irmãos Graco empenhados numa "reforma fundiária", de Caio Mário e de Júlio César.

Perpassando pelos movimentos camponeses anárquicos, esmagados pelos Habsburgos no Século XVI, cumpre referir que a ideia regressou entre o final Século XIX e o início do Século XX para qualificar movimentos como o "boulangismo" em França, construído em 1880 em torno da figura do popular General Georges Boulanger[621], sendo o termo "populismo" utilizado nesse País, primeiro no *"Larousse Mensuel"* e depois através da pena de Gregoire Alexiski, em 1912, para designar movimentos políticos oitocentistas russos, os *narodnik*, que despontaram

---

[621] Boulanger ex ministro e politico, criou uma "Liga de Patriotas" que englobava desde rurais conservadores e católicos, até operários e membros das classes médias, defendendo um nacionalismo radical anti-alemão (designado de "revanchismo") e programas sociais. A sua conduta foi considerada inconstante, demagógica e até golpista, sento o seu movimento sujeito a uma derrota pelos partidos do establishment da III República.

em 1860 com um viés agrário e uma ideologia difusamente socializante, hostis à ocidentalização do País e à industrialização. A estes se somaram movimentos ruralistas conservadores norte-americanos, os "grangers" (1867), que defenderam a autonomia dos pequenos produtores agrícolas contra o Estado e que combateram tarifas proibitivas de companhias ferroviárias que os prejudicavam[622]. Tratavam-se de causas simples, mobilizadoras de massas e lideradas por bons oradores ou chefes carismáticos.

Também entre o final do Século XIX e a primeira metade do Século XX, a ideia de populismo, com um sentido autoritário, envolveu a aura de caudilhos carismáticos na América Latina, como Getúlio Vargas (Brasil), Odria (Perú), Rojas Pinilla (Colômbia) ou Perón (Argentina), que se configuravam como tribunos do povo com programas nacionalistas e "justicialistas" mobilizadores da pequena burguesia e do proletariado (como os "os descamisados" na Argentina) dirigidos, simultaneamente, contra os marxistas e as oligarquias políticas e económicas tradicionais. Em França, o movimento de direita social "poujadista" nos anos 50, apoiado nas pequenas e médias empresas e, nos Estados Unidos, a ação de diversos governadores[623] e candidatos à presidência foram identificados como formas de estilo populista ultraconservador.

Mas, desde o dealbar do novo milénio, jornalistas e políticos voltaram a empregar a expressão "populismo", para qualificar a aparição de certos líderes carismáticos da esquerda radical latino-americana, seja no Brasil seja no contexto do chamado movimento "bolivariano", de recorte marxista, nacionalista, católico de esquerda e com uma prática autoritária (pese que assentes em sistemas formalmente democráticos), de que foram e são expoentes figuras como a do militar Venezuelano Hugo Chavez, Evo Morales na Bolívia e Rafael Correa no Equador.

No espaço europeu, o termo "populismo", com algumas tentativas melhor ou pior conseguidas de definição, passou a receber uma convocação mais frequente e persistente na opinião pública, a partir da crise das dívidas soberanas na Europa, para qualificar tanto o despontar de partidos de direita radical, nacionalista, anti-imigração e eurocéticos (com relevo para o Partido da Liberdade na Áustria, a Frente Nacional em França e o UKIP no Reino Unido) como o aparecimento de movimentos populares de extrema-esquerda na Europa do Sul contrários à austeridade económica e à globalização financeira (como o Syriza na Grécia, o Podemos em Espanha e, mais recentemente, "La France Insumise").

---

[622] Cfr. LAWRENCE GOODWYN "Democratic Promise. The populist Movement in America"-New Yorl-1976.
[623] O discurso segregacionista do antigo Governador do Alabama George Wallace, foi crismado de populismo ultraconservador.

OS REGIMES POLÍTICOS

O termo passou a ocupar decisivamente o discurso político a partir de 2014, quando movimentos e formações rotulados de populistas se aproximaram do poder e passaram mesmo a exercê-lo em diversos Estados.

Tal ocorreu numa conjuntura de rescaldo de uma crise política e financeira da União Europeia e de crise internacional associada ao êxodo migratório e ao terrorismo, quando: i) no universo da extrema-esquerda o *Syriza* assumiu o governo na Grécia e o *Podemos* fraturou o bipartidarismo em Espanha e tentou forçar uma coligação com os socialistas; ii) partidos conservadores nacionalistas na Polónia e na Hungria reforçaram o seu poder nos governos desses países e acentuaram nos seus programas e ação política, o seu ideário nacionalista, iliberal, eurocético e anti-imigração; iii) partidos da direita radical nacionalista avançaram nas sondagens, venceram as eleições em alguns Estados relevantes para o Parlamento Europeu (Reino Unido e França) e constituíram grupos parlamentares no mesmo Parlamento; v) uma campanha anti-federalista no Reino Unido dirigida por tribunos do UKIP e do Partido Conservador logrou, em referendo, que o eleitorado votasse pela saída da União Europeia; iv) Donald Trump, um outsider de discurso popular e radical ascendeu à Presidência dos Estados Unidos, emergindo, igualmente, nas primárias democráticas um tribuno socialista, Bernie Sanders;

Como se verá, a expressão populismo deve ser usada cautelosamente.

Em primeiro lugar, porque existe uma tentação simplista dos partidos do *mainstream* e dos *media* aos mesmos ligados em associarem a noção de populismo a uma ideia de extremismo, demagogia, apelo aos baixos instintos do povo e cativação perigosa dos ressentimentos de gente pouco educada[624]. Está-se diante de uma rotulagem político-jornalística, imprestável para uma análise rigorosa que a Ciência Política impõe.

Em segundo lugar, não só porque se trata de um conceito de intrincada definição sob um ponto de vista técnico, mas porque, também, as definições mais restritivas do fenómeno dadas pelos politólogos não se ajustam, integralmente, a partidos que são usualmente crismados com essa designação.

O "populismo" que marca no plano político o tempo presente merece uma referência neste estudo, na medida em que partidos *anti-sistema* ou colocados pelo sistema em "quarentena" aumentaram o seu peso eleitoral e passaram a aceder à governação ou a colocar-se às portas da mesma[625], alterando os equilíbrios

---

[624] Cfr. ALAIN DE BENOIST ("Le Moment Populiste" op. cit-2017-p. 105) reporta-se aos qualificativos com que, depois da vitória do Brexit, certos intelectuais franceses do centro e da esquerda moderada (Bernad Henry-Levy, Jacques Attali, Alain Minc e Daniel Cohn-Bendit) crismaram as formações e dirigentes que qualificaram de populistas.

[625] O ano de 2017 foi, de forma alarmista, qualificado pelos *media* como um "ano de todos os perigos" em face do avanço populista na Europa. Tratou-se de um falso alarme destinado provocar uma contra-reação pelo temor. Os partidos populistas avançaram no continente

e a estrutura dominante do sistema partidário nas democracias ocidentais, com reflexos na mecânica dos sistemas políticos.

B. Um conceito de difícil definição

343. Tem sido particularmente difícil adotar um denominador comum sobre o conceito atual de "populismo" ou de "partido populista". Alguns autores que dissecam a expressão concluem mesmo que se trata de "definir o indefinível"[626].

Como mero ponto de partida, de base especulativa, procurar-se-á reunir características que diversos politólogos contemporâneos associam à caracterização de populismo, procurando-se podar dos seus contributos alguns entendimentos preconceituosos ou reducionistas que nada aduzem para uma análise objetiva e rigorosa dessa realidade[627], privilegiando-se, unicamente, critérios de ordem objetiva. Ainda assim, mesmo os atributos de pendor mais objetivado não são aceites por todos, propiciando um primeiro busquejo da noção.

De acordo com alguns politólogos contemporâneos, o populismo estaria associado a uma ideia de candidato ou de partido politico caracterizados:

   i) Por uma certa personalização carismática do poder[628];

europeu, mas na maior parte dos casos, como na França, Holanda e Alemanha, quedaram-se à "porta do poder", em razão da alta taxa de rejeição que ainda provocam em setores das classes médias e altas, para além das vicissitudes penalizadoras de certos sistemas eleitorais. Sem embargo, os mesmos partidos imprimiram mudanças expressivas nos sistemas de partidos e na sua estrutura.

[626] CAS MUDDE "The Populist Zeitgeist"-in "Government and Opposition"-Oxford-2004-p 542. O autor, que sendo considerado uma referência na matéria pelas habituais redes ou clubes transnacionais de politólogos que se citam e elogiam reciprocamente, é, no fundo, gerador de um *output* muito pobre e redutor na caracterização do conceito que pretende dissecar. Para ele entre a Frente Nacional, o Partido da Liberdade na Áustria e o antigo LPF holandês de Pym Fortuyn existe um elo que permite qualificar essas formações de populistas, embora não logre difícil definir o elo agregador que reconduziria esses partidos ao referido conceito.

[627] Exclui-se por exemplo de qualquer apreciação séria as banalidades pseudo-jornalísticas dos que, como PIERRE-ANDRÉ TAGUIEFF, ('Political Science Confronts Populism: From a Conceptual Mirage to a Real Problem', *Telos*, 103 (1995), p. 43) se limitam a referir que o populismo é um fenómeno patológico de xenofobia, racismo, demagogia e intolerância que corrompe ou envenena a democracia, sem lograr caracterizar de forma consistente e distanciada essa realidade.

[628] NADIA URBINATI "The Populist Phenomenon"em intervenção feita na "University of Chicago Political Theory Workshop" 2014, page 16 e seg. . (https://www.cairn.info/revue--raisons-politiques-2013-3-page-137.htm). Já HANSPETER KRIESI- TAKIS PAPPAS. ("European Populism in the Shadow of the Great Recession" ECPR Press- Colchester – 2015- p.

ii) Pelo uso de uma retórica demagógica, marcada por "clichés", "soundbites" e imagens simplistas colocados deliberadamente como alternativa à apresentação de um programa político de governo consistente e racional que em regra não existe[629];

iii) Por um discurso maniqueísta que segmentaria a sociedade entre "amigo e "inimigo" bem como uma visão anti-elitista que martelaria a ideia--chave, segundo a qual no Estado existe uma oposição natural entre o povo e uma elite político-económica corrupta e desacreditada, havendo que criar uma força que interprete e dê corpo à vontade popular sobre os grandes temas da vida política e económica[630];

iv) Por uma ideologia ligeira, flexível ou pouco vincada[631], adaptada aos desejos e à ativação dos instintos populares dominantes numa dada conjuntura, procurando captar o descontentamento, as frustrações, a raiva e os medos da cidadania e canalizá-los num projeto político alternativo, primeiro de protesto e, posteriormente,de poder[632].

Logo à partida, estes predicados começam por não ser convincentes quando os respetivos autores reconduzem o populismo a uma ideologia[633]. Uma ideologia envolve uma doutrina simplificada (§ 32), sendo que o populismo, atentas as características acabadas de examinar, pode incorporar qualquer ideário ou doutrina política, da esquerda à direita. Quando se afirma que o populismo incorpora uma ideologia

---

24) entendem que o populismo constitui uma estratégia para lideranças demagógicas e carismáticas alcançarem o poder. Para CAS MUDDE ("The Populist Zeitgeist"- op. cit, p. 544 e seg) o carisma ou a personalização seria um elemento usualmente presente nos movimentos populistas mas não essencial como atributo caracteriológico.

[629] ANDRÁS BÍRÓ-NAGY- GÁBOR GYŐRI -TIBOR KADLÓT ("Populism, the New Zeitgeist?- The situation of European populist parties in 2015"- Estudo da "Friedrich-Ebert-Stiftung Budapest" - October, 2015-p. 29(http://library.fes.de/pdf-files/bueros/budapest/12519.pdf)

[630] Cfr., algo nesta linha, CAS MUDDE "The Populist Zeitgeist"-op. cit, p. 543. e seg e THOMAS GREVEN "The Rise of Right-Wing Populism in Europe and the United States: A Comparative Perspective" Fredrish Ebert Stiftung-May 2016 (http://www.fesdc.org/fileadmin/user_upload/publications/RightwingPopulism.pdf)

[631] ANDRÁS BÍRÓ-NAGY- **GÁBOR GYŐRI** -TIBOR KADLÓT ult. loc cit, p. 7 e seg) referem-se à fina ou ligeira camada ideológica do populismo ("Thin ideology") citando, nomeadamente, o contributo de Ben Stanley, ("The Thin Ideology of Populism" in "Journal of Political Ideologies", Volume 13, Issue 1, 2008, page 108.)

[632] NADIA URBINATI p. 13.

[633] Rejeitando claramente a recondução do populismo a uma ideologia, ALAIN DE BENOIST "Le Moment (...)" op. cit p. 115

simplista ou "fina", não se define o objeto dessa ideologia, pelo que o populismo não pode ser uma ideologia sem conteúdo, ou uma ideologia de uma ideologia.

Podendo ter as suas primícias em diversas etapas históricas (mormente desde a República Romana), tendo sito utilizado por correntes políticas diversas e antagónicas e tanto em estratégias como em estilos pessoais de liderança ou campanha (através do uso do carisma, demagogia, maniqueísmo, exploração ou gestão de descontentamentos), parece evidente *que o populismo consiste num fenómeno político de massas e não numa ideologia*. Ele pode envolver estilos políticos, estratégias de poder ou a construção de formas de ação política, mas todas essas realidades podem ser ajustadas a qualquer ideologia ou até operarem sem ideologia alguma.

Por outro lado, os quatro atributos avançados supra § 343 não parecem exibir, conjuntamente, grande solidez. Isto, não só porque não são apenas apanágio de partidos radicais ou anti-sistema (candidatos ou partidos do chamado "mainstream" adotam estilos, estratégias ou ações eleitorais com algumas das características expostas), mas também porque diversos partidos radicais ou extremistas, crismados de populistas, não incorporam os sobreditos atributos. Vejamos pois.

Em primeiro lugar, existe uma tentação fácil em associar, num "melting pot", as formações quer de extrema-direita quer direita radical nacionalista europeia ao populismo, com as características acabadas de referir, associadas a alguma adjetivação estigmatizante, ligada ao racismo, xenofobia ou mesmo ao fascismo[634]. Trata-se de uma associação que é rejeitada por outros politólogos pelo seu reducionismo[635]. Com efeito, a extrema-direita ortodoxa raramente se enquadra nas referidas características, seja pela falta de carisma e apelo popular das lideranças, seja por exibir um discurso político compacto e pouco simplificado, seja ainda por ostentar uma ideologia densa e rígida, nem sempre ajustada às principais causas ou preferências populares, mas antes a nichos populacionais circunscritos[636].

Existem, é certo, formações híbridas que balanceiam o carisma da liderança e um discurso maniqueísta anti-elitista, com uma ideologia densa, as quais podem progredir para a captura uma franja relevante mas minoritária da população, pese que com grandes dificuldades de expansão a partir dessa fasquia[637].Por outro lado, as principais formações populistas europeias de viés soberanista e anti-imigração fazem presentemente uma profissão de fé na democracia e na rejeição dos diversos " fascismos", assim como de causas que lhes estão associadas (tais

---

[634] Decididamente o caso de CAS MUDDE ult. loc cit.

[635] Assim, GUY HERMET "Populisme et Nationalisme"- in "Vingtième Siècle"-56-1997-p. 34 e seg.

[636] Veja-se o caso da Aurora Dourada na Grécia, o NPD na Alemanha, o British National Party no Reino Unido, a "Nossa Eslováquia" na Eslováquia e o Attak na Bulgária.

[637] Caso do Jobbik húngaro, formação de extrema-direita nacionalista e anti-semita que disputa o segundo lugar em eleições com o Partido Socialista.

como o negacionismo do holocausto, o antesemitismo, a apologia de um Estado autoritário ou totalitário, as teorias raciais e a violência como modo de ação).

Em segundo lugar, certos partidos qualificados como populistas e com média ou grande dimensão eleitoral não têm presentemente lideranças carismáticas e o seu discurso, sendo maniqueísta relativamente a temas muito específicos (imigração e federalismo europeu) não é um discurso anti-sistema e anti-classe política (na lógica de "nós", o povo, e eles, "a classe política"), porque os mesmos partidos integram a própria elite política governativa[638].

Em terceiro lugar, alguns principais partidos de direita radical nacionalista[639], bem como de extrema esquerda "aggiornata"[640] e que exibem pretensões populares de alargamento da sua base de apoio, pese o facto de disporem de lideranças carismáticas[641] e, maioritariamente, desenvolverem um discurso maniqueísta contra a elite política e económica no poder, não exibem uma ideologia flexível e superficial, tendo construído antes um ideário razoavelmente denso e programático, que não se reduz apenas ideias simplificadas, utilizando pelo menos tantas simplificações eleitorais como os partidos do *mainstream*.

Em quarto e último lugar, a demagogia, definível como manipulação de massas através de promessas que não podem ser cumpridas, tanto pode integrar discursos de formações populistas como dos partidos do *mainstream,* sendo, para alguns autores, o caso da campanha do Brexit um exemplo lapidar[642]. Como demonstra-

---

[638] Na Polónia, o PIS assume a chefia de um governo na base de uma ideologia conservadora iliberal claramente definida e pormenorizada, sem um discurso simplificado e, atualmente, sem lideranças carismáticas na chefia do Executivo. A UDC/ SVP, nacionalista radical, é o principal partido da Suíça, integrando há muito o Governo e aumentando mesmo a sua representação parlamentar após a saída do seu velho líder carismático Cristoph Blöcher; o Partido Popular da Dinamarca, que tem um acordo de poder com o governo conservador, cresceu em popularidade depois da saída de líderes carismáticos, como Pia Kierkegaard; o Partido do Progresso da Noruega, já sem a liderança carismática de Carl Hagen, integra um governo com o Partido Conservador; o Partido dos Democratas Suecos avança em sucessivos atos eleitorais e nas sondagens sem liderança carismática, desejando participar no poder; e o Partido *dos Finlandeses* participa no Governo desse País e não é chefiado por uma liderança carismática. À esquerda, temos o exemplo do Syriza que governa a Grécia.

[639] Caso do FIDEZ na Hungria, dos Partidos da Liberdade holandês e austríaco, a Frente Nacional em França e a Liga Norte em Itália.

[640] É o caso do Podemos em Espanha e do movimento "France Insoumise"em França.

[641] Parece ser inegável que Órban, HC Strache, G. Wilders, Salvini, Tsipras e Pablo Iglesias são dirigentes carismáticos mas prosseguem um projeto ideológico de poder setorialmente estruturado, o qual não se esgota num fenómeno pessoal de liderança.

[642] ALAIN DE BENOIST (ult. loc cit, p. 115) critica a exibição do critério da demagogia como um atributo exclusivo dos populistas, exemplificando o seu uso regular pelos partidos tradicionais. Refere inclusivamente, o caso do discurso apocalíptico que rodeou a campanha

ram várias campanhas eleitorais portuguesas desde 2005, muitas das promessas eleitorais feitas aos cidadãos não foram cumpridas nem tinham necessariamente condições de serem cumpridas. Por outro lado, existem líderes e partidos ditos populistas que, na sua vertigem de instantaneidade, fazem questão de cumprir promessas aparentemente difíceis de concretizar no início do seu mandato[643]. Isto significa que existem quer partidos populistas quer partidos do *establishment* que utilizam a demagogia, e outros que não o fazem na mesma medida. Uma proposta radical dessas formações (tal como restrições à imigração, saída do euro ou legalização da eutanásia) pode assumir um conteúdo fraturante, comporta riscos de vária ordem, mas não é necessariamente demagógica, na medida em que possa ser fundamentada concretizada com um mínimo de êxito numa relação custo/benefício.

Haverá, pois, que renunciar a um conceito dogmático de populismo, pelo menos erigido na frágil base dos atributos expostos, sendo preferível adotar uma noção puramente referencial, relativamente abrangente e, ideologicamente, não preconceituosa.

344. O ponto de partida de uma definição pragmática de populismo pode ser extraído do "Cambridge English Diccionary" que o caracteriza como *o conjunto de ideias e atividades políticas destinadas a obter o apoio do povo comum, oferecendo-lhe aquilo que o mesmo pretende*[644].

Daqui resulta que, em democracia, um partido populista:

i) Intervém no jogo da democracia representativa visando obter um bom resultado eleitoral, pelo que o seu programa e discurso políticos devem ser dirigidos prioritariamente a uma parcela expressiva do povo comum, composta maioritariamente por eleitores descontentes, oriundos de diversas classes, portadores de desejos, queixas e ansiedades definidas, mas desprovidos de convicções ideológicas muito marcadas (sem prejuízo de o partido poder recorrer paralelamente como núcleo duro da ação política, a redutos ideológicos minoritários de pessoas já convencidas e mobilizáveis);

ii) Exibe uma aptidão para sensibilizar o povo comum por via de um ideário inteligível e condensado através de uma mensagem que privilegie as

---

do "remain" no referendo do Brexit como um exemplo de demagogia ostensiva das formações e lideranças do *mainstream*.

[643] Vide o caso dos partidos de governo húngaro, suíço e do próprio Presidente dos Estados Unidos.

[644] http://dictionary.cambridge.org/dictionary/english/populism

principais aspirações, insatisfações e medos desse setor do eleitorado, mobilizando para o efeito uma liderança fortemente personalizada (carismática ou não) que seja apta a transmitir propagandisticamente a referida mensagem de forma concisa, imagética, emocional e imediatista (ou seja, criando expectativas de realizações quase imediatas)[645];

iii) Privilegia estrategicamente um "inimigo" ou um adversário facilmente identificável e coincidente com algo ou com alguém valorado negativamente pela parte do eleitorado popular que é destinatário da sua mensagem e que pode consistir na elite política ou parte dela (estigmatizada como uma oligarquia ou uma casta endogâmicas que se apropriou da democracia), num poder económico e financeiro, num adversário externo ou supranacional, num fenómeno que provoca receio, num grupo político, social, religioso ou étnico, ou em vários deles combinados.

É a partir destes pressupostos amplos e flexíveis que se examinará o fenómeno populista contemporâneo.

C. O viés "populista" das principais formações da direita nacionalista europeia e norte-americana

a) Eixos de progressão na Europa

345. Os debates em torno dos chamados "populismos" protagonizados por partidos de direita nacionalista ou soberanista surgiram em função da sua gradual progressão eleitoral, após os debates em torno do Tratado Constitucional Europeu e a crise das dívidas soberanas. Trata-se de uma progressão que não é uniforme em todos os Estados (existem situações pontuais de recuo) mas que é visível como tendência em França, na Europa Nórdica e na Europa Centro-Oriental, bem como nos sufrágios para o Parlamento Europeu. Nestas formações incluem-se partidos filiados em diferentes grupos parlamentares do Parlamento europeu, mas excluem-se as formações de extrema-direita que perfilham um ideário não democrático ou próximo de práticas ou ideologias de matriz fascista.

---

[645] O Populismo dirige-se a um eleitorado exasperado pelo "tempo longo" da política. Oferece, em alternativa, ações concretas a desenvolver a curto/médio prazo. É a pressa da realização, bem presente no programa de Donald Trump para os primeiros 100 dias (posteriormente confrontado com fatores de travagem inerentes aos *checks and balances* do sistema político americano) que constitui um dos elementos mais sedutores da mensagem populista e, simultaneamente, uma das suas maiores fraquezas, na medida em que essa concretização instantânea ou nem sempre é realizável ou pode gerar políticas mal avaliadas.

O SISTEMA POLÍTICO

Embora exista uma pluralidade vasta de partidos da direita extra-sistémica, tomaremos apenas, como fonte de referência, os partidos radicais mais votados de viés soberanista na França, Reino Unido, Áustria, Holanda, Suíça, Polónia, Hungria, Itália, Dinamarca, Noruega, Suécia, Finlândia e Alemanha, neles se incluindo formações de ideologia próxima cuja definição como "populista" pode não resultar como inteiramente líquida.

Começando por recolher como referência uma parte dos dados ínsitos no quadro de András Bíró-Nagy- Gábor Győri -Tibor Kadlót para o Parlamento Europeu[646] observamos que, desde 2009, se registaram entre os referidos partidos, movimentos gerais de progressão e outros pontuais de regressão.

Partidos	Eleições de 2009 (PE)	Eleições de 2014
Frente Nacional (FN)	6,3%	24,9%
UKIP (RU)	16%	26,6%
Partido da Liberdade (AUS)	12,7%	19,5%
Partido do Povo (DIN)	15,3%	26,6%
Finlandeses (FIN)	9,8%	12,9%
Alternativa para a Alemanha	(-)	7,1%
Partido da Lei e Justiça (POL)	27,4%	32,3%
União Cívica Húngara-Fidesz (HUN)	56,3%	51,4%
Democratas Suecos (S)	3,2%	9,7%
Partido da Liberdade (HOL)	16,9%	13,2%
Liga Norte (IT)	10,2%	6,2%
Vlaams Belang (Bel)	9,8%	4,1%

De um modo geral, beneficiando do voto de protesto e da elevada abstenção no sufrágio europeu, 8 dos 12 partidos em referência obtiveram resultados percentuais na ordem dos 2 dígitos em 2014 (contra 6 em 2019); 5 resultados superiores a 20% (contra 2 em 2009); e 8 deles subiram os resultados em relação ao sufrágio anterior (contra 4 que desceram, embora na Hungria com perdas pouco relevantes para... a extrema-direita !).

Observe-se um quadro de evolução paralelo, nas eleições parlamentares registadas nos respetivos Estados:

[646] ANDRÁS BÍRÓ-NAGY- GÁBOR GYŐRI -TIBOR KADLÓT ult. loc cit, p.22 e seg

Partidos	Eleições (Parl)	Eleições Parl)	Eleições (Parl)
Frente Nacional (FN)	(2007) 4,2% (1ª volta)	(2012) 13,6% (1ª Volta)	(2017) 13,2(1ª volta)
UKIP (RU)	(2010) 3,1%	(2015) 12,6%	(2017) 1,8%
Partido da Liberdade (AUS)	(2006) 11%	(2008) 17,5%	(2013) 20,5%
Partido do Povo (DIN)	(2011) 12,3%	(2015) 21,1%	
Finlandeses (FIN)	(2011) 19,5%	(2015) 17,6%	
Alternativa para a Alemanha (AL)	-	(2013) 4,7%	
Partido da Lei e Justiça (POL)	(2011) 29,9%	(2015) 37,6%	
União Cívica Húngara-Fidesz (HUN)	(2010) 52,7%	(2014) 44,8%	
Democratas Suecos (SUE)	(2010) 5,7%	(2014) 12,9%	
Partido da Liberdade (HOL)	(2010) 15,4%	(2012) 10%	(2017) 13,1%
Vlaams Belang (BEL)	(2010) 7,8%	(2014) 3,6%	
Liga Norte (IT)	(2009) 10,6%	(2014) 6,2%	

Nos 12 partidos referidos, registou-se uma progressão significativa em 6 (sem prejuízo de momentos de estagnação como em França no ano de 2017), um movimento pendular de recuos e avanços num deles (Partido da Liberdade da Holanda), um recuo pouco relevante noutro (Fidesz da Hungria, cujas perdas beneficiaram o Jobbik de extrema-direita), avanços e recuos espetaculares (UKIP) e recuos em três, dois dos quais regionalistas (Liga Norte, Vlaams Belang e *Finlandeses*[647]).

[647] Os recuos em dois partidos parecem ser pendulares. É o caso da Liga Norte cujas sondagens realizadas entre janeiro e abril de 2017 o estabiliza numa média de cerca de 12% (https://en.wikipedia.org/wiki/Opinion_polling_for_the_next_Italian_general_election) e do Vlaams Belang cuja média das sondagens realizadas na Flandres em 2017 o situa na ordem

O SISTEMA POLÍTICO

Importa referir que a progressão geral assinalada tem tido outras expressões concomitantes em sufrágios locais e regionais em França, em Itália, na Áustria (em que o Partido da Liberdade integra o governo de dois estados federados em coligação, seja com conservadores, seja com sociais democratas, depois de subidas expressivas) e, especialmente, na Alemanha, onde o AfD, até maio de 2017, obteve representação em 13 de 16 estados atingindo em alguns deles os dois dígitos percentuais. No caso do UKIP o seu objetivo central de saída da União europeia completou-se com o referendo do Brexit, tendo nas eleições antecipadas de 2017 o seu eleitorado sido quase totalmente absorvido, pelos partidos conservador e trabalhista (estranhamente os trabalhistas beneficiaram de uma transferência maioritária de votos do partido populista). O partido eurocético, esgotado o seu objeto principal de ação política e desprovido do seu líder carismático, Farage, virtualmente desapareceu do mapa (tendo descido de 12,6% para 1,8%) e não elegeu deputados. Uma expressão visível da mesma progressão e dos seus limites foi dada com a presença da Frente Nacional na segunda volta das eleições em França tendo a candidata Marine le Pen derrotado na primeira volta, os candidatos dos partidos do *mainstream* (gaulistas e socialistas), sendo travada na segunda volta por uma frente de rejeição forte em favor do centrista Macron, quedando-se em 34 % dos votos. A quebra do impulso e dissidências internas fizeram o partido estagnar nas legislativas do mesmo ano, obtendo sensivelmente a mesma votação do que em 2012, na primeira volta.

Num breve apontamento, complementar, no espaço da Europa Ocidental não integrada na União Europeia, o Partido do Povo da Suíça (UCD/SVP), há muito no Governo, cresceu de uma votação de 26,6%, em 2011, para 29,6%, em 2015. Na Noruega, o Partido do Progresso, pese o recuo obtido em face de sufrágios anteriores[648], integra a coligação de Governo.

b) Causas de progressão eleitoral e pontos cardeais do discurso do chamado "populismo de direita"

346. Com antecedentes diversos em distintos Estados europeus, o facto "fundacional" do movimento populista de recorte soberanista ocorreu em 2005,

---

dos 11% (http://www.electograph.com/p/electomonitor.html#Germany). Estes dois partidos são regionais e de vocação fortemente autonomista ou separatista. Já o Partido Finlandeses, integrado no governo, experimenta uma considerável descida nas sondagens (http://www.electograph.com/p/electomonitor.html#Germany).

[648] O Partido caiu de 22,9%, em 2009, para 16,3% em 2013, em parte pela substituição do seu líder histórico e muito popular Carl Hagen, que se retirou por motivos de idade, pela líder menos apelativa Siv Jensen.

com a vitória do "não" em França e na Holanda contra o Tratado Constitucional Europeu, em que os eleitores, conduzidos por líderes dissidentes dos partidos do sistema, por intelectuais e por partidos e movimentos extra ou anti-sistémicos, derrotaram as maiorias parlamentares favoráveis ao tratado[649]. A conservação no "Tratado de Lisboa", não referendado, de muitas componentes do tratado rejeitado gerou uma contestação surda de ordem nacionalista que foi crescendo e espalhando-se por vários Estados. Subsequentemente, com a crise das dívidas soberanas, a mundialização político-financeira e o êxodo migratório, juntaram-se outros fatores de catálise ou impulsão.

Sintomaticamente, os Estados onde os partidos populistas mais cresceram foram coletividades economicamente prósperas como a Áustria e os Países escandinavos.

Sem que se pretenda dar a esta rubrica o desenvolvimento que ela careceria, importa sintetizar dez razões principais, que podem ajudar a entender da progressão ou consolidação das formações políticas em análise.

1º. *A crise migratória extra-europeia.* O fluxo migratório crescente e posteriormente descontrolado, oriundo de Países não europeus, africanos e asiáticos, com relevo para Estados islâmicos, gerou uma reação identitária destes partidos nacionalistas que exigiram num primeiro momento, severas restrições à política migratória nacional e europeia e, posteriormente, com o "êxodo bíblico" de refugiados em 2015, a criação de barreiras, a adoção de medidas expulsórias e a proposta de saída do espaço Schengen. A imigração oriunda de África e do mundo islâmico, massiva, mal acolhida e mal gerida, propiciou em muitos bairros populares fenómenos de delinquência, insegurança e segregação, tendo sido equiparada por estes partidos a uma "invasão" e a uma forma larvar de destruição das tradições que cimentavam a coesão nacional, tendo-se transformado no tema principal do seu programa política, no contexto de uma visão dicotómica "amigo/inimigo".

O facto de o impacto da questão migratória constituir um dos temores centrais dos cidadãos em sondagens de opinião[650] permitiu a estes partidos um discurso ideológico e emocional sobre a política de afluxo e permanência na U.E. de estrangeiros extra-europeus.

2º. *O Multiculturalismo.* Como formações nacionalistas, os partidos em análise reagem contra a miscigenação da cultura tradicional dos respetivos Estados com outras culturas e fenómenos religiosos que advêm do problema migratório,

---

[649] Assim ALAIN DE BENOIST ult. loc cit, p. 14.
[650] ALAIN DE BENOIST refere sondagens em que 80% dos franceses consideram a má política migratória um problema (ult. loc cit, p. 14). De acordo com o "Eurobarómetro", o terrorismo (44%) e a imigração (38%) constituíram em 2017, os dois temas que mais preocupam os europeus, seguindo-se a situação económica num distante terceiro lugar (18%).

os quais estimam como corrosivos da identidade nacional. Em especial, a reação contra o islão fundamentalista ou tornado visível no espaço público converteu-se, depois da crise migratória em 2015 e dos atentados terroristas na Alemanha, Bélgica, Reino Unido e França, num fenómeno de rejeição psicológica instintiva de uma parte da população que os media designam de "islamofobia". A reação de setores populares contra símbolos religiosos muçulmanos que exibem uma iconografia de "poder e conquista" (bem expressa no debate travado no referendo suíço que proibiu novos minaretes) e contra cidades e bairros tradicionais convertidos em espaços de fisionomia islâmica abriu eixos de alargamento da base social de apoio desta tendência política.

Outras situações iconográficas que encheram primeiras páginas de jornais, como proibições de cerimónias pascais ou natalícias em escolas públicas e em municípios com forte presença migratória geram reações por vezes violentas da população que não deixaram de adubar o discurso populista.

3º O terrorismo islâmico. A eclosão de atentados terroristas de movimentos extremistas islâmicos depois do 11 de setembro de 2001 reforçou-se com o surgimento do "Estado Islâmico" e com a crise dos refugiados, criando um novo tipo de terror que seleciona imprevisivelmente, em qualquer lugar ou momento, objetivos civis, de modo a provocar um grande número de vítimas, tendo como objetivo criar um clima de insegurança total[651]. O temor do terrorismo de massas, elencado como uma das principais preocupações dos cidadãos europeus associado a uma certa impotência ou ineficiência aparente de uma ação preventiva Estado[652], levou os partidos da direita nacionalista a liderarem o tema na opinião pública, ligando-o ao fenómeno migratório[653].

---

[651] JOHN B. JUDIS ("A Explosão do Populismo"-Lisboa-2017-p.130) associa o aumento da imigração extra-europeia, mormente islâmicam, ao aumento do terrorismo, focando o caso do Charlie Hebdo em janeiro de 2015, os ataques de novembro do mesmo ano em Paris, as explosões bombistas na Bélgica em 2016, os atentados de Nice no mesmo ano, e outros atentados na Alemanha.

[652] Acumulam-se críticas à ausência de medidas expulsórias a clérigos radicais islâmicos e pessoas já "fichadas" na polícia porque identificadas como potencialmente perigosas. O *Telegraph* (25 de Maio de 2017) criticou o facto de o autor das bombas no estádio Arena de Manchester ter sido previamente denunciado à polícia, nada menos 5 vezes em razão da sua conduta potencialmente radical e violenta, inclusivamente por membros da comunidade islâmica e familiares e feito deslocações à Síria e Líbia, sem que as forças de segurança tivessem tomado medidas apropriadas.

[653] Num período de esmaecimento do AfD em Maio de 2017, o vice-presidente dessa formação populista, Gauland, associou numa espécie de lamento implícito, a menor atração do seu partido, ao facto de a imprensa ter deixado de dar tanto relevo ao êxodo migratório e ao fenómeno terrorista.

4º. *O Federalismo europeu*. A marcha federalista da União europeia foi formalmente travada em referendos realizados na França e Holanda em, 2005. O facto é que a continuação dessa federalização, em políticas comerciais, orçamentais, bancárias, administrativas e de imigração, coincidentes com a crise das dívidas soberanas e os seus impactos sociais em toda a Europa estimulou uma perceção de enfraquecimento e descrédito da União Europeia na opinião pública. Os partidos nacionalistas de Estados mais ricos, como a Alemanha, Holanda, Dinamarca, Suécia, Finlândia e Áustria cavalgaram um discurso hostil a que os rendimentos dos contribuintes fossem canalizados para Estados "despesistas" da Europa do Sul. Já noutros Estados, como o Reino Unido e a França, a deficiente política comum de imigração, os custos sociais e económicos da moeda única, as despesas com o orçamento, sensibilizaram junto de um setor da população, um desejo de saída.

O nacionalismo económico[654] e o discurso crítico da presente formatação da U.E, facilmente tornada responsável por todo o tipo de dificuldades económicas, securitárias e sociais, bem como de intrusões tidas como excessivas na autodeterminação dos Estados passou a consolidar-se. Uns pretendem reformar a União, devolvendo competências aos Estados-membros (Partido da Liberdade austríaco e alguns partidos escandinavos), outros juntam esse desiderato ao fim do euro (AfD alemão) e outros reclamam a pura e simples saída da União, com a criação de uma associação estadual distinta (UKIP, FN e Partido da Liberdade holandês).

5º. *A globalização migratória, financeira e comercial e os seus impactos negativos*. O fenómeno da "mundialização", ou seja, da globalização de pessoas, capitais, informação e mercadorias tem necessários impactos no desemprego de cidadãos nacionais[655], no encerramento de pequenas e médias empresas (por força da concorrência de produtos a mais baixo custo oriundos de mercados asiáticos) e no desmantelamento de grandes grupos nacionais (adquiridos e vendidos no mercado por fundos financeiros nacionais e transnacionais).

Em potências de grande e média dimensão, como os Estados Unidos, Reino Unido e França, a respetiva incapacidade de se ajustar à globalização económica parece ter ficado evidenciada nos pesados défices na balança de transações correntes, geradores de dívida e de contrações prestacionais, em contraste com as potências asiáticas e a Alemanha, as verdadeiras ganhadoras do processo[656]. Não

---

[654] Cfr. JOHN B. JUDIS ult. loc cit, p.143.
[655] Com a robotização, as deslocalizações de industrias para Estados euro-asiáticos e com a concorrência de mão de obra especializada ou mais barata nos seus próprios países, oriunda da imigração.
[656] No ano de 2016, os Estados Unidos registaram um deficit de -476 biliões de dólares na Balança de transações Correntes, o Reino Unido -138 biliões e a França – 27 biliões. Já a China obteve um excedente de 294 biliões e a Alemanha de 218 biliões.

será deste modo estranho que fortes movimentos populistas como os de Donald Trump ou no Brexit tenham tido uma dimensão tectónica, com apoios relevantes no capitalismo produtivo nacional.

Existe, por conseguinte, um discurso social e protecionista da larga maioria dos partidos da direita nacionalista contra a globalização, de forma a captar o interesse de eleitores que se situam entre os "perdedores" do processo globalizante e esquecidos pelo sistema económico e social[657].

6º *A esclerose da democracia representativa e fenómenos de deslegitimação da classe dirigente*. A sintomatologia de crise da democracia representativa já abordada neste escrito (§ 88) tem gerado uma abstenção crescente de uma franja de cidadãos cujos interesses não são acautelados pelos chamados partidos do sistema ou do arco da governação. O afastamento entre um poder formado por uma cartelização de partidos do *mainstream* e setores da cidadania tem sido capitalizado por partidos da designada direita populista. Estes atuam, seja captando nos seus programas e no seu discurso político *temas geradores de insatisfação desse setor do eleitorado*, seja estimulando a *democracia direta*, como modo a levar o povo a deliberar sobre temas do seu especial interesse, contornando um circuito parlamentar dominado pelos partidos tradicionais. O paradigma referendário encabeçado com êxito pela UDC/SVP suíço tem recebido acolhimento programático nos restantes partidos.

Paralelamente, os partidos da direita radical, que até agora têm estado afastados do Governo através de "quarentenas", "cordões sanitários" e "frentes republicanas" formadas pelos restantes partidos, acentuam no seu discurso político a dicotomia amigo/inimigo integrada pelo binómio *povo vs classe política* ou *elite*. Trata-se de uma narrativa com especial eco em tempos de crise económica e desigualdade social, em que se multiplicam escândalos envolvendo dirigentes dos partidos do sistema que oxidam a legitimação da classe dirigente e generalizam uma imagem de captura dos seus elementos pelo mundo dos interesses económicos.

---

[657] Cfr JOHN B. JUDIS ult. loc cit, p. 133 (sobre a revolta dos "deixados para trás) no voto britânico no UKIP e no Brexit. A retórica anti-neoliberal, hostil a tratados transnacionais de comércio livre, protecionista das empresas nacionais e restritiva dos poderes financeiros transnacionais, transformados pelos populistas num inimigo objetivo da dignidade das pessoas, do emprego de nacionais e da sobrevivência das economias autóctones, passou a ter uma audiência popular própria quer junto de setores conservadores quer junto de setores de esquerda, mormente de desempregados e operários. A União Europeia é, neste ponto, objeto de uma forte crítica, na medida em que é tornada cúmplice dessa estratégia de mundialização política, financeira e económica juntamente com outras organizações como a OMC, o FMI e o G8. A ideia de que existiria um círculo oculto por detrás desta estratégia tendo em vista um "governo global" destinado a destruir a independência dos Estado começa a ser ventilada nas redes sociais afetas a estas formações.

Este discurso anti-sistema é, contudo, muito mais mitigado nos partidos desta natureza que alcançam o poder (caso do Fidesz na Hungria e o PIS na Polónia) ou que o partilham em funções de governo (situação dos *Finlandeses* no Executivo desse País e, fora da UE, do SVP na Suíça e do PP na Noruega). Outros, ainda, atenuam a radicalidade da dicotomia porque estimam estar em condições para entrar no Executivo em coligação (caso do Partido da Liberdade na Áustria) e outros ainda ficam numa posição de meio termo (exemplo do Partido Popular dinamarquês que recusou entrar no Governo mas apoia mediante um acordo parlamentar um Executivo conservador).

7º *A defesa do Estado Social.* O desmantelamento ou retração de componentes prestacionais relevantes do Estado social na saúde, educação, segurança social e subsídio de desemprego como efeito da adoção de políticas neoliberais ou de rigor financeiro tem criado reações de temor e protesto por parte dos perdedores dessas políticas, nomeadamente pensionistas, trabalhadores e jovens desempregados. Na lógica do discurso anti-imigração, anti-globalização e de protecionismo económico, os partidos em análise incorporam as aspirações e receios desses setores populares e defendem o reforço do Estado social para nacionais com preferências claras e o corte de apoios sociais a imigrantes, asilados, a Estados em desenvolvimento. A preferência nacional nos apoios sociais encontra-se no topo das agendas político-programáticas.

8º. *Democracia e recusa do antissemitismo.* Os partidos deste universo político defendem escrupulosamente as regras formais da democracia representativa e direta, incluindo os que assumem, quando no governo, um viés mais iliberal (o Fidesz e o PIS). Todos, quase sem exceção, ao pretenderem afastar conotações com a extrema-direita anti-semita que a imprensa adversa sempre explora, deslocam com frequência os seus dirigentes a Israel, onde realizaram autênticas "romarias" em favor da defesa do Estado Judaico (as quais subentendem, estrategicamente, uma aliança contra um inimigo comum que seria o islamismo). Internamente, tem havido repetidas reações sancionadoras contra militantes e dirigentes que exibam posições abertamente racistas, anti-semitas ou negacionistas do holocausto[658].

Este discurso democrático e de exorcismo de fantasmas oriundos da II Guerra Mundial visam construir uma imagem apresentável junto do eleitorado. Essa imagem é sobretudo imprescindível para partidos populistas que constituem refundações de partidos de extrema-direita, como é o caso da Frente Nacional (FN) ou do Vlaams Belang. Já outras formações que derivaram de partidos do centro-direita, como o AfD alemão e o Partido da Liberdade na Áustria, utili-

---

[658] Caso dos Partidos da liberdade austríaco e holandês, da Frente Nacional e com um êxito incerto e duvidoso, no AfD alemão.

zam este discurso para evitar a progressão no partido de grupos e personagens "entristas" de extrema-direita.

9º Dimensão securitária.

As questões ligadas à imigração ilegal, ao aumento da delinquência e ao terrorismo unem todos estes partidos numa política restritiva de novos fluxos migratórios, de expulsão de imigrantes ilegais, com antecedentes criminais ou suspeitos de práticas políticas extremistas, o aumento da idade mínima para a responsabilização criminal e o reforço de recursos na luta contra o terrorismo, advogando--se a retirada da nacionalidade a pessoas envolvidas em práticas dessa natureza.

10º Politica exterior com abertura a Leste e defensora de um não intervencionismo externo

A generalidade destes partidos defende um não intervencionismo em Estados periféricos na bacia do Mediterrâneo e Médio Oriente e um afastamento em relação aos Países árabes do Golfo que financiam, nos seus territórios, agrupamentos religiosos. Propugnam uma aproximação à Federação Russa (de onde têm obtido algum apoio material), mantendo uma larga parte dos mesmos uma boa relação com o partido governamental *Rússia Unida,* uma formação conservadora, nacionalista e iliberal. Pelo facto de considerarem que a anexação da Crimeia é um facto consumado, sustentam o levantamento das sanções da U.E. à Rússia, alegando que prejudicam os produtores nacionais, especialmente as pequenas e médias empresas. Na generalidade, todos os partidos defendem, mais ou menos abertamente, a substituição da União Europeia por uma nova associação de estados soberanos.

c) Diversidades na "galáxia populista"

347. Atentando nas 12 formações políticas tomadas como referência supra, no quadro da União Europeia, e configuráveis como de direita nacionalista e que, maioritariamente, incorporam um viés populista, verifica-se que as mesmas adotam, em grau mais ou menos intenso, todas as características discursivas examinadas na rubrica precedente.

Isto não significa que não ostentem especificidades próprias e que, por razões de estratégia, imagem e ideosincrasia não pertençam a grupos parlamentares diversos do Parlamento Europeu ou em organizações internacionais.

Por exemplo, no plano económico e social, a Frente Nacional é claramente anti-União Europeia, tem um programa vincadamente intervencionista, protecionista e defensor da despesa pública bem como uma filosofia republicana, laicista e pouco intrusiva em costumes individuais e familiares. Em contraponto, o AfD alemão revela ser bem mais liberal no seu programa económico.

No que concerne à garantia dos direitos fundamentais, o Partido da Liberdade Holandês é o mais vocal na defesa das liberdades individuais, mormente a liberdade de expressão e os direitos das mulheres e das comunidades homossexuais. Diversamente o PIS polaco é claramente mais autoritário na restrição a liberdades públicas, exibindo a sua matriz católica e tradicionalista.

Uma boa parte dos partidos em exame é vincadamente unitarista e centralista (como a Frente Nacional ou o Partido do Povo Dinamarquês) enquanto outros consistem em formações acentuadamente autonomistas ou separatistas implantadas em regiões especificas (Liga Norte e Vlaams Belang), havendo terceiros fortemente descentralizados e dependentes de lideranças regionais (AfD).

A maioria dos partidos descritos prefere associar-se numa fraternidade soberanista e anti-imigratória radical, enquanto outros preferem suavizar a imagem e o discurso e lançar pontes para o universo conservador (caso do UKIP, dos "Finlandeses", dos *Democratas* suecos e do *Partido do Povo* da Dinamarca) e outros ainda dispersam-se em vários setores (AfD alemão).

No Parlamento Europeu, o grupo parlamentar ideologicamente mais coeso, formado em 2015, é o da *"Europa das Nações e das Liberdades"* que agrupa a FN, os Partidos da Liberdade holandês e austríaco, a Liga Norte, o Vlaams Belang, o Congresso da Nova Direita (Polónia), um elemento do AfD alemão e 3 independentes (um inglês, um romeno e um italiano).No grupo dos *"Conservadores Reformistas"*, nacionalista moderado, soberanista e eurocético, o qual integra o Partido Conservador britânico, associaram-se os deputados do *Partido Popular* da Dinamarca, o PIS da Polónia e os "Finlandeses".No grupo da *"Europa da Liberdade e da Democracia Direta"* alojou-se o UKIP, os Democratas Suecos e 1 deputado do AfD alemão. Finalmente no próprio *"Partido Popular Europeu"* (que agrupa conservadores moderados, cristãos - democratas e sociais democratas do centro, como o PSD português) integra-se o poderoso partido conservador social e iliberal da Hungria, o Fidesz.

d) Limites e vias tendenciais de progressão dos partidos da chamada direita radical populista na Europa

i) Das estratégias de contenção e da respetiva eficácia

348. Considerando diversos politólogos que as estratégias populistas dos partidos de direita nacionalista constituem um risco para a democracia, na medida em que, no seu entendimento, estariam ligadas a discursos de ódio ("hate speech"), xenofobia e sectarismo anti-europeu, os mesmos autores ensaiaram remédios ou

estratégias contra a sua progressão eleitoral[659].Cumpre examinar algumas delas e testar a respetiva solidez.

1º. A *estratégia da "quarentena" ou "cordão sanitário"*.

Estamos diante do mais velho antídoto das formações do *mainstream* em aliança inclusivamente aos partidos de esquerda marxista, e que consiste num discurso de "demonização" da direita populista e numa recusa concertada em estabelecer com a mesma alianças pré-eleitorais, coligações ou até desistências. Trata-se de um remédio que tem funcionado com relativo êxito na Bélgica, na Holanda, na Alemanha e sobretudo em França, com forte penalização da FN nas parlamentares, pois, tal como observámos, a "quarentena" permitiu reduzir o terceiro partido nacional em sufrágios, à dimensão de dois a oito deputados.

O remédio do cordão sanitário, tem uma eficácia relativamente duradoura enquanto a quarentena dura por consenso dos restantes partidos. E mesmo quando enfraquece, pela desistência ou indiferença de um deles, deixa sempre um lastro negativo na imagem do partido populista, um estigma de temor público que o prejudica, mesmo que tenha um bom resultado eleitoral, já que é confrontado uma elevada taxa de rejeição que prejudica o seu desempenho geral, as suas potenciais coligações e as suas candidaturas para cargos unipessoais em segundas voltas[660].

A prática política demonstra que os cordões sanitários do *mainstream político* começam a deslaçar quando esses partidos, em face de uma crescente erosão ou um mau desempenho eleitoral são forçados a coligar-se entre si, em governos de "bloco central" ou em coligações ditas "arco-iris" ou "jamaicanas", como na Bélgica e Holanda, onde figuram, a par de partidos de centro-direita e centro--esquerda, formações ecologistas, esquerdistas e populistas inofensivas. Este tipo de coligações logra sustentar-se com apoio dos grandes grupos de *media*l liberal, mas a sua continuidade indefinida no poder com um programa comum forçado e por vezes sem unidade, elimina a alternância entre partidos moderados do sistema, faz crescer os partidos dos polos extremos como única oposição, neles compreendidos os partidos de direita os quais jogam com a sua vitimização, o fraco desempenho, os escândalos e as fissuras típicas de um governo diversiforme.

Na Áustria, as eleições presidenciais de 2016 afastaram na primeira volta os candidatos dos partidos tradicionais (coligados no Governo) e colocaram frente

---

[659] ANDRÁS BÍRÓ-NAGY, GÁBOR GYŐRI AND TIBOR KADLÓT ult. loc cit, p. 6 e seg; THOMAS GREVEN "The Rise of Right-wing Populism in Europe and the United States"- A Comparative Perspective op. cit, p. 6.

[660] A criação de uma taxa expressiva de rejeição dificulta a eleição de deputados em sistemas maioritários, nas segundas voltas de eleições parlamentares, regionais e sobretudo presidenciais, como foi o caso de Nortbert Hofer na Áustria em 2016 e Marine Le Pen em França, em 2017.

a frente um candidato do Partido da Liberdade e um candidato ecologista. Observe-se, igualmente, o que sucedeu nas eleições presidenciais em França e nas legislativas subsequentes. O "cordão sanitário" não impediu a FN de crescer colocando-a como contraponto a todos os restantes partidos nas presidenciais de 2017, em que os candidatos das duas grandes formações partidárias (PS e Republicanos) que rodaram no poder durante anos, foram vencidos pela candidata da Frente Nacional que passou à segunda volta contra um candidato independente de centro com um viés populista, com o qual perdeu. O resultado foi a desagregação ou o desempenho medíocre dos partidos tradicionais nas legislativas de junho, um Parlamento atomizado com uma aliança centrista quase hegemónica, mas com uma FN dividida e incapaz de capitalizar nas eleições legislativas os 33% de votos obtidos nas presidenciais.

2º. *A estratégia da ilegalização.* Na Bélgica, quando o nacionalista *Vlaams Blok* (entretanto colocado em quarentena) chegou, em 2004, ao patamar 21% dos votos nas eleições federadas realizadas na Flandres, os partidos do establishment decidiram ilegalizar a formação separatista flamenga nesse mesmo ano, com estranha cobertura judicial, em razão do seu discurso "islamófobo". O novo partido reformado que renasceu das suas cinzas, o *Vlaams Belang* acabou por descer na sua votação por força do impacto público desse ato de perseguição política, do afastamento voluntário do carismático e controverso Philippe de Winter (ameaçado de sanções penais), pela viragem à direita do NVa (conservadores da Flandres) que se apropriou do discurso separatista em tom mais moderado. Não tendo defendido posições contrárias à democracia nem atuado violentamente, a ilegalização do VB constituiu um ato típico de autocracias (curiosamente, nem as democracias autoritárias e iliberais europeias da Hungria à Rússia o utilizaram nestes termos), não impedindo esse facto que, dez anos depois, o partido retomasse gradualmente alguma subida nas sondagens para perto dos dois dígitos. Na Alemanha iniciou-se uma via repressiva mais mitigada contra o AfD, movendo-se processos judiciais contra dirigentes que incorreriam em "hate speech"

3º. *Apropriação parcial da narrativa das formações populistas.* Trata-se de uma tática que tem sido utilizada por partidos conservadores e até sociais-democratas e consiste em incorporar parcialmente temas do discurso populista, nomeadamente no que respeita ao multiculturalismo, ao securitarismo e a políticas restritivas da imigração relativamente a fluxos fora da Europa. Tal foi utilizado pelo gaulista Nicolas Sarkozy em França, pelo Primeiro-Ministro social-democrata da Eslováquia, Fico (como forma de travar a extrema-direita), pelo OVP (conservadores austríacos na linha do ambicioso Ministro dos Negócios estrangeiros Kurtz) e pela coligação liberal-trabalhista na Holanda até 2017, liderada por Marc Rutte, que chegou a condenar publicamente o multiculturalismo como filosofia pública..

Essa estratégia, temida e combatida pelas internacionais socialista e cristã-
-democrata, acaba por permitir fixar no mainstream o eleitorado conservador
que defende essas causas evitando a sua dissipação nos "partidos populistas" e
deter o poder a curto prazo (situação clara no caso da Holanda e da Eslováquia).
Contudo, a mesma tem como consequência, para lá da legitimação pública da
agenda "populista"a perda de votos seja para a esquerda, seja para os populistas
de direita (já que o eleitorado alvo prefere o discurso genuíno, tendo os sociais
democratas eslovacos recuado e Partido trabalhista holandês quase desaparecido).

Com efeito, o crescimento potencial dos partidos "populistas" da direita nacionalista deriva, presentemente, de fatores como a rejeição de parte dos cidadãos
do multiculturalismo e da imigração de terceiros estados, o medo do terrorismo
de massas, os excessos federalizantes e intrusivos da União Europeia e de frequentes casos de corrupção e tráfico de influências que assolam dirigentes dos
partidos do *mainstream*. A adoção de políticas consistentes que solucionem ou
mitiguem significativamente estes problemas constituiria, em tese, um limite à
progressão do movimento populista. Contudo, na medida em que os partidos
do sistema façam politicamente suas as políticas populistas, podem alterar sua
natureza e fisionomia causando uma vitória interposta dessas mesmas formações, como para já, foi o caso do UKIP no Reino Unido, em relação ao Partido
Conservador, que adotou parte da sua agenda e incorporou uma parcela do seu
eleitorado (tendo crescido de 36,8% em 2015 para 42% em 2017, pese ter perdido
a maioria absoluta, devido a derrotas em 13 círculos).

4º. *Integração dos partidos "populistas" como parceiros de uma coligação de governo ou de um acordo parlamentar governativo.*

Uma estratégia, ainda minoritária, de certos partidos do "arco da governação", consiste em integrar certas formações "populistas" de direita em responsabilidades governativas, a nível nacional, obrigando-as a agir dentro do sistema,
a resolver problemas concretos que não se compadecem com a retórica e a assumir responsabilidades pela execução das políticas públicas. No fundo, intenta-
-se dar-lhes uma experiência governativa mediante vigilância, submetendo-os
à usura do poder e liquefazendo a sua aura messiânica, ganha num estatuto de
oposição permanente. E, na verdade, quando raramente integram o poder passam, frequentemente, a confrontar-se com realidades de ordem externa que não
lhes permitem executar o seu programa soberanista e a expor-se a aparelhismos
e vícios do establishment, que corroem a dimensão idealista da sua mensagem,
chegando a ser atingidos pelos mesmos pecados de captura do político pelo poder
económico, dececionando os eleitores.

Por exemplo, o grande problema dos partidos populistas de direita nórdica
(Democratas Suecos e populares Dinamarqueses) é o de, quando fraturam cordões sanitários, poderem crescer o suficiente e "adoçarem" o seu programa para

poderem serem aceites, como parte de uma coligação com os partidos do centro-direita (os partidos burgueses). Até agora, quando obtém uma votação superior a estes, a solução tem sido outorgar um acordo parlamentar em que suportam o Governo sem integrar uma coligação (Dinamarca), o que os transforma em "veto players" qualificados mas não lhes atribui o poder real nem a liderança.

Existem três cenários de integração: *o de parceiro menor de uma coligação, o de parceiro de um acordo parlamentar e o de líder de uma coligação.*

A nível de integração como parceiro menor de uma coligação pós-eleitoral, essa estratégia foi utilizada na Áustria (coligação conservadores/ Partido da Liberdade em 2000), na Itália com a Liga Norte (que integrou uma coligação liderada pela *Forza Italia* conservadora de Berlusconi), na Finlândia no tempo presente e, fora da U.E., na Noruega (coligação entre os conservadores e o Partido do Progresso).

Foi, até agora, o antídoto mais eficaz contra a progressão da direita populista. Sempre que os partidos de direita nacionalista operaram como parceiros menores sem liderar a coligação, todos baixaram as suas votações em eleições nacionais, locais ou então nas sondagens. A necessidade de legitimação pela participação no governo levou-os a uma partilha assimétrica do poder, tendo de enfrentar o desgaste político.

Para o Partido da Liberdade austríaco, a coligação com os conservadores do ÖVP em 2000 foi eleitoralmente desastrosa. Apesar de terem obtido mais votos que o ÖVP, foi este partido que passou a liderar o Governo através do chanceler Schüssel e tanto este como a Ministra dos estrangeiros, Benita Ferrero Waldner cortaram quaisquer veleidades soberanistas quanto a alterações na política europeia. Por imposição presidencial, o então líder carismático do Partido, Haider, não integrou o Governo e em breve, como Governador da Caríntia, exibia as suas discordâncias com o Executivo e com a sua nº 2 (a Vice-Chanceler Susane Riess-Passer). A estas divisões partidárias somadas aos encargos da governação, foi ainda aditada a conduta imponderável da sua " jovem estrela", o Ministro das Finanças Heinz Grasser, que se separou do partido ainda em funções e se envolveu num caso de corrupção, centrado na venda de bens públicos, pelo qual foi criminalmente indiciado em 2016, depois de vários anos de investigação.

Também o partido "Finlandeses" desde que integrou uma coligação de centro-direita e foi dado ao seu líder, Timo Soini, a pasta dos Negócios Estrangeiros, passou a operar como um partido do establishment pelo que a recusa da Nato, o ré maior do seu euroceticismo bem como as ameaças contra resgates aos países do sul atenuaram-se substancialmente. Consequentemente o seu protagonismo nas sondagens caiu, bem como o seu desempenho em eleições locais.

Aquando de acordos parlamentares que apoiam um governo minoritário sem o integrar (conservando o partido populista um "pé dentro e outro fora"), estas formações são penalizadas quando abandonam o acordo e fazem cair o Governo (Holanda), ou sofrem um desgaste larvar em razão de uma frustração do seu eleitorado em não os ter no exercício responsável de funções governativas (Dinamarca).

Diversamente, quando estas formações direitistas radicais vencem claramente uma eleição e atuam como parceiro maior e liderante de uma coligação (Hungria, Polónia e, fora da U.E., a Suíça) elas reforçam o significativamente seu poder, colonizando por vezes os partidos aliados e podendo assumir uma natureza liderante ou hegemónica (como é, respetivamente, o caso do Fidesz na Hungria que corrigiu o sistema eleitoral em seu benefício e se privilegia de ter partidos de oposição à sua esquerda e à sua direita que não dialogam entre si.).

5º. *Hostilização nos media e redes sociais dos partidos populistas de forma a radicalizarem o seu discurso e aumentarem a taxa de rejeição*

Existe uma cumplicidade tácita entre os partidos do mainstream, a extrema esquerda e os media[661] para provocarem os partidos populistas com acusações perfurantes, questões embaraçosas e armadilhas em entrevistas, distorções de declarações de dirigentes, falsas noticias e projeção dada a contra-manifestações de rua, levando-os a extremar o discurso de forma reativa, com o desiderato a assustar o potencial eleitorado conservador e do setor laboral.

O radicalismo na linguagem e no programa político, como sucedeu com o Partido da Liberdade da Holanda e com a Frente Nacional em França, em 2017, constitui um potencial limite de crescimento. A truculência do discurso, a ausência de perfil de Estado em debates, o excesso de demagogia em temas técnicos, e a oferta de projetos como a saída do euro e da União Europeia (que assusta muitos agricultores e pequenos empresários que seriam potenciais votantes mas que beneficiam de fundos comunitários e da moeda única) dão a ideia que o partido pode crescer mas que não ultrapassará uma certa fasquia, em face de uma elevada taxa de rejeição. Numa linha estratégica algo diversa, o Partido da Liberdade austríaco procura, sob a liderança do carismático Christian Strache, crescer lentamente no eleitorado moderado, apresentando candidatos jovens mas com perfil de estadistas em eleições regionais e presidenciais (que quase foram ganhas em 2016), gerindo debates serenos como o Primeiro-Ministro, fazendo coligações regionais de sucesso com conservadores e sociais democratas em nome do interesse público e clarificando que o objetivo da politica europeia seria uma reforma radical da união, mas não uma saída da Áustria.

6º. *Confronto e debate público com os populistas sobre políticas concretas.*

---

[661] Vários jornais franceses, como o *Liberation* e o *Monde*, selecionam entre a primeira e segunda volta os círculos onde um candidato da FN pode vencer para apelarem ao voto no seu adversário bem como a desistências de outros candidatos.

A *última estratégia*, que parece ter reminiscências na teleologia da "democracia deliberativa", seria a de confrontar dialogicamente esses partidos com a realidade politica, debater diretamente com os mesmos temas centrais e complexos e mostrar à opinião pública que os seus programas estariam eivados de chavões, simplificações políticas, medidas inexequíveis ou portadoras de custos incomportáveis.

Esta estratégia tem tido resultados variáveis.

O establishment britânico tentou usar esta receita com o UKIP e com os líderes populistas eurocéticos do Partido Conservador no referendo sobre o Brexit, mas o facto é que perdeu o debate, pois os populistas brandiram argumentos e oradores muito mais convincentes junto da opinião pública[662]. Na verdade, sem prejuízo da existência de algumas propostas demagógicas ou simplistas, certos partidos populistas apresentam programas bem estruturados, elaborados e munidos de um argumentário político, factual e técnico que por vezes prevalece sobre os seus antagonistas do *mainstream*. Tal tem ocorrido com formações como o Partido da Liberdade austríaco, o SVP suíço, o Fidez húngaro, o PiS polaco, os *Democratas* suecos ou o Partido Popular da Dinamarca.

Noutras situações, como provaram recentes debates com líderes populistas de direita nas eleições holandesas e presidenciais francesas de 2017, os lideres carismáticos do populismo mostraram-se falhos de argumentos consistentes em matéria de políticas públicas perdendo debates decisivos para os seus adversários (caso evidente de Marine Le Pen contra Macron). A sua progressão eleitoral não lhes permitiu, vencer as eleições.

Fora da Europa, as eleições presidenciais americanas geraram uma situação diversa que carece de uma análise mais aprofundada, não sendo este o lugar próprio. O discurso agressivo e destabilizador do candidato Trump e o facto de tecnicamente ter perdido os três debates com a sua adversária mais bem preparada foram ignorados pela sua base social de apoio que se focou apenas no que pretendia ouvir, sendo o mau desempenho do candidato irrelevante para a sua ulterior vitória.

ii) Outros limites intrínsecos à progressão das formações populistas

349. Existem partidos da direita populista que podem ver a respetiva progressão travada por extinção do seu objeto principal, por força de limites de ordem territorial e identitária, por razões de organização da sua liderança e por força de transformações na sua fisionomia.

---

[662] Logo à partida Nigel Farage e Boris Johnson dois tribunos carismáticos e fortemente argumentativos.

O caso da extinção ou esmaecimento por "caducidade" do seu objeto principal ocorre quando o partido completa, com êxito, o objetivo central a que se propôs. É o caso do UKIP, cujo propósito medular radicava no abandono da União Europeia e que cresceu até ao terceiro lugar em sufrágio nacional nas eleições de 2015, vencendo também o último sufrágio para o Parlamento Europeu, em 2014. Com a vitória do Brexit, pela qual tanto lutou, e a saída de Nigel Farage, o tribuno carismático que o liderou até ao referendo, o partido desagregou-se nas eleições antecipadas de 2017.

Em segundo lugar, partidos separatistas que não atinjam o seu objetivo principal ou partidos regionalistas vêm o seu campo de progressão reduzido ao respetivo bastião territorial. Podem almejar ao estatuto de parceiros menores de coligação mas nunca dispor da faculdade de liderar as mesmas. É o caso da Liga Norte em Itália (que já integrou várias coligações de governo nacional) e do Vlaams Belang na Bélgica, até ao momento alvo de perseguição política e de um forte cordão sanitário. Nestes partidos, o apagamento da agenda separatista constitui a única forma de ganhar aliados e integrar acordos com outros partidos. É o que tem intentado fazer a liga Norte, sob a liderança radical de Salvini.

Em terceiro lugar, má governance e um excesso de descentralização no processo de liderança do partido podem criar permanentes divisões internas que contrariam opções eleitorais mais fortes.

É o caso do AfD alemão que em 2016 fez entradas espetaculares de dois dígitos em parlamentos federados e dirigiu uma campanha implacável contra a política migratória da chanceler Merkel. Já em 2017 o partido exibiu as suas maiores fragilidades com existência de uma liderança central bicéfala com poucos poderes, um excessivo ascendente das lideranças estaduais (comportando-se os lideres regionais como os antigos príncipes eleitores alemães) e uma luta interna entre o setor mais carismático e populista centrado em torno da jovem co-presidente Frauke Petry que pretende transformar o partido numa formação conservadora, nacionalista e social, aberta a coligações, e um setor ideológico ultraconservador que prefere em liderança coletiva consolidar o partido como formação de protesto. Desde que Petry foi diminuída nos seus poderes em congresso, o partido caiu nas votações regionais para um dígito percentual.

Em quarto lugar, os maiores partidos populistas podem estrategicamente, em razão do seu sucesso real ou perspetiva de sucesso, converter-se em partidos programaticamente menos radicais e mais próximos de uma direita conservadora, soberanista e social (entre o modelo "catch all" do Partido Conservador britânico e o paradigma iliberal húngaro)[663]. Esse transformismo arrasta-os para dentro do sistema e torna-os permeáveis aos seus vícios e erosões.

---

[663] É o projeto de Frauke Petry no AfD que pretendia convertê-lo numa espécie de CSU bávara a nível nacional. E é eventualmente o destino do Partido da Liberdade na Áustria.

iii) Síntese

350. Relativamente ao fenómeno do populismo protagonizado por formações de direita nacionalista importaria concluir com três observações.

1º. Em termos puramente conjunturais, a pré-compreensão segundo a qual a "maré populista" de direita nacionalista e extra-sistémica submergeria em 2017, uma União Europeia enfraquecida depois do Brexit e da vitória de Donald Trump nos EUA, constituiu um erro de análise da direita populista que associou excessivamente a sua imagem e estratégia à do Presidente americano (caso do Partido da Liberdade holandês, da Frente Nacional e do UKIP). Na verdade, a má imagem de Donald Trump na Europa, à esquerda e à direita, e algum caos inicial da sua administração não beneficiou as formações europeias referidas junto do eleitorado conservador e de classes trabalhadoras onde os referidos partidos procuraram trabalhar eleitoralmente. A estratégia de alguns partidos em tentarem mimetizar o seu estilo em debates televisivos, junto de um eleitorado mais culto e exigente do que o norte-americano, manifestamente não funcionou.

Por outro lado, um discurso temerário favorável à saída da União Europeia da FN e do Partido da Liberdade Holandês fez tremer potenciais votantes no universo agrícola e da pequena empresa, dependentes dos fundos europeus, e afastar votantes jovens, bloqueando a sua progressão.

Os populistas de direita, para progredirem, serão forçados a transformar a imagem, atenuar o léxico do radicalismo discursivo, congelar o tema da saída da U.E, aprofundar temas técnicos, utilizar as redes sociais de forma mais imaginativa para comunicar com o eleitorado e encontrar aliados em franjas dos partidos do mainstream, sob pena de nunca virem a integrar o poder na próxima década, salvo um cenário excepcional.

2º. Testando todas as estratégias dos politólogos no sentido da contenção ou enfraquecimento do fenómeno populista de direita, ressalvada a opção não democrática e anti-pluralista da ilegalização e a da integração desses partidos como parceiros menores de coligações, todas as demais receitas expostas ou se encontram marcadas com um prazo transitório de validade (a "quarentena") ou têm um êxito incerto e conjuntural (o afrontamento dialógico sobre políticas públicas) ou então falharam na sua essência.

3º Independentemente do êxito ou inêxito futuro destas formações numa Europa em crise de identidade, unidade e poder financeiro, o seu impacto mais visível traduziu-se na inserção na agenda política dos partidos do *mainstream* e da opinião pública, de questões centrais menorizadas por estes últimos. É o caso do impacto da imigração extra-europeia, o excesso de compressão dos poderes nacionais pela União europeia, a relação entre multiculturalismo e identidade nacional, o radicalismo islâmico na Europa, o terrorismo de massas, os segmentos da população esquecidos ou prejudicados pela globalização económica, a democracia direta como oxigenação da democracia representativa e os riscos de captura do político pelos fatores económico[664].

D. Apontamento sobre o "populismo de direita" nos Estados Unidos

351. Sem que se pretenda aprofundar a matéria, nos Estados Unidos da América o "Tea Party" nasceu como contraponto radical à Administração Obama, não na qualidade de partido político, mas de movimento apostado a firmar-se como tendência ativa do Partido Republicano.

O "Tea Party" defende causas economicamente libertárias como a redução drástica de impostos, a contração radical dos gastos públicos e a revogação de um serviço nacional de saúde universal. No plano político defende o "originalismo" na interpretação constitucional pelos tribunais, o isolacionismo na política externa e uma agenda anti-imigração. Subsetores do *Tea Party* defendem causas anti-aborto e posições contrárias a casamentos entre pessoas do mesmo sexo.

Este movimento inorgânico, desagregado em vários dirigentes e sub-grupos tem operado de forma a apoiar congressistas republicanos que defendem as suas ideias e a contrariar os congressistas republicanos mais liberais. Sem prejuízo da racionalidade (muito própria) dos teóricos libertários associados ao movimento, muitas vezes o discurso é extremo e simplista e as manifestações de massas que organizam são excessivamente pitorescas.

352. A candidatura do "outsider" Donald Trump à presidência norte-americana é um "case study" do triunfo inesperado de um homem de negócios e do mundo do audiovisual, originariamente liberal, mas que posteriormente adotou, por convicção ou estratégia pessoal, um projeto consonante com a direita radical nacionalista. Para o efeito utilizou, metodicamente, uma campanha de desqualificação "ad hominem" dos adversários para vencer, em primárias republicanas, os candidatos do establishment desse partido. Posteriormente, numa segunda campanha matemática e cirurgicamente gerida para captar os estados indecisos que lhe poderiam fornecer o número de eleitores necessários, desenvolveu uma estratégia verbalmente violenta e imagética para derrotar, inesperadamente, a candidata democrata tida como favorita. Confrontado com um fogo de barragem impiedoso de uma imprensa esmagadoramente hostil, utilizou massivamente as redes sociais para comunicar com eleitores potenciais e criou frases e situações insólitas para concentrar a atenção na sua pessoa por parte dos próprios media adversos. No presente século, diversos presidentes norte-ame-

---

[664] Cfr em geral, PHILIPPE C. SCHMITTER." A Balance Sheet of the Vices and Virtues of 'Populisms'. European University -Institute and Central European University, 2006- p. 3 e seg.

ricanos geriram campanhas com uma componente populista (Roosevelt, Kennedy, Reagan e Obama) mas nenhum deles exibiu um discurso anti-sistema tão vincado, utilizou uma linguagem tão extrema, nem iniciou o seu percurso fora do establishment político.

A narrativa emocional, nacionalista mas tecnicamente pouco profunda, com o emprego de termos singelos e ataques ácidos contra os adversários aos quais eram colados estigmas repetidos, associou-se a uma campanha baseada em concentrações de massas de classe média e trabalhadora (o chamado "homem médio" caucasiano e esquecido pelo *establishment* e a globalização), às quais eram dirigidas intervenções claras, com um ideário-base muito definido e de sentido ideológico muito próximo ao da direita populista europeia (avultando os temas da imigração, anti-elite política, anti-globalização, criação de emprego e aumento da produção industrial nacional). O desempenho do candidato caracterizou-se por uma dureza discursiva que não seria aceitável nem teria êxito na Europa mas que funcionou nos Estados Unidos.

Depois de eleito, o Presidente Trump tem, paradoxalmente, procurado demonstrar à sua base de apoio, que o seu projeto de poder não se centraria num mero exercício demagógico centrado em promessas impossíveis de cumprir. Para tal procura insistente e atrabiliariamente garantir parcelas das principais promessas eleitorais, as quais têm sido objeto de uma feroz oposição e travagem do Partido Democrata, de figuras do próprio Partido Republicano, dos serviços secretos, do meio militar e dos media.

E. O populismo de centro ou sem ideologia precisa

353. O populismo, tal como foi definido, na qualidade de fenómeno político estratégico e comportamental, pode envolver candidatos ou partidos políticos sem ideologia vincada, alguns deles integrados na própria órbita dos partidos do *mainstream* e outros no quadro anti-sistémico.

As candidaturas presidenciais envolvem, frequentemente, atitudes e condutas populistas, nas quais algumas personalidades políticas reforçam o seu carisma pessoal, renunciam a uma ideologia própria (preferindo causas difusas e inclusivas), gerem emoções coletivas e exibem um discurso simples e flexível que se ajusta à espuma do momento quando coincidente com preferências temáticas inofensivas da generalidade dos eleitores. O objetivo é capturarem eleitores no centro, na direita e na esquerda e explorarem uma baixa taxa de rejeição.

Tratar-se-á do caso de Marcelo Rebelo de Sousa que se define difusamente como "a esquerda da direita" e que marcou a sua campanha através de uma cuidada gestão da imagem popular ganha como comentador televisivo, da sua autoridade como professor Catedrático e na sua abordagem preferencial feita ao povo comum, com uma aposta na proximidade pessoal e no léxico tranquilizador dos "afetos" e da promessa de sonhos. Na medida em que não usou a lógica dicotómica amigo/inimigo mas antes um discurso "inclusivo" e narcotizante de potenciais tensões, a sua candidatura pode reconduzir-se a um "semi-populismo" É também, até certo ponto e em menor grau, num estilo imperial, o caso de Emmanuel Macron em França, o qual exclui a sua definição como de direita ou de esquerda.

354. No plano partidário, haverá que inserir como manifestação típica do populismo de massas, de vinco libertário e sem um recorte ideológico clássico, o Movimento "Cinco Estrelas" (*M5S*) em Itália, inicialmente erigido sobre uma estrutura coletiva, difusa e participada pelos militantes, mas onde passou a pontificar como presidente com crescente poder, a figura carismática do comediante Beppe Grillo, o seu principal fundador. O Movimento emergiu, com forte arranque nas redes sociais, depois do colapso da coligação de centro-direita liderada por um envelhecido Berlusconi, como alternativa a esse setor desacreditado e contra um Governo de centro-esquerda dirigido pelo Partido Democrático.

A liderança do *M5S*, marcada por um viés "feliniano", auto-qualifica-se provocadoramente como populista e, para além de uma difusa vertente libertária, o movimento contesta os partidos do sistema (sustentando que a política é uma missão e não uma carreira), defende a democracia direta "na linha de Rousseau" e abraça causas como a do ambiente, da anti-globalização e do anti-federalismo europeu, alvitrando mesmo a saída da Itália do euro. Aceita, igualmente o liberalismo de costumes e neste, a celebração de casamentos dentre pessoas do mesmo sexo.

Apesar de o discurso anti-sistémico dos seus dirigentes ser usualmente vulgar, popular e por vezes truculento, o *M5S* recusa posicionar-se como formação de esquerda ou de direita, rejeita alianças pré-eleitorais e congrega dirigentes e aderentes de várias orientações, se bem que no Parlamento Europeu se tenha integrado no mesmo grupo parlamentar de direita onde pontifica o UKIP, tendo recentemente usado um discurso crítico da política de imigração do Executivo italiano, defendendo a expulsão de migrantes indocumentados.

Em 2013 foi segundo o partido mais votado nas eleições parlamentares, com 25, 5% dos votos e, em 2014 obteve 21,1% dos sufrágios nas eleições europeias. Nas eleições locais de 2016 ganhou as Câmaras de Roma e Turim, apresentando como candidatas duas mulheres jovens de boa presença e discurso fácil, caracterizando-se os resultados da respetiva gestão por percursos diversos: a administração de Roma tem sido conflitual e caótica e a de Turim considerada exemplar. A mistura entre técnicos competentes, profissionais liberais, comediantes, internautas e ativistas demagogos nas fileiras do partido coloca dúvidas sobre o tipo de governo que o *M5S* poderia constituir se ascendesse ao poder, que coligações faria e qual a solidez e competência da respetiva governação num Estado com uma séria crise bancária. Em 2017 o *M5S tem* disputado com o PD de esquerda o primeiro lugar nas sondagens.

F. Sinopse sobre a esquerda radical populista

a) Origens do fenómeno na Europa e nos Estados Unidos

355. O fenómeno populista alargou-se à esquerda marxista europeia, mais propriamente à extrema-esquerda, com uma maior intensidade após a crise das dívidas soberanas na Europa em 2009 e dos seus tremendos impactos sociais na Irlanda e Estados do Sul, pese o facto de as sementes doutrinais do fenómeno serem anteriores.Com efeito, as raízes teóricas do *novo populismo de esquerda* encontram-se na obra de Ernesto Laclau, um argentino da ala esquerda do peronismo, falecido em 2014 que no final dos anos sessenta fundou com o historiador Eric Hobsbawn a "Escola de Essex", ensinando na Universidade daquela cidade a disciplina de "Teoria Política".

Numa obra publicada em 1985 com Chantal Mouffe[665] o autor revê-se num pensamento estruturalista "pós-marxista", sustentando que a análise marxista, reduzida à luta de classes entre burguesía e proletariado, não lograria explicar a dinâmica dos novos movimentos sociais.

O autor reafirma o primado do político sobre a cultura e a economía, sustentando uma narrativa anti-liberal, anti-individualista e anti tecnocrática, situando-se, por conseguinte, nas antípodas no pensamento alter-mundialista de Antoni Negri (§ 97). Negando a ideia de espaço social homogéneo, Laclau valoriza a conflitualidade na política e a antinomia "amigo/inimigo" e privilegia o espaço público como terreno de luta informativa e cultural, numa linha neo-gramsciana, pese que podada do mito da existencia de contra-elites oriundas do proletariado. A hegemonía do povo no conflito envolve, segundo o autor, a adoção de uma estratégia populista concebida não como uma ideología, mas como uma forma de construção do político e um instrumento ou vía paralela de mobilização e canalização de ações de protesto e rejeição da clase política pelo povo[666]. Seria central arrebatar o poder a uma "casta" política e económica que pretendería governar numa democracia sem povo.

---

[665] ERNESTO LACLAU-CHANTAL MOUFFLE " Vers une Politique Democratique Radicale".-Besançon-2009.
[666] Cfr, em geral, ERNESTO LACLAU "La Raison Populiste"-Paris-2008.

A influência do autor sobre o partido *Podemos* em Espanha[667] foi particularmente relevante e encontra-se presente na lógica de mobilização desse movimento sobre várias classes (incluindo setores da classe média) e gerações diversa, contra uma *"casta no poder"*, tendo em vista adotar um programa de desconstrução do sistema capitalista.

Independentemente de poderem ser detetados em menor escala vários movimentos desta natureza[668], os mais relevantes radicaram na Grécia, com a constituição do *Syriza*, em Espanha com o *Podemos* e, mais recentemente, com a *"France Insumise"* em torno do candidato presidencial Melenchon. Apenas tomaremos como referência estes três movimentos já que o Bloco de Esquerda em Portugal, pese comungar do mesmo ideário, constitui um fenómeno de radicalização esquerdista de expressão mais modesta, mais ideológica e presentemente desprovida de lideranças carismáticas de alcance nacional.

Nos Estados Unidos criou-se, igualmente, um movimento socialista de viés populista no Partido Democrático em torno da candidatura do velho e carismático senador Bernie Sanders às primárias realizadas nesse partido para a eleição presidencial de 2016[669].O seu maior apoio foi recolhido entre jovens que entendiam haver poucas oportunidades para o cidadão médio progredir nos Estados Unidos e que, frustrados pela sua não nomeação na Convenção do Partido Democrata, intentaram criar as bases de um movimento político[670].

Centrando a análise no espaço europeu, as formações populistas de esquerda radical resultaram sempre de uma *coligação, fusão ou federação de movimentos e partidos de esquerda e extrema-esquerda*.

Em termos de impacto eleitoral, se se excetuar o Syriza, os resultados destes três partidos nas eleições europeias foram débeis: a "Frente de Esquerda" que originou a "France Insoumise" obteve 6,4% no sufragio europeu de 2009, descendo para 6,1% em 2014; o *Podemos*, espanhol, somou um resultado animador mas reduzido nas eleições europeias de 2014 (7,9%), ano da sua constituição; e o Syriza subiu fortemente de 4,7%, em 2009, para 26,6% em 2014.

356. No plano nacional, o Syriza, na Grécia, teve as suas origens remotas em 2001 quando numerosas formações marxistas criaram o *"Espaço Para o Diálogo e Ação Comum da Esquerda"* num tempo de contestação às privatizações. Em

---

[667] Cfr. CHANTAL MOUFFE "Construir Pueblo. Hegemonia y Radicalización de la Democracia"- Barcelona-2015 (em que a autora entrevista um dos ideólogos do podemos, Inigo Errejón, defluindo desse diálogo a influência teórica marcante de Laclau).

[668] Caso, de entre outros, do Bloco de Esquerda da Dinamarca, da Aliança de Esquerda da Finlândia, do Partido socialista da Holanda, do Sinn Féin irlandês e, com dúvidas, do Bloco de esquerda português e do "Die Lincke" na Alemanha.

[669] Cfr.JOHN B. JUDIS "A Explosão do populismo"-Lisboa-2017-p. 85.

[670] Cfr.JOHN B. JUDIS ult. loc cit, p. 88.

2004 criou-se a "Coligação da Esquerda Radical" na qual avultavam cerca de cinco partidos e outras associações (da qual o partido *Sysnaspismos* era o maior), obtendo 3,3% dos sufrágios. Em 2006 a coligação teve maior sucesso depois do jovem Alexis Tsipras ter aberto o *Sysnaspismos* a novas gerações, obtendo como candidato à Câmara Municipal de Atenas uma boa votação. Depois de recolher resultados débeis nas duas parlamentares seguintes, o impacto demolidor da crise económica na Grécia e as medidas de austeridade impostas pelos governos socialistas levaram o Syriza, entretanto criado e colocado sob a liderança de Tsipras[671], a recolher em 2012, 16% dos sufrágios, ultrapassando o PASOK socialista e quedando-se em segundo lugar. Nas eleições de 2015, o partido venceu o sufrágio com 36,3% formando um, governo maioritário com um pequeno partido de direita soberanista, o ANEL (nacionalista, anti-federalista, anti-austeridade e com preocupações securitárias).

Forçado a abandonar grande parte das promessas demagógicas feitas nas eleições pela União Europeia, que colocou a Grécia no limiar da exclusão da União, o Syriza sofreu uma cisão do seu grupo mais extremo, que formou o partido *Unidade Popular* e em eleições antecipadas em 2016 venceu de novo o sufrágio tendo a fração de extrema-esquerda ficado sem representação parlamentar. O Governo Tsipras passou a situar-se num registo de esquerda radical conformada, aplicando obedientemente as medidas de austeridade impostas pelos credores internacionais. O abandono de promessas irrealizáveis conduziu ao desencanto do seu eleitorado e a uma queda nas sondagens. Vários politólogos consideram que a expansão do Syriza, bem como a do movimento de extrema-direita "Aurora Dourada" foi favorecida pela coligação de "bloco central" entre a Nova Democracia (conservadores) e o Pasok (socialistas) e pela edição de medidas austeritárias impopulares que adotaram, por imposição da U.E e do FMI.

357. Em Espanha, as sementes do *Podemos* foram lançadas nas manifestações colossais de 11 de setembro de 2011, organizadas nas redes sociais por núcleos de jovens que criaram o Movimento 15-M, também conhecido pelos "Indignados". A imagética das "primaveras árabes", a contestação às medidas de austeridade, o elevado desemprego jovem, a falta de representatividade dos partidos conservador e socialista, os estrepitosos escândalos de corrupção dos políticos do sistema, e a exigência de adoção de medidas sociais imediatas (habitação, saúde, participação política e bens essenciais) criaram condições para que o movimento fosse apoiado por numerosas associações e agrupamentos da esquerda radical e

---

[671] O Syriza constituiu o somatório de 17 partidos e movimentos, entre estes o *Sysnaspismos, o "grupo Político anticapitalista", a "Organização Comunista da Grécia* (maoista), *a Plataforma Comunista* (trotskista),*os Radicais (esquerda socialista) e o Movimento Ação unidade da esquerda* (Comunista).

extrema-esquerda. No *Twitter*, os protestos ganharam espaço sob a designação de "Revolução Espanhola".

O *Podemos*, nascido a partir do movimento dos "Indignados", teve a sua origem num grupo de professores e intelectuais que subscreveram o Manifesto *"Mover ficha: convertir la indignación en cambio político"*.

Nele se defendía: a distribuição efetiva e justa da riqueza; a imposição da natureza pública dos sistemas de saúde e educação; a criação de um acervo de habitação pública; a alteração da lei da nacionalidade e imigração; a saida da NATO; a realização de um referendo sobre a independência da Catalunha; a licitude do aborto; e a legalização do casamento homossexual. O *Partido da Esquerda Anticapitalista* esteve na base da nova formação e o carismático Pablo Iglésias passou a emergir como líder dominante.

Constituido em 2014, o *Podemos* somou 20,6% nas eleições parlamentares de 2015, fraturando o bipartidarismo.

Tendo falhado uma tentativa de constituição de um governo com o PSOE e com o Partido *Cidadãos* (do centro político), o Podemos, desdobrado em diversas coligações regionais e coligado com a Esquerda Unida (comunistas) obteve 21, 1% num sufrágio nacional antecipado em 2016, não atingindo a sua meta de ultrapassar o PSOE. Não logrando evitar um governo minoritario do Partido Popular o partido abriu cisões, tendo o populista Pablo Iglesias derrotado o intelectual Iñigo Errejón, em eleições internas.

Para varios analistas, o Podemos, financiado indiretamente pelo governo marxista e autocrático da Venezuela[672], e com o qual vários dos seus ideólogos trabalharam como consultores, misturaria um autoritarismo chavista, de raíz latinoamericana, com um discurso anti-sistema, anti-partidos e anticapitalista, protagonizado por uma liderança messiânica.

358. Já o Movimento *"France Insoumise"* foi lançado em 2016, em torno do manifesto *"Destino Comum"* para apoiar a candidatura de Jean-Luc Melenchón à Presidencia de França, tendo-se inspirado no *Podemos* e no movimento neo--chavista de Rafael Correa no Equador, para se apresentar como alternativa aos candidatos presidenciais dos partidos do sistema.

A base partidaria resultou da *"Frente de Esquerda"* que concorreu às eleições de 2012, e que coligava 8 partidos, entre os quais o *Partido de Esquerda* (dirigido por Melenchon), o *Partido Comunista Francês*, a *Esquerda Anticapitalista*, os *"Alternativos"* e a *Federação por uma Alternativa Social e Ecologista*.

---

[672] Tribunais que julgaram as acusações confirmam a origem do financiamento mas consideram não ser ilegal dado não ser oriundo diretamente de fundos públicos do Governo da Venezuela

Na linha de um socialismo radical, marxista e ecologista, este movimento foi potenciado pelos dotes de oratoria do carismático Melenchón que obteve 19,9% dos votos nas presidenciais de 2017, destruindo o candidato do Partido socialista (o PSF, governamental) Benoit Hamon, que somou 6,3% e criando-se os pressupostos para uma desintegração do PSF (conhecida por "pasokização"), às mãos da extrema-esquerda. Contudo, nas eleições parlamentares de 2017, pese o facto de na primeira volta ter batido o Partido Socialista, não ultrapassou os 11%, somando 17 mandatos e quedando-se bem longe dos resultados do *Podemos* e do *Syriza*.

b) Causas do fenómeno e a narrativa do populismo de esquerda

359. As razões inerentes ao crescimento do populismo de esquerda na Europa não são completamente distintas da irrupção do populismo de direita nacionalista, tendo deflagrado após a crise das dividas soberanas e o império da globalização do sistema financiero e comercial. Abreviando, cumpre referir as seguintes linhas de força:

i) A hostilidade ao capitalismo e à globalização de capitais e mercadorias, que destruiría bens nacionais e emprego;
ii) A recusa de políticas de austeridade impostas pela União Europeia que seriam um instrumento de credores privados e do capitalismo financista transnacional[673], defendendo-se o perdão da dívida dos Estados resgatados da Europa do Sul e a revogação do Tratado Orçamental;
iii) A crítica do modelo capitalista europeu, afundado na crise das dívidas soberanas e defesa, numa fase incerta de interregno, de uma União Europeia assente em políticas solidárias e no projeto de construção de uma "Europa Social";
iii) Oposição às intervenções militares ocidentais no mundo árabe e na crise na Ucrânia, defesa da extinção da NATO e aproximação à Rússia e aos movimentos bolivarianos na América Latina, aninhados na Unasul;
iv) O ataque à cartelização política em torno dos "partidos do sistema" (mainstream) e à elite do poder, os quais são eleitos como inimigo objetivo, corrupto e capturado pelo poder económico, defendendo-se, como alternativa, a criação de movimentos populares que superem eleitoralmente, à esquerda, o papel liderante dos partidos socialistas (o que foi conseguido na Grécia, em França e quase em Espanha) e a formação de

---

[673] A U.E. Seria um "Cavalo de Troia da Globalização" e não um instrumento de regulação do capitalismo (ANDRÉ FREIRE "Para Lá da Geringonça")-Lisboa-2017-p. 173.

governos alternativos ou em coligação com os socialistas e outras forças de esquerda ou movimentos ecologistas;

v) A recusa de políticas de restrição ou contenção financeira e defesa da despesa pública em torno de fortes políticas de emprego, de modo a apoiar uma massa de jovens desempregados ou com contratos precarios, bem como de políticas de habitação para jovens e migrantes e criação de uma renda básica para quem não trabalhe;

vi) O combate ao populismo de direita e à sua agenda anti-imigração, que qualificam de xenófoba e fascista, sustentando políticas de imigração inclusiva e de "portas abertas" bem como leis da nacionalidade que transformem ágilmente migrantes e exilados em "cidadãos nacionais" (e potenciáis votantes);

vii) Recusa do nacionalismo como uma ideología potencialmente racista e excludente e defesa de um "patriotismo cívico e comunitario", radicado numa reconstrução da noção de "povo" e na valorização do sentido de pertença das pessoas à comunidade territorial e cultural onde vivem ou trabalham, a qual é tida como fonte de participação e mobilização;

viii) O ataque a políticas limitativas de novas formas de organização familiar ou individual, com a defesa da liberdade da interrupção voluntaria da gravidez por vontade da mulher, casamento ou união entre pessoas do mesmo sexo, direitos LGBT e eutanasia.

ix) O *aggiornamento* do receituário económico do marxismo em face dos nuevos desafíos do capitalismo global e da acumulação de riqueza, com a chamada à colação, por vezes parcial, da obra"O Capital no século XXI", de Thomas Picketty, como vademécum, na qual se critica a acumulação capitalista, as desigualdades e a inequidade do sistema tributário;

x) A utilização tática dos grandes meios de comunicação que, todavía, acusam de estar o serviço de interesses económicos e uso intenso das redes sociais, como alternativa de comunicação, mobilização e meio de combate político;

xi) Conscencialização de que a fragmentação social da sociedade pos-industrial, criou uma pluralidade diversiforme de grupos sociais dispersos e de que o proletariado urbano e rural deixou de constituir uma base social de apoio estável e expansiva, passando o movimento a centrar-se em conferir uma nova identidade coletiva a novas clientelas como estudantes, trabalhadores precários, trabalhadores dos serviços e migrantes.

xii) Defesa de formas avançadas de democracia "deliberativa" e " participativa" (respetivamente, na linha do movimento *Occupy e dos orçamentos participativos*), bem como referendos e formas de democracia direta em assembleias comunitárias, sem prejuízo de se valorizar a importancia de lideranças carismáticas como fator de mobilização de massas, numa clara influência dos movimentos bolivarianos na América Latina.

Sem prejuízo de a sua progressão estar presentemente limitada (exceto na Grécia, por força da dimensão da crise económica e social), a setores sociais circunscritos, o seu confronto com as dificuldades reais da governação, como no caso grego, criam obstáculos à concretização de certas propostas messiânicas que alvitram. De qualquer forma, estes movimentos, quando coligados ou associados por acordos parlamentares com os partidos socialistas, lograram erodir ou capturar a agenda política destes com uma panóplia de causas fraturantes.

As principais convergências com a direita nacional populista consistem no combate à mundialização política, económica e financeira, ao neoliberalismo, ao federalismo financeiro da União Europeia, à captura do político pelo económico, à oligarquização e cartelização dos partidos do sistema, à política intervencionista da NATO (e a hostilidade desta organização à Rússia), e a defesa da democracia direta.

As maiores diferenças radicam na sua depreciação da propriedade privada, na recusa do nacionalismo, na sua tendência proibicionista da liberdade de expressão de certas correntes hostis, na adoção de causas socialmente desestruturantes, nas políticas anti-securitárias e na visão militante favorável à imigração de terceiros Estados.

G. Impacto dos partidos populistas no sistema de partidos e no sistema político

360. Cumpre reter cinco ideias sobre o tema em epígrafe

1º. Os principais partidos populistas, da extrema-esquerda e da direita radical soberanista, reduzem no seu processo de progressão eleitoral a base social de apoio dos partidos do *mainstream,* desacreditam as suas lideranças, debilitam a possibilidade destes rodarem entre si no poder e forçam-nos a coligações de bloco central, que aproximam os respetivos programas e que levam, a prazo, ao colapso de um desses partidos.

Na verdade, o populismo tem, virtualmente, destruído nesta década importantes partidos de centro esquerda, como é o caso do Pasok na Grécia, do Partido Socialista em França, do Partido Trabalhista na Holanda, do Partido Socialista na Hungria, havendo o a registar um forte enfraquecimento do PSOE em Espanha e uma secundarização do SPD na Alemanha.

À direita o populismo não arrasou partidos de centro-direita mas reduziu drasticamente a sua expressão, como sucede com a Forza Italia de Berlusconi (corroído pela Liga Norte e pelo M5S), com os Republicanos em França (por força da progressão da FN), e com o Partido Liberal (conservador) na Dinamarca (devido à expansão do *Partido do Povo*). Na Holanda, todos os partidos do centro direita encurtaram a sua expressão por força da votação no Partido da Liberdade, o mesmo sucedendo na Suécia com os partidos burgueses, por força das votações crescentes nos *Democratas* suecos.

2º. As formações populistas, mesmo quando não ascendem ao poder, condicionam os partidos do *mainstream* a integrar pontos da sua agenda política por razões eleitorais levando à alteração da respetiva fisionomia, endurecendo dos programas de formações conservadoras e socialistas em matéria de segurança, imigração e multiculturalismo.

É o caso do Partido Conservador Britânico, dos Republicanos em França, da CSU bávara na Alemanha, do ÖVP na Áustria e dos partidos socialistas português, francês, belga e espanhol no tocante a causas socialmente fraturantes da extrema esquerda (causas LGBT, aborto e eutanásia).

3º. Com o desgaste de algumas *quarentenas políticas* e o esgotamento dos blocos centrais, os partidos do *mainstream* ensaiam no presente e serão tentados no futuro, a fazer acordos parlamentares ou coligações com alguns populistas, daqui resultando duas hipóteses: ou os populistas emergem como parceiro maior, dominam a coligação e os partidos tradicionais esmaecem (Hungria, Polónia e Suíça) ou, ao invés, os partidos do mainstream lideram a coligação e debilitam as formações populistas (Áustria, Finlândia e Noruega).

Noutras situações, o triunfo da mensagem populista pode significar a absorção do seu eleitorado por outros partidos (caso do UKIP em relação aos conservadores que assimilaram parte da sua agenda após o Brexit).

4º. A progressão sinuosa do populismo altera o sistema de partidos, aumenta o seu grau de desestruturação graças à fluidez e personalização das lideranças, fabrica formações rígidas, emagrece o centro político com desaparição ou o definhamento de partidos tradicionais, cria blocos centrais defensivos que eliminam alternâncias entre formações do mainstream, produz partidos hegemónicos, potencia partidos centristas inespecíficos e artificiais com sub-lideranças conflituais[674], fomenta coligações heterogéneas precárias e sem projeto coerente (as formações arco íris) e acaba integrar os populistas em combinações variadas.

5º. Um sistema partidário, muito menos previsível, estável e fragmentado, terá o seu impacto no sistema político (fragilizando os governos), na legitimação das lideranças e na organização do pluralismo societário.

---

[674] Como é o partido "Republique en Marche" de Macron que é um *melting pot* de personalidades de centro, esquerda e de direita agregadas em torno de uma personalidade e com potencial tendência, a prazo, para a dissidência, incoerência e indisciplina.

Finalmente, noutras paragens da Europa Central e do norte não seria absurdo assistir a coligações entre populistas de direita e conservadores ou mesmo entre os primeiros e partidos sociais-democratas, criando-se alianças pouco coerentes e estruturadas no segundo caso, com reflexos na governação e na configuração de alternativas consistentes.

Secção III. Sinopse sobre os sistemas políticos contemporâneos

Subsecção I. os sistemas políticos parlamentaristas

1. Conceito e tipologia

361. O sistema parlamentarista já foi definido supra § 266 como a forma de poder em que a formação e a subsistência do Governo em funções depende, exclusivamente, da vontade de um Parlamento eleito pelos cidadãos, perante o qual o Executivo é politicamente responsável, exercendo o Chefe de Estado competências predominantemente cerimoniais, certificatórias e limitadamente arbitrais.

Alguma doutrina[675] distingue, singelamente, dois modelos de parlamentarismo contemporâneo: o parlamentarismo com prevalência do Parlamento e o parlamentarismo com prevalência do Governo.

O primeiro modelo, como veremos, identifica-se com o *parlamentarismo de assembleia*, que a doutrina reconduz ao exemplo clássico do sistema político francês da IV República e da I República italiana com refrações, mitigadas, no tempo presente nos países escandinavos e no Benelux. O segundo modelo, também designado de *parlamentarismo racionalizado*, exibe diversos matizes em que a proeminência do Governo exprime um peso variável, oscilando entre um paradigma de *Primeiro-Ministro ou Governo liderante* (sistema britânico) e um paradigma de *Governo mitigadamente reforçado* (sistema alemão). Examinaremos estas sub-espécies de parlamentarismo, infra § 367, com mais detenção.

---

[675] MAURO VOLPI ult. loc cit, p. 293.

2. Nota sobre a origem e evolução do fenómeno parlamentarista

2.1. Raízes

362. As remotas raízes do parlamentarismo[676] reconduzem-se à História britânica. Décadas após o início de vigência da *Magna Charta*, Simon de Monfort conduziu em 1265 uma rebelião contra Henrique II, convocando (na tradição dos *Witenagemot*, as assembleias consultivas dos saxões, de inspiração germânica) elementos da pequena aristocracia (*"gentry"*) e representantes dos burgos para uma assembleia representativa da alta aristocracia à revelia do Monarca. Assembleias da mesma natureza foram, episodicamente, realizadas em anos subsequentes, até ao momento em que Eduardo I decidiu convocar o primeiro Parlamento, cujos representantes dos *Bourougs* não foram, todavia, eleitos mas sim escolhidos pelo Monarca. Um poder relevante que emergiu deste Parlamento foi um princípio de co-decisão entre o Rei e a mesma instituição no que concerne ao lançamento de impostos (uma primícia do principio "no taxation without representation") e a faculdade de julgar reclamações e petições.

A dependência do Monarca do assentimento parlamentar em matéria tributária foi fundamento para o alargamento das competências do Parlamento, mormente com a escolha dos conselheiros reais e entronização de um novo Monarca. Gradualmente, burgueses e pequena aristocracia aliaram-se como "Commons" contra a alta aristocracia ("Lords") constituindo-se a partir do Século XIV duas câmaras separadas e independentes. A partir de então o sistema político britânico evoluiu em volta das mesmas instituições (Monarca, Parlamento e, posteriormente, o Gabinete, sem prejuízo de ciclos de domínio de uma delas em relação às restantes).

Com a guerra civil contra o poder absoluto da dinastia Stuart e a fase do "longo Parlamento" em 1640, seguiu-se, num contexto de crise política, a decapitação do Rei Carlos I, a declaração da "República (*Commonwealth*) em 1649, a ditadura

---

[676] Cfr.,sobre esta temática, em geral, WALTER BAGEHOT "The English Constitution"--London-1873http://socserv2.socsci.mcmaster.ca/econ/ugcm/3ll3/bagehot/constitution.pdf.; M. ASHLEY "The Glorious Revolution of 1688"-London-1966; D. KEIR "The Constitutional History of Modern Britain Since 1485"-London-1966; G. LÖWBERG "Modern Parliaments: change or decline?-Chicago, 1971; MAURICE DUVERGER AAVV "Le Renoveau du Parlement"- in Pouvoirs nº 146 (3)-2013; HENRI MANZANARES "El Regimen Parlamentario en Europa Occidental"-Revista de Estudios Políticos"-nº 171-172"-Mayo-Agosto-1970;CARL SCHMITT "Parlementarisme et Democratie"-Paris-1988. Em especial,THOMAS FLEINER –GERSTER "Teoria Geral do Estado"-op.cit.-p.330; REINHOLD ZIPPELIUS ult. loc cit, p. 182; KARL LOEWENSTEIN ult. loc cit, p. 103; J. SCHNEIDER ult. loc cit, p. 326; MANOEL GONÇALVES FERREIRA FILHO "O Parlamentarismo"-S. Paulo-1993-p. 3 e seg e 23 e seg..

de Cromwell e a restauração absolutista, com Carlos II que, todavia, equilibrou o seu poder absoluto com as prerrogativas parlamentares.

No Continente, a expressão *Parlamento* era conhecida em França no Século XIII, embora com um sentido distinto do britânico. O *"Parlement du Roi "* era o tribunal real de Paris que proferia as suas sentenças com base no costume e nas leis régias, com alguma criatividade. Mas foi a *Curia Regis* dos Capetos e sobretudo os "Estados Gerais", assembleia complexa composta pelo Clero, Nobreza e Povo, fundada por Filipe o Belo, em 1302 para efeito de aconselhamento e que o Monarca reunia em situações extraordinárias, que constituíram o embrião do futuro Parlamento. Na Suécia, o Rei Magnus criou, em 1359, um *Riksdag* com representação do clero, nobreza, e cidadãos livres. No espaço Germânico multi--estadual que se seguiu à Guerra dos 30 anos foi instituído, em 1663, o *Reichtag* (Parlamento Imperial) cuja vontade era indispensável para o Imperador aprovar legislação e tributos.

2.2. Origens e expansão

363. O parlamentarismo, como sistema, terá nascido e ter-se-á desenvolvido "orgânica" e "empiricamente", a partir da "Glorious Revolution" de 1688, na Grã-Bretanha, que findou com a Monarquia absoluta dos Stuart[677]. Com o termo das prerrogativas inerentes à concentração das diversas funções na pessoa do monarca, o parlamentarismo sedimentou-se de forma progressiva.

A Revolução Liberal implicou uma divisão de poderes entre o Monarca (que reservou para si o Governo, a guerra e a política externa) e o Parlamento (que assumiu competências legislativas e tributárias). Como esta divisão exigia interdependência funcional entre os dois órgãos o Monarca passou a designar uma parte dos seus ministros em consonância com as fações maioritárias no Parlamento. O difícil domínio da língua inglesa pelos monarcas estrangeiros, mormente com Guilherme, um Stuart oriundo da Casa de Orange e depois coom os príncipes da Casa de Hanover, levou-os designar de entre os ministros, um deles que assumisse a coordenação dos restantes. Surgiu, nestes termos, num reinado posterior, a figura do Primeiro-Ministro com "Sir" Robert Whalpole, em 1730.

Embora a formação e a condução do Governo ainda fosse uma responsabilidade real, passou a sedimentar-se uma norma consuetudinária, segundo a qual os membros do núcleo do Governo, o "Gabinete", só permaneceriam em funções enquanto gozassem da confiança parlamentar, firmando-se um quadro de responsabilidade político-institucional do Governo em face do Parlamento. Essa responsabilidade deu um passo significativo, não apenas através da polarização

[677] Cfr KARL LOEWENSTEIN op. cit, p, 103 e seg.

partidária da composição parlamentar entre "Whigs" (liberais) e "Tories" (conservadores) mas também pelo precedente da demissão do Primeiro-Ministro por força de uma censura parlamentar na Câmara dos Comuns (eletiva) a qual ocorreu com a demissão de Lord North, tornado responsável pela perda das Colónias da América do Norte em 1782.

Passou em diante a consubstanciar-se o apagamento do protagonismo Real e da Câmara dos Lordes e a emergência de uma relação fiduciária e interpenetrada entre o Governo e a Câmara dos Comuns.

O parlamentarismo liberal só ganhou expressão na Europa e nas Américas a partir do Século XIX (se excetuarmos a acidentada fase da "Convenção" na Revolução francesa, a qual se configurou, essencialmente, no seu apogeu, como uma "tirania parlamentar" delegada num "comité de salvação"). Tal ocorreu mitigadamente em regimes monárquicos (Constituição de Cadiz de 1812, Carta Constitucional Francesa de 1814 e Constituição belga de 1831) e em regimes republicanos (Constituição francesa de 1875 e Constituição brasileira de 1891).

364. Mas o século XIX foi marcado por dois tipos de parlamentarismo: o parlamentarismo monista e o dualista. O *parlamentarismo monista* foi ensaiado incipientemente com a Constituição revolucionária francesa de 1791 e teve projeções na Constituição espanhola de Cadiz de 1812, nA Constituição Portuguesa de 1822 e na Constituição belga de 1831). Criou-se um sistema de divisão de poderes que conferia ao Rei o poder Executivo, ao Parlamento o exclusivo do legislativo e aos tribunais um poder judicial de estrita aplicação da lei. Embora o governo não dependesse do Parlamento, o facto é que o Monarca, enfraquecido, procurava nomear um ministério com apoio parlamentar. Tratou-se, portante de um modelo político com preponderância do Parlamento, o verdadeiro senhor da lei.

365. Com inspiração britânica, o *parlamentarismo dualista* nasceu primeiro em França com a Carta Constitucional de 1814, disseminando-se nos Estados alemães e alguns escandinavos, em Portugal com a Carta Constitucional de 1826 e no Brasil com a Carta de 1824, tendo reequilibrado a divisão de poderes em favor do Monarca. De um modo geral, este, para além de chefe do poder Executivo co-decidia com o Parlamento em matéria legislativa através da sanção real (ligada a um poder de veto absoluto), dispunha da faculdade de nomear pares ou senadores para a câmara alta e de dissolver a câmara de deputados, assim como exercer a prerrogativa de concessão de perdões e indultos. O pendor do sistema oscilou, incertamente entre Monarca (ciclo predominante a partir de 1814) e Parlamento (claramente afirmado com revoluções de 1848) até que, com a Constituição da III República francesa em 1875, a Constituição da I República do Brasil em 1891, a Constituição da I República Portuguesa em 1911 e as novas repúblicas que se seguiram à queda dos Impérios centrais em 1918 se regressou a um frágil parlamentarismo monista.

2.3. Consolidação e metamorfoses

366. Foi, contudo, no século XX que o sistema se consolidou, impondo-se depois da Segunda Guerra Mundial na maioria dos estados europeus, com relevo para as monarquias da Europa do Norte, Benelux e Espanha e para as repúblicas da Europa Central e do Sul.

Tal como se verá adiante, os atributos constitutivos do parlamentarismo já referidos são o único "punctum unionis" que se destaca como denominador comum estrutural dos sistemas assim crismados, dado que estes guardam, entre si, características muito diversas, gerando subtipos definidos.

As más experiências politicas do período anterior à II Guerra (I República portuguesa, II República espanhola, República de Weimar e III República francesa) e do período imediatamente posterior (IV República francesa e incipientes Repúblicas do Leste Europeu, antes de se transformarem em regimes comunistas) conduziram a esforços de engenharia legislativa e constitucional para que fossem corrigidas algumas disfunções do parlamentarismo monista de assembleia, as quais se centravam, basicamente, nos sistemas eleitoral e de partidos. Assim: enquanto vários Estados, com uma cultura politica consociativa, lograram funcionar razoavelmente com um parlamentarismo de assembleia simples (Benelux e Suécia) ou corrigido com pequenas cláusulas de barreira (Dinamarca e Noruega); outros soçobraram na instabilidade permanente como sucedeu com, a Itália durante a I República, a qual correspondeu ao ciclo político situado entre 1948 e 1992 (com cerca de 43 governos em 45 anos); e outros, ainda, criaram mecanismos destinados a corrigir a dispersão dos partidos no parlamento e a estabilizar os Governos (Alemanha, Espanha, Hungria, sem contar com tentativas pior ou melhor sucedidas na Itália e na Grécia)

367. As características diferenciais que separam os diferentes tipos de parlamentarismo estribam-se, como veremos, mais em fatores ligados ao sistema eleitoral e o sistema de partidos, do que ao peso de regras constitucionais estatutárias relativas às competências dos diversos órgãos do poder político, ressalvado o caso da moção de censura construtiva.

3. Os "parlamentarismos de assembleia"

3.1. Noção

368. A construção originária da noção de parlamentarismo de assembleia assentou no entendimento segundo o qual o Parlamento é a instituição soberana por excelência, em razão da sua eleição por voto popular e que o poder das restan-

tes instituições deriva do mesmo órgão, chegando mesmo a defender-se que o poder executivo seria exercido por uma comissão ou deputação parlamentar[678].

3.2. Origens e evolução

369. A expressão "parlamentarismo de assembleia" ganhou um sentido algo pejorativo na medida em que, durante a Revolução Francesa, foi reconduzida no período da "Convenção" à ditadura do "Terror", encarnada por Robespierre (1792-1794), durante o qual foram executados dezenas de milhares de opositores ao novo regime. Tratou-se, a bem da verdade, de uma assembleia parlamentar exercendo um poder absoluto, embora conduzida e manipulada pelo "Comité de Salvação Pública", um órgão executivo (governamental) que dela emergia e que, de facto, operava com poderes ditatoriais. Mas antes mesmo, segundo alguns entendimentos, o parlamentarismo de assembleia terá tido um remoto e efémero precedente no "Parlamento Largo" de Inglaterra (1640-1649) que sucedeu à queda da monarquia e que foi, posteriormente, derrubado por Cromwell que governou em ditadura com apoio dos militares[679].

370. Já no Século XX, A Constituição Portuguesa de 1911, de estrutura bicameral, incorporava alguns atributos clássicos do ideário de um sistema de assembleia, com um Governo serviçal do Parlamento e um Presidente da República não só eleito pelo mesmo órgão mas também suscetível de ser por ele destituído por fundamentos graves de desconfiança política.

Certo é que, já na III República francesa (Constituição de 1875), o entendimento originário de que o Executivo exerceria os seus poderes apenas na base de delegações parlamentares e de que o Parlamento devia ter uma estrutura unicameral sofreu uma mutação no sentido de alguma autonomização institucional do poder Executivo, nele compreendido o Presidente (órgão independente do par-

---

[678] Cfr. LIJPHART "Typologies of Democratic Systems" in "Comparative Political Studies"--I- 1-1968-p. 3 e segh; R. FUSILIER "Les Monarchies Parlementaires"-Paris-1960; SARTORI "Engegneria (...)" op. cit, p. 115 e seg e 125 e seg; G. VERGOTTINI "Diritto Costituzionale"-op. cit.-p. 98 e KARL LOEWENSTEIN "Teoria (...)"v op. cit, p. 97 e seg; M. COTTA "Il governo di Partito in Itália. Crisi e transformazione dell`asseto Tradizionale"- in AAVV "L'Italia tra Crisi e Transizione"- org. M. Caciagli- Roma-Bari- p. 119 e seg; ELENA FEROLI "Belgio" in AAVV "Diritto costituzionale Comparato" op. cit, p.349 (sem prejuízo de ponderar a racionalização desse modelo parlamentar); MATEO PASTOR LOPEZ "Los Regímenes Politicos de las Monarquias Centroeuropeas y Nordicas"- in AAVV "Regimenes Politicos (...)" op. cit, p. 191 e seg; MANOEL GONÇALVES FERREIRA FILHO "Curso (...)" op. cit., p. 149 e seg; JORGE MIRANDA "Manual de Direito Constitucional" Tomo I, 2 op. cit, p.62 e seg.; JOSÉ DE MELO ALEXANDRINO "Lições (...)" op. cit, p. 145.

[679] KARL LOEWENSTEIN, ult. loc. cit, p. 99.

lamento que escolhia os ministros e podia dissolver a Assembleia) e o Governo, se bem que salvaguardando a responsabilidade política deste último, perante um Parlamento bicameral. Sem prejuízo deste facto, o parlamentarismo de assembleia acentuou-se posteriormente noutras vertentes, já que a dependência do Governo perante o Parlamento foi tornada mais efetiva depois da demissão do Primeiro-Ministro Broglie pela Assembleia Nacional[680] e o poder de dissolução parlamentar autónomo do Presidente ter caído em desuso, depois da substituição do presidente Mac Mahon por Grèvy[681].

Depois da Segunda Guerra Mundial, o parlamentarismo de assembleia foi concebido e renovado de forma a reforçar, de algum modo, a autonomia do Governo e a sua relação fiduciária com o Parlamento. Em alguns sistemas políticos próximos deste modelo foram mesmo introduzidas, nos sistemas eleitorais, pequenas cláusulas de barreira para vedar o acesso de micro-partidos e evitar a pulverização da representação parlamentar (caso da Noruega, Dinamarca e Israel). De qualquer forma, na segunda metade do século XX o parlamentarismo de assembleia ficou ligado às malogradas experiências da IV República francesa (1947-1958) e da I República italiana (1948-1993).

371. No primeiro caso, a par de um presidente desprovido de poderes, imperava um Parlamento fragmentado multipartidariamente pelo sufrágio proporcional, incapacitando a criação de maiorias partidárias consistentes e gerando governos frágeis (24 governos em 11 anos) que causaram uma profunda instabilidade política e imobilismo no processo de decisão, que colocou o País à beira de um golpe de Estado. No segundo caso, uma realidade idêntica criou uma imensa instabilidade governativa (cerca 44 governos em 45 anos) associada a um partido dominante mas frágil (a Democracia Cristã) e a uma teia clientelar que culminou com um grave caso de corrupção que afetou toda a classe política e acabou com os partidos tradicionais, incluindo os comunistas e os democratas cristãos, objeto de refundações e cisões. Para além destes dois casos mais marcantemente patológicos, certos sistemas de assembleia, sobretudo na Escandinávia (Noruega, Suécia, Finlândia e Dinamarca) e Benelux (Bélgica, Holanda e Luxemburgo), lograram alguma estabilidade favorecidos por uma cultura compromissória a qual, como antecipámos, é endémica nessas sociedades e inexiste na Europa do sul e na Europa oriental. E, dentro destes Estados, alguns deles, como a Noruega e a Suécia situam-se mesmo na fronteira entre o parlamentarismo de assembleia e uma variante impura de parlamentarismo racionalizado,

---

[680] THOMAS FLEINER-GERSTER ult. loc cit, p. 373.
[681] MAURO VOLPI ult. loc. cit, p. 297.

graças à existência de um pluripartidarismo limitado, associado à existência de um partido dominante e a alguma proeminência da ação do chefe do Governo[682].

Assim, o sistema eleitoral de tipo proporcional associado à natureza monárquica de alguns regimes políticos democráticos constitui a causa mais relevante para a criação de parlamentarismos de assembleia[683]. Por exemplo, nas monarquias constitucionais que imperam nos Estados mencionados no parágrafo anterior, as Constituições conferem, formalmente, um primado da função executiva ao Monarca, mas a prática ou o costume levam a que seja o Governo a exercer efetivamente essa atividade. Por outro lado, no contexto das coligações que inerem a esta forma de poder, já que imperam sistemas eleitorais de tipo proporcional com efeitos centrífugos, o Primeiro-Ministro é, em regra, um primeiro entre iguais ("primus inter pares"), cujas funções de coordenação interministerial o obrigam a co-decidir com ministros que lhe são, por vezes, impostos pelos parceiros, nem sempre exibindo um controlo firme sobre a conduta setorial dos diversos membros do Governo[684], o que o leva a operar, fundamentalmente como um articulador de uma equipa heterogénea.

372. É no Parlamento que se concerta a formação dos governos, mediante coligações e acordos de poder, sendo assaz comum que o partido mais votado não forme Governo, na medida em que não logre liderar um governo maioritário de coligação ou um governo minoritário sustentado num acordo de maioria com outros políticos representados no Parlamento e que não participam no Governo. Se nos parlamentarismos racionalizados os sistemas eleitorais estão desenhados para que o eleitorado escolha, com alta probabilidade, o Primeiro-Ministro e o Governo, nos parlamentarismos de assembleia o eleitorado escolhe os seus mandatários e é dos compromissos parlamentares firmados entre os múltiplos partidos independentes e semi-rígidos que resulta o Governo. Não existem, por conseguinte, certezas efetivas de nada quanto à composição do Executivo resultante de eleições, salvo no caso invulgar de emergir uma maioria monopartidária.

373. Gera-se, por conseguinte, não uma democracia competitiva maioritária, com um partido ou bloco vencedor governando e uma oposição perfeitamente definida, mas sim uma democracia consociativa (ou seja, uma forma de poder que tem como objetivo congraçar forças distintas e não suscitar uma dicotomia entre maioria e minoria)[685], feita de coligações multicolores, arranjos, pactos e compromissos de bastidores entre forças mais ou menos votadas, de modo a poder ser formado um governo de coligação fruto desses compromissos interpartidários.

---

[682] Em ambos os casos, partidos de natureza social democrata.
[683] Na Bélgica impera o método de Hondt.
[684] SARTORI ult. loc cit, p. 117.
[685] FABRINI "Le Regole dela Democrazia" op. cit, p. 18.

Veja-se, a este respeito, que na Dinamarca, a cláusula barreira de 2% não impediu, em 2015, uma representação fragmentária no Parlamento. O partido mais sufragado (sociais democratas) quedou-se na oposição, governando minoritariamente os conservadores (a terceira formação mais votada), apoiados no Parlamento pelo segundo partido mais sufragado (o *Partido do Povo*, de direita radical) que decidiu não entrar no Executivo, mas orientar de fora as políticas de segurança e imigração

Na Holanda, por exemplo, em 1971, 1977 e 1988, o Partido Trabalhista foi a formação mais votada mas não formou governo. Nas eleições de 2012, formou-se um governo minoritário de democratas-cristãos e liberais com um acordo com o Partido da Liberdade, de direita radical nacionalista, o qual apoiava o Governo no Parlamento, mediante contrapartidas no que respeita à condução da política de imigração.

Na Bélgica (onde as famílias políticas se dividem em ramos partidários flamengos e valões, a par de fortes partidos separatistas na Flandres), verificou-se nas eleições de 2010 que foram eleitos deputados de 11 partidos, tendo o País ficado 589 dias sem um governo eleito. A direita flamenga pró-independentista (NVA) foi o partido mais votado, mas foram os restantes partidos socialistas, cristãos democratas, liberais e verdes (valões e flamengos), que formaram um governo de coligação liderado por um socialista (o segundo partido mais votado). Já em 2014 ocorreu idêntico resultado, mas com um Chefe de Governo liberal do MRA (o terceiro partido mais votado), integrando ainda o NVA, partido mais votado, bem como o CD& V (democratas-cristãos flamengos), e o Open VLD (liberais progressistas flamengos) .

374. Alguns sistemas parlamentares de assembleia introduziram elementos racionalizadores para a diminuição do espetro político ou para garantir a formação de governos com um mínimo de estabilidade, quedando-se na fronteira com os chamados parlamentarismos racionalizados.

Assim, na Noruega, que introduziu uma cláusula-barreira de 4%, a qual mitigou a fragmentação parlamentar, verificou-se que nas eleições de 2013, o Partido Trabalhista foi o mais votado, mas um governo minoritário foi formado pelo segundo e terceiro partidos (respetivamente os conservadores e o Partido do Progresso de direita radical) na base de um acordo político-parlamentar com pequenas formações do centro-direita cristão ou liberal.

375. Em síntese, as assembleias decidem numa base consociativa e daí o seu enorme peso na viabilização dos executivos, assim como na sua subsistência, ficando muitas vezes os governos dependentes de "trade offs" com partidos de pequena dimensão que acabam por constituir o seu ténue elo de sustentação.

Em Israel o peso de micropartidos é enorme, já que por vezes é uma formação extremista religiosa com seis deputados que permite aos maiores partidos, o conservador LIKUD e até recentemente o Partido Trabalhista, formarem um Governo maioritário "preso por arames", exigindo para o efeito compensações, por vezes superlativas e a raiar a chantagem política.

376. O parlamentarismo de assembleia é, por conseguinte um sistema de transações e compensações, nem sempre transparente nem consentâneo com a ética pública. Sistema que fomenta a partidocracia na colonização do aparelho de Estado, potencia alguma instabilidade governativa, e pode em diversos casos reduzir a eficiência das decisões convertidas por força de um emaranhado de compromissos incoerentes e com custos dispensáveis. Fora do universo dos parlamentarismos nórdicos, onde o modelo está culturalmente enraizado, certas formas de parlamentarismo de assembleia potenciaram a corrupção (vide o caso já citado da I República Italiana que ruiu em 1994, depois de rebentar o caso "Tangentópolis", produto da operação policial-judiciária "mãos limpas").

O sistema em exame gera, igualmente, coligações frágeis ou governos minoritários sustentados em acordos precários e com escassa legitimidade política que enfraquecem o Estado e o princípio democrático, pois quem ganha não tem garantia de governar, reforçando-se o peso dos diretórios partidários e coligações "contra natura" entre partidos pouco representativos e heterogéneos, cavando-se um fosso entre eleitor e eleito.

3.3. Síntese sobre as linhas de força do parlamentarismo de assembleia na sua versão contemporânea

377. Passa a referir-se os pontos focais do sistema político em epígrafe.

1º. Chefe de Estado (um Monarca ou um Presidente eleito maioritariamente pelo Parlamento mas em certos casos, como a Finlândia, por sufrágio direto) é investido de competências honoríficas, notariais e, também, residualmente arbitrais, no que em especial respeita à formação do Governo, aquando da ocorrência de dificuldades prolongadas de formação do Executivo[686].

2º. Parlamento como instituição política e legislativa dominante, sendo eleito na base de um escrutínio proporcional gerador de um multipartidarismo dispersivo[687], com partidos independentes e semi-rígidos e operando como plataforma de formação, fiscalização, sustentação e demissão do Governo. Os deputados da bancada governamental, bem como os de algumas oposições, intervêm não ape-

---

[686] Caso da I República Italiana e da Bélgica, em especial durante a recente crise de formação de um Governo.
[687] FABRINI, ult. loc. cit, p. 20.

nas na feitura de leis, mas também na conceção das políticas públicas, utilizando comissões permanentes particularmente ativas e poderosas[688].

Em conjunturas de maior fragilização governamental, mormente no contexto de governos minoritários, os deputados assumem um maior protagonismo normativo, seja pressionando o Governo em troca de ganhos políticos[689], seja alterando ou cancelando as políticas governamentais mediante coligações negativas de geometria variável, podendo nesse caso falar-se em "parlamentarismo governante"[690].

O compromisso na feitura das leis envolvendo forças políticas muito diversas marca o paradigma da deliberação.

3º Governo exclusivamente dependente da "não desconfiança" parlamentar e dotado, em face deste, de um grau de autonomia variável (*maior* em coligações homogéneas[691], *médio* em coligações heterogéneas[692] e *menor* em executivos claramente minoritários[693]), a qual não lhe permite agir rápida ou resolutamente e, por vezes, comunicar a uma só voz[694].

O Primeiro-Ministro opera como um articulador político e um primeiro entre iguais, com protagonismo variável em função não apenas do seu perfil mas da dimensão e composição da bancada que sustenta o governo no parlamento e do apoio que goza no seu próprio partido[695].

4º. Número expressivo de "veto players" à ação governativa no contexto de um poder difuso e atomisado[696], mormente a Justiça constitucional (quando exista), o Parlamento, os parceiros de coligação, as fações próprias de cada partido que sempre se destacam neste tipo de sistema em razão de um escasso grau de disciplina interna[697] e as corporações.

---

[688] Situação típica da Bélgica, Holanda, Dinamarca e Suécia.
[689] Israel.
[690] Caso da IV República francesa e, por vezes, da I República italiana.
[691] Noruega,
[692] Bélgica.
[693] Dinamarca
[694] SARTORI ult. loc. cit, p. 125.
[695] Israel, pese a fragmentação parlamentar, a Grécia, a Noruega, a Suécia e o Luxemburgo têm primeiros-ministros mais fortes. A I República italiana e a Bélgica, primeiros-ministros mais débeis.
[696] SARTORI, ult. loc. cit, p. 125.
[697] KARL LOWEWENSTEIN op. cit, p. 100.

O SISTEMA POLÍTICO

4. Os parlamentarismos racionalizados

4.1. Noção

378. A racionalização do parlamentarismo já foi definida neste escrito como *um conjunto de institutos destinados a garantir maior estabilidade e poder de impulsão política aos Governos, em face dos Parlamentos dos quais dependem, seja através do estímulo a uma maior concentração do voto do eleitorado nos grandes partidos, de modo a reduzir a representação parlamentar, seja através de mecanismos de controlo inter-orgânico.*

379. Existe, de entre os parlamentarismos racionalizados uma diferença entre:

i) o modelo primoministerial britânico, em que a proeminência do Governo é mais acentuada, resultando de uma combinação antiga entre um sistema eleitoral constrangedor e um complexo de normas consuetudinárias;
ii) outras variantes mais recentes, marcadas por engenharia eleitoral e moções de censura construtivas, onde a proeminência do Executivo se revela mais atenuada e incerta em razão das oscilações no sistema partidário geradas por uma forma de escrutínio eleitoral mais dispersiva, como sucede na Alemanha e Espanha.

380. *Em termos de dinâmica institucional, trata-se de um tipo de sistema parlamentar dogmaticamente caracterizado pela preponderância do Governo*[698]. Sendo este o ponto de união estruturante entre os sistemas políticos descritos, não distinguiremos, contrariamente à maioria da doutrina, o sistema político parlamentar de gabinete dos sistemas parlamentares racionalizados. O sistema político de gabinete britânico diferencia-se dos demais em razão do facto de incorporar um possante mecanismo de redução da representação partidária ligado a um Governo estável dirigido, em regra monocraticamente, por um Primeiro-Ministro, já comparado por alguns a um "monarca eletivo"[699]. Os sistemas alemão e espanhol também asseguram uma preponderância governativa e uma liderança do Primeiro-Ministro, por vezes de viés monocrático, mas o facto de haver um parlamento mais fragmentado que catalisa, no primeiro caso, governos de coligação e, no segundo, em certos ciclos políticos, executivos minoritários, constitui uma causa de despotenciação de um domínio incontestável do Governo e da supremacia inequívoca ou permanente do Primeiro-Ministro, forçado frequentemente a uma maior colegialidade no processo de decisão.

---

[698] MAURO VOLPI ult. loc. cit, p. 293
[699] MAURO VOLPI ult. loc. cit, p. 295.

4.2. O sistema primo-ministerial britânico como modelo singular de parlamentarismo racionalizado.

381. No Reino Unido da Grã Bretanha vigora uma Monarquia parlamentar assente num *"sistema parlamentar de gabinete"* ou *primoministerial*, onde prepondera a liderança monocrática do Primeiro-Ministro, no quadro de um Estado unitário regional, com autonomia política concedida aos territórios da Escócia, Ulster e Gales[700].

4.2.1. Constituição

382. A Constituição britânica é única no mundo, atento o seu caráter fragmentário, preponderantemente consuetudinário e não escrito, evolutivo na sua adaptação a novas contingências e flexível quanto ao seu processo de alteração. Ela encima uma *ordem constitucional em sentido histórico*, resultando de um complexo de normas de valor diferenciado, onde ressaltam documentos escritos fundamen-

---

[700] Sobre as fontes constitucionais, com relevo para o costume, vide, em geral, ALBERT DICEY "An Introduction to the Study of the Law of the Constitution"-London-1979 e, em especial, OWEN HODD PHILIPS "Constitutional and Administrative Law"-London-1979--p. 104, bem como, K.C. WHEARE "The Statute of Westminster and Dominion Status"--Oxford-1942-p. 10; Em geral, sobre este sistema politico, IVOR JENNINGS "El Regímen Politico de la Gran Bretania"-Madrid-1961 e "Cabinet Government"-Cambridge-1970; JOHN MACKINTOSH "The British Cabinet" London-1968; MARSHA BURNS "The British Cabinet System"-London-1996; PAUL WEBB "The Modern British Party System"-London-2000; DUNCAN WATTS "US/UK Government and Politics"Manchester-2003;PETER HENESSY "The Prime Minister: The Office and Its Holders Since 1945" London- 2001; R . ROSE "The Prime Minister on a Schrinking World", Cambridge-2001; ANTHONY KING "The British Constitution"-Oxford-2011; RICHARD HEFFERNON-PAUL WEBB "The British PM: much more than first among equals" in AAVV "The Presitentialisation of Politics"-Org. Thomas Poguntke-Paul Webb-Oxford-New York-2005-p. 26 e seg ; MICHAEL FOLEY "The British Presidency"-Manchester-New York-2000 (sobre o sistema primoministerial sob a chefia de Tony Blair); ERIC EVANS "Thatcher and Thatcherism"-London-2004 (sobre o Sistema primoministerial durante a Liderança de Margaret Thatcher); MARGARET THATCHER "The Downing Street Years"-London-1994.
Vide, igualmente, fora do espaço anglo-saxónico FRANCISCO FERNANDEZ SEGADO in AAVV "Regimenes Politicos Actuales"-org.J. Ferrando Badia-Madrid-1985-p. 69 e seg; MAURO VOLPI "Diritto Pubblico Comparato" op. cit, p. 293 e seg; AAVV "; JEAN BLONDEL " Procesi Decisionali, Conflitti e Governi di Cabinet"-in "Quaderni di Scienza Politica"-VI--(2)-1999-p. 187 e seg; GIANFRANCO PASQUINO ult. loc. cit., p. 111 e seg; ARMANDO MARQUES GUEDES "Ideologias e Sistemas Políticos"-IAEM-Lisboa-1978-p. 86 e seg e 107 e seg;; JORGE MIRANDA "Manual de Direito constitucional"-Tomo I, 1, op. cit.; e LUIS BARBOSA RODRIGUES "Sistemas Políticos Europeus Comparados"-Porto-2011-p.19 e seg.

tais que se vão acumulando (e derrogando tacitamente) desde a Magna Carta (1215), passando pelo *"Fixed Term Parliament Act"*, de 2011, aos quais se agregam normas costumeiras que assumem um impacto incontornável.

Trata-se de uma Constituição flexível, na medida em que todas as normas podem ser alteradas através de um processo legislativo em tudo idêntico ao ordinário, o que significa que a Constituição pode ser revista a todo o tempo. Tal não implica, contudo que as alterações sejam constantes e céleres. A arreigada tradição do povo britânico em manter as regras do jogo político faz com que muitas revisões constitucionais sejam marcadas por processos longos e sujeitas a profundos debates (caso da reforma da Câmara dos Lordes, iniciada em 1999 no Governo de Tony Blair e travada em 2012, com o Governo conservador-liberal, que se limitou a aprovar retoques menores no *"House of Lords Reform Act", de 2014*). Não havendo uma Constituição rígida não foi, consequentemente, instituído um sistema formal de controlo da constitucionalidade das normas.

383. Existem dois blocos de normas constitucionais.

De um lado o bloco do "statute Law", composto por um complexo desagregado de leis constitucionais escritas, ditadas através dos séculos, onde ressaltam importantes documentos normativos, muitos deles já parcial ou totalmente derrogados e com valor histórico. Estas leis, embora conscencializadas como materialmente constitucionais, em nada se distinguem em termos de procedimento ou força jurídica das leis comuns.

Posteriormente à *"Magna Charta"* que encima emblematicamente este ordenamento é o caso, sem preocupação de exaustão: da *"Petition of Rights"*, de 1628 (apresentada a Carlos I); o *"Instrument of Governement"* de Cromwell, de 1653 (e que, a bem da verdade, não entrou em vigor, com efetividade); o *"Bill of Rights"* (1689) e o *"Act of Settlement"* (1701) na sequência do movimento liberal da *"Glorious Revolution"* que pôs termo ao absolutismo; o *"Reform Act"* (1832) que alargou a base do sufrágio; o *"Parliament Act"* de 1911 (que transformou a Câmara dos Lordes numa instituição secundária); o *"Ministers of Crown Act"* (1937) onde se reforçou o papel do Primeiro-Ministro; o "Reform Act (1948) que findou com o voto múltiplo; o *"Representation of the People Act"* (1983) que alterou aspetos do sistema eleitoral; o *"Scotland Act"* (1998) que devolveu poderes políticos à Escócia no quadro de um sistema regional periférico; o *"Constitucional Reform Act"* (2005) que criou o Supremo Tribunal britânico e findou com o poder da secção judicial da Câmara dos Lordes (os "law lords") que operava como instância jurisdicional suprema; o *"Fixed Term Parliament Act"* (2011) que reforça o mandato parlamentar de 5 anos e limita o poder do Primeiro-Ministro na provocação de eleições antecipadas; o *"Sucession to the Crown Act"* (2013) que terminou com a preferência da primogenitura masculina no processo de sucessão da Coroa; e "o *"House of Lords Reform Act"* (2014) que alterou o regime de subsistência em funções dos membros da Câmara dos Lordes.

384. Paralelamente, emergem as *normas consuetudinárias* que se dividem em duas categorias jurídicas, de vinculatividade distinta:

i) A "Common Law" integrada por costumes (práticas reiteradas de modo uniforme e interiorizadas com a convicção da sua vinculatividade) reconhecidos como obrigatórios por parte de decisões de tribunais superiores, de cujo sentido se deduzem princípios jurídicos que assumem uma hierarquia e vinculatividade idênticas à "statute law" (é, de ente múltiplos exemplos, a questão da reserva parlamentar para a fixação de impostos, inerente ao caso *"Attorney general vs Wilts United Diaries"* de 1922 que consagra a autoridade parlamentar em matéria monetária);
ii) As "conventions", ou regras oriundas das práticas constitucionais, consolidadas pela força da sua aplicação constante e da sua afirmação na consciência coletiva por via da tradição e que, não resultando de precedentes judiciais nem sendo invocáveis junto dos tribunais como parâmetro de validade de atos jurídicos, merecem um acatamento geral como Direito Constitucional na regulação de matérias centrais do sistema político (caso da reunião anual do Parlamento, votação do Orçamento e aspetos da constituição do gabinete, o estatuto de "oposição", o poder de dissolução parlamentar pelo Monarca sob proposta do Primeiro-Ministro que vigorou até 2011 e, ainda, o "governo sombra" da oposição[701]).

"Statute law" e "common law" têm idêntico valor jurídico integrando as chamadas "regras constitucionais" (*rules*). As *conventions* envolvem um valor jurídico inferior pese o facto de constituírem a teia de ligamentos que articula a ossatura do sistema político.

A par destas fontes emergem numerosos usos constitucionais, particularmente relevantes num sistema de base consuetudinária.

4.2.2. Regime e sistema político

385. A Coroa, em nome da qual todos os órgãos soberanos agem é sinónimo da ideia de regime político, operando como centro de unidade jurídica e política do Reino Unido, não se confundindo com o Rei mas sim com o tipo de Estado, organizado sob a forma de uma Monarquia. Mas, por se estar diante de um regime

---

[701] As "convenções" são o tecido intersticial que liga os diversos fragmentos das regras escritas e da *common law*, agilizam as relações recíprocas entre os órgãos soberanos e adaptam a Constituição ao devir histórico-político.

formalmente monárquico, a sucessão na Coroa é regida pelo *Act of Settlement* e pela *Sucession of the Crown Act* que, como normas constitucionais, constituem um elo fundamental de ligação entre o processo de designação da Chefia do Estado e, presentemente, o "dominium" da dinastia Windsor.

Faremos incidir a presente análise sobre os órgãos que determinam o sistema político, ou seja o Rei, o Parlamento e o Gabinete, não descendo a nossa análise sobre outros órgãos constitucionais secundários ou adjacentes como o Conselho Privado[702].

A. O Monarca

386. Segundo Walter Bagehot, o Monarca britânico, detentor de um estatuto de irresponsabilidade diante de outros órgãos, influi no sistema por aquilo que representa e não por aquilo que realiza.

Num Estado de forte tradição monárquica, o Rei tem um peso representativo substancial podendo uma palavra sua, numa crise ou numa controvérsia, produzir impactos significativos[703]. Contudo o peso da palavra é proporcional à sua posição de imparcialidade, à sua contenção[704] e ao exemplo que promana da sua vida pública e privada e da demais família real[705].

387. Já no que concerne aos seus poderes constitucionais, estes são limitados e assumem, preponderantemente, uma natureza honorífica, simbólica, cerimo-

---

[702] Trata-se do órgão palatino que antecedeu e originou o Gabinete e que era composto pelos mais importantes ministros ou conselheiros reais. Presentemente, com mais de três centenas de membros, tem funções diminutas e raramente reúne em Plenário. Opera fundamentalmente como órgão de aconselhamento do Rei, dispondo de algumas funções executivas e jurisdicionais residuais, como última instância de recurso relativamente a litígios emergentes das últimas colónias remanescentes através de um comité especializado.

[703] Durante o Brexit, em 2016, a publicação num tablóide popular de uma frase da Rainha que teria manifestado ceticismo quanto à opção do Reino Unido continuar na União Europeia e que nunca foi propriamente desmentida terá tido, segundo certas opiniões, algum peso na decisão final de um pequeno grupo mas decisivo de votantes mais fielmente monárquicos e conservadores, num referendo ganho com a diferença de 4%.

[704] Certas personagens da família real não exibem contenção devida, debilitando o seu estatuto. É o caso usual do Príncipe herdeiro, Carlos de Windsor com as suas intervenções por vezes imprudentes e excêntricas em matéria ambiental e social bem como a sua paradoxal mensagem de Natal em 2016, quando afirmou que nesse ano haveria que pensar mais em Maomé do que em Jesus.

[705] A qual passou por um ciclo crítico, onde se chegou publicamente a questionar a Monarquia, em razão dos escândalos que afetaram, com relevo para 1992, a vida privada do príncipe herdeiro Carlos e da sua mulher Diana de Gales bem como de outros membros da família real.

nial, e estatutariamente religiosa (o Rei é o Chefe da Igreja Anglicana), certificatória e residualmente arbitral.

388. Embora a Constituição cometa ao Monarca diversas competências políticas formalmente relevantes, quer o costume quer a referenda ministerial tornam praticamente todos os seus atos dependentes de iniciativa governamental. Foi, até 2011, o caso do ato de dissolução parlamentar[706] que o costume converteu em competência quase-vinculada do Monarca[707], no sentido de decretar a dissolução quando solicitada pelo Primeiro-Ministro. Com o novo regime de autodissolução parlamentar determinada pelo Parlamento, a margem de recusa ainda pode ser menor, salvo se, como se verá infra § 405, a dissolução solicitada resultar de uma manobra do próprio Governo para ser derrubado por moção de desconfiança da sua própria bancada, tendo em vista eleições antecipadas. Resta saber a leitura prática que o Monarca poderia fazer dessa situação, não sendo certo que contrarie a vontade parlamentar num quadro de normalidade.

Outro poder compartilhado com o Gabinete, que toma a iniciativa da sua propositura, consiste na nomeação de membros da Câmara dos Lordes e de altos funcionários, a tomada de medidas de exceção, decisões em matéria militar, a ratificação de tratados depois de aprovados pelo Parlamento, a convocação extraordinária da Câmara dos Comuns, a iniciativa legislativa e a assinatura das "Orders in Council. O facto de o Rei proferir o "discurso do Trono" onde enuncia os planos e programas governamentais para cada sessão legislativa, cujo conteúdo é elaborado pelo Gabinete, demonstra que o mesmo Monarca ainda é tido, simbolicamente, como a cabeça do poder Executivo.

389. Existem domínios onde o Rei possuiria, em tese, uma maior margem de liberdade e discricionariedade. O primeiro, que se nominalizou por completo, consiste no direito de veto. Se bem que as normas constitucionais atribuam ao Monarca o direito de veto sobre a legislação, essa previsão foi derrogada pelo costume constitucional, caindo em completo desuso (o último veto aposto num

---

[706] No respeitante à dissolução do Parlamento, decorria até muito recentemente a regra de base consuetudinária de que o Monarca dissolvia a Câmara dos comuns a solicitação do Primeiro-Ministro, embora fosse defendido que, no limite, poderia recusar o pedido. Contudo com a aprovação do *Fixed Term Parliament Act"*, de 2011, do qual se falará adiante, o Primeiro-Ministro perdeu esta prerrogativa e a dissolução antecipada passou a assentar na vontade do próprio Parlamento, pelo que a duração do ciclo político deixou de estar ordinariamente dependente da vontade política resultante do binómio Primeiro-Ministro/Rei para se deslocar para o binómio Parlamento/Rei com claro poder vinculativo do primeiro.

[707] VOLPI (ult. loc cit, p. 295) considera que o rei poderia recusar a dissolução solicitada pelo Primeiro-Ministro se a estimasse inútil ou contrária ao interesse nacional o que nunca sucedeu no período posterior à II Guerra Mundial.

diploma ocorreu no reinado da Rainha Ana, em 1708, recaindo sobre a lei *"Scotish Bill Militia"*).

Resta o poder de nomeação do Primeiro-Ministro. Embora a mecânica usual do sistema eleitoral maioritário, geradora de maiorias absolutas de um só partido (supra § 293) retire real autonomia a esta competência, já que o Primeiro-Ministro designado corresponde, usualmente, ao líder do partido mais votado, nas situações em que do ato eleitoral não resulta nenhuma maioria absoluta monopartidária ("Hung Parliament") ou quando o partido maioritário não tenha liderança constituída, o Rei dispõe de alguma discricionariedade para a escolha do Chefe do Governo. Aqui reside um poder residualmente arbitral que foi exercido em 1923[708] e 1974[709]. Noutras situações de ausência de maiorias absolutas o Rei viabilizou acordos parlamentares ou coligações maioritárias outorgadas pelos partidos, tal como sucedeu em 1910[710], 2010[711] e 2017[712], respetivamente.

390. De qualquer forma o chefe de governo é investido num estrito dever de informação ao Monarca sobre a condução dos negócios públicos, podendo este último dispor da prorrogativa de formular recomendações e advertências ao Primeiro-Ministro com quem se reúne uma vez por semana. O Monarca não pode demitir ao primeiro-Ministro por razões ordinárias de falta de confiança política.

---

[708] Em 1923 o rei nomeou Primeiro-Ministro, dentro do Partido Conservador, Stanley Baldwin em detrimento de Lord Curzon criando o precedente convencional, posteriormente consolidado,de que o Primeiro-Ministro deve ser oriundo da Câmara dos Comuns e não mais da Câmara dos lordes.

[709] Na eleição de 1974 os conservadores (*"tories"*) alcançaram uma maioria relativa de votos mas ficaram numa segunda posição quanto ao número de deputados. Sendo dada a Edward Heath, Primeiro-Ministro conservador em funções, a possibilidade de formar governo, o fracasso de uma coligação dos *"tories"* com os liberais de Jeremy Thorpe, o terceiro partido mais votado, levou a Monarca a convidar, subsequentemente, Harold Wilson, líder do Partido Trabalhista ("Labour"), para a formação de um governo minoritário que, sendo o segundo partido mais votado obtivera, devida a uma disfunção do sistema eleitoral, o maior número de assentos parlamentares .

[710] Constituiu-se um Governo Liberal com apoio de uma pequena formação da Irlanda do Norte.

[711] Os conservadores formaram uma coligação maioritária com o Partido Liberal Democrata.

[712] Nas eleições de 2017 em que os conservadores venceram sem maioria absoluta, a Monarca viabilizou um governo minoritário do mesmo partido, sustentado num acordo parlamentar maioritário celebrado com um pequeno partido direitista protestante da Irlanda do Norte (DUP).

B. O Parlamento

391. O Parlamento consiste na fonte do poder democrático do Estado e a suprema autoridade legislativa, pelo menos desde 1688[713], pese o facto de a centralidade política do mesmo poder ser protagonizada pelo Gabinete, assumindo o Primeiro-Ministro um papel liderante do mesmo Governo ou "Ministério", bem como da maioria parlamentar.

392. O órgão é composto por duas câmaras, a *Câmara dos Comuns* eleita democraticamente por sufrágio universal e que desempenha um papel claramente dominante e a *Câmara dos Lordes* que, desde o *"Parliament Act"* de 1911, assume um peso institucional claramente secundário. Trata-se, por conseguinte, de um bicameralismo assimétrico, com incontornável preponderância da câmara-baixa.

A noção "soberania do Parlamento" associada à ideia de que a sua autoridade é absoluta está hoje facticamente superada. É certo que o Parlamento é o legislador por excelência e nenhuma das suas leis pode ser questionada, seja pelos tribunais, seja pelo Monarca que viu desaparecer por caducidade o seu direito de veto[714]. O Parlamento é, igualmente, a fonte de poder do Gabinete dado que este é designado pelo monarca em razão da composição parlamentar, é objeto de fiscalização permanente pelo primeiro e só se mantém em funções enquanto não for objeto de desconfiança parlamentar. Controla, ainda, a administração, fiscaliza a atividade política e executiva dos ministros e é o mais importante fórum de discussão dos assuntos de relevante interesse público. Por outro lado, presentemente, é o Parlamento quem decide sobre a sua própria dissolução antecipada.

393. Contudo, tal como se verá, estes poderes sofrem condicionamentos significativos. O Primeiro- Ministro, pese o facto de dever gozar do apoio maioritário na Câmara dos comuns não é investido pelo Parlamento mas sim nomeado pelo Monarca. Por outro lado, o mesmo Primeiro-Ministro e os membros do Gabinete são, simultaneamente, parlamentares e votam nas sessões plenárias, estabelecendo uma estreita relação conectiva com a maioria que suporta o Executivo na Câmara dos Comuns, mais concretamente através da ligação entre o Chefe de Governo e os chefes de bancada ("chief whips"). As leis que o Parlamento vota são, na sua larguíssima maioria, resultantes de iniciativa do Gabinete.

394. Pese o novo poder parlamentar de autodissolução antecipada, o Primeiro-Ministro pode provocá-la apresentando uma moção de confiança que seja rejeitada, em consonância com o Chefe de Governo pela bancada maioritária (se esta tiver maioria absoluta dos assentos).

---

[713] Ano posterior à aprovação do "Bill of Rights" que, na linha da "Glorious Revolution" reforçou os seus poderes.

[714] O caráter flexível da Constituição preclude qualquer controlo de constitucionalidade.

Os membros da Câmara dos Comuns são eleitos por sufrágio universal e por uma forma de escrutínio maioritário a uma volta, o qual incide em 650 círculos eleitorais. Trata-se, como já foi referido, de um escrutínio que favorece um sistema bipartidário e governos de maioria absoluta, constituindo a chave-mestra do funcionamento do sistema parlamentar primo-ministerial ou de gabinete[715]. O mandato dos deputados é de 5 anos.

A Câmara dos Comuns, presidida por um *Speaker*[716], funciona em Plenário e em comissões, desenvolve uma intensa atividade legislativa (estreitamente ligada ao Executivo) e realiza, como se antecipou, atos de fiscalização e inquérito sobre a atividade do Governo. O Gabinete depende da confiança Parlamentar para se manter em funções (§ 404-2º) podendo ser derrubado mediante a aprovação de uma moção de censura ou a reprovação de uma moção de confiança, circunstância passível de gerar a antecipação de eleições.

395. Desde a aprovação do *Fixed Term Parliament Act"* de 2011 (que resultou de uma imposição do Partido Liberal de Nick Clegg, líder do parceiro menor da coligação de governo ao Primeiro-Ministro conservador, Cameron, líder do parceiro maior da mesma coligação) a *Câmara dos Comuns reforçou formalmente os seus poderes* face ao Gabinete. Antes, o Primeiro-Ministro, de acordo com uma regra consuetudinária, escolhia o melhor momento para disputar eleições, podendo requerer ao monarca a dissolução parlamentar e a antecipação do sufrágio antes do termo da legislatura de 5 anos, o que lhe conferia um significativo ascendente não apenas perante o Parlamento mas também perante a oposição.

Com a nova lei constitucional a legislatura foi fixada em 5 anos e a dissolução antecipada da câmara baixa do Parlamento passou a carecer *da aprovação de uma moção de "não confiança no Governo por maioria dos votos*[717] ou da *aprovação de uma moção de antecipação de eleições tomada pelo voto favorável de 2/3 dos deputados*. Nesses casos o Primeiro-Ministro, vinculadamente, recomenda ao Rei a dissolução da câmara. Será, pois, o Parlamento que decidirá formalmente sobre o tempo da sua legislatura atenuando-se o pendor Primo-ministerial do sistema político.

---

[715] Se um deputado falecer ou renunciar ao cargo realizam-se eleições intercalares no círculo onde o cargo ficou vago (*by elections*). Em 1979 realizaram-se eleições gerais antecipadas devido ao facto do Governo trabalhista de James Callagham ter perdido a maioria depois de um conjunto de sucessivas derrotas em atos eleitorais intercalares.

[716] O *Speaker* ou Presidente da Câmara dos Comuns é escolhido dentro da bancada maioritária em regra com o acordo da principal força de oposição. Depois de eleito opera usualmente como se fosse um parlamentar sem partido.

[717] De acordo com o artigo 2º da Lei, se uma moção declarar *"That this House has no confidence in Her Majesty's Government"* serão antecipadas eleições, salvo se, nos 14 dias seguintes não for aprovada uma moção que estatua que *"this House has confidence in Her Majesty's Government"*

Ainda assim, as práticas anteriores ainda pesaram no novo processo de convocação de eleições. A Primeira-Ministra conservadora Teresa May propôs, em 2017, inesperadamente e em dessintonia com declarações feitas pela própria sobre a matéria, a antecipação das eleições para o mesmo ano, tendo em vista o reforço do seu poder antes de iniciar negociações com a União Europeia para a saída do Reino Unido desta organização. Esta proposta feita no Parlamento, após uma prévia declaração da Primeira-Ministra, foi aceite pelo Partido Trabalhista (pese o seu estatuto de debilidade) e pelos Liberais Democratas, tomando o Parlamento uma deliberação de auto-dissolução por maioria de 522 votos contra 13, posteriormente confirmada pela Monarca[718]. No dia 8 de junho desse ano, após uma desastrada campanha, marcada por contradições e mortíferos atentados terroristas, e para a qual partira como favorito, o Partido Conservador apesar de ser a formação mais votada falhou a sua aposta em reforçar a respetiva bancada, perdeu 12 lugares e a maioria absoluta e foi forçado a um acordo parlamentar com o DUP (Unionistas protestantes de direita radical da Irlanda do Norte) para obter um apoio maioritário no Parlamento.

396. A oposição, com relevo incontornável para o segundo partido mais votado, goza de um estatuto especial. Para além da constituição de um "Governo sombra" destinado a acompanhar e criticar a atividade da maioria sobre as principais questões, desenvolve uma relevante atividade parlamentar, intervindo no debate sobre o discurso da Coroa e no debate orçamental, formulando moções e suscitando a realização de inquéritos, apresentando propostas de lei e formulando questões ao Primeiro-Ministro que comparece com o executivo em sessões semanais.

397. A Câmara dos Lordes é, presentemente, constituída por pares espirituais (os 26 membros do alto clero da Igreja anglicana) e temporais, sendo os pares temporais compostos por 90 membros hereditários da aristocracia eleitos entre si e outros membros designados pelo Monarca, sob proposta do Gabinete ou pela própria câmara, como titulares de uma posição nobiliárquica que em regra é vitalícia[719].

Desde o *Parliamentary Act de 1911*, a Câmara dos Lordes, para além de funções cerimoniais, de discussão política e de fiscalização mitigada da atividade governativa, opera igualmente como câmara de "esfriamento" da legislação ado-

---

[718] A Primeira-Ministra Teresa May necessitava de 434 votos favoráveis, pelo que a aquiescência dos trabalhista resultava ser fundamental. É, pois, muito provável que tenha obtido a concordância informal da liderança do *Labour*, para a dissolução antes da sua proposta, sob pena de sofrer uma derrota política.

[719] Ex Primeiros-Ministros e Ministros destacados têm sido designados lordes depois do termo dos seus mandatos. Foi o caso de Margaret Thatcher a quem foi concedido o título vitalício de baronesa e Harold Wilson e James Callagham também agraciados com o título de barão.

tada na Câmara dos Comuns: para além de escrutinar a legislação deliberada nos comuns e propor emendas, a instituição pode retardar a aprovação de diplomas de natureza não financeira pelo período de um ano e financeira pelo período de 3 meses. Em 2017, tendo-se oposto originariamente à saída do Reino Unido da União Europeia, a Câmara anuiu, depois de uma deliberação clara nos comuns a favor do Brexit, a não retardar o processo.

Um papel importante desempenhado por uma comissão especial da Câmara dos Lordes que funcionava como Supremo Tribunal, para um conjunto relevante de matérias, foi perdido no *"Constitucional Reform Act"* (2005), o qual criou o Supremo Tribunal do Reino Unido em substituição da comissão dos "law lords". Os titulares em funções, todavia, transitaram para o novo órgão, sem prejuízo de os futuros membros serem juízes de carreira. Assim, terminou um anacronismo em termos de separação de poderes que inseria um órgão jurisdicional numa instituição parlamentar.

Sem prejuízo da *"House of Lords Reform Act"*, de 2014, ter permitido a renúncia ou a expulsão de membros da Câmara, várias tentativas de reforma tendo em vista a redução do número de membros e da eleição de uma parte dos seus titulares pelo eleitorado fracassou, depois de diversos projetos de reforma terem sido apresentados em 1999 e 2012.

Importa, por fim, referir que entre 2 a 4 membros desta Câmara costumam integrar o Governo, embora nenhum deles possa assumir o cargo de Primeiro-Ministro.

C. O Gabinete e a sua dinâmica liderante no sistema política

a) Génese

398. O chamado "sistema parlamentar de Gabinete" parece envolver uma contradição nos termos: se o Parlamento é "soberano" e se destaca como o único órgão com legitimação popular direta, como é possível falar em primazia do núcleo do Governo, através do "Gabinete" o qual apenas se mantém em funções com base na confiança parlamentar, emanando a sua composição do próprio Parlamento?

399. A génese histórica e consuetudinária do sistema pode ajudar a compreender as suas características singulares. Como o rei George I, da casa de Hanôver, não dominava bem a língua inglesa, fez-se representar na presidência do Gabinete pelo seu principal ministro, "Sir" Robert Walpole, entre 1721 e 1742, cuja especial habilidade política e liderança foi aceite pelos restantes ministros. A ascendência de um ministro-presidente sobre um gabinete homogéneo e a sua interpenetração ou "quase fusão"com uma maioria parlamentar[720], num tempo em que nas-

---

[720] Como afirma BAGEHOT, cit por FERNANDEZ SEGADO ult. loc cit, p. 87.

ciam e se afirmavam dois grandes partidos ("tories" e "wighs") criou a base das especialidades do sistema parlamentar. A responsabilidade do Gabinete ante o Parlamento foi-se firmando, primeiro através do *impeachment* de ministros[721], e depois mediante um voto de confiança que se cimentou desde 1782 com a queda do Gabinete de Lord North (supra § 363), a qual pôs termo ao vínculo de responsabilidade política do Gabinete perante o Rei e o seu reforço ante o Parlamento. Mas, foi o efeito do sistema eleitoral maioritário gerador de um sistema bipartidário perfeito, destinado a escolher um Governo e uma oposição principal e a prática de concentração na pessoa do Primeiro-Ministro da liderança simultânea do Governo, do partido e da bancada maioritária que gerou a ascendência do Executivo sobre o Parlamento, Este modelo assumiu um cunho "primoministerial", caracterizado pela liderança incontestada do Primeiro-Ministro graças aos consulados de liderança monocrática de Margaret Thatcher e Tony Blair, a partir dos quais o sistema passou a ser designado de *"primiership"*.

b) Composição e estrutura do Gabinete

400. O Gabinete é o órgão de direção política do Executivo não correspondendo exatamente à configuração de todo o Governo (também designado de Ministério), mas compreendendo apenas o Primeiro-Ministro e os ministros escolhidos por aquele para o integrarem. Fazem, usualmente, parte do Gabinete, os titulares das principais pastas ministeriais, como o responsável pela Presidência do Gabinete, Finanças, Defesa, Interior e Saúde, de entre outros, bem como os principais chefes de bancada, podendo, contudo, ser alargado a mais Ministros, como sucedeu com os dois Gabinetes formados depois das eleições de 2015. Existe, contudo, sobretudo em gabinetes mais alargados um conselho restrito, o "Inner Cabinet", constituído pelo Primeiro-Ministro e os ministros da sua maior confiança, operando como órgão de coordenação política.

401. O Gabinete é a cabeça do "Ministério", o qual é composto por um número amplo de ministros em sentido próprio e "junior ministers" (figura equivalente aos secretários de Estado), sendo a função dos ministros não incluídos no Gabinete fundamentalmente administrativa.

O Gabinete determina as linhas fundamentais da política interna e externa, dirige superiormente a Administração Pública, orienta a atividade financeira, procede a nomeações políticas e administrativas e lidera o exercício da função

---

[721] MARTIN KRIELE ult. loc cit, p. 148. Este instituto assumia natureza penal (impedindo o Monarca de perdoar condenados que dele fossem alvo) mas o Parlamento ameaçou utiliza-lo como arma de desconfiança contra ministros que o afrontassem.

legislativa em termos singulares[722]. Com efeito, para além das suas competências políticas e administrativas (editando, nesta esfera regulamentos de execução dos atos legislativos), no plano legislativo produz leis delegadas e exerce um domínio absoluto sobre a atividade legislativa parlamentar. A maioria das leis aprovadas no Parlamento resultam, invariavelmente, de um impulso governamental e, dado que na Câmara dos Comuns o Gabinete goza, quase sempre, de maioria parlamentar, a articulação entre o Primeiro-Ministro e os chefes de bancada (alguns dos quais podem integrar o Gabinete) permite a aprovação pelo Parlamento da grande maioria das normas legais propostas pelo Executivo. Aliás, é num órgão governamental, pese a sua designação equívoca (o "Parliament Office"), que é conferida redação às propostas de lei e, caso estas sejam objeto de emendas, regressam ao referido órgão técnico para uma redação final.

402 . Embora o Gabinete delibere colegialmente, destaca-se nele a figura institucional liderante do Primeiro-Ministro. Este concentra em si a chefia do Gabinete (e a escolha dos seus membros, nomeados pelo Rei sob sua proposta), a liderança do Partido do Governo e, finalmente, a liderança efetiva da bancada parlamentar maioritária. A colegialidade, sendo reforçada nas raras coligações que tiveram lugar, reduz-se significativamente sempre que existem chefias fortes, as quais por vezes resultam numa liderança preponderantemente monocrática (Lloyd George, Thatcher e Blair, por exemplo).

c) Dinâmica do sistema

403. Tal como se avançou, desde o tempo de Sir Robert Walpole que se sedimentou esta forma muito própria de parlamentarismo racionalizado, designada por *sistema parlamentar de Gabinete* ou, a partir das lideranças de Thatcher e Tony Blair, por *sistema primoministerial,* atento o forte poder de liderança que outorga ao Primeiro-Ministro e que este tem vido a reforçar desde 1979.

404. Na sua essência, esta forma de governação sustenta-se nos eixos que se passa a referir.

1º. O Chefe de Estado, sem prejuízo do seu peso simbólico de representação nacional, dispõe de escassos poderes políticos verdadeiramente autónomos, sobressaindo apenas o da nomeação do Primeiro-Ministro com uma margem mais ampla de discricionariedade nas raras situações em que nenhum partido obtém uma maioria absoluta.

2º. A chave do sistema político centra-se no binómio relacional fiduciário entre o Parlamento e o Gabinete. A Câmara dos Comuns do Parlamento é a fonte de

---

[722] IVOR JENNINGS "Cabinet Government", op. cit, p. 215 e seg e JOHN MACKINTOSH "The British Cabinet", op. cit, p. 484 e seg.

poder do Gabinete, cujos membros são nomeados pelo Rei, sob proposta do Primeiro-Ministro em função da representação parlamentar que emerge dos resultados eleitorais, apenas subsistindo o Executivo em funções enquanto gozar da confiança da maioria dos membros da mesma Câmara. Contudo, sendo o Primeiro-Ministro o líder não apenas do Governo, mas também da maioria parlamentar (da qual é membro como deputado à Câmara dos Comuns), ele exerce sobre esta uma efetiva orientação e controlo. O Parlamento, após o início de funções do Governo tende a apagar o seu protagonismo, na medida em que raramente nega confiança ao Gabinete[723] e aprova a esmagadora maioria das propostas de lei, ao ponto de ser qualificado de "Parlamento carimbante (*rubbing stamp Parliament*).

3º. O principal fator gerador desse nível de interpenetração e de relação fiduciária entre Gabinete e maioria parlamentar, a par do facto de os ministros serem simultaneamente membros do Parlamento, radica numa representação parlamentar dominada por um bipartidarismo bipolar fabricado pelo sistema eleitoral maioritário a uma volta[724], gizado utilitariamente para a escolha do Governo e do Primeiro-Ministro, suportados por uma maioria absoluta monopartidária.

4º. A governamentalização do poder, traduzida na liderança do sistema político pelo Gabinete, assume a particularidade de ser o Primeiro-Ministro quem protagoniza essa posição dominante, já definida como pedra angular da abóbada do Gabinete[725] e como a de um "primeiro sobre desiguais"[726].Os fatores que robustecem o seu estatuto assentam no facto de:

i) O Chefe do Governo não ser formalmente investido por voto parlamentar[727], mas nomeado pelo Rei[728], perante quem responde institucional-

---

[723] Essa confiança pode ser negada nas raras situações em que esteja no poder um Governo minoritário ou em que o Primeiro-Ministro lidere uma frágil maioria que se desmorone, seja em razão de uma rebelião de deputados seja pela realização de eleições parciais ("by elections") em diversos círculos derivada da morte ou renúncia de deputados, das quais decorra o triunfo de deputados oposicionistas e a perda da maioria absoluta pelo partido do Governo (situação ocorrida com o trabalhista James Callaghan em 1979)

[724] Com um sistema proporcional o Reino Unido transformar-se-ia num parlamentarismo de assembleia.

[725] IVOR JENNINGS ("Cabinet (...)" op. cit, p. 173), citando John Morley.

[726] SARTORI, ult. loc. cit, p. 117

[727] Existe, segundo ALFONSO DI GIOVINE ("Forme di Governo" in "Diritto Costituzionale Comparato"-Bari-2009-p. 708) uma "confiança inicial presumida" dos comuns, depois da nomeação do Primeiro-Ministro pelo Rei. Tal não inibe, sobretudo no contexto minoritário, que em curto espaço de tempo possa ser votada a desconfiança ao Chefe de Governo nessa câmara parlamentar.

[728] O que facilita a constituição de governos minoritários e escapa a juízos explícitos de rejeição em caso de liderar uma maioria frágil e dividida.

mente, mas não politicamente já que o Monarca o não pode demitir por razões de oportunidade[729];

ii) Ser o líder efetivo do Gabinete, chegando a impor a sua vontade contra a maioria em governos monopartidários, quando induz a dispensa de votações colegiais[730]; e ser, simultaneamente, o líder real do Partido no poder[731] e o líder da maioria parlamentar[732],conduzindo o rumo da relação fiduciária Executivo-Legislativo, nomeadamente através do domínio não só da atividade legislativa do Gabinete e do Parlamento, mas também da agenda política da Câmara dos Comuns.

iii) Inexistem "veto players" institucionais, ou seja, órgãos dotados de poderes de impedimento sobre a ação de um Primeiro-Ministro que lidere um governo maioritário[733], se bem que existam "veto players" informais nas lideranças seniores do próprio partido do poder, relativamente a certas matérias (como a questão Europeia para conservadores e a questão sindical para trabalhistas) ou mesmo em todas elas em caso de desgaste político, tal como pode ser observado no número seguinte;

iv) No plano da prática política, garantir a efetividade da liderança governativa, traduzida na capacidade de influenciar a ação setorial da atividade de outros ministros dado que se posiciona no centro de uma "rede de contactos bilaterais" que podem ser mais decisivos do que as próprias reuniões coletivas do Gabinete[734].

6º. Existem, ainda assim, fatores, alguns deles recentes, que podem atenuar o pendor primoministerial do sistema parlamentar de gabinete.

---

[729] MAURO VOLPI (ult. loc cit. p. 295) considera que o Rei pode demitir, a título excecional, o Primeiro-Ministro no caso de este atentar objetivamente contra o regime democrático.

[730] A necessidade de agir celeremente e com eficácia induz a que espontaneamente ou a solicitação do Primeiro-Ministro as decisões sejam tomadas no Gabinete por "consenso" e sem votação. Cfr. JEAN BLONDEL ult. loc. cit., p. 209.

[731] Se o Primeiro-Ministro abandona a liderança do Partido deixa, necessariamente a chefia do Governo. Cfr. GIANFRANCO PASQUINO "Sistemas (...) op. cit-p. 105.

[732] Como deputado da Câmara dos Comuns participa nas votações e intervêm nos debates, rodeado dos líderes de bancada.

[733] O Monarca não tem poderes de veto, não existe Tribunal Constitucional e o Parlamento apenas pode bloquear uma ação do Governo se este perder a maioria durante o decurso da legislatura (através de derrota em "by elections" ou por força de uma rebelião de deputados).

[734] RICHARD HEFFERSON-PAUL WEBB, ult. loc cit, p 40. Segundo os autores, Tony Blair, que cultivou uma dinâmica presidencial e centralista ter-se-ia reunido em contactos individuais com diversos ministros, 783 vezes em 25 meses.

405. Com efeito, observámos já que a liderança do Chefe do Governo sofreu uma atenuação relevante com o *Fixed Term Parliament Act"* de 2011, nos termos já referidos, deixando de poder ser, como antes, senhor absoluto do tempo e do modo da dissolução parlamentar, tendo em vista a realização de eleições antecipadas em momento favorável. Esse poder foi devolvido à Câmara dos Comuns que reforçou o seu poder[735]. Contudo, tal como assinalámos, a debilitação ainda se não fez sentir e pode vir a ser menos relevante do que à primeira vista o novo regime faria supor. Em termos práticos a proposta de dissolução feita em 2017 pela Primeira-Ministra foi aceite pacificamente pela oposição, o que não significa que no futuro essa aceitação seja pacífica.

Em segundo lugar, pode o Primeiro-Ministro contornar a deliberação de autodissolução tomada por maioria de dois terços, induzindo os deputados do seu partido, case conte com uma maioria parlamentar obediente, a aprovarem um voto de desconfiança que, se adotado por maioria absoluta, pode despoletar a dissolução dos Comuns e a antecipação de eleições.

Dir-se-ia que se estaria diante um "desvio de poder", já que a moção deturparia a finalidade do regime das moções de desconfiança à luz do espírito do *Fixed Term Parliament Act*. Constata-se, contudo, que na Alemanha, o Chanceler usou em 1983 o instituto da moção de confiança para derrubar o seu próprio governo com apoio de uma bancada leal e provocar novas eleições. Sendo a questão levada ao Tribunal Constitucional alemão, este órgão não se pronunciou pela inconstitucionalidade da conduta[736]. Ora no Reino Unido nem sequer existe um Tribunal Constitucional pelo que a única oposição efetiva a este expediente, que por portas travessas conservaria indiretamente a faculdade de dissolução na pessoa do Primeiro-Ministro, apenas poderia advir do Rei. E tal só sucederia no caso, assaz improvável, de este interpretar, no contexto da nova Lei Constitucional, a proposta do Primeiro-Ministro para dissolver os Comuns e fruto de uma deliberação parlamentar de não confiança, como uma faculdade não vinculativa para o Monarca. Isto, na medida em que a proposta emanaria de uma manobra explícita do Gabinete para precipitar a sua própria queda e novas eleições, como modo de defraudar a maioria de dois-terços que a mesma Lei fixa para a autodissolução. Trata-se de algo que só a prática poderá confirmar no caso da situação se vir a colocar.

---

[735] GIANFRANCO PASQUINO (ult. loc cit. p. 159) escreveu antes de 2011 que a posição do Primeiro-Ministro se debilitaria caso não pudesse provocar a dissolução antecipada dos Comuns. Será que, com a reforma o sistema deixou de ser primoministerial para regressar ao paradigma de parlamentarismo de gabinete ? Trata-se de algo que só poderá ser sopesado após uma análise do percurso do Governo de Teresa May no contexto do pós-Brexit e, eventualmente, do executivo seguinte.

[736] LUÍS BARBOSA RODRIGUES ult. loc. cit, p. 73.

Finalmente, tal como tem sucedido com outros sistemas eleitorais de escopo racionalizador o escrutínio maioritário a uma volta já não garante como antes maiorias absolutas monopartidárias. Em cerca de 7 anos do presente século (2010/2017), duas eleições produziram "hung parliaments" (o último cenário dessa natureza remontava a 1974) levando o partido vencedor a forjar coligações maioritárias ou a criar gabinetes minoritários de duração transitória e com apoio parlamentar noutros partidos, enfraquecendo o poder do Primeiro-Ministro. E na verdade, no Reino Unido, coligações ou governos minoritários, realidade comum na Europa Continental, são vistos na opinião pública como uma "tragédia". O ingresso massivo de novos eleitores oriundos da imigração, o voto jovem, a perda da atratividade de partidos separatistas, e um comportamento flutuante de uma franja eleitoral importante da classe média baixa das cidades do interior (que vacilou entre UKIP, conservadores e trabalhistas) tornou a mecânica do sistema menos previsível.

406. Outros dois fatores estruturais ligados à prática política podem fragilizar a posição do Primeiro-Ministro[737].

O primeiro pode ligar-se ao risco de não ser eleito no seu círculo eleitoral, o que mataria a sua liderança mesmo que o partido ganhe a nível nacional, já que o Chefe do governo tem de pertencer à Câmara dos Comuns.

O segundo conecta-se com um passo em falso na dissolução antecipada do Parlamento. Wilson e Thatcher utilizaram as dissoluções antecipadas com mestria para reforçar o partido governamental. Teresa May procedeu do mesmo modo, em 2017, com resultados desastrosos. O partido Conservador, pese o facto de ter recolhido o maior número de votos, obteve uma "vitória de Pirro", perdendo a maioria parlamentar absoluta. A Primeira-Ministra ficou muito debilitada, chefiando um governo a prazo.

O terceiro tem a ver com o desgaste da figura do Chefe do Governo e da sua incapacidade, percecionada pelos colegas de Gabinete mais ambiciosos e do grupo parlamentar, para vencer as próximas eleições. Inicia-se um período conspirativo que pode envolver as chamadas visitas da meia-noite (*"midnight visits"*) em que um conjunto de ministros e gradas figuras do partido solicitam uma inesperada e urgente audiência ao Primeiro-Ministro, na sua residência e lhe explicam que deixou de ter a confiança do Partido. Outra opção será desafiar o líder, no grupo parlamentar, provocando um ato eleitoral interno. Com efeito, no Partido Conservador, o líder depende da confiança do grupo parlamentar e esta pode ser sempre retirada. Ora, como vimos, as regras costumeiras impõem que um Primeiro-Ministro que deixe de ser líder do Partido não poderá conservar-se na chefia do Governo. Foi o caso de Thatcher que, pese as suas vitórias eleitorais

---

[737] RICHARD HEFFERSON-PAUL WEBB ult. loc cit, p. 26 e seg.

foi confrontada em 1990 com uma eleição interna a que concorreu mas desistiu antes do termo do processo, depois de duas vitórias inconclusivas e pírricas [738].

O grupo parlamentar é, assim, o "calcanhar de Aquiles" do todo-poderoso Primeiro-Ministro britânico de filiação conservadora, se bem que o seu peso tenha sido reduzido depois de uma alteração de regras.

Presentemente realizam-se primárias no grupo parlamentar em vários turnos até se selecionarem dois candidatos[739], submetendo-se, os mesmos a voto popular dos militantes do Partido. Esse voto popular pode ser dispensado se um dos dois candidatos renunciar. Foi o que sucedeu em 2016 quando Andrea Liedsom, uma das duas candidaturas remanescentes de uma eleição muito disputada para a liderança dos "Tories", renunciou, deixando Theresa May como única candidata e nova Primeira-Ministra[740].

Algo de próximo foi aprovado para a eleição trabalhista, se bem que o peso do grupo parlamentar seja menor do que nos conservadores. Jeremy Corbyn, líder da oposição, foi no período pós-Brexit em 2016 objeto de uma moção de desconfiança do seu grupo parlamentar, mas o Diretório do Partido (dominado por uma maioria de representantes dos sindicatos da ala esquerda do "Labour") integrou-o no processo de escolha de uma nova liderança (na qualidade de incumbente, pese não ter o número suficiente de apoios no grupo parlamentar para o efeito), realizada através de uma votação direta dos militantes. Nesse sufrágio Corbyn venceu Owen Smith, obtendo 61,8% dos votos.

Finalmente, em matérias política e socialmente fraturantes, muitos deputados "rebelam-se" contra o Primeiro-Ministro e condicionam-no: vide o caso do motim de deputados trabalhistas contra a guerra anglo-americana no Iraque, durante o Governo de Tony Blair (a qual falhou mas desgastou tremendamente a sua liderança, levando-o a sair voluntariamente antes do termo da legislatura); e, veja-se ainda, o referendo sobre a permanência do Reino Unido na União Europeia agendado pelo Primeiro-Ministro Cameron, o qual foi forçado por um nume-

---

[738] Margaret Thatcher, uma líder conservadora invencível no plano eleitoral durante 11 anos, foi forçada a disputar a liderança dos "tories" numa eleição realizada no grupo parlamentar e fomentada por um conjunto de colegas de gabinete conspiradores (incluindo alguns dos seus mais diretos colaboradores) concertados com ex-ministros rivais e proeminentes no grupo parlamentar. Após ter ganho com maioria relativa à primeira e à segunda volta, decidiu desistir, para evitar o risco de um revés no terceiro turno contra um candidato apoiado por todos os seus opositores (e falsos apoiantes).

[739] CFR: GIANFRANCO PASQUINO ult. loc. cit, p. 111.

[740] Se essas regras vigorassem durante o consulado de Thatcher, esta jamais seria forçada a abandonar a liderança pois passaria como candidata mais votada no sufrágio dos militantes, onde ganharia confortavelmente.

roso grupo de deputados conservadores, que ameaçavam pôr em causa a maioria governativa.

Tal como se verá adiante (§ 593 e seg), comparando o *quantum* e o *quid* de poder do Primeiro-Ministro Britânico e do presidente Norte-Americano, ambos se equivalem sensivelmente, no caso de serem apoiados por uma maioria no Parlamento (antes de 2011 o Primeiro-Ministro prevalecia claramente graças ao poder indireto de dissolução parlamentar), mas o poder do Primeiro-Ministro sobreleva no caso de o Presidente dos Estados Unidos perder a maioria partidária de apoio na Câmara de Representantes ou do Senado.

4.3. Síntese sobre os sistemas parlamentares racionalizados com investidura parlamentar do chefe do Governo e mecanismos de reforço do Executivo

407. Escolhemos como paradigmas da racionalização parlamentar, dois sistemas parlamentares reforçados, dotados de algumas semelhanças: o alemão e o espanhol, sendo o primeiro edificado sobre um regime republicano e o segundo sobre uma monarquia constitucional. O intento de redução relativa do sistema partidário através de uma engenharia eleitoral que envolve cláusulas de barreira, a investidura Parlamentar do Chefe do Governo associada à sua prevalência no Executivo e o reforço e estabilização do Executivo através do instituto da moção de censura construtiva, constituem alguns atributos comuns, sendo certo que o sistema espanhol seguiu, até certo ponto, os traços do sistema alemão que conforma o modelo original.

408. Não se abordará, na especialidade, pese o seu interesse, outros sistemas parlamentares racionalizados, seja porque constituíram um fogo fátuo (caso da Grécia entre 2014 e 2016); seja porque baseados no modelo britânico, a representação multipolar limitada gerada pelo sistema eleitoral os aproximou mais da dinâmica dos sistemas racionalizados constantes desta mesma rubrica (Canadá e Austrália); seja porque os procedimentos de racionalização criaram um sistema partidário hegemónico e uma dinâmica primoministerial híper-reforçada que carece de uma maior passagem de tempo sobre a prática política desenvolvida para ser analisada em conjunto com outros sistemas afins (Hungria); seja, ainda, porque os mecanismos de racionalização baseados em cláusulas de barreira ou até em sistemas eleitorais mistos não tiveram impacto real no sistema de partidos e deste no sistema político, não se podendo qualificar essas formas de governo como parlamentarismos racionalizados em sentido próprio (Dinamarca, Noruega, Israel e mesmo a Itália após 1993, pese o ciclo oscilante de bipolarismo que chegou a dominar o sistema político de 2001 a 2016, como efeito da reforma eleitoral centrada num sistema misto).

4.3.1. O sistema alemão

A. A Constituição

409. Na Alemanha, o sistema parlamentarista[741] foi consagrado pela usualmente designada "Lei Básica" ou *Lei Fundamental de Bona*, de 1949. Trata-se de uma constituição rígida (modificável pela maioria de dois terços obtida em cada uma das câmara parlamentares[742]), assistida por um sistema concentrado de Justiça Constitucional e soerguida sobre os princípios republicano e democrático, o primado dos direitos fundamentais de liberdade, a cláusula do Estado social (pese o facto de a Constituição não enunciar direitos sociais[743]) e a consagração do federalismo como modelo de organização territorial.

---

[741] Em geral, sobre o sistema político alemão, KLAUS VON BEYME "Das Politische System der Bundesrepublik Deutschland"-München-1981; KONRAD HESSE "Grundzüge des Verfassungsrechts der Bundesrepublik Deutschland"-Heidelberg- 1999 (existe uma edição em língua portuguesa de 1998 da "Fabris Editor" de Porto Alegre com uma tradução de difícil leitura); e PETER BADURA "Die Parteienstaatliche Democratie und die Gezetzgebung"--Berlin- 1986;. Em especial, ERNST W. BOCKENFÖRDE "Stato Soziale Federale e Democrazia Parlamentare" in"Stato, Costituzione Democrazia"-Milano-2006-p.661 e seg; REINER ARNOLD "L`election et les Pouvoirs du President Federal Allemand" in "Rev. du Droit Public et de la SC. Pol. En France et à L`etranger"-2-1995; MARC DEBUS - JOCHEN MÜLLER.. "Government Formation after the 2009 Federal Election: The Remake of the Christian–Liberal Coalition under New Patterns of Party Competition." German Politics 20 (1)- 2011- p. 164 e seg; STEPHAN KLECHA "Komplexe Koalitionen: Welchen Nutzen Bringen sie den Parteien"- " Zeitschrift für Parlamentsfragen" (2): 2011- p. 334 e seg;46; M.SCHMIDT "Germany: The Grand Coalition State"- in "Political institutions in Europe"-Org. Joseph Colomer - New York- 2002-p. 57 e seg (existe ed de 2008); HARALD SCHOEN "Merely a Referendum on Chancellor Merkel? Parties, Issues and Candidates in the 2009 German Federal Election" in "German Politics" 20 (1)- 2011- p. 92 e seg; J SCHNEIDER in "Manual(...)" op. cit p. 325 e seg.. Vide, igualmente, GORDON SMITH "Democracy in Western Germany : Parties and Politics in the Federal Republic" London-1982; GEORGES BOURDEAU "Traité de Science Politique"-IX-Paris-1976-p. 198 e seg; JEAN AMPHOUX "Le Chancellier Federal dans le Regime Constitutionnel de la République Fédérale d`Allemagne"-Paris-1962; GIANFRANCO PASQUINO, ult. loc cit, p. 117 e seg; SARTORI "Ingegneria (...)" op. cit, p. 119; JUAN GARCIA COTARELLO "El Regimen Politico de la Republica Federal Alemana" in AAVV "Regímenes Politicos Atuales" op. cit, p. 250 e seg.; JORGE MIRANDA "Manual de Direito Constitucional"-Tomo I-1-Coimbra-2014-193 e seg.; LUIS BARBOSA RODRIGUES ult. loc cit, p. 65 e seg.

[742] Com diferenças entre elas quanto ao critério numérico dos deputados votantes.

[743] Pese o facto de estes estarem consagrados nas constituições dos estados federados, os Länder.

O SISTEMA POLÍTICO

410. Uma sequência de revisões constitucionais, entre 1990 e 1994, ajustou a Constituição primitiva ao ato de incorporação do antigo Estado comunista da Alemanha Oriental na República Federal (não sendo dada sequência ao disposto no artº 146º que admitia a possibilidade de, em caso de reunificação, os dois Estados elaborarem uma nova Constituição).

411. A Constituição é garantida por um Tribunal Constitucional, que protagoniza uma fiscalização atenta da constitucionalidade dos atos jurídico-públicos de acordo com um modelo concentrado (o tribunal têm competência exclusiva para julgar a inconstitucionalidade de leis). O Tribunal de Karlsruhe é uma jurisdição respeitada pelo poder político nacional e pelas jurisdições estrangeiras, incluindo o muito federalista Tribunal de Justiça da União Europeia com o qual, a pretexto do "diálogo entre jurisdições", se tem confrontado no plano jurisprudencial, logrando garantir a defesa da soberania do Estado alemão e o seu primado orgânico como detentor da última palavra sobre a validade de leis e atos que transponham normas europeias aplicáveis na Alemanha.

B. Sistema político

412. Na trilogia formada pelo Presidente da República, Parlamento e Governo, destaca-se o binómio fiduciário Governo-Parlamento, do qual resulta o apagamento do estatuto do Chefe de Estado, a ascendência e a autonomia relativa do Governo e neste, o papel liderante do Chanceler, com níveis variáveis de supremacia sobre os seus pares governamentais.

a) Presidente da República

413. O Presidente da República é eleito por uma *Convenção Federal* integrada pelos membros do Bundestag (câmara baixa do Parlamento) e por igual número de representantes nomeados pelos estados federados. O Chefe de Estado é designado por um mandato de 5 anos, sem possibilidade de reeleição. Este processo de eleição indireta de base parlamentar foi concebido pelos constituintes com o firme propósito de evitar que o Presidente possua qualquer tipo de legitimidade independente do Parlamento, marcando-se uma diferença em relação à ordem constitucional de Weimar[744].

O Presidente constitui uma instituição secundária, exercendo funções representativas de natureza honorífica e protocolar[745], bem como poderes certifica-

---

[744] KLAUS VON BEYME "Das Politische (...)" op. cit, p. 179.
[745] KONRAD HESSE "Grundzüge (...)" op. cit, p.- 261.

tórios ou notariais de decisões do Governo e do Parlamento, estando a grande maioria dos seus atos sujeitos a controlo governamental através da referenda ministerial.

O Chefe de Estado, não dispõe de direito de veto sobre as leis que promulga, pese a circunstância de as poder devolver se estas ficarem inquinadas por vícios orgânico-formais[746], realidade que raramente ocorreu. O mesmo se diga do poder que lhe é atribuído de ratificação de tratados.

414. Cumpre, contudo, destacar três faculdades onde dispõe de uma estreita margem de discricionariedade condicionada.

A primeira consiste na dissolução parlamentar. O Presidente só pode dissolver o *Bundestag* em circunstâncias muito estritas, entre as quais, no caso de reprovação de voto de confiança apresentado pelo Chanceler e, a pedido deste, ou, com maior discricionariedade, se o Chanceler for investido pelo Parlamento com maioria relativa, podendo o Chefe de Estado optar por recusar a nomeação e dissolver a dieta federal[747].

No respeitante ao Executivo, dispõe da faculdade de propor o Chanceler (Primeiro-Ministro) ao *Bundestag* no respeito pela composição parlamentar, desenvolvendo diligências e contactos entre as principais forças políticas. Não estando obrigado a propor o líder da força política mais votada o presidente deve ter em conta a aptidão do seu candidato a Chancelar para formar um governo maioritário. Em qualquer caso, o Parlamento, que tem o pleno senhorio da decisão, é livre para investir em funções outra personalidade distinta. Pode ainda o Presidente, querendo, propor ao *Bundestag*, alternativas de Governo, depois do derrube do Executivo nessa câmara parlamentar.

O Chefe de Estado nomeia o Chanceler, depois da sua investidura (sem prejuízo do que referido infra § 418 e seg), nomeia e demite os membros do Governo[748], necessariamente, sob proposta do Chanceler e demite vinculadamente o Chanceler, apenas no caso de ser aprovada uma *moção de censura construtiva* pelos deputados. Outra faculdade teoricamente relevante consiste na declaração do estado de "emergência legislativa" que, no contexto de uma crise de Governo, permite temporariamente que propostas de lei deste órgão, rejeitadas pelo *Bundestag*, adquiram força de lei se aprovadas pela câmara alta (*Bundesrat*). Este instituto nunca foi, contudo, declarado.

---

[746] Alguns autores chegaram a admitir um controlo material, como KLAUS VON BEYME (ult. loc cit, p. 181).
[747] Vide nota 749.
[748] Trata-se de um poder certificatório de controlo formal e vinculado que não poderia descer ao conteúdo da nomeação (HESSE, ult. loc. cit, p. 263).

b) O Parlamento

415. No tocante ao Parlamento, de estrutura bicameral, o fulcro da sua autoridade sedia-se no *Bundestag*, ou Dieta Federal, cujos deputados, com um mandato de 4 anos, são eleitos através do sistema misto de pendor proporcional nos termos já assinalados (§ 309), completado por uma cláusula de barreira de 5%. Desde 2013 existem 5 partidos com representação parlamentar, mas outros dois (o FDP, liberal e o AfD, de direita nacionalista) encontram-se no limiar de poderem ultrapassar a cláusula barreira no próximo sufrágio de 2017.

Gizado para gerar um bipolarismo partidário relativo que pontificou até 1983, o escrutínio eleitoral falhou parcialmente, pois não logrou evitar a representação de partidos heterogéneos de pequena e média dimensão que têm dificultado, especialmente desde a reunificação, a formação dos governos (supra § 309). O sistema, em qualquer caso, foi concebido para evitar que um partido possa governar sem apoio numa coligação, se bem que exista a convenção segundo a qual, o partido mais votado tem a faculdade de formar governo, assumindo a sua chefia. Isto, sem prejuízo de poder ser derrubado no Parlamento e substituído por um candidato sustentado numa coligação opositora.

416. O *Bundestag*, composto por 630 deputados, dispõe de importantes poderes no plano político, logo à partida, investindo em funções o Chanceler[749] e procedendo à sua destituição (a qual acarreta a demissão do Governo, através do regime da censura construtiva) e atuando como órgão de fiscalização do Executivo. Aprova o plano da política financeira, aspetos fundamentais da política europeia, decisões de intervenção militar no exterior e delibera sobre a conclusão de convenções internacionais. É o órgão legislativo por excelência, sem prejuízo de poder conceder autorizações legislativas ao Governo.

Dependendo de si mesma, esta câmara só em situações muito excecionais pode ser dissolvida antecipadamente pelo Presidente (§ 414).

417. O *Bundesrat*, ou Conselho Federal, com 69 membros, opera como segunda câmara, com a função de representar os estados federados (Länder), sendo os seus membros designados pelos órgãos de poder dos mesmos estados, sem que haja entre eles o mesmo número de representantes (diversamente do que sucede nos

---

[749] De acordo com o § 63 da Constituição o Chanceler é eleito por maioria absoluta, numa primeira votação e, se necessário, numa segunda. No caso de as duas votações referidas não culminarem na eleição do Chefe de Governo realizar-se-á uma terceira, em que a maioria relativa será bastante para a sua designação. Neste último caso o Presidente pode optar entre nomear o Chanceler ou dissolver a Dieta, nos sete dias subsequentes à deliberação, antecipando eleições.

Estados Unidos), já que os estados alemães mais populosos nomeiam um maior número de conselheiros. A composição do órgão altera-se sempre que se verifica uma eleição estadual, não havendo simultaneidade nas eleições para os órgãos autonómicos dos estados federados.

Afirmando-se como uma instituição secundária, ele opera como câmara-travão para leis do Bundestag que concorram com competências dos estados federados ou para outras leis federais que devam ser regulamentadas pelos sobreditos estados. Dispõe de um veto suspensivo sobre a demais legislação que, contudo, caso seja aprovada por maioria de dois terços, força o Bundestag a superá-lo com idêntica maioria (embora as abstenções contem como votos desfavoráveis ao veto). Se um partido perder um número expressivo de eleições estaduais e permitir à oposição conquistar dois terços do *Bundesrat*, esta câmara pode operar como contrapoder à maioria de governo federal.

c) O Governo federal e o protagonismo do Chanceler

418. O Governo é um órgão estatutariamente colegial, cuja subsistência deriva da confiança parlamentar, exercendo as funções política e administrativa, bem como competências legislativas delegadas e faculdades de iniciativa legislativa junto do Parlamento.

A Constituição favorece a posição do Chanceler como polo da presidencialização do Executivo alemão[750].

O *Governo federal* depende da investidura parlamentar do Chanceler, que é o único dos seus membros a ser nomeado pelo Presidente Federal e, subsequentemente, eleito no Bundestag, realidade que, segundo alguns, lhe conferiria uma legitimação quase plebiscitária[751].

419. O Chefe do Governo não responde politicamente perante o Presidente da República mas sim, unicamente, perante o *Bundestag*.

No plano governamental, é o Chanceler que propõe a nomeação dos restantes membros do Governo ao Presidente, define a estrutura do Executivo, traça as suas linhas programáticas e dirige a atividade governamental com uma faculdade de acompanhamento pessoal das políticas de cada um dos ministérios[752], o que lhe confere uma posição de supremacia sobre os demais ministros que respon-

---

[750] Cfr. GEORGES BOURDEAU "Traité (...)" op. cit. p 198 e seg (falando em "primado do Chanceler").Vide, também, THOMAS POGUNKTE "A Presidential Party State? The Federal Republic of Germany" in AAVV "The Presidentialization if of Politics" op. cit, p. 60 e seg.
[751] THOMAS POGUNKTE ult. loc. cit, p. 68.
[752] THOMAS POGUNKTE ult. loc. cit, p. 60

dem politicamente perante ele ("primeiro entre desiguais"[753]). Em caso de conflito militar pode avocar do Ministro da Defesa funções de defesa da República.

420. Na esfera inter-institucional detém o monopólio das relações do Governo com o Presidente da República[754], a quem propõe a dissolução do Bundestag nas circunstâncias em que tal ato é admitido. É, igualmente, o grande articulador das relações entre o Governo e as duas câmaras do Parlamento, mantendo uma interação próxima com os chefes de bancada que lhe são especialmente leais.

Em caso de coligações relativamente homogéneas (CDU/CSU[755], CDU/CSU/FDP[756],[757] ou SPD/FDP[758]), o Chanceler exerce uma liderança tendencialmente monocrática, impondo-se quase sem reservas no interior do seu partido[759] e logrando uma ascendência, pese que não absoluta, sobre os parceiros de coligação[760] que raramente contestam o seu poder de direção[761]. Semelhante ascendente revela-se, sobretudo, com lideranças fortes como a de Adenauer, Helmut Schmitt, Kohl e Merkel no seu segundo governo. Contudo, a proeminência dessa liderança não atinge o estatuto primoministerial do Chefe de Governo britânico, já que o Chanceler pode ver o seu poder limitado por alguns "veto players", como

---

[753] SARTORI ult. loc. cit, p. 117.
[754] LUIS BARBOSA RODRIGUES ult. loc cit, p. 66.
[755] Cristãos democratas nacionais (CDU) e do ramo bávaro (CSU).
[756] Cristãos democratas nacionais (CDU) e do ramo bávaro (CSU) e Liberais (FDP).
[757] Sociais democratas (SPD) e Verdes (GR)
[758] Sociais democratas (SPD e Liberais (FDP).
[759] Um dos mais brilhantes chanceleres, Helmut Schmidt, expoente da ala moderada dos sociais democratas não liderava o SPD, tendo de coexistir com Willy Brandt, ex-chanceler que conservou a liderança do partido. Por outro lado, o Chanceler Konrad Adenauer, um dos "pais fundadores" da República, teve um desentendimento prolongado com o seu Ministro da Economia, Ehrardt ao qual tentou vedar, sem sucesso, a respetiva sucessão como Chanceler.
[760] Nem sempre esse domínio resulta ser líquido e pacífico. Por vezes os pequenos parceiros de coligação podem condicionar o Chanceler. No famoso caso "Die Spiegel" (que envolveu, em 1962, a prisão de jornalistas acusados levianamente de espionagem), Adenauer foi forçado contra vontade pelo seu parceiro liberal do FDP, a despoletar a demissão do Ministro da Defesa, Franz Joseph Strauss da CSU. Por outro lado, o Chanceler Ehrardt foi confrontado com a demissão dos ministros liberais, em 1966, desmoronando-se a sua coligação de Governo. E em 1982 os mesmos liberais abandonam o Governo do Chanceler Helmut Schmitt e votaram algum tempo depois uma moção de censura construtiva que causou a sua demissão.
[761] No caso da CSU, o muito conservador partido autónomo bávaro que constituiu uma união com a CDU ameaça, pendularmente, romper a mesma União e alargar o partido a nível nacional. Fê-lo durante o consulado de Helmut Kohl e também com Angela Merkel a respeito da política de imigração, mas nunca consumou a ameaça.

o Tribunal Constitucional, os estados federados, o Bundesrat, parceiros de coligação e deputados do seu próprio partido em certas matérias[762].

Já em ciclos de "bloco central", ou seja, de "grande coligação" formada pelos maiores partidos (CDU/CSU/SPD), o chefe do Governo vê-se obrigado a concertar políticas com os ministros do seu parceiro de coligação e a respeitar até certo ponto as políticas desenvolvidas pelos ministros desse partido aliado, tendendo o Executivo para uma maior colegialidade ou para uma política pactuada. Ainda assim, chanceleres com liderança "forte" podem impelir os parceiros a assimilarem políticas próprias da sua agenda, como foi o caso da política de resgates financeiros na Europa e da contestadíssima política de imigração e de acolhimento de refugiados da Chanceler Merkel em 2015, a qual foi aceite com reservas pelos sociais-democratas e rejeitada, em vão, pela CSU, o partido-irmão da Baviera.

421. O Chanceler pode procurar alterar o ciclo político, provocando a queda do Governo com a apresentação de uma moção de confiança no Parlamento que, se for rejeitada, lhe permite solicitar ao Presidente a dissolução do *Bundestag*.

Um outro relevante fator de racionalização do sistema parlamentar é a "moção de censura construtiva" que desincentiva coligações negativas destinadas a derrubar o Governo sem alternativa. O Governo só é demitido com a aprovação de uma moção de censura pela maioria absoluta dos deputados do *Bundestag*, se estes acordarem a formação de um Governo alternativo com um candidato a Chanceler. A moção de censura construtiva foi utilizada muito poucas vezes e o seu sucesso advém apenas do impacto da sua existência[763]. O seu uso pleno e eficaz sucedeu apenas em 1982, quando o Chanceler Schmidt (SPD) foi substituído por Helmut Khol (CDU), mediante a aprovação de uma moção de censura, a qual foi adotada graças à deserção do Partido Liberal (FDP) da coligação primitiva.

Este mecanismo confere grande estabilidade aos Executivos e reforça o poder do Chanceler. Na verdade se examinarmos a história política da Alemanha entre 1949 a 2016, cumpre registar 24 governos em 67 anos, com apenas 8 chanceleres[764].

d) Traços gerais sobre as características e a dinâmica do sistema

422. Cumpre assinalar os traços característicos do sistema parlamentar racionalizado alemão.

---

[762] Vários deputados da CDU não votaram a proposta da Chanceler Merkl de resgatar financeiramente Estados europeus.

[763] Assuim, GIANFRANCO PASQUINO ult. loc cit, p. 118.

[764] Adenauer (CDU) 4 governos; Ehrardt (CDU) 2; Kiesinger (CDU) 1; Willy Brandt (SPD), 3; Helmut Schmidt (SPD) 4; Helmut Kohl (CDU) 5; G. Schröder(SPD) 2; e Angela Merhel (CDU), 3.

1º. Presidente como polo fraco do Executivo com poderes preponderantemente cerimoniais, certificatórios e residualmente arbitrais.

2º. Estreita relação fiduciária entre o Bundestag e o Governo, traduzida na investidura do Primeiro-Ministro por esta câmara mediante votação por maioria absoluta, na existência de governos de coligação maioritários, na redução do poder legiferante do Governo ao domínio da legislação delegada pelo Parlamento e a subsistência do Governo em funções salvo nos casos em que o Chanceler se demita e seja aprovada por maioria absoluta uma "moção de censura construtiva", particularmente difícil de obter.

Importa recordar que a força da moção vale mais em função do seu poder dissuasor do que pela efetividade da sua utilização. A oposição parlamentar fica cônscia que não bastará juntar uma maioria para derrubar o Governo, pois necessário se torna convertê-la numa maioria positiva de sustentação a um novo Governo, com um candidato específico a Chanceler, o que implica a necessidade de juntar partidos que nem sempre se associam com facilidade desde que terminou o sistema tripartidário onde a moção tinha maior campo de utilização.

3º. Proeminência do Chanceler como órgão liderante do Governo, graças:

i) À sua investidura eventual pelo Bundestag perante quem responde exclusivamente;
ii) À sua faculdade de escolha e substituição dos ministros, certificada pelo Presidente;
iii) Aos poderes de direção ministerial que a Constituição lhe atribui, bem como à posição central que lhe é conferida nas relações com o Presidente, com as câmaras, com a maioria parlamentar, com as corporações e com os estados, no contexto de um "federalismo cooperativo";
iv) Ao reforço da sua posição ante o Parlamento, já que apenas pode ser destituído pelo Presidente, após a aprovação de uma moção de censura nos termos expostos que tem de envolver um compromisso entre partidos oposicionistas de ideologias contrárias que terão de acordar entre si, um candidato a Chanceler;
v) À eficácia relativa de alguns "veto players".

Os principais "veto players" institucionais do Governo consistem no Tribunal Constitucional (pese que com fundamento jurídico) e o *Bundesrat*, sobretudo quando o Governo perde a maioria e, sobretudo se a oposição logra obter dois terços da sua representação (supra § 417). A título político, os parceiros de coligação consistem em relevantes "veto players", sobretudo o principal parceiro do partido maioritário, no contexto de "governos de grande coligação".

4º Travão a uma estrita primoministerialização do sistema, como efeito de um sistema eleitoral que falhou a sua lógica "tripartidária" e gerou um multipartidarismo multipolar (supra § 330-4º). Sistema que impõe governos de coligação crescentemente heterogéneos (ou seja com partidos de famílias distintas e antagónicas) e, por conseguinte, compromissos entre os parceiros governativos, maior colegialidade no processo de decisão e maior protagonismo parlamentar, seja no plano negocial seja no controlo exercido pelos estados sobre as políticas públicas através do *Bundesrat*. Será interessante observar o funcionamento distorcido deste sistema, na sua componente chanceleriana, com mais partidos representados no Parlamento depois das eleições de 2017.

4.3.2. Nota sobre o sistema político espanhol

A. A Constituição

423. Em Espanha vigora uma Monarquia Parlamentar regida pela Constituição de 1978[765], a qual pôs termo à ordem autoritária franquista, na sequência de um processo de transição gerido e pactuado pelas instituições legadas pelo antigo regime sob a orientação do Rei. Trata-se de uma Lei Fundamental rígida (o procedimento comum de revisão prevê uma deliberação favorável por maioria de 3/5 dos membros da duas câmaras do Parlamento), que foi aprovada sob forma refe-

---

[765] Cfr. em geral, JUAN SOLAZÁBAL ECHEVARRÍA "La Sanción y Promulgación de la Ley en la Monarquia Parlamentaria"-Madrid-1987; ISIDRE Y PITACH MOLAS e E. ISMAEL "Las Cortes Generales en El Sistema Parlamentario de Gobierno"- Madrid-1987; ANTONIO BAR CEDON "El Presidente del Gobierno en España"-Madrid-1983; LUIS VILLACORTA MANCEBO "Hacia el Equilibrio de Poderes(comissiones Legislativas y Robustecimiento de las Cortes)-Valladolid-1989; MIGUEL REVENGA SANCHEZ "La Formación del Gobierno en la Constitución Española"-CEC-Madrid-1988; EDUARDO VIGALA FORTURIA " La Moción de Censura en la Constitución de 1978"-CEC-Madrid-1988;MANUEL ARAGÓN REYES "Gobierno y Cortes"-IEE-Masdrid-1994;C. ELIAS MENDEZ "La Moción de Censura en España y Alemania"-Madrid-2005;AAVV "La Coordinación de las Relaciones entre el Gobierno y el Parlamrnto. Una Mirada"-org. M. Presno Linera-D. Sarmiento-Madrid-2007. Especificamente em manuais e tratados " FRANCISCO FERNANDEZ SEGADO "El Sistema Constitucional Español"-Madrid-1992-p. 126 e p. 548 e seg.; ENRIQUE ALVAREZ CONDE "Curso de Derecho Constitucional"-Vol II-Madrid-2008; JOSÉ ANTONIO MONTILLA MARTOS in AAVV "Manual de Derecho Constitucional" org. Francisco Ballaguer Callejón-II-Madrid-2012-p. 451 e seg e 542 e seg.; AAVV "Estudios Sobre el Gobierno"-INAP-Madrid-2008 ; MYRIAM IACOMETTI "La Spagna" in AAVV "Diritto Costituzionale Comparato"-org. P. Comozza-A. Di Giovine-G.F. Ferrara, Bari-2009; INGRIED VAN BIEZEN-JOHNATAN HOPKIN "The Presitentialization of Spanish Democracy: sources of prime ministerial power in post-Franco Spain"- in AAVV "The Presidentialization of Politics", org. Thomas Poguntke-Paul Webb-Oxford-New York-2003, p.123 e seg.

rendária e que consagra um modelo de Estado social, organizado territorialmente sob forma unitária regional com forte devolução de poderes às "comunidades".

424. A Constituição é garantida por um sistema concentrado de Justiça Constitucional, próximo do paradigma alemão.

B. O sistema político

425. Tal como sucede na Alemanha, o Chefe de Estado dispõe de poderes representativos de caráter cerimonial e exerce competências certificatórias e residualmente arbitrais. O fulcro do sistema assenta no eixo fiduciário Parlamento-Governo, com proeminência política do segundo

a) O Chefe de Estado

426. O Rei exerce, fundamentalmente, funções de representação externa e competências de ordem cerimonial e certificatória, sendo quase todos os seus atos sujeitos a referenda ministerial. Muitas das suas competências políticas (como a dissolução antecipada do Parlamento e a convocação de referendo) são exercidas sob proposta do Primeiro-Ministro (Presidente do Governo) e outras, como a propositura do Chefe de Governo, estão sujeitas a aprovação parlamentar. Não possui direito de veto sobre as leis.

O Monarca pode desenvolver funções arbitrais no processo de formação do Governo se nenhum partido obtiver maioria parlamentar para assegurar a investidura de um candidato a Primeiro-Ministro, realidade que terá sucedido, sem especial êxito, no longo processo de constituição de um governo na sequência das eleições inconclusivas de 2015 e 2016. Possui, igualmente, um ascendente sobre as forças armadas, como seu comandante supremo e, limitadamente, pode exercer alguma magistratura de influência, mormente como garante da unidade do Estado.

A força política do Monarca não se encontra na Constituição mas na sua personalidade, carisma e protagonismo. O Rei Juan Carlos, por exemplo, desfrutava de uma legitimidade única por ter conduzido o processo de transição para a democracia, por ter chamado a si o comando operativo das forças armadas para neutralizar uma tentativa de golpe de Estado em 1982, por ter vincado junto das autonomias o seu papel de garante da unidade do Estado e por ter, inclusivamente, assumido um papel razoavelmente saliente na política externa, em concertação com o Governo[766]. No momento em que, em 2014, com uma saúde

---

[766] Ineditamente para qualquer monarca europeu, numa cimeira de Estados iberoamericanos o Monarca espanhol mandou calar o Presidente Venezuelano Hugo Chavez quando este

débil, se confrontou com um conjunto de escândalos que afetaram a família real e o próprio, ensombrando a Monarquia na opinião pública, o Rei teve a lucidez de abdicar em favor do filho, produzindo um refrescamento geracional e institucional na chefia do Estado.

b) O Parlamento

427. O Parlamento tem uma estrutura bicameral, sendo composto pelo Congresso de Deputados e pelo Senado.

428. O Congresso de deputados exerce o poder legislativo e estabelece vínculos de dependência com o Executivo, investindo o Presidente do Governo, promovendo a responsabilidade política individual de cada membro do Executivo[767], e aprovando moções de censura (no modelo "construtivo") e de confiança. Exerce uma fiscalização efetiva da atividade do Governo e de controlo de responsabilidade de cada um dos ministros. Os deputados são eleitos por um mandato de 4 anos, mediante uma forma de escrutínio proporcional segundo o método de Hondt que, por envolver pequenos círculos e, nestes, uma cláusula barreira de 3%, beneficiou até 2015 os grandes partidos (o PP, conservador e o PSOE, socialista) permitindo alguma representação de partidos regionais (cfr supra § 305).

429. O Senado, o "parente pobre" do binómio, tem uma forma de composição mista: existem senadores eleitos em pequenos círculos plurinominais e senadores eleitos pelos parlamentos autonómicos, tendo o respetivo mandato a duração de 4 anos. O Senado, em relação ao Congresso de deputados, exerce a função legislativa de forma secundária (pode introduzir emendas e vetar diplomas legais da câmara baixa, sendo o veto superável por esta). Dispõe do poder exclusivo de nomear 4 juízes para o Tribunal Constitucional e exerce competências relativas a matérias de ordem territorial.

---

interrompeu outros dirigentes presentes para proferir uma arenga agressiva e insultuosa.
[767] FRANCISCO FERNANDEZ SEGADO "El Sistema Constitucional Español" op. cit, p. 681.

c) O Governo e o seu Presidente

430. O Governo espanhol é um órgão juridicamente colegial que constitui a cúpula da administração pública civil e militar nacional, dispondo de um vasto poder regulamentar, exerce funções de impulso e direção política bem como a condução da política económica e materializa atividades legislativas, seja através de legislação delegada (os decretos legislativos) e de urgência (os decretos-leis), seja mediante iniciativas legislativas junto de um Parlamento onde, por regra, os executivos contaram com uma bancada maioritária com eles articulada (1982/2015).

431. O Executivo é nomeado pelo Rei, mas depende de uma investidura na Câmara de deputados, mediante uma votação incidente sobre o Presidente do Governo que é proposto pelo Monarca à mesma câmara. Aprovado o Presidente do Governo o Rei nomeia-o para o cargo e nomeia, mediante proposta do primeiro, os restantes ministros. Trata-se de um sistema inspirado claramente no modelo alemão.

432. A Constituição e a dinâmica do sistema favoreceram a presidencialização "neo-chanceleriana" do Primeiro-Ministro no seio do Governo e na relação com outras instituições, contribuindo para tal circunstância os seguintes fatores:

i) Ausência de responsabilidade política do Presidente do Governo diante do Rei e responsabilidade exclusiva do mesmo órgão diante do Parlamento;
ii) Investidura do Presidente do Governo por votação expressa no Congresso[768];
iii) Sistema bipartidário quase perfeito entre 1982/2015, estimulado pelo sistema eleitoral proporcional corrigido (§ 305. supra), favorecendo governos de legislatura monopartidários, em que o líder do partido e chefe do Governo logrou, simultaneamente, controlar disciplinadamente a bancada parlamentar reforçando-se a sua liderança política sobre o Executivo

---

[768] FRANCISCO FERNANDEZ SEGADO ult. loc. cit, p. 690 e JOSE ANTONIO MONTILLA MARTOS "Manual (...)" op. cit, p. 527. A votação de investidura pressupõe uma deliberação por maioria absoluta do Congresso que, caso não seja alcançada, implicará nova votação, desta feita por maioria simples. Caso falhe a investidura reenicia-se o procedimento, eventualmente com outros candidatos a primeiro-ministro propostos pelo Rei. Na medida em que essa diligência não prospere durante um período de dois meses contados da primeira votação de investidura, o artº 99.5 previu, oportunamente, a dissolução automática das duas câmaras pelo Monarca. Foi o que sucedeu em 2015.

e o Parlamento, num cenário mais próximo do sistema politico britânico do que do sistema alemão[769];

iv) Competências constitucionais de direção e coordenação política conferidas ao Presidente do Governo[770] que, para além de dominar o processo de nomeação e demissão dos membros do Executivo formalizada em decreto real, tem o exclusivo da interlocução do mesmo órgão governamental junto do Rei, e da liderança da relação do Executivo com as Cortes e as comunidades autónomas;

v) Autonomia em face do poder das Cortes, por força da *moção de censura construtiva* ao Governo aprovada por maioria absoluta do Congresso[771], a qual permite sobretudo defender a estabilidade de governos quase maioritários ou minoritários (como o formado em 2016, já que será difícil a separatistas, socialistas, extrema-esquerda e liberais concertarem esforços para uma coligação alternativa à atual, com indicação de candidato a Primeiro-Ministro);

vi) Faculdade de o Presidente do Governo, mediante prévia deliberação do Conselho de Ministros, requerer ao Rei a dissolução das Cortes;

vii) Convocação, mediante deliberação favorável das cortes, de referendos consultivos e apresentação ao Congresso de uma moção de confiança sobre o Programa do Governo ou sobre uma questão política, em geral[772];

viii) Personalização do poder e centralização das lideranças partidárias e governativas efetuadas por determinados chefes do Governo [773], como Felipe Gonzalez (13 anos no Governo) e José Maria Aznar (8 anos);

ix) Escassos "veto-players" a nível das instituições soberanas, cumprindo assinalar o Tribunal Constitucional e o Congresso de Deputados se o governo for minoritário, mas importando sublinhar, no plano político, o forte contrapoder de algumas comunidades autónomas como a Catalunha cujos dirigentes políticos ensaiaram desde 2014 um arremedo de projeto político secessionista.

Este facto, sem prejuízo da colegialidade, tem levado a que os Presidentes do Governo assumam uma liderança tendencialmente monocrática, em prejuízo da

---

[769] INGRID VAN BIEZEN-JOHNATAN HOPKIN ult. loc. cit.- in AAVV (artº 99.3, § 2 da Constituição).V "The Presidentialization of Politics", op. cit, p. 123.
[770] BAR CENDÓN ult. loc cit.
[771] JOSE ANTONIO MONTILLA MARTOS ult. loc cit, p. 552.
[772] FRANCISCO FERNANDEZ SEGADO, ult. loc cit, p. 691.
[773] INGRID VAN BIEZEN-JOHNATAN HOPKIN ult. loc. cit.

colegialidade no funcionamento do Executivo que se mantém a título formal e que pode ser ativada em caso de se constituírem executivos de coligação.

d) Dinâmica do sistema político

433. Cumpre assinalar três ciclos, no funcionamento do sistema político espanhol.
Entre 1979 e 1982 registaram-se dois governos da União do Centro Democrático num quadro de pós-transição para a democracia, altamente instáveis e constelados de dissidências num Parlamento muito fragmentado (polarizado entre a Aliança Popular de direita, a UCD centrista, o PSOE socialista, o Partido Comunista, a extrema esquerda e partidos autonomistas) e num contexto de contestação política permanente, terrorismo, conspirações e tentativas de golpe militar.

434. O segundo ciclo, de 1982 a 2015, caracterizou-se por uma redefinição do sistema partidário em dois partidos dominantes (a Aliança Popular de direita e o PSOE de centro esquerda), com a gradual desaparição da UCD e o definhamento do Partido Comunista, sem prejuízo da subsistência de pequenos partidos autonomistas e separatistas). Tratou-se um período de estabilidade governativa com governos maioritários ou quase maioritários de um só partido e uma alternância alongada entre governos socialistas e governos de centro-direita do Partido Popular (ex Aliança Popular). Em 33 anos sucederam-se 9 governos e 4 primeiros-ministros: Gonzalez do PSOE (4 governos), Aznar do PP (2 governos), Zapatero do PSOE (2 governos) e Rajoy do PP (1 governo).

435. O terceiro ciclo, iniciado em 2015, pautou-se por uma desagregação do bipartidarismo, com a irrupção de forças políticas exteriores ao sistema de partidos consolidado, criando formações políticas novas com elevada expressão eleitoral (o "Podemos", de extrema-esquerda e o "Ciudadanos", liberal), gerando-se no sufrágio desse ano uma representação multipartidária e multipolar de partidos independentes e absolutamente rígidos na política de alianças. A composição parlamentar impossibilitou a formação de um governo saído de eleições durante mais de 300 dias, permanecendo em gestão o anterior executivo conservador de Mariano Rajoy. Em 2016 realizaram-se novas eleições com uma composição próxima da anterior, mas uma dissensão no PSOE permitiu a viabilização de um governo minoritário de Rajoy do Partido Popular, o mais votado, que pese a dificuldade em legislar se encontra estabilizado graças ao instituto da moção de censura consultiva.

Cumpre referir que, no caso de se vir a formar no futuro uma coligação politicamente heterogénea[774], como a que chegou a ser gizada sem êxito no período

---

[774] Como a que o então líder socialista, Sanchez, tentou articular com o Podemos de extrema-esquerda e o Ciudadanos, liberal. As politicas seriam pactuadas a partir da conjugação das

crítico de 2015-2016 ou outra ainda não ensaiada[775], o parlamentarismo racionalizado pode deslizar para um sistema parlamentar de assembleia, sem prejuízo da conservação de alguma autonomia do Chefe do Governo.

4.4. Parlamentarismos com arbitragem presidencial

436. Existem certas formas híbridas de parlamentarismo que se caracterizam por incorporar num quadro compósito, atributos próprios e dominantes deste sistema político, associados a outros institutos oriundos de sistemas políticos distintos que, todavia, não assumem relevo bastante para alterar a componente principal do sistema. Predominam neste contexto *as formas de governo que, de um modo geral, se caracterizam pelo facto de o Chefe de Estado ser eleito, não pelo Parlamento mas por sufrágio universal* (como se viu, é o caso da Irlanda, Islândia, Finlândia, Eslováquia, Eslovénia, Bulgária, Sérvia, Macedónia e Lituânia, de entre outros).

437. Alguma doutrina chega a posicionar estes sistemas atípicos na orla do semipresidencialismo, seja no caso do sistema islandês, designado de *"semipresidencialismo aparente"*[776], seja no caso irlandês, crismado de *"semipresidencialismo intermitente"*[777].

Tal como referem diversos autores, um elemento relevante para a categorização de uma dada forma do governo, como sistema parlamentar ou semipresidencial, diz respeito ao estatuto do Presidente da República, não só no que respeita à sua eleição mas também no que tange à relevância seus poderes, mormente no plano da direção e controlo político[778], onde sobreleva a existência de alguma autonomia na dissolução parlamentar. Só que a este último atributo junta-se outro que consiste na dupla responsabilidade institucional ou política do Governo perante o Presidente e o Parlamento. Ora nem um nem outro fator se afirmam nestes sistemas, pelo que os mesmos não deixaram o universo parlamentarista.

438. De um modo geral nos sistemas descritos, o epicentro do poder radica no binómio Governo/Parlamento e o Presidente, sendo eleito por sufrágio universal dispõe, a par das suas funções predominantemente certificatórias e ceri-

lideranças partidárias no Congresso com o presidente do Governo.

[775] Como a "Frente Popular" que poderia envolver o PSOE, o *Podemos*, a "Esquerda Unida" e partidos independentistas e autonomistas bascos, galegos catalães.

[776] Expressão de Sartori desenvolvida por SUSANNA MANCINI sobre o caso islandês ("L'Islanda: tra forma semipresidenziale «aparente» e «reale»" in AAVV "Semipresidenzialismi"--Coord L. PEGORARO-A. RINELLA"-1998-p. 152 e seg).

[777] NINO OLIVETTI RAWSON "Un «Semipresidenzialismo Intermitente: il caso irlandese"-"Semiprezidenzialismi"-ult. loc cit, p. 167 e seg.

[778] CARLO FUSARO "La Finlandia in Transicione fra Semipresidenzialismo Reeale, Semiprezidencialismo e Parlamentarismo" in "Semiprezidenzialismi"- op. cit, p. 120.

moniais, de alguma margem de autonomia no processo formativo do governo ou de gestão de crises políticas, o que lhe confere um estatuto mitigadamente arbitral, reforçado por alguns poderes de controlo (nuns casos a promoção da fiscalização de constitucionalidade, noutros o veto suspensivo, a assinatura de convenções internacionais, a possibilidade de recusa de dissolução proposta pelo Governo e o exercício de algumas competências partilhadas com o Governo na designação de titulares de altos cargos públicos).

Sem preocupações de exaustão, o *sistema político finlandês* experimentou uma transição institucional, migrando de um proto-semipresidencialismo "forte" e atípico[779] para um parlamentarismo equilibrado com um estatuto presidencial dotado de um mínimo de relevância institucional, situação à qual não foi alheia a queda do muro de Berlim em 1989 e o termo da influência soviética.

A Constituição de 1999 que consolidou e reformou as leis constitucionais separadas que previamente vigoravam, consagrou a eleição do Presidente por sufrágio universal, prevendo a possibilidade de realização de duas voltas e conservou poderes presidenciais com algum significado, no que concerne à nomeação de altos funcionários (em regra sob proposta do Governo).

O Presidente, contudo, embora subsista como uma das cabeças de um poder executivo bicéfalo, perdeu a faculdade de demitir o Governo e, quanto ao seu poder de indicação do Primeiro-Ministro, o mesmo consiste num ato formal e vinculado, já que a proposta do Presidente para Chefe de Governo carece de aprovação do Parlamento, sede da verdadeira investidura do mesmo órgão. Isto não preclude, é certo, os poderes arbitrais do Chefe de Estado na constituição do Executivo em caso de fragmentação parlamentar.

Da mesma forma, o Presidente perdeu o seu poder primitivo de dissolver livremente o Parlamento e convocar eleições antecipadas, passando a fazê-lo mediante solicitação do Primeiro-Ministro.

Não se descortina, deste modo, o atributo da dupla responsabilidade política do Governo ante Presidente e Parlamento nem uma ampla ou livre faculdade de dissolução parlamentar por parte do Chefe de Estado. Vigora, assim, um parlamentarismo de equilíbrio presidencial ou parlamentarismo com presidência arbitral, cujo elemento atípico é a eleição direta do Chefe de Estado associado a uma panóplia de faculdades cerimoniais, mediadoras e de controlo político.

No que concerne ao *sistema irlandês,* este prevê, igualmente, nos termos da Constituição de 1922, a eleição direta do Presidente por sufrágio popular e atribui-lhe algumas faculdades de direção, traduzidas na nomeação do Primeiro-

---

[779] Em que a prática constitucional em torno da Presidência liderante de Uro Kekonnen, imagem da neutralidade colaborante com a antiga União Soviética, marcou o viés presidencial da forma de governo adotada, apesar de o Presidente não ser eleito por sufrágio universal.

-Ministro, bem como no exercício de poderes de controlo, como o da promoção da fiscalização da constitucionalidade das leis, sem que, contudo, possa apor sobre estas o seu veto politico. Pode, igualmente, a par de diversas competências representativas e "notariais", nomear altos funcionários e juízes de tribunais superiores sob proposta do Governo.

Como fatores de exclusão da marca semipresidencialista em relação à mesma forma de governo, pode destacar-se a impossibilidade de dissolver livremente o Parlamento (apenas dissolve a pedido do Chefe do Governo, sem prejuízo de poder recusar o pedido). Tão pouco dispõe da faculdade de demitir o Governo, salvo se este for objeto de censura parlamentar.

Finalmente, no que respeita ao *sistema islandês*, regido pela Constituição de 1944, se é um facto que o Presidente é eleito por sufrágio universal, a uma volta (podendo ser destituído por plebiscito, mediante iniciativa parlamentar qualificada) os seus poderes são, na prática, limitados.

Caso vete uma lei, esta entra em vigor mas deve ser, na medida do possível, objeto de plebiscito. Embora a Constituição lhe confira o poder de nomear o Primeiro-Ministro e os ministros, de demitir estes últimos e de dissolver o Parlamento, sem parâmetros definidos, essa faculdade é tornada, pelo costume e pelas convenções (§ 626 e seg), dependente de proposta do Chefe do Governo. Daí o entendimento de que o texto constitucional consagra um *semipresidencialismo aparente* (na medida em que existe um consenso partidário e nacional consolidado de "neutralização" da figura do Chefe de Estado[780]) acabando a prática por sedimentar um parlamentarismo real. Ainda assim, em tese, um Presidente que decida quebrar o consenso e exercer literalmente os seus poderes constitucionais poderia impor um arremedo de transição para o semipresidencialismo.

Quanto aos sistemas do centro e leste da Europa que integram esta categoria, os mesmos casaram a autonomia presidencial atenuada oriunda do constitucionalismo de matriz soviética com um parlamentarismo inspirado nas democracias ocidentais. Em todos os Estados descritos, o Presidente dispõe de algumas faculdades de decisão política compartilhados com o Governo e atenuados poderes arbitrais e de controlo mas encontra-se privado de demitir o Governo e dissolver o Parlamento com um mínimo de discricionariedade relevante.

---

[780] SUSANNA MANCINI ult. loc cit, p. 153.

Subsecção II. Os Sistemas Políticos Presidencialistas

1. Atributos caracteriológicos

439. Na linha da definição dada supra (§ 270 e seg) o presidencialismo consiste num sistema político que confere proeminência político-institucional ao Presidente da República no quadro de um sistema de separação de poderes que independentiza o Executivo do Legislativo. O Presidente é um órgão que, investido no cargo por uma legitimação popular resultante do sufrágio universal, assume a chefia direta do Governo e estabelece uma relação político-institucional de independência com o Parlamento, em termos tais, que nem o Presidente pode ser demitido pela instituição parlamentar por razões de confiança política, nem esta pode ser dissolvida pelo Chefe de Estado.

Estas são as características de um sistema "presidencial puro", tal como é concebido por Sartori[781] a partir do modelo originário norte-americano, o qual coexiste com diversas variantes específicas e "impuras", sobretudo nos sistemas constitucionais da América Latina onde predomina o sistema presidencialista, mas também da Ásia Oriental (Coreia do Sul e Filipinas). A eleição por sufrágio universal, que reforça a legitimação popular do Chefe de Estado, constitui um atributo identitário do sistema, mas não se destaca como condição necessária para a sua completa individualização, já que a encontramos no semipresidencialismo e em alguns sistemas parlamentares atípicos já examinados, como o irlandês ou o islandês.

No que concerne aos atributos expostos, a chefia direta do Executivo, sem que haja diarquia com um Primeiro-Ministro, é uma característica típica do sistema, embora também não absolutamente exclusiva, dado que em diversos sistemas semipresidencialistas, o Presidente da República pode presidir por sua própria iniciativa ao Conselho de Ministros, liderando, de facto o poder Executivo e secundarizando o protagonismo do Primeiro-Ministro (cfr. casos da França em ciclo de confluência entre a maioria presidencial e parlamentar, da Rússia e do Peru). Ainda assim, existem diferenças a assinalar dado que, no Presidencialismo a vontade do Presidente prevalece sobre a dos ministros da sua Administração, enquanto no semipresidencialismo o Governo delibera colegialmente e pode, no âmbito das suas competências próprias, contrariar a vontade do Presidente, o qual pode ficar vencido na tomada dessas deliberações.

Já a exclusão de relações recíprocas de dependência política entre Presidente e Parlamento, conforma o atributo mais privativo e prototípico desta forma de

---

[781] GIOVANNI SARTORI ult. loc cit, p. 98.

governo, dado que apenas nos póstumos sistemas de Chanceler é possível encontrar uma característica algo semelhante na relação entre Primeiro-Ministro e Parlamento. Essa separação não inibe, contudo, diversas formas de controlo interorgânico, nomeadamente, o veto presidencial, a possibilidade de o Parlamento ratificar nomeações para cargos ministeriais, o *impeachment* do Chefe de Estado por crimes de responsabilidade no exercício de funções ou até a aprovação de moções de censura contra membros do Governo individualmente considerados (que não o Presidente).

O regime de separação institucional acabado de referir não significa que a composição parlamentar não seja relevante para a governabilidade e funcionalidade do sistema. Se o Presidente não for apoiado por uma maioria parlamentar em ambas a câmaras ou pelo menos numa delas, deixa de poder dirigir a agenda política, ficando bloqueado ou vendo-se obrigado a acordar com a oposição todo o tipo de compromissos[782].

2. O presidencialismo de divisão de poderes norte-americano

2.1. Constituição

440. A Constituição Norte-Americana de 1787 compreende 7 artigos e 27 aditamentos (emendas criadas por revisão constitucional), corporizando os 10 primeiros desses aditamentos normas declarativas de direitos fundamentais (o corpo da Constituição não incluía, originariamente, uma declaração de direitos). Existem, subsidiariamente, regras consuetudinárias que integram a Constituição e importantes "normas jurisprudenciais" sobre a concretização da Lei Fundamental, resultantes da interpretação desenvolvida pelo Supremo Tribunal Federal.

A Constituição consagra um regime democrático republicano organizado sob a forma de uma Federação (que integra 50 estados e um distrito federal) e que é servido por um sistema político presidencialista[783].

---

[782] No respeitante a ciclos de oposição simultânea das duas câmaras à ação presidencial vide, para além de certos momentos da presidência de Bill Clinton e George W. Bush nos EUA, os casos mais recentes da Presidência de Barack Obama no seu último mandato (período 2014-2016), a do Presidente conservador Sebastián Piñeira no Chile (2011-2014) e a do Presidente Macri na Argentina (2015).

[783] Cfr sobre a Constituição americana JOHN NOVAK-RONALD ROTONDA "Constitutional Law"St. Paul, Minesota - 2000 ; W. WILLOUGHBY "Principles of the Constitution of the United States"-New York-1938;

Relativamente ao sistema político presidencialista norte-americano HAMILTON-MADISON--JAY "The Federalist Papers"-Org. Charles Kesler-Clinton RossiterNew York-1999;ALAN

2.1.1. Processo constituinte

441. A Constituição norte-americana foi elaborada em 1787 por uma "Convenção Constitucional" (a Convenção de Filadélfia), composta por representantes das 13 colónias rebeldes que tinham declarado unilateralmente a independência do Reino Unido da Grã-Bretanha, com o qual travavam uma guerra de emancipação[784]. Esta Assembleia foi convocada pelo Congresso de uma Confederação

SMITH "The Spirit of American Government. A Study of the Constitution: its origin, influence and relation to democracy"-New York-1907; EDWARD CORWIN "The Constitution and What it Means Today"-New Jersey-1978 e "The President, Office and Powers"-New York-1954; ANDREW MCLAUGHIN "A Constitutional History of the United States"-New York-1935; JAMES BURNS "Presidential Government. The Crucible of Leadership"-Bistion- 1965; JAMES BURNS, - J.W. PELTASON- THOMAS CRONIN "Government by the People"-New Jersey- 1984 ; N. POLSBY "Congress and the Presidency"-Englewood Cliffs-California-1986; SPITZER "The Presidential Veto, Tochstone of the American Presidency" New York-1988; MARK GABER –KURT WIMMER "Presidential Signing Statements as Interpretations of Legislative intent: an executive aggrandizement of power"-24-Havard Journal on Legis, 363-1987; NANET ANDERSON "The Senate"-New York-2007; RACHEL A. KOESTLER –GRACK- "The House of Representatives"-New York-2007; JONH S. JACKSON "The American Political Party System"-Washington-2015; LAWRENCE TRIBE "American Constitutional Law"-New York-2000-p. 118 e seg; A. KING "Distrust of Government: explaining american exceptionalism" in AAVV "Disaffected Democracies"-org. S. Pharr-R.Putnam-Princeton- 74 e seg; HORACE DAVIS "The Juditial Veto"-New Jersey-2000-1 e seg e 42 e seg;" STEVEN G CALABRESI "The Great Divorce: The Current Understanding of Separation of Powers and the Original Meaning of the Incompatibility Clause "in " University of Pennsylvania Law Review-nº 157- 2008- p. 134;. JEAN BOUDON "La Separation des pouvoirs aux Etats Unies"- in "Pouvoirs"-143-2012-p. 113 e seg; SARTORI "Ingegneria (...)" op. cit-p. 100 e seg; GIANFRANCO PASQUINO "Sistemas (...)" op. cit, p. 98; SERGIO FABRINI The American Search of Separated Government: an historical institutional interpretation"- in "Int Pol. Science Ver-1999-p. 95 e seg; L. CAVALLI "Il Presidente Americano"-Bologna-1978; GIUSEPPE FRANCO FERRARI "L'Esperienza Statunidense" in AAVV "Il Presidente dela Republica", org. Massimo Luciani-Mario Volpi-Bologna-1997; JUAN GARCIA COTARELLO "El Regímen Politico de los Estados Unidos" in AAVV "Regimenes Politicos (...)" op. cit, p. 521; ARMANDO MARQUES GUEDES "Ideologias e Sistemas Políticos" op. cit--p. 121 e seg; JORGE MIRANDA "Manual de Direito constitucional"-Tomo I, 1- 2014-p.146 e seg.

[784] Um incidente iconográfico o "Tea Party" de Boston, é referido como um momento originário de rebelião cujas consequências, ligadas à dura reação britânica, conduziram ao levantamento das colónias contra a Mãe-Pátria. Em 1773 um grupo de americanos disfarçados de índios subiu a vários navios britânicos e destruiu um carregamento de chá da Companhia das índias Orientais. Protestavam contra o "Tea Act" uma lei que procurava facilitar o escoamento do chá armazenado pela referida Companhia em Londres, permitindo a sua exportação para a América, tendo lançado um imposto sobre a sua comercialização de forma a prevenir a concorrência do chá contrabandeado pelas colónias americanas. Cumpre não confundir este

que associava esses estados, com o objetivo inicial de se proceder à alteração de um tratado, designado por "Artigos da Confederação[785]", que por eles tinha sido outorgado em 1781, de modo a que esta associação estadual pudesse enfrentar conjuntamente, com eficácia, a reação militar britânica, assegurar uma diplomacia comum na Europa e lidar concertadamente no tratamento de questões territoriais e indígenas.

A necessidade de criar impostos, regular o comércio e limar conflitos interestaduais, a qual fora já antecipada pela "Convenção de Anápolis" convocada pelo parlamento de Virgínia para reduzir a litigiosidade entre estados foi o pretexto para convocação dessa "Grande Convenção" em Filadélfia, mas o facto é que a sua dinâmica política, ligada a propósitos estratégicos de intelectuais e políticos como Madison e Hamilton, resvalou para a feitura de uma Constituição e a criação de um novo Estado, de recorte federal[786].

Originariamente, apenas estavam presentes representantes de dois estados, mas depois de uma suspensão de trabalhos, atingiu-se o *quorum* de 7, acabando, no final, por se encontrarem presentes 12 estados. Nem todos os delegados aceitaram o resultado do encontro: Apenas 39 dos 55 delegados assinaram o documento (tendo 13 abandonado a Assembleia antes do seu termo e três outros votado contra). E mesmo os delegados que aprovaram a nova Constituição fizeram-no com reservas, seja pelo facto de esta não incorporar uma declaração de direitos, seja porque não criava um sistema parlamentar, seja ainda porque o novo Estado extirpava a soberania dos estados membros da confederação.

Temendo que houvesse estados que não ratificassem o documento (suspeitava-se de Rhode Island), os constituintes inscreveram no artº VII que a Constituição entraria em vigor depois de ratificada por convenções realizadas em 9 deles. As convenções não foram pacíficas, com debates cerrados entre os conservadores "federalistas" (que prevaleceram no desenho da Lei Fundamental no sentido do modelo presidencial adotado e na criação de um novo Estado soberano) e os radicais-democratas "anti-federalistas" que criticavam a perda das soberanias

---

facto histórico com o movimento político "Tea Party", criado em 2009, e que capturando a ala mais radical do Partido Republicano, defende ideias anti-tributárias e ultraconservadoras, fazendo campanha contra elementos de outras tendências do mesmo partido e defendendo causas públicas, entre as quais o fim do Obamacare.

[785] Uma Confederação é uma associação de Estados independentes que limitam, por meio de um tratado, a sua soberania em áreas específicas, criando órgãos comuns nesses domínios que expressam uma vontade coletiva. A Confederação norte-americana integrou, fundamentalmente, a política de defesa e a diplomacia dos estados membros.Cfr. LOUIS LE FUR "État Federal et Confederation d'États"-Paris-2000-p. I e seg e 498 e seg.

[786] Cfr. Em geral, EDWARD LARSON- MICHAEL WINSHIP " The Constitutional Convention: A Narrative History from the Notes of James Madison"- New York- 2005.

dos estados, a forma de governo instituída e a ausência de um "Bill of Rights", tendo-se oposto, à ratificação.

442. O diploma foi ratificado pelos 13 estados, concluindo-se o correspondente processo, apenas, em 1790, já depois da aprovação de vários aditamentos. Tratou-se de uma forma representativa atípica de feitura da Constituição: os representantes dos estados na Convenção não foram eleitos diretamente nem tinham, por missão a elaboração da Constituição de um Estado soberano ocorrendo um desvio de poder. Tal facto logra demonstrar que a força do poder constituinte impõe-se ao direito pré-existente. Do mesmo modo, o texto deveria ser submetido a convenções eleitas pelo povo nos diversos estados e criadas especificamente para o efeito mas acabou por ser ratificado nuns caso por convenções eleitas diretamente e noutras por convenções cujos delegados foram indiretamente eleitos pelas assembleias legislativas, estaduais ainda soberanas.

O texto constitucional entrou em vigor em 1789 e tornou-se a Constituição rígida mais duradoura do Mundo.

2.1.2. Revisão constitucional

443. A Constituição norte-americana assume caráter rígido, pois envolve procedimentos especiais e agravados de revisão, ou seja, procedimentos mais exigentes do que os consagrados para a alteração da legislação ordinária (cfr. artº V), não dispondo o Presidente da República de direito de veto sobre as emendas que forem aprovadas.

O processo comum envolve a aprovação de uma *emenda ou aditamento* por maioria de dois terços dos membros de cada uma das câmaras do Congresso. O texto assim deliberado carece, subsequentemente, de ser ratificado pelas assembleias legislativas de três quartos dos estados federados.

Existe um processo especial de alteração que passa pela convocação por dois terços das legislaturas dos estados, de uma Convenção investida de poderes de revisão, nunca tendo a Constituição sofrido modificações geradas por esta via de tramitação.

444. O processo de alteração formal da Constituição americana resulta ser muito difícil e complexo, exigindo um elevado consenso bipartidário, assim como compromissos com os interesses da larga maioria dos estados. Daí que reformas importantes, como a referente ao sistema de eleição do Presidente (com a remoção dos "eleitores" ou delegados que distorcem a expressão do voto popular), ao sistema eleitoral ou à política de controlo de armas (que tem como opositor um lobby poderosíssimo[787]) tenham pouca viabilidade de ser adotadas, atento o

---

[787] Trata-se da NRA (*National Riffle Association of América*) que faz uma interpretação estrita da 2ª emenda: *"A well regulated Militia, being necessary to the security of a free state, the right of the*

poder de impedimento de numerosos "veto players" ao longo de todo o procedimento de emenda constitucional.

Ainda assim, o sentido de muitos dos princípios e regras constitucionais tem sofrido transformações informais ao longo do tempo, graças a uma poderosa interpretação evolutiva desenvolvida pelo Supremo Tribunal Federal. É a jurisprudência do STF a alavanca mais poderosa não apenas para imprimir atualizações na relação de significado das normas mas para, inclusivamente, produzir mutações inovadoras no seu sentido e alcance que geram polémicas acesas entre originalistas (defensores de uma interpretação histórico-literal do texto) e construtivistas (paladinos de criatividade e evolução operada jurisdicionalmente).

2.1.3. Controlo de constitucionalidade

445. A Constituição não instituiu explicitamente o controlo jurisdicional da constitucionalidade. Contudo, desde 1803 (caso *Marbury vs Madison*), o Supremo Tribunal Federal (STF) reconheceu a sua competência para exercer o controlo de constitucionalidade das normas violadoras da Constituição, tomando como norma de referência a "Supremacy Clause (Artº VI, Sec 2) conjugada com o Artº III[788]. Tratou-se, em termos de Direito Comparado, do primeiro sistema de controlo jurisdicional da constitucionalidade que foi instituído num Estado.

Compete aos tribunais dos estados controlarem a constitucionalidade das normas federadas contrárias às constituições estaduais, com recuso para os Tribunais Supremos dos mesmos entes territoriais. Compete, por outro lado, aos tribunais federais desaplicar normas federais contrárias à Constituição da Federação. O STF reserva-se o poder de proferir a última palavra sobre controvérsias que resultem da impugnação das decisões de tribunais estaduais ou federais em feitos que envolvam a violação da Constituição federal, podendo o STF escolher

---

people to keep and bear Arms, shall not be infringed". É duvidoso que os cidadãos que hoje adquirem armas integrem uma milícia para a defesa do país, fórmula originária que foi elaborada no contexto da guerra contra a Grã-Bretanha e justificou o direito de uso e conservação de armas. Mais duvidoso ainda é a extensão quase irrestrita desse direito, em certos estados, ao uso de armas de guerra e a armas não registadas ou licenciadas em razão do perfil psicológico e antecedentes criminais do portador. A regulação a nível federal do referido direito constituiu uma batalha perdida da Administração Obama.

[788] Retirou-se do preceito a vinculação dos juízes à Constituição, não obstante a existência de direito contrário nos estados, reconhecendo-se que se tratava de uma lei de hierarquia superior às restantes, a nível federal ou federado, sendo os juízes competentes para conhecer das controvérsias entre ambas. Cfr, sobre o tema e em especial sobre o caso "Marbury vs Madison" CARLOS BLANCO DE MORAIS "Justiça Constitucional"-I-2006-p276 e seg., bem como bibliografia aí citada.

os casos que pretende julgar, através da via processual do "certiorari". Embora as decisões do STF apenas vinculem diretamente as partes da controvérsia constitucional por ele decidida, a motivação dominante da sentença proferida deve ser seguida pelos tribunais inferiores, atenta a força do precedente ("stare decisis")[789].

O controlo de constitucionalidade pelos tribunais ("judicial review") assume caráter concreto e difuso. Isto significa que todos os tribunais podem conhecer e decidir, no caso singular submetido o seu julgamento, sobre a constitucionalidade de normas, desaplicando as disposições contrárias à Constituição que ficam privadas de eficácia.

2.2. Sistema de Governo

446. O sistema presidencialista norte-americano, assentando no binómio Presidente-Congresso, resultou do triunfo da corrente federalista (conservadora) que defendia um modelo de poder encimado por um "monarca eleito"[790] e com mandato limitado, sobre a corrente anti-federalista (liberal) que propugnava por uma forma de governo parlamentar (um "governo de leis" e não de homens, tal como rezava a declaração de direitos do Massachussets).

Erigiu-se, assim, um sistema político inovador (o presidencialismo), cuja estrutura institucional se aproximou do modelo teorizado por Montesquieu no respeitante à entronização de poderes separados e da introdução simultânea de um conjunto de freios e contrapesos (*checks and balances*). Estes últimos traduzem-se em controlos interorgânicos recíprocos (direito de veto do Presidente sobre as leis do Congresso e faculdade do Congresso de, a par de poderes de inquérito, ratificar nomeações presidenciais para cargos executivos e jurisdicionais e ratificar tratados concluídos pela Administração). A fórmula *"separated institutions, sharing powers"* traduz o ideal abstrato deste sistema onde avulta, na prática, um certo grau de preponderância de um poder Executivo unipessoal. Contudo, pese a existência de uma tradição de cooperação bipartidária na resolução de questões de interesse nacional, sempre que a maioria presidencial não coincide com a maioria partidária nas câmaras, avulta um cenário, menos idealista, de competição entre Legislativo e Executivo pelo exercício do poder, criando-se uma ideia diversa de *"separated institutions competing for power"*[791]. Trata-se de uma realidade

---

[789] Cfr. CARLOS BLANCO DE MORAIS ult. loc cit, p. 280 e seg.
[790] Para MANOEL GONÇALVES FERREIRA FILHO ("Curso (...)" op. cit, p. 143) o *"presidencialismo instituído em Filadélfia é uma versão republicana da nmonarquia limitada, instaurada na Grâ-Bretanha pela Revolução de 1688"*.
[791] G. FRANCO FERRARI ult. loc cit, p. 477.

marcante em termos mais recentes nas presidências de Nixon, Clinton, Obama e do início de mandato de Donald Trump, sobretudo no plano da política externa.

2.2.1. O Presidente

A. Eleição

447. O Presidente é eleito por sufrágio universal, pese o facto de a sua designação se processar por votação indireta. Em cada estado existe um conjunto de eleitores (delegados) que representam os candidatos. O candidato que obtiver num estado a maioria dos votos (absoluta ou relativa) arrebatará, salvo no caso do Maine e do Nebraska[792], todos os eleitores que correspondam ao mesmo estado (na lógica do escrutínio maioritário "winner take all"), os quais igualam o número de senadores e representantes correspondentes a essa entidade federada.

Será eleito Presidente, o candidato que obtiver a maioria do voto dos referidos eleitores (que se reúnem em colégio eleitoral na capital do respetivo estado para o efeito). Embora os eleitores sejam teoricamente livres, eles atuam, por regra, com fidelidade ao candidato que os designou[793].

O candidato a Presidente concorre conjuntamente com um candidato a Vice-Presidente por si escolhido (*"presidential ticket"*), implicando a eleição do primeiro também, a título consequencial, a eleição do segundo, na medida em que haja maioria no colégio eleitoral.

448. Caso não se registe uma maioria no cômputo global dos referidos colégios (a qual é obtida com 270 votos), a eleição do Presidente será decidida, de acordo com o 12ª Aditamento, pela Câmara dos Representantes de entre os três candidatos mais votados. A eleição do Vice-Presidente será feita, segundo idêntico processo, no Senado. Caso o Senado logre eleger em primeiro lugar o Vice-Presidente até se esgotar o prazo estipulado para a eleição presidencial ("Inauguration Day"), o Vice-Presidente assume o cargo de Presidente.

A Constituição norte-americana preferiu privilegiar os ideais liberais e federalistas (garantia dos direitos de liberdade, controlos recíprocos entre poderes

---

[792] Nestes estados atribui-se 2 votos ao vencedor no estado e 1 voto ao vencedor em cada distrito eleitoral para o Congresso.

[793] Fidelidade que é efetiva mas não absoluta. Na eleição presidencial de 2016 o republicano Donald Trump foi eleito por 304 votos do colégio eleitoral, tendo 2 dos seus delegados votado noutro candidato. A sua opositora, Hillary Clinton obteve 227, sendo abandonada por 4 dos seus delegados. O sufrágio caracterizou-se por uma inédita e chocante campanha pública de "celebridades" que, ineditamente, em mensagens no audiovisual, apelavam à infidelidade dos delegados republicanos.

O SISTEMA POLÍTICO

para evitar abusos e tiranias maioritárias e reforço do federalismo, com igualdade em número de senadores entre estados, independentemente do número de votantes) sobre os ideais democráticos.

Esse facto reflete-se na eleição presidencial onde nem sempre o voto popular corresponde ao número de delegados eleitos. Com efeito, não existe uma atribuição do número de delegados por cada estado que seja rigorosamente proporcional à dimensão real do número de votantes. O facto cumulativo de se ter instituído um escrutínio maioritário na larga maioria dos entes federados, o qual implica que quem vença num estado arrebata todos os eleitores (sem prejuízo de algumas exceções) reforça a ocorrência de distorções ao princípio democrático, de acordo com o qual, vence uma eleição quem obtiver o maior número de preferências em votos (critério da maioria). Ora, por 5 vezes foram eleitos candidatos que, tendo recolhido menos votos, obtiveram o apoio ou somaram mais delegados eleitos pelos diversos estados[794].

Os últimos dois casos foram o do republicano George Bush no ano 2000, que recebeu cerca de menos 1 milhão de votos do que o seu opositor democrata Al Gore, tendo sido decisivo o disputado sufrágio no estado da Flórida para lhe dar a vitória no colégio eleitoral geral; e o do também republicano "anti-sistema" Donald Trump, em 2016. Este último candidato que a nível nacional obteve menos 2 milhões e oitocentos mil votos do que a sua adversária, a democrata Hillary Clinton, venceu todavia em número de delegados, já que concentrou estrategicamente a campanha em estados indecisos os quais acabou por vencer por pequenas margens, nomeadamente, a Pennsylvania, o Wisconsin e o Michigan. Já a mais-valia de votos de Clinton foi quase todo ela obtida na Califórnia[795], estado que já tinha ganho de antemão e cujo elevado número de delegados não chegou para compensar as perdas em número de delegados nesses três outros estados usualmente dominados pelo seu partido.

O facto é que o sistema descrito, sendo compreensível nos alvores da nova federação quando se pretendia equilibrar o poder entre os estados e comprometê-los na edificação de um novo País e quando as comunicações eram difíceis num território de extensão gigantesca, deixou de fazer sentido a partir do Século XX. O voto indireto resulta ser, no tempo presente, anacrónico e desnecessário, seja por razões de comunicação seja em termos de coesão nacional, e cria o risco de

---

[794] Foi o caso de John Adams em 1824 (um democrata, cuja eleição foi decidida pela câmara dos representantes); Rutheford Hayes em 1876 (um republicano que, numa eleição muito disputada, obteve 20 votos de eleitores não comprometidos na base de um acordo interpartidário) ; Benjamin Harrison em 1888 (um republicano que venceu nos estados indecisos de Nova Iorque e Indiana);o republicano George Bush em 2000 ; e o republicano Donald Trump em 2016.

[795] Onde obteve mais 4 milhões e trezentos mil votos do que Trump.

uma grave distorção à legitimação democrática dos governantes, já que permite a vitória numa eleição para um cargo unipessoal quem tenha menor preferência dos eleitores. Contudo, tentativas feitas para abolir o colégio por revisão constitucional encontram grande resistência nos estados, sobretudo nos pequenos, que querem conservar ciosamente os seus delegados para poderem pesar na eleição[796].

449. A ligação entre o eleitorado e a seleção dos candidatos à presidência nos dois maiores partidos, o Republicano e o Democrata, é, contudo assegurada através de um sistema de "primárias" em sentido amplo (que abrangem as *eleições primárias strito sensu* e os "caucus") e que tem inspirado, recentemente, na Europa, uma maior intervenção de militantes e até de simpatizantes de partidos na escolha de candidatos à chefia dos mesmos partidos (Portugal e Reino Unido[797]) ou de um candidato à Presidência da República dentro de um partido ou aliança de partidos (França).

Assim, a eleição presidencial por sufrágio universal é precedida por eleições " primárias" onde os diversos candidatos dos principais partidos se submetem ao voto popular, aberto ou restrito a cidadãos filiados ou registados, conforme for estipulado por cada estado e pelo partido. Estas eleições vão sendo realizadas sucessivamente nos entes federados, ao longo do ano que antecede a eleição geral e que se destinam a designar delegados para uma convenção partidária que deliberará, por maioria, sobre a escolha do respetivo candidato à Presidência.

O sistema é muitíssimo mais complexo do que aparenta. Com efeito, a opção da realização de *primárias* abertas, semi-abertas ou fechadas e *"caucuses"* abertos ou fechados depende da legislação dos estados e das opções dos partidos políticos.

As *eleições primárias* em sentido estrito são organizadas e financiadas pelos estados federados e decorrem na maior parte dos casos em termos próximos aos de uma eleição nacional. Permite-se, aos estados que adotam *primárias abertas* [798]uma participação popular de todos os eleitores[799] na escolha do candidato

---

[796] Trata-se de uma posição que se adota, nestas linhas, por razões de ordem objetiva presas à lógica, teleologia e ontologia do principio democrático desenvolvidas supra § 79 e seg, e não por qualquer preferência subjetiva ou ideológica relativa à ultima eleição presidencial, onde, independentemente de deméritos do Presidente eleito, a candidata democrata vencedora no voto popular e vencida no colégio eleitoral não dispunha, no nosso entendimento, de condições para governar o País, não só pelo seu debilitado estado de saúde, mas também por força dos escândalos que afetaram o exercício de funções como Secretária de Estado (falhas de segurança no uso do correio eletrónico, financiamentos ilícitos e a política externa desastrosa que prosseguiu no Médio Oriente, a qual muito contribuiu para as guerras civis na região).
[797] No Reino Unido existe uma pré-seleção de candidaturas feita pelo grupo parlamentar ou por um diretório alargado.
[798] É o caso do Alabama, Arkansas, Indiana,Colorado e Texas de entre ampla maioria.
[799] O dia do sufrágio é o mesmo para a eleição dos candidatos de todos os partidos.

da sua preferência. Em primárias fechadas só podem votar os eleitores que se registem num dado partido para a eleição[800]. Existem estados que admitem um sistema misto (semi-fechado) em que votam militantes e não militantes que se registem antes ou até ao dia do ato eleitoral[801].

Em certos estados a lei permite a um partido escolher o tipo de primárias. Assim enquanto um partido determina primárias fechadas ou caucus, outro partido pode estabelecer primárias abertas[802].

Enquanto para o Partido Republicano, na grande maioria dos estados, o sistema de eleições primárias assume natureza maioritária (quem vence com o maior número de votos obtém todos os delegados) numa minoria dos mesmos o voto é proporcional corrigido, com distribuição de delegados entre os dois partidos mais votados ou os que ultrapassem uma cláusula de barreira[803]. Já no Partido Democrata as primárias realizam-se na base de um sistema proporcional, que pode estar sujeito a cláusula de barreira.

A par das eleições primárias, os delegados dos candidatos presidenciais de cada partido podem ser alternativamente eleitos em "caucus", actos eleitorais organizados e financiados pelos próprios partidos.

O "caucus" consiste na organização de assembleias abertas em cada condado do estado que adota ou consente este processo pré-eleitoral, nas quais se realizam, por regra, amplos debates prévios[804], alguns deles durante a própria jornada eleitoral. Em certos estados, como no Iowa, o número de delegados é atribuído, segundo uma fórmula matemática, em conformidade com o número de residentes no círculo eleitoral mediante um escrutínio proporcional. Em alguns "caucuses" apenas votam os militantes e noutros os militantes e não filiados que se registem antes ou no próprio dia da votação para o ato eleitoral.

Finalmente, existem estados onde os partidos utilizam um sistema misto, com primárias e *caucuses* [805].

B. Mandato

---

[800] Caso dos estados de Delaware, Florida, Kansas, Kentuky, Maine, Nevada Nova Jersey, Novo Mexico, Nova Iorque, Oregon, Pennsylvania e Wyoming. Existem diferenças entre estes estados no processo de votação.
[801] Ohio e Carolina do Norte, de entre outros.
[802] No Alaska o partido Republicano realiza um caucus enquanto o Partido Democrata permite primárias abertas.
[803] De entre outros, o caso do New Hampshire e Rhode Island para o Partido Republicano.
[804] Caso do Alaska, Colorado, Hawaii, Kansas, Maine, Minnesota, Nevada, North Dakota, Wyoming and Iowa
[805] Caso do Arizona, para o Partido Republicano e do Texas, para o Partido Democrata.

450. O período de mandato do Presidente é quadrienal, sendo o titular incumbente reelegível para apenas mais um mandato consecutivo. Esta regra resultava originariamente de um costume ou convenção que foi quebrada pelo Presidente Franklin Roosevelt que cumpriu três mandatos consecutivos, levando à necessidade da sua consagração em emenda constitucional (22º Aditamento).

C. Competências

451. O Presidente é o Chefe de Estado e comandante supremo das forças armadas. Chefia diretamente a Administração federal (encimada pelo Governo) e conduz a política externa, de defesa e de segurança do País. Não responde politicamente perante o Congresso mas tão pouco o pode dissolver.

452. No contexto do exercício de funções governativas e administrativas, o Presidente é o único responsável político pelo funcionamento do poder Executivo federal (ressalvadas as agências que operam como reguladores independentes) o qual é protagonizado por uma estrutura orgânico-funcional designada por "Administração". Esta é encimada pelos *"heads of departments", em regra os* secretários federais responsáveis pelos departamentos (cargos ministeriais), por conselheiros, e por altos funcionários (onde sobressai o chefe do "Executive Office", um misto de Ministro da Presidência e Chefe da Casa Civil que equivale, nos Estados Unidos, a um cargo ministerial que assiste o Presidente e coordena o funcionamento da estrutura de cúpula de apoio à governação). A Administração não funciona, contudo, como um órgão colegial mas sim como uma estrutura monocrática, contando apenas a vontade política do Presidente que é um órgão unipessoal[806]. Sem prejuízo das suas competências administrativas próprias e delegadas, os secretários federais estão sujeitos ao poder hierárquico presidencial.

453. No exercício de funções como Comandante Supremo das forças armadas o Presidente dirige estas últimas, envolve-as em operações militares e dispõe da última e decisiva palavra sobre o uso de armas nucleares.

De todo o modo, a competência presidencial está limitada pela "War Power Resolution"[807], de 1973 (aprovada no termo da Guerra do Vietnam) que limita o poder do Presidente em envolver os Estados Unidos num Conflito armado sem consentimento do Congresso. O Presidente deve notificar o Congresso 48 horas depois de empregar unidades militares numa ação armada externa e proíbe que estas permaneçam, sem autorização do Congresso, no exterior por mais de 60 dias (aos quais acrescem 30 dias para uma retirada).

---

[806] O Presidente pode decidir contra a vontade de todos os membros da sua Administração.
[807] Lei que foi vetada pelo presidente Nixon mas que foi confirmada pelo Congresso, por uma maioria de dois terços das duas câmaras.

O Presidente Clinton violou esta lei quando utilizou meios militares no Kosovo sem que, contudo, tivesse havido contra ele qualquer ação legal. De todo o modo, existem decisões sobre bombardeamentos e numerosas ações militares secretas ou reservadas envolvendo um pequeno número de forças especiais que, apesar de reguladas legislativamente e por vezes descobertas e sancionadas quando se desenvolvem à margem da lei, escapam ordinariamente na sua maioria ao controlo da instituição parlamentar.

454. O Presidente é, igualmente, o órgão do Estado que dirige a política externa, uma prerrogativa presidencial que engrandeceu à luz da cláusula de "poderes implícitos", assinando acordos internacionais sob forma simplificada ("executive agreements") e concluindo tratados que submete à aprovação do Senado (§ 471)[808].Isto sem prejuízo das competências do Congresso em matéria de comércio externo, sanção à violação do Direito Internacional e declaração de guerra com envolvimento de contingentes no exterior.

455. Na esfera financeira o Presidente prepara o Orçamento com envolvimento de diversas agências independentes e dirige a execução orçamental.

456. A nomeação dos membros da Administração, bem como o alto comando militar, representantes do corpo diplomático e altos funcionários constitui uma prerrogativa livre do Presidente (*"power of appointment"*), mas, na sua grande maioria[809], essas nomeações carecem da ratificação no Senado (Artº II, Secção II, Cláusula 2 e legislação para a qual remete). Em regra as ratificações (*"advise and consent"*) não são recusadas[810] mesmo quando o presidente não é apoiado por uma maioria no Senado, mas os candidatos são sujeitos a rigorosas audições parlamentares ("hearings") que podem ser arrastadas no tempo graças a ações de "filibustering" na câmara alta do Congresso, dificultando o funcionamento inicial da atividade governamental. Em virtude do rigor dessas audiências públicas, alguns dos designados renunciam à nomeação se a prestação se revelar claramente negativa ou transmitir dados embaraçosos que demonstrem inaptidão para o cargo[811]. A demissão dos titulares dos cargos acabados de referir compete

---

[808] Cfr. NOVAK-ROTUNDA "Constitutional Law " op. cit, p. 229 e seg;LAWRENCE TRIBE"American Constitutional Law" op. cit, p. 637.

[809] Com relevo para os secretários federais, embaixadores e titulares de alguns cargos militares.

[810] Até ao ano de 2016 foram rejeitadas apenas 9 designações para a Administração por parte do Senado, sendo a última a de John Tower para Secretario da defesa da administração de George H W. Bush, devido a problemas de alcolémia e relações com empresas de armamento.

[811] Foi o caso até ao ano de 2016 de 14 altos funcionários e ministros designados. Os últimos foram Bill Richardson (nomeado por Obama para Secretário do Comércio que desistiu por razões presas à audição ou ao escrutínio de um "grand jury" sobre alegações de corrupção, das quais foi posteriormente ilibado) e o segundo Andrew Puzder (um empresário de "fast food"

também ao Presidente e, pese o facto de não estar explicitamente consagrada na Constituição, deduz-se do poder de nomeação, embora não sem controvérsia[812].

O mesmo órgão nomeia, no respeitante a outros órgãos, os juízes do STF e membros das Administrações das autoridades reguladoras independentes, carecendo essas nomeações, igualmente, da ratificação do Senado, precedida de audição dos candidatos[813].

457. No plano normativo, o Chefe de Estado, para além do poder de iniciativa legislativa junto do Congresso que desenvolve indiretamente através de senadores da bancada do seu partido, dispõe da faculdade, admitida jurisprudencialmente[814], de produzir legislação sob autorização do Congresso ("delegated legislation"). Pode, ainda, pese o facto de esta faculdade não estar prevista na Constituição[815], emitir "executive orders", normas que podem assumir força de lei e que servem uma pluralidade de objetivos, a saber: orientar os departamentos da administração sobre a execução das leis, concretizar legislação do Congresso de acordo com habilitação deste último e aprovar reformas negadas pelo Congresso o que se afigura, em matérias substanciais, uma conduta inconstitucional.

O STF invalidou cinco *executive orders* do Presidente Roosevelt e uma do Presidente Clinton. Mais recentemente, membros do Partido Republicano impugnaram no Tribunal do Distrito Federal uma *executive order* do Presidente Obama que alterou em 2014 uma disposição fundamental da reforma da Saúde usualmente conhecida por *Obamacare*, invadindo competências do Congresso. Tendo

---

nomeado por Trump em 2017 para secretário para os assuntos laborais e que desistiu após um escrutínio onde foi acusado de violência doméstica, emprego a imigrante não documentado e más condições laborais prestadas aos seus trabalhadores).

[812] Tentativas de criar limites à prerrogativa presidencial de demissão de altos funcionários esteve presente nas leis "Tenure of Office Acts" de 1867 e 1869 mas estas foram revogadas. Posteriormente, durante o confronto entre o Presidente Roosevelt e o STF foi garantido por este a inamovibilidade dos dirigentes executivos das agências reguladoras independentes, nomeadamente no caso Humphrey`s Executor vs USA (1935) onde foi negado ao Presidente a faculdade de demitir de um membro da administração da *Federal Trade Comission* (com fundamentos diversos dos previstos na lei, ligados a abuso de poder inobservância de deveres e ineficiência no exercício do cargo). Também na Administração Reagan se registou uma discrepância entre Presidente e Congresso relativamente ao poder presidencial de demissão de outra autoridade independente, o Office of Management Budget (OMB).

[813] Cerca de 29 candidatos ao Supremo falharam, até 2016, a ratificação do Senado (por rejeição ou desistência), em absoluto ou, pelo menos, numa primeira tentativa.

[814] Mormente por força da decisão do STF, *Yakus vs USA* (1944).

[815] Invoca-se para a sua emissão uma disposição vaga da Constituição (artº II, Secção III, Cláusula 5) que determina que é competência do Presidente *"take care that the Laws be faithfully executed"* o que confere, em boa lógica a esses atos caráter executivo e não inovador, realidade que não tem estado presente em muitas executive orders.

perdido a maioria nas Câmaras o Presidente Barak Obama usou em excesso *executive orders* para ditar políticas de imigração, fixar relações com Estados sujeitos a embargo (Cuba) e impor sansões à Rússia. Depois de assumir a Presidência em 2017, o Presidente Donald Trump revogou esses atos.

458. O Presidente emite, igualmente, atos regulamentares de execução das leis do Congresso, alguns dos quais com caráter mais inovador sempre que a lei a regular seja uma lei de grandes princípios.

Em relação a leis delegadas, regulamentos e atos da Administração foi exercido por parte do Congresso, com início em 1932 mas sobretudo durante as presidências de Nixon, Carter e Reagan, um controlo político manifestado através de resolução ou lei do Congresso, bloqueando ou alterando as normas do Executivo ou até decisões singulares de órgãos da administração, deliberações que a doutrina designou por *"legislative veto"*[816]. O STF julgou a inconstitucionalidade desta prática à luz do princípio da separação de poderes[817], a qual se tornou presentemente muito menos frequente.

459. Já em sede do exercício de poderes políticos de controlo interorgânico, o Presidente pode vetar as leis do Congresso, podendo o veto ser superado mediante confirmação por maioria de dois terços tomada pela Câmara dos Representantes e pelo Senado. Trata-se de um poder de impedimento poderoso, dada a dificuldade de se poder reunir essa "super-maioria" de reversão[818].

A par do veto propriamente dito, alguns Presidentes usaram um subterfúgio de duvidosa constitucionalidade, o veto de bolso (*"Pocket veto"*) que envolve o retardamento temporário ou *sine die* de determinadas leis, bem como figura híbrida da *promulgação com mensagem interpretativa* na qual o Presidente justifica a promulgação na base de uma determinada interpretação que confere à lei promulgada, procurando vincular a Administração a esse sentido interpretativo[819].

460. Na esfera do poder judicial, o Presidente pode conceder perdões (um dos últimos, em 2017,notabilizou-se pelo seu impacto politico, sendo concedido

---

[816] LAWRENCE TRIBE "American Constitutional Law" op. cit, p. 141.

[817] Cfr. caso *Immigration and Naturalization Service-vs Chada*, (1983) em que uma resolução do Congresso "vetou" a deportação de um estudante estrangeiro.

[818] O Congresso pode revogar as *executive orders* do Presidente, sobretudo quando usurpam os seus poderes legislativos, mas o Presidente dispõe da faculdade de vetar a lei revogatória, sendo difícil ao Congresso reverter o veto, atenta a maioria de superação. Pode, neste caso, criar-se um conflito constitucional cuja solução caberá aos tribunais.

[819] Cfr. Em sentido crítico, MARK GABER e KURT WIMMER "Presidential (...)" op. cit. . Vide, igualmente, CURTIS BRADLEY-ERIC POSNER "Presidential Signing Statements and Executive Power" in "Constitutional Commentary"- Vol 23-nº3 Un. Minesota Law School-2006-p. 307 e seg

pelo Presidente Trump ao célebre xerife Arpaio, condenado por um tribunal pela sua política dura de repressão à imigração ilegal).

461. Embora com uma ligação estreita à bancada do seu Partido no Congresso, através dos seus líderes ("chief whips"), o Presidente nem sempre tem um efetivo controlo sobre o correspondente grupo parlamentar, não só devido à tradicional autonomia deste (com relevo para o Senado) mas também por força da independência de muitos deputados e senadores, cuja conduta é marcada pelos interesses dos estados de que são oriundos e dos grupos de pressão (*lobbies*) que os apoiam. Os partidos nos Estados Unidos não têm lideranças fortes, envolvem numerosas fações e são consteladas por poderosos baronatos regionais que dificultam um domínio a partir das cúpulas, nestas incluída a cúpula presidencial.

2.2.2. O Congresso

462. O Congresso é um órgão parlamentar bicameral, sendo composto pela Câmara de Representantes e pelo Senado[820]. É titular de competências explícitas e implícitas[821], as quais se vão consolidando por via consuetudinária ou no respeito pelos limites da jurisprudência do STF. Exerce, fundamentalmente, a função legislativa nos domínios que lhe são garantidos pela Constituição (nomeadamente, no Artº I, 1) bem como importantes atividades de controlo político.

Em comparação com outros parlamentos de sistemas políticos democráticos, o Congresso exerce, com efetividade, o primado da função legislativa, o qual é assegurado com amplitude em face das competências normativas do Executivo, pelo modo estrito como é concebida a divisão de poderes. Nos termos do Artº I, § 8 da Constituição, o órgão dispõe, nomeadamente, da faculdade de aprovar leis relativas ao aumento de impostos, realizar despesas em matéria de defesa e bem-estar público, autorização de empréstimos, sistema monetário, comércio interno e internacional, nacionalidade, criação de tribunais e dispor em matéria militar.

463. Não sendo titular, à luz do princípio referido, da faculdade de responsabilizar politicamente o Presidente, assume, todavia, importantes competências de investigação[822], fiscalização da atividade do Executivo, de controlo dos seus

---

[820] Registou-se alargado consenso na Convenção de Filadélfia sobre o bicameralismo. A única proposta para a constituição de um poder unicameral, atribuída a Benjamin Franklin, não prosperou.
[821] Sobre os poderes implícitos do Congresso, na esfera legislativa a respeito da "necessity and proper clause" do Artº I, § 8 que permite a este órgão expandir os seus poderes na esfera concorrencial paralela com as competências legislativas dos estados vide CARLOS BLANCO DE MORAIS "Curso de Direito Constitucional"-I-2015-p. 451 e seg.
[822] LAWRENCE TRIBE ult. loc cit, p. 790.

atos e de confirmação de nomeações políticas e administrativas, bem como do poder de destituição do Chefe de Estado através do impeachment, com fundamento em crimes de responsabilidade no exercício de funções. O Artº V atribui-lhe competências no que tange à revisão constitucional (§ 444, supra).

A. Câmara dos Representantes

464. Trata-se da câmara de representação popular, sendo composta por 435 representantes eleitos por um mandato de apenas 2 anos, em círculos eleitorais uninominais de acordo com uma forma de escrutínio maioritário que, praticamente, divide a Câmara em dois partidos: os Republicanos (conservadores) e os Democratas (liberais progressistas), sendo raros os representantes independentes ou filiados noutros partidos. As duas grandes formações, por outro lado, compreendem numerosas fações e sensibilidades frequentemente antagónicas[823].

465. A Câmara dispõe de competências exclusivas, como as de iniciativa legislativa em matéria tributária, a da eleição do Presidente dos Estados Unidos se nenhum candidato lograr ser eleito no colégio eleitoral e a iniciação um processo de responsabilização de funcionários da administração, incluindo o Presidente (*impeachment*), com fundamento na prática de vários tipos de crime de

---

[823] Para apenas abordar os períodos mais recentes, o Partido Republicano, nos anos 80, dividia-se entre a linha nacionalista, popular, conservadora e defensora do livre mercado de Reagan e a aristocracia conservadora-liberal e compromissória da Costa-Leste, protagonizada por George Bush. Nos anos 90, o Partido Democrático dividiu-se entre a linha dos "novos--democratas", centristas, de Bill Clinton (com pontes para a terceira via britânica de Tony Blair) e a dos progressistas, identificados com os senadores Ted Kennedy e Jesse Jackson. Na última eleição presidencial americana de 2016 a segmentação dos dois partidos em antigas e novas fações ficou exposta. No Partido Republicano, as alas ultraconservadoras e evangélicas ligadas ao "Tea Party" juntaram-se à direita radical nacionalista do "Alt Right" e a um importante setor reaganista de base popular para apoiar Donald Trump, enquanto os conservadores liberais da Costa Leste, Texas e Florida, *mormons* conservadores do Ohio, direitistas da comunidade latina da Flórida e reaganistas moderados se dividiram no apoio a candidatos como Jeb Bush, Ted Cruz e Marco Rubio. No Partido Democrata, os "novos democratas" das fações de Obama e Bill Clinton e representantes de minorias raciais progressistas (negros, latinos, árabes e defensores de causas LGBT) apoiaram Hillary Clinton enquanto uma nova ala claramente socialista chefiada por Bernie Sanders, teve o apoio não apenas de sindicatos afetos, ao partido mas também estudantes progressistas. Curiosamente a senadora Elisabeth Warren figura destacada da ala esquerda apoiou Clinton e não Sanders, mas fê-lo apenas após 51 estados terem votado nas "primárias".

responsabilidade no exercício de funções[824], cabendo ao Senado julgar o processo mediante maioria qualificada.

466. A par de poderes de revisão constitucional, a câmara exerce uma importante intervenção na produção legislativa que partilha com o Senado em relativa paridade, não podendo as leis serem aprovadas sem tramitarem favoravelmente nas duas câmaras. Agregada à atividade legislativa mas como um instrumento de controlo político interorgânico, a Câmara dos Representantes dispõe da faculdade, conjugada com o Senado, de reverter o veto presidencial sobre as leis, por maioria de dois terços.

467. Exerce, finalmente, um poder de fiscalização importante sobre a atividade da Administração, mediante inquéritos, investigações, audições e mesmo atos de bloqueio (caso do *legislative veto* que, contudo foi julgado inconstitucional, cfr. supra § 480).

468. A Câmara é presidida por um "Speaker", eleito pela maioria e com ascendente sobre esta, e decompõe-se numa pluralidade de poderosas comissões.

B. Senado

469. O Senado, presidido pelo Vice-Presidente dos Estados Unidos, é a "câmara alta" que assegura a representação dos estados, sendo cada estado representado por 2 senadores (independentemente do número de cidadãos residentes) que são eleitos sob uma forma de escrutínio maioritário, na sua grande maioria a uma volta. Em razão de critérios definidos pelos partidos e pelos estados, as eleições senatoriais são, por vezes, precedidas de primárias dentro do próprio partido.

470. Os 100 senadores que integram esta câmara cumprem um mandato de 6 anos, renovando-se um terço do Senado em cada biénio e coincidindo o ato eleitoral com a renovação bienal da Câmara de Representantes. A engenharia do sistema maioritário produz um bipartidarismo perfeito entre o Partido Republicano e o Partido Democrático, havendo, residualmente, um escasso número de senadores independentes.

471. A câmara alta exerce competências exclusivas em sede de controlo das nomeações do Presidente para altos cargos (ratificação das nomeações presidenciais para a administração, STF, agências reguladoras), a qual não segue critérios políticos de mera oportunidade mas antes se destina a escrutinar se a pessoa escolhida não é indigna ou incapaz. Essa exclusividade estende-se à política externa e envolve a ratificação de tratados por maioria de dois terços, a propositura de

---

[824] De acordo com ao Artº II, Sec IV da Constituição os fundamentos do impeachment são a traição, o suborno e outros crimes, graves ou menos graves *(misdemeanors)*, expressão que suscita dúvidas.

emendas a tratados por maioria simples[825] e a ratificação da nomeação de embaixadores[826].

472. Partilha com a Câmara dos representantes o exercício da revisão constitucional, da função legislativa, do desenvolvimento de atividades de investigação e fiscalização e da superação do veto presidencial.

473. Cabe-lhe, igualmente julgar altos funcionários, incluindo o Próprio Presidente, por crimes praticados no exercício de funções, através de um processo de *impeachment* iniciado na Câmara dos Representantes, podendo o Chefe de Estado ser destituído pelo voto de uma maioria de dois terços dos senadores. As sessões são presididas, nesse processo, pelo Presidente do STF.

O Presidente Nixon renunciou ao cargo (1974) quando, no contexto do escândalo de espionagem política interna "Watergate", foi confrontado com a iminência de destituição e o Presidente Clinton (1998) foi objeto de um processo de impeachment, fundado na circunstância de ter mentido sob juramento, que acabou por não obter no Senado os votos necessários.

474. O Senado é composto pelo Plenário e por 16 comités com competências específicas.

2.2.3. O Supremo Tribunal Federal

475. O Supremo Tribunal Federal é a mais alta autoridade judicial do País e exerce o controlo de constitucionalidade. Tem 9 membros, com um mandato vitalício, designados pelo Presidente e sujeitos a ratificação no Senado. É um importante custódio dos direitos fundamentais, da dirimição de conflitos entre o Executivo e Legislativo e entre a Federação e os estados e assume-se, ainda, como o mais antigo tribunal com funções de fiscalização constitucional do Mundo.

Dado envolver poderes de julgamento da inconstitucionalidade de normas e de interpretação da Constituição e o facto de a motivação principal das suas decisões ter força de precedente, vinculando tribunais inferiores, o Tribunal constitui uma jurisdição de componente política e a designação dos juízes envolve sempre uma batalha ideológica[827].

---

[825] O Senado pode condicionar a ratificação de tratados à inserção de alterações por ele propostas as quais podem forçar o Presidente a renegociar a convenção ou, em caso de tal se mostrar inviável, a desistir da sua conclusão.

[826] EDWARD CORWIN The President, Office and Powers" op. cit, p. 169.

[827] A morte em 2016 do célebre juiz Antonin Scalia, um conservador, conduziu à vacatura do cargo. No contexto de um STF dividido entre 4 juízes conservadores e 4 liberais, o presidente Obama procurou desequilibrar a balança ensaiando uma nomeação já no termo do seu mandato mas o Senado, dominado pelo Partido Republicano, travou o processo de ratificação

476. O Tribunal teve ciclos ativistas nos quais liderou causas sociais e eticamente fraturantes, à frente do Congresso e dos estados, em temas como a liberdade racial, aborto e casamento entre homossexuais, sendo *alvo de críticas por se ter imiscuído na esfera do poder legislativo*[828].

2.2.4. Mecânica elementar do sistema político

A. Vetores dominantes

477. Relevam para a engenharia funcional do sistema político, as seguintes características:

i) Sistema de divisão efetiva de poderes (legislativo, executivo e judicial), na linha do pensamento de Montesquieu, sem relações de dependência política entre Presidente e Congresso mas com escassas exceções na ultrapassagem do traçado fronteiriço entre os referidos poderes, como é apesar de tudo o caso de certas "executive orders" inovadoras e delegações legislativas no Presidente, a já foi extinta a prática do "legislative veto" do Congresso, bem como a jurisprudência normativa inovadora resultante do ativismo do Supremo, Tribunal Federal;

ii) Chefia direta do Executivo por um Presidente eleito por sufrágio universal indireto, investido de relevantes competências políticas e administrativas, mas desprovido de uma faculdade de direção ou controlo permanente sobre o partido de que é oriundo e respetivas bancadas parlamentares, dada a independência dos membros do Congresso e a escassa centralização das estruturas diretivas dos grandes partidos;

---

de modo a que viesse a ser o Presidente empossado em 2017 a proceder à referida nomeação. Essa nomeação ocorreu em abril de 2017 e, após uma batalha renhida em que os republicanos tiveram de usar a "opção nuclear" regimental (um instrumento processual adotado por votação maioritária, que afasta o precedente da confirmação do candidato ao cargo pela maioria qualificada de 60 votos, reduzindo-a para uma maioria de 51 votos, e que fora inaugurada pelo Presidente Obama), foi eleito o juiz "originalista" do centro-direita Neil Gorsuch, indicado pelo Presidente Donald Trump, inclinando o STF pgara o lado conservador.

[828] Cfr. com maior detenção CARLOS BLANCO DE MORAIS "Curso de Direito Constitucional"-II-2014-p. 690 e seg e em especial, 700 e seg. Vide em especial sobre o ativismo nos Estados Unidos os artigos de LAWRENCE ALEXANDER; STEVEN SMITH e JAMES ALLAN in"Judicial Ativism"-Heidelberg-New York-Dodrecht-London- org. Luis Pereira Coutinho-Massimo La Torre-Steven Smith-2015.

iii) Congresso funcionalmente poderoso, que se renova a meio do mandato Presidencial, com pleno primado sobre a função legislativa e dominado por um rigoroso bipartidarismo na representação parlamentar, emergindo a Câmara de Representantes como a estrutura preponderante em matéria financeira e o Senado como câmara dominante em questões ligadas a altos cargos públicos e política externa;
iv) Elevado número de "veto players" no sistema de freios e contrapesos entre instituições ("Checks and balances"), tal como o veto presidencial, as "executive orders", a confirmação parlamentar de diplomas vetados, a ratificação de nomeações presidenciais para cargos políticos e altos cargos públicos, os inquéritos, o impeachment do Presidente, o controlo de constitucionalidade do STF, o poder dos estados federados e, informalmente, o inusitado poder dos lobbies.

B. Entre a colaboração funcional e a competição pelo exercício do poder

478. A teleologia inerente a poderes separados mas posicionados numa relação de colaboração não tem tido uma prática uniforme na história politica e constitucional norte-americana, pese o facto de haver uma tradição parlamentar de arranjos e concertações bipartidárias *("bipartisanship")* em domínios de relevante interesse nacional. Tradição que já conheceu melhores dias[829]. A independência relativa de muitos congressistas facilita este tipo de concertações compromissórias que agilizam a ação do Presidente na execução de certas reformas, sobretudo quando o respetivo partido não é maioritário numa ou nas duas câmaras.

479. O facto é que, não infrequentemente, os três poderes não se inclinam tanto em favor de objetivos de cooperação, mas antes se digladiam numa surda competição pelo domínio da agenda política, à medida que o conflito político assume um viés mais ideológico. Um dos desafios funcionais do sistema reside, pois, na capacidade de cada poder exercer com independência as suas funções e controlar as competências de outros órgãos sem estabelecer uma relação de domínio sobre os mesmos[830].

480. É um facto que o poder presidencial engrandeceu desde o consulado carismático do Presidente Roosevelt, com a sua política intervencionista de reformas sociais incluídas no chamado "New Deal", plebiscitando-se eleitoralmente como forma de constranger o STF, com o qual se confrontava, a uma autolimitação

---

[829] O *bipartisanship* em sentido positivo (apoio a leis favorecidas pelo Presidente) decaiu desde o mandato de George W. Bush, foi muito baixo durante a Presidência de Obama e é quase nulo no decurso da Presidência de Donald Trump.
[830] LAWRENCE TRIBE ult. loc. cit, p. 121.

no controlo de constitucionalidade das suas políticas económicas e sociais. Esse engrandecimento persistiu, de algum modo, com Eisenhower e Kennedy, mas teve o seu epílogo com a presidência cesarista e conflitual de Nixon, desafiado por inúmeros "legislative vetos" e por um processo de impeachment derivado do escândalo "Watergate" (espionagem de um núcleo presidencial Administração sobre o Partido Democrata, na oposição), o qual conduziu à sua renúncia.

Durante as presidências do republicano Gerald Ford (1974/1977) e do democrata James Carter (1977/1981), o Congresso assumiu um poder ascendente a tal ponto que a fraqueza da liderança de Carter não lhe permitiu dominar a sua própria bancada durante os períodos em que o seu partido dispunha de maioria parlamentar. Iniciativa autónoma em matéria fiscal, leis contrárias aos planos da Administração, "legislative vetos" em atos de política interna e externa pautaram um percurso em que a debilidade presidencial, subsequente ao desastre da guerra do Vietnam, coincidiu com o enfraquecimento dos próprios Estados Unidos no plano externo, com a perda da sua influência na África Austral, América Latina, Sudeste Asiático e no Irão.

A presidência "imperial" do republicano Ronald Reagan (1981/1989), o arquiteto da vitória política dos EUA e da NATO sobre a União Soviética, da qual resultou o termo à guerra fria, inverteu estas relações, mesmo quando o Chefe de Estado não dominava as câmaras. O poder de "filibustering" do Congresso sofreu um duro golpe com o julgamento de inconstitucionalidade do *"legislative veto"*, em 1983, e o Presidente ignorou o Congresso na sua política externa e de defesa (mormente na invasão de Grenada e no apoio à África do Sul e aos regimes autoritários da América Latina contra a guerrilha marxista) pese o facto de ser objeto de inquéritos que enfraqueceram a parte final do seu mandato (o escândalo *Irão-Contras*).

A preponderância presidencial tendeu a manter-se, embora a um nível mais atenuado, nos mandatos do republicano George H.W Bush (1989/1993), do democrata Bill Clinton (1993/2000) e do republicano George W Bush filho (2000/2008) que desenvolveram uma política externa independente e policial dos conflitos mundiais, no pressuposto de que, após a queda do "muro de Berlim" os EUA se tinham convertido na única superpotência a quem competia unilateralmente apagar fogos, debelar ameaças, socorrer Estados falhados, punir déspotas e combater o terrorismo em todas as frentes .

481. As sequelas das infrutíferas guerras no Iraque e Afeganistão e a crise financeira do "sub prime" em 2008 propiciaram um reequilíbrio de poderes entre a Presidência carismática do democrata Barak Obama (2008/2016) e o Congresso que acabou por degenerar num conflito aberto, no quadro de uma disputa pelo poder. Quando perdeu a maioria nas câmaras o Presidente foi obstruído nas suas políticas sociais e de imigração pelos congressistas republicanos ao ponto de se

O SISTEMA POLÍTICO

ter gerado um "apagão" orçamental (supra § 483) que colocou o País à beira do precipício, pois nenhum dos lados queria ceder na redefinição do limite da despesa e endividamento públicos.

O Presidente recorreu às "executive orders" para aprovar os seus programas em áreas da competência do Congresso e ameaçou vetar leis que as revogassem. A questão subiu a um STF dividido que optou por arrastar as decisões, gerando-se um tempo de democracia indecisa. Foi um ciclo dominado por um Presidente forte, ideológico e popular, mas desprovido de meios de ação eficazes na política interna, por obstrução do Congresso e manietado por uma política externa que conduziu desastrosamente na Europa de Leste e Médio Oriente, depois do "fracasso das primaveras árabes"e que culminou com a ascensão da Rússia nos tabuleiros estratégicos.

A eleição em 2016 de um Presidente republicano, Donald Trump, com agenda própria e cujo partido domina as duas câmaras, prognosticaria um período de algum engrandecimento presidencial, formalizado através de vias pouco ortodoxas[831]. Contudo, o estilo exuberante agressivo e por vezes errático de liderança do titular prognostica conflitualidade com os congressistas da oposição e do seu próprio partido, onde conta com fortes opositores à sua política externa e de imigração, embora já não se anteveja uma disputa com o Supremo, cuja composição alterou em favor das suas políticas. Uma iniciativa inicialmente falhada de alteração do *Obamacare* por bloqueio da ala mais conservadora do seu partido demonstra que a existência de uma maioria pró-presidencial nas duas câmaras não garante a passagem de todas as suas políticas. Do mesmo modo, o escrutínio de dimensões da política externa do presidente demonstraram a este que o sistema de "checks and balances" constitui um travão a Chefias de estado decisionistas, mesmo que apoiadas por uma maioria parlamentar.

482. Mais do que definir se uma ou outra competência deve ser adjudicada ao Legislativo ou ao Executivo, tarefa que o STF tem realizado de forma consistente[832], o problema fundamental que marca, no tempo presente, o exercício do poder nos Estados Unidos é o agravamento da tendência recíproca para guerrilhas institucionais, ausência de cooperação bipartidária e exercício bloqueante e consecutivo de poderes de impedimento constitucionais e inconstitucionais

---

[831] No dia 4 de janeiro de 2016, mesmo antes da sua posse, Donald Trump desmobilizou uma iniciativa do Congresso recém-eleito para a extinção, controversa de uma comissão de ética, através de uma mensagem no twitter na qual entendia que o Congresso teria questões mais importantes para se ocupar. Os congressistas reagiram com desnorte, embora seguissem por pudor a sugestão presidencial, pois não estavam habituados a que um Presidente opinasse sobre questões da sua agenda interna.

[832] TRIBE ult. loc cit, p.137.

no contexto de uma inédita divisão ideológica, geracional e racial do País, que fratura os próprios partidos no poder e que pode causar tensões problemáticas.

C. Níveis variáveis da ascendência institucional do Presidente em razão da composição do Congresso

483. Existem três cenários típicos resultantes da conjugação dos fatores acabados de enunciar.

O primeiro reporta-se a um Presidente cuja política seja apoiada nas duas câmaras pela maioria absoluta de representantes e senadores e garantida por um controlo de bancadas ("whiping system"). Trata-se de presidências tendencialmente fortes, de propensão reformista e em que a liderança presidencial se converte numa realidade palpável enquanto dura a conjugação referida. A estratégia política é concebida pelo Presidente e tendencialmente executada nas câmaras após negociações entre o Chefe de Estado e a bancada do seu partido que, contudo, nunca opera como uma estrutura parlamentar "carimbante" por razões já referenciadas. Na verdade, os compromissos dos congressistas com os seus eleitores e estruturas financiadoras não garantem bancadas disciplinadas em todas as matérias e isso mesmo tem sido percecionado pelo novo presidente americano.

A liderança presidencial é tanto mais forte quanto o carisma do Chefe de Estado (caso de Franklin Roosevelt e Kennedy) havendo, contudo, lideranças que, pese o facto de gozarem de períodos de maioria nas duas câmaras, se revelaram débeis e vacilantes (James Carter) grassando uma maior taxa de fidelidade da bancada do partido pró-governamental quanto maior a fragilidade da liderança presidencial por ela percecionada.

O segundo cenário, próximo do anterior, envolve um Presidente apoiado em uma das câmaras e que logra nesta, um significativo controlo sobre a bancada maioritária. Embora assuma uma liderança efetiva (tanto maior quanto o seu carisma e autoridade, realidades que são decisivas) o Chefe de Estado deve ter capacidade para criar consensos bipartidários com a oposição na câmara que não domina. Se tiver apoio maioritário no Senado terá "mão livre" em termos de política externa e militar e nomeação dos membros do STF e outras autoridades; se obtiver apoio maioritário na Câmara de Representantes terá maior latitude para realizar reformas financeiras e sociais. De todo o modo, a falta de controlo sobre uma das câmaras, sobretudo quando congressistas do partido do Presidente desertam e se juntam à oposição podem gerar severas crises orçamentais, como sucedeu em 2013 durante a presidência de Barack Obama.

O carisma de certos presidentes permitiu-lhes uma liderança forte em períodos em que não controlavam uma das câmaras (caso do conservador Ronald Reagan, um dos dois presidentes mais marcantes do século XX).

O *terceiro cenário*, mais crítico, ocorre nos períodos em que o Presidente não goza de suporte maioritário nas duas câmaras. O exercício da governação torna-se muito difícil relativamente a reformas conflituais e, em cenários de maior antagonismo podem gerar-se bloqueios críticos, como o do arrastamento do processo de aprovação do próprio orçamento (como o caso de um risco de "apagão" no financiamento dos serviços federais, na medida em que o orçamento do ano anterior não vigora em duodécimos, gerando a falta de um novo orçamento o encerramento provisório de serviços e despedimentos). Em 2015, o Presidente Obama, que se quedou depois de um ato eleitoral sem maioria nas duas câmaras, logrou um acordo difícil para evitar um "apagão" idêntico ao de 2013. Neste cenário, mesmo com um Presidente carismático, a relação institucional pode ser tensa, se o Presidente assumir uma política de confronto (com cenários que envolvem a aposição de vetos e a aprovação de *executive orders* inconstitucionais). O resultado pode traduzir-se em políticas públicas canceladas ou sujeitas a compromissos que as desvitalizam.

484. O risco de perda de controlo das câmaras é grande, dado que ocorrem eleições em cada biénio para a câmara baixa e para um terço da câmara alta e o ato eleitoral é propenso à captação de momentos de insatisfação conjuntural do eleitorado. Ainda assim, quer o bipartidarismo, quer a viabilidade de compromissos entre governo e oposição parlamentar em determinadas políticas, permitem garantir alguma governabilidade num ciclo em que a ausência de maiorias debilita o Presidente.

3. Nota sobre o "presidencialismo de coalizão" no Brasil

485. A Constituição de 1988 entronizou uma República federal, organizada democraticamente através de um sistema político presidencialista dotado de algumas características específicas.

3.1. A Constituição

3.1.1. Apontamento sobre o processo constituinte

486. A Constituição brasileira foi aprovada em 22 de setembro de 1988, através de um processo democrático-representativo protagonizado por uma assembleia investida de funções constituintes. Em 1984, fase final do regime militar brasi-

leiro, uma autocracia que admitia um pluralismo político limitado e dois partidos concorrentes no Congresso (vide supra § 225), desencadeou-se, no contexto de uma crise económica e financeira, um movimento popular favorável a eleições presidenciais livres e diretas (as "diretas já") que não prosperou, mas deixou uma marca política profunda na sociedade e nas lideranças partidárias.

Um ano depois, na eleição parlamentar indireta para a Presidência da República, feita ainda de acordo com a Constituição autoritária de 1967, um setor parlamentar do partido pró-governamental (o PDS, ex ARENA) juntou-se ao partido tradicional que agrupava as oposições, o MDB, e elegeu Presidente um dos mais prestigiados líderes deste último movimento, o centrista Tancredo Neves, figurando como Vice-Presidente José Sarney, um dos expoentes da rebelião ocorrida no partido governamental. Com a súbita morte de Tancredo, que não chegou a tomar posse, José Sarney assumiu a presidência em 1985 e iniciou um processo de transição para a democracia em articulação com uma maioria do Congresso.

Em 1986 foi eleito livremente um novo Congresso com listas pluripartidárias, o qual assumiu funções constituintes (ou seja, assumiu funções cumulativas de Parlamento ordinário e de Assembleia Constituinte) e elaborou o novo texto constitucional. Independentemente da influência de correntes de esquerda na configuração de normas relativas a direitos sociais, com inspiração nA Constituição Portuguesa de 1976, predominou na edificação do sistema vertebrante da nova ordem constitucional, o chamado "Centrão" constituído por partidos de centro direita (PDS e PFL herdeiros do regime militar) e deputados das fações moderadas e centristas do PMDB (principal herdeiro da antiga oposição democrática, que se segmentou em noutros partidos) bem como do PTB (herdeiros do getulismo).

487. O texto aprovado foi objeto de uma confirmação parcial em plebiscito, realizado em 1993, o qual recaiu sobre o regime político republicano e o sistema presidencialista já que na Assembleia Constituinte se defrontaram defensores do Presidencialismo e do Parlamentarismo havendo, de igual modo, expoentes de uma restauração monárquica que lograram influenciar um voto popular sobre esta questão de regime.

3.1.2. Linhas axiais da Constituição de 1988

A. Constituição prolixa e analítica

488. A Lei Fundamental de 1988 enforma uma Constituição prolixa (250 artigos, alguns deles revogados) e analítica, já que compreende muitas disposições programáticas e normas muito detalhadas, servindo de contraponto à

Constituição norte-americana que se caracteriza por ser um texto sintético, estável e longevo.

B. Constituição nominalmente rígida

489. A Constituição assume-se, igualmente como um texto rígido, suscetível de *emenda*, a qual pode ser proposta por um conjunto de órgãos[833] e se formaliza mediante alterações aprovadas por maioria de três quintos do Senado e Câmara dos Deputados que devem respeitar os limites materiais de alteração (*cláusulas pétreas*) constantes do artº 60º[834].

A Jurisprudência ativista do Supremo Tribunal Federal (STF) criou materialmente um verdadeiro processo de controlo preventivo da constitucionalidade dos projetos de emenda constitucional (PEC) que violem as cláusulas pétreas, quando no Mandado de segurança 20.257/DF foi admitido que os parlamentares poderiam impetrar um mandado desta natureza que impeça a tramitação no Congresso de PEC que não observe os sobreditos limites materiais. O STF auto-investiu-se, assim, de um imenso poder de travagem de emendas que possam afetar os seus próprios poderes[835].

490. A rigidez emblemática da Constituição de 1988 não obstou a um autêntico frenesi no seu processo de alteração, pois já experimentou 96 emendas até junho de 2017. E, a par do processo de emenda, a Constituição tem sido objeto de genuínas alterações informais do sentido das suas normas, por via da interpretação pretoriana do STF que, em alguns casos, gerou verdadeiras mutações constitucionais[836], algumas delas de constitucionalidade controvertida.

Por tudo isto, a rigidez da Constituição de 1988, embora exista formalmente a partir do processo previsto no artº 60º, nominalizou-se parcialmente em razão da prática legislativa e jurisprudencial.

C. Uma dimensão central do sistema de direitos fundamentais numa Constituição fortemente programática

---

[833] O Presidente, um terço dos deputados ou senadores em efetividade de funções e mais de metade das assembleias legislativas dos estados, decidindo por maioria simples.

[834] A saber: a forma federativa de Estado; o voto direto, secreto, universal e periódico; a separação dos Poderes; e os direitos e garantias individuais.

[835] Para além do processo de emenda, a Constituição prevê, igualmente, um trâmite de "revisão", votada em sessão conjunta das duas câmaras e deliberada por maioria absoluta, que se realizou em 1993 (no contexto do plebiscito já referido) não podendo, em tese, ser repetida.

[836] Cfr. relativamente ao tema das alterações informais, na Europa e no Brasil vide AAVV "Mutações Constitucionais"-org. Gilmar Mendes-Carlos Blanco de Morais- S. Paulo-2016.

491. A Constituição de 1988 é particularmente fecunda na consagração de direitos de liberdade, de direitos sociais auto-aplicativos e de direitos sociais a prestações contidos em normas de viés programático, os quais uma relevante linha ativista protagonizada pelos tribunais comuns logra também aplicar a título imediato, numa interpretação não incontroversa do § 1 do artº 5º da Constituição. Trata-se de uma prática generosa e "emocional" que, contudo tem suscitado problemas de ordem orçamental e dúvidas sobre a observância do princípio da separação de poderes[837].

D. Um sistema misto de controlo de constitucionalidade

492. As normas constitucionais são garantidas por um sistema de controlo de constitucionalidade de natureza mista, com alguns traços de semelhança com o sistema português, resultando de uma convergência entre o sistema de controlo concentrado alemão e o controlo difuso legado pela própria experiência constitucional brasileira, que se inspirou "ab origine" no sistema norte-americano. Com efeito, uma via de controlo concreto difuso, alargada a todos os tribunais, mas tendo o Supremo Tribunal Federal (STF) como última instância para o julgamento de questões com "repercussão geral" (que, a par de processos especiais de defesa de direitos, como o mandato de injunção e da estranha mecânica do "Habeas Corpus", tem "abstrativizado" gradualmente o controlo concreto), coexiste com diversos processos de controlo abstrato por ação e omissão em via direta para o STF. Este destaca-se como órgão máximo de Justiça Constitucional, convertendo-se, atenta a sua jurisprudência ativista, num dos mais poderosos tribunais constitucionais do mundo[838].

---

[837] Cfr. sobre o sistema de direitos fundamentais INGO WOLFGANG SARLET "A Eficácia dos Direitos Fundamentais"-Porto Alegre-2015 e DIMITRI DIMOULIS-LEONARDO MARTINS "Teoria Geral dos Direitos Fundamentais"-S. Paulo-2011. Criticamente sobre o ativismo dos tribunais comuns na aplicação imediata de normas programáticas relativas a direitos sociais a prestações, vide CARLOS BLANCO DE MORAIS "O Controlo de Inconstitucionalidade por Omissão no Ordenamento Brasileiro e a Tutela dos direitos sociais: um mero ciclo ativista ou uma evolução para o paradigma neoconstitucionalista P- in "Revista de Direito Constitucional e Internacional"-Ano 20-78-S. Paulo-2012-p.153 e seg.

[838] Sinopticamente, sobre o modelo brasileiro de controlo de constitucionalidade, CARLOS BLANCO DE MORAIS "Una Terza Via nel Controllo di Costituzionalità"- in AAVV "Giustizia Costituzionale Comparata"- org- Silvia Bagni-Bologna-2013-p. 129 e seg; GILMAR FERREIRA MENDES – PAULO GONET BRANCO "Curso de Direito Constitucional"-S. Paulo-2015-p. 1094 e seg; ELIVAL SILVA RAMOS "Controlo de Constitucionalidade no Brasil: perspetivas de evolução"-S. Paulo-2010-p. 223 e seg.

3.2. O sistema político

3.2.1. Introdução ao Presidencialismo de "coalizão"

493. Para alguns autores o presidencialismo brasileiro, no âmbito da Constituição de 1988, caracterizar-se-á por potenciar uma "exacerbação personalista" do Chefe de Estado, favorecida, a par de uma inclinação para o poder pessoal (por vezes com um viés "patrimonialista"), pelo intervencionismo do Estado nas áreas económico-sociais, associadas a um entorpecimento do Congresso derivado de uma excessiva fragmentação partidária e da sua incapacidade para acorrer com rapidez às exigências da vida moderna[839].

494. A ausência de um bipartidarismo na linha do modelo norte-americano bem como de um sistema de partidos estruturados[840] levou Sartori a considerar que, num contexto multipartidário, *"com partidos tão voláteis o presidente brasileiro encontra-se forçado a flutuar sobre o voto de um parlamento anárquico e atomizado num grau máximo"*[841].

Ora, já em 1988 Sérgio Abranches batizara o novo sistema político criado em 1988 de "Presidencialismo de Coalizão"[842], definindo-o como uma forma de poder singular existente no Brasil que adicionaria o formato da "Presidência Imperial" com uma composição parlamentar multipartidária, o que implicaria a formação de executivos apoiados em grandes coligações com dois eixos, o partidário e o estadual[843]. Para o autor, o peso da coligação num quadro parlamentar multipartidário geraria um presidencialismo mitigado[844]. Abranches sublinhou diversas vantagens e riscos emergentes das coligações, desde as distâncias ideológicas entre os parceiros (suscetíveis de gerar conflitos na execução das leis que, para serem superados, poderiam envolver o abandono de políticas públicas importan-

---

[839] MANOEL GONÇALVES FERREIRA FILHO ult. loc cit, p. 145.

[840] Os principais partidos no Brasil (com a exceção do Partido dos Trabalhadores) são muito voláteis, dado que têm lideranças fracas, bancadas parlamentares pouco coesas, estão dependentes dos equilíbrios instáveis entre as lideranças regionais, são permeáveis ao peso da personalidade de candidaturas a nível nacional e estadual e assentam num sistema fluido onde a criação ou a integração de personalidades em "partidos de aluguel" troca de partido ou a formação de novos partidos por dissidências parlamentares não é um processo difícil, pese a jurisprudência restritiva do STE e do STF.

[841] SARTORI "Ingegneria(...)" op. cit, p. 109. Para o autor os partidos brasileiros são inadaptáveis ao parlamentarismo (op. cit, p. 110).

[842] Galicismo não existente na língua portuguesa, cujo termo apropriado é coligação.

[843] SÉRGIO ABRANCHES "Presidencialismo de Coalizão: o dilema institucional brasileiro" op.cit.-p. 21 e seg.

[844] SÉRGIO ABRANCHES ult. loc cit, p. 22.

tes) até aos riscos de rotura dessas alianças, as quais debilitariam a autoridade presidencial e importariam recomposições intermitentes do Governo suscetíveis de pressionar o Presidente a ajustar o Executivo à sua base de apoio[845]. Tratar-se-ia de um presidencialismo compromissório com equilíbrios variáveis entre o Presidente e o Congresso e entre os parceiros da coligação que no Congresso sustentam o executivo.

495. Dir-se-ia que o impacto do sistema proporcional de lista aberta com "puxador de voto" no sistema de partidos criaria um multipartidarismo multipolar que impediria o Presidente da República de obter apoio parlamentar numa bancada maioritária de um só partido ou até de uma coligação de partidos da mesma família política, do que resultaria uma limitação real do poder do Presidente, obrigado a permanentes transações com diversas bancadas parlamentares e um fortalecimento do Congresso. E o facto é que as primeiras experiências presidenciais pós-Sarney[846], protagonizadas por Fernando Collor de Melo e Itamar Franco (1990-1995), presidentes que não foram apoiados por coligações maioritárias, prognosticariam um modelo de presidencialismo consociativo e débil.

496. Contudo, a partir do primeiro mandato de Fernando Henrique Cardoso (PSDB) em 1995, até ao termo abrupto do segundo mandato de Dilma Roussef (PT), em 2016, iniciou-se um longo período em que o Presidente optou por jogar estrategicamente com a fragmentação parlamentar em seu benefício, forjando coligações de solidez variável num arco partidário que teve como epicentro o maior partido, o centrista PMDB. Por outro lado, para alguns autores, a crise política que conduziu ao *impeachment de* Collor de Melo enfraqueceu a governabilidade e sensibilizou os partidos a encontrarem entre si acordos políticos para robustecer a posição do Chefe de Estado[847]. Sem exercer um domínio total sobre a disciplina de bancada, o Presidente mediante compensações, vantagens e nomeações logrou com eficácia variável reger o ritmo da agenda política de uma base parlamentar maioritária de apoio, sempre fluida ou movediça, retirando iniciativa autónoma ao Congresso e ganhando um ascendente muito claro sobre este.

A dimensão patológica desta estranha inversão de rumo do presidencialismo brasileiro na gestão das coligações atingiu o *clímax* quando a esquerda do Partido dos Trabalhadores assumiu a presidência com Lula da Silva e este, bem como a sua sucessora, lograram forjar gradualmente uma super-bancada de apoio que para além da esquerda (PC do B, PDT e socialistas) e do centro (PMDB e Verdes) passou a integrar, formal e informalmente, até partidos de centro-direita (o Par-

---

[845] SÉRGIO ABRANCHES ult. loc cit, p. 24 e seg.
[846] O qual liderou num período de transição para a democracia, ainda parcialmente operado à luz da antiga ordem jurídica.
[847] GILMAR FERREIRA MENDES-PAULO GONET BRANCO "Curso (...)" op. cit, p. 936.

tido Liberal, o PP, o PPS) e inclusivamente de extrema-direita, como o PRONA, graças a uma teia de favores e prebendas gizadas à margem da lei e da moralidade pública. O Presidente, associado ao núcleo do seu partido, alcançou um imenso poder que ultrapassou os limites naturais dos freios e contrapesos do sistema.

Ora, estudos recentes que realizaram um balanço sobre o funcionamento do sistema, como o de Sérgio Ferreira Vitor, comprovam que a combinação entre presidencialismo e representação proporcional não gerou ingovernabilidade[848] (pelo menos entre 1995 e início de 2015). A liderança presidencial logrou impor--se no Congresso sobre pequenos e grandes partidos da *metacoligação,* através de chefes de bancada articulados com o Palácio do Planalto, o qual, reforçado pelo imenso poder legislativo do Executivo concretizado através de medidas provisórias, garantiu uma estabilidade razoável na governação[849].

Os escândalos do "Mensalão" e da "Lava Jato", que afetaram a coesão nacional do Brasil, lançaram, a partir de 2014, debates sobre a transição para outro sistema político em face da faceta negativa do Presidencialismo de Coalizão exibida durante a última década[850]. O alto preço da estabilidade e do fortalecimento do Presidente teria tido como contrapartida o financiamento ilegal dos partidos (vulgo "caixa 2") e a distribuição de favores financeiros entre dirigentes políticos e entre partidos da coligação, feitos à custa de desvio de avultadíssimos recursos de empresas públicas e da viciação de concursos entre estas e entidades privadas (que também terão beneficiado figuras da oposição de forma a captar o seu voto favorável a políticas governativas). No fundo um sistema corruptor de elevadíssima escala construído a partir do centro do poder, mas com alguns precedentes noutros sistemas políticos, como é o caso do parlamentarismo italiano 1ª República, outra forma específica de governo consociativo[851].

[848] SÉRGIO FERREIRA VICTOR "Presidencialismo de Coalizão"-S. Paulo-2015-p-96 e seg.
[849] SÉRGIO FERREIRA VICTOR ult. loc cit, p. p. 103 e seg
[850] CARLOS PEREIRA-TIMOTHY POWER-ERIC RAILE "Presidencialismo de Coalizão e Recompensas Paralelas: explicando o escândalo do mensalão" in AAVV- "Legislativo Brasileiro em Perspetiva comparada"-org. Magna Inácio-Lucio Renno-Belo Horizonte-2009-p. 207 e seg.
[851] Sobre o sistema presidencialista brasileiro, vide MANOEL GONÇALVES FERREIRA FILHO " Curso (...)" op. cit, p. 145 e seg, "Constituição e Governabilidade"S. Paulo-1995 e "O Parlamentarismo"-op.cit.; ALEXANDRE DE MORAIS "O Presidencialismo"-S. Paulo-2004; GILMAR FERREIRA MENDES-PAULO GONET BRANCO "Curso (...)" op. cit, p. 885 e seg; AAVV "Sistema Politico Brasileiro: uma introdução" org. Lúcia Avelar- António O. Cintra-S. Paulo-2007; SÉRGIO FERREIRA VITOR ult. loc cit; SÉRGIO ABRANCHES "ult. loc cit; ARGELINA CHEIBUB FIGUEIREDO-FERNANDO LIMONGI "Politica Orçamentária do Presidencialismo de Coalizão"-FGV- Rio de Janeiro-2008; CARLOS PEREIRA-TIMOTHY POWER-ERIC RAILE "Presidencialismo de Coalizão, ult. loc cit; IVES GANDRA MARTINS "Comentários à Constituição do Brasil"-Vol IV-Tomo II- S. Paulo-1990-p. 387; OCTÁVIO PIVA "Presidencialismo sem Coalizão: a ruptura do modelo de relacionamento entre poderes do

3.2.2. O Presidente da República

497. O Presidente é o Chefe do Poder Executivo e comandante supremo das forças armadas, sendo eleito para um mandato de 4 anos, por sufrágio universal direto. Se não obtiver no ato eleitoral maioria absoluta dos votos válidos (com exclusão de brancos e nulos), ocorrerá uma segunda volta (turno) entre os dois candidatos mais votados, sendo eleito aquele que obtiver maioria dos sufrágios (§2 e § 3 do artº 77, da Constituição). Pode submeter-se, apenas, a uma única reeleição em mandato consecutivo.

498. A eleição do Presidente envolve, conjuntamente, a eleição de um candidato a Vice-Presidente que com ele se regista na mesma combinação eleitoral ("chapa") e que completará o mandato do primeiro em caso de morte, renúncia, impossibilidade física ou *impeachment*[852].

governo Collor"-Porto Alegre-2010; MARCO AURÉLIO SAMPAIO "A Medida Provisória no Presidencialismo de Coalizão"-S. Paulo-2007; FERNANDO MENEZES DE ALMEIDA Comentário ao artº 77º da Constituição in AAVV "Comentários à Constituição do Brasil-S. Paulo-2014-p. 1189 e seg; JOSÉ CARLOS FRANCISCO "Comentário ao artº 84º da Constituição" in AAVV "Comentários (...)", idem, p. 1192 e seg; ANNA CÂNDIDA DA CUNHA FERRAZ "Conflito ente os Poderes: o poder congressual de sustar os atos legislativos do Poder Executivo"-S. Paulo- Rev. dos Tribunais Ed.-1994; ANDRÉ RAMOS TAVARES "Curso de Direito Constitucional"-S. Paulo-2003-p.858 e seg e 865 e seg ; DIRLEY DA CUNHA JÚNIOR "Curso de Direito Constitucional-S. Salvador da Bahía-2016-p.952 e seg; JOSÉ AFONSO DA SILVA "Curso de Direito Constitucional Positivo"-S. Paulo-2006-p. 542 e seg. Vide ainda SARTORI, ult. loc cit; e JORGE MIRANDA "Manual (...)" Tomo I,1 op. cit p. 238

[852] A Constituição de 1946 previa um sistema disfuncional em que o Presidente e o Vice-Presidente eram eleitos em eleições separadas. Em 1960 a direita ligada à UDN elegeu presidente Jânio Quadros (que derrotou o Marechal Lott) e a esquerda ligada ao bloco PTB/PSD elegeu Vice-Presidente João Goulart, que derrotou Milton Campos, candidato a vice pela direita. Com a renúncia misteriosa de Jânio Quadros em 1961, na sequência de uma jogada populista falhada junto das massas para fortalecer o seu poder, Goulart assumiu o cargo sob forte contestação dos militares e do setor conservador que vencera o sufrágio para a presidência (tendo falhado uma tentativa dos ministros militares para o substituir pelo Presidente do Congresso). Foi promovida uma alteração da Constituição que instituiu o parlamentarismo para facilitar a sua ascensão à Presidência, tendo Tancredo Neves assumido o cargo de Primeiro-Ministro durante um curto espaço de tempo.
Com o País polarizado e sem um apoio maioritário firme no Congresso, Goulart desenvolveu um golpe institucional, promovendo uma alteração da Constituição que ditou plebiscitariamente, de novo, o presidencialismo e tentou impor uma agenda estatizante e radical, ao mesmo tempo que os seus aliados marxistas promoviam uma revolta na Marinha e pronunciamentos de sargentos em diversos ramos das forças armadas. O discurso incendiário do próprio Presidente no Automóvel Clube do Brasil, num encontro da Associação dos Sargentos e Suboficiais da Polícia Militar, contra os altos comandos, constituiu a gota de água que fez

499. O artº 84 enumera os extensos poderes do Chefe de Estado.

O Presidente chefia monocraticamente o Executivo federal, excluindo-se, na linha da filosofia presidencialista, a colegialidade no processo de decisão. Para o efeito dirige a Administração Federal, nomeia e exonera os ministros de Estado que com ele colaboram nessa atividade de direção (sem necessidade de confirmação do Congresso, diversamente do que sucede nos Estados Unidos), emite regulamentos para a execução das leis, emergindo por vezes, "decretos autónomos" sem base legal expressa (que envolvem alguma controvérsia quando à sua admissibilidade).

500. No plano militar, defesa e segurança, o Presidente, como comandante supremo das forças armadas, dirige a sua atividade, nomeia o alto comando militar, preside ao Conselho de Defesa Nacional e pode declarar a guerra em caso de agressão estrangeira mediante autorização do Congresso ou referendado ex post por este, se o referido estado for decretado entre sessões legislativas. Pode ainda decretar o estado de defesa e o estado de sítio (sujeitos a confirmação ou autorização do Congresso)

Na esfera da política externa, mantém relações com Estados estrangeiros, acredita os seus representantes diplomáticos e celebra tratados, convenções e outros atos internacionais, sujeitos a ratificação do Congresso (artº 49, I).

501. No exercício da função legislativa, a par do poder de iniciativa junto do Congresso (onde avulta a proposta de Orçamento), o Presidente aprova legislação delegada por este e exerce uma poderosa atividade legislativa própria, através das "medidas provisórias"[853]. Trata-se de uma legislação emitida no pressuposto de uma situação de "urgência e relevância" (artº 62) que abrange numerosas matérias com exceção de um conjunto de domínios reservados à lei parlamentar, e que caduca se não for confirmada pelo Congresso num prazo máximo de 120 dias (ou seja 60 dias, com a possibilidade de prorrogação por mais 60). A paralisia do Congresso durante largos anos fez com que o Presidente, graças às medidas

---

transbordar a taça. O caos político gerado pelo populismo errático de Goulart e manifestações populares em S. Paulo e outras cidades contra o Presidente culminaram com a revolução militar conservadora de 1964, liderada pelo Marechal Castelo Branco. Cfr. sobre o contexto do colapso do regime de 1946, Paulo de Tarso (entrevista) in AAVV"Histórias do Poder"-org Alberto Dines- Florestan Fernandes Jr-Nalma Salomão-III-20001-São Paulo-p. 132; CARLOS CASTELO BRANCO "Os Militares no Poder"-Rio de Janeiro-2007-p. 27 e seg; e ELIO GASPARI "A Ditadura Envergonhada"-S. Paulo-2012-p. 45 e seg.Vide, igualmente GILMAR MENDES-PAULO GONET BRANCO ult. loc cit, p. 938.

[853] Figura inspirada no decreto-lei das Constituições italiana e espanhola, e que foi objeto de um expressivo abuso, em termos de reedições sucessivas, até que a Emenda Constitucional 32/2001 a veio disciplinar de forma adequada . A Constituição Portuguesa de 1933 previa um instituto próximo. Cfr. detidamente, JOSÉ LEVI DO AMARAL JÚNIOR "Medida Provisória: edição e conversão em lei, teoria e prática"-São Paulo-2012.

provisórias (e não tanto em razão da escassa legislação delegada) se convertesse de facto no principal órgão legislativo do País, contribuindo para o engrandecimento do poder presidencial, que ocupa uma posição impar como centro de poder legiferante de entre os demais sistemas presidencialistas em democracia.

502. No que concerne à designação de altos cargos públicos em órgãos situados fora da administração direta, o Presidente, no exercício de um poder partihado com o Congresso, dispõe da faculdade de nomear os juízes (ministros) do STF, os juízes dos tribunais superiores, o Procurador Geral da República, governadores de territórios, o presidente e diretores do Banco Central e, nos termos da lei, as chefias executivas de agências reguladoras nacionais .Tal como sucede nos Estados Unidos, todas estas nomeações carecem de ratificação do Senado federal. Nomeia igualmente outros titulares de órgãos públicos previstos no artº 84º.

Dado que o Senado, por regra, não bloqueia a grande maioria destas designações e tendo em conta as vastas competências que o Presidente e os seus ministros possuem para a nomeação direta de titulares de cargos da administração federal, o Presidente do Brasil assume um poder imenso na distribuição de cargos. Esta realidade revela ser fundamental para o funcionamento da coligação que o suporta no Congresso, mas conduz a uma barganha política e financeira por vezes opaca e geradora de potenciais ilícitos e a uma balcanização partidária da Administração que contribuiu seriamente para as recentes crises políticas e institucionais (supra § 496).

503. No que respeita ao exercício de poderes de controlo interorgânico o presidente pode exercer o veto político (total ou parcial) sobre as leis parlamentares, o qual é passível de superação por deliberação tomada por maioria absoluta em cada uma das câmaras do mesmo Congresso (nº 2 do artigo 136º da Constituição). O Presidente pode, ainda, decretar a intervenção federal num estado, em situações extraordinárias (artº 84 conjugado com o artº 34) que corresponde a um misto entre uma medida de "coação federal" existente em outros ordenamentos e um instrumento de necessidade pública.

504. Finalmente, na esfera do poder judicial o Chefe de Estado pode conceder indultos e comutar penas.

3.2.3. O Congresso

505. O Congresso Nacional protagoniza o Poder Legislativo federal[854] bem como o exercício de competências políticas e envolve, na linha da tradição constitucional do País, uma estrutura bicameral composta por duas "casas": a Câmara

---

[854] Dispõe, residualmente de competências administrativas de organização interna e para-jurisdicionais, promovendo e julgando crimes de responsabilidade do presidente, ministros e altos cargos públicos através do processo de impeachment

de Deputados e o Senado. As sessões conjuntas das duas câmaras são presididas pelo Presidente do Senado.

O artº 48º da Lei fundamental dispõe sobre as matérias da competência legislativa do Congresso e o artº 49º fixa-lhe atribuições exclusivas de ordem política.

Ambas as câmaras estão estruturadas num órgão plenário e em comissões e as mesas diretivas, encimadas pelos respetivos presidentes, são titulares de importantes prerrogativas na organização das sessões, ou na rejeição de propostas e requerimentos ou no seu adiamento.

A expressiva fragmentação partidária, política e até religiosa das câmaras, alguma degenerescência na qualidade de muitos membros da Câmara de Deputados e o poder liderante e agregador do Presidente na lógica mais recente do Presidencialismo de coalizão enfraqueceu o Legislativo entre 1995 e 2015, o qual se destacou como o poder mais débil na triangulação que mantém com o Chefe de Estado e o STF.

506. Dentro das câmaras emergem múltiplos interesses definidos que operam como verdadeiros "veto players" na defesa de certos interesses. A par dos grupos parlamentares, e de grupos de parlamentares que se agregam em torno dos interesses dos estados onde foram eleitos, dos chefes de bancada e de Presidentes da própria câmara (que atuam por vezes como caudilhos), formaram-se, há algum tempo, bancadas informais de deputados de diversos partidos que se agregam em torno de interesses específicos: é o caso do tema da segurança protagonizada pela chamada "bancada da bala", de matérias ligadas a modos de vida familiar e social encabeçada pela "bancada evangélica" e o domínio das questões rurais, personalizada na "bancada ruralista" ou "bancada do boi". Sem prejuízo de algum condicionamento da agenda parlamentar pelo Chefe de Estado, o choque de interesses cruzados tem levado a alguma lentidão e paralisia no processo legislativo, a qual tem sido suprida pelo Presidente, através de medidas provisórias e pelo ativismo do próprio STF, através de verdadeiras sentenças normativas, seja de natureza aditiva seja de natureza substitutiva.

Pese as condenações e as suspeitas difusas que recaíram e recaem sobre muitos parlamentares por força dos processos judiciais "mensalão", "lava-jato" e outros ligados ao setor elétrico e nuclear, o facto é que o desenvolvimento de comissões de inquérito parlamentar e o *impeachment* da Presidente Dilma Roussef em 2016 devolveram às Câmaras, não necessariamente o prestígio mas, pelo menos, o protagonismo político perdido.

A. Câmara de Deputados

507. A Câmara de deputados é um órgão de representação popular, sendo os 513 deputados eleitos por sufrágio universal, com um mandato de 4 anos, através de

uma forma de escrutínio proporcional segundo o quociente de Hare e lista aberta com características específicas, a qual, pulverizou centrifugamente a representação partidária, havendo, na sequência das eleições de 2014, mais de 28 partidos com representação parlamentar. O PMDB (centrista) constitui o partido com a maior bancada parlamentar.

A Câmara exerce, conjuntamente com o Senado, poderes de emenda constitucional bem como o exercício da função legislativa.

508. No plano político, para além de poderes exclusivos, de entre os quais o de proceder à tomada das contas do Presidente da República quando não apresentadas em devido prazo e a eleição dos membros do Conselho da República, pode sustar atos do Executivo, fiscalizar a sua atividade, reverter o veto presidencial nos termos já expostos, bem como, criar comissões de inquérito a condutas da Administração.

509. Dispõe, igualmente, da competência para desencadear o processo de impeachment contra o Presidente, Ministros de Estado, ministros do STF e titulares de altos cargos públicos, o qual prosseguirá no Senado se deliberado favoravelmente.

B. Senado federal

510. Trata-se da Câmara alta do Congresso e que atua em representação dos estados federados.

Os 81 senadores são eleitos por voto distrital em círculos uninominais, com um mandato de oito anos, sendo renovado em um terço sempre que ocorrem eleições presidenciais e numa parcela diferente, quando têm lugar eleições para governador estadual, deputado federal e deputado estadual. Cada estado elege 3 senadores.

O sufrágio distrital a duas voltas não evitou a pulverização do voto, contando o Senado, após as eleições de 2014, com representantes de 18 partidos. As coligações formadas em torno de certos candidatos, a personalização das campanhas e o diferente peso partidário nas diversas regiões terão contribuído para esta solução.

O Senado, a par do poder de emenda constitucional e do exercício da função legislativa ordinária que compartilha com a Câmara de Deputados, exerce importantes competências políticas, nos termos do artº 52º, da Constituição, tais como: julgar, por deliberação aprovada por maioria de dois terços, o impeachment de Ministros, titulares altos cargos públicos e do Presidente da República, por crimes de responsabilidade[855], sendo a sessão presidida pelo presidente do STF como nos Estados Unidos, acarretando a condenação a destituição dos arguidos e a (eventual) inibição temporária de desempenho de cargos públicos; ratificar a nomeação de titulares de altos cargos pelo Presidente da República (STF, Tribunal de Contas,

---

[855] Cfr. no artº 85º a tipificação dos crimes de responsabilidade do Presidente.

ministros dos tribunais superiores, direção do Banco Central, Procurador Geral da República e embaixadores); autorizar operações externas de natureza financeira e fixar o limite global da dívida pública consolidada sob proposta do Presidente da República; eleger membros de diversos órgãos como o Conselho da República; exonerar o Procurador Geral da República antes do termo do mandato; e suspender leis julgadas inconstitucionais em controlo concreto pelo STF.

511. Este órgão, tal como sucede nos Estados Unidos, exibe poderes mais relevantes do que a Câmara de Deputados e é composto por membros, de um modo geral, bem mais qualificados, como ficou patenteado nas discussões jurídicas de elevado nível intelectual e técnico travadas em 2016, durante o processo de impeachment da Presidente.

3.2.4. O Supremo Tribunal Federal: um novo protagonista político ?

512. Todo o poder judicial cresceu em peso institucional sob a égide da Constituição de 1988, graças à ideologia neoconstitucionalista e às contruções interpretativas "em alternativas" filiadas no pensamento de Peter Häberle: enquanto os tribunais comuns se fortaleceram no processo gestionário da distribuição de medicamentos e outras prestações sociais, à revelia da Administração, bem como no julgamento de políticos no contexto de processos de corrupção, o STF reforçava-se por força do exercício de um autêntico poder arbitral, moderador e até impulsionador de alterações normativas e, ainda, criador de factos políticos. Nunca nenhum ordenamento ocidental roçou, como no Brasil, as fronteiras paradigmáticas do chamado "Estado judicial", antevisto por Carl Schmitt.

Por um lado, a Constituição conferiu ao STF não apenas a última palavra em questões de constitucionalidade, mas reconheceu efeitos vinculantes, para a Administração e os restantes tribunais, da motivação principal das suas decisões em controlo abstrato sucessivo das normas. Permitiu-lhe, igualmente, o julgamento criminal de políticos que gozam de foro privilegiado.

513. Contudo, as principais competências não originais do STF foram adquiridas por este na base de ousadas interpretações que o foram gradualmente engrandecendo e levaram, por arrasto o legislador a formalizar em lei constitucional e ordinária, algumas delas. É o caso: dos efeitos substitutivos do legislador no mandato de injunção, com potenciais efeitos "ultra partes"; a generalização dos efeitos das decisões tomadas em controlo concreto de constitucionalidade com subsidiarização do papel do Senado; o "filtro" da repercussão geral para obstar a um excesso de afluxo processual; a modulação de efeitos de decisões para além do legalmente previsto; a criação de verdadeiras sentenças de revisão ou emenda informal da Constituição; o controlo prévio de propostas de emenda constitu-

cional através do mandado de segurança; e por fim, a própria regulação procedimental do processo de impeachment.

514. O prestígio do STF cresceu à medida da crescente debilitação das instituições políticas eleitas, mas tal facto obrigou o Tribunal a intervir mediadoramente na própria política, com uma autonomia crescente de cada um dos juízes, conduzindo a uma reação do poder legislativo contra intromissões tidas pelos seus titulares como ilegais e abusivas[856].

3.2.5. Mecânica do sistema presidencial brasileiro

515. O presidencialismo de coalizão brasileiro, na dinâmica presidencial gerada depois de 1995 tem, no nosso ângulo de análise, as características fundamentais que se passa a referir.

1º. O princípio da separação de poderes, pese o facto de encimar a ordem constitucional brasileira, na medida em que se afigura como limite material à revisão constitucional, é objeto de derrogações expressivas que a prática, sem grande reação institucional, consolidou: o Presidente assume a centralidade legislativa graças ao uso excessivo de medidas provisórias (muitas delas fora do critério da urgência), bem como ao controlo relativo da agenda legislativa do Congresso, e o Supremo Tribunal Federal, sob o pretexto de interpretar a Constituição e superar a inércia do Legislativo, produz sentenças normativas inovadoras que penetram na reserva não apenas do legislador ordinário como também do legislador constitucional.

Na dinâmica concreta gerada entre os chamados três poderes, entre 1995 e 2015, o Presidente da República e o Supremo Tribunal Federal impuseram-se como instituições dominantes (com o STF operando ora como coadjuvante do Presidente para decisões ingratas ora como seu limite), apagando-se o protagonismo do Congresso.

A partir de 2015 e com o afundamento da Presidente Dilma Roussef (cuja Administração paralisou no oceano tumultuado da contestação de rua, das acusações de corrupção impendendo sobre os governos do PT, da crise económica e financeira e, finalmente, de um processo de impeachment que rachou a sua coli-

---

[856] Em 2016, a Mesa do Senado desacatou em tom de desafio uma liminar (ordem judicial cautelar) do ministro do STF Marco Aurélio, a qual era ilegal e que impunha ao Presidente do Senado Renan Calheiros levado a julgamento pelo mesmo Tribunal sob a acusação de peculato, que se afastasse da presidência deste órgão. O Plenário do STF acabou por revogar a decisão do ministro (o qual, no caso, não poderia ter decidido a liminar individualmente) mas o desacatamento ostensivo da decisão representou a primeira reação do legislativo contra um Supremo todo-poderoso.

gação com a saída do PMDB, o maior partido nacional), o Congresso recuperou a iniciativa política, equiordenando-se com o STF. Este, por seu turno, fez acrescer o seu poder, com funções moderadoras fácticas na gestão da crise da destituição da Presidente. Com este reequilíbrio de poderes, o Presidente quedou-se em 2016 e 2017 (quiçá transitoriamente) como a instituição mais frágil e cambaleante, por força de um défice de legitimação política do titular. Isto, pese a constituição de uma nova e larga maioria, e o apoio parlamentar articulado pelo Vice-Presidente Temer (PMDB) que assumiu a Chefia do Estado. Este, a par do afrontamento de uma crise económica e moral nas instituições, foi obrigado a lidar com os estilhaços dos processos judiciais iniciados no tempo da sua antecessora, que o atingiram e feriram igualmente os membros do seu próprio Governo e de congressistas da coligação parlamentar.

2º. Independentemente da alteração conjuntural dos equilíbrios institucionais acabada de referir, o Presidente da República continua, estatutariamente a constituir, em abstrato, a instituição politicamente liderante. O seu domínio sobre uma vasta Administração federal, a sua faculdade de distribuir cargos e alocar recursos financeiros, a sua prerrogativa de superintender a uma vasta Administração, de nomear juízes, de dirigir as forçar armadas, de proceder a uma faculdade de intervenção federal nos estados, de exercer uma efetiva centralidade legislativa[857] e de exercer o veto conferem-lhe um ascendente quase imperial, mesmo quando o Executivo é minoritário[858]. Este ascendente reforça-se na medida em que o Chefe de Estado forje e conserve uma coligação de apoio maioritário no Congresso e continue a defrontar-se com estados federados maioritariamente fracos, dependentes financeiramente do governo e incapazes de limitar o executivo federal.

Certo é que estes pressupostos de governabilidade têm, como bem assinam setores da doutrina, os seus elevados custos para o Brasil: em termos financeiros, o Presidente sacrificaria o equilíbrio orçamental em favor da frágil manutenção chamada *"base aliada"; e em termos governance* registar-se-ia um défice de prestação de contas (*accountability*), de transparência da Administração, de respeito pela ética pública ("principio da moralidade administrativa") e de legitimação democrática do poder, atenta a lógica *"clientelista"* e a *"promiscuidade das relações entre o Executivo e a base parlamentar do governo"*[859]

3º. O Congresso constitui um dos fatores determinantes da conceção e da dinâmica deste *presidencialismo de coalizão*. Diferentemente do que sucede nos

---

[857] Que alguns autores designam de "hipertrofia legislativa do Executivo" (SÉRGIO FERREIRA VICTOR ult. loc cit.)

[858] GILMAR MENDES in "Posfácio" a SÉRGIO FERREIRA VICTOR "Presidencialismo de Coalizão", op. cit, p. 157

[859] . GILMAR MENDES ult. loc. cit. p. 158 e 159.

Estados Unidos, o sistema de escrutínio proporcional adotado para a Câmara de Deputados conjugado com um sistema partidário fluído e desestruturado fragmenta a mesma câmara ao ponto de gerar quase três dezenas de partidos que nela se encontram representados (numa média geral de 15) catalisando um fenómeno inusual em qualquer democracia. Essa desestruturação envolve, no contexto do voto personalizado, a par da figura anacrónica do "puxador de voto em listas coligadas"[860], a existência de partidos de aluguer, partidos de ocasião não competitivos e feitos à medida de candidaturas, partidos oscilantes que transacionam o seu apoio ao governo e a multiplicação de subterfúgios para iludir a decisão do STE, de 2007, restringindo a infidelidade partidária (troca de partido pelo mandatário)[861].

Paradoxalmente, o escrutínio de recorte distrital no Senado falhou a sua função constrangedora havendo nele, como foi referido, quase duas dezenas de partidos com assentos parlamentares.

Esta fragmentação parlamentar reforça este tipo de presidencialismo na medida em que: i) favorece coligações fluidas cozinhadas pela Presidência em troca de favores num quadro de feudalismo patrimonialista pós-moderno; ii) premeia formas diversas de infidelidade partidária; iii) castra e isola as forças de oposição mais afirmativas; iv) premeia a inespecificidade dos programas partidários que pudessem desejavelmente polarizar alternativas reais de poder; v) gera um consociativismo fosco que não permite distinguir governo e oposição; vi) cria não um pequeno "partido charneira", como na Alemanha (supra § 309) mas um mega-partido charneira, o PMDB, imprescindível para qualquer coligação, e que, pese ser o primeiro partido nacional nunca venceu uma eleição presidencial com candidato próprio, preferindo profissionalizar-se como parceiro de alianças de governo e obter as correspondentes vantagens a nível federal e estadual; vii) Dificulta a disciplina de bancada, fragilizada pelo poder de atração do Presidente, dos governadores dos estados, dos lobbies transversais e dos puxadores de voto.

---

[860] O exemplo mais notório foi do famoso palhaço "Tiririca" que na eleição de 2014 obteve uma boa votação individual como cabeça de lista e arrastou consigo um punhado de deputados que não teriam em circunstâncias normais a mínima possibilidade de serem eleitos pois a sua votação não atingiria o quociente eleitoral.

[861] A jurisprudência do TSE, que impôs uma mutação constitucional às disposições da Lei Fundamental particularmente generosas com a infidelidade partidária, vedando migração livres dos congressistas de um partido para outro, ostenta contudo debilidades. Ela permite, por exemplo, a conservação do mandato ao congressista que abandone um partido e funde outro utilizando como argumentos o descontentamento com fusões noutra legenda, discriminação injustificada pela direção do partido que abandona e mudança da mudança na linha política ou programática do partido.

Tirando situações extraordinárias como a da debilitação presidencial por grande desgaste político e rotura grave da base aliada ou a ocorrência de processos de impeachment do Presidente ou de Ministros de Estado, o Congresso constitui um fraco polo de poder e um débil contraponto ao Executivo.

4º. O crescimento do STF como um "super Tribunal Constitucional" entronizou-o, paralelamente, como poder arbitral e moderador "de facto". Esse "status" erigiu-o a protagonista político, investido numa aura de apreço público, como paladino dos direitos sociais (onde avulta a distribuição de medicamentos pelos tribunais); das causas fraturantes (como as uniões entre pessoas do mesmo sexo); da punição dos poderosos (cominação cautelosa de penas de prisão efetiva para figuras de Estado envolvidos e graves processos de corrupção); e de condicionamento do rito da própria destituição do Chefe de Estado (regulação procedimental do impeachment por via jurisprudencial). O STF opera como corretor e freio ao Congresso e como limite, não particularmente intenso, ao Presidente.

O STF logrou auto-investir-se de prerrogativas que lhe permitem exercer materialmente todos os poderes. Sob as vestes da atividade de interpretação profere sentenças de emenda constitucional e, mediante o mandado de segurança, pode travar emendas do Congresso que bulam com cláusulas pétreas. Através das súmulas vinculantes e do exercício do mandado de injunção logra editar normas jurisprudenciais de natureza *para-legislativa*, no último caso em substituição de um legislador omissivo. Por via de liminares deliberadas coletivamente arroga-se ao poder de destituir do cargo congressistas julgados por corrupção. E, mediante o efeito vinculante das decisões de inconstitucionalidade com efeitos "erga-omnes", edita orientações vinculativas aos tribunais comuns e à administração pública, podendo operar como instância cassatória e até substitutiva em relação aos primeiros e como órgão de superintendência, em relação à segunda. Ora, grande parte destas faculdades excedem largamente o simples controlo de constitucionalidade, mesmo com a generosa adição de uma componente corretiva ou reparadora da ordem jurídica.

Só que semelhante concentração de prerrogativas que permitem "tocar" em todas as funções do Estado nem sempre é consentânea com o principio da separação de poderes e apenas tem logrado prosperar em face da passividade das instituições mais afetadas pela crise política (o Congresso e o Presidente) e o temor derivado do julgamento pelo STF de políticos com foro privilegiado. Contudo, a atuação monocrática de alguns ministros, no quadro de interferências de constitucionalidade e legalidade duvidosa em processos políticos, começou a ser enfrentada no Congresso em 2016 e algumas decisões do órgão, de viés mais político e ativista, começam a ser criticadas na opinião pública. Na medida em que o STF entre mais profundamente na política, exercendo funções moderadoras e arbitrais, verá esmaecer os seus atributos fundamentais de distância e imparcialidade, passando a agir como um órgão político comum, expondo-se ao desgaste de popularidade e de legitimidade inerente a esse estatuto bem como a projetos de reforma que redefinam os seus poderes.

5º. As discussões levadas a cabo em 2017 relativas a uma reforma constitucional que instituísse o parlamentarismo devem ser examinadas com cautela. Um parlamentarismo que não fosse antecedido por uma reforma eleitoral de que resultasse a redução drástica dos partidos e a sua estruturação geraria o caos, sendo pertinentes as considerações de Sartori sobre a matéria. Quanto à via semipresidencial, que reclamaria igualmente essa reforma partidária e eleitoral, ela geraria a ingovernabilidade se seguisse o paradigma português (com potenciais guerrilhas entre o presidente e Primeiro-Ministro em cenários de coabitação que envolvessem partidos ideologicamente hostis colocados nos extremos do sistema). Ainda assim, para um Estado historicamente enraizado no presidencialismo, apenas um semipresidencialismo de forte pendor presidencial, como em França (embora sem a prerrogativa de o Presidente presidir em todas as circunstâncias ao Conselho de Ministro, em coabitação) poderia constituir uma opção mais exequível. Opção que poderia ser articulada com a moção de censura construtiva, como forma de fortalecer o Primeiro-Ministro e o Governo em face do Congresso.

Subsecção III. Os Sistemas Políticos Semipresidencialistas

1. Uma forma de governo mista

1.1. Atributos dogmáticos de uma caracterização

516. A atentar num largo setor doutrinário, o sistema semipresidencialista só ganhou genuína autonomia dogmática na Ciência Política e no Direito Constitucional, com a emergência da Constituição francesa de 1958, em razão do debate doutrinal quer se travou sobre a natureza híbrida do sistema político consagrado pela Lei Fundamental da V República[862]. Nesse debate assumiu um forte protagonismo, no plano da caracterização desse sistema, o constitucionalista e politólogo MAURICE DUVERGER (nota infra). Sem embargo, numa análise retrospetiva, o semipresidencialismo remontaria já à Constituição alemã de Weimar, de 1919 e teria tido refrações na Constituição finlandesa de 1919 e na reforma da Constituição austríaca, em 1929[863].

---

[862] CARLOS BLANCO DE MORAIS "As Metamorfoses do Semipresidencialismo Português"- AAFDL—nº 22-1998-p. 22;
[863] M. DUVERGER "Exchec au Roi"-Paris-1978-p. 10 e seg; JORGE MIRANDA "Manual de Direito Constitucional-I- Coimbra-Ed 1996-p. 201 e 239; MARCELO REBELO DE SOUSA

517. *Já observámos (§ 271) que os atributo dominantes do semipresidencialismo residem: na dupla responsabilidade institucional ou política do Governo, tanto perante o Presidente da República como em face do Parlamento; no caráter significativo das competências políticas de direção ou de controlo do Presidente sobre outras instituições, com destaque para a faculdade livre ou autónoma de dissolução parlamentar; a eleição do Presidente por sufrágio universal; e a bicefalia entre o Presidente e o Primeiro-Ministro (que procura sublinhar a existência de um Chefe de Governo autónomo do Presidente, mesmo que seja este a presidir formalmente ao Conselho de Ministros).*

A eleição por sufrágio universal é relevante, mas não decisiva. Por um lado, como se viu, existem *sistemas parlamentares com arbitragem presidencial* (§ 436) em que o Presidente é eleito por sufrágio universal. Por outro, não poderia falar-se, sem mais, em parlamentarismo, se um Chefe de Estado eleito pelo Parlamento, mas politicamente irresponsável diante do órgão parlamentar, assumisse poderes livres de demissão de um Governo simultaneamente dependente do Parlamento e faculdades de dissolução livre ou autónoma da instituição Parlamentar. Tratar-se-ia, nesse caso, de um sistema híbrido, situado entre um parlamentarismo racionalizado de pendor presidencial ou um semipresidencialismo impuro, como sucedeu com a forma de governo que vigorou transitoriamente em França de 1958 a 1962.

É claro que a qualificação dos sistemas políticos usualmente descritos como semipresidencialistas, por reunirem os atributos referenciados supra, experimenta, sobretudo no que toca à ordem jurídica portuguesa de 1976, objeções de uma parte minoritária, mas relevante da doutrina, sem prejuízo de na imprensa, na classe política, na opinião pública e noutra parte relevante da doutrina prevalecer claramente a qualificação "semipresidencialista" (§ 626 e seg).

518. No fundo, o semipresidencialismo é um sistema *político de governo misto*, com atributos do presidencialismo e do parlamentarismo, ao qual são adicionadas algumas características próprias.

519. Do *presidencialismo* guarda, como elementos comuns ou aproximados, a eleição do Presidente por sufrágio universal, a possibilidade de o Chefe de Estado interferir na atividade governativa (ao ponto de, nalguns casos, propiciar ou induzir por sua iniciativa a demissão do Governo) e, ainda, a faculdade eventual de, por direito próprio ou a convite do Governo, poder presidir à cúpula da "Administração" ou seja, ao Conselho de Ministros.

520. Do *parlamentarismo* retira a relação diárquica entre o Presidente e o Primeiro-Ministro, a titularidade pelo Chefe de Estado de poderes representativos, certificatórios e limitadamente arbitrais e, sobretudo, a existência de um vínculo de

"Direito Constitucional"-op. cit.-p. 335 e "O Sistema de Governo Português"-op.cit.-p. 8 e seg e p. 15.

responsabilidade e dependência política do Governo ante o Parlamento. Na verdade, o imperativo de que o Governo se sustente na confiança parlamentar constitui um traço essencial do semipresidencialismo. Sem ele, o sistema reconduzir-se-ia à forma de governo de Chanceler, em que o Governo dirigido por um Primeiro-Ministro (Chanceler) depende um Chefe de Estado com poderes moderadores e dotado da faculdade de dissolver o Parlamento, sem que, contudo, o mesmo Governo dependa da confiança parlamentar: era o caso, em versão democrático-autoritária, da Constituição alemã de 1871 e em versão autocrática, o da Constituição de 1933.

521. *Como atributos próprios*, o semipresidencialismo antepõe a dupla responsabilidade do Governo ante Presidente e Parlamento e o exercício de um poder corretivo ou moderador (faculdade de intervir política e juridicamente de forma constitutiva junto dos restantes poderes do Estado) de onde sobressai, como atributo fundamental, uma maior liberdade ou autonomia no processo de dissolução parlamentar do a que o Chefe de Estado dispõe no parlamentarismo, ou seja, a faculdade de, no limite, poder dissolver o referido órgão, independentemente da vontade do Primeiro-Ministro ou do próprio Parlamento.

Importa, a este propósito, fazer duas precisões. A primeira releva do facto de que a responsabilidade do Governo ante o Presidente não significa necessariamente que exista um vínculo de dependência política do mesmo Governo em relação ao Chefe de Estado, traduzido, necessariamente, na faculdade de o segundo poder livremente demitir o primeiro. Essa faculdade, como tal, conduz a cenários de maior intensidade na subordinação do Governo à Presidência (Rússia), mas existem outros sistemas onde essa dependência ocorre essencialmente em confluência, por força de práticas consolidadas (França), afirma-se como medida excecional (Portugal e Áustria) ou pura e simplesmente não se encontra sequer prevista (Croácia e Polónia). Contudo a responsabilidade institucional e por vezes política do Governo ante o Chefe de Estado advém, a par da nomeação pelo Presidente do Primeiro-Ministro e dos ministros sob proposta deste, das faculdades do Presidente de poder presidir ao Conselho de Ministros (o que sucede em quase todos os sistemas, embora em condições diversas), de assinar atos do Governo, de ser informado sobre a condução dos negócios públicos e de assumir competências partilhadas com o órgão governativo (com relevo para o domínio militar, segurança e política externa). Se, na maior parte das vezes, esse quadro de responsabilidade política ou institucional é mais evidente pelo facto do Presidente ser um ramo do Executivo (caso da maioria esmagadora dos semipresidencialismos), noutros, como Portugal, o nexo de responsabilidade vem plasmado "in fine" na Constituição, associado a competências relevantes, entre as quais o poder de demissão (§ 599 e §631).

522. No tocante aos *poderes relevantes de controlo e direção sobre outros órgãos*, devem ser sublinhadas faculdades como o veto, a promoção de controlo de cons-

titucionalidade, a outorga de poderes de exceção, nomeações de altos cargos públicos e a convocação de referendos. *Sobressai, todavia, como o mais destacado de todos, o poder de dissolução parlamentar.*

Precisamente, quanto à prerrogativa de dissolução parlamentar, em todos os sistemas semipresidencialistas o Chefe de Estado detém esse poder que exerce seja de forma mais livre (França e Portugal) ou condicionada (nos restantes estados, incluindo a Rússia). O que releva neste domínio é a faculdade da dissolução não ser apenas imposta ou determinada em todas as situações por outros órgãos mas que, a par da existência de alguns pressupostos onde essa dissolução decorre da Constituição, o Chefe de Estado disponha de uma margem mínima de discricionariedade para dissolver ou não dissolver.

1.2. Nota sobre os debates doutrinais em torno dos atributos reitores do semipresidencialismo

523. Um debate inacabado tem a ver com a identificação dos atributos essenciais que devem estar simultaneamente, presentes, num sistema político semipresidencialista. É a seleção desses elementos prototípicos que permite, no seu conjunto, conferir uma identidade própria ao sistema que se pretende definir. Por conseguinte, a solidez com pretensões dogmáticas da definição depende da robustez desses atributos e da suscetibilidade de serem incorporados como seu "punctum unionis".

Se é um facto que a Constituição francesa de 1958 se destacou como paradigma desta forma de governo, a verdade é que os sistemas com características semelhantes que se foram desenvolvendo exibem diferenças, tanto em relação a esse paradigma, como entre si, seja no plano estatutário, seja na prática política, o que relativiza, em parte, as tentativas classificatórias excessivamente puristas.

Importa, contudo, observar, num exercício taxinómico, se as referidas diferenças são dotadas de um peso e de uma morfologia que imponha a recusa de qualquer assimilação ou se, não obnubilam pontos de convergência relevantes, passíveis de reconduzir esses sistemas a uma mesma categoria[864].

Observemos o contributo teórico de alguns autores referenciais.

1.2.1. Duverger

---

[864] Sobre a questão do método na classificação dos sistemas políticos, cfr. LUCIO PEGORARO "Forme di Governo, Definizioni, Classificazioni" in "Semipresidenzialismi", op. cit, p. 6 e seg.

524. Procurando sintetizar os exercícios de categorização mais pertinentes de entre uma floresta classificatória, deve-se a Maurice Duverger[865] o primeiro esboço de uma identificação dos pontos cardeais do semipresidencialismo. Seriam estas, as características deste sistema político:

i) Presidente da República eleito diretamente por sufrágio universal e com poderes significativos;
ii) Ao Presidente contrapõe-se um Primeiro-Ministro que exerce o Poder Executivo;
iii) O Primeiro-Ministro mantém-se em funções, conquanto não goze da oposição ou falta de confiança do Parlamento.

525. No nosso ponto de vista, as três características expostas devem estar presentes num sistema semipresidencialista, mas não são suficientes para crismar, sem mais, uma forma de governo que as incorpore como semipresidencialista. A Islândia ou a Finlândia por exemplo, ostentam estes atributos (embora com alguma mitigação quando à "relevância" dos poderes presidenciais, a qual Duverger, todavia, não densifica) mas, são presentemente tidos como sistemas parlamentares com mera arbitragem presidencial (§ 436). Um Presidente eleito pelo Parlamento mas sem faculdade de responsabilizar o Governo (mormente vetando os seus atos) ou de dissolver autonomamente as câmaras e remetido a funções certificatórias ou de controlo mitigado tem um papel secundário e faz assentar o eixo do sistema no binómio Governo-Parlamento. Falta na definição uma referência à responsabilidade política ou institucional do Governo ante o Presidente e a faculdade de este, fundado em razões próprias, poder dissolver o Parlamento com alguma autonomia decisória (n ou recusar essa dissolução quando proposta por outro órgão). Esta caracterização, pese o seu caráter pioneiro, peca, fundamentalmente, não pelo que diz, mas mais pelo que omite.

1.2.2. Sartori

526. Giovanni Sartori, formulou algumas críticas à construção de Duverger, antepondo os seguintes atributos do sistema semipresidencialista:

i) Presidente eleito com voto popular, direta ou indiretamente;

---

[865] Vide, numa definição mais consolidada, M. DUVERGER, "A New Political System Model (...)" op. cit,, p. 170

ii) Partilha dualista do Poder Executivo entre o Presidente e o Primeiro--Ministro;
iii) O Presidente não depende do Parlamento;
iv) O Presidente não pode governar solitariamente, sem prejuízo das suas diretivas deverem ser acatadas pelo Governo, havendo equilíbrios variáveis no interior do Executivo;
v) O Governo é independente do Presidente, estando, contudo, dependente do Parlamento, mormente da desconfiança parlamentar.

527. Observemos esta construção[866]. O primeiro atributo, o da eleição direta ou indireta do Chefe de Estado (com o qual Sartori critica Duverger, que privilegia a eleição direta), não colhe inteiramente. Se a ideia de eleição indireta por voto popular coincidisse com o modelo norte –americano não haveria objeções. Contudo, se a eleição indireta compreende sistemas em que o Presidente seja eleito pelo Parlamento, o argumento já não procede. Um presidente com poderes mas eleito pelo Parlamento tem a sua legitimação diminuída. É certo que a França (entre 1958 e 1962) e a Finlândia (antes de 1994) consagravam um Presidente com poderes relevantes, mas sem legitimação popular direta. Era duvidoso, contudo, que se estivesse diante de semipresidencialismos em sentido próprio, mas, ao invés, de sistemas parlamentares racionalizados com proeminência presidencial. Poderiam ser, é certo, encaixados no semipresidencialismo como modelos "atípicos". Só que, sendo atípicos em razão do processo de eleição presidencial então, esta última não pode ser erigida a característica típica ou identitária.

Ainda quanto aos poderes atribuídos ao Presidente, estes não são definidos. Podem ser diversos (nomeação ou demissão do primeiro Ministro, veto qualificado) mas não figura explicitamente o mais emblemático e decisivo que é o da faculdade de dissolução parlamentar com uma certa autonomia ou liberdade.

Quanto ao atributo da *diarquia no Executivo* entre Presidente e Parlamento, é um facto que existe, na maioria dos semipresidencialismos e dos sistemas parlamentares, a recondução do Chefe de Estado a um dos polos do poder Executivo (situação constitutivamente clara em França em que o presidente preside ao Conselho de Ministros por direito próprio). Contudo, se se atentar estatutariamente nas competências dos Presidentes, estas são, em regra, as de um poder certificatório, arbitral e moderador, com alguma equidistância em relação às demais instituições. Na maioria dos casos (Portugal, Áustria, Polónia e Roménia) o Governo não é presidido pelo Chefe de Estado e, contrariamente ao que afirma Sartori, *este órgão não é obrigado a acatar diretrizes presidenciais.*

---

[866] SARTORI "Ingegneria (...) op,. cit, p. 146 e seg.

Dir-se-á que Sartori baseou a sua definição no sistema francês onde os dois atributos estão presentes. Contudo, esse elemento não só não é transponível para todos os sistemas semipresidenciais (salvo o russo e o ucraniano, na Europa), como também não tem lugar na própria França, em fase de coabitação: neste cenário, a Presidência do Conselho de Ministros pelo Chefe de Estado é puramente formal e as suas diretrizes de caráter mais ou menos vinculante circunscrevem-se às políticas externa e de defesa.

Veja-se, ainda, que existe alguma contradição no discurso de Sartori quando afirma, por um lado que o Governo acata as diretrizes do Presidente e, por outro, que é independente do sobredito Chefe de Estado. Mesmo no que concerne à sobredita independência, o autor desconsidera dados relevantes, como os que permitem, na letra da Constituição ou por força do costume, a criação vínculos do Governo em relação ao Presidente, não apenas quanto à nomeação do Primeiro-Ministro, mas igualmente quanto à faculdade de o Chefe de Estado presidir ao Conselho de Ministros (o que ocorre na grande maioria dos sistemas, exceto na Áustria), sem esquecer o poder de demissão por vontade do Presidente: tal existe consuetudinariamente em França em cenários de confluência, que são maioritários, em Portugal (quando esteja em causa o regular funcionamento das instituições), na Rússia e na Áustria (como poder extraordinário),

1.2.3. Elgie

528. Este politólogo esboçou uma caracterização simplificada de semipresidencialismo, radicada em dois atributos[867]:

i) O Presidente é eleito por voto popular;
ii) O Primeiro Ministro e o Governo são responsáveis diante do Parlamento.

529. O autor admite uma sensível variabilidade dos sistemas que se quadram nesta categoria, os quais são tantos que a definição não logra provar o seu poder de seleção numa taxinomia rigorosa[868].

Para todos os Estados por ele referidos poderem ser encaixados no modelo proposto, esta definição resulta ser excessivamente generalista. Nela cabem os sistemas islandês, irlandês e finlandês que, presentemente, a maioria da doutrina exclui do semipresidencialismo e integra no parlamentarismo atípico ou

---

[867] R. ELGIE " Semipresidentialism: concepts, consequences and contesting explanations"- in "Political Studies Review"-(2) nº 3-2004-p. 314 e seg.
[868] Islandia, Finlândia, Bulgária, Eslovénia, Irlanda, Lituânia, todos figuram nesta forma de governo, embora com equações diversas na relação entre Presidente e Primeiro-Ministro.

com arbitragem presidencial. Nestes três sistemas o Presidente, pese a sua eleição direta, não preside ao Conselho de Ministros, não demite por vontade própria o Governo nem dissolve livremente o Parlamento, vacilando entre poderes certificatórios e moderadamente arbitrais sempre que não existe maioria parlamentar de suporte ao Governo e se impõe a escolha de um Primeiro-Ministro.

1.2.4. Volpi

530. Mauro Volpi avançou outros atributos identitários do sistema semipresidencial[869]:

i) Presidente, eleito por sufrágio popular;
ii) Chefe de Estado não preside diretamente ao Governo, mas as suas diretrizes devem ser acolhidas pelo Governo;
iii) Executivo dualista, com oscilações entre a proeminência do Presidente e a do Primeiro-Ministro, em regra com prevalência deste último, particularmente em cenários de coabitação;
iv) Poder presidencial de dissolução antecipada do Parlamento, com graus diversos de liberdade.

531. O autor tem o mérito de traçar a sua classificação com base na prática política dos sistemas políticos semipresidencialistas contemporâneos.

É redutor quando acolhe, explicitamente, o contributo de Sartori quando este destaca a faculdade do Presidente ditar diretrizes ao Governo o que, como vimos, não ocorre numa boa parte dos sistemas, a começar por Portugal e a terminar na Áustria, Polónia e Roménia, sem esquecer a própria França em coabitação, excetuando dois domínios ministeriais já referidos.

Evidencia, com pertinência, a dinâmica oscilante dos sistemas entre o poder do Presidente e o do Chefe de Governo (a qual ocorre sobretudo em França e na Rússia) e o pendor primoministerial na maioria dos casos. Subsidiariza, contudo, a dupla responsabilidade do governo.

Finalmente e, este ponto é relevante, confere grande destaque ao instituto presidencial da dissolução parlamentar, pouco evidenciado pelos restantes autores, mesmo quando falam em poderes presidenciais relevantes sem, todavia, os especificar. É, de entre todas as definições examinadas, a mais atualista, completa e seletiva.

---

[869] MAURO VOLPI "Esiste una Forma di Governo Semipresidenziale?"-in AAVV "Semipresidenzialismi "-op. cit, p. 31 e seg.

1.2.5. Outros posicionamentos na ordem constitucional portuguesa

532. Os politólogos André Freire e Costa Pinto navegam no mar encapelado das classificações dos autores anglo-saxónicos e portugueses que observam o modelo, predominantemente, a partir da Ciência Política, sem lograrem definir de uma forma nítida as suas características ancilares. As respetivas conclusões refletem esta aproximação algo indecisa[870].

Dir-se-á que acolhem contributo de Duverger, dado que, assinalando o pensamento dos autores que desconsideram os "consideráveis poderes" do Presidente como atributo caracteriológico, acabam por sublinhar a relevância deste elemento.

533. Reis Novais esboça, igualmente, uma apreciação crítica dos diversos contributos doutrinais para a definição de semipresidencialismo e valoriza, igualmente, não o exercício mas a detenção efetiva pelo Presidente de poderes significativos[871]. O constitucionalista da Faculdade de Direito da Universidade de Lisboa, que faz um *mix* entre alguns contributos de Duverger e de Elgie, confere destaque aos seguintes elementos:

i) Eleição presidencial por voto popular;
ii) Poderes significativos atribuídos ao Presidente, que descrimina exaustivamente (desde a nomeação do Primeiro-Ministro, à dissolução, passando pelo veto político);
iii) Governo dependente da confiança parlamentar em termos de formação e subsistência.

Está-se diante de elementos necessários, mas não suficientes para a caracterização do instituto. Os "poderes significativos" são discriminados, mas o facto é que em diversos sistemas distintos do português, francês e russo, os mesmos estão mitigados. Da mole de prerrogativas referidas, quais as fundamentais ou identitárias? Dir-se-á que é a dissolução antecipada do Parlamento, que o autor qualifica como o "poder dos poderes". Se assim é porque não lhe conferir des-

---

[870] ANDRÉ FREIRE-ANTÓNIO COSTA PINTO "O Poder Presidencial em Portugal"--Lisboa-2010-p. 53 e seg e 120 e seg. Maior perplexidade causa a obra de MARINA COSTA LOBO-OCTAVIO AMORIM NETO ("Os semipresidencialismos nos Países de Língua Portuguesa" op. cit, p,. 18 e seg) que não logram sequer definir as características básicas do sistema semipresidencialista que é, afinal, o objeto da obra, e misturam regimes democráticos, regimes autocráticos e Estados falhados, na maioria com muito pouco em comum.
[871] JORGE REIS NOVAIS "Semipresidencialismo: teoria do sistema de governo semipresidencial"-I- 2007-p. 141 e seg e, em especial na situação descrita, pag 143.

taque especial, quando enuncia os poderes presidenciais relevantes, já que se trata da única faculdade dotada de impacto bastante para alterar o ciclo político?

O autor não aceita a ideia de diarquia no Executivo como atributo identitário (exceto em França). Mas na maioria dos casos dos sistemas comparados, seguindo a tradição monárquica, o Presidente faz efetivamente parte do Executivo, seja em sistemas parlamentares seja em sistemas semipresidencialistas. É certo que em Portugal tal situação é muito atenuada e o Presidente age, sobretudo, como um árbitro ou moderador. Mas não está totalmente desligado do Executivo, pois pode presidir ao Conselho de Ministros sob proposta do Governo e exerce competências partilhadas com este para a nomeação de altos cargos públicos e exercício de poderes na esfera militar. O que se pretende destacar com a ideia de diarquia institucional é o entendimento de que o Presidente não chefia diretamente o Governo, a título necessário, tendo de coexistir com um Primeiro-Ministro, cuja subsistência em funções, bem como do governo que lidera, depende da confiança parlamentar.

O autor tão pouco aceita a ideia de dupla responsabilidade do Governo perante o Presidente e o Parlamento. Só que esta responsabilidade não tem um viés exclusivamente político, mas também institucional, podendo manifestar-se em variadas e significativas dimensões em todos os sistemas semipresidenciais. Com efeito, nestes sistemas, o Primeiro-Ministro é nomeado pelo Presidente com algum grau variável de latitude[872], mas, sobretudo, o Presidente pode exercer poderes constitutivos relevantes que afetam o Governo: ou o pode demitir na base de uma decisão autónoma, mesmo em circunstâncias limitadas (Portugal, Rússia, Ucrânia Áustria e França, em cenário de confluência[873]); ou pode dar, de direito ou de facto, em alguns sistemas, diretrizes vinculativas ao Governo em razão da matéria ou codecidir com este em algumas áreas qualificadas como a defesa e as relações externas (Rússia, Ucrânia, Croácia, Polónia, França); ou preside *por direito próprio* ao Conselho de Ministros (nalguns casos em razão da matéria): França, Polónia, Croácia, Geórgia e Rússia.

---

[872] Em França com elevadíssima latitude em confluência. Na Roménia em 2016 o presidente recusou uma proposta de nomeação de uma mulher islâmica para Primeira-Ministra, indicada por um partido largamente maioritário. No ano 2000 o Presidente austríaco condicionou a formação de governo com maioria parlamentar, o mesmo tendo feito, mitigadamente, em 2003, o presidente português.

[873] O autor assinala que em França a constituição não prevê a possibilidade de o presidente demitir o Primeiro-Ministro. Sucede porém que em cenário de confluência, a nomeação do Primeiro-Ministro tem como contrapartida a entrega pelo Chefe de Governo indigitado, ao Presidente, de uma carta de demissão com a data em branco. Por outro lado, quando um Presidente logo após a eleição dissolve o Parlamento, existe uma prática da apresentação do pedido de demissão do Primeiro-Ministro em funções, mesmo em coabitação.

534. Marcelo Rebelo de Sousa[874] prefere sublinhar a eleição popular do Presidente, a dicotomia Presidente Primeiro-Ministro, a dupla responsabilidade do Governo perante o Presidente (institucional ou política) e perante o Parlamento e o exercício de poderes relevantes do Presidente, cumprindo destacar nestes, a faculdade presidencial de dissolução do Parlamento com algum grau de autonomia. São estas características que existem na generalidade dos sistemas medularmente semipresidencialistas. Ora, com maior ou menor acentuação de cada um dos atributos, são também estes os elementos caracteriológicos de semipresidencialismo que adotámos supra.

1.2.6. Os sistemas políticos comparados ajustáveis a um conceito restritivo de semipresidencialismo

535. O drama classificatório em torno do semipresidencialismo resulta da hiperinflação de "candidatos" que ocorreu a partir do final dos anos 90. Têm, na verdade, sido posicionados na órbita do semipresidencialismo, sistemas muito diferentes, com relevo para as aproximações de politólogos que pouco atenderam aos pressupostos dogmáticos do sistema. O facto é que o elenco dos Estados previamente incluídos no modelo foi sendo revisto, primeiro pelo próprio Duverger[875], por Elgie embora sem grande êxito [876] e pelos comparatistas italianos[877].

Essa depuração, na medida em que assente nos pressupostos mais restritivos enunciados supra (§ 517 e seg.), permite a ablação de semipresidencialismos aparentes, que na verdade são sistemas parlamentaristas (§ 436). Sistemas, relativamente aos quais a definição excessivamente ampla de certos autores e a dispensa de uma análise mais rigorosa dos novos sistemas híbridos emergentes no Leste Europeu, ainda leva alguns a enxertá-los, forçadamente, no semipresidencialismo[878]. Afirma a citada doutrina que a definição do sistema, nada tem a ver com o seu funcionamento prático, afirmando que a Irlanda e a França seriam

---

[874] MARCELO REBELO DE SOUSA "Sistema (...)" ult. loc cit.
[875] DUVERGER "La Noziole de Regime "Semi Presidenziale" e l'esperienza francese" in "Quaderni Costituzionali"-1983-p. 259 e seg. Duverger subdistingue os semipresidencialismos aparentes (Austria, Irlanda e Islândia), dos semipresidencialismos de diarquia variável (Wieimar, Portugal e Finlândia) e semipresidencialismo de presidência hegemónica (França).
[876] Cfr. ELGIE "The Politics of Semipresidentialism" in AAVV "Semipresidentialism in Europe"-Oxford-1999-p. 14.
[877] VOLPI, ult. loc cit, p,. 37 e seg.
[878] Cfr. REIS NOVAIS, ult. loc cit, p.124. Sobre uma apreciação crítica aos atributos do semipresidencialismo que elege preferencialmente, cfr § 533 .

semipresidencialismos cujos sistemas de governo funcionariam de forma inteiramente diferente, de resto como sucederia nos próprios sistemas parlamentares.

536. Coincide-se com a sobredita doutrina na ideia de que a Constituição é a base de definição de um sistema político[879]. Contudo, a par desse facto não é possível ignorar a prática constitucional consolidada, sobretudo quando esta interpreta, complementa e faz caducar a Constituição . Qual o sentido de se dizer que o Presidente em França não pode demitir o Primeiro-Ministro se o faz livremente em confluência e até em certos momento muito circunscritos de coabitação (vide § 550, nt 912)? Com que propriedade é possível sustentar que a Islândia é um semipresidencialismo pelo facto de a Constituição conferir ao Presidente poderes de demissão do Governo e de dissolução do Parlamento, se um costume consolidado de décadas fez caducar essas faculdades no tocante à sua discricionariedade?

É um facto que, para a definição do sistema político semipresidencialista, interessa saber se o Presidente dispõe estatutariamente de certos poderes já enumerados e que releva menos saber se o mesmo os exerce de forma mais ou menos intensa, já que isso dependerá do seu juízo político, não se podendo afirmar que o sistema transitou para parlamentar se o Presidente usa raramente o veto político e não dissolve antecipadamente o Parlamento. Sucede, porém, que quando um órgão, pura e simplesmente, não exerce certos poderes que não sejam excecionais, esses poderes caducam como sucede na Irlanda. Ora, quando para além da letra da Constituição exerce, na prática consolidada, certas faculdades sem oposição, como ocorre em França com a demissão do Executivo em situação de confluência e com as zonas tácitas de "competência reservada" na defesa e política externa, que passaram a integrar o acervo de poderes presidenciais, pese que por vezes com disputa.

Isto significa que não se pode desvalorizar, em excesso, o peso da prática constitucional na caracterização do sistema, sobretudo em casos de fronteira ou quando se pretende medir o peso político efetivo de cada órgão soberano, na sua relação de tensão com os demais.

Por outro lado e tendo em conta essa mesma prática associada aos poderes expressos na Constituição, se é um facto que os sistemas políticos semipresidencialistas funcionam de forma diversa, o facto é que devem dentro dessa diversidade revelar um "puntum unionis" relevante e este consiste na relevância dos poderes do Presidente no exercício de controlo e de direção política junto do Governo e do Parlamento. Portugal e a Rússia são dois sistemas semipresidenciais muito distintos e com dinâmicas diferentes, mas o Presidente pode, em ambos, condicionar a formação do Governo atenta a composição do Parlamento,

---

[879] REIS NOVAIS, ult. loc cit, p. 127.

demitir o Governo, vetar leis com veto qualificado e dissolver o Parlamento. Já noutros sistemas do chamado *semipresidencialismo aparente*, os poderes do Presidente na esfera do controlo e arbitragem são muito pouco relevantes para a formação e atividade do Governo ou para a subsistência do Parlamento em funções, operando permanentemente o sistema numa mecânica parlamentar, como é o caso da Irlanda. Por isso mesmo não é possível, como faz a doutrina em apreço, colocar na mesma categoria sistemas como a França e a Irlanda que não só funcionam diferentemente, mas em que também um deles foge aos atributos mais exigentes do semipresidencialismo: juntá-los será o mesmo que associar um pardal a um peixe-voador, apenas porque ambos têm asas e voam (ou seja, apenas porque o Presidente é eleito por sufrágio universal e dispões de alguns poderes arbitrais e de controlo).

537. Tal como se antecipou, a Irlanda, a Islândia e a Finlândia são efetivamente parlamentarismos e devem ser excluídos do naipe semipresidencial por razões já afloradas, subsistindo dúvidas quanto à Áustria que, ainda assim, pode obter o benefício da dúvida se atender mais aos poderes estatutários do Presidente e à sua potencialidade e menos à prática constitucional que, ainda assim, não é linear. Certos *pré-semipresidencialismos* que estiveram na origem do conceito, como o finlandês até ao fim da década de 90 e o francês até 1962, devem ser hoje colocados entre parêntesis e reconduzidos à categoria preambular dos sistemas semipresidenciais impuros (a paredes meias com os parlamentarismos racionalizados), atento o facto de o Presidente não ter sido eleito por sufrágio universal.

Outros sistemas da Europa do Centro e do Leste, em que o Presidente é eleito por sufrágio universal e que foram integrados apressadamente na categoria em análise[880] não exibem as características estruturantes do semipresidencialismo, devendo, antes, integrar o universo do *parlamentarismo com arbitragem presidencial*: i) na *Lituânia* o Presidente está desprovido do poder de dissolução livre do Parlamento ou de demissão do Governo e exerce poderes próprios limitados; ii) na *Bulgária,* a dissolução parlamentar está sujeita a estritas condições constitucionais bem como à referenda ministerial e o Presidente é condicionado pela Constituição quanto ao ato de nomeação do Primeiro-Ministro, não podendo demitir o Governo[881]; iii) na *Macedónia* o Presidente designa o Governo na base de uma deliberação parlamentar e está privado de poderes de dissolução; iv) na Sérvia o Presidente nomeia o candidato a Primeiro-Ministro de acordo com a composição parlamentar (mas o candidato está dependente de um voto de investidura),

---

[880] Pese as dúvidas que o próprio formula e das distinções feitas entre as diversas variantes, cfr os exemplos amplíssimos de ELGIE ult. loc cit, p. 14 e 226.

[881] Cfr. S. CECCANTI "I Semipresidenzialismi dell'Europa Centro-Orientale"- in AAVV "Semipresidenzialismi", op. cit, p. p. 226 e seg.

tão pouco podendo demitir livremente o Governo nem dissolver o Parlamento, salvo por proposta do Primeiro-Ministro ou por razões rigidamente fixadas na Constituição[882]; v) e a *Eslovénia* é, intrinsecamente, um sistema parlamentar, ressalvada a eleição do presidente por sufrágio popular[883].

---

[882] A Constituição de 2006 estabelece uma estreita relação fiduciária entre o Governo e o Parlamento (com investidura parlamentar do Primeiro-Ministro e a demissão deste apresentada ao Presidente do Parlamento), concedendo ao Primeiro-Ministro o poder de propor ao presidente a antecipação de eleições, como elemento de reforço do Executivo. O Presidente, que não exerce poderes relevantes de controlo sobre o Governo ou sobre Parlamento, apenas pode ou deve dissolver este órgão em situações pré-determinadas (quando, por exemplo, se registe a impossibilidade de o Governo ser formado 90 dias após as eleições).Dispõe, ainda, de veto suspensivo sobre as leis, superável pela maioria dos deputados efetivos.
[883] Cfr S. CECCANTI, ult. loc. cit, p.227 e seg.

Já a Polónia[884], a Croácia[885], a Geórgia[886], a Roménia[887] e a Áustria[888] encontram-se num quadro fronteiriço, podendo ainda assim integrar-se nas franjas do sistema, como semipresidencialismos de maior pendor primoministerial ou par-

[884] Na Polónia, o Presidente designa o Primeiro-Ministro que goze de confiança parlamentar (aumentando o seu poder em caso de ausência de maiorias), pode convocar o Conselho de Ministros e pode por direito próprio participar em sessões mesmo Conselho quando este discuta certas matérias. Não dispondo da faculdade de demitir o Primeiro-Ministro, pode recusar um pedido de demissão formulado por este e impor-lhe a continuação transitória no cargo. O Chefe de Estado exerce importantes funções de ordem militar, de segurança, de política exterior, de veto de legislação e ainda da nomeação de altos cargos públicos (autonomamente ou sob proposta do Governo), e pode decretar a antecipação de eleições sem referenda ministerial, pese que com limites.Com efeito, o poder de dissolução antecipado está condicionado por uma deliberação parlamentar nesse sentido que o Presidente pode, contudo, não acatar.

[885] Na Croácia o Presidente indigita o Primeiro-Ministro e nomeia-o se o mesmo obtiver voto de confiança parlamentar. Se um governo não lograr ser constituído de acordo com a Constituição, o Presidente nomeia um governo interino da sua iniciativa e antecipa eleições. Dispõe ainda da faculdade de dissolver o Parlamento se este votar uma moção de não-confiança ao governo ou se o Orçamento não for aprovado em 120 dias após ser submetido pelo Governo. Pode participar em sessões do Conselho de Ministros quando o pretenda e intervir nas suas deliberações. Exerce importantes funções na política externa e de defesa, em articulação com o Governo e pode exercer relevantes poderes em Estado de guerra. Promovem também, o controlo de constitucionalidade das leis, mas não dispõe de direito de veto político).

[886] Na Geórgia, o Presidente nomeia com latitude o Primeiro-Ministro (sujeito, contudo a um voto de confiança Parlamentar). Pode participar no Conselho de Ministros em razão da matéria (e quando ele próprio propuser pontos na ordem de trabalhos), exerce relevantes poderes de exceção e partilha com o Governo o exercício da política externa e de defesa. Dispõe, salvo limites temporais e circunstanciais, de alguma autonomia no processo de dissolução do Parlamento e, quando o respetivo partido dispõe de maioria parlamentar, o presidente lidera o Governo, um pouco como sucede em França (vide o consulado do ex-Presidente Mikheil Saakashvili). Trata-se da variante do elenco onde os poderes presidenciais são mais fortes.

[887] Na Roménia, o Presidente nomeia o primeiro-ministro junto do partido que obtiver maioria ou após consultas com os partidos se essa maioria inexistir. A prática política robustece esse poder de escolha e, em 2017, o presidente recusou a nomeação para Chefe do Governo de uma mulher submetida pelo partido maioritário, logo após eleições. Não pode demitir Primeiro-Ministro, exceto se este se enquadrar num conjunto de incompatibilidades, podendo o presidente designar o novo titular. Pode, contudo, presidir ao Conselho de Ministros em razão de matérias qualificadas em discussão. Dispõe de um poder de dissolução parlamentar no caso de nenhum voto de confiança vier a ser obtido pelo governo, 60 dias após solicitado, não podendo o Parlamento ser dissolvido mais do que uma vez no mesmo ano. Dispõe de poderes relevantes, partilhados com outras instituições, na esfera da política externa, defesa e declaração dos estados de exceção. Pode ser destituído por referendo convocado pelo Parlamento.

[888] Sem prejuízo dúvidas já referidas quanto à natureza do sistema deste País.

lamentar. Nos quatro primeiros o nexo de relacionamento institucional entre o Presidente e o Governo pressupõe a faculdade de o primeiro nomear o Primeiro-Ministro, presidir ao Conselho de Ministros em certas circunstâncias e exercer competências partilhadas com o Executivo, mas não envolve o livre poder de demissão deste último, importando referir que poderes de dissolução parlamentar se exercem na base de diversos limites circunstanciais, que condicionam a sua liberdade.

Estados como França, Portugal, Croácia, Rússia e Ucrânia integram o tronco comum do semipresidencialismo típico, exibindo as quatro características referidas supra. Cabo Verde (com um viés parlamentarizante) e o Peru (numa linha presidencializante) inserem-se também neste conjunto.

2. Variantes do semipresidencialismo

2.1. Semipresidencialismos de pendor presidencial: o paradigma francês

2.1.1. A Constituição

A. Nota sobre os chamados ciclos constitucionais franceses

538. Deve-se a Maurice Hauriou a compartimentação do constitucionalismo francês em ciclos, os quais consistem no agrupamento das constituições por períodos, caracterizados pela repetição, mais ou menos precisa, de um conjunto de factos e dinâmicas constitucionais. De um modo geral cada ciclo teria: i) Uma fase parlamentar com equilíbrio de poderes; ii) uma fase parlamentarista; iii) e uma fase de personalização do poder com reforço do Executivo.

Assim sucedeu com o *primeiro ciclo* constitucional que agrupou: a Constituição de 1791 (monarquia parlamentar frágil e incerta, com divisão de poderes, saída da Revolução de 1789); a Constituição republicana de 1793 (que coincidiu com a "Convenção", o governo de assembleia que suportou o "Terror")[889]; a Constituição republicana de 1795 (sistema de governo diretorial de divisão de poderes, ineficaz e transitório); e constituições bonapartistas de 1798, 1802 e 1804 (sistema consular e posteriormente imperial de concentração unipessoal do poder no Executivo)

O *segundo ciclo* não seguiu linearmente as características prototípicas do primeiro. Iniciou-se com a Carta Constitucional de 1814 (uma Constituição dualista, com um poder monárquico forte, coexistente com um Parlamento de protagonismo incerto); a Constituição orleanista de 1830 (monarquia liberal de pendor

---

[889] A Constituição não chegou a ser aplicada.

parlamentar)⁸⁹⁰; a Constituição da II República de 1848 (presidencialismo mitigado); e a Constituição Imperial de 1852 (monarquia dualista com proeminência do Imperador como titular do poder executivo).

Quanto ao *terceiro ciclo* iniciou-se com a Constituição de 1875 (sistema parlamentar equilibrado que assumiu posteriormente um viés de assembleia) e, após o eclipse da ocupação alemã e do governo colaboracionista de Vichy, prosseguiu na linha parlamentar de assembleia com a Constituição de 1946, culminando com a Constituição de 1958 (semipresidencialista com proeminência do papel do Chefe de Estado)⁸⁹¹.

B. A Constituição de 1958

539. É sobre a Lei fundamental em epígrafe que importa tecer algumas considerações sinópticas.

A Constituição de 1958 instituiu um regime político democrático e republicano, servido por um sistema político semipresidencialista desde a revisão constitucional de 1962 e estabeleceu uma forma territorial de Estado unitária, com regionalização administrativa a partir da década de 80.

Concebida no contexto de uma aguda crise política, marcada por uma transição constitucional da IV para a V República que foi liderada pelo General de Gaulle⁸⁹², a Constituição de 1958 foi aprovada *por um plebiscito* (que é, contudo, muito usualmente qualificado de referendo).

---

⁸⁹⁰ Constituição que acabou por ser uma reforma da Carta de 1814.
⁸⁹¹ Cfr ALEXIS DE TOQUEVILLE "L`Ancien Régime et la Revolution"-Paris-1856; M. DUVERGER "Institutions Politiques et Droit Constitutionnel"-Paris-1966-p. 407 e seg; M. HAURIOU "Précis de Droit Constitutionnel"-Paris-1923-p. 325 e seg; ARMANDO MARQUES GUEDES "Ideologias (...)"op. cit, p. 158 e seg; JORGE MIRANDA "Manual (...)"-I-1- op. cit, p. 165 e seg.
⁸⁹² No ano de 1958 o governo francês foi sacudido por uma crise profunda marcada pela derrapagem financeira e económica, instabilidade governamental e paralisia de decisão, situação agravada desde 1964 pelo desastre militar de Dien Bien Phu no Vietnam e a crise no Suez. Um levantamento militar na Argélia apoiado pelos colonos franceses contra o Governo de Pfinlin (acusado de pretender conversações com os rebeldes independentistas da FLN), colocaram o País à beira de um golpe de estado militar. Os deputados gaulistas (partidários do general de Gaulle, figura liderante da libertação da França da ocupação alemã) exigiam um governo de salvação presidido pelo general, enquanto os generais rebeldes da Argélia ameaçavam desembarcar tropas em Paris para derrubar o Governo. Com o País à beira da rotura política, Pfinlin demite-se depois de um encontro reservado com o General de Gaulle, o Presidente Coyy ameaçou pedir a demissão se o Parlamento não investisse de Gaulle como Primeiro-Ministro e, no dia 1 de Junho, o General tomou posse depois de uma deliberação parlamentar maioritária favorável à sua investidura. Pouco depois, uma lei de "plenos poderes"

Com efeito, com base numa habilitação constitucional aprovada pelo Parlamento[893], ainda sob a égide da Constituição de 1946, a qual autorizou o Governo a reformar a mesma Constituição e submeter a lei correspondente a voto popular, o texto de 1958 foi elaborado por uma comissão de peritos nomeada pelo Governo do General de Gaulle (A *"Comissão Debré"*). Seguiu-se a sua aprovação pelo Executivo, não como uma reforma, mas como uma nova Constituição, e a sua submissão a voto popular. Por conseguinte, as próprias regras da lei que habilitava a revisão constitucional não foram observadas, pois o que deveria ser uma revisão transformou-se numa nova Lei Fundamental (algo de semelhante sucedeu, como vimos, na Convenção de Filadélfia, tendo o poder constituinte prevalecido com toda a sua força criadora, ilimitada e fundacional).

A Constituição da V República caracteriza-se pela sua sensível longevidade de entre as Constituições francesas (59 anos de vigência até 2017), por uma grande estabilidade normativa e por um elevado grau de governabilidade.

540. Para além da sua componente instrumental, a Constituição de 1958 incorpora, mediante a receção do preâmbulo da Constituição de 1946, um complexo de direitos de liberdade e direitos sociais, rececionando ainda a Declaração dos Direitos do Homem e do Cidadão de 1789, um documento histórico que, no contexto da Revolução Francesa, inaugurou o constitucionalismo moderno na Europa[894].

541. No plano da sua força jurídica, *a Lei Fundamental da V República consiste num texto constitucional rígido*: as alterações ocorrem, seja mediante uma proposta do Presidente ou dos deputados, deliberada pelas duas câmaras parlamentares e sujeita a referendo, seja mediante proposta do Presidente às duas câmaras reunidas conjuntamente em Congresso, investidas na competência para aprovar as alterações por maioria de três quintos (artº 89).

542. As normas da Constituição são garantidas por um *sistema concentrado e atípico de controlo da constitucionalidade* que gradualmente se jurisdicionalizou e que é protagonizado pelo Conselho Constitucional. Este órgão exerce o controlo preventivo das leis (escrutina a sua constitucionalidade antes da sua promulgação quando instado pelos órgãos competentes[895]) e um controlo sucessivo concreto mediante reenvio prejudicial por parte tribunais supremos no caso de se suscitar a violação de direitos fundamentais [896].

---

reforçava a sua autoridade. Cfr. ARNAUD TYSSIER "La V République (1958-1995): de de Gaulle a Chirac"-Paris-1995-p. 23 e seg.

[893] O Parlamento aprovou uma lei extraordinária com valor constitucional que derrogava as normas da Constituição de 1946 que regulavam o processo ordinário de revisão.

[894] Vide CARLOS BLANCO DE MORAIS "Curso (...)"-Vol II- p.

[895] Sem prejuízo de exercer fiscalização obrigatória sobre leis orgânicas e regimentos parlamentares

[896] Sentenças dos supremos tribunais de Justiça e Administrativo onde sejam suscitadas questões de constitucionalidade que envolvam violação de direitos de liberdade podem ser

2.1.2. O sistema político da V República

A. Nota introdutória

543. A fórmula *semipresidencialismo*[897], usada por Duverger para qualificar o sistema político francês[898], não foi unívoca na doutrina gaulesa. Alguns entenderam que a expressão "semi" era redutora dos poderes reforçados concedidos ao

reenviadas por estes tribunais para o Conselho Constitucional para que este decida sobre o incidente de inconstitucionalidade. Sobre o sistema de controlo de constitucionalidade francês no período anterior à reforma de 2008 que instituiu o controlo concreto acabado de assinalar, vide CARLOS BLANCO DE MORAIS "Justiça Constitucional" I, op. cit, p. 300 e seg.

[897] Sobre o sistema político francês vide: M. DUVERGER "Institutions Politiques et Droit Constitutionnel", "Echec au Roi" ult. loc cit e "Le Système Politique Français"-Paris-1996,; JEAN LOUIS QUERMONNE "Le Gouvernemment de la France Sous la V République"—Paris-1980; PAUL AVRIL "Les Chefs de l'Etat et la Notion de Majorité Presidentielle" Fr. Sc. Pol."-34- n 4-5-1984-p. 752 e seg; DIMITRI G- LAVROFF "Le Système Politique Français de la V République"-Paris-1986; JEAN GIQUEL "Droit Constitutionel et Institutions Politiques"-14 ed-Paris-1995-131 e seg e "De la Cohabitation"- "Pouvoirs"-49-1989- p. 74 e seg; G.GRUNBERG "La Deuxième Cohabitation"- in AAVV "L'état de l'opinion"-org. O. Duhamel-J. Jaffré-1994-p. 31 e seg; P. ARDANT-O. DUHAMEL "La Dyarchie"- in "Pouvirs"-91-1999-p. 5 e seg; DIDIER MAUS "Le Parlement et la Cohabitation"- "Pouvoirs"-91-1999-p. 71 e seg; B. FRANÇOIS" Quinquennat. Consequences Politiques"-Paris-2000; FREDERIC ROUVILLOIS "La V République et le Mythe du Régime Présidentiel"- Rev Droit Pub-1/2-2002-p. 139 e seg; BERNARD BRANCHET "La Fonction Presidentielle Sous la Cinquème République"-Paris-2008; G. ELGIE "The Role of the Prime-Minister in France: 1981-1991"-London-1993 e ELGIE- H. MACHIN "France: The Limits to Prime-Ministerial Government in a Semi-Presidential System"- in AAVV"West European Prime Minister"-London-1991-p. 62 e seg; ALISTAIR COLE " The Presidential Party and the Fifth Republic"- in "West European Politics"-16-2-1993-p. 52 e seg; J.C. ESCARRAS "Da una Presidenza Assoluta a una Presidenza Dimezata". Pol. Dir. -4-1986; MARYSE BAUDREZ-BRUNO RAVAZ "La Quinta Repubblica: regime semi-presidenziale o parlamentarismo presidenzialista" in AAVV "Semipresidenzialismi"-op. cit p. 45 e seg; A. GIOVANELLI "Aspeti dela V Repubblixca: da de Gaulle a Mitterrand"-Milano-1984; GIOVANNI SARTORI "Elogio del Simipresidenzialismo" Riv It Sc Pol-1995-p. 3 e seg;v S. CECCANTI "Il Sistema Semipresidenziale Francese: cosa dice la Costituzione come funziona in nela realtá" in AAVV "Semipresidenzialismo. Analisi delleEsperienze Europee"-Bologna—1996-p. 55 e seg; GIANLUCA PASSARELLI "Monarchi Eletivi? Dinamiche Presidenziali in Francia e Portogallo"-Bologna-2008-p.143 e seg ; ARMANDO MARQUES GUEDES "Ideologias (...)" op. cit, p. 206 e seg.

[898] Embora tivesse crismado o Sistema francês com essa designação desde o inicio da década de 70 ("Institutions politiques et droit Constitutionenel –Paris-1970-p. 277 e "Echec au Roi"-Paris-1978) só em 1980 MAURICE DUVERGER procurou definir integralmente os atributos desse sistema político no seu artigo "A New Political System: Semi-presidential government", op. cit, p. 170.

Chefe de Estado, preferindo a designação *"presidencialismo"* para traduzir, esse mesmo reforço[899]. Outros preferiram qualificar o modelo como de *"parlamentarismo racionalizado"*[900], havendo ainda a considerar uma multiplicidade de outras designações pela doutrina francesa, que, contudo, não passaram à História.

544. Admite-se que a designação proposta poderia ser relativamente ambígua e portadora de maior polémica até à revisão constitucional de 1962, já que nesse curto período de vida da Constituição, o Presidente da República, pese o caráter expressivo dos seus poderes, era eleito indiretamente na base de um colégio eleitoral de base parlamentar e com representantes dos territórios do Ultramar. Nesse figurino coexistia, atipicamente, uma componente presidencial (os poderes "imperiais" do Chefe de Estado) com uma componente parlamentar (um Primeiro-ministro, a eleição presidencial indireta de base parlamentar associada à dependência do governo da confiança do Parlamento) bem como elementos híbridos (poder de dissolução livre do Parlamento pelo Presidente). Neste breve ciclo era possível falar, tal como se antecipou, tanto num semipresidencialismo atípico como num "parlamentarismo racionalizado" impuro, com forte poder executivo e moderador concentrado no Presidente.

Contudo, o Presidente de Gaulle, no contexto da longa crise argelina que culminou com a independência traumática desse território ultramarino e volvida da única moção de censura ao Governo que obteve êxito na V República e que o obrigou a reagir politica e constitucionalmente [901], entendeu que o Chefe de Estado careceria de uma legitimação popular direta. O referendo de 1962, onde interveio pessoalmente, centrou-se na eleição presidencial por sufrágio universal e este atributo, como se viu, é um dos elementos fundamentais de caracterização contemporânea de semipresidencialismo.

545. De Gaulle e Debré conceberam um figurino de governo à medida do projeto bonapartista do General, embora com pretensões de continuidade para além

---

[899] JEAN GIQUEL "Droit Constitutionel et Institutions Politiques"-p. cit. -p. 131.

[900] De algum modo M. BAUDREZ-B RAVAZ "La Quinta Repubblica: regime semi-presidenziale o Parlamentarismo" in AAVV "Semipresidenzialismi"-1997-op. cit, p. 48 e seg.

[901] O Governo do Primeiro-Ministro gaulista Pompidou foi, em 1962, derrubado por uma moção de censura. De Gaulle, considerou esta intromissão parlamentar contrária à lógica presidencializante da Constituição, não aceitou o pedido de demissão (ato imperial e contrário ao espírito da Constituição) e dissolveu a Assembleia, obtendo em eleições antecipadas uma nova composição parlamentar favorável. Convocou seguidamente um referendo para alterar a Constituição. Ao invés de promover a eliminação da figura da moção de censura (a qual faria o sistema evoluir para um modelo de chanceler num viés autoritário) preferiu, por via referendária, reforçar a legitimação popular do Presidente através do sufrágio universal, potenciando a sua ascendência sobre o Executivo e sobre o Parlamento. A proposta foi aprovada por 62% de votos favoráveis no sufrágio então realizado.

dele. Para de Gaulle, o Primeiro-Ministro não seria investido pelo Parlamento, mas nomeado pelo Chefe de Estado. A Constituição garantiria o primado do Presidente no sistema político, colocando-o numa posição acima dos partidos como *"garante do destino da França"*. Recusou o modelo Presidencial americano porque limitaria os poderes do Presidente e recusou o paradigma do governo de legislatura, porque tal implicaria nova limitação do poder presidencial e um retorno ao sistema de assembleia. Em caso de conflito entre governo e Parlamento o Presidente poderia arbitrá-lo, dissolvendo o Parlamento[902]. Em suma, o modelo de poder assentava na tricotomia Presidente /Governo-/maioria parlamentar e na respetiva confluência política. Essa tricotomia levou alguns a falarem num *presidencialismo maioritário atípico*, advindo a atipicidade da faculdade de um Presidente liderante coexistir no Executivo com um Primeiro-Ministro "auxiliar" e dispor da competência para dissolver um Parlamento carimbante ou subsidiário.

546. O modelo funcionou nestes termos até ao primeiro governo de "coabitação" em 1986, o qual derivou d e um facto inédito: durante o consulado de um Presidente socialista, as eleições parlamentares para a Assembleia Nacional atribuíram uma maioria aos partidos do centro-direita. Como o Governo depende de confiança parlamentar e o Chefe de Estado não podia dissolver a Assembleia senão um ano após a sua eleição, o Presidente Mitterrand teve que coexistir com um Primeiro-Ministro gaulista, Jaques Chirac, sustentado numa maioria parlamentar centrista e conservadora.

Paradoxalmente, o Chefe de Estado passou a presidir a um Conselho de Ministros onde colegialmente se revogaram as leis aprovadas pela anterior maioria socialista liderada pelo mesmo Presidente. Tensões derivadas desta situação levaram o Chefe de estado a prescindir da presidência de diversos conselhos de ministros. Ora, esta coabitação é uma característica totalmente estranha à fisiologia originária da Constituição de 1958, em que o Chefe de Estado preside, sem intermediários, a um Executivo da sua confiança, com ministros que nomeia livremente e que a dinâmica do sistema não o faz facticamente depender do Parlamento. Criou-se, assim, no semipresidencialismo, a variante (não antecipada) da presidência mitigada, em que a verdadeira chefia do governo passa a caber de direito e de facto ao Primeiro-Ministro. Duverger passou a dissecar este novo ciclo do semipresidencialismo, admitindo as suas características diversas quando contraposto ao ciclo de confluência entre maioria parlamentar e presidencial[903].

---

[902] Cfr. sobre os atributos deste figurino a intervenção do Presidente de Gaulle na Conferência de Imprensa de 31 de janeiro de 1964: http://www.gaullisme.fr/2014/08/08/conference-de--presse-du-31-janvier-1964/

[903] MAURICE DUVERGER "Breviaire de la Cohabitation"-Paris-1986.

547. Em 2017, iniciou-se *uma nova dinâmica não testada na V República no que respeita à morfologia do sistema partidário*. O Presidente Macron, um centrista liberal e progressista, com um perfil cénico"bonapartista", foi eleito com base num movimento ideologicamente inespecífico que se converteu, qual pudim instantâneo, em partido (agregando personalidades do centro-esquerda, centro, centro--direita e independentes) num contexto de crise aguda do sistema de partidos. Nesse ano, as formações liderantes das alianças tradicionais foram duramente fulminados por crises de liderança e desgaste do poder (socialistas) e sombras de nepotismo e corrupção (os *Republicanos*, gaulistas), tendo os respetivos candidatos presidenciais sido ultrapassados na primeira volta, seja por Macron, seja por candidatos da extrema esquerda (Melenchon) e da direita radical (Marine Le Pen).

As eleições legislativas de 2017 pulverizaram o sistema partidário bipolar e uma Assembleia Nacional de composição multipartidária fragmentada passou a ser dominada por um partido pró-presidencial hegemónico (o *République en Marche*), dotado de uma maioria absoluta acentuada que, tanto pode operar como ariete de reformas e alterações constitucionais, como evoluir como bloco político de difícil gestão e disciplina, com aptidão para se desagregar em caso de irromper uma grave crise de poder.

547-B. Em suma, as três dinâmicas expostas confirmaram a autonomia do semipresidencialismo, importando destacar que a fórmula "semi", utilizada por Duverger, não magnifica necessariamente a componente presidencial do sistema, mas apenas realça a natureza híbrida do mesmo, na medida em que incorpora elementos próprios do presidencialismo e outros específicos do parlamentarismo[904]. Sartori, com pertinência, sublinhou que o termo "semi" não significa um sistema que se situa rigorosamente a meio de um *continuum*[905], podendo haver níveis variáveis de impacto da componente presidencial ou da parlamentar. A designação *semi-parlamentar* poderia, igualmente, ter prevalecido (quiçá porque na grande maioria dos semipresidencialismos ganha grande relevo o papel das maiorias parlamentares na formação dos governos) mas o facto é que esta última fórmula não vingou na doutrina do tempo presente, havendo, pois, que não conceder demasiado enfoque à semântica dos conceitos.

B. Presidente da República

548. O Presidente da República é, desde o ano de 1962, eleito por sufrágio universal direto, na medida em que obtenha a maioria absoluta dos sufrágios, rea-

---

[904] MAURICE DUVERGER "Echec au Roi" op. cit.
[905] SARTORI "Né Prezidenzialismo né Parlamentarismo" im AAVV "Il Fallimento del Prezidenzialismo"- org. J. Linz-A Valenzuela –Bologna-1995-p. 188 e seg.

lizando-se contudo, se essa maioria não for alcançada, uma segunda volta entre os candidatos mais votados e considerando-se eleito o candidato mais sufragado.

O seu mandato, desde a alteração constitucional de 2002, tem a duração de cinco anos[906], sendo admitida, após a revisão de 2008, a sua reeleição para apenas mais um mandato consecutivo[907].

A legitimidade política acrescida obtida pelo sufrágio direto, o facto de ser uma das cabeças do Executivo (que partilha com o Primeiro-Ministro) e, ainda, o seu papel de garante da Constituição, da independência nacional e dos tratados (artº 5º da Lei fundamental) conferem-se uma posição única no exercício de poderes executivos, arbitrais e moderadores, análoga aos monarcas nos regimes dualistas do século XIX[908]. O seu estatuto é de irresponsabilidade política diante do Parlamento (a lógica fundacional é a de que só responde diante do Povo[909]). Ainda assim, pese as suas imunidades no plano do Direito Civil, o Presidente pode, por faltas aos seus deveres manifestamente incompatíveis com o seu mandato, ser destituído pelo Parlamento, no qual uma das câmaras exerce, para o efeito, funções de tribunal supremo, decidindo por maioria de dois terços (artº 68º da Constituição).

549. O Chefe de Estado preside, por direito próprio, ao Conselho de Ministros[910] e estabelece a ordem de trabalhos, sem ser responsável pela direção da atividade do Governo a qual é atribuída ao Primeiro-Ministro. Promulga e exerce o veto absoluto sobre as "ordonnances" do Governo (legislação delegada pelo Parlamento) e assina, nos termos do artº 13º da lei fundamental, decretos regulamentares governamentais. Um conjunto significativo dos seus atos está sujeito a referenda ministerial, excluindo-se dela os mais livres[911].

550. Cabe-lhe, no exercício de funções políticas ligadas ao Governo, nomear o Primeiro-Ministro (devendo ter naturalmente em conta a composição parla-

---

[906] No período anterior o mandato presidencial era de 7 anos (septanato).
[907] No período precedente não havia limite à sua reeleição.
[908] Nos sistemas monárquicos dualistas o Rei ou o Imperador lideravam o Executivo mas exerciam, igualmente, faculdades moderadoras sobre os outros poderes: o monarca apunha o veto absoluto sobre as leis (nalguns casos era mesmo considerado como "o outro ramo" do poder legislativo, atuando através da sanção régia sobre os decretos deliberados pelo Parlamento), demitia os ministros, dissolvia o câmara-baixa da instituição parlamentar e concedia indultos (cfr. Carta Francesa de 1814, Carta Constitucional Portuguesa de 1826 e constituição Imperial alemã de 1871). Cfr CARLOS BLANCO DE MORAIS "Curso(...)"-II- 2-op. cit-p.147 e seg.
[909] De Gaulle com a sua política referendária foi consequente com este princípio e renunciou ao cargo após um desaire no referendo que convocou em 1968.
[910] Podendo delegar essa função, a título extraordinário, no Primeiro-Ministro.
[911] Caso da nomeação e aceitação da demissão do Primeiro-Ministro, dissolução da Assembleia Nacional, referendo, nomeação de membros do Conselho Constitucional e atos de promoção de controlo de constitucionalidade.

mentar já que o Governo depende da confiança da Assembleia Nacional) sem que tal o iniba de nomear primeiros-ministros de governos de iniciativa presidencial sem maioria parlamentar, de caráter interino ou transitório[912]. O Presidente, pese o facto de a Constituição o não prever, pode solicitar *essencialmente em ciclos de confluência*, a demissão do Primeiro-Ministro, realidade enraizada por um forte costume constitucional *"contra legem"* iniciado nos tempos de de Gaulle e formalizado numa carta de demissão não datada, assinada pelo Primeiro-Ministro indigitado e entregue ao Presidente aquando da sua nomeação, para que este dela faça uso quando estime oportuno

O Chefe de Estado nomeia e demite os restantes membros do Governo sob proposta do Primeiro-Ministro. Pese o facto de, em ciclos de confluência (em que a maioria presidencial e a maioria parlamentar coincidem politicamente), o Presidente, como polo liderante do Executivo, ter na prática uma palavra decisiva na escolha de todos os ministros, já em ciclos de coabitação apenas poderá condicionar a escolha (influindo ou vetando) dos titulares da defesa e Negócios Estrangeiros, domínios em que a prática extrai da Constituição o cometimento poderes de orientação política ao Chefe de Estado[913].

Os artigos 14 e 15 da Constituição não atribuem explicitamente essas faculdades, limitando-se a referir, respetivamente, que o Presidente acredita embaixadores e é o chefe das forças armadas, presidindo aos conselhos de defesa nacional. O artº 52 atribuiu-lhe o poder de negociar e ratificar tratados. Uma longa prática que adveio do gaulismo e do uso de poderes de exceção ao abrigo do artº 16º (crise da Argélia) levou a um entendimento, segundo o qual, o Presidente teria um *domínio reservado* de direção da política externa e defesa nacional, o que envolve, a par do assentimento presidencial na escolha dos ministros e do alto comando militar: um sensível protagonismo na conceção das políticas dessas duas áreas; a nomeação de embaixadores; a última palavra no uso de armas nucleares e tomada de decisões sobre o envolvimento do País em conflitos armados exter-

---

[912] O Presidente, de acordo com uma prática constitucional, pode, em situações especiais, solicitar a demissão do Primeiro-Ministro num quadro de coabitação, sempre que é eleito ou reeleito e se segue, no imediato, uma eleição parlamentar (por força de dissolução ou de termo da legislatura). Por exemplo, em 2012 na sequência da sua vitória presidencial e da demissão do Governo conservador de Fillon, o Presidente socialista François Hollande dissolveu a Assembleia Nacional e nomeou interinamente um governo minoritário socialista de François Ayrault. Também em 2017, depois da sua vitória eleitoral, Macron aceitou a demissão do Primeiro-Ministro socialista, Cazeneuve, e nomeou um governo interino chefiado pelo gaulista moderado Edouard Philippe até às legislativas realizadas no mês seguinte.

[913] No Governo de Chirac em 1986, Mitterrand terá vetado duas propostas de nomeação para os dois cargos, numa exibição de poder, sendo escolhidos por consenso com o primeiro-Ministro dois outros titulares.

nos, assegurando igualmente presença em cimeiras diplomáticas internacionais como representante da República (tais como as cimeiras de chefes de Estado e de Governo da União Europeia) a par do Primeiro-Ministro[914].

Contudo na coabitação longa (Chirac/Jospin), o Primeiro-Ministro socialista procurou tornar claro ao Presidente que não lhe reconhecia um poder reservado de direção sobre esses domínios (dado que a Constituição o não preveria textualmente)[915] que seriam, quando muito, objeto de uma concertação institucional, sem prejuízo da última palavra caber ao Governo. O facto é que, volvida essa coabitação (que acabou com a derrota de Jospin nas presidenciais[916]), os presidentes voltaram a exercer esses poderes qualificados nas referidas áreas, nas quais deverá haver, necessariamente, em nova coabitação, uma relação cooperativa, sob pena de uma situação de anomia ou paralisia nas políticas de defesa e relações exteriores[917].

551. No uso de poderes de controlo político interorgânico sobre o Parlamento, perante o qual é irresponsável, o Chefe de Estado dispõe da faculdade de dissolver livremente a Assembleia Nacional (artº 12º da Constituição). É, igualmente, competente para vetar as leis parlamentares, assumindo o veto natureza meramente suspensiva, ficando o Presidente obrigado a promulgar os referidos atos se o Parlamento confirmar o diploma, para tal bastando a maioria simples. Compete-lhe mediante proposta do Governo ou dos parlamentares, abrir e encerrar sessões extraordinárias do Parlamento.

No âmbito das relações com o poder judicial pode conferir perdões, sujeitos a referenda do Primeiro-Ministro. Nomeia alguns dos membros do Conselho Constitucional, Conselho de Estado (que equivale ao Supremo Tribunal Administrativo) e Tribunal de Contas. E dispõe, igualmente, da faculdade de promover junto do Conselho Constitucional o controlo da constitucionalidade das leis.

---

[914] A Cimeira Europeia dos Chefes de estado e de Governo da União Europeia foi assim designada para acomodar o figurino constitucional francês.
[915] Cfr JAQUES LE GALL "La Troisième Cohabitation: quelle pratique des instituitions de la Cinquième République? In RDP-1-2000-p. 103.
[916] O candidato socialista foi batido não apenas pelo Presidente Chirac mas pelo líder de extrema-direita Jean Marie Le Pen que passou á segunda volta.
[917] Com efeito, o Presidente pode recusar a nomeação de ministros, membros do Alto comando, ratificação de tratados, nomeação de embaixadores, conferindo-lhe a lei, poderes sobre o arsenal nuclear. Um envolvimento militar no exterior sem a anuência do Presidente resultaria ser suicidária. Em último caso, o uso do poder de dissolução pode encerrar o conflito. Daí que o chamado *domínio reservado* deve ser lido, não como um poder absoluto de direção presidencial, mas sim como um poder de orientação sobre linhas estratégicas nessas áreas e o exercício de competências partilhadas com o Governo, mesmo em coabitação.

O Presidente exerce, ainda outras prerrogativas políticas de ordem arbitral ou moderadora. Assim, dispõe de iniciativa no plano da revisão constitucional e da convocação de atos referendários mediante proposta do Governo ou do Parlamento, sendo certo que em fases de confluência pode condicionar facilmente o Governo a formular a proposta.

Procede, nos termos do artº 13º, a um conjunto de designações para altos cargos públicos, e exerce funções arbitrais mais ou menos visíveis em termos de magistratura de influência. Pode declarar um estado excecional designado de "Plenos Poderes" (artº 16º) que equivale, virtualmente, a uma ditadura comissarial, apenas com precedente nos anos sessenta, durante uma já referida revolta militar na Argélia.

C. Governo

552. O Governo, como vimos, é nomeado pelo Presidente da República mas depende, quanto à sua subsistência em funções, da confiança política do Parlamento. O Governo responsabiliza-se diante à Assembleia Nacional (artº 49º), volvida uma deliberação nesse sentido, tomada em Conselho de Ministros, apresentando para o efeito o seu programa ou uma declaração política. O Parlamento pode responsabilizar politicamente o Governo, caso rejeite uma moção de confiança ou aprove uma moção de censura pela Assembleia Nacional, adotada pela maioria dos membros efetivos do órgão.

553. O órgão governativo determina e conduz a política da Nação, dirigindo a Administração e as forças armadas (artº 20º da Constituição).

554. Cabe ao Primeiro-Ministro, nos termos do artº 21º da Constituição, dirigir a ação do Governo, assumir a responsabilidade pela defesa nacional e fazer executar as leis, podendo ainda aprovar regulamentos e proceder a nomeações para cargos públicos. As suas decisões são referendadas pelos ministros encarregues da sua execução.

No tocante à constituição do Governo compete-lhe propor ao Presidente, a nomeação e demissão dos ministros e demais membros do Executivo. Embora o Presidente da República presida ao Conselho de Ministros, essa presidência consiste num ato essencialmente formal em ciclos de coabitação, já que compete inequivocamente ao Primeiro-Ministro dirigir o Governo e coordenar a atividade ministerial.

555. O Conselho de Ministros, no exercício das atribuições previstas no artº 20º delibera colegialmente. Na esfera da direção da atividade administrativa pode aprovar, a par de regulamentos de execução das leis, regulamentos de cará-

ter inovador[918], *os regulamentos independentes*, os quais dispõem sobre um domínio reservado (abrangem todas as matérias não cobertas pela reserva de lei, sendo vedado à lei parlamentar reger este domínio exclusivo de regulação normativa do Executivo, de acordo com o artº 37º da Constituição).

556. No plano legislativo, o Governo aprova, nos termos do artº 38º, legislação delegada pelo Parlamento (*as ordonnnances*) e é titular de iniciativa legislativa junto do segundo órgão (reservada em matéria financeira). Pode ainda decretar o estado de sítio, sujeito a prorrogação parlamentar, bem como o estado de emergência (declarado, sem especial eficácia, depois dos atentados terroristas islâmicos de 2015).

D. Parlamento

557. O Parlamento francês é bicameral, sendo composto por:

i) Uma Assembleia Nacional, operando como câmara baixa e contando com 577 deputados eleitos por um mandato de 5 anos em círculos uninominais, segundo uma forma de escrutínio maioritário, com a possibilidade de realização de duas voltas ;
ii) Um Senado, funcionando como câmara alta de representação das coletividades territoriais, composto por 348 senadores eleitos por um mandato de 6 anos, sufragados indiretamente, por um colégio de 150.000 grandes eleitores (num intrincado processo que envolve tanto o sufrágio proporcional como o sufrágio maioritário a duas voltas), renovando-se um terço do órgão em cada triénio.

558. O escrutínio eleitoral para a Assembleia Nacional gera, por via de regra, um sistema multipartidário tendencialmente bipolar, constituído por dois blocos formados por partidos interdependentes, que se alternam no poder em regime de alianças com partidos menores. Os referidos blocos têm sido liderados, à direita, pelo partido *gaulista* (presentemente o "Partido Republicano", que já foi designado antes como UMP, RPR e UDR) e, à esquerda, pelo partido socialista. A *Frente Nacional* de direita radical, pese o facto de constituir o terceiro partido mais votado, é prejudicado na representação parlamentar por estar excluído desse sistema de alianças. Como já foi assinalado, em 2017 este bipolarismo foi fraturado pela vitória de uma aliança centrista amplamente maioritária, afeta ao presidente Macron (cfr supra § 547).

---

[918] Embora subordinados aos grandes princípios da legislação ou do Direito.

559. A função legislativa é exercida pelas duas câmaras mas, em caso de discordância prolongada e oposição do Senado, não resolúvel por acordo entre elas em comissão de representação paritária, o Primeiro-Ministro pode arbitrar o conflito, diferindo a última palavra à Assembleia Nacional.

Embora os dois órgãos exerçam funções idênticas (em sede de revisão constitucional, de fiscalização política do Executivo, de impeachment do Presidente, de acompanhamento da política europeia, da autorização para a ratificação de tratados pelo Executivo e de autorização da guerra e ações militares no exterior), os poderes da Assembleia, no plano político, sobrelevam as do Senado. Com efeito, é diante da Assembleia Nacional que se efetua a responsabilidade política do Governo, seja mediante a apresentação de moções de confiança (usuais após a nomeação Presidencial do órgão executivo) seja através da votação de moções de censura.

560. O Presidente pode dissolver a Assembleia Nacional, mas não o Senado.

E. Aspectos relevantes da mecânica do sistema político

561. Depois de 1986, a relação de confluência ou de oposição entre as maiorias presidencial e parlamentar para a Assembleia Nacional constitui a componente dinâmica do sistema semipresidencialista e das suas duas cambiantes. Vejamos, nessa ótica, a mecânica do semipresidencialismo francês desde essa data.

1º. Presidente da República é titular de um importante acervo de poderes. É uma das cabeças do Executivo e goza de uma legitimidade reforçada devido à eleição por sufrágio universal.

Exerce dois poderes relevantes, típicos do semipresidencialismo: nomeia o Primeiro-Ministro e dissolve livremente a Assembleia Nacional (seja como sanção, como de Gaulle após a moção de censura contra o Governo; seja como exercício moderador para criar uma maioria pró-presidencial no Parlamento, como sucedeu com uma boa parte dos presidentes; seja, ainda, como instrumento de confirmação e reforço da maioria, como ocorreu com Chirac, num ato falhado).

Ainda assim a natureza de "monarca eleito" sofreu uma relativa dessacralização e atenuação estatutária, com a redução do tempo de mandato, fixação de limites à reeleição e, sobretudo, a emergência de cenários inéditos de coabitação, desde 1986, que criaram para alguns, uma presidência diminuída e para outros, apenas uma mitigação da preponderância presidencial no sistema político.

2º. O eixo de geometria variável formado pelo Presidente e pelo Primeiro-Ministro marca a forma de governo semipresidencial da V República. Embora o sistema não tenha sido originariamente pensado para operar nesses termos, a latitude dos poderes presidenciais junto do Governo depende da sintonia da maioria eleitoral que o elegeu com a maioria política que impera na Assembleia Nacional.

Se a maioria presidencial coincide com a maioria Parlamentar (cenário de confluência), o Presidente é o verdadeiro líder do Executivo e, indiretamente, o líder desse bloco parlamentar maioritário. Escolhe livremente o Primeiro-Ministro e acaba, na sua relação de preponderância sobre o chefe do Governo, por induzir à escolha de todos ou de uma boa parte dos ministros. Mesmo não havendo disposição constitucional que o consagre, criou-se um costume segundo o qual o Presidente provoca a demissão do Primeiro-Ministro, solicitando-lha (cfr supra § 550)[919].

Liderando o poder Executivo, traça as linhas políticas de ação governativa e da agenda parlamentar. O Primeiro-Ministro constitui o seu articulador, por excelência, mas o seu maior ou menor peso depende, para além de aptidões e carisma próprio, do perfil de liderança do Presidente.

A maioria dos Presidentes prefere atuar como monarcas dualistas (mormente De Gaulle, Pompidou, Giscard e Mitterrand) não assumindo os custos da governação e substituindo os chefes de Governo em conjunturas impopulares. Ainda assim, enquanto de Gaulle prestigiou o poder de Georges Pompidou que foi seu sucessor e Giscard teve uma relação conflitual surda com o turbulento Chirac (que liderava o principal partido da coligação governamental), prestigiando contudo o centrista Raymond Barre que sucedeu ao primeiro, já Mitterrand mudou de primeiro-ministro como de camisa, subsidiarizando os titulares do cargo[920] e onerando-os com os custos populares da governação, demitindo-os sempre que pretendia inaugurar um novo ciclo.

Outros lideraram a ação governativa mas conferiram autonomia a Primeiros-Ministros moderadamente fortes (caso Chirac com Juppé, Balladur, Raffarin e Villepin) ou foram forçados a partilhar o poder com um Primeiro-Ministro afirmativo, por debilidade política própria, desprestígio público e falta de controlo sobre o partido presidencial (caso de Hollande com o Primeiro-Ministro Valls).

Finalmente, noutros casos, os Presidentes preferem atuar como se fossem Primeiros-Ministros, entrando nas minudências da governação e sofrendo o atrito das políticas mais impopulares do Governo que lhe serão imputadas, como foi o caso do Presidente Nicolas Sarkozy que terminou o mandato em 2012, com um apoio público inferior ao do seu Primeiro-Ministro, François Fillon (que geriu

---

[919] De Gaulle nomeou 3 primeiros-ministros; Pompidou 2; Giscard D'Estaing, 2; o socialista Mitterrand 5, em confluência, e 2 em coabitação; Chirac 3 em confluência e 1 em coabitação; Sarkozy 1; Hollande 2; e Macron 1, em 2017.

[920] De entre outros, nomeou o seu crítico Michel Rocard para o "queimar" no exercício de funções. A forma como o último Primeiro-Ministro em confluência, Beregevoy, foi tratado te-lo-á levado ao suicídio.

com estoicismo o apagamento do seu protagonismo e o próprio desdém presidencial[921]), tendo o seu híper-ativismo político custado a respetiva reeleição em 2012.

Já em coabitação (coexistência entre duas maiorias políticas diferentes ou rivais na Presidência e na Assembleia Nacional), em que o Presidente enfrenta uma maioria parlamentar adversa e um Governo saído dessa maioria, o Chefe de Estado é forçado a "partilhar", assimetricamente, em seu desfavor, a liderança do Poder Executivo com o Primeiro-Ministro que opera de direito mas também de facto, como Chefe do Governo. Foi o caso da relação do Presidente socialista Mitterrand com os Primeiro-Ministro gaulistas Chirac, em 1986, e Balladur em 1993, bem como do Presidente Chirac, com o Primeiro-Ministro socialista Jospin, em 1997.

A própria escolha do Primeiro-Ministro é condicionada, sobretudo se houver uma coligação maioritária com um líder claro. Nunca sucedeu, desde 1962 até 2017, uma situação em que o Presidente pudesse arbitrar a escolha do Primeiro-Ministro e do Governo, frente a uma Assembleia Nacional fragmentada em que nem a aliança de esquerda nem a de direita não dispusessem de maioria. Tal poderá um dia suceder em caso de crescimento em deputados de uma terceira força, ou no caso da eleição de um presidente cujo partido entre em cisão e se desagregue noutras formações.

Embora presida ao Conselho de Ministros, o Presidente não lidera o Executivo e deve concertar com o Primeiro-Ministro a ordem de trabalhos. A presidência do órgão colegial do Governo neste contexto, revela-se anacrónica e disfuncional, pois não faz sentido que o líder real da oposição (o Presidente) tome assento nas sessões do Governo, conheça a sua agenda política em detalhe e se pronuncie permanentemente sobre as suas decisões colegiais. Trata-se de um cenário que recorda o filme de Joseph Ruben "Dormindo com o Inimigo". Tal conduz a que o Governo crie uma agenda para grandes deliberações tomadas na presença do Presidente e uma agenda preparatória reservada resultante da articulação entre o Primeiro-Ministro e os ministros.

É, na verdade o Primeiro-Ministro quem, em coabitação, dirige o Governo não podendo o Presidente forçar nesse ciclo político a demissão do Primeiro-Ministro (salvo o momento posterior a uma eleição presidencial e o termo da legislatura, como vimos supra § 550, nota), perante quem não tem legitimidade para exigir uma carta de demissão não datada, como o faz em cenários de con-

---

[921] Sarkozy ter-se-ia referido ao seu leal Primeiro-Ministro, nos anos finais de mandato como "Mr Nobody". Em 2016 Fillon obteve a frio a sua vingança tardia, derrotando Sarkozy em eleições primárias para a candidatura gaulista à presidência da República. Tratou-se de um êxito efémero pois foi batido na primeira volta das presidenciais, em 2017, por Macron (centrista) e Marine le Pen (Frente Nacional).

fluência antes da nomeação. O centro de direção política desloca-se para o binómio Governo-Parlamento.

Embora se fale em *Presidência diminuída*, o Chefe de Estado conserva poderes importantes, pelo que o sistema semipresidencial nunca é afetado no seu pendor presidencial, que surge nesta fase apenas mitigado. Durante a coabitação, o Presidente pode vetar os candidatos a ministros da defesa e relações externas (como fez Miterrand), reforça o protagonismo na condução da política externa e de defesa em concerto com o Governo, exerce faculdades moderadoras (veto e controlo de constitucionalidade) e poderes arbitrais (comunicações, mediações e negociações políticas). O Presidente dispõe, contudo, de uma "espada de Dâmocles" sobre o Governo e a maioria parlamentar que é o poder de dissolução da Assembleia Nacional, o qual lhe permite mudar de ciclo político.Com efeito, a arma mais poderosa do Presidente no uso das suas faculdades moderadoras é o poder (ou a ameaça) de dissolução que é livre. Ora, em coabitação, o Presidente espreita sempre, com maior ou menor discrição,o momento oportuno para por termo à maioria governativa[922].

Registaram-se vários tipos de coabitação, atento grau de tensão relacional do Presidente com o Primeiro-Ministro. A primeira, que envolveu Mitterrand e Chirac em 1986 (rivais em duas eleições Presidenciais) foi conhecida pela *"coabitação dura"*, em que o Governo impôs a abolição da política coletivista e estatizante de Mitterrand, revogando leis fiscais e privatizando empresas, contra a vontade do Chefe de Estado. A segunda, em 1993, envolvendo Mitterrand e o gaulista moderado e palaciano, Edouard Balladur, foi conhecida pela *coabitação doce*, atentas as relações deferentes entre as duas cabeças do Executivo e a ausência de poucas políticas reformistas afrontativas do Chefe de Governo. A terceira, entre Chirac e Lionel Jospin, em 1997, foi conhecida pela *"coabitação longa"* por ter durado 5 anos. Compreendeu uma primeira fase de apagamento do Presidente e de reforço claro do Governo e uma segunda de reequilíbrio de poderes e de algum atrito, coincidindo com a preparação da reeleição do Presidente em 2005[923].

3º. A Assembleia Nacional sempre foi, operativamente, o elo mais fraco do sistema, sem prejuízo de ter recuperado algum protagonismo desde 1969, com Pompidou, o qual reconheceu explicitamente que o Governo subsistia graças à confiança parlamentar.

---

[922] Ainda não sucedeu um cenário embaraçoso em que depois de uma dissolução, o Presidente se tenha confrontado com a confirmação nas urnas da mesma maioria parlamentar.
[923] Que culminou, tal como foi referido supra, com a derrota do Primeiro-Ministro, também candidato às presidenciais.

Sintomaticamente, durante cerca de seis décadas, só um governo foi derrubado por uma moção de censura no Parlamento e, à época, o resultado foi demolidor para a Assembleia Nacional que, após ter sido dissolvida por de Gaulle, retornou com uma composição dócil ao Presidente.

O sistema eleitoral já descrito (§ 294) favoreceu, até 2017, um bipolarismo na representação parlamentar, com coligações sempre maioritárias dirigidas por um partido dominante que, salvo num caso, tem sido sempre o *partido presidencial* nos cenários de confluência.

A estrutura e a dimensão eleitoral do partido presidencial são cruciais, pois a existência de uma maioria parlamentar de apoio ao Governo e ao Presidente é a chave da estabilidade do Executivo, que passa, ordinariamente, por uma maioria parlamentar dócil e carimbante (à direita) ou por um bloco mais negociado mas usualmente leal (à esquerda). Existem por vezes frondas da ala esquerda do Partido Socialista (patentes na Presidência de François Hollande) que, contudo, nunca envolveram uma cisão formal.

Ocorreu num único caso, durante a Presidência de Giscard D`Estaing, um cenário em que o partido presidencial não era o mais importante na coligação. Giscard era apoiado por uma coligação de partidos centristas (UDF) menos numerosa que o partido gaulista (UDR/RPR). Foi forçado a coexistir com o líder gaulista Jacques Chirac que ascendeu a Primeiro-Ministro numa partilha de poderes surdamente conflitual que atenuou a liderança do Presidente mas que culminou com a demissão voluntária do Primeiro-Ministro. Já na segunda fase do seu mandato o Presidente escolheu Barre, um universitário centrista para Chefe de Governo, recuperando a sua ascendência mas tendo de se defrontar no Parlamento com um parceiro maioritário instável que o não o apoiou na primeira volta das presidenciais de 1981, as quais o mesmo Chefe de Estado perdeu.

A já aludida desagregação da estrutura do sistema partidário da V República nas eleições presidenciais e parlamentares de 2017 e a duvidosa coesão política, a prazo, do novo partido presidencial turbinado artificialmente pelo Presidente centrista Macron, prenunciam uma nova dinâmica partidária da V República, com uma aliança maioritária e quase hegemónica de difícil gestão interna e oposições fracas e volúveis, *sem prejuízo da lógica gaulista de confluência entre Presidente/Governo/maioria não ter ficado abalada, tanto pelo resultado imediato das eleições, como pelo seu impacto desestruturante no sistema partidário.*

Pese a sua menor preponderância, o Parlamento releva tanto ou mais do que o Presidente para a formação do Governo, realidade que sucede com quase todos os semipresidencialismos (embora com muito menor grau no sistema de governo da Rússia, dado o peso institucional superlativo conferido ao Chefe de Estado). Na verdade, praticamente todos os governos da Vª República resultam de uma maioria parlamentar e de maiorias parlamentares absolutas, as quais operam como suporte de um Executivo presidencializado (em confluência) ou como apoio ao Governo e contrapoder em relação ao Presidente (em coabitação).

2.2. Nota sobre subtipos hiper-reforçados e atenuados de semipresidencialismo

2.2.1. Semipresidencialismos "cesaristas" ou com pendor presidencial "hiper-reforçado": o paradigma russo

A. Constituição

562. A Constituição da Federação Russa de 1993, que substituiu a Constituição soviética de 1978, foi aprovada por plebiscito[924], no contexto da acidentada crise política de 1993, na qual o Presidente reformista Boris Yeltsin procurou dissolver em estado de necessidade e à margem da legalidade vigente, um Parlamento dominado por forças comunistas e extremistas que entrara em rebelião contra a autoridade presidencial e intentava contra esta um atrabiliário processo de impeachment. O edifício foi assaltado por forças militares, num "auto-golpe de Estado" ou "contragolpe de Estado" e iniciou-se a entronização da nova institucionalidade.

563. A Rússia define-se como uma República Federativa fundada no voto popular e no multipartidarismo (artº 13.3), não assumindo o Estado qualquer ideologia oficial (artº 13.2). De qualquer forma, a expressiva concentração de poderes num Executivo muito personalizado, a pronunciada restrição dos direitos políticos das forças de oposição que contestam o próprio regime, a faculdade de cassação de certas candidaturas opositoras e o domínio dos principais órgãos de comunicação social pelo aparelho de Estado[925] faz situar o Regime político da Federação Russa no universo das *democracias autoritárias*.

---

[924] Embora alguns falem em referendo, o texto constitucional não foi elaborado por uma Assembleia Constituinte eleita democraticamente mas por uma comissão da confiança do governo, tendo posteriormente sido adotada, com algumas alterações, por uma "Convenção" constituinte formada por representantes, na maioria não eleitos, de um conjunto de instituições (tais como regiões, organizações e partidos, bem como o comité constitucional do Congresso dos Deputados que apresentou um texto alternativo), sendo, subsequentemente, submetida a voto popular.
[925] Sem prejuízo da subsistência de rádios e jornais afetos à oposição.

564. A Constituição de 1993 é rígida[926], envolve limites materiais e é garantida por um Tribunal Constitucional.

B. Sistema político

565. Embora muitos qualifiquem o sistema político como um "super-presidencialismo" ou um presidencialismo atípico (com influência constitucional norte-americana e francesa) as características constitucionais da forma do governo aproximam-na do *semipresidencialismo com um pendor presidencial hiper-reforçado*[927]. Enquanto na Presidência de Boris Yeltsin o sistema exibiu um pendor puramente presidencial com total apagamento do Primeiro-Ministro, no período subsequente, que correspondeu à liderança de Vladimir Putin, o mesmo sistema revelou um certo grau de *geometria variável* nas relações entre Presidente e Chefe de Governo, ditado por condicionantes conjunturais ligadas à ideossincrasia do líder que, "de facto", dominou a política russa na última década e meia. A prática política e a personalização do poder real moldou a dinâmica do sistema político na Constituição e para além dela.

566. Com efeito, estão presentes na Constituição de 1993 traços formais do semipresidencialismo, a saber:

i) A eleição do Presidente da federação mediante sufrágio universal direto (com a possível realização de duas voltas), por um mandato de 6 anos, havendo a possibilidade de se poder recandidatar a um mandato consecutivo);

ii) A existência de uma diarquia entre Presidente e Primeiro-Ministro no exercício do poder Executivo;

iii) A existência de uma dupla responsabilidade do Primeiro-Ministro ante o Presidente (que o nomeia e o pode demitir) e a Duma, a qual funciona como câmara baixa do Parlamento, investida no poder de ratifi-

---

[926] As leis constitucionais são aprovadas por maioria de dois terços da Duma e três quartos dos membros do Conselho federal.

[927] Cfr, em geral, M. LESAGE "La Constitution Ruse du 12 Decembre 1993 et les Six Premires Mois du Système Politique" in Rev-Dr. Pub"-1994-p. 1741; BOBOTOV "Séparation des Pouvoirs en Russie à la Lumiére de la Constitution de 1993- in "Stud. Parl e Polit. Cost-1994-p. 39; L.A OKUNKOV "Il Presidente dela Federazione di Rusia- Costituzione et Pratica Politica"-Mosca-1996; VOLPI "Le Forme di Governo Contemporanee" in "Quaderni Costituzionali"-Ano XVII-2-1997-p. 249; MARIO GANINO "Oltre il Semipresidenzialismo: il modelo dela Rusia post soviética"- in AAVV "Presidenzialismi"-op. cit, p. 185 e serg; M. MORINI "Rusia: dalla costituzione ala prassi politica" in AAVV "Capi di Governo"-org. Pasquino-Bologna-2005-p. 217 e seg.

car a nomeação presidencial do Primeiro-Ministro e de aprovar moções de censura por maioria absoluta, das quais pode resultar a demissão do Governo[928];

iv) A faculdade presidencial de dissolver a Duma, embora nos limites fixados pelos artºs 111 e 117, nomeadamente: se esta rejeitar por três vezes o candidato do Presidente a Primeiro-Ministro; no caso de serem aprovadas consecutivamente duas moções de censura ao Governo e o Presidente optar por não demitir este último; ou na circunstância de rejeição pela Duma de uma moção de confiança e o Presidente optar por não demitir o Governo).

567. O *Presidente da Federação Russa,* para além das competências expostas, dispõe de poderes executivos relevantes, nomeadamente: fixando diretrizes políticas sobre o funcionamento do Governo (a cujas sessões pode presidir por direito próprio e cujos membros nomeia e demite sob proposta do Primeiro-Ministro); desempenhando as funções de comandante supremo das forças armadas; ditando a política de segurança e nomeando e demitindo o alto comando militar; dirigindo as políticas externa e de defesa; exercendo poderes de coação e intervenção nos estados federados; convocando atos referendários; e declarando o estado de emergência.

568. No plano normativo, pode aprovar decretos que se devem subordinar à Constituição e às leis federais, exerce a iniciativa legislativa junto do Parlamento e promulga os atos legislativos, exercendo o direito de veto, que pode ser revertido por maioria de dois terços das duas câmaras parlamentares

569. O *Governo,* coordenado pelo Primeiro-Ministro, exerce o poder Executivo e segue as linhas político-programáticas traçadas pelo Presidente, devendo demitir-se sempre que um novo Presidente tomar posse,

570. O *Parlamento* é bicameral, sendo composto:

- Pela *Duma* (câmara baixa) com 450 deputados eleitos por um mandato de 5 anos, por sufrágio universal, mediante uma forma de escrutínio misto (maiori-

---

[928] De acordo com o artº 117-3 da Constituição, o Presidente pode demitir o Governo censurado ou rejeitar a moção de censura da Duma. Mas se esta aprovar uma segunda moção de censura, o Presidente é obrigado, no contexto de uma arbitragem necessária, a optar entre demitir o Governo ou dissolver a Duma (trata-se de uma clara influência gaulista, muito presente na crise de 1962). Um regime idêntico é aplicável à submissão de moções de confiança à Duma pelo Chefe de Governo

tário e proporcional) integrando a lista proporcional uma cláusula de barreira de 7%[929] (encontrando-se nela representados 6 partidos após as eleições de 2016[930]).

- pelo *Conselho da Federação* (câmara alta que representa os estados federados) composto por 2 deputados por cada estado (um, designado pelo poder legislativo e outro pelo poder executivo dessas entidades).

571. As câmaras exercem a função legislativa e poderes de controlo político. Por iniciativa da Duma, o Conselho da Federação pode destituir o Presidente por via de um processo de impeachment no caso de prática de crimes de alta traição ou crimes graves, não especificados na Lei Fundamental. As decisões de ambas as câmaras sobre esta questão devem ser adotadas por maioria de dois terços.

C. Mecânica do sistema de governo

572. Pese o facto de se falar numa "hiperpresidencialização" do sistema político, o facto é que, no plano constitucional, ele distingue-se do figurino Presidencial observado supra § 270 e seg: existe diarquia no Executivo entre Presidente e Primeiro-Ministro; o Governo é politicamente responsável perante o Presidente e a Duma; e o Presidente pode dissolver a Duma. Existem, deste modo, os traços estruturantes do semipresidencialismo, embora num figurino muito próprio.

Vejamos pois.

1º. Estatutariamente, o Presidente é o principal ator do sistema político, o qual foi configurado para que o Governo dependa inteiramente da sua confiança e direção. De todo o modo, o mesmo Presidente pode distanciar-se o suficiente do desgaste da atividade governativa para poder mudar de Primeiro-Ministro se lhe for conveniente, como sucede com o semipresidencialismo francês, em estado de confluência política entre a Chefia do Estado, o Governo e a maioria parlamentar.

Na circunstância de enfrentar uma Duma hostil, o Presidente tem a possibilidade de a dissolver no caso de esta enfrentar o Governo com duas moções de censura consecutivas (poder, inexistente no sistema presidencial americano mas que na Rússia, opera menos livremente do que em França).

---

[929] Embora se permita uma representação de 1 lugar a partidos que obtenham entre 5% e 6% e de 2 lugares, aos que obtiverem entre 6% e 7%.

[930] Estra foi a representação parlamentar no contexto das eleições de 2016:*Partido da Rússia Unida* (conservador nacionalista) 343 assentos; *Partido Comunista* (marxista-leninista) 42; *Partido Liberal* Democrático (extrema-direita) 39; *Rússia Justa* (social-democrata, integrando a Internacional Socialista) 23; *Rodina* (extrema-direita) 1; *Plataforma Cívica* 1 (Liberal-conservador). Em 2012 havia mais de 40 partidos registados e 11 daqueles que não conseguiram ser eleitos para a Duma tiveram, todavia, representação nos parlamentos dos entres federados.

Já o veto qualificado que possui (reversível por dois terços em ambas as câmaras) aproxima o sistema do presidencialismo americano. Possui, igualmente, poderes arbitrais entre Primeiro – Ministro e Duma e entre a federação e os territórios federados.

2º. A Duma não é, estatutariamente, um puro parlamento carimbante: conserva importantes poderes legislativos, pode recusar o Primeiro-Ministro indigitado pelo Presidente e pode censurar o Governo, acarretando a sua queda se o Presidente arbitrar o diferendo em seu favor (um traço semipresidencial). No limite, inicia um processo junto do Conselho Federal para destituir o Presidente pela prática de crimes graves.

3º.- A prática revela estarmos diante de um "semipresidencialismo czarista" *marcado pela personalidade do líder político real do País,* consonante com a tradição autocrática unipessoal russa, tendo-se observado, desde 2000 a 2016, uma dinâmica de *rotação no pólo dominante do Executivo,* entre Presidente e Primeiro-Ministro, e que depende do titular que ocupa o cargo.

4º. Configurada estatutariamente a forma de governo nos termos expostos, regista-se que o Presidente Vladimir Putin tem moldado a mecânica comportamental e a dinâmica do sistema à imagem do seu projeto político de poder. De 2000 a 2008 exerceu funções presidenciais numa liderança concentrada e decisionista. Não podendo, por razões constitucionais, reeleger-se nesse ano, apoiou a eleição de um político da sua estrita confiança, o Primeiro-Ministro Medvedev, para a Presidência, sendo posteriormente por este nomeado Primeiro-Ministro à frente de uma coligação liderada pelo poderoso partido *Rússia Unida* (nacionalista e conservador). Nesse período o Presidente Medvedev limitou-se a assumir poderes mitigadamente moderadores e predominantemente representativos e certificatórios[931] e o fulcro do poder Executivo deslocou-se para o Primeiro--Ministro Putin. Em 2012 Putin reelegeu-se Presidente e Medvedev regressou ao cargo de Primeiro-Ministro passando de novo o sistema a presidencializar-se.

O sistema tem, deste modo, operado na base de um eixo de dependência ou interdependência entre Presidente e Primeiro-Ministro. Ele foi idealizado para que o Primeiro-Ministro dependesse do Presidente mas não para que o Primeiro--Ministro e o Presidente trocassem posições de liderança em razão do carisma e do poder real dos titulares. Ainda assim, adaptou-se realisticamente a esta última dinâmica que não afronta a letra da Constituição, cabendo nas possibilidades que as suas aberturas permitem.

5º. A arquitetura constitucional tão pouco foi pensada para que o Presidente e um Primeiro-Ministro suportados em maiorias eleitorais e políticas diferentes

---

[931] Que relembram o protagonismo presidencial nos semipresidencialismos de pendor governativo ou parlamentar.

ensaiem uma coabitação à francesa (coabitação tão pouco pensada pelos arquitetos da Constituição da V República em França). Tal poderia, em tese, ocorrer se a Duma fosse maioritariamente dominada por partidos opositores do Presidente, dispondo este, nesse contexto, de um leque de possibilidades de atuação, a saber: i) Nomear um Primeiro-Ministro da oposição consonante com a maioria da Duma e presidir, mesmo assim, ao Governo, como sucede em França; ii) Nomear um Primeiro-Ministro da sua confiança e arbitrar conflitos entre um Governo minoritário e uma Duma dominada por maioria contrária, com algumas aproximações aos velhos sistemas de chanceler; iii) Dissolver a Duma se esta aprovar moções de censura a um Primeiro-Ministro da sua confiança que enfrente politicamente o Parlamento.

Contudo, o sistema eleitoral para a Duma (supra § 310) foi gizado para favorecer um partido hegemónico pró-presidencial, o qual tem colocado o Parlamento como componente institucional mais débil do sistema.

2.2.2. O semipresidencialismo de pendor parlamentar reforçado: apontamento sobre o caso austríaco

573. A Constituição austríaca de 1920, reformada em 1929, consagra uma República federal servida por um sistema político que muitos qualificam de semipresidencialista.

Na verdade, se na sua versão originária, a Constituição colocou o enfoque dominante do poder na instituição parlamentar, já na reforma de 1929 o decisor constitucional optou por uma valorização do papel do Presidente da República, reequilibrando o sistema político[932]. Este reequilíbrio colocou o sistema de governo na fronteira entre o parlamentarismo e o semipresidencialismo, havendo autores que o classificam de uma forma ou de outra.

---

[932] Cfr. sobre o sistema de governo austríaco, FRIEDRICH KOJA "La Posizione Giuridica e Politica del Presidente dela Repubblica Austriaca" in AAVV –"Semipresidenzialismi", op. cit p. 61. Cfr. também M WELAN "Der Bundespräsident in System der Österreichisschen Bundesverfassungs"- FS 75 Jahre B-VG-Wien-1995 e "Das Österreichische Staatsoberhaupt"--Wien-1986; KURT HELLER "Outline of Austrian Constitutional Law"-Deventer-1989; HAINZ SCHÄFFER "Il Federalismo Austriaco: Stato e prospettive"- Quaderni Costituzzionali-1996-p. 137 e seg; WOLFGANG MÜLLER " Austria" in AAVV "Semipresidentialism in Europe"org R ELGIE –Oxford-1999-p. 22 e seg e "Austria: Tight Coalitions and Stable Government" in AAVV "Coalitions Governments in Western Europe"-Oxford-2003-p 86 e seg;-GIAMPAOLO PARODI "La Germania e Austria"- in AAVV "Diritto Costituzionale Comparato"-2009-op. cit; PEDRO SANTANA LOPES-J.M DURÃO BARROSO "Sistemas de Governo e Sistema Partidário"- Lisboa-1980.

A. Constituição

574. A Constituição austríaca consiste num texto não instrumental (sendo composta não por uma, mas por uma pluralidade de leis e até por uma convenção internacional), dotado de caráter rígido (pois as alterações comuns carecem de aprovação por maioria de dois terços no Conselho Nacional), prevendo-se a convocação de um referendo para a introdução de alterações "fundamentais", como foi o acaso da adesão à União Europeia, em 1995. Existe um movimento interpartidário que tem procurado um consenso para codificar as leis constitucionais ou mesmo para que seja elaborada uma nova Constituição, dada a dispersão de normas avulsas.

A Lei Fundamental é garantida por um Tribunal Constitucional, segundo o modelo idealizado por Kelsen, e que consistiu no primeiro paradigma europeu de jurisdição concentrada de defesa da Constituição.

B. O Sistema Político

a) Plano estatutário

575. No plano puramente jurídico, o sistema austríaco reúne traços fundamentais do semipresidencialismo[933], já que:

i) O Presidente é eleito por sufrágio universal (com a possibilidade de realização de duas voltas), com um mandato de 5 anos e a faculdade de ser reeleito apenas para um novo mandato consecutivo;
ii) Existe uma diarquia no exercício do poder Executivo entre o Presidente (que é explicitamente uma componente desse Executivo) e o Chanceler, que chefia o Governo Federal;
iii) O Presidente tem o poder formal de nomear o Chanceler sem limites expressos na Constituição e pode, igualmente, demitir por sua iniciativa, tanto Governo como os ministros individualmente considerados (artºs 70, 74, 78 B-VG);
iv) O Governo depende da confiança política do Conselho Nacional (câmara baixa do Parlamento o qual conta, igualmente, com o *Bundesrat*, uma câmara alta de representação dos estados);
v) O Presidente pode, com estritos limites, dissolver o Conselho Nacional podendo mesmo fazê-lo por sua própria iniciativa, uma única vez,

---

[933] HAINZ SCHÄFFER "Il Federalismo Austriaco: Stato e prospettive"- ult. loc cit.

com base no mesmo fundamento; contudo a marcação de novas eleições depende do acordo do Governo (artº 29 B-VG).

576. O Presidente, que se encontra investido no papel de comandante supremo das forças armadas, só pode vetar leis com fundamento na sua incompatibilidade formal com a Constituição. Nomeia altos funcionários e juízes do Tribunal Constitucional, promove a fiscalização constitucional de normas e dispõe do poder formal de concluir tratados internacionais.

b) A dinâmica parlamentar do sistema

577. O costume e as convenções constitucionais assumem um enorme peso no funcionamento do sistema político na Áustria, mitigando a literalidade das normas constitucionais escritas e conferindo à forma de governo uma dinâmica parlamentar.

1º. Em virtude da prática política consolidada, o Presidente exerce funções essencialmente cerimoniais, certificatórias, limitadamente arbitrais e apenas residualmente moderadoras.

Embora ramo do poder Executivo, o Chefe de Estado coloca-se numa posição supra-institucional e de não interferência da atividade governamental, assumindo o Chanceler o papel de órgão dirigente da atividade governativa. O poder de demissão do Chanceler e dos ministros por vontade unilateral do Presidente nunca foi exercido e, caso o visse a ser, fraturaria o espírito do consenso que se sedimentou sobre a prática política.

Dispondo do poder de designar o Chanceler, o Presidente não detém grande margem de escolha no caso de existir um partido dotado de uma maioria monopartidária no Conselho Nacional ou uma coligação amplamente maioritária. Isto não significa que não disponha de autonomia de decisão ante um Parlamento fragmentado: em 1970 o Presidente decidiu investir em funções um governo minoritário.

Por outro lado as suas funções moderadoras podem condicionar a formação do Governo.

Já foi referido neste escrito que, no ano 2000, o Presidente Klestil foi confrontado com uma coligação entre o OVP (*Partido Popular* de tendência cristã conservadora) e o FPÖ (*Partido de Liberdade,* de direita radical eurocética e nacionalista que obtivera o segundo lugar em número sufrágios na eleição legislativa). O Presidente, como condição para viabilizar a coligação, obrigou os dois partidos a assinarem um acordo de aderência a valores europeus e democráticos e recusou a nomeação de dois ministros conotados com a extrema-direita do FPÖ para postos no governo. Este poder seria impensável num sistema puramente parlamentar.

Quanto ao poder de dissolução do Conselho Nacional, o Presidente nunca optou por fazê-lo por iniciativa exclusiva, tendo o costume ligado o ato de dissolução presidencial a uma prévia solicitação do Chanceler.

2º O Governo constitui a instituição predominante. Nos períodos em que o Governo integrava um só partido ou integrava um parceiro menor em coligação, o Chanceler exercia um poder monocrático. Já a partir do momento em que se formaram, grandes coligações dos dois maiores partidos o Chanceler reduziu os seus poderes e o Executivo assumiu uma maior colegialidade (e conflitualidade interna, a qual se agravou com a última grande coligação terminada em 2017) .

3º A câmara baixa do parlamento articula-se com a orientação do Governo, mas passam por ela negociações entre os partidos da coligação. Por regra, os governos raramente são censurados no Parlamento sem prejuízo dessa queda ser inevitável quando se desmorona a coligação.

O sistema eleitoral austríaco para o Conselho Nacional (composto por 183 deputados, com um mandato de 4 anos), caracteriza-se pela adoção de uma forma de escrutínio de base proporcional apurada em 9 círculos eleitorais[934] que posteriormente se subdividem numa pluralidade de distritos eleitorais, segundo um sistema complexo que envolve o método *Hare,* aplicável aos mandatos da quota nacional e corrigido pelo método de Hondt. Impera, igualmente, como elemento racionalizador, uma cláusula barreira de 4% que elimina a representação de micro-partidos. A forma de escrutínio eleitoral, alterada por diversas vezes, criou durante algum tempo um sistema bipartidário imperfeito entre sociais democratas (SPÖ) e cristãos conservadores (OVP), emergindo o Partido da Liberdade (FPÖ), ainda na sua versão centrista, como formação de charneira, um pouco como na Alemanha. Esse sistema gerou, desde 1966, governos monopartidários tendencialmente maioritários e dominados pelos sociais-democratas ou coligações destes com os liberais. A existência de governos maioritários reforçou o poder governamental sustentado no eixo comunicativo e fiduciário Governo-Parlamento, apagando-se o protagonismo do Presidente.

Desde o final dos anos oitenta, o Parlamento foi objeto de nova composição que fraturou o bipartidarismo com partido dominante, que até então imperava: os "Verdes" fizeram a sua entrada duradoura no Conselho Nacional; o FPÖ assumiu um ideário de direita nacionalista crescendo exponencialmente; e surgiram, mais recentemente, novas formações como o partido NEOS (liberal eurocético). A constituição de coligações de *bloco central* entre os dois maiores partidos (SPÖ/OVP) desde 2006, como forma de garantir a maioria no Conselho Nacional e reagir ao avanço do FPÖ, acentuou o pendor parlamentar do sistema e manteve o apagamento do protagonismo presidencial

---

[934] Cada círculo corresponde a um estado federado.

2.2.3. Nota sobre outros sistemas semipresidencialistas

578. Na América Latina, embora seja integrado usualmente na panóplia dos presidencialismos, o sistema peruano assume características típicas do semipresidencialismo com pendor presidencial. Com efeito:

i) O Presidente da República é eleito por sufrágio universal;
ii) Existe uma diarquia no Executivo, entre o Presidente, que preside ao Conselho de Ministros quando o pretender e um Primeiro-Ministro[935], que é nomeado e demitido Presidente, embora tenha a sua nomeação sujeita a ratificação do Congresso.
iii) O Congresso, a par da aprovação de moções de censura ao Governo pode aprovar ou rejeitar moções de confiança apresentadas pelo Primeiro--Ministro, decorrendo da sua rejeição a demissão do mesmo Governo;
iv) O Presidente pode, finalmente, dissolver o órgão Parlamentar no caso de serem aprovadas duas moções de censura ao Governo.

579. Na Europa e no Cáucaso existem diversas variantes do semipresidencialismo: é o caso da Polónia, Roménia, Croácia, Ucrânia e Geórgia. Na África democrática cumpre ressaltar a República de Cabo-Verde.

Subsecção IV. Nota Comparatística Sobre o Poder dos Chefes do Executivo nos Sistemas Políticos

1. Premissa

580. Constitui um exercício recursivo em Direito Constitucional comparado, a realização de um balanço sobre os poderes dos chefes dos Executivos integrados num conjunto de sistemas tomados como referência, tendo em vista a extração de conclusões sobre aquele que dispõe de um maior acervo de poderes na esfera político-constitucional. Ordinariamente esse ensaio envolve o binómio Primeiro--Ministro Britânico / Presidente Norte-Americano bem como o binómio Presidente Francês / Presidente dos Estados Unidos da América.

Sem prejuízo do interesse dessa operação comparativa, impor-se-á destacar a existência de fatores que relativizam uma seriação e uma graduação demasiado rígida. De entre os mesmos, relevam os cenários em que, independentemente

---

[935] A fórmula constitucional é a de "Presidente do Conselho de Ministros". A figura tem antecedentes noutras constituições anteriores, como a de 1856.

da importância das suas competências, um Chefe do Executivo é amparado por uma maioria parlamentar e aqueles em que esse suporte maioritário inexiste. Ganham expressão ainda outras situações mais fluidas, que não caberá desenvolver em pormenor, em que, por exemplo, sobressaem a relação de absoluto domínio do Chefe do Executivo em relação ao partido pró-governamental, a estrutura do sistema de partidos e a coesão do partido ou coligação de governo, as qualidades pessoais ou o carisma do líder do Executivo e a maior ou menor taxa de conflitualidade política e social.

2. Contributo para uma seriação das condicionantes de fortalecimento dos chefes do Poder Executivo

2.1. Pressupostos de uma classificação

581. Atento o discorrido na rubrica anterior, no respeitante aos poderes que se encontram em avaliação, cumpre destacar pela respetiva ordem decrescente de importância, os seguintes:

1º Direção monocrática do Chefe do Executivo sobre a sua composição e a atividade governativa;

2º. Capacidade do Chefe do Executivo fazer aprovar políticas públicas ínsitas no seu programa através do apoio de uma maioria parlamentar, dispondo de um apreciável grau de controlo sobre o principal partido governamental;

3º. Nível de independência política do chefe do Executivo em relação Parlamento (salvo impeachment);

4º. Faculdade livre ou discricionária de dissolução do Parlamento por esse titular;

5º. Poder de veto do Chefe de Estado sobre atos legislativos governamentais e parlamentares;

6º. Poderes de orientação e direção do Chefe do Executivo em matéria de política externa e defesa e nomeação de altos cargos públicos na Justiça, forças armadas e serviço diplomático.

582. Para que o exercício a que nos propomos se poder tornar mais objetivo, importa clarificar os critérios de medição que devem presidir à correspondente operação comparativa, a qual *envolve dois cenários:* um *primeiro*, em que existe uma identidade política entre o Executivo e a maioria parlamentar e outro em que essa identidade, ou não existe (sistemas presidenciais ou semipresidencialistas) ou existe parcialmente, assentando em alianças ou coligações heterogéneas (alianças parlamentares entre partidos rivais).

Atentemos na mecânica do exercício proposto.

Em primeiro lugar, os **poderes** supra descritos operam como *fatores de quantificação* do escalão de autoridade do líder do pode Executivo. Cada um desses **fatores** comporta uma intensidade variável seja quanto à natureza das competências atribuídas, seja quanto ao modo do seu exercício, podendo a medição ser feita através de dados quantitativos que designaremos de **"níveis"** e que se situam numa **escala de 1 a 5**.

Por exemplo, o nível 1 corresponde, no fator 3, a uma maior e mais acentuada dependência política do Executivo em face do Parlamento e o nível 5 ao estalão de menor dependência ou até a uma virtual independência (como sucede nos Estados Unidos).

Em segundo lugar, os 6 fatores têm, necessariamente pesos diferentes, como pressupostos do reforço da chefia do Executivo. O veto qualificado de um Presidente (veto superável apenas através de uma maioria parlamentar qualificada, como a de 2/3) é menos relevante para o desiderato descrito do que a chefia monocrática e direta do Governo pelo mesmo Chefe de Estado. Haverá, assim, que **atribuir elementos de majoração distintos aos seis fatores em apreciação**. Assim, cada um dos 3 primeiros fatores enunciados supra § 581 (1º, 2º, 3º e 4º), atenta a sua maior essencialidade política quando comparada com os demais fatores, deve ser objeto de uma majoração, através da multiplicação do valor numérico do "nível" atribuído individualmente ao tipo de poder exercido pelo Chefe do Executivo de um dado sistema político nessa matéria (numa escala de 1 a 5), pelo valor numérico de três (x3). Com efeito, a faculdade de o Chefe do Executivo constituir o Governo livremente ou com poucas condicionantes, dirigi-lo monocraticamente e liderar uma maioria parlamentar consonante com o mesmo Governo, fazendo-a aprovar leis e tratados concebidos pelo Executivo (fatores 1º e 2º) corresponde a uma *alta intensidade* no exercício de poderes de autoridade, significando a assunção de um primado inequívoco do Chefe do Executivo.

A impossibilidade de o Parlamento poder demitir o Executivo ou o seu Chefe por razões de confiança política (fator 3º) é igualmente muito relevante pois garante a estabilidade do mandato justificando uma igual majoração.

Não sem dúvidas, consideramos que o nível que venha a ser atribuído ao fator 4º pode ser majorado através um multiplicador de três (x3), dado implicar um domínio político do Chefe de Governo sobre a legislatura, provocando eleições antecipadas no momento político que julgue mais favorável, sobretudo se dispuser de uma maioria parlamentar coesa. Se bem que se trate de um poder passível de exercício por um órgão que não governa mas que atua como um elemento moderador, o facto é que permite desbloquear impasses políticos e evitar o drama do impeachment que por vezes é utilizado como forma de ultrapassar crises arrastadas e dispensivas.

Finalmente, os poderes identificados em 5º e 6º lugar, ligam-se, respetivamente, a faculdades de impedimento e direção política setorial que, pese a sua relevância pontual, não justificam uma verdadeira majoração, sendo o nível com que foram classificados, sujeito ao menor multiplicador (x1). O veto é um poder extraordinário, assim como o uso de armas nucleares e intervenções militares no exterior. E as políticas ordinárias de defesa e segurança, bem como certas nomeações de altos cargos são, frequentemente, objeto de co-decisões entre o Executivo e o Parlamento.

Em terceiro lugar, importa antecipar que, dado que o sistema russo envolve uma enorme concentração de poderes no Executivo (a qual oscila entre o Presidente e o Primeiro-Ministro em razão da força política fática da pessoa do titular que ocupa um desses dois cargos) e, dado ainda que o sistema brasileiro experimenta uma fase reposicionamento institucional até 2018, marcado por um atípico poder de controlo exercido pelos tribunais, considerámos que estas duas formas de governo não serão tomados como referência para a classificação que figura na rubrica seguinte. Esta limitar-se-á ao exame dos sistemas norte-americano, britânico, francês e alemão.

2.2. Seriação de Executivos apoiados por uma maioria parlamentar

583. Todas as classificações infra, correspondem a executivos suportados por maiorias parlamentares absolutas. Os poderes que se tomam como referência serão designados de "fatores " de reforço da liderança do Executivo.

Sistema Político	Chefe do Poder Executivo	Fator 1º Direção monocrática do Chefe do Executivo sobre a composição e atividade deste último	Fator 2º Capacidade de fazer aprovar programa de políticas públicas no Parlamento e controlo sobre partido governamental	Fator 3º Grau de independência política em relação ao Parlamento	Fator 4º Faculdade livre ou discricionária de dissolução do Parlamento	Fator 5º Poder de veto do Chefe de Estado sobre atos legislativos governamentais e parlamentares	Fator 6º Poderes de e direção em matéria de política externa e defesa e nomeação de altos cargos públicos	Totais Pontuação Total
		Fator de majoração: x3	Fator de majoração: x3	Fator de majoração: x3	Fator de majoração: x3	Fator de majoração: x1	Fator de majoração: x1	
Semi-presidencialista francês	Presidente	(3)x3=9	(4)x3=12	(4)x3=12	(5)x3=15	(1)x1=1	(4)x1=4	53
Parlamentar de gabinete britânico	Primeiro-Ministro	(4)x3=12	(5)x3=15	(3)x3=9	(3)x2=6	(5)x1=5	(5)x1=5	52
Presidencialista norte-americano	Presidente	(5)x3=15	4)x3=12	(5)x3=15	(0) (	(5)x1=5	(4)x1=4	51
Parlamentar reacionalizado alemão	Chanceler	(4)x3=12	(5)x3=15	(3)x3=9	(2)x2=4	(5)x1=5	(4)x1=4	49

As classificações atribuídas, que colocam o Presidente francês em cenário de confluência numa posição mais forte que outros chefes do poder executivo carece de clarificação.

1º. O Presidente francês encontra-se presentemente seriado num (improvável) primeiro lugar em cenário de confluência[936], fundamentalmente graças à descida da posição do Primeiro-Ministro britânico depois da reforma constitucional de 2011 (vide supra § 405).

O fator onde obtém uma maior pontuação de nível 15 (prevalecendo sobre os restantes chefes de executivo) reside na faculdade de dissolver livremente o Parlamento e mudar o ciclo político, acarretando essa decisão a mudança do Governo, de imediato ou a curto prazo, a alteração provável da composição parlamentar, por regra em seu benefício (ressalvadas algumas surpresas como as já descritas supra).

A sua ascendência sobre o Governo é efetiva, presidindo ao Conselho de Ministros e orientando a sua agenda política, nomeando e forçando a demissão do Primeiro-Ministro e conduzindo a escolha e a demissão dos ministros, mediante uma partilha assimétrica desse poder com o sobredito Primeiro-Ministro, transformado num articulador ou coordenador do Executivo sob a sua dependência política.

Não alcança, nesta função, contudo, o nível poder monocrático do Presidente americano na chefia do Governo (o qual dirige a administração à margem de qualquer colegialidade), nem a ascendência direta do Primeiro-Ministro britânico sobre o Gabinete e o partido maioritário. Sendo difícil a comparação com o Chanceler alemão, pese o facto de ambos obterem neste fator a mesma pontuação, dir-se-á que o fator de limitação da ação política do Presidente francês decorrente da intermediação do Primeiro-Ministro é compensada na Alemanha com a necessidade de o Chanceler ver a sua preponderância política mitigada por um certo grau de colegialidade com parceiros menores de coligação, sendo certo que o presidente francês dispõe de poderes de mudança de ciclo político que o Chanceler não possui, mormente no respeitante à dissolução ou mudança unilateral da composição do Governo.

O grau de independência do Presidente em relação à confiança parlamentar fazem-no prevalecer, comparativamente, sobre o Primeiro-Ministro britânico e o Chanceler alemão, mas não sobre o Presidente americano, por uma razão: o Chefe de Estado francês preside a Conselhos de Ministros de Governos sustentados, em regra, em coligações em que o partido presidencial raramente faz maioria por si.

---

[936] Num outro ângulo da análise, REIS NOVAIS ("Sistema Semipresidencial (...)-I-op. cit, p. 112) também conclui que o estatuto de poder do Presidente francês supera o do presidente norte-americano.

A elevada pontuação atribuída pode contrair-se se o Presidente confluir com uma coligação heteróclita em que o partido presidencial não seja o maior partido da coligação. Tal já sucedeu na presidência de Giscard. Uma fratura na coligação pode criar um governo minoritário ou uma maioria governativa frágil num período de crise em que a dissolução parlamentar pode constituir uma temeridade. Por outro lado, um Presidente que colabore com um Primeiro-Ministro aliado dotado de tentações liderantes dentro da mesma aliança não reforça o poder do Chefe de Estado. Nesse caso o poder do presidente francês deslizará um ponto abaixo do Primeiro-Ministro britânico por contração do fator 1.

Já nos Estados Unidos, o Presidente, para além da independência do Congresso vê, em regra, garantida a ratificação das suas nomeações para a Administração e altos cargos públicos por um Senado onde o seu partido seja maioritário. A ausência de coligações e a articulação do Chefe de Estado com uma maioria monopartidária reforçam o seu estatuto. Ainda assim, o sistema de freios e contrapesos, o peso do poder judicial e um certo grau de autonomia de alguns deputados podem limitar a ação presidencial, tal como o presidente Trump experimentou após a sua eleição.

O elemento mais débil do estatuto do Chefe de estado gaulês radica no veto puramente suspensivo sobre as leis, o qual é reversível por maioria simples. Contudo, quando suportado numa maioria absoluta consonante com o "seu" governo, são raras as ocasiões em que se vê forçado a vetar leis. No fundo, o Presidente francês dispõe de elevadas classificações em quase todos os fatores que relevam para o reforço da sua autoridade.

2º. O Primeiro-Ministro Britânico, classificado em segundo lugar, foi em numerosos manuais cotado como um Chefe de Executivo comparativamente mais poderoso do que o norte-americano e de que o francês, pelo facto de liderar incontestavelmente o Governo, uma maioria parlamentar coesa de apoio ao Executivo e o próprio ciclo político (podendo decidir sobre o momento da dissolução antecipada do Parlamento). O facto é que, tal como se observou, a reforma de 2011 (§ 405) retirou ao Primeiro-Ministro o poder autónomo de provocar a dissolução antecipada do Parlamento, faculdade que passou a radicar em deliberação da própria câmara dos comuns, por maioria de dois terços, fasquia colocada fora do alcance do partido maioritário, devolvendo-se esse poder ao Parlamento através de um amplo consenso inter-partidário.

Se essa perda formal de poder forçou uma diminuição da pontuação no fator relativo à liberdade de dissolução dos Comuns, o facto é que existem subterfúgios que permitem ao Governo promover inviamente uma moção parlamentar de não confiança ao Executivo, votada pela sua própria bancada, como de resto já sucedeu na Alemanha. Por outro lado, a primeira dissolução antecipada já com a Lei Constitucional em vigor ocorreu, sem problemas, com praticamente todos os partidos apoiando uma proposta da Primeira-Ministra, o que significa que o peso da convenção criada em torno desta faculdade do Primeiro-Ministro é ainda forte e que apenas manobras eleitoralistas pretextuosas mal recebidas na oposição poderão bloquear no parlamento a tomada de uma deliberação por dois terços. Ainda assim com a possibilidade de contorno através da moção de confiança do próprio partido governamental nos termos já expostos.

Por conseguinte este fator, atenta a prática posterior à lei e as vias alternativas à deliberação por dois terços disponíveis para atingir o mesmo resultado da dissolução justificam uma pontuação superior à concedida ao Chanceler no sistema alemão.

De todo o modo, o Primeiro-Ministro lidera de forma incontestável e direta um Governo maioritário (que ainda assim envolve alguma colegialidade que pontualmente o pode limitar em tempo de crise, ao invés do que sucede com o Executivo americano onde a liderança é puramente monocrática), fator que lhe dá preponderância sobre o Presidente francês (que preside ao Conselho de Ministros mas não é o chefe do Governo, partilhando a liderança do executivo com o primeiro ministro) e o Chanceler alemão (sujeito a uma maior colegialidade, pelo facto de governar com parceiros de coligação, mesmo os que advêm da mesma família política ou de famílias ideológicas próximas).É, igualmente, o Chefe de Executivo que melhor controla a bancada maioritária e logra fazer passar no Parlamento as reformas políticas que pretende, sem risco de veto do chefe de Estado ou promoção do controlo de constitucionalidade, obtendo nestas rubricas pontuação superior. Na verdade, o Presidente norte-americano nem sempre logra que a maioria parlamentar do seu próprio partido ratifique na totalidade as suas políticas, o Presidente francês não tem contacto direto com a bancada parlamentar maioritária (carecendo da intermediação do Primeiro-Ministro) cujos partidos coligados por vezes divergem da reforma proposta e, finalmente, o Chanceler Alemão deve sempre alcançar compromissos na coligação que lidera, pese a sua ascendência.

3º. O Presidente norte-americano em cenário de homologia com uma bancada maioritária do seu partido no Congresso dispõe de poderes especialmente fortes e, como tal, pode parecer empiricamente estranho que se encontre numa posição subsequente à do Primeiro-Ministro na escala adotada. Numa comparação com o Presidente da França, o Chefe de Estado americano sobreleva-o nos fatores relativos à chefia monocrática do Executivo (sem colegialidade nem partilha de poderes com um Primeiro-Ministro) e no grau de independência em face de um Parlamento onde o seu partido é maioritário e onde não é forçado a negociar com parceiros de coligação que suporta o governo. Sobreleva-o, igualmente no poder de veto que é qualificado e, por conseguinte, apenas reversível por maioria de dois terços.

Em termos da faculdade de fazerem passar os respetivos programas políticos no Parlamento, os dois Chefes do executivo equivalem-se em peso, embora por razões diversas:

i) O presidente norte-americano tem como limite neste domínio o caráter independente de alguns senadores e representantes que preferem seguir por vezes os anseios dos seus eleitores (tendo de acomodar compromissos com eles ou com parlamentares da oposição) e bloqueiam reformas desejadas pelo Presidente como experimentou Donald Trump com as políticas fiscais e a substituição do Obamacare;
ii) e o Presidente francês observa o limite da partilha com o Primeiro-Ministro da função articuladora com a bancada maioritária bem como a recalcitrância de parceiros da coligação ou até do seu próprio partido (situação visível nos mandatos do centrista Giscard em relação ao RPR gaulista e de Hollande, desafiado e contrariado pela bancada parlamentar da ala esquerda do próprio partido presidencial).

Contudo, o elemento deficitário do Presidente americano em face do seu homólogo francês reside na impossibilidade de dissolver o Congresso e no facto de a composição deste mudar a cada 2 anos (envolvendo a totalidade dos congressistas da Câmara de Representantes e num terço do Senado), correndo o risco de perder a maioria a meio do mandato numa das câmaras ou nas duas (em França, a legislatura na Assembleia Nacional é de 5 anos, podendo o Presidente dissolvê-la um ano após a eleição desta).

4º. O Chanceler germânico, pese o facto de se colocar em último lugar da escala em exame, assume, em face de sistemas parlamentares e semipresidenciais não incluídos nesta amostra, uma posição de proeminência em termos de liderança. Os respetivos pontos fortes consistem na sua ascendência na liderança da coligação e na articulação das bancadas parlamentares que apoiam o Governo, logrando conduzir, sem dificuldade, reformas políticas não sujeitas, salvo situações extremas (§ 413), ao veto presidencial. Um limite relevante neste domínio pode advir, extraordinariamente, do facto de poder perder a maioria na câmara alta (Bundesrat) através de eleições desfavoráveis nos estados federados, podendo esta operar como câmara travão para reformas de ordem territorial ou até para outro tipo de políticas, caso os partidos da coligação permitam que as formações da oposição somem dois terços dos lugares (§ 417), o que já sucedeu. Outros dois pontos moderadamente fortes consistem liderança quase monocrática do Governo de coligação (sem prejuízo de alguma necessidade de diálogo e de um certo grau de colegialidade para integrar a vontade de parceiros menores) e a capacidade de cumprir governos de legislatura, graças à moção de censura construtiva. Ainda assim não domina o poder de dissolução parlamentar e os atos do poder são sujeitos ao escrutínio de um todo-poderoso Tribunal Constitucional.

2.3. Seriação de executivos não suportados por maiorias parlamentares ou sustentados em coligações de partidos heterogéneos

584. O cenário anteriormente exposto, que coincide com a máxima força imprimida aos Chefes de executivos dos sistemas tomados como referência pode alterar-se, significativamente, no sentido da debilitação dessa força, em casos de não sintonia ou de ausência de homologia perfeita entre essas chefias e a composição parlamentar. Examinaremos agora um cenário distinto em que: o Presidente francês exerce as suas funções em coabitação com um governo suportado numa maioria parlamentar diferente da presidencial (situação ocorrida entre 1986-1988); o partido de que o Presidente norte-americano é oriundo não dispõe de maioria nas duas câmaras do Congresso (conjuntura correspondente a 2014-2016); o Primeiro-Ministro britânico lidera um governo de coligação (como no período 2010-2015); e o Chanceler alemão preside a um executivo de coligação de "bloco central" integrando o maior partido rival (como sucedeu entre 2013 e 2017).

Sistema Político	Órgão do Poder Executivo	Fator 1º Direção monocrática do Chefe do Executivo sobre a sua composição e atividade Fator de majoração: x3	Fator 2º Capacidade de fazer aprovar programa de políticas públicas no Parlamento e controlo sobre partido governamental Fator de majoração: x3	Fator 3º Grau de independência política em relação ao Parlamento Fator de majoração: x3	Fator 4º Faculdade livre ou discricionária de dissolução do Parlamento Fator de majoração:x3	Fator 5º Poder de veto do Chefe de Estado sobre atos legislativos governamentais e parlamentares Fator de majoração:x1	Fator 6º Poderes de e direção em matéria de política externa e defesa e nomeação de altos cargos públicos Fator de majoração:x1	Pontuação
Parlamentar de gabinete britânico	Primeiro-Ministro	(4)x3=12	(4)x3=12	(2)x3=6	(2)x3=6	(5)x1=5	(4)x1=4	44
Parlamentar reacionalizado alemão	Chanceler	(3)x3=9	(4)x3=12	(2)x3=6	(1)x3=3	(5)x1=5	(4)x1=4	39
Presidencialista norte-americano	Presidente	(4)x3=12	(2)x3=6	(4)x3=12	(0)	(4)x1=4	(3)x1=3	37
Semi-presidencialista francês	Presidente	(1)x3=3	(0)	(4)x3=12	(5)x3=15	(1)x1=1	(3)x1=3	34

A notação atribuída mostra uma alteração expressiva de posições.

1º. A descida radical do Presidente francês da primeira para a quarta posição confirma a ideia de que a Constituição de 1958 foi concebida para cenários de confluência e não para cenários de coabitação. Nestes, o Presidente não lidera o Executivo (limitando-se a uma presidência formal e anacrónica do Conselho de Ministros); não dispõe da mínima capacidade de fazer passar políticas públicas no Parlamento; e conserva poderes em termos de política externa, de defesa e de nomeação de cargos públicos embora mais mitigadamente e com alguma partilha com o Primeiro-Ministro (exceto no que concerne à "force de frappe") .No fundo opera como um misto de poder moderador e contrapoder, sendo que a ameaça latente de dissolução parlamentar consiste no seu instrumento de "command and control" dotado de maior peso.

2º. A deslocação do Presidente do Estados-Unidos da segunda para a terceira posição resulta do facto de não lograr imprimir qualquer política pública consistente, sem a anuência do partido opositor no Congresso. Trata-se de um cenário marcado por ciclos de paralisia (como atestam os últimos anos do mandato do Presidente Obama), em que as escassas reformas são realizadas através de grandes compromissos bipartidários ou através de "executive orders" que são impugnadas se penetrarem na reserva parlamentar. O próprio processo de aprovação do orçamento pode conduzir a quadros de bloqueio, em caso de tensão entre o Presidente e as câmaras.

Se bem que disponha de uma liderança incontestável na chefia do Executivo algumas nomeações para a Administração, se feitas no início do mandato, podem ser objeto de recusa ou de entorpecimento mediante atos de "filibusting" por parte do Senado. Podendo vetar as leis do congresso, esse poder de veto qualificado não pode ser excessivamente utilizado sob pena de retaliações parlamentares que bloqueiem qualquer compromisso sobre legislação financeira ou orçamental concebida a partir da Presidência. As políticas externas e de defesa permitem uma maior folga presidencial desde que não impliquem aumentos de despesa não orçamentados ou a colocação de contingentes militares no exterior em ações bélicas.

3ª. Os primeiros-ministros britânico e alemão passam a ocupar, respetivamente, a primeira e segunda posição com uma escassa diferença entre eles, que pode ser invertida pela dinâmica política, em função do perfil subjetivo da liderança.

Na verdade, raramente se coloca nos dois sistemas o cenário de um governo minoritário. No Reino Unido, já foram formados governos minoritários como efeito de um "hung parliament" (§ 389) mas esses executivos são concebidos para uma duração curta, que precede invariavelmente uma eleição antecipada. Quiçá, tal poderá suceder na sequência da eleição de 2017 no caso de se romper o acordo entre os conservadores e os unionistas da Irlanda do Norte (DUP). Um remédio alternativo acaba por ser a coligação, a qual ocorre também muito raramente, mas poderá vir a ter lugar mais vezes no futuro, dada a alteração de forças na Escócia. Na Alemanha todos os governos, praticamente, são maioritários e de coligação, passando a tornar-se comum a formação de coligações heterogéneas e nestas as "grandes coligações" ou governos de bloco central.

O que distingue, deste modo, os governos monopartidários ou de coligação homogénea de coligações heterogéneas consiste no facto de o poder monocrático do Primeiro-Ministro sofrer uma limitação que todavia não é significativa ao ponto de criar uma liderança debilitada (como nos Estados Unidos) ou o recuo para um poder moderador ou arbitral sem funções reais de governo (como em França).

Assim, no Reino Unido a coligação conduz a uma maior colegialidade no Gabinete e a pactos com o parceiro menor de coligação sem que tal impeça o Primeiro-Ministro de conduzir a política do País, dirigir a ação governativa e coordenar a aprovação de políticas públicas no Parlamento, cuja conceção é objeto, apenas de alguma partilha ou poder de veto com o parceiro. O Gabinete logra operar com uma efetiva maioria parlamentar pragmaticamente articulada para permitir governar, se bem que na base de compromissos. Também a designação de altos cargos públicos passa a ser mais consensualizada. Como elemento de reforço do poder do Chefe de Governo, os atos normativos da maioria não são vetados nem sujeitos ao controlo de constitucionalidade.

Algo de próximo se passa na Alemanha. Mesmo numa "grande coligação de rivais" o Chanceler tem uma autoridade própria e logra conduzir certas políticas, mesmo com alguma oposição e ceticismo dos parceiros (caso evidente da política de imigração da Alemanha a partir de 2015, que foi uma opção da Chanceler). Sem que haja monocracia, o Chefe do Governo lidera efetivamente o Executivo embora num contexto de colegialidade e consensos de cúpula com o grande parceiro de coligação, que radicam numa tradição consociativa que tem lugar desde os anos 60. Daí que o Governo comande uma ampla maioria parlamentar, por vezes com franjas indisciplinadas, mas suficiente para aprovar a maior parte das políticas governamentais. Pese a existência do limite inerente ao controlo de constitucionalidade, o risco do "veto" do Bundesrat sobre matérias não territoriais atenua-se dado que os grandes partidos dominam a câmara. Contudo, se não se tratar de uma "grande coligação" mas de uma coligação heterogénea entre um grande e um pequeno partido (SPD/Verdes ou CDU/CSU/FDP) o Chanceler, podendo ter maior protagonismo, pode ter de lidar com maiores choques entre parlamentares das duas formações no Bundestag e com cenários de potencial veto, no Bundesrat, sobre temas não territoriais. Por isso mesmo o fator relativo ao poder do Primeiro-Ministro britânico obtém uma classificação superior ao do Chanceler neste contexto.

3. Síntese

585. Em cenários de homologia entre maioria parlamentar e chefia do executivo, os sistemas francês e britânico, por esta ordem, ambos marcados por um forte protagonismo do chefe do Governo, emergem como aqueles modelos que outorgam um maior reforço à liderança governamental do sistema, encabeçada pelo Chefe de Estado. O presidente norte-americano é prejudicado pela menor disciplina, estrutura e coesão das bancadas parlamentares que suportam maioritariamente o Executivo e pela impossibilidade total de dissolver as câmaras do Congresso. O Chanceler alemão é sempre obrigado a acomodar os parceiros de coligação.

Já em cenários de falta de homologia entre essas maiorias ou no contexto de parlamentos divididos que forcem *coligações heterogéneas*, acabam por ser os sistemas parlamentares racionalizados, britânico e alemão, por esta ordem, os que logram conferir maior proeminência a Primeiros-Ministros que orientam e articulam maiorias parlamentares compósitas e dotadas de uma componente de consociativismo interno. Com efeito, contrariamente a um Presidente americano paralisado e sem maioria nas câmaras e a um Presidente-francês reduzido a moderador e árbitro, os governos de coligação parlamentar maioritária, de composição heteróclita, dispõem a faculdade de governar e implantar reformas políticas.

Parte II. O sistema político da III República Portuguesa: um semipresidencialismo de geometria variável

586. O único elo comum que une as diversas sensibilidades doutrinárias sobre a natureza do sistema político português consiste no facto de se tratar de um sistema misto ou híbrido.

Ainda assim, sem prejuízo da sua dinâmica evolutiva, caracterizada pelo facto de em diferentes ciclos políticos se alterar o órgão de soberania que assume maior proeminência política em face dos demais[937], o sistema político entronizado pela Constituição de 1976 foi definido como *semipresidencialista* por uma parte maioritária dos juspublicistas e politólogos nacionais e, também, por um apreciável número de expoentes estrangeiros[938].

---

[937] O que de resto também sucede com certas formas de governo parlamentaristas no binómio Parlamento/ Governo.

[938] A lista subsequente bem como as das seguintes notas, não tem preocupações exaustivas e envolve obras e artigos julgados significativos para esta rubrica. CARLOS BLANCO DE MORAIS " As Metamorfoses do Semipresidencialismo Português"- in "Revista Jurídica da AAFDL-nº 22-1988-p.22, e "Semipresidencialismo on Probation?" in "A Constituição Revista"e-book, Lisboa-FFMS-2011-p. 65 e seg, cujas linhas caracteriológicas de força são integradas neste capítulo; MARCELO REBELO DE SOUSA " O Sistema de Governo Português"-Lisboa-1992-p. 104: JORGE MIRANDA "Manuel de Direito Constitucional"-Tomo I-Vol 2-Coimbra-2014-p. 194; DIOGO FREITAS DO AMARAL "Governo de Gestão"- -Lisboa-2002-Estoril-p. 18; FRANCISCO LUCAS PIRES "Teoria da Constituição de 1976-A Transição Dualista"-Coimbra-1988-p. 230 e seg; J.M. DURÃO BARROSO "Les Conflits entre le President Portugais et la Majorité Parlementaire de 1979 a 1983"- in AAVV "Les regimes Semipresidentiels"- Org. Maurice Duverger-Paris-1986-p. 237 e seg; VITALINO CANAS "Sistema Semi-Presidencial"-in DJAP-1º Suplemento-1998-p. 450 e seg; ANTÓNIO VITORINO " O Sistema de Governo nA Constituição Portuguesa e na Constituição Espanhola

Essa designação é predominante, sem prejuízo de um significativo setor de outros juristas e politólogos o caracterizarem de modo distinto, seja como *sis-*

de 1978" in "Revista Jurídica" nº 3-1984-p. 33; PEDRO SANTANA LOPES "Os Sistemas de Governo Mistos e o atual sistema Português"-Miraflores- -2001-p.146.- BARBOSA DE MELO-CARDOSO DA COSTA-VIEIRA DE ANDRADE "Estudo e Projeto de Revisão da Constituição"- Coimbra-1978-p. 245 e seg; AFONSO OLIVEIRA MARTINS "Promulgação" in Dicionário Jurídico da Administração Pública"-VI-1994-p. 568 e seg; GOMEZ FORTES –PEDRO MAGALHÃES "As Eleições Presidenciais em Sistemas Semipresidenciais: participação eleitoral e punição dos governos" in "Análise social"-XL-2005-p. 891 e seg. Mais recentemente cfr. JORGE REIS NOVAIS "O Sistema Semipresidencial Português"- "Semipresidencialismo"- -Vol II-Coimbra-2010-p. 19; MIGUEL NOGUEIRA DE BRITO "Lições de Introdução à Teoria da Constituição"-Lisboa-2013- p. 118 e seg; ANDRÉ FREIRE-ANTÓNIO COSTA PINTO "O Poder Presidencial em Portugal"-Lisboa-2010-p. 121; AAVV "O Semipresidencialismo nos Países de Língua Portuguesa"- Org Marina Costa Lobo-Otávio Amorim Neto; ICS-Lisboa-2009; PEDRO FERNANDEZ SANCHEZ, embora ambiguamente, "Os Poderes Presidenciais sobre a Formação e a Subsistência do Governo"-Coimbra- -2016-p.105; MARIANA MELO EGÍDIO "O Funcionamento do Sistema de Governo Português em XXI pontos (a partir de um "caso prático " de Direito Constitucional) in AAVV "40 anos da Constituição"Org Jorge Miranda- -(no prelo)-Lisboa-2017.

Na doutrina estrangeira, vide ANDRE THOMASHAUSEN "Constituição e Realidade Constitucional"-ROA-1877-p. 483; MAURICE DUVERGER "Les Regimes Semipresidentiels"- -Paris-1986-p.7 e seg e "Echec au Roi"-Paris-1978- p. 18 e seg; PIER LUIGI LUCIFREDI "Il Presidente de la Repubblica in Portogallo da 1974 al 1982"- in "Quaderni Costituzionali"-2-1983- p.336;SANCHEZ AGESTA "Curso de Derecho Constitucional Comparado"-Madrid-1980-p. 421; CARLO BOTTARI "L'Organizzazione dell'Executivo nela Forma di Governo in Portogallo" in "Costituzioni e Sistemi di Governo"- Padova; GIUSEPPE DE VERGOTTINI "Diritto Costituzionalle Comparato"-Padova-1993; L.PEGORARO_"Forme di Governo, Definizioni, Classificazioni"-in AAVVV "Semipresidenzialismi" op. cit-p. 19; MYRIAM IACOMETTI "Il Raporto tra Presidente, Governo e Assemblee Parlamentari in Alcune Significative Esperienze Semipresidenziali": Finlandia e Portogallo" in in AAVV Semipresidenzialismi" 320 e seg;" MORBIDELLI-PEGORARO-REPOSO-VOLPI "Diritto Costituzionale Italiano e Comparato-Bologna-1995-p. 350; G. PASQUINO "Sistemas Políticos comparados"- -Cascais-2005; GIANLUCA PASSARELLI "Monarchii Elettivi? Dinamiche Presidenziali in Francia e Portogallo"-Bologna-2008-p. 43.

tema misto com proeminência parlamentar[939] *seja* como sistema *"primoministerial"*[940], seja, sobretudo, como um *parlamentarismo racionalizado*[941], qualificação que se parece ter estabilizado junto dos principais críticos da opção semipresidencialista. Antes de nos debruçarmos sobre os atributos identitários do sistema e dos fatores que condicionam a sua dinâmica funcional, haverá que aludir às suas fontes cognitivas internas e externas, ou seja, aos documentos políticos e aos textos constitucionais, portugueses e estrangeiros, que influíram no modelo de poder da Constituição de 1976, antes e depois da transição para um regime democrático pleno, consumada pela 1ª revisão constitucional (1982).

[939] GOMES CANOTILHO sustentou inicialmente que se trataria de um "regime misto parlamentar-presidencial" (in "Direito Constitucional e Teoria da Constituição"-Coimbra-2003--p. 597); por seu turno, LÚCIA AMARAL ("A Forma da República".Coimbra-2005-p. 305 e 308) refere que a forma de Governo não é presidencial nem parlamentar, assumindo antes um caráter *sui generis* com componentes dos dois sistemas; MANUEL AFONSO VAZ –RAQUEL CARVALHO-CATARINA SANTOS BOTELHO-INÊS FOLHADELA- ANA TERESA RIBEIRO("Direito Constitucional: o sistema constitucional português"-Coimbra-2012) identificam-no como um sistema misto parlamentar-presidencial; JOSÉ DE MELO ALEXANDRINO "Lições de Direito Constitucional"-II-Lisboa-2015-p. 202 qualifica-o como *"um sistema de base parlamentar, a inserir nos sistemas mistos, onde quem governa é sempre o Governo"*. Na doutrina estrangeira de matriz politológica o semipresidencialismo decompor-se-ia nos modelos presidencial-parlamentar e premier-presidencial de acordo com M. SHUGART J.-CAREY os quais entendem que depois de 1982 Portugal se tornou um sistema "premier--presidencial"(assente no eixo Primeiro-Ministro-Presidente) in "Presidents and Assemblies. Constitutional Design and Electoral Dynamics"-Cambridge-1992- e 55 e seg. Outros como ALAN SIAROFF ("Comparative Presidencies: the Inadequacy of Presidential,Semi-Presidential and Parliamentary Distintion"- in "European Journal of Political Research"-42.2003-p. 287 e seg) numa análise nebulosa onde pulveriza o semipresidencialismo e mistura autocracias e democracias (Madagáscar, Mali, Moçambique e a Bielorússia com França, Alemanha e Espanha) qualifica Portugal depois de 1982 como um "sistema parlamentar com corretivo presidencial"

[940] LUÍS BARBOSA RODRIGUES "O Primeiro-Ministro"-Lisboa-2012-p. 553 e seg.

[941] ANDRÉ GONÇALVES PEREIRA " O Sistema Eleitoral e o Sistema de Governo"-Lisboa-1986; PAULO OTERO "Direito Constitucional Português-Vol II-Coimbra-p. 486 e seg; CRISTINA QUEIROZ "O Sistema de Governo Semi-Presidencial"-Coimbra-2007.-p. 154. Na doutrina estrangeira GIOVANNI SARTORI "Ingenieria Costituzionale Comparata"-Bologna-1995- op, cit p. 143 e seg considera que a experiência semipresidencialista em Portugal subsistiu, apenas, no período 1976-82, passando depois para a órbita parlamentar

Capítulo I. Fontes cognitivas internas e externas

1. Fontes internas

587. O segundo Pacto MFA-Partidos (também conhecida como segunda Plataforma de Acordo Constitucional) celebrado em pleno processo revolucionário (1975), num tempo em que vigorava uma ditadura militar em incerta transição para a democracia[942], constituiu o documento político-chave que enformou o sistema de governo semipresidencial nascido da Constituição originária de 1976.

O *Primeiro Pacto,* na verdade, propunha-se criar um atípico sistema marxista com um limitado pluralismo de opções e uma forte tutela militar (qualificado por JORGE MIRANDA como um sistema diretorial militar[943]) que em nada tinha a ver com o semipresidencialismo ou com um regime democrático.

O Presidente da República seria eleito indiretamente por um colégio eleitoral formado pelas duas câmaras (uma assembleia legislativa eleita pelo povo e uma assembleia do Movimento das Forças Armadas) e o Governo, colocado numa posição subalterna, seria responsável perante o Presidente e a Assembleia Legislativa e teria ministros específicos da confiança de cada uma das referidas câmaras. O Conselho da Revolução, órgão militar, disputaria ou compartilharia com o Presidente várias competências políticas, entre as quais a sanção das leis mais importantes.

Os projetos constitucionais dos partidos políticos democráticos representados na Assembleia Constituinte procuraram contornar ou reagir ao conteúdo do Primeiro Pacto tendo, após os acontecimentos do 25 de novembro de 1975 (dos

---

[942] CARLOS BLANCO DE MORAIS "Curso (...)" –Ii-op. cit, p. 173 e seg e 178 e seg.
[943] JORGE MIRANDA ult. loc cit, p. 147.

quais decorreu o afastamento da ala militar marxista mais extremista do Conselho da Revolução), exigido renegociá-lo, sendo celebrada segunda Plataforma de Acordo Constitucional entre o MFA e os partidos.

Nesse segundo Pacto previa-se já a eleição do Presidente por sufrágio universal e a responsabilidade política do Governo perante o Presidente e o Parlamento (suprimindo-se a ideia de uma segunda câmara militar). O Presidente da República, que presidia também ao Conselho da Revolução (órgão de tutela político-militar do sistema e com poderes autogestionários em matéria militar, operando também como órgão de controlo da constitucionalidade), poderia dissolver o Parlamento, mas estava dependente da anuência do Conselho da Revolução para a prática desse ato e de outras competências relevantes.

588. Numa palavra, foram consagradas no segundo Pacto, as linhas de força do semipresidencialismo[944] que veio a ser adotado na versão originária do texto constitucional de 1976. Um semipresidencialismo em que, contudo, segundo Duverger, o "poder moderador" era partilhado entre o Presidente e o Conselho da Revolução[945]. O facto de o primeiro Presidente da República ser um militar e, simultaneamente, o Chefe de Estado Maior General das Forças Armadas terá moldado, *"ab initio",* o figurino de um Presidente mais equidistante dos partidos, com uma certa pretensão de neutralidade, circunstância que terá tido alguma influência na evolução posterior da instituição como uma figura arbitral e moderadora[946], pelo menos na aparência e no inconsciente coletivo.

589. A revisão constitucional de 1982 completou o ciclo de transição para uma democracia plena, removeu o Conselho da Revolução cujas competências foram distribuídas pelo Governo, pelo Parlamento e por um Tribunal Constitucional recém-criado e libertou os poderes políticos do Presidente, de um conjunto de espartilhos oriundos daquele órgão militar anacrónico.

No respeitante ao Presidente da República, o mesmo obteve alguns ganhos através da revisão. Assim, assumiu sem condicionamentos políticos o poder de dissolução da Assembleia da República, sem prejuízo da observância de um período de defeso (§ 823 e seg) e de um dever de audição do Conselho de Estado e dos partidos representados no Parlamento, bem como a faculdade de nomear o alto comando militar sob proposta do Governo beneficiando, ainda, do alar-

---

[944] Assim PEDRO FERNANDEZ SANCHEZ ult. loc cit, p. 76. Sobre os trabalhos da Constituinte sobre a matéria, vide a exaustiva obra do mesmo constitucionalista "Lei e Sentença - Separação dos poderes legislativo e judicial na Constituição portuguesa"-II-Lisboa-2017--p.297 e seg.

[945] AAVV "Constitucion de la Republique Portugaise"-Lisboa-1976- p 19 e seg (Presentation de Maurice Duverger)

[946] JORGE MIRANDA "O Sistema Semi-presidencial Português em 1976/1979"-RFDUL XXV-1980-p. 217.

gamento das matérias legais sujeitas a veto qualificado (superável por dois terços). Perdeu, contudo, o poder de demitir livremente o Governo por razões de confiança política, só o podendo fazer na medida em que estivesse em causa o regular funcionamento das instituições democráticas, vendo ainda interditado o veto de bolso. Cessava, assim, a prerrogativa presidencial de interferência política na atividade governativa que constituíra um fator de destabilização, até 1982.

O Parlamento ganhou responsabilidades, nomeadamente: o poder de promover uma espécie de *impeachment* do Presidente por crimes praticados no exercício de funções; o alargamento substancial da sua reserva de competência legislativa; a faculdade de dar assentimento às ausências do Presidente do território nacional em viagens oficiais não superiores a 5 dias; a designação de 10 juízes do Tribunal Constitucional; a criação de um defeso quanto à possibilidade de ser dissolvida pelo Presidente nos últimos 6 meses de mandato deste e nos primeiros 6 meses de uma nova legislatura; e a agilização da responsabilidade do Governo perante a mesma instituição parlamentar, acarretando a demissão do Governo a rejeição do seu Programa pela Assembleia da República bem como a aprovação de uma só moção de censura por maioria absoluta (o texto anterior exigia duas moções).

O Governo, por um lado viu reduzida a natureza e a intensidade da sua responsabilidade perante o Presidente. A fórmula da *responsabilidade política* caiu e a sua faculdade ilimitada de demitir o Governo passou a fundar-se em situações excecionais já referidas, passando uma parte da doutrina a falar em *responsabilidade institucional* do Governo perante o Chefe de Estado[947]. Por outro foi objeto de um reforço da sua responsabilidade política frente ao Parlamento, mormente em razão de a sua demissão decorrer da rejeição do seu Programa e da aprovação de uma só moção de censura. Pese o alargamento da reserva parlamentar, o Governo manteve um forte acervo de competências legislativas e ganhou competências administrativas relevantes em matéria militar.

590. Para além do II Pacto, houve duas Constituições portuguesas que tiveram remota influência na configuração do sistema político adotado no texto originário de 1976.

A Carta Constitucional portuguesa consagrou, no esteio do ângulo doutrinal de Benjamin Constant[948], a existência de um quarto poder estadual, intrinsecamente político, o "poder Moderador", o qual era atribuído ao Rei em acumulação com a titularidade do poder executivo. Esse "status" constitucional permitia que o Chefe de Estado se assumisse como um fator de equilíbrio corretivo, em face dos demais órgãos soberanos. No mesmo quadro funcional, o monarca podia,

---

[947] Assim, MARCELO REBELO DE SOUSA "O Sistema de Governo(...)" op. cit, p. 68
[948] Cfr BENJAMIN CONSTANT "Principes Politiques Aplicables a tous les Gouvernements Representatifs- 1815- Paris-1949.

no que respeita ao poder Executivo, demitir os ministros; no tocante às suas relações com o Parlamento nomear pares, dissolver a Câmara de Deputados e vetar as leis; e no que tange ao poder judicial, conceder perdões e indultos. Muitas destas faculdades "moderadoras" com algumas especificidades bem como a leitura suprapartidária que a prática fez do perfil institucional do Presidente trouxeram reminiscências da marca da Carta[949]. Os constituintes portugueses equacionaram uma visão do semipresidencialismo menos centrada no paradigma gaulista de um Presidente Chefe do Executivo, mas antes de um Presidente como órgão autónomo em relação à ação governativa e com um papel de regulador dos demais poderes.

591. Da Constituição de 1933, também influenciada pela Carta, advieram vários influxos, tais como, uma forte autonomia legislativa atribuída ao Governo[950] e uma diarquia ou separação funcional entre Presidente como órgão político colocado numa posição desejavelmente "neutra" e o Primeiro-Ministro como Chefe do Governo, ambos investidos de poderes relevantes e posicionados num quadro de responsabilidade do Governo ante o Chefe de Estado[951].

O impacto do figurino do monarca dualista oriundo da Carta, que perpassou para um Chefe de estado republicano no uso de poderes arbitrais e moderadores (Constituição de 1933) constituiu uma tradição portuguesa (com intermitências na I República) que pesou na configuração da arquitetura dos poderes da Constituição de 1976[952].

---

[949] Cfr. CARLOS BLANCO DE MORAIS "As Metamorfoses (...)" op. cit, p. 22; MAURIGE DUVERGER in "Presentation" op. cit, p. 21 e seg;
[950] Cfr JORGE MIRANDA "Manual (...)" op. cit, p. 158.
[951] Para PEDRO SANCHEZ (ult. loc cit. p. 103) A Constituição de 1933 configurava como vetor central do sistema de governo o eixo formado pelos chefes de Estado e de Governo, a qual permitia ao poder controlar a vida política através de qualquer das duas posições institucionais. A nova Constituição de 1976, pese consagrar também a dependência do Governo em relação a um Parlamento democraticamente eleito, teria manifestado uma colagem à autonomização do Eixo Presidente-Governo. Cremos que, embora o sistema possa ter sido configurado nesses termos na sua versão originária, o eixo em causa esmaeceu depois da revisão de 1982, autonomizando-se a figura do presidente com um poder "supra partes" arbitral e moderador.
[952] GOMES CANOTILHO e VITAL MOREIRA ("Constituição (...)"-II-op. cit, p. 17) admitem que a nova Constituição, no plano do sistema de governo, conservou alguns aspetos essenciais de estrutura formal da Constituição de 1933, entre os quais um Presidente diretamente eleito até 1958 e um Governo por este nomeado e exonerado, mas chefiado por um Presidente do Conselho de Ministros, transformado em verdadeiro titular do poder. A principal alteração estrutural no novo texto, segundo os autores, foi tornar o Governo dependente, igualmente, do Parlamento, num contexto democrático.

2. Fontes externas

592. Não daremos especial nota das fontes constitucionais externas com impacto secundário sobre órgãos extravagantes (onde avulta a Constituição Turca de 1961, o regime militar peruano e outros regimes revolucionários do terceiro mundo) que inspiraram a criação do Conselho da Revolução como órgão de tutela militar transitório sobre o sistema político. Isto, porque o referido órgão se esgotou, no penoso ciclo de transição para a democracia, sendo extinto com a revisão constitucional de 1982.

No que em especial concerne ao sistema de governo, tal como foi redesenhado originariamente e aquando da 1ª revisão constitucional, a fonte externa por excelência foi a Constituição francesa de 1958[953], sem prejuízo de outras experiências como a austríaca e a alemã terem iluminado a reconfiguração do sistema, quando com aquela revisão se acentuou a componente parlamentar.

---

[953] Na doutrina estrangeira surge o entendimento que a Constituição portuguesa, em 1976, se inspirou na Constituição francesa da V República, no tocante à organização do poder político. Cfr. SARTORI "Engegneria (...)"op. cit, p. 144 que exagera o grau de influência referindo que a Lei fundamental portuguesa " copiou largamente" o modelo gaulês; e VOLPI ("Esiste una Forma (...)" op. cit, p. 34) que num juízo mais próximo à realidade se refere à referida inspiração, mas sublinhando que o modelo francês *"foi recebido com grande cautela e de um modo parcial e limitado"*. Vide ainda GIANLUCA PASSARELLI " Monarchie Elettivi" op. cit, p. 186.

Capítulo II. Os atributos identitários do sistema político

593. Os *atributos identitários de caráter essencial* do sistema político são aqueles que, a partir da Constituição permitem reconduzir o mesmo sistema a uma das categorias teóricas modernas de forma de governo, pelo facto de se compaginarem com as características prototípicas fundamentais dessas categorias. A estes elementos caracteriológicos juntam-se atributos complementares, que acentuam características específicas do sistema português, sem que a sua presença ou ausência permita abalar a caracterização operada, previamente, à luz dos atributos identitários.

Procuraremos neste capítulo assumir uma posição clara sobre os elementos jurídico-constitucionais que estribam a identidade do sistema político, fazendo relevar os que assumem caráter essencial e os que revelam uma natureza complementar. Seguidamente, sintetizaremos os fatores de ordem política que concorrem decisivamente para a dinâmica operativa do sistema. Tomaremos, subsequentemente, uma posição sobre a classificação do mesmo sistema político e, finalmente, confrontaremos a classificação adotada com posições doutrinais diversas.

Secção I. Características do sistema político
Subsecção I. Traços essenciais da forma de governo

594. O estudo desta rubrica deve ter presente, para efeito de confronto e sopesamento, as características típicas assinaladas neste escrito aos sistemas parlamentaristas, presidencialistas e semipresidencialistas (respetivamente, § 266, § 270, e § 271). Essas características resultam da natureza dos poderes explicitamente atribuídos pela Constituição aos órgãos de soberania e da constatação da inexistência de costumes que não tenham limitado ou feito caducar esses mesmos poderes.

O SISTEMA POLÍTICO

1. Eleição do Presidente da República por sufrágio universal

595. O Presidente da República é eleito por sufrágio universal, direto e secreto (nº 1 do artº 121º da CRP). No caso de não obter no ato eleitoral mais de metade dos votos validamente expressos realizar-se-á uma segunda volta, com os dois candidatos mais votados no primeiro turno (nºs 1 e 3 do artº 126º).

A eleição por sufrágio universal permite ao Presidente legitimar-se diretamente no voto popular e assumir-se como órgão representativo da República (artº 120º da CRP), de certo modo a par da Assembleia da República que é definida como órgão representativo de todos os portugueses (artº 147º). Essa legitimidade fundamenta o exercício dos poderes apreciáveis de direção e de controlo político que lhe são atribuídos e que, como se verá, lhe conferem o "status" de garante do *"regular funcionamento das instituições democráticas"* (artº 120º). Trata-se de um estatuto distinto dos Chefes de Estado dos sistemas parlamentares, mesmo daqueles de estrutura eclética, nos quais o Presidente é eleito por sufrágio universal, mas que é despossuído de competências políticas autónomas e relevantes de controlo político sobre as demais instituições

2. Diarquia institucional entre Presidente e Primeiro-Ministro

596. Etimologicamente, a expressão *diarquia*, oriunda do grego αρχειν, alude a um governo exercido por duas pessoas, realidade com precedentes em Esparta, onde o poder (predominantemente representativo e militar) era encimado por dois reis.

Nos sistemas políticos democráticos da atualidade, a fórmula tem outros significados, podendo distinguir-se uma *diarquia institucional* de uma *diarquia no Poder Executivo*.

A expressão *"diarquia institucional"*[954], tal como é mencionada em epígrafe, relativiza o sentido etimológico e histórico de "duunvirato" e procura significar, apenas, no contexto dos sistemas políticos contemporâneos, que o Presidente e o Primeiro-Ministro, pese o facto de compartilharem funções de direção política do Estado (a chamada *"gubernatio"*), se perfilam como dois órgãos autónomos, cabendo apenas ao segundo a chefia do Governo como órgão superior da Administração Pública. No fundo, traduz a ideia de que o Presidente não é juridicamente o Chefe do Governo e que coexiste com um Primeiro-Ministro investido nessa mesma função.

---

[954] A qual foi por nós utilizada no escrito "Semipresidencialismo on Probation ?"in AAVV "A Constituição Revista-Lisboa- E-book Fundação Francisco Manuel dos Santos-2011-p. 65

597. Já uma *diarquia no Executivo* existirá quer em diversos sistemas parlamentares (mormente em regimes monárquicos onde o Rei assume o discurso da Coroa e se encontra costumeiramente ligado ao Poder Executivo, pese que numa posição autónoma do Governo) quer nos sistemas semipresidencialistas de pendor presidencial (como a Rússia e a França), significando esta última fórmula que, sendo o Executivo objetivamente encimado por duas cabeças e podendo o Presidente por direito próprio presidir ao Conselho de Ministros, a chefia formal do Governo é, ainda assim, confiada constitucionalmente ao Primeiro-Ministro.

598. Na ordem constitucional portuguesa de 1976, o Presidente, se excecionarmos competências residuais em matéria de nomeações para alguns cargos militares, não integra formalmente o poder Executivo nem, consequentemente, exerce funções administrativas com eficácia externa. Como tal, ao qualificarmos o fenómeno como "diarquia institucional" alteramos a posição expressa em escrito mais antigo em que, numa posição próxima a outros autores, considerámos que o Presidente e o Primeiro-Ministro assumiriam uma diarquia na titularidade do "Poder Executivo"[955], do que resultaria a existência de um Executivo "bicéfalo". Na verdade esta bicefalia referencial no poder executivo ocorreu na Constituição de 1933 e até nominalmente na Constituição de 1911, mas deixou de existir como tal na ordem constitucional de 1976, pese o facto de existir um ténue laço entre o Presidente e o referido poder, configurado na possibilidade de presidir ao Conselho de Ministros mediante convite.

No fundo, na Constituição vigente, o Presidente, reina como um monarca dualista, excetuado exercício de funções executivas, das quais se encontra despossuído. Reina constitutivamente mas não governa. Em qualquer caso, este dualismo institucional aproxima o sistema político do semipresidencialismo e do parlamentarismo, mas afasta-o do presidencialismo.

3. Dupla responsabilidade do Governo diante do Presidente da República e do Parlamento

599. A Constituição Portuguesa consagra, explicitamente, vínculos de responsabilidade do Governo, tanto perante o Presidente da República quanto perante a Assembleia da República.

Os instrumentos *mais intensos* de materialização dessa responsabilidade *traduzem-se na faculdade de o Presidente e do Parlamento determinarem, autonomamente, a demissão do Governo.*

---

[955] CARLOS BLANCO DE MORAIS "As Metamorfoses (...)" op. cit, p. 144, seguindo na altura o entendimento de MARCELO REBELO DE SOUSA " O Sistema (...)" ult. loc cit. p. 11.

600. No que diz respeito à relação Presidente/Governo, a sobredita responsabilidade cessou a essência do seu vinco puramente político, para se transformar numa responsabilidade institucional. Tal como assinalámos (supra § 589), com a revisão constitucional de 1982, a Lei Fundamental deixou de se referir à responsabilidade política do Governo e o nº 2 do artº 195º passou a dispor que o Presidente só pode demitir o Governo *"quando tal se torne necessário para assegurar o funcionamento das instituições democráticas, ouvido o Conselho de Estado"*. Ou seja, o poder de demissão converteu-se numa faculdade excecional ou de último recurso para uma crise grave ou insuperável que levou diversos autores nacionais e estrangeiros a considerar que o sistema terá por esse facto sofrido uma mutação de viés parlamentar[956].

Só que o facto de ter cessado uma relação em que o Governo subsistia em funções em razão da confiança política (ou de uma não desconfiança) presidencial não significa que o decreto de demissão não possa der editado numa situação excecional e o mesmo não assuma a natureza de um ato político motivado por critérios também políticos. Ato que só o Presidente pode ajuizar, respondendo por essa decisão, apenas, perante o Povo e não perante o Parlamento ou o Tribunal Constitucional

A fixação de uma "medida de valor" (" *o regular funcionamento das instituições democráticas"*), ligada à motivação de uma decisão que se pretende excecional, limita politicamente o Presidente no exercício de poderes moderadores de carácter responsabilizador em relação ao Executivo. Dito isto, esta medida de valor ligada a competências de demissão e dissolução confiadas ao Chefe de Estado não é inédita na nossa história constitucional. Por exemplo, o § 4 do artº 74º da Carta Constitucional de 1826 conferia ao Rei, no exercício dos seus poderes moderadores, a competência para dissolver a Câmara de Deputados nos casos em que o exigisse *"a salvação do Estado"*, fórmula mais intensa (e dramática) do que a presente no texto constitucional em vigor (o que não impediu, é certo, o Monarca de dissolver as Cortes por diversas vezes).

601. É claro que a responsabilidade do Governo em face do Presidente não se reduz a este quadro extremo e limitado do poder de demissão, traduzindo-se noutras faculdades relevantes. Com efeito, o Presidente da República: pode presidir ao Conselho de Ministros mediante convite do Primeiro-Ministro (alínea i) do artº 133º da CRP); nomeia o Primeiro- Ministro em função dos resultados eleitorais sem investidura parlamentar; nomeia e demite os membros do Governo sob proposta do Primeiro-Ministro (respetivamente as alíneas f), g) e h do artº 133º); e promulga e veta, com efeitos absolutos, decretos-leis (nº 4 do artº 136º) e decretos regulamentares (alínea b) do artº 134º). A par destas competências, o Governo é tornado "responsável" perante o Presidente ("in fine" no artº 190º) e no contexto dessa res-

---

[956] Entre outros ANDRÉ GONÇALVES PEREIRA ult. loc cit, p.76; SARTORI ult. loc cit, p.143 e nota 8.

ponsabilidade, o Primeiro-Ministro encontra-se vinculado a informar o Chefe de Estado sobre os assuntos respeitantes à condução da política interna e externa de Portugal (alínea c) do artº 201º conjugada com o nº 1 do artº 191º da CRP).

Mas o Governo é também responsável perante a Assembleia da República (artº 190º da CRP) clarificando o nº 1 do artº 191º que essa responsabilidade assume natureza política. Este último preceito específica que o Primeiro-Ministro é responsável perante o Parlamento *"no âmbito da responsabilidade política do Governo"*.

Os poderes de direção política da Assembleia, de cujo exercício pode resultar a demissão do Governo são os mais decisivos. Com efeito, as alíneas d), e) e f) do nº 1 do artº 195º da CRP dispõem, respetivamente, que acarreta a demissão do Governo, a rejeição do seu Programa pelo Parlamento, a não aprovação de uma moção de confiança e a aprovação de uma moção de censura por maioria absoluta dos Deputados em efetividade de funções.

A par destes mecanismos que corporizam uma inequívoca responsabilidade política, a qual depende da subsistência ou quebra de relações fiduciárias e não da emergência de situações de necessidade, são múltiplos os institutos parlamentares que concorrem para completar o mesmo eixo de responsabilidade, tais como, a título exemplificativo, a efetivação da responsabilização criminal dos membros do Governo (artº 196º), a apreciação parlamentar de atos legislativos (artº 169º), a apreciação parlamentar de atos do Governo e da Administração (alínea a) do artº 162º da CRP) e a convocação e participação dos membros do Governo em sessões plenárias ou nas comissões (artº 177º).

602. Em suma, *a dupla responsabilidade do Governo ante o Presidente e o Parlamento é assimétrica*: menos acentuada junto do Presidente, dado que opera numa base de regularidade institucional e não de confiança política; mais acentuada junto do Parlamento, com quem estabelece uma relação fiduciária de intensidade variável, dado que é do apoio parlamentar que depende ordinariamente a manutenção do Governo em funções, devendo este último gozar pelo menos, da sua não desconfiança política.

603. *Estamos diante de uma característica exclusiva dos semipresidencialismos situada num grau de intensidade médio-alto*. No presidencialismo o Governo depende exclusivamente do Presidente, que o chefia diretamente e no Parlamentarismo o Governo nunca depende política ou institucionalmente do Chefe de Estado.

4. Poderes significativos do Presidente, neles se compreendendo a faculdade de livre dissolução do Parlamento

604. O Presidente dispõe de competências políticas significativas de caráter constitutivo, tais como o poder de veto de leis parlamentares e não ratificação

ou assinatura de convenções internacionais, promoção do controlo preventivo e sucessivo da constitucionalidade de normas, declaração dos estados de exceção, convocação de referendos propostos pelo Parlamento e Governo, nomeação dos representantes da República nas regiões autónomas e dissolução livre dos respetivos parlamentos e, ainda, competências partilhadas com o Governo na nomeação do alto comando militar e outros altos cargos públicos.

Sobressai contudo, como poder mais forte, a dissolução parlamentar. De acordo com a alínea e) do artº 133º da CRP, o Presidente pode dissolver livremente a Assembleia da República.

Com efeito, para o exercício deste poder, o Chefe de Estado deve observar no plano jurídico apenas *limites estáticos* de ordem temporal (não pode dissolver nos últimos 6 meses do seu mandato e nos primeiros 6 meses de uma nova legislatura) e de ordem circunstancial (o Presidente está inibido de decretar a mesma dissolução durante a vigência dos estados de exceção). Deve, ainda, seguir uma tramitação *obrigatória cujo sentido o não vincula* (audição dos partidos representados no Parlamento e do Conselho de Estado). Por conseguinte poderemos definir *no plano estritamente jurídico* essa faculdade presidencial de dissolução como um ato livre, atenta a latitude da motivação do exercício desse mesmo poder.

A competência autónoma para dissolver o Parlamento reveste um expressivo peso institucional, pois consiste num *poder político de direção* que permite ao Presidente, solitariamente, pôr fim a um ciclo político, acarretando a forte probabilidade de também pôr termo, a curto-prazo, ao Governo em funções. Isto, porque a dissolução exige a convocação de novas eleições legislativas, dependendo a formação do novo Executivo da composição parlamentar. Tal como veremos, a prática política pode mitigar o grau de liberdade desta faculdade "moderadora", mas não lhe retira o seu impacto e a liberdade de estimação que subjaz ao juízo presidencial.

Estamos diante um *atributo que inexiste no presidencialismo e no próprio parlamentarismo como ato autónomo e livre do Chefe de Estado.*

605. Trata-se, por conseguinte de um *atributo exclusivo do semipresidencialismo* e, de entre os semipresidencialismos existentes, ele é exercido com elevado grau de "discricionariedade" política.

O sistema político português tem, deste modo, as características basilares do semipresidencialismo[957].

---

[957] Assim MARCELO REBELO DE SOUSA, ult loc cit; e MARIA MELO EGÍDIO "O Funcionamento do Sistema de Governo Português (...)" op. cit.

Subsecção II. Traços complementares do sistema político

1. O Presidente como órgão regulador do sistema institucional, de estatuto suprapartidário e não envolvido na atividade governativa

606. A circunstância de o Governo não ser politicamente responsável perante o Presidente desde 1982, de o Chefe de Estado só poder presidir ao Conselho de Ministros mediante convite do Governo (realidade que a prática converteu num evento extraordinário e de cortesia), de a nomeação do Primeiro-Ministro dever ter em conta os resultados eleitorais e de nomear os membros do Governo sob proposta do Primeiro-Ministro, distanciaram o Presidente de qualquer envolvimento direto na atividade governativa, a qual não está sujeita às suas diretrizes. Ressalva-se a possibilidade de nomear governos em gestão ou governos interinos, faculdade extraordinária que carece de viabilização parlamentar e que não ocorre há cerca de 39 anos.

Muito particularmente, os poderes de controlo típicos de uso regular que a Constituição atribui ao Chefe de Estado, o veto político e a promoção do controlo de constitucionalidade das normas, reforçam o seu estatuto como órgão de regulação institucional que acompanha e escrutina constitutivamente a atividade dos restantes órgãos de soberania com competências políticas.

607. O chamado "direito de veto" fundado em razões de mérito político que a Constituição outorga ao Presidente da República de Portugal, caso seja confrontado com o que é atribuído a outros Chefes de Estado de ordenamentos constitucionais europeus (neles se incluindo o sistema francês no respeitante ao veto sobre as leis parlamentares), permite extrair a conclusão que é um dos mais robustos. Enquanto nos restantes sistemas o veto político é, ordinariamente, reversível por confirmação mediante maioria simples, já o Presidente da República portuguesa;

-pode apor um veto com *efeitos absolutos* sobre diplomas do Governo enviados para promulgação como decretos-leis, e para assinatura como decretos regulamentares, o que reforça, no que concerne ao controlo interorgânico de atos do Executivo, o eixo de responsabilidade institucional do Governo ante o Chefe de Estado;

- dispõe da faculdade de vetar as leis da Assembleia da República, podendo o veto ser superado por maioria absoluta para a generalidade desses atos (nº 3 do artº 136º da CRP) e maioria de dois terços dos deputados presentes, desde que superior à maioria absoluta dos efetivos, para o caso das leis orgânicas e outras leis mencionadas pelo nº 3 do referido artº 136º

Se a reversão de um veto mediante confirmação parlamentar por maioria absoluta é exequível, salvo se se estiver diante de uma bancada de um governo minoritário, já o "veto qualificado" superável por maioria de dois terços reforça o poder de impedimento do Presidente sobre leis especialmente relevantes, aproximando-o parcialmente do modelo presidencial norte-americano.

608. Por outro lado, o Chefe de Estado dispõe da faculdade de promover junto do Tribunal Constitucional a fiscalização preventiva da constitucionalidade das leis da República (o controlo de maior peso político porque bloqueia o processo legislativo) e a fiscalização sucessiva da constitucionalidade de qualquer norma publicada. Trata-se de um atributo comum, numa parte dos semipresidencialismos europeus e de sistemas parlamentares com eleição direta do Presidente (como o Irlandês, de entre outros).

609. Finalmente, para além do importante poder de dissolução (a mais importante faculdade moderadora atribuída ao Chefe de Estado), o controlo político atribuído ao Governo sobre atos do Presidente e que consiste na referenda ministerial foi convertido pela prática numa manifestação certificatória ou notarial. Pese o facto de o nº 2 do artº 140º da CRP cominar a inexistência para um ato presidencial não referendado, não há memória na III República que a referenda tenha sido denegada. Ainda assim, os atos mais relevantes do Presidente e incidentes quer sobre o Governo, quer sobre o Parlamento (tais como os decretos de demissão do Governo, de dissolução parlamentar, veto político e controlo da constitucionalidade) encontram-se subtraídos à referenda, o que reforça o seu poder moderador.

2. Autonomia política e legislativa do Governo

610. Pese a circunstância de ser objeto de uma dupla vinculação perante o Presidente e o Parlamento, o Governo exibe um nível apreciável de autonomia política que lhe permite atuar, ordinariamente, *como órgão de condução da política do Estado e órgão superior da administração pública.*

Logo à partida, é nomeado pelo Presidente de acordo com os resultados eleitorais e não é objeto de um voto de investidura parlamentar ou mecanismo equiparado. O programa de Governo é submetido ao Parlamento mas não é obrigatoriamente votado, só ocorrendo essa votação se tal for requerido por qualquer grupo parlamentar ou se o Governo solicitar uma moção de confiança. Esse procedimento facilita a viabilização de governos minoritários (precludindo votações parlamentares obrigatórias que poderiam revelar-se problemáticas).

Em face do Presidente da República, o Governo presta contas mas não pode ser demitido por aquele, por razões de desconfiança política, não recebe diretrizes políticas presidenciais nem é presidido pelo Chefe de Estado a não ser a convite do próprio órgão Executivo. Pode, ainda, contornar o veto político sobre os seus decretos-leis através da sua conversão em proposta de lei e fazê-la passar no Parlamento, com faculdade de reverter o veto presidencial sobre a mesma, se for suportado por uma bancada maioritária ou lograr um acordo com a oposição (realidade que ocorre por vezes, em matérias de natureza regional, caras aos dois maiores partidos).

611. No exercício de poderes constitutivos, *o Governo português é, de entre os governos europeus, aquele que concentra um maior acervo de competências legislativas*, podendo mesmo dizer-se que é no Executivo que radica a centralidade legislativa do Estado. Isto porque: o Governo concentra competências legislativas concorrenciais, exclusivas, delegadas e complementares (artº 198º); destaca-se, ordinariamente, no plano quantitativo, pelo menos até 2016, como o centro de poder político que mais legisla; e a maioria dos atos legislativos parlamentares são oriundos de iniciativas do Executivo, que orienta a agenda da Assembleia da República.

612. Este grau elevado de autonomia que solidifica a posição institucional do Governo não impede o Parlamento de exercer o seu primado político, seja no quadro da responsabilidade política do Executivo diante dele, seja no exercício da atividade legislativa, não apenas como centro de produção legislativa que reserva para si as leis relativas a matérias mais importantes, mas porque pode apreciar os decretos-lei do Governo incidentes sobre competências não exclusivas deste órgão, para efeito de alteração ou cessação da sua eficácia (cfr. artº 169º da CRP, que se refere a este instituto de controlo parlamentar).

3. O Parlamento como órgão de fiscalização e base de sustentação do normal funcionamento da governação e fonte intermitente de impulsão de políticas públicas

613. É da composição maioritária ou mais fragmentada da Assembleia da República que resulta a formação de governos, respetivamente, com maior ou menor aptidão para cumprirem a legislatura e para se afirmarem ou não, como instituições liderantes.

Períodos onde existam *maiorias políticas homogéneas* representam um reforço do papel do Governo e um maior apagamento do Parlamento cuja maioria passa a ser orientada a partir da chefia do Executivo, passando a Assembleia a exercer, essencialmente, um papel de fiscalização e debate público. Ciclos dominados por *governos minoritários* tornam o Parlamento o centro de gravidade do sistema, passando muitas políticas públicas a ser negociadas em sede parlamentar e registando-se uma maior autonomia da Assembleia da República, seja em termos de impulsão legislativa seja no quadro da fiscalização e escrutínio da atividade governativa.

O SISTEMA POLÍTICO

614. O Parlamento pode tornar-se num centro de impulsão política em algumas matérias: todas as alterações significativas sobre o modo de vida individual e familiar dos portugueses (propostas referendárias sobre aborto e leis sobre união de facto, "divórcio na hora", casamento homossexual, adoção, inseminação artificial) tiveram origem no Parlamento, com especial relevo para partidos de extrema-esquerda que conseguiram adesões noutros partidos para a sua agenda política, beneficiando de liberdade de voto dado aos seus deputados pelos partidos do centro-direita.

Subsecção III. Sinopse sobre fatores políticos condicionantes da dinâmica do sistema de governo português

615. *Os elementos identitários de caráter essencial que resultam da Constituição resultam ser suficientes para a qualificação da natureza do sistema político português como uma forma de governo semipresidencialista.*

Contudo, observámos, numa breve análise das experiências comparadas, que a Constituição, sendo a pedra angular da caracterização do sistema político de um Estado, se mostra insuficiente para que o mesmo sistema seja definido de um modo conclusivo e, ainda menos, para que fique perfeitamente configurada a sua dinâmica operativa e identificado o órgão ou órgãos que, na prática, assumem uma posição predominante.

No que concerne a Portugal, de entre os fatores não estritamente *jurídicos* que com maior expressão se projetam na configuração real do sistema político português e na sua mecânica funcional ou operativa, cumpre enumerar, de entre outros, os seguintes: *i) as relações estabelecidas entre a dinâmica eleitoral e o sistema de partidos, como base de formação de maiorias parlamentares; ii) a ocorrência de cenários de confluência ou coabitação entre o Presidente e a maioria parlamentar; iii) as práticas constitucionais em matéria de freios e contrapesos.*

616. São estes fatores que levam a que o sistema português funcione de forma diferente de outros integrados no mesmo tipo, como o francês, com o qual, em termos da disciplina constitucional positiva existem expressivas semelhanças.

Trata-se de uma matéria que será desenvolvida a título complementar infra § 718 e seg, mas que importa destacar nesta rubrica, apenas no respeitante às suas ideias-força.

1. Impacto da dinâmica eleitoral na composição partidária do Parlamento e desta no protagonismo do Governo

617. O fator de ordem política mais decisivo na mecânica operativa do sistema consiste na existência, ou não, de uma maioria parlamentar absoluta que sus-

tente o Governo, já que este depende essencialmente da confiança política da Assembleia da República para se manter em funções e garantir a governabilidade.

Com efeito, o sistema português não foi desenhado de modo a configurar um Presidente que, como em França, possa liderar o poder Executivo, pelo que será no eixo Governo/Parlamento que radicarão os alicerces mais decisivos da governabilidade.

618. Na medida em que pontifique um *governo suportado numa maioria absoluta homogénea no Parlamento* (ou seja, uma maioria monopartidária ou uma maioria integrada por uma coligação de partidos de famílias políticas próximas), passa a estabelecer-se uma relação fiduciária forte entre Governo e Assembleia da República, da qual resulta o fortalecimento da liderança governamental que passa a traçar a agenda política parlamentar. Foi o que sucedeu com as maiorias monopartidárias do PSD, de 1987 a 1995; com as coligações entre o PSD e o CDS em 2002-2005 e 2011-2015; e com o Governo monocolor do PS entre 2005 e 2009.

619. *Num quadro intermédio*, uma maioria *quase absoluta* de um partido envolve um acréscimo do peso do Parlamento, sem pôr em causa uma preponderância mitigada do Governo, já que oposições politicamente heterogéneas carecem de força e unidade para demitir o Executivo, limitando-se a negociar e condicionar algumas das suas políticas públicas e leis orçamentais. Foi este o cenário que predominou nos Governos *minoritários reforçados* do PS entre 1995 e 2002, que lograram tramitar no Parlamento a esmagadora maioria das suas propostas de lei.

620. Já a existência de uma Assembleia da República *dividida e fragmentada entre partidos rígidos*, sem viabilidade da constituição de um Executivo maioritário ou quase maioritário, acentua a proeminência do Parlamento e a debilitação do Executivo. Governos acentuadamente minoritários são constrangidos a negociar, em permanência, as suas políticas e a sua própria sobrevivência no Parlamento gerando cenários instáveis, compromissos incoerentes e dispensivos e a grande dificuldade de cumprimento de uma legislatura. Foi o caso do ciclo de governos minoritários do período 1976-1979 (com executivos do PS, do PS com elementos do CDS e de iniciativa presidencial), do Governo minoritário do PSD entre 1985 e 1986 e do Governo minoritário do PS entre 2009 e 2011, encontrando-se o Governo do PS formado de 2015, *"on probation"*.

Será, por conseguinte, vital, para a configuração do sistema política numa dinâmica mais governativa ou mais parlamentar, a composição do Parlamento e a suscetibilidade de nele se formarem, ou não, maiorias de sustentação do Governo. Ora essa suscetibilidade deriva do sistema de partidos e este último é em boa parte condicionado pelo sistema eleitoral ou, melhor dizendo, pelo comportamento do eleitorado em face dos efeitos prototípicos concebidos pelo mesmo sistema.

621. O sistema proporcional vigente foi "clonado" a partir daquele que foi improvisado para a eleição da Assembleia Constituinte em 1975 e, segundo alguns

autores, foi "mal constitucionalizado" e ajustado ao processo de eleição regular de parlamentares para a Assembleia da República[958]. O sistema eleitoral proporcional segundo o método de Hondt em Portugal favorece alguma dispersão parlamentar[959], embora no contexto de uma "fragmentação limitada"[960], se bem que o comportamento do eleitorado contrarie, por vezes, essa lógica dispersiva do mesmo sistema, concentrando o voto nos dois maiores partidos (PSD e PS).

Com efeito, a dispersão não é elevada, pois o atual quadro partidário, marcado por 5 formações predominantes no Parlamento complementadas por alguns micropartidos [961], foi sensivelmente formatado nestes termos desde o período revolucionário e pós-revolucionário (1975/1982). Determinante para aferir o grau de dispersão em cada eleição será a maior ou menor concentração de votos nos dois grandes partidos, a distância entre os mesmos em número de mandatos e as distâncias que se verificam entre o número de mandatários eleitos pelas três restantes formações partidárias[962]. Neste plano, o caráter estruturado do sistema de partidos, a sua estabilidade e a rigidez das referidas formações desde 1976, exerceram, em face do sistema eleitoral, algum contrapeso na redução de uma excessiva atomização da representação parlamentar que o tipo de escrutínio adotado, associado a grandes círculos poderia vir, em tese, a potenciar.

2. Cenários de confluência ou de coabitação entre o Presidente da República e a maioria governamental

---

[958] MANUEL BRAGA DA CRUZ "O Sistema Político Português"-Lisboa-2017-p. 23.
[959] Embora tenda a favorecer mitigadamente os dois maiores partidos.
[960] MANUEL BRAGA DA CRUZ, ult. loc. cit, p. 41.
[961] Descontam-se aqui micropartidos sem peso real, tais como as formações satélites do PCP (primeiro o já extinto MDP/CDE e agora os "Verdes"), bem como outros fogos fátuos de natureza partidária, como o ecologista PAN e o antigo PSN (lançado para defender os interesses dos reformados).
[962] O reforço eleitoral de alguns pequenos e médios partidos pode ser relevante para as parcerias governativas. A extrema-esquerda constituía até ao ano de 2002 uma realidade quase irrelevante, reduzindo-se ao deputado único da UDP. A fusão desta força com outras formações de famílias ideológicas afins gerou o Bloco de Esquerda (BE), com um ideário e uma imagem renovada, que foi aumentando a sua representação ao ponto de lograr ultrapassar em votos e mandatos o Partido Comunista. A refundação da extrema-esquerda veio alterar a rigidez do sistema de partidos, pois, pese o facto de os mesmos se conservarem quase inalterados desde 1976, o BE como novo representante daquele setor ideológico emergiu primeiro como uma formação de protesto com um mínimo de relevo, para se deslocar ulteriormente para a área do poder (2015), operando como parceiro de um Governo socialista. O peso do CDS como parceiro de coligação ganhou maior expressão sempre que se aproximou dos dois dígitos. Já outras tentativas de partidos "intrusos" para alterar o sistema de partidos, como o fenómeno do PRD, entre 1985 e 1987, foram votadas ao fracasso.

622. Diversamente do que sustenta alguma doutrina[963], que entende que o sistema de governo, na atualidade, assenta no binómio Presidente/Governo, procurou demonstrar-se, na rubrica anterior que é no eixo Governo/Parlamento que o sistema tem operado, sendo o fator mais decisivo de governabilidade a existência ou não de uma maioria parlamentar absoluta na bancada dos partidos que integram o Executivo ou que, o sustentem através de um acordo.

O Presidente, excluído do desempenho de funções executivas, acaba por operar, fundamentalmente, como um regulador institucional com os seus poderes refreados de direção e, sobretudo, com as suas faculdades de controlo político. Pode mudar o ciclo político através da dissolução parlamentar, mas tal só ocorre extraordinariamente, em cenários de crise que, em regra, se iniciam no Governo ou na coligação.

Tendo o Presidente, atentas as suas funções arbitrais e moderadoras menos peso do que a composição Parlamentar na governabilidade do sistema, tal não significa que o tipo de relações que mantém com o Executivo seja irrelevante em termos dessa mesma governabilidade. Vejamos pois.

1º. As oscilações do eixo Presidente/Governo (entre fases de confluência e de coabitação) foram menos determinantes do que as oscilações das relações fiduciárias entre Governo/Parlamento para a definição do pendor do sistema político português. Se se excetuar o período de transição plena para a democracia (1976-1982) onde Presidente e Parlamento se alternaram como instituições preponderantes, bem como os 4 meses de 2004 em que o Governo de Pedro Santana Lopes, antes de uma dissolução parlamentar, *foi faticamente colocado sob tutela do Presidente Sampaio* ao arrepio da lógica constitucional (como se o Executivo ainda fosse politicamente responsável perante o Presidente)[964], nunca o sistema

---

[963] PEDRO SANCHEZ ult. loc cit p. 103

[964] Essa conjuntura de virtual tutela decorre da justificação da posse do novo Governo pelo Presidente, a qual este condiciona aos pressupostos de"*consistência, vontade política e legitimidade"(*fazendo pairar a ameaça de dissolução parlamentar). Mas o propósito tutelar é elucidativo em algumas passagens da própria biografia autorizada do Ex-Presidente (JOSÉ PEDRO CASTANHEIRA "Jorge Sampaio- Uma Biografia"-II-"O Presidente"-Porto-2017.- p. 575 e seg. Observem-se os seguintes passos: i) " para os Negócios Estrangeiros, Sampaio veta o líder do CDS(...)"; ii) "(...) o nome de António Monteiro [para Ministro dos Negócios Estrangeiros] foi sugerido telefonicamente pelo Presidente à minha frente [citação de Morais Cabral chefe da casa civil], ao Primeiro Ministro"; iii) "no dia imediato à demissão de Marcelo Rebelo de Sousa da TVI Sampaio recebe Marcelo, num gesto de desagravo ás críticas do Ministro { Gomes da Silva] e á censura do empresário [Paes do Amaral a Marcelo]"; iv) "nas suas memórias Santana nota que o Presidente volta a expor a ideia de que Gomes da Silva estava desgastado e quase sugeriu a sua substituição";

experimentou um período de preponderância presidencial, sem que tal cenário esteja, contudo, absolutamente excluído no futuro.

2º. Os tempos de *confluência* em Portugal (identidade política entre a maioria que elege o Presidente e a maioria parlamentar que sustenta o Governo) duraram cerca de dez anos descontínuos (excetuados alguns meses de final de mandato) e tiveram como efeito *a redução do protagonismo do Presidente da República,* que assumiu um viés mais parlamentarizante na sua conduta[965], *reforçando-se o papel do Governo em cenários maioritários ou mesmo nos cenários quase maioritários.*

Essa tendência pode ser confirmada por uma análise perfunctória ao uso das faculdades de dissolução parlamentar, veto político e controlo de constitucionalidade, sobretudo se a confrontarmos, ulteriormente, com o uso dos mesmos poderes em coabitação (§ 754 e § 757).

Assim, durante os períodos de confluência, **nunca o Parlamento foi dissolvido** pelo Presidente sem consenso com todos os partidos[966].

O **uso da fiscalização da constitucionalidade** foi, em regra, escasso sobre diplomas do Governo ou da maioria parlamentar em cenários de confluência, sobretudo quando envolveu uma maioria socialista: o presidente Soares não promoveu o controlo de diplomas nos 5 meses de confluência situados entre 1995 e 1996; e o Presidente Sampaio entre 1995/2002 apenas escrutinou a constitucionalidade de 5 diplomas aprovados pela maioria socialista de que era oriundo, (3 oriundos do Parlamento e 2 do Governo)[967]. Já o Presidente Cavaco Silva no período de confluência de 4 anos com uma maioria governativa do PSD/CDS (2011/2015) foi um pouco mais exigente com a sua própria família política, promovendo o controlo de constitucionalidade de 10 diplomas da Assembleia da República (uma média superior a 2 por ano) correspondentes a leis oriundas da

---

[965] Ou seja, o Chefe de Estado desenvolveu uma conduta menos ativa e mais próxima às faculdades cerimoniais, certificatórias e arbitrais dos sistemas parlamentares, sem que contudo se resuma a este figurino, atento o exercício dos poderes de veto e controlo de constitucionalidade.

[966] Consenso que existiu no ano de 2002 em que o Parlamento foi dissolvido por decisão do Presidente Sampaio, depois da demissão do Governo Socialista de António Guterres e a inviabilidade de constituição de outro Governo por parte do PS.

[967] Valor que nem se aproxima de uma média de 1 diploma por ano relativamente a diplomas oriundos da maioria relativa que governava o País. Em concreto, com Jorge Sampaio no período de cerca de seis anos de confluência com um Governo socialista, (1996 e 2002) registaram-se *9 pedidos de fiscalização* em controlo preventivo e sucessivo pelo então Presidente. Contudo, 2 dos pedidos incidiram, não sobre diplomas da maioria mas sim da oposição e outros 2 verteram sobre decretos-lei politicamente pouco relevantes de um governo em gestão que suscitaram dúvidas puramente jurídicas sobre o alcance dos poderes governativos (e que não foram julgados inconstitucionais).

mesma família política que o elegeu, tendo todos os pedidos resultado em decisões de inconstitucionalidade[968].

No tocante ao **uso do veto,** não se conhece a aposição pelo Presidente Soares de qualquer veto político no escasso período de confluência com um governo socialista entre 1995 e 1996.

Já o Presidente Sampaio após 8 vetos em leis e 26 vetos políticos em decretos-leis durante o período de confluência com um governo quase maioritário socialista (1996/2002). Contudo um ou outro veto sobre leis incidiu sobre diplomas sobre a oposição e cerca de dois terços dos vetos sobre decretos-leis (18) incidiram diplomas aprovados na fase final do Governo que cessou funções em 2002 relativamente aos quais Presidente concertou com o novo Executivo de centro-direita, resultante das eleições verificadas no mesmo ano, a oportunidade de não entrarem em vigor por contrariariam o programa e a vontade da nova maioria[969].O Presidente assumiu uma atitude idêntica na transição entre o Governo de Santana Lopes e o de José Sócrates. Descontados, pois, estes "vetos de transição" desprovidos de qualquer sentido e peso político, o Presidente Sampaio, em cerca de 6 anos de confluência, terá vetado constitutivamente 8 leis do Parlamento e outros tantos do Governo.

No tocante ao exercício do veto, durante a fase de confluência entre 2011/2015 com o Governo de Passos Coelho, o Presidente Cavaco Silva apenas vetou um único diploma do Governo (o maior uso do veto ou do controlo de constitucionalidade terá, sido evitado por via de intensa negociação informal sobre o conteúdo de mais de uma centena de decretos-leis enviados para promulgação[970]) e após três vetos em relação a diplomas da Assembleia da República.

Em síntese confirma-se que em confluência os poderes de controlo e impedimento do Presidente reduzem-se no tocante às faculdades exercidas, para além de nenhum Presidente ter posto em causa o Governo ou a maioria (absoluta ou relativa) da sua família política. Sampaio fez um maior uso (pese que mitigado) do veto e Cavaco Silva uma maior convocação do controlo de constitucionalidade.

3º. Já a *coabitação em Portugal* (disjunção politica entre maioria que elege o Presidente e a maioria parlamentar que sustenta o Governo) não se tem pautado por um balanço evidentemente *positivo no plano da cooperação institucional.* Todas as

---

[968] Dois dos requerimentos, em 2014, foram promovidos a pedido do próprio Governo. Em nove dos pedidos estava em causa a garantia de direitos fundamentais
[969] Assim, REIS NOVAIS "O Sistema (...)" op. cit, p. 229 e seg.
[970] CARLOS BLANCO DE MORAIS "Curso de Direito Constitucional"-I-2015-p. 443. De acordo com fonte da Presidência da República, 104 decretos-leis sofreram alterações no contexto de negociações informais entre a Presidência e o Governo, durante o tempo de confluência entre o Presidente Cavaco Silva e o Governo de Passos Coelho.

coabitações tiveram momentos conflituais, com o choque claro entre as agendas presidenciais e governativas[971].

A prática demonstra que em *coabitações que envolvam governos suportados por maiorias absolutas monopartidárias*, assentes numa liderança monocrática, o papel do Presidente oscila entre o estatuto de colaborador estratégico num primeiro momento e o de contrapoder, o qual se acentua sobretudo no segundo mandato. O Primeiro-Ministro, independentemente do forte escrutínio, interferência ou mesmo da oposição presidencial mais ou menos aberta, destaca-se sempre como figura liderante do sistema político (1987-1995 e 2005-2009).

Já as *coabitações com executivos minoritários* têm reforçado a preponderância parlamentar, colocando o Governo como o poder mais débil, forçado a acorrer a duas "frentes" (a presidencial e a parlamentar) para garantir a sua subsistência e a viabilização de algumas das suas políticas. O Presidente oscila entre momentos de cooperação institucional com escrutínio atento (1986/ 1987 e 2016/2017) e tempos finais de distanciamento crítico ou atuação como contrapoder (1976/1978 e 2009-2011).

As coabitações abrem espaço, em períodos críticos, a dissoluções livremente decididas pelo Presidente, feitas em dessintonia com alguns partidos políticos bem como um maior uso (nalguns casos, frenético) dos poderes de veto e controlo de constitucionalidade, como parecem elucidar os dados infra § 754, os quais evidenciam sobretudo o contexto de algumas coabitações tensas. Nestas, mais do que o uso de poderes formais de controlo, sobressai a magistratura de influência ou de "interferência". Tal como se poderá observar, o conteúdo crítico ou hipercrítico de mensagens ou entrevistas presidenciais, o uso censório da palavra em contextos políticos desfavoráveis ao Governo, o incentivo a condutas partidárias, sindicais e populares contra-majoritárias e a mera ameaça, direta ou velada, do uso de poderes de demissão ou dissolução, ostentam um efeito erosivo da maioria, mais intenso do que o simples uso do veto ou da fiscalização de constitucionalidade[972].

---

[971] Essa conflitualidade foi mais aguda durante as *coabitações imperfeitas* que se geraram no decurso da transição para a democracia (em que o projeto de poder do Presidente Eanes colidiu com o de todos os governos, à esquerda ou à direita, que não resultaram da sua iniciativa) e durante o segundo mandato do Presidente Mário Soares entre 1991 e 1996, vivido em coabitação erosiva com um governo maioritário de Cavaco Silva. Registou-se uma redução da intensidade conflitual nas coabitações subsequentes, as quais não precludiram o uso de poderes letais do Presidente contra governos maioritários (dissolução parlamentar do Presidente Sampaio em 2004) ou minoritários (o discurso de posse do Presidente Cavaco Silva em 2011, o qual constituiu um "beijo mortal" a curto-prazo no Governo socialista em funções).

[972] Caso do Presidente Soares em todo o seu segundo mandato, do presidente Sampaio na formação e posse do Governo de Pedro Santana Lopes e Cavaco Silva no seu discurso de

OS ATRIBUTOS IDENTITÁRIOS DO SISTEMA POLÍTICO

Nas diversas coabitações transcorridas desde 1986, ocorreu:

um **ato de dissolução de tipo arbitral** quando o Presidente Soares dissolveu o Parlamento depois do derrube parlamentar do Governo minoritário de Cavaco Silva (o qual foi mal recebido pela opinião pública porque gozava de algum apoio popular),tendo em vista evitar a formação de um frágil e divisivo governo de esquerda que integrasse os seus adversários do partido eanista, o PRD;

e um **ato de dissolução-sanção** do Parlamento, quando o Presidente Sampaio pôs termo em 2004 à maioria que na Assembleia da República apoiava o Governo de Santana Lopes, no contexto de um quadro de alguma instabilidade interna do Executivo.

O uso do veto político e do controlo de constitucionalidade mostrou-se, de um modo geral, mais ativo, sobretudo antes de 1996.

No que concerne ao **controlo de constitucionalidade**, durante a coabitação com três governos presididos por *Cavaco Silva* (1986/1995) durante um período de 9 anos, o Presidente *Mário Soares* impugnou 27 leis da Assembleia da República e 15 decretos-leis do Governo[973], num total de 42 diplomas, o que representou uma utilização superlativa da fiscalização como verdadeira arma de arremesso contra o Executivo.

O Presidente *Jorge Sampaio* durante a coabitação com os governos de centro-direita, no período 2002/2004, impugnou 7 diplomas da maioria, em cerca de *dois anos* e meio, quase tantos quanto os que impugnou em *seis anos,* num cenário de confluência com governos socialistas no tocante a atos legislativos oriundos dessa mesma maioria (cumprindo relembrar que dois deste últimos foram decretos-leis aprovados por um governo em gestão). Houve, proporcionalmente, um maior escrutínio sobre a maioria política oriunda de uma família partidária diversa, se bem que num quadro de maior contenção do que aquele que ocorrera na coabitação anterior.

No uso da fiscalização da constitucionalidade, o *Presidente Cavaco Silva*, no período de coabitação com o Governo maioritário de José Sócrates, compreendido entre 2006/2009, impugnou junto do TC, 8 diplomas da Assembleia da República e nenhum do Governo. Já na curta coabitação com o governo minoritário do mesmo Primeiro-Ministro, entre 2009/2011, o Presidente impugnou apenas três leis da Assembleia da República uma aprovada pela oposição). No total, 11 diplomas sindicados em pouco mais de 5 anos. Uma vez mais, o uso parcimonioso da fiscalização (e do veto) relativamente a atos do Governo explica-se pela opção clara de Cavaco Silva por uma negociação informal intensa entre

---

posse em 2011.
[973] 26 impugnações de leis ocorreram em fiscalização preventiva e 2 em fiscalização sucessiva. Dos decretos-leis, 14 foram escrutinados e fiscalização preventiva e 1 em fiscalização sucessiva.

Presidência e Governo, como via de redução de atritos públicos sobre o conteúdo de diplomas legais do Executivo, que levou à introdução de alterações em quase quatro centenas de decretos-leis[974].

Abordando agora o **poder de veto,** o *Presidente Soares,* de entre as três coabitações com os governos sociais-democratas, entre 1986 e 1995, vetou 12 leis e 25 decretos-leis (um total de 37 diplomas legislativos) no que se afigura um uso elevado embora não desproporcionado do emprego do veto político. Contudo, se o combinarmos o uso desse poder com o escrutínio constitucional de 42 outros diplomas cuja fiscalização de constitucionalidade promoveu, verificamos que a magistratura presidencial assumiu um viés de contrapoder e até de desestabilização da política da maioria.

O Presidente *Jorge Sampaio* durante a coabitação curta com os dois governos do PSD/CDS (2 anos e 8 meses antes da dissolução) após 4 vetos políticos a leis da Assembleia da República e 3 vetos políticos sobre decretos-leis do Governo (um total de 7 vetos sobre atos legislativos da maioria), devendo ser desconsiderados, para o efeito, os 28 vetos políticos sobre diplomas governativos no período de transição para o Governo Sócrates, por razões idênticas às expostas supra. Tratou-se de um controlo moderado em termos de uso de poderes de impedimento.

Durante a coabitação entre o presidente *Cavaco Silva* e o Governo maioritário de José Sócrates (2006/2009) o Presidente não vetou decretos-leis do Governo (devido a à intensa negociação informal com o Governo para acertar controvérsias sobre certos diplomas explicada supra) mas vetou 4 leis da Assembleia da República. No período do Executivo minoritário de Sócrates (2009/2011) o Presidente vetou 3 decretos-leis e 5 leis da Assembleia da República. No total, em cerca de 5 anos, 12 vetos sobre atos legislativos oriundos de maiorias de governo socialistas conduta que se afigura como escrutinadora mas moderadamente contida no uso desse poder de impedimento. Seguiu-se ou acentuou-se uma tendência de uso menos frequente do veto por razões políticas oriunda da presidência anterior.

A "coabitação de veludo" entre o Governo minoritário socialista e o *Presidente Rebelo de Sousa* (2016/2017) contraria, no seu primeiro ano, a tendência conflitual dos prévios mandatos: apenas quatro vetos simbólicos sobre diplomas laterais e nenhum pedido de fiscalização constitucional.

4º. Em síntese, observa-se que, até 2017, em cenários de confluência, os Presidentes eleitos pelo centro-direita são mais escrutinadores da atividade da maioria governamental da sua família política (com relevo para o controlo de constitu-

---

[974] De acordo com ANÍBAL CAVACO SILVA ("Quinta-Feira (...)" op. cit, p. 121) durante do o mandato presidencial correspondente à coabitação com o Governo de José Sócrates foram introduzidas pelo Governo alterações em 381 decretos-leis.

cionalidade) do que os Presidentes eleitos pela esquerda, claramente mais articulados com essa maioria. E regista-se que, em coabitação, os Presidentes do centro-direita são mais colaborantes, menos intervencionistas e menos conflituais do que os Presidentes eleitos pela esquerda, claramente mais propensos ou à mais crua desestabilização ou à procura de uma oportunidade para a mudança de ciclo político através da dissolução parlamentar.

3. O impacto variável de práticas constitucionais no uso de freios e contrapesos

3.1. Introdução

623. No universo de um ordenamento constitucional romanista como o português, onde impera uma Constituição escrita e rígida, nada é estipulado sobre o valor constitucional de costumes ou usos. O próprio Código Civil, nas suas disposições preliminares eivadas de alguma materialidade constitucional, não reconhece explicitamente o costume como fonte de Direito. No nº 1 do artº 3º do CC aceita-se que os "usos", não contrários ao princípio da boa-fé, *"são juridicamente atendíveis quando a lei o determine"*. Sendo o costume uma prática geral, constante e uniforme, que é efetuada com a convicção da sua obrigatoriedade jurídica, cumpre destacar que o *uso*, como prática reiterada, é, apenas, o elemento material do costume. Ora, na Constituição da República não existe qualquer disposição que reconheça valor jurídico a costumes ou a usos.

3.1.1. Costumes

624. Sem prejuízo do exposto na rubrica precedente, é sempre possível afirmar, que o costume, tal como o poder constituinte, é uma *força da natureza* que se manifesta espontaneamente, sem habilitação ou "convite" por parte de outras "fontes". E, até certo ponto isso acaba por ser verdade, fundamentalmente, em duas situações.

A primeira tem a ver com o costume interpretativo ou *secundum legem*. Se uma disposição normativa da Constituição escrita, com uma relação de sentido biunívoca (preceito do qual se pode extrair mais de um significado), vier a ser interpretada e aplicada no respeito de um dos dois sentidos que dela podem defluir, dir-se-á que a prática reiterada que envolve a sua execução foi sustentada por um costume *secundum legem*. Tal não inibe, contudo, o Tribunal Constitucional de alterar fundamentadamente a sua interpretação optando pelo sentido alternativo àquele que fora selado por via consuetudinária. Poderá nesse caso haver um alto dissenso sobre a conduta do Tribunal, a tão glosada "comunidade aberta de intérpretes" poderá falar até em "decisão-surpresa" e em contradição com o "espírito da Constituição", mas a decisão do mesmo órgão impor-se-á, na medida em que a decisão tenha no texto um mínimo de correspondência, guarde uma base lógico-sistemática e não conduza ao absurdo.

Um exemplo de costume desta natureza é o da natureza excepcional que é atribuída ao poder Presidencial de demissão do Governo (infra § 809 e seg,).

A segunda situação, muito mais rara, refere-se a certos costumes *"contra legem"* que contrariam o sentido objetivo da norma constitucional e que, consolidando-se por longo tempo sem reação se limitam a justificar a caducidade de determinadas normas escritas, como o caso da eliminação dos latifúndios e da derrogação do nº 3 do artº168º da CRP[975].

625. Tudo dito para fazer ressaltar a ideia de que o costume é uma fonte subsidiária de Direito Constitucional e cujas normas não possuem o mesmo valor jurídico das normas escritas, já que podem ser afastadas não só pelos operadores jurídicos e políticos, os quais se podem determinar por uma prática contrária, mas pelo próprio Tribunal Constitucional, por via interpretativa, sobretudo quando as normas consuetudinárias não têm no texto uma efetiva correspondência.

---

[975] Veja-se o caso do artº 94º da CRP sobre a eliminação dos latifúndios, que o direito europeu e a prática legislativa contrária tornaram obsoleta, tendo havido um consenso sobre a sua perda de efetividade. Tal não inibe, contudo, o Tribunal de, com base numa determinada maioria, declarar a inconstitucionalidade de uma lei que, por exemplo, não fixe limites máximos à propriedade fundiária, considerando que, pela sua desproporção, violaria o artº 94º, o qual deveria ser reinterpretado num sentido atualista de forma a entender-se que a norma constitucional não teria caducado na sua totalidade. O mesmo se diga do artº 150º do Regimento da Assembleia da República que corporiza um costume derrogatório do nº 3 do artº 169º da CRP (o preceito regimental dispõe que a discussão e votação das leis na especialidade se faz em comissão parlamentar enquanto a norma constitucional determina que essa discussão e votação se processa no Plenário). Ora, este costume constitucional *contra-legem* que teria feito caducar a norma constitucional impõe-se até haver consenso entre os parlamentares sobre a vantagem da sua prática. O Tribunal Constitucional, por exemplo, não colocou em causa a constitucionalidade da norma regimental, no Ac nº 63/91. Contudo, caso o consenso parlamentar termine e o regimento seja impugnado, nada inibirá o Tribunal Constitucional de decidir de outra forma e declarar a sua inconstitucionalidade. Até que ocorra essa decisão, se ocorrer, os costumes *contra legem* impõem-se como justificação da presunção da caducidade da norma.

3.1.2. Usos, convenções e praxes

626. Na mesma categoria das fontes subsidiárias com um relevo jurídico mais reduzido no plano interpretativo, embora com um peso político considerável, pese que variável, surgem *os usos, convenções e praxes*.

627. Os *usos*, também designados por práticas "stricto sensu", definem-se como comportamentos regulares adotados pelas instituições do Estado no âmbito interno do sistema político, em cuja esfera projetam a sua eficácia e cuja consolidação contribui para a criação de uma normação não escrita, ordenadora das instituições[976]. Processando-se, fundamentalmente no domínio dos atos políticos, os quais são insindicáveis junto da Justiça Constitucional, considera-se que a não observância desses usos será sempre desprovida de sanção jurídica, sem prejuízo de a rotura de certas práticas poder ter um expressivo impacto político, envolvendo em alguns casos, disfunções no funcionamento do sistema político: agentes políticos em prejuízo dos quais foram derrogadas certas práticas, podem retaliar incumprindo outros usos e contribuindo, no limite, para a própria alteração morfológica do mesmo sistema. Será o caso da autonomia política do Governo a partir de 1987, da diminuição tácita dos poderes do Governo após a dissolução parlamentar, do caráter extraordinário dos governos de iniciativa presidencial, da recondução da referenda ministerial dos atos do Presidente da República a um mero regime "notarial" ou certificatório" que salvo situações extraordinárias não deve ser denegado e da aceitação pelo Presidente dos membros do Governo propostos pelo Primeiro-Ministro (§ 806 e seg).

628. A *convenções constitucionais*[977], próximas da figura das "conventions" que pontificam no Reino Unido, constituem pactos ou acordos, expressos ou tácitos de poder, entre as instituições ou os agentes políticos e que se sedimentam através de uma longa prática reiterada, análoga aos usos e com uma convicção, não de obrigatoriedade jurídica quanto à sua adoção futura, mas sim de efetiva conveniência para o bom funcionamento do sistema, dentro de certas balizas que se julga oportuno conservar. Tal como sucede no Reino Unido, tão pouco assumem vinculatividade jurídica, mas assumem um peso significativo como normação informal que articula o funcionamento do sistema político. Será o caso: da indigitação como Primeiro-Ministro do líder do partido ou da coligação pré-eleitoral mais votada (§ 642 e §783 e seg); da eleição do Presidente do Parlamento de entre deputados do partido ou coligação também mais votada; do regime de acordo tácito quanto à demissão de titulares de altos cargos públicos no contexto de competências partilhadas entre o Presidente e o Governo (§

---

[976] Cfr. PAULO OTERO "Direito Constitucional Português"-II-Coimbra-2010-p166.
[977] Num sentido diferente sobre a noção de convenções, vide PAULO OTERO ult. loc cit.

837 e seg); do condicionamento presidencial dos Governos em gestão (§ 978 e seg); e da rotação entre a Presidência do Tribunal Constitucional de 4 em 4 anos entre um juiz indicado pelo centro-direita e outro pelo centro esquerda parlamentar (infra § 635).

629. As *praxes* são condutas e ritos habituais, em regra não escritos, que se se repetem de forma incremental e que integram o funcionamento do sistema, sem que relevem para a sua caracterização e alteração, operando como mecanismos acessórios do seu funcionamento. Veja o caso da reunião habitual do Presidente e do Primeiro-Ministro às quintas-feiras ou do discurso anual do Presidente da República na Assembleia da República, nas comemorações do dia 25 de abril.

630. Costumes interpretativos, usos, convenções constitucionais e praxes mais relevantes são fontes subsidiárias que, quando aplicadas ao sistema político, englobaremos na designação de *práticas constitucionais* em sentido lato. *Podemos defini-las como normas constitucionais adjetivas, não escritas, que relevam para a dinâmica e o funcionamento do sistema político, mas que não são providas de força jurídica cogente, não servindo, por conseguinte, como parâmetros de constitucionalidade.* Isto, sem prejuízo de as mesmas libertarem uma eficácia jurídica indireta, sobretudo se contribuírem para a interpretação e concretização de uma norma constitucional escrita ou para a integração de lacunas. Destacaremos neste rubrica algumas das mais relevantes para a dinâmica funcional do sistema político.

3.1.3. Práticas com maior impacto no funcionamento do sistema político

A. Demissão do Governo pelo Presidente como poder excecional consolidado pelo costume

631. Consolidou-se uma prática consuetudinária *secundum legem* nos termos da qual, o Chefe de Estado deve interpretar muito restritivamente o pressuposto do *"regular funcionamento das instituições democráticas"* (nº 2 do artº 195º da CRP), como medida excecional. Esse facto reforça a estabilidade da posição do Governo na "frente presidencial".

B. Dissolução parlamentar antecipada pelo Presidente condicionada pela emergência de crises políticas relevantes

632. O poder de dissolução presidencial encontra-se envolvido por uma prática adquirida e sedimentada de extrema relevância, reconduzível a uma *convenção*. É que, nos termos constitucionais (alínea e) do artº 133º da CRP conjugado com o artº 172º), *o poder presidencial de dissolução parlamentar é um poder livre*, sem prejuízo

de alguns limites estáticos já observados (§ 823 e § 699). Ora, a prática política tem condicionado a liberdade subjacente a esse poder presidencial, reconduzindo o seu objeto a situações de crise, podendo o Presidente, no contexto da sua ocorrência, mover-se discricionariamente entre dissoluções unilaterais por ele decididas sem acordo dos partidos representados no Parlamento e dissoluções feitas em consonância com a maioria desses partidos ou com os dois maiores partidos. Dissoluções ditadas por razões puramente políticas fora de cenários de crise, praticamente nunca sucederam, havendo a situação ambígua de 2004.

Tal como se verá, todas as dissoluções presidenciais (1979, 1982,1986, 2001, 2011), menos uma no ano de 2004[978], ocorreram *na sequência da demissão do Primeiro-Ministro e no contexto de crises políticas pronunciadas* e agravadas por debilidades na liderança do Executivo, associadas a divisões no Governo ou na coligação[979], rotura de uma coligação[980], demissões de ministros seguidas de obstáculos ou dificuldades na constituição de governos alternativos dentro da mesma legislatura[981]. Contudo, a demissão do Primeiro-Ministro não constitui, por si só, um fator político condicionante de uma dissolução[982].

---

[978] Situação, mais atípica, da dissolução ditada pelo Presidente Sampaio em 2004, após o frágil Governo de coligação liderado por Pedro Santana Lopes dar sinais de défice de liderança, instabilidade e de dissídios internos. Tratou-se, contudo, e manifestamente tendo, por termo de comparação o exercício do poder em outros governos, de uma crise política "fraca" e de uma dissolução-sanção com motivações políticas e partidárias.

[979] Foi o caso da demissão, em 1982, do segundo governo da Aliança Democrática (AD), chefiado por Pinto Balsemão, que cessou funções por vontade própria e sem alternativa viável ou credível dentro de uma coligação que abria fissuras. A hipótese da constituição de um Governo chefiado por Vitor Crespo era considerada, em surdina, uma solução pouco viável ou duradoura dentro da própria coligação e dos partidos que a integravam. A continuidade da AD era uma opção esgotada.

[980] Vide a rotura da coligação PSD/PS em 1985, sem alternativa consistente no contexto parlamentar.

[981] Observe-se o caso: i) da demissão do Governo minoritário de Cavaco Silva em 1986 após a aprovação de uma moção de censura parlamentar, em que o Presidente rejeitou a solução de um governo de esquerda constituído pelos seus adversários; ii) da demissão do Primeiro-Ministro Guterres em 2002, que dispunha do mesmo número de deputados do que a as oposições, após um desaire autárquico, invocando não ter possibilidade de governar numa situação de "pântano"; iii) e da dissolução do Parlamento em 2011 pelo Presidente Cavaco Silva, na sequência da demissão do Primeiro-Ministro Sócrates, acossado por uma crise financeira e pela reprovação parlamentar do chamado PEC IV.

[982] Como revelam as demissões de Mário Soares em 1978, Pinto Balsemão em 1981 e de Durão Barroso em 2004.

C. Indigitação como Primeiro-Ministro do líder do partido ou da coligação pré-eleitoral mais votada

633. Existe, uma prática consolidada em cerca de 40 anos, também de tipo convencional, nos termos da qual, o Presidente, quando opta pela indigitação de um Primeiro-Ministro, convoca nos dias subsequentes à realização do ato eleitoral, o líder ou líderes do Partido ou da coligação eleitoral que tenha elegido o maior número de mandatos, de acordo com os resultados preliminares e convida essa formação a indicar um candidato a Primeiro-Ministro. Este será indigitado a desenvolver diligências para formar um governo maioritário ou a dialogar com outros partidos tendo em vista à formação de um governo de maioria ou com apoio parlamentar maioritário.

D. Formação e viabilização do Governo no âmbito partidário do arco democrático

634. Pontificou uma convenção tácita, de 40 anos, nos termos da qual a formação dos governos se faria entre os partidos do "arco democrático", ou seja o PSD, o PS e o CDS. Trata-se de uma prática discreta que encontra precedentes bem mais intensos, excludentes e retóricos nos "cordões sanitários" estabelecidos da França, Holanda e Alemanha contra partidos populistas. A decisão (histórica) do PS, tomada em 2015, em propor-se formar um Governo minoritário sustentado num acordo parlamentar com dois partidos marxistas, o BE e o PC, rompeu essa prática e acresceu ao sistema de partidos e ao sistema de governação novas opções ou variantes políticas, com renovados protagonistas oriundos dos extremos.

E. Escolha pactuada dos juízes-conselheiros do Tribunal Constitucional

635. Desde 1982 que a escolha que envolve 10 juízes do órgão máximo da Justiça Constitucional, processa-se na base de um acordo político informal de tipo convencional entre o PS e o PSD que, entre si, têm somado, ordinariamente, mais de dois terços da representação parlamentar, maioria necessária para a eleição daqueles. Do mesmo modo, existe um pacto tácito em que a presidência do Tribunal alterna, de 4 em 4 anos, entre juízes indicados pelos partidos do centro-direita e juízes indicados pelos partidos da esquerda.

OS ATRIBUTOS IDENTITÁRIOS DO SISTEMA POLÍTICO

Subsecção III. A querela da definição do sistema político como semi-presidencialista

1. Posição adotada sobre o sistema político português: o semipresidencialismo como forma de governo

636. Decorre objetivamente do confronto entre as premissas maiores respeitantes á caracterização abstrata de um sistema semipresidencialista (§ 535 e seg) e as premissas menores que descrevem os pressupostos estruturantes do sistema político português (§ 593 e seg), que a *conclusão a que se chega neste escrito abona em favor da definição do sistema político português como semipresidencialista*[983]. Trata-se, como vimos, de um semipresidencialismo que, desde 1982, fez repousar a dinâmica do exercício do poder político no binómio Governo/ Parlamento, tendo recuado o Presidente para um protagonismo regulador, operando como árbitro, moderador e, inclusivamente, como contrapoder em certos cenários de coabitação, cenários que também constituem uma característica política típica do semipresidencialismo.

2. Apreciação das objeções das correntes negacionistas da natureza semi-presidencial do sistema político.

637. De entre a panóplia de argumentos contrários à recondução do sistema político português ao semipresidencialismo, impôs-se a seleção daqueles que julgamos mais pertinentes, a saber:

i) Ausência, de entre os defensores do semipresidencialismo, de uma definição suficientemente partilhada que a possa firmar como "tertium genus" conceptual entre presidencialismo e parlamentarismo;

---

[983] Assim, rememorando, é possível assinalar na ordem constitucional portuguesa, como atributos típicos desse sistema político: i) A eleição do Presidente da República por sufrágio universal; ii) A existência de uma dicotomia ou diarquia institucional entre o Presidente da República e um Primeiro-Ministro, sendo este último investido no estatuto e atribuições de Chefe do Governo; iii) A consagração de uma dupla responsabilidade do Governo, institucional e política, respetivamente, perante o Presidente da República e perante a Assembleia da República; iv) E a atribuição ao Presidente da República de poderes significativos, contando-se a par de um regime de veto político robusto, da promoção do controlo de constitucionalidade, da nomeação do Primeiro-Ministro e da demissão do Governo em situações excecionais e o poder juridicamente livre de dissolução da Assembleia da República, o qual se afigura como a prerrogativa política mais forte do poder presidencial.

ii) A variabilidade das características do semipresidencialismo debilitariam ou comprometeriam a solidez do modelo;
iii) A ideia de semipresidencialismo fora do paradigma francês seria questionável;
iv) Em Portugal haveria uma perda de "controlo" do Presidente sobre o Governo depois da revisão constitucional de 1982;
v) Faltaria ao semipresidencialismo, como categoria sistémica, o pendor governamental que emana do sistema português;
vi) As características imputadas ao sistema português não seriam exclusivas do semipresidencialismo ou seriam estranhas a este modelo.

Examinemos, brevemente, o argumentário exposto, em que os três primeiros argumentos recaem sobre a solidez dogmática do tipo de sistema senipresidencial e os restantes sobre a recondução do sistema político português a essa forma de governo.

2.1. Ausência de entre os defensores do semipresidencialismo de uma definição suficientemente partilhada que a possa firmar como "tertium genus"conceptual entre presidencialismo e parlamentarismo;

638. De acordo com certos expoentes da doutrina que procuram abordar o problema sob um ponto de vista dogmático, confrontando a coerência das diversas argumentações doutrinais que vertem sobre a definição do hipotético modelo[984], haveria uma diversidade de critérios de definição que tornaria difícil a estabilização de um denominador comum de caracterização de semipresidencialismo, comprometendo a própria existência desse paradigma como figura autónoma entre presidencialismo e parlamentarismo. Outros autores afirmam mesmo que a qualificação de "semipresidencialista" tão pouco teve *"refração textual nas constituições consagradoras dessa dimensão"*[985].

639. Começando por este último argumento, ele não parece ser decisivo, pois tão pouco a Constituição norte-americana define textualmente o sistema de governo como presidencialista. A definição deve ser feita a partir do texto da Lei Fundamental e da prática político-institucional pelos constitucionalistas e cientistas políticos, com base na identificação de critérios relevantes que se reconduzam a um modelo.

---

[984] JOSÉ DE MELO ALEXANDRINO, ult. loc cit, p.197.
[985] GOMES CANOTILHO-VITAL MOREIRA "Constituição (...)"-II- op,. cit, p 19.

De qualquer modo, é um facto que uma análise às caracterizações doutrinais de semipresidencialismo revela uma diversidade de posições em relação aos atributos cardeais da definição desse sistema. Contudo, de entre essa diversidade é possível decantar, maioritariamente pressupostos comuns, que operam de forma cumulada, tais como os que estão assinalados na nota 983.

Por outro lado não é apenas a caracterização de semipresidencialismo que suscita divergências significativas. É que são também expressivas as discrepâncias doutrinais sobre a definição de um sistema parlamentarista[986], atenta a diversidade estrutural de sistemas dessa natureza, não sendo esse facto que prejudicará a autonomia do modelo.

Mais relevante do que consensos entre uma pluralidade de autores sobre a existência de um paradigma sistémico é a existência, de uma definição suficientemente sólida sobre a caracterização desse paradigma que resista consistente e resilientemente a críticas. Ora, existindo definições dessa natureza[987], elas não foram contraditadas na especialidade pela corrente que ora se aprecia.

2.2. A variabilidade das características do semipresidencialismo debilitariam ou comprometeriam a solidez do modelo

640. Trata-se de uma crítica que procura, igualmente, contestar o caráter dogmático e, por conseguinte, científico, do conceito de semipresidencialismo, em termos taxinómicos, já que os sistemas que são reconduzidos a esse paradigma são diversos entre si, faltando-lhes um tronco comum de caráter relevante e uma mecânica funcional análoga[988].

641. Julga-se que a crítica não colhe.

Em primeiro lugar porque a mesma atinge outros sistemas políticos, como o parlamentarista[989]. Haverá mecânica funcional mais diversa do que o funcionamento de um sistema parlamentar de gabinete, de recorte primoministerial,

---

[986] Compare-se, por exemplo, as definições muito diversas de parlamentarismo de AUGUSTO BARBERA-CARLO FUSARO "Corso (...)" op. cit, p. 182; SARTORI "Ingegneria (...)" op. cit, p. 115 e 118; KARL LOEWENSTEIN ult. loc. cit, p. 103 e 105; LEOPOLDO ELIA "Forme di Governo"- in "Enciclopedia del Diritto"-XIX-Milano-1970-p.644.

[987] CFR. MARCELO REBELO DE SOUSA "Sistema (...)" op. cit, p. 10 e seg e MAURO VOLPI ult. loc. cit, p.31 e seguintes. Trata-se de definições que subsistiram e, por alguma razão, esta forma de governo continua a ser dominantemente aceite nas comunidades jurídica, política e comunicacional, italiana e sobretudo portuguesa, diversamente do que sucede com as posições alternativas.

[988] Nesta linha, JOSÉ DE MELO ALEXANDRINO ult. loc cit, p. 201;

[989] Em defesa dessa diversidade ANDRÉ FREIRE-ANTÓNIO COSTA PINTO "O Poder (...)" op. cit, p.58 e LUCIO PEGORARO "Forme (...)2 op. cit, p. 19.

como no Reino Unido e um sistema parlamentar de assembleia como na Itália (I República), Bélgica, ou Dinamarca ? Não haverá uma diferença substancial entre as variantes ou subtipos de um sistema em que a liderança institucional repousa, nuns casos, num Governo sustentado no Parlamento, mas que domina a maioria parlamentar e noutros num Parlamento que condiciona intensamente a política de um governo dele dependente? Que dizer, por outro lado dos sistemas parlamentaristas em que o Presidente é eleito por sufrágio universal colocando em causa um dos atributos primitivos da definição de parlamentarismo, ou seja a eleição parlamentar do Chefe de Estado nos regimes republicanos? E qual a solidez do critério identitário do parlamentarismo que consiste na dependência do governo da confiança política parlamentar se a mesma está também presente em sistemas objetivamente não parlamentares como o francês?

As diferenças entre sistemas com institutos e práticas tão claramente diferentes não obstam a que sejam crismados como parlamentares.

Mesmo no presidencialismo, não serão bastamente diversos os modelos norte-americano e brasileiro?

Em segundo lugar, é um facto que foram posicionados apressadamente no semipresidencialismo, sistemas não só muito diferentes entre si, mas também desprovidos de atributos comuns e relevantes que os reconduzissem a essa categoria unitária. Para o efeito, contribuiu um entusiasmo doutrinal pelo semipresidencialismo em Itália, no contexto de uma crise institucional nos anos noventa, mas também a emergência dos novos regimes democráticos do Leste europeu, em que o Presidente eleito por sufrágio universal coexiste com uma arquitetura de base parlamentar. Mas, no tempo presente, muitos desses sistemas foram já reconduzidos ao parlamentarismo e os semipresidencialismos de hoje envolvem um número bem menor de Estados que, pese as diferentes dinâmicas dos respetivos sistemas políticos, exibem de forma mais reforçada ou atenuada as características referidas supra § 535 e seg.

Enquanto na Rússia, Ucrânia e em França o semipresidencialismo assenta, tendencialmente, no binómio Presidente /Governo, em Portugal, Áustria, Polónia, Croácia e Geórgia, ele radica, ordinariamente, no binómio Governo/Parlamento. Contudo a flexibilidade deste tipo de sistema permite que em França, em cenários de coabitação o sistema se desloque para um binómio Governo/Parlamento (sem prejuízo do poder moderador e de contrapoder do Chefe de Estado) e em Portugal nada exclui que, extraordinariamente, o sistema possa um dia deslizar para um binómio atenuado Presidente/ Governo, sem prejuízo, do facto de o Parlamento ser o sustentáculo dessa relação, através de uma bancada maioritária[990].

---

[990] Cfr. o nosso escrito de 1997 "Le Metamorfosi del Semipresidenzialismo Portighese"- in "Semipresidenzialismi"-op. cit, p.149, nt 70.

OS ATRIBUTOS IDENTITÁRIOS DO SISTEMA POLÍTICO

É certo que existe um *modus operandi* bem diverso no funcionamento dos sistemas semipresidenciais como o da França, Portugal e Polónia, situação que também, como vimos, ocorre analogamente entre sistemas parlamentaristas já examinados. Sucede porém que a sua recondução ao mesmo modelo deriva das características comuns relevantes que estruturalmente os aproximam mais entre si (cfr as características observadas supra §, 535) do que em relação a sistemas de outra natureza, sendo certo que no contexto das diferenças que marcam os diferentes sistemas semipresidencialistas, todos operam ou podem operar de forma algo aproximada, em cenários coabitação.

2.3. A ideia de semipresidencialismo fora do paradigma francês seria questionável

642. Trata-se de um argumento que constitui uma forma de continuidade ou prolongamento do anterior.

Sem prejuízo do precedente de Weimar e mais do que a proto-experiência semipresidencial da Finlândia, foi a Constituição francesa de 1958, sobretudo depois de 1962, que se firmou como grande modelo referencial do semipresidencialismo.

Ora, consideram diversos autores que nenhum outro sistema político logrou assemelhar-se ao paradigma francês[991] o qual, pelo menos na Europa seria único[992].

643. Sucede que este argumento valeria para qualquer tipo de sistema. Certos autores entendem que o genuíno presidencialismo é o norte-americano[993], pelo que, se reconduzíssemos os tipos de sistemas aos modelos originários seria impossível elaborar uma taxinomia satisfatória de sistema político, já que escassos sistemas se reconduzem a esses modelos paradigmáticos ou históricos.

Por outro lado, os próprios modelos primitivos sofreram alterações significativas, tal como sucedeu tanto com a Constituição britânica, em 2011 (em que o Primeiro-Ministro foi despojado do seu poder de provocar unilateralmente a dissolução do Parlamento) como com a Constituição francesa de 1958 (vide os cenários inéditos de coabitação a partir de 1986, a redução do septanato presidencial e a limitação da reeleição). Na verdade, a coabitação alterou profundamente

---

[991] GOMES CANOTILHO-VITAL MOREIRA ult. loc cit, p. 19;
[992] CRISTINA QUEIROZ ult. loc. cit, p. 50.
[993] JORGE MIRANDA "Manual (...)"- Tomo I, 1, op. cit, p. 161 e 164 (afirma que o presidencialismo norte-americano só aí funcionou eficaz e pacificamente, operando na América Latina sem conteúdo efetivo; JOSÉ DE MELO ALEXANDRINO "Lições (...)"-I- op. cit, p. 147 distingue um presidencialismo perfeito nos Estados unidos e um presidencialismo "adulterado" na América Latina.

o paradigma francês. O semipresidencialismo equacionado originariamente por Duverger implicava uma clara liderança presidencial e uma homologia Presidente/ Governo/ Maioria. A coabitação alterou essa referência, passando a existir ciclos de liderança do Governo ancorado numa maioria parlamentar, com debilitação ou alguma secundarização do papel do Presidente.

O que é hoje, pois, o paradigma francês? Se o sistema português foi bebido matizadamente no modelo francês, o facto é que foi o modelo francês que, em 1986 se aproximou, paradoxalmente, do sistema português, pois o ciclo de coabitação que inaugurou nesse ano já existia em Portugal, embora numa vertente imperfeita (§ 757,no período 1976/1986).

Como escreve Volpi, a forma de governo semipresidencial francesa foi construída para dar força ao Executivo, mediante um reforço da componente presidencial. Componente que se robusteceu em termos inéditos em 2017, com um Presidente oriundo de fora das coligações tradicionais apoiado por um partido presidencial recém criado que domina uma *super-maioria* parlamentar cujo "calcanhar de Aquiles" é apenas a sua heterogeneidade, gigantismo e dificuldade de gestão. Sucede que a maioria de outras experiências ditas semipresidencialistas, entre as quais a portuguesa, evoluíram no sentido do reforço do papel do Governo e de redimensionamento do protagonismo do Presidente, em termos tais que a única eleição que verdadeiramente conta é a parlamentar[994].E se é possível confrontar, na linha do mesmo autor, uma "democracia governante" em França, com uma "democracia deliberante" nos outros semipresidencialismos, o facto é que, em ciclos de coabitação em França, também este País se confronta com formas mitigadas de democracia deliberante (vide, sobretudo, o período da chamada *coabitação longa*, supra, § 550).

Daí que as classificações das formas de governo estejam sujeitas a mudanças, incluindo nos sistemas que funcionaram como paradigmas e que uma operação classificatória de categorias de sistemas políticos não é compatível com concepções "puristas", rígidas, centradas em paradigmas antigos ou em sistemas abstrata e necessariamente tidos como os "melhores"[995].

Em suma, tal como o parlamentarismo não se esgota nos modelos britânico, escandinavo, alemão ou nos sistemas desta natureza cujo presidente é eleito por sufrágio universal, que são bem diferentes entre si, também o semipresidencialismo não se esgota no sistema francês. O semipresidencialismo português têm em comum com o sistema gaulês quatro atributos essenciais comuns já observados que os reconduzem à mesma família, sem prejuízo de funcionarem ordinariamente na base de dinâmicas diversas: o sistema português oscila entre o

---

[994] MAURO VOLPI, ult. loc cit, p. 40-41.
[995] VOLPI ult. loc cit, p. 41.

pendor governativo e o parlamentar e o francês balanceia entre um pendor presidencial como regra e o governativo como exceção, havendo, contudo, a possibilidade de os dois sistemas, como foi dito, convergirem até certo ponto, em cenários de coabitação.

2.4. Em Portugal haveria uma perda de "controlo" do Presidente sobre o Governo depois da revisão constitucional de 1982

644. Entrando no domínio dos reparos à recondução do sistema político português ao semipresidencialismo, entendem diversos autores que, após revisão de 1982 que reforçou os poderes da Assembleia da República, faltaria ao mesmo sistema uma característica marcante do semipresidencialismo que é a "capacidade de controlo" do Governo pelo Presidente[996], dado que o poder de demissão do Governo ter-se-ia reduzido uma mera "cortesia" dos legisladores constitucionais para com o mesmo Presidente, encontrando-se desprovida de sentido útil[997].

---

[996] ANDRÉ GONÇALVES PEREIRA ult. loc. cit, p. 65.
No mesmo sentido SARTORI (ult. loc cit p. 144 e p. 152 nt 8.) embora com a inclusão de um erro evidente. O autor refere que com a revisão de 1982 se teria eliminado não só o livre poder de demissão do Governo pelo Presidente mas, também se teriam eliminado "todos os seus poderes legislativos " e o "seu poder de veto absoluto sobre a lei" e limitado o poder de dissolução. Trata-se de uma leitura equivocada sobre o teor da revisão constitucional. O Presidente nunca possuiu poderes legislativos (o autor confundiu seguramente as competências presidenciais com as do Conselho da Revolução) nem veto absoluto sobre as leis e quanto à faculdade de dissolução parlamentar, esta só sofreu limites estáticos de natureza temporal e circunstancial que deixam intacta a liberdade presidencial neste domínio, fora dos escassos períodos de "defeso".
Ademais, ainda mais grave que o lapso de Sartori, é o facto de, de entre os politólogos que se debruçam sobre o semipresidencialismo, ser recursiva a menção por parte de alguns autores anglo-saxónicos, aos "poderes legislativos" dos presidentes da República, como é o caso de Shugart-Carey e Siaroff, de entre outros, opção que é técnica e juridicamente um absurdo pois os Presidentes, nos sistemas semipresidencialistas, não são titulares da função legislativa (apenas nos presidencialismos se regista a atribuição de poderes legislativos delegados e de urgência aos Chefes de Estado- § 457 e § 501). Daí que transplantes ou glosas acríticas desses autores, tal como são feitos por MARINA COSTA LOBO ("Os Semipresidencialismos (...)"p. 27), quando se refere a competências legislativas e não legislativas dos presidentes no contexto semipresidencialista, constituam um erro grave de natureza constitucional, sobretudo quando reconduzem o veto político ao exercício de poderes legislativos (op. cit, p. 33). O veto é um ato político, individual e concreto, que bloqueia o exercício de poderes legislativos exercidos por outros órgãos, e não uma manifestação de atividade legislativa. Trata-se de uma posição inequivocamente incorreta quer no plano jurídico quer no politológico.
[997] ANDRÉ GONÇALVES PEREIRA ult. loc. cit,p. 76.

645. É um facto que a existência de vínculos, mais ou menos intensos, de responsabilidade do Governo perante o Presidente constitui um traço do semipresidencialismo. Contudo, *o poder presidencial autónomo de demissão do Governo, constitui uma das componentes mais fortes desses vínculos, mas não é uma condição necessária para a qualificação do sistema como semipresidencial.* Por exemplo a Constituição francesa nem sequer prevê essa faculdade que, contudo, existe consuetudinariamente em governos de confluência, mas não em governos de coabitação, em que o Presidente está inibido de exercer esse poder.

Em Portugal e contrariamente ao sistema francês, o poder de demissão está expressamente consagrado embora condicionado, como vimos, a um critério político de exceção que só o Presidente pode aferir se se encontra reunido. Ora, um poder excecional (a par dos estados públicos de necessidade) não pode ser reduzido a uma cortesia, mas sim configurado como uma válvula de segurança sistémica, de último recurso. O seu sentido útil é, idêntico, a esses poderes de uso extraordinário. O facto de não ter sido convocado desde 1978 não significa que tenha caducado, mas sim que nenhuma crise política justificou o seu emprego, podendo esta ser solucionada, ordinariamente, por outras vias mais afeiçoadas aos equilíbrios resultantes da revisão de 1982, como a dissolução.

Mas, por outro lado não é certo que o Presidente tenha perdido o "controlo" sobre a atividade do Governo. Para além da fórmula "responsabilidade" continuar a constar da Constituição, ligada a uma dimensão institucional, o facto é que o Presidente:

- dispõe de veto absoluto sobre os atos legislativos do Governo.
- exerce poderes de promoção do controlo preventivo da constitucionalidade (o que, como veremos, constitui um pressuposto para a negociação discreta e informal de muitos decretos-leis e que alça, por vezes, o Chefe de Estado a co-legislador, na linha dos monarcas dualistas).
- Profere, igualmente, da última palavra sobre a assinatura de acordos internacionais negociados pelo Governo e sobre nomeações para órgãos constitucionais do Estado, também propostos pelo Executivo.

Tudo isto fora a prerrogativa de ser informado regularmente sobre os negócios públicos e o exercício da sua magistratura de influências, onde avulta o poder da palavra. Por outro lado, o Presidente não perdeu o poder de nomear governos da sua iniciativa se se repetir a conjuntura política de fragmentação e ingovernabilidade 1977/1979, cenário que não voltou até 2017 a ocorrer, seja por força da composição parlamentar, seja por força do facto de os partidos não deixarem grande margem para que o Presidente possa fazer uso dessa faculdade.

OS ATRIBUTOS IDENTITÁRIOS DO SISTEMA POLÍTICO

Observe-se, aliás, na prática, o peso político real, embora variável, do Presidente no sistema português, nas suas relações com o Governo, seja como único contrapoder a um Governo maioritário (1987-1995) seja como suporte ativo decisivo um governo minoritário (2016-2017), sem prejuízo de ciclos de maior apagamento do seu protagonismo (1995-2002 e 2009-2013).

Em síntese, o Chefe de Estado não perdeu os seus poderes de controlo sobre o Governo, pese a atenuação destes com a revisão de 1982, a qual limitou sensivelmente a sua faculdade de se intrometer na atividade governativa e de *demitir o Governo*, não sendo esta última prerrogativa traço decisivo para a caracterização do semipresidencialismo, como resulta formalmente do próprio paradigma estatutário francês.

2.5. Faltaria ao semipresidencialismo o pendor governamental que emana do sistema português e a este último uma partilha da função governativa com Presidente a qual emanaria do semipresidencialismo

646. Segundo certo entendimento, a autonomia do poder governamental em face do Presidente que existiria no sistema político português seria estranha ao semipresidencialismo[998], caracterizado por uma ascendência do Presidente sobre o Governo no exercício da função executiva.

647. Trata-se de uma tese não convincente, que parte do postulado da rigidez do sistema semipresidencial relativo ao modelo francês anterior a 1986, bem como da cristalização do sistema português em torno de um pendor governamentalizante, asserções que não procedem, pois a dinâmica dos dois sistemas tem sofrido variações pendulares que põem em causa a permanência ou estabilidade desses postulados.

648. Em primeiro lugar, *nos ciclos de coabitação* do semipresidencialismo francês o sistema assume um pendor governamental, liderado por um Primeiro-Ministro insuscetível de ser demitido pelo Presidente e sustentado numa maioria parlamentar que logra controlar. Por três vezes o semipresidencialismo francês assumiu até 2017 pendor governamental, pelo que não parece correto afirmar que essa autonomia governamental em relação ao Presidente não exista neste tipo de sistema político[999].

649. Em segundo lugar, pese o relativo grau de autonomia atribuída pela Constituição ao Governo (§ 610 e seg), o pendor governamental do sistema português não constitui uma realidade permanente, mas uma realidade cíclica que

---

[998] CRISTINA QUEIROZ ult. loc. cit, p.153.
[999] Na Rússia, essa autonomia é clara nos ciclos em que o homem forte do sistema assume funções como Primeiro-Ministro.

tem lugar quando o Executivo é suportado por uma maioria absoluta (1986-1995, 2002-2004, 2005-2009 e 2011-2015) ou quase absoluta (1995-2001) o que representa um pouco mais metade da história da III República, não constituindo uma realidade garantida, como evidencia o ciclo de pendor parlamentar de assembleia, iniciado em final de 2015.

650. A mesma ordem de fundamentos exclui o entendimento de que o semipresidencialismo envolveria uma partilha pré-formatada de funções governamentais entre Presidente e Governo que inexistiria no ordenamento português, já que:

i) Se a alegada partilha implica o poder do Presidente dar orientações vinculativas sobre a política governamental (Sartori evidencia, nesta linha argumentativa, a faculdade de o Governo acatar diretrizes do Presidente [1000]), que é uma realidade inexistente em Portugal, o facto é que esse poder tão pouco pontua no semipresidencialismo francês em ciclo coabitação, salvo algumas orientações gerais na política externa e de defesa (contestadas na "coabitação longa" pelo Primeiro-Ministro Jospin), o que retira caráter decisivo ao argumento;

ii) Se "partilha" supõe a faculdade de o Chefe de Estado presidir ao Conselho de Ministros, ela está presente na quase totalidade dos semipresidencialismos autênticos, seja como direito próprio como em França e na Rússia, seja em razão da matéria (como sucede em alguns sistemas presidenciais da Europa oriental, seja mediante convite, como em Portugal.

iii) Se partilha, contudo, envolve a prática de atos jurídicos complexos, produzidos no exercício de poderes políticos compartilhados entre os dois órgãos, em que o Governo propõe a nomeação de titulares de altos cargos públicos ao Presidente, bem como propostas referendárias e em que o Presidente aceita ou recusa a proposta, essa realidade está presente não só em Portugal[1001] mas em quase todos os sistemas semipresidencialistas, pelo que o argumento também não atinge o alvo.

Relembrando o que certos comparatistas italianos afirmaram com propriedade (cfr. supra § 633)), na maioria dos sistemas semipresidencialistas inspirados com matizes vários no modelo francês, a ação política assumiu uma maior

---

[1000] SARTORI ult. loc cit, p. 146. No mesmo sentido deste autor, PAULO OTERO (ult. loc cit p. 480 e seg.) sobre os poderes de condução política do Presidente sobre o Governo.
[1001] Vide a faculdade de o Presidente sob proposta do Governo, convocar referendos nacionais, nomear o Procurador Geral da República, nomear o alto comando militar e outros cargos militar e, acreditar os embaixadores e outro pessoal diplomático.

dinâmica governativa e não tanto presidencial, ancorando na relação Governo/Parlamento.

2.6. As características usualmente imputadas ao sistema português não seriam exclusivas do semipresidencialismo ou seriam estranhas a este modelo

651. Encontramo-nos diante de uma panóplia de argumentos que importa dissecar na especialidade.

Com subtileza, alguma doutrina[1002] realiza um *"cherry picking"* de características individuais do sistema português e procura demonstrar que as mesmas não são exclusivas do semipresidencialismo (caso do Executivo bicéfalo, eleição do Presidente por sufrágio universal, responsabilidade do Governo diante do Parlamento); e assinala outras que, sendo próprias do sistema português, seriam estranhas ao semipresidencialismo (o Presidente como poder moderador e não como órgão de condução política, o Parlamento como fonte de autoridade de qualquer Governo, dinâmica da desvalorização do poder presidencial de dissolução parlamentar e reforço da dinâmica governativa com a plebiscitação eleitoral do Primeiro-Ministro).

A. Da similitude dos atributos caracteriológicos fundamentais do semipresidencialismo português com outros sistemas

652. O semipresidencialismo, como verificámos, incorpora atributos do presidencialismo, do parlamentarismo e, ainda, características próprias ou exclusivas.

Como tal, não é possível sufragar uma construção teórica que taticamente examine essas características, uma por uma, para posteriormente as desvalorizar, com o argumento de que também pontificam noutros sistemas políticos.

Mais precisamente não seduzem os -argumentos[1003] segundo os quais também na Constituição de 1933 (sistema de Chanceler) haveria um Executivo bicéfalo[1004], que a eleição por sufrágio universal inexistiria em sistemas semipresidenciais

---

[1002] PAULO OTERO ult. loc cit, p. 483 e seg.
[1003] PAULO OTERO ult. loc cit
[1004] O que era um facto, mas fora do contexto de um regime democrático. Contudo, sem ter de ir mais longe, também em diversas monarquias parlamentares europeias e no regime parlamentar de assembleia dA Constituição Portuguesa de 1911, o Chefe de Estado, respetivamente, integra ou integrava o poder executivo.

como o finlandês[1005], que a responsabilidade do Governo diante do Parlamento seria característica dos sistemas parlamentares[1006] e que os Poderes do Presidente português não seriam relevantes porque na essência não seriam verdadeiramente livres, mas antes sujeitos à referenda ministerial e a limites constitucionais ou ditados por costumes.

653. Julga-se, diversamente do exposto, que as características centrais e comuns do semipresidencialismo que também pontificam no sistema português devem estar, **simultaneamente, todos presentes num sistema semipresidencial**. *É essa incorporação simultânea de todos esses atributos, e não a sua existência isolada, que confere identidade ao sistema, independentemente de alguns deles serem comuns a outras formas de governo.*

Pouco releva que em sistemas parlamentares haja diarquia e que o Governo dependa do Parlamento, como em Portugal, se se cumularem com essas características, outras de caráter relevante que não existem nos sistemas parlamentares.

654. Por exemplo, nos sistemas parlamentaristas, o Governo depende da confiança parlamentar, tal como nos semipresidencialismos, mas em nenhum sistema parlamentar típico:

i) O Presidente dispõe, como em Portugal, da faculdade autónoma para dissolver o Parlamento antes do termo do mandato;
ii) Existe uma dupla responsabilidade do Governo perante o Presidente e o Governo, característica própria do semipresidencialismo;
iii) O Chefe de Estado pode exercer mecanismos de responsabilização política ou institucional do Governo (presidindo ao Conselho de Ministros mediante convite, apondo veto absoluto sobre os atos legislativos governamentais, demitindo autonomamente o Governo em certas circunstâncias extraordinárias ou exercendo competências políticas constitutivamente partilhadas em áreas como a justiça, política externa ou de defesa)[1007].

[1005] O sistema finlandês originário, bem como o francês de 1958-62 inspiraram o semipresidencialismo moderno (pelos poderes presidenciais e em face do binómio Presidente/Governo) mas não eram semipresidencialismos puros. Constituíram a proto-história recente deste sistema. Mais próxima era o sistema erigido pela Constituição de Weimar, em que o Presidente, eleito por sufrágio universal, podia dissolver o Reichtag (embora uma só vez pela mesma razão), nomear o Chanceler e presidir ao Governo.

[1006] Trata-se de uma característica originária mas não exclusiva dos sistemas parlamentares, mas também extensível, a título necessário, a todos os semipresidencialismos.

[1007] Quanto a esta última qualidade, cumpre assinalar algumas competências partilhadas na política externa e defesa nalguns parlamentarismos atípicos, com arbitragem presidencial.

655. Em síntese, o Presidente possui poderes consideráveis que inexistem em sistemas parlamentares e que, diversamente do que defende a ilustre doutrina que ora se aprecia, se podem considerar, livres quando exercidos nos limites constitucionais, na medida em que não são sujeitos a referenda ministerial: é o caso da dissolução parlamentar, da nomeação do Primeiro-Ministro, da demissão do Governo, do veto político sobre leis e decretos-leis, da recusa de ratificação ou assinatura de convenções internacionais ou da promoção do controlo de constitucionalidade.

B. Da desconformidade de traços essenciais do sistema português com o semipresidencialismo

a) Da singularidade do poder moderador no sistema português

656. Para a sensibilidade doutrinária em apreciação[1008] a figura do Presidente da República em Portugal, como *protagonista de um poder moderador* com responsabilidades autónomas, teria um traço distintivo do paradigma semipresidencialista, marcado por um figurino de Chefe de Estado responsável pela condução política do País

657. Importa referir que o paradigma de *presidente governante* não se encontra presente na grande maioria dos sistemas semipresidencialistas (supra § 642)[1009]. Mesmo em França esse viés condutor da política do Estado não tem lugar, como vimos, em cenários de coabitação. Como tal, a ausência dessa característica no sistema de governo nacional não o afasta do marco semipresidencialista.

Quanto ao *figurino moderador*, ele corresponde a uma tradição constitucional portuguesa com origem na Carta e continuidade na Constituição de 1933, nada obstando que se tratasse de um vinco próprio do nosso semipresidencialismo. Ainda assim, essas faculdades moderadoras remontam às primícias do semipresidencialismo na Constituição de Weimar, com a existência de Presidentes equidistantes dos partidos e sem partido presidencial próprio, exercendo funções arbitrais, executivas e moderadoras (nomeação do Chanceler, dissolução parlamentar e veto por inconstitucionalidade).

Em todos os semipresidencialismos de viés parlamentar ou governativo (Croácia, Áustria, Roménia e Polónia) o Presidente é ou aparenta ser equidistante da ação partidária, opera como árbitro e exerce funções reguladoras, através de

---

[1008] PAULO OTERO ult. loc cit.
[1009] Cfr VOLPI ult. loc cit, p. 40 e 41.

controlos interorgânicos sobre outras instituições, não sendo investido em tarefas de condução política.

Veja-se que em França, nos ciclos de coabitação o Presidente é forçado a distanciar-se da politica do seu próprio partido (na oposição) sendo reconduzido a tarefas de cooperação constitucional com o Governo que o aproximam de um estatuto de poder moderador que relembra os reis das monarquias dualistas, quando colaboravam com governos democratas-radicais. Mesmo na Rússia, se o eixo do poder se deslocar para o polo do Primeiro-Ministro, o Presidente passa a desempenhar atribuições de perfil mais moderador.

Rememore-se o facto de Carl Schmitt ter dissecado as funções do Presidente da República de Weimar e ter qualificado aquele órgão como um poder com legitimidade democrática, colocado numa posição neutra, com funções arbitrais em face do pluralismo partidário, distanciado da atividade corrente do Governo e como tal, merecedor do estatuto de guardião da Constituição[1010]. Ora, citada na sua obra como arquétipo desse poder neutro, figura a Carta portuguesa de 1826 com uma menção ao poder moderador do Rei, na linha de Benjamin Constant.

Sucede que esse poder moderador de matriz dualista[1011] paira historicamente na raiz do semipresidencialismo, ancorado no figurino das "monarquias eletivas"[1012]. Se no semipresidencialismo francês o Presidente atua em conjunturas de confluência como Chefe do Executivo e como instituição moderadora sobre os restantes poderes, correspondendo ao figurino do Monarca na Carta de 1814, já no semipresidencialismo Português, o Presidente destaca-se do Executivo e exerce poderes moderadores com uma pretensão (nunca efetivamente conseguida, mas desejada) de "poder neutro"[1013], como sucedeu com o Monarca na Carta Constitucional durante o reinado de D. Maria II e durante o rotativismo (pese o facto de a monarca, formalmente, também exercer poderes executivos).

Em suma, o poder moderador do Presidente é uma característica comum a diversos semipresidencialismos, com raízes no modelo originário de Weimar e com traços próprios na forma de governo de Portugal, que refletem uma tradição constitucional antiga.

[1010] CARL SCHMITT "La Defensa de La Constitución"-Madrid-1983-p. 213.
[1011] Cfr. sobre o dualismo orleanista e o semipresidencialismo CARLO FUSARO "Le Radici del Semi-Presidenzialismo"-op. cit -p.19.
[1012] GIANLUCA PASSARELLI "Le Monarchie Elettivi" op. cit, p. 201 e seg.
[1013] Cfr sobre o Chefe de Estado português como hipotético poder neutro MARCO CALDEIRA "O Poder Neutro"-Lisboa-2015-p. 200 e seg.

b) Do Parlamento como fonte de sobrevivência de qualquer governo

658. A doutrina examinada considera que em Portugal o Parlamento é a fonte de sobrevivência de qualquer governo. O Presidente apenas poderia gerar governos de gestão, pois é a aprovação do seu Programa na Assembleia da República que daria um " um certificado de maioridade" ao Governo.

659. Verifica-se, contudo, que a dependência da confiança parlamentar por parte dos governos é um traço comum de todos os semipresidencialismos, da Rússia à Áustria, passando por França (em que a operatividade da coabitação radica na estrita dependência do Governo relativamente ao Parlamento). Não tem condições para subsistir um Governo, mesmo com a confiança presidencial, que seja alvo de moção de censura maioritária ou objeto da reprovação de uma moção de confiança do Parlamento.

O semipresidencialismo português, em relação a outros semipresidencialismos, assume até a característica de o Governo não ser investido no Parlamento, não ter de submeter a este um voto de confiança (como sucede na Croácia, Roménia e na própria Rússia[1014]) ou de o seu programa não ser objeto de um voto expresso (como no caso da Polónia onde as duas exigências anteriores são conjuntamente requeridas).

Em suma, não se está perante um traço diferencial do sistema português que o afaste dos demais semipresidencialismos.

c) Da desvalorização do poder presidencial de dissolução e do simultâneo reforço do papel do Governo com a plebiscitação do Primeiro-Ministro

660. A desvalorização da faculdade de dissolução da Assembleia da República pelo Chefe de Estado, já designada por alguns como o "poder dos poderes" é, talvez, o argumento menos convincente[1015].

661. Sem prejuízo dos limites temporais e circunstanciais de dissolução[que ao convergirem anomalamente em 2015 manietaram o Presidente pelo período de um ano (§ 713 e seg)], o facto é que, ordinariamente, esta faculdade presidencial se exerce livremente e de acordo com um juízo de mérito político do Chefe de Estado. Tirando o caso francês, o poder presidencial de dissolução em Portugal é um dos mais livres de entre todos os sistemas semipresidencialistas.

[1014] Se o candidato a primeiro-ministro for rejeitado e se se verificarem três rejeições sucessivas, o Presidente pode dissolver a Duma.
[1015] PAULO OTERO ult. loc cit, p. 485.

A prática tem-no reservado, de um modo geral, para conjunturas de crise lateralizando exercícios caprichosos, dissoluções preemptivas destinadas a reforçar a maioria do governo ou dissoluções subsequentes ao inicio do mandato presidencial como em França, para reforçar partidos ou coligações da família política presidencial. É, fundamentalmente um poder regulador de direção política que pesa sobre a maioria governativa já que substitui parcialmente o escasso exercício do poder de demissão do Governo: uma dissolução presidencial num momento de baixa popularidade do Governo coincidente com uma crise, compromete a sobrevivência do mesmo Governo e a viabilidade da sua recondução pós-eleitoral.

O relevo desta faculdade presidencial em poder mudar o ciclo político é tal que, no caso de vir a ser eliminada, seria duvidoso que o sistema continuasse a figurar de entre os semipresidencialismos. Não deixa de ser aliás curioso que uma boa parte da doutrina que destaca os limites à demissão do Governo pelo Presidente como um sinal de *parlamentarização* do sistema é a mesma que quase ignora o facto de na revisão constitucional de 1982, o poder de dissolução parlamentar pelo Chefe de Estado ter ganho efetiva liberdade, já que deixou de estar condicionado por uma autorização do Conselho da Revolução e pela impossibilidade de dissolver por força de rejeição do programa do Governo, salvo 3 rejeições sucessivas.

Tão pouco é possível afirmar que o uso desta faculdade constitui, necessariamente, um plebiscito ao Presidente. Tal pode ocorrer em cenários conflituais abertos entre Presidente e maioria, em que a dissolução se situe fora de um contexto de crise política significativa e em que o eventual retorno da mesma maioria após eleições não possa deixar de constituir um forte revés do Presidente, o qual poderá optar por demitir-se ou apagar o seu protagonismo. Contudo, em Portugal, a prática não caminha nessa direção pois as dissoluções ocorrem ou em cenários subsequentes à demissão do Primeiro-Ministro ou em conjunturas em que existem fissuras na maioria ou no Governo e a liderança do Primeiro-Ministro se encontra inequivocamente enfraquecida[1016].

A ideia de que as eleições parlamentares redundam num plebiscito ao Primeiro-Ministro e que essa realidade sobreleva o poder de dissolução deve ser relativizada. É um facto que as eleições parlamentares são uma via indireta de escolha do Governo e daí concitarem uma participação eleitoral mais expressiva do que a das eleições presidenciais, a qual vai esmaecendo. E que o eleitorado, em face do nosso sistema proporcional de listas fechadas, quando concentra o voto nos grandes partidos, procura "plebiscitar" um candidato claro a Primeiro-Ministro.

[1016] A dissolução de 2004 foi a única que poderia ter redundado numa espécie de plebiscito à politica do Presidente, embora com escassa probabilidade de insucesso.

Se esta realidade assumiu um peso significativo e determinante no funcionamento do sistema, em ciclos de pendor claramente primoministerial (1987/1995 e 2005/2009) nem sempre assim sucedeu. Para já não falar em três governos de iniciativa presidencial e em dois primeiros- ministros nomeados no quadro de uma maioria, sem terem sido candidatos potenciais à chefia do Governo em eleições[1017], a mais clara prova da não existência permanente da legitimação "plebiscitária" do Chefe de Governo foi dada pelo fenómeno inédito de, em 2015, o candidato a Primeiro-Ministro "plebiscitado" com maior número de votos não ter sido aquele que viu o seu governo viabilizado pelo Parlamento[1018]. A "plebiscitação do Primeiro-Ministro" constitui uma característica intermitente do sistema mas não um atributo estrutural e dogmático, já que nem sempre se encontra presente.

A componente governamental do sistema, comum aliás a diversos semipresidencialismos, releva não como atributo permanente da sua qualificação, mas como variável respeitante ao maior peso que o Governo pode assumir, a título eventual, num determinado ciclo

2. A improcedência da recondução da forma de governo português a um sistema parlamentar racionalizado

662. Não relevando de forma decisiva os fundamentos que foram elencados para rejeitar o enquadramento do sistema político português no semipresidencialismo, importa, agora, apreciar os argumentos doutrinais favoráveis à sua recondução ao parlamentarismo racionalizado.

2.1. Da ausência no sistema político português de instrumentos relevantes para garantir a estabilidade do Governo e da ação governativa

663. No Direito Constitucional Comparado entende-se, de um modo geral, que a *racionalização visa "reforçar a estabilidade do Executivo"* em face da relação com o Parlamento[1019].

664. Esta mesma ideia é assumida tanto pelos defensores do caráter semipresidencial do sistema político português[1020] quer pela doutrina que qualifica

---

[1017] Caso de Francisco Pinto Balsemão e Pedro Santana Lopes.
[1018] Respetivamente, Pedro Passos Coelho e António Costa.
[1019] MORBIDELLLI-PEGORARO-REPOSO-VOLPI-ult. loc cit, p. 298.
[1020] REIS NOVAIS ult. loc cit, p. Para o autor a racionalização visaria bloquear os efeitos do parlamentarismo quando este funcionaria livremente, destacando a título principal os "efeitos da instabilidade governamental".

o mesmo sistema como uma espécie de parlamentarismo racionalizado, quando considera que se trataria de um subtipo de sistema parlamentarista, inspirado na experiência constitucional alemã do pós-guerra e vocacionado para "*dar nova configuração à forma parlamentar do governo, conferindo-lhe solidez e operacionalidade*"[1021]. Outros autores, nesta mesma linha, afirmam que " *A racionalização do sistema parlamentar, partindo da natural responsabilidade política do Governo perante o parlamento, pretende obviar os inconvenientes de um excesso de protagonismo do Parlamento que coloque em causa a estabilidade governativa*", pelo que colocando travões a uma possível *"ligeireza ou leviandade do Parlamento na efetivação da responsabilidade política do Governo, dificulta a demissão parlamentar do executivo garantindo a estabilidade política"*, podendo proporcionar *"numa segunda linha, um reforço da posição política do Governo perante o Parlamento"*[1022].

Para um setor da doutrina, o sistema parlamentar de gabinete britânico constitui o paradigma basilar da racionalização parlamentar[1023]. De todo o modo, no Continente, diversos autores assinalam dois ciclos de racionalização parlamentar.

O *primeiro ciclo* teria acompanhado uma tentativa racionalizadora posterior à I Guerra Mundial, centrada no bicameralismo, através do qual se pretendeu que uma câmara funcionasse como travão de outra (Constituição austríaca de 1920), bem como por via da instituição de um Presidente (eleito ou não por sufrágio universal), dotado de faculdades relevantes aptas a temperar o poder parlamentar e arbitrar conflitos (Constituição alemã de Weimar, Constituição finlandesa de 1919 e Constituição austríaca na reforma de 1929)[1024]. O facto é que estes ensaios de racionalização não obviaram a crises políticas agudas derivadas de uma híper-parlamentarização e a uma consequente fragilidade governativa que propiciou a ascensão do totalitarismo nacional-socialista.

Já a *segunda onda racionalizadora* do parlamentarismo subsequente à II Guerra, prosperou com mecanismos mais fortes de estabilização, como o da introdução de mecanismos constrangedores no sistema eleitoral e da sofisticação da censura parlamentar, abarcando sistemas políticos como o alemão, espanhol, húngaro e grego, nos termos já assinalados neste escrito (supra § 378 e seg).

Considera-se, por conseguinte, que no tempo presente, a racionalização parlamentar se define como *um conjunto de institutos de ordem constitucional e política que se mostram aptos a assegurar a estabilização da ação governativa do Executivo, criando condições para que este possa cumprir integralmente o mandato.*

[1021] GOMES CANOTILHO-VITAL MOREIRA "Constituição (...)"op. cit, p. 17.
[1022] PAULO OTERO
[1023] ; AUGUSTO BARBERA-CARLO FUSARO "Corso (...)2 op. cit, p. 181; e MARCELO REBELO DE SOUSA "Direito Constitucional"op. cit p. 329
[1024] MORBIDELLLI-PEGORARO-REPOSO-VOLPI-, p. 299 e seg.

Havendo uma multiplicidade de instrumentos intra e extra parlamentares de racionalização, importa destacar aqueles que pelo seu *nível de eficácia média ou elevada* logram garantir o referido desiderato de estabilidade e governabilidade. Ora, parece indubitável que figurarão neste elenco, em linha decrescente por ordem do seu impacto racionalizador: os sistemas eleitorais maioritários a uma volta nas condições já descritas[1025]; a moção de censura construtiva[1026]; os sistemas eleitorais maioritários a duas voltas[1027]; os sistemas eleitorais proporcionais segundo o método de Hondt com pequenos círculos associados a uma cláusula barreira em cada círculo[1028]; certos sistemas eleitorais mistos[1029], os sistemas proporcionais ou mistos com prémio de desempenho significativo[1030] ; e a introdução de cláusulas barreira a nível nacional iguais ou superiores a 5%[1031]. Alguns destes elementos podem ser combinados.

Dito isto, observa-se que o sistema político português não integra nenhum destes mecanismos relevantes de racionalização parlamentar de médio ou alto escalão, sendo, por conseguinte duvidoso que, numa visão atualista, possa ser classificado como um parlamentarismo racionalizado.

Dir-se-ia que o papel moderador do Presidente seria um expressivo elemento racionalizador que teria sido esquecido neste apontamento. Tal asserção não procede. Como suposto fator de racionalização nos sistemas políticos anteriores à II Guerra, o reforço relativo dos poderes do Chefe de Estado falhou em absoluto, como se viu em Weimar. E, supondo que o mesmo instrumento opera como tal, nos sistemas semipresidencialistas, a prática demonstra que em *cenário de coabitação*, as atribuições relevantes de Presidentes eleitos por sufrágio universal têm funcionado mais como um fator de contrapoder, de limitação e até de desestabilização do Governo do que de proteção a este. Já sem falar em duas crispadas coabitações em França e das sulfurosas coabitações na Roménia, basta examinar em Portugal a alta tensão entre Presidente e Governo entre 1976/1982, 1987/1995, 2004 e 2008/2011 para entender que o protagonismo do Presidente nesses períodos pode ser relevante como fator de controlo ou contrapeso às maiorias, mas não contribui usualmente para a estabilidade do Executivo, muito antes pelo contrário.

[1025] Sistema britânico
[1026] Alemanha e Espanha
[1027] França
[1028] Espanha, com impacto mais efetivo até 2015
[1029] Caso Alemão com maior impacto até aos anos 90 e o caso húngaro num sentido ascendente.
[1030] Caso da Grécia até 2016 e da Italia. Trata-se do sistema com prémio de lugares para o vencedor (supra § 305).
[1031] Alemanha e Hungria.

O SISTEMA POLÍTICO

Curiosamente, o elemento mais decisivo de racionalização parlamentar, em certos ciclos políticos, consistiu na cristalização de sistema de partidos (que pouco se modificou desde 1976, no contexto de uma férrea oligarquia composta pelas formações do sistema) e, sobretudo, no comportamento do eleitorado, sobretudo entre 1987 e 2009, quando privilegiou os grandes partidos como pressuposto de estabilização política e de governabilidade. Trata-se, contudo de um fator extra-sistémico ou, quiçá, anti-sistémico (porque contraria a lógica dispersiva do sistema eleitoral) que não logra assumir natureza permanente, como comprova o período posterior a 2009.

2.2. A fragilidade dos mecanismos propostos de racionalização parlamentar

665. Todos os fatores de racionalização parlamentar desfiados pela doutrina defensora da qualificação do sistema português como parlamentarismo racionalizado[1032] são, atentos os argumentos expressos na rubrica anterior, meros paliativos insuscetíveis de garantir uma efetiva estabilidade governativa. No fundo, trata-se de institutos racionalizadores nominais ou de reduzido impacto. Vejamos pois os três principais.

666. É um facto que a *ausência de investidura parlamentar do governo ou da obrigatoriedade de submissão seu programa a votação* teve o mérito de ajudar a viabilização de 6 executivos minoritários[1033]. Contudo, esse mecanismo não garantiu a longevidade mínima desses governos, pois 4 deles foram demitidos na sequência de desconfiança parlamentar e 2 demitiram-se na sequência da reprovação parlamentar de políticas que reputaram de essenciais. Nenhum excedeu por muitos meses o limite de dois anos.

No fundo, a ausência de investidura agilizou a constituição do Governo mas não garantiu o cumprimento do mandato. Ainda assim o mecanismo não evitou que dois governos fossem demitidos por força da reprovação do seu programa[1034].

A introdução de *mecanismos que restringem a apreciação parlamentar de decretos-leis,* mormente com a revisão constitucional de 1989, pode ter algum impacto em executivos minoritários, Todavia, o instituto assume pouca relevância prática na estabilidade do Governo, não só porque essa apreciação tem tido lugar, mesmo

---

[1032] GOMES-CANOTILHO-VITAL MOREIRA-ult. loc cit, p. 17 e seg; PAULO OTERO ult. loc. cit, p. 486 e 488 e seg.
[1033] Foi o caso do I (Mário Soares), II (Mário Soares), IV (Mota Pinto), X (Cavaco Silva), XII (António Guterres) e XVIII (José Sócrates) governos constitucionais.
[1034] Situação do III Governo (Nobre da Costa) e do XX Governo Constitucional constituído em Novembro de 2015 (Passos Coelho).

OS ATRIBUTOS IDENTITÁRIOS DO SISTEMA POLÍTICO

por parte de parceiros de alianças parlamentares com o Governo, quando descontentes com certas políticas[1035], mas também porque o Parlamento pode sempre encontrar uma maioria (mesmo resultante de uma coligação negativa) para revogar ou alterar esses decretos-leis[1036] sem necessidade de usar o instituto da apreciação parlamentar.

Finalmente a exigência da aprovação de *uma moção de censura por maioria absoluta dos deputados efetivos* com a impossibilidade de apresentação de nova moção pelos mesmos proponentes durante uma sessão legislativa, se a primeira não lograr prosperar, constitui um débil elemento de estabilização governativa.

Atenta a prática político-constitucional, para um *governo maioritário minimamente coeso* as moções de censura são uma quase irrelevância (mesmo com fissuras no partido maioritário ou em coligação, nenhum governo amparado numa maioria absoluta ou quase absoluta foi demitido por força da aprovação de uma moção de censura). Já no tocante a governos minoritários, a substituição do regime que previa a demissão de um Governo por força da aprovação de duas moções de censura por maioria absoluta (situação que vigorou entre 1976 e 1982) por outro regime que passou a prever esse mesmo efeito através da aprovação de uma única moção, tomada pela mesma maioria, debilitou, ao invés de reforçar a demissão do Governo, operando como antídoto a uma racionalização neste domínio.

667. Outros elementos como práticas presidenciais ou poder de mensagem não são minimamente expressivas como mecanismos de garantia da estabilidade governativa, podendo operar como uma espada de dois gumes. Por exemplo, a "coabitação de veludo" iniciada pelo presidente Rebelo de Sousa com o Governo Minoritário socialista em 2016 pode constituir um fator de racionalização, já que o Presidente apoia indisfarçavelmente a política governativa com efeitos na estabilidade do executivo. Trata-se, contudo, de um fator imponderável quanto á sua continuidade e fiabilidade, atenta a idiossincrasia própria dos polos dessa coabitação.

2.3. Síntese sobre as dificuldades de encaixe do sistema português no parlamentarismo racionalizado

668. Para além de o sistema político português não incorporar nenhum dos elementos relevantes de racionalização parlamentar expostos supra § 664, importa destacar que *não existe nenhum sistema parlamentar em direito comparado, no espe-*

[1035] Vide o caso da cessação de eficácia do diploma que consagrava a Taxa Social Única (TSU) em 2017.
[1036] Situação que teve, nomeadamente, lugar nos XIII (António Guterres) e XVIII (José Sócrates) governos constitucionais.

tro *das democracias euro-americanas*, em que exista um Presidente da República: com poder de demissão do Governo sem controlo de outro órgão (mesmo como medida extraordinária); com a faculdade de decidir livremente a dissolução parlamentar; com poder de veto absoluto sobre atos legislativos do Governo e veto qualificado sobre leis parlamentares; e com faculdade de convocação ou não convocação de referendos propostos por outros órgãos constitucionais.

Trata-se de atributos significativos, a par de outros que, independentemente do seu exercício mais ou menos frequente em certos ciclos, não são vislumbráveis nos poderes do Chefe de Estado, seja em parlamentarismos racionalizados típicos (Alemanha, Espanha, Hungria) seja em parlamentarismos com arbitragem presidencial (os sistemas parlamentares em que o presidente é eleito por sufrágio universal). Mesmo dentro dos semipresidencialismos existentes, o modelo português constitui um "tertius genus", intercalar, entre o presidencialismo quase-governante francês e o semipresidencialismo de maior pendor parlamentar na Croácia, Polónia, Roménia e Áustria.

669. É certo que certos autores insistem que um suposto semipresidencialismo em Portugal, marcado em certos ciclos pela existência de um presidente "minoritário" porque desprovido de um partido presidencial de suporte seria uma realidade frágil[1037]. Podendo ser verdade, essa asserção parte do paradigma do semipresidencialismo governante de matriz francesa e claudica nesse sistema em tempos de coabitação, quando o partido afeto ao Presidente está na oposição. O facto é que nos restantes sistemas semipresidenciais não é incomum a eleição de presidentes independentes dos partidos ou distanciados do partido do qual era oriundo. A debilitação ou o funcionamento do semipresidencialismo fora do paradigma originário não significa uma transição do sistema mas o seu funcionamento dentro de novas variáveis.

3. Exclusão de categorias híbridas

670. Um setor da doutrina, afastando-se de uma classificação prévia do sistema como semipresidencialista[1038], sustenta a *"irrelevância da constituição do sistema"*, identificando a forma de governo português como *"um sistema de base parlamentar a inserir nos sistemas mistos, onde quem governa é sempre o Governo"*[1039].

671. Deve entender-se, na linha de Sartori, que a identificação do sistema político numa ordem jurídica estadual nunca é irrelevante, pois se a Constitui-

---

[1037] SARTORI ult. loc cit, p. 144.
[1038] JOSÉ DE MELO ALEXANDRINO "Lições (...)"-II-op. cit. p. 197.
[1039] JOSÉ DE MELO ALEXANDRINO ult. loc cit, p. 202.

OS ATRIBUTOS IDENTITÁRIOS DO SISTEMA POLÍTICO

ção é o estatuto jurídico do poder político, uma ordem jurídica em que o sistema político não seja identificável não terá, em sentido próprio, uma Constituição.

É bem verdade que proliferam sistemas impuros que obrigam a alterações nos pressupostos caracteriológicos dos sistemas. Contudo, contentarmo-nos com a remissão para um "melting pot" de hibridismo, de todos os sistemas com características atípicas, envolverá uma renúncia a um pensamento dogmático na classificação das formas de governo.

É difícil identificar o que será, exatamente, em termos compreensivos, *"um sistema de base parlamentar a inserir nos sistemas mistos, onde quem governa é sempre o Governo".*

Logo à partida os sistemas mistos são excessivamente variados para integrarem uma categoria: o que une, afinal, um presidencialismo impuro com diarquia no executivo (Coreia do Sul), a um "presidencialismo adulterado" no Equador, a um proto-semipresidencialismo (França entre 1958 e 1962), a um parlamentarismo impuro com arbitragem presidencial (Irlanda) e ao sistema político português ? Os sistemas mistos, na sua variedade, podendo existir, não são uma categoria dogmática porque lhes falta um *punctum unionis*.

Por outro lado, um sistema de base parlamentar em que quem governa é o Governo[1040] é, um sistema parlamentar, se a definição esquecer, como esquece, o papel do Presidente cujos poderes não se reconduzem ao perfil do Chefe de Estado próprio dos parlamentarismos independentemente de mandatos menos ativos de certos presidentes poderem permitir falar em perfil mais parlamentarizante desses Chefe de Estado.

Intentámos provar que o sistema político português *não se reconduz ao parlamentarismo mas, que, tendo os atributos do semipresidencialismo, envolve ciclos plásticos de pendor governamental e outros de pendor ou preponderância parlamentar.* Não será esta linha mais convincente e clara?

Subsecção IV. Geometria variável na mecânica do semipresidencialismo português

1. Linhas de força das metamorfoses do semipresidencialismo português

672. A nossa análise aos sistemas semipresidencialistas sempre nos transmitiu a ideia de que os mesmos oscilam, no tocante à instituição dominante, entre os polos de um eixo de Executivo bicéfalo (sistemas de governo da Rússia e da

---

[1040] Expressão de Reis Novais um pouco desacoplada do contexto.

França) ou no eixo Governo /Parlamento (os restantes sistemas semipresidenciais na Europa), em razão de uma pluralidade de variáveis de ordem política.

Registámos que o semipresidencialismo português se revela mais dúctil do que os restantes em relação à instituição preponderante, dentro de uma triangulação formada pelo Presidente, o Governo e o Parlamento[1041].

Em síntese, as alterações ou metamorfoses do semipresidencialismo Português, que serão objeto de desenvolvimento infra § 674 e seg, envolveram três grandes fases que importa reter[1042]:

i) Uma fase inicial de instabilidade governativa, com *equilíbrio pendular de poderes entre a proeminência do Presidente e a do Parlamento*, envolvendo: uma atribulada transição para a democracia plena (1976/82), com três governos de iniciativa presidencial; uma longa coabitação imperfeita e de viés conflitual, entre governos frágeis do centro-esquerda e do centro-direita com um presidente militar interventivo e dotado de uma agenda política própria (1976/86); um delicado período de tensão social e exceção financeira (1983/1985); e um governo minoritário reformista (1985-1987);

ii) Uma fase intercalar e longa de *preponderância do Governo*, que oscilou entre um *período de pendor governativo mais acentuado* (1987-1995, 2002-2009) catalisado por maiorias absolutas monopartidárias ou em coligação, e um *pendor governativo atenuado*, com a retoma de algum do protagonismo parlamentar que não abalou a referida autonomia do Executivo (1995-2001);

iii) E uma fase de *recuperação incerta do poder da Assembleia* onde alternaram oscilantemente, períodos de *preponderância parlamentar* (2009-2011 e 2016-2017) e períodos de *pendor governamental moderado* (2011-2015).

673. O desenvolvimento dos elementos condicionantes de cada uma destas fases devem ser examinados infra § 674 e seg com maior detenção. Nesta sede importará, apenas, assinalar algumas características histórico-políticas das metamorfoses experimentadas pelo semipresidencialismo em Portugal.

[1041] CARLOS BLANCO DE MORAIS "Le Metarmorfosi (...)" op. cit, p,140.
[1042] De um modo geral, CARLOS BLANCO DE MORAIS "Semipresidencialismo on Probation?" in "A Constituição Revista"e-book, op. cit-p. 65 e seg

OS ATRIBUTOS IDENTITÁRIOS DO SISTEMA POLÍTICO

2. Nota sobre a faseologia dinâmica do sistema político e da variabilidade da sua geometria

674. As mudanças de pendor do sistema político dividem-se em três fases, cada uma destas decompõe-se em vários ciclos políticos e cada um destes ciclos, em períodos.

2.1. Fase de proeminência pendular entre Presidente e Parlamento (1976/1986)

675. Tratou-se de uma década politica e institucionalmente instável, compreendida entre um *tempo de transição plena para a democracia* (1976/1982) onde pontificava um Presidente militar, o general Ramalho Eanes, que chefiava um órgão de tutela castrense, o Conselho da Revolução e um *segundo tempo de pós-transição* (1983/1986), marcado pela introdução de medidas económicas de rigor e pela adesão de Portugal à Comunidade Económica Europeia.

2.1.1. Primeiro Ciclo: semipresidencialismo com predominância do poder presidencial (1976-1979)

676. O Presidente da República, um militar, eleito por sufrágio universal e direto, presidia ao Conselho da Revolução (CR) e co-titulava com este órgão poderes moderadores[1043].

Já o Governo era tornado pela Constituição politicamente responsável perante o Presidente da República e perante o Parlamento. Essa responsabilidade era entendida pelo Presidente Eanes como um poder de supervisão e mesmo de interferência mitigada na atividade governativa.

677. Num decurso deste ciclo registou-se um **primeiro período,** de equilíbrio instável entre Presidente e Parlamento, em que as eleições parlamentares de 1976 geraram uma Assembleia da República muito dividida que converteu o

---

[1043] O CR era um órgão militar, composto pelos chefes dos ramos, das regiões militares e por um conjunto de outros militares de patente intermédia "sem pelouro" que geriram a fase final do processo revolucionário, travando os setores mais radicais da revolução e fazendo-o funcionar como um poder de vigilância, controlo ideológico e garantia do "espírito da revolução" (*"watch dog bodie"*). O Conselho legislava sobre o sistema militar que também geria, atuava como órgão supremo de controlo da constitucionalidade e compartilhava poderes de direção e controlo político com o Chefe de Estado, como os que envolviam a audição do mesmo Conselho quando ao exercício do veto político e os que pressupunham o seu parecer favorável, quanto à dissolução da Assembleia pelo Presidente.

PS na formação mais votada (partido liderante) coabitando com um presidente militar independente (mas apoiado na sua eleição por todos os partidos do arco democrático) e eleito por uma larga maioria.

Embora contasse com o apoio presidencial como suposto fator de racionalização do sistema (compensando a falta de maioria no Parlamento), o *I Governo Constitucional, um executivo minoritário e composto apenas pelo PS e independentes, chefiado por Mário Soares,* viu-se envolvido no ano de 1977 em dissidências internas arrastadas, que originaram demissões de ministros da sua ala esquerda[1044], da ala centrista[1045] e mais tarde de ministros afetos ao Presidente Eanes[1046].

Longe de funcionar como um fator de suporte do Governo que compensasse o grande isolamento do Executivo no Parlamento, o Presidente, num cenário *de coabitação imperfeita,* assumiu uma postura não só crítica mas intromissiva na política governamental nas áreas da política africana e da política de resgate financeiro junto do FMI, cujo apoio foi requerido em razão da degradação da situação económica e financeira derivada dos excessos da Revolução, no período 1974/1976. O Chefe de Estado, interpretando a responsabilidade política do Governo ante a sua magistratura como um vínculo de dependência, não se coibia de reunir com ministros, ultrapassando a autoridade do Chefe do Governo[1047].

O Governo, marcado pelas já referidas divisões internas, acossado pela imprensa e círculos inorgânicos conservadores[1048] e ainda assomado por certas condutas autoritárias herdadas da Revolução[1049], exibiu um défice de coordenação política bem como de interação com a oposição parlamentar e ensaiou uma fuga em frente, apresentando uma moção de confiança que foi reprovada no Parlamento sendo forçado a demitir-se.

[1044] Lopes Cardoso (Agricultura) e, posteriormente, Marcelo Curto (Trabalho).

[1045] O Secretário de Estado adjunto do Primeiro-Ministro, Vitor Cunha Rego.

[1046] O Ministro dos Negócios Estrangeiros Medeiros Ferreiros, no contexto de uma crise que envolveu Angola e o Presidente da República.

[1047] Mário Soares chegou a acusar o presidente Eanes de conspirar com alguns dos seus ministros (Cfr MARIA JOÃO AVILLEZ "Soares-Democracia" –Lisboa-1996-p. 67).

[1048] O Governo foi violentamente atacado, como um prolongamento da Revolução, não só por jornais liberais como o "Tempo" e independentes de centro-esquerda como o "Jornal Novo", mas também por semanários ultraconservadores como "A Rua" e direitistas como o "Diabo" e o "Sol" cuja diretora, Vera Lagoa, organizava manifestações contra o Governo e Conselho da Revolução, tendo a concentração de 1º de dezembro de 1977 juntado 150.000 pessoas segundo a estimativa da PSP.

[1049] Foi aprovada uma Lei repressiva sobre "organizações fascistas" que incluía no conceito, desde defensores do antigo regime a separatistas, o que resultou ser um contrassenso lógico. Vários jornais foram extintos, suspensos ou multados e os diretores perseguidos criminalmente e presos como foi o caso do diretor do jornal "A Rua", Manuel Maria Múrias.

OS ATRIBUTOS IDENTITÁRIOS DO SISTEMA POLÍTICO

Seguiu-se, em 1977, uma coligação "de facto" com maioria absoluta, entre o PS e o CDS (apresentada como um Governo do PS com três ministros do CDS)[1050], liderax\ do uma vez mais por Mário Soares. Um discurso crítico do Presidente Eanes em relação ao Executivo[1051] marcou o termo da vida deste último. Os ministros e secretários de Estado do CDS saíram do Governo, o Primeiro-Ministro pretendeu substituí-los por ministros do PS e o Presidente Eanes, depois de instar sem êxito Mário Soares a demitir-se, decidiu ele próprio demitir o Governo em julho de 1978.

O primeiro período de predomínio parlamentar atenuado e de debilidade governamental terminou com uma ascensão clara do protagonismo presidencial.

678. Iniciou-se, então, com a mesma demissão, um **segundo período,** de proeminência presidencial, mas no qual o Parlamento operou como contrapoder. O facto de não ser viável a formação de um governo de base partidária (atenta a indisponibilidade do PS para o efeito, o qual se encontrava em tensão política com o Presidente), levou a que *o Chefe de Estado nomeasse três governos da sua iniciativa, todos de curta duração.*

O Governo tecnocrático de Nobre da Costa em 1978, constituído pelo Presidente, "morreu no ovo" sendo demitido no Parlamento na sequência da reprovação do seu Programa pelo PS e CDS, os parceiros da anterior solução governativa. O PS quis fazer notar que o Presidente não poderia assumir a condução governamental contra a vontade dos grandes partidos, tendo então Mário Soares declarado, sensivelmente que: *"Se não é fácil governar contra a vontade expressa do Presidente da República é praticamente impossível fazê-lo contra a vontade dos partidos representados na Assembleia da República"*[1052]. Seguiu-se o Governo do Professor Carlos Mota Pinto, uma figura da área do centro (ex dissidente do PSD) que iniciou funções por razões de mera governabilidade (pese que com uma rejeição não exitosa ao seu programa pelo PSD

[1050] Tratou-se de uma aliança ideologicamente contranatura que traria aos dois partidos aparentes vantagens: garantir-se - ia uma ténue maioria parlamentar de suporte ao executivo; a aliança do PS com um CDS centrista negociaria melhor com o FMI um empréstimo internacional destinado a evitar a insolvência do Estado; operar-se-ia um movimento em tenaz contra um adversário comum, o PSD; e o CDS ganharia alguma legitimação "democrática" deixando de ser acantonado no Parlamento como uma formação de partidários do antigo regime. Este Executivo que envolvia uma sofrível coordenação governativa e parlamentar entre os parceiros, manteve políticas económicas ainda mais intervencionistas e estatizantes do que o Executivo anterior, as quais desagradaram ao CDS. Críticas de setores da Igreja, da imprensa conservadora e do setor empresarial (CIP e CAP), a capitalização da oposição política pelo PPD/PSD, o aparecimento de movimentos mais direitistas que ameaçaram disputar eleitorado rural e jovem descontente com a direção do CDS, abriram fissuras nos democratas-cristãos quanto à utilidade da coligação.

[1051] J.M DURÃO BARROSO-PEDRO SANTANA LOPES ult. loc cit, p. 45.
[1052] M DURÃO BARROSO-PEDRO SANTANA LOPES ult. loc cit, p. 50.

e CDS) e que, em 1979, se demitiu alegando obstrução da maioria parlamentar à sua ação governativa (fundamentalmente, por força de alterações substanciais dos partidos de esquerda imprimidas à sua proposta orçamentária).

Até à antecipação de eleições no ano de 1979, determinadas pelo Presidente, formou-se o terceiro governo de iniciativa presidencial da Engenheira Maria de Lurdes Pintassilgo (uma ex procuradora à Câmara Corporativa do antigo Regime tida como próxima do catolicismo de esquerda), o qual foi tolerado pelos partidos comunista e socialista, e que conduziu uma autêntica espiral legislativa, fortemente criticada pelos partidos centristas e pela imprensa, mas apoiada pelo Presidente.

2.2.2. Segundo ciclo: pendor parlamentar com retoma final do protagonismo presidencial

679. Seguiu-se um tempo, de maior proeminência parlamentar até meados de 1982, acompanhado de um reforço do protagonismo, antes muito frágil, do Governo. Este ciclo envolveu dois períodos.

680. **O primeiro período** despontou em 1979, e caracterizou-se por um viés parlamentar com algum esboço de autonomia governamental em torno de um Primeiro-Ministro "forte".

O PSD, previamente enfraquecido por uma forte dissidência interna que eclodiu em torno da crise do Governo Mota Pinto, reforçou-se em torno da liderança de um dirigente carismático, Francisco Sá Carneiro, que formou uma coligação pré-eleitoral, a *Aliança Democrática* (AD), com o CDS (também maculado no seu eleitorado depôs da experiência falhada com o PS), bem como com um micropartido monárquico, o PPM, tendo ainda agregado uma dissidência do partido socialista, o movimento dos "reformadores". A AD venceu as eleições com uma ténue maioria e Sá Carneiro formou governo, sendo Diogo Freitas do Amaral, líder do CDS, nomeado Vice-Primeiro Ministro e Ministro dos Negócios Estrangeiros.

O novo Primeiro-Ministro recusou qualquer compromisso com o Presidente Eanes e apresentou um projeto de reforma da Constituição, propondo a sua aprovação por referendo, à qual se opôs o Chefe de Estado, o Conselho da Revolução e toda a esquerda partidária.

A eleição de 1979 era intercalar e criou uma dinâmica preparatória para o sufrágio parlamentar de 1980, tornado obrigatório pela Constituição. A AD voltou a vencer, alargando a maioria anterior e derrotando uma coligação de esquerda, a FRS, liderada pelo PS e composta também por dissidentes do PSD (a ASDI, de Sousa Franco e Jorge Miranda) e dissidentes do próprio PS (a UEDS de Lopes Cardoso e António Vitorino). A Coligação exibiu até às eleições presidenciais de dezembro de 1980 uma grande coesão, enfrentando, sobretudo, a hostilidade do Conselho da Revolução e do Presidente Eanes, ao antepor a este um candidato presidencial próprio, o General Soares Carneiro. O Primeiro-Ministro Sá Carneiro tinha como projeto da coligação construir uma homologia política entre o Presidente, o Governo e uma maioria parlamentar.

A Coligação sofreu dois revezes importantes em dezembro de 1980: a morte do Primeiro-Ministro Sá Carneiro na queda do avião em que viajava (no que aparenta ter sido um atentado dirigido contra o Ministro da Defesa, Amaro da Costa que com ele viajava, segundo a última comissão de inquérito parlamentar) e a derrota, dias depois, do seu candidato Soares Carneiro por Ramalho Eanes, o candidato presidencial apoiado pela-a formações de esquerda (PS e PCP). Mário Soares o líder do PS não seguiu o seu partido e recusou-se a apoiar o Presidente Eanes.

681. Com a morte do Primeiro-Ministro Sá Carneiro, iniciou-se um **segundo período** de viés mais parlamentar, com negociações permanentes na coligação e no PSD e com um Chefe de Governo, Francisco Pinto Balsemão, com perfil indeciso, compromissório e um estatuto de "primus inter pares".

O novo executivo da AD não contou com presença do líder do CDS, Diogo Freitas do Amaral, substituído por Basílio Horta, um dirigente de segunda linha, que ocupou o lugar de Ministro de Estado e Ministro-adjunto do Primeiro-Ministro.

Francisco Pinto Balsemão foi um líder mais frágil oriundo da esquerda-liberal do PSD, tendo sido rapidamente contestado por um setor mais conservador do partido, de linha sá-carneirista, liderado Eurico de Melo e Cavaco Silva. O Governo foi obrigado a lidar com seis frentes difíceis: a hostilidade larvar do Presidente da República cada vez mais distante e escrutinador[1053]; de um Conselho da Revolução moribundo que bloqueava reformas económicas (como a lei de delimitação dos setores económicos); a oposição de esquerda no Parlamento liderada de novo por Mário Soares; a esquerda sindical presente nas ruas, tendo convocado duas greves gerais; as dissensões ministeriais e contestação interna no PSD ampliada pela imprensa conservadora; e uma crise económica que se ia agudizando.

Na sequência de um apoio pouco conclusivo num Conselho Nacional do PSD, Balsemão demitiu-se em agosto de 1981. Contudo, formou seguidamente novo Governo, com o reforço de Freitas do Amaral, o qual retornou ao executivo,

---

[1053] Cfr. José Manuel Durão Barroso, «Les Conflits entre le Président Portugais et la Majorité Parlementaire de 1979 à 1983», in AAVV "Les Regimes Semi-présidentiels" org. M Duverger-Paris-1986.
Diversas fugas de informação para jornais das reuniões de quinta-feira entre o Primeiro--Ministro e o Presidente levaram este último a propor a gravação dessas reuniões. O Presidente não hesitou, igualmente, a utilizar o veto de bolso.

sobraçando a pasta da Defesa tendo aí feito aprovar uma contestada lei de defesa nacional, que marcou a subordinação dos militares ao poder civil. Seguiu-se um período de crise na coligação e uma remodelação criticada pelo Presidente: eclodiram dissidências no interior do Governo desenvolvidas pelos próprios ministros do PSD (Marcelo Rebelo de Sousa); agudizaram-se outras dissidências no PSD fora do Governo com uma carta publicada por Eurico de Melo e Cavaco Silva no semanário "Tempo" reclamando mudanças na liderança; e realizaram-se eleições autárquicas em 1982, ganhas confortavelmente pela AD com 42% dos votos, mas que foram criticadas dentro da coligação como um revês, pelo facto de envolverem uma descida em face das legislativas.

Freitas do Amaral demitiu-se do governo depois do sufrágio autárquico (para preparar a sua candidatura às eleições presidenciais, distanciado de um Executivo algo à deriva) e Balsemão demite-se seguidamente.

Com a segunda demissão de Balsemão verificou-se uma tentativa deste em viabilizar um terceiro governo de "restos", com uma AD cindida e moribunda, chefiada pelo dirigente de segunda linha do PSD, Vitor Crespo. Não aceitando a solução proposta, o Presidente Eanes, que ia desgastando larvarmente o Governo, dissolveu o Parlamento em 23 de janeiro de 1983.

Deste período ficou, contudo, como marco relevante no sistema de governo, a revisão constitucional de 1982, já aludida. Com a mesma revisão, o sistema político acentuou a sua componente parlamentar e, no quadro da dupla responsabilidade do Governo, esta reforçou-se perante a Assembleia da República e atenuou-se diante do Presidente. O Conselho da Revolução foi suprimido e as suas competências passaram para o Parlamento, para o Governo, e para um Tribunal Constitucional.

O facto de o Presidente ter dissolvido o Parlamento contra a vontade de uma maioria absoluta, *acentuou os poderes presidenciais entre final de 1982 e início de 1983*, os quais se vinham consolidando gradualmente à custa de um Executivo débil e que antecederam a constituição de um partido pró-presidencial. Durante cerca de 80 dias, com o Governo demitido e o Parlamento dissolvido, o Presidente era o único órgão político de soberania no exercício pleno de funções[1054].Verificou-se, contudo, que este protagonismo do Chefe de Estado, importante na mudança de ciclo político, representou o "canto do cisne" do consulado intervencionista do Presidente Eanes. O impacto da revisão de 1982 (na relação presidente/Governo e dos limites temporais e circunstanciais à dissolução parlamentar) bem como a grande coligação que se seguiu, limitaram o papel politico do Chefe de Estado no período subsequente.

[1054] MARCELO REBELO DE SOUSA ult. loc cit, p.79.

2.2.3. Terceiro Ciclo. Semipresidencialismo de pendor parlamentar: do bloco central ao executivo minoritário (1983-1987)

682. Importa, distinguir **dois períodos neste ciclo,** que se iniciou logo após as eleições de 1983.

683. O *primeiro período* envolveu um Parlamento fragmentado, resultante das eleições de 1983 (muito semelhantes, em resultados, ao sufrágio de 1976) as quais deram a vitória ao PS, com maioria relativa.

A existência de uma grave crise financeira que colocou o Estado à beira de uma situação de insolvência, da qual veio a resultar uma segunda intervenção do FMI, potenciou uma coligação ao centro entre os dois grandes partidos rivais, o PS e o PSD, conhecido por Governo de "bloco central" ou de grande coligação, chefiada pelo líder do PS, Mário Soares. Durante o mesmo período verificou-se uma expressiva tensão social, com salários pagos em atraso, duras medidas de austeridade financeira (incluindo impostos retroativos e cortes parciais em componentes salariais) e a assinatura do Tratado de adesão de Portugal à Comunidade Económica Europeia, outorgada já no termo do Governo.

Ante uma "supermaioria" parlamentar com mais de 2/3 dos deputados, o papel do Presidente enfraqueceu em favor do Parlamento (o qual poderia reverter todos os seus vetos), enfraquecimento acentuado pela impossibilidade de dissolução parlamentar, 6 meses logo após a eleição do Parlamento e os 6 meses que antecederam o mês de julho de 1985, que corresponderam ao termo do mandato presidencial. O Presidente, no ocaso do seu consulado, e em face das limitações descritas, concentrou os esforços na criação de um partido afeto à sua pessoa, o PRD, presidido pela sua mulher e que procurou capitalizar ao centro e à esquerda o descontentamento popular com a política de rigor do Governo.

O facto de se estar diante de uma coligação heterogénea, longe de ter reforçado o Governo (salvo na área financeira e de política externa) potenciou antes o papel Parlamento, pois muitos dos acordos e desacordos na coligação passaram pela Assembleia da República através dos partidos governamentais nele representados e respetivas dissidências. Na verdade, o Primeiro-Ministro tendo de acomodar um parceiro de coligação de peso, operou como um "primus inter pares" e teve de lidar com uma difícil articulação entre duas grandes bancadas parlamentares. O gigantismo da base de apoio do Governo e as suas especificidades de difícil integração explicam o viés parlamentarizante e não governamental do sistema neste período (excetuada a área financeira).

No PSD, a liderança do Professor Mota Pinto, Vice-Primeiro-Ministro foi contestada pelas fações próximas de Balsemão (João Salgueiro) dos adeptos de Sá-
-Carneiro (Eurico de Melo/Cavaco Silva), bem como do microgrupo aguerrido

da "Nova Esperança" liderado por Marcelo Rebelo de Sousa. Um Congresso do PSD em 1984 confirmou a liderança de Mota Pinto com escassa maioria. Uma dissensão no PSD contra um apoio à Candidatura de Mário Soares à Presidência da República levou Mota Pinto a demitir-se na sequência de um tumultuoso Conselho Nacional do partido em fevereiro de 1985, sendo substituído no Governo por Rui Machete e passando o PSD a ser gerido por um triunvirato.

Um novo Congresso do PSD elegeu para a liderança Cavaco Silva que rompeu a coligação com o PS e propôs a candidatura de Freitas do Amaral à presidência da República apoiado pelo CDS. O Primeiro-Ministro demitiu-se e o Presidente antecipou eleições, de acordo com a vontade dos principais partidos.

684. O **segundo período deste ciclo** emergiu após o triunfo do PSD com maioria relativa no sufrágio eleitoral, em 1985. Formou-se um governo minoritário presidido por Cavaco Silva e o PS registou o pior resultado eleitoral de sempre, tendo havido um bom desempenho o novo partido, o PRD, formação afeta ao Presidente Ramalho Eanes.

Um governo de perfil reformista integrou um cenário de coabitação, primeiro com Ramalho Eanes e depois com o Presidente Mário Soares (que, em 1986, derrotara Freitas do Amaral).

O Governo exibiu uma imagem de competência e decisionismo concretizador dos problemas do País, a qual o tornou popular. Contudo, a acentuada dependência do Executivo da composição da Assembleia da República onde pontificava uma maioria de esquerda levou-o a negociar, frequentemente com o PRD e o CDS, que exibiram originariamente uma atitude colaborante. Esta fragilidade conferiu ao sistema um pendor parlamentar.

O Executivo recebeu do novo Presidente Mário Soares um escrutínio atento mas, ainda assim, beneficiou de um período de cooperação institucional que atenuou a "frente presidencial", não apenas porque se iniciava um período de "graça" no início do mandato das duas instituições, mas também porque o Presidente centrou a sua atenção sobre um novo adversário, o PRD do ex-presidente Eanes, que disputava o eleitorado socialista.

Contudo, o PRD distanciou-se do Executivo a propósito de uma lei da reforma agrária e apresentou uma moção de censura votada favoravelmente pelo PS e PCP, da qual resultou a demissão do Governo. Um esboço de coligação à esquerda foi travada pelo Presidente Soares que decidiu dissolver o Parlamento para punir o PRD, responsabilizado pelo eleitorado por ter derrubado um Primeiro-Ministro que gozava de uma popularidade de 61% dos inquiridos[1055].

[1055] Expresso de 17 de maio de 1986.

O ciclo de domínio parlamentar, contrabalançado por um governo minoritário autónomo termina com uma manifestação de poder moderador do Presidente no sentido da mudança de ciclo político.

2.2.4. Síntese

685. A presente fase, que alguns autores qualificam como consociativa[1056], ostentou as seguintes características:

a) Predominou uma década (1976/1986) de *coabitações imperfeitas* protagonizadas por um Presidente militar que agiu na quase totalidade do seu mandato sem partido próprio (o qual surgiu tarde demais, em 1985) e cujo projeto afirmativo de poder pessoal, como regulador ativo, gerou relações conflituais com governos frágeis, constituídos à esquerda e à direita, sem ter logrado fazer durar os três governos "independentes" da sua iniciativa;

b) As *oscilações pendurares que em certos momentos presidencializaram o sistema* foram mais marcantes entre 1976 e 1979, com a demissão de um governo pelo Chefe de Estado e a constituição de três governos de iniciativa presidencial, registando-se ulteriormente outro momento forte, em 1983, com a dissolução do Parlamento dominado por uma maioria absoluta de uma coligação, importando, contudo, registar o uso frequente de poderes de controlo (vetos) e de intervenções políticas na esfera governativa e dos próprios partidos;

c) Em termos de periodização: i) o ciclo 1976/1978 correspondeu a um *tempo de maior pendor parlamentar*, embora com intromissão presidencial, com o PS como partido liderante; ii) o ciclo de 1978/1979 foi marcado por uma *proeminência do Presidente* (que demitiu o Governo e nomeou três governos de iniciativa presidencial, também precários); iii) o ciclo de 1979/1982 foi caracterizado por *maior peso parlamentar*, com coligações maioritárias, mas instáveis, do centro político lideradas pelo PSD, sob a chefia de Sá Carneiro e Pinto Balsemão, marcadas por uma alta conflitualidade com o Presidente Eanes o qual acabou por dissolver o Parlamento; iv) o período 1983/1985 foi assinalado por um *regresso a uma preponderância parlamentar* favorecida por uma coligação conflitual, dos dois maiores partidos, PS e PSD (bloco central; v) e o período 1985/1986, *também de pendor parlamen-*

[1056] ANDRÉ FREIRE in AAVV "O Sistema Político Português: Sex XIX-XXI"Coimbra-2012--p. 196.

tar mas com maior protagonismo governativo, caracterizou-se por um governo minoritário do PSD, chefiado por Aníbal Cavaco Silva, fortemente resiliente, que geriu coabitações tranquilas com dois presidentes da República em fim e início de mandato, sendo o Governo demitido por força da aprovação de uma moção de censura;

d) *O efeito fragmentário do sistema eleitoral de escrutínio proporcional, dando os seus primeiros passos, inviabilizou ou dificultou a formação de governos maioritários ou coligações estáveis* e cedeu espaço ao exercício de poderes moderadores do Presidente com caráter mais acentuado;

e) A Assembleia da República, integrada por partidos fracionados, pouco estruturados e indisciplinados no seu bloco central disputou com o Presidente a influência dominante no sistema, amparando governo minoritários, inviabilizando ou limitando governos de iniciativa presidencial e, entre 1979 e 1982, sustentando coligações maioritárias, pese o facto de a sua fragmentação gerada pelo sistema eleitoral constituir, simultaneamente, a sua força (impôs-se ao Governo e em certos momentos ao Presidente) e fraqueza (os executivos que amparou nunca chegaram ao termo do mandato);

f) *O Governo foi o "ventre mole" do sistema*, registando-*se cerca de uma média de um executivo por ano* e a falta de governabilidade e de liderança, excetuado o período de 1979/1980, teve reflexos no agravamento da situação económica e financeira do Estado, com a impossibilidade de concretização de políticas públicas coerentes, ressalvadas as medidas de austeridade tomadas entre 1983 e 1984.

g) O Poder militar, como *"veto player"* pairou até 1982 como uma sombra desestabilizadora sobre as instituições democráticas, em regra aliado à ação presidencial contra os governos constitucionais.

2.2. A fase de governamentalização do sistema (1987/2009)

686. A segunda fase de evolução do sistema caracterizou-se pela emergência do Governo como instituição proeminente. *Tratou-se de um largo período de mais de duas décadas, caracterizado por uma maior concentração das opções do eleitorado nos grandes partidos políticos, plebiscitando com clareza candidaturas personalizadas a Primeiro-Ministro,* como via de superar a ingovernabilidade e as dificuldades económicas e financeiras do período anterior.

Essa proeminência governamental oscilou entre *ciclos primoministeriais* (marcados por tempos de governo "forte"), *ciclos de proeminência moderada do Governo pautada por maior colegialidade* (vigorando coligações maioritárias homogéneas) e ciclos de *pendor governamental mitigado,* (caracterizados por governos quase-

-maioritários forçados frequentemente a negociar com um Parlamento moderadamente ascendente).

2.2.1. Primeiro Ciclo: semipresidencialismo de pendor governamental primoministerial (1987-1995)

687. As eleições antecipadas de 1987 deram uma vitória ao PSD que obteve uma maioria absoluta monopartidária. Formou-se um Governo deste partido dirigido por Aníbal Cavaco Silva.

Este ciclo foi marcado pela revisão constitucional de 1989, que não alterou significativamente o peso das diversas instituições soberanas. A par de uma importante mudança do regime económico (que transitou de uma economia mista com pendor coletivista, para uma economia de mercado, autorizando-se a reprivatização de bens nacionalizados pela Revolução), procedeu-se a um atenuado reforço da componente parlamentar. Este reforço caracterizou-se pela criação de uma reserva de lei orgânica (leis aprovadas por maioria absoluta dos deputados efetivos, com vocação compromissória) e de leis aprovadas por dois terços em matéria de círculos eleitorais e de restrição de direitos dos militares, bem como da atribuição a um quinto dos deputados da possibilidade de suscitarem a fiscalização preventiva da constitucionalidade de leis orgânicas.

O Presidente viu reforçadas as suas competências políticas, na medida em que lhe foi atribuído um poder de convocação de referendos e em que foi alargado o âmbito de matérias sujeitas a *veto qualificado*, ou seja, matérias que exigem que a superação do veto político se processasse pela maioria híper-reforçada de dois terços. Quanto ao Governo, este foi potenciado no que tange à diminuição do peso da ratificação parlamentar dos decretos-leis (apreciação parlamentar) atenta a redução dos pressupostos de suspensão desses atos e a determinação de prazos de caducidade, assim como na faculdade de o Primeiro-Ministro poder promover o controlo de constitucionalidade de leis orgânicas.

Tal como foi referido anteriormente, o fundamento da governamentalização desse ciclo assentou primariamente no comportamento do eleitorado que atribuiu ao PSD duas maiorias absolutas monopartidárias, criando uma configuração constitucional "à britânica". Outros fatores secundários que ativaram este semipresidencialismo primoministerial ou de gabinete foram a autoridade e carisma do Primeiro-Ministro, o reforço administrativo do centro de governo e a governamentalização e profissionalização do partido no poder.

Controlando uma maioria parlamentar leal e por vezes "carimbante", o Primeiro-Ministro Cavaco Silva exerceu uma liderança monocrática no Governo (que deliberava em regra por consenso induzido pelo Chefe do Governo) e sobre o Partido de que era líder, até ao penúltimo ano de mandato. O partido, à semelhança de congéneres europeus, governamentalizou-se[1057]: titulares do Governo ocuparam altos cargos partidários, atribuiu-se a um ministro a articulação com o partido, foram nomeadas lideranças parlamentares fortemente dependentes do Governo (em especial do Primeiro-Ministro e do Ministro dos Assuntos Parlamentares) e criou-se uma estrutura disciplinada de funcionários que foi substituindo em tarefas organizatórias a espontaneidade militante.

688. O reforço da liderança do Primeiro-Ministro, acentuou-se também com a criação de um forte gabinete de apoio técnico ao Primeiro-Ministro com múltiplos assessores setoriais aproximando-se do modelo de Gabinete britânico e aumentando-se os recursos da Presidência do Conselho de Ministros. A partir de 1993, uma rede informal constituída por alguns assessores dos gabinetes ministeriais em ligação discreta à Secretaria de Estado da Presidência do Conselho permitia, ao centro governativo conhecer antecipadamente iniciativas e detetar problemas nos ministérios.

O principal contrapeso dessa liderança primoministerial foi dada pela coabitação com o Presidente socialista Mário Soares e, subsidiariamente, pelo Tribunal Constitucional. A coabitação a partir de 1987 não augurava um percurso fácil. E, na verdade, a coexistência entre a Presidência de Mário Soares e Cavaco Silva entre 1987 e 1995 envolveu um choque de personalidades, ambas pautadas pelo seu caráter carismático, afirmativo e voluntarista. Um Presidente com um perfil de monarca dualista (escrutinador, interventor, teatral, híper-politizado, conspirativo e abrasivo) coexistiu com um Primeiro-Ministro decisionista (monocrático, tecnicista, resiliente, persistente, linear e reativo).

689. **A coabitação** no período do primeiro mandato do Presidente, tal como se antecipou, assumiu um perfil cerimonial, escrutinador e marcado por algum intervencionismo moderador nos poderes de controlo (com um número apreciável de vetos e pedidos de fiscalização da constitucionalidade). Mas foi através das "presidências abertas" que o Presidente inaugurou uma poderosa estratégia política e comunicacional [1058]: o Presidente deslocava-se a um Concelho com o seu séquito, mobilizando imprensa, figuras da oposição local e relutantes ministros. Tratava-se de encontros com banhos de multidão, apreciação das queixas dos locais e dos ramos autóctones dos partidos oposicionistas, críticas veladas, sugestões incómodas ao Governo e explicações forçadas de ministros que via-

---

[1057] MARINA COSTA LOBO ult. loc cit, p. 171.
[1058] ESTRELA SERRANO "As Presidências Abertas de Mário Soares: - as estratégias e o aparelho de comunicação do Presidente da República"-Dissertação de Mestrado-PDF-1999- p.105 e seg e 119 e seg.p.https://run.unl.pt/bitstream/10362/11278/1/Estrela%20Serrano%20 Disserta%c3%a7%c3%a3o%20Mestrado.pdf

javam com o Presidente e que eram colocados numa posição de subalternidade. Mas o posicionamento estratégico do Presidente era o de não afrontar politicamente a maioria (sem prejuízo do seu escrutínio), colaborar distantemente com o Governo e, sobretudo aumentar a sua popularidade para poder agir, de forma, diversa num eventual segundo mandato, quando já não se colocasse o problema da reeleição. Surgiu então no discurso presidencial a ideia-chave do Chefe de Estado como um "moderador" e um protagonista de uma magistratura de influências, a qual veio para ficar.

O Governo, tratando cerimoniosamente o Presidente, não o envolvia nos negócios políticos nem nas negociações internacionais, o que terá criado uma crescente acrimónia por parte do Chefe de Estado[1059] que terá desabafado que o Governo *"fez rigorosamente o que quis"*. O Primeiro-Ministro, pelo seu lado, terá separado águas e feito notar ao Presidente que não despacharia com Ministros sem a intermediação dele próprio, de forma a assinalar, no contexto da revisão de 1982, quem era inequivocamente o Chefe do Governo[1060].

Confrontado com um revés autárquico, a que ligou escassa importância, foi na imprensa que o Governo foi objeto de uma oposição mais feroz, com relevo para o "Independente", um semanário liberal-conservador dirigido por Paulo Portas que, com notícias alimentadas por membros do Governo rivais, desgastava o Executivo com pequenos casos, escândalos e crises localizadas de dimensão variável. Tal conduziu à saída saíram vários ministros emblemáticos numa expressiva remodelação ministerial, em vários atos, que aparentando enfraquecer o Executivo, o reforçou no médio-prazo perante uma oposição sem alternativas dirigida por Jorge Sampaio, um líder político nacional fraco[1061].

A liderança social-democrata foi reeleita em 1991 renovando a maioria absoluta e o Presidente Soares também reeleito com apoio do PSD, que procurou não se desgastar enfrentando um Presidente popular.

O segundo período de mandato do Presidente, como é sabido, envolveu uma coabitação muito tensa com o Governo, com um aumento ligeiro dos mecanismos de controlo político e constitucional, mas sobretudo com uma ação desestabilizadora da maioria. A estratégia do Presidente Soares executada larvarmente mas em crescendo foi a de preparar o regresso ao poder do seu partido, o Partido Socialista, procurando federar as várias oposições.

O início do atrito iniciou-se em 1991 com a realização da cimeira Iberoamericana (Soares teria aceite um convite para participar nessa cimeira sem informar o Governo); prosseguiu em política externa com a assinatura do efémero acordo

---

[1059] MARIA JOÃO AVILEZ ult. loc cit, p. 104.
[1060] ANÍBAL CAVACO SILVA "Autobiografia"-I-Lisboa-2004-p. 290.
[1061] Saíram Eurico de Melo, Miguel Cadilhe, Leonor Beleza e Álvaro Barreto

de paz em Bicesse, entre o Governo angolano e os rebeldes da UNITA em que o Presidente foi secundarizado; seguiu-se a exigência presidencial de demissão do diretor de informação da RTP; agravou-se em 1992 sobre uma questão militar, a "lei dos coronéis"[1062] acompanhada de uma intervenção ofensiva do chefe da Casa Militar ao Chefe do Governo, à qual se seguiu a recusa do Presidente em reconduzir o Chefe do Estado Maior da Força Aérea, nos termos de uma proposta do Governo; e envolveu o inesperado veto da lei das propinas em 1993[1063].

As presidências abertas, como a realizada na zona metropolitana de Lisboa, tornaram-se muito mais críticas, sendo mesmo encaradas pelos ex assessores do Presidente como uma estudada estratégia de atrito e desgaste do Governo[1064]. O Presidente passou também, ostensivamente, a receber os opositores do Governo na sociedade civil, a promover fóruns de crítica à política do Governo (como o *Congresso Portugal que Futuro*) e chegou a apelar ao direito à indignação contra o que designou de políticas autoritárias do Executivo. A dado passo deixou deliberadamente cair a hipótese de dissolver o Parlamento no que foi contrariado por figuras da sua própria órbita.

As televisões privadas, que o Governo concessionou a pretendentes que julgava politicamente independentes ou isentos (o Grupo do Expresso e a Igreja Católica), viraram-se impiedosamente contra a maioria, dando projeção a todas as iniciativas da oposição e, igualmente, comentadores de rádio da órbita da maioria zurziam implacável e "corrosivamente" o Executivo em programas semanais[1065] e até encontros de concertos de massas de jovens contra o Governo eram vistos com simpatia por personalidades da órbita do Executivo e do partido n o poder.

O Governo foi confrontado: com uma crise económica externa; com rivalidades no interior do partido e do Executivo para uma eventual sucessão do Primeiro-Ministro; com um certo "autismo" da liderança perante o ruído da rua e reivindicações de grupos sociais e económicos; com uma falta de ímpeto reformista e de renovação de quadros; com uma fraca liderança parlamentar; e com um excesso de autoconfiança em políticas não avaliadas previamente quanto ao seu impacto. Para o Primeiro-Ministro as questões internas do partido tornaram-se um enfado, distanciando-se das bases militantes e delegando funções, o que permitiu a ascensão de uma subclasse de funcionários e autarcas.

[1062] Destinada a reduzir o elevadíssimo número de coronéis e tenentes-coronéis no quadro da restruturação e redução de um exército que já não combatia nos teatros africanos.
[1063] Cfr. ANÍBAL CAVACO SILVA "Autobiografia"-II- Lisboa-2004. Cfr p. 416 sobre a "lei dos coronéis"; p. 432 sobre a questão da não recondução do Chefe do estado Maior da Força Aérea; e p. 421 sobre a lei das propinas.
[1064] Cfr. ESTRELA SERRANO ult. loc. cit. 124 e seg, p.131 e seg e esm especial p. 145.
[1065] Caso de Marcelo Rebelo de Sousa, comentador da Radio Renascença. Cfr VITOR MATOS "Marcelo Rebelo de Sousa"-Lisboa-2012-p. 483.

A "crise da Ponte" (bloqueio deliberado feito por camionistas e, posteriormente, por populares de esquerda, na Ponte sobre o Tejo depois de um aumento de portagens) abalou o Governo tal como no Reino Unido a *Poll Tax* sacudira o Governo Thatcher[1066]. Um ano antes do final do mandato, conscencializando o desgaste de quase uma década, o Primeiro-Ministro declarou que não disputaria de novo o mandato e abriu a sucessão no partido, vencendo o chamado "aparelho", protagonizado por um líder não carismático, Fernando Nogueira, Ministro da Defesa e nº 2 do Governo.

O papel do Presidente como contrapoder e ator político em todo esse processo de desgaste foi reconhecido por constitucionalistas insuspeitos de simpatias pelo Primeiro-Ministro de então[1067]. *Ainda assim, durante todo este período, o fulcro do poder de condução político-legislativa concentrou-se no Primeiro-Ministro, o Parlamento apagou-se e o Presidente ganhou saliência como líder informal da oposição ou poder pontual de impedimento, sem ter contudo especial influencia na governação, ressalvado o uso de poderes negativos e de tópicos lançados através das "presidências abertas".*

690. Nas eleições de 1995, às quais o Primeiro-Ministro não se candidatou, sendo o PSD liderado por Fernando Nogueira, venceu o Partido Socialista liderado pelo católico de centro-esquerda António Guterres, o qual obteve uma maioria relativa, que, pela sua extensão qualificámos de maioria quase-absoluta. Um ano depois, o ex presidente da Câmara de Lisboa, Jorge Sampaio, candidato socialista apoiado pela esquerda, inflingia um revês, por uma pequena margem, a Cavaco Silva[1068] nas eleições presidenciais.

[1066] Cfr. sobre a crise da Ponte FERNANDO LIMA "O Meu Tempo com Cavaco Silva"--Lisboa-2004-p. 316 e p.318.

[1067] JORGE REIS NOVAIS "O Sistema Semipresidencial Português"- in "Semipresidencialismo"--II-op. cit, p. 187- Sobre a presidência de Mário Soares escreveu a dado passo: *"(...) não estando em causa-a legitimidade de uma intervenção política do Presidente da República, desenvolvida com plena autonomia das posições do Governo e da maioria parlamentar e, eventualmente em oposição a elas, já é mais discutível saber se quando, praticamente de forma sistemática ao longo do mandato, Soares se envolveu num confronto político permanente com o Governo e o Primeiro-Ministro, e indiretamente com o PSD, transformando-se praticamente no protagonista principal da luta oposicionista ao Governo e à maioria parlamentar, não estaria a inobservar a necessária natureza suprapartidária nacional, do cargo presidencial, e a impedir o Executivo de desenvolver, em normalidade, o programa político e de governo para que tinha sido eleito".*

[1068] Que se forçou, por imperativo pessoal, a concorrer num ambiente hostil.

2.2.2. Segundo Ciclo: semipresidencialismo de pendor governativo atenuado com reequilíbrio de poderes entre o Executivo e o Parlamento (1995-2002)

691. O comportamento do eleitorado continuou a privilegiar os maiores partidos, embora não tão expressivamente como no período anterior. O PS formou um governo minoritário em 1995 e 1999 na base de *maiorias quase-absolutas*. O Governo sem assumir uma posição de liderança forte no sistema, manteve a sua autonomia como centro de condução e impulsão da atividade política, equilibrando o exercício do poder com um Parlamento mais ativo. A prática primoministerial do período anterior, a estrutura reforçada do centro de Governo na Presidência do Conselho e a governamentalização do partido do poder conservaram, até certo ponto, essa autonomia governativa, pese o facto de o discurso do Primeiro-Ministro António Guterres se revelar mais compromissório e consociativo, do que decisionista. Tal era explicado não apenas pelo perfil mais discursivo e dialogante do novo Chefe do Governo, mas também pela ausência de uma maioria que lhe garantisse a passagem dos seu programas. Os governos passaram a negociar políticas à esquerda e à direita e, inclusivamente fizeram aprovar um Orçamento de Estado graças a uma transação com um deputado de outro partido que defendia interesses locais do seu município. Ainda assim o Governo terá feito aprovar no Parlamento entre 1995/1999 mais de 80% das suas iniciativas.

692. A revisão constitucional extraordinária de 1992 e a revisão constitucional ordinária de 1997 não tiveram impacto no sistema político. No respeitante à revisão de 1997, a par da desastrosa reforma do sistema legislativo regional, alargou-se a reserva de lei orgânica (que potenciou ligeiramente o peso do Parlamento) e reforçou-se a democracia referendária (que atenuou ou contrabalançou, paradoxalmente, o mesmo peso).

693. Sujeito a uma maior pressão parlamentar, o facto é que esta última não foi excessiva, dadas as quatro lideranças frágeis de um PSD sujeito a convulsões políticas e cisões permanentes[1069]. Já nas relações com o Presidente, o Governo lidou com uma frente político-institucional tranquila, em 1995 com Mário Soares e no período 1996-2002 com o socialista Jorge Sampaio, com os quais manteve uma assinalável colaboração institucional em regime de confluência. Desta última, decorreu um apagamento claro do protagonismo presidencial, remetido desde 1996 a uma função predominantemente cerimonial, notarial e representativa. O discurso presidencial, sempre elíptico e difuso, flutuava entre o moralismo melancólico, a filosofia política, alguns recados sobre reformas constitucionais

---

[1069] Respetivamente, as lideranças de Marques Mendes, Luis Filipe Menezes, Marcelo Rebelo de Sousa e Durão Barroso.

inconclusivas e a pura emoção casuística. Tratou-se de um período caracterizado por escasso controlo de constitucionalidade de diplomas da maioria (§ 743), redução do número de vetos políticos sobre atos oriundos dessa maioria (excluídos os de transição) e utilização abundante do poder da palavra para apoiar tepidamente a ação governativa (no sentido de se sugerir correções ou de se introduzir novos temas)[1070].

694. O desgaste do poder, no período 1999/2001, foi essencialmente derivado de uma coordenação ministerial deficitária, da fragilidade de diversos ministros e de uma crise financeira que demonstrou a dificuldade do País em ajustar-se aos critérios inerentes à criação da moeda única europeia, registando-se, igualmente, uma crescente dificuldade do Governo em aprovar um conjunto de políticas públicas em razão de uma ausência de maioria. O Primeiro-Ministro demitiu-se após um revés autárquico em 2001 e o Presidente, com o acordo dos partidos, dissolveu a Assembleia da República e antecipou as eleições parlamentares.

Neste tempo, uma maior influência do Parlamento logrou equilibrar-se com alguma preponderância mitigada do Governo, esmaecendo o peso do Chefe de Estado que, a dado passo, parecia eclipsar-se.

2.2.3. Terceiro Ciclo: semipresidencialismo de pendor governamental com acento colegial (2002-2004)

695. Das eleições legislativas de 2002 que posicionaram o PSD como partido mais votado resultou a formação de uma coligação entre esta formação e o CDS, liderada por Durão Barroso, a qual se centrou, originariamente, na tomada de medidas de rigor financeiro, devido à situação deficitária agravada do Orçamento de Estado legada pelo Executivo anterior.

A revisão constitucional de 2004 não teve impacto no sistema político de governo já que se orientou, fundamentalmente, para a ordenação do sistema de atos legislativos das regiões autónomas (desfazendo a reforma de 1997) e para as relações entre o direito da União Europeia e o direito interno.

O Primeiro-Ministro Durão Barroso revelou ser um líder frio e cerebral, pese a sua competência como Primeiro-Ministro. O facto de não exibir uma liderança incontestável no partido, de ter beneficiado fundamentalmente do voto de protesto no Governo anterior, de não ostentar uma taxa expressiva de popularidade[1071] e de ser forçado a uma coligação com o CDS (partido que menosprezava

---

[1070] Essa tendência prosseguiu no brevíssimo período de confluência entre o Presidente Sampaio e o Primeiro-Ministro Sócrates (2005/2006).
[1071] De acordo com MARINA COSTA LOBO " O Impacto dos Líderes (...)" op. cit, p. 197 e seg e 210 e seg) perto das eleições de 2002 Durão Barroso tinha uma taxa de popularidade

originariamente), com o qual teve de concertar posições, gerou uma dinâmica governamental do sistema político que fez pesar o seu domínio sobre a bancada parlamentar da coligação, sem que assumisse um cunho primoministerial. O Primeiro-Ministro propendeu para uma maior colegialidade na sua atuação, não apenas para acomodar o seu parceiro de coligação, mas também como efeito da "delegação" em importantes ministros, de funções das quais se distanciou um pouco: as Finanças, a Presidência do Conselho (sobretudo na sua ligação ao partido) e a Justiça.

696. Até ao ano de 2004 subsistiu um período de coabitação estável com o Presidente socialista Jorge Sampaio, caracterizado por uma cooperação institucional distanciada ou fria e pautada por um aumento proporcional do escrutínio sobre os atos da maioria no plano do controlo de constitucionalidade e das movimentações no corpo diplomático, quando comparados com o morno período de confluência anterior. A coligação revelou, igualmente, um funcionamento solidário e coeso, especialmente centrado no imperativo do equilíbrio orçamental e na travagem do aumento da dívida externa.

697. No ano de 2004 a mesma coligação, desgastada pelas medidas austeritárias, sofreu um revés nas eleições europeias e o Primeiro-Ministro, aceitando uma proposta para se candidatar a Presidente da Comissão Europeia, apresentou ao Presidente da República o seu pedido de demissão.

Iniciou-se, um segundo e curtíssimo período de vida da coligação (4 meses ativos), caracterizado por um intervencionismo inédito de um Presidente que até então assumira um protagonismo apagado. A indicação pelo maior partido da mesma coligação, como candidato a Primeiro-Ministro, do nome de Pedro Santana Lopes, Presidente da Câmara de Lisboa, uma figura controvertida dentro do partido e no País, criou um compasso de espera na sua indigitação, em que o Presidente fez questão, durante semanas, de ouvir numerosas personalidades políticas, colocando as instituições num limbo transitório que aumentou a incerteza política. A indicação gerou fissuras internas no próprio PSD, havendo quem pretendesse convocar o congresso do partido

698. A nível nacional terçavam armas os que entendiam que o Presidente poderia e deveria dissolver o Parlamento porque a lógica eleitoral para o Parlamento envolveria a escolha indireta do Primeiro-Ministro, porque a coligação anteriormente formada radicava num líder determinado que se tinha demitido e porque o desgaste da coligação e a nomeação a meio do mandato de uma personalidade que não era deputado, e que não fora submetida em 2002 a sufrágio, requereria um refrescamento da legitimidade do Governo de coligação.

pessoal menor que o lider da oposição, Ferro Rodrigues.

Prevaleceu, o entendimento diverso, segundo o qual, as eleições legislativas, embora no plano politológico envolvam uma escolha tentativa e indireta do Primeiro-Ministro pelo eleitorado, destinar-se-iam tecnicamente à escolha dos deputados, cabendo a estes constituir a maioria que julgarem adequada para sustentar o Governo[1072]. Por outro lado a coligação PSD/CDS constituiu uma aliança maioritária pós eleitoral de base parlamentar, pelo que, se no seio do mesmo Parlamento os dois partidos decidiram manter a mesma coligação na sequência da demissão do Primeiro-Ministro, não haveria fundamento para o Presidente questionar essa opção e abalar a formação de um Executivo maioritário, existindo ademais o precedente da nomeação de Francisco Pinto Balsemão. O facto de o Primeiro-Ministro não ser membro do Parlamento seria irrelevante, não só porque a Constituição não o exige (diversamente do que sucede em sistemas parlamentares), mas porque também já existem precedentes nesse sentido (caso da nomeação dos governos de Nobre da Costa, Mota Pinto, Maria de Lurdes Pintassilgo). Finalmente, a demissão do Primeiro-Ministro ocorrera por razões estranhas a uma crise política que envolvesse fraturas na coligação, no maior partido de governo ou, ainda, conflitos interinstitucionais, pelo que uma dissolução decidida sem o pressuposto de uma crise política contrariaria a prática constitucional e arriscava-se a ser um ato pretextuoso de motivação político-partidária ou uma sanção "ad hominem").Esta decisão foi tomada contra a maioria da casa civil que sustentava intensamente a dissolução.

Jorge Sampaio, contudo, justificou a nomeação: *"Enquanto o Governo produzido por eleições legislativas continue a apresentar consistência, vontade política e legitimidade, a renúncia de um Primeiro-Ministro não é razão para eleições antecipadas"*[1073].

As reservas presidenciais mantinham-se na mensagem com uma formulação condicional: a falta de consistência, de vontade política e de legitimidade no desempenho do novo Governo poderiam sempre gerar uma decisão a prazo, de teor diverso, no sentido da dissolução.

Tendo nomeado Santana Lopes como Primeiro-Ministro, o Presidente condicionou, por conseguinte, a formação do Governo, colocando em reuniões com o novo titular, diversas exigências relativamente em matéria de política externa e aos perfis de alguns cargos ministeriais, as quais foram aceites por um Governo que nascera fragilizado pelo desgaste da maioria, pela demissão do Primeiro--Ministro, pela hostilidade da opinião pública e pelo intervencionismo do Presi-

---

[1072] O Presidente Sampaio assinalou explicitamente que a opção da dissolução equivaleria a uma *primoministerialização* das eleições parlamentares o que abalaria a natureza do sistema. (Cfr JORGE SAMPAIO in "Portugueses"-IX-Lisboa-2006-p.21 e seg.)
[1073] Trecho citado por MARINA COSTA LOBO "O Semipresidencialismo Português (...)" op. cit, p. 36-37.

dente, inédito desde 1982. A nomeação do novo Chefe de Governo teve reflexos da oposição, com a demissão de Ferro Rodrigues, líder do PS que contava com a dissolução presidencial para se posicionar numa posição vantajosa em eleições antecipadas.

O novo Governo deu sinais de alguma instabilidade e descoordenação desde o dia do início de funções, com uma má imprensa, um insólito discurso de posse, condutas algo erráticas e peculiares do Primeiro-Ministro, a demissão da direção da RTP, atrasos na colocação de professores, controvérsias com alguns comentadores televisivos de destaque acompanhadas de inéditas audiências do mesmo com o Presidente[1074], défice de coordenação ministerial, clivagens dentro dos partidos, saída de um ministro próximo do Primeiro-Ministro e adoção de políticas financeiras controversas.

699. O Presidente, quatro meses volvidos sobre a posse de um Executivo sobre o qual manteve uma inusitada pressão tutelar, e na sequência de um incidente pitoresco que envolveu a demissão de um ministro funcionalmente pouco relevante (o ministro da Juventude, desporto e reabilitação...![1075]) mas próximo do Chefe do Governo e em rotura com este, decidiu dissolver o Parlamento. O Primeiro-Ministro apresentou pouco depois o seu pedido de demissão.

Havendo um enorme desgaste do Executivo, mormente junto da opinião pública, não existiu ainda assim qualquer rotura na coligação, pelo que a dissolução parlamentar acabou por assentar numa crise larvar de ordem gestionária associada a um pico de impopularidade (défice nas faculdades de coordenação e de autoridade do Primeiro-Ministro) e não numa crise política grave. Na verdade, na bibliografia autorizada do Ex- Presidente são especialmente evidentes tanto os preconceitos subjetivos como a vontade latente do Presidente em encontrar um pretexto, mesmo que superficial ou frívolo, para a dissolução[1076], logo após

---

[1074] Caso de Marcelo Rebelo de Sousa que se demitiu, flamejantemente, de comentador de uma estação de televisão devido a pressões do acionista, supostamente induzidas pelo Governo, para moderar as críticas ao executivo do seu próprio partido. Cfr "VITOR MATOS ult. loc cit, p. 631 e seg.

[1075] Meses depois demitia-se o Ministro das Finanças do Governo de José Sócrates cuja substituição foi encarada com absoluta normalidade pelo então Presidente Sampaio.

[1076] Cfr. JOSÉ PEDRO CASTANHEIRA "Jorge Sampaio" op. cit, p. 606: *"Fartei-me do Santana como primeiro-ministro, estava a deixar o país à deriva, mas não foi uma decisão 'ad hominem'. Ninguém gosta de dissolver o parlamento e eu tomei essa decisão em pouco mais de 48 horas.* Na p. 596 nt 96 transcreve-se o seguinte passo algo folhetinesco da "Fotobiografia" do ex-Presidente" narrado pelo próprio: «Em finais de novembro, ainda antes da conversa final com Santana Lopes, num dos meus passeios matinais de sábado com o meu filho, estou a descer a avenida da Liberdade e há um carro que para. Um dos ocupantes baixa o vidro e diz: «Sampaio, isto está impossível, vê lá se fazes qualquer coisa. E olha que eu até sou do PSD»".E na p. 607: "Na minha comunicação ao país posso ter explicado mal as razões pelas quais dissolvi, mas era

OS ATRIBUTOS IDENTITÁRIOS DO SISTEMA POLÍTICO

a posse do Governo, como o clima de manobrismo conspirativo entre membros da casa civil[1077] no sentido de encontrarem quais pretextos passíveis de justificar uma decisão-sanção de tão expressiva intensidade.

Alguns autores falam num retorno a uma proeminência presidencial do sistema. Só que em face do mandato parlamentarizante, translúcido e quase inerme do presidente Sampaio, a tutela de 4 meses sobre o Governo de Santana Lopes equivaleu a uma "prova de vida" para registo histórico. Usualmente, a prática política assente de que a dissolução constituiria um mecanismo de último recurso mitigou-se com a dissolução de 2004, já que não existiam fraturas na coligação nem crises institucionais graves, tendo-se criado um precedente para uma dissolução ocorrida fora de uma crise política relevante[1078]. Registou-se, sim, uma fraca liderança governamental, uma débil coesão interministerial, uma escassa consistência de algumas políticas governativas e uma erosão crescente da popularidade e imagem do Executivo nos media. O Presidente atuou, contudo, no quadro jurídico dos seus poderes.

700. Em suma, durante este ciclo, a estabilidade na frente parlamentar conferiu, maioritariamente, *uma preponderância ao Governo*, sobretudo entre 2002 e 2004 durante o consulado de Durão Barroso, *a qual assumiu um perfil moderado, em razão de envolver a necessidade de concertar posições entre os dois parceiros de coligação*, no Executivo e no Parlamento. Na curta vigência de um segundo e frágil Governo da mesma coligação, o papel do Executivo e do Parlamento enfraqueceram em razão do intervencionismo presidencial que colocou o Executivo a prazo e sob tutela, mudando o ciclo político.

---

preciso dar a voz ao povo (...). Nas eleições os portugueses elegeram uma maioria homogénea, a fórmula parlamentar que, à partida, melhor assegura a estabilidade governamental".
[1077] Cfr,JOSÉ PEDRO CASTANHEIRA "Jorge Sampaio" op. cit, p. 595, 590, 593, 594. Cfr os seguintes passos: i) Magalhães e Silva "achava agora que o Presidente não tinha direito de obrigar o país a sofrer o Gignol { teatro de fantoches]; ii) " é preciso que se mostre que não «há espaço para mais episódios burlescos» diz Marques da Costa *"(...) o caso Chaves «não chega para a dissolução» e «é preciso construir uma estratégia que leve a ela»*"; iii) "o Jorge fartou-se! A gota de água foi a demissão do ministro do desporto"[Nuno Brederode dos Santos];v) " *(...) os conselheiros e o próprio Presidente têm conversado com vários dirigentes partidários, procurando avaliar as suas sensibilidades perante um quadro de inegável crise política e sobre as várias alternativas para a sua superação. Uma atenção especial é dada ao novo PS cujo estado de espírito tem vindo a evoluir, tendendo a ser cada vez mais favorável a uma dissolução".*
[1078] O Ex Presidente nega essa possibilidade: *"Dir-se-á que com tal decisão criei um precedente grave e subverti a natureza do nosso sistema. Nada mais falso. Nem criei qualquer precedente nem me desviei um milímetro do tal perfil presidencialque foi forjado ao longo dos trinta anos da nossa democracia"* (in JOSÉ PEDRO CASTANHEIRA ult. loc cit, p. 598 citando o Vol 9 de "Portugueses".

2.2.4. Quarto Ciclo: regresso ao semipresidencialismo de pendor governamental de tipo primoministerial (2005-2009)

701. Das eleições de 2005 resultou uma vitória eleitoral do PS, o qual obteve uma maioria absoluta no Parlamento. O líder do partido, José Sócrates foi nomeado Primeiro-Ministro formando um Executivo monocolor.

O carisma do controverso Primeiro-Ministro, a sua autoridade monocrática no processo de deliberação do Governo (pese que ancorado num "inner circle" de membros do Governo fiéis, os quais ouvia e com os quais concertava estratégias) e a indiscutibilidade da sua férrea liderança no Partido e no controlo da maioria parlamentar, *propiciaram um retorno a uma preponderância do protagonismo dominante do Governo, reassumindo o semipresidencialismo português um cunho primoministerial.*

702. Simultaneamente, a coabitação entre a maioria socialista e o Presidente Cavaco Silva, eleito em 2006, não logrou abalar a dinâmica liderante do Executivo, não apenas graças à maioria parlamentar de que dispunha, mas também à leitura restritiva que o Presidente sempre fez dos seus poderes.

No que concerne ao funcionamento da sobredita coabitação, **num primeiro período**, entre 2006 e 2008, registou-se um fenómeno de efetiva cooperação institucional entre Governo e Presidente que envolveu, mesmo, um espírito de colaboração funcional entre as duas instituições, que o Chefe de Estado crismou de "cooperação estratégica" e que era catalisada por uma agenda "reformista" do Executivo e uma relação de incipiente confiança pessoal entre este e o Primeiro-Ministro. O Presidente não se coibiu, contudo, de usar os seus poderes de controlo, mormente o veto político e a fiscalização preventiva sobre leis da Assembleia da República, sem que tenha vetado ou impugnado um único decreto-lei, o que significou que uma parte destes passou a ser discretamente negociado entre Presidente e Governo.

Num **segundo período**, entre 2008 e 2009, a chamada crise do Estatuto dos Açores marcou o início da quebra dessa relação de confiança[1079]. O distanciamento entre o Presidente e o Primeiro-Ministro aprofundou-se com a avaliação presidencial de numerosos episódios que degradaram a imagem do Chefe

---

[1079] O Primeiro-Ministro teria dado ao Presidente garantias que um conjunto de objeções presidenciais a normas do projeto de Estatuto, que condicionavam inconstitucionalmente os poderes presidenciais (que "in casu" só poderiam ser limitados por normas de valor constitucional) seriam atendidas. O facto de essa promessa não ter sido cumprida e de o Presidente considerar que as referidas normas estatutárias seriam um ensaio para que, no futuro, outros poderes presidenciais fossem limitados por via legal, levou-o a impugnar parte dessas normas junto do Tribunal Constitucional e a vetar outras, fazendo uma crispada comunicação ao País. Esse discurso constituiu, a prazo, o dobre de finados pela cooperação estratégica. Cfr. ANÍBAL CAVACO SILVA "Quinta-Feira e Outros Dias"- Porto-2017-p. 315 e seg.

do Governo (dúvidas da licenciatura, processos judiciais inconclusivos onde o seu nome estava envolvido e interferências governativas obscuras junto de grandes empresas como a Portugal Telecom e de operadores judiciários, como foi o "caso Eurojust"[1080]), sem esquecer a hostilidade crescente de figuras do PS contra o Presidente aquando da ascensão à liderança do PSD de Manuela Ferreira Leite, figura próxima do Chefe de Estado. Num cenário de extrema conflitualidade entre o Primeiro-Ministro e uma oposição parlamentar do centro-direita fixada no discurso da "asfixia democrática" a virtual rotura presidencial com a maioria consumou-se com episódio pouco claro das "escutas de Belém"[1081]. Agravou-se, posteriormente, com esforços da maioria em tomar posições de domínio em órgãos da comunicação social[1082], com o condicionamento vigoroso de jornalistas[1083] e, finalmente, por uma estratégia económico-financeira assente no aumento da despesa pública irrefreada que o Presidente estimava como errada e arriscada, já depois da crise do "subprime" nos Estados Unidos que começou a contagiar a Europa[1084].

703. A tensão registada em sede de coabitação e o uso moderado de poderes de controlo e impedimento pelo Presidente não obstou a que o Governo tivesse terminado a legislatura e vencesse as eleições com maioria relativa, graças à com-

---

[1080] Caso da pressão indevida de um magistrado do Ministério Público, sob alegada influência governamental, incidindo sobre colegas que investigavam o Primeiro-Ministro no caso "*Freeport* e, que foi posteriormente investigada e sancionada. Destacou-se pela sua atitude de enfrentamento dos poderes estabelecidos e apoio aos magistrados, o Presidente do Sindicato dos Magistrados do Ministério Público, João Palma.

[1081] Trata-se de uma controvérsia nebulosa que terá tido por base, de acordo com o entendimento de pessoas que acompanharam o processo na Presidência da República, uma operação montada contra a Presidência, que se teria deixado cair num ardil, não reagindo adequadamente e de imediato ao título sensacionalista da primeira página do jornal" O Público", da qual foi responsável uma direção que travava uma guerra militante e sem quartel com o Primeiro-Ministro. O caso das escutas enfraqueceu o Presidente, privou-o de um relevante estratega e debilitou a oposição que martelava até à exaustão o discurso da "asfixia democrática".Vide sobre toda esta questão, ANÍBAL CAVACO SILVA "Quinta-Feira " op. cit, p. 353 e seg. e FERNANDO LIMA "Na Sombra da Presidência"-Porto-2016-p. 118 e seg.

[1082] Cfr o caso do silenciamento de opiniões críticas do Governo na TVI, com o ensaio da compra da televisão pela PT e com a ulterior compra pela Prisa espanhola. A ulterior desidratação financeira do semanário "Sol"e tentativas de compra do grupo Cofina teriam sido, na opinião de muitos comentadores, outros exemplos de uma estratégia de domínio comunicacional.

[1083] O Primeiro-Ministro, segundo alguns depoimentos prestados em audiências parlamentares telefonaria pessoalmente a jornalistas de cujos artigos discordava, usando um tom pretensamente intimidatório (cfr https://www.publico.pt/portugal/jornal/henrique-monteiro--afirma-que--socrates-pressionou-o-expresso-18872286)

[1084] ANÍBAL CAVACO SILVA ult. loc cit, p. 301 e seg

batividade do Primeiro-Ministro, ao domínio de um largo setor da imprensa pelo Governo, ao débil desempenho como candidata a Primeiro-Ministro da nova líder do PSD e do impacto negativo do caso das escutas na Presidência da República. O Presidente não se deixara tentar em 2008 pela solução de dissolução antecipada do Parlamento, ou pela recusa de um Governo minoritário socialista em 2009, na medida em que os partidos da oposição do centro-direita e as suas fracas lideranças não davam a mínima garantia de virem a ganhar eleições antecipadas, podendo um ato falhado mergulhar o País numa crise arrastada num momento financeiro delicado e comprometer a reeleição presidencial em 2011.

2.2.5. Síntese

704. Foram os seguintes os traços marcantes desta fase:

a) O eleitorado, ao concentrar o voto em grandes partidos ou em grandes blocos políticos homogéneos, "rebelou-se" contra um sistema eleitoral de efeito pulverizador, como forma de exigir estabilidade e governabilidade, a qual foi conseguida, um pouco na lógica britânica das democracias maioritárias ou decisionistas, com um Primeiro-Ministro forte (Cavaco Silva e José Sócrates) liderando simultaneamente o Governo, um partido dominante e uma maioria no Parlamento;

b) A opção eleitoral em favor de governos mais fortes e estáveis levou o eleitorado a privilegiar a coabitação das maiorias governativas com Presidentes de outra família política, de forma a criar freios a um "absolutismo maioritário", os quais se traduziriam, usando gíria política comum, numa tendência para a não colocação de "todos os ovos no mesmo cesto";

c) A governamentalização do poder, com apenas 7 executivos em 22 anos, coincidiu com um tempo de maior desenvolvimento económico e social, em que uma parte significativa das políticas logrou um grau elevado de execução, pese a travagem de maiores reformas no campo laboral resultantes do poder de impedimento presidencial e da rígida jurisprudência do Tribunal Constitucional, outro "veto player" discreto mas eficaz;

d) Esta fase abrangeu: i) um primeiro ciclo (1987/1995) que foi marcado por governos de maioria absoluta monopartidária (PSD) protagonizados por uma liderança primoministerial de Aníbal Cavaco Silva, coabitando com um Presidente da República (Mário Soares) que operou no seu segundo mandato, como contrapoder político, em conjugação com outros "veto players" como o Tribunal Constitucional; ii) Um segundo ciclo (1995/2002) em que o Governo socialista quase maioritário e de perfil compromissório, liderado por António Guterres beneficiou de um tempo de tranquila confluência com um Presidente Jorge Sampaio, de perfil apagado e estabeleceu compromissos instáveis com um Parlamento que recuperou poderes de direção e controlo; iii) um terceiro ciclo (2002/2004) em que se formou um governo maioritário de coligação entre o PSD e o CDS que reforçou o Governo, pese que sem liderança primoministerial, devendo chefes de governo não carismáticos (Durão Barroso) acomodar os parceiros de coligação e coabitar com o Presidente socialista Jorge Sampaio, numa cooperação "fria" num primeiro momento e conflitual num segundo, marcada pela dissolução do Parlamento; iv) um quarto ciclo (2005/2009) em que se retornou a um tempo primoministerial, com uma maioria parlamentar absoluta do Partido Socialista, dócil a uma liderança governativa monocrática de José Sócrates, que coabitou desde 2006 com um Presidente da República (Cavaco Silva) que até 2008 lhe proporcionou uma cooperação institucional tranquila e, a partir daí, uma relação mais escrutinadora e conflitual à medida que se agravava a crise económico-financeira e as alegadas tentativas de controlo do Primeiro-Ministro sobre os *media*.

e) Durante cerca de 12 anos o pendor governativo do sistema foi primoministerial ou de gabinete, gozando Primeiros-Ministros fortes do apoio do Parlamento através de bancadas monopartidárias obedientes e tendo no Presidente da República, em coabitação, o principal contrapeso o qual, pese o exercício de poderes de controlo e de discurso crítico, nunca puseram em causa a liderança governativa através dissolução parlamentar ou o poder de demissão do Governo;

f) Os restantes 9 anos mantiveram o pendor governativo, pese que menos intenso, seja pela inexistência de uma maioria absoluta que tornou a relação Governo-Parlamento mais consociativa (1995/2001), seja pela necessidade de integrar no quadro de uma maioria absoluta as demandas do parceiro menor de uma coligação (2002/2005);

g) O Presidente da República, volvido um período de maior protagonismo como contrapoder até 1996, apagou o seu perfil interventivo e assumiu um viés de Chefe de Estado quase-parlamentar, não foram dois picos de conflito com a maioria com a qual coabitava, como o caso da dissolução parlamentar em 2004 e as tensões desprovidas de consequências maiores verificadas no período 2008/ 2009;

e) O Parlamento, marcado por um voto concentrado nos grandes partidos e pela respetiva "governamentalização" (colocação do partido sob a estrita orientação e disciplina do Governo quando no poder), constituiu a componente mais débil desta triangulação.

2.3. A fase de proeminência pendular ente Parlamento e Governo (2009/2017)

705. De acordo com alguns entendimentos, o viés algo autoritário e abusivo de certas maiorias absolutas monopartidárias e a consciência de que a estabilidade governativa proporcionada nem sempre se traduziu, a título final, em maior estabilidade financeira e progresso económico, levou o eleitorado a frenar a concentração de voto nos grandes partidos, ocasionando uma maior distribuição dos sufrágios por diversas formações médias e pequenas (algumas delas com um perfil de protesto).

Dado que a estrutura partidária se conservou nominalmente a mesma, a fragmentação distributiva pautou-se por uma redução dos mandatos das grandes formações e por um afluxo dos mesmos a formações intermédias que passaram a relevar no que respeita à formação e subsistência de governos maioritários ou minoritários. A referida fragmentação na representação partidária coincidiu com uma crise económica e financeira sem precedentes que durou todo o período compreendido em 2010 e 2017, com um pico entre 2011 e 1014, no qual Portugal foi objeto de um resgate financeiro internacional de forma a evitar a insolvência.

A fase em epígrafe, algo difusa e incerta, foi marcada por uma certa recuperação do protagonismo parlamentar, pela atenuação do poder presidencial e por períodos oscilantes, ora de maior apagamento ora de maior destaque do papel do Governo, o qual se evidenciou, sobretudo, na tomada de medidas de exceção financeira. A ausência de maiorias absolutas monopartidárias derivadas da opção mais fragmentária do eleitorado, associada à mecânica dispersiva do sistema eleitoral geraram, consequentemente, um maior peso político do Parlamento.

2.3.1. Primeiro Ciclo: semipresidencialismo de pendor parlamentar (2009-2011)

706. Na sequência das eleições particularmente tensas de 2009, o PS foi o partido mais votado, tendo obtido maioria relativa dos assentos parlamentares, embora o PSD e o CDS, somados os respetivos grupos parlamentares, tivessem recolhido conjuntamente mais mandatos, sem que lograssem atingir a maioria absoluta.

Foi constituído um governo minoritário, uma vez mais chefiado por José Sócrates que se defrontou com uma coabitação fria por parte da Presidência da República, mais pelo uso recursivo da palavra (com relevo para a degradação financeira do Estado) do que pelo emprego de poderes de veto ou de controlo de constitucionalidade, que foram quase nulos (§ 758 e seg). Contudo, consumada a reeleição presidencial, o Presidente Cavaco Silva, uma vez mais através do uso da palavra na cerimónia da sua posse, proferiu um discurso demolidor contra o Executivo, o qual terá feito o Primeiro-Ministro ponderar a apresentação de um pedido de demissão.

A frente parlamentar foi, contudo, muito mais complexa e turbulenta do que a presidencial, sendo o Governo obrigado a pactuar à esquerda e à direita as suas políticas, sendo confrontado com maiorias negativas de todas as oposições, no bloqueio de medidas e na aprovação de legislação contrária aos interesses do Executivo. A passagem de vários pacotes de medidas de austeridade, os PEC, foi feita graças a uma abstenção relutante do PSD, cujo novo líder, Passos Coelho, era pressionado à respetiva viabilização pelo setor económico-financeiro, pela Presidência da República e pelo Partido Popular Europeu.

707. O Presidente foi alvo de críticas pela sua conduta menos ativa: i) por ter dado posse a um Governo minoritário numa situação de alta crise financeira, protagonizada por um Primeiro-Ministro confrontativo e de caráter controvertido, bem como de uma equipa financeira manifestamente incapaz de lidar com a situação; ii) Pelo facto de, no período 2009 a 2011, não ter usado os seus poderes visíveis de controlo em termos de veto e fiscalização da constitucionalidade; iii) E de, logo após o discurso de posse, não ter sido consequente, demitindo um Governo que se atolava em casos e escândalos e comprometia a solvência do Estado ou, então, dissolvendo o Parlamento. De entreas várias respostas que podem ser dadas a estas questões podemos destacar três.

A necessidade de dar posse ao partido mais votado era a única alternativa num quadro parlamentar fragmentado que inviabilizaria qualquer outra solução, não podendo o País ficar durante seis meses a um ano, com um Executivo em gestão corrente no dealbar de uma crise financeira que se agigantava todos os dias. Ademais, todos os partidos oposicionistas recusaram uma coligação ou acordo parlamentar com o Partido Socialista, atenta a alta tensão política que então imperava e a degradação das finanças públicas.

A necessidade de não confrontar o Governo minoritário entre 2009/2010 com vetos e o uso mais intenso da palavra decorreu da estratégia do Presidente de não surgir como desestabilizador, a um ano de eleições presidenciais às quais tencionava concorrer, procurando evitar acusações corrosivas dos meios de comunicação afetos ao Governo sobre o caso BPN (que acabaram, de todo o modo, por surgir numa campanha presidencial onde o Governo, segundo algumas acusações, estimulou dois candidatos inviáveis apenas com o fito de desgastar o Presidente[1085]).

Finalmente, o facto de o Presidente não ter dissolvido o Parlamento após a sua reeleição deveu-se à circunstância de procurar evitar que o Primeiro-Ministro se eximisse dos efeitos da política financeira que terá criado e que vieram

---

[1085] Respetivamente José Manuel Coelho e Defensor Moura.

à tona nesse ano de 2011, duvidando o Chefe de Estado que a oposição tivesse capacidade de um triunfo conclusivo sobre uma formação política dirigida por um líder intimidante e senhor de vastos recursos, como o seu processo judicial nos termos divulgados na imprensa veio a problematizar.

Seguindo e transcrevendo em parte o que escrevemos então num artigo de opinião, não foi simples para um Primeiro-Ministro, cuja autoridade crescera no exercício de uma liderança monocrática sobre um Governo e um Parlamento maioritário, ser forçado a compromissos que deslocaram o epicentro do poder para o Parlamento. Alguns dos membros do seu Governo defenderam, então, que uma "concertação negativa" das oposições no Parlamento teria gerado um "*Governo de Assembleia*", criando ingovernabilidade. Na verdade, embora o poder político se tivesse inclinado para o polo parlamentar, essa tese não resultou ser consistente.

Com efeito, não era possível afirmar, então, que a Assembleia "governava" quando a mesma decidiu aprovar leis contrárias ao Programa do Executivo (ideia expressa na frase proferida por dirigentes socialista que *"quem governa é o Governo"*), dado que, se o núcleo das funções de governo consiste *na condução da política geral do país e no exercício da função administrativa (artº 182º da Constituição)*, esse mesmo núcleo não seria beliscado se a Assembleia legislasse em dissonância ocasional com a sua agenda política. Na Constituição Portuguesa é o Parlamento quem possui o primado da função legislativa à luz do princípio da separação de poderes, não fazendo sentido falar em "governo de assembleia" sempre que o Parlamento legisla autonomamente e em discrepância com o Executivo. Isto sem prejuízo da aprovação de algumas leis intrusivas na competência do Governo, impugnadas pelo Presidente da República junto do Tribunal Constitucional, tendo paradoxalmente o Chefe de Estado exercido funções "arbitrais" em favor do Governo[1086].

Tão-pouco, a simples aprovação de legislação parlamentar discrepante em relação ao Programa de Governo criaria, só por si, ingovernabilidade. A *ingovernabilidade* não pode ser confundida com simples *instabilidade parlamentar* gerada pela fiscalização do Executivo ou por leis parlamentares controvertidas. No que respeita à função legislativa, de que o Governo é titular relevante mas não detém o primado, um ciclo de pendor parlamentar do semipresidencialismo (com precedentes antes de 1979 e em 1985) priva a iniciativa legislativa do Governo de garantias de sucesso unilateral, pressupondo a realização de compromissos com as oposições. Ao Parlamento, é exigível que não exerça uma atividade legislativa

---

[1086] O Ac nº 214/2011 referido na nota seguinte,.

OS ATRIBUTOS IDENTITÁRIOS DO SISTEMA POLÍTICO

obstrucionista, que não utilize a lei para invadir a reserva de Administração[1087] e que, com lealdade institucional, negoceie de boa-fé consensos com o Governo.

Um governo minoritário do partido mais votado, caso pretenda subsistir, deve aplicar uma agenda legislativa compromissória. Ora, a liderança governativa de 2009-2011 terá incorrido em *dislexia política e institucional* na medida em que, durante um tempo, tentou agir como se ainda fosse maioritária. Tendo encontrado por parte do Tribunal Constitucional alguma complacência quando foi forçado a tomar medidas de rigor, que envolveram cortes salariais, o Executivo foi confrontado com enormes protestos de rua, alguns dos quais organizados espontaneamente por jovens, surgindo os movimentos sociais dos "indignados" e equivalentes, a par da contestação de organizações sindicais e de reformados.

708. As políticas despesistas do Governo, em contraciclo, acabaram por potenciar um quadro de pré-insolvência financeira do Estado português após o Parlamento reprovar um pacote de austeridade, o PEC IV, que o Executivo tinha acordado com instituições europeias, mas que se apresentava, segundo muitos entendimentos, como um paliativo. O Primeiro-Ministro apresentou a demissão ao Presidente da República que, com concordância dos partidos com assento parlamentar, dissolveu o Parlamento e convocou eleições. Embora em estado de negação, a incapacidade do Governo em se financiar nos mercados financeiros internacionais em razão do aumento exponencial dos juros da dívida soberana e o cenário iminente de bancarrota forçou o Primeiro-Ministro a solicitar, posteriormente, um resgate financeiro internacional[1088]. Foi, pois, um Governo em gestão que, por razões de necessidade e urgência, assinou um memorando com o FMI, Comissão Europeia e Banco Central Europeu, no qual, como contrapartida de um empréstimo financeiro, foi acordada a adoção, para os anos subsequentes (2011-2014), de um conjunto draconiano de medidas de austeridade e políticas de reforma do Estado e da economia.

Excluindo, pois, este curtíssimo tempo de necessidade, em que um Governo estatutariamente diminuído (porque em gestão) acabou por celebrar compromissos políticos fundamentais, apagando o protagonismo do Parlamento, a tendência dominante do sistema, no decurso do ciclo 2009/2011, *foi o de um semipresidencialismo de pendor parlamentar simples*, com limitação da ação governativa e um escrutínio discreto mas crescentemente crítico do Presidente da República.

[1087] Cfr. nota anterior o aresto do TC sobre a matéria.
[1088] Cfr ANÍBAL CAVACO SILVA ult. loc cit, p. 448.

2.3.2. Segundo Ciclo: semipresidencialismo de pendor governamental moderado: retorno ao tempo de coligação maioritária (2011-2015)

709. Nas eleições antecipadas de 2011, o PSD como partido mais votado acordou uma coligação pós-eleitoral de centro-direita com o CDS, sendo indigitado o líder do primeiro partido, Pedro Passos Coelho, para formar governo. Tratou-se, desde o ano de 1976, do primeiro governo de coligação que logrou cumprir uma legislatura.

Gozando de uma maioria parlamentar, *a coligação fez deslocar de novo para o Governo o epicentro liderante do sistema*, tanto mais que era no Executivo, em concertação com os representantes dos credores internacionais (a chamada "Troika"), que eram desenhadas e executadas as políticas de austeridade.

A liderança mais institucional do que carismática do Primeiro-Ministro no seu próprio partido e no Governo, a falta de densidade política ou preparação técnica de alguns dos seus ministros e secretários de Estado, as distâncias pessoais e políticas com a liderança do CDS seu parceiro de coligação e a má estrutura de governança da coligação esboçada com o mesmo parceiro, não contribuíram para um governo primoministerial. Contudo, não resta a menor dúvida que a necessidade de executar o memorando celebrado com os credores internacionais concentrou no Governo e em especial na figura do Ministro das Finanças a condução das políticas públicas que eram depois tramitadas num Parlamento dominado por uma bancada parlamentar sensivelmente obediente.

Registaram-se, ainda assim, dois períodos marcados por algumas diferenças sensíveis no funcionamento do sistema político.

710. Um **primeiro período** (2011-2013) foi caracterizado por um forte voluntarismo na tomada de medidas de grande rigor (aumento de impostos, pronunciados cortes salariais, despedimentos na função pública e cortes temporários e definitivos nas pensões em pagamento) sem grande preocupação com o seu apuro jurídico e conformidade com a Constituição, na base da filosofia constitucional, segundo a qual, em estado de necessidade financeira a Constituição apaga-se. Esta conjuntura foi marcada por uma dura contestação social às medidas da coligação e o regresso de manifestações de massas de sindicatos, pensionistas, forças policiais, militares na reserva e grupos inorgânicos de jovens (os "indignados").

Tratou-se de um período onde o papel do Presidente da República se reforçou, na medida em que, pese o quadro de confluência que então pontificava, o Chefe de Estado decidiu guardar uma distância crítica em relação a um Governo sobre cujas aptidões técnicas, políticas e programáticas guardaria consideráveis dúvidas, usando a palavra através da formulação de advertências de diversa ordem[1089].

[1089] Vide o Discurso na sessão de abertura do IV Congresso da Ordem dos Economistas, de 19 de outubro de 2011 onde ficou claro o distanciamento entre Presidente e Governo em

Paralelamente impugnou junto do Tribunal Constitucional, numerosas medidas de austeridade e aumentou a sua pressão, em sede de magistratura de influências, sobre decretos-leis cujo conteúdo era informalmente negociado.

O sonho sá-carneirista de um Governo, uma maioria parlamentar absoluta e um Presidente existia, mas não produzia os efeitos desejados: o Presidente queria manter a sua independência em face do Executivo e questionavam, na especialidade, algumas das suas políticas; o Primeiro-Ministro deu mostras de se querer emancipar do Presidente e da sua tutela; e a maioria parlamentar tinha uma coesão duvidosa à medida que se adensavam algumas fissuras entre os parceiros de coligação, dada a subalternidade a que era votado pelo Chefe de Governo o seu parceiro menor.

A par do frio escrutínio presidencial emergiu outro *veto player*, o Tribunal Constitucional. Este, ao invalidar um conjunto expressivo leis que continham as políticas de rigor e ao traçar critérios, dotados de algum grau de novidade, sobre o tempo limitado de admissibilidade das políticas de austeridade e as exigências que as mesmas deveriam observar à luz dos princípios da igualdade, proporcionalidade e proteção de confiança, transformou-se no órgão de soberania detentor da última palavra sobre a viabilidade das medidas austeritárias e, concomitantemente, sobre a solvabilidade financeira do Estado. O apoio popular que recebeu da oposição no Parlamento, dos contestatários nas ruas e a sintonia revelada com os pedidos formulados pelo Presidente da República converteram-no de facto num poder moderador. Pode mesmo dizer-se, no plano politológico, que o poder moderador foi exercido num quadro de partilha entre Presidente e Tribunal Constitucional: um Governo responsável mas com falta de discurso mobilizador, com défice de competência jurídica e com pouca habilidade e argúcia política ficou emparedado entre uma supervisão interna sobre a viabilização jurídica das suas políticas e uma forte tutela internacional em relação à necessidade de garantir essa viabilização.

Tendo sofrido um revés nas eleições autárquicas de 2013, o Executivo confrontou-se com uma pesada declaração de inconstitucionalidade do Orçamento de Estado relativo ao ano de 2013 (que quase despoletou um pedido de demissão de um Primeiro-Ministro encurralado, que dirigiu fortes críticas ao Tribunal). A este quadro complexo, juntou-se a demissão, pouco tempo depois, do Ministro das Finanças e, ulteriormente, a demissão do líder do parceiro menor da coligação, Paulo Portas, em razão de uma querela com o Primeiro-Ministro sobre a escolha do novo ministro das Finanças e da menorização do papel do CDS no Executivo. A rotura entre os parceiros da coligação terá estado iminente.

termos de estratégia económica e financeira. Sobre este distanciamento, vide FERNANDO LIMA ult. loc. cit, p. 347.

O Presidente usou então o seu protagonismo arbitral evitando a demissão e mediando um acordo entre o PSD e o CDS e o PS, no sentido da criação de um pacto de regime em matéria económica, financeira e social, tendo como contrapartida a antecipação de eleições para o ano de 2014, o que, a ter ocorrido, permitiria a vitória do PS num contexto de alta impopularidade do Governo. Devido a uma forte pressão de importantes notáveis do Partido Socialista sobre o secretário-geral, António José Seguro, o acordo não foi obtido.

711. O **segundo período** do presente ciclo ocorreu entre 2013 e 2015, na sequência do termo e do inêxito da mediação presidencial, com uma importante remodelação ministerial que reequilibrou os parceiros da coligação. O Primeiro-Ministro logrou que o líder demissionário do CDS, Paulo Portas, cancelasse a sua "demissão irrevogável" promovendo-o a Vice-Primeiro-Ministro, reforçando o peso do parceiro menor no Governo e criando formalmente com este, um mecanismo de negociação permanente das políticas públicas. O insucesso da mediação do Chefe de Estado (favorável a um "bloco central" assumido ou assente num acordo parlamentar) teve como efeito, quiçá não calculado, um inesperado reforço da coligação governamental e o início de um período de cooperação institucional com o Presidente.

O Presidente, cuja distância cética inerente ao período anterior sofreu uma visível atenuação, reduziu o uso dos seus poderes negativos e chegou, até, a formular pouco usuais pedidos de controlo de constitucionalidade a solicitação do Governo (os quais tiveram um precedente na Presidência de Mário Soares). Essa cooperação institucional ou cooperação estratégica, associada a uma maior coesão na coligação e ao êxito relativo de algumas políticas económicas e financeiras conferiu uma maior estabilidade ao Governo, compensada por dissensões no PS (que geraram uma alteração de liderança), pela menor expressão da contestação de rua e por um exercício mais solitário do contrapoder exibido pelo Tribunal Constitucional.

Em suma, tratou-se de um período pautado:

i) Por um esmaecimento do protagonismo presidencial, derivado: de uma erosão expressiva na popularidade do Chefe de Estado, com origem inicial em declarações públicas incompreendidas sobre o valor das suas pensões e que foram proferidas no auge das medidas de austeridade; do inêxito da mediação que intentou entre Governo e oposição; e da inevitabilidade de uma aproximação ao Executivo, num tempo de final de mandato e de recuperação financeira, a qual procurou valorar;

ii) Pela pressão supervisora do Tribunal Constitucional, um novo protagonista político-institucional, que não tendo abrandado significativamente, foi marcada pela controvérsia política e académica;

iii) E pela subsistência do poder liderante do Governo de entre os órgãos de soberania, liderança que, por força das circunstâncias, era a de pouco mais do que a de um gestor de negócios dos credores estrangeiros, por força da dureza do resgate negociado pelo Governo precedente.

2.3.3. Terceiro Ciclo: semipresidencialismo de pendor parlamentar de assembleia (2015-2017): um governo minoritário com acordo parlamentar

712. No sufrágio de outubro de 2015, a coligação pré-eleitoral entre o PSD e o CDS (PAF) venceu as eleições legislativas, sem ter logrado alcançar uma maioria absoluta no Parlamento[1090].

Depois de o líder do PS, António Costa, ter indiciado preferir um entendimento com os partidos à sua esquerda, o BE e o PCP, o Presidente da República, seguindo uma convenção tácita existente sobre a matéria e pese o protesto dos referidos partidos da esquerda indigitou o líder do PSD, Passos Coelho, partido com maior número de mandatos, para formar um novo Governo. Proferiu igualmente um discurso no qual se reservava a faculdade de não nomear um Governo do PS, se o mesmo envolvesse uma coligação com partidos contrários à integração europeia ou adversos aos compromissos internacionais como o Pacto do Atlântico Norte.

713. O Governo de centro-direita foi demitido após o seu Programa ter sido rejeitado no Parlamento pelos partidos de esquerda. Subsequentemente, o Presidente, volvido um hiato onde foram discutidos nos meios políticos e jornalísticos uma multiplicidade de alternativas (como a continuação do governo demitido em gestão até à posse do povo Presidente ou um governo de técnicos de iniciativa presidencial) acabou por indigitar António Costa para Primeiro-Ministro, à frente de um Governo minoritário do PS, assente num acordo parlamentar com o PCP e o BE, partidos que, contudo, não integraram o mesmo Executivo.

Frente a um Presidente em final de mandato, limitado nos seus poderes de dissolução por força de um defeso constitucional e com a eleição de Marcelo Rebelo de Sousa em 2016, como novo Presidente da República (sufragado com um apoio distante do PSD e CDS, e portador de uma agenda própria e uma intenção em procurar manter uma coabitação em clima de cooperação com o Executivo), o novo Governo passou, fundamentalmente, a depender do Parlamento para subsistir em funções e viabilizar as suas políticas. O cancelamento de muitas das medidas de austeridade do Executivo anterior, a aprovação de leis cultural e socialmente fraturantes e as apertadas negociações relativas ao Orçamento

---

[1090] Numa síntese sobre as vicissitudes deste período que antecederam a formação do Governo minoritário socialista vide MARIANA MELO EGÍDIO ult. loc. cit.

de Estado demonstraram um significativo reforço da componente parlamentar e nesta, um novo arco partidário consociativo à esquerda.

Uma estrutura articular de viés parlamentar informal entre o Primeiro-Ministro e os lideres dos parceiros de esquerda e entre o Secretário de Estado dos Assuntos Parlamentares e as lideranças parlamentares do BE e do PCP passou a assumir uma importância decisiva na sobrevivência do Governo e viabilização de algumas das suas políticas.

714. Terá o sistema político português transitado, como alguns politólogos políticos alvitraram, do *semipresidencialismo para o parlamentarismo*, na sequência das eleições de 4 de outubro?

Numa leitura frívola e apressada dir-se-ia que sim: detetam-se traços do parlamentarismo num cenário em que o Chefe de Estado, inibido do poder de dissolução da Assembleia da República, é constrangido a nomear, relutantemente, um Governo do segundo partido mais votado, sustentado num acordo parlamentar maioritário com todos os partidos à sua esquerda. Já uma leitura mais rigorosa permite constatar que, mesmo assim, a estrutura do sistema não mudou.

Alguns consideraram que a transição para o parlamentarismo teria ocorrido temporariamente, pois o Presidente esteve inibido de dissolver o Parlamento até abril de 2016. Essa inibição assume, todavia, caráter excecional, não podendo um sistema ser definido na base de realidades marcadas por prazos transitórios e conjunturais, mas sim através de atributos permanentes. A Constituição estabelece um "defeso" de 6 meses contra o poder de dissolução no termo do mandato do Presidente e um período de outros 6, logo após as eleições parlamentares, tendo-se verificado fortuitamente uma atípica conjugação "astral" dos dois períodos de defeso, a qual conduziu a um maior protagonismo do Parlamento e ao enfraquecimento do poder "moderador" do Presidente. Contudo, findo esse tempo político, o Chefe de Estado recuperou a faculdade de dissolução.

Sem negar o relevante impacto político gerado, em concreto, pelo reforço do poder do Parlamento durante este anómalo período de defeso (o qual foi fundamental para a viabilização do Governo), seria anacrónico afirmar que o sistema se teria transmutado, magicamente, em parlamentarista durante quase nove meses, até que soassem as doze badaladas do dia 4 de abril, regressando então o semipresidencialismo, reforçado ademais pela prática semi-populista do novo Chefe de Estado (mais decorrente da gestão da palavra, gesto e imagem do que da prática de atos jurídicos e políticos com impacto decisivo)[1091].

Um Governo minoritário, como o formado no final de 2015, não poderia deixar de catalisar um ciclo de preponderância parlamentar do semipresidencia-

---

[1091] Durante o primeiro ano de mandato não impugnou a constitucionalidade de uma só norma e terá vetado três diplomas de relevo não primário.

lismo[1092], dado que o Executivo se sustenta, quase exclusivamente, na confiança ou na tolerância do Parlamento, sendo neste que o mesmo concerta a sua sobrevivência e a das suas políticas. Observe-se, sintomaticamente, no Diário da República, que desde Abril de 1976, é a primeira vez que o número de leis sobreleva o volume de decretos-leis. Tal reflete a deslocação do epicentro da decisão legislativa do Governo para o Parlamento e neste para uma estrutura negocial tripartida, onde, sem prejuízo do peso do Primeiro-Ministro, os parceiros situados fora do Governo obtém ganhos em negociações intensas e duras.

Ora, não assiste razão aos que entendem que o sistema político passou a ser parlamentarista, dado que se assistiu, afinal, ao *regresso a um ciclo semipresidencialista de preponderância parlamentar,* havendo, contudo, que reconhecer que esse viés parlamentar tem características diferentes dos precedentes, já que fez vingar um inédito *"pendor parlamentar de assembleia".*

Em primeiro lugar, tendo o Governo nascido numa conjuntura de limitação dos poderes presidenciais, a sua formação implicou a revogação de uma *convenção tácita* de décadas gerada pela prática política, segundo a qual, os partidos do "arco democrático" se entenderiam de modo a que a os governos saíssem sempre do seu seio e não de partidos marxistas, como o PCP e o BE, entendendo-se que, quem ganhasse a eleição formaria governo, mesmo que minoritário. Esta quebra, que envolveu pela primeira vez a reprovação parlamentar de um programa de governo saído de eleições, passou a abrir a outros protagonistas minoritários dos extremos políticos as portas da governação, aumentando o seu peso decisório no Parlamento. No futuro, o centro-direita só governará, eventualmente, se obtiver uma maioria absoluta na Assembleia.

Em segundo lugar, pela primeira vez em 40 anos, o líder do segundo partido votado foi indigitado para formar um governo minoritário por força de um acordo de incidência parlamentar com partidos menores e situados no espetro radical, o qual permitiu a sua viabilização e formas permanentes de negociação parlamentar das suas políticas com aqueles. É um exemplo da não procedência da tese de quem defende que o sistema político implica sempre a plebiscitação dos candidatos a Primeiro-Ministro.

Em terceiro lugar, a fórmula de governo adotada tem condições políticas para subsistir, pelo menos no médio prazo, em tudo o que dependa da Chefia do Estado. A eleição presidencial segregou um Presidente imprevisível mas de difuso perfil compromissório que, pelo menos numa primeira fase do seu mandato, não só não constituirá um fator de disrupção do Executivo[1093] (sem pre-

---

[1092] Assim, MARIANA MELO EGÍDIO ult. loc cit.
[1093] O apoio muito evidente do Presidente ao Governo levou setores da oposição a qualificarem-no de "adesivo", gerando distanciamento e frieza entre o titular e os partidos que apoia-

juízo de fazer compensar a sua condescendência e apoio, através de exigências de responsabilização política e técnica, facto que sucedeu com os incêndios de Verão, em 2017), como pode mesmo operar como um precioso aliado aparentemente desinteressado.

715. A novidade deste estádio do sistema é o seu perfil de *"semipresidencialismo de assembleia"*, tendo em conta que o Governo minoritário do PS terá de negociar a subsistência do Executivo com cada um dos seus parceiros e buscar, quando não obtiver acordo destes, a abstenção pontual dos partidos da oposição ou das suas franjas regionais. Semelhantes "trabalhos de Houdini" colocam o epicentro do poder no Primeiro-Ministro em articulação com os diretórios partidários do Parlamento, onde os referidos acordos terão se ser pactuados para cada política. Em tempos de alteração de liderança em alguns partidos da oposição, desponta a dúvida sobre se a complexa negociação parlamentar realizada permanentemente em vários tabuleiros políticos segregará, ou não, um "parlamentarismo governante", que apenas se poderia diferenciar do da 1ª República, pela plenitude da ação arbitral e moderadora do Presidente da República que retornou em abril de 2016 e que consiste, precisamente, naquele traço que permite conservar este "sistema de geometria variável" na órbita do semipresidencialismo. O sistema, como alguém escreveu, passa é a funcionar em termos algo diferentes dos anteriores, operando no contexto do que é designado por "democracia somativa"[1094], acentuando a relação fiduciária entre Governo e Parlamento..

Dado que o protagonismo do Presidente eleito em 2016 tenderá a ser, fundamentalmente, mediático e assente numa nebulosa e multipolar magistratura de influências, o Executivo terá, pelo menos durante o primeiro mandato presidencial ou durante a primeira fase desse mandato, uma frente presidencial estabilizada, cumprindo-lhe, sobretudo, lidar com a frente parlamentar, onde pontificam dois exigentes parceiros e uma relutante oposição enquanto subsistirem as lideranças oriundas de 2016, com a qual qualquer tipo de colaboração parece constituir uma missão difícil.

2.3.4. Síntese

716. Cumpre assinalar, relativamente à fase em epígrafe, os seguintes vetores:

ram a sua eleição. Ainda assim o Presidente lançou pontes discretas para certos dirigentes do PSD que poderão, no futuro, assumir a liderança do partido. Será interessante verificar se o Presidente irá, como Soares em 1989, operar uma intervenção mais ou menos discreta no seu partido de origem.

[1094] MARIANA MELO EGÍDIO ult. loc. cit.

OS ATRIBUTOS IDENTITÁRIOS DO SISTEMA POLÍTICO

a) O desgaste popular dos partidos do "mainstream" (PSD, PS e CDS) e uma certa balcanização no processo representativo parlamentar traduziu-se num maior protagonismo do Parlamento, através de "veto-players" partidários incrustados no seu bojo e ligados a polos de contestação popular e sindical extraparlamentares, resultando um tempo de maior instabilidade política, em que governos minoritários foram sucedidos por coligações maioritárias frágeis e por novos governos minoritários assentes em acordos parlamentares com partidos heterogéneos;

b) Em 8 anos, sucederam-se 4 governos, dos quais apenas um completou, com dificuldade, o mandato;

c) A fragmentação parlamentar impediu não só maiorias absolutas monopartidárias mas dificultou em dois sufrágios, a formação de coligações homogéneas, potenciando governos minoritários ou coligações pouco coesas em certos períodos críticos e reforçando o peso do Parlamento que oscilou entre uma proeminência simples (2009/2011), um protagonismo mais recuado (2011/2015) e uma expansão exuberante numa forma de governo próximo ao modelo de assembleia (2016/2017);

d) Se bem que o Governo tivesse assumido maior destaque nos momentos de imposição de medidas de rigor financeiro, tanto em gestão como em plenitude de funções, o facto é que, ordinariamente, este órgão foi forçado a esbater a intensidade da sua liderança, já que executivos minoritários tiveram que concertar posições com outros partidos no Parlamento (2009-2011 e 2015-2017) e mesmo governos maioritários de coligação (2011-2015) tiveram de solucionar diferendos internos que quase ameaçaram a sobrevivência do Executivo.

e) Registaram-se três ciclos destacados: i) o ciclo compreendido entre 2009 e 2011, de *preponderância parlamentar atenuada,* que foi marcado: por um governo minoritário socialista que coexistiu: com um Parlamento hostil, uma séria crise financeira e com um Presidente da República (Cavaco Silva) discursivamente confrontacional após a sua reeleição em 2011; ii) o ciclo situado entre 2011 e 2015, que envolveu uma coligação politicamente homogénea do PSD e do CDS (a primeira da III República a completar o mandato), em que o Governo liderado por Pedro Passos Coelho se viu obrigado a executar as medidas de austeridade impopulares impostas pelos credores internacionais, sendo marcado por momentos de forte escrutínio operado pelo Presidente sobre o Governo. sucedidos por outros de maior colaboração bem como pela ascensão do Tribunal Constitucional como principal "veto player; iii) O ciclo iniciado no final de 2015 e que prosseguiu para 2017, envolvendo um governo minoritário socialista limitado por um claro protagonismo parlamentar que marcado por um

acordo entre o Governo socialista dirigido por António Costa e dois partidos marxistas (o PCP e o BE), e por uma coabitação tranquila com um Presidente (Marcelo Rebelo de Sousa) colaborante mas politicamente imprevisível e um Tribunal Constitucional apagado como "veto player".
e) O protagonismo presidencial continuou atenuado, na linha iniciada por Sampaio, quanto ao exercício de poderes constitutivos, com relevo para o último mandato do Presidente Cavaco Silva;
e) A aproximação e o apoio explícito do Presidente à nova maioria de esquerda não incrementou constitutivamente o poder arbitral[1095] e moderador[1096] do Chefe de Estado, mas esse défice foi compensado por um exercício exuberante da palavra e imagem e por uma interferência discursiva consentida em todas as matérias, mesmo as que se não reconduzem exatamente à sua competência[1097].
f) O Tribunal Constitucional tendeu a um escrutínio mais exigente dos atos normativos de governos de centro-direita (2002/2004 e 2012/2015) do que em face de governo de centro esquerda (2005/2011) tendo-se desvanecido após 2016,

3. As grandes linhas da mecânica do sistema político: observações conclusivas

717. Em conclusão, do estatuto jurídico e da prática constitucional desenvolvida desde 1982 é possível destacar as linhas reitoras do semipresidencialismo português, que se passa a mencionar.

1º. O Presidente da República atua como órgão não governante, com funções arbitrais e moderadoras, tendo gradualmente atenuado o seu protagonismo, sem prejuízo do uso corrente de faculdades de controlo (veto e promoção de controlo de constitucionalidade) e o exercício muito ocasional de poderes de direção política (dissolução). Tende a atuar com um maior peso escrutinador ou mesmo como contrapoder junto do Governo no seu segundo mandato, utilizando amiúde a magistratura de influências e o poder crítico ou orientador da palavra;

[1095] Nos seus diferendos com o Executivo, os partidos oposicionistas do centro-direita não confiam no Presidente como árbitro, dada a sua aproximação tática ao Governo.
[1096] O Presidente num ano de mandato vetou três diplomas pouco relevantes e não exerceu qualquer controlo de constitucionalidade.
[1097] Havendo que defenda que Rebelo de Sousa copia parcialmente e no seu estilo peculiar e populista, a tática de Mário Soares quando, no primeiro mandato procurou alargar a base de apoio popular para a utilizar em momento adequado em benefício da sua agenda pessoal;

2º. O Governo sempre logrou manter a sua autonomia, política e legislativa como condutor dos negócios públicos, em face do Presidente e *funcionou sempre na base de uma relação fiduciária com a Assembleia da República*. O Executivo assume uma posição liderante sobre esta quando suportado por uma maioria parlamentar que tende a reforçar o papel do Primeiro-Ministro, mas passa a um polo de uma relação consociativa no processo de decisão quando, em minoria, é forçado a acordos com a oposição parlamentar, ficando à mercê de uma não desconfiança da Assembleia e das próprias dissensões entre as oposições;

3º. O Parlamento é o sustentáculo da posição do Governo, legislando moderadamente por sua iniciativa e operando como instância de debate público e fiscalização. Apaga-se ante governos maioritários e fortalece-se frente a Executivos minoritários, constituindo um contraponto ao poder presidencial em fim de estação, frente ao qual, em 2015, fez questão de exibir o peso refrescado da sua legitimação democrática direta;

4º. O Tribunal Constitucional corporiza a vertente mais estática da defesa do espírito programático intervencionista da Constituição, constituindo desde a década de noventa um freio a reformas económico-sociais e alçando-se a contrapoder em tempos em que essas reformas são ditadas por maiorias mais liberais, reduzindo esse protagonismo censório em face de maiorias de esquerda, portadoras de agendas sociais fraturantes.

Capítulo III. Notas sobre alguns fatores condicionantes da dinâmica do sistema político português

Secção I. Pressupostos da formação da base parlamentar de sustentação dos governos em Portugal: sistema eleitoral, sistema de partidos e sistema político

718. Observámos que a existência de uma maioria parlamentar absoluta politicamente homogénea constitui o fator mais decisivo, não apenas da definição de uma das componentes dominantes do semipresidencialismo (o pendor governamental) mas também da determinação do índice de estabilidade governativa e da governabilidade do mesmo sistema[1098].

A formação dessa maioria parlamentar depende da relação dialética entre o sistema eleitoral, o comportamento do eleitorado e a estrutura do sistema de partidos

1. O sistema eleitoral e comportamentos do eleitorado

1.1. A potencialidade dispersiva do sistema eleitoral e a correção cíclica dessa tendência pelo voto estratégico dos eleitores

719. O Sistema eleitoral de representação proporcional, segundo o método da média mais alta de Hondt na conversão de votos em mandatos que a Constitui-

---

[1098] A estabilidade governativa, no seu nível máximo, implica a aptidão de um Governo para cumprir o equivalente a uma legislatura inteira sem crises internas, nem cisões de relevo. A governabilidade significa a capacidade de um governo estável em fazer introduzir e executar uma parte relevante do seu programa.

O SISTEMA POLÍTICO

ção consagra no nº 1 do seu artº 149º, constitui um fator de dispersão de votos por uma pluralidade limitada de partidos, dificultando maiorias monopartidárias e até alianças maioritárias entre partidos de famílias políticas próximas. Os partidos representados, em 2016, são 7: dois são micropartidos irrelevantes, mas dos 5 restantes verifica-se que o sistema, pese o facto de favorecer os maiores partidos, não privilegia de forma muito expressiva a formação mais votada (não havendo, entre 1976 e 1983 e desde 2009, diferenças abissais entre as duas formações mais sufragadas), sendo também pouco expressivo o intervalo de mandatos obtidos por 3 pequenos/médios partidos[1099].

Essa tendência dispersiva (que poderia ser em tese frenada com a criação de pequenos círculos plurinominais que favorecessem os grandes partidos, como em Espanha) foi religiosamente conservada em Portugal, com a subsistência de grandes e médios círculos plurinominais, mormente em Lisboa (47 mandatos), Porto (39), Braga (19) e Setúbal (18). Em consequência, formações políticas de muito reduzida expressão eleitoral, incluindo micropartidos, têm a oportunidade, excessivamente facilitada, de elegerem deputados.

720. Assim, nas eleições legislativas de **1976,** a UDP (extrema-esquerda), com 1,6% dos votos elegeu 1 deputado ; nas eleições de **1987** o CDS (democrata-cristão) com 4,4% elegeu 4 deputados e o PRD ("eanista", de centro esquerda) com 4,9%, 7 deputados; nas eleições de 1991 o PSN (formação de reformados) com 1,6% elegeu 1 deputado; no sufrágio de **1999,** o BE (extrema esquerda) com 2,4% elegeu 2 deputados; no ato eleitoral de **2011,** o BE com 5, 1% elegeu 7 deputados; e nas eleições de **2015,** o PAN (partido dos Animais e Natureza) com 1,3% elegeu 1 deputado.

Por outro lado, o sistema concede uma significativa representação em mandatos a pequenas-médias formações, a qual dificulta a formação dos Executivos.

Em 1976 o PCP, com 14,3%, elegeu 40 deputados. Nas eleições de **1985,** o CDS, com 9,9% dos sufrágios elegeu 20 deputados; no ato eleitoral de **1999** o PCP com 8,9% somou 17 deputados; e no sufrágio de **2015** o BE com 10,1% alcançou 19 deputados.

721. Entre **1976** e **1986** o sistema eleitoral foi um motor de fragmentação parlamentar, de ingovernabilidade e de sintomática crise económica e financeira. Não sendo os partidos representados no Parlamento em grande número (pontificaram 5/6 Partidos, o PS, o PSD, o CDS, o PCP, UDP e posteriormente o PRD[1100]), a sua representação aproximada ao número de sufrágios obtidos não favoreceu a constituição de executivos estáveis, tendo havido 11 governos em 10

[1099] Um partido médio é aquele que alcança dois dígitos percentuais.
[1100] O parlamento contou com a representação de pequenos partidos que deixaram de ter representação ou se extinguiram como o PPM, a ASDI, a UEDS ou o MDP/CDE.

anos, relembrando a experiência caótica da I República Portuguesa e também da I República italiana . Isto, sem prejuízo da existência de coligações homogéneas e maioritárias, entre 1979 e 1982 e de uma coligação frágil de "bloco central" entre 1983 e 1985.

Esta lógica dispersiva foi ulteriormente contrariada, durante um longo período, pelo próprio eleitorado que, fatigado de governos precários e coligações débeis ou conflituais, votou contra a teleologia do próprio sistema, concentrando o voto nos dois grandes partidos dominantes que lideraram os governos até então formados: o PS (socialista) e o PSD (centro liberal e social democrata).

722. Daí que desde **1987** a **2009** a concentração de votos em alternativas de governo maioritário tenha gerado:

i) maiorias absolutas monopartidárias (em 1987, o PSD obteve 50,2% dos votos; nas eleições de 1991, o mesmo partido registou 50,6%; e nas de 2005 o PS somou 45%);
ii) maiorias quase-absolutas monopartidárias (em 1995 o PS foi sufragado com 43,7% e, em 1999, com 44%) ;
iii) coligações maioritárias homogéneas (em 2002 os partidos PSD/CDS em coligação pós eleitoral somaram 48,9% dos votos tendo o PSD obtido 40,2%).

723. Por contraponto ao ciclo anterior, durante quase 22 anos registaram-se, apenas, 7 governos, 4 dos quais completaram a legislatura.

Depois de **2009**, retornou-se a um período oscilante entre a fragmentação (eleições de 2009[1101] e de 2015[1102]) e a formação de coligações maioritárias homogéneas (2011[1103]).

[1101] PS 36,5% (97); PSD 29,1% (81);CDS 10,4% (21); BE 9,8% (16); PCP 7,8% (15). A fragmentação é visivel, com o primeiro partido sem um avanço destacado em mandatos e uma diferença de 16 em relação ao segundo e os restantes partidos com pequenos intervalos (5 entre CDS e BE e 1 entre este último e o PCP). Nenhuma combinação resultava possível para a formação de um governo de maioria.

[1102] PSD/CDS 36,8% mais 1,5% do PSD nas regiões (102); PS 32,3 % (86); BE 10,1% (19); PCP 8,2% (17); PAN 1,3% (1). Registou-se uma grande perda de votos do bloco de centro direita que manteve coligado a primeira posição; uma recuperação anémica do PS; uma recuperação importante do BE; uma estagnação do PC .

[1103] PSD 38,6 % (108);PS 28,6% (74); CDS 11,7% (24); PCP 7,9% (16); BE 7,1% (8). A maior distancia do vencedor em relação ao segundo colocado e o razoável desempenho de outro partido de uma família política próxima permitira um governo de maioria. O desempenho da esquerda foi mau, com relevo para o PS e para o Bloco. Ainda assim os dois grandes partidos nunca tiveram juntos, votações tão baixas.

Se o sistema eleitoral perturbou a governabilidade entre 1976 e 1986, o comportamento pragmático do eleitorado traduzido na concentração de voto nos grandes partidos neutralizou os efeitos dispersivos do sistema em favor da estabilidade governativa.

Já o período instável gerado depois de 2009, marcado pelo resgate financeiro internacional ocorrido no consulado do Primeiro-Ministro socialista José Sócrates potenciou, numa conjuntura arrastada de austeridade e de limitação drástica da soberania, um governo de coligação do PSD e do CDS que aplicou medidas de austeridade muito impopulares, o que estimulou o regresso a uma certa dispersão e instabilidade partidária que, em 2015 fez retornar o debate sobre a correção do sistema eleitoral.

724. A hipótese (remota) de um sistema proporcional corrigido como na Grécia até 2016 (em que o vencedor obtém um prémio adicional em número de mandato de deputados) ou de segmentação dos atuais círculos, decompondo-se os grandes círculos noutros mais pequenos de modo a penalizar as pequenas formações passou a ser objeto de um breve debate por alturas de 2015, pese que inconclusivo. O anel de ferro partidário do sistema parece hostil a qualquer mudança e esta só se faria por força de um pacto de regime entre os dois maiores partidos (com maioria bastante para alterar a lei eleitoral). Contudo, a desconfiança e falta de comunicabilidade entre as duas formações dificulta a concretização dessa hipótese.

1.2. O eleitorado em face das opções partidárias

1.2.1. Disfunção relacional entre lideranças e base eleitoral nos partidos da "direita do sistema"

725. Tal como reconhecem diversos autores, existe uma disfunção relacional entre os eleitores da direita e do centro direita e os partidos onde os mesmos depositam o voto na eleição para o Parlamento, devendo-se tal facto a "constrangimentos" impostos às elites partidárias originariamente situadas à direita, as quais teriam sido impedidas de estabelecer ligações com as suas "verdadeiras bases de apoio eleitoral"[1104]. Com efeito, durante o processo revolucionário foram extintos, em 1974, vários movimentos políticos (entre os quais o Movimento Popular Português) e dois partidos (o Partido do Progresso e o Partido Liberal, próximos das

---

[1104] R:GUNTHER-J MONTERO "The Anchors of Partisanship: a comparative analisys of voting behaviour in four southern European democracies". In AAVV "Parties, politics and Democracy in New Southern Europe"- org N. Diamandouros-R. Gunther- Baltimore-2011-p. 142

ideias do General Spínola). Já o Partido Democrata Cristão foi impedido de concorrer às eleições constituintes de 1975, sendo presos em 28 de setembro de 1974 e 11 de Março de 1975, dezenas de políticos conservadores críticos da Revolução ou afetos ao anterior regime, registando-se, ainda, o boicote violento a diversos comícios dos próprios partidos do centro político, o PSD e o CDS (tendo sido a criação deste último estimulada pelos militares).

Este tipo de condicionantes fez com que Portugal fosse o único País europeu sem um partido de média ou grande dimensão com um ideário que represente autenticamente o eleitorado conservador, o qual acaba por votar útil em dos partidos centristas: o CDS (democrata-cristão) e o PSD, que federa sensibilidades liberais e sociais-democratas.

Apesar de o PS e o PSD representarem uma área programática teoricamente sobreponível (a social democracia), a massa crítica do principal eleitorado é distinta por razões históricas e sociais, havendo, contudo, um espetro de eleitores flutuantes das zonas urbanas que opta utilitariamente, ora por uma ora por outra formação (em razão da taxa de satisfação/insatisfação com o Governo, expectativas económicas e sintonia/dessintonia com os candidatos a Primeiro-Ministro).

Já o eleitorado de esquerda sempre teve uma oferta ampla de partidos, seja nas áreas socialista e comunista seja na extrema-esquerda onde sempre proliferou uma multiplicidade de formações, predominando o Bloco de Esquerda, ele próprio uma federação de sensibilidades.

726. No espetro do centro e da direita os tradicionais fatores de clivagem (classe social, religião, questões étnicas) ganham pouca expressão[1105] como elementos de agregação ou mobilização do potencial eleitorado, contando mais outros fatores, como a personalidade que encarna a liderança, a utilidade e viabilidade da opção partidária num ato eleitoral e a rejeição ao "status quo", existindo poucos elementos identitários que separem o grosso do eleitorado do CDS e PSD, o que conduz a frequentes coligações a nível nacional e local. Já na esquerda existem clivagens ideológicas bem mais marcadas (sobretudo entre o PS e o PCP) embora, curiosamente, exista de entre as camadas jovens alguma fluidez de um segmento do eleitorado que flutua entre o PS e o Bloco de Esquerda (percetível nas eleições de 2009, e 2015).

[1105] CARLOS JALALI "ult. loc cit-p. 118.

1.2.2. Da erosão dos partidos do *mainstream* e do aumento da abstenção.

727. As estatísticas revelam, igualmente, que a insatisfação do eleitorado com a oferta e o desempenho económico, financeiro e social dos governos tem feito crescer a abstenção no espaço do centro e centro-esquerda[1106].

No início dos ciclos das maiorias absolutas, a taxa de abstenção foi de 28,5% em 1987 e 32,6% em 1991, não tendo a partir daí parado de subir, com uma pequena regressão em 2005 face ao sufrágio anterior (35,6%). Contudo, os dados das eleições seguintes são elucidativos: 40,3% em 2009, 41,9% em 2011 e 44,1% em 2015. Em certos atos a insatisfação de parcelas do eleitorado tradicional socialista com o seu partido e liderança é penalizada com uma maior abstenção (2009) e em outros atos eleitorais essa insatisfação atinge o PSD (2015). A despolitização de largos setores mais jovens e algum descrédito que atingiu a classe política, especialmente desde 2009, tem contribuído para o incremento da massa abstencionista.

Embora os interesses subjacentes a cada opção partidária, associada a fatores relativos a uma avaliação do desempenho dos partidos quando no governo ou na oposição, sem esquecer fatores de ordem ideológica, relevam como fatores de adesão a este ou aquele partido em período eleitoral, existe um fator não despiciendo de agregação do voto que é o da avaliação das lideranças pelos eleitores, sobretudo num *mundo de coisas vistas*.

O impacto dos líderes e tipos de liderança não deixa de ser relevante, sobretudo num universo simplificado em que a maioria da população segue os destaques da política através da televisão (pese o facto de as redes sociais têm assumido uma importância crescente em franjas das gerações mais novas). Efetivamente, os grandes debates são seguidos por uma audiência significativa, sem que haja uma noção clara sobre se são verdadeiramente decisivos[1107]. Decisivo será, contudo, a imagem e o desempenho político das lideranças dos grandes partidos, com relevo para os candidatos a Primeiro-Ministro.

Sem que se pretenda atribuir uma personalização excessiva ao fenómeno, o facto é que o período de grande concentração de votos nos grandes partidos, envolveu candidatos carismáticos e de perfil decisionista à chefia do Governo, como Cavaco Silva e José Sócrates. Esse perfil funcionou depois de transcorridos ciclos caracterizados por défice de liderança, ausência de solução de problemas, crise económica e instabilidade governativa.

[1106] Fonte: PORDATA http://www.pordata.pt/DB/Municipios/Ambiente+de+Consulta/Tabela

[1107] PEDRO MAGALHÃES in "As Eleições Legislativas e Presidenciais 2005/2006"- AAVV- org. Marina Costa Lobo-Pedro Magalhães ICS-2009-p. 285.

Já António Guterres também com boas aptidões de "vote catcher" fez valer, diferentemente dos anteriores, a sua imagem de líder consensual, agregador, humanista e com dotes de oratória eficazes, que funcionou depois de longos ciclos onde a monocracia primoministerial sofreu uma natural erosão ou desgaste.

728. Já quando os grandes partidos fizeram desfilar como candidatos a Primeiro-Ministro, dirigentes carismáticos desacreditados pela experiência governativa, líderes taticistas e não carismáticos, populistas com escassa credibilidade como potenciais governantes, notáveis cerebrais, dirigentes do aparelho partidário ou dirigentes locais reconvertidos a candidatos à chefia do Governo, o seu resultado eleitoral desceu para uma fasquia abaixo dos 40%. Tal cenário tendeu a ocorrer com o PSD desde o fim do cavaquismo, com expressão mais aguda em 1995, 1999 e 2005 e com o PS desde 2009.

De entre os dois principais partidos, o eleitorado potencial do PSD sempre valorizou, mais as lideranças fortes do que a definição ideológica do partido[1108], havendo uma tendência abstencionista nos momentos em que tal não sucede, seguida de uma pequena deslocação utilitária para o CDS (clara em 1996 e, em menor escala, em 2002 e 2011) e por vezes para o PS (2005). Já no PS, sem prejuízo da força atrativa da personalidade do líder (1976, 1995, 2005) o fator ideológico como elemento agregador é mais intenso do que no PSD e, nos períodos de maior distância em relação ao líder, o eleitorado pode refugiar-se na abstenção (1987), no voto no PSD (1987 e 1991) ou na migração para partidos à esquerda (1999 e 2015). Existe, contudo uma faixa variável e pragmática de eleitores sem vinco ideológico na área do centro que flutua entre os dois grandes partidos e a opção da abstenção.

Os médios e pequenos partidos tradicionais beneficiam de uma maior coesão ideológica que, desde os anos 80, cria neles um *núcleo duro* permanente de votantes fiéis, entre os 4,4% (CDS) e os 6,9 % (PCP). Sem embargo o papel da liderança releva para catalisar pequenas oscilações (o CDS beneficiou de lideranças afirmativas em 1995 e 2011, bem como o PCP antes de 1987 e depois de 2009.

1.2.3. Opção pelo partido e não pelos candidatos a deputado

729. O sistema de listas fechadas leva a que o eleitorado vote, fundamentalmente, em razão do partido e não dos candidatos a deputado pelo respetivo círculo[1109]. Embora o cabeça de lista possa ter algum impacto, eventualmente não decisivo,

---

[1108] Cfr MARINA COSTA LOBO in AAVV "Portugal a Votos: eleições legislativas de 2002"- Org. A. Freire-M. Costa Lobo-P. Magalhães-ICS-Lisboa-2004-p. 213 e A escolha do primeiro-Ministro: efeitos dos lideres nas legislativas de 2005"-Lisboa-2005-p. 225 e seg.231 e seg.
[1109] ANDRÉ FREIRE " O Sistema (...)" op. cit, p. 203.

o voto é fundamentalmente orientado para o partido e para a sua liderança. Nos grandes partidos plebiscita-se os candidatos a primeiro-ministro, a par de fatores de agregação de ordem "clubística" ou ideológica, tendendo os eleitores a relativizar a pessoa dos deputados, que estimam como veículos de acesso do partido ao Governo, o qual constitui, psicologicamente, o objetivo central do sufrágio.

Já nos pequenos partidos o voto tende a ser mais ideológico, embora sobretudo depois de 2015, tenda a incorporar uma componente de pragmatismo em relação às formações de esquerda radical e extrema-esquerda, no sentido estratégico de conduzir as respetivas formações a operar em menor grau como partido de protesto e em maior grau como parceiros cautelosos de uma solução governativa.

2. O sistema partidário

2.1. Os "partidos do sistema" na génese do sistema de partidos

730. Uma das características do sistema partidário português é o de que, *praticamente, o mesmo não mudou desde 1976 no que se refere aos respetivos protagonistas*. O sistema de partidos, terá, pois, sido estruturado nas origens do regime democrático, entre os que se perfilavam a favor ou contra a democracia representativa instituída em 1976 e consolidada em 1982, de tal modo que (se se excetuar o caso do Bloco de Esquerda) os partidos não se apresentam "de novo" em cada ato eleitoral, já que congraçariam opções "moldadas historicamente"[1110].

A formação entre 1974 a 1976, durante o processo revolucionário, de governos militares com uma componente civil que integrava partidos exilados, listas eleitorais refundadas partidariamente e partidos recém- criados com a revolução de 1974 (o PS e o PCP no primeiro caso, o MDP/CDE, no segundo e o PPD/PSD no terceiro) refletiu-se na permanência cristalizada das primeiras três formações, desde as eleições para a Assembleia Constituinte até á atualidade. Juntou-se-lhes o CDS (partido do centro cuja constituição foi estimulada pelos próprios militares) e o Bloco de Esquerda, partido de extrema-esquerda federador de pequenos grupos e partidos, mas derivado da UDP, a única formação desse viés ideológico que elegeu deputados (1 deputado) para a mesma Assembleia Constituinte[1111].

[1110] Assim, CARLOS JALALI "A Menor Clivagem de Sempre? Velhas Clivagens e Novos Valores no Comportamento Eleitoral Português" in AAVV "Portugal a Votos: as eleições legislativas de 2002" Org André Freire-Marina Costa Lobo-Pedro Magalhães-Lisboa-2002- p-119.
[1111] O Bloco de Esquerda (BE) foi fruto da fusão de dois micro-partidos do período revolucionário, a UDP e o PSR trotskista (que nunca elegeu deputados), com outros pequenos movimentos radicais sem representação parlamentar (tais como a *Política XXI e a* ultra-esquerdista FER, que depois entrou em dissidência, criando o MAS).

No fundo, trata-se dos "partidos do sistema", os quais criaram na Assembleia Constituinte um modelo eleitoral destinado a conservar a sua ordem de domínio no espetro político e a vedar partidos regionais (4 do artº 51º) e candidaturas independentes que pudessem pôr em causa o seu monopólio originário da representação (nos termos do nº 1 do artº 151º as candidaturas a deputado são apresentadas apenas pelos partidos políticos).

731. Vigora, no fundo, um "Estado de partidos" concebido e garantido pelas formações do sistema partidário[1112], o qual se consolidou e revela "uma estrutura de interação globalmente fechada"[1113]. Esse fechamento caracterizou-se, até 2015, por dois partidos liderantes (PS e PSD) e posteriormente dominantes, em competição para a liderança do Governo, emergindo ocasionalmente o CDS como parceiro menor deste "arco da governação" e inexistindo coligações ou alianças com o partidos de esquerda radical (PCP e, posteriormente o Bloco de esquerda)[1114].

Com efeito, examinados os partidos que 40 anos depois tomam assento na Assembleia da República, reparamos que predominam o PSD, o PS, o CDS e o PCP aos quais se juntou o BE, uma refundação da velha extrema-esquerda ("vinho velho em odres novos", usando uma expressão bíblica).

Outras pequeníssimas formações, como "Os Verdes" constituem partidos "satélites" do Partido Comunista, tendo sucedido nesse estatuto vassalático ao MPD/CDE que, no período revolucionário e pós-revolucionário, desempenhou a função de aliado do PCP nos governos provisórios e parceiro de coligações parlamentar com os comunistas, antes de entrar em cisão e desaparecer eleitoralmente. Muito ocasionalmente juntou-se ao universo representativo parlamentar o PPM (monárquico) que só elegeu um número minúsculo de deputados, em coligação com os partidos do centro. Finalmente, pequenos partidos de curta duração que elegeram deputados em aliança com o PS, a ASDI e a UEDS, acabaram por desaparecer ou dissolver-se na formação socialista.

Tanto a psicologia conservadora do eleitorado, dos media e dos grandes financiadores partidários, no sentido de preferirem formações políticas já consolidadas e de olharem com desconfiança ou menosprezo a formação de novos partidos, como também a conduta autorreferencial dos partidos do sistema, no sentido de uma rejeição ativa e quase solidária de novos pretendentes, são algumas das razões que justificam a fixidez ou cristalização dos protagonistas que compõem o sistema de partidos. Trata-se de uma realidade que constitui um fator de engessamento da representação, de uma esclerose gradual de militância, de degene-

---

[1112] Sobre o "Estado de Partidos" e a colonização da sociedade pela partidocracia Cfr. KLAUS VON BEYME "Classe Politica e Partitocrazia"-Torno-2001-p. 33 e seg e 50 e seg.
[1113] CARLOS JALALI"Partidos e sistema Partidário", op. cit, p. 71.
[1114] CARLOS JALALI ult. loc cit,, p. 72.

rescência da qualidade dos quadros políticos (com relevo para os partidos do centro) e para o aumento da abstenção de um eleitorado que, afinal, parcialmente responsável pelo fenómeno.

732. A mais séria tentativa de criação de uma nova formação partidária correspondeu à formação do PRD, movimento semi-populista de centro-esquerda criado em torno da figura e do projeto pessoal e político do Presidente Ramalho Eanes. Tratou-se de um partido pró-presidencial tardio, onde pontificaram dissidentes políticos de outros partidos e independentes e que, pese ter obtido um êxito inicial na sua breve vida política (17,9% dos votos e 45 deputados nas eleições de 1985) acabou por se desfazer poucos anos depois (obtendo 4,9% e 7 deputados, no sufrágio de 1987). Tal ocorreu, em parte: porque o Presidente cessara entretanto funções e perdera a sua aura institucional inerente à Chefia do Estado atuando como um político comum; porque o partido apresentou uma moção de censura que fez tombar um governo minoritário popular, sendo castigado por um eleitorado cansado de instabilidade política; e porque o PRD foi, durante a campanha eleitoral, objeto de um cerco eleitoral tácito, levado a cabo pelos dois grandes partidos, PS e PSD (que atacaram num movimento de tenaz a nova formação "intrusa") bem como pelo novo Presidente da República, Mário Soares (adversário implacável do projeto eanista e que dissolveu o Parlamento depois da queda do Governo, opondo-se a uma solução que envolvesse o PRD num novo Executivo). Outras formações lançadas a partir de candidatos à presidência da República que tinham obtido alguma expressão eleitoral (Otelo Saraiva de Carvalho e Pinheiro de Azevedo) não tiveram qualquer sucesso em eleições parlamentares, o que demonstra, contrariamente ao que sucede na América Latina e recentemente em França, a dificuldade de canalizar os votos personalizados obtidos em eleições presidenciais para um projeto partidário.

733. Do mesmo modo, a criação exitosa de partidos populistas de direita radical, na linha do que sucede na Europa na última década não teve qualquer sucesso em Portugal. No nosso País, o PNR, um pequeno grupo de extrema--direita preso ao modelo francês dos anos 80, não logrou eleger deputados e não conseguiu integrar-se na agenda democrática "aggiornata" dos partidos nacionalistas europeus que se agruparam na *"Europa das Nações e das Liberdades"* do Parlamento Europeu.

2.2. Percursos evolutivos larvares do sistema de partidos

734. Vimos que o sistema eleitoral, cristalizado na Constituição e em leis aprovadas por dois terços, foi concebido para servir os equilíbrios existentes entre os partidos representados na Constituinte em 1975, conceção essa derivada da

vontade desses partidos, sobretudo dos que assumiram caráter dominante[1115]. E observámos que a dinâmica do processo revolucionário no período situado entre 1974-1976 tenha sido determinante para a configuração das primícias do sistema partidário que vigoraria nos 40 anos seguintes.

A morfologia do sistema de partidos experimentou, contudo, em razão da dinâmica eleitoral, três fases distintas.

735. *A primeira fase corresponde ao período compreendido entre 1976 e 1987.* No decurso da mesma vigorou um sistema multipartidário na representação parlamentar, muito condicionado pelos efeitos dispersivos da forma de escrutínio proporcional adotado. Preponderou um sistema *multipartidário de partido liderante*, já que, em diversos momentos, emergiu um partido político destacado para governar solitariamente em minoria ou para liderar coligações homogéneas e coligações heterogéneas, mas sem lograr, por si só, alcançar uma maioria monopartidária.

Assim, o PS assumiu o papel de *partido liderante*: de 1976 a 1979 (obtendo 34,8% dos votos e formando um governo minoritário em 1976 e um governo não assumido de coligação maioritária com o CDS em 1977); e de 1983 a 1985 (o PS com 36,1% dos sufrágios, liderou um governo de "bloco central" ou de grande coligação com o PSD).

Já o PSD afirmou-se como *partido liderante*: de 1979 a 1983 (encabeçando a coligação pré-eleitoral AD, de centro-direita, com o CDS e o PPM, a qual obteve 45,2% dos votos em 1979 e 47,5% em 1980); e, ainda, de 1985 a 1986 (tendo obtido 29,8% e formado um Executivo minoritário).

Neste período, e em razão do rescaldo da luta política contra a ala marxista do poder militar e os seus aliados do Partido Comunista e da extrema-esquerda, começou a esboçar-se uma prática, que depois evoluiu para uma **convenção tácita** entre os partidos do "arco democrático", também conhecido por "arco da governação". Daqui resultava que os acordos para a formação de governos apenas se fariam entre o PS, o PSD e o CDS, excluindo-se formações políticas que não tenham exibido credenciais democráticas durante o período revolucionário. Essa convenção, que perdurou quase 40 anos até final de 2015, não abrangeu, contudo, eleições presidenciais ou autárquicas.

O sistema multipartidário deu, contudo, num determinado tempo político, sinais de enorme instabilidade, com pronunciadas cisões nos principais partidos que assumiram, pendularmente, um protagonismo liderante.

O PSD, que já experimentara uma clivagem entre 1975 e 1976, confrontou-se em 1978 com uma cisão parlamentar de 42 dos seus 73 deputado que subscreveram o documento "opções inadiáveis", no qual se criticava a liderança do

---

[1115] MARCELO REBELO DE SOUSA "Os Partidos Políticos no Direito Constitucional Português"-Braga-1983-p.649.

líder do Partido, Sá Carneiro, e se defendia a filiação do partido na Internacional Socialista. Derrotada em congresso (congresso que fortaleceu o líder do partido e o levou a liderar uma coligação vitoriosa às eleições de 1979), esta sensibilidade dissidente desintegrou-se, permanecendo uma parte dos subscritores no próprio Partido e passando outra parte ao estatuto de deputados independentes, tendo alguns deles formado a ASDI (a qual se aliou ao PS na coligação FRS, desaparecendo subsequentemente).

Após a morte de Sá Carneiro, o PSD experimentou até ao ano de 1985 um período de divisão permanente sob a liderança de Francisco Pinto Balsemão e Mota Pinto, sem que, contudo, tenha sofrido uma fronda da magnitude da que pontificou em 1978.

O Partido Socialista foi confrontado com frequentes cisões de pequena escala (nomeadamente à sua esquerda, protagonizadas por Manuel Serra e Lopes Cardoso) até que, por alturas da recandidatura presidencial de Ramalho Eanes, em 1980, deflagrou nessa formação política uma crise pronunciada que conduziu à demissão temporária do seu líder fundador, Mário Soares, que posteriormente regressou à liderança, derrotando os apoiantes do Presidente Eanes, conhecidos como o grupo do *Secretariado*. Alguns dirigentes dissidentes, como Salgado Zenha, participaram direta ou indiretamente na formação do partido "eanista", PRD, e o PS obteve em 1985 o seu pior resultado histórico, sob a liderança de Almeida Santos, averbando 20,7% dos sufrágios, já que uma boa parte do seu eleitorado migrou para o PRD que recolheu 17,9% dos votos.

Parece claro que a fragmentação partidária gerada pelo sistema eleitoral, o multipartidarismo dispersivo, a ocorrência de turbulências e cisões internas nas lideranças dos dois partidos ciclicamente liderantes e a criação efémera de novos partidos compostos por dissidentes e independentes (como a UEDS, a ASDI e o PRD), contribuiu para a instabilidade governativa e para a configuração do pendor oscilante do sistema político, que marcaram o decurso deste período.

736. *A segunda fase abarcou o período compreendido entre 1987 e 2009.*

O comportamento do eleitorado em 1987, tal como já foi antecipado, privilegiou os grandes partidos liderantes, o PSD e o PS, concentrando neles o sufrágio e apostando na plebiscitação do candidato a Primeiro-Ministro. Em suma, os eleitores pretendiam governos estáveis e lideranças fortes.

Por consequência, ganhou expressão a ideia de que se teria transitado para um *multipartidarismo de partido dominante* ou para um *bipartidarismo imperfeito*.

Diferentemente de outros autores[1116], *distinguimos o multipartidarismo de partido liderante e de partido dominante*. No primeiro caso o partido liderante é uma

---

[1116] MARCELO REBELO DE SOUSA ("Os Partidos (...)" op. cit, p. 653) e "Os Sistema (...)" op. cit, p.106.

formação mais votada que, no contexto de um parlamento fragmentado, forma executivos minoritários ou encabeça coligações homogéneas, heterogéneas e de bloco central, sendo obrigado a celebrar pactos de governação com os seus parceiros (vide o caso da Democracia Cristã na I República italiana). No segundo caso, o partido dominante impõe no sistema a sua supremacia num parlamento politicamente bipolarizado e assume monocraticamente a chefia de governos monopartidários maioritários ou quase maioritários ou a direção de coligações homogéneas e maioritárias, com escassas concessões aos respetivos parceiros (caso dos gaulistas e do PS em França, até 2017).

Na medida em que no Parlamento pontifiquem dois partidos, como o PSD e o PS, que protagonizem, pendular ou alternadamente, esta bipolarização, pese que não integral (por existirem pequenas formações políticas que não concorrem à formação do governo e podem comprometer a formação de maiorias absolutas, como sucedeu até 2015 com os partidos da esquerda marxista) poderá falar-se, também, em bipartidarismo imperfeito.

Observámos que o PSD (predominantemente de forma isolada mas também em coligação com o CDS) e o PS, ensaiaram de 1987 a 2009 um período de "rotativismo" maioritário, pautado por governos predominantemente estáveis.

Paralelamente os partidos de pequena-média dimensão raramente excederam os 10%: o PCP (e respetivos partidos satélites com ele coligados na APU e na CDU) foi deslizando da fasquia dos dois dígitos (14,9% em 1976 e 12, 1% em 1987), inerente a um partido "médio", para um dígito decrescente (eleições 1991, 1995, 1999, e 2005), valor inerente a um partido "pequeno", atingindo mesmo o valor mínimo de 6,9% em 2002. O CDS, pelo seu turno, que tinha alcançado 15,9% em 1976 passou a oscilar entre os mínimos de 4,4%, em 1987 e o máximo de 9% no sufrágio de 1995).

Tratou-se de um tempo em que, pese a turbulência inerente à disputa pela direção partidária, os dois partidos dominantes não experimentaram cisões e foram liderados, maioritariamente, por primeiros-ministros carismáticos (1987 a 1995 e 2005 a 2009) ou de liderança internamente respeitada (1995-2002 e 2002-2003).

Em síntese, a concentração de votos do eleitorado, votando contra a lógica do sistema, potenciou um bipartidarismo imperfeito com partido dominante e propiciou um sistema de governo centrado no binómio Governo/Palamento, com a proeminência do Executivo. O Governo domesticou o partido que o suportava e os grandes partidos de poder governamentalizaram-se.

737. *A terceira fase iniciou-se em 2009 e prosseguiu até ao ano de 2017.*

Regressou-se a um sistema multipartidário de partido liderante, pautado pela dispersão dos votos, aumento da abstenção e alguma fragmentação parlamentar.

Na eleição de 1999, os dois maiores partidos baixaram a sua votação e aproximaram-se (36%,5 % de votos obtidos pelo PS e 29,1% pelo PSD) e o CDS retornou aos dois dígitos (10,4%) próprio de um partido "médio", passando a extrema esquerda (BE) a aumentar substancialmente o seu peso, obtendo 9,8% e ultrapassando o PCP que se ficou pelos 7,8%. Os dois maiores partidos reduziram a sua expressão conjunta para 65,6% do eleitorado, roçando tangencialmente a maioria de dois terços.

No sufrágio de 2011, a fragmentação persistiu invertendo apenas o PS e o PSD as respetivas posições liderantes, talvez com uma maior distância, em face do sufrágio anterior: os sociais-democratas venceram com 38,6% e os socialistas recolheram 28%, não ultrapassando os dois partidos somados 66,6%. O CDS manteve-se nos dois dígitos, com 11,7%, o BE desceu para 5,1% e o PCP estabilizou nos 7,9%.

Finalmente, no sufrágio eleitoral de 2015, a coligação pré-eleitoral PSD/CDS procurou, sem êxito travar a fragmentação parlamentar. A coligação obteve 36,8% contra 32,3% para o PS, chegando-se ao resultado inédito de os três partidos somados não superarem 69,1%. Novos micropartidos que entretanto nasceram como cogumelos, excetuando o caso do ecologista PAN (que elegeu 1 deputado), não obtiveram qualquer mandato (caso do PDR, do Livre, do NOS, do PTP-MAS, do PURP, do PPV e do JPP).

Finalmente, as duas forças principais da esquerda marxista cresceram, somando em conjunto 18,3% (10,1% para o BE que atingiu os dois dígitos e 8,2% para o PCP).

Como efeito desta nova conjuntura multipartidária iniciada em 2009, o sistema político regressou ao ciclo dos governos minoritários precários e às coligações instáveis. Contudo, como fator de diferença relevante, *o fechamento do sistema alterou-se*, e passou a existir uma aliança do PS com os partidos de esquerda radical: estes passaram a um ingresso nas franjas do arco da governação, passando a haver mais pretendentes ao exercício do poder real.

O regresso ao multipartidarismo com frágeis partidos liderantes, a subida relativa de partidos de protesto de vinco ideológico radical à esquerda e o recuo das formações partidárias do "mainstream" impacta, necessariamente, na dinâmica do sistema de governo, propiciando executivos potencialmente precários e processos consociativos de decisão, onde o Parlamento ganha preponderância. Esta situação foi agravada pela rotura da convenção tácita a que se fez alusão e que circunscrevia a formação dos executivos aos três partidos da governação. Existe uma falta de oxigenação do sistema de partidos, crescentemente aparelhistas, fazendo sentido a sua abertura a esquemas que, através de primárias, se proporcione a participação da cidadania à escolha de candidatos a primeiros ministros.

2.3. A europeização do sistema partidário

738. A integração de Portugal na UE e o sistema de representação das formações partidárias nacionais no Parlamento Europeu fez com que os partidos portugueses se integrassem em internacionais partidárias à escala continental, vulgo "partidos europeus" ou então em grupos parlamentares criados "ad hoc" naquele Parlamento para potenciar a representação de partidos nacionais de famílias ideológicas afins ou portadores de certos interesses comuns. Esta europeização dos partidos portugueses aumenta a projeção internacional das suas lideranças, amplia a obtenção de recursos financeiros, técnicos e informativos, segrega um aumento de escala a nível internacional e interno, federaliza os respetivos programas e, sobretudo nos grandes partidos, reduz a autonomia política interna das formações nacionais[1117].

Na verdade, os grandes partidos europeus onde o PSD e o PS se encontram filiados, respetivamente o *Partido Popular Europeu* de tendência democrata cristã e o Partido Socialista europeu reconduzido parlamentarmente à *Aliança Progressista dos Socialistas e Democratas* (sociais-democratas, trabalhistas e socialistas) são organizações centralizadas e com forte influência alemã. As cimeiras dos seus dirigentes condicionam os dirigentes partidários nacionais, mesmo quando se encontram no Governo, constituindo um instrumento poderoso e por vezes discreto de constrangimento político das opções dos partidos nacionais.

Ainda assim, existem situações em que líderes partidários portugueses resistiram com sucesso a fortes pressões dos dirigentes federados nos partidos europeus, mesmo correndo o risco de isolamento[1118].

3. Sinopse relativa ao impacto do sistema eleitoral no sistema de partidos e deste no sistema de governo

739. Uma boa parte dos principais impactos referidos em epígrafe já foram desenvolvidos ao longo das presentes alíneas, cumprindo, nesta sede, realizar uma breve síntese do que foi dito, sem prejuízo de alguns aditamentos. Assim:

[1117] O PSD e o CDS estão filiados no Partido Popular Europeu (PPE) ; o PS na Aliança Progressista dos Socialistas e Democratas no Parlamento Europeu (S&D); o PCP e o BE no Grupo Confederal da Esquerda Unitária europeia/Esquerda Nórdica Verde. Existem deputados de micropartidos e de independentes filiados noutras formações, mas será inútil mencioná-los.

[1118] Cfr o caso de Pedro Passos Coelho quando recusou subscrever o PEC IV apresentado pelo Governo socialista, pese as críticas de muitos dirigentes do PPE, entre os quais membros de governo estrangeiros e dirigentes da U.E., num conclave europeu.

O SISTEMA POLÍTICO

1º. O sistema eleitoral de escrutínio proporcional, segundo o método da média mais alta de Hondt, com círculos plurinominais de elevada dimensão favoreceu em Portugal um multipartidarismo multipolar com dispersão limitada dos assentos parlamentares, entre 5 partidos principais, rígidos e independentes entre si, dificultando a formação de governos maioritários e criando condições para o reforço do Parlamento, no binómio fiduciário Governo-Assembleia da República.

2º. Quando o comportamento do eleitorado se traduziu na concentração dos sufrágios nos dois maiores partidos do sistema, contrariando o finalismo do sistema eleitoral, criou-se um cenário, ou de bipartidarismo imperfeito com partido dominante, polarizado pelo PSD e pelo PS, afundando-se, na generalidade, o peso dos partidos intermédios e facilitando-se a constituição de governos de maioria absoluta ou quase maioria, sendo criados pressupostos para o reforço da posição do Governo e do próprio Primeiro-Ministro na relação com o Parlamento.

Em consequência gerou-se um ciclo político, compreendido no período de 1987 a 2009, caracterizado por governos estáveis.

3º. A criação de um "Estado de Partidos" pelas formações políticas do sistema, reforçada pelo monopólio partidário de apresentação de candidaturas parlamentares, proibição de partidos regionais, petrificação do sistema eleitoral, raridade de atos referendários, desconfiança do eleitorado em relação a novas formações e fixidez do quadro partidário gerado após a Revolução, tornou o sistema político muito permeável à factualidade política inerente ao sistema partidário. Esta manifesta-se através das convenções outorgadas entre partidos, as relações entre famílias político-partidárias, a europeização das formações nacionais e consequentes relações de dependência, os tipos psicológicos de liderança, as cisões e crises de liderança e o modo como o Presidente da República atua em relação à conduta dos mesmos partidos.

O esgotamento ou exaustão dos partidos do bloco central junto do eleitorado, gerado pela cristalização do sistema, reforço de uma sub-elite de políticos profissionais, proximidade programática entre os maiores partidos, ausência de lideranças carismáticas e incapacidade de solucionar a crise financeira iniciada em 2008, não foi compensada pelo surgimento de uma nova força partidária à direita[1119] ou de um agigantamento de uma força alternativa à esquerda[1120], mas por um crescimento moderado das formações das franjas do sistema e pelo aumento da abstenção.

4º. Os fatores eleitorais e partidários que mais relevam na dinâmica do sistema de governo são os que contribuem ou que frenam a formação de maiorias

---

[1119] Como sucedeu na Alemanha com o AfD ou na Suécia com os DS.
[1120] Situação ocorrida com o Syriza na Grécia e o Podemos em Espanha.

parlamentares absolutas no Parlamento por parte de um só partido ou por uma coligação politicamente homogénea.

Secção II. Cenários de confluência ou de coabitação entre o Presidente da República e a maioria governamental

740. Funcionando o sistema de governo, desde 1982, na base do eixo Governo/ Parlamento, observa-se que o Presidente, excluído do desempenho de funções executivas, acaba por operar, fundamentalmente, como um regulador institucional com os seus poderes de "indirizzo" e de controlo políticos.

Dito isto, importa assinalar que o peso que o Chefe de Estado exibe no sistema político é tudo menos irrelevante, sem prejuízo de, em termos de prática institucional, se ter vindo gradualmente a reduzir entre 2006 e 2016. Com efeito, os poderes do Presidente, no exercício das suas faculdades arbitrais e moderadoras, materializadas através de atos de direção política e de controlo, bem como da sua magistratura de influências, assumem uma expressão considerável no equilíbrio do sistema. Expressão que se torna mais visível e "forte" quando põe termo a um dado ciclo político (demitindo o Governo ou dissolvendo o Parlamento), mas que se torna, igualmente, incontornável quando atua como escrutinador atento ou mesmo como contrapoder à ação governativa (realidade que ocorre em momentos pautados por taxas significativas de vetos, promoção do controlo de constitucionalidade e uso crítico da palavra).

A sua ação ganha, por via de regra, menor expressão quando coopera estratégica ou institucionalmente com um determinado Executivo, de uma forma regular, apoiando a ação governativa, o que não significa que a sua atuação reservada não tenha impacto (mormente através do seu conselho ao Primeiro-Ministro nas reuniões das quintas-feiras e, também, através da negociação informal do conteúdo de decretos-leis).Por vezes, o uso exclusivo da magistratura de influência (mesmo desacompanhada de atos de controlo) pode dar uma aparência externa de maior intervencionismo, no caso de Presidentes ancorados numa forte agenda mediática personalizada e contacto com as camadas populares que optem por um uso recursivo da palavra sobre todos os temas e marcação da agenda com um temário próprio, como tem sucedido, de forma inédita, desde 2016. Mesmo apoiando o Governo, o Chefe de Estado que assim atue consegue autonomizar-se politicamente e criar cenicamente uma imagem de influência em função do seu ativismo comunicacional, capitalizando em popularidade esse intervencionismo cénico para a sua agenda política de médio-longo prazo. O grau de tolerância do poder governativo a essa conduta atípica que intersecta não infrequentemente limites constitucionais das suas competências depende de uma análise custo/

benefício. Se os apoios presidenciais ao Executivo sobrelevarem as críticas em tempos de fragilidade governativa, o excesso de protagonismo é tolerado ou absorvido. Seria duvidoso, contudo, que o mesmo grau de tolerância ocorresse em cenários de governos fortemente maioritários confrontados com mais reparos do que de apoios oriundos do campo presidencial. Parlamento, Governo e meios de comunicação da respetiva área não hesitariam em, gradualmente, marcar território diante das incursões verbais oriundas de Belém.

Para aferir a expressão do peso do poder presidencial na sua relação com os restantes órgãos de soberania, com relevo para o Governo, importa distinguir os períodos em que existe uma homologia política entre a maioria presidencial e a maioria parlamentar que sustenta o Governo, e os períodos em que esta não existe.

1. O semipresidencialismo português em quadros de confluência

1.1. Noção de confluência na dinâmica do sistema semipresidencialista

741. Sempre que existe uma *identidade entre a maioria político-partidária que elege o Presidente e a que no Parlamento sustenta o Governo* é possível falar em *confluência*. Isto significa que o Presidente é apoiado na sua eleição, mais ou menos intensamente, pelos partidos da maioria governamental e identifica-se, politicamente, com valores ou interesses sustentados por essa mesma maioria, podendo assumir tanto o estatuto de independente, como o de ex líder ou notável de um dos partidos que exercem funções de governo.

1.2. Introdução a alguns cenários de confluência

742. Em *confluência* podem surgir, em tese, três cenários.

A. Cenário efetivo: uma presidência predominantemente cerimonial, escrutinadora e extraordinariamente moderadora

743. O primeiro cenário, que corresponde à prática política consolidada, é o de um Presidente que emirja como um notável de um dos partidos da área do Governo mas que não assuma uma pretensão ou uma capacidade de liderança da mesma família política, a qual radica facticamente no Chefe do Governo. Haverá, nessas circunstâncias, *propensão para uma presidência colaborante, cerimonial, certificatória*

e residualmente arbitral e moderadora, com apagamento do Presidente e reforço da figura do Primeiro-Ministro.

Um exemplo claro da situação descrita teve lugar no ciclo de confluência entre a Presidência de Jorge Sampaio e do Primeiro-Ministro socialista António Guterres, entre 1996 e 2002. Tratou-se de um período caracterizado por um baixo nível de controlo de constitucionalidade de diplomas da maioria, e também por um apagamento do número de vetos com peso político sobre atos oriundos dessa maioria e, ainda, pela utilização abundante do poder da palavra para apoiar a ação governativa O mesmo sucedeu no tempo de confluência entre o Presidente Cavaco Silva e o Primeiro-Ministro social-democrata Passos Coelho, entre finais de 2013 e 2015, durante o qual o protagonismo externo do Presidente se atenuou, tendo desenvolvido uma "cooperação estratégica" com a maioria, apoiando-a através da palavra e políticas governativas no domínio económico e financeiro.

744. Ainda no contexto deste cenário, em certas circunstâncias, a pertença a uma mesma família política pode não superar distâncias políticas ou relacionais subjetivas entre o Presidente e o Primeiro-Ministro ou discordâncias políticas objetivas entre a visão política do Presidente e as políticas públicas do Governo. O Presidente pode, então, assumir um perfil mais ativo como moderador (ativando poderes negativos como o veto e o controlo de constitucionalidade e usando a palavra para assinalar discordâncias ou fazer propostas) e como árbitro (mediando conflitos entre parceiros de coligação ou entre o Governo e a oposição). Trata-se de uma conjuntura onde o Papel do Presidente assume maior relevo sem, contudo, se sobrepor ao do Primeiro-Ministro.

A título de exemplo, impõe-se assinalar o tempo de "confluência fria" entre o Presidente Cavaco Silva e o Primeiro-Ministro social-democrata Passos Coelho entre 1911 e 1913, no qual o Presidente operou como um rigoroso escrutinador da constitucionalidade de diplomas governamentais e forçou, num contexto arbitral, a um entendimento entre parceiros de coligação em crise e entre Governo e oposição socialista, tendo tido algum êxito na primeira iniciativa e um inêxito na segunda.

B. Cenários hipotéticos

745. O semipresidencialismo português, graças à sua ductilidade pode abrir-se a outros cenários ainda não testados na relação de confluência entre Presidente e maioria governativa.

a) A presidência "liderante"

746. Cumpre configurar um *cenário* virtual, ainda não testado com efetividade plena até 2017, no qual um Presidente se afirme, numa linha ativista ou "militante", como "líder político natural" da maioria de governo, dispondo-se a potenciar o alcance dos seus poderes de direção política em articulação com um Primeiro-Ministro posicionado como polo menor de uma relação de confiança ou até colocado numa posição de subalternidade política.

Excluindo os efémeros governos minoritários presidenciais nos anos setenta, estamos diante de um fenómeno tentado, sem êxito, na fase final do "Eanismo" em 1985, mas que nunca logrou impor-se no sistema político português. A ter lugar, esse cenário conferiria ao sistema um pendor mais presidencial, um pouco à francesa, sem se chegar, necessariamente ao paradigma gaulês[1121].

Das duas vezes em que "lideres naturais" de duas maiorias presidenciais confluíram na Presidência da República com maiorias parlamentares da mesma família política, ou se encontravam em fim de mandato (o Presidente Soares, ex líder do PS, confluiu com um Primeiro-Ministro socialista apenas entre finais de 1995 e meados do ano de 1996) ou não assumiram qualquer relação política fiduciária com o Primeiro-Ministro (o Presidente Cavaco Silva, ex líder do PSD, pese o facto de ter confluído com um Governo PSD/CDS entre 2011 e 2015, não só não guardava uma relação próxima com o Primeiro-Ministro, como fez, igualmente, uma leitura restritiva dos seus poderes, assumindo-se como regulador distante)[1122].

Mas é um facto que nada no texto estatutário da Constituição inibe que, na base de uma relação pessoal ou partidária de caráter fiduciário ou "vassalático" entre o Presidente e o Primeiro-Ministro, o primeiro ganhe com o consentimento do segundo algum ascendente em termos de liderança sobre o Governo, aliando uma *chefia fática* do Executivo com o poder moderador, na linha da Carta de 1826[1123].

747. Essa "presidencialização" mitigada do semipresidencialismo, poderia traduzir-se: i) em presidências frequentes do Conselho de Ministros a convite de um Primeiro-Ministro a ele pessoalmente vinculado; ii) no uso mais politicamente comprometido da dissolução parlamentar para reforçar um Governo da mesma coloração; iii) No exercício mais ativo de uma magistratura de influência na orientação da ação do Executivo, numa maior intervenção nas políticas militares e de defesa, numa maior presença em cimeiras internacionais e maior uso

---

[1121] Cfr CARLOS BLANCO DE MORAIS "As Metamorfoses (...)" op. cit, p. 22.

[1122] Admite-se que a situação pudesse ser algo diferente, se o PSD tivesse ganho as eleições de 2009 sob a liderança de Manuela Ferreira Leite (figura muito próxima do Chefe de Estado) e fizesse uma coligação com o CDS. Só não se registaria esse pendor presidencial do semipresidencialismo se o Presidente de então o não desejasse e optasse, ao invés, por manter, muito de acordo com a linha estratégica cautelar que assumiu durante todo o mandato, um distanciamento em relação ao Executivo como mecanismo de salvaguarda pessoal e institucional.

[1123] Também neste sentido, PEDRO SANCHEZ ult. loc. cit, p. 96 e seg.

de poderes negativos (veto e controlo de constitucionalidade) sobre legislação aprovada pelas oposições (em caso de se estar diante de um governo minoritário); iv) E num uso intenso da palavra, no contexto de uma agenda mediática, tendo em vista a concessão de um apoio efetivo ao Governo.

Este maior pendor presidencial deve, contudo, observar limites impostos pela prática política. É que, a mecânica funcional do sistema e a prática consolidada não favorecem o figurino de um Presidente governante, mas sim o de um Chefe de Estado árbitro e moderador. A reação da opinião pública, ressalvadas situações pronunciadas ou arrastadas de crise ou de estados de necessidade, poderia não ser favorável, à partida, à eclosão de um intervencionismo presidencial que pusesse em causa a imagem de um Chefe de Estado "supra partes" ou de um poder institucional ficcionalmente "neutro".

O facto de a Presidência do Conselho de Ministros pelo Presidente ser fortuita ou protocolar, mesmo que viesse a ocorrer com muito mais frequência, operaria sempre como um diafragma em relação a um maior protagonismo do Chefe de Estado, nesse ciclo virtual de pendor presidencial mitigado. Um presidente que, contudo, dominasse o Governo e passasse sistematicamente a presidir a conselhos de ministros ligaria a sua sorte política à do Governo passando ao estatuto de presidente partidário. Caso mudasse a maioria parlamentar, a coabitação que viesse a surgir tornar-se-ia muito difícil.

Cenários do tipo descrito só funcionariam com Presidentes dotados do carisma, popularidade, estratégia e capacidade de liderança necessários para desempenharem esse papel, bem como de Primeiros-Ministros mais apagados e proclives a essa solução, assim como de partidos pró-presidenciais bem estruturados, obedientes e governamentalizados.

748. De todo o modo, tratar-se-ia de um *mero ciclo de semipresidencialismo de pendor presidencial*. Uma alteração posterior da maioria parlamentar geraria uma coabitação que poria termo a esse mesmo ciclo. Do mesmo modo, a futura eleição de um presidente menos ativista em confluência com um Primeiro-Ministro de perfil liderante assente numa maioria sólida faria cessar esse pendor presidencial, reabrindo espaço para a proeminência de outro órgão, como seria o caso do Governo.

b) A presidência populista, arbitral escrutinadora e taumatúrgica: *as confluências imperfeitas*

749. Um *segundo cenário* hipotético pode ocorrer quando um Presidente interventivo apoiado na sua eleição por famílias político-partidárias que lhe são próximas, mas distanciado destas por opção própria no contexto de uma organização independente

da respetiva candidatura, conflui com um Governo da mesma família política sem que exista com o Primeiro-Ministro qualquer vínculo político e pessoal. No fundo está-se diante de uma confluência tornada imperfeita pela ausência de comunicabilidade entre a maioria e por um Presidente ativista com uma agenda própria.

Trata-se de uma realidade que tenderá a acentuar o papel do Presidente como um regulador político de tipo corretivo, um árbitro imprevisível e um "taumaturgo ativista" (com uma tendência irrefreada para tomar a palavra sobre assuntos colocados na esfera da condução política do País a cargo do Governo e curar "feridas políticas", mesmo quando não solicitado para tal).

Nesta conjuntura, a ação presidencial, eivada de uma dose expressiva de imprevisibilidade, pode engrandecer e reforçar-se, se o Governo for minoritário, já que neste caso o Primeiro-Ministro para garantir a sua sobrevivência terá de lidar e gerir uma "frente parlamentar" e uma frente "presidencial" de onde pode receber ocasionalmente um indesejável "fogo amigo". O preço poderá ser o de se ver forçado a apagar o peso da sua liderança e colar-se no todo ou em parte à agenda do Presidente.

750. Pode, contudo, o Primeiro-Ministro marcar a sua autonomia, do que poderá resultar um potencial cenário de instabilidade político-governativa similar à que caracteriza a *coabitação imperfeita* (infra § 757). Por aproximação a este cenário, embora num quadro parlamentarista, tivemos um caso ocorrido em Itália (País em que o Chefe de Estado exibe poderes arbitrais consideráveis) quando o Presidente Francesco Cossiga, um ex Primeiro-Ministro oriundo da democracia-cristã, assomado por um populismo tardio desenvolveu nos últimos anos de mandato, a partir de 1989, uma chefia de Estado enquadrável neste cenário. A agenda errática de Cossiga associada a uma sobre exposição mediática e ao uso incontinente da palavra levou a imprensa (nomeadamente o influente "Corriere dela Sera") a qualificá-lo como um "zorro louco", culminando o seu tumultuoso e excêntrico mandato com a sua renúncia[1124]. No semipresidencialismo, também não se saldou, particularmente, por um êxito a tumultuosa e infeliz experiência presidencial polaca de Lech Walesa[1125], na segunda fase do mandato, igualmente caracterizada por um híper-intervencionismo discursivo[1126], confrontacional, divisivo[1127] e estranho a um perfil presidencial, associado a uma deriva populista tardia, já sem povo, e à ausência de poderes reais consequentemente exercidos. Ainda assim, existem variantes menos

---

[1124] Governo e oposição coincidiram na censura à conduta inconveniente do Pesidente e, juntamente com a imprensa, criou-se uma opinião pública crescentemente desfavorável que tornou insustentável a sua permanência no poder.

[1125] Um herói populista da resistência anticomunista e líder político-sindical, com um papel central na transição para a democracia.

[1126] Com um exercício espúrio de criação de um partido pró-presidencial

[1127] Walesa dividiu as forças políticas resultantes do antigo movimento "Solidariedade".

letais deste cenário em sistemas parlamentares impuros como a de Mary Robinson Presidente da Irlanda, indicada pelo Partido Trabalhista em 1990.

1.3. Balanço da confluência até 2016: uma prática parlamentarizante da função presidencial equilibrada com o exercício de algumas funções moderadoras e tribunícias

751. Em síntese, tendo em consideração o primeiro cenário de confluência exposto, no fundo o único que teve impacto na prática política, é possível considerar que o fenómeno tem tido, como efeito, o apagamento do protagonismo presidencial e o reforço do papel do Governo em cenários maioritários ou quase maioritários.

Cumpre referir que nos cerca de 22 anos que transcorreram entre finais de 1995 e 2017, uma década descontínua foi passada em confluência, tendo sido nela que mais se acentuou um certo desvanecimento do peso da instituição presidencial, a qual foi escassamente compensada pelo seu intervencionismo ocasional em período de coabitação e mais recentemente, por uma evidente sobre-exposição pública marcada por uma intensa atividade tribunícia.

2. O semipresidencialismo português em quadros de coabitação

2.1. Conceito de coabitação

752. A coabitação caracteriza-se por uma falta de homologia ou sintonia entre a maioria que elege o Presidente e a maioria parlamentar que sustenta o Governo.

O Presidente terá, assim, de coexistir com um Governo e uma maioria parlamentar (absoluta ou relativa) de uma família político-partidária que lhe não é afeta (ou que lhe foi mas deixou de ser afeta) e estabelecer com esta uma relação mínima de comunicabilidade, lealdade institucional e colaboração formal indispensável para que seja salvaguardado o regular funcionamento das instituições democráticas de que o mesmo Chefe de Estado é o garante.

Haverá a considerar, na perspetiva de uma coabitação, três cenários: o de uma coabitação com governo maioritário; o de uma coabitação com governo minoritário; e o de uma *"coabitação imperfeita"*.

2.2. Três cenários de coabitação

A. A coabitação no contexto de um governo maioritário

753. No que concerne ao *cenário de coabitação com um Governo maioritário*, importa distinguir a hipótese de essa coabitação envolver um *Executivo apoiado numa maioria absoluta monopartidária* com uma liderança monocrática e um *executivo de coligação maioritária*.

a) A experiência de coabitação com um governo maioritário de um só partido: proeminência do Primeiro-Ministro e conflito crescente com um Presidente que oscila entre um regulador crítico e um contrapoder político

754. No primeiro caso registaram-se duas experiências muito relevantes e nestas foi evidenciada a existência de um Presidente desperto para o exercício dos seus poderes de escrutínio, oscilando entre um protagonismo moderado e a tentação de um ativismo crítico, ao ponto de se perfilar como contrapoder.

Pacificada a frente parlamentar, através de uma forte relação fiduciária com a maioria dos deputados, o Governo logra atalhar com mais tranquilidade à "frente presidencial". Esta pode envolver tanto momentos cooperativos embora escrutinadores como, ainda, de conflito, mais ou menos agudo, sem que, contudo, o Presidente chegue ao ponto de usar os seus poderes mais extremos para combater uma "maioria primoministerial forte" através da demissão do Executivo ou da dissolução do Parlamento.

755. Um exemplo deste tipo de coabitação foi a que transcorreu, num tom crescentemente conflitual, entre o Presidente Mário Soares (1986-1996) e os Governos de Cavaco Silva (1987-1995).

No período compreendido entre 1987 e 1991, que correspondeu ao primeiro mandato do Presidente Soares, registou-se um período de relativa "calmação" e colaboração institucional distante que permitiu uma ascensão da notoriedade do Presidente e do Primeiro-Ministro. Ambos foram reeleitos.

Já no período situado entre 1991 e 1995, a coabitação experimentou um período expressivamente conflitual, já que o Presidente, sem preocupações de reeleição, utilizou, a par dos seus poderes negativos, a sua palavra, o seu prestígio, os seus poderes implícitos e a sua magistratura de influências para erodir o Governo assolado nos últimos anos por uma crise económica larvar e pelo desgaste do poder. Ainda assim, o contrapoder presidencial, empenha do num esforço de desgaste, não removeu a proeminência do Primeiro-Ministro como órgão liderante.

Também no período da coabitação entre o Presidente Cavaco Silva (2006-2016) com o Governo maioritário de José Sócrates (2005-2009) se registaram dois momentos significativos, que constituíram uma síntese miniaturizada, em tempo e em intensidade, da coabitação acabada de descrever: O tempo da "cooperação estratégica" (2006-2008) e o tempo de conflito político crescente (2008-2009) em que o poder da palavra do Presidente se tornou mais contundente.

No fundo as coabitações desta natureza iniciam-se por uma cooperação institucional entre polos fortes que tomam o pulso do oponente, entram num patamar de cooperação fria onde vêm à tona divergências, são feitos testes de força às reações da outra instituição perante iniciativas e provocações calculadas e desembocam num epílogo conflitual, onde o uso do discurso crítico se pode associar a poderes sancionatórios[1128].

b) A experiência de coabitação com um governo sustentado numa coligação homogénea

756. As coabitações em epígrafe envolvem sempre uma menor proeminência do governo do que as anteriores e uma menor tensão emulativa entre o Presidente e o primeiro-Ministro. O Chefe de Estado espreita a oportunidade de fissuras no governo, fragilidades na liderança ou crises na coligação para erodir a maioria, reforçando, em qualquer caso os seus poderes de escrutínio.

Uma coabitação com um governo de coligação teve lugar entre 17 de março de 2002 e 20 de fevereiro de 2005, envolvendo a Presidência do socialista Jorge Sampaio e uma coligação entre o PSD e o CDS, chefiada pelos Primeiros-Ministros Durão Barroso e Santana Lopes. No decurso da primeira fase (2002-2004) pontificou um tempo de *cooperação institucional fria*, entre Presidente e Governo, e uma segunda fase (2004-2005), em que um novo executivo nasceu fragilizado pela demissão do anterior Primeiro-Ministro e foi posto sob tutela presidencial, acabou o Presidente por dissolver o Parlamento, depois de escrutinar fragilidades na liderança e na coesão interministerial.

Em suma a preponderância de um Governo maioritário em coabitação com o Presidente traduziu-se, dominantemente, numa proeminência do primeiro, condicionada a uma estabilidade interna no Executivo e na coligação, passando contudo essa posi-

---

[1128] Em França, as experiências de coabitação que envolvam um cenário idêntico não logram ser longas sempre que o Presidente é socialista: o Governo de coligação de centro-direita RPR/UDF/PR/CDS de Jacques Chirac durou 2 anos entre 1986 e 1988 antes de o socialista Mitterrand dissolver o Parlamento; o governo de coligação da mesma família política de Edourd Balladur, com Mitterrand durou outros dois anos (1993-1995). Já a coabitação entre o Presidente conservador Chirac e o Primeiro-Ministro Jospin foi mais longa (5 anos). Confrontando com a experiência portuguesa, observa-se que, pese a existência de conflitos, os presidentes do centro-direita se abstêm de usar mecanismos sancionatórios mais intensos contra maiorias parlamentares absolutas de partidos esquerda do que o contrário. A coabitação entre Cavaco Silva e José Sócrates e a Coabitação entre Marcelo Rebelo de Sousa e António Costa parecem, em Portugal, confirmar a mesma tendência.

ção a enfraquecer em favor de um maior pendor presidencial à medida que essa estabilidade interna deixou de existir, sendo essa conjuntura explorada por um Presidente oriundo de outra família política e sem preocupações de reeleição. O mesmo sucedera gradualmente nos Governos de Balsemão (1980/1983).

c) Coabitações imperfeitas ou indecisas

757. O tipo de coabitações em epígrafe tem lugar quando o Presidente é um independente que executa uma agenda própria, embora possa ser apoiado na sua eleição por diversos partidos que com ele podem coabitar. Trata-se coabitações conflituais (próximas das situações de confluência com presidentes independentes ou distanciados da maioria que os elegeu e portadores de um projeto político próprio). O Presidente, ou se resume a um papel notarial e é irrelevante ou assume um papel intervencionista e desestabiliza a governação, por vezes de forma espúria, na medida em que não tem suporte de um forte partido pró-presidencial a quem possa favorecer, como sucede em França.

Foi o caso da coabitação tumultuosa do Presidente Eanes, um militar, com a coligação PS/CDS em 1977; com os governos da Aliança Democrática de centro-direita entre 1979 e 1982; e com a coligação PS/PSD entre 1983 e 1985.

C. As coabitações no contexto de governos minoritários

758. As coabitações em epígrafe resultam ser problemáticas para um Governo desprovido de uma maioria parlamentar, na medida em que se veja obrigado a negociar ou a acautelar a sua sobrevivência e a viabilização de algumas das suas políticas, seja diante de um Presidente pouco complacente e atento às suas fragilidades, seja diante de um Parlamento tentado a desfazer as suas políticas mediante coligações "negativas".

Trata-se de ciclos políticos de preponderância parlamentar em que o Chefe de Estado, como contraponto, acaba por intervir: i) ora como árbitro ou fiel da balança da subsistência do Executivo e da subsistência do ciclo político (Mário Soares durante a coabitação tranquila com o Governo minoritário de Cavaco Silva em 1986); ii) ora como parceiro político, a prazo incerto, num quadro de "cooperação institucional" colaborante com o Governo (Marcelo Rebelo de Sousa na sua "coabitação de veludo" sem prazo certo com o Governo minoritário de António Costa); iii) ora como escrutinador crítico, deslizando para um papel de contrapoder (Cavaco Silva no contexto do Governo minoritário de José Sócrates (2009/2011), com uma fase de forte tensão após a reeleição presidencial em 2010); iv) ora como ator político crítico, interferente e propenso para o uso de poderes de sanção política (Ramalho Eanes na coabitação imperfeita com dois governos minoritários socialistas entre 1976 e 1978).

759. Em geral, as coabitações com executivos minoritários acentuam a preponderância parlamentar, colocam o Governo como o poder institucional mais débil e fazem o Presidente oscilar entre momentos de apoio e tempos finais de distanciamento crítico ou mesmo atuação como contrapoder. Quase todas as coabitações, até 2017, tiveram os seus momentos de cooperação institucional e tempos finais de distanciamento e de atrito.

3. Breve apontamento sobre perfil psicológico de liderança do Presidente da República e do Primeiro-Ministro;

760. Não se entrará neste domínio multidisciplinar, que requer, não apenas conhecimentos aprofundados de psicologia, mas um certo distanciamento temporal e político que a história contemporânea ainda não permite e que o objeto e dimensão desta obra não potencia.

Dir-se-á, apenas, no contexto da *psicologia das lideranças*, que o tipo de personalidade do Presidente e do Primeiro-Ministro podem influenciar significativamente a dinâmica do sistema político. Uma liderança estatutariamente poderosa só por si, não é garantia de nada. O facto de um chefe possuir um gládio não significa que o vá utilizar e, caso o faça, nada garante que o corte ocorra com êxito. Por outro lado, um líder com escassos poderes de direção e controlo, mas autodisciplinado, voluntarista, hábil, respeitado, carismático e persuasivo, pode superar as suas fragilidades jurídico-constitucionais e ganhar espaço em termos de adesão pública e institucional, para afirmar o seu poder num momento oportuno.

Por exemplo, a respeito dos Presidentes da República, certos ilustres comentadores televisivos[1129] aludiram ao respetivo perfil psicológico típico de "carnívoro" (ativista, interventor e confrontacional) e "herbívoro" (cerimonial, discreto, escrutinador, minimalista no uso dos poderes e cauteloso).

761. Este léxico imagético, algo ácido em termos de cortesia, abre espaço a outras variantes tipológicas, tais como:

i) O *"omnívoro"* (uma figura híbrida entre as duas anteriores[1130]);

[1129] Enquanto comentador televisivo, Marcelo Rebelo de Sousa, examinando o livro "Roteiros VII" do Presidente Cavaco Silva declarou: *"Já disse isto, uma ou duas vezes e repito. Cavaco é herbívoro, não carnívoro"*, aduzindo *que se fosse ele o Presidente da República seria menos minimalista* no exercício de poderes. (Cfr. Diário de Notícias online, 10 de março de 2013).

[1130] Existe dentro desta variante, o Presidentes *ordinariamente herbívoro mas pontualmente tentado por uma opção carnívora* (propiciando uma inopinada dissolução parlamentar como Sampaio

ii) O *"detritívoro"* (um Presidente necrófago, que evita confrontos diretos privilegiando os indiretos, que segue uma sinuosa navegação entre as brumas inter-institucionais, que estimula discretamente dissensões e cisões entre os principais atores e agentes políticos e que vai inflando em proeminência à medida que devora os restos das figuras que vão tombando nos conflitos que, mais ou menos discretamente, instiga, gere ou amplifica);
iii) O "hematófago" (Presidente que, em *quadros de confluência* vai colaborando temporariamente com Primeiros-Ministros que assumem o exclusivo da erosão de políticas públicas impopulares, traçadas em cooperação com o Presidente, mas que posteriormente são substituídos por este último no pico da respetiva impopularidade quando os seus talentos já foram sugados, quando já não têm serventia ou quando haja que recuar nas reformas[1131]).

762. Os Primeiros-ministros podem assumir, de entre outros, um perfil:

i) *Caudilhista*, quando centram o poder no seu carisma e poder fáctico no partido, exercendo uma liderança monocrática, por vezes caprichosa e autoritária, errática, emocional, imprevisível, e, ocasionalmente patrimonialista, sobre o Governo e a maioria, adiando medidas impopulares que apenas tomará se tal for inevitável;
ii) *Cesarista*, ou chanceleriano quando associam o carisma pessoal a uma autoridade técnica e a um perfil institucional, exercendo uma liderança monocrática sobre o Governo, a bancada parlamentar e o partido (que tende a funcionalizar), numa lógica garantística de estabilidade e previsibilidade, adotando medidas impopulares quando necessárias;

em 2004 ou inaugurando um ciclo curto mas intenso de vetos e pedidos de controlo de constitucionalidade) e o Presidente *maioritariamente carnívoro* mas forçado pelas circunstâncias a ciclos menos ativos ou "vegetarianos"(como, por exemplo, a impossibilidade de poder dissolver o Parlamento durante um longo período, em função de limites temporais e circunstanciais, aliado á circunstância de se defrontar com uma coligação de bloco central, apta a reverter todos os vetos e até pedidos de controlo preventivo onde o Presidente obtenha ganho de causa preliminar, realidade que se ajusta ao Papel de Ramalho Eanes depois de 1983).

[1131] Caso típico de Mitterrand, um carnívoro em cenários coabitação e um hematófago em quadros confluência. No caso da sua relação com os cinco primeiros-ministros da sua área, a área socialista, o Presidente foi "vampirizando" a sua dedicação e energia, até se tornarem incómodos, inúteis ou descartáveis.

iii) *Cerebral e institucionalista,* quando se perfila mais como líder de governo do que de partido, favorecendo a coesão governativa ou da maioria[1132], evitando confrontos dispensáveis com a oposição e parceiros sociais, salvaguardando tanto quanto possível os equilíbrios entre órgãos do poder e executando as políticas do programa de governo tidas como possíveis mas necessárias, mesmo a expensas da sua popularidade pessoal ou da do partido governamental;
iv) *Compromissório,* quando assume um perfil consociativo, previligiando o trabalho em equipa e a colegialidade, buscando federar sensibilidades no partido do poder e no governo, harmonizando relações com outras instituições e estabelecendo pactos e entendimentos pontuais com as oposições, parceiros sociais e sociedade civil, intentando evitar medidas impopulares, mesmo que necessárias;
v) *Taticista,* quando o seu perfil se enquadra mais como líder de partido e menos acentuadamente como Chefe de Governo, evitando medidas impopulares e exibindo uma enorme habilidade tática para assegurar a sua sobrevivência na liderança, utilizando as vias mais adequadas em cada momento, as quais podem envolver tanto a tomada de opções autoritárias em executivos de maioria, como opções consociativas em minoria, pactuando políticas com outros partidos e acertando acordos com outras instituições e parceiros, cuja duração dependerá da utilidade de cada conjuntura.

763. Como é óbvio, existem na pessoa do mesmo titular, misturas entre os diversos tipos descritos.

Na relação entre perfis presidenciais e de primeiro-ministro, existem combinações condenadas a uma inevitável tensão (*presidentes carnívoros e primeiros--ministros caudilhistas ou cesaristas*) as quais, pese a previsível conflitualidade, nem sempre envolvem uma necessária crise institucional grave ou insuperável, dado que entre duas potências "nucleares" fortes tende a criar-se um certo "equilíbrio pelo terror"[1133].

[1132] Balanceando um poder monocrático com uma colegialidade pontual.
[1133] Como foi o caso da coabitação entre Soares e Cavaco Silva que não envolveu decisões de demissão, de dissolução ou campanhas eleitorais nas legislativas transformadas em plebiscito contra o presidente.

O SISTEMA POLÍTICO

Outras relações podem envolver perspetivas de cooperação mais longeva, como a estabelecida entre presidentes moderadamente *omnívoros e herbívoros* e primeiros-ministros *cerebrais e compromissórios*[1134].

Outras, ainda, podem ser uma incógnita, como é o caso da relação entre presidentes *detritívoros* e primeiros-ministros *compromissórios* ou *taticistas*: no primeiro cenário haverá apenas uma dúvida sobre o tempo que durará o Governo perante um Presidente que depois de uma fase cooperativa tentará irremediavelmente a propiciar a desestabilização da maioria ou do seu líder; no segundo caso, independentemente de cenários de cooperação de conveniência mais ou menos longa, a dúvida consistirá em saber qual o parceiro mais hábil da diarquia que dará a primeira estocada mortal nessa cooperação e alterará o ciclo político.

[1134] Talvez as relações do Presidente Sampaio com os primeiros-ministros Guterres e Durão Barroso.

Parte III. Tópicos relativos ao estatuto jurídico dos órgãos de soberania que exercem a função política na Constituição de 1976

Capítulo I. O Presidente da República

Secção I. A função presidencial: o Presidente da República como Chefe de Estado e regulador das instituições políticas

764. A definição da função institucional do Presidente da República, como órgão de soberania (nº 1 do artº 110º da CRP), consta do artº 120º da Constituição. O Presidente, nos termos desse preceito, *"representa a República Portuguesa, garante a independência nacional, a unidade do Estado e o regular funcionamento das instituições democráticas e é, por inerência, o Comandante Supremo das Forças Armadas"*[1135].

[1135] Cfr. em geral sobre a instituição presidencial na ordem constitucional portuguesa, vide J GOMES CANOTILHO-VITAL MOREIRA "Os Poderes do Presidente da República"-Coimbra-1991; J GOMES CANOTILHO-VITAL MOREIRA "Constituição (...)"_II- op. cit-p. 137 e seg; JORGE MIRANDA "Atos e Funções do Presidente da República "- in AAVV "Estudos sobre a Constituição"-I-org. Jorge Miranda-Lisboa-1977-p. 261 e seg; JORGE MIRANDA "Presidente da República"-DJAP-1º Suplemento-1998-p. 362 e seg; PAULO OTERO "Direito Constitucional(...)" op. cit, vol. II, p. 209 e seg; JORGE REIS NOVAIS "Semipresidencialismo, vol. II – O Sistema Semipresidencial Português, Coimbra, 2010, pp. 26 e seg e p. 38 e seg; JOSÉ DE MELO ALEXANDRINO "Lições (...)" –II-op. cit, p. 135 e seg; JAIME VALLE "Os Poderes de Exteriorização do Pensamento do Presidente da República"-Lisboa-2013 p. 1; ANTÓNIO DE ARAÚJO "El Presidente de la Republica en la Evolución del Sistema Politico en Portugal" in AAVV "Portugal: Democracia y Sistema Politico"-Org Barrreto-Gomez Fortes, Magalhães-Madrid-2003; LUIS BARBOSA RODRIGUES ""As Funções do Presidente da República"--Lisboa-2013; JORGE BACELAR GOUVEIA "Manual de Direito Constitucional" II, Coimbra, 2016, p. 1070 e seg; ANDRÉ FREIRE-ANTÓNIO COSTA PINTO "O Poder Presidencial em Portugal" op. cit, p. 42 e sefg; PEDRO SANCHEZ " Os Poderes Presidenciais (...)" op. cit, p. 69 e seg; .LUIS SALGADO DE MATOS "Significado e Consequências da Eleição do Presidente por Sufrágio Universal. O Caso Português"- in "Análise Social"-VolXIX-76-1983; ALFREDO BARROSO-VICENTE DE BRAGANÇA "O Presidente da República. Funções e poderes" in

Das cinco funções parcelares que compõem a caracterização da instituição presidencial é possível extrair dois atributos que permitem identificar a função presidencial como um todo. Com efeito, do artigo 120º da CRP retira-se que o Presidente da República é o *Chefe de Estado*[1136] *e também o órgão regulador das instituições com mandato democrático.*

765. A Constituição não utiliza a expressão *Chefe de Estado*[1137], mas esse alto cargo institucional encontra-se presente em toda tradição constitucional portuguesa[1138] pelo que, também na ordem jurídica em vigor, ele emana claramente da concentração num órgão unipessoal das funções de representação da República portuguesa e de garantia da unidade do Estado associadas, por inerência, ao comando supremo das forças armadas. Trata-se de atributos reservados tipicamente em toda a cultura constitucional euro-americana, aos chefes de Estado, incluindo os monarcas.

Na qualidade de *Chefe de Estado,* ou primeiro magistrado da República, o Presidente personifica representativamente o Estado republicano e simboliza, como órgão unipessoal, a sua independência e unidade. Desse "status" constitucional resulta:

i) O *seu papel de garante da independência nacional,* o qual impõe um compromisso de não apenas se abster de qualquer conduta que ponha em causa essa mesma independência (como seria uma declaração pública em favor federalismo europeu[1139] ou a integração de Portugal noutro Estado[1140]) mas, igualmente, o dever de tomar todas as medidas apropriadas para

---

AAVV "O Sistema Político e Constitucional" (1974-1987) Org. Batista Coelho-1989p. 321 e seg; MANUEL BRAGA DA CRUZ "O Presidente da República na Génese e Evolução do sistema de Governo Português" in "Análise Social"- VolX- 125/126-1994 (1º-2º) p. 237 e seg; AAVV "O Presidente da República e o Parlamento: o Procedimento Legislativo"Lisboa-AR/PR-2004

[1136] Alguns autores negam essa natureza de Chefe de Estado ao Presidente (LUIS BARBOSA RODRIGUES ""As Funções (...)" op cit,p. 309), deixando pendente a dúvida sobre se Portugal não tem Chefe de Estado ou se essa função é atribuída ao Primeiro-Ministro.

[1137] Fugindo de uma fórmula utilizada na ordem corporativa autoritária de 1933

[1138] GOMES CANOTILHO-VITAL MOREIRA "Constituição (...)" -II- op. cit, p. 138

[1139] O qual, a tornar-se realidade, implicaria a abolição da soberania dos estados-membros, entre os quais Portugal e a sua transferência para um Estado europeu independente, organizado sob forma federal. Alguns Presidentes já assumiram, em público ou privado, uma opção pelo federalismo europeu, opção que é anacrónica e diametralmente oposta ao princípio da independência nacional de que o Presidente é constitucionalmente o garante e que integra a fórmula de juramento no seu ato de posse. De qualquer forma, o exercício indevido e intencional de poderes públicos que concorram para por em causa a independência nacional configura um crime no exercício de funções, fundado em violação do artº 308º do Código Penal, justificando o impeachment do Presidente nos termos do artº 130º da CRP.

[1140] Como seria a defesa do *iberismo* por parte do Chefe de Estado.

precludir condutas de outros órgãos ou de terceiros que questionem o núcleo estruturante dessa mesma independência (cfr, sobre fundamentos de "impeachment" na base de crimes de responsabilidade, infra §774 e § 881);

ii) A sua função de *garante da unidade do Estado*, que lhe impõe uma obrigação de abstenção de condutas que potenciem a disrupção da unidade nacional ou mesmo a separação de uma parcela do todo nacional[1141], bem como o dever de exercer os poderes de impedimento sobre a prática de atos ilegítimos por parte de outros órgãos ou entidades que ameacem essa unidade;

iii) O seu perfil de *representante interno e externo da República*[1142], integrando simbolicamente todos os cidadãos, residentes ou no estrangeiro, na unidade material do Estado, do qual decorre o exercício de competências cerimoniais[1143], honoríficas[1144], notariais[1145] e a adoção de alguns atos constitutivos de direção e controlo, com projeção na política exterior [1146];

iv) Por inerência à sua qualidade de Presidente da República, a função de *Comandante Supremo das Forças Armadas*, a qual postula a assunção, tanto de um estatuto simbólico, cerimonial e honorífico como representante unipessoal da República, como, igualmente, o exercício de algumas competências constitutivas de direção política, em regra partilhadas com o Governo e que se integram na esfera dos *poderes moderadores* (§ 837 e seg);

v) O seu estatuto de *irresponsabilidade política* diante de quais quer órgãos de soberania, o qual tem por desiderato garantir o exercício indepen-

---

[1141] O Presidente não pode defender ou admitir, em circunstância alguma, a independência de uma região ou parcela do território português, bem como o reconhecimento dos direitos de um Estado estrangeiro sobre território nacional, como seria o caso de uma declaração presidencial que reconhecesse que o domínio espanhol sobre Olivença constituiria um facto consumado e irreversível. No último caso, mesmo que assim fosse, competiria apenas ao Parlamento pronunciar-se e deliberar sobre a matéria.

[1142] O Presidente partilha a função representativa com o Parlamento.

[1143] Para além das cerimónias de posse de diversos titulares de órgão (como o Governo e os membros do Tribunal Constitucional), haverá a destacar a sua alocução em cerimónias comemorativas de datas simbólicas para a unidade do Estado, como o 10 de junho, o 1ª de dezembro ou o 5 de outubro.

[1144] Conferir condecorações e exercer funções como grão mestre das ordens honoríficas (alínea i) do artº 134º da CRP).

[1145] Pratica atos de certificação da regularidade formal de outros atos (vide o ato de posse de um novo Governo e a exoneração dos membros de um governo cessante).

[1146] Vide o caso da cerimónia da receção de credenciais do corpo diplomático acreditado em Portugal, a nomeação e acreditação de embaixadores, sob proposta do Governo ou a assinatura e ratificação de convenções internacionais).

dente das funções de regulador das demais instituições políticas; ora não podendo nenhum dos referidos órgãos destituí-lo (ressalvada o instituto português de impeachment no caso de prática de crimes inerentes ao exercício de funções, infra, § 774) nem exigir-lhe prestação de contas, será, quiçá por inspiração da Constituição de 1933, difusamente responsável perante o Povo ou perante a Nação;

766. Mas, o Presidente da República desempenha, igualmente, a função de *regulador das instituições políticas do Estado* (ou seja, do sistema político)[1147], na medida em que a Constituição o investe na qualidade de garante do *"regular funcionamento das instituições democráticas"*. O encargo de regulador institucional significa que tem a incumbência de supervisionar o normal funcionamento dos demais órgãos constitucionais com mandato popular (direto ou indireto) e de utilizar as suas competências para travar situações disfuncionais, impedir condutas ilegítimas e potenciar, dentro do possível, relações de colaboração e harmonia entre órgãos políticos legitimados democraticamente.

É este atributo de regulador que acentua o vinco semipresidencialista do sistema de governo, já que se liga ao exercício de poderes implícitos e explícitos que pressupõem a intervenção escrutinadora, constitutiva ou corretiva do Chefe de Estado, exercida com uma autonomia variável, sobre outros órgãos constitucionais e sobre os atos jurídicos praticados sobre os mesmos órgãos. Na generalidade, os Chefes de Estado dos sistemas parlamentaristas exercem funções representativas, simbólicas e cerimoniais e, apenas limitadamente, algumas tarefas arbitrais (em regra ligadas à formação do Governo ou à convocação de eleições legislativas, sujeitas a fortes limites de ordem política e constitucionais). Ora, no semipresidencialismo português, o Presidente manifesta-se como instituição titular de uma função adicional de *regulação político-institucional*, que se concretiza no exercício de dois poderes: o "poder arbitral" e o poder "moderador".

Para exercer essas prerrogativas, o Presidente pode aprovar *atos jurídicos* sob a forma de decreto (caso da promoção do controlo de constitucionalidade, veto e dissolução parlamentar) como atuar ao abrigo da chamada *magistratura de influência (infra* § 865 e seg), a qual pode assumir natureza jurídico- formal (comunicações ao País, audições públicas obrigatórias de órgãos ou partidos) ou informal (sugestões, pressões, audiências, negociações reservadas no processo de aprovação de atos do Governo sujeitos à sua promulgação e, ainda, mediações e arbitragens políticas).

[1147] GOMES CANOTILHO-VITAL MOREIRA ("Constituição (...)" –II, op. cit, p. 180) referem que o Presidente exerce uma função de regulação e moderação no âmbito do sistema político.

767. O *poder arbitral*, que a Constituição não define, coloca o Presidente numa desejável posição de imparcialidade, que correspondente ao exercício político desformalizado de um "poder neutro" e destina-se a dirimir ou a concorrer para a dirimição de conflitos políticos e institucionais entre outros órgãos, partidos e entidades, sempre que essa conduta releve para o regular funcionamento das instituições e para a unidade do Estado. Tal pode ocorrer no contexto de conflitos, mormente no plano interno, que despontem, por exemplo, entre:

i) Os órgãos de soberania e os órgãos de governo próprio das regiões autónomas;
ii) Um Governo minoritário e os protagonistas de uma maioria partidária negativa existente na Assembleia da República;
iii) Os parceiros de uma coligação ou de uma aliança de base parlamentar, se estiver em causa a governabilidade;
iv) Os partidos políticos, no contexto da formação de um novo Governo ou no contexto de uma crise política que afete o funcionamento das instituições ou, ainda, em face do imperativo de serem obtidos consensos alargados em matéria de políticas públicas ou de questões de relevante interesse nacional[1148];
vi) O Governo e os agentes económicos e financeiros ou outros parceiros sociais.

Comparadas com o poder moderador do Presidente, as faculdades de mediação ou arbitragem política acabam por se conformar como um "quid minus", ou seja, como um poder subsidiário, não só em razão da sua natureza informal e não juridicamente constitutiva, como pela circunstância de poderem ser exercidas por chefes de Estado de sistemas parlamentaristas. Verifica-se, contudo que o seu uso frequente (e discreto) lhes confere uma basta relevância.

768. Já o *poder moderador*, assente na tradição portuguesa oriunda da Carta Constitucional de 1826, é o alfa e o ómega da identidade da função presidencial na Constituição de 1976.

Essa faculdade de regulação, que tão pouco a Constituição define explicitamente mas que se reconduz ao conteúdo essencial da função de garantia do regular funcionamento das instituições, em estreita conjugação com a atribuição de competências de direção e controlo definidas na Lei Fundamental, implica que o Presidente passe de mediador ou árbitro imparcial, a ator político e, se for caso disso, a responsável pela ativação das válvulas de segurança do sistema de governo.

[1148] Cfr o caso do estímulo a pactos entre o Governo, as oposições e operadores judiciais tendo em vista a obtenção de compromisso sobre a política de Justiça.

Tal como sucedia na Carta e na Constituição de 1933, o Presidente, ao abrigo do estatuto de moderador, *exerce poderes definidos que lhe permitem interferir nos demais órgãos de soberania e órgãos de governo regional, sem que o contrário suceda*. Essa faculdade coloca-o numa posição institucional de superioridade em sede de freios e contrapesos, pese que sujeita a relevantes limites ditados pela Constituição e pela prática, e sem que essa superioridade formal se traduza numa supremacia na condução política do País.

A realidade fática ou ficcionada da posição "supra partes" do Chefe de Estado, como moderador, não o amarra, diversamente do que sucede com o poder "arbitral", a uma conduta imparcial em face de conflitualidade que emirja entre as restantes instituições ou agentes políticos e, muito menos ainda, aos conflitos ou discrepâncias que despontem entre o próprio e outra instituição política. O Presidente, sustentado numa legitimidade democrática e representativa própria, age politicamente em fidelidade ao seu programa eleitoral, através de uma atividade de escrutínio e de edição de atos políticos de caráter constitutivo, podendo, a título complementar, exercer faculdades de influência e persuasão relevantes.

Nesta esfera situam-se, no âmbito dos *poderes de direção política sobre outros órgãos* [1149], as suas faculdades de nomeação e demissão do Governo, de designação dos titulares de altos cargos públicos, assim como a dissolução da Assembleia da República e dos parlamentos regionais. Posicionam-se, igualmente, os seus poderes de *supervisão e controlo sobre os atos de outros órgãos* soberanos (promoção do controlo de constitucionalidade e promulgação, veto, assinatura e ratificação de diplomas). Inscrevem-se, finalmente, no seu estatuto de moderador, outras competências próprias como o exercício de poderes de necessidade (declaração dos estados de sítio, de emergência e de guerra) e a concessão de indultos. Também através da magistratura de influência podem ser exercidas, no plano não jurídico, funções moderadoras de caráter adjetivo mas não menos importantes[1150].

[1149] Em favor da atribuição ao Presidente de prerrogativas de direção política cfr GOMES CANOTILHO "Direito Constitucional e Teoria da Constituição"-Coimbra-1993-p.566; JAIME DRUMMOND DO VALLE "O Poder de exteriorização do Pensamento político do Presidente da República"-Lisboa-p. 223; e CARLOS BLANCO DE MORAIS "Curso (...)" I-op. cit, p.41 e seg. Contra, LUÍS BARBOSA RODRIGUES "As Funções (...)" op. cit, p. 33 (o qual nega ao Presidente quaisquer funções autónomas de direção política exercitáveis independentemente de outros órgãos. Trata-se de uma posicionamento do qual se discorda, sobretudo atentas as faculdades de demissão do Governo e de dissolução da Assembleia da República e assembleias regionais, onde a intervenção do Conselho de estado é puramente consultiva.

[1150] Se o presidente lograr evitar por pressão ou persuasão a demissão de um Governo ajudando-o a superar uma crise interna, exerce funções moderadoras de caráter relevante, fora do exercício de poderes jurídicos de caráter constitutivo.

Secção II. Eleição e linhas fundamentais do seu estatuto constitucional

1. Eleição

769. O Presidente é eleito por sufrágio universal e direto pelos cidadãos portugueses recenseados em território nacional (sendo o voto exercido presencialmente)[1151], bem como por cidadãos portugueses residentes no estrangeiro que, nas condições estipuladas por uma lei reforçada aprovada por maioria de dois terços[1152], guardem uma efetiva ligação à comunidade nacional (artº 121º da CRP)[1153]. Os limites fixados à capacidade eleitoral ativa de não residentes, os quais se têm vindo a diluir, torna decisivo o voto exercido no território português.

É eleito Presidente o candidato que obtiver mais de metade dos votos validamente expressos, desconsiderando-se para o efeito os votos brancos. Caso nenhum candidato tiver obtido essa maioria realiza-se uma segunda volta entre os dois candidatos mais votados, a qual terá lugar até ao vigésimo dia subsequente ao da primeira volta (artº 126º da CRP).

São elegíveis os cidadãos portugueses de origem[1154], maiores de 35 anos (artº 122º), a quem não sejam aplicáveis as inelegibilidades previstas na constituição e na lei[1155], sendo as candidaturas propostas por um mínimo de 7.500 e um máximo 15.000 cidadãos eleitores, devendo ser apresentadas perante o Tribunal Constitucional até trinta dias antes da data marcada para a eleição (nºs 1 e 2 do artº 124º).

770. A legitimação democrática inequívoca do Chefe de Estado, inerente à eleição direta por sufrágio universal, a qual é equiparada à da Assembleia da República, foi concebida, originariamente, para habilitar a sua intervenção político-institucional em qualquer outro órgão constitucional que exerça a função política[1156].

A morte ou a incapacitação de qualquer candidato para o exercício do cargo reabre o processo eleitoral, nos termos da lei

---

[1151] Cfr. JORGE MIRANDA "Eleição do Presidente da República"-Polis-1995-p. 29 e seg.
[1152] Lei Orgânica nº 5/2005, de 8-9.
[1153] Cfr JORGE MIRANDA-ALEXANDRE PINHEIRO "Voto dos Cidadãos Residentes no Estrangeiro na Eleição do Presidente da República"-in "O Direito"-2000-p. 7 e seg. O artigo é anterior à Lei Orgânica n.º 5/2005 de 8 de setembro e à Lei Orgânica nº 3/2010, de 15 de dezembro.
[1154] O candidato deve ter adquirido a nacionalidade portuguesa pelo nascimento e mantê-la no momento da candidatura.
[1155] Cfr mnº 1 do artº 126º, nº 2 do artº 123º. Nº 3 do artº 130º da CRP
[1156] PEDRO SANCHEZ ult. loc cit, p. 77.

771. O Presidente marca a data das eleições, de acordo com a Constituição e com a lei[1157].

A eleição deve ocorrer nos sessenta dias anteriores ao termo do mandato do Presidente cessante ou nos sessenta dias posteriores à vacatura do cargo. O ato eleitoral não pode ter lugar nos noventa dias anteriores ou posteriores à eleição da Assembleia da República (nºs 1 e 2 do artº 125º da CRP). O Presidente eleito toma posse perante o Parlamento e a mesma tem lugar, ordinariamente, no último dia do mandato do Presidente cessante (nºs 1 e 2 do artº 127º).

No caso de, previamente à sua posse, um Presidente já eleito vir a falecer[1158], ser preso em flagrante delito pela prática de crimes graves ocorridos já depois do ato eleitoral ou desistir de tomar posse, existe uma lacuna constitucional sobre a matéria que cumpre integrar. Assim, deve considerar-se que o Presidente em exercício funções deve marcar um novo ato eleitoral para a Presidência da República no prazo de 48 horas contados da data da posse que se encontrava marcada[1159], ato que deve ter lugar nos sessenta dias posteriores à referida comunicação, mantendo-se o mesmo Presidente em funções até à eleição e posse do novo Chefe de Estado (nº 1 do artº 128º da CRP[1160]).

2. Mandato

772. O mandato presidencial tem a duração de cinco anos (nº 1 do artº 128º da CRP), podendo o Presidente ser reeleito apenas para mais um mandato consecutivo (nº1 do artº 123º). Salvaguarda-se, desde modo, o princípio republicano da renovação dos titulares nos cargos, a qual se torna pertinente em razão do facto de todos os titulares desde 1976 terem sido reeleitos, pelo que os limites à reeleição para um terceiro quinquénio intentam evitar uma perenização dos mesmos titulares no poder ou tentações bonapartistas ou de personalização excessiva da Chefia do Estado que alterem os equilíbrios do sistema político.

[1157] Cfr. nt 990.
[1158] Vide o caso de Tancredo Neves no Brasil.
[1159] Sobre a competência do Presidente para proceder à marcação de eleições presidenciais, vide o nº 1 do artº 11º do Decreto-Lei nº 319-A/76, de 3 de maio. Deve, igualmente, aplicar-se, analogicamente, o nº 3 do artº 30º da mesma lei e o nº 1 do artº 125º da CRP, relativo à marcação de eleições em caso de vacatura do cargo.
[1160] O mandato do Presidente, segundo o nº 1 do artº 128º da CRP, é de 5 anos mas só termina com a posse do novo Presidente. Não tendo o ato de posse lugar e sendo convocada nova eleição, a prorrogação transitória do mandato é inevitável sob pena do incumprimento da última parte do preceito. Veja-se que a Constituição prevê a possibilidade de prolongamento do mandato noutras situações mais comuns (nº 3 do artº 125º), a qual deve valer analogicamente para as extraordinárias e incomuns,na medida em que se verifique uma lacuna.

O Presidente tão pouco pode ser reeleito durante o quinquénio imediatamente subsequente ao termo do mandato consecutivo, ou seja, em conjunturas extraordinárias em que ocorra a morte, renúncia ou impossibilidade física permanente do sucessor imediato. Procura evitar-se, não apenas a perenização anteriormente descrita, mas tentações caudilhistas em que um adepto do Presidente cessante seja eleito com o seu apoio e renuncie logo de seguida para permitir ao Chefe de Estado contornar a proibição de reeleição no sufrágio subsequente ao termo do segundo mandato (situação com precedentes em Estados da América Latina).

773. Em caso de *renúncia*[1161], *instituto definível como ato voluntário e expresso do Presidente em terminar a título definitivo e com efeitos imediatos o seu mandato e formalizado em mensagem dirigida ao Parlamento* (artº 131º da CRP), o Presidente não pode recandidatar-se, nem nas eleições imediatas nem nas que se realizem no quinquénio imediatamente subsequente à renúncia (nº 2 do artº 123º). O legislador procurou obstar a renúncias dramatizadas artificiosamente tendentes a um regresso plebiscitado e orientado politicamente contra as restantes instituições (como sucedeu, com as devidas diferenças, com a demissão politicamente gorada de De Gaulle em 1946, embora como Chefe do Governo, num exercício destinado a testar apoio popular como "herói de Guerra" e a tentativa igualmente falhada do populista Jânio Quadros no Brasil, quando tentou mobilizar apoio popular após a sua misteriosa renúncia).

3. Cessação de funções

774. O Presidente cessa funções no termo do período do respetivo mandato, por morte, impossibilidade física permanente, renúncia, condenação pela prática de crimes no exercício das suas funções e ausência de território nacional não autorizada pelo Parlamento.

O processo de verificação da morte do Chefe de Estado é promovido pelo Procurador Geral da República nos termos do nº 1 do artº 86º da Lei do Tribunal Constitucional (LTC), cabendo ao mesmo Tribunal, em sessão plenária, atestar o óbito e declarar a vacatura do cargo (nº 2 do artº 87º da LTC). Um processo idêntico ocorre se registar a impossibilidade física permanente (nº 1 do artº 86º e nºs 2 a 4 do artº 88º da LTC), cabendo ao Tribunal designar três peritos médicos e ouvir, se possível, o próprio Presidente, declarando posteriormente, se for o caso, a vacatura do cargo.

[1161] Cfr sobre este instituto PAULO OTERO "A Renúncia do Presidente da República na Constituição Portuguesa"-Coimbra-2004-p. 51 e seg.

O SISTEMA POLÍTICO

A renúncia ao mandato, já abordada supra, constitui um ato jurídico unilateral que se formaliza com uma mensagem dirigida pelo Presidente à Assembleia da República, tornando-se efetiva com o seu conhecimento, sem prejuízo da sua publicação subsequente no Diário da República (nºs 1 e 2 do artº 31º).

775. A Constituição prevê uma espécie de *impeachment* no caso de o Presidente cometer crimes no exercício das suas funções[1162]. A iniciativa do processo cabe ao Parlamento, mediante iniciativa de um quinto dos deputados, deliberando o mesmo órgão por maioria de dois terços dos deputados efetivos e cabendo ao Supremo Tribunal de Justiça (STJ) proceder ao julgamento (nºs 1 e 2 do artº 130º da CRP)[1163]. A condenação implica destituição do cargo e impossibilidade de reeleição, cabendo ao Tribunal Constitucional, recebida a certidão condenatória transitada em julgado do STJ, declarar a mesma destituição (nºs 1 a 3 do artº 91º da LTC).

Por crimes estranhos ao exercício de funções o Presidente responde depois do termo do mandato perante a jurisdição comum (nº 4 do artº 130º da CRP[1164]), mas esse regime não se estende à responsabilidade civil que pode ser instaurada

---

[1162] Cfr. O Capítulo II da Lei nº 34/87, de 16-7 que elenca os crimes de responsabilidade para titulares de cargos políticos: traição á Pátria, atentado contra a Constituição, atentado contra o Estado de direito, coação contra órgãos constitucionais, prevaricação, denegação de justiça, desacatamento ou recusa de execução de decisão judicial, violação de normas de execução orçamental, suspensão ou restrição ilícitas de direitos, liberdades e garantias, recebimentos indevidos de vantagem, corrupção ativa e passiva e violação de regras urbanísticas, peculato, participação económica em negócio, uso da força contra execução de lei, recusa de cooperação, abuso de poder e violação de segredo. Julga-se que no elenco deveria figurar o crime de abandono de funções. O artº 385º do CP prevê a figura para os funcionários, mas o artigo seguinte não configura ou equipara o Presidente a funcionário do Estado. Julga-se que a questão poderia ser solucionada através do tipo criminal de abuso de poderes (artº 26º da Lei nº 34/87) quando se reporta à situação em que titular de cargo político viola os *"deveres inerentes às suas funções, com a intenção de obter, para si ou para terceiro, um benefício ilegítimo ou de causar um prejuízo a outrem"*. Parece claro que um Presidente que, sem justificação adequada abandona, transitória ou definitivamente, o exercício de funções representando conscientemente os prejuízos para o Estado derivados do mesmo abandono comete um crime de responsabilidade fundado neste tipo criminal, devendo o preceito ser interpretado à luz da segunda parte do artº 2º da mesma lei. No caso de não ter consciência do prejuízo causado coloca-se o problema da sua incapacidade mental para o exercício do cargo, devendo o Tribunal Constitucional verificar essa incapacidade.

[1163] Na verdade embora a iniciativa do julgamento seja política, o juízo propriamente dito é jurisdicional, com foro privilegiado. Trata-se de um processo de julgamento de menor peso político que o impeachment nos sistemas presidencialistas.

[1164] A Constituição não acautela o caso de o Presidente ser surpreendido pelas autoridades, em flagrante delito, na prática de um crime grave, como ofensas corporais graves, homicídio voluntário ou pedofilia. Trata-se de uma falha da Lei Fundamental já que não se justifica que

durante o mandato. A renúncia ao cargo, antes da conclusão do julgamento não extingue o processo criminal que lhe foi movido com fundamento em crimes de responsabilidade, dado que renúncia e condenação uma pena em virtude do preenchimento do tipo criminal são realidades autónomas[1165], não podendo a renúncia servir de expediente para evitar a aplicação das penas.

Finalmente, no caso de se ausentar do território, excetuado a situação prevista no disposto no nº 2 do artº 129º da CRP, sem assentimento parlamentar, o presidente da Assembleia da República requer ao Tribunal Constitucional a verificação da perda do cargo, decidindo este órgão em plenário depois de ordenar diligências probatórias e ouvir o Chefe de Estado (nºs 1 e 2 do artº 90º da LTC). A destituição, nestes termos, consiste num efeito desproporcionado, derivado de um temor absurdo ou ficcional do constituinte, quanto à hipótese de o Chefe de Estado, em tensão com outras instituições, se poder refugiar no exterior para atuar contra aquelas.

4. Substituição interina

776. Em caso de vacatura do cargo ou em caso de impedimento temporário do Presidente da República, o cargo é exercido interinamente pelo Presidente da Assembleia da República, sem necessidade de juramento, respetivamente, até à tomada de posse do novo Presidente eleito ou até à cessação do referido impedimento (nº 1 do artº 132º da CRP).

777. Verificando-se a vacatura, o Presidente interino, que não pode recusar as funções presidenciais sob pena de perda do cargo, deve marcar novas eleições para Presidente da República no prazo de 60 dias contados sobre a data da vacatura do cargo[1166].

Pese gozar das honras e prerrogativas da função presidencial, o Presidente interino não perde (nem pode perder) o seu estatuto de Presidente do Parlamento, suspendendo, contudo, o mandato de deputado. No caso de renunciar às funções de Presidente da Assembleia da República ou na circunstância de ser eleito novo Parlamento e, consequentemente, designado outro presidente desse órgão, o Presidente interino cessa as suas funções presidenciais, as quais apenas pode exercer por força da inerência do cargo de Presidente da Assembleia da República, devendo ser substituído pelo novo Presidente do Parlamento.

---

o titular possa cumprir o mandato e seja, apenas, julgado após o seu transcurso. Em qualquer caso, a pressão da opinião pública tornaria insustentável a permanência do titular no cargo.
[1165] Cfr PAULO OTERO ult. loc tit, p 113.
[1166] Nº 3 do artº 11º do Decreto-Lei nº 319-A/76, de 3 de maio

Exercendo, na generalidade, as funções presidenciais, o Chefe de Estado interino encontra-se inibido de dissolver o Parlamento, nomear membros do Conselho de Estado e do Conselho Superior da Magistratura e convocar referendos. Por outro lado, deve ouvir o Conselho de Estado se decidir marcar eleições, convocar extraordinariamente o Parlamento, nomear o Primeiro-Ministro, nomear e exonerar o Procurador-Geral da República e o Presidente do Tribunal de Contas e, ainda, nomear e exonerar os membros do alto comando militar (nºs 1 e 3 do artº 139º conjugado com o artº 133º da CRP). A interinidade na Chefia do Estado, pela forte limitação dos poderes presidenciais, significa que o sistema político entra num *período transitório* de pendor acentuadamente governamental (no caso de existir um Governo maioritário) ou parlamentar (em caso de governo minoritário)

Secção III. Prerrogativas presidenciais

778. O Presidente da República, a par do desempenho de atividades representativas, cerimoniais, certificatórias, bem como administrativas com eficácia circunscrita à administração da Presidência da República, as quais não serão desenvolvidas nesta sede, exerce competências significativas no âmbito da *função política*, as quais já tivemos a oportunidade de qualificar como de *direção e controlo*.

779. Os atos de *direção e orientação política* (também conhecidos vulgarmente como poderes de *indirizzo* político) *consistem em decisões que envolvem uma escolha potencialmente livre ou discricionária de pessoas para o desempenho de cargos, bem como de opções inovadoras de ação política respeitantes ao funcionamento das instituições da República*[1167]. Englobam decisões que tenham como efeito a demissão ou a dissolução de órgãos do poder político, a designação e exoneração de titulares e a faculdade de exprimir diretrizes e orientações.

780. Já os *atos de controlo* envolvem faculdades de escrutínio, de vigilância e de impedimento sobre a conduta e o funcionamento de outros órgãos ou titulares de órgãos, assim como sobre os respetivos atos[1168].

Não se irá nestas linhas abordar todas as competências constitucionais do Presidente nesta esfera, mas sim as mais relevantes, no quadro do funcionamento do sistema político.

1. Poderes de direção política respeitantes aos órgãos de soberania

---

[1167] Cfr. CARLOS BLANCO DE MORAIS "Curso de Direito Constitucional"-Coimbra--I-2015- p. 41.
[1168] CARLOS BLANCO DE MORAIS ult. loc cit, p. 43

1.1. Governo

A. Nomeação do Primeiro-Ministro

a) Atos preparatórios do processo de nomeação

781. A Constituição Portuguesa regula juridicamente o procedimento de formação do Governo, a partir do momento em que o Presidente nomeia, por decreto, o Primeiro-Ministro (alínea f) do artº 133º da CRP).
    Relativamente a atos presidenciais que antecedem a nomeação do Primeiro-Ministro, a Constituição apenas se reporta, no nº 1 do seu artº 186º, à audição formal dos partidos representados no Parlamento, a qual a doutrina pressupõe[1169] que deva anteceder logicamente a aprovação do decreto de nomeação do Chefe do Governo. Com efeito, dado que a referida nomeação deve ter em conta os resultados eleitorais, a mesma converte-se num ato jurídico de exercício politicamente condicionado, dependente de um circunstancialismo fático[1170], pois fará sentido auscultar as intenções dos partidos com representação parlamentar, na medida em que um juízo sobre a viabilidade de formação do Governo depende do apoio de uma maioria de deputados ou da não oposição dessa mesma maioria.
    A Lei Fundamental é, contudo, omissa, em relação a outros trâmites prévios conduzidos pelo Chefe de Estado, eventualmente mais importantes do que a audição formal e que antecedem a nomeação do Chefe do Executivo. Essas diligências, conduzidas ou praticadas pelo Presidente da República, consistem em atos políticos informais fundados no exercício de um poder constitucional implícito de formação do Executivo reconhecido ao mesmo Presidente.
    782. Na medida em que todas as competências implícitas dos órgãos de soberania decorrem de competências explícitas na Constituição, tem-se que o poder presidencial que envolve a condução e a realização de diligências políticas preparatórias e informais relativas à escolha do Primeiro-Ministro assume caráter instrumental em relação ao seu poder expresso de nomeação do Primeiro-Ministro. A *competência preparatória* consiste num poder instrumentalmente necessário ou mesmo indispensável para a aprovação do decreto de nomeação, sobretudo em cenários de maior dispersão da representação parlamentar.
    O poder explícito e o poder implícito são, nestes termos, materialmente conexos e entroncam numa faculdade mais ampla de orientação ou direção política

---

[1169] GOMES CANOTILHO-VITAL MOREIRA ("Constituição (...)" op. cit, p. 435) enfatizam a necessidade lógica de a audição preceder a nomeação.
[1170] MARIANA MELO EGÍDIO ult. loc cit.

que a doutrina[1171] reconhece ao Presidente na iniciação do processo de formação do Executivo, tanto mais que o Primeiro-Ministro não é objeto de uma investidura parlamentar.

b) Nota sobre a Indigitação como Primeiro-Ministro do líder do partido ou da coligação pré-eleitoral mais votada

783. A prática da indigitação resulta de um *uso de caráter ritual* que, em regra, se torna instrumentalmente necessário, sobretudo quando ocorrem cenários de maior dispersão da representação parlamentar, pois seria pouco avisado, pese o facto de já ter sucedido em 1983, que o Chefe de Estado pudesse nomear "a seco" o Chefe de Governo, após uma simples audição formal dos partidos, sem antes praticar quaisquer outras diligências, públicas ou reservadas.

Nada obriga, no entanto, que a aludida repetição de trâmites e providências preparatórias venha a ocorrer, sobretudo se tiverem lugar factos que reclamem condutas inovatórias. Na verdade, nenhuma disposição constitucional constrange o Presidente da República a ater-se no procedimento preparatório de nomeação do Primeiro-Ministro às práticas existentes, podendo adotar novos tipos de diligências que respondam a situações políticas novas ou que, no seu entendimento, resolvam com maior eficácia do que os usos habituais, uma situação complexa que careça de uma solução adequada. O parâmetro da tomada em consideração *"dos resultados eleitorais"* no ato de nomeação do Chefe do Governo e a posição constitucional do Presidente como garante do regular funcionamento das instituições democráticas conferem-lhe instrumentalmente o poder de direção política necessário para encontrar as soluções mais ajustadas para a preparação do referido ato de nomeação.

Tanto os usos ou práticas constitucionais, como outras providências inéditas que concorram para a nomeação do Chefe do Governo consistem, tal como se observou, em atos políticos desprovidos de eficácia jurídica, não sendo como tal suscetíveis de impugnação contenciosa junto da Justiça Constitucional. Sem embargo deste facto, as referidas diligências podem assumir expressivo alcance político. Sendo o Presidente da República o órgão responsável pelo impulso do processo de formação do Governo e co-responsável pela composição do Executivo, regista-se que iniciativas informais defeituosas que desrespeitem a escolha do eleitorado, que intencionalmente se destinem a inviabilizar a subsistência do Executivo no Parlamento, que comprometam sua legitimidade política ou que criem impasses institucionais manifestamente dispensivos, pretextuosos e con-

---

[1171] GOMES CANOTILHO-VITAL MOREIRA "Os Poderes" op. cit, p. 47 e seg; PAULO OTERO, ult. loc cit, p. 350.

O PRESIDENTE DA REPÚBLICA

flituais, podem repercutir-se negativamente sobre Presidente, através da censura de uma parte do arco partidário democrático ou da opinião pública.

784. Dada a exiguidade extrema do prazo dado pela Constituição para a apresentação do Programa do Governo[1172], todo o período de diligências preparatórias que antecedem a nomeação do chefe do Executivo e dos seus restantes membros revela-se crucial para que o partido ou partidos mais representativos possam preparar, em tempo útil, as linhas de força do referido Programa, bem como a orgânica governativa.

Por isso, um setor da doutrina [1173] entende que uma dessas práticas informais, como é o caso da indigitação do Primeiro Ministro, permite contornar a exiguidade do prazo de apresentação do Programa que se segue à nomeação, possibilitando um acréscimo temporal para a sua preparação.

Com efeito, o Presidente da República, sem prejuízo de poder promover audições informais, não deve proceder à audição formal dos partidos representados no Parlamento e à nomeação do Primeiro-Ministro antes da data da publicação oficial dos resultados eleitorais. Esse período pode, como se viu, caso não venha a ser abreviado, atingir o prazo máximo de vinte dias. Sem embargo, durante o período alargado que transcorre entre o dia subsequente ao da data da eleição

---

[1172] Por força do nº 1 do artº 111º-A da Lei Eleitoral para a Assembleia da República (Lei nº 14/79 de 16 de Maio) a Assembleia para o Apuramento Geral deve concluir este último até ao décimo dia posterior à eleição. Segue-se o envio de exemplares da ata à Comissão Nacional de Eleições nos dois dias subsequentes ao apuramento e proclamação dos resultados (artº 113º) os quais se destinam a permitir a apresentação de reclamações. No prazo de oito dias subsequentes à receção dessas atas, a Comissão Nacional de Eleições publica no Diário da República um mapa com os resultados finais da eleição tornados oficiais (artº 115º).
Assim, caso a publicação oficial dos resultados não tenha lugar num tempo mais breve do que o permitido pelos prazos legais máximos fixados para o efeito, o Presidente só poderá nomear o Primeiro-Ministro cerca de vinte dias após a publicação oficial dos mesmos resultados. Isto porque nos termos constitucionais o Presidente nomeia o Primeiro - Ministro *"tendo em conta os resultados eleitorais"* que devem coincidir com os resultados oficiais. Por outro lado, e independentemente de precedentes de sentido contrário ou de audiências preliminares que possam vir a ser praticadas, o ato formal de audição partidária recai sobre as formações políticas representadas no Parlamento eleito, o que supõe, igualmente, a prévia publicação dos resultados oficiais e definitivos antes da sua realização.
Volvida a aprovação do decreto de nomeação do Primeiro-Ministro, a Constituição determina outros procedimentos essenciais relativos à formação do novo Executivo. Nomeado o Primeiro-Ministro, o Presidente nomeia subsequentemente os restantes membros do Governo sob proposta do Chefe de Governo (nº 2 do artº 187º da CRP). O Governo nomeado deve, por outro lado, submeter à Apreciação da Assembleia da República o seu Programa no prazo máximo de dez dias após a data da sua nomeação (nº 1 do artº 192º da CRP).
[1173] PAULO OTERO, ult. loc. cit, p. 352 e seg.

e a data da publicação oficial dos resultados eleitorais, nada inibe o Presidente de tomar as providências instrumentais necessárias para a escolha do Primeiro-Ministro e a composição do Governo. Considera a doutrina[1174] que *"conhecidos os resultados eleitorais, nada obsta a que o Presidente da República desencadeie o processo de formação do Governo, ao contrário do que tem acontecido, com óbvios prejuízos para a vida do País. Há um dever de celeridade que impende sobre ele e sobre os demais intervenientes da vida pública"*. Outros entendem, igualmente que iniciada uma nova legislatura *"(...) incumbe ao Presidente da República diligenciar no sentido da constituição de um novo Governo, sem ficar à espera das indicações partidárias (...) ou de acordos inter-partidários"*[1175].

785. A *indigitação do Primeiro-Ministro* constitui um ato muito comum em Portugal e nos restantes Estados europeus e que traduz a "situação informal"[1176] de quem, tendo aceite assumir a função de Primeiro Ministro, assume também o encargo cometido pelo Presidente no sentido de preparar a formação de um Executivo. Nada obsta, contudo, como se disse, que o mesmo trâmite seja antecedido de outros ou possa até ser preterido por novos tipos de iniciativas políticas. Na verdade, o Presidente da República pode perfeitamente optar por procedimentos alternativos que impliquem a nomeação de um Primeiro-Ministro sem que ocorra uma prévia indigitação do mesmo titular[1177]. De acordo com a doutrina[1178], o Chefe de Estado pode, por exemplo, acolher expedientes ainda não utilizados em Portugal como o de designar um "representante pessoal" que desenvolva "diligências exploratórias" tendentes à formação do Executivo (caso da Bélgica).

786. Existe, uma prática consolidada em cerca de 40 anos, nos termos da qual, o Presidente, quando opta pela indigitação, convoca nos dias subsequentes à realização do ato eleitoral, o líder ou líderes do Partido ou da coligação eleitoral que tenha elegido o maior número de mandatos, de acordo com os resultados preliminares e convide essa formação, a indicar um candidato a Primeiro-Ministro que será indigitado para formar um governo maioritário ou para desenvolver diligências exploratórias com outros partidos tendentes à formação de um governo de maioria. No caso de o Primeiro-Ministro indigitado comunicar a sua impossibilidade de formar um novo Executivo maioritário, o Presidente dispõe

---

[1174] JORGE MIRANDA RUI MEDEIROS, ult. loc cit, p. 650
[1175] GOMES CANOTILHO-VITAL MOREIRA, "Constituição (...)" op. cit, p. 435.
[1176] PAULO OTERO ult. loc cit, p. 352.
[1177] É sempre possível ao Presidente nomear o Primeiro-Ministro sem indigitação, volvida a audição prévia e formal dos partidos com assento parlamentar. Já ocorreu, tal como se disse, em 1983 um precedente no sentido desta opção menos usual, ocorrida num contexto de ausência de maiorias absolutas monopartidárias e de distância do Presidente da República (Ramalho Eanes) em relação ao líder ao partido mais votado (Mário Soares).
[1178] GOMES CANOTILHO-VITAL MOREIRA, "Constituição (...)" op. cit,p. 435.

da faculdade de optar por outras combinações partidárias consonantes com a representatividade parlamentar.

Excluído o interregno dos governos de iniciativa presidencial, os presidentes da República, seguindo uma convenção constitucional, sempre nomearam Primeiro-Ministro, como já aqui se fez notar, o líder do partido ou da coligação pré--eleitoral com o maior número de mandatos na Assembleia da República, mesmo quando a referida formação não dispunha de maioria absoluta. Em, suma, num cenário de ausência de uma maioria absoluta monopartidária ou em coligação, o Presidente tem alguma margem de manobra para escolher o Primeiro-Ministro em função da interpretação por ele feita dos resultados eleitorais expressos em mandatos. Não houve precedente de nenhum líder de uma força política que tenha sido derrotada eleitoralmente ter sido, logo após o ato eleitoral, indigitado para formar Governo (supra, § 628 e § 643), mas tal não impede o Presidente de quebrar essa convenção, com os custos políticos inerentes, se o julgar necessário.

Pressionado para não o fazer em 2015, pelo facto de a coligação PSD/CDS não ter logrado alcançar a mesma maioria, o Presidente Cavaco Silva cumpriu com a referida prática constitucional (que envolve uma relação institucional de respeito pelo partido ou aliança que reuniu maior número de preferências do eleitorado), pese o facto de se presumir, antecipadamente, que o novo Governo formado corria um elevado risco de ser demitido no Parlamento, como aliás veio a suceder.

c) Um grau variável de liberdade na nomeação do Primeiro-Ministro pelo Chefe de Estado

787. A doutrina considera que a nomeação do Primeiro-Ministro pelo Presidente da República consiste num *ato jurídico-político de competência própria e pessoal*[1179], cuja discricionariedade é limitada nos termos do nº 1 do artº 187º da CRP, por duas condicionantes político institucionais[1180], a saber:

i) No plano instrutório, a audição prévia dos partidos representados no Parlamento.

ii) No plano substancial, a necessidade de a nomeação ter em conta os resultados eleitorais, expressão que comporta alguma indeterminação no seu conteúdo.

A condicionante representada pela audição partidária não vincula o Presidente quanto ao sentido resultante da auscultação. Considera mesmo a doutrina

---

[1179] GOMES CANOTILHO-VITAL MOREIRA "Constituição da República Portuguesa Anotada"-II- Coimbra-2010- p. 184.
[1180] JORGE MIRANDA RUI MEDEIROS "Constituição Portuguesa Anotada"-II-Coimbra-2006-p.382

que o Presidente *"não tem de consultar os partidos sobre a pessoa que deve designar. Pode limitar-se a ouvir"*[1181].

Já o segundo limite representado pela composição parlamentar que tenha resultado das eleições legislativas postula, à luz do princípio democrático, que o Executivo reflita aproximadamente as preferências fundamentais do eleitorado expressas em mandatos representativos. Trata-se de uma exigência que, como é sublinhado pela doutrina, *"revela que o Governo deve ser encontrado, em princípio, no quadro do sistema partidário e parlamentar"*[1182]. De um ponto de vista funcional e utilitário, esse limite projeta-se na governabilidade do sistema político, já que, dado o vínculo de responsabilidade política do Governo diante do Parlamento, importa que a solução encontrada pelo Presidente ofereça ao Executivo por si nomeado, perspetivas mínimas para não ser inviabilizado no Parlamento. Isto, salvo se o Presidente entender, em nome do superior interesse nacional, que seja preferível um governo demitido e em gestão longa (como em 1982-1983) do que uma solução governativa alternativa de caráter inconsistente e que ostente riscos para a democracia e para o regular funcionamento das instituições.

788. Sendo o decreto de nomeação do Primeiro-Ministro um ato político de escolha presidencial, entende-se [1183] que a margem de discricionariedade dessa escolha é:

- *menor*, no caso de resultar das eleições um cenário de maioria absoluta de um só partido ou de uma coligação pré-eleitoral, tendo o Chefe de Estado escasso campo de manobra política para não nomear Primeiro-Ministro a personalidade indicada pela força maioritária, já que parece existir um mandato inequívoco para que essa força possa governar e escolher a liderança do mesmo Governo;

- *maior*, se da composição parlamentar não resultar uma solução maioritária, radicando a maior amplitude do poder de condução presidencial do processo de formação do Governo no facto de a composição parlamentar não oferecer uma solução governativa clara e recair sobre o Presidente a incumbência[1184] de procurar nomear um Primeiro-Ministro capaz de formar um Governo com condições mínimas para não ser inviabilizado pela Assembleia da República.

[1181] GOMES CANOTILHO-VITAL MOREIRA, ult. loc. cit. p. 345 ss.
[1182] GOMES CANOTILHO-VITAL MOREIRA ult. loc. cit, p. 434.
[1183] JORGE MIRANDA RUI MEDEIROS, ult. loc cit, p. 383; GOMES CANOTILHO-VITAL MOREIRA ult. loc. cit, p. 434 e ainda dos mesmos autores "Os poderes do Presidente da República"-Coimbra-, 1991-p 49; PAULO OTERO "Direito Constitucional Português"-II cit. –p. 242.
[1184] GOMES CANOTILHO-VITAL MOREIRA ult. loc. citp. 435

d) A nomeação do Primeiro-Ministro no contexto de um Parlamento fragmentado.

789. No cenário em epígrafe o Presidente, tal como foi antecipado na rubrica precedente, vê acrescidos os seus poderes de *indirizzo* na formação do Governo. Trata-se de uma faculdade que ocorre, igualmente, com os Chefes de Estado nos sistemas parlamentaristas, mas que acaba por ser reforçada num sistema semipresidencialista.

No sistema semipresidencial, o Presidente não se reduz politicamente ao papel de um notário e não está, por exemplo, vinculado a nomear um Governo composto pelos partidos que perderam as eleições parlamentares, mesmo que formem maioria no Parlamento. Tendo sido eleito por sufrágio universal, o Chefe de Estado detém uma legitimidade representativa e democrática própria e é ele quem, nos termos constitucionais, nomeia o Primeiro-Ministro, o qual não é investido formalmente pela Assembleia da República, como sucede nos sistemas parlamentares.

790. Certo é que se o Primeiro-Ministro indigitado não tiver sucesso na formação do Governo ou se o Governo nomeado pelo Presidente for demitido por força da reprovação do seu programa ou por uma moção de censura subsequente ao início de funções plenas, nada obsta que o Presidente o indigite de novo para formar um Executivo diferente ou opte, em alternativa, por indigitar o líder do segundo partido mais votado para formar o novo Governo.

Esta segunda variante ocorreu, precisamente, em 2015, com a indigitação de António Costa, o líder do segundo partido mais sufragado, depois da reprovação do Programa do II Governo de Passos Coelho[1185].

[1185] Estará o Presidente, no cenário acabado de referir, vinculado juridicamente à nomeação do líder da segunda formação mais votada, mesmo que amparada num acordo parlamentar maioritário?
A resposta é negativa. O Presidente pode nomear, mas não está vinculado a proceder à nomeação de um novo Primeiro-Ministro oriundo dos partidos que perderam a eleição. Tudo depende de uma avaliação que faça sobre a consistência das soluções governativas em presença, o seu impacto político e financeiro e os seus riscos objetivos na salvaguarda do interesse nacional e no regular funcionamento das instituições. Uma maioria absoluta matemática de oposições politicamente heterogéneas que não tenha consistência política ou programática, não possui qualquer título preferencial sobre uma maioria relativa que se revele mais coerente. Daí que, no caso da inviabilização de um Governo formado pela formação ou coligação mais votada, o Presidente possa optar pela conservação do Governo demitido em gestão, no limite até ao termo do defeso constitucional que o impede de dissolver antes do transcurso de seis meses volvidos sobre a eleição parlamentar, procedendo então à dissolução deste órgão (o País

791. Pode ainda o Presidente, no contexto de uma situação excecional em que no Parlamento não exista base consistente para a formação de qualquer Governo, designar um executivo técnico da sua iniciativa, com vigência transitória, cuja viabilidade estará dependente de uma não-obstaculização da maioria parlamentar. Trata-se de uma solução com precedentes na década de setenta mas que não voltou a suceder desde esse tempo (supra, § 676 e seg).

Na data da posse do Primeiro-Ministro nomeado, o Presidente exonera o Primeiro-Ministro do Governo que cessa funções (nº 4 do artº 186º), o que significa que as datas de demissão de um Governo e a da exoneração dos seus membros não coincidem, pois um Governo demitido mantém-se em funções (diminuídas) para assegurar a continuidade da atividade do Estado.

e) Nota sobre a designação de governos de iniciativa presidencial

i) Razão de ordem

792. Não se encontrando prevista expressamente na Constituição, a designação de governos de iniciativa presidencial, foi extraída do atual nº 1 do artº 187º, que atribui ao Presidente o poder de nomear o Primeiro-Ministro considerada a composição parlamentar resultante das eleições. Na medida em que não haja manifestamente qualquer viabilidade de formação de um governo com base na composição parlamentar minimamente estável ou viável, e havendo que assegurar transitoriamente a governabilidade, a Constituição não veda a faculdade de o Presidente nomear um Primeiro-Ministro fora do quadro partidário, para constituir um governo com técnicos e independentes, ou integrando determinadas personalidades dos partidos, para assegurar a governação.

Embora alguns dirigentes políticos tenham entendido, como foi o caso do ex- Presidente Cavaco Silva, então no exercício de funções, que, depois da revisão de 1982 (a qual eliminou a responsabilidade política do Governo ante o Presidente), deixou de haver condições para formar governos dessa natureza[1186], outros, como o ex-Presidente Mário Soares entenderam com alguma leveza que, no auge da crise política de 2013, o Chefe de Estado deveria demitir, sem mais,

---

já experimentou períodos em que o governo se conservou em gestão por mais de 6 meses, como foi o caso do Governo de Pinto Balsemão entre dezembro de 1982 e junho de 1983).

[1186] Numa entrevista à RTP em julho de 2013 o Presidente exclui a hipótese da formação de um governo de iniciativa presidencial. O Presidente fez uma leitura restritiva da revisão constitucional de 1982, entendendo que: *"Se um Governo que passa na Assembleia não responde perante o Presidente mas só perante a Assembleia, então não faz qualquer sentido um Governo de iniciativa presidencial."*

o Governo de então, sustentado numa maioria parlamentar absoluta e formar outro da sua iniciativa[1187].

Já no universo do Direito Público predomina o entendimento geral, segundo o qual, o Presidente pode nomear governos de sua iniciativa em situações extraordinárias ou excecionais[1188] em que não seja possível garantir a governação através de um Executivo que emane da representação parlamentar, se bem que essa exceção seja interpretada por alguns com uma latitude excessiva que não se quadra nem na prática nem na lógica constitucional depois de 1982[1189].

[1187] CARLOS BLANCO DE MORAIS "Quando Pode um Presidente da República Nomear um Governo de Iniciativa Presidencial? In "Direito e Política"-Jan-Mar 2013-p. 97.

[1188] Com alguma latitude GOMES CANOTILHO-VITAL MOREIRA "Os Poderes (...)" op. cit p. 48 e MANUEL MONTEIRO "Quando Pode um Presidente (...)" op. cit, p.117;. Mais restritivamente CARLOS BLANCO DE MORAIS "Quando Pode um Presidente (...)" op. cit, p. 97 e seg; MARCELO REBELO DE SOUSA, idem, p. 118; PAULO OTERO ibidem, p. 127; MIGUEL NOGUEIRA DE BRITO, ibidem, p.123; ANDRÉ SALGADO DE MATOS idem, p.95; JOSÉ DE MELO ALEXANDRINO, ibidem, p.112; JAIME VALLE, ibidem, p.107;LUÍS PEREIRA COUTINHO, ibidem, 114;

[1189] JORGE MIRANDA "Quando Pode o Presidente (...)" op. cit, p. 110. As hipóteses formuladas pelo autor para a formação desse governo (contestação ao Primeiro-Ministro no seu próprio partido sem emergir quem possa substituí-lo, resultados insatisfatórios do Governo frente à cirse económico financeira com agitação social, grande derrota dos partidos do governo em eleições locais) não têm cabimento na prática constitucional e parecem ter sido feitas *"taylor made"* em elação à crise de 2013, na base de uma visão política, refletindo uma conceção póstuma dos poderes presidenciais que terminou em 1982. No decurso da crise de 2015, subsequente à demissão do segundo Governo de Passos Coelho, na sequência da reprovação do seu Programa, alguns constitucionalistas como Jorge Miranda (Expresso online de 22-10-2005: http://expresso.sapo.pt/politica/2015-10-26-Jorge-Miranda-sem--duvidas-Governo-de-gestao-sera-inconstitucional) sustentaram a hipótese técnica de um governo de iniciativa Presidencial como alternativa à continuação do governo demitido em gestão (o qual seria, na sua opinião, supostamente inconstitucional) até ao momento em que o novo Presidente da República pudesse dissolver o Parlamento. Excluímos liminarmente essa hipótese (http://expresso.sapo.pt/politica/2015-11-18-Blanco-de-Morais-demarca-se-de--Governo-de-iniciativa-presidencial-) em entrevista ao jornal "i online" (30-10-2015) já que, na medida em que se contestava, num setor político e jurídico, a legitimidade da continuação em gestão por alguns meses de um governo demitido mas formado por partidos que tinham ganho as eleições com maioria relativa, por maioria de razão, muito menos legitimidade teria um Governo de iniciativa Presidencial, hostilizado pela maioria parlamentar, desprovido de uma base de apoio coerente e constituído por um Presidente em final de mandato. O facto de existir no Parlamento uma maioria alternativa excluía os pressupostos de necessidade e urgência dessa solução.

793. Cumpre tecer sobre esta matéria algumas considerações que reproduzem, parceladamente e com alguns ajustamentos, um artigo já citado que escrevemos sobre o tema[1190].

ii) Argumentário desfavorável à formação de governos de iniciativa presidencial

794. Pode ser entendido, e essa era a linha de pensamento do Presidente Cavaco Silva, que a versão originária da Constituição *implicava explicitamente uma responsabilidade política do Governo ante o Presidente da República*. Daqui resultava que: o Presidente nomeava o Primeiro-Ministro ouvidos os partidos, bem como o Conselho da Revolução e "tendo em conta os resultados eleitorais"; poderia livremente demitir o Executivo; e do Programa do Governo deveriam constar medidas de execução da Constituição a propor à consideração não apenas do Parlamento, mas também do Chefe de Estado[1191]. Ora, tendo a revisão constitucional de 1982 *suprimido a responsabilidade política do Governo ante o Presidente bem como algumas das suas decorrências*[1192], poderia considerar-se que a formação de Governos de iniciativa presidencial terá sucumbido com o fim do referido instituto da responsabilidade política, desvanecendo-se da figura dos governos de iniciativa do Chefe de Estado, pelo menos na lógica originária[1193].

A prática política entretanto consolidada demonstraria, por seu lado, que desde o ano de 1979 (termo do último Governo de iniciativa presidencial), não se registou até ao momento presente nenhum Executivo com esta natureza. De entre as razões determinantes do esmaecimento desse instituto cumpre sublinhar: **i)** o balanço político-institucional pouco positivo deste tipo de governos[1194]; **ii)** a clara atenuação ou apagamento do protagonismo interventivo do Presidente da República no sistema político, primeiro com os governos de bloco central (1983/85), depois com colapso nas urnas de um projeto do ex-Presidente Eanes

---

[1190] CARLOS BLANCO DE MORAIS, ult. loc cit, p. 96 e seg.

[1191] Cfr. artºs 190º, 191º e 193º da Constituição originária.

[1192] Tendo, a título consequente, sido eliminada a submissão do Programa de Governo ao Presidente; limitada a livre faculdade deste poder demitir o Governo; e sido removida a audição do Conselho da Revolução (entretanto extinto) no processo de nomeação do Primeiro-Ministro.

[1193] Lógica que, ainda assim, não legitimou pacificamente na altura um poder de livre iniciativa, já que o mesmo instituto foi reservado para situações de impasse parlamentar na formação dos executivos.

[1194] Os executivos pautaram-se pela sua grande precariedade e hostilidade dos partidos do sistema (em menos de dois anos, os dois primeiros caíram por força de oposição parlamentar e o terceiro revestiu carater intercalar até à realização de eleições).Cfr JAIME VALLE ult. loc cit, p. 107.

e, finalmente, com o predomínio de governos maioritários ou quase maioritários a partir de 1987, circunscrevendo-se progressivamente o papel do Chefe de Estado a uma função "reguladora"[1195]; **iii)** e a não conceção do papel do Presidente, diversamente do que sucede em França, como um dos dois pilares do Poder Executivo, sendo escassíssimas as vezes em que o Chefe de Estado é convidado pelo Primeiro-Ministro para presidir ao Conselho de Ministros. Será, quiçá, neste contexto, que pode ser entendida a frase de altos responsáveis do Estado, segundo a qual, os governos de iniciativa presidencial, entendidos no seu figurino originário, seriam uma realidade do passado.

iii) Da subsistência do poder presidencial para a formação de governos da sua iniciativa: o regular funcionamento das instituições democráticas e as suas faces negativa e positiva

795. Se bem que a revisão constitucional de 1982 e a prática político-institucional subsequente ratificaram a ideia de que *o modelo originário de governos de iniciativa presidencial se encontra ultrapassado*, entendemos que a letra da Constituição, associada à matriz do sistema de governo semipresidencialista vigente, não veda ao Chefe de Estado, *em circunstâncias extraordinárias*, a faculdade de nomear governos da sua iniciativa, embora na base de um paradigma normativo distinto do de 1976. Vejamos em que termos.

796. De acordo com o nº 1 do artº 187º da CRP, o Presidente conserva a plenitude formal do poder de nomear o Primeiro-Ministro, ouvidos os partidos com representação parlamentar e *"tendo em conta os resultados eleitorais"*. Trata-se de um poder constitutivo de *direção política*[1196] que se encontra objetivamente condicionado, na medida em que o mesmo titular possui uma margem política muito escassa de escolha do Chefe do Governo sempre que *um partido ou uma coligação de partidos disponha de maioria absoluta no Parlamento* e proponha candidatos à liderança do Executivo.

[1195] Um dos fatores de não se terem constituído mais governos dessa natureza, deve-se o facto de, desde 1979 até 2015, ter havido, sempre, a partir da composição parlamentar, a possibilidade de um Chefe de Estado nomear um Governo de base partidária. Especialmente, o período situado entre 1979 e 1985 e os períodos que mediaram entre 1987 e 2009 e 2011 a 2015 não deixaram qualquer margem de escolha ao Presidente quanto à nomeação do Primeiro-Ministro, dado que se formaram agilmente entre os partidos, coligações maioritárias e governos maioritários ou quase maioritários de um só partido.

[1196] Cfr. em geral GOMES CANOTILHO "Direito Constitucional e Teoria da Constituição"- Coimbra-2003-p. 566; e especificamente CARLOS BLANCO DE MORAIS "Curso de Direito Constitucional"-I- Coimbra-2012-p. 39 e seg

O SISTEMA POLÍTICO

Mas como já se antecipou, essa mesma margem de escolha presidencial do Chefe de Governo aumenta, à medida que inexistam as referidas maiorias parlamentares. Por exemplo, o Presidente tem uma margem de influência restringida mas sensivelmente maior do que a referida no parágrafo anterior, no caso de haver um partido com maioria relativa no Parlamento, sem que seja simultaneamente viável a formação de governos maioritários através de coligações coerentes ou viáveis das forças de oposição (tal como sucedeu em 1985, com o Governo de Aníbal Cavaco Silva e, em 2009, com o Governo de José Sócrates). E essa margem mantém-se, num cenário que envolva coligações ou alianças maioritárias entre partidos menos votados que intentem dispensar a formação mais sufragada, na formação do Governo[1197].

Em todos os casos expostos, contudo, nenhum deles envolve um "governo de iniciativa presidencial". O Presidente enceta diligências para a formação do Governo e vê condicionada ou relativamente alargada a sua margem escolha, em função da composição parlamentar resultante de eleições.

797. A situação altera-se, contudo, em situações extraordinárias de bloqueio institucional onde possa estar em risco o *regular funcionamento das instituições democráticas* de *que o Presidente é o garante, nos termos do artº 120º da CRP*. Ora, é num contexto excecional de conflitualidade paralisante, de rutura ou de crise agravada do sistema político-partidário ou do sistema financeiro, em que o Governo não esteja em condições de funcionar normalmente ou em que, na sequência da sua demissão, se torne inviável a formação em tempo útil de um Executivo maioritário ou estável tido como indispensável para a tomada inadiável de decisões fundamentais, que se tem por constitucionalmente justificada a génese de governos de iniciativa presidencial.

Vimos que, desde 1982, o Presidente deixou de poder demitir o Governo por razões de mera falta de confiança política, podendo-o apenas fazer para assegurar, em nome dos superiores interesses nacionais, o *regular funcionamento das instituições democráticas* (nº 2 do artº 195º da CRP). *O ato de demissão do Executivo*

[1197] Se dois partidos do arco democrático, que não sejam a formação mais votada, pretenderem formar um governo maioritário, o Presidente pode viabilizar esse Governo mas condicionar a escolha do Primeiro-Ministro. Se essa maioria envolver partidos fora do arco democrático, a intervenção presidencial poderá, por natureza, mais ampla, seja não viabilização do Governo (ressalvada a existência de uma coligação com maioria absoluta) seja no condicionamento da sua composição ministerial, seja na escolha do Primeiro-Ministro, atenta a sua posição de garante do regular funcionamento das instituições democráticas. A questão do arco democrático não é uma figura de retórica. Já mesmo sem olhar a práticas passadas, serão dificilmente democráticos partidos que façam a apologia ou se revejam, inequivocamente, em regimes totalitários como Cuba ou a Coreia do Norte ou apoiem ditaduras em formação, como a da Venezuela.

O PRESIDENTE DA REPÚBLICA

transitou da esfera dos poderes livres do Presidente para a órbita dos seus "poderes de crise", passando a ficar limitado por um parâmetro material cuja semântica evoca uma situação rara de urgência institucional e cuja ausência de prática efetiva nos últimos trinta e três anos permite situá-lo, de entre as chamadas válvulas de segurança do sistema político. *Trata-se da face negativa da "medida de valor" do regular funcionamento institucional de que o Presidente é garante.*

Constituindo o poder de demissão do Governo, a face inversa do poder de nomeação do mesmo órgão, é possível defender que, existem situações atípicas de crise que obstam à formação inadiável e espontânea de um Governo a partir da configuração e do impulso parlamentar e que podem justificar que seja o Chefe de Estado a assumir a iniciativa e o protagonismo da constituição do Executivo.

798. Nessas circunstâncias extraordinárias que tornam possível, ou exigível, uma maior autonomia do poder de decisão do Chefe de Estado no ciclo de vida do Executivo, a sua competência para nomear um Governo da sua iniciativa deve, por analogia, assentar nos mesmos pressupostos excecionais que presidem ao ato de demissão, ou seja, *só pode ocorrer como única forma verosímil e eficaz de assegurar o regular funcionamento das instituições democráticas*, tomando-se como referência, a norma do nº 2 do artº 195º, conjugada com o nº 1 do artº 187º da CRP. Trata-se de uma *face positiva do parâmetro do regular funcionamento das instituições democráticas.*

iv) Parâmetros do poder excecional ou extraordinário de nomeação de governos de iniciativa presidencial

799. Sem que se pretenda, nas balizas destas escassas páginas, esgotar os pressupostos e limites constitucionais e políticos que envolvem a nomeação excecional de governos de iniciativa presidencial, haverá que alinhar três ordens de situações em que se considera legítima essa nomeação.

800. *Uma primeira hipótese,* de pouco provável convocação, prende-se a um estado público de necessidade, ligado eventualmente à declaração dos *estados de sítio e de emergência,* no contexto do artº 19º da CRP, ou ainda ao estado de guerra. A declaração dos estados de exceção ou de guerra não implica nem aconselha, em regra, a constituição de um governo de iniciativa presidencial. Contudo, em certos quadros críticos que envolvam o risco de rutura no funcionamento das instituições, tal opção poderá ter-se como justificada. Assim, verificada uma quebra ilegítima da legalidade ou uma grave catástrofe natural em que o Governo em funções *se mostre objetivamente incapaz de reunir* ou de decretar *medidas indispensáveis e inadiáveis para a gestão dos negócios públicos* e para a defesa do Estado de direito, o Presidente poderá demitir o mesmo Executivo e nomear, *transitoria-*

mente, um Governo da sua iniciativa, destinado a tomar essas mesmas medidas que podem ser admissíveis mesmo em gestão[1198]. Ainda assim, o respeito pelos resultados eleitorais recomenda que o Presidente escolha a chefia do mesmo Governo de entre personalidades independentes ou de entre personalidades oriundas da maioria governamental que cessou funções, devendo abster-se de designar uma figura da oposição.

801. *Uma segunda situação*, presa à legalidade institucional vigente, coloca-se em conjunturas de necessidade ou de urgência que exijam o funcionamento regular do Executivo, nomeadamente as que, volvida a *prévia demissão do Governo*, nos termos previstos na Constituição, *impliquem a **cumulação** três situações críticas*: **i)** a inviabilidade de formação em tempo razoável de um novo Governo estável, esgotadas todas as soluções verosímeis ou razoáveis de base partidária em sede parlamentar[1199]; **ii)** a impossibilidade de dissolução do Parlamento a curto prazo em razão do defeso temporal e circunstancial, a ausência de tempo útil para a convocação de eleições antecipadas ou, em alternativa, a enorme probabilidade de as mesmas manterem, no imediato, a configuração presente da representação parlamentar; **iii)** e a *necessidade da tomada imediata de medidas indispensáveis e inadiáveis para o normal funcionamento das instituições, para a solvabilidade financeira do Estado ou para a garantia da paz pública ou da soberania*. No leque de situações descritas o Presidente da República dispõe de uma margem de liberdade suficiente para tomar a iniciativa para a formação de um Governo.

802. Uma terceira hipótese prende-se à necessidade de preparação de eleições livres e transparentes quando o Executivo em funções, pela sua conduta, não dá manifestamente garantia de que o referido ato eleitoral corra com regularidade[1200].

Em síntese, os governos de iniciativa presidencial constituem uma solução de último recurso ou de virtual necessidade, reservada para períodos durante os quais seja indispensável assegurar imperativamente a governação e a prática de atos inadiáveis e não existam hipóteses alternativas e verosímeis de formação de um governo sustentado numa base parlamentar.

v) Variantes de executivos de iniciativa presidencial

803. Cumpre fazer uma distinção entre *governos de iniciativa presidencial em sentido impróprio ou indireto* e *governos de iniciativa presidencial em sentido próprio*, podendo

---

[1198] CARLOS BLANCO DE MORAIS "Curso (...)" op. cit, 482 e seg.
[1199] Cfr, proximamente, MARCELO REBELO DE SOUSA, ult. loc cit.
[1200] Cfr, supra § 810 e seg, a respeito dos fundamentos de demissão do Governo pelo Chefe de Estado. Assim, também, PAULO OTERO ult. loc cit, p. 127.

o Presidente optar por uma ou outra modalidade, atentas as circunstâncias políticas do momento.

804. Na primeira variante, o Presidente toma a iniciativa, com maior ou menor discrição, de impulsionar e viabilizar a formação de um Governo, operando ao abrigo da sua magistratura de influências como simples articulador da constituição desse Executivo, sem que assuma uma responsabilidade política direta na sua legitimação e sustentação futura, de modo a evitar que o mesmo seja estritamente tido como um "governo presidencial". Trata-se de uma modalidade de formação governativa que é comum em sistemas parlamentaristas, como o italiano[1201].

No leque de possibilidades existentes haverá a considerar a formação de: governos de unidade nacional que envolvam os principais partidos com representação parlamentar; governos de independentes, técnicos ou de personalidades políticas que não sejam dirigentes partidários e que subsistam sustentados num acordo parlamentar maioritário (como sucedeu no caso de Itália); e governos de independentes (ou de personalidades políticas que não exerçam lideranças partidárias) que mesmo sem apoio parlamentar maioritário exerçam transitoriamente a gestão dos negócios públicos. Este tipo de governos, por não envolverem uma responsabilidade própria do Chefe de Estado na sua subsistência, que repousa essencialmente no apoio ou numa não oposição parlamentar, podem ter uma duração indefinida no decurso da legislatura.

805. No caso de *governos de iniciativa presidencial em sentido próprio*, o Presidente assume explicitamente o papel institucional de formador da solução governativa e garante político da sua subsistência, a qual assume necessariamente carácter transitório e de curta duração. Estando, todavia, o Chefe de Estado, limitado pela expressão parlamentar dos resultados eleitorais, deverá o mesmo abster-se, nomeadamente, de nomear governos: que mereçam a desconfiança explícita e notória da maioria parlamentar, salvo situações de insuperável necessidade e urgência; que sejam chefiados ou que integrem, predominantemente, personalidades afetas a partidos minoritários; ou governos que não tenham à partida condições para viabilizar o seu programa, exceto se se limitarem a exercer a gestão dos negócios públicos num período transitório de evidente necessidade.

[1201] Em sistemas parlamentares onde, sintomaticamente, a responsabilidade do governo ante o Presidente inexiste, tiveram lugar governos de tecnocratas de iniciativa presidencial, como o Governo Monti em Itália, entre final de 2011 e 2013, formado em negociação com os partidos pelo então Presidente Napolitano

B. Nomeação e exoneração dos restantes membros do Governo

806. O Presidente nomeia e exonera os membros do Governo sob proposta do Primeiro-Ministro (alínea h) do artº 133º e nº 2 do artº 187º da CRP). Trata-se, por conseguinte, de um poder partilhado com o Chefe de Governo, o qual é formalmente titular de uma faculdade reservada de iniciativa.

A competência presidencial em análise encontra-se, pois, condicionada pela sobredita proposta primoministerial, o que significa que, por vontade própria e por iniciativa do Presidente, este não pode nomear ou demitir os membros do Executivo. A par desse facto, existe uma prática consolidada no sentido de a formação do Governo decorrer de um *poder de organização governamental do Primeiro-Ministro*[1202] que, estatutariamente, chefia o Governo, coordenando a ação dos ministros e dirigindo a sua política geral e funcionamento (alíneas a) e b) do artº 201º da CRP)

Ainda assim, a nomeação dos membros do Governo de acordo com a proposta do Primeiro-Ministro não consiste numa competência vinculada, pelo que, dentro de critérios de razoabilidade e essencialidade, o Chefe de Estado pode condicionar, pontualmente, a composição do Executivo.

807. A formar-se uma coligação heterogénea, critérios como o respeito pelos compromissos internacionais do Estado, a celebração de um acordo formal de governação minimamente estável e consistente entre os partidos que suportam a nova solução governativa ou a fixação critérios preclusivos do acesso dos militantes de certos partidos não democráticos a determinadas pastas de soberania constituem hipóteses possíveis que cabem no poder legítimo de um Presidente eleito por sufrágio universal.

Existem precedentes internos e externos que sustentam essa limitação, a qual opera na esfera política. É o caso dos condicionamentos que o Presidente Sampaio colocou ao Governo de Santana Lopes, quanto a escolhas ministeriais relativas a certas pastas (supra §622-1º-nota e §690) . E é o caso da Áustria, outro sistema semipresidencial, quando o Presidente Klestil, no ano 2000, se confrontou com uma coligação entre o Partido Popular (Conservador) e o Partido de Liberdade (direita radical eurocética). Klestil, que podia em tese rejeitar a proposta, obrigou os dois partidos a assinarem um acordo de aderência a valores europeus e democráticos e recusou a nomeação de dois candidatos de extrema-direita a postos no governo (Thomas Prinzhorn e Hilmar Kabas).

808. Observe-se, contudo, *em termos puramente políticos*, que se o Presidente em Portugal dispõe de uma maior margem de "veto" no que tange a propostas relativas membros do Governo em executivos minoritários em formação (como

---

[1202] GOMES CANOTILHO-VITAL MOREIRA "Constituição (...)" o-II-op cit, p. 437.

em 2015) ou em executivos maioritários que se formem ou remodelem a meio ou perto do termo da legislatura (como sucedeu, respetivamente, em 2004), a sua margem estreita-se perante Governos suportados numa maioria parlamentar absoluta, em início de legislatura. Se um Primeiro-Ministro indigitado e com uma legitimidade fresca nas urnas insistir na nomeação de certos titulares e se recusar formar governo sem essas nomeações, o Presidente seria responsabilizado por gerar uma grave crise política que deixaria o País sem governo, na medida em que não disporia de soluções alternativas credíveis e democráticas em relação à formação do Executivo que não passassem pelo partido ou coligação claramente suportados pela vontade popular.

Em suma, pese o facto de o Presidente dever observar limites oriundos da vontade do Primeiro-Ministro, no que concerne à nomeação dos membros do Governo, não se estará diante de um simples poder notarial. Se é um facto que o Presidente, por razões de mérito ou de falta de confiança política (a qual inexiste na sua relação com o Executivo), não se pode escusar a nomear como membro do Governo alguém que lhe seja proposto pelo Primeiro-Ministro, o Chefe de Estado dispõe da faculdade, por razões de Estado presas à salvaguarda da legalidade, da ordem constitucional democrática, da soberania e do regular funcionamento institucional, de recusar a nomeação proposta, em certas circunstâncias. Semelhante ato só poderia fundar-se em razões graves e extremas (tais como a nomeação de alguém filiado num partido de oposição sem que o facto fosse conhecido pelo Primeiro-Ministro, e da nomeação de pessoa já condenada por crime grave que prejudique a sua idoneidade como governante ou, ainda, de alguém que defenda manifestamente a subversão da ordem democrática, o separatismo, os interesses de potências estrangeiras ou o termo da independência nacional).

Na ordem constitucional vigente já se registou um exemplo de recusa de nomeação para cargo governativo: o Presidente Mário Soares escusou-se a nomear o Ministro da Defesa, Fernando Nogueira, para o novo cargo de Vice-Primeiro--Ministro, por razões puramente políticas, presas à aproximação do termo do mandato do Executivo, constituindo um precedente arbitrário de denegação de uma proposta do Primeiro-Ministro quanto a uma remodelação governamental.

C. Demissão do Governo por iniciativa do Presidente da República

809. O Presidente da República, desde a revisão de 1982, encontra-se condicionado no exercício da sua prerrogativa de demissão do Governo, à observância dos pressupostos constantes de um conceito jurídico indeterminado: o decreto de demissão só pode ser aprovado caso tal *"se torne necessário para assegurar o regular funcionamento das instituições democráticas"* e ouvido o Conselho de Estado (nº 2 do artº 195º da CRP).

Diversos fatores, já anteriormente dissecados nesta obra § 599 e § 681, concorreram para se formar uma consciência jurídica assumida por toda a doutrina em torno da ideia, segundo a qual, se estará diante de um poder de uso excecional.

Do preceito resulta que a demissão é predicada pela *existência de uma crise grave*, uma situação disfuncional cujo prolongamento no tempo afeta a "salus Republicae". Mas não basta qualquer crise, mesmo séria, para que o Presidente recorra ao referido poder. Este só deve ter lugar num quadro de necessidade, ou seja, quando para garantir a normalidade no funcionamento das instituições soberanas, outras medidas alternativas se revelem insuficientes, onerosas ou inaptas e a opção pela demissão se revelar *indispensável*. O Presidente está, deste modo, sujeito a um critério de proporcionalidade, que converte a demissão num instrumento de último recurso.

810. Têm sido elencados diversos cenários que podem tornar necessária a tomada da medida em análise[1203]. Seria o caso de: i) situações de guerra, de catástrofe, de revolta, de tentativa golpe de Estado ou de uma crise financeira que ponha irremediavelmente em crise a solvabilidade do Estado e que, ou tornem inviável o funcionamento do Governo, ou tornem evidente a incapacidade do mesmo em solucionar eficazmente o quadro de crise; ii) Incapacidade do Governo, ferido na sua legitimidade política, de reiteradamente cumprir as leis e fazê-las aplicar (com relevo para o Orçamento de Estado), assim como de garantir a paz pública e fazer funcionar os serviços fundamentais da Administração; iii) Prática, por parte do Governo, de atos graves contrários à Constituição, mormente, atentado contra a independência nacional, omissão de apresentação do seu Programa no Parlamento, tentativas ilícitas de controlo da comunicação social e renovação legislativa reiterada e ostensiva de diplomas vetados ou julgados inconstitucionais; iv) desacato manifesto e reiterado a decisões judiciais ou prática de crimes contra o Estado de direito; iv) enfrentamento ostensivo com o Presidente da República e desrespeito pelo seu estatuto, com quebras sérias de lealdade institucional, recusa infundada de referenda ministerial e omissão sistemática do dever de informação ou preterição intencional do mesmo dever num caso de expressiva relevância nacional; v) rotura de uma coligação sem que o Primeiro-Ministro submeta um voto de confiança ao Parlamento, se neste ficar privado de uma maioria absoluta que sustente o Executivo; vi) Acusação penal ao Chefe do Governo ou a um número significativo de membros do Governo com fundamento na prática de crimes graves.

811. Em certas circunstâncias, a dissolução parlamentar pode não se revelar suficiente, na medida em que o Presidente considere ser impreterível a nomea-

---

[1203] Cfr. de entre outros, GOMES CANOTILHO-VITAL MOREIRA ult. loc cit, p.464; JORGE MIRANDA-RUI MEDEIROS, ult. loc cit, p. 674.

ção de um governo independente para garantir eleições justas e fiáveis ou evitar situações irremediáveis. A demissão do Governo em funções, maioritário ou não, pode justificar-se se o mesmo der indícios de poder defraudar o ato eleitoral, prosseguir a prática de crimes contra o Estado de direito que constituam o fundamento da dissolução, comprometer a independência nacional com a prática de factos consumados ou procrastinar dolosamente medidas inadiáveis, tais como a recusa de um resgate financeiro indispensável para evitar a iminente insolvência do País, com o risco objetivo de paralisia da administração e das demais instituições.

O decreto de demissão, atenta a excecionalidade e gravidade do poder de direção que lhe subjaz, deve ser cabalmente fundamentado.

Observa-se, contudo, que se está diante de um ato político e, como tal, inimpugnável junto do Tribunal Constitucional. No limite, se um Presidente alegando o pressuposto de funcionamento não regular das instituições democráticas decidir demitir o Governo, com base numa mera crise política[1204], falta de confiança institucional[1205] ou de um conflito inter-orgânico[1206], ele poderá levar a sua avante, mesmo que o Conselho de Estado se pronuncie desfavoravelmente e a opinião pública conteste o mérito da medida.

812. O Presidente é, tal como se antecipou, o único juiz da verificação dos pressupostos da competência de que é titular, pelo que o uso abusivo do instituto da demissão só poderá ter como efeito:

- uma sanção de ordem política (tal como a contestação pública ao Presidente, a sua não reeleição e a sua deslegitimação política se o Governo for reconduzido após eleições antecipadas);

- uma revisão constitucional, ordinária ou extraordinária, que no futuro, o prive dessa faculdade.

A bem da verdade, no caso de se propiciar um ato de demissão fora de um contexto excecional, os seus efeitos dependerão do êxito ou inêxito do impacto que causar. Assim, caso o ato presidencial tivesse respaldo público e gerasse, posteriormente, com ou sem eleições, um novo Executivo afeiçoado ao Presidente e suportado numa maioria, poderiam ser criadas condições para uma nova prática derrogatória dos critérios excecionais que até agora têm estribado o referido poder, potenciando alguma presidencialização do sistema político. Caso

---

[1204] Crise na coligação ou demissão do Primeiro-Ministro.

[1205] Primeiro-Ministro que falte frequentemente ao encontro com o Presidente às quintas-feiras ou que sonegue, pontualmente, informação ao Chefe do Estado.

[1206] Caso de um Governo rompa relações com o Tribunal Constitucional e reduza drasticamente e sem fundamento o seu orçamento de funcionamento.

tal não suceda e redunde num ato falhado, as duas consequências acabadas de expor podem ter lugar.

D. Aceitação ou recusa do pedido de demissão apresentado pelo Primeiro-Ministro

813. Implica a demissão do Governo a aceitação pelo Presidente da República do pedido de demissão apresentado pelo Primeiro-Ministro, nos termos da alínea b) do nº 1 do artº 195º da CRP. Lido *"a contrario sensu"* o preceito confere margem política ao Presidente para recusar o mesmo pedido de demissão, do que decorrerá a continuidade, pelo menos transitória, do Executivo em funções.

Isso mesmo é atestado pela doutrina.

De acordo com GOMES CANOTILHO E VITAL MOREIRA[1207]: *"O Governo não pode auto-demitir-se e exonerar-se, por ato próprio das suas funções, mas pode pedir a demissão ao Presidente da República. O pedido de demissão do Governo é apresentado pelo Primeiro-Ministro – que representa o Governo como um todo nas relações com o Presidente da República (artº 191º) – e a demissão opera-se mediante um decreto de demissão do PR. Obviamente o PR não é constitucionalmente obrigado a aceitar o pedido de demissão, o qual, de resto, pode bem ser feito precisamente para ser recusado, de modo a reforçar a posição política do Governo"*. Também JORGE MIRANDA entende que *"O Presidente da República não fica adstrito, logo, passivamente, a aceitar a demissão. Tem, sim, de avaliar as razões aduzidas à luz do interesse geral e da relação das forças políticas, ouvindo os partidos representados na Assembleia da República e, se assim o entender, o Conselho de Estado (...)*[1208]*"*.

Ora, no que respeita ao período situado entre o início de vigência da Constituição e a atualidade, nunca se verificou nenhum pedido de demissão do Primeiro-Ministro que tivesse sido rejeitado, sem mais, pelo Chefe de Estado. Já durante o Estado Novo, depois da entrada em vigor da Constituição de 1933, ter-se-iam verificado dois pedidos de demissão formulados pelo Prof. Marcello Caetano ao Presidente Américo Thomaz, que não assumiram caráter público e que foram rejeitados. Trata-se do único caso conhecido da reiteração de pedidos com rejeições sucessivas no decurso da II e III Repúblicas. Curiosamente, no contexto da crise que marcou a demissão do Primeiro-Ministro Sócrates após a reprovação do PEC IV no Parlamento em 2010, teria sido avaliada por membros da Casa Civil, do Chefe de Estado a hipótese da recusa da aceitação da demis-

---

[1207] GOMES CANOTILHO E VITAL MOREIRA "Constituição da República Portuguesa –Anotada"-op. cit - p. 462.
[1208] JORGE MIRANDA-RUI MEDEIROS " Constituição Portuguesa Anotada"-II-2006--Coimbra-p673.

são do Primeiro-Ministro Sócrates como forma de o responsabilizar pela resolução imediata da crise financeira de excecional gravidade em que tinha deixado o País, de modo a evitar que utilizasse a demissão e o "status" do Governo em gestão (dotado de poderes diminuídos) como pretexto para não solicitar um resgate financeiro tornado absolutamente inadiável. Apesar de o Primeiro-Ministro transmitir ao Presidente que se encontrava em gestão depois da apresentação da carta de demissão, o Presidente recordou-lhe que tal só sucederia se aceitasse o seu pedido de demissão e que, enquanto tal não sucedesse era plenamente responsável pela condução do País. A aceitação só sucedeu vários dias depois[1209].

Não existe, em todo o caso, no quadro do atual regime constitucional, um precedente sobre a matéria, pelo que qualquer situação que venha a ocorrer terá de ser marcada por uma solução inovatória, nos termos permitidos pela Constituição.

814. Não restando dúvidas sobre o poder constitucional do Presidente em não aceitar o pedido de demissão do Governo apresentado pelo Primeiro-Ministro, importa verificar se o mesmo titular dispõe de competência jurídica e de fundamento político para manter a decisão de recusa de aceitação, *no caso de o Primeiro-Ministro reiterar o pedido*. A doutrina limita-se a aflorar este problema, mais numa perspetiva de razoabilidade político-institucional de resolução da situação concreta, do que no quadro de um raciocínio exclusivamente jurídico. A ideia dominante vai no sentido de que o Presidente não pode forçar o Governo a manter-se contra a sua vontade[1210] podendo, no limite, segundo alguns autores, o pedido de demissão funcionar como uma renúncia[1211].

Não é possível aceitar, sem mais, a posição doutrinária expressa. A norma da alínea b) do nº 1 do artº 195º da CRP tem um conteúdo amplo: ao prever, *"a contrario sensu"* a possibilidade de o Presidente não aceitar o pedido de demissão do Governo apresentado pelo Primeiro-Ministro, a sua previsão abrange, tanto a recusa de aceitação de um pedido originário de demissão, como a sua reiteração em atos sucessivos.

A recusa de um pedido é, assim, um ato denegatório que cabe, no quadro do sistema semipresidencialista, nas competências políticas do Presidente da República como poder moderador e regulador do sistema político, independentemente das razões aduzidas pelo mesmo titular para fundamentar a recusa, as

---

[1209] Cfr. sobre o teor deste encontro ANÍBAL CAVACO SILVA ult. loc. cit. p. 444.
[1210] COMES CANOTILHO E VITAL MOREIRA (, ult. loc. cit.) consideram que fora da situação já referida em que o Presidente recusa o pedido de demissão do Primeiro-Ministro *"para reforçar a posição política do Governo (...), o PR, podendo embora instar o PM a retirar o pedido de demissão, não pode razoavelmente forçar o Governo a manter-se contra a sua vontade"*.
[1211] JORGE MIRANDA-RUI MEDEIROS, ult. loc. cit. estimam que *"se o Primeiro-Ministro insistir no pedido e não o conseguir demover, não poderá recusar a aceitação (em última análise, o pedido de demissão equipara-se à renúncia do Próprio Presidente ou à de qualquer deputado)"*

quais não estão enumeradas na Constituição e que podem, por conseguinte, ser variadas. Como tal, essas razões não se circunscrevem àquela que foi enunciada no cenário observado supra, § 813, e que se reporta à recusa presidencial em aceitar a demissão para reforçar a posição política do Governo. Se esse cenário pode, em tese, ocorrer *num quadro de confluência* entre a maioria presidencial e a maioria parlamentar que sustenta um Executivo, ele terá um papel subsidiário ou muito mais limitado num *cenário alternativo de coabitação*. Neste último podem surgir razões de ordem específica ou até excecional que fundamentem a decisão presidencial de não aceitar o pedido de demissão, mormente os que se liguem à emergência de uma grave crise que requeira medidas imediatas por parte do Governo em funções.

Em suma, um pedido voluntário de demissão está sujeito a aceitação do Chefe do Estado e essa aceitação, sendo um ato livre, pode ser recusada, mais de uma vez, não se encontrando habilitados os membros do Governo a abandonarem funções, sob pena de responsabilização penal pela prática de um crime[1212].

815. Neste sentido não é possível aceitar a tese dos que afirmam que, em caso de reiteração do pedido pelo Primeiro-Ministro, *este* último equiparar-se-ia "à renúncia do Próprio Presidente ou à de qualquer deputado" (supra § 814). A Constituição é muito precisa no que respeita à cessação de funções dos titulares dos órgãos constitucionais:

i) Quando se reporta à renúncia, consagra-a explicitamente, bem como aos seus efeitos (artº 131º da CRP, no que respeita ao Presidente da República e nº 2 do artº 160º, no respeitante aos Deputados);

ii) Quando se refere a um pedido de demissão, sujeito a um ato de aceitação, consagra também, com precisão terminológica, esse mesmo instituto (situação que respeita ao Governo, nos termos da alínea b) do nº 1 do artº 195º da CRP);

iii) Quanto à demissão voluntária dos governos das regiões autónomas, a Lei Fundamental não consagra a figura da aceitação do pedido de demissão do Presidente do Governo pelo Representante da República, sendo a matéria remetida

---

[1212] Veja-se, a este respeito, o disposto no artº 385º do Código Penal que estipula em relação ao **crime de abandono de funções** : *"O funcionário que ilegitimamente, com intenção de impedir ou interromper serviço público, abandonar as suas funções ou negligenciar o seu cumprimento é punido com pena de prisão até 1 ano ou com pena de multa até 120 dias".*
A alínea c) do nº 1 do artº 386º do mesmo Código esclarece que a expressão *"funcionário"* abrange quem tiver sido chamado a desempenhar uma atividade compreendida na função pública administrativa, o que é o caso dos membros do Governo, o qual é, nos termos constitucionais, o órgão superior da Administração Pública. Ainda assim é possível sustentar que a lei distingue os cargos políticos, como é o caso dos membros do Governo, dos funcionários. A ser assim, a solução poderia ser semelhante à já aqui referida para o próprio Presidente da República, em caso de abandono de funções.

para o Estatuto-político-administrativo respetivo (nº 7 do artº 231º da CRP) o qual pode consagrar: tanto a virtual necessidade de aceitação do pedido (sem prejuízo da continuação do Governo em gestão, como parece suceder com o caso do estatuto da RA da Madeira, que é omisso em relação à formulação do pedido do Chefe do Governo e à sua aceitação), como uma solução igual à consagrada para o Governo da República (caso do estatuto da R. A. dos Açores).

816. Não pode, portanto, construir-se uma solução única, para o caso hipotético da reiteração do pedido de demissão do Primeiro-Ministro, forjada na base da renúncia, quando a Constituição não o consagra e opta diversamente por estipular regimes diferentes de demissão de órgãos e titulares de órgãos constitucionais, sendo de presumir, à luz dos critérios interpretativos ínsitos no Código Civil (nº 3 do artº 9º), que o legislador conseguiu exprimir adequadamente o seu pensamento.

A renúncia, por outro lado, para além de, no respeitante a instituições políticas, dizer em regra respeito a órgãos direta ou indiretamente eleitos por voto popular (o que não é o caso do Governo cujos titulares são nomeados pelo Presidente), não parece ajustar-se no plano substancial e orgânico ao tipo de relação jurídico-pública existente entre o Presidente da República e o Primeiro-Ministro, a qual se funda num *princípio de responsabilidade institucional,* nos termos do nº 1 do artº 191º da CRP. Ora, num sistema semipresidencialista como o português, sendo o Primeiro-Ministro um órgão constitucionalmente responsável perante o Presidente da República, o qual procedeu com liberdade à sua nomeação, fará sentido que o Chefe de Estado tenha liberdade de aceitar ou não o pedido formulado. Ao invés, um ato unilateral de demissão ou "renúncia" com o qual o Chefe de Estado se tenha de conformar, parece pouco consentâneo com o sobredito princípio da responsabilidade que a Constituição consagra.

817. Finalmente, a aceitação da renúncia é, nos termos da Constituição, um ato político livre, não sendo, como tal, sindicável junto do Tribunal Constitucional. Daí que, se em definitivo o Presidente não aceitar o pedido de demissão, não pode o Governo deixar de continuar a exercer plenamente as suas funções, não se encontrando os seus membros autorizados a abandonar unilateralmente os respetivos cargos (supra, § 774, nota).

818. Examinada a questão sob um ângulo jurídico importa, contudo, examinar o problema à luz de um critério de razoabilidade política.

A "razoabilidade política", invocada por certa doutrina já mencionada supra, § 814 (a qual, no contexto em análise, está ligada à ideia de adequação, bom senso político e escala de gravidade qualitativa ou quantitativa de impacto que a decisão pode vir a ocasionar) necessita de ser examinada e avaliada objetivamente em função da conjuntura específica em que a República se encontra. Neste sentido, a razoabilidade das decisões projeta-se sobre a legitimação política de exercício do órgão competente para as tomar. Um órgão que tome, reiteradamente, decisões irrazoáveis, porque excessivas, desadequadas, não ponderadas e criadoras de um agravamento sensível da situação política e económica de um Estado, vê erodida a sua legitimação política através de um exercício desadequado da função.

Ora, parece que o Presidente da República careceria de *legitimação política* para recusar a demissão do Governo, reiteradamente apresentada pelo primeiro-Ministro, se da mesma demissão não adviessem, objetivamente, impactos políticos ou financeiros agravados, de que resultasse prejuízo objetivo para o funcionamento das instituições ou os negócios públicos. E mesmo que se verificasse um risco de ocorrência das situações disfuncionais acabadas de referir, a recusa não deveria proceder, se o Presidente pudesse utilizar outros meios alternativos para as solucionar que não tivessem necessariamente de passar pela manutenção forçada do Governo em funções: tal seria o caso da possibilidade de ser formado um Governo monopartidário ou em coligação oriundo da mesma maioria que suportava o Executivo demissionário; a existência de um quadro parlamentar que fornecesse a hipótese de um Governo alternativo formado por partidos da oposição que garantissem uma solução governativa estável e coerente; ou no limite, um governo transitório de iniciativa presidencial que uma maioria parlamentar desse garantias de não inviabilizar.

Nesse contexto, e sobretudo diante de um Executivo ao qual lhe falte um tempo expressivo de mandato, seria no plano político, desrazoável, pretextuosa e até prepotente, uma decisão presidencial que forçasse um Governo demissionário a manter-se no exercício pleno de funções constrangendo o Executivo a governar por tempo indefinido ou até ao termo da legislatura se para este transcorresse um prazo superior a uma sessão legislativa. A recusa, para além de dever ser fundamentada deve, igualmente, justificar-se na imprescindibilidade de o Governo se encontrar na plenitude de funções para poder atalhar a situações conjunturais de manifesta seriedade ou gravidade para os negócios públicos. À luz de um critério de proporcionalidade, o Chefe do Estado poderá determinar ao Governo uma continuidade no exercício pleno de funções durante um *período razoável* ditado por fatores objetivos, tais como os limites constitucionais à dissolução, a data de início de funções de um novo Presidente, a necessidade de atalhar a uma situação catastrófica ou de grave quebra da ordem pública ou a necessidade de dar solução a uma grave crise financeira (como a que envolva a negociação de um resgate).

Só que, cabe ao Presidente e só a ele *"avaliar as razões aduzidas à luz do interesse geral e da relação das forças políticas"*[1213]. Se o poder do Chefe de Estado em não aceitar o pedido de demissão do Primeiro-Ministro e a consequente exoneração

---

[1213] JORGE MIRANDA-RUI MEDEIROs, ult. loc cit.

consiste num ato de direção política, a manutenção dessa recusa ou o seu condicionamento em caso de reiteração do pedido são, manifestações consequentes dessa faculdade de direção, quiçá dotadas de um poder mais imperativo ou condicionante do que a recusa originária. Mesmo nos sistemas parlamentaristas são vários o casos em que o Chefe de Estado não aceitou pedidos de demissão do Primeiro-Ministro (cfr. o caso do Rei dos Belgas quando, em 2008, não aceitou a demissão do Primeiro-Ministro Yves Leterme, embora essa não aceitação possa ser vista como uma solicitação de uma reponderação de conduta).

E. Presidência do Conselho de Ministros mediante convite

819. A competência em epígrafe, exercida mediante convite do Primeiro-Ministro (alínea i) do artº 133º da CRP) constitui estatutariamente um poder não ordinário de direção política do Presidente que a prática converteu num exercício essencialmente episódico, simbólico e de cortesia, já que foi muito raramente utilizado (em regra, uma só vez durante os diversos mandatos presidenciais, incidindo predominantemente sobre uma questão temática de interesse para o Presidente). O facto de não ocorrer por direito próprio, mas mediante convite do Chefe de Governo, reforça a ideia que é este último quem lidera, efetivamente, o Executivo.

O Presidente da República, em Conselho, preside formalmente à reunião, sem prejuízo de ser na prática o Primeiro-Ministro a coordenar os trabalhos. Contudo, se a sessão para a qual foi convidado não tiver, como usualmente sucede, natureza cerimonial mas sim emergencial, poder-se--á justificar que os trabalhos sejam, efetivamente, dirigidos pelo Presidente, cabendo essa faculdade de direção na latitude da fórmula constitucional *"Presidir ao Conselho de Ministros"*.

Veja-se, a par de situações de estado de guerra ou análogas, o caso de um motim ou de uma insurreição que requeira a tomada de medidas de exceção e o Primeiro-Ministro estime não ter autoridade bastante para controlar a situação, carecendo do reforço indispensável da liderança de um Presidente da República com efetivo prestígio e autoridade. Ou de uma situação com fundamentos iguais ou análogos em que o Primeiro-Ministro se encontre fora do território nacional ou sem condições para reunir com os restantes membros do Conselho de Ministros. Ou ainda uma catástrofe natural que vitime parte dos membros do Governo, incluindo o Primeiro-Ministro de tal modo que o Vice-Primeiro Ministro ou Ministro que o substitua e que opere como Primeiro-Ministro interino, convide o Presidente para chefiar, com efetividade, um Conselho de Ministros reunido de emergência.

Na medida em que a Constituição lhe confere essa prerrogativa considera-se que o Chefe de Estado não está inibido de votar nas sessões do Conselho, dado que integra o órgão a título extraordinário. É pouco provável, contudo, que se disponha a participar deliberação salvo se se tratar de uma questão transcendente para a vida nacional (mormente no contexto de uma crise militar, internacional ou financeira em que o Conselho de Ministros se encontre dividido).

820. Certo é que num quadro atípico de confluência em que o Primeiro-Ministro seja uma figura da confiança de um Presidente liderante, seria possível conceber uma maior frequência nesses convites e um maior domínio da ação governamental pela agenda presidencial[1214]. O mesmo pode suceder, extraordinariamente na vigência dos estados de exceção ou do estado de guerra.

1.2. Poderes presidenciais respeitantes à Assembleia da República

821. Se é um facto que o Presidente e o Parlamento são órgãos autónomos e não guardam relações de responsabilidade política entre si, não é menos certo que o Chefe de Estado assume no cômputo dos freios e contrapesos existentes entre as duas instituições, uma posição de proeminência política estatutária. Pese o carácter suspensivo do veto presidencial sobre as leis, facto que devolve a última palavra ao Parlamento no processo legislativo, cumpre notar que o Chefe de Estado pode dissolver livremente a Assembleia da República, dirigir-lhe mensagens e convocá-la extraordinariamente, sem que esta disponha de faculdades equiparadas que se projetem na esfera do órgão presidencial.

Esta proeminência estatutária como regulador não significa, contudo, que na triangulação institucional do semipresidencialismo, o Presidente assuma, um maior peso político decisório no plano factual do que a Assembleia, já que a prática político-institucional demonstrou que é nesta que radica a subsistência do Governo e o primado da função legislativa e que o Presidente se refreia a provocar dissoluções do Parlamento, ocorridas fora do contexto de crises pronunciadas.

A. Dissolução da Assembleia da República

822. O Presidente, como já foi aqui por demais examinado, dispõe da faculdade de dissolver a Assembleia da República, ouvidos os partidos nela representados, bem como o Conselho de Estado, não assumindo o parecer deste órgão um caráter vinculativo para o Presidente quanto à conduta a adotar sobre a matéria

---

[1214] Poderia, no limite, ser aprovado pelo Primeiro-Ministro um decreto no qual tornasse esse convite uma realidade não pontual, mas permanente, durante o exercício de funções do mesmo Governo ou formulasse esse convite, em permanência em razão de certas matérias (como política externa, defesa ou segurança).

(alínea e) do artº 133º da CRP). Ainda assim, uma decisão presidencial tomada contra a vontade da maioria dos membros do mesmo Conselho acaba por nascer politicamente enfraquecida, dado tratar-se do parecer de um órgão de consulta do mesmo Presidente [1215].

A dissolução, para além dos trâmites formais expostos, encontra-se sujeita a um conjunto de limites circunstanciais e temporais, de acordo com os nºs 1 e 2 do artº 172º da CRP: o Parlamento não pode ser dissolvido durante a vigência dos estados de exceção, nem durante os seis meses posteriores à sua eleição ou, ainda, no último semestre do mandato do Presidente, sob pena de inexistência jurídica do correspondente decreto.

823. O "defeso" temporal e circunstancial acabado de referir tem sido sujeito a críticas pertinentes, na medida em que, tendo sido concebido historicamente como um limite compreensível ao intervencionismo excessivo do Presidente, no período de transição plena para a democracia ocorrido entre 1976-1982, se afirmou posteriormente como um fator espúrio de criação de impasses políticos e institucionais, dois dos quais tiveram lugar num contexto de crise financeira.

A inibição colocada ao Presidente para dissolver o Parlamento nos últimos seis meses do seu mandato constitui um excesso cautelar perfeitamente inútil e um fator de bloqueio do sistema que pode produzir impactos negativos.

Se a crise orçamental de 2010 tivesse tido um desfecho crítico no plano da solvabilidade do Estado, o Presidente não teria podido antecipar eleições em caso de demissão do Governo e de impossibilidade de formação de outro Executivo de caráter alternativo, no Parlamento. O mesmo se diga da impossibilidade de dissolução durante 6 meses após a eleição da Assembleia da República. Posteriormente, a conjugação "astral" dos dois períodos de defeso, aquando das eleições de 2015, gerou factualmente segundo alguns, um atípico quadro temporário de quase-parlamentarismo de assembleia, com o Presidente inibido de dissolver um Parlamento fragmentado, onde emergia um bloco vencedor sem maioria absoluta e o segundo partido mais votado a procurar formar governo na base de um acordo com partidos situados fora do chamado "arco democrático da governação". Caso o Chefe de Estado tivesse optado por um Governo em gestão durante cerca de 6 meses (um pouco como sucedeu em 1982-1983) contra a vontade de uma maioria parlamentar heterogénea, no contexto de uma situação financeira delicada e de um orçamento aplicado em regime duodecimal, haveria o risco simultâneo de uma crise económica e uma quebra no regular funcionamento institucional.

[1215] Alguns autores referem, que uma anuência do Conselho de Estado confere um "cunho legitimador" à decisão presidencial (JORGE BACELAR GOUVEIA "A Dissolução da Assembleia da República- uma nova perspetiva dogmática do Direito Constitucional"—Coimbra-2007-p,. p. 77).

Em Espanha, o "defeso" estipulado no tocante aos limites temporais à dissolução após a eleição do Parlamento, em caso de inviabilidade de investidura do Chefe de Governo no Parlamento, é apenas de 2 meses contados a partir da primeira votação relativa à mencionada investidura do Primeiro-Ministro (nº 5 do artº 99º da Constituição espanhola) e esse prazo já é tido, por muitos agentes políticos, como excessivamente longo, como demonstrou a crise ocorrida no período 2015/2016.

Considera-se que, em Portugal, o sistema ganharia se o Presidente pudesse dissolver a Assembleia, exceto em estado de exceção e nos dois meses subsequentes à eleição do Parlamento[1216].

A dissolução parlamentar antes do termo da legislatura constitui, como já afirmámos, a mais intensa e poderosa de todas as prerrogativas de direção política do Presidente. Com uma decisão unilateral, o Presidente põe termo à legislatura e ao mandato do Governo, na base de critérios de ordem política dos quais ele será o único juiz.

824. Observámos também que, pese ressaltar da letra da Constituição a inexistência de limites jurídicos e políticos materiais para o exercício desta competência, a prática constitucional reconduziu discursivamente esta última ao estatuto de "bomba atómica" do sistema, ou seja, de instrumento de último recurso destinado a solucionar crises com alguma seriedade ou complexidade (supra § 594 e § 632).

O discurso político que fundamenta a dissolução como poder extraordinário, e não como faculdade plenamente livre e de uso ordinário, tem um historial político. Ele despontou quando, em 1993, o Presidente Soares, em tensão permanente com o governo de Cavaco Silva, jantou com pessoas do seu círculo íntimo político num restaurante de luxo e deixou deliberadamente escapar para a imprensa a notícia de que aí se tinha discutido a hipótese de dissolução do Parlamento onde o Executivo dispunha de uma maioria absoluta. Nesse encontro ter-se-iam defrontado duas interpretações: a do presidente Soares que discordava da política económica governamental e pretenderia com a dissolução pôr-lhe termo e a de Jaime Gama, ex-Ministro dos Negócios Estrangeiros socialista, que entendera que a dissolução seria uma "arma de último recurso" e que a sua utilização fora de contexto desrespeitaria a lógica do sistema político[1217]. O teor do encontro foi deliberadamente divulgado na comunicação social.

O Governo procurou reagir a esta manifestação de "bullying político" e arregimentou diversos notáveis do PSD afeiçoados ao Presidente e pouco próximos

---

[1216] Em escrito anterior "Semipresidencialismo on Probation" op. cit, defenderamos o encurtamento para 3 meses. A experiência da crise de 2015 relvou-nos a ponderar favoravelmente no sentido de um encurtamento mais acentuado.

[1217] Cfr *"Expresso"* de 5-6-1993.

do Primeiro-Ministro, entre os quais Ângelo Correia e Rui Machete, para a realização de uma conferência de imprensa conjunta, na qual censuraram a hipótese de dissolução, entendendo que esta seria a "bomba atómica" do sistema, destinada apenas a resolver impasses críticos. Pouco depois, uma sondagem do *Expresso*, em 9 de junho, revelava que 57% dos portugueses consultados se manifestava contra a dissolução pois não haveria sinais de crise que fundamentasse esse ato. A partir dessa data cristalizou-se a *doutrina da dissolução como medida excecional e válvula de segurança do sistema para situações de crise política pronunciada*, ao ponto de haver constitucionalistas que chegam a ligar a dissolução ao pressuposto de uma quebra no regular funcionamento das instituições democráticas, como sucede com o Governo e a entender que uma dissolução fora desse contexto seria inconstitucional[1218].

O uso do instituto da dissolução, como ato de direção política interruptivo de uma legislatura, tem revelado que os Presidentes *só o utilizam em situações de crise*[1219], *em regra pronunciada*, tendo ocorrido: i) Na sequência da demissão de Mota Pinto (IV Governo Constitucional), a fragmentação parlamentar exigia uma dissolução intercalar em 1979, sem prejuízo de, até ao ato eleitoral, ter sido nomeado um governo interino de Maria de Lurdes Pintassilgo; ii) com a demissão, em 1982, do segundo governo da Aliança Democrática, chefiado por Pinto Balsemão, sem alternativa viável; iii) com a rotura da coligação PSD/PS em 1985, sem alternativa consistente, seguida da demissão do Primeiro-Ministro, Mário Soares; iv) com a demissão do Governo minoritário de Cavaco Silva em 1986, após a aprovação de uma moção de censura no Parlamento; v) com a demissão do Primeiro-Ministro Guterres, em 2001, que dispunha do mesmo número de deputados do que a as oposições, após um desaire autárquico, invocando não ter possibilidade de governar numa situação de "pântano"; vi) bem menos evidente, com a dissolução ditada pelo Presidente Sampaio em 2004, após o frágil Governo de coligação maioritário, liderado por Pedro Santana Lopes, dar sinais de alguma instabilidade na liderança e de alguns dissídios internos; vii) com a dissolução do Parlamento em 2011 pelo Presidente Cavaco Silva, na sequência da demissão do Primeiro-Ministro Sócrates, acossado por uma crise financeira e pela reprovação parlamentar do *Plano de Estabilidade e Crescimento* (o chamado PEC IV).

[1218] JAIME VALLE ("O Poder de Exteriorização (...)" op. cit, p. 414) defende que a dissolução estaria vinculada a uma cláusula implícita de "irregular funcionamento das instituições" já que não caberia no papel do Presidente português, diversamente do que sucede em França, tentar construir maiorias parlamentares a partir da maioria presidencial. Para o autor, a dissolução de 2004 foi determinada fora desses pressupostos e, como tal, "desrespeitou a Constituição".
[1219] Assim, JORGE BACELAR GOUVEIA "A Dissolução da Assembleia da República (...)" op. cit-p. 123 e seg; e ANTÓNIO DE ARAÚJO "El Presidente de la República (...)" op. cit, p 92.

825. Em todos os casos, menos no de 2004, a dissolução ocorreu em conjunturas de crise política dilemática e na sequência da demissão do primeiro-Ministro. Nas dissoluções determinadas em 1982, 1986, 2004 o Presidente decidiu contra o entendimento da maioria governativa que pretendia manter-se em funções ou, ao invés, contra a opinião de uma maioria opositora que procurava formar governo alternativo. E em 1979, 1985, 2001 e 2011, o Presidente recebeu o respaldo da generalidade dos partidos representados no Parlamento ou, pelo menos, dos partidos do "arco democrático".

826. Dito isto, o Presidente não se encontra explicitamente condicionado por critérios materiais no exercício dessa prerrogativa[1220] atuando livremente. Em alguns casos poderia ter tomado outras opções, as quais, contudo, descartou (em 1982 o Presidente Eanes poderia ter indigitado Vítor Crespo para um terceiro governo da Aliança Democrática; em 1986 Mário Soares poderia ter viabilizado um Governo maioritário do PS e do PRD com apoio do PCP; e em 2004 Jorge Sampaio poderia ter permitido a continuidade do Executivo de Santana Lopes).

Essa mesma liberdade não coibiu, contudo, o Presidente da República de dissolver, mesmo quando o Governo dispunha do apoio de uma maioria absoluta no Parlamento (1982 e 2004) demonstrando que as maiorias absolutas não são óbices ao termo compulsivo da legislatura. Ocorreram, contudo com frágeis e esgotados governos de coligação (onde existe uma maior propensão para a emergência de crises internas) e não com governos assentes em maiorias fortes, de natureza monopartidária e liderança monocrática (o Presidente Soares, pese as ameaças permanentes, não ousou dissolver em 1993 e o Presidente Cavaco absteve-se de dissolver no período compreendido entre 2006 e 2009).

Por isso mesmo, não assiste razão aos que colam necessariamente os pressupostos da dissolução parlamentar à prévia demissão do Governo, pese o facto de esse facto ter estado ligado a todas as dissoluções presidenciais, menos uma.

827. *Quid Juris* se a dissolução ocorrer fora do contexto de uma crise interna no Governo ou de uma demissão do Executivo gerada pelo Parlamento, centrando-se antes numa "skirmish", ou seja, num dissídio politico entre o presidente e Governo?

Não se poderá falar, se tal ocorrer, num ato de desrespeito pela Constituição, como alguns sugerem, e que em qualquer caso está isento de sanção jurídica, mas antes na quebra de uma prática consolidada que se desvia do espírito da Constituição, no sentido de propiciar um reforço imprevisto do poder presidencial e a elevação do "status" do Chefe de Estado a um patamar de intervenção que o afasta da tradição de um poder figurativamente *supra-partes*. As consequências políticas

---

[1220] GOMES CANOTILHO-VITAL MOREIRA "Os Poderes do Presidente da República"--Coimbra-1991-p. 52.

desse ato dependerão do êxito ou inêxito político do respetivo impacto. A sanção será puramente política se a mesma maioria retornar reforçada após uma eleição antecipada, o que poderia desvitalizar seriamente a posição institucional do Presidente. Contudo, no caso de a maioria governativa se não repetir, ou se registará uma alteração na prática governativa no sentido de um reforço futuro do poder moderador presidencial ou se adubarão argumentos para, a prazo, se alterar a Constituição no sentido de limitação dos poderes de dissolução do Presidente.

Não é, contudo admissível, atenta a letra da Constituição e a prática político-institucional, que o ato de dissolução seja reconduzido a um poder excecional, como o da demissão do Governo[1221], já que a Constituição, diversamente do que sucede com o Executivo, não condiciona a dissolução da Assembleia a um contexto onde essa medida se afigure como uma via necessária para assegurar o regular funcionamento das instituições democráticas. Por alguma razão, a prática institucional, desde 1979, traduz-se na inexistência de atos de demissão de governos pelo Presidente e por 6 dissoluções politicamente justificadas.

828. Existe um debate reservado entre constitucionalistas no sentido de se saber se, em futura revisão constitucional, a governabilidade do sistema ficaria favorecida com o condicionamento do poder presidencial de dissolução parlamentar, no caso de um Governo ser suportado, formalmente, por uma maioria parlamentar absoluta monopartidária ou em coligação formal. Julga-se que o sistema ganharia em estabilidade se se vedasse o exercício de poderes presidenciais de desgaste e de dissipação arbitrária de maiorias sólidas que são um bem escasso, na medida em que garantem a governabilidade. As ameaças de dissolução dos anos 90 e a dissolução controversa de 2004 constituíram "jogos políticos" geradores de trombos desnecessários na estabilidade governativa cuja repetição cumpriria evitar.

Assim, no quadro de uma hipótese de revisão constitucional, *no caso de pontificar uma maioria parlamentar absoluta de suporte ao Governo num contexto monopartidário ou de coligação formal*, o Presidente só deveria nesse caso, e um pouco na linha da Carta Constitucional, dissolver, se estivesse em causa uma quebra relevante no regular funcionamento das instituições democráticas, um risco sério para a solvabilidade financeira do Estado, a independência nacional ou a integridade territorial, carecendo de parecer favorável do Conselho de Estado.

[1221] JAIME VALLE ult. loc. cit. p. 414, sem o fazer expressamente, acaba por assimilar as suas situações, reconduzindo-as ao regular funcionamento das instituições, pese o facto de admitir para como fundamento da dissolução situações críticas menos excecionais do que aquelas que envolvem a demissão do Governo.

B. Marcação de eleições parlamentares

829. O Presidente dispõe da competência, nos termos da lei eleitoral, para marcar as eleições para a Assembleia da República, nos termos da alínea b) do artº 133º da CRP. Trata-se, contudo, de uma obrigação constitucional caracterizada por uma discricionariedade muito limitada, já que o Chefe de Estado está vinculado à referida marcação dentro de balizas temporais previamente estabelecidas.

No caso de eleições para nova legislatura, volvido o termo da legislatura anterior, as mesmas realizam-se entre 14 de setembro e o dia 14 de outubro, de acordo com o nº 2 do artº 19º da lei eleitoral para a Assembleia[1222] devendo o Presidente escolher a data da sua preferência entre os dois limites temporais assinalados. De todo o modo, a lei eleitoral fixa no nº 1 do seu artº 19º um prazo geral que fixa uma antecedência mínima de 60 dias contados da data da marcação, para a realização das referidas eleições.

No caso de o Presidente proceder à *dissolução do Parlamento*, determina o nº 6 do artº 113º da CRP, aplicável aos órgãos colegiais, que o decreto de dissolução, o qual ganha eficácia após a sua publicação no DR, deve ser acompanhado de decisão de marcação de novas eleições nos 60 dias seguintes, sob pena de inexistência, sem prejuízo do respeito por uma antecedência mínima de 55 dias, de acordo com o disposto no nº 1 do artº 19º da referida lei eleitoral que é convocada no artigo 113º. A conjugação dos dois preceitos é confusa. Depreende-se que as eleições ocorrem, necessariamente, nos 60 dias subsequentes à publicação do decreto de dissolução, mas podem ter lugar dentro deste prazo, com uma antecedência mínima de 55 dias (podendo a antecedência máxima ser de 60 dias)

Em regra, o ato eleitoral recai num domingo.

C. Convocação extraordinária da Assembleia da República

830. Trata-se de uma competência prevista na alínea c) do artº 133º e no nº 4 do artº 174º da CRP que limita a faculdade de auto-organização que a Constituição concede ao Parlamento, acentuando a componente presidencial do sistema político nas suas relações com a Assembleia da República, já que envolve a sua intervenção na agenda parlamentar.

A heteronomia presidencial na convocação do Parlamento, associada à fórmula *"extraordinária"* que o texto constitucional associa à mesma convocação e aos assuntos *"específicos"* de que o Parlamento se deve ocupar, fixando a data da

---

[1222] Lei nº 14/79, de 16-5 e respetivas alterações, constando a última da Lei orgânica nº 10/2015, de 14-8.

reunião e a sua agenda, acentuam o caráter urgente, necessário e excecional do ato presidencial.

Na medida em que o Parlamento é instado a ocupar-se de um ou vários assuntos específicos, depreende-se que, salvo no período anterior à ordem do dia, não se deverá debruçar ou deliberar sobre outras matérias. Se o fizer e aprovar atos legislativos sobre matérias estranhas à convocatória poderia ser suscitada a sua inconstitucionalidade por violação do nº 4 do artº 174º da CRP. Pese essa circunstância, poderá ser contra-argumentado, no caso de a sessão extraordinária ocorrer dentro do período normal do funcionamento da Assembleia, que a deliberação teve lugar após o termo do período concedido para o tratamento dos assuntos específicos submetidos pelo Chefe de Estado, cuja duração depende dos deputados e não é pré-determinável pelo Presidente.

831. Na medida em que o Presidente se afaste, reiteradamente, dos imperativos de necessidade e excecionalidade da convocatória, banalizando-a, estabelecendo objetivos excessivamente indeterminados e diversificados ou selecionando pretextuosamente matérias de escasso relevo objetivo, considera-se que o Parlamento ou os deputados da maioria parlamentar podem esvaziar o ato, não comparecendo na sessão e prejudicando a tomada de deliberações ou então encurtando drasticamente o período de trabalhos. Importa, contudo medir os efeitos dessa recusa à luz do poder presidencial de dissolução da Assembleia da República.

1.3. Poderes respeitantes a outros órgãos constitucionais

A. Poderes presidenciais autónomos

a) Órgãos de governo próprio das regiões com autonomia político-administrativa

832. Pese a circunstância de alguns poderes do Presidente da República serem assegurados, autonomamente, nas regiões da Madeira e dos Açores, pelos Representantes da República que funcionam como órgãos vicariantes do Chefe de Estado, subsistem, todavia, na esfera do Presidente, como garante da unidade do Estado e do regular funcionamento das instituições democráticas, algumas competências de direção política relativas às mesmas regiões. Tal é o caso do poder de dissolução dos parlamentos regionais, quiçá, a competência presidencial mais importante neste domínio institucional entre o Estado e as regiões periféricas, já que envolve uma alteração no ciclo político regional, não podendo, por isso mesmo, ficar depositada no juízo de mérito de comissários do Estado residentes nos arquipélagos.

Assim, e também no respeito pelos limites circunstanciais previstos no artº 172º da CRP, com as devidas adaptações, o Presidente pode dissolver as assembleias legislativas regionais, ouvidos o Conselho de Estado e os partidos nelas representados (alínea j) do artº 133º da CRP). A prática política reforça uma leitura do preceito, no sentido de serem auscultadas as direções nacionais dos partidos com assento nos parlamentos autonómicos e não os ramos regionais dos mesmos partidos. É comum, contudo, que nas delegações partidárias figurem dirigentes desses ramos regionais.

A prática vai no sentido de se aplicar ao decreto de dissolução os mesmos condicionamentos políticos que marcam idêntico ato, no respeitante à Assembleia da República, talvez ainda com uma maior limitação, na medida em que a dissolução acarreta a demissão do governo regional (nº 2 do artº 234º da CRP), diversamente do que sucede com a dissolução da Assembleia da República. Por esse e outros factos análogos, os órgãos de soberania só tendem a interferir nos mandatos dos titulares de órgãos regionais, em situações de crise e com algum consenso entre os ramos regionais dos partidos nacionais.

833. Compete, ainda, ao Presidente *marcar as eleições para as assembleias legislativas regionais*, aplicando-se, no que respeita a eleições marcadas no ato de dissolução, o disposto no nº 6 do artº 113º 8. As leis eleitorais das duas regiões (nº 1 do artº 19º) preveem um prazo de 60 dias para a marcação da eleição e um prazo especial mínimo de 55 dias, no caso de a marcação da eleição acompanhar o decreto de dissolução da assembleia[1223].

A lei eleitoral da RA dos Açores estabelece no nº 2 do seu artº 19º que as eleições, excluído o cenário da dissolução, têm ordinariamente lugar entre 28 de setembro e 28 de outubro. Já a lei eleitoral da RA da Madeira prevê no seu artigo 19º que, em caso de eleições para nova legislatura, o sufrágio se realize entre o dia 22 de setembro e o dia 14 de outubro.

[1223] Lei Orgânica nº 1/2006, de 13-2 (lei eleitora da RA da Madeira) e Decreto-lei 267/80, de 31 de agosto e sucessivas alterações (lei eleitoral da RA dos açores), importando referir a que foi aprovada pela Lei Orgânica nº 5/2006, de 31-8.

b) Representante da República

834. O Presidente, na qualidade de garante da unidade do Estado, tem competência para nomear e exonerar os representantes da República nas regiões autónomas, ouvido o Governo, cujo parecer não é vinculativo (alínea l) do artº 133º da CRP). Os representantes são figuras comissariais residentes na região, dotados de escassas competências que se reduzem, presentemente, a funções representativas da República nas regiões periféricas, bem como atividades cerimoniais, notariais, de controlo de mérito sobre diplomas regionais e de promoção da fiscalização preventiva e sucessiva da sua constitucionalidade.

Trata-se de um reforço do poder presidencial já que este passou a ser exclusivamente competente para proceder à nomeação desses seus órgãos vigários nas regiões, depois da revisão constitucional de 2004[1224]. Essa exclusividade, associada à cessação de funções dos referidos titulares no termo do mandato presidencial (nº 2 do artº 230º da CRP), acaba por estabelecer um nexo tácito de responsabilidade política desses titulares diante do Presidente, sem prejuízo da sua autonomia no exercício das respetivas competências. Ainda assim, e dada a pressão (e por vezes hostilidade surda) que os representantes da República sofrem, não infrequentemente, por parte dos órgãos e partidos regionais, os referidos comissários residentes nas regiões buscam algum respaldo, mesmo informal, no Presidente da República, com o qual mantém uma interlocução próxima.

A revisão em 2008 do Estatuto da RA dos Açores (uma lei estadual reforçada) procurou limitar os poderes presidenciais nesse processo de nomeação, sujeitando a decisão do Chefe de Estado a audição prévia das assembleias regionais, o que criaria uma situação politicamente insustentável em caso de parecer desfavorável desses órgãos[1225]. A norma foi, contudo, julgada inconstitucional por violação do nº 2 do artº 112º da CRP que veda interferências legais nas competências constitucionais dos órgãos de soberania quando a Constituição não habilite essa intervenção legislativa.

[1224] No período anterior o "Ministro da República", designação dada à figura comissarial, era nomeado pelo Presidente sob proposta do Governo, ouvido o Conselho de Estado.

[1225] Dada a frieza e distância da maioria dos agentes políticos regionais em relação à figura do representante da República, imagine-se o cenário da apreciação de uma proposta de representante na assembleia legislativa regional, onde para além da adoção de uma provável deliberação portadora de um parecer negativo (fosse qual fosse o candidato) haveria seguramente a convocação de epítetos pouco decorosos vibrados contra o mesmo. O mais natural depois de semelhante exercício seria o da sua recusa em aceitar a nomeação. A proposta foi deliberadamente concebida para enfraquecer o exercício do poder presidencial neste domínio.

c) Conselho de Estado

835. Trata-se de um órgão de aconselhamento do Presidente da República que se pode pronunciar sobre os assuntos que lhe forem submetidos pelo Presidente (alínea e) do artº 145º da CRP) e, obrigatoriamente, sobre: a dissolução da Assembleia da República e parlamentos regionais; a demissão do Governo por iniciativa do Presidente; a declaração da guerra e feitura da paz; e atos do Presidente interino (respetivamente, alíneas a) a d) do artº 145º)[1226].

Em nenhum dos casos o sentido do parecer vincula o Presidente.

Cabe ao Presidente convocar o órgão, estabelecer a ordem do dia e dirigir as suas sessões. Compete-lhe, ainda, designar livremente 5 cidadãos para o mesmo Conselho, o qual é, igualmente, composto por inerência, de acordo com o artº 142º da CRP, pelo Presidente do Parlamento, Primeiro-Ministro, Presidente do Tribunal Constitucional, Provedor de Justiça, presidentes dos governos regionais, antigos Presidentes da República eleitos na vigência da Constituição e não destituídos do cargo, bem como, por 5 cidadãos eleitos pelo Parlamento.

836. Os membros do Conselho que nele desempenham funções por inerência são inamovíveis enquanto exercerem o cargo principal e os que tiverem sido eleitos pelo Parlamento permanecem em funções enquanto durar a legislatura não podendo ser destituídos pela mesma Assembleia. A Constituição e a lei não contemplam a faculdade de o Presidente destituir os membros do Conselho de Estado por si nomeados, cujo mandato coincide com o seu. Considera, no entanto, a doutrina que no caso de o Presidente lhes retirar publicamente a confiança política, os mesmos devem renunciar[1227], passando a ficar pessoal e politicamente insustentável a posição de um membro colocado nessa situação que recuse o pedido de renúncia[1228].

B. Poderes partilhados na designação de titulares de órgãos

837. Estamos diante de competências relativas à nomeação de titulares de órgãos constitucionais, e administrativos, nas quais conflui o Governo como proponente necessário dessa designação e o Presidente como órgão competente para a tomada de decisão. Têm lugar quando existe a necessidade de combinar vertentes

---

[1226] Cfr MARCO CALDEIRA "Da Composição do Conselho de Estado" in AAVV Estudos Carlos Pamplona Corte-Real"-2017-Coimbra-p. 679 e seg.
[1227] GOMES CANOTILHO-VITAL MOREIRA, ult. loc cit.-
[1228] Existem situações paradoxais em que, por tolerância do Presidente, se admite que conselheiros de Estado critiquem por vezes com dureza o Chefe de Estado que os nomeou, sem que seja exigida a sua renúncia.

específicas do estatuto do Presidente, tais como, o seu perfil representativo de todos os cidadãos ou a intervenção de um regulador, desejavelmente "neutral", com funções exercidas pelo Governo como órgão de superior da Administração Pública ou responsável pela condução política do Pais.

a) Chefe de Estado Maior General das Forças Armadas e chefes dos estados-maiores dos ramos

838. Trata-se de um poder que o Chefe de Estado exerce no contexto das competências inerentes ao seu estatuto de Comandante Supremo das Forças Armadas (artº 120º da CRP) e que se articula, num procedimento decisório complexo, com as competências do Governo como centro institucional responsável pelo exercício de poderes de hierarquia sobre a Administração militar (alínea d) do artº 199º da CRP).

O Presidente nomeia e exonera, sob proposta do Governo, o Chefe de Estado Maior General das Forças Armadas, bem como o Vice-Chefe de Estado Maior General das Forças Armadas quando exista e os chefes dos estados-maiores dos três ramos, depois de ouvido nestas duas situações o Chefe de Estado-Maior General.

839. É esse peso especifico como comandante supremo que gerou uma *prática constitucional* efetiva (§ 628), segundo a qual, os membros do alto comando militar devem, sempre, gozar simultaneamente, da confiança do Presidente e do Governo. Como tal, se o Presidente perder a confiança num chefe militar, o Governo propõe a sua demissão ao mesmo Presidente e, caso seja o Governo a propor por sua iniciativa a demissão de um membro do alto comando, o Presidente procede à sua exoneração. Uma situação de ordem diversa poderia desautorizar um dos dois órgãos de soberania com competências relevantes na esfera militar, junto das Forças Armadas, afetando o princípio de subordinação das mesmas ao poder civil. Tal já sucedeu pelo menos uma vez .

Ocorreram igualmente casos de ordem diversa, também já aludidos nestas páginas, de recusa presidencial da nomeação de oficiais generais para o alto comando propostos pelo Governo, os quais causaram tensões (§ 689).Para as evitar, consolidou-se uma praxe, através da qual, sempre que o Governo propõe, num procedimento reservado, a nomeação de um chefe militar, procede uma sondagem prévia à formalização da proposta, sobre os candidatos que pretenda submeter ao Chefe de Estado, apresentando, usualmente, mais do que uma opção ao Presidente. Não está, contudo, obrigado a fazê-lo e esse procedimento nem sempre ocorreu. Existem precedentes de recusa presidencial de propostas de nomeação, no contexto destes contactos preliminares com o Governo, realidade que, por exemplo, terá eventualmente sucedido em 2015, no processo que antecedeu a nomeação do Chefe de Estado-Maior da Armada.

b) Procurador-Geral da República

840. Trata-se de uma nomeação a que o Presidente procede, sob proposta do Governo, sendo de seis anos o mandato do Procurador-Geral da República, o qual preside à Procuradoria-Geral da República, órgão superior do Ministério Público (alínea m) do artº 133º da CRP).

Está-se diante de um processo de nomeação que procura garantir a autonomia do Ministério Público em face do Governo, sem que contudo se crie um quadro de independência (como órgão administrativo e judiciário) a qual teria, até certo ponto, lugar, se a proposta fosse formulada pelo Conselho Superior do Ministério Público. Neste domínio destaca-se o estatuto do Presidente como regulador político-institucional e o papel do Governo como órgão competente para a definição da política criminal, a qual vincula o Ministério Público.

Podendo ser exonerado nos mesmos termos da nomeação, não existem precedentes desse tipo de situação antes do termo do mandato, se bem que, em 2011, tenha havido contactos informais para o termo antecipado do mandato do então Procurador-Geral por parte da Ministra da Justiça do novo Governo em funções, que terão sido desestimados pelo Presidente da República.

841. A prática revela uma governamentalização do processo, associado a um poder de bloqueio do Presidente. Existem, quer precedentes de aceitação simples de um candidato que reúna consenso entre o Governo e o maior partido da oposição e outros precedentes mais recentes de recusas informais pelo Presidente de diversas candidaturas colocadas à sua consideração, após um escrutínio rigoroso de currículos

c) Presidente do Tribunal de Contas

842. Tratando-se de um órgão da função jurisdicional, pautado por requisitos constitucionais de independência, não é entendível esta competência partilhada entre o Governo e o Presidente[1229], com especial destaque para a possibilidade de exoneração, por razões políticas, antes do termo de mandato[1230]. De qualquer

---

[1229] Alternativamente, a nomeação deveria ser partilhada entre o Presidente e o Parlamento (que deliberaria uma proposta por maioria de dois terços), ouvidos os conselhos superiores das magistraturas judiciais.
[1230] Neste sentido GOMES CANOTILHO-VITAL MOREIRA ult loc cit, p. 186.

forma o Tribunal de Contas não constitui uma jurisdição como as restantes já que, a par do controlo da legalidade das despesas e da efetivação da responsabilidade por infrações financeiras, possui competências ligadas a um controlo de mérito (boa gestão financeira), assim como competências consultivas e inspetivas.

d) Embaixadores e enviados extraordinários

843. O fundamento da competência partilhada em epígrafe, radica na circunstância de o Presidente, órgão que procede à nomeação dos titulares desses cargos diplomáticos ser, nos termos constitucionais, o representante da República Portuguesa no plano interno e externo, e o Governo, que propõe a correspondente nomeação, o órgão responsável pela condução da política externa do País (cfr respetivamente artºs 120º e 182º da CRP, em conjugação com a alínea a) do artº 135º).

Trata-se de uma faculdade que se reconduz à orbita das competências do Presidente, na esfera das relações internacionais e, na qual, o Chefe de Estado tem uma palavra a dizer já que, mediante contactos reservados, faz por vezes vingar contrapropostas de colocações, formula sugestões sobre as mesmas e "veta" nomeações que podem impedir durante um certo tempo, o estabelecimento de relações diplomáticas entre dois países a nível de embaixador[1231].

1.3. Poderes de controlo sobre atos emanados de outros órgãos

844. Os poderes de controlo em epígrafe foram bastante desenvolvidos noutras obras que publicámos[1232], bem como aflorados com alguma detenção na Parte II deste livro, cumprindo na presente rubrica elaborar apenas uma menção referencial e sintética.

A. Promulgação e veto de atos legislativos do Parlamento e do Governo

845. A promulgação de leis, decretos-leis e decretos regulamentares pelo Presidente da República é condição de existência jurídica dos correspondentes atos. Trata-se de um controlo presidencial sobre o mérito dos referidos diplomas, ou seja, um juízo sobre a sua oportunidade política ou qualidade técnico-jurídica

---

[1231] Caso já referido do Presidente Soares em relação ao Chile, enquanto vigorou o regime militar antes de ter siso iniciado o processo de transição.
[1232] CARLOS BLANCO DE MORAIS "Curso (...)" -I- op. cit-p. 404 e seg e p. 442 e seg.

que o Chefe de Estado, de acordo com um entendimento quase unânime da doutrina, formula livremente[1233].

Na medida em que o Presidente decida promulgar, o diploma é sujeito a referenda ministerial, um ato de prática certificatória e, subsequentemente, enviado para promulgação. Essa promulgação não significa aquiescência do Presidente sobre o conteúdo do diploma mas sim a ausência de razões de ordem relevante que justifiquem uma oposição ao ato que seja suficientemente intensa de modo a justificar o seu bloqueio.

846. No caso de o Presidente decidir exercer o veto político (a face negativa da promulgação), o Chefe de Estado exprime um poder de impedimento, que traduz a sua discordância sobre o mérito do diploma e que implica a respetiva devolução ao órgão que o aprovou.

O veto tem eficácia absoluta sobre os decretos-leis e decretos regulamentares do Governo, o que significa que o Executivo ou se conforma com o veto e desiste do diploma, ou o reformula e converte num novo ato ou, ainda, apresenta uma proposta de lei do mesmo teor ao Parlamento, jogando com o caráter meramente suspensivo do veto presidencial sobre a legislação parlamentar.

847. Na verdade, o veto presidencial sobre as leis parlamentares tem efeitos suspensivos, havendo a distinguir, nos termos do artº 136º da CRP:

i) A regra fixada para a generalidade dos decretos enviados ao Presidente para promulgação como leis, em que o veto pode ser revertido ou superado mediante confirmação do diploma por maioria absoluta dos deputados efetivos (nº 2 do artº 136º da CRP);

ii) A regra especial do chamado "veto qualificado", aplicável às leis orgânicas, leis sobre relações externas, leis relativas limites entre setores económicos e regulação legal de atos eleitorais previstos na Constituição e não aprovados por leis orgânicas, cuja superação requer a maioria híper-agravada de dois terços dos deputados presentes desde que superior à maioria absoluta dos efetivos (nº 3 do artº 136º da CRP).

O Presidente, em caso de superação do veto deve promulgar o diploma confirmado pelo Parlamento no prazo de 8 dias depois da sua receção, sendo proibido o veto de bolso (nº 2 do artº 136º da CRP).

848. Entende-se que o Chefe de Estado, se tiver dúvidas de constitucionalidade, deve abster-se de exercer o veto político e cumprindo-lhe, ao invés, impug-

---

[1233] Em sentido diametralmente oposto, em favor de uma natureza "vinculada" do veto, destinado a escrutinar a congruência entre a legislação e o Programa do Governo, LUIS BARBOSA RODRIGUES, ult. loc cit, p. 58.

nar o diploma junto do Tribunal Constitucional[1234], sob pena de *desvio de poder* que, contudo, não se encontra sujeito ao controlo de constitucionalidade.

Em face dos restantes Chefes de Estado de países europeus, o Presidente da República Portuguesa dispõe de um forte poder de impedimento, atentas as maiorias reforçadas de superação, com especial relevo para o veto-qualificado.

B. Ratificação e assinatura de convenções internacionais

849. O Chefe de Estado, como Representante da República e garante da independência nacional exerce sobre as convenções internacionais um controlo de mérito político, traduzido da faculdade de ratificar tratados, aprovados pelo Parlamento (alínea b) do artº 135º da CRP) e assinar acordos internacionais aprovados tanto pelo órgão parlamentar como pelo Governo (alínea b) do artº 134º). Trata-se de outra dimensão constitutiva da projeção dos seus poderes no plano da política externa (cfr infra § 859 e seg) [1235].

A ratificação e a assinatura de convenções internacionais pelo Presidente integra um ato complexo (ou seja um ato final de expressão de consentimento que resulta de um procedimento onde concorrem vários atos de órgãos da mesma pessoa jurídica) e que exibe um paralelismo com a promulgação de atos legislativos.

A Constituição não prevê o poder de recusa de ratificação e assinatura (instituto de devolução do diploma equivalente ao veto), mas essa faculdade é tacitamente admitida, na medida em que, não só não se impõe a sua obrigatoriedade (diversamente do que sucede com a promulgação de leis de revisão constitucional, nos termos do nº 3 do artº 286º), mas também porque no artº 137º da CRP se fere com inexistência jurídica os diplomas não assinados pelo Presidente, pelo que se este regime vale para o controlo de mérito dos acordos internacionais, por maioria de razão valerá para os tratados atenta a sua maior solenidade[1236].

850. A recusa de assinatura e ratificação equivale a um veto com efeitos absolutos sobre a convenção que dela seja objeto.

Embora sejam raríssimos os casos em que, no plano da prática institucional o Presidente exerceu o referido poder de impedimento (o que significa que o Presidente defere ao Governo e à Assembleia a responsabilidade pela essência do processo de conclusão e aprovação de convenções), o facto é que o pode fazer através de um juízo de mérito que não se circunscreve, como alguns defendem, a

---

[1234] CARLOS BLANCO DE MORAIS "Curso (...)"-II- p. 404 e seg.
[1235] Cfr. EDUARDO CORREIA BAPTISTA "Direito internacional Público"-Lisboa-2015--p. 490 e seg; ANDRÉ FOLQUE "Os Poderes do Presidente da República na na Conclusão de Tratados e Acordos Internacionais"- in Estudos Silva Cunha-Coimbra-2005-p. 231 e seg.
[1236] Cfr. CARLOS BLANCO DE MORAIS ult loc. cit, p. 137.

fundamentos extremos como a salvaguarda da independência nacional e o regular funcionamento das instituições democráticas[1237]. Mais ainda, tal como foi demonstrado noutro escrito, o Presidente não está limitado por nenhum prazo para ratificar ou assinar convenções[1238], o que propicia um virtual poder de retardamento na expressão do consentimento do Estado português, considerando-se todavia que, a eliminação do veto de bolso em 1982, o principio da lealdade institucional e o principio da boa-fé da conduta de um Estado que inere ao artº 18º da Convenção de Viena, justificam a necessidade de o Presidente tomar uma decisão definitiva, pelo menos até ao termo da legislatura.

C. Promoção do controlo da constitucionalidade

851. Um relevante poder do Chefe do Estado consiste na faculdade de promover, junto do Tribunal Constitucional, a fiscalização da conformidade das normas jurídicas com a Constituição, prerrogativa extraída não apenas da sua função de regulador do normal funcionamento das instituições democráticas, mas do conteúdo do seu juramento no ato de posse, onde se compromete a *"cumprir e fazer cumprir a Constituição"*.

Esta competência é exercida livre e facultativamente, excetuado o caso de propostas de referendo, as quais o Presidente deve remeter ao Tribunal Constitucional para fiscalização preventiva obrigatória da sua constitucionalidade e legalidade antes de tomar uma decisão política sobre a sua convocação.

Nos restantes casos, a faculdade de promoção da fiscalização manifesta-se em sede de: i) controlo preventivo (exercido, facultativamente, nos termos dos artºs 278º e 279º da CRP em momento anterior à promulgação das leis e à ratificação ou assinatura de convenções internacionais) devendo vetar vinculadamente os diplomas julgados inconstitucionais; ii) controlo sucessivo (previsto no na alínea a) do nº 2 do artº 281º, relativamente a normas sobre as quais exerça o controlo de mérito, após a respetiva publicação); iii) e o controlo de inconstitucionalidade por omissão, de acordo com o artº 283º.

[1237] No sentido exposto dessa limitação, da qual se discorda, EDUARDO CORREIA BATISTA ult. loc cit, p. 498: LUÍS BARBOSA RODRIGUES ult. loc. cit, p. 54.

[1238] Cfr. GOMES CANOTILHO -VITAL MOREIRA "Constituição (...)"-II- p. 198 e CARLOS BLANCO DE MORAIS ult. loc cit, p. 137, nt 194. São vários os casos em que o Presidente não seguiu a interpretação analógica favorável à ratificação dos tratados no prazo de 20 dias estipulado no artº 136º para as leis da Assembleia da República, um deles recente, durante o último mandato do Presidente Cavaco Silva.

Desenvolvimentos sobre a natureza dos poderes de promoção do controlo de constitucionalidade de normas e ilegalidade de leis podem ser seguidos noutras obras específicas que editámos [1239].

1.4. Poderes relativos à garantia da integridade soberana da República e à defesa do Estado

A. Poderes de exceção e faculdades ligadas à segurança nacional partilhadas com o Parlamento e o Governo

852. A declaração do estado de sítio e estado de emergência, constitui um poder excecional de necessidade pública, e ocorre quando os meios fornecidos pela legalidade ordinária são insuficientes para lidar com uma das situações de crise tipificadas no artº 19º da Constituição e que consistem na agressão efetiva e iminente por forças estrangeiras, grave ameaça ou perturbação da ordem constitucional democrática ou calamidade pública[1240].

O Presidente, como garante da unidade do Estado e do regular funcionamento das instituições, é o órgão competente para declarar estes dois estados de necessidade pública que envolvem a suspensão temporária de direitos, liberdades e garantias. Trata-se de uma faculdade presidencial autónoma e discricionária, que deve observar diversos limites, entre os quais o princípio da proporcionalidade, cabendo ao Presidente avaliar á luz do mesmo, a gravidade das situações que sendo enquadráveis nos pressupostos constitucionais já referidos, justificam a decretação dessa legalidade de crise[1241].

853. O decreto presidencial assume natureza normativa (uma norma atípica da função política) mas não vale de "per se", dado que para existir juridicamente

---

[1239] CARLOS BLANCO DE MORAIS "Justiça Constitucional"-II-Coimbra-2011-p. 37 e seg, p. 85 e seg, p. 123 e seg, p. 521 e seg e p. 529 e seg.

[1240] Numa sinopse sobre o regime do estado de sítio e de emergência e o conteúdo do decreto normativo presidencial, CARLOS BLANCO DE MORAIS "Curso (...)".I-p. 118 e seg; JORGE BACELAR GOUVEIA "Estado de Exceção no Direito Constitucional"-I e II-Coimbra-1999.

[1241] Não procede o entendimento de certos autores (LUÍS BARBOSA RODRIGUES ult. loc cit, p. 68) ao considerarem que quando esses pressupostos estão reunidos, o Presidente não pode recusar a declaração. Ora, um atentado terrorista cometido por forças estrangeiras constitui uma agressão que pode não justificar a declaração dos estados de exceção e o mesmo se diga de motins com alguma gravidade mas que são, no limite, passíveis de resolução por outras vias. E o mesmo se diga de certas catástrofes naturais. Cabe ao Presidente aferir, com ampla discricionariedade, a gravidade dos pressupostos e avaliar os riscos e sopesar a suficiência dos meios disponíveis pela legalidade ordinária para a resolução dos problemas emergentes.

e produzir efeitos intersubjetivos carece de parecer obrigatório do Governo (cujo sentido não é vinculativo) e da autorização da Assembleia da República, sem a qual o mesmo decreto é inexistente (cfr artº 138º da CRP).

No fundo, trata-se um ato de impulsão de conteúdo normativo, que integra um procedimento complexo[1242], inserido num *poder partilhado com o Parlamento*, relativamente ao qual o Presidente dispõe de uma faculdade de iniciativa e de conformação do conteúdo do ato normativo e o Parlamento um poder de autorização do mesmo, mediante uma resolução que não pode alterar a substância do decreto.

O Presidente, também na qualidade de garante da unidade e independência nacional, dispõe da faculdade de, em face de agressão efetiva ou iminente, declarar a guerra e fazer a paz, mediante proposta do Governo, ouvido o Conselho de Estado e mediante autorização parlamentar. Trata-se de um poder de exceção conexo com as competências do Presidente nas esferas militar e internacional (alínea c) do artº 135º da CRP) que caiu algo em desuso nas relações internacionais.

B. Poderes próprios relativos ao "Segredo de Estado".

854. Nos termos do nº 1 do artº 3º e dois do artº 4º da Lei do Segredo de Estado[1243] o Presidente é exclusivamente competente para classificar e desclassificar documentos e informações crismados como "segredo de Estado" que respeitem ao seu âmbito de competência e dispõe de acesso irrestrito a documentos classificados (nº 3 do artigo 9º). De acordo com o nº 2 do artº 2º da mesma lei : *"São abrangidos pelo segredo de Estado os documentos e informações cujo conhecimento por pessoas não autorizadas é suscetível de pôr em risco ou de causar dano à independência nacional, à unidade e integridade do Estado e à sua segurança interna e externa.*

Como é natural, no seu poder de mensagem encontra-se inibido de revelar o conteúdo das matérias classificadas.

C. Considerações sobre os poderes inerentes à função de Comandante Supremo das Forças Armadas

855. O estatuto presidencial em epígrafe comporta uma componente honorífica e cerimonial própria dos Chefes de Estado, na qualidade de garantes da unidade e independência nacional, a qual se traduz na faculdade de ocupar o primeiro lugar na hierarquia das forças armadas, no uso do poder de mensagem, em asse-

---

[1242] Que supõe a audição do Governo.
[1243] Lei Orgânica n.º 2/2014, de 6-8.

gurar a fidelidade das forças armadas à Constituição, na presidência de cerimónias militares incluindo o uso da palavra nesses eventos e na atribuição por iniciativa própria de condecorações militares[1244]. Contudo, esse estatuto supõe, igualmente, o exercício de poderes constitutivos próprios e partilhados com o Governo, os quais são dotados de algum relevo.

As prerrogativas que assumem maior destaque já foram aqui abordadas, respeitando à nomeação e exoneração dos membros do alto comando militar sob proposta do Governo, a declaração do estado de sítio (instituto que envolve o emprego das forças armadas) e a declaração do estado de guerra, que a título final, só a ele lhe compete decidir, em última instância.

856. Outra competência constitucional nesta esfera respeita à Presidência do *Conselho Superior de Defesa Nacional* (órgão ordinário de consulta para assuntos relativos à defesa nacional e forças armadas) o qual, quando funciona como órgão consultivo, o Presidente se limita a presidi-lo, a exercer o voto de qualidade e organizar a agenda das reuniões.

Na medida em que o país se encontre em estado de guerra, o Conselho exerce também poderes administrativos na condução do conflito, assumindo o estatuto do Chefe de Estado um papel do maior relevo na direção política e administrativa da sua gestão (realidade que ocorre na maioria dos semipresidencialismos). Com efeito, a alínea c) do nº 2 do artº 9º da Lei da Defesa Nacional[1245] comete ao Presidente a função de dirigir superiormente a guerra em conjunto com o Governo. Esta "co-gestão da guerra"[1246], exercida no âmbito do Conselho Superior de Defesa Nacional (que funciona nesse tempo investido em competências administrativas, de acordo com o artº 43º da Lei de Defesa Nacional, e operando como uma espécie de Conselho de Ministros restrito, mas alargado ao alto comando militar e presidido pelo Chefe do Estado) pode envolver conflitos de competência com o Primeiro-Ministro no uso dos sobreditos poderes de direção. No caso exposto, o Presidente acaba por ter a última palavra, na medida em que, no limite, pode demitir o Governo[1247], reforçando as faculdades presidenciais para, nessas circunstâncias, formar um governo de sua iniciativa ou forçar à constituição de um governo do "unidade nacional" ou uma grande coligação.

857. A doutrina considera, consensualmente, que a lei ordinária pode concretizar competências implícitas do Presidente que inerem ao seu estatuto de

---

[1244] Cfr. o artº 10ºn da Lei da Defesa Nacional.
[1245] Cfr Lei Orgânica nº 1-B/2009, de 7-7 com a alteração da Lei Orgânica nº 5/2014, de 29-8.
[1246] ANTÓNIO ARAÚJO "Competências Constitucionais relativas à Defesa Nacional" in AAVV "O Direito da Defesa Nacional e das Forças Armadas"-Org. Jorge Miranda-Carlos Blanco de Morais_Lisboa-2000-p. 206.
[1247] Cfr CARLOS BLANCO DE MORAIS "Competências Constitucionais relativas à Defesa Nacional" in "O Direito de Defesa Nacional (...)" op. cit, p. 80.

Comandante Supremo das Forças Armadas. E na verdade, a Lei da Defesa Nacional atribui-lhe a faculdade de designar, sob proposta do Executivo alguns cargos militares, *como "os comandantes ou representantes militares junto das organizações internacionais de que Portugal faça parte, bem como os oficiais generais, comandantes de força naval, terrestre ou aérea, designados para o cumprimento de missões internacionais naquele quadro"* (alínea h) do nº 2 do artº 9º da Lei de Defesa Nacional). Trata-se de um poder que lhe é atribuído na qualidade de Presidente, no domínio da defesa quando, em bom rigor, deveria constar do artigo 10º, que se reporta ao seu estatuto de comandante supremo das forças armadas.

Na qualidade de comandante supremo das forçar armadas, o nº 1 do artº 10º da Lei em referência introduz ou explicita, em face do disposto na Constituição, algumas competências relevantes, tais como o direito de ser previamente informado sobre o envolvimento de contingentes militares em conflitos externos mediante proposta rigorosamente fundamentada[1248], contendo elementos previstos nas alíneas do nº 2 do referido artigo.

[1248] A nova Lei de Defesa retiraria ao Presidente da República, segundo a opinião de Reis Novais em declarações prestadas ao "Expresso" no ano de 2010, o poder de impedir o Governo de proceder ao envio de tropas portuguesas para missões no exterior e, o seu entendimento sobre a matéria, centra-se nos seguintes eixos de força: havendo uma lacuna *constitucional* sobre o poder do Presidente em controlar essa decisão do Governo, fora da Declaração de Guerra, teria sido tal lacuna preenchida pelo Presidente Jorge Sampaio mediante o uso de um poder de "veto" (implícito) sobre essa decisão; ii) A nova Lei de Defesa teria, contudo, feito cair o "poder de veto" presidencial e seria redundante, pois a exigência de uma informação prévia ao Presidente sobre a decisão do Governo já resultaria da Constituição. Será mesmo assim? Relativamente à *primeira questão*, o facto é que não existe qualquer lacuna. O Presidente, de acordo com a Constituição, apenas exerce no domínio militar as competências que a mesma lhe atribui, bem como as que resultem de leis que concretizem os seus poderes implícitos como *Comandante Supremo das Forças Armadas*. Ora, aquando da querela do envio de tropas para o Iraque durante o Governo Barroso, nem a Constituição nem a Lei de Defesa atribuíam ao Presidente poderes para vetar uma decisão do Governo que ditasse esse envio.
Tal como declarámos na Comissão Parlamentar de Defesa, em 2001, é o Governo, como órgão superior da Administração Pública (onde as Forças Armadas se integram) o órgão de condução da política externa e militar do País e, como tal, a entidade competente para decidir sobre o emprego das Forças Armadas no exterior. Daí que o Presidente Sampaio quando objetou ao envio de tropas para o Iraque não tenha integrado lacuna alguma, nem exercido vetos que a Constituição lhe não atribuía, sob pena de agir em manifesto excesso de poder. Terá feito, sim, valer o seu estatuto moderador para exercer uma eficaz magistratura de influências junto do Governo, o qual cedeu, não porque considerasse inconstitucional o envio de tropas sem assentimento presidencial, mas porque quis evitar um conflito político e institucional.
Quanto à *segunda questão*, estima-se que a nova Lei de Defesa apenas torna mais exigente a obrigação constitucional do Primeiro-Ministro em informar o Presidente sobre o envio de forças militares para o exterior: - onde o regime jurídico anterior não explicitava o caráter

O domínio castrense constitui uma área onde o Presidente exerce uma magistratura de influências mais intensa, arbitrando discretamente diferenças entre o Governo e o alto comando militar, evitando a partidarização das forças armadas e tornando clara a sua oposição ao envolvimento do País em certos conflitos externos, o que implica um importante poder dissuasor do Governo como órgão competente para decidir sobre esse mesmo envolvimento.

Ainda no campo da magistratura de influência inerente a poderes explícitos, o Presidente pode consultar as chefias militares em questões de defesa (alínea f) do nº 1 do artº 10º da Lei de Defesa Nacional) o que significa que o seu contacto com os membros do alto comando não passa pela interposição do Ministro da Defesa nem do Primeiro-Ministro.

858. Finalmente, ao garantir nos termos da Lei de Defesa Nacional a fidelidade das forças armadas à Constituição, o Presidente pode, a título excecional, fazer uso da sua autoridade implícita como comandante supremo em termos de "indirizzo" junto do Governo e chefias, tanto na prevenção de conflitos que coloquem em causa essa fidelidade, como em situações que impliquem uma gravíssima e insuperável crise declarada em que se registe uma quebra da ordem constitucional democrática no meio militar (num quadro semelhante ao verificado em Espanha em 1981 e que justificou o poder de comando "de facto" do Rei junto das regiões militares).

Todavia, em caso de divergência entre Presidente e Executivo que envolva poderes de autoridade sobre as forças armadas, estas estão exclusivamente subordinadas à hierarquia do Governo como órgão superior da Administração Pública, não estando as mesmas forças vinculadas a injunções do Chefe de Estado, mesmo em estado de exceção (excetuadas situações de rotura constitucional e necessidade insuperável já referidas supra)[1249].

prévio dessa comunicação, a atual Lei garante-o; onde o anterior regime não impunha uma justificação do ato, a nova Lei exige uma informação fundamentada. Fará diferença? Sem dúvida que sim, pois um ato da Administração que viole as novas exigências será ilegal e, só por isso, a lei, não é redundante. Mas será que o Presidente perdeu poderes? Seguramente que não. Na verdade, se após a prestação de informação qualificada pelo Chefe de Governo ao Presidente, este se opuser ao envio de tropas para o exterior, fá-lo-á, tal como em 2003, ao abrigo da sua magistratura de influências. Nesse contexto, será sempre juridicamente legítimo que o Governo, como antes sucedia, possa utilizar tropas no exterior, sendo, contudo, politicamente duvidoso que numa matéria tão sensível, o venha a fazer com a oposição expressa e pública de um Presidente, perante o qual é institucionalmente responsável. Uma intervenção com desfecho desastroso ou baixas consideráveis feita contra a vontade pública do Presidente não poderia deixar de ter consequências políticas, seja quanto a subsistência de alguns membros do Governo em funções, seja, no limite, quanto à subsistência da maioria governativa.

[1249] Cabe ao Governo a execução dos estados de exceção nos termos do artº 17º da Lei nº 44/86, de 30-11 com as alterações das leis orgânicas nºs n.º 1/2011, de 30/11 e 1/2012, de 11/05.

D. Observações sobre os poderes inerentes à função de representante do Estado no âmbito das relações internacionais

859. Compete ao Governo conduzir a política geral do País na sua vertente interna e externa (artº 182º da CRP).

Embora não co-decida com o Governo neste domínio, o Presidente deve obrigatoriamente ser informado pelo referido órgão (alínea c) do nº 1 do artº 201º da CRP), através do Primeiro-Ministro, sobre questões mais relevantes em termos de política exterior. A prática costuma envolver uma informação direta das embaixadas portuguesas ao Presidente sobre questões relevantes, bem com uma estrita interlocução com o Ministro dos Negócios Estrangeiros sobre a atividade diplomática.

Ainda assim, pese o facto de não possuir um domínio reservado para orientar a política externa, como sucede em França (pese que com alguma atenuação em coabitação, § 550), o Presidente da República Portuguesa, na qualidade de representante da República Portuguesa no plano interno e externo, exerce algumas competências apreciáveis no quadro das relações exteriores.

860. No plano do exercício de poderes constitutivos, já aqui se aludiu à faculdade livre de que dispõe no sentido de assinar ou ratificar convenções internacionais (ou recusar essa assinatura ou ratificação), promover o controlo da sua constitucionalidade ou de legislação com impacto nas relações externas e nomear os embaixadores e representantes diplomáticos, sob proposta do Governo. Está-se diante de uma faculdade que permite ao Chefe de Estado recusar ou retardar o estabelecimento de relações diplomáticas, mormente a nível de embaixada. Por exemplo, tal como aqui já foi referido, o presidente Soares recusou-se a elevar as relações diplomáticas com o Chile a nível de embaixada até 1989, com base em objeções de ordem ideológica e o Presidente Cavaco Silva retardou o reconhecimento do Kosovo, uma espécie de protetorado da Aliança Atlântica num Estado artificial, criado em virtual rotura com o Direito Internacional.

Compete, igualmente, ao Chefe de Estado acreditar os representantes diplomáticos estrangeiros (um ato usualmente certificatório mas que, no limite, pode ser denegado[1250]). Embora o Chefe de Estado não esteja presente nas Cimeiras europeias de Chefe de Estado e de Governo marca, usualmente, presença nas

---

O Presidente e o Parlamento devem ser mantidos informados pelo Executivo.

[1250] Se o Governo tivesse estabelecido relações diplomáticas com o Kosovo à revelia da vontade presidencial, o presidente poderia prejudicar a normalidade dessas relações a um certo nível diplomático, recusando acreditar o embaixador desse Estado e recusando, igualmente, a nomeação de um embaixador português em Pristina.

cimeiras Ibero-americanas, podendo forçar a sua presença noutras onde se trate de questões de relevante interesse nacional para a soberania do Estado.

861. Protocolarmente, em articulação com o Governo, exerce uma intensa atividade cerimonial na receção de homólogos e dirigentes estrangeiros e em cerimónias com embaixadores, exercendo a sua magistratura de influência junto das chancelarias acreditadas em Lisboa, sem que tal possa ser entendido como uma atividade diplomática paralela, na medida em que não contrarie a ação governativa.

Compete-lhe a formulação de convites a Chefes de Estado estrangeiros e deslocar-se ao exterior a cimeiras de chefes de Estado estrangeiro, em concertação com o Governo[1251].

Os seus conhecimentos na esfera internacional podem facilitar, episodicamente, a resolução de tensões entre o Governo português e governos de outros estados (situação recorrente no quadro das relações entre Portugal e Angola).

1.5. Convocação de atos referendários

862. Compete ao Presidente da República convocar atos referendários a nível nacional, sob proposta do Governo e do Parlamento (com impulso interno ou mediante uma pré-iniciativa dos cidadãos), nos termos do artº 115º da CRP. Trata-se de uma competência relevante, na medida que, pese o facto de estar privado de iniciativa referendária, o Presidente pode "vetar" iniciativas dessa natureza, oriundas dos dois outros órgãos soberanos.

O Chefe de Estado deve, nos termos do nº 8 do mesmo artº 115º e da Lei Orgânica do Referendo, submeter as propostas referendárias a controlo preventivo da constitucionalidade e legalidade pelo Tribunal Constitucional. Na medida em que a proposta seja inconstitucional ou ilegal ela será obrigatoriamente devolvida pelo Chefe de Estado ao poder proponente. Só após a publicação do Acórdão deste órgão, no sentido da não invalidade, é que o Chefe de Estado poderá decidir convocar ou não o ato referendário, em 25 dias contados dessa data (artºs 34 e 226º da Lei Orgânica do referendo[1252]), assumindo essa decisão caráter definitivo[1253].

863. Na medida em que do voto popular emirja uma resposta com um sentido positivo, a lei orgânica do referendo veda ao Presidente a faculdade de vetar uma lei que corporize esse resultado embora possa vetar aditamentos que o não inviabilizem (artº 242º da lei orgânica do referendo) e, caso a resposta seja negativa é-lhe vedada promulgação qualquer lei que contrarie o resultado referen-

---

[1251] Cfr o chamado "Grupo de Arraiolos" que agrupa chefes de Estado europeus sem funções de Governo.
[1252] Lei nº 15-A/98 de 4-4.
[1253] Cfr. CARLOS BLANCO DE MORAIS "Curso (...)" op. cit, p. 107.

dário, pelo menos durante uma sessão legislativa (interpretação analógica do mesmo preceito).

O Presidente pode, igualmente, convocar referendos regionais (nº 2 do artº 232º da CRP).

864. A pré-iniciativa dos cidadãos encontra-se diminuída na ordem constitucional pois está sujeita à aprovação da Assembleia da República, exigência que empobrece a democracia e a participação cidadã e contribui para o fechamento ou clausura do sistema político. Como forma de valorizar a democracia semi-direta defende-se que em futura revisão constitucional os cidadãos peticionários que lograssem recolher, pelo menos, 75.000 assinaturas, deveriam dispor de legitimidade ativa para proporem diretamente a realização de um referendo ao Presidente.

2. A magistratura de influência

2.1. Noção

865. Do estatuto do Presidente da República e em especial das funções de ordem política que lhe estão cometidas pelo artº 120º da CRP e que definem a sua natureza como órgão soberano é possível extrair um conjunto de prerrogativas e faculdades, umas regidas pelo direito e outras de caráter implícito que, sem prejuízo de se encontrarem desprovidas de efeitos jurídicos diretos com caráter constitutivo, têm um incontornável impacto político.

866. Designa-se por "magistratura de influência" *o poder formal e informal desenvolvido pelo Chefe de Estado para induzir as instituições públicas e entidades da sociedade civil à assunção positiva ou negativa de determinadas condutas, relativas a questões que se enquadrem no âmbito das suas funções constitucionais ou que com as mesmas guardem uma relação de conexão instrumental.*

No âmbito material difuso dessa magistratura conta-se, nomeadamente, um acervo de faculdades traduzidas, em regra:

i) No estabelecimento de contactos, formais e informais, com as demais instituições, agentes políticos e entidades da sociedade civil tendo por propósito persuadi-los a adotar ou travar a adoção de certas condutas e a aprimorar ou qualificar certas decisões que se proponham tomar;
ii) No desenvolvimento de funções mediadoras ou arbitrais entre instituições, formações políticas e grupos sociais em litígio ou conflito;
iii) No uso da palavra para exprimir o seu pensamento político-institucional sobre temas relevantes para os negócios públicos e vida nacional, com conexões ao exercício das suas funções.

Trata-se de um tema que não cabe desenvolver neste excurso, sem prejuízo da sua relevância política[1254], na medida em que a magistratura de influência não constitui um poder que se traduza diretamente na produção de consequências de ordem constitutiva, ou seja, em poderes que a título direto se traduzam na modificação da ordem jurídica (embora possam ter reflexamente esse efeito). Na verdade, monarcas e Presidentes da República de sistemas parlamentares existem que, embora desprovidos de poderes formais, lograram ainda assim exercer uma magistratura de influência expressiva[1255], havendo, igualmente, Chefes de Estado dotados de poderes significativos, mas cuja magistratura neste domínio teve um impacto mais reduzido[1256].

2.2. Faculdades de indução ou persuasão

867. No plano interlocutório, o Presidente, em regra com o acordo do Primeiro-Ministro, pode ser informado diretamente por membros do Governo sobre a condução da política governamental nas respetivas áreas. Dispõe, igualmente, da faculdade de ouvir personalidades da esfera pública ou privada, de âmbito nacional ou internacional, sobre assuntos relevantes para o Estado e sociedade. No quadro desses encontros, sujeitos em regra a reserva, o Presidente logra obter informação relevante para as suas decisões permitindo-lhe agir e projetar uma força de persuasão ou mesmo de pressão sobre agentes políticos, económicos e titulares de altos cargos públicos.

868. A persuasão transforma-se em pressão efetiva quando a sugestão ou proposta presidencial se encontra conexa com a possibilidade ou mesmo com a ameaça do uso de determinado tipo de poder jurídico de direção ou controlo com impacto sancionador.

Na apreciação do mérito ou da constitucionalidade dos decretos-leis ou decretos regulamentares, a possibilidade de aposição de um veto absoluto ou de um pedido de controlo de constitucionalidade podem induzir o Governo a retirar um diploma e introduzir alterações. No estabelecimento de relações diplomáticas com certos Estados, o risco de o Presidente não nomear embaixadores nem acreditar representantes diplomáticos desse Estado condiciona a conduta do

---

[1254] Cfr, mais detidamente JAIME DRUMMOND DO VALLE "("O Poder de Exteriorização do Pensamento do Presidente da República" op. cit, p. 223 e seg e p. 554 e seg), com especial relevo para o poder de comunicação; GOMES CANOTILHO-VITAL MOREIRA "Os Poderes (...)" op. cit, p.59;
[1255] Cfr. o Rei de Espanha e a Rainha do Reino Unido e, em Itália, os presidentes Pertini, Ciampi e Napolitano.
[1256] Cfr a segunda parte do mandato de Lech Walesa na Polónia.

Governo. A não aceitação de sugestões do Presidente sobre uma política pública controvertida pode levar a ponderar o impacto negativo de uma mensagem presidencial muito crítica da mesma medida em momentos de ausência de maioria absoluta no Parlamento[1257], de impopularidade ou de fragilidade de uma coligação. A pressão presidencial para a não assunção de uma decisão, por exemplo na esfera militar (vide caso da intenção originária de envio de forças militares para o Iraque), pode levar o Governo a ponderar o risco desse envio contra a vontade do Presidente, no caso de a intervenção se saldar por um fracasso ou por custos inesperados em vidas humanas.

869. Por outro lado, se é um facto que o Presidente não pode condicionar a composição do Governo nem orientar a sua política, um Governo frágil e impopular que ignore sugestões e orientações presidenciais, por mais abusivas que sejam, arrisca-se a ter os seus dias contados em virtude do uso do poder de dissolução em momento oportuno[1258].

Mas, na esfera da própria oposição, pode ser elevado o poder persuasivo de um Chefe de Estado no sentido da viabilização de políticas de um governo minoritário, se o partido oposicionista pertencer à maioria política que elegeu o Presidente e estiver a ensaiar os primeiros passos, pretendendo evitar isolamento institucional[1259].

O facto é que, sobretudo quando Presidente e Primeiro-Ministro logram comunicar numa relação fluida, seja em confluência, seja mesmo em coabitação com governos minoritários, existem inúmeros acordos e "trade offs" invisíveis, convencionados entre os polos desta diarquia institucional, os quais logram ser geridos de comum acordo, de modo a resultarem em vantagens recíprocas.

870. Frequentemente a magistratura de influências nesta dimensão interlocutória, pactícia, persuasiva ou coativa pode traduzir-se em pura ingerência do Presidente em domínios que não são da sua competência.

Foi o caso de operações políticas destinadas a defenestrar dirigentes partidários (situação gerada por Mário Soares quando, deliberadamente, influiu na queda de Vitor Constâncio como Secretário-Geral do seu partido, o PS) bem como a arregimentação de agentes políticos, sociais e comunicacionais pelo mesmo Presidente para a desestabilização do terceiro governo de Cavaco Silva. Foi o caso do Presidente Sampaio quando interveio num contencioso entre o Governo e um comentador televisivo do partido governamental e, ainda,

---

[1257] Vide o caso da inviabilização da venda da TVI à PT depois de intervenção preambular de Cavaco Silva.
[1258] Tal como sucedeu com o governo de Santana Lopes sob a presidência de Jorge Sampaio.
[1259] Vide o caso da influência de Cavaco Silva sobre o PSD na viabilização dos PEC II e III, (programas de estabilidade e crescimento) concebidos pelo Governo de Sócrates.

quando após a demissão de Durão Barroso, procurou induzir a coligação maioritária a propor candidatos a Primeiro-Ministro que não aquele que foi indicado pelo principal partido da maioria. E, segundo alguns entendimentos terá sido o caso da intervenção do Presidente Rebelo de Sousa numa questão gestionária da banca, envolvendo a direção da Caixa Geral de Depósitos na sua relação comunicacional com a tutela.

2.3. Mediação e arbitragem

871. Quanto maior o prestígio, popularidade ou autoridade pública de que goze um Presidente e maior seja a sua "taxa" de neutralidade e posicionamento *supra-partes*, mais eficaz será a faculdade informal de mediar conflitos entre instituições, agentes políticos ou entidades do poder público ou do setor privado que se encontrem em conflito.

São frequentes os exercícios desta natureza em que os Presidentes fazem aproximações entre partidos do chamado "arco democrático "para a viabilização de políticas públicas essenciais na área da Justiça, das finanças e da política externa e de defesa, mitigam dissensões entre o Governo e entidades empresariais e até agilizam tensões entre o Governo e Estados estrangeiros, mormente no universo dos Países de expressão portuguesa.

872. Em certas circunstâncias extremas o Presidente gere ou tenta gerir verdadeiras arbitragens entre poderes regionais e autoridades soberanas ou entre partidos do arco democrático.

O Presidente Cavaco Silva logrou, com relativo êxito, fluidificar as tensões entre o Governo de José Sócrates e o governo regional da Madeira, no seu primeiro mandato, onde exibiu um elevado grau de autoridade. Contudo, não logrou fazer prosperar, em 2013, uma arbitragem para a qual nomeou um representante, tendo em vista a celebração de um pacto de regime entre o Governo do PSD/CDS e o PS, na medida em que o esmaecimento da sua popularidade não logrou superar, paralelamente, as barreiras colocadas por poderosos dirigentes socialistas contra esse acordo.

2.4. O poder de comunicação presidencial

873. Os deveres e poderes de comunicação do Presidente da República podem revestir natureza explícita e implícita. São explícitos os poderes de mensagem previstos na letra da Constituição e na lei e implícitos todos os restantes que envolvam uma externalização do pensamento político do Presidente quando atue no exercício das suas funções.

A. Obrigações explícitas de comunicação e mensagem

874. A Constituição da República impõe ao Presidente obrigações de externalização do seu pensamento, através de mensagem ou comunicação fundamentada, sempre que pratica atos como o da demissão do Governo[1260], dissolução parlamentar[1261], veto político[1262], renúncia ao cargo[1263] e solicitação de autorização para ausência do território nos termos já expostos[1264]. Outras faculdades como a declaração dos estados de exceção e de guerra, que envolvem atos de necessidade pública de grande relevo pela afetação de direitos fundamentais e que carecem de fundamentação, supõem uma mensagem necessária ao País que envolva a divulgação desses fundamentos.

B. Faculdades de mensagem e pronúncia com caráter expresso

875. A Constituição atribui ao Presidente a faculdade de dirigir mensagens à Assembleia da República e aos parlamentos regionais (alínea d) do artº 133º), bem como pronunciar-se sobre todas as emergências graves para a vida do País (alínea e) do artº 134º). O regimento da Assembleia da República admite, por seu turno, a intervenção pessoal do Presidente no Parlamento na sua tomada de posse[1265].

Quanto à pronúncia sobre emergências graves para a vida da República elas não têm conteúdo definido. Podem abranger estados de guerra e exceção (pese o facto de se considerar em razão da matéria, que esse tipo de decisões graves implicam um "quase dever" de mensagem) mas envolvem todo o tipo de meios, devendo em estado de normalidade primar as vias e formas solenes.

As comunicações do Presidente Cavaco Silva ao País sobre o Estatuto dos Açores e o caso das "escutas" deveriam enquadrar-se nesta figura (já que denun-

---

[1260] Está implícito no nº 2 do artº 195º que o Presidente só pode demitir o Governo quando esteja em causa o regular funcionamento das instituições democráticas. Logo à partida deverá justificar a razão pela qual se encontra reunido esse pressuposto.

[1261] A Constituição não requer, explicitamente, mensagem justificativa do ato de dissolução. Dado o peso deste poder, existe um uso, ou mesmo um costume no sentido de ser exigível uma fundamentação pública. Por identidade de razão este critério deve ser aplicado às assembleias legislativas regionais.

[1262] Decorre do nº 1 do artº 136º da CRP e do nº 4 do mesmo artigo que o veto político sobre leis e decretos-leis deve ser acompanhado, respetivamente, de mensagem fundamentada ou de comunicado escrito onde explicite o sentido do mesmo veto.

[1263] Cfr artº 131º da CRP.

[1264] Cfr. o disposto no nº 1 do artº 146º do Regimento da Assembleia da República com remissão para a alínea d) do artº 129º e do artº 133º da CRP.

[1265] Nº 2 do artº 245º do Regimento.

O PRESIDENTE DA REPÚBLICA

ciaram, respetivamente, uma tentativa sorrateira de limitar por via legislativa e inconstitucional os poderes do Presidente e uma alegada montagem política contra a autoridade presidencial). Contudo, o seu conteúdo comunicacional, sob um ponto de vista técnico, linguístico e político, não atingiu os objetivos clarificadores pretendidos.

976. No que toca às mensagens presidenciais à Assembleia da República, estas são livres no seu conteúdo, podem ser proferidas a todo o tempo, em regra mediante leitura no plenário[1266] ou, no limite, proferidas pessoalmente pelo próprio Presidente[1267], mediante assentimento do Parlamento. Se algumas destas mensagens tiveram conteúdo inexpressivo ou opaco outras constituíram sérios avisos (ou quase ultimatos) à maioria governativa[1268].

C. Faculdades informais de pronúncia e expressão do pensamento presidencial

877. Trata-se de uma matéria muito interessante em termos de Ciência Política e de prática constitucional, mas com pouca expressão no Direito Constitucional positivo.

Concorda-se com a tese, algo consensualizada, segundo a qual o "poder de exteriorização informal" do Presidente da República ou seja, a faculdade ampla de o Chefe de Estado tomar posições públicas sobre questões de Estado e de governação, coincidentes com as suas funções constitucionais, pode exprimir-se através: de discursos e mensagens em atos solenes (como o 5 de outubro, o 26 de abril, o 10 de junho e a mensagem de ano novo); em intervenções portadoras de um tema específico e dirigidas ao País; em comentários públicos, blogues, livros, entrevistas; e até em comunicações no *twiter e facebook*[1269]. Estamos, em qualquer caso, perante um domínio do político, em que o Presidente exerce um poder informal, juridicamente incontrolável.

878. É extremamente interessante observar um exercício criterioso da doutrina em tentar configurar e limitar o alcance da intervenção informal do Presidente, num conjunto de domínios políticos (revisão constitucional, política

---

[1266] Cfr.Os poderes do Presidente do Parlamento sobre a obrigação de dar oportuno conhecimento da mensagem presidencial (alínea c) do nº 1 do artº 17º do Regimento da Assembleia da República).
[1267] JORGE MIRANDA "Constituição Portuguesa Anotada" –II- op. cit, p. 381.
[1268] Caso da mensagem de Mário Soares sobre a Comunicação social em 1991 ou o discurso de posse de Cavaco Silva em 2011, que constituiu uma catilinária ameaçadora ao Governo de José Sócrates.
[1269] Método de comunicação introduzido pelo Presidente Cavaco Silva em Portugal.

externa, atividade legislativa e referendária, defesa e política externa e funções administrativa e jurisdicional). O facto é que, caso o Presidente decida não se conter na moldura desses cânones derivados dos usos, convenções e praxes que têm marcado a atuação presidencial nessas áreas e decida, ao invés, intervir sobre todos os domínios, mesmo os estranhos às suas competências ou respeitantes a realidades frívolas ou subsidiárias, não haverá consequências jurídicas para o titular, mas apenas políticas.

Um Chefe de Estado que sobre tudo se pronuncie, pode ser acusado, quando for oportuno, pelas demais instituições, de ser abusivo no exercício do poder de comunicação, de não respeitar a lógica da separação de poderes, e de não ser sóbrio e autocontido, de acordo com o padrão típico reconhecido aos Chefes de Estado. A imprensa pode, igualmente, denunciar que a sua conduta é excêntrica, cansativa, e invasiva, sobretudo quando as matérias abordadas são estranhas às suas funções. Contudo os efeitos jurídicos desse tipo de reparos são nulos: o Presidente não pode ser censurado, destituído ou sujeito a um impeachment, em razão do seu poder de comunicação (salvo, bem entendido, se der indícios de alienação mental que gerem uma impossibilidade física permanente, supra § 773, ou preencher um dos tipos penalmente definidos como crimes de responsabilidade, incitando por exemplo a condutas contrárias à ordem democrática ou à independência nacional).

879. A sua responsabilidade é difusa e afere-se politicamente apenas perante o povo, ou a Nação, diante de quem presta sincreticamente contas.

Como tal, estamos diante de um universo de convenções, práticas e usos, que por regra são seguidas pelo Chefe de Estado, como pressuposto da sua credibilidade e legitimação, mas que se tal não suceder, apenas podem ter para este eventuais consequências políticas, seja quanto ao risco de não reeleição (se for o caso, já que o eleitorado nem sempre segue a opinião pública dominante e pode preferir presidentes tribunícios em permanência) seja quanto à possibilidade extraordinária de renúncia, quando as instituições e a opinião pública, em eventual sintonia com o povo[1270], reajam a uma só voz e de forma terminante a uma situação disfuncional ou caricatural (vide caso já referido do Presidente Cossiga em Itália, § 749).

Sem pretender adiantar muito mais sobre esta matéria, própria do universo sempre atraente do jornalismo, da politologia e do Direito Constitucional periférico que tenta sintonizar o "espírito da Constituição", é um facto que a doutrina de referência tem considerado que:

[1270] Que apreende, no limite, o sentido do desprestígio institucional quando o discurso de um agente político, mesmo popular, atinge o excesso.

i) O Presidente deve manter um dever de reserva, moderação e autocontrolo, atentas as exigências impostas pelo principio da lealdade institucional e pelo seu perfil integrador da unidade do Estado, os quais reclamariam exigências de "neutralidade" que repudiariam discursos divisivos ou contramaioritários, intervenções tomadas como *"favorecendo ou hostilizando determinadas forças"* e comunicações favoráveis a certos interesses parcelares que possam ser enquadráveis numa "função tribunícia"[1271];

ii) A intervenção do Chefe de Estado estará sujeita a limites implícitos e deve evitar aparecer como *"centro autónomo de produção de soluções de governo., que devem estar reservadas ao governo e à oposição"*[1272];

iii) Nas mensagens dirigidas à Assembleia o Presidente da República *"(...) não o pode fazer, porém, a todo o tempo sobre qualquer questão, sob pena de frustrar a separação de poderes*[1273]*"*.

880. O facto é que, havendo uma preocupação de todos os titulares em procurarem ganhar uma distância, contenção e parcimónia na mensagem presidencial, nem sempre o lograram fazer de acordo com os cânones reclamados pelos constitucionalistas citados. Nenhum pôde reivindicar um estatuto de pura neutralidade nas mensagens, a abstenção de discursos divisionistas e contramaioritários, a ausência de tomada de diligências para a mudança de ciclo político, o apoio declarado a governos ou até produção de soluções governativas e, esse facto, não afetou o seu estatuto ou possibilidade de reeleição. É certo que de um modo geral, na sua quase totalidade, os titulares evitaram pronunciar-se, dia sim, dia não, sobre toda e qualquer questão ou minudência inserida dentro e fora da sua esfera de competência, mas essa autocontenção destinou-se, sensatamente no espírito da Constituição, a não banalizar o seu magistério e a procurar envolvê-lo numa aura, melhor ou pior conseguida, de respeito e autoridade.

[1271] Cfr JAIME VALLE ult. loc. cit, p. 555.
[1272] GOMES CANOTILHO-VITAL MOREIRA "Os Poderes (...)" op. cit, p. 59
[1273] JORGE MIRANDA-RUI MEDEIROS "Constituição portuguesa(...)"-II-op. cit, p. 381.

Secção IV. Sujeição do Presidente a formas de controlo ou condicionamento interorgânico

1. Nas relações com a Assembleia da República

881. Escassas são as formas de controlo ou responsabilização política exercidas pelo Parlamento sobre o Presidente da República: estados de exceção, ausências do território e impeachment são as exceções de nota.

Em relação aos seus atos jurídicos já foi referido que a declaração dos estados de sítio, emergência e guerra carecem de autorização parlamentar

No que toca à sua conduta pessoal ou institucional, a norma do nº 1 do artº 129º da CRP determina que o Chefe de Estado não se pode ausentar de território nacional sem assentimento da Assembleia da República ou da sua Comissão Permanente se aquela não estiver em funcionamento. O nº 2 do mesmo preceito dispensa a autorização nos casos de passagem em trânsito (realidade pouco viável já que não há descontinuidade territorial com territórios estrangeiros de permeio) ou viagem sem caráter oficial de duração não superior a 5 dias, contanto que o Presidente dê conhecimento prévio dessas deslocações ao Parlamento. A inobservância da regra prevista no nº 1 do preceito relativa às ausências (que não se aplica à falta de informação prévia das deslocações enunciadas no nº 2 ou do excesso do limite de 5 dias por razões de força maior) determinam "ope legis" a perda do cargo (nº 3 do artº 129º da CRP), devendo a mesma ser verificada e declarada pelo Tribunal Constitucional .

Finalmente, já se aludiu nesta obra (§ 774) à acusação proposta por um quinto e deliberada pois maioria de dois terços dos deputados efetivos pelo Parlamento por crimes praticados no exercício das suas funções, segue-se o seu julgamento pelo Supremo Tribunal de Justiça, envolvendo a condenação a perda do cargo e a impossibilidade de reeleição (artº 130º da CRP).

882. Existe, ainda assim, uma outra forma indireta ou colateral de limitação da ação presidencial pelo Parlamento. A alínea v) do artº 164º da CRP inscreve na reserva absoluta de competência legislativa da Assembleia da República o regime da autonomia organizativa, administrativa e financeira dos serviços de apoio ao Presidente da República. Os recursos afetos à Presidência podem, na verdade, ser drasticamente afetados no contexto de um conflito político.

Observe-se o cenário hipotético, pese que extremo, de o Presidente vir a dissolver o Parlamento e a maioria politica afetada por esse ato regressar reforçada com maioria absoluta, na sequência de novas eleições, na base de uma campanha antipresidencial. Uma das primeiras medidas politico-legislativas sancionatórias contra um Presidente enfraquecido e incapaz de dissolver o Parlamento durante 6 meses (e sem condições políticas de o fazer mesmo mais tarde) seria aprovar uma lei que reduzisse drasticamente o orçamento da Presidência e alterasse a organização interna de forma constrangedora ou humilhante, forçando eventualmente o Chefe de Estado a renunciar[1274].

2. Nas relações com o Governo: a referenda ministerial

883. Estima-se que a transformação da *referenda ministerial*, nela incluída a assinatura do Primeiro-Ministro, num ato puramente "notarial" constitui um exemplo de costume *secundum legem*.

Quer na Constituição de 1933 quer na Constituição de 1976, durante 40 anos, nunca um ato presidencial foi objeto de uma recusa de referenda ministerial (a qual conduz à inexistência do ato), havendo um consenso alargado que se tratará de um ato certificatório devido e que a sua recusa implicaria uma quebra no regular funcionamento das instituições, acarretando seguramente a demissão do Governo pelo Chefe de Estado. Apenas em situações excecionais, pouco descortináveis (em que, por exemplo, esteja em causa a prática de um ato do Presidente ou uma lei do Parlamento por ele promulgada, marcadamente inconstitucional que questione, por exemplo, a independência do Estado ou a própria ordem constitucional ou, ainda, um ato de graves consequências produzido em estado de anomalia psíquica), seria aceitável uma recusa de referenda.

Uma leitura textual da Constituição que hipoteticamente convertesse a referenda num juízo de oportunidade política ou num controlo político de constitucionalidade e que fosse aceite ou tolerada pelo Presidente, deslocaria o sistema de governo para um modelo semipresidencialista atípico de chanceler. Isto, porque permitiria ao Executivo, a título de exemplo, denegar a referenda de modo a "vetar" as leis do Parlamento já promulgadas pelo Presidente ou a sancionar politicamente com um juízo governamental de inconstitucionalidade leis promulgadas que não tivessem sido sindicadas pelo Presidente junto do Tribunal Constitucional.

[1274] O veto político a essa lei seria reversível por deliberação tomada pela maioria absoluta dos deputados efetivos (nº 2 do artº 136º da CRP).

Capítulo II. A Assembleia da República como instância representativa, legiferante e fiscalizadora

1. Natureza jurídico-institucional

1.1. Traços caracteriológicos da instituição parlamentar

884. A Assembleia da República constitui, em termos constitucionais, o órgão parlamentar soberano da III República Portuguesa que representa todos os cidadãos (nº 2 do artº 152º da CRP), sendo composta por deputados eleitos por sufrágio universal, direto, secreto e periódico (nº 1 do artº 113º). Embora os deputados, atento o seu sistema de eleição, representem toda a coletividade nacional, eles representam, igualmente, as principais correntes políticas do país organizadas em partidos, os quais têm o monopólio de apresentação de candidaturas ao Parlamento (nº 1 do artº 151º da CRP).

O Parlamento português figura numa posição sistematicamente destacada no elenco dos órgãos de soberania, na medida em que é mencionada na Constituição na posição imediatamente subsequente à do Presidente da República, na listagem constante do nº 1 do artº 110º[1275]. Esse posicionamento deriva da cir-

---

[1275] JORGE MIRANDA "Direito Constitucional III. Direito Eleitoral e Direito Parlamentar"--Lisboa-2003 e "Manual de Direito Constitucional"-VII-Coimbra-2007-p. p. 159 e seg e p. 180 e seg; ROGÉRIO SOARES "As Comissões Parlamentares Permanentes"-BFDUC-LVI-1980; PAULO OTERO "Direito Constitucional Português"-II-Coimbra-op. cit -261 e seg; JOSÉ DE MELO ALEXANDRINO "Lições (...)"-II- op. cit, p. 149 e seg; JORGE BACELAR GOUVEIA

O SISTEMA POLÍTICO

cunstância de se tratar de dois órgãos representativos do povo português, por ele eleitos democraticamente mediante sufrágio direto, surgindo o Presidente numa primeira posição na medida em que, na qualidade de regulador de todas as instituições democráticas, dispõe do poder de convocar e dissolver a Assembleia, sem que o contrário suceda.

Contudo é o Parlamento que encarna a essência do regime democrático-representativo, através da incorporação de todas as opções mais significativas do eleitorado e não apenas de uma maioria vitoriosa (como sucede com o Chefe de Estado) e, pese o facto de não assegurar por via de regra a condução política do País, configura-se como fator indispensável para o desenvolvimento estável dessa condução exercida pelo Governo, na medida em que este subsiste em funções se pelo menos beneficiar da não - desconfiança parlamentar.

885. No que respeita à sua *estrutura como centro de poder*, a Assembleia da República define-se como:

i) Um órgão colegial (sendo composta por uma pluralidade de titulares que decide mediante a tomada de deliberações por maioria dos votos);
ii) Uma instituição *unicameral* (só compreende uma câmara representativa[1276]);

"Manual de Direito Constitucional"-II-Coimbra-2016, p. 1075 e seg; GOMES CANOTILHO--VITAL MOREIRA "Constituição (...)", II-op. cit, p. 233 e seg; MARIA BENEDITA URBANO "Representação Rolítica e Parlamento. Contributo para uma Teoria Político-Constitucional dos principais Mecanismos de Proteção do Mandato Parlamentar"-Coimbra-2009; LUÍS SÁ "Assembleia da República"-DJAP—1º Suplemento-Lisboa-1988- p. 54 e seg; JOSÉ MATOS CORREIA-RICARDO LEITE PINTO "Responsabilidade Política" op. cit, p. 51 e seg; ANDRÉ FREIRE-ANTÓNIO ARAÚJO-CRISTINA LESTON BANDEIRA-MARINA COSTA LOBO-PEDRO MAGALHÃES "O Parlamento Português: uma reforma necessária"-Lisboa-2002; PEDRO ALVES "O Meu Deputado- Personalização e proporcionalidade na eleição da Assembleia da República"-RFDL-2003-2003-p. 361 e seg; JOSÉ FONTES "Do Controlo Parlamentar da Administração Pública"-Lisboa-1999; CARLA GOMES "Das Imunidades Parlamentares no Direito Português-Algumas Considerações". In AAVV "Estudos de Direito Parlamentar"-Lisboa-1997-p. 521 e seg; ANTÓNIO VITORINO "O Controlo Parlamentar dos Atos do Governo" in "Portugal: o sistema político e constitucional"-Lisboa-1989-p. 369 e seg; JM CARDOSO DA COSTA "Dissolução"-Polis, 2, 1982-p. 628 e seg; PEDRO VELEZ "O Regimento da Assembleia da República como Fonte de Direito"-AAVV "Estudos de Direito Público"-Lisboa-2005-p. 675 e seg; NUNO PIÇARRA "O Inquérito Parlamentar e os seus Modelos Constitucionais. O Caso português"-Coimbra-2004.

[1276] O unicameralismo não deriva tanto da tradição republicana (tal como na Monarquia, a Constituição de 1911 previa duas câmaras parlamentares e a Constituição de 1933 previa, numa posição subalterna, a Câmara Corporativa). Os fundamentos dessa opção, a par da reação ao I Pacto MFA Partidos (que procurou impor aos constituintes uma segunda câmara

iii) um órgão de *natureza complexa* (dado que desdobra em diversos órgãos, nomeadamente no Plenário e em comissões);
iv) Um órgão dotado de *autonomia organizativa* (dispondo da faculdade de regular a sua composição[1277], aprovar o seu regimento[1278] e de se auto--organizar- administrativamente[1279]).

886. Atendendo ao *tipo de funções que desempenha,* as quais se extraem da sua definição como órgão no artº 147º e das suas competências (artºs 161º a 166º da CRP), a Assembleia da República resume-se, essencialmente, ao exercício das atividades *política "stricto sensu" e legislativa,* apenas exercendo competências administrativas residuais com eficácia interna.

Tal pode ser comprovado pela natureza jurídica dos atos jurídico - públicos que pode editar, nos termos do artº 166º da CRP, ou seja, *leis, moções e resoluções.*

Sendo titular das atividades políticas e legislativas a Assembleia não têm, contudo, o exclusivo das mesmas, sem prejuízo de assumir o primado da segunda. Ora no exercício dessas funções a Assembleia procura, no plano institucional, assumir-se no sistema político como órgão *representativo, legislativo, fiscalizador e eletivo.*

Observemos estes quatro atributos caracteriológicos de ordem funcional

---

composta por militares) assentaram, antes, na necessidade de fazer repousar no Parlamento uma vontade política unitária que operasse como contrapeso ao forte poder presidencial ainda marcado pela influência militar, vontade que ficaria diminuída que fosse instituída uma segunda câmara que operasse como travão à primeira. Subsidiariamente, a inspiração jacobina e democrática-radical da corrente maioritária dos teóricos constituintes privilegiou um Parlamento forte com uma só câmara popular (como nas constituições francesas de 1791, 1793 e portuguesa de 1822)

[1277] O próprio Parlamento pode fixar em lei com valor reforçado, o número de deputados (entre um mínimo de 180 e um máximo de 230, de acordo com o artº148º da CRP)), configurar o sistema eleitoral no respeito do modelo proporcional (optando pelo atual modelo ou por um modelo misto, proporcional personalizado, próximo do alemão, como decorre do nº 1 do artº 149º) e alterar a configuração e dimensão dos círculos eleitorais (artº 149º).

[1278] Compete, exclusivamente, à Assembleia da República aprovar o seu regimento, norma atípica da função política de caráter "interna corporis" que contém em detalhe, regras sobre a sua organização e funcionamento (artº 175º da CRP)

[1279] A par de alguns poderes políticos que se mesclam com a função administrativa e que envolvem o estatuto dos deputados e grupos parlamentares, destaca-se a regulação da matéria relativa ao funcionamento dos serviços e ao pessoal do Parlamento, incluindo o exercício do poder disciplinar, e que envolve a aprovação de regulamentos, atos e contratos administrativos,

1.2. A Assembleia da República como "Assembleia representativa de todos os portugueses"

887. De acordo com o artº 147º a Assembleia da República define-se como *"assembleia representativa de todos os portugueses"*. Tal como se afirmou, a representação popular assegurada pela Assembleia procura integrar, em tese, nas bancadas parlamentares as correntes doutrinais ou ideológicas da sociedade portuguesa organizadas partidariamente e que tenham obtido o número suficiente de votos para eleger os seus mandatários.

888. A função representativa significa, na construção de Sieyès, tornar presente, através de mandatários ou representantes (neste caso os deputados), algo que se encontra ausente no exercício quotidiano do poder, que é o povo e as respetivas pretensões. Este, mediante um sufrágio livre e plural, escolhe os partidos com cujas opções político-programáticas mais se identifica, obtendo por regra a maior representação em número de mandatos no Parlamento, a opção partidária (singular ou em coligação) que obtiver a maior preferência em número de sufrágios. Os deputados representam todo o País e não apenas os círculos por onde foram eleitos (nº 2 do artº 152º da CRP) e exercem, em abstrato, o respetivo mandato de uma forma livre (nº 1 do artº 155º).

889. A representação na ordem constitucional portuguesa assume um conjunto de características próprias, a saber: a exclusividade partidária na submissão de listas de candidatos; a proporcionalidade; a garantia de quotas de género; a proscrição de correntes políticas "inimigas" da Constituição; a valorização ativa das correntes representadas através da catalisação da atividade tribunícia; e a função integrativa dos interesses económicos, sociais e culturais, através da atividade permanente dos representantes eleitos.

Assim:

i) A filosofia de representação político-partidária subjacente à Constituição de 1976 radica na exclusividade partidária na apresentação de candidaturas, isoladamente ou em coligação (nº 1 do artº 151º da CRP)[1280];

[1280] É este monopólio que justifica a submissão dos partidos, como associações privadas, a um exigente regime constitucional e legal de direito público, que impõe regras estritas de democracia interna, transparência e ainda limites e controlo do financiamento. Embora, em tese, fosse desejável a apresentação de candidaturas independentes (o que exigiria uma componente maioritária do sistema), o reverso da medalha da existência de deputados eleitos fora do arco partidário consistiria no aumento da fragmentação parlamentar, uma maior taxa de ingovernabilidade e transações obscuras entre os partidos do Governo e esses deputados como condição do seu apoio (vide o caso do deputado "Liminano" que, oriundo do CDS, negociou

ii) Na mesma filosofia e com o reforço de uma cláusula de limite material à revisão constitucional (alínea h) do artº 288º da CRP) incluí-se o critério da representação proporcional segundo a média mais alta de Hondt [1281] que, associado até ao ano de 2017 a círculos eleitorais dominantes de média ou grande dimensão, procura assegurar que as diversas forças políticas, mesmo as de pequena expressão, ocupem lugares no Parlamento, opção que é garantida pela proibição de mecanismos constrangedores como a cláusula barreira (nº 1 do artº 152º da CRP);

iii) A "Lei da Paridade" (Lei orgânica 3/2006 de 21-8) determinou, no desenvolvimento de disposições constitucionais, como a alínea h) do artº 9º e o artº 109º da CRP, que na representação parlamentar se garantisse um equilíbrio de género, com o propósito de se assegurar que as listas de candidatos a deputados assegurassem uma sensível representação feminina, mediante a fixação de uma regra impositiva de uma quota mínima de 33 % de representação de cada um dos sexos nas listas de candidatura;

iv) Existe uma limitação à representação partidária no nº 4 do artº 46º da CRP, a qual veda a constituição de associações racistas ou que perfilhem ideologia fascista;

v) Na esfera da função representativa emerge a *atividade tribunícia*, a qual implica a discussão pública das questões de interesse nacional e internacional entre mandatários de correntes políticas diferentes ou opostas, cuja relevância foi desenvolvida por clássicos do liberalismo como Stuart Mill, como bem destacam alguns autores[1282], estando a atividade de discussão e debate subjacente em diversas disposições constitucionais (artº 168º, nº 4 do artº 174º, nº 2 do artº 177º, nº 4 do artº 174º, nº 1 do artº 176º alínea c) do nº 2 do artº 180º), sem prejuízo de um maior desenvolvimento em normas regimentais;

vii) Finalmente, os deputados como representantes do povo devem assumir uma função integradora da diversidade social, mediante um contacto permanente com os eleitores dos respetivos círculos, a sua articulação com os parceiros sociais, associações e grupos de cidadania através de consultas inerentes ao processo deliberativo e o tratamento de questões

com o Governo socialista a votação favorável às suas políticas em troca do favorecimento de interesses locais de um concelho onde fora presidente da Câmara, entre os quais figurava a proteção da denominação de uma marca autóctone de queijo, o "Queijo Limiano").

[1281] O método de Hondt não integra a cláusula de limites materiais à revisão constitucional, que se reduz ao sistema de representação proporcional.

[1282] AAVV "O Parlamento Português: uma reforma necessária"- Org. ANDRÉ FREIRE-ANTÓNIO DE ARAÚJO-CRISTINA LESTON BANDEIRA-MARINA COSTA LOBO-PEDRO MAGALHÃES-op. cit-p. 21 e seg.

que lhes sejam colocadas pela sociedade civil, nomeadamente através de petições que lhes sejam dirigidas, bem como às comissões parlamentares (nº 3 do artº 178º da CRP).

1.3. A Assembleia da República como órgão investido formalmente no primado da função legislativa

890. Tal como referimos em obra precedente[1283] o primado em epígrafe implica o reconhecimento da supremacia, jurídica e política, da Assembleia da República de entre os órgãos titulares da função legislativa. Essa supremacia supõe, na linha do constitucionalismo clássico, que o núcleo da função legislativa seja cometido aos representantes do povo reunidos nos parlamentos e que estes possam aprovar leis sobre quase todas as matérias. Um sistema em que outro órgão, como o Governo, assumisse o senhorio do mesmo núcleo de poder, a par do domínio do núcleo da função administrativa, não seria organizado no respeito do princípio da separação de poderes.

1.4. A Assembleia da República como órgão de controlo e fiscalização política

891. Fiscalização e debate de opiniões seriam, segundo Stuart Mill as tarefas centrais de um Parlamento e não tanto, a governação e a própria atividade legislativa[1284].

Embora haja quem distinga as tarefas de fiscalização e de controlo, consideramos a noção de *fiscalização,* como a atividade que implica zelar pela observância de regras ou a adoção de condutas politicamente exigíveis e adequadas, abrangendo as atividades de acompanhamento, supervisão e controlo. Atividades, dirigidas primordialmente à Administração direta e indireta, com especial relevo para o Governo que a dirige e superintende, sem prejuízo do acompanhamento da atividade da Administração independente.

Na verdade, o Governo, como condutor político, legislador e órgão superior da Administração é politicamente responsável perante a Assembleia (artº 190º da CRP), na medida em que entre os dois órgão se estabelece uma relação fiduciária.

892. Esta relação fiduciária, pautada por uma preponderância institucional da Assembleia, caracteriza-se pelos seguintes atributos:

[1283] CARLOS BLANCO DE MORAIS ult. loc cit, p,. 375 e seg.
[1284] AAVV" O Parlamento Português (...)" op. cit, p. 21.

i) A composição parlamentar é a base da decisão presidencial para a designação do Primeiro-Ministro, pese o facto de não haver investidura parlamentar do Governo;
ii) A Assembleia dispõe da faculdade de demitir o Governo, mediante a rejeição do seu programa, rejeição de uma moção de confiança e aprovação de uma moção de censura por maioria absoluta;
iii) o Parlamento aprecia o Programa de Governo, os decretos-leis do Executivo para efeito de cessação de vigência e de alteração, outros atos do Executivo e confere a este órgão autorizações legislativas;
iv) A Assembleia da República autoriza o Governo a contrair e conceder empréstimos, aprova a proposta de Orçamento de Estado, toma as contas do Estado e aprecia a execução dos planos nacionais;
v) O órgão parlamentar convoca sessões periódicas em que os membros do Governo estão presentes para prestar esclarecimentos, podendo constituir comissões de inquérito onde seja imposta a presença de membros do Executivo;
vi) A Assembleia autoriza a detenção de membros do Executivo na sequência de procedimento criminal e decide sobre a suspensão de funções do mesmo titular;
vii) no plano externo, acompanha o processo de integração de Portugal na U.E, pronuncia-se sobre matérias pendentes de decisão na U.E. que respeitem às suas competências e acompanha o envolvimento de contingentes militares no exterior.

893. Também as autoridades administrativas independentes, pese o facto de não responderem perante o Parlamento estão sujeitas à fiscalização parlamentar, devendo submeter-lhe os seus planos e relatórios anuais de atividades (cfr. em especial a alínea c) do nº 1 do artº 21º da Lei nº 67/2013) e os seus responsáveis executivos devem comparecer, quanto citados para o efeito, em comissões parlamentares para a prestação de esclarecimentos. Por outro lado, a nomeação de responsáveis executivos dos reguladores económicos carece de prévia audição parlamentar[1285], nos termos do artº 17º da mesma Lei.

O Parlamento também fiscaliza o Presidente da República, autorizando as suas deslocações ao exterior. E, finalmente, em termos genéricos, a Assembleia da República realiza inquéritos parlamentares constituindo comissões para o efeito (cfr. nº 4 do artº 178º da CRP).

[1285] CARLOS BLANCO DE MORAIS "A Lei-Quadro das Entidades Reguladoras (...)" op. cit. p. 162 e seg.

1.5. A Assembleia da República como órgão eletivo

894. Ainda na esfera da função política, no contexto do uso de poderes de direção, a Assembleia elege titulares de outros órgãos, com relevo para órgãos de soberania (caso de 10 juízes do Tribunal Constitucional), órgãos constitucionais (Provedor de Justiça e Conselho Superior da Magistratura) e autoridades administrativas independentes sem assento constitucional.

2. Composição, estatuto e mandato dos deputados e processo de decisão

2.1. Composição

895. A Assembleia da República é composta pelos deputados bem como pelos grupos parlamentares que agrupem os primeiros, sempre que os respetivos partidos elegem uma pluralidade determinada de mandatários.

O órgão parlamentar, de acordo com o artº 148º da CRP, tem o mínimo de 180 e o máximo de 230 de mandatários, nos termos da lei eleitoral, sendo 230 o número atual de deputados. As normas da lei orgânica eleitoral que fixam o número de deputados devem ser aprovadas na especialidade por maioria de dois terços (alínea d) do nº 6 do artº 168º da CPR).

2.2. Legislatura e mandato dos deputados

896. A duração da legislatura é de 4 anos, compreendendo quatro sessões legislativas de um ano cada (nº 1 do artº 171º da CRP). Em caso de dissolução, a Assembleia eleita tem um período de duração que compreende o tempo de legislatura correspondente, acrescido do período não completado da sessão legislativa em curso à data da eleição (nº 2 do artº 171º).

897. O mandato dos deputados, por regra, coincide com o tempo de legislatura: inicia-se, nos termos do nº 1 do artº 153º com a primeira reunião da Assembleia após eleições e cessa com a primeira reunião após eleições subsequentes. O mesmo mandato pode ser encurtado no caso de dissolução do órgão, morte, impossibilidade física ou psíquica, renúncia e perda do mesmo mandato, nos termos do artº 160º[1286]. O preenchimento de vagas ou a substituição temporária dos

---

[1286] A Perda do mandato pode ocorrer, nos termos do nº 1 do artº 160º: se o deputado for abrangido por alguma das incompatibilidades ou incapacidade legalmente previstas; se excedeu o número de faltas regimentalmente previsto ou não tiver tomado assento; se o deputado se inscrever em partido diverso daquele em cujas listas for eleito; se lhe for aplicada a perda

deputados são disciplinados pela lei eleitoral (nº 2 do artº 153º). Nos termos da legislação em vigor as vagas são preenchidas pelo primeiro candidato não eleito e ainda não chamado a desempenhar funções de deputado do mesmo partido que figure na lista a que pertencia o deputado que deva ser substituído.

2.3. Estatuto dos deputados

898. Os poderes dos deputados constam do artº 156º da CRP, e do regimento parlamentar, cumprindo destacar, de entre as faculdades previstas na Lei Fundamental: i) a apresentação de projetos de revisão constitucional e de projetos de lei, de regimento e de resolução, requerendo o respetivo agendamento; ii) participar nos debates parlamentares, nos termos do regimento (realidade drasticamente limitada pela representação do partido correspondente e, especialmente, pela liderança do grupo parlamentar); iii) questionar o Governo sobre atos que este último ou a Administração Pública tenham praticado, receber resposta em tempo razoável e obter do mesmo órgãos ou de outras entidades públicas informações relevantes para o exercício do mandato; iv) requerer a constituição de comissões parlamentares de inquérito (CPI).

899. Aos poderes referidos, acrescem direitos e regalias previstos no artº 158º e as imunidades previstas no artº 157º da CRP não cumprindo, nesta sede, proceder ao seu desenvolvimento.

Os deputados, a par dos deveres previstos no artº 159º, estão sujeitos a um conjunto de inelegibilidades (circunstâncias inibitórias da sua eleição)[1287] incompatibilidades (impossibilidade de acumulação do mandato de deputado com outros cargos) e impedimentos (insucetibilidade da prática de determinados atos ou desempenho de certas funções), os quais devem ser estabelecidos pela Constituição e por lei parlamentar (alínea m) do artº 164º da CRP). Esta última deverá observar as regras das leis restritivas de direitos de liberdade (artº 18º da CRP).

2.4. Processo de decisão parlamentar

900. Como órgão colegial a Assembleia da República delibera no respeito do disposto no artº 116º da CRP, conjugado com o respetivo regimento.

Assim, as deliberações são tomadas mediante a presença de mais de metade dos deputados efetivos (nº 2 do artº 116º da CRP), sem prejuízo de, em alguns

---

de mandato como efeito de condenação em crime de responsabilidade e se participar em organizações que perfilhem a ideologia fascista.
[1287] Vide os exemplos dados por JORGE MIRANDA "Manual (...)"-VII-p. 135 e seg.

procedimentos internos, se exigir apenas o *quorum* de um quinto dos deputados efetivos (nº 1 do Artº 58º do RAR).

As deliberações são tomadas à pluralidade dos votos (exercidos presencialmente), prevalecendo o critério geral da maioria simples e não contando as abstenções para o apuramento dessa maioria.

901. Para certas deliberações a Constituição exige maioria qualificada. É, nomeadamente os casos: i) a par da acusação presidencial aquando da prática de crimes no exercício de funções, da aprovação da lei de revisão constitucional e da eleição de titulares de órgãos constitucionais (designação de 10 juízes para o Tribunal Constitucional, de 5 membros do Conselho de Estado, do Provedor de Justiça e de membros dos Conselhos superiores das magistraturas, entre outros) em que se exige a maioria de dois terços dos deputados efetivos; ii) das leis e normas legais previstas no nº 6 do artº 168º e da reversão do veto presidencial qualificado, requerendo-se deliberação tomada por maioria de dois terços dos deputados presentes deste que superior à maioria absoluta dos deputados efetivos); iii) das leis orgânicas, da lei-quadro das reprivatizações, da reversão do veto presidencial simples e das moções de censura ao Governo que acarretem a sua demissão, nas quais se requer maioria absoluta dos deputados efetivos, nos termos do nº 5 do artº 168º da CRP.

Outras deliberações podem, nos termos regimentais, exigir igualmente maioria qualificada.

Cada deputado tem um voto que exerce presencialmente e assume caráter obrigatório no caso de o mandatário se encontrar presente no órgão. As votações podem ser abertas ou secretas e, as primeiras realizam-se por votação nominal, por voto eletrónico ou pelo processo que envolve um convite aos deputados para se levantarem ou sentarem.

3. Organização, tempo de funcionamento e processo de decisão

3.1. Órgãos

902. São órgãos do Parlamento, o Plenário da Assembleia da República, o Presidente da Assembleia, a Mesa da Assembleia e as Comissões Parlamentares.

A. Plenário

903. O Plenário é o órgão deliberativo por excelência do Parlamento, epicentro das suas deliberações mais relevantes e até certo ponto, fonte sub-constitucional dos poderes dos demais órgãos da Assembleia.

Depositário da tradição parlamentar[1288], o Plenário, presidido pelo Presidente da Assembleia da República, é composto por todos os deputados, assumindo uma plenitude representativa das opções políticas dos cidadãos expressas em sufrágios e traduzidas em mandatos.

Compete, nomeadamente, ao Plenário: i) deliberar reservadamente sobre a aprovação de leis de revisão constitucional, tratados, acordos internacionais da competência parlamentar ou submetidos à aprovação do Parlamento, bem como todas as leis, nas fases de discussão e votação generalidade e na votação final global; ii) deliberar sobre a apreciação parlamentar de atos legislativos do Governo e das regiões; iii) deliberar a aprovação de moções de que resulte a demissão do Governo; iv) exercer funções eletivas de titulares de outros órgãos; v) testemunhar a posse do Presidente da República e autorizar as suas ausências do País; vi) operar como instância de recurso de decisões tomadas pelo Presidente e Mesa da Assembleia; vii) exercer funções residuais de natureza política não atribuídas expressamente a nenhum órgão do Parlamento.

B. O Presidente da Assembleia da República

904. O Presidente do Parlamento dirige os respetivos trabalhos e ocupa a segunda posição na hierarquia do Estado, dado que substitui o Presidente da República em caso de vacatura do cargo ou impedimentos transitórios (nº 1 do artº 132º da CRP). É, por inerência, membro do Conselho de Estado.

Este órgão é eleito por maioria absoluta dos deputados efetivos reunidos em Plenário. Até ao ano de 2015 pontificou uma convenção constitucional, nos termos da qual, o Presidente do Parlamento pertenceria ao partido mais votado ou integraria um dos partidos da coligação que obtivesse o maior número de votos. A maioria parlamentar de esquerda resultante das eleições de 2015 quebrou essa convenção, elegendo um candidato oriundo do segundo partido mais votado, nesse caso, o PS.

905. O Presidente tem como atribuições a representação externa da Assembleia e a direção e a coordenação dos trabalhos parlamentares, exercendo as correspondentes competências que lhe são atribuídas pela Constituição e pelo Regimento (RAR) das quais se destaca: i) a presidência do plenário e da Mesa da Assembleia; ii) a marcação das reuniões plenárias e a ordem do dia das sessões; iii) a direção dos trabalhos dessas reuniões; iv) articulação funcional dos trabalhos com os líderes dos grupos parlamentares; v) tomada de decisão, no âmbito da mesa da Assembleia, sobre a rejeição preliminar de iniciativas legislativas manifestamente inconstitucionais; vi) promoção da fiscalização abstrata

---

[1288] PAULO OTERO ult. loc cit, p. 295.

sucessiva da inconstitucionalidade das normas; vii) decisão sobre aspetos de ordem estatutária, funcional e disciplinar dos deputados; viii) admissão, rejeição de iniciativas e submissão das iniciativas admitidas a discussão; ix) remissão para as comissões competentes de documentos e petições; x) direção dos serviços administrativos do Parlamento.

C. A Mesa da Assembleia da República

906. Trata-se de um órgão presidido pelo Presidente do Parlamento e que o coadjuva no exercício de funções, elabora regulamentos internos e declara a perda de mandato dos deputados.

Para além do Presidente, o órgão é composto por quatro Vice-Presidentes eleitos sob proposta dos quatro maiores grupos parlamentares, por quatro secretários e quatro vice-secretários, eleitos por maioria absoluta dos deputados efetivos e com um mandato correspondente a uma legislatura. Individualmente exercem funções delegadas ou previstas no Regimento.

D. Comissões Parlamentares

907. As comissões parlamentares são órgãos cuja constituição é obrigatória (cfr nº 1 do artº 178º e 179º da CRP) e que exercem funções especiais que lhes são atribuídas pela Constituição, pelo regimento, por regras costumeiras, ou ainda competências que lhes são cometidas pelo Plenário e que este pode, em qualquer caso, avocar.

Presentemente, o Parlamento não pode funcionar sem a o trabalho realizado em comissão, na medida em que a atividade legislativa realizada na especialidade, a realização de inquéritos e a consecução de audições não resulta ser compatível com a atividade de um órgão numeroso, agitado e tribunício como é o Plenário, vocacionado para declarações políticas, debates e deliberações relativas a diplomas já preparados. É nas comissões, formadas por um número restrito de deputados proporcionado à composição do Plenário e vocacionadas especificamente para matérias particulares que configuram o respetivo objeto de atividade, que a Assembleia pode preparar as suas deliberações finais. As comissões evidenciam-se pelo seu maior peso técnico e pela vocação especializada de certos deputados para lidarem com diversos assuntos, num ambiente propício a um trabalho em equipa, de acesso limitado à comunicação social e mais resguardado da teatralização político-mediática que rodeia os trabalhos do Plenário.

908. Existem três tipos de comissões, em razão da fonte normativa inerente à sua criação.

Em primeiro lugar, destacam-se as comissões criadas pela Constituição, como é o caso da *Comissão Permanente,* prevista no artº 179º da CRP, presidida pelo presidente do Parlamento e composta por deputados indicados pelos partidos, de acordo com a sua representatividade. Funciona fora do período efetivo da Assembleia, quando esta se encontre dissolvida e nos demais casos previstos constitucionalmente. Em síntese, substitui a Assembleia da República no desempenho de "serviços mínimos".

Diversamente das restantes comissões, a *Comissão Permanente* é um Parlamento miniaturizado que não funciona a título permanente e exerce competências restritas do Parlamento, mas respeitantes a uma pluralidade de matérias. Nos termos do nº 3 do artº 179º: prepara a abertura da sessão legislativa; vigia o cumprimento da Constituição e das leis, bem como a atividade do Governo; dá assentimento às ausências do Presidente de território nacional; autoriza o Chefe de Estado a declarar a guerra e os estados de exceção (sem prejuízo de ulterior confirmação mediante a convocação do Plenário da Assembleia logo que possível); exerce poderes da Assembleia sobre o mandato dos deputados; e promove a convocação do Parlamento, quando necessário.

É vedado à Comissão Permanente a aprovação final de leis ou de Tratados.

Em segundo lugar *constam as comissões permanentes que, nos termos do nº 1 do artº 178º resultam de criação regimental:* é o caso, de entre outras, da Comissão para os Assuntos Constitucionais, Direitos Liberdades e Garantias; a Comissão de Negócios Estrangeiros e comunidades Portuguesas; a Comissão de Defesa Nacional; a Comissão de Ética; e a Comissão de Assuntos Europeus. Estas comissões, por força de um costume constitucional "contra legem" aprovam as leis em discussão e votação na especialidade, sem prejuízo de avocação desse poder pelo Plenário e da reserva de votação na especialidade de certas leis, pelo mesmo plenário.

Em terceiro lugar, as *comissões não permanentes,* criadas por deliberação parlamentar ao abrigo do nº 1 do artº 178º da CRP, que podem abranger, tanto as comissões eventuais de inquérito (que gozam de poderes de investigação próprios das autoridades judiciárias) como as comissões criadas para fins determinados. A mais importante destas últimas é a Comissão Eventual para a Revisão Constitucional (CERC) constituída após iniciado um processo de revisão da Lei Fundamental mas que já conheceu melhores dias quanto à qualidade dos seus membros e quanto ao seu protagonismo real no processo de revisão. Na verdade a CERC tem sido ultrapassada pelos diretórios partidários que elaboram as linhas de força dos projetos de revisão através de comissões técnicas. A comissão em causa reduz-se a um trabalho de aproximação e redação, envolvendo os maiores partidos relativamente a questões não especialmente problemáticas, cumprindo aos diretórios desbloquear impasses mais complexos. Vital Moreira, presidente da CERC, demitiu-se em 1997 em protesto perante uma revisão conduzida por

Marcelo Rebelo de Sousa do lado do PSD e António Vitorino do lado do PS que subalternizou o Parlamento em geral e a CERC em particular.

Todas as comissões podem aprovar os seus regimentos de funcionamento e promover audições públicas.

3.2. Outras estruturas organizativas

A. Grupos Parlamentares

909. Os deputados eleitos pelo mesmo partido (nele filiados bem como deputados independentes) organizam-se na Assembleia da República em grupos parlamentares. Estes coordenam a sua ação junto da mesma Assembleia, com destaque para a atribuição do uso da palavra e integração em comissões. Dirigem e gerem, também, atividades comuns de ação político-legislativa (caso da iniciativa legiferante, propostas de inquérito e organização de debates e interpelações Parlamentares, exercício do direito potestativo a fixar a ordem do dia num dado número de reuniões parlamentares e funções de apoio técnico), para além de exercem a disciplina interna.

A doutrina divide-se sobre a natureza jurídica dos grupos parlamentares. Alguns autores estimam que os grupos parlamentares não são órgãos da Assembleia da República, mas sim dos partidos políticos[1289]. Outros sustentam que se trata tanto de "órgãos dos partidos" como de *"órgãos da Assembleia da República, titulares de direitos parlamentares próprios, sendo por isso objeto do respetivo regimento"*[1290]. Outros, ainda, consideram que se trata de *"associações de Direito Público"*[1291].

Sendo os partidos, associações privadas de relevância constitucional e dado o facto de lhes ser atribuído o exclusivo das suas candidaturas ao Parlamento, assumindo o monopólio da representação parlamentar, a Constituição prevê estruturas organizativas da atividade dos seus mandatários no Parlamento, criando para o efeito os "grupos parlamentares.

Os grupos em causa, sendo unidades organizativas públicas, assumem uma natureza híbrida: a uma dimensão associativa que envolve os deputados eleitos pelos partidos tendo em vista o exercício da sua atividade política (seja no próprio partido seja no Parlamento) o grupo parlamentar alia uma não menos relevante

---

[1289] JORGE MIRANDA (in "Jorge Miranda-Rui Medeiros "Constituição Portuguesa Anotada"--II-Coimbra-2006-p. 621) contrariamente ao que sustenta a posição da nota seguinte.
[1290] GOMES CANOTILHO-VITAL MOREIRA "Constituição da República Portuguesa Anotada"-II-Coimbra-2010-p. 403
[1291] PAULO OTERO ult. loc cit, p. 294.

dimensão como unidade orgânica autónoma indispensável ao funcionamento da Assembleia da República, como órgão de soberania.

910. A natureza pública dos grupos parlamentares decorre do facto de: i) serem criados por normas jurídico-públicas; ii) serem titulares de garantias institucionais e prerrogativas públicas que exercem, nos termos da Constituição (artº 180º CRP) e do regimento parlamentar (tais como a indicação dos seus representantes nas comissões da Assembleia da República, exercício da iniciativa legislativa, apresentação de moções de censura ao Governo, de entre muitas outras); iii) e prosseguirem fins de natureza pública ligados ao bom funcionamento da Assembleia da República.

Os grupos servem os partidos, os quais se definem associações privadas e, nessa medida, dispõem de autonomia organizativa (autogoverno). Ademais, nos estatutos dos partidos, pode ser dado relevo, a nível de inerências em órgãos internos, aos membros dos grupos parlamentares[1292]. Não são, contudo, associações públicas típicas formadas pelos partidos, pois não têm personalidade jurídica e não prosseguem predominantemente fins próprios, já que a sua existência, funcionamento e competências têm fundamentalmente por escopo o funcionamento de um órgão de soberania que é o Parlamento. Tão pouco são simples órgãos dos partidos já que não faria sentido que órgãos partidários estruturassem o funcionamento de um órgão de soberania e praticassem, no âmbito deste, atos jurídico--públicos, alguns dos quais com relevo constitucional.

Na medida em que sem a sua existência seria inviável o funcionamento da Assembleia da República no modelo vigente de monopólio partidário relativo à apresentação das candidaturas, os grupos integram a organização interna da Assembleia da República

Pese, por conseguinte, a natureza híbrida da figura, consideramos que os grupos parlamentares funcionam como unidades públicas de relevância constitucional que operam como estruturas orgânicas e funcionais da Assembleia da República, dirigidas com plena autonomia organizativa e funcional pelos partidos nela representados e que compreendam uma pluralidade de deputados, tendo em vista o apoio, a direção e a coordenação da ação desenvolvida pelos mandatários dessas formações partidárias na sua atividade parlamentar.

A predominância da vertente orgânico-parlamentar pode ser confirmada pelo fim inerente à utilização das subvenções que recebem, o qual assenta no exercício direto da atividade parlamentar e, a título indireto, em ações partidárias conexas com a atividade da Assembleia da República. Sintomaticamente, no que concerne aos grupos parlamentares em geral, o Tribunal Constitucional, no Ac nº 314/2014, reiterando jurisprudência anterior, considerou que:

[1292] No Reino Unido, a eleição do líder do Partido Conservador é feita pelo Grupo Parlamentar.

a   s subvenções que lhes são destinadas encontram-se *"genericamente fundadas no exercício da atividade parlamentar e cujo limite material de disposição está adstrito a essa mesma atividade, que não afetas ou afetáveis à realização dos fins próprios dos partidos"*. O fim que preside à subvenção atribuída a cada grupo parlamentar é, pois, maioritariamente público, e destina-se ao funcionamento do grupo como estrutura parlamentar vocacionada para suportar encargos de assessoria aos Deputados e outras despesas de funcionamento

B. Conferências de líderes

911. Estrutura que agrupa os presidentes dos grupos parlamentares e destina-se a apoiar a atividade do Presidente da Assembleia na organização da atividade parlamentar, marcando reuniões plenárias e estabelecendo a ordem do dia das sessões.

C. Conferência dos Presidentes das Comissões Parlamentares

912. Composta pelo Presidente do Parlamento e pelos Presidentes das Comissões, acompanha a atividade destas últimas.

D. Serviços Administrativos

913. Dirigidos superiormente pelo Presidente, compreendem o Conselho de Administração, o Secretário-Geral e a auditoria Jurídica.

4. Competências

4.1. Competências políticas

914. No exercício da atividade política, a Assembleia da República exerce, predominantemente, tarefas de *direção* e de *controlo políticos*. Subsidiariamente pode exercer funções de ordem notarial e de ordem cerimonial.

A. Direção Política

915. No contexto da atividade de *direção política* (cfr supra § 784), a Assembleia assume poderes *de direção em sentido estrito, orientação, poderes eletivos e poderes sancionadores*.
    Na esfera de *poderes de direção "stricto sensu" e orientação* a Assembleia aprova:

- *atos normativos da função política*, mediante a forma de resolução (caso da aprovação de tratados e acordos internacionais, de normas regimentais, de atos de cessação de eficácia de decretos-leis em sede de apreciação parlamentar);
- *atos políticos confirmativos* das suas deliberações normativas, como o caso da confirmação, por maioria qualificada dos diplomas por ela aprovados e ulteriormente vetados pelo Chefe de Estado, como instituto destinado a reverter o mesmo veto (nºs 2 e 3 do artº 136º da CRP);
- *atos de iniciativa normativa*, mediante resolução (propostas referendárias submetidas ao Presidente da República)

916. A Assembleia adota, igualmente, *atos de orientação programática* contidas em moções e resoluções (formulação de exortações, recomendações ou diretrizes programáticas), destacando-se pronuncias sobre matérias pendentes de decisão na U.E. que incidam sobre as suas competências legislativas[1293].

917. Na esfera de *poderes eletivos*, Assembleia elege, por maioria de dois terços, 10 juízes do Tribunal Constitucional, o Provedor de Justiça, o presidente do Conselho Económico e Social, os membros da Entidade Reguladora da Comunicação Social e sete vogais do Conselho Superior da Magistratura (cfr. alíneas g) e h) do artº 163º da CRP).

Elege, igualmente, segundo o método de representação proporcional, cinco membros do Conselho de Estado e os membros do Conselho Superior do Ministério Público que lhe competir designar. A lei ordinária prevê, ainda, a faculdade de eleger membros de outros órgãos, como membros da Comissão Nacional de Eleições, Comissão Nacional de Proteção de Dados segundo o método de Hondt, 2 deputados para o Conselho Superior de Defesa Nacional, membros Conselho Nacional de Ética para as Ciências da Vida e 2 deputados para integrarem o Conselho Nacional de Informações.

A circunstância de designar, livremente, titulares de órgãos constitucionais implica escolhas de ordem política tomadas entre uma pluralidade de opções diversas para o desempenho de cargos públicos que integrem, órgãos de supervisão e órgãos da Administração independente.

918. Na órbita dos poderes de *sanção política* seleciona-se aqueles que se mostram suscetíveis de alterar o ciclo político, determinando a demissão do Governo, como é o caso da aprovação de moções de rejeição do programa do Governo, moções de rejeição de voto de confiança e moções de censura aprovadas por maioria absoluta dos deputados efetivos nos termos nas alíneas d), e) e f) do nº 1 do artº 195º da CRP.

[1293] Alínea n) do artº 161º da CRP.

919. No campo da promoção de processos "para-jurisdicionais" de destituição presidencial cabe à Assembleia, por maioria de dois terços dos deputados efetivos iniciar um processo de responsabilidade criminal do Presidente da República, por crimes praticados no exercício de funções (nº 2 do artº 130º da CRP).

B. Controlo político

920. A Assembleia da República exerce, predominante e regularmente, importantes poderes de controlo. Esse controlo envolve o exercício de tarefas de *fiscalização, autorização e confirmação, acompanhamento* e *inquérito* a outros órgãos de poder, relativamente à conduta dos seus titulares e ao mérito e validade dos respetivos atos, com destaque para o Governo e para outros setores da Administração Pública, abrangendo também, marginalmente, o Chefe de Estado e entidades privadas.

a) Fiscalização

921. No *quadro da fiscalização* e *vigilância* relativa a órgãos, destaca-se o escrutínio da conduta do Governo através da marcação de reuniões para a realização de sessões periódicas, audições em comissão e requisição de elementos. O mesmo se diga da comparência em comissão para prestação de esclarecimentos de titulares de órgãos executivos da Administração.

Já no respeitante à iniciativa de *fiscalização dirigida a atos* cumpre mencionar, a par da apreciação parlamentar de decretos-leis: a vigilância pelo cumprimento da Constituição e leis, traduzida em concreto e poderes de promoção do controlo preventivo de constitucionalidade de leis orgânicas por um quinto dos deputados; da faculdade de reversão do veto por inconstitucionalidade nesse tipo de controlo; e da competência atribuída ao seu Presidente e a um décimo dos deputados para poderem requerer o controlo abstrato sucessivo da constitucionalidade de normas e ilegalidade de leis (cfr. artº 278º e 281º da CRP).

b) Autorizações e confirmações

922. No respeitante a poderes de *autorização a órgãos*, importa referir o assentimento à ausência do Presidente do território nacional (§ 881). Já quanto a *autorizações para a prática de atos* não *legislativos* importa referir a habilitação dada ao Governo para a contração e concessão de empréstimos e outras operações de crédito, autorização e confirmação da declaração dos estados de exceção pelo Chefe de Estado e autorização da declaração da Guerra e feitura da Paz pelo mesmo titular. Compete, igualmente, ao Parlamento autorizar a prisão de ministros que

cometam crimes puníveis com pena inferior a 3 anos, ou com pena superior mas que sejam praticados sem dolo e fora de um cenário de flagrante delito (nº 2 do artº 196º da CRP)

Compete-lhe, ainda, autorizar os deputados ao desempenho de determinadas funções.

c) Vigilância e acompanhamento

923. Cumpre à Assembleia da República no plano das matérias de segurança, defesa e relações externas, acompanhar a execução dos estados de exceção, o envolvimento de contingentes militares no exterior, a participação de Portugal no processo de integração na U.E. nos termos da lei (cfr artºs 162º e 163º da CRP).

No domínio financeiro compete-lhe tomar as contas do Estado e demais entidades públicas, as quais devem ser apresentadas até 31 de dezembro do ano subsequente com o parecer do Tribunal de Contas (alínea d) do artº 163º).

Em, termos puramente políticos cumpre-lhe apreciar o Programa do Governo (alínea d) do artº 163º).

Finalmente, no plano do controlo da função administrativa, compete-lhe vigiar o cumprimento das leis e apreciar os atos do Governo e da administração, encontrando-se incluída nesta função a apreciação dos relatórios anuais das autoridades administrativas independentes.

d) Inquéritos

924. Tal como foi antecipado o Parlamento pode constituir comissões parlamentares eventuais de inquérito, quando requeridas por um quinto dos deputados, dispondo de poderes investigatórios assimiláveis aos das autoridades judiciais (nºs 1, 4 e 5 do artº 178º).

4.2. Competências legislativas

925. A supremacia institucional da Assembleia da República como órgão legislativo não significa, contudo, que o Parlamento seja quantitativamente o principal legislador nem que domine no plano dos factos a agenda legislativa do Estado. Com efeito, como veremos, em Portugal é o Governo quem, em regra, legisla em maior volume e, sobretudo quando dispõe de maioria absoluta no Parlamento, é ele que gere a agenda legislativa da República, orientando a própria agenda parlamentar neste domínio. Mesmo quando não é o autor da maioria dos atos de iniciativa legislativa junto da Assembleia da República é o Executivo que impulsiona

a aprovação das leis mais importantes e que tem a mais elevada taxa de sucesso na aprovação de iniciativas legislativas. Daí decorre o entendimento que, por regra, é o Governo que detém, não o primado, mas a "centralidade legislativa".

A expressão "primado" significa "primazia". E primazia traduz-se, no plano legislativo, no poder de deliberar sobre as matérias mais importantes, aprovar leis que se façam respeitar por outras, controlar o exercício da função legislativa de outros órgão e poder dispor sobre praticamente todas as matérias. No limite significa que em caso de conflito com outro órgão de poder, o Parlamento terá a última palavra, independentemente de a questão poder ser em certos casos, ulteriormente, dirimida pelos tribunais.

926. Importa referir que a Assembleia da República exerce dois tipos gerais de competências legislativas: *as concorrenciais e as reservadas*.

As *competências concorrenciais* estão previstas na alínea c) do artº 161º da CRP. O Parlamento tal como afirma o Tribunal Constitucional, tem uma competência para dispor sobre todas as matérias, sem prejuízo das competências de organização interna do Governo e dos domínios competenciais de âmbito regional. Como tal, nesse amplo domínio de matérias não previstas na Lei Fundamental, Parlamento e Governo podem legislar, assim como as regiões autónomas, em domínios de âmbito regional reconhecidos pela Constituição e pelos Estatutos de autonomia.

As *competências reservadas* significam poderes funcionais de ordem legislativa que vertem sobre matérias, relativamente às quais só a Assembleia da República pode legislar, querendo.

A Assembleia da República é titular de uma competência legislativa reservada sobre as matérias mais essenciais para os interesses da República (artºs 161º, 164º e 165ª). Detém competência exclusiva para a aprovação de leis aprovadas por maioria qualificada sobre matérias de relevo paraconstitucional (leis orgânicas e leis aprovadas por maioria de dois terços) e inscreve-se, igualmente, na sua reserva de competência absoluta e relativa a edição de leis dotadas de uma hierarquia material sobre outras, como é o caso das leis de bases e leis-quadro.

Haverá, contudo, que distinguir uma *reserva absoluta e uma reserva relativa* de competência legislativa. Na reserva absoluta compreendem-se as matérias previstas no artº 164º, bem como as constantes nas alíneas b), f), g) h) do artº 161º da CRP. Neste âmbito material só a Assembleia pode legisla, não estando habilitada a autorizar qualquer outro órgão a dispor por via legislativa sobre ele. Já na reserva relativa situam-se numerosas matérias relevantes sendo admissível que a Assembleia, mediante solicitação do Governo, o possa autorizar a legislar sobre elas (nº 2 do artº 165º). Também os parlamentos regionais estão autorizados a legislar sobre um segmento das matérias da reserva relativa no âmbito regional (alínea b) do nº 1 do artº 227º).

Não existindo uma reserva geral de regulamento as leis parlamentares podem assumir uma expressiva densidade reguladora ou grau de detalhe, ao pondo de, em algumas matérias, poderem ter caráter auto-aplicativo, na medida que respeitem o poder de direção administrativa do Governo sobre a administração direta e o domínio reservado da administração autónoma.

A Assembleia dispõe ainda de uma posição privilegiada no controlo da atividade legiferante de outros órgãos. Mediante a apreciação parlamentar (artºs 169º e nº 4 127º da CRP) o Parlamento controla o exercício do poder legislativo do Governo e Assembleias Legislativas Regionais podendo fazer cessar a vigência de atos legislativos destes dois órgãos (exceto os da competência legislativa do Governo) e até alterar a legislação governamental.

4.3. Competências administrativas

927. A Assembleia da República não exerce a função administrativa com eficácia externa. As suas competências nesta matéria são auto-organizativas e produzem eficácia puramente interna.

Capítulo III. O Governo

1. O Governo como centro predominante de impulsão e direção político-legislativa e estrutura de cúpula da Administração Pública

928. Pese o facto de o Governo não ser diretamente escolhido pelo eleitorado, mas antes nomeado por um órgão diretamente eleito, o Presidente da República, cuja decisão relativa à sua formação embasa na composição de outro órgão legitimado pelo voto popular, o Parlamento (nº 1 do artº 187º da CRP), verifica-se que o mesmo Executivo é no plano político, sem prejuízo da sua dupla responsabilidade perante os dois órgãos citados que têm competência para o demitir, a instituição central do sistema político português[1294].

[1294] Cfr., em geral, sobre o Governo português DIOGO FREITAS DO AMARAL "Curso de Direito Administrativo" I, Coimbra, 2006, p. 243- PAULO OTERO, Direito Constitucional Português,II, op cit, p. 329 e seg; MANUEL AFONSO VAZ-CATARINA BOTELHO-RAQUEL CARVALHO-INÊS FOLHADELA-ANA TERESA RIBEIRO op. cit, p. 45 e seg; JORGE BACELAR GOUVEIA, *Manual (...)* op. cit vol. II, Coimbra, 2016, pp. 1081-1088, J GOMES CANOTILHO "Governo"-DJAP-V-Lisboa-1993-p. 16 e seg; JORGE MIRANDA "A Competência do Governo na Constituição de 1976" in "Estudos Sobre a Constituição"-III-Lisboa-1977, p. 633 e seg; JORGE MIRANDA," A Posição Constitucional do Primeiro-Ministro", Separata do *Boletim do Ministério da Justiça*, n.º 334, Lisboa; JAIME DRUMMOND DO VALLE, "A Participação do Governo no Exercício da Função Legislativa", Coimbra, 2004, p. 26 e seg; PEDRO LOMBA "A Responsabilidade do Governo Perante o Presidente da República em Direito Constitucional"-(policopiado) –Lisboa-20045; ALEXANDRE PINHEIRO "Governo, Organização e Funcionamento, Reserva Legislativa e Procedimento Legislativo"- "Revista Jurídica"-23-1999-p. 191 e seg; MARITHERESA FRAIN"Relações entre o Presidente e o Primeiro-Ministro em Portugal"- in "Análise social"-123-1998-p. 163 e seg;

Tal decorre, em primeiro lugar, da definição da sua função institucional constante do artº 182º da CRP que o caracteriza como *"órgão de condução da política geral do país"* e *"órgão superior da administração pública",* estatuto institucional que se cumula com o seu protagonismo como centro de poder legislativo (artº 198º).

929. Havendo uma *partilha da função política em sentido estrito* entre Presidente, Parlamento e Governo, cabe a este último um exercício contínuo dessa atividade do Estado caracterizado pela sua natureza dirigente, traduzida num *indirizzo* ou poder de orientação relativamente a todas as opções políticas e programáticas fundamentais do Estado.

Enquanto as competências políticas do Presidente e do Parlamento, salvo as que respeitam à formação, composição e subsistência em funções de outros órgãos, se centram, na sua larga maioria, em atividades de fiscalização, controlo e externalização comunicacional e discursiva, já na órbita do Governo compete a esta instituição traçar, inovatoriamente, as linhas reitoras das políticas ocasionais ou permanentes que são prosseguidas em todos os domínios da atividade pública (cfr artº 197º da CRP), condensadas, logo à partida, no Programa de Governo e nas propostas de leis relativas às grandes opções dos planos e ao Orçamento de Estado. Mais especificamente, a par de políticas públicas ligadas ao funcionamento do Estado de bem-estar, compete ao Governo, neste domínio, dirigir as políticas de soberania, como as políticas externa, de defesa e de segurança interna e conceber e executar a política financeira, em estreita articulação com as instâncias competentes da União Europeia.

Em segundo lugar, cabe-lhe assumir um papel relevante como centro de impulsão e produção da atividade legislativa, tanto própria como parlamentar, atividade que constitui uma componente dominante da função política em sentido amplo (alínea d) do artº 197º e artº 198º da CRP).

Finalmente como órgão superior da Administração Pública o Governo dirige a administração direta do Estado, superintende ou orienta a administração indireta e tutela a administração autónoma (alínea d) do artº 199º da CRP). Mesmo no que respeita à administração dita independente, compete ao Governo nomear (e destituir em certos casos), os membros dos órgãos executivos dos reguladores da economia que assumem esse estatuto de independência. Compete-lhe, ainda, regulamentar as leis e executar a Lei do Orçamento de Estado e responsabilizar-se pela produção de bens e serviços indispensáveis para o funcionamento do Estado social.

A faculdade de poder legislar diretamente, propor o conteúdo de leis ao Parlamento e a de, simultaneamente, executar os atos legislativos dos dois órgãos de soberania fortalecem o seu "status" como condutor político, criador de normas e epicentro da Administração, conferindo-lhe uma autonomia de decisão que compensa o duplo vinculo a que se encontra sujeito pelas outras instituições soberanas.

930. Fatores como a opção do eleitorado em favorecer, entre 1987 e 2009, governos maioritários ou quase maioritários, o reforço das estruturas do centro governativo na Presidência do Conselho de Ministros, a governamentalização dos grandes partidos, o fortalecimento do papel dos executivos no contexto do processo de integração europeia e o protagonismo dirigente que o Executivo exibiu no contexto da crise financeira de 2011-2014, reforçaram o estatuto institucional do Governo entre 1987 e 2015.

2. Composição

931. O Governo é um órgão complexo, dado que se desdobra em outros órgãos tanto com caráter unipessoal como colegial.

Assim, a norma do nº 1 do artº 183º da CRP clarifica, numa enumeração taxativa, que constituem o Governo: o Primeiro-Ministro, Ministros, Secretários e Subsecretários de Estado, *todos eles órgãos singulares e unipessoais*, aos quais podem acrescer, nos termos do nº 2 do mesmo artigo, um ou mais Vice-Primeiros Ministros. Não podendo a lei ordinária aditar outros membros do Governo (como, por vezes, sucede com os chefes de bancada parlamentar, no Reino Unido) ela poderá, no entanto, atribuir um estatuto especial a certos ministros, criando, por exemplo, o cargo de "Ministro de Estado". O Primeiro-Ministro ou outros Ministros podem, por força do decreto-lei relativo à orgânica do Governo ou mediante deliberação do Conselho de Ministros, acumular pastas ministeriais se tal for julgado necessário, tanto a título transitório como a título permanente, enquanto durar o mandato[1295].

932. Mas, a par desses órgãos unipessoais, o Governo *integra igualmente um órgão colegial*, o *Conselho de Ministros*, que opera como instância deliberativa das mais importantes normas e atos governamentais (cfr. Artº 200º da CRP), neles figurando decretos-leis, acordos internacionais, atos políticos, propostas de leis, regulamentos e atos administrativos. A Constituição prevê a possibilidade de se criarem conselhos de ministros especializados em razão da matéria, cuja competência é cometida por lei ou objeto de delegação pelo Conselho de Ministros (nº 2 do artº 200º).

[1295] A título de exemplo é frequente o Ministro da Presidência acumular com outra pasta: em governos de Cavaco Silva, Fernando Nogueira acumulou esse cargo com o de Ministro da Defesa e no Governo de António Costa, Maria Manuel Leitão Marques acumulou o mesmo cargo com a Reforma Administrativa. Jaime Gama, num dos governos de António Guterres acumulou as pastas dos Negócios Estrangeiros e da Defesa.

3. Nomeação e demissão do Governo e dos titulares de cargos governativos

3.1. Nomeação do Primeiro-Ministro e dos restantes membros do Governo

933. A nomeação dos membros do Executivo, bem como a sua demissão foi já profusamente mencionada em rubricas anteriores, para as quais se remete (§ 789 e seg e § 811, supra). Cumpre relembrar em brevíssima síntese que o Primeiro-Ministro é nomeado pelo Presidente da República, ouvidos os partidos representados no Parlamento e tendo em conta os resultados eleitorais (nº 1 do artº 187º). Compete ao Primeiro-Ministro designado propor ao Presidente a nomeação dos restantes membros do Governo (alínea h) do artº 133º da CRP). Esta faculdade confere ao Chefe do Governo um poder autónomo de escolha dos membros do Executivo por si presidido, constituindo o poder de nomeação presidencial uma competência *tendencialmente* certificatória. Tendencialmente, na medida em que a prática consolidada milita no sentido de que uma recusa de nomeação deve apenas ser fundada na existência de fatores extraordinários que coloquem em causa a estabilidade, a segurança, a autoridade e o prestígio institucional do Estado e do próprio Governo. Tal seria o caso da eventual ocupação do cargo por titulares sobre os quais impenda acusação ou forte suspeita de prática de crime grave, anomalia psíquica ostensiva, associação indevida aos interesses de potências estrangeiras, opções políticas ativas contrárias à independência nacional e ao Estado de direito democrático ou condutas públicas e objetivas de ordem ética passíveis de desprestigiar manifestamente as instituições da República. Recusas de nomeação fundadas em juízos de oportunidade política[1296], assim como tentativas de condicionamento seletivo-negativo de personalidades, centradas em juízos de otimização [1297] ou derivados de um mau relacionamento pessoal devem ser tidas como abusivas e invasivas das competências organizativas e de direção governamental do Primeiro-Ministro, que pode legitimamente demitir-se ou recusar formar Governo, responsabilizando o Presidente pela eclosão de uma crise política.

[1296] Como a inerente ao único precedente ocorrido neste domínio e derivado da proposta de nomeação de um Vice-Primeiro Ministro em 1994).
[1297] Realidade sucedida em 2004..

3.2. Demissão do Governo

934. Tal como foi igualmente referido, a demissão do Governo depende, nos termos dos nºs 1 e 2 do artº 195º da CRP:

  i) Do próprio Governo e do Parlamento, quando o primeiro órgão submete ao segundo uma moção de confiança e esta é reprovada;
  ii) Do Primeiro-Ministro, quando apresenta ao Presidente o seu pedido de demissão e este o aceita, acarretando a demissão do Governo havendo, ainda, que acrescentar a morte ou impossibilidade física duradoura do mesmo Chefe do Governo;
  iii) Do Parlamento, quando rejeita o Programa do Governo ou aprova de uma moção de censura por maioria absoluta dos deputados efetivos;
  iv) Do Presidente quanto esteja em causa o regular funcionamento das instituições democráticas, ouvido o Conselho de Estado ;
  v) De vicissitudes institucionais objetivas decorrentes do início de uma nova legislatura[1298].

3.3. Demissão de membros do Governo

935. A demissão dos membros do Governo depende, fundamentalmente, do Primeiro-Ministro, que propõe a respetiva exoneração ao Presidente da República. Este último órgão deve aprovar o decreto de exoneração com base nessa proposta, já que uma eventual recusa consistiria numa interferência direta do Presidente no poder de direção política do Primeiro-Ministro e poderia gerar, de imediato a demissão deste último e a do Governo.
Na verdade, o poder presidencial de recusa de uma proposta de nomeação de membro do Governo, com base nas razões expostas supra é mais aceitável na sua muito limitada discricionariedade do que a faculdade de o mesmo se escusar à exoneração de um membro do mesmo Executivo proposta pelo chefe de Governo, onde a margem de decisão é reduzidíssima.
Caso essa recusa ocorra por razões de simples oportunidade política, a mesma pode colocar em causa o regular funcionamento das instituições soberanas por ação do Próprio Presidente, que é, paradoxalmente, o garante desse funcionamento. Apenas razões verdadeiramente excecionais tomadas em estado de neces-

---

[1298] O Governo no início de nova legislatura cessa funções, mesmo que o respetivo partido seja maioritário ou a principal força nas noca composição parlamentar (cfr. os três governos de Cavaco Silva entre 1995 e 1995) ou os dois governos de António Guterres (1995-2001)

sidade (tais como a indispensabilidade da prática de um ato de urgência por parte de um Ministro das Finanças para evitar a bancarrota do Estado ou de um Ministro da Defesa ou da Administração Interna para evitar a quebra iminente da institucionalidade democrática e ordem pública em cenários de gravidade) poderiam justificar uma eventual recusa da proposta de demissão.

3.4. Início termo e suspensão de funções

936. As funções do Primeiro-Ministro iniciam-se com a sua posse e cessam com a sua exoneração pelo Chefe de Estado (nº 1 do artº 186º da CRP), sendo o primeiro exonerado, em caso de demissão do Governo, na data da posse do novo Primeiro-Ministro (nº 4 do mesmo artigo). As funções dos restantes membros do Governo iniciam-se com a sua posse e cessam com a sua exoneração ou com a exoneração do Primeiro – Ministro, tratando-se de Ministros, ou então do correspondente Ministro, tratando-se de secretários e subsecretários de Estado (nºs 2 a 4 do artº 186º)

Movido procedimento criminal contra um membro do Governo e no caso de acusação definitiva contra o mesmo, a Assembleia da República decide se o referido titular deve ser ou não suspenso, sendo a suspensão obrigatória no caso de crime doloso a que corresponda pena de prisão cujo limite máximo seja superior a três anos e em flagrante delito (nº 2 do artº 196º da CRP).

4. Estrutura e organização interna

937. A organização interna do Governo deve ter assento legal no Regimento do Conselho de Ministros e nos decretos-leis que aprovam a sua orgânica, na legislação orgânica dos ministérios e, por extensão, nas orgânicas dos serviços da administração direta.

4.1. Estatuto e poderes dos membros do Governo

A. O Primeiro-Ministro

938. A prática do sistema político faz radicar no Primeiro-Ministro a força motriz da atividade do Governo que é o centro de direção política do Estado e a cúspide da sua Administração. Sem que as eleições parlamentares se resumam à "plebiscitação do Primeiro-Ministro" (realidade ausente no voto nos pequenos partidos que ultrapassam no seu conjunto 20% do eleitorado e em ciclos de composição

parlamentar indecisa, como o iniciado em final de 2015) verifica-se, contudo que, para a maioria do eleitorado, o sufrágio integra uma componente dominante desse intencionalismo plebiscitário: quem maioritariamente vota nos grandes partidos intenta escolher o Governo e nessa escolha tem particular relevo a pessoa do candidato a Primeiro-Ministro. As "primárias internas" realizadas pelo PS para a escolha do candidato a Chefe do Governo retratam cabalmente essa dinâmica.

939. Compete ao Primeiro-Ministro exercer a direção política e administrativa do Governo, assumir a sua representação institucional e praticar atos diversos de controlo intra-orgânico.

A faculdade de dirigir a política geral do Governo (alínea a) do nº 1 do artº 201º da CRP) investe-o num poder de supremacia não hierárquica que lhe permite, nomeadamente, à luz do mesmo preceito:

i) Coordenar a atividade dos membros do Executivo, função que se traduz no acompanhamento dos eixos reitores da política governativa a partir do respetivo Programa, bem como na criação de mecanismos de garantia da sua execução por cada membro do Governo, do que decorre a supervisão dessa execução bem como a articulação da atividade ministerial, de modo a reconduzir a diversidade material das respetivas funções a imperativos de unidade de ação, solucionando conflitos de poderes e conjugando intervenções na mesma área;

ii) Orientar individualmente a ação dos referidos membros do Executivo, subsumindo-se neste poder uma prerrogativa de supervisão da sua atividade, de lhes fixar diretrizes de ordem política acompanhadas de faculdades persuasivas e corretivas e exercer funções de superintendência não especificada no plano administrativo.

iii) Presidir ao Conselho de Ministros (cfr, implicitamente, o nº 1 do artº 184º da CRP) e coordenar o seu processo deliberativo;

iv) Intervir na formação e composição do Executivo, propondo a nomeação e exoneração dos membros do Governo;

940. Algumas considerações complementares podem ser feitas sobre o exercício destes poderes de direção.

Sem prejuízo de o processo decisório do Conselho de Ministros ser, em regra, colegial, decorre de uma longa tradição reconhecida no regimento do mesmo órgão que as deliberações são, igualmente, tomadas por consenso e esse consenso é induzido pelo Primeiro-Ministro através dos seus poderes de direção política geral, com especial relevo para a coordenação da atividade ministerial.

Esta preponderância do Primeiro-Ministro que, mesmo em coligação, não é um "primus inter pares", mas o chefe do Executivo, é assegurada instrumentalmente pela faculdade de o mesmo poder propor ao Chefe de Estado a nomeação e a demissão dos restantes membros do Governo. Estando-lhe vedado, juridicamente, dar injunções aos ministros, os quais nos termos da legislação orgânica são autónomos no exercício de funções, o certo é que, se um Ministro não acatar uma determinação do Primeiro-Ministro relativamente a uma matéria central de política geral do Executivo, o Primeiro pode acionar os mecanismos necessários para a sua substituição. É claro que esta faculdade livre do Chefe de Governo pode sofrer limites de ordem política, se o Ministro em causa integrar outro partido político no contexto de uma coligação ou no caso de se tratar de um elemento central do Governo, num momento de fragilidade política do Executivo ou do próprio Primeiro-Ministro.

B. Os Ministros e os Vice-Primeiros Ministros

941. Aos Ministros é cometida a chefia de um departamento governamental, designado de ministério, exercendo poderes de direção política e administrativa sobre a atividade desenvolvida na correspondente área funcional de atuação, bem como sobre os respetivos serviços. Os Ministros integram, por direito próprio, o Conselho de Ministros, participando colegialmente nas suas deliberações e assumem a representação do respetivo departamento junto da Assembleia da República. Eles são responsáveis perante o Primeiro-Ministro e também, no âmbito da responsabilidade política do Governo, perante a Assembleia da República, (nº 2 do artº 191º da CRP), sem que se preveja, contudo, uma censura ou moção de desconfiança individual para cada órgão ministerial de que decorra a demissão do titular.

Estes órgãos exercem a competência própria que a lei lhes atribua, bem como competência delegada pelo Conselho de Ministros. Por seu turno, dispõem a faculdade de delegar nos Secretários e Subsecretários de Estado competências relativas ao funcionamento de serviços, entidades e estruturas deles dependentes. Nos seus impedimentos, o Ministro é substituído pelo Secretário de Estado que indicar ao Primeiro-Ministro e, na falta dessa indicação, pelo membro do Governo que o Primeiro-Ministro designar, nos termos do nº 2 do artº 185º da CRP.

Os ministros têm o direito de comparecer às reuniões plenárias do Parlamento, podendo ser coadjuvados ou substituídos pelos Secretários de Estado (cfr. nº 1 do artº 177º da CRP), tendo uns e outros direito ao uso da palavra nos termos regimentais. Em acordo com o Governo e, também, nos termos do regimento, os ministros devem comparecer no Parlamento para responder a perguntas e pedidos de esclarecimento dos deputados (nº 2 do mesmo preceito). Podem, igualmente, solicitar a sua participação em comissões parlamentares, devendo comparecer quando tal lhes seja requerido (nº 3).

Não se encontra previsto um vínculo de responsabilidade direta dos ministros perante o Presidente da República, cabendo o Primeiro Ministro assumir diretamente essa responsabilidade em nome de todo o Governo (nº 1 do artº 191º da CRP). Sem embargo, mediante assentimento do Primeiro-Ministro, os Ministros podem comunicar com o Chefe de Estado e comparecer perante este tendo em vista a prestação de informações e esclarecimentos sobre a área departamental que dirigem.

942. A Constituição prevê a possibilidade de nomeação de Vice-Primeiros Ministros, até a um máximo de dois, os quais integram o Conselho de Ministros e respondem perante o Primeiro Ministro e o Parlamento (nº 2 do artº 191º da CRP). A existirem, os mesmos tanto podem desempenhar uma função honorífica, como a de coadjuvar o Primeiro-Ministro na coordenação de certas áreas governativas. A figura assume maior destaque e probabilidade de criação no caso de executivos de coligação, como forma de acomodar um estatuto especial ao líder do parceiro menor da mesma[1299].

C. Os Secretários e Subsecretários de Estado

943. Salvo o disposto na lei orgânica do Governo, os Secretários de Estado não são titulares de uma competência determinada, exercendo poderes funcionais resultantes da lei orgânica do Executivo ou poderes delegados pelo Primeiro-Ministro ou pelo Ministro que coadjuvam no âmbito do departamento em que se encontram integrados. Nos termos constitucionais, respondem perante o Primeiro-Ministro e o correspondente Ministro (nº 3 do artº 191º da CRP).

Os Ministros não exercem poderes hierárquicos sobre os Secretários de Estado. Contudo dispõem da faculdade de orientar (fixação de diretrizes gerais no ato de delegação de poderes ou fora desta) e coordenar a sua atividade (articular a atividade de uma pluralidade de diversos secretários de Estado tendo em vista garantir uma unidade de ação que envolve um acompanhamento da sua atividade). Em caso de discrepância entre Ministro e Secretário de Estado, o Ministro pode solicitar a sua substituição ao Primeiro-Ministro. Se este recusar, o Ministro dispõe sempre da faculdade de revogar a delegação de poderes

---

[1299] Foi, desde 1982, o caso do CDS em coligação com o PSD (Diogo Freitas do Amaral em 1980 e Paulo Portas em 2013) e do PSD em coligação com o PS (Carlos Mota Pinto, em 1983 e Rui Machete em 1985). Excecionalmente, num Governo de maioria absoluta do PSD, o cargo foi atribuído a uma notabilidade histórica e "senatorial" do Partido como ato predominantemente honorífico pese a cumulação com funções de Ministro da Defesa (Eurico de Melo, em 1987). Em qualquer caso e, nos termos da lei, o Vice-Primeiro Ministro substitui o Primeiro-Ministro nas suas ausências e impedimentos na chefia do executivo (nº 1 do artº 185º da CRP).

no Secretário de Estado, avocando-os ou atribuindo-os por delegação a outro Secretário de Estado, podendo no primeiro caso, revogar os atos que o segundo tenha praticado.

944. A par das competências que lhe são transmitidas, os Secretários de Estado coadjuvam os Ministros na sua participação em reuniões parlamentares, para onde podem ser autonomamente convocados. Tem a faculdade de substituir os Ministros nas suas ausências ou impedimentos nos termos do nº 2 do artº 185º da CRP, junto de órgãos nacionais e internacionais. Podem, ainda, mediante convocação do Primeiro-Ministro ou do Conselho de Ministros, participar nas reuniões deste Conselho, pese que sem direito de voto, já que não são membros do órgão.

A exoneração de um Ministro tem, como efeito, a exoneração dos respetivos Secretários de Estado (nº 3 do artº 186º da CRP).

Todos os secretários de Estado têm um estatuto igual, mas *alguns são mais iguais do que outros*. O Secretário de Estado da Presidência do Conselho de Ministros, têm poderes previstos na lei e no regimento do Conselho de Ministros, exerce competências delegadas pelo Primeiro-Ministro ou subdelegadas pelo Ministro da Presidência e toma posse juntamente com os Ministros. Outros secretários de estado podem gozar, no plano legislativo ou fático, um estatuto de proeminência[1300].

945. Os subsecretários de Estado, figura de nomeação rara, não dispõem do poder de substituir os ministros, embora nada exclua que possam substituir os Secretários de Estado. Respondem perante o Primeiro Ministro e o correspondente Ministro (nº 3 do artº 191º da CRP) e exercem poderes delegados por aqueles ou resultantes da lei. Tem a faculdade de ser convocados a reuniões do Conselho de Ministros.

D. Nota sobre o chamado "centro de governo"

946. O conceito de "centro de governo" não é fácil de definir, pois não assenta numa realidade uniforme nem necessariamente formal. Pode ser percecionada como um complexo *de pessoas, estruturas, técnicas e práticas que, no plano formal ou informal, assistem o Primeiro-Ministro na coordenação da atividade governamental e no processo de comunicação da mensagem e da imagem do Executivo.*

A necessidade de reforçar a autoridade e a eficácia da ação do Chefe do Governo tanto na liderança interministerial como na orientação da bancada parlamentar, de modernizar o processo de decisão governamental, de supervi-

---

[1300] Como é o caso do Secretário de Estado para os Assuntos Parlamentares no Governo minoritário socialista formado em final 2015.

sionar a cooperação inter-institucional, de articular a política de Estado com os órgãos da UE e de lidar profissionalmente com as críticas da imprensa e da oposição conduziram, nas últimas décadas do século passado, à criação em numerosos executivos de um polo de direção política em torno da liderança governamental, a qual alcançou altos níveis de desempenho nos Estados Unidos e no Reino Unido.

Como se verá, esse "centro do governo" opera predominantemente por via informal e flexível e a sua arquitetura, pese a subsistência de elementos comuns, pode apresentar algumas especialidades nos governos primoministeriais, nos executivos de coligação e em governos minoritários.

a) O "centro de governo" em executivos primoministeriais

i) Os executivos de Aníbal Cavaco Silva

947. A doutrina sobre a criação de um *centro de governo* foi desenvolvida nos anos 80 pela OCDE (que criou uma estrutura nessa década designada por *"Network of Senior Officials from Centres of Government"* que ainda opera)[1301], tendo inspirado, já em 1985/86, o Governo minoritário de Aníbal Cavaco Silva que, na sua primeira cimeira realizada com o Governo socialista espanhol de Felipe Gonzalez, procurou informar-se com detalhe sobre o modelo de governance da liderança do Executivo do País vizinho. Posteriormente o Chefe de Governo desenhou uma organização própria com uma componente inovadora que foi, nos seus termos gerais, mantida com alterações até ao tempo presente.

Toda a direção política da atividade governativa assentava, como no Reino Unido, na liderança efetiva do Primeiro-Ministro, tendo como braço direito ou "pivot", o Ministro da Presidência.

948. No *plano estritamente formal*, a *modernização da Presidência do Conselho de Ministros* como departamento ministerial de apoio à chefia do Governo e ao órgão colegial que é o Conselho de Ministros e a criação das *reuniões de secretários de Estado* às segundas-feiras, sob a chefia do Ministro da Presidência, tendo em vista a preparação adequada dos diplomas e a agilização da produção normativa do Conselho de Ministros, reforçaram a condução da atividade governativa, tendo-se mantido no

---

[1301] Essa estrutura internacional da OCDE partilha experiências de governance e estuda formas que permitam tornar a coordenação governamental a partir do topo do Executivo mais efetiva. Relativamente ao encontro de Estocolmo de 2016, vide a respetiva agenda infra: http://www.oecd.org/gov/agenda-cog-2016.pdf. Presentemente as reuniões debruçam-se sobre políticas publicas atuais e ocasionais de interesse comum a muitos Estados e dissecam a título quase permanente temas como o "governo digital", "governo inovador", "risco na governação" e "politica regulatória".

futuro. O papel do Ministro e do Secretário de Estado da Presidência do Conselho como responsáveis pelo acompanhamento da atividade jurídica dos ministérios e, pelo controlo interno da constitucionalidade e qualidade dos diplomas aprovados em Conselho de Ministros foi igualmente reforçado (inclusivamente com uma delegação direta do Primeiro-Ministro no Secretário de Estado, na década de noventa).

949. *No plano informal*, tendo em vista a realização de uma análise política semanal, o Primeiro-Ministro reunia às quartas-feiras, às 9 horas, uma espécie de "inner cabinet" (§ 400) informal, com o Ministro Adjunto e para os assuntos parlamentares e depois Ministro da Presidência, com o Vice-Primeiro-Ministro, com certos Ministros-chave e com um conjunto de secretários de Estado mais ligados à atividade política, sendo também associado durante algum tempo o secretário-geral do partido do governo. Ocasionalmente, em razão da matéria, entram associadas outras personalidades do partido. Aí eram fixadas as linhas estratégicas semanais da ação política do Governo, detetadas situações problemáticas, desdobrados cenários políticos e opções de decisão e traçadas linhas básicas da mensagem política sobre determinados temas.

O Chefe do Governo criou Conselhos de Ministros especializados em áreas prioritárias, a que presidia, cumprindo ressaltar os assuntos económicos e financeiros e os assuntos europeus. Os diplomas, contudo, eram apenas aprovados nas reuniões ordinárias do Conselho de Ministros.

O Primeiro-Ministro coordenava diretamente a atividade governativa despachando individualmente com os ministros, com uma periodicidade regular, conservando um *"tableau de bord"* onde tinha inscrito o Programa do Governo para o departamento ministerial em causa, os projetos e iniciativas de execução do mesmo Programa, o nível de execução a que cada um tinha chegado e as pendências. Êxitos, dificuldade e inêxitos do titular eram anotados para uma posterior avaliação.

O Chefe de Governo mantinha na quinta-feira, depois da sua reunião semanal com o Presidente da República, outra reunião com o Ministro da Presidência para analisar o teor do encontro havido com o Chefe de Estado e preparar a agenda do próximo Conselho de Ministros.

O Ministro da Presidência, *pivot* relevante do centro de Governo, assumia tarefas específicas de articulação interministerial relacionadas com a coordenação de grupos "ad hoc" de membros do Executivo encarregues de algumas tarefas, exceto quando o Próprio Primeiro-Ministro assumia essa função. Presidia à reunião de secretários de Estado (onde se encontrava sempre presente um assessor do Primeiro-Ministro que o informava dos desenvolvimentos da reunião) e comunicava com os ministros, no respeitante a aspetos da produção legislativa.

O Primeiro-Ministro articulava-se, por seu turno, com o grupo parlamentar através de um ministro responsável por esse departamento, mas reunia-se ocasionalmente com a chefia da bancada. Deslocava-se semanalmente ao partido para reuniões da comissão política ou com os principais dirigentes.

O Gabinete do Primeiro-Ministro cresceu em adjuntos e assessores e neles foram criados pequenos grupos de trabalho, reunindo-se o chefe de Governo com os mesmos para uma análise da situação política e para a conceção de ideias e política de imagem.

A imagem e comunicação concreta do Primeiro-Ministro eram trabalhadas pela respetiva assessoria e envolviam pequenos-almoços regulares do Chefe do Governo com jornalistas e diretores de jornais onde se antecipavam questões da oposição e se prestava esclarecimentos, forjando-se laços de interlocução e proximidade.

Competia a um membro do Executivo específico, a harmonização e divulgação da imagem e da mensagem de todo o Governo, nomeadamente através de uma reunião periódica com todos assessores de comunicação dos ministérios, a quem eram divulgadas as linhas traçadas pelo Gabinete do Primeiro-Ministro e pelo *"inner cabinet"* na reunião das quartas-feiras. O Primeiro-Ministro procurou disciplinar as entrevistas formais dos membros de Governo à imprensa que eram articuladas com a Presidência do Conselho de Ministros, devendo cada membro do Executivo, antes de uma entrevista, comunicar previamente com o Ministro da Presidência ou outro membro do Executivo relacionado com a comunicação social.

Cavaco Silva foi, no fundo, o "foundig father" do "centro de governo" em Portugal, cujas linhas estruturais foram mantidas até ao presente.

ii) O Executivo de José Sócrates Pinto de Sousa

950. O Governo de José Sócrates manteve o modelo formal concebido pelos Executivos de Cavaco Silva que, pelo seu lado, tinham sido conservados pelos governos de António Guterres. Contudo a estrutura de governance do centro do Governo foi reforçada por poderosos meios digitais e de comunicação.

O Primeiro-Ministro, tal como no modelo de Cavaco Silva, liderava ferreamente o centro de Governo coadjuvado pelo Ministro da Presidência, responsável pela conceção da análise política e pela estratégia comunicativa.

951. Tal como no paradigma primitivo, o Primeiro-Ministro reunia às segundas-feiras com um "inner cabinet" formado pelo seu Chefe de Gabinete, Ministro da Presidência, Secretário de Estado das Presidência do Conselho de Ministros, Secretário de Estado Adjunto do Primeiro-Ministro, Ministro da Defesa, Ministro do Trabalho e Ministro dos Assuntos Parlamentares. Tratava-

-se de uma estrutura com alguma operatividade colegial onde se fazia análise política de ordem estratégica que condicionaria, em todas as semanas, a atividade do Governo. Alguns ministros tinham um ascendente muito claro na estratégia politica: no último Executivo foi o caso dos titulares da Presidência, Defesa e Trabalho.

O Primeiro-Ministro não tinha reuniões regulares com cada Ministro. Reunia individualmente com os membros do Executivo apenas a título extraordinário, preferindo contactos telefónicos ou por meios digitais com caráter regular.

O Ministro da Presidência assumia um papel relevante na articulação política do Executivo exercendo, conjuntamente com o Secretário de Estado da Presidência, um acompanhamento da atividade de cada ministério, bem como o controlo da execução das iniciativas programadas. Gradualmente, o Ministro passou a assumir a articulação política e o Secretário de Estado um acompanhamento legislativo, fazendo o "follow up" da programação normativa de cada departamento ministerial e escrutinando os projetos de decreto-lei e anteprojetos de propostas de lei por eles gizados. O Ministro presidia às reuniões de Secretários de Estado e assumia igualmente, tal como se antecipou, funções de conceção coordenação da mensagem política oficial do Governo.

952. No plano informativo, o Chefe do Governo teria criado, segundo alguns, sob a sua dependência pessoal, uma estrutura sigilosa, inorgânica e semi-privada de comunicação política envolvendo informalmente um ou dois membros do Governo, assessores de diversos ministérios, pessoas avençadas e situadas fora do Executivo e gestores ou profissionais de agências de comunicação, que integravam em vários níveis uma central comunicativa (que incluía um ou vários blogs). Esta acompanharia, com meios tecnológicos sofisticados, a imprensa e os pronunciamentos das oposições e concebia pesquisas sobre factos e pessoas, dados relevantes de "inteligência política" e respostas a desafios da oposição concebidas quase em tempo real. As tarefas gestionárias e de direção inorgânica desta plataforma multipolar de comunicadores envolviam o Primeiro-Ministro, membros do governo, comunicação social e redes sociais.

b) O "centro de governo" em executivos de coligação

953. Tomando, apenas, como referência o Governo de coligação entre o PSD e o CDS liderado por Durão Barroso, regista-se que o então Primeiro-Ministro manteve as reuniões de definição de estratégia política num "inner cabinet" às segundas-feiras, integrado pelo seu Chefe de Gabinete, o Ministro da Presidência, o Ministro dos Assuntos Parlamentares, o Ministro de Estado e da Defesa, o Ministro das Finanças e o ministro dos Negócios Estrangeiros, não associando

pessoas fora do Governo. Aí se definia a estratégia política em cada semana. O Primeiro-Ministro realizava reuniões extraordinárias com os membros deste círculo quando necessário, para além das reuniões semanais.

954. A coordenação interministerial era realizada pelo Primeiro-Ministro, quer diretamente (reunia regularmente mas sem periodicidade certa com os ministros, mas mais frequentemente com os titulares das pastas políticas e financeiras) quer através do seu Chefe de Gabinete que contactava diretamente os membros do Governo, transmitindo orientações ou acompanhando a execução departamental de medidas tomadas em Conselho de Ministros ou acordadas entre aqueles e o Chefe do Governo. O Ministro da Presidência secundava o Chefe de Governo articulando as reuniões de Secretários de Estado e coordenando o processo legislativo, gerindo, igualmente, interações com o partido e orientando as relações do Governo com a comunicação social.

955. A coordenação entre os parceiros da coligação era realizada diretamente entre o Primeiro-Ministro o líder do CDS, o então Ministro de Estado e da Defesa, na base de uma relação pessoal, a qual era acompanhada por uma articulação permanente entre os respetivos chefes das bancadas parlamentares.

956. Foi seguida a tradição de Cavaco Silva de criar, a partir do Primeiro--Ministro e de um secretário de Estado que o coadjuvava, uma política de comunicação que envolvia reuniões regulares de coordenação entre a assessoria do Chefe do Governo e os assessores dos ministérios no domínio da comunicação. O Primeiro-Ministro reunia-se, também com frequência, com jornalistas e diretores de jornais. Não houve, contudo, uma política profissionalizada de gestão da imagem do Governo.

C) Em executivos minoritários

957. Pouco se conhece do centro de Governo minoritário, com acordo parlamentar estabelecido entre o PS, o BE e o PCP, havendo contudo que sublinhar que a coordenação estratégica se encontra muito concentrada no Primeiro-Ministro e num circuito circunscrito de ministros e secretários de Estado. O *follow up* das políticas departamentais seria realizada pelo Chefe de Governo, coadjuvado por outro membro do Executivo[1302].

[1302] A articulação com os parceiros de acordo parlamentar teria como já parece resultar do domínio público,três níveis: começaria no Primeiro-Ministro que teria uma ligação direta às lideranças de topo do BE e PCP; prosseguiria através de um outro membro do Governo que ordinariamente concertaria, em detalhe, políticas e posições com as referidas lideranças; e terminaria no Parlamento com encontros muito regulares entre as lideranças dos grupos parlamentares.

4.3. Responsabilidade e solidariedade governativa

A. Observações gerais

958. Na medida em que do programa do Governo constam *"as principais orientações políticas e medidas a adotar ou a propor nos diversos domínios da atividade governamental"*, os membros do Executivo estão vinculados ao mesmo programa e às deliberações tomadas em Conselho de Ministros, deles não se podendo publicamente dissociar. Nisto consiste a "solidariedade governamental" expressa no artº 189º da CRP.

Trata-se de uma refração do princípio da responsabilidade política colegial que predica a coesão governativa e a liderança do Chefe do Governo. Dela decorre que se verifica uma rotura nessa solidariedade, no caso de um ministro contestar publicamente diretrizes ínsitas no programa do Governo ou, no caso de se ter oposto a uma medida deliberada em Conselho e manifestar publicamente a sua oposição à mesma. Essa quebra de solidariedade pode justificar a demissão do referido membro do Governo. Caso tal não seja possível, abre-se uma crise no seio do Governo ou a erosão da autoridade de um Primeiro-Ministro incapaz de garantir a solidariedade governamental

959. O artº 191º da CRP estabelece vínculos de responsabilidade interna e externa dos membros do Governo. Enquanto o Primeiro-Ministro é institucionalmente responsável perante o Presidente da República e politicamente responsável perante a Assembleia da República (nº 1 do referido artº 191º), os Vice-Primeiros ministros e os Ministros, tal como foi antecipado, são institucionalmente responsáveis perante o Primeiro-Ministro e politicamente responsáveis perante o Parlamento (nº 2).

B. Nota sobre a solidariedade governamental em governos de coligação

960. No plano do exercício constitucional do poder político, a noção de "solidariedade" pode implicar um conjunto de obrigações de certos órgãos perante outros órgãos, integrados no mesmo sistema político, que se mostrem adequadas a assegurar que realização do interesse público no processo de decisão se paute por imperativos de lealdade e cooperação institucional[1303].

[1303] Segue-se neste passo, alguns excertos do nosso comentário á questão "Quais os limites ao dever de solidariedade entre membros de um governo de coligação?" in "Direito e Política"-4-2013-p. 107 e seg.

Existindo uma coligação entre dois partidos, a responsabilidade solidária dos membros do Governo oriundos dessas formações projeta-se, fundamentalmente, em duas vertentes: *uma vertente puramente ético-política*, radicada na execução de boa-fé do acordo de coligação e uma vertente *político-constitucional*, subjacente à vinculação dos membros do Executivo ao Programa de Governo e às deliberações tomadas em Conselho de Ministros. Acordo, programa e deliberações são expressões diretivas de um projeto comum de poder que envolve unidade e responsabilidade na sua concretização, como pressupostos da sua sobrevivência e êxito.

A Constituição não regula a incidência das coligações no exercício do poder político, sem prejuízo de se lhe referir no plano eleitoral[1304].Neste sentido, o documento designado por *"acordo de coligação"* nada mais é do que um convénio ou protocolo que vincula as partes no plano moral e político, mas não no plano jurídico. Parece óbvio que os partidos, como entidades privadas, podem reduzir esse acordo a um contrato de direito civil, opção que é raramente estabelecida, imperando o paradigma do protocolo político. O acatamento do *acordo de coligação*, como projeto de poder entre partidos, vincula, de boa-fé, no plano ético, não só os membros do Governo, como os membros do Parlamento e demais dirigentes dos mesmos partidos coligados. Contudo, os termos dessa observância são deixados na prática para as relações de força entre formações partidárias e para a dinâmica própria da factualidade política. As cláusulas desses acordos são usualmente consumidas pelo programa de Governo e pela ação governativa e, quando recordadas, acabam por ser usualmente interpretadas de forma divergente em momentos de conflito, especialmente num País como Portugal em que, até 2011, nenhuma coligação logrou cumprir uma legislatura, constituindo a coligação PSD/CDS que pontificou entre essa data e 2015, a única exceção à regra.

A *praxis* solidarista das coligações é sujeita, no plano das máquinas partidárias, ao atrito constante de fugas de informação para a imprensa, votos e intervenções dissonantes de deputados e pronunciamentos críticos de dirigentes e de estruturas locais dos partidos. Trata-se de uma realidade que se acentua em alianças marcadas por lideranças menos fortes[1305] ou em coligações entre partidos heterogéneos e rivais (caso do bloco central PS/PSD). Semelhantes quebras de solidariedade, metodicamente fomentadas e exploradas pela comunicação social e pela "vanity fair" de algumas notabilidades partidárias, têm como efeito, ou a preparação consciente do clima para uma rotura da coligação ou um exercício pendular de afirmação de identidade partidária junto da opinião pública, em tempos de divergência ou impopularidade da mesma coligação.

[1304] Cfr o nº 1 do artº 151º da CRP
[1305] AD no consulado de Balsemão e PSD/CDS com o Governo de Pedro Santana Lopes.

961. Já a violação *do programa de governo e das deliberações do Conselho de Ministros* rompe uma solidariedade qualificada, que a Constituição erige juridicamente a *predicado da unidade de ação e de coesão do Governo como órgão soberano responsável pela condução da política do Estado.*

O critério da *solidariedade governamental,* enunciado no artigo 189º da CRP, aplica-se a todos os membros do Governo, independentemente de haver ou não uma coligação. Contudo, a sua incidência é muito mais fina e sensível numa coligação, já que esta envolve partidos com identidades e programas diferentes e é marcada por compromissos instáveis e relações de força temporalmente variáveis entre um partido maioritário e um parceiro menor, havendo que garantir que a liderança efetiva do primeiro não conduza à irrelevância ou à submissão do segundo.

Nos executivos de coligação, o exercício do poder de direção política do Primeiro-Ministro não pode assumir um perfil puramente monocrático, já que envolve a condução de compromissos com o parceiro menor, num quadro de maior colegialidade decisória. *A integração dos principais líderes desse parceiro de coligação no círculo restrito da coordenação política do Governo e a criação de estruturas articulares entre as direções dos partidos coligados são condições indispensáveis do processo de integração e de reforço da solidariedade governativa.* Quebras de solidariedade de membros do Executivo que, publicamente, contrariem o Programa de Governo e as deliberações tomadas em Conselho de Ministros ou que sequestrem o projeto comum com ultimatos recursivos, são mal valoradas na opinião pública e podem envolver a demissão dos responsáveis.

Todavia, a prática política diz-nos que essas quebras são comuns em coligações frágeis. E o fato é que, raramente, o Primeiro-Ministro sanciona ministros dissidentes oriundos de um parceiro menor de coligação, sem anuência da liderança deste partido, já que tal pode acarretar o fim da mesma. A tutela das violações ao princípio da solidariedade acaba por ser gerida apenas no plano político.

962. No contexto concreto de um acordo de coligação com vocação de durabilidade impõe-se: a resolução de controvérsias "intra-muros"; a assunção natural de divergências em domínios não constantes do acordo de coligação; a abstenção de ameaças públicas dos seus dirigentes à continuidade da parceria política; e a preclusão de "recados" para a comunicação social que divulguem ou agravem divergências. Mas o facto é que, a violação desses limites acaba por ser inevitável com incidência no parceiro menor da sobredita coligação, sempre que o mesmo é subsidiarizado no plano protocolar ou decisório. O "ruído de fundo" gerado por essa conduta de menosprezo gerado pelo parceiro maior cresce à medida que se torna evidente a falta de autoridade da liderança do Executivo, desgastando a coesão da maioria parlamentar e diluindo relações de confiança. Contudo, não constitui um fator decisivo para uma quebra fatal da solidariedade institucional,

na medida em que assume um viés difuso e não compromete explicitamente os membros do Governo[1306].

Mais grave, atenta a sua dimensão político-constitucional, será a violação dos limites inerentes à solidariedade governamental. Declarações públicas[1307] de membros do Governo que firam as exigências do artº 189º da CRP, que censurem explicitamente outros membros do Executivo e que atinjam a autoridade do Primeiro-Ministro violam os limites intangíveis da solidariedade institucional. Ressalva-se situações que envolvam comunicações previamente acordadas com o Primeiro-Ministro onde a divergência tenha sido por este admitida como sinal de diversidade ou de a medida criticada pelo Ministro, para além de não constar explicitamente, nem do Acordo de Coligação nem do Programa do Governo, não contrariar igualmente qualquer prévia deliberação do Conselho de Ministros,

963. De qualquer modo, uma multiplicação ou banalização desse tipo de declarações não deixara de erodir a coligação já que uma marcação ostensiva de diferenças em relação a um parceiro menor sobre um parceiro maior debilitado acaba por atingir a autoridade do Primeiro-Ministro. Semelhante conduta não só pode constituir a causa direta do termo da coligação, mas também a imagem de marca da falta de fiabilidade do partido político que assim se comporte[1308].

5. Competências do Governo

964. Sendo caracterizado pelo artº 182º da CRP como o *"órgão de condução da política geral do país"* o Governo, em consonância com as competências constitucio-

---

[1306] Contudo, quando o topo da liderança não está no Governo, uma declaração de dissidência a partir da mesma liderança dita o dobre de finados sobre a coligação: assim sucedeu com o "Bloco Central" em 1985 com a ascensão de uma nova direção política no PSD

[1307] Ou de mensagens oficiosas conflituais para a comunicação social.

[1308] A quase rotura da coligação de centro-direita em 2013, por ação erosiva e roturista do líder do menor parceiro deveu-se, em boa parte, ao facto de a Chefia do Governo do PSD não ter integrado o mesmo parceiro, o CDS, no núcleo central da decisão política governamental, exibindo essa opção originária um deficitário modelo de *governance* e de gestão de alianças. A recomposição do Governo operada no mesmo ano, despoletada pelo parceiro menor e oportunamente gerida pelo Primeiro-Ministro com resiliência e pragmatismo, reequilibrou a coligação, integrou a liderança do referido parceiro no "inner circle" do processo decisório do Executivo (centro de governo)e criou conexões interpartidárias para limar diferenças e estabelecer compromissos. O resultado foi apreciável, a coligação durou até ao termo da legislatura e até resultou em nova aliança pré-eleitoral que arrebatou o maior número de votos.

nais que defluem dessas atribuições, é a instituição a quem compete programar, dirigir e executar a política do Estado[1309].

Ora, a ação governativa assim descrita assume uma natureza complexa pois envolve uma combinação de atividades soberanas do Estado, como é o caso da atividade política em sentido estrito (artº 197º da CRP), a atividade legislativa (artº 198º) e a atividade administrativa (artº 199º). A faculdade de programar políticas públicas, de as adotar ou propor por via legislativa e de as concretizar administrativamente confere à ação governativa um papel vertebrante no funcionamento do Estado.

5.1. Competências políticas em sentido estrito: a condução da política nacional

965. A função política em sentido estrito envolve o exercício de competências de *direção e de controlo*[1310].

A *direção política* implica a fixação de objetivos primários de ação política estatal e a livre escolha das opções e os meios estimados como adequados para preencher os mesmos objetivos.

O referido poder político de direção assenta num instrumento base que é o Programa do Governo. Este recolhe e concretiza as linhas programáticas apresentadas no último ato eleitoral pelo partido ou partidos que exercem o poder, mediante *"orientações políticas e medidas a adotar nos diversos domínios da atividade governamental"* (artº 188º da CRP). Tal como se observou, o Programa de Governo constitui um ato autónomo imputado colegialmente à vontade do Governo, mas que carece de uma não inviabilização parlamentar. Caso seja proposta a sua votação e seja rejeitado, o Governo é demitido nos termos da alínea d) do nº 1 do artº 195º da CRP.

O Programa é, por conseguinte, não só um ato-condição para o exercício pleno de funções governativas pelo Executivo mas, igualmente, a sua bússola, devendo, por exemplo, a nota justificativa que acompanha os diplomas legislativos governamentais precisar se os mesmos são consonantes com o Programa do Governo.

Dito isto, importa recordar que a atividade governativa lida com situações contingentes e excecionais que impulsionam a adoção de medidas não previstas no Programa do Governo ou até contrárias a objetivos programáticos. Basta pensar numa crise financeira, numa forte deterioração económica, num conflito laboral

---

[1309] Cfr.JAVIER GARCIA FERNANDEZ "El Gobierno en Acción"-Madrid-CEC-1995-p. 137 e seg.
[1310] CARLOS BLANCO DE MORAIS "Curso de Direito Constitucional"-Tomo I-29015-p.40 e seg.

prolongado marcado por paralisações em setores estratégicos, num ato terrorista, numa catástrofe natural, num afluxo inesperado e agravado de migrantes. Ora, nessas circunstâncias o Programa pode (e até deve) ser derrogado se necessário, sem que do facto emirjam consequências de ordem jurídica.

No plano político, o desvio deve ser fundamentado com uma argumentação convincente dado que implica um incumprimento de propostas eleitorais consolidadas num documento de ação política, mas o facto é que, se tal não suceder ou a justificação for insuficiente, a responsabilidade do Executivo pelo incumprimento será política: o Parlamento pode votar uma moção de censura, setores populares ou sociais podem contestar o Executivo nas ruas e o eleitorado pode penalizar o mesmo Governo em tempo de eleições. O facto é que, a importância política e jurídica do Programa do Governo assume uma intensidade máxima antes da sua submissão ao Parlamento e mínima no termo do ciclo governativo.

Como outras manifestações do *poder de direção política* do Governo cumpre sublinhar, no âmbito do artº 197º: i) no plano externo, a negociação de convenções internacionais e a aprovação de acordos internacionais (bem como a prática de atos jurídicos unilaterais na esfera do Direito Internacional); ii) a aprovação de resoluções do Conselho de Ministro de conteúdo político e programático e as proposta de lei das grandes opções dos planos e do Orçamento de Estado ; iii) a apresentação de propostas de referendo ao Presidente da República; iv) a formulação de propostas ao Chefe de Estado no sentido da declaração da Guerra ou feitura da paz.

Figura, ainda, a nomeação ou a formulação de propostas de designação de titulares de órgãos constitucionais.

966. Na esfera dos *poderes de controlo* emergem a referenda dos atos do Presidente da República e a pronúncia obrigatória sobre a declaração do estado de sítio e estado de emergência pelo Presidente da República.

A par dos poderes descritos emergem diversas *obrigações,* como as que envolvem a prestação de atempada de informações sobre a construção europeia à Assembleia da República (alínea i) do nº 1 do artº 197º) e o dever de informar o Presidente da República relativamente à condução da política interna e externa do País, que é realizada através do Primeiro Ministro (alínea c) do nº 1 do artº 201º da CRP)

5.2. Competências legislativas: a centralidade legiferante do Governo

967. Tal como tivemos a oportunidade de escrever noutra sede, onde esta temática é objeto de desenvolvimento[1311], se a Assembleia da República detém o primado

---

[1311] CARLOS BLANCO DE MORAIS "Curso de Direito Constitucional"-I-op. cit, p. 345 e 420 e seguintes.

da atividade legislativa (infra § 925), o Governo possui, em regra, a centralidade da mesma função, por força da prática político-constitucional. A centralidade implica a preponderância ou mesmo o domínio da agenda legislativa por parte de um órgão, neste caso o Governo da República, domínio que se traduz não só no facto de o Executivo ser no plano quantitativo o principal legislador (por regra, os decretos-leis superam em número, as leis), mas também na circunstância de a maioria das iniciativas legislativas junto do Parlamento, com relevo para as leis mais importantes, ser oriunda de propostas de lei do Governo.

Trata-se de uma realidade imposta pela natureza das coisas que é, todavia, favorecida pela vasta panóplia de poderes legislativos que a Constituição confia ao Governo, no quadro de uma tradição constitucional que teve como fonte a Constituição de 1933, sendo mantida durante a ditadura militar que vigorou entre 1974 e 1976 e incorporado pela Constituinte na Lei Fundamental de 1976.

968. Com efeito, o Governo Português sobressai de entre os congéneres da União Europeia como aquele que exerce a maior variedade de competências legislativas, mais precisamente quatro, as quais se encontram enumeradas no artº 198º da CRP. Trata-se, respetivamente:

i) De competências concorrenciais: o Governo (nos termos da alínea a) do nº 1 do artº198º da CRP) legisla em todas as matérias não reservadas ao Parlamento e vice-versa (cfr alínea c) do artº 161º), pelo que lei ou decreto-lei posterior revoga lei ou decreto-lei posterior;

ii) De competências delegadas: o Governo legisla sobre matérias da reserva de competência da Assembleia da República, mediante autorização deste órgão ao Executivo, expressa em lei (alínea b) do nº 1 do mesmo artigo 198º da CRP);

iii) De competências complementares: o Governo desenvolve leis de bases ou leis de princípios produzidas pela Assembleia da República (alínea c) do nº 1 do mesmo preceito) através de decretos-lei de detalhe ou pormenor, subordinados às primeiras;

iv) De competências exclusivas (o Governo dispõe uma reserva legislativa total sobre matéria da sua organização interna, de acordo com o nº 2 do artº 198º da CRP).

969. Importa, ainda assim, referir que esta centralidade é menos acentuada sempre que o Governo não goza do apoio de uma maioria absoluta de deputados no Parlamento e reforça-se radicalmente sempre que o Executivo é apoiado por uma maioria absoluta monopartidária, a qual, como no Reino Unido, chancela as iniciativas governamentais com alterações pouco relevantes. Paralelamente, o veto com efeitos absolutos do Presidente sobre os decretos-leis (supra § 846)

confere-lhe um poder negocial fático, no plano político, sobre aspetos do respetivo conteúdo, o qual é mais intenso em coabitação, limitando-se neste caso o impacto da centralidade governativa.

No fundo, são o poder presidencial em coabitação e o escrutínio do Tribunal Constitucional os maiores travões à preponderância legislativa assumida de facto por governos maioritários.

Este expressivo acervo de poderes legislativos concentrado num Governo é objeto de diversos reparos críticos na doutrina, que contestam esta "singularidade"[1312].

Assim, é sustentado que[1313]:

i) Se essa canonização do decreto-lei como fonte mais frequente de Direito é um facto, ela desafia "as conceções liberais" sobre o papel do Governo no processo legislativo, configurando uma anomalia, pois faria sobreviver elementos antiliberais ou antidemocráticos no Estado constitucional;
ii) Se o Parlamento se dobra ou subordina às preferências governamentais decorreria uma menorização do Parlamento e um desequilíbrio do sistema de Governo;

970. Sem que se coloque em causa o primado legislativo parlamentar entende-se que os argumentos aduzidos, são compreensíveis, mas não impressionam.

Em primeiro lugar os sistemas evoluem e a arquitetura dos poderes não é a mesma que imperava no dealbar do constitucionalismo. O *Parlamento legislador* perdeu a sua hegemonia desde que a lei deixou de se reduzir à disciplina dos direitos fundamentais e a expandir-se para todos os setores de atividade, administrativizando-se e operando como instrumento de resolução de problemas específicos.

A Constituição de 1976, na sua teleologia programática, social e intervencionista, se excetuarmos a disciplina dos direitos de liberdade, nunca foi um modelo de Constituição liberal. O Governo foi concebido para operar como um legislador forte porque o constituinte atendeu que a construção do Estado social exigiria a intervenção permanente do Executivo, não através de regulamentos amarrados e dependentes de parâmetros legais, mas sim através da edição de decretos-leis, dotados da mesma hierarquia das leis, embora sujeitos a revogação por estas últimas, no contexto de uma relação reciproca no universo concorrencial. Os ritmos lentos dos Parlamentos no campo legislativo, potenciados por um sistema eleitoral que favorece a ausência de maiorias absolutas

---

[1312] JOSÉ DE MELO ALEXANDERINO "Lições (...)" –II-op. cit p. 261 e seg.
[1313] Segue-se aqui JOSÉ DE MELO ALEXANDRINO ult. loc cit.

de um partido ou de um bloco partidário de governo, não se compadeceriam com as tarefas constitucionais permanentes e muitas vezes urgentes impostas na esfera económica e social.

Os Parlamentos na Europa perderam força institucional na direção política e legislativa, porque a complexidade técnica de muitas questões não se compadece com os seus recursos técnicos e humanos limitados e porque as políticas e a normação europeias passaram a ser ditadas pelos Conselhos Europeus formados por membros dos governos. Os parlamentos recuaram para o estatuto de instâncias de debate e fiscalização, bem como de legislação sobre matérias importantes mas a sua agenda passou a ser mais condicionada pelos Governos.

Este apagamento do poder de direção dos parlamentos, nada tem de menos democrático, devido à relação de dependência dos governos em relação à instituição parlamentar. Os Governos nas democracias modernas, não são mais instituições escolhidas e dirigidas por órgãos não eleitos (como sucedia nas monarquias dualistas do Sec XIX) pois ganharam uma legitimidade democrática indireta derivada pela sua designação por órgãos diretamente eleitos. Os partidos são, neste plano, protagonistas essenciais, na medida em que integram uma triangulação relacional formada por eles próprios, pelo deputado e pelo eleitor. Como estruturas destinadas a aceder ao poder, os partidos escolhem através das suas estruturas nacionais e locais os deputados, criam meios para a sua eleição e exigem em troca, aos eleitos, deveres mínimos de obediência e solidariedade. Ora, uma maioria partidária que acede ao poder reclama que o Governo seja legitimado por essa maioria, da qual depende no Parlamento.

A partidarização do exercício do poder implica, no plano puramente político, no caso dos sistemas parlamentares racionalizados, que o voto da maioria do eleitorado para-a escolha dos deputados tenha como fim político último a escolha do Primeiro-Ministro, legitimando por via reflexa, o respetivo programa de ação que carece de concretização legislativa. Na ordem constitucional portuguesa, em nada este acréscimo de poderes legislativos do Governo viola a separação de poderes e o princípio democrático, enquanto o núcleo essencial da função legislativa permanecer no Parlamento e enquanto o Governo responder politicamente perante este. O facto de subsistir na conceção do modelo de preponderância governativa na conceção das leis, uma inspiração numa fonte autoritária, a Constituição de 1933, não significa necessariamente que o mesmo modelo esteja contaminado, sobretudo se der resposta mais eficaz às necessidades coletivas e não for questionado pelo Parlamento, perante o qual o Executivo é responsável.

Há muito que se encontra ultrapassado o modelo clássico da divisão de poderes e, virtualmente, em todos os sistemas democráticos, os Governos legislam ou aprovam normas primárias com mais ou menos amplitude, sem colocarem em causa o núcleo do poder legislativo do Parlamento. Em França, o Governo compensa a inexistência de atos legislativos próprios numa esfera concorrencial, com uma reserva de regulamento independente em matérias situadas fora da reserva legislativa parlamentar, com a agravante de as próprias leis não poderem revogar esses regulamentos, (contrariamente ao que sucede em Portugal onde as leis podem revogar decretos-leis fora do domínio da competência exclusiva do Governo). Ora, não parece que este mecanismo que reforça o Executivo seja antidemocrático e, mesmo que seja menos liberal e mais dirigista, não constitui um anátema, na medida em que permita decisões céleres e mais eficazes e o povo e os agentes políticos o não contestem.

No tempo presente, existem fatores que aconselham, em toda a Europa, um reforço dos poderes legislativos dos governos. É o caso: da transposição atempada das diretivas da União europeia (que reclamam decretos-leis ou propostas de lei de conteúdo muito técnico em prazos apertados, incompatíveis com o ritmo Parlamentar); da celeridade e da contingência da tomada de medidas de ordem financeira no contexto de uma união monetária e de união bancária incertas; do reforço das medidas de qualidade legislativa que exigem órgãos auxiliares concentrados na estrutura governativa para a preparação e avaliação prévia de decretos-leis e propostas de lei; e da complexidade crescente das matérias submetidas a atos legislativos, a qual reclama uma maior proximidade de técnicos especializados da Administração dependente do Governo, do processo de feitura das leis.

Em segundo lugar, um maior protagonismo legislativo do Governo na agenda legislativa não significa que o Parlamento se "dobre" ou submeta ao Governo. Na mais velha democracia parlamentar, o Reino Unido, as propostas de lei são preparadas numa instituição governamental o *Parliamentary Office* e a sua esmagadora maioria é oriunda de iniciativas do Executivo que aproveita a sua usual maioria parlamentar para fazer passar essas mesmas leis. O Governo, a par da sua própria autonomia legislativa, domina politica e faticamente o processo legislativo parlamentar o que não significa que o Parlamento se subordine ao Governo como um todo, deixando-lhe a iniciativa e a condução do processo e reservando-se ao poder aprovatório final, o qual pode conter emendas. E caso o Executivo deixar de merecer a confiança parlamentar não terá as suas propostas de lei aprovadas e, no limite, demite-se se for aprovada uma moção de censura. Trata-se da dinâmica própria dos sistemas democráticos mais apostados numa boa *governance* do que na adoção de paradigmas teoréticos e julga-se que o sistema britânico está longe de repousar numa filosofia "iliberal".

5.3. Competências administrativas: o epicentro do aparelho administrativo do Estado

A. Tipologia das competências administrativas

971. Na qualidade de órgão superior da Administração Pública o Governo alia, de entre os órgãos de soberania, o exclusivo do exercício da função administrativa com eficácia externa[1314], a uma posição única de proeminência institucional que lhe permite garantir a unidade de ação administrativa (nº 2 do artº 267º da CRP) e formas diversas de vinculação por parte de três setores da mesma Administração.

972. Nos termos da alínea d) do artº 199º da CRP compete-lhe:

i) Dirigir os serviços e a atividade da Administração direta do Estado, a qual lhe está subordinada quer nos seus serviços centrais quer nos serviços periféricos, e que se traduz na faculdade de lhes poder determinar ordens e injunções, através da prática de atos administrativos;

ii) Superintender na Administração indireta do Estado, composta por entes públicos dotados de autonomia administrativa e financeira que prosseguem os fins estaduais (tal como as empresas públicas, fundações públicas e institutos públicos), consubstanciando-se esse poder vinculativo de orientação, na faculdade de editar diretrizes gerais que assumem, em regra, conteúdo regulamentar;

iii) Exercer a tutela sobre a Administração autónoma, integrada por pessoas coletivas públicas com autonomia administrativa e financeira que prosseguem interesses próprios (como as autarquias locais e as universidades) e que se traduz numa faculdade de controlo, de mérito ou de legalidade, sobre atos praticados pelos órgãos dessas entidades.

973. Na lógica de que quem pode o mais pode o menos, o Governo exerce cumulativamente sobre a Administração direta que dele depende, os três poderes descritos (hierarquia, tutela e superintendência); sobre a administração indireta a superintendência e a tutela (neste caso "in fine" na alínea d) do artº 198º da CRP); e sobre a administração autónoma apenas a tutela (a qual nas autarquias locais se restringe a um controlo de legalidade).

974. Um quarto setor da Administração Pública é integrado pela *Administração independente*, corporizada pelas entidades ou autoridades administrativas independentes a que o nº 3 do artº 267º da CRP alude e que a lei pode vir a criar. Estas entidades administrativas, dotadas em regra de autonomia administrativa e financeira, caracterizam-se pelo facto de não estarem sujeitas a vínculos de

---

[1314] O Presidente da República, a Assembleia da República podem exercer a atividade administrativa no respeitante à sua organização interna.

direção, superintendência ou tutela de mérito por parte de qualquer órgão de soberania, tendo os membros dos seus órgãos executivos garantias de independência em face das posições que tomam no exercício de funções e de inamovibilidade relativa (em regra não podem ser destituídos, mas em algumas entidades só podem ser objeto dessa destituição, em razão de faltas graves).

As autoridades independentes só justificam a sua criação na medida em que desempenhem funções administrativas de tutela e de gestão de domínios ligados a direitos fundamentais (Comissão Nacional de eleições, Entidade Reguladora da Comunicação Social ou Comissão Nacional de Proteção de Dados), de gestão e disciplina de órgãos independentes (os conselhos superiores das magistraturas) e de supervisão económica em áreas que exigem uma maior taxa de neutralidade ou imparcialidade em relação ao Governo bem como uma maior despolitização e especialização técnica (caso dos reguladores económicos e financeiros).

Se é um facto que nos dois primeiros tipos de entidades que integram a administração independente em sentido próprio, o Governo não exerce qualquer poder vinculante (salvo a designação partilhada de titulares em alguns desses órgãos) no caso dos reguladores da economia, que na prática são autoridades semi-independentes, o Governo é detentor de um maior poder de condicionamento. Com efeito, o Executivo tem uma palavra decisiva na escolha dos membros dos seus órgãos executivos, os quais pode destituir por faltas graves ou responsabilidade individual ou coletiva (apurada por inquérito instruído por entidade independente do Governo e com audição do órgão e do Parlamento), exercendo ainda certos poderes de tutela financeira, patrimonial e de legalidade, em alguns casos, com natureza prévia[1315].

975. O Governo exerce, ainda, poderes de tutela sobre entidades privadas que exerçam poderes públicos (nº 6 do artº 267º da CRP) ou entidades privadas que desempenhem fins de interesses público e sejam financiadas para o efeito pelo Estado (como as associações e fundações de interesse público e as Instituições Particulares de Solidariedade Social).

No âmbito da função administrativa e, nos termos do artº 199º, o Governo, a par dos poderes de direção, superintendência e tutela descritos supra, exerce competências no domínio do planeamento, execução orçamental, concretização regula-

---

[1315] Cfr. CARLOS BLANCO DE MORAIS "A Lei-Quadro das Entidades Reguladoras e o seu Estatuto de Independência"-"Jurismat"-Portimão-nº 7-2015-p. 155 e seg. De acordo com a Lei nº 67/2013, de 28-8, compete ao Governo aprovar por decreto-lei, os estatutos das entidades reguladoras da economia (artº 7º), nomear os membros dos seus órgãos de administração, volvida audição parlamentar (nº 3 do artº 17º) e dissolver os mesmos órgãos de administração ou destituir os seus membros por motivo justificado, fundado em falta grave (nºs 4 e 5 do artº 20º). Em qualquer caso, e sem, prejuízo da sua "independência" cada autoridade reguladora fica adstrita a um ministério em razão da matéria (artº 9º).

mentar das leis, gestão da função pública, defesa da legalidade e prática de todos os atos e providências necessárias para garantir a unidade de ação administrativa e o desenvolvimento económico-social, mormente a que respeita ao funcionamento do Estado prestador de bens e serviços e execução do direito interno e europeu.

976. No quadro da administração pública direta compete ao Governo, em especial ao Ministro da Defesa (cfr. nº 4 do artº 1º, da Lei Orgânica nº 1-A/2009, de 7-7), elaborar e executar a componente militar da defesa nacional e administrar as Forças Armadas e o resultado do seu emprego. Compete, igualmente, ao Governo decidir utilização das forças armadas em missões internas e externas (estas com consulta prévia ao Presidente da República) e gerir superiormente o pessoal militar, nos termos da Lei de Defesa Nacional e demais legislação aplicável. Em situações excecionais, como as que envolvem as declarações do estado de sítio e de emergência cabe ao Governo exercer superiormente a atividade de órgão de administração dos estados de exceção (artº 17º da Lei nº 44/86 de 30-9, com a redação da Lei Orgânica nº 1/2012, de 11-5), sem prejuízo das competências atribuídas às autoridades militares em estado de sítio.

B. Tipologia das decisões jurídicas do Governo no exercício da função administrativa

977. Para efeito do exercício da atividade administrativa a par de políticas de planeamento e da prática de atos materiais relativos à produção e prestação de bens e serviços, o Governo,: i) aprova regulamentos (normas gerais e abstratas da Administração subordinadas às leis e destinadas à sua execução ou à regulação de domínios habilitados por aquelas), ii) pratica atos administrativos (decisões aplicativas de normas jurídicas que produzem efeitos externos em situações individuais e concretas); iii) e celebra contratos públicos (acordos plurilaterais de vontade celebrados entre entes públicos ou entre estes e privados que visem constituir, modificar ou extinguir uma relação jurídica administrativa [1316]).

5.4. Diminuição transitória dos poderes do Governo

A. O Governo em gestão

978. Volvida a sua demissão ou antes da apresentação do seu Programa no Parlamento, o Governo encontra-se em gestão e, nos termos do artº 186º da CRP,

---

[1316] Cfr. CARLOS BLANCO DE MORAIS "Curso (...)" –I-op. cit, p. 47 e seg, p. 124 e sege 129 e seg.

fica restringido no exercício das suas competências constitucionais ordinárias. Nessas duas situações, em que a falta de legitimação da sua posição institucional o coloca numa posição enfraquecida, determina o nº 5 do artº 186º da CRP que se limitará à prática *"dos atos estritamente necessários para assegurar a gestão dos negócios públicos"*.

O Governo é, assim, objeto de uma expressiva limitação no exercício das suas competências políticas, legislativas e administrativas.

979. Tal como foi oportunamente referido[1317], o Tribunal Constitucional adverte no Ac nº 65/2002, que a gestão dos negócios públicos não se reduz à ideia de atos de gestão corrente, reconduzidos à mera manutenção do funcionamento da Administração, paralisando o Estado se o Governo se limitasse à adoção de atos dessa natureza. O Governo só deve adotar atos legislativos, políticos ou administrativos se estes forem i*nadiáveis e indispensáveis para assegurar a gestão dos sobreditos negócios públicos*, em termos tais que a sua omissão possa causar prejuízo sério e objetivo aos interesses do Estado. Trata-se de algo que carece ser aferido caso a caso, à luz de um critério de proporcionalidade, havendo um dever positivo de concertação acrescida entre um Governo assim limitado, com o Presidente e o Parlamento, órgãos perante os quais é responsável, destacando-se aqui o papel do Chefe do Estado como garante do regular funcionamento das instituições democráticas.

Quanto ao Presidente, *"o dever de concertação acrescida justifica-se por ser ele, como garante do regular funcionamento das instituições democráticas, o principal órgão de fiscalização da observância, pelos Governos de gestão, dos limites impostos à sua competência – e, noutro plano, o primeiro responsável pela condução de diligências oficiais de novos governos"*[1318].

O Presidente da República é, deste modo, o principal órgão de fiscalização da observância pelo Governo em gestão dos limites fixados aos respetivos poderes funcionais diminuídos, não deixando para o efeito de exercer com exigência as suas faculdades constitucionais de supervisão, comunicação, controlo político e, quando necessário, promoção do controlo jurisdicional. Estamos diante um período anómalo em que o papel do Governo se apaga perante a proeminência quase-tutelar dos moderes moderadores do Chefe de Estado.

Ora, usualmente, os Presidentes da República, desde a década de oitenta, remetem aos Governos em gestão, sobretudo em tempos mais alongados, um documento onde traçam, de acordo com o seu entendimento, balizas orientadoras e limitativas sobre o exercício das competências do Executivo. Não se tratando de uma normação imperativa, acaba o referido documento por operar como

---

[1317] CARLOS BLANCO DE MORAIS ult. loc cit, p. 426 e seg.
[1318] FREITAS DO AMARAL"Governos de Gestão"-2002-Estoril- p. 25

um guia de "soft law" para um Governo diminuído, sobre a natureza e alcance dos seus limites tal como estes são entendidos por um órgão que durante este período sobre ele exerce uma especial supervisão.

A não entrega desse documento, que envolve sobretudo *uma praxe*, não inibe todavia o Executivo de exercer as suas competências gestionárias, correndo, contudo o risco, de sofrer um maior constrangimento do poder presidencial, sobretudo a nível do exercício do veto ou do controlo de constitucionalidade.

B. Limitação dos poderes do Governo após a dissolução parlamentar.

980. Sem que se encontre tecnicamente em gestão, um governo em funções em momento subsequente à dissolução parlamentar é um Executivo cujo mandato foi colocado, a curto prazo, e que não pode deixar de ficar diminuído ou limitado no exercício das suas competências. Trata-se de uma prática constitucional[1319] que não envolve a aplicação, por mero transplante analógico, do regime dos governos em gestão, ressalvado um entendimento nesse sentido que possa ser expresso pelo Tribunal Constitucional se, fora de quadros de necessidade ou urgência, medidas relevantes e inovadoras que venha a adotar venham a ser impugnadas. Os poderes são mais latos do que num governo em gestão, o Executivo não recebe qualquer documento do Presidente a redefinir as suas competências e o exercício destas últimas passa a assentar numa lógica de bom senso e auto-contenção[1320].

5.5. Vínculos interorgânicos que oneram o Governo

A. Dever de informação ao Presidente da República

981. A responsabilidade institucional do Governo perante o Presidente (artº 190º da CRP) conjugada com a obrigação de o Primeiro-Ministro *"informar o Presidente da República acerca dos assuntos respeitantes à condução da política interna e externa"* (alínea c) do nº 1 do artº 201º da CRP) obriga o Governo, através do Primeiro Minis-

---

[1319] PAULO OTERO ult. loc cit, p. 171 define a situação como um precedente.

[1320] No ano de 2004, não pretendendo quedar-se num quadro de incerteza sobre a validade das competências governamentais, o Primeiro-Ministro Santana Lopes apresentou a sua demissão depois da dissolução parlamentar decretada pelo Presidente Sampaio, preferindo atuar na base de um estatuto definido e limitado próprio de um Governo em gestão.

tro, a dar nota da atividade governamental relativamente às principais políticas que o Executivo pretenda desenvolver ou atos que intente tomar[1321].

Embora se considere, na medida do possível, que o Presidente deve ser *informado previamente* sobre a natureza das medidas de política governativa, de forma a poder pronunciar-se sobre as mesmas[1322], nada na Constituição obriga a que assim seja.

Ainda assim, relativamente a medidas de grande relevância, não é admissível que o Presidente as conheça pela imprensa[1323], podendo semelhante conduta constituir uma conduta desrespeitosa e uma quebra de lealdade institucional, a qual, *se reiterada injustificadamente e envolver matéria de importância sensível,* pode justificar a dissolução do Parlamento ou mesmo a demissão do Executivo.

Ainda assim, a lei pode exigir em certos casos informação *prévia e fundamentada,* como determina a lei de defesa nacional relativamente ao envolvimento de contingentes militares portugueses no estrangeiro (supra, § 859) havendo igualmente informação permanente disponibilizada ao Presidente sobre matéria de segurança nacional.

982. Uma prática constitucional sob a forma de praxe ou, quiçá, uso, converteu o encontro das quintas-feiras entre o Primeiro-Ministro e o Presidente da República num ritual destinado a externalizar a competência/dever do Primeiro-Ministro em informar o Presidente *"acerca dos assuntos respeitantes à condução política externa e interna do país".*Não resulta da Lei Fundamental que o encontro entre os dois titulares deva ocorrer à quinta-feira no Palácio Presidencial, que seja semanal ou mensal ou, até, que tenha que tenha de ocorrer presencialmente. Trata-se, contudo de um uso ligado a imperativos de bom senso, com precedentes internos, e externos e assente numa ritologia que procura, junto dos cidadãos e demais instituições, espelhar esse vínculo de responsabilidade, lealdade institucional e dever de informação.

Poderá ser essa praxe substituída por outra equivalente sem que o sistema fique abalado, mas não pode ser menorizada, suprimida ou totalmente dessacralizada (como seria a sua substituição regular por videoconferências), sob pena de redução da posição externa do Presidente ao modelo de um parlamentarismo de assembleia atípico e pós-modernista.

[1321] GOMES CANOTILHO-VITAL MOREIRA "Os Poderes (...)" op. cit, p. 64.
[1322] Nesse sentido GOMES CANOTILHO-VITAL MOREIRA ult. loc. cit, p. 65
[1323] Cfr. ANÍBAL CAVACO SILVA "Quinta-Feira e Outros Dias", op. cit, p. 434) quando censurou o facto de ter tido conhecimento do PEC IV depois de ele ter sido apresentado na União Europeia e conhecido publicamente através da imprensa, tendo considerado essa omissão uma deslealdade institucional.-

O dever de informação é, igualmente, prestado informalmente por meios de comunicação apropriados entre os dois titulares, sempre que necessário e pode ser realizado através de audiências ou encontros entre os restantes membros do Governo e o Presidente, contanto que autorizadas pelo Primeiro-Ministro.

B. Vínculos de responsabilidade do Governo perante a Assembleia da República

983. A responsabilidade dos membros do Governo perante o Parlamento é solidária e, por conseguinte, não existe responsabilidade individual dos mesmos perante a Assembleia da República[1324].

984. No plano dessa responsabilidade solidária emergem, no plano político, vários institutos relevantes já aliás assinalados, tais como: i) a submissão a votação do Programa do Governo; ii) a apresentação de uma moção de censura (artº 194º), em regra fundamentada[1325] e que, mesmo quando aprovada sem a obtenção de maioria absoluta (a qual determina a demissão do Governo) mas sim por maioria simples, assume um significado político em termos de avaliação negativa do Executivo; iii) a submissão pelo Conselho de Ministros de uma moção de confiança ao Parlamento, em regra como forma de pressão, devendo fundar-se ou numa declaração política geral ou numa questão de relevante interesse nacional (artº 193º) e acarretando a demissão do Governo se for reprovada, sendo certo que para a sua aprovação basta a maioria simples; iv) a apreciação parlamentar dos decretos-leis (artº 169º); v) a apreciação os atos do Governo e da administração, as contas do Estado e os relatórios de execução dos planos nacionais (alínea a), d) e e) do artº 162º); vi) e a marcação de reuniões em que os membros do Governo devem comparecer para responder a perguntas e pedidos de esclarecimento dos deputados, nos termos do nº 2 do artº 177º e do regimento.

Muitas outras disposições de ordem regimental concretizam esses eixos de responsabilidade política a nível de inquéritos e prestação de informações não cabendo desenvolvê-las neste excurso.

[1324] Cfr. JOSÉ DE MATOS CORREIA-RICARDO LEITE PINTO "A Responsabilidade Política"-Lisboa-2010-p.71 e seg.
[1325] JOSÉ DE MATOS CORREIA-RICARDO LEITE PINTO ult. loc cit, p. 89.

Capítulo IV. Perspetivas de reforma ou de alteração do sistema político português: o que virá?

1. Premissa

985. Paradoxalmente, e reportando-nos a uma imagem comum e algo deslocada, a recente crise do conflito sírio durante a Presidência Obama permitiu que se retirasse uma lição em política de relações internacionais: não é aconselhável traçar "linhas vermelhas" sob pena de estas não poderem ser cumpridas, criando embaraços dispensivos[1326]. Ora, o mesmo sucede em Direito Constitucional e na esfera da politologia.

Escrevemos no artigo *"Semipresidencialismo on Probation"*[1327], elaborado em pleno resgate financeiro e pouco após o início do segundo mandato presidencial de Cavaco Silva que o futuro do semipresidencialismo se jogaria no ciclo político iniciado em 2011 e concluído em 2015. Isto porque o País vivia um difícil e inédito ciclo político, económico e social e seria exigível ao Presidente que, em consonância com o Governo encarregue de executar o resgate, o mesmo liderasse o processo ou, pelo menos, cooperasse com o Executivo nessa difícil tarefa de execução. A irrupção de cenários diversos em que o Presidente atuasse como um contrapoder e um fator de desgaste do Executivo ou, ao invés, se tornasse uma irrelevância, dariam espaço à voz dos críticos do sistema que há muito defendem

---

[1326] O Presidente Obama advertiu que o uso de gases letais pelo regime sírio seria a ultrapassagem de uma linha vermelha que justificaria uma intervenção militar americana. A linha foi rompida, mas o Presidente absteve-se de concretizar a intervenção prometida.
[1327] CARLOS BLANCO DE MORAIS "Semipresidencialismo *On Probation*" in AAVV "A Constituição revista", op. cit, p. 67.

a sua parlamentarização, com a eleição indireta do Chefe de Estado e a mitigação das suas prerrogativas mais fortes, como a demissão do Governo e a dissolução do Parlamento.

Verificou-se, contudo que os factos ocorridos nesse "tempo de vésperas" foram inconclusivos. Na verdade, durante uma primeira metade do referido período o Presidente da República (2011/2013) assumiu uma vertente severamente escrutinadora das leis da maioria governamental e ensaiou uma crítica construtiva de algumas políticas públicas, sem se erigir a contrapoder, evitando mesmo a demissão do Chefe do Governo em 2013. Após uma tentativa não bem-sucedida de acordo de regime que ensaiou entre PS, PSD e CDS, o Presidente inaugurou, entre 2014 e 2015 um ciclo de cooperação estratégica com o Executivo, acompanhando-o no período em que as suas políticas tiveram um maior êxito. Já em 2016 tomou posse um Presidente da República oriundo do *mainstream*, mas com um viés semi-populista e taumatúrgico que iniciou uma "coabitação de veludo" com um governo socialista minoritário, apoiando a generalidade das suas políticas, mas seguindo uma agenda própria e difusa. Ora, com estas duas realidades sucessivas, o problema dos poderes presidenciais deixou de ser, por ora, uma questão central e com ele esmaeceu qualquer pertinência sobre a natureza do sistema político.

986. Numa palavra, não existem datas fixas para a realização de uma "prova dos nove" sobre a funcionalidade do sistema político, tanto mais que a relação de bloqueio dialógico entre o PS e o PSD em 2017, inviabilizou qualquer hipótese imediata de uma revisão constitucional de alcance estruturante, pelo que o semipresidencialismo continuará "on probation" *sine die*.

Apenas e tão se algo correr muito mal sob um ponto de vista político-financeiro e judiciário ou se um hipotético (e ainda por ora improvável) "messianismo presidencial" viesse a afrontar os interesses comuns dos integrantes do "cartel partidário" que há muito domina o sistema político, é que se gerariam pressupostos para a uma revisão constitucional que alterasse a fisionomia do sistema. Revisão que teria muito maiores possibilidades de sucesso no caso de, por alguma razão, se retornar a um "bloco central".

Não se colocando para já esse problema será estulto arriscar prognoses. O que não significa que se não debata propostas de reforma ou de mutação do sistema, avançadas por constitucionalistas e politólogos.

2. Reformas estruturais no sistema semipresidencial: a moção de censura construtiva

987. Há muito que alguns constitucionalistas[1328], sustentam a conservação quase intocada do sistema semipresidencial português, cujo funcionamento elogiam, sem prejuízo de advogarem como elemento de aperfeiçoamento no contexto de uma revisão constitucional, a introdução de uma *moção de censura construtiva*, inspirada no modelo alemão (supra, § 421).

É indubitável que, no contexto de um sistema parlamentarista, a moção de censura construtiva tem garantido, não pelo seu uso, mas pela sua presença como instituto que condiciona o derrube do Executivo no Parlamento, um fator de estabilização governativa.

Para o autor assinalado, a introdução da moção construtiva envolveria algumas peculiaridades no semipresidencialismo português.

No contexto de um parlamento fragmentário, o Presidente poderia nomear um governo minoritário que dificilmente poderia ser demitido, na prática, pelo Parlamento, por força da mecânica da moção de censura construtiva (todos os restantes partidos teriam de se colocar de acordo para apresentar um Chefe de Governo alternativo devidamente identificado e associado à moção, cujo Executivo estaria sustentado numa maioria absoluta dos deputados). Essa faculdade, se bem que diminua a discricionariedade presidencial de nomeação do Primeiro-Ministro, quando exercida em determinados cenários, deveria deixar intocados os restantes poderes do Presidente da República, designadamente o de dissolução[1329]. Mas, em face da hipótese de haver um Primeiro-Ministro imposto pelo Parlamento com diminuição do poder presidencial de designação do Chefe do Governo, o autor alvitra, com dúvidas, um fator de compensação: quando um Governo nomeado originariamente pelo Presidente apresentasse o seu programa, a rejeição deste ficaria dependente da existência de uma maioria absoluta que indicasse um Primeiro-Ministro alternativo.

988. Que dizer desta proposta ?

Atenta a nossa posição invariavelmente defensora de governos estáveis, a proposta não repugnaria à partida, podendo ser tida como a mais "governamentalista" alguma vez sustentada na doutrina portuguesa. Levanta, contudo, problemas que desafiam a sua exequibilidade em sede de consensos viáveis que a incorporem numa revisão constitucional. Três pontos devem ser destacados sobre o impacto da proposta.

1º. O mecanismo exposto permite que um Presidente da República nomeie um governo minoritário de um partido que poderia não ter sido, sequer, o mais votado nas eleições parlamentares, mas que, pelo facto de as oposições não lograrem estabelecer um acordo para formar um Governo alternativo, não só acabaria

---

[1328] Com especial ênfase, JORGE REIS NOVAIS "O Sistema Semipresidencial Português -in "Semipresidencialismo"-II-op. cit-p. 440 e seg.
[1329] JORGE REIS NOVAIS ult. loc cit, p. 443 e seg.

por ser "investido" em funções por força da inviabilidade de uma moção construtiva que tivesse por objeto a rejeição do programa do Governo[1330], mas que completaria também a legislatura por força da inviabilidade de sucesso de moções de censura supervenientes. No fundo, o sistema *reforça o poder de uma minoria governamental*, mas também o do Presidente, já que a sobrevivência do Executivo apenas dependerá do Chefe de Estado (que dispõe do poder de o nomear originariamente e a faculdade livre de dissolução do Parlamento). No plano democrático pode ser uma solução problemática pois, em certos casos, por vontade do Presidente, os "menos podem passar a governar os mais".

2º. De entre os partidos ganhadores e perdedores com a introdução da moção, nos termos expostos, emerge fundamentalmente o Partido Socialista. Com efeito, existe de entre as formações partidárias portuguesas, a impossibilidade de os partidos marxistas (BE e PCP) se poderem entender com os partidos centristas (PSD e CDS) para suportarem um governo consistente com um candidato a Primeiro-Ministro, em razão de clivagens ideológicas naturais e históricas. Já o PS dispõe da semi-rigidez bastante para se entender tanto à esquerda como com o centro (com o qual se coligou por duas vezes). Daí que, procurando testar a solução com a realidade prática, se um Presidente do centro-direita, como Cavaco Silva, tivesse indigitado em 2015 o Governo centrista de Passos Coelho no contexto do sistema proposto sobre a moção construtiva, o Executivo seria derrubado, pois os partidos de esquerda votariam favoravelmente a moção de censura construtiva, tendo um dirigente socialista como candidato a Chefe do Governo. Ora o Governo do PS chefiado por este último dirigente não seria derrubado durante a legislatura pois, mesmo em caso de rotura do acordo parlamentar com os partidos de esquerda, estes jamais se uniriam ao centro para respaldar um Primeiro-Ministro dessa área alternativo dessa área ou mesmo um independente, no quadro de um Executivo de técnicos. A governabilidade pressuposta pela moção tem ganhadores cativos e opera como um "isco" para incautos. Governos como o de José Sócrates, num contexto de insolvência do Estado, durariam uma legislatura se o Primeiro-Ministro não se demitisse e o Presidente decidisse não dissolver o Parlamento ou não o pudesse fazer, em razão dos prazos constitucionais.

3º. A necessidade de um Estado ficar condenado ao pontificado de governos minoritários de legislatura, dependentes da boa vontade presidencial resulta ser pouco consentâneo com a democracia, não potencia a responsabilidade política e pode ser objeto de alternativas mais consistentes. Para lá do reforço do Governo, a proposta potencia o figurino institucionalmente instável de um Presidente que sabe que o Executivo está suspenso por um fio ligado à sua mão e, portanto, vai sugerindo políticas e até pressionando alterações de Primeiro-Ministro.

[1330] Para o rejeitar teria de apresentar um Governo alternativo mediante votação maioritária.

A moção de censura construtiva em Portugal constitui um "decoy" para um reforço subtil do poder presidencial e um seguro de vida para o predomínio de um determinado partido político do *mainstream*, mesmo em cenários em que não seja a primeira força mais votada.

2. Mutação do sistema político: o trânsito para o parlamentarismo

2.1. A opção parlamentarista

989. Cumpre salientar a proposta mais recente de Manuel Braga de Cruz que considera o atual sistema político esgotado, viciado pela herança revolucionária, erodido pelo distanciamento dos eleitores, desgastado pela conflitualidade entre governos e presidentes e carente de estabilidade governativa, tendo em vista a execução coerente das políticas públicas. Por conseguinte, o autor sustenta[1331]:

i) Um sistema eleitoral misto próximo do alemão, dentro das baias permitidas pela CRP e deferidas para lei reforçada, com cláusula barreira de 3%, que permita uma menor fragmentação parlamentar e uma maior pessoalização do voto no contexto dos círculos uninominais[1332];

ii) Um regime jurídico dos partidos políticos que os abra à sociedade, com maior democraticidade interna e transparência no financiamento e controlo das suas contas e com obrigação de submissão a sufrágio de todos os partidos coligados com representação parlamentar[1333];

iii) Criação de uma segunda câmara parlamentar, um Senado, como travão aos aluviões legislativos, associado a uma constrição do poder legislativo governamental[1334];

iv) Eleição indireta do Presidente pelas duas câmaras do Parlamento e redução das prerrogativas presidenciais de demissão do Governo e dissolução do Parlamento, não podendo neste último caso o Presidente dissolver se não forem encontradas soluções maioritárias alternativas no Parlamento[1335].

990. Pese o facto de anuirmos no sentido de que a engenharia do sistema eleitoral não contribui (nem nunca contribuiu) para a estabilidade governativa, que

---

[1331] MANUEL BRAGA DA CRUZ "O Sistema Político Português" op. cit-p. 17 e seg.
[1332] MANUEL BRAGA DA CRUZ op. cit, p 36 e seg.
[1333] MANUEL BRAGA DA CRUZ ult. loc. cit, p. 54 e seg.
[1334] MANUEL BRAGA DA CRUZ ult. loc. cit, p. 69 e seg.
[1335] MANUEL BRAGA DA CRUZ ult. loc. citp. 88

o círculo fechado, cartelizado e cristalizado do sistema de partidos empobrece a democracia e divorcia os cidadãos da classe política e que a experiência conflitual das coabitações entre Presidente e Governo são um fator contrário à racionalização do sistema de governo, entendemos que a conjugação destes fatores não gerou, até 2017, uma clivagem suficiente pronunciada que justifique o trânsito para um sistema parlamentar.

Quem pensava que o semipresidencialismo em Portugal tinha esgotado todas as suas virtualidades e cenários ter-se-á surpreendido com a variante nascida em final de 2015 (coabitação suave associada a um semipresidencialismo consociativo, com pendor parlamentar de assembleia) e poderá surpreender-se, um dia, quem sabe, com uma hipotética migração disfarçada para um semipresidencialismo de pendor presidencial. O semipresidencialismo é um ser de tronco comum, mas com muitas faces.

991. Dito isto, não nos repugnaria aceitar, sobretudo se a relação entre Presidente e Governo se tornasse, de novo, um fator de instabilidade crítica, com custos financeiros e de governança, o trânsito do sistema para um modelo parlamentar, com eleição do Chefe de Estado pela Assembleia da República e a limitação de algumas das suas prerrogativas, mormente a dissolução, contanto que se reformasse o sistema eleitoral de modo a potenciar o bipolarismo na representação partidária e a formação de governos maioritários fortes. Com a debilitação do Presidente, o órgão que deve reforçar-se é aquele que conduz a vida política do país, ou seja, o Governo.

Sendo esta hipótese algo que merece ser academicamente discutido mas que não estará na agenda política a curto prazo, tal não significa que sejam inteiramente líquidos, nesse cenário hipotético, os impactos das quatro propostas supra § 989, formuladas pela sensibilidade doutrinal em exame.

2.2. Apreciação crítica

2.2.1. Sistema eleitoral

992. Coincidimos com a doutrina examinada, no sentido de que o sistema eleitoral em vigor potencia uma fragmentação limitada ente partidos rígidos, realidade que dificulta a estabilidade e a coerência governativa, sendo desejável que sofresse uma reforma. Contudo, o tipo de reforma proposto não pode deixar de suscitar dúvidas pertinentes.

Em primeiro lugar, quanto ao trânsito para um sistema eleitoral misto próximo do alemão (sensivelmente o que é consentido pela Constituição), não podemos deixar reiterar as dúvidas já sublinhadas nesta obra (supra, § 330-4º e § 442-4º) em relação á sua aptidão racionalizadora. Na Alemanha, esse sistema, inaugurado com 4 partidos (dois dos quais sempre coligados, a CDU/CSU) perdeu força constrangedora e chegou a dar lugar em 2009, a 6 partidos e, em 2017, poderá gerar mesmo 7 partidos, maioritariamente rígidos ou semi-rígidos, esmaecendo o bipolarismo e reforçando-se o expediente de último recurso das coligações de "bloco central". Em Portugal, semelhante sistema, podendo alterar a representação de cada partido (fortalecendo quiçá os maiores), não iria impedir a representação dos 5 partidos atuais. A cláusula de barreira de 3% proposta é demasiado inexpressiva em lista nacional e não impediria a fragmentação partidária, tal como não impede essa fragmentação na Dinamarca que introduziu uma cláusula com um valor aproximado. Apenas se eliminariam os micropartidos cuja presença é, em regra, assaz irrelevante embora potencialmente indesejável[1336].

Pese o facto de sermos, em tese, favoráveis à existência de círculos uninominais, como forma de responsabilização de deputados ante o seu eleitorado, existe o risco real de muitos desses candidatos a deputado serem os "filhos da terra" mais conhecidos, como é o caso de autarcas dinossauros, ex-desportistas e presidentes de clubes e associações de futebol, o que não constitui um pressuposto de qualidade da democracia. Paralelamente, esses mandatários teriam uma propensão para atuarem como *"deputados-diva"*, exibindo um titulo de legitimação maior do que os restantes colegas e defendendo prioritariamente interesses locais, o que abalaria a coesão dos grupos parlamentares, com relevo para os que suportam o Executivo.

993. Mais adequada seria uma reforma eleitoral que mantivesse o atual sistema, mas que, como em Espanha, envolvesse círculos mais reduzidos (dividindo-se os atuais círculos de Lisboa, Porto e Braga) e com cláusula barreira de 3%, o que permitindo aos pequenos e médios partidos fazer-se representar, favorecia a alternância entre duas grandes formações. Dir-se-á que em Espanha o sistema fraquejou em 2015 com a votação forte em dois novos partidos. Mas o facto é que funcionou por mais de vinte anos, cumprindo assinalar que existência no país vizinho de muitos partidos autonomistas com pequena representação e que catalisou o fenómeno da fragmentação parlamentar, não se verifica em Portugal.

Outra hipótese seria a de agregar, quer à lista nacional proporcional ínsita no sistema misto proposto supra, quer ao presente sistema, um bónus de deputados para o partido mais votado, que facilitasse a criação de maiorias absolutas. Contrariamente a certos fundamentalismos exegetas da Constituição, consideramos que tal instituto, que é designado por "proporcionalidade reforçada" não violaria a essência do sistema proporcional, garantida no artº 288º da CRP, limitando-se

---

[1336] Se permitirem na lógica do "deputado liminano" e dos micropartidos extremistas em Israel, fazer maioria, sequestrando a agenda dos grandes partidos e a vontade dos seus eleitores.

a criar um certo nível de desproporção em favor vencedor para lhe criar condições para governar. O próprio método de Hondt que vigora entre nós sem bónus é, de entre os sistemas proporcionais clássicos, um dos que exibe um nível de desproporção mais elevado em cada círculo, em, benefício das maiores formações partidárias. Ainda assim, a reforma exigiria uma revisão da Constituição.

2.2.2. Sistema de partidos

994. Pese o facto de se subscrever a necessidade de reforço de mecanismos que potenciem a controlabilidade pública sobre a democraticidade interna e a transparência organizatória dos partidos, bem como um regime de financiamento que evite a sua captura por interesses privados, considera-se que esses mecanismos não alterarão a estrutura do sistema partidário, que é quase a mesma desde 1976.

O facto de os partidos terem o monopólio da representação justifica que o Estado possa e deva, até certo ponto, garantir a sua democraticidade bem como a participação cidadã. Julga-se que o sistema de primárias internas obrigatórias para a escolha do candidato a Primeiro-Ministro abertas não só a militantes mas a simpatizantes inscritos e que se realizem em todas as formações (modelo que o Partido Socialista adotou recentemente), seria um passo importante de estímulo da participação do povo na atividade política e um limite à clausura ou fechamento de formações políticas demasiadamente herméticas. O ideal, exequível ou não mediante uma transição gradual, seria mesmo a convocação de primárias gerais obrigatórias e simultâneas com intervenção de todos os cidadãos eleitores. Duvida-se, contudo, que os partidos da esquerda marxista aceitem o modelo e que outras formações anuam na consagração do mesmo como obrigatório.

2.2.3. Bicameralismo

995. Trata-se de um mecanismo primitivo de racionalização dos sistemas políticos que, como vimos, falhou essa função racionalizadora (supra §675 e seg).

As câmaras altas, fora do federalismo, ou são duplicações problemáticas das câmaras populares ou adornos inúteis e dispendiosos.

Com efeito, em Itália, onde o Senado é forte, o ex-Primeiro-Ministro Renzi criticou o papel obstrucionista do órgão para a governabilidade, mas falhou em referendo a reforma dessa câmara travão[1337], a qual duplica sem razão de ser a Câmara de Deputados, entorpece as reformas políticas e aumenta a opacidade consociativa. Já no Reino Unido, a Câmara dos Lordes esvaziada de poderes cons-

---

[1337] Já que transformou esse referendo em 2016 num plebiscito à sua pessoa.

titui uma reminiscência feudal, em Espanha é uma câmara despotenciada e em França, o Senado é considerado uma câmara menor, quase irrelevante.

Apenas nos sistemas federais a segunda câmara é relevante, pelo que não se justifica a sua criação em Portugal, que é um estado unitário regional periférico. É certo que existe uma corrente idealista que imagina um senado composto pelos sábios da República, como fórum de reflexão, de formação doutas segundas opiniões e de operações de "esfriamento" das quenturas da câmara baixa. O facto é que nada é adiantado sobre a sua forma de eleição, correndo o risco de se criar uma espécie de clube de poetas mortos formado pelos "gerontocratas" do *establishment*, oriundos de diversos "mesteres", com preponderância de políticos e autarcas aposentados ou em fim de carreira. Se a qualidade, a composição e o desempenho da Assembleia da República são deficitários, como defende a sensibilidade que ora se aprecia, então que se reforme o atual Parlamento (o sistema eleitoral, o número excessivo de deputados, o regime de controlo de incompatibilidades e impedimentos, o funcionamento de comissões, o limite ao número de mandatos consecutivos, o regime de faltas, as visitas aos círculos eleitorais) e não se crie, ao invés, duas Assembleias da República portadoras dos mesmos vícios ou deficiências.

2.2.4. Eleição e poderes do Presidente da República

996. Pressupondo que, por ora, não está na mesa a eleição indireta do Presidente, revestem algum interesse certas propostas da doutrina em exame relativamente à criação de limites à demissão do Governo e à dissolução parlamentar.

No que concerne à demissão do Governo, que é um instituto excecional, o autor entende que deveria ser mais explicitamente condicionado de modo a que se garanta efetivamente essa excecionalidade[1338]. De facto, tal como afirma, o povo escolhe representantes para o Parlamento de cujo seio deve sair um Governo e essa estabilidade não pode ser questionada por oposições estridentes que, quando contrariadas, apelam ao Chefe de Estado para demitir o Executivo. Quanto a este, mesmo que o não tenha feito desde 1978, não deixa por vezes de fazer pairar uma ameaça subliminar nessa matéria, o que não favorece a estabilidade.

O autor não clarifica, contudo, como garantir na Constituição a convocação do instituto em casos verdadeiramente excecionais. Uma hipótese, já que noutro passo defendeu o reforço dos poderes do Conselho de Estado, seria fazer depender o ato de demissão de parecer favorável do Conselho de Estado. Have-

---

[1338] MANUEL BRAGA DA CRUZ ult. loc cit, p. 85.

ria, contudo, que alargar as inerências na composição Conselho, diminuindo o peso partidário e o dos conselheiros exclusivamente designados pelo Presidente. Entende-se que o Presidente do Supremo Tribunal de Justiça[1339],o Chefe do Estado Maior General das Forças Armadas[1340] e o Procurador-Geral da República[1341] deveriam integrar o órgão.

No respeitante à Assembleia da República, é avançada por esta doutrina uma proposta no sentido de se limitar o poder de dissolução.

Para o autor, uma mera divergência política não justifica uma dissolução e o Presidente não deve ser nem líder da oposição nem vigário do Governo ou derrubador de governos ou maiorias. Daí que, no seu entender, o poder de dissolução deve ser condicionado à impossibilidade de se encontrarem soluções maioritárias de governo no Parlamento.

Julga-se que este pressuposto é interessante já que incorpora nas competências presidenciais algumas das condicionantes da moção de censura construtiva. Com a sua adoção passar-se-ia, e bem, a inibir-se o Presidente de dissolver, enquanto pontifique um governo sustentado por uma maioria absoluta monopartidária no Parlamento ou uma coligação maioritária, evitando-se dissoluções caprichosas ou pelo menos equívocas como a de 2004. O Presidente seria forçado a respeitar uma "maioria maior" que domina a "Casa do Povo". Já no caso de executivos minoritários, o Presidente teria uma liberdade maior para dissolver se, no

---

[1339] Trata-se, historicamente e protocolarmente, do primeiro Tribunal da República.

[1340] MARCO CALDEIRA ("Da Composição do Conselho de Estado", op. cit. p 698 e seg) considera que, como o cargo de conselheiro não é partidário e como o artº 3º do estatuto dos membros do Conselho (Lei nº 31/74) admite que a função de Conselheiro é compatível com qualquer outra atividade pública ou privada, nada impede, juridicamente, que um militar integre o Conselho de Estado. Ainda assim, problematiza o facto de o principio de hierarquia das forças armadas poder influenciar a imparcialidade do estatuto de um militar (no ativo) que seja conselheiro. Entende-se que juridicamente nada inibe essa designação. No plano do mérito político, admite-se que não seria adequado que um militar no ativo fosse eleito pelo Parlamento, atenta a base partidária dessa eleição. Já quanto às designações presidenciais para o Conselho, a questão partidária não se coloca e nada inibe o Presidente, dentro de critérios de razoabilidade, de poder designar conselheiro, por exemplo, o seu Chefe da Casa Militar ou o Chefe do Estado Maior General das Forças Armadas (seria inconveniente para a cadeia de comando que nomeasse o chefe de um dos ramos ou um oficial colocado numa posição de mando inferior). Na situação que propomos supra, não está em causa, contudo, uma designação, mas sim uma inerência que faz todo o sentido quando o conceito estratégico militar envolve o emprego das forças armadas na luta contra o fenómeno terrorista internacional que se tornou uma ameaça de primeira grandeza para a Europa.

[1341] Faz sentido a presença do máximo titular de um órgão judiciário de cúpula que assegura a defesa da legalidade, atenta a dimensão política que tem tomado o fenómeno da corrupção em Portugal e noutros Estados.

contexto de uma crise, não existissem soluções maioritárias no Parlamento para uma alternativa política. Por exemplo, no caso de existir um governo minoritário, "em negação", que recuse tomar medidas destinadas a evitar que o Estado entre em insolvência, o Presidente pode testar junto dos grupos parlamentares a existência uma solução maioritária alternativa e coerente de governo e, em caso de impossibilidade, teria competência para dissolver. No fundo atuaria como válvula de segurança em impasses e quando esgotadas soluções alternativas maioritárias no Parlamento, possuiria liberdade bastante para avaliar esse esgotamento.

Trata-se, na verdade, da proposta mais pertinente e útil de entre as que foram aduzidas, para potenciar uma maior parlamentarização do sistema. No fundo o Presidente poderia continuar a dissolver, mas apenas em conjunturas limitadas e deslocadas para o universo de governos minoritários. Afinal, soluções não muito distintas das que ocorrem em certos semipresidencialismos atenuados, embora com outros pressupostos e limites, como é o caso da Polónia, da Croácia e da Áustria.

2.2.5. Outras modificações no sistema

997. Posições já antes por nós subscritas coincidem, na generalidade, com as do autor. A rigidez jurisprudencial do Tribunal Constitucional ganharia em ser aligeirada com uma alteração na sua composição. Retocando sugestões já feitas noutra sede[1342], o número de conselheiros eleitos pelo Parlamento deveria ser reduzido para 7, e dos restantes, 5 deles deveriam ser eleitos pelos Supremos Tribunais (como em Itália) e outro designado pelo Presidente da República.

Sustentámos nesta obra, igualmente, a eliminação de limites temporais à dissolução parlamentar pelo Presidente, exceto nos dois meses subsequentes à eleição do Parlamento (§ 823).

3. Apontamento final

998. O sistema político, em 2017, ainda não experimentou ou ensaiou todas as suas virtualidades e cenários. A sua erosão junto do eleitorado é lenta e, por conseguinte, não se anteveem clivagens que justifiquem uma mutação. Mas no melhor pano cai a nódoa. Com as devidas diferenças, os acontecimentos de 2016-2017 no Brasil demonstram como, por vezes, o céu, em dias aparentemente amenos e ensolarados, pode desabar sobre as múltiplas cabeças coroadas da República e sobre as suas "constituições-cidadãs".

[1342] CARLOS BLANCO DE MORAIS "Semipresidencialismo on Probation" op. cit, p.70.

ÍNDICE IDEOGRÁFICO BREVE

A
"Alter-mundialismo"
§97
Assembleia da República
 §766, 823 e seg, 831, 877, 833 e seg, 886 e seg,960, 968
Atributos identitários do semipresidencialismo português – 530, 586, 593
Autocracia – 3, 30, 42, 149, 206, 209, 211, 225, 227, 237, 240, 241, 248, 249, 252, 258, 348, 486
Autonomia – § 16, 17, 20, 21, 22,23, 24, 426
Autoritarismos corporativistas- § 231
B
Bundesrat – 414, 417, 420, 422, 575, 583, 584
Bundestag – 309, 413, 414, 415, 416, 417, 418, 419, 420, 421, 422, 584

C
Câmara (segunda)- 417, 587, 989, 995 - vide também "Câmara (alta)"
Câmara (alta) – § 284, 365, 414, 456, 469, 471, 484, 510, 557, 570, 575, 583
Câmara dos representantes – § 193, 448, 459, 464, 466, 472, 473
Centralidade legislativa – 515, 611, 925, 967
Centro de governo – 687, 691, 946, 947, 949, 950, 953, 957
Cesarismos revolucionários – 219, 226, 237, 258
Chanceler – 348, 349, 406, 412, 414, 416, 418, 419, 4210, 421, 422, 432, 439, 520, 572, 575, 577, 583, 584, 652, 883
Ciclos – 2, 194, 237, 247, 305, 316, 321, 326, 330, 331, 332,333, 337, 362, 380, 420, 433, 476, 538, 550, 554, 584, 586, 613, 614, 615, 643, 645, 648, 657, 661, 664, 669, 671, 674, 675, 676 e ss., 758, 938
Cidadania – 3,6, 34, 59,87, 88, 96, 97, 108, 113, 121, 130, 159, 167, 178, 180
Cidadania europeia – 7
Cidadania digital – 145, 147, 149
Coabitação – 279, 280, 521, 530, 546, 550, 554, 561, 572, 584, 615, 622, 636, 637, 641,

643, 645, 648, 650, 657, 659, 664, 667, 669, 670, 672, 677, 684, 688, 689, 696, 697, 702, 703, 704, 706, 713, 714, 716, 740, 747, 748, 750, 752, 753, 754, 755, 756, 757, 758, 814, 859, 869, 969, 985, 990
Coabitações imperfeitas – 672, 677, 685, 750, 752, 757, 758
Comandante Supremo das Forças Armadas – 451, 453, 497, 500, 567, 576, 764, 765, 838, 855, 857
Comissões Parlamentares -889, 892, 893, 894, 898, 902, 907, 908, 909
Confluência – 280, 333, 339, 439, 527, 533, 536, 545, 546, 550, 551, 561, 572, 583, 584, 615, 622, 623, 645, 657, 693, 696, 704, 710, 740, 741, 742, 743, 744, 745, 748, 749, 751, 757, 761, 814, 820, 869
Confluências imperfeitas - 749
Conselho de Estado – 551, 589, 600, 604, 777, 809, 811, 813, 822, 832, 835, 836, 853, 864, 901, 904, 917, 934, 996
Constitucionalismo transnacional- § 89- 102
Constituição brasileira de 1988 – § 363, 486 e ss.
Constituição francesa de 1958 – 154, 243, 516, 523, 539 e ss., 592, 642, 643
Controlo de constitucionalidade – 21, 24, 268, 445, 475, 477, 480, 492, 515, 522, 561, 583, 584, 606, 622, 655, 693, 696, 706, 711, 717, 740, 744, 747, 765, 768, 848, 851, 868, 979
Convenções (político-constitucionais)– 4, 216, 278, 280, 281, 438, 577, 626- 630, 739
Convenções (Internacionais) -
Coroa – 38, 383, 385, 396, 597

D

Demissão do governo – 280, 377, 416, 519, 536, 537, 566, 589, 599, 601, 609, 624, 631, 644, 645, 655, 661, 666, 668, 684, 704, 765, 768, 770, 798, 801, 809, 811, 813, 814, 815, 818, 823, 824, 826, 827, 833, 835, 874, 883, 903, 918, 933, 934, 936, 984, 985, 989, 996,
Demissão de membros do Governo - 935
Demissão do Primeiro-Ministro -280, 363, 370, 550, 561, 562, 632, 661, 698, 737, 813, 816, 818, 824, 825, 826
Democracia consociativa – 109, 110, 116, 272, 373
Democracia deliberativa – 112-118
Democracia deliberativa informal – 118
Democracia digital-116-118
Democracia participativa – 125, 126, 129, 131-136, 141-147, 182,183, 204
Democracia representativa – 45, 48, 49, 50, 54, 56, 73, 90, 92, 94,95, 96, 97, 101, 103, 105, 109, 111, 112 114, 121, 122, 123, 125, 127, 132, 137, 141, 149, 156, 159, 168, 178, 179, 180, 185, 187, 256, 322, 344, 346, 350, 730
Democracia representativa (erosão da) – 86-89
Democracia semidireta – 119, 120, 121, 122, 150 e ss., 168, 185, 204, 864
Democracias autoritárias – 191-202, 222, 248, 252, 257, 198, 248, 252, 257
Democracias iliberais – 188, 189, 257
Deputados – 53, 72, 80, 82, 415, 427, 428, 429, 505, 507, 511, 541, 557, 560, 570, 719, 720, 721, 724, 729, 730, 731, 884, 888, 889, 895, 896, 897, 898, 899, 900, 901, 902, 903, 904, 905, 906, 907, 908, 909, 910, 911, 912, 913, 914, 917, 918, 919, 921. 922, 924, 934
Descentralização – 17, 19, 21, 22, 349

ÍNDICE IDEOGRÁFICO BREVE

Desconcentração - 17
Dever de informação – 390, 810, 981, 982
Dissolução do Parlamento – 267, 534, 536, 581, 604, 643, 685, 704, 754, 824, 829, 981, 985, 989
Duma – 202, 566, 570, 571, 572
Dupla responsabilidade do Governo – 437, 438, 517, 521, 531, 533, 534, 566, 599, 602, 654, 681, 928
E
Eleições livres – 43, 48, 58-60, 167, 188, 252,253, 802
Eleições primárias – 108, 126, 136, 149, 352, 355, 406, 449
Eleições primárias (sentido estrito) – 449
Estado federado – 23
Estado federal – 19, 21
Estado unitário – 19, 20, 21,22, 23
Estado unitário regional – 22, 23
Estrangeiros – 5, 7, 8, 346, 347, 348
Europeização do sistema partidário – 738, 739
F
Faseologia do sistema político português – 674 e ss.
Fases - 340, 551, 622, 672, 673, 674, 675, 735
Fiscalização política – 559, 891 e ss.
Fixed Term Parliamentary Act – 382, 383, 395, 405
Formas de Estado – 18, 19, 23
Formas de legitimidade – 27,28, 29
G
Gabinete – 146, 269, 330, 333, 362, 363, 380, 381, 384, 385, 388, 391, 392, 393, 394, 395, 397, 398, 399, 400, 402, 403, 405, 583, 641, 664, 688, 704, 949
Gerontocracias – 219, 235, 237, 238, 249
Governo – 398, 400, 402, 405, 407, 408, 414, 418, 419, 421, 422, 423, 427, 428, 430, 552, 553, 554, 555, 610, 611, 613, 631, 632, 633, 634, 644, 645, 650, 660, 661, 663, 664, 665,667, 668, 781, 783, 784, 805, 806, 807, 809, 810, 812, 813, 814, 815, 816, 817, 828, 928, 929, 930, 931, 932, 933, 934, 935, 936, 837, 938, 940, 941, 942, 943, 947, 948, 949, 950, 953, 956, 957, 958, 959, 960, 961, 963, 964, 965, 967, 968, 970, 971, 874, 976, 978, 978, 980, 981, 983, 984
Governo em gestão – 606, 658, 978, 979
Governos de coligação – 300, 316, 330, 380, 422, 561, 585, 826, 960, 961-964
Governos de iniciativa presidencial – 678, 794, 796, 800
Grupos parlamentares – 342, 345, 347, 506, 706, 738, 895, 905, 906, 909, 910, 911, 957, 992, 993, 996
I
Impeachment – 168, 270, 399, 439, 465, 473, 477, 480, 496, 497, 498, 506, 509, 510, 513, 515, 560, 562, 571, 581, 582, 589, 765, 767, 878, 881
Indigitação do Primeiro-Ministro – 267, 268, 628, 633, 697, 783, 784, 785, 786, 790
L

Legislação delegada – 422, 430, 501,549, 556
Legislatura – 185, 319, 330, 331, 335, 395, 396, 432, 613, 620, 703, 709, 736, 784, 808, 823, 833, 896, 897, 906
Legitimação – 25, 26, 30, 32, 35, 40, 41, 45, 48, 49, 79, 86, 98, 106, 112, 123, 127, 130, 139, 144, 158, 263, 269, 270, 286, 346, 348, 398, 418, 439, 448, 527, 544, 661, 770, 804, 818, 879, 978
Legitimidade – 25, 26, 28, 29, 30, 31, 33, 34, 46, 50, 102, 143, 156, 188, 218, 230, 243, 244, 376, 548, 595, 768, 783, 808, 810

M

Magistratura de influências – 426, 551, 622, 645, 689, 710, 715, 717, 740, 747, 755, 766, 804, 857, 861, 865, 866, 870
Mar territorial – 11, 12
Marcação de eleições – 829
Mensagem - 96, 146, 344, 360, 461, 667, 773, 774, 854, 868, 873, 874, 875, 876, 877, 878, 880, 946, 949, 952
Moção de censura construtiva – 367, 379, 407, 414, 416,421, 422, 432, 583, 664, 987, 988, 996
Modernidade pós-democrática – 89-96
Município - 3, 13, 17, 22, 25, 691

N

Nacionalidade - 4, 5, 6, 7, 9, 97, 166, 359, 462

P

Partidos populistas – 161, 322, 324, 342, 343, 344, 346, 348, 349, 360, 733
Parlamentarismo com arbitragem presidencial- 537
Parlamento britânico – 362, 363, 364, 379, 381, 384, 391, 392, 393, 395, 396
Partido dominante - 228, 294, 305, 310, 330, 371, 561, 577, 704, 736, 738, 739
Partido hegemónico – 74, 198, 227, 269, 295, 296, 310, 326, 330, 572
Partido liderante – 310, 331, 677, 685, 735, 736, 737
Perfil psíco-político das lideranças – 334 e ss.
Plenário – 163, 394, 474, 775, 876, 885, 902, 903, 904, 905, 907, 908, 909
Poder soberano – 15, 16, 26, 30, 31, 33, 43, 119, 125, 168, 188, 259
Poder territorial – 15, 16
Poderes arbitrais – 438, 536, 561, 572, 591, 750
Poderes moderadores – 520, 600, 657, 676, 685, 765,
Poderes partilhados- 267, 837 e ss.
Poderes reservados –193, 501, 508, 536, 550, 859, 926, 968
Populismo – 342-360
Pós-democracia – 89-96
Povo – 3, 4, 5, 6, 15, 16, 28, 29, 41, 43, 46, 47, 48, 50, 51, 52, 54, 57, 81, 83, 86, 88, 91, 96, 97, 100, 119, 121, 148, 156, 164, 166, 167, 185, 188, 344, 879, 888
Práticas constitucionais – 384, 615, 623-630, 783
Presidente da França – 279, 527, 536, 544, 545, 546, 547, 548-551
"Presidencialismo de coalizão" – 271, 485 - 515
Presidencialismo de divisão de poderes -440-484

ÍNDICE IDEOGRÁFICO BREVE

Presidente norte americano – 406, 580, 583, 584, 585
Primeiro-Ministro – 8, 271, 338, 363, 370, 372, 377, 381, 383, 390, 393, 395, 396, 399, 400, 401, 402, 404, 406, 407, 414, 422, 426, 432, 439, 524, 534, 537, 545, 546, 549, 550, 554, 561, 565, 566, 572, 580, 583, 596, 597, 601, 603, 604, 606, 607, 627, 628, 629, 633, 643, 645, 648, 655, 660, 661, 680, 681, 686, 688, 689, 690, 694, 695, 697, 698, 699, 701, 703, 704, 705, 707, 710, 711, 713, 723, 725, 727, 729, 736, 743, 746, 749, 750, 754, 755, 760, 763, 781, 782, 783, 784, 785, 786, 787, 788, 789, 790, 791, 792, 795, 796, 806, 808, 813, 814, 815, 816, 819, 824, 835, 857, 883, 892, 931, 933, 935, 936, 938, 940, 941, 942, 943, 944, 946, 948, 949, 951, 953, 954, 955, 957, 959, 961, 962, 981, 982, 987, 988, 994
Primeiro-Ministro francês – 536, 544, 545, 546, 547, 548, 549, 550, 551, 554, 559, 561
Princípio da maioria – 79-85, 317
Proeminência pendular entre governo e Parlamento – 672, 705,
Proeminência pendular entre Presidente e Parlamento – 672, 675 e ss.
Promulgação – 267, 459,460, 607, 622, 766, 768, 845, 846, 847, 849, 851, 863
Pronúncia -875-880
Q
Qualidade dos regimes democráticos – 88, 93, 102, 135, 205, 992
R
Ratificação – 388, 413, 441, 456, 471, 475, 477, 500, 502, 559, 579, 583, 604, 655, 687, 768, 849, 851, 860
Redes sociais – 75, 93, 116, 117, 145, 146, 148, 349, 352, 354, 357, 359, 727, 952
Referenda ministerial – 388, 413, 426, 537, 549, 609, 627, 652, 655, 810, 845, 883
Referendo – 9, 24, 47, 76, 100, 120, 121, 122, 153, 154, 155, 156, 157, 158, 162, 163, 164, 165, 166, 167, 178, 179, 180, 185, 273, 342, 346, 358, 522, 539, 541, 544, 574, 604, 668, 687, 777, 851, 862, 863, 864, 965, 995
Região – 23, 24, 180, 834
Regime autoritário – 29, 35, 117, 167, 191, 199, 217, 246, 248
Regime militar – 252, 486, 487, 592
Regime político – 26, 30, 31, 32, 33, 34, 36, 41, 44, 46, 47, 54,55, 56, 57, 91, 93, 123, 202, 211, 229, 241, 242, 244, 245, 259, 385, 487, 539, 563
Regime totalitário – 216, 237, 248
Regimes democráticos – 30, 38, 43, 44-48, 86-88, 120, 123, 124, 125, 126, 150, 159, 168, 186, 203, 204, 205, 209, 256, 257, 258, 265, 641
Regulação das instituições políticas – 384,555, 606, 766, 767
Regular funcionamento das instituições democráticas – 280, 527, 589, 595, 600, 631, 752, 764, 766, 767, 768, 783, 787, 789, 795, 797, 798, 799, 808, 809, 823, 827, 828, 832, 850, 852, 883, 935, 979, 791, 795, 797, 798, 809, 810, 823, 827, 828, 832, 850, 852, 883, 935, 979, 791, 795, 796, 797, 798, 808, 827, 828, 832, 850, 852, 883, 934, 935, 979
S
Secretário de Estado – 713, 941, 943, 944, 948, 951, 956, 957
Semipresidencialismo "czarista" – 198,572
Semipresidencialismo de assembleia – 715
Semipresidencialismo de geometria variável – 271, 377, 561, 565, 586 e ss., 672 - 718
Semipresidencialismo de pendor governamental – 271, 637, 718, 646-650, 671, 672, 687-

704
Semipresidencialismo de pendor parlamentar -271, 538, 572, 649, 668, 679, 680, 682, 683, 684, 685, 706, 707, 708, 712, 713, 714, 990
Semipresidencialismo de pendor presidencial – 198, 271, 310, 333, 340, 517, 538 e ss., 561, 562, 565, 578, 597, 643, 747, 748, 756, 990
Semipresidencialismo português – 586 e ss.
Semipresidencialismos – 522, 527, 535, 537, 538, 547, 561, 603, 605, 608, 641, 643, 650, 654, 657, 659, 661, 668, 856, 996
Senado – 23, 36, 270, 296, 356, 365, 406, 427, 428, 429, 447, 448, 454, 455, 456, 457, 458, 459, 462, 469, 470, 474, 475, 483, 489, 502, 505, 507, 509, 510,513, 557, 558, 559, 560, 583, 584, 641, 989, 995
Senadores – 365, 429, 448, 457, 461, 469, 470, 471, 473, 483, 510, 557, 583
Sistema de partido e sistema político de governo – 282- 291, 324, 718 e ss.
Sistema de partidos – 269, 281, 283, 291. 322, 324, 325-333, 360, 367, 408. 496, 546, 580, 615, 620, 621, 664, 718. 730. 731, 734, 739. 990. 994
Sistema eleitoral e sistema de partido -282 e ss.
Sistema parlamentar alemão – 361,380, 409-422, 664
Sistema parlamentar de "gabinete" – 362, 363, 380-408
Sistema político – 30, 31, 32, 41, 165, 255 e ss., 277, 278, 286, 288. 326, 328, 330-334
Sistema político espanhol – 380, 407, 423, 435, 664
Sistemas constrangedores – 292-296
Sistemas de lista aberta e de lista fechada- 306, 307
Sistemas eleitorais – 51, 66, 136, 140, 153, 282 e ss., 406, 408, 664,
Sistemas eleitorais mistos – 289, 308-310, 408, 664
Sistemas maioritários a duas voltas –69, 80, 286, 294, 295, 311, 327, 330, 438, 664
Sistemas maioritários a uma volta – 80, 190, 286, 293, 305
Sistemas parlamentares racionalizados – 269, 321, 335, 337, 339, 361, 371, 372, 374, 378 e ss., 527, 537, 543, 544, 577, 585, 662, 664, 665, 668, 669, 970
Sistemas parlamentaristas – 265-269, 334, 361 e ss., 594, 595, 597, 641, 654, 766, 767, 789, 804, 818, 823
 sistemas presidencialistas – 181, 263, 265, 270, 271, 287, 332, 439 e ss., 549, 595, 596
Sistemas proporcionais – 51, 79, 289, 297-307, 318, 327, 330, 664, 993
sistemas proporcionais corrigidos – 291, 318-321
Sistemas proporcionais simples – 291, 297-304
Sistemas semipresidencialistas – 265, 271 e ss.,339, 439, 522, 533, 578, 579, 595, 596, 597, 641, 650, 657, 661, 664, 672
Soberania – 3, 4, 9, 11, 12, 13, 14, 15, 16, 21, 22, 25, 48, 86, 97, 98, 99, 101, 115, 121, 125, 148, 153, 165, 166, 181, 185, 189
Solidariedade governamental – 958, 960-963
"Sultanismo" – 27, 33, 219, 221-223, 248
Supremo tribunal Federal brasileiro – 445, 488, 489, 492, 515
T
Teocracia – 26, 220, 229, 230
Território – 3, 4, 9-12, 16, 17, 18

ÍNDICE IDEOGRÁFICO BREVE

Tipos de regime – 37, 40 e ss., 50, 237, 322
Transição para democracia – 71, 193, 240 e ss., 433, 588, 592, 672
Veto – 24, 137, 153, 181, 193, 230, 268, 392, 413, 417,426, 438, 439, 443, 446, 459, 472, 485, 522, 533, 551, 561, 572, 582, 583, 584, 589, 604, 606, 607, 610, 622, 645, 647, 654, 656, 657, 668, 683, 685, 687, 689, 702, 706, 710, 717, 740, 808, 821, 845, 846, 847, 849. 850. 868, 875, 901, 921, 969
Veto players – 188, 348, 377, 404, 420. 422, 444, 477, 506, 685, 704, 710. 716
Vice-Primeiro-Ministro- 680, 683, 809, 819, 931, 941, 942, 949, 959
Vigilância – 148, 227, 348, 780, 921, 923

ÍNDICE

Parte I. Teoria Geral da organização do poder do Estado: regimes e sistemas políticos

Capítulo I. Estado e organização do poder político 15

Secção I. Introdução ao Estado como unidade jurídica e política territorial 15
1. Estado e poder político 15
   1.1. Sociedade e poder 15
   1.2. O Estado e as suas metamorfoses históricas 18
2. O Estado soberano contemporâneo e os seus elementos 19
   2.1. Noção 19
   2.2. Introdução aos elementos do Estado 21
      2.2.1. O Povo 21
         A. Conceito 21
         B. O regime da nacionalidade ou cidadania portuguesa 22
            a) Fundamentos aquisitivos da nacionalidade
               na República Portuguesa 22
            b) Cidadania europeia 26
            c) Estatuto dos estrangeiros e apátridas residentes
               em território português 26
      2.2.2. O Território 28
         A. Conceito e garantia 28
         B. O território terrestre 29
         C. O Território aéreo 29
         D. Território marítimo 30
      2.2.3. O Poder político soberano 31
         A. Conceito e atributos 31

ÍNDICE GERAL

        B. O poder soberano na ordem constitucional portuguesa 33
3. Sinopse sobre as formas territoriais de Estado 34
    3.1. O poder territorial 34
    3.2. Descentralização e autonomia 35
    3.3. Formas de Estado 37
        3.3.1. Tipologia e atributos distintivos..37
        3.3.2. Modalidades de Estado unitário 40
        3.3.3. Tipos básicos de federalismo 41
        3.3.4. Região político-administrativa e estado federado 42
        3.3.5. A República Portuguesa
        como um Estado unitário regional periférico 43

Secção II. O Estado e a legitimidade do poder político.............................45
1. Legitimidade e legitimação do poder..45
2. Formas de legitimidade 48

**Secção III. A Constituição como norma de cúpula da ordem jurídica
e política de domínio estatal: uma referência**..52

Capítulo II. Os regimes políticos..55

Secção I. Noção e tipologia..55
1. Conceito 55
    1.1. O modelo doutrinal ou ideológico como ideário justificante
    de uma ordem de domínio estatal 56
    1.2. Os fundamentos típicos da legitimidade de uma forma de poder 58
    1.3. O tipo de relação estabelecida entre governantes
    e governados na determinação da fonte do poder soberano...................58
2. Formas de regime político 59
    2.1. Nota histórica..59
    2.2. Tipologia contemporânea dos regimes políticos............................63
        A. Critério formal conexo ao modo de designação
        do Chefe de Estado: Monarquia e República....................................63
        B. Critério relativo ao tipo de envolvimento do povo
        na designação dos titulares do poder: democracia e autocracia 65

Secção II. Regimes democráticos...67
Subsecção I. Em que consiste a democracia como regime político 67
1. Etimologia e enquadramento histórico..67
2. O mandato representativo e a sua natureza 71

3. Pressupostos constitutivos de um regime político democrático 74
   3.1. Introdução 74
   3.2. Nota sobre os requisitos do processo eleitoral...77
      3.2.1. Eleições livres 77
      3.2.2. Eleições regulares...80
         A. Observância da legalidade pré-estabelecida...................................81
         B. Sufrágio direto e secreto 82
         C. Transparência...83
         D. Processo equitativo..83
         E. Controlo independente 85
      3.2.3. Eleições periódicas...86
      3.2.4. Eleições com alternativa e equivalência de opções 87
      3.2.5. Sufrágio universal e igualitário...88
   3.3. O princípio da maioria e o critério maioritário de decisão 89
      3.3.1. Introdução...89
      3.3.2. Nota sobre a congruência entre o princípio maioritário
      e o sistema representativo 90

Subsecção II. Os índices de qualidade dos regimes democráticos................93
1. A erosão da democracia representativa..93
   1.1. Sintomatologia de uma crise 93
   1.2. Nota sobre a crise da representação e a hipótese de evolução
   para um cenário "pós-democrático" e para um
   "constitucionalismo transnacional" 100
      A. Da "modernidade pós-democrática" 100
         a) Conceito 101
         b) Sintomatologia de uma sociedade política pós-democrática 101
         c) Remédios...102
         d) Apreciação crítica 103
      B. Democracia, cidadania global e "constitucionalismo transnacional"..105
         a) "Império" e "Multidão": o alter-mundialismo marxista 105
         b) Da "transferência" da soberania do Estado
         para entidades transnacionais e o problema do défice democrático .108
         c) Observações sobre o "constitucionalismo transnacional"
         e os riscos criados sobre as democracias constitucionais dos Estados.. 109
2. Linhas discursivas de revitalização da Democracia Representativa:
as democracias participativa, consociativa, deliberativa e semidireta 113
   2.1. A democracia participativa 113
      A. Noção geral 113
      B. Nota sobre os seus fundamentos elementares...113

2.2. A democracia consociativa 118
　A. Noção geral 118
　B. Nota sobre os consociativismos clássicos e alternativos......................... 119
2.3. Democracia deliberativa 120
　A. Conceito 120
　B. Nota sobre a democracia deliberativa institucional
　e extra- institucional... 121
　C. Nota sobre a chamada "democracia digital" como variante
　da democracia deliberativa extra-institucional.. 123
2.4. Democracia semidireta 125
　A. Noção 125
　B. Nota sobre a expansão dos mecanismos referendários 126
3. Posição adotada sobre as "construções aditivas" da qualidade
dos regimes democráticos 128
　3.1. Inviabilidade de modelos substitutivos da democracia representativa ...128
　3.2. Nota sobre os custos e benefícios das propostas teóricas
　de elevação do desempenho qualitativo dos regimes representativos 132
　　3.2.1. O contributo de" médio-alcance" da democracia participativa....... 132
　　　A. Vantagens das audições e da negociação corporativa na génese
　　　da decisão política... 132
　　　B. Debilidades e limites do processo participativo 134
　　3.2.2. O pântano consociativo 139
　　3.2.3. Forças e riscos da democracia deliberativa "digital"....................... 142
　　　A. A democracia deliberativa institucional como um
　　　aggiornamento da democracia participativa... 142
　　　B. A "democracia deliberativa digital":
　　　reforma da representação democrática, "revolução"
　　　ou deslegitimação dos poderes públicos?... 144
　　　　a) Cidadania digital, debate e intervenção politica 144
　　　　b) Política digital: escrutínio extra-orgânico do poder,
　　　　via de comunicação direta e informal dos dirigentes
　　　　com o povo ou instrumento de descredibilização
　　　　e enfraquecimento de governantes e adversários? 147
　　3.2.4. A democracia semidireta e os seus "terrores noturnos"................. 155
　　　A. Fraco poder integrador das maiorias
　　　e risco de uma tirania maioritária?.. 156
　　　B. Um instituto de viés autocrático?... 159
　　　C. Um mecanismo manipulável pela demagogia
　　　e pelos grandes interesses frente a uma cidadania inapta
　　　para escolhas sobre problemas complexos ? 161

   D. Canibalização da democracia representativa
   pela democracia semidireta sem alternativa institucional ?................165
4. Síntese conclusiva..169
5. As democracias limitadas: regimes democráticos "iliberais",
"autoritários" e "deficitários"..170
  5.1. Democracias iliberais..172
  5.2. Democracias autoritárias..176
6. Apontamento sobre as dificuldades de medição da qualidade
e desempenho dos regimes democráticos..184

Secção III. Regimes autocráticos 195
Subsecção I. Em que consiste uma autocracia..195
1. Caracterização..195
2. Tipologia elementar..197
  2.1. Introdução..197
  2.2. Posição adotada..199
    2.2.1. O Estado Totalitário..199
    2.2.2. O Estado Autoritário..202

Subsecção II. Nota sobre as modalidades de organização do poder
em regimes autoritários 204
1. "Sultanismos"..204
2. Regimes militares..205
3. Cesarismos socialistas-revolucionários,..207
4. Teocracias...208
5. Autoritarismos corporativos...209
6. Gerontocracias institucionais..210

Subsecção III. Breve nota sobre os processos de transição para a democracia ...213
1. Noção e modalidades de transição..213
2. Causas imediatas e percursos..217

Capítulo III. Os sistemas políticos em regime democrático 221

Secção I. Observações conceptuais e tipológicas..221
1. Razões de uma escolha..221
2. Conceito e atributos: o sistema político como estrutura do poder 224
3. Introdução aos tipos elementares de sistemas políticos.........................227
  3.1. Sistemas parlamentaristas..228
  3.2. Sistemas presidencialistas...230

3.3. Sistemas semipresidencialistas 231
3.4. O sistema diretorial como figura residual..232

**Secção II. Os fatores condicionantes da configuração
e da dinâmica de um sistema político** 233
1. O estatuto constitucional dos órgãos de soberania 233
2. As convenções constitucionais derivadas da prática institucional consolidada 235
3. A relação incontornável entre sistema eleitoral, sistema de partidos
e sistema político de governo...237
    3.1. Sistemas eleitorais 237
        3.1.1. Conceito..237
        3.1.2. Tipologia elementar 241
        3.1.3. Nota sobre a mecânica centrífuga ou centrípeta
        dos sistemas eleitorais na representação parlamentar partidária 244
            A. Os sistemas maioritários e os seus efeitos constrangedores...........244
            a) Os sistemas maioritários a uma volta
            e os seus efeitos constrangedores de caráter pleno 244
            b) O sistema maioritário a duas voltas
            e os seus efeitos constrangedores com eficácia relativa.................247
            c) Outras variantes dos sistemas maioritários 250
            B. Os sistemas proporcionais e os seus efeitos tendencialmente
            dispersivos..251
            a) Sistemas proporcionais simples 251
            b) Exceções: a existência de um maior índice de desproporção
            nos sistemas proporcionais "corrigidos" 256
            c) Sistemas proporcionais de lista aberta e fechada 257
            C. Os fatores condicionantes da configuração e da dinâmica
            de um sistema político 258
            a) Os fatores condicionantes da configuração e da dinâmica
            de um sistema político...258
            b) Sistemas mistos com equilíbrio entre componentes
            ou com predominância da componente maioritária 259
        3.1.4. Benefícios e custos dos principais sistemas eleitorais..................261
            A. Sistemas maioritários e democracias governantes..........................261
            B. Os sistemas dispersivos de representação multipolar
            e as "democracias consociativas"..263
            C. Os modelos corrigidos e híbridos e a sua eficácia variável 266
    3.2. Introdução ao sistema de partidos 268
        3.2.1. Conceito e atributos 268

3.2.2. Tipologia 274
3.3. Dos critérios respeitantes ao impacto do sistema eleitoral
no sistema de partidos e deste no sistema político 276
    3.3.1. Introdução à teoria clássica dos efeitos intersistémicos
    do modelo de escrutínio eleitoral..276
    3.3.2. Linhas de força contemporâneas sobre os efeitos dos sistemas
    eleitorais no sistema partidário e deste no sistema político 277
    3.3.3. Síntese sobre a natureza e as dimensões do impacto do
    sistema de partidos em cada um dos tipos dominantes
    de sistema político 287
    3.3.4. O perfil psíco-político das lideranças políticas executivas:
    uma referência..290
    3.3.5. Nota sobre o impacto da irrupção dos denominados
    "partidos populistas" no sistema partidário e no funcionamento
    do sistema político 293
        A. Um fenómeno sincrético..293
        B. Um conceito de difícil definição..296
        C. O viés "populista" das principais formações da direita nacionalista
        europeia e norte-americana 301
            a) Eixos de progressão na Europa..301
            b) Causas de progressão eleitoral e pontos cardeais do discurso
            do chamado "populismo de direita"..304
            c) Diversidades na "galáxia populista"......................................310
            d) Limites e vias tendenciais de progressão dos partidos
            da chamada direita radical populista na Europa 311
                i) Das estratégias de contenção e da respetiva eficácia...........311
                ii) Outros limites intrínsecos à progressão das formações
                populistas..317
                iii) Síntese..319
        D. Apontamento sobre o "populismo de direita" nos Estados Unidos 320
        E. O populismo de centro ou sem ideologia precisa 321
        F. Sinopse sobre a esquerda radical populista 323
            a) Origens do fenómeno na Europa e nos Estados Unidos...........323
            b) Causas do fenómeno e a narrativa do populismo de esquerda 327
        G. Impacto dos partidos populistas no sistema de partidos
        e no sistema político 329

Secção III. Sinopse sobre os sistemas políticos contemporâneos..................331

Subsecção I. Os sistemas políticos parlamentaristas 331
1. Conceito e tipologia 331
2. Nota sobre a origem e evolução do fenómeno parlamentarista 332
    2.1. Raízes...332
    2.2. Origens e expansão..333
    2.3. Consolidação e metamorfoses 335
3. Os "parlamentarismos de assembleia"...335
    3.1. Noção..335
    3.2. Origens e evolução..336
    3.3. Síntese sobre as linhas de força do parlamentarismo
    de assembleia na sua versão contemporânea..340
4. Os parlamentarismos racionalizados 342
    4.1. Noção..342
    4.2. O sistema primo-ministerial britânico como modelo singular
    de parlamentarismo racionalizado. 343
        4.2.1. Constituição..343
        4.2.2. Regime e sistema político...345
            A. O Monarca 346
            B. O Parlamento..349
            C. O Gabinete e a sua dinâmica liderante no sistema política...........352
                a) Génese..352
                b) Composição e estrutura do Gabinete 353
                c) Dinâmica do sistema 354
    4.3. Síntese sobre os sistemas parlamentares racionalizados com investidura
    parlamentar do chefe do Governo e mecanismos de reforço do Executivo..... 360
        4.3.1. O sistema alemão 361
            A. A Constituição..361
            B. Sistema político 362
                a) Presidente da República..362
                b) O Parlamento 364
                c) O Governo federal e o protagonismo do Chanceler..................365
                d) Traços gerais sobre as características e a dinâmica do sistema .. 367
        4.3.2. Nota sobre o sistema político espanhol..369
            A. A Constituição..369
            B. O sistema político..370
                a) O Chefe de Estado..370
                b) O Parlamento 371
                c) O Governo e o seu Presidente 372
                d) Dinâmica do sistema político 374
    4.4. Parlamentarismos com arbitragem presidencial...375

Subsecção II. Os Sistemas Políticos Presidencialistas 378
1. Atributos caracteriológicos 378
2. O presidencialismo de divisão de poderes norte-americano 379
   2.1. Constituição 379
      2.1.1. Processo constituinte 380
      2.1.2. Revisão constitucional...382
      2.1.3. Controlo de constitucionalidade..383
   2.2. Sistema de Governo...384
      2.2.1. O Presidente 385
         A. Eleição 385
         B. Mandato 388
         C. Competências...389
      2.2.2. O Congresso..393
         A. Câmara dos Representantes 394
         B. Senado..395
      2.2.3. O Supremo Tribunal Federal...396
      2.2.4. Mecânica elementar do sistema político 397
         A. Vetores dominantes 397
         B. Entre a colaboração funcional e a competição
         pelo exercício do poder 398
         C. Níveis variáveis da ascendência institucional do Presidente
         em razão da composição do Congresso 401
3. Nota sobre o "presidencialismo de coalizão" no Brasil 402
   3.1. A Constituição 402
      3.1.1. Apontamento sobre o processo constituinte...........................402
      3.1.2. Linhas axiais da Constituição de 1988....................................403
         A. Constituição prolixa e analítica..403
         B. Constituição nominalmente rígida 404
         C. Uma dimensão central do sistema de direitos fundamentais
         numa Constituição fortemente programática 404
         D. Um sistema misto de controlo de constitucionalidade 405
   3.2. O sistema político 406
      3.2.1. Introdução ao Presidencialismo de "coalizão" 406
      3.2.2. O Presidente da República..409
      3.2.3. O Congresso..411
         A. Câmara de Deputados..412
         B. Senado Federal 413
      3.2.4. O Supremo Tribunal Federal: um novo protagonista político ?.....414
      3.2.5. Mecânica do sistema presidencial brasileiro...........................415

Subsecção III. Os Sistemas Políticos Semipresidencialistas 419
1. Uma forma de governo mista 419
    1.1. Atributos dogmáticos de uma caracterização 419
    1.2. Nota sobre os debates doutrinais em torno dos atributos reitores
    do semipresidencialismo 422
        1.2.1. Duverger 422
        1.2.2. Sartori 423
        1.2.3. Elgie 425
        1.2.4. Volpi 426
        1.2.5. Outros posicionamentos na ordem constitucional portuguesa 427
        1.2.6. Os sistemas políticos comparados ajustáveis a um conceito
        restritivo de semipresidencialismo 429
2. Variantes do semipresidencialismo 434
    2.1. Semipresidencialismos de pendor presidencial: o paradigma francês 434
        2.1.1. A Constituição 434
            A. Nota sobre os chamados ciclos constitucionais franceses 434
            B. A Constituição de 1958 435
        2.1.2. O sistema político da V República 437
            A. Nota introdutória 437
            B. Presidente da República 440
            C. Governo 444
            D. Parlamento 445
            E. Aspetos relevantes da mecânica do sistema político 446
    2.2. Nota sobre subtipos hiper-reforçados e atenuados
    de semipresidencialismo 451
        2.2.1. Semipresidencialismos "cesaristas" ou com pendor presidencial
        "hiper-reforçado": o paradigma russo 451
            A. Constituição 451
            B. Sistema político 452
            C. Mecânica do sistema de governo 454
        2.2.2. O semipresidencialismo de pendor parlamentar reforçado:
        apontamento sobre o caso austríaco 456
            A. Constituição 457
            B. O Sistema Político 457
                a) Plano estatutário 457
                b) A dinâmica parlamentar do sistema 458
        2.2.3. Nota sobre outros sistemas semipresidencialistas 460
Subsecção IV. Nota Comparatística Sobre o Poder dos Chefes do Executivo
nos Sistemas Políticos 460

1. Premissa 460
2. Contributo para uma seriação das condicionantes de fortalecimento
dos chefes do Poder Executivo 461
   2.1. Pressupostos de uma classificação 461
   2.2. Seriação de Executivos apoiados por uma maioria parlamentar 463
   2.3. Seriação de executivos não suportados por maiorias parlamentares
   ou sustentados em coligações de partidos heterogéneos 469
3. Síntese 473

Parte II. O sistema político da III República Portuguesa: um semipresidencialismo de geometria variável

Capítulo I. Fontes cognitivas internas e externas 479
1. Fontes internas 479
2. Fontes externas 484

Capítulo II. Os atributos identitários do sistema político 485

Secção I. Características do sistema político 485

Subsecção I. Traços essenciais da forma de governo 485
1. Eleição do Presidente da República por sufrágio universal 485
2. Diarquia institucional entre Presidente e Primeiro-Ministro 486
3. Dupla responsabilidade do Governo diante do Presidente da República
e do Parlamento 487
4. Poderes significativos do Presidente, neles se compreendendo a faculdade
de livre dissolução do Parlamento 489

Subsecção II. Traços complementares do sistema político 491
1. O Presidente como órgão regulador do sistema institucional,
de estatuto suprapartidário e não envolvido na atividade governativa 491
2. Autonomia política e legislativa do Governo 492
3. O Parlamento como órgão de fiscalização e base de sustentação
do normal funcionamento da governação e fonte intermitente
de impulsão de políticas públicas 493

Subsecção III. Sinopse sobre fatores políticos condicionantes da dinâmica
do sistema de governo português 494
1. Impacto da dinâmica eleitoral na composição partidária do Parlamento
e desta no protagonismo do Governo 494

2. Cenários de confluência ou de coabitação entre o Presidente da República
e a maioria governamental 496
3. O impacto variável de práticas constitucionais no uso de freios e contrapesos. 503
    3.1. Introdução 503
        3.1.1. Costumes 503
        3.1.2. Usos, convenções e praxes..505
        3.1.3. Práticas com maior impacto no funcionamento do sistema político 506
            A. Demissão do Governo pelo Presidente como poder excecional
            consolidado pelo costume...506
            B. Dissolução parlamentar antecipada pelo Presidente condicionada
            pela emergência de crises políticas relevantes 506
            C. Indigitação como Primeiro-Ministro do líder do partido
            ou da coligação pré-eleitoral mais votada..508
            D. Formação e viabilização do Governo no âmbito partidário
            do arco democrático..508
            E. Escolha pactuada dos juízes-conselheiros
            do Tribunal Constitucional..508

Subsecção III. A querela da definição do sistema político
como semipresidencialista 509

1. Posição adotada sobre o sistema político português:
o semipresidencialismo como forma de governo 509
2. Apreciação das objeções das correntes negacionistas
da natureza semipresidencial do sistema político...509
    2.1. Ausência de entre os defensores do semipresidencialismo de uma
    definição suficientemente partilhada que a possa firmar como
    "tertium genus"conceptual entre presidencialismo e parlamentarismo;.......510
    2.2. A variabilidade das características do semipresidencialismo
    debilitariam ou comprometeriam a solidez do modelo....................................511
    2.3. A ideia de semipresidencialismo fora do paradigma francês
    seria questionável 513
    2.4. Em Portugal haveria uma perda de "controlo" do Presidente
    sobre o Governo depois da revisão constitucional de 1982..............................515
    2.5. Faltaria ao semipresidencialismo o pendor governamental que emana
    do sistema português e a este último uma partilha da função governativa
    com Presidente a qual emanaria do semipresidencialismo............................517
    2.6. As características usualmente imputadas ao sistema português
    não seriam exclusivas do semipresidencialismo ou seriam estranhas
    a este modelo..519

A. Da similitude dos atributos caracteriológicos fundamentais
do semipresidencialismo português com outros sistemas 519
B. Da desconformidade de traços essenciais do sistema português
com o semipresidencialismo 521
    a) Da singularidade do poder moderador no sistema português. 521
    b) Do Parlamento como fonte de sobrevivência
    de qualquer governo 523
    c) Da desvalorização do poder presidencial de dissolução
    e do simultâneo reforço do papel do Governo com
    a plebiscitação do Primeiro-Ministro 523
2. A improcedência da recondução da forma de governo português
a um sistema parlamentar racionalizado 525
   2.1. Da ausência no sistema político português de instrumentos relevantes
   para garantir a estabilidade do Governo e da ação governativa 525
   2.2. A fragilidade dos mecanismos propostos de racionalização parlamentar. 528
   2.3. Síntese sobre as dificuldades de encaixe do sistema português
   no parlamentarismo racionalizado 529
3. Exclusão de categorias híbridas 530

Subsecção IV. Geometria variável na mecânica
do semipresidencialismo português 531

1. Linhas de força das metamorfoses do semipresidencialismo português 531
2. Nota sobre a faseologia dinâmica do sistema político e da variabilidade
da sua geometria 533
   2.1. Fase de proeminência pendular entre Presidente e Parlamento
   (1976/1986) 533
      2.1.1. Primeiro Ciclo: semipresidencialismo com predominância
      do poder presidencial (1976-1979) 533
      2.2.2. Segundo ciclo: pendor parlamentar com retoma final
      do protagonismo presidencial (1980-1983) 536
      2.2.3. Terceiro Ciclo. Semipresidencialismo de pendor parlamentar:
      do bloco central ao executivo minoritário (1983-1987) 539
      2.2.4. Síntese 541
   2.2. A fase de governamentalização do sistema (1987/2009) 542
      2.2.1. Primeiro Ciclo: semipresidencialismo de pendor governamental
      primoministerial (1987-1995) 543
      2.2.2. Segundo Ciclo: semipresidencialismo de pendor governativo
      atenuado com reequilíbrio de poderes entre o Executivo
      e o Parlamento (1995-2002) 548

2.2.3. Terceiro Ciclo: semipresidencialismo
de pendor governamental com acento colegial (2002-2004) 549
2.2.4. Quarto Ciclo: regresso ao semipresidencialismo
de pendor governamental de tipo primoministerial (2005-2009) 554
2.2.5. Síntese 556
2.3. A fase de proeminência pendular ente Parlamento e Governo
(2009/2017)...558
    2.3.1. Primeiro Ciclo: semipresidencialismo de pendor parlamentar
(2009-2011)...558
    2.3.2. Segundo Ciclo: semipresidencialismo de pendor governamental
moderado: retorno ao tempo de coligação maioritária (2011-2015) 562
    2.3.3. Terceiro Ciclo: semipresidencialismo de pendor parlamentar
de assembleia (2015-2017): um governo minoritário
com acordo parlamentar 565
    2.3.4. Síntese..568
3. As grandes linhas da mecânica do sistema político: observações conclusivas 570

**Capítulo III. Notas sobre alguns fatores condicionantes da dinâmica
do sistema político português** 573

**Secção I. Pressupostos da formação da base parlamentar de sustentação
dos governos em Portugal: sistema eleitoral, sistema de partidos
e sistema político** 573
1. O sistema eleitoral e comportamentos do eleitorado 573
    1.1. A potencialidade dispersiva do sistema eleitoral e a correção cíclica
dessa tendência pelo voto estratégico dos eleitores..573
    1.2. O eleitorado em face das opções partidárias..576
        1.2.1. Disfunção relacional entre lideranças e base eleitoral
nos partidos da "direita do sistema"...576
        1.2.2. Da erosão dos partidos do mainstream e do aumento da abstenção. 578
        1.2.3. Opção pelo partido e não pelos candidatos a deputado...................579
2. O sistema partidário..580
    2.1. Os "partidos do sistema" na génese do sistema de partidos....................580
    2.2. Percursos evolutivos larvares do sistema de partidos 582
    2.3. A europeização do sistema partidário 587
3. Sinopse relativa ao impacto do sistema eleitoral no sistema de partidos
e deste no sistema de governo 587

Secção II. Cenários de confluência ou de coabitação
entre o Presidente da República e a maioria governamental 589
1. O semipresidencialismo português em quadros de confluência 590
    1.1. Noção de confluência na dinâmica do sistema semipresidencialista 590
    1.2. Introdução a alguns cenários de confluência 590
        A. Cenário efetivo: uma presidência predominantemente cerimonial,
        escrutinadora e extraordinariamente moderadora 590
        B. Cenários hipotéticos 591
            a) A presidência "liderante" 591
            b) A presidência populista, arbitral, escrutinadora e taumatúrgica:
            as confluências imperfeitas 593
    1.3. Balanço da confluência até 2016: uma prática parlamentarizante
    da função presidencial equilibrada com o exercício de algumas
    funções moderadoras e tribunícias 595
2. O semipresidencialismo português em quadros de coabitação 595
    2.1. Conceito de coabitação 595
    2.2. Três cenários de coabitação 595
        A. A coabitação no contexto de um governo maioritário 595
            a) A experiência de coabitação com um governo maioritário de um só par-
            tido: proeminência do Primeiro-Ministro e conflito crescente
            com um Presidente que oscila entre um regulador crítico
            e um contrapoder político 596
            b) A experiência de coabitação com um governo sustentado
            numa coligação homogénea 597
            c) Coabitações imperfeitas ou indecisas 598
        C. As coabitações no contexto de governos minoritários 598
3. Breve apontamento sobre perfil psicológico de liderança
do Presidente da República e do Primeiro-Ministro; 599

Parte III. Tópicos relativos ao estatuto jurídico dos órgãos de soberania que exercem a função política na Constituição de 1976

Capítulo I. O Presidente da República 605

**Secção I. A função presidencial: o Presidente da República
como Chefe de Estado e regulador das instituições políticas** 605

Secção II. Eleição e linhas fundamentais do seu estatuto constitucional....611
1. Eleição..................611
2. Mandato..................612
3. Cessação de funções..................613
4. Substituição interina..................615

Secção III. Prerrogativas presidenciais..................616
1. Poderes de direção política respeitantes aos órgãos de soberania..................616
   1.1. Governo..................617
      A. Nomeação do Primeiro-Ministro..................617
         a) Atos preparatórios do processo de nomeação..................617
         b) Nota sobre a Indigitação como Primeiro-Ministro do líder do partido ou da coligação pré-eleitoral mais votada..................618
         c) Um grau variável de liberdade na nomeação do Primeiro-Ministro pelo Chefe de Estado..................621
         d) A nomeação do Primeiro-Ministro no contexto de um Parlamento fragmentado..................623
         e) Nota sobre a designação de governos de iniciativa presidencial....624
            i) Razão de ordem..................624
            ii) Argumentário desfavorável à formação de governos de iniciativa presidencial..................626
            iii) Da subsistência do poder presidencial para a formação de governos da sua iniciativa: o regular funcionamento das instituições democráticas e as suas faces negativa e positiva .627
            iv) Parâmetros do poder excecional ou extraordinário de nomeação de governos de iniciativa presidencial..................629
            v) Variantes de executivos de iniciativa presidencial..................630
      B. Nomeação e exoneração dos restantes membros do Governo..................632
      D. Aceitação ou recusa do pedido de demissão apresentado pelo Primeiro-Ministro..................636
      E. Presidência do Conselho de Ministros mediante convite..................641
   1.2. Poderes presidenciais respeitantes à Assembleia da República..................642
      A. Dissolução da Assembleia da República..................642
      B. Marcação de eleições parlamentares..................648
      C. Convocação extraordinária da Assembleia da República..................648
   1.3. Poderes respeitantes a outros órgãos constitucionais..................649
      A. Poderes presidenciais autónomos..................649
         a) Órgãos de governo próprio das regiões com autonomia político-administrativa..................649
         b) Representante da República..................651

  c) Conselho de Estado 652
 B. Poderes partilhados na designação de titulares de órgãos 652
  a) Chefe de Estado Maior General das Forças Armadas
  e chefes dos estados-maiores dos ramos 653
  b) Procurador-Geral da República 654
  c) Presidente do Tribunal de Contas 654
  d) Embaixadores e enviados extraordinários 655
1.3. Poderes de controlo sobre atos emanados de outros órgãos 655
 A. Promulgação e veto de atos legislativos do Parlamento e do Governo .. 655
 B. Ratificação e assinatura de convenções internacionais 657
 C. Promoção do controlo da constitucionalidade 658
1.4. Poderes relativos à garantia da integridade soberana da República
e à defesa do Estado 659
 A. Poderes de exceção e faculdades ligadas à segurança nacional
 partilhadas com o Parlamento e o Governo 659
 B. Poderes próprios relativos ao "Segredo de Estado". 660
 C. Considerações sobre os poderes inerentes
 à função de Comandante Supremo das Forças Armadas 660
 D. Observações sobre os poderes inerentes à função
 de representante do Estado no âmbito das relações internacionais 664
1.5. Convocação de atos referendários 665
2. A magistratura de influência 666
2.1. Noção 666
2.2. Faculdades de indução ou persuasão 667
2.3. Mediação e arbitragem 669
2.4. O poder de comunicação presidencial 669
 A. Obrigações explícitas de comunicação e mensagem 670
 B. Faculdades de mensagem e pronúncia com caráter expresso 670
 C. Faculdades informais de pronúncia e expressão
 do pensamento presidencial 671

**Secção IV. Sujeição do Presidente a formas de controlo
ou condicionamento interorgânico** 674
1. Nas relações com a Assembleia da República 674
2. Nas relações com o Governo: a referenda ministerial 675

**Capítulo II. A Assembleia da República como instância representativa,
legiferante e fiscalizadora** 677
1. Natureza jurídico-institucional 677
 1.1. Traços caracteriológicos da instituição parlamentar 677

1.2. A Assembleia da República como "Assembleia representativa de todos os portugueses" 680
1.3. A Assembleia da República como órgão investido formalmente no primado da função legislativa 682
1.4. A Assembleia da República como órgão de controlo e fiscalização política...682
1.5. A Assembleia da República como órgão eletivo 684
2. Composição, estatuto e mandato dos deputados e processo de decisão 684
   2.1. Composição...684
   2.2. Legislatura e mandato dos deputados...684
   2.3. Estatuto dos deputados...685
   2.4. Processo de decisão parlamentar 685
3. Organização, tempo de funcionamento e processo de decisão.......................686
   3.1. Órgãos..686
      A. Plenário..686
      B. O Presidente da Assembleia da República................................687
      C. A Mesa da Assembleia da República 688
      D. Comissões Parlamentares 688
   3.2. Outras estruturas organizativas 690
      A. Grupos Parlamentares..690
      B. Conferências de líderes...692
      C. Conferência dos Presidentes das Comissões Parlamentares 692
      D. Serviços Administrativos...692
4. Competências 692
   4.1. Competências políticas 692
      A. Direção Política 692
      B. Controlo político 694
         a) Fiscalização..694
         b) Autorizações e confirmações 694
         c) Vigilância e acompanhamento...695
         d) Inquéritos..695
   4.2. Competências legislativas 695
   4.3. Competências administrativas...697

Capítulo III. O Governo 699
1. O Governo como centro predominante de impulsão e direção político-legislativa e estrutura de cúpula da Administração Pública ..699
2. Composição 701
3. Nomeação e demissão do Governo e dos titulares de cargos governativos 702
   3.1. Nomeação do Primeiro-Ministro e dos restantes membros do Governo 702

3.2. Demissão do Governo 703
3.3. Demissão de membros do Governo 703
3.4. Início termo e suspensão de funções......................................704
4. Estrutura e organização interna...704
   4.1. Estatuto e poderes dos membros do Governo 704
      A. O Primeiro-Ministro 704
      B. Os Ministros e os Vice-Primeiros Ministros......................706
      C. Os Secretários e Subsecretários de Estado 707
      D. Nota sobre o chamado "centro de governo"......................708
         a) O "centro de governo" em executivos primoministeriais...............709
            i) Os executivos de Aníbal Cavaco Silva 709
            ii) O Executivo de José Sócrates Pinto de Sousa 711
         b) O "centro de governo" em executivos de coligação 712
            em executivos minoritários..713
   4.3. Responsabilidade e solidariedade governativa 714
      A. Observações gerais...714
      B. Nota sobre a solidariedade governamental em governos de coligação714
5. Competências do Governo 717
   5.1. Competências políticas em sentido estrito: a condução
   da política nacional 718
   5.2. Competências legislativas: a centralidade legiferante do Governo.........719
   5.3. Competências administrativas: o epicentro do aparelho administrativo
   do Estado 724
      A. Tipologia das competências administrativas......................724
      B. Tipologia das decisões jurídicas do Governo no exercício
      da função administrativa...726
   5.4. Diminuição transitória dos poderes do Governo 726
      A. O Governo em gestão...726
      B. Limitação dos poderes do Governo após a dissolução parlamentar. ..728
   5.5. Vínculos interorgânicos que oneram o Governo 728
      A. Dever de informação ao Presidente da República 728
      B. Vínculos de responsabilidade do Governo
      perante a Assembleia da República 730

**Capítulo IV. Perspetivas de reforma ou de alteração
do sistema político português: o que virá?** 731
1. Premissa..731
2. Reformas estruturais no sistema semipresidencial:
a moção de censura construtiva..732
2. Mutação do sistema político: o trânsito para o parlamentarismo...........735

    2.1. A opção parlamentarista 735
    2.2. Apreciação crítica 736
        2.2.1. Sistema eleitoral 736
        2.2.2. Sistema de partidos 738
        2.2.3. Bicameralismo 738
        2.2.4. Eleição e poderes do Presidente da República 739
        2.2.5. Outras modificações no sistema 741
3. Apontamento final 741